The Rohonc Codex:
A Working Solution

The Rohonc Codex:
A Working Solution

Jason Edward Lee

Jason Edward Lee
2019

First Printing: 2019

ISBN: 978-0-359-63526-9

The Rohonc Codex is available at the Library of the Hungarian Academy of Sciences in Budapest, Hungary. You must obtain special permission to study the codex itself, but a microfilm copy is available to the public under call number MF 1173/II.

Cover photo: Rohonc Codex, folio 40 verso; *Jesus before Pilate.*

Inset photo: Rohonc Codex, folio 167 recto; *Michael & Moses' Bones.*

www.regulusinleo@gmail.com

Dedication

To the five most important women in my life:
Ilene, Shari, Kimberly, Lauren, and Erynn.

Thank you. Without your support and love,
I never would have achieved any of my dreams.

Table of Contents

Interesting Passages:

Acknowledgments

I would like to acknowledge Mr. Brian Tawney or Portland Oregon who, circa September 2014, completed the first major transcription of the Rohonc Codex with which I was familiar. His revision 2.5, as of the printing of this book, is available online at http://quint.us/Roho/. He presents an amazing list of symbols from the codex, a searchable database, a most valuable transcription, and first introduced me to the codex transcription endeavor which led to this present working solution.

I would also like to acknowledge the myriad of those who have come before me in the effort to decipher this mysterious work. In particular, I also acknowledge that I have learned a great deal from the following methodical and systematic researchers listed in alphabetical order: Ottó Gyürk, Levente Zoltán Király, Benedek Láng, Miklós Locsmándi, and Gábor Tokai.

Preface/Introduction

I would imagine that the first thing the reader wants to know is my overall analysis of the text. Here it is. I believe the contents of the Rohonc Codex is of Samaritan origin, based largely on two major findings: 1) The emphasis and importance of the first three of the Ten Commandments, and 2) The complete absence of the Gospel of Mark (the only gospel to not mention the Samaritans). I also believe that the text is almost entirely syllabic and deliberately repetitive. I do not know if this proves it is a hoax or not. It could be a little of both.

However, I would like to briefly introduce the reader to the Rohonc Codex as I have come to know it; not in an historical or biographical context, but in the mystery of the unknown contents of the work itself.

The internet is replete with more information than I could possibly give herein. I encourage the reader to do their own research about the rich and intriguing history of the codex, and most especially of the research of others to decipher meaning from it. But, suffice it to say, in my personal research of the codex, I have found scarce benefits from knowing whether it was real or a hoax; knowing who may have written it, or when. Although such are undoubtedly invaluable pieces of the puzzle, what has always captured my interest is the wonder of it all.

I'm fascinated by its illustrations. I'm intrigued at the regularity of the text; whatever it may prove to say ...or not. The doodles and shapes within the marginalia captivate me every time. It's also simply spellbinding how this small book can stir such passions and beliefs from its readers; across the entire spectrum from the plausible to the bizarre.

My own view has always been a simple and non-controversial one. I'm immediately taken back to my childhood schooldays spent in the library perusing books well above my reading level. I remember searching for additional information within the various diagrams and images, and trying to sound out the words that were longer than I had thought possible in my language. And it wasn't always about the exact meaning of the text in the book. It was more about simpler things; what the book looked like among its companions on the shelf; what it felt and smelled like; the sometimes fantastic and magical fonts and embellishments. And there was always the possibility of discovering unknown secrets with each turn of the page.

This continues to be my simple wonder of the codex. And although I have never physically touched the book with my hands, my memories would persuade me otherwise. I could swear that I know how it feels to run my fingertips gently and carefully over the texture of the binding; how it smells when I lightly inhale the old musty pages; to look at it with my own eyes, feel its weight with my hands, and to note the various colors of ink strokes as the fluid left the stylus. I marvel about the simplicities and the complexities of the shapes of the symbols. I think about what the author, or authors might have been feeling during the creation of the codex. Were they old? Were they young? What was their motives and inspirations? What kept them going for what I surmise to be a great deal of time until it was completed? Was it every completed?

I do think that I have made a lot of progress in my continued endeavor to translate the codex; at least in part. However, the more that I learn about it, the less that I find myself concerned about its literal meaning; if any. It is enough that I wonder. That has seemed to keep me interested far longer than knowing.

This transcription/translation is a work in progress, begun circa 2017 when I first gained knowledge of the Rohonc Codex. This led eventually to my awareness of the various studies of the codex around the world, and of the surprisingly long history of such research. And having completed an initial and thorough transcription of the Voynich Manuscript a year prior, I quickly found myself deeply involved in the efforts of transcription and decipherment; if, indeed, the codex should prove to be meaningful or even decipherable at all.

The only transcription that I could find was by Brian Tawney, of Portland, Oregon. I have neither spoken with nor met Mr. Tawney, but I was instantly impressed with his transcription; both for its thoroughness and its consistency. Building upon the Tawney Transcription, as I have come to call it, I set about on a comprehensive and exhaustive effort to transcribe the codex in its entirety. Gradually, my own transcription emerged. Although I initially decided to employ the same symbols as the Tawney Transcription had used, which seemed most logical and natural, several modifications had to be made to conform to my particular style of analysis and transcription.

Subsequently, I adapted a new glyph inventory; the most notable difference being the two-character maximum length of the transcription codes. The second major difference was the degree to which what should be considered a glyph, and what I came to conclude were numerous variations of the same; thereby greatly reducing the number of transcription codes required for a consistent transcription. A third major difference is my preference for the recto/verso pagination style; but this seems rather trivial to me now, and an easy workaround is available. That said, a large number of the transcription codes remain the same for both transcriptions; especially due in large part to the most frequent of them.

Over the months that followed since then, many additions and improvements have been made to include as much information and as accurate and consistent a transcription as possible. New high-resolution scans were also made public which greatly increased the reliability of this transcription.

Although I am fairly certain of the several (and admittedly few) translations in this transcription, I suspect that it will still be a long time before a complete decipherment of the codex will emerge onto the curious world. In the additional translations I have made in private prior to this edition, many words and phrases are endlessly repeated. However, these may not prove to be altogether meaningless. It could be an often repeated phrase; our Western equivalent of a mantra of some sort. Or perhaps it was an inexperienced scribe practicing for a later work that we have yet to discover; or perhaps one that never ended up being started at all.

Whatever the future may hold for any final decipherment of the Rohonc Codex, I remain as resolved as ever to continue its research as I am able.

—Jason

Chapter 1: Transcription Notes

The original text order of the Rohonc Codex has been reversed in order to present a traditional Western left-to-right direction (the opposite of what is seen in the codex). In keeping with this order, and for consistency, pages in this transcription have been renumbered accordingly. They have been numbered from Right-to-Left, and from Top-to-Bottom throughout. Each right-hand side page has been labeled the 'verso', while the left-hand side pages are each labeled the 'recto', in keeping with traditional methods. These are rendered as vº and rº in the transcription, respectively.

All of the text of the codex, as well as the miscellanea, have been as faithfully and consistently transcribed as possible. However, as with all such rules, there are three notable exceptions:

1. The various page numbers written at the header and footer of the pages have been disregarded in favor of the recto/verso model.
2. The library stamps which appear sporadically throughout have been disregarded.
3. The transcription which appears in large sections of the codex have all been summarily disregarded.

The following punctuation symbols have been employed throughout the transcription:

. Indicates the beginning or ending of a glyph; also commonly denotes a single space.

ˈ Links the glyphs into a grapheme or token.

≈ Denotes the double-line symbol sometimes identified as = elsewhere.

{ Indicates the beginning of a transcription line.

} Indicates the ending of a transcription line.

[The beginning of a metadata field (i.e., an illustration, comment, etc.).

] The ending of a metadata field.

‹ Indicates that the beginning portion of a line is unreadable; that is, torn, missing, or illegible.

› Indicates that the ending portion of a line is unreadable.

/ Denotes the beginning of text which has apparently been underlined.

\ Denotes the ending of text that has been underlined.

(The beginning of text which has apparently been dotted; that is, a glyph or grapheme with dots above it of varying design and count.

) The ending of text which has been dotted.

((The beginning of text which has apparently been circled with dots; that is, a glyph or grapheme surrounded by dots of varying design and count.

)) The ending of text which has been circled with dots.

[[The beginning of text that is completely circled.

]] The ending of circled text.

| Denotes both the beginning and ending of strikethrough text.

« Used exclusively with special transcription codes to mark their beginning.

» Used exclusively with special transcription codes to mark their ending.

N.b. that all paired punctuation marks must be accounted for on each line. Thus, once a beginning punctuation mark has been used, its corresponding ending pair must be used. Additionally, should any two or more concurrent transcription lines contain these punctuation marks, the corresponding pair(s) must be used to conclude the line, and a new pair used to continue on the subsequent line(s). Thus, each line stands on its own with respect to these punctuation marks. (For these same purposes, the unique punctuation mark | is defined as its own pair.) Finally, when used in conjunction with other punctuation marks, the signs should appear in the exact order of the text.

For example, if, in the following line, the grapheme STAR was dotted, while the entire line appears to have been underlined, it would be properly transcribed thus:

{./.UNDER.THE.BRIGHT.(.STAR.).\.}

The order of certain punctuation marks must also be maintained in the transcription, unless the actual codex dictates otherwise. Usually, ease of understanding of the transcription is the overruling factor. But in general, the order is consistently thus:

‹ | (/ (([[. GLYPH^1 ' GLYPH^2 .]])) \ ) | ›

Symbols such as «, », and ≈ are used semi-independently of these rules.

Chapter 2: Metadata Tags

In the current version of this transcription, lines of additional information not necessarily found within the codex have been introduced to provide as much data as possible by the author. While the original tags are color-coded for convenience, this edition is only available in black and white. The metadata tags used therein indicate the type of information supplied, and are given in the following strict order of Latin terms, thus:

- dº DĪVĪSIŌ - Section header, apparently dividing text throughout. Because of their inherantly important nature, these are always capitalized.

- sº SERPĒNS - One of the seven so-called 'serpents' within the text. Because of their inherently important nature, these are always capitalized. In addition, a reference is included which indicates the particular number of that serpent in relation to the others (such as 2/7, indicating that it is the second serpent of the seven). Furthermore, two of the serpents, numbers two and four, are apparently drawn over and obscure text. In these two instances, the apparent text has been included in the metadata field.

- hº Hyperbolē - Used to denote additions to the transcription of the codex; only to reflect when a known glyph is missing/absent from a known grapheme.

- fº Fissum - A split between two lines; used to denote when a grapheme that is divided between lines in the codex has been reconnected on the first line as a single grapheme. The newly created 'space' in the transcription on the next line is replaced with a special character «.88.».
    - The following format is employed for the Fissum metadata tag:
        - [Fissum: ‹f...› .(1st line ending). and ‹f...› .(2nd line beginning).]
          E.g., the first example occurs on the final two glyphs on line folio 1 line 2, and the first glyph on line 3, thus:
        - [Fissum: ‹f001rº02› .W.CO. and ‹f001rº03› .D.]
          This is read as, "Fissum at the end of folio 1 recto line 2, glyphs .W.CO. and folio 1 recto line 3, glyph .D."
        - In the transcription, line 2 ends with the complete grapheme .W.CO.D. while line 3 will begin with the special character .«.88.».

- tº Trānslātiō - A hypothetical translation of the text.

- aº Abbreviatiōnem - An abbreviation character used within the transcription as a place holder for additional information.

- oº Ornāmentum - Smaller than an Illustration, a drawing of various kinds.

- mº Margō - Marginalia; an item appearing in the margins of the codex or, rarely, over or above a line of the text.

- cº Commentārium - General comments about a glyph or grapheme.

- qº Quod Vidē - Used in the transcription as a "see also" reference to another location within the codex; usually as a cross-reference to similar data.

- r° Relatiō - Used to indicate a reference to published and unpublished material outside of the codex (excluding the Holy Bible/Latin Vulgate). See e° entry below.

- i° Illūstrātiō - An illustration; usually assumed to be a biblical scene. Each illustration has been assigned a four character code according to its general placement within the codex, its location within the page, its size, and its shape, thus:
    - 1st character (VERTICAL LOCUS):
        - B - Bottom of the page
        - M - Middle of the page
        - T - Top of the page
    - 2nd character (HORIZONTAL LOCUS):
        - C - Center of the page
        - L - Left side of the page
        - R - Right side of the page
    - 3rd character (SIZE):
        - L - Large
        - M - Medium
        - S - Small
    - 4th character (SHAPE):
        - O - Oblong
        - R - Rectangular
        - S - Square
    - In addition to the above coding, each illustration is numbered according to its occurrence within the codex (using the letter P for 'picture'), then followed by its ordinal number, and then the above four character code.
        - E.g.: P-01:URMS: The first illustration, being located in the upper-right side of the page, and being a medium-sized square.

- n° Notā Bene - "Note well"; used to call the reader's attention to important data.

- e° Ēditiō Vulgāta - The Latin Vulgate edition of the Holy Bible.
    - This metadata tag includes the following reference codes for any known cross-reference to the Vulgate, thus:
        - ACTS - The Book of Acts
        - CO - The Book of Corinthians (I, II)
        - EX - The Book of Exodus
        - GEN - The Book of Genesis
        - JN - The Gospel of Saint John
        - LK - The Gospel of Saint Luke
        - MK - The Gospel of Saint Mark
        - MT - The Gospel of Saint Matthew
        - REV - The Book of Revelation
    - References are truncated as much as possible according to the traditional method of citing verses of the Holy Bible; although not all of those listed may be used. Additional codes may be added in future updates to this transcription as required.

- x° Miscellāneus - Any other additional information as needed.

Metadata fields always end in a period, and plain English text has been simplified as much as possible while still retaining coherent meaning (articles have been removed, et cetera). Metadata fields may also be 'stacked' together according to the above order of tags within the transcription; although a different order may occur as clarity requires. It is anticipated that at some time in the near future, the metadata will be combined into a single metadata field for each transcription line entry; including all metadata tags related to the entry. When this occurs, the entries included in the combined metadata field will retain the above order as well.

Chapter 3: Transcription Codes & Glyphs

The following tables list all of the glyphs employed in the transcription of the codex, the one or two character transcription codex for the glyph, and includes any known translations used by the author.

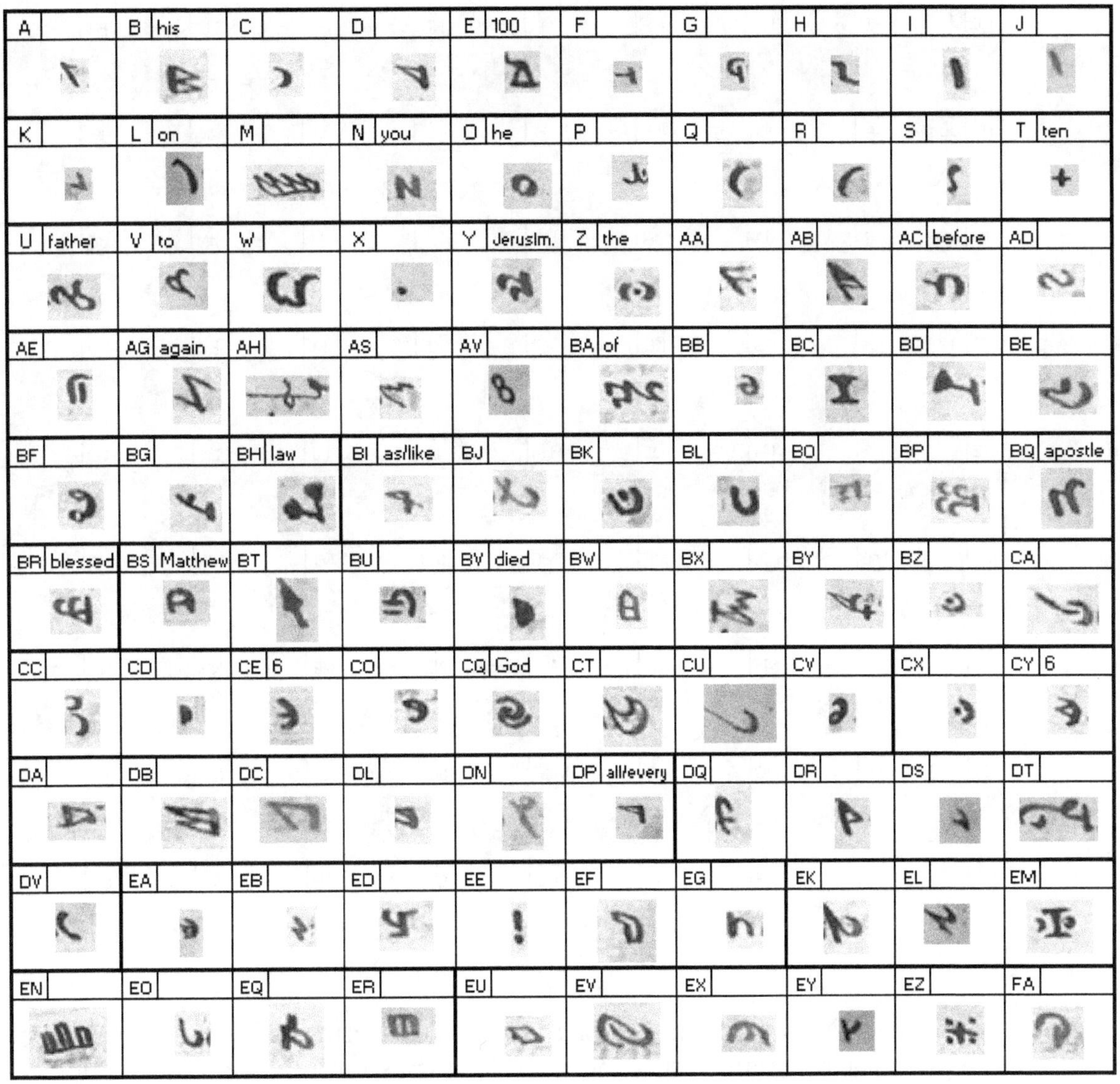

A	B his	C	D	E 100	F	G	H	I	J
K	L on	M	N you	O he	P	Q	R	S	T ten
U father	V to	W	X	Y Jeruslm.	Z the	AA	AB	AC before	AD
AE	AG again	AH	AS	AV	BA of	BB	BC	BD	BE
BF	BG	BH law	BI as/like	BJ	BK	BL	BO	BP	BQ apostle
BR blessed	BS Matthew	BT	BU	BV died	BW	BX	BY	BZ	CA
CC	CD	CE 6	CO	CQ God	CT	CU	CV	CX	CY 6
DA	DB	DC	DL	DN	DP all/every	DQ	DR	DS	DT
DV	EA	EB	ED	EE	EF	EG	EK	EL	EM
EN	EO	EQ	ER	EU	EV	EX	EY	EZ	FA

The single-character alphabetical codes, .A. through .Z., account for some of the most common glyphs and find their origins largely from the Tawney Transcription; with a few notable modifications, such as .Y. and .Z.

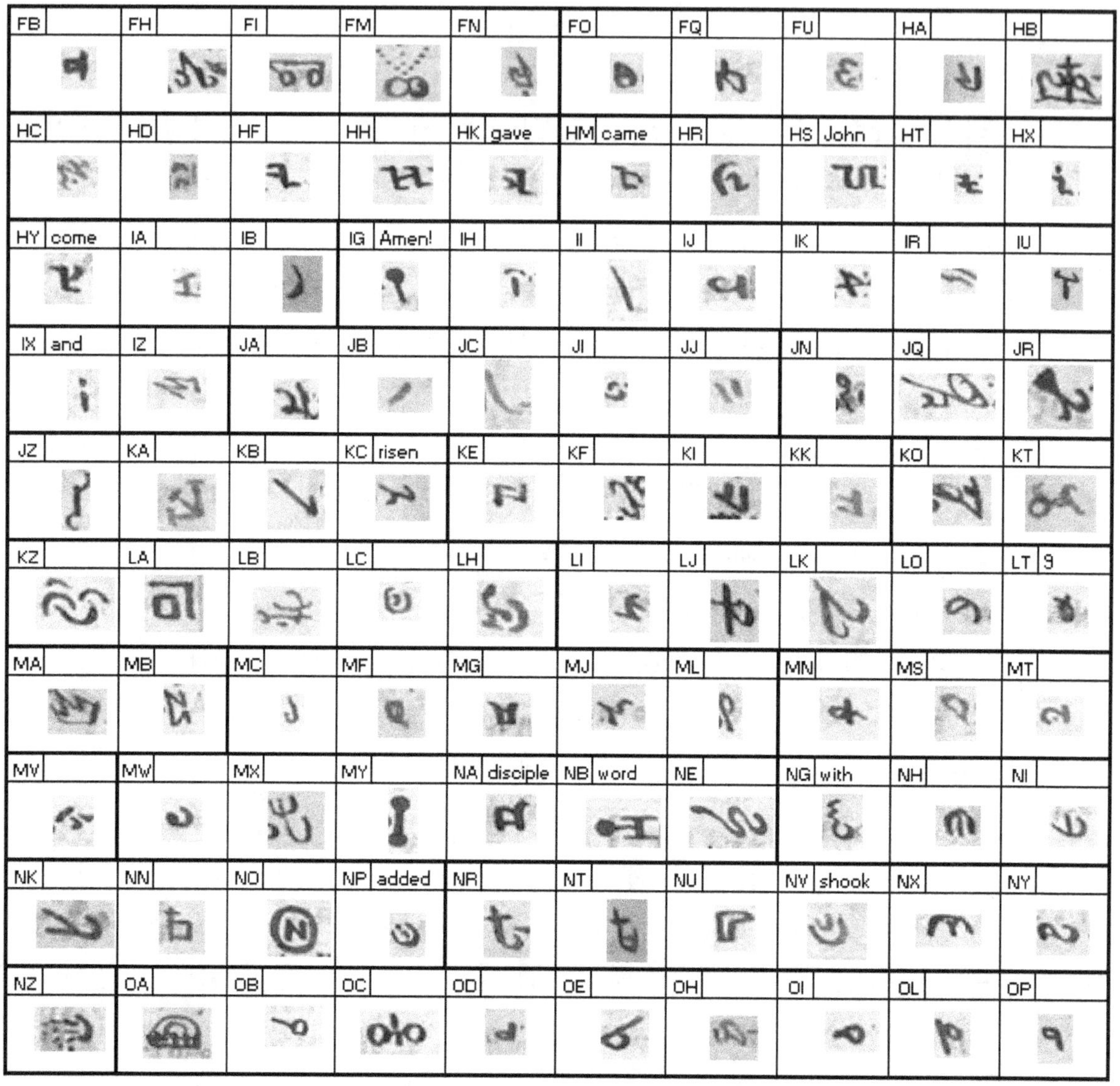

Several of the two-character alphabetical transcription codes may now be rendered more simply but have retained their place in the glyphs until further modifications can be made. I.e., .NO. is more clearly understood when rendered as .[[.N.]]. in the transcription.

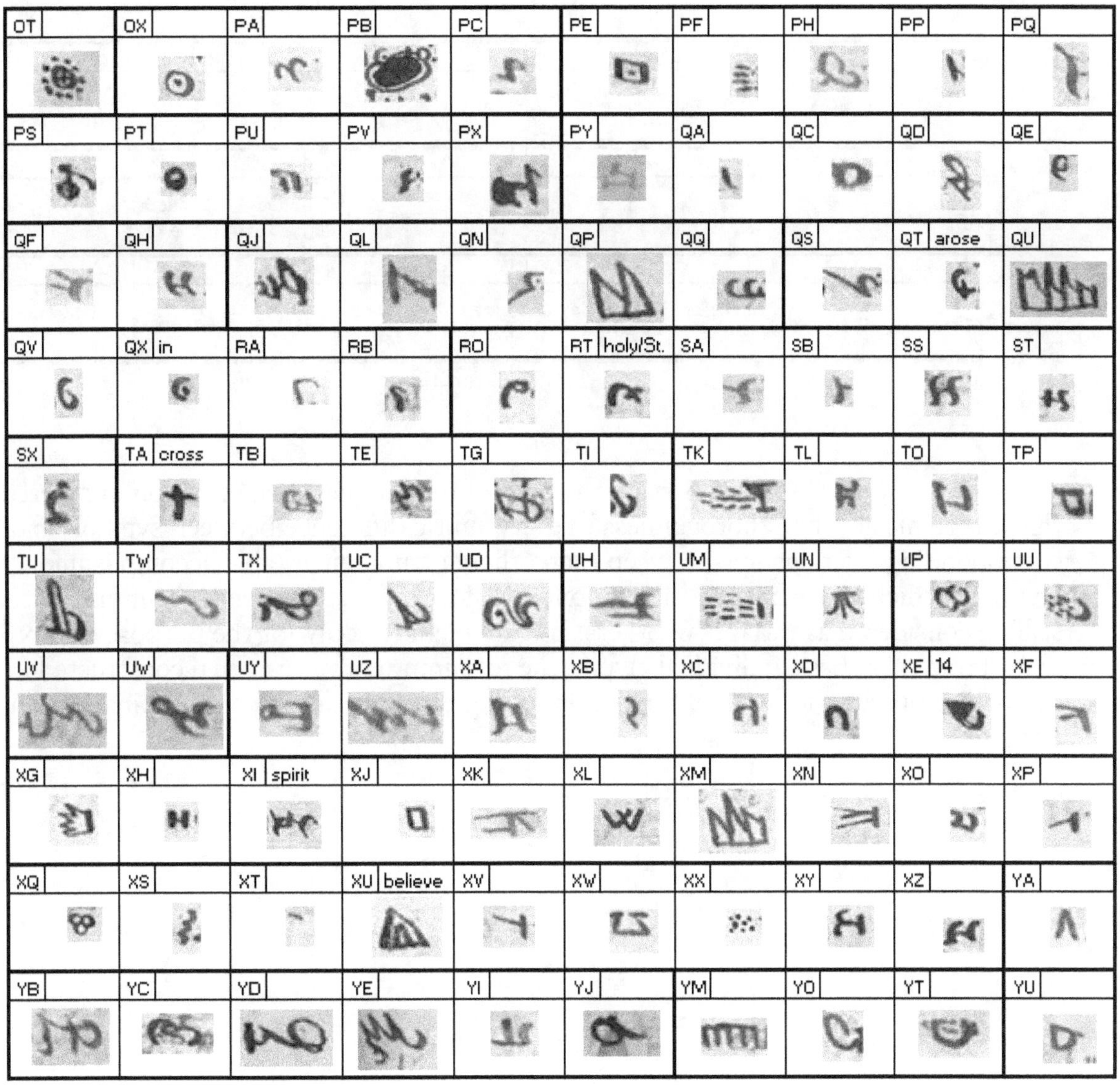

Care must be taken when transcribing similar glyphs, such as .M. and .XG. These signs are inconsistently written within the codex; although .M. is usually larger and more pronounced, while .XG. is smaller without any inner lines. Some are still clearly variants of others, such as .RA. being a larger, rounder variant of .R. When in doubt, however, I erred on the side of caution and retained both variants.

YV	YW	YX	YY	YZ	C0 Christ	J0 Jesus	X2	O2	O3

O4	≈	X3	X4	(	)	((	))	[	]
				Dotted Text	Dotted Text	Dotted Circle Text	Dotted Circle Text	Comments	Comments
[[	]]	{	}	/	\	//	\\	|	
Circled Text	Circled Text	Translation Entry	Translation Entry	Underlined Text	Underlined Text	Reserved	Reserved	Deleted Text	

Initially, the list of transcription codes of the Tawney Transcription numbered 987; this due to his absolute thoroughness to every subtle difference between symbols and their corresponding relationships between each other; a truly remarkable accomplishment. The glyph set which I have finalized above contains 314. And many of these occur only once, may still be considered as variants of others, and are included only for the purpose of thoroughness. From these basic individual glyphs, the remaining corpus can be reconstructed in such a way that provides for each of the hundreds of graphemes and glyph combinations in their entirety.

Chapter 4: The Rohonc Stone

I liken my transcription of the Rohonc Codex to the transliteration of the Egyptian hieroglyphs of the Rosetta Stone by Jean-François Champollion; not a complete translation of the actual text, merely an initial step toward a working knowledge of the language or encryption of the codex. Therefore, I thought it appropriate, indeed necessary, to describe my method of evolving beyond a viable transcription toward a possible translation.

There were several steps which were required before I was able to make any determination of any meaning of the glyphs in the codex. One of the first things to capture my attention were the illustrations. There is a wealth of information within the scenes and, for several months, they were the sole focus of my research.

Most notably, from ‹f083rº›, is the fantastic image of a mysterious devise of epic scale, comprised of various gears and mechanisms, and most curiously, images of people. The overall resemblance of a clock readily comes to mind; indeed, some refer to it as the World Clock. However, as anyone who has ever worked with cogs knows, none of these wheels in the image would have actually worked. Gears and cogs must be situated in a specific orientation to one another in order to achieve a working model. By themselves, the upper and lower large wheels would work properly if rotated, and would spin perfectly in opposite directions. However, the additional cogs added between them, the left and right side gears specifically, would have prevented any such rotation and, essentially, brought the entire mechanism to a standstill. And this raised more questions; was this an overlooked mistake of some sort, or was it deliberate? Perhaps the illustration was meant to show a device that was seized, locked for some reason.

I no longer see this image in the same way. I'm now drawn immediately to the lower wheel, if I may still refer to it so. I see in it the image of the crucifixion, with the grave, or Sheol, just below.

In the center of the scene is a temple; both the Christian cross and the Eastern crescent are visible on its roof. To the left is the city of Jerusalem. And to the right is an image of Christ hanging on the cross above a crowd of onlookers. Both hands are tied to either side of the top beam of the cross, while his head has bowed in death. The INRI sign can just be seen overhead while his body hangs below. N.b. the curious shape of glyph .J0. can be seen by the keen eye.

There is still more to this scene. Note the presence of the sun in the upper left just beyond the inner ring, and the moon and stars in the upper right. There are more gears to either side, and below is a cavern of some sort with smoke or flame or hands reaching upward to the living. This is Sheol; the grave, the underworld. It is the place where Christ descended upon giving up his spirit on the cross just before night.

And so the frozen clock motif seems to make sense to me. The crucifixion of Christ is a central point of Western history and crucial to the Christian faith. It really is as if time has come to a standstill in the illustration.

There are two other prominent images; the two cogs that seem to block the working mechanism to the left and right, seen below.

The left-hand image appears to be that of God, while the left appears to be a dragon. This would perfectly fit the battle motif between God and the devil during the time of the crucifixion. Of course, all of this is theory. But I think it is good speculation.

The fact that the glyph .J0. appears here, at least in the author's opinion, and that there were many more examples to be found in the illustrations of said glyph with the character who consistently appeared to be Christ, and given that so many other researchers agree, overwhelmingly attests to the translation of such to the name of 'Jesus'.

It is a simple matter of extrapolation to demonstrate that glyph .C0. translates as 'Christ', while glyph .N. refers either to the initial letter of the name of Jesus (I in Greek, or Y in Hebrew), or serves as a proper marker for those unique symbols. I prefer to render .N. in this particular instance as the title 'Lord', and thus, .N.J0.C0. as 'Lord Jesus Christ'.

And this was the first of my certain translations:

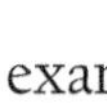 Lord 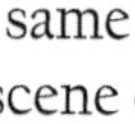 Jesus 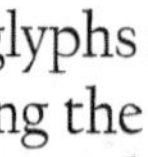 Christ 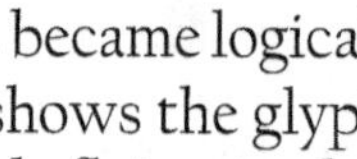 Lord Jesus Christ

In this same manner, glyphs from other illustrations became logically discernable. For example, the scene overlooking the city in ‹f066rº› clearly shows the glyph .Y. twice over the buildings. I can still remember when I could only see birds flying in the air! Several other scenes show this glyph; q.v. ‹f024vº› and ‹f109vº›, for additional examples.

The leap from these few simple glyphs to the more complex graphemes took some time for me. In ‹f078vº›, I was certain that the figure in the upper center of the illustration was Christ, and so although I had earlier deduced that .I'I'G. was a grapheme for 'son' and the glyph .CG. represented 'God', it was several months before I was able to properly translate this as .I'I'G.C.Q.CG.; not simply the 'Son of God', but more accurately, the 'Faithful Son of God'.

There are many other fascinating elements displayed within the illustrations, especially with respect to Art during the middle ages; around the period during which the codex has been dated. The illustration on ‹f026r°› is particularly interesting for this reason. Notice the two cherubs that are gathering the blood of Christ during the crucifixion.

The depictions of angels collecting the blood of Christ in chalices begin to be seen in the early 14th century. Consider Raphael's *The Mond Crucifixion*, ca. 1502-3, or Fra Angelico's *The Crucifixion*, ca. 1420-23.

Other illustrations kept me baffled until much later in my research. A prime example is that scene depicted in ‹f075v°›:

For the longest time I was convinced that this was some sort of angelic manifestation shining down from above on top of a hill with two trees. I now know that it is most likely a simple depiction of the ascension of Christ. There are several pieces of art which show only the lower half or even just the feet of Christ as he ascends; although usually other peoples are shown below. But in this sense, the two trees may represent the Mount of Olives, while the hill or mountain is actually a crowd of simplified faces below. Consider Juan de Flandes *The Ascension*, ca. 1514-19, *The Ascension* by a follower of Bernard van Orley, ca. 1530, or Frei Carlos' *The Ascension*, ca. 1520-30. In such scenes, only Christ's feet are shown as he ascends.

There are other curious depictions within the illustrations as well. Consider ‹f026r°› and the sign above the cross:

There has been much speculation about what this might represent; the traditional INRI, possibly in various languages, or perhaps the spelling of something in an unknown alphabet. I prefer to interpret the sign in the context of the whole.

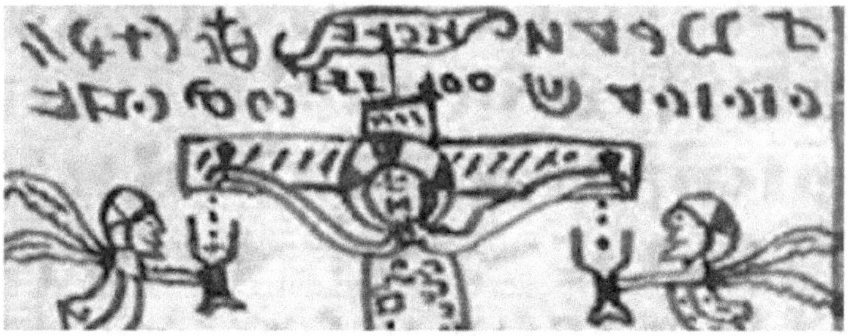

From this vantage, I would more likely consider the sign as a portion of the text of the entire line. Notice how the sign is preceded by the glyph .N. and is followed by the glyph .C0. It may well be that the text should not include the sign and is meant to be read simply as .N.C0. But it could also be that it is meant to represent the complete title .N.J0.C0. found elsewhere throughout the codex. In this sense, the sign could represent 'Jesus' in some other language, or some encryption. It is worth noting, and in line with this latter interpretation, that the beginning of the sign (from left-to-right) appears to be the glyph .N.; although this could also be the symbol .J0. in a poorly survived form. As a final note, I would point out that the final glyph in the sign, although in this transcription it has been rendered as .HF., could also be given as a poorly written .Y., meaning 'Jerusalem'. In this translation, perhaps the city could stand for that part of the Jews living there (King of the Jews could be interpreted as King of Jerusalem).

I do admire how the artist chose to depict the aura of holiness and glory throughout the illustrations, doing so through a clever use of dots. It's as if the dots sparkle from the pages through the imagination of the artist. Although the most glorious depiction of this is undoubtedly found in ‹f056vº› with the resurrected Christ, I also prefer the subtle lesser scenes, such as in ‹f009vº›.

Here is clearly seen the Shekinah glory of a priest and two worshippers, and what appears to be the priestly blessing by a Kohen, a priest descended from the line of Aaron, as found in Numbers 6:24-26. The Kohen here is making the sign, the Shefa Tal (טל שפע).

Chapter 5: Known Graphemes

If the glyphs set out in Chapter 3 corresponds to the alphabet of the codex, then the graphemes would be its basic vocabulary. The fifty most common graphemes are set out in the chart below, listed by frequency. Their given translations are approximates of my own.

.CO'D.	be	.O'X2'O'I.	we/us	.HX'H'H.	over	.N'J0.	Lord Jesus	.W'CO'D.	was/were
.I'I'G.	son	.C.I.	this	.I.I.	two	.HF'H.	life	.B'N.	your
.HX'H'HK.	by/through	.C'F'O'R'CO.	only/first	.C'IZ.	give	.C'Q.	faithful	.N'QV.	there
.C'M.	church	.B'CV.	hill/mount	.H'HF'H.	power	.I'I'I.	three	.U'QV.	father
.QV'KE'BB.	when/then	.K'A'A.	only	.I'I'IU'C.	heaven	.O'O'P.	kingdom	.S'D.	again
.CO'D'CO'D.	pray	.N'J0'C0.	Jesus Christ	.O'O'IA.	servant	.D'O'D.	hear	.CO'D'R'N'D.	crying out
.B'O'X2'O'I.	our(s)	.V'CO'D'CO'D.	forever	.Z'RT'NB.	the holy Word	.CC'D.	will be	.BJ'C.	Pilate
.N'C0.	the Christ	.S'S'S.	1,000/myriad	.I'I'I'I'I.	five	.XI'D.	spirit	.CO'DP'CO.	before
.YX'QQ.	patriarch	.RT'XI'D.	Holy Spirit	.C'S'C.	will	.I'I'I'I.	four	.A'CO'D.	Peter
.C'DB.	given	.AG'D.	again	.C'D'C'D.	pray	.C'XG.	people	.I'D'O'D.	hear

Chapter 6: The Word List

The following is a grapheme word list arranged by alphabetical order of the 228 most frequent transcription codes and their assigned translations so far. The reader will notice many variations of the same entry throughout.

1. .|.Q'Q'Z'V.|. Zion
2. .AC. before
3. .A'C'D. Peter
4. .A'CO'D. Peter
5. .AE.C'AE. Yahweh
6. .AE.I'AE. Yahweh
7. .AE'AE. Yahweh
8. .AG. again
9. .AG'D. again
10. .AG'XV'O. resurrected
11. .A'KB'T'C'Q. bishop
12. .A'KB'X'C'Q. bishop
13. .AV'I. Sabbath
14. .B. his
15. .BA. of
16. .B'BA. of his
17. .B'CV. mount
18. .BH. law
19. .BI. as
20. .BJ'C. Pilate
21. .B'N. your
22. .B'O'X2'O'I. our
23. .BQ. apostle
24. .BR. blessed
25. .BS'D. Matthew
26. .BV. dead/died
27. .BW.C. voice
28. .C.BC. because (of)
29. .C.I. this
30. .CO. Christ
31. .CC'D. to be
32. .CC'IZ. give!
33. .C'DB. given
34. .C'D'C'D. pray
35. .C'D'C'D'O'D'K. name
36. .C'D'C'D'O'K. name
37. .C'D'C'I. pray
38. .C'D'CO'D'O'K. name
39. .C'D'R. debt(s)
40. .C'D'R'N'D. crying out
41. .C'D'R'T. reborn
42. .CE. six
43. .CE.CE. twelve
44. .C'EY'KB'X. above
45. .C'F'O'R'C. only
46. .C'F'O'R'CO. only
47. .C'F'Q'I'C. appeared
48. .C'I'AE. man
49. .C'I'AE.C'AE. Yahweh
50. .C'I'AE'I'AE. Yahweh
51. .C'I'I'AE. man
52. .C'I'I'AE.C'AE. Yahweh
53. .C'I'I'AE.C'I'AE. Yahweh
54. .C'I'I'AE'I'AE. Yahweh
55. .C'I'KC. risen
56. .C'IZ. give
57. .C'IZ. give
58. .C'M. church
59. .C'M.D. church
60. .C'MA'T. pope

61.	.C'NP.	added
62.	.CO'BF'D'CO'BF'D.	conquered
63.	.CO'CV'XC.	Israel
64.	.CO'D.	be
65.	.CO'D'C'D.	pray
66.	.CO'D'C'D'K.	name
67.	.CO'D'C'D'O'D'K.	name
68.	.CO'D'C'D'O'K.	name
69.	.CO'D'CO'D.	pray
70.	.CO'D'CO'D'CO.	pray
71.	.CO'D'CO'D'K.	name
72.	.CO'D'CO'D'O'K.	name
73.	.CO'D'O'D'K.	name
74.	.CO'DP'CO.	before
75.	.CO'D'QV'I'I.	beheld
76.	.CO'D'R'N'D.	crying out
77.	.CO'D'R'T.	reborn
78.	.CO'D'XB.	Golgotha
79.	.CO'IH'D.	Luke
80.	.CO'QV.	fisherman
81.	.CQ.	God
82.	.C'Q.	faithful
83.	.C'S'C.	will
84.	.C'S'D.	received
85.	.CU'O'D.	days passed
86.	.CU'O'D.Q.	days passed
87.	.CU'O'D.Q.J.	days passed
88.	.CX.((.XV.)).	of peace
89.	.CX'A'CO.	honor
90.	.C'XC'D.	Sabbath
91.	.CX'F'O.	Thomas
92.	.C'XG.	people
93.	.CX'I'CX'I'C'D.	earth
94.	.CX'I'CX'I'CX'D.	earth
95.	.C'XV'T'C'EE'D'C.	commandments
96.	.CY.	six
97.	.D'O'D.	hear
98.	.DP.	all
99.	.DP'DP.	every(one)
100.	.D'T'CO.	save
101.	.E.	century
102.	.EA'X2'EA'X4'X2.	crucified
103.	.HF'H.	life
104.	.HF'HS.	John
105.	.H'HF'H.	power/authority
106.	.H'H'HF.	grave
107.	.H'H'HF'I'D.	Capernaum
108.	.H'H'HF'I'I'D.	Nazareth
109.	.H'H'HT.	Sheol
110.	.H'H'HT'I'D.	Galilee
111.	.HK.	gave
112.	.HM.	came
113.	.HX'H'H.	over
114.	.HX'H'HK.	by
115.	.HY.	come
116.	.I.C'D'C.	forgiveness
117.	.I.I.	two
118.	.I.I.B'CV.	Olivet
119.	.I'AE.C'AE.	Yahweh
120.	.I'AE.C'I'AE.	Yahweh

121. .I'AE.I'AE. Yahweh
122. .I'AE'AE. Yahweh
123. .I'AE'C'AE. Yahweh
124. .I'C'D'C. forgiveness
125. .I'CX'D'C. forgiveness
126. .I'D'O'D. hear
127. .IG. Amen!
128. .IG'D. bread
129. .I'I. two
130. .I'I'AE. man
131. .I'I'AE.AE. Yahweh
132. .I'I'AE.C'AE. Yahweh
133. .I'I'AE.C'I'AE. Yahweh
134. .I'I'AE.C'I'I'AE. Yahweh
135. .I'I'G. son
136. .I'I'I. three
137. .I'I'I'I. four
138. .I'I'I'I'I. five
139. .I'I'I'I'I'I'I. seven
140. .I'I'I'I'I'I'I'I. eight
141. .I'I'IU. heaven
142. .I'I'IU'C. heaven
143. .I'I'T'T. twenty
144. .IJ'CO. test
145. .I'T'I'T. twenty
146. .I'T'I'T'I'T'I'T. forty
147. .I'T'I'T'I'T'I'T.D. 40 days
148. .IX. and
149. .I'X3. thy
150. .I'X4. thy
151. .J0. Jesus
152. .J0'C0. Jesus Christ
153. .J'J'N'D. today
154. .K.O.A.D.CX. in the desert
155. .K'A'A. only
156. .KB'C'Q'D. Moses
157. .KB'X'C'Q'D. Moses
158. .KC. risen
159. .L. on
160. .LT. nine
161. .MF. dead
162. .N. you
163. .NA. disciple
164. .NB. word
165. .N'C0. The Christ
166. .NG. with
167. .N'J0. Lord Jesus
168. .N'J0'C0. Lord Jesus Christ
169. .NP. added
170. .N'QV. there
171. .NV. shook
172. .O'BC'O. remember
173. .OB'OB. crucify/ied
174. .OC. rock
175. .O'IU'C'D. humble(d)
176. .O'I'X3'O'P. suffering
177. .O'I'X4'O'P. suffering
178. .O'J. sin
179. .O'O'IA. servant
180. .O'O'P. his kingdom

181.	.O'P.	kingdom
182.	.O'X2'O'I.	we/us
183.	.O'XV.	forgive
184.	.Q'C.	first
185.	.Q'R'C'D.	Gezirim
186.	.QT.	arose
187.	.QV'KE'BB.	when/then
188.	.QX.	in
189.	.RO'C.	through
190.	.RT.	holy/Saint
191.	.RT'A'CO'D.	Saint Peter
192.	.RT'BS'D.	Saint Matthew
193.	.RT'CO'IH'D.	Saint Luke
194.	.RT'HF'HS.	Saint John
195.	.RT'HF'HS.C'AE.	Saint John (Divine)
196.	.RT'NB.	holy word
197.	.RT'XI'D.	Holy Spirit
198.	.S'D.	again
199.	.S'S'S.	thousand
200.	.S'S'ST.	anointed
201.	.T.	ten
202.	.T.T.T.	thirty
203.	.T.T.T.T.	forty
204.	.T.T.T.T.D.	40 days
205.	.TA.	cross
206.	.T'I'T'I.	twenty
207.	.T'I'T'I'T'I'T'I.D.	40 days
208.	.T'I'T'I'T'I'T'I'T'I.D.	50 days
209.	.U.	father
210.	.U'QV.	father
211.	.V.	to
212.	.V'CO'D'CO'D.	forever
213.	.V'T'T.	evil
214.	.W'CC'D.	will be
215.	.W'C'D.	was/were
216.	.W'CO'D.	was/were
217.	.XB'B'CV.	glory
218.	.XB'C'D.	souls
219.	.XI.	spirit
220.	.XI'D.	spirit
221.	.XI'D.	spirit
222.	.XJ'XJ.	book
223.	.XU.	believe(d)
224.	.XV'O.	living
225.	.Y.	Jerusalem
226.	.YX'QQ.	Abraham
227.	.Z.	the
228.	.Z'RT'NB.	the holy word

Chapter 7: The Transcription & Codex

folio 1 recto

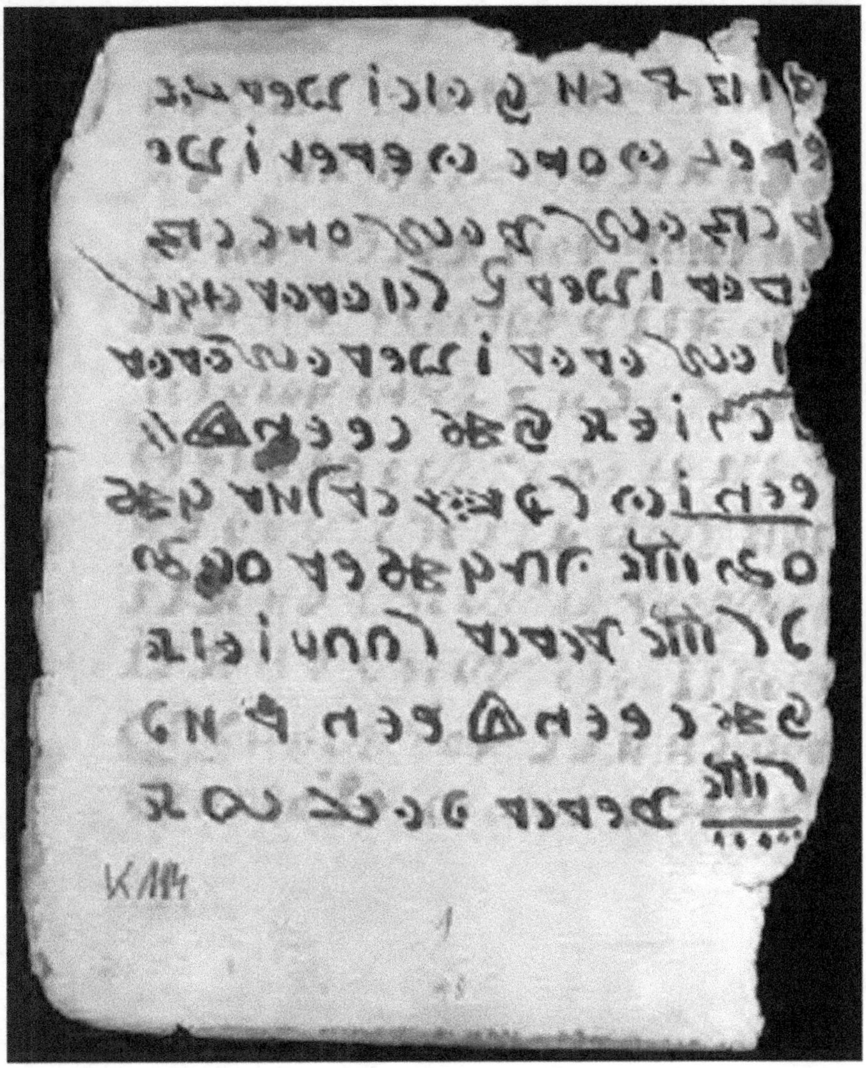

‹f001r°01--›	{.‹.I'AG.BI.C.N.CQ.CX.I.C.IX.W'CO'D.CU'C.C.C.}
‹f001r°02--›	{.‹.CO.K.Z.O.FB.C.Z.CO'DP'CO.K.IX.W'CO'D.}
‹f001r°02f°›	[Fissum: ‹f001r°02› .W.CO. and ‹f001r°03› .D.]
‹f001r°03--›	{.«.88.».C'IZ.CX'NE.V.CX'NE.O.XC.C.C'IZ.}
‹f001r°04--›	{.‹.CX'D'CX'D.IX.W'CO'D.Q.C.L.C.I.CX'D'CX'D.C'EY'XB'KB.}
‹f001r°05--›	{.‹.I.CX'NE.CX'D'CX'D.IX.W'CO'D.CX'NE.CX'D'CX'D.}
‹f001r°06--›	{.‹.C.AS.IX.CY.HK.CQ.B'CV.C.CO'CE'XC.XU.≈.}
‹f001r°07--›	{.‹./.CO'CE'XC.IX.\.Z.L.QT.XF'XX.XB.C'D'R'N'D.EK.B'CV.}
‹f001r°08--›	{.‹.O.U.I'I'IU'C.R.X.AC.XB'B'CV.CO'D.O.L'X2.U.}
‹f001r°09--›	{.‹.QV.L.I'I'IU'C.V.C'D'C'D.L.XD.XD.BL.IX.CY.I.HK.}
‹f001r°10--›	{.‹.CQ.B'CV.C.CO'CE'XC.XU.CO'CE'XC.DP.N'QV.}
‹f001r°11--›	{.‹.(./.L.I'I'IU'C.\.).V.CO'D'C'D.QX.CX.NK'NY.HK.}

folio 1 verso

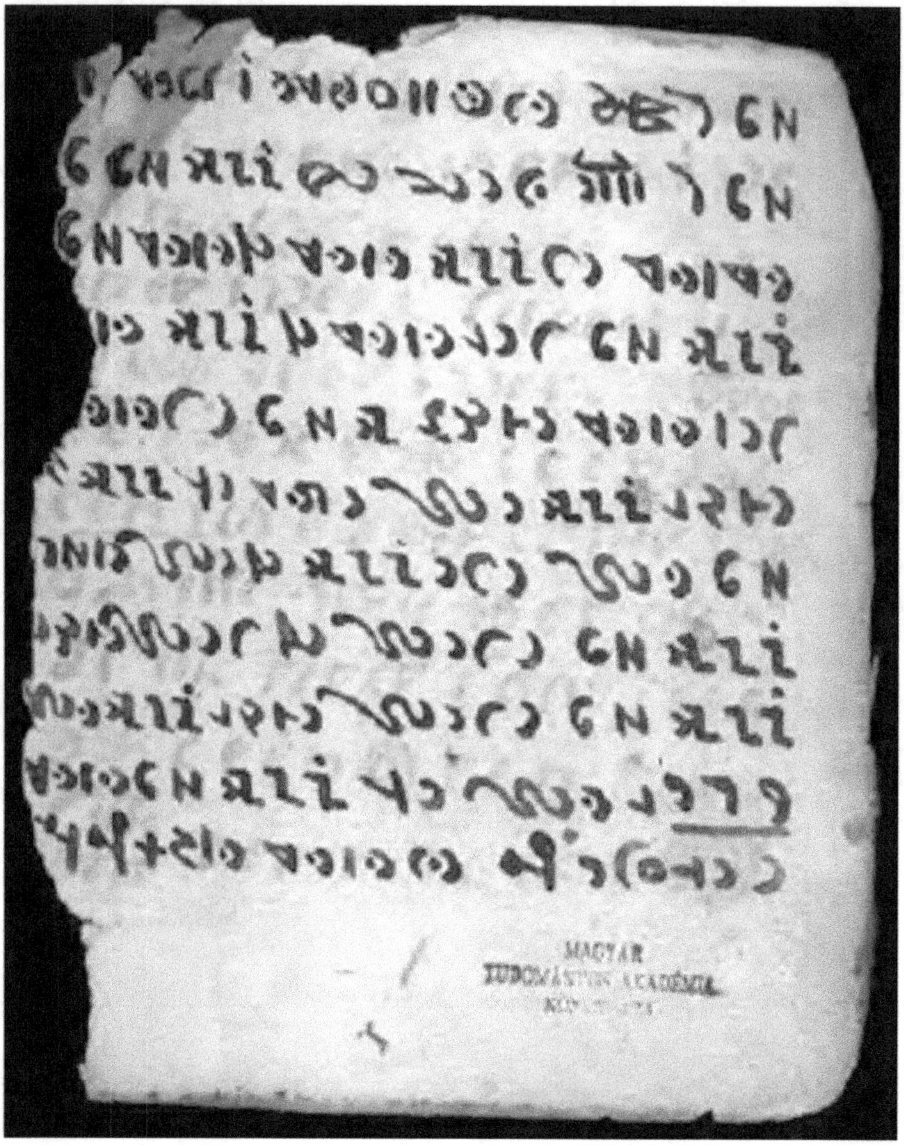

‹f001v°01--›	{.N'QV.L.B'CV.Z.NP.I.I.O.C.Q.D.CX.IX.W'CO'D.IX.›.}
‹f001v°02--›	{.N'QV.L.I'I'IU.Z.C.NK'NY.HX'H'HK.N'QV.QV.›.}
‹f001v°03--›	{.CX.D.I.CX.D.C.R.HX'H'HK.CX'I'CX'D.XB.CX'I'CX'D.N'QV.›.}
‹f001v°04--›	{.HX'H'HK.N'QV.R.C.K.CX'I'CX'D.XB.HX'H'HK.CX.I.›.}
‹f001v°05--›	{.R.C.I.CX'I'CX'D.CX.I.CC.QD.HK.N'QV.C.R.CX.I.CX.›.}
‹f001v°06--›	{.C'EY.XB.K.HX'H'HK.C'NE.C.F.CE.D.C'XV.H'H'HK.≈.›.}
‹f001v°07--›	{.N'QV.CX'NE.C.R.C.HX'H'HK.XB.C'NE.C'I'N.MC.›.}
‹f001v°08--›	{.HX'H'HK.N'QV.C.R.C'NE.X2.≈.R.C'NE.C'EY.CC.C.›.}
‹f001v°09--›	{.HX'H'HK.N'QV.C.R.C'NE.C'EY.XB.K.HX'H'HK.CX'NE.›.}
‹f001v°10--›	{./.CO.BI.CO.\.K.CX'NE.C'XV.HX'H'HK.N'QV.CX'I'CX'D.›.}
‹f001v°11--›	{.C.C'F'O'R'CO.O.BH.Z.CX.I.C.D.CX.I.EL.T.BH.BG.›.}

folio 2 recto

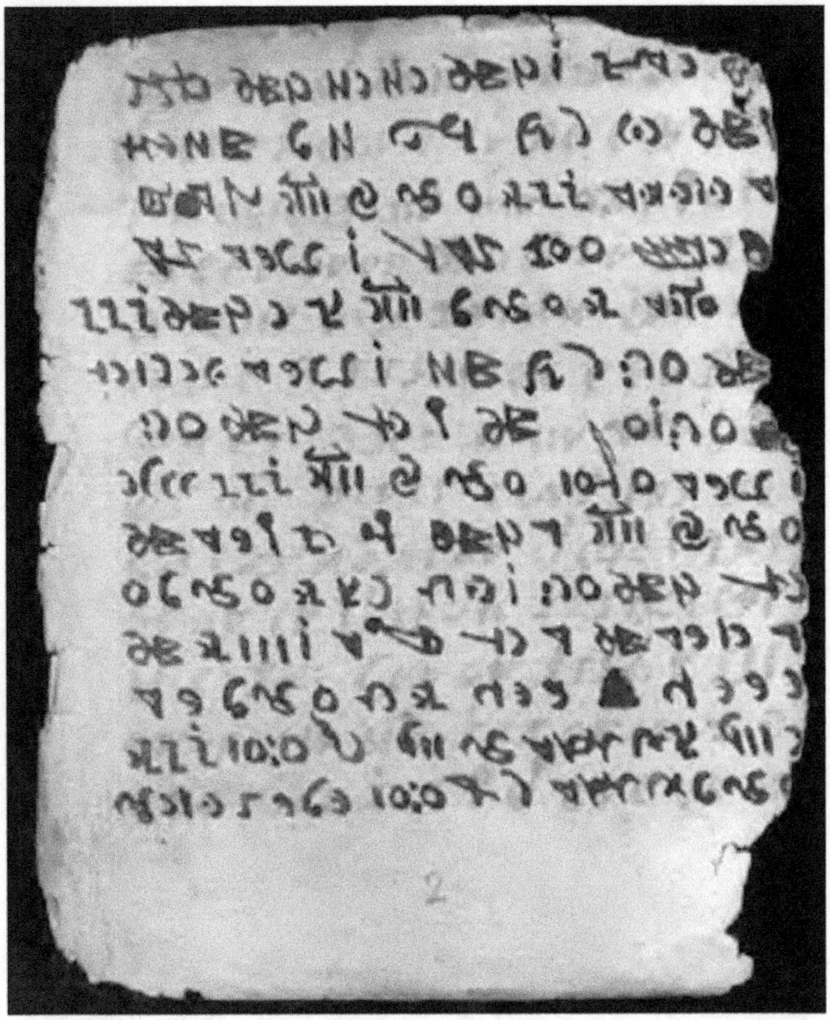

‹f002r°01--› {.‹.XQ.C'D'HY.IX.XB'B'CV.C.N.C.N.XB'B'CV.YB.}
‹f002r°02--› {.‹.B'CV.Z.L.H.R.DT.N'QV.B'N.C.A.T.}
‹f002r°03--› {.‹.D.CX'I'CX'I'CX'D.HX'H'HK.O.U.CQ.I'I'IU'C.XB.D.O.ER.}
‹f002r°04--› {.‹.BF.C'M.O'O'IA.AG'D.KB.IX.W'CO'D.AG'D.}
‹f002r°05--› {.‹.O'IU'C'D.HK.O.U'QV.I'I'IU'C.HY.C.XB'B'CV.HX'H'H.}
‹f002r°06--› {.‹.B'CV.O.L'X2.L.H.R.B'N.IX.W'CO'D.QX.C.C.I.C.F.}
‹f002r°07--› {.‹.O.L'X2.IX.O.B'CV.IG.CX.XV.XB'B'CV.O.L'X2.}
‹f002r°08--› {.‹.IX.W'CO'D.O.II.I.O.I.O.U.CQ.I'I'IU'C.HX'H'H.Q'Q'R'C.}
‹f002r°09--› {.‹.O.U.CQ.I'I'IU'C.D.XB'B'CV.BH.HM.IG.CO'D.B'CV.}
‹f002r°10--› {.‹.CX.XV.XB'B'CV.O.L'X2.IX.CX.AC.C.HY.HK.O.U'QV.O.}
‹f002r°11--› {.‹.DP.C.I.CO'D.B'CV.D.C'XV.C'D'O'D.IG.I'I'I.HK.B'CV.}
‹f002r°12--› {.‹.C.CO'CE'XC.XU.CO'CE'XC.HK.AC.O.U'QV.CO'D.}
‹f002r°13--› {.‹.C.I'I'G.HY.RT'XI'D.U.I'I'G.NG.O'X2'O'I.HX'H'HK.}
‹f002r°14--› {.‹.I.U'QV.RT'XI'D.L.BI.O'X2'O'I.CE.QV.CO.S.O.C'L.U.}

folio 2 verso

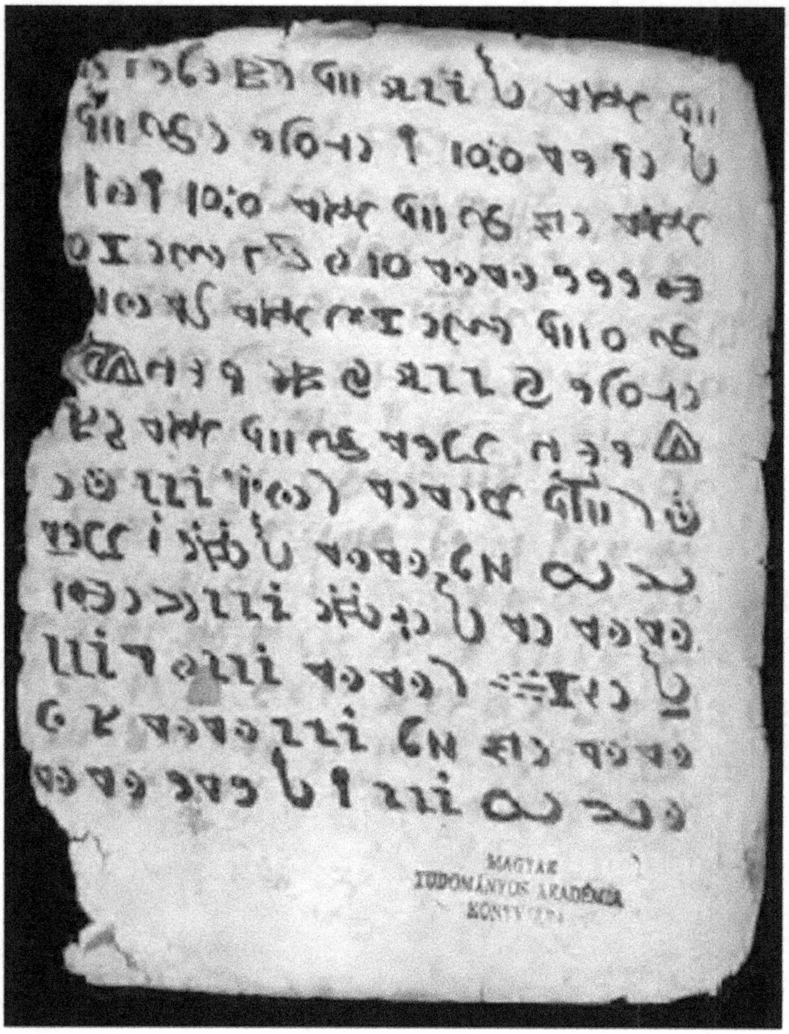

‹f002v°01--›	{.I'I'G.XI'D.NG.HX'H'HK.I'I'G.L.B.CE.QV.CO.›.}
‹f002v°02--›	{.NG.C.IG.CO'D.O'X2'O'I.IG.C'F'O'R'CO.C.U.I'I'G.}
‹f002v°03--›	{.XI'D.C'IZ.U.I'I'G.XI'D.O'X2'O'I.IG.Z.BT.}
‹f002v°04--›	{.CE'O.CO'CO'CO.CX'D'CX'D.O.I.C.Q.K'A'A.C'IZ.C.BC.O.}
‹f002v°05--›	{.U.O.I'I'G.C'IZ.C.BC.RT'XI'D.S'D.Z.N.›.}
‹f002v°06--›	{.C'F'O'R'CO.CQ.HX'H'H.CQ.B'CV.CO'CE'XC.XU.›.}
‹f002v°07--›	{.XU.CO'CE'XC.W'CO'D.U.I'I'G.XI'D.XB.HY.›.}
‹f002v°08--›	{.NP.L.I'I'IU.G.V.C'D'C'D.L.Z.X.IX.X.HX'H'H.NP.C.}
‹f002v°09--›	{.NK'NY.N'QV.CX'D'CX'D.NG.TG.C.IX./.W'CO'D.\.}
‹f002v°09h°›	[Hyperbolē: The grapheme 'W'CO'D' has been underlined for consistency.]
‹f002v°10--›	{.CX'D'CX'D.C.D.NG.C.F.TG.C.HX'H'H.C.C.C.CE'O.I.}
‹f002v°11--›	{./.NG.\.C.XB.TK.L.CX'D'CX'D.HX'H'H.C.Q.DP.HX'H'H.}
‹f002v°12--›	{.CX'D'CX'D.C'IZ.N'QV.HX'H'H.CX'D'CX'D.HY.QX.}
‹f002v°13--›	{.CY.NK'NY.HX'H'H.IG.NG.CO'D'CO.CX'D'CX'D.}

folio 3 recto

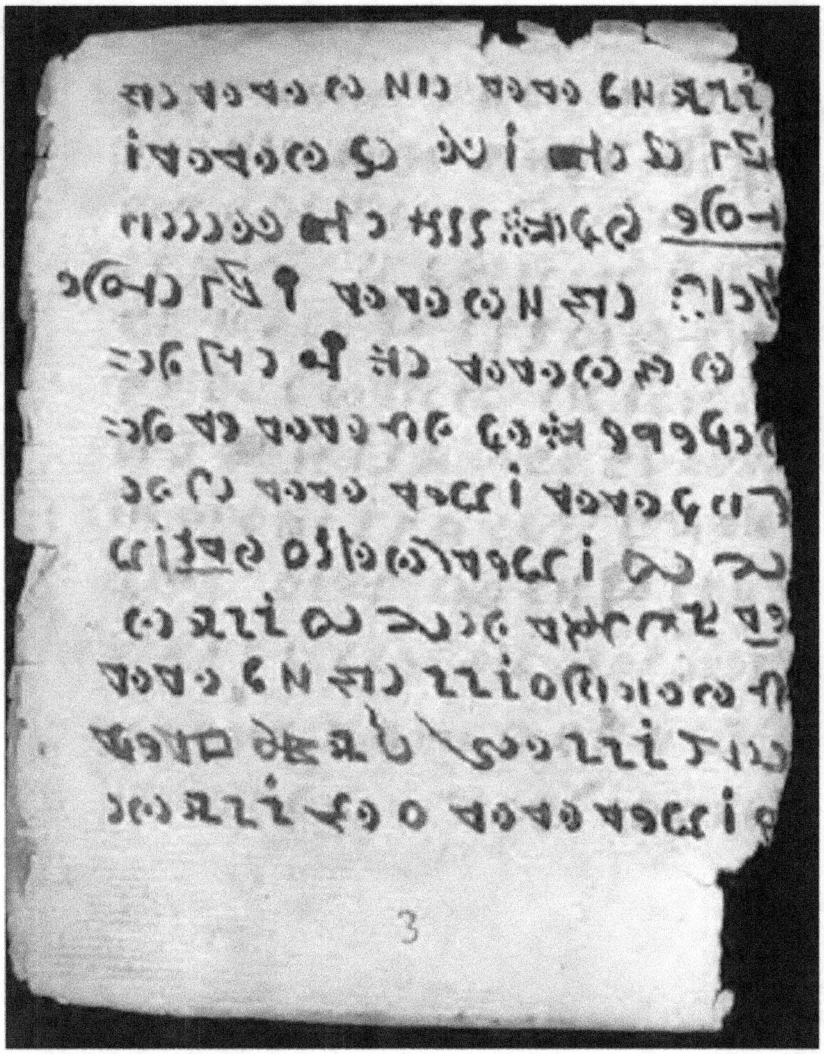

‹f003rº01--› {.‹.HX'H'HK.N'QV.CX'D'CX'D.C'I'N.Z.CX'D'CX'D.C'IZ.}
‹f003rº02--› {.‹.K'A'A.PH.C.PX.IX.CU'C.X2.C.S.Z.CX'D'CX'D.IX.}
‹f003rº03--› {./.C'F'O'R'CO.\.C.Q.QT.C'XF'XX.S'S'ST.C.PX.CU'C.X2.C.C.C'I'Q.}
‹f003rº04--› {.‹.EK.C.I.L.X4.C'IZ.N.Z.CX'D'CX'D.IG.K'A'A.C'F'O'R'C.}
‹f003rº05--› {.‹.Z.C.AA.Z.CX'D'CX'D.C.F'X2.BH.C.F.A.R.X.C.≈.}
‹f003rº06--› {.‹.Q.C.G.CO.FB.CO.XF'XX.CX.QT.QX.AC.CX'D'CX'D.CO'D.O.R.C.≈.}
‹f003rº07--› {.‹.L.I.Q.QT.CX'D'CX'D.IX.W'CO'D.CX'D'CX'D.C.R.QX.C.}
‹f003rº08--› {.‹.NK'NY.IX.W'CO'D.L.Z.CX.BT.MW.O.C.Q./.D.MW.\.IX./.W'CO'D.\.}
‹f003rº08hº› [Hyperbolē: The grapheme 'W'CO'D' has been underlined for consistency.]
‹f003rº08fº› [Fissum: ‹f003rº08› .W. and ‹f003rº09› .CO'D.]
‹f003rº09--› {.«.88.».coming.RT'XI'D.QX.C.NK'NY.HX'H'H.Z.}
‹f003rº10--› {.‹.AC.Z.CX.I.C'I'Q.R.O.HX'H'H.C'IZ.N'QV.CX'D'CX'D.}
‹f003rº11--› {.‹.XO.K.A.C.HX'H'H.CX'NE.NG.HK.B'CV.XJ'D'CO'BY.}
‹f003rº12--› {.‹.O.IX.W'CO'D.CX'D'CX'D.O.CX.QD.HX'H'HK.Z.C.}

folio 3 verso

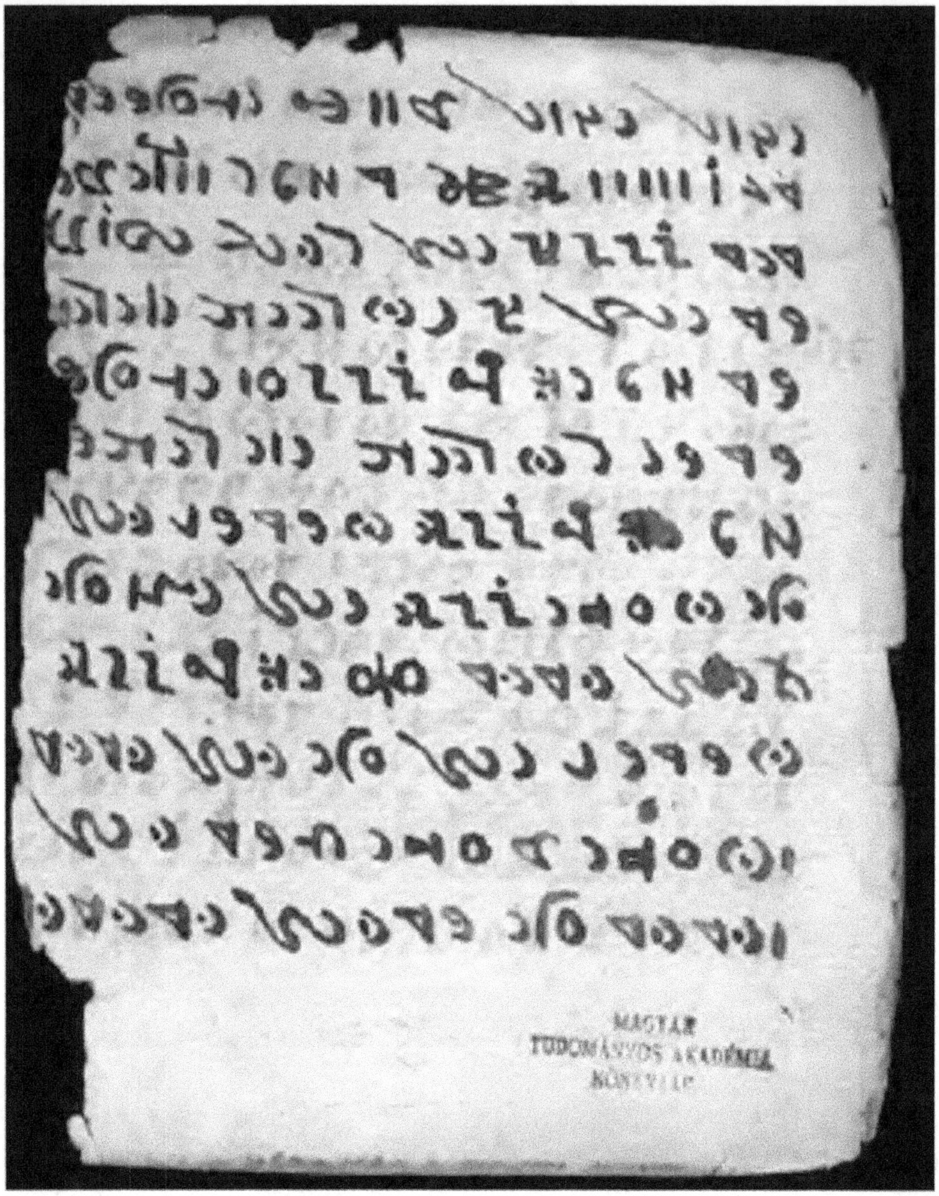

‹f003v°01--› {.C.XB.I.KB.C.XB.I.KB.V.I.I.CE'O.C'F'O'R'CO.C.XB.›.}
‹f003v°02--› {.D.K.IX.I'I'I'I'I.HK.B'CV.DP.N'QV.L.I'I'IU'C.XI.CO.›.}
‹f003v°03--› {.D.C.D.HX'H'H.HY.C'NE.L.CX.NK'NY.IX.W.›.}
‹f003v°04--› {.CO'D.C'NE.HY.C.Z.L'C'C.XV'C.C.I.C.LA.C.C.›.}
‹f003v°05--› {.CO'D.N'QV.C.F'X2.BH.HX'H'H.O.I.C'F'O'R'CO.›.}
‹f003v°06--› {.CO'D'CO.C.L.Z.L'C'C.XV'C.C.I.C.LA.C'XV.C.C.›.}
‹f003v°07--› {.N'QV.F'X2.BH.HX'H'HK.Z.CO'DP'CO.K.CX'NE.}
‹f003v°08--› {.O.R.CO.Z.O.FB.C.HX'H'HK.C'NE.C'IZ.O.R.C.}
‹f003v°09--› {.HM.CX'NE.CX'D'CX'D.OC.C.F'X2.BH.HX'H'HK.}
‹f003v°10--› {.Z.CO'DP'CO.C.C'NE.O.R.C.CX'NE.CX'D'CX'D.}
‹f003v°11--› {.I.Z.O.FB.C.V.O.XV'O.C.AC.CO'D.CX'NE.}
‹f003v°12--› {.I.CX'D'CX'D.O.R.C.CO'D.CX'NE.CX'D'CX'D.CX.I.›.}

folio 4 recto

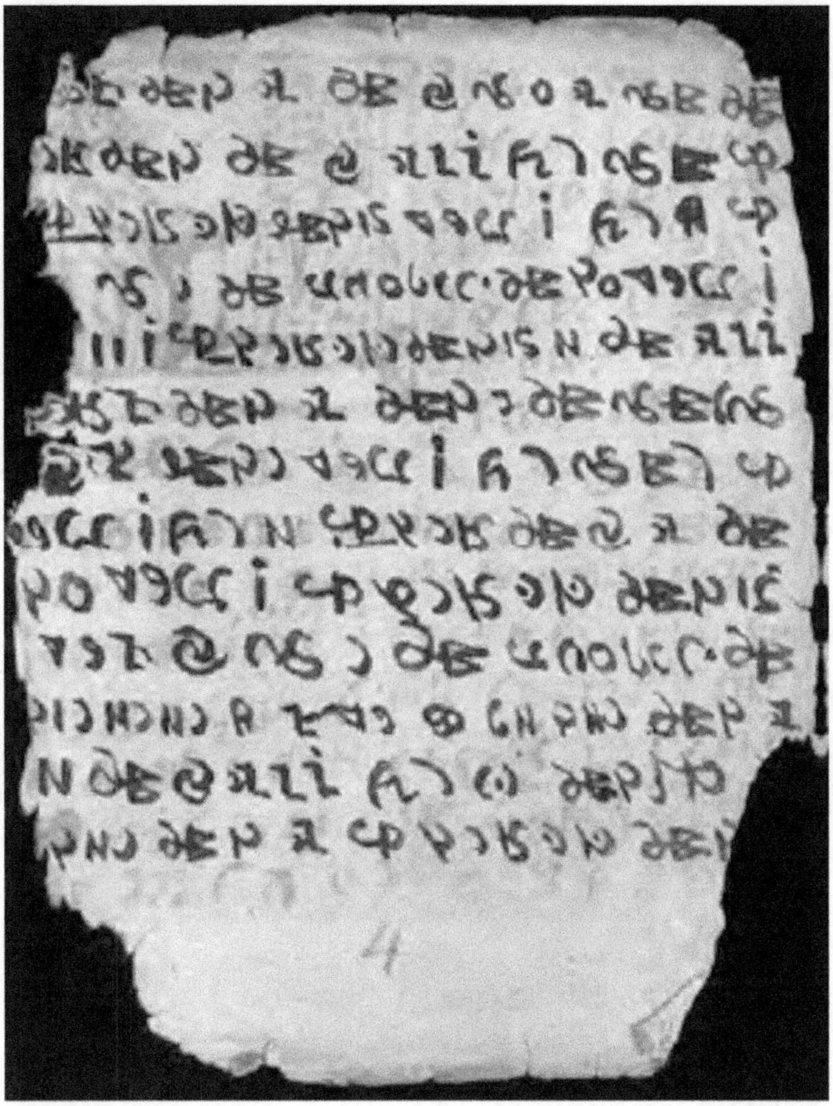

‹f004r°01--> {.B'CV.B.U.HK.O.U.CQ.B'CV.HK.XB'B'CV.HM.S'EY.C.XB.›.}

‹f004r°02--> {.O.IJ.B.U.L.H.R.HX'H'HK.CQ.B'CV.XB'B'CV.V.C.›.}

‹f004r°03--> {.O.IJ.N.L.H.R.IX.W'CO'D.S.I.XB.B.CO.CY.I.CX.S.I.C./.O'IJ.\.›.}

‹f004r°04--> {.IX.W'CO'D.O.XB'B'CV.X.Q.Q.BL.O.XC.V.B'CV.C.U.›.}

‹f004r°05--> {.HX'H'HK.B'CV.I.I.S.I.C.I.B'CV.CX.I.CX.S'EY.CO.XB.O.IJ.IX.I.I.›.}

‹f004r°06--> {.U.R.B.U.B'CV.C.XB'B'CV.HK.XB'B'CV.HM.S'EY.C.XB.›.}

‹f004r°07--> {.O.IJ.L.B.U.L.H.R.IX.W'CO'D.C.XB'B'CV.HY.CQ.›.}

‹f004r°08--> {.B'CV.HK.CQ.B'CV.S'EY.C./.IJ'XV.\.N.L.H.R.IX.W'CO'D.›.}

‹f004r°09--> {.SX.I.XB'B'CV.QS'X.CX.S.II.C.EQ.O.IJ.IX.W'CO'D.O.XB.›.}

‹f004r°10--> {.B'CV.R.X.Q.NG.O.XD.XI.B'CV.C.U.CQ.HM.CO'D.›.}

‹f004r°11--> {.HK.XB'B'CV.IB'K'I.XB.N'QV.XQ.CO'D'HY.XA.C.N.C.N.C.I.XB.›.}

‹f004r°12--> {.‹.YB.XB'B'CV.Z.L.H.R.HX'H'HK.CQ.B'CV.N.›.}

‹f004r°13--> {.‹.I.B'CV.CX.IX.CX.S'EY.C.XB.O.IJ.HK.XB'B'CV.C.N.XB.›.}

folio 4 verso

‹f004v°00i°›	[Illūstrātiō: P-01:URMS Apostle (Matthew) writing at desk before angel.]
‹f004v°01--›	{.QV'KE'BB.W'CO'D.N.CQ.}
‹f004v°02--›	{.NG.HA.C.A.K.IX.CX'I'CX'I'C'D.}
‹f004v°03--›	{.C'A'C'AS.N.CX.IX.C.I.BA.}
‹f004v°04--›	{.CO'CE'XC.XU.HK.B'CV.CQ.}
‹f004v°05--›	{.QV'KE'BB.C.D.C.NG.B'O'X2'O'I.}
‹f004v°00h°›	[Hyperbolē: .KE. has been added to complete the grapheme .QV'KE'BB. in ‹f004v°05› above.]
‹f004v°06--›	{.O.U.CX'I'CX'D.O.L'X2.N.}
‹f004v°07--›	{.CQ.L.C.C.I.K.I'I'IU'C.V.C.D.C.}
‹f004v°08--›	{.BC.B'CV.L.B'CV.IX.CO'D.C.O.U.CQ.L.BC.B'CV.}
‹f004v°09--›	{.L.B'CV.I.I.BV.E.D.I'I'I'I'I'I.D.C.D.C.NG.B'O'X2'O'I.}
‹f004v°10--›	{.O.U.CX'I'CX'D.IX.B'CV.C'D'C'D.K.CO'D.XB'B'CV.IX.I.I.B'CV.}
‹f004v°11--›	{.B'CV.XB'B'CV.CO'D'CO'D.IX.T.T.T.T.D.T.T.T.T.K'O'A'D'CX.}
‹f004v°11t°›	[Trānslātiō: "...Pray the forty days, forty in the desert."]
‹f004v°11q°›	[Quod Vidē: ‹f020v°01--› for identical parallel.]
‹f004v°12--›	{.X2.≈.XB'B'CV.IB.XB'B'CV.L.I.I'I'IU'C.L.V.C'D'C'D.L.XD.BL.}
‹f004v°13--›	{.I.HK.B'CV.C.CO'CE'XC./.CO'CE'XC.IX.W'CO'D.\.(./.C'D'C'D.\.).}
‹f004v°14--›	{.B'CV.XB'B'CV.R.CO'D'R'N'D.XB'B'CV.W'CO'D.›.}
‹f004v°15--›	{.DQ.D.S'S'S.L.H.R.O.U.CQ.HY.O.U.CQ.›.}

folio 5 recto

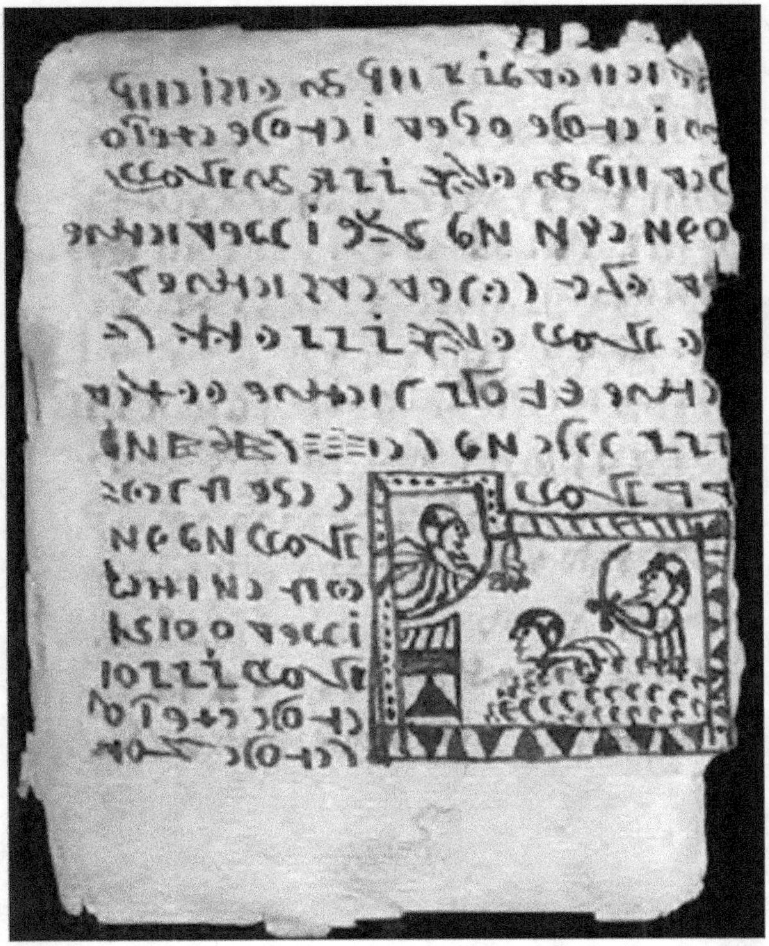

‹f005r°01--› {.‹.I.C.I.IX.CX.D.QV.HX.HY.I'I'G.U.CX.I.EB.IX.C.I'I'G.}
‹f005r°02--› {.‹.IX.C'F'O'R'CO.O.C.Q.CO'D.IX.C'F'O'R'CO.C'T.CO.IH.O.}
‹f005r°03--› {.‹.R.C.D.I'I'G.U.CX.K.J.J.QF.HX'H'HK.U.YX'QQ.}
‹f005r°04--› {.‹.O.QX.N.C.CC.N.N'QV.BG'J'C.CO.IX.W'CO'D.I.C.F.AD.CO.}
‹f005r°05--› {.‹.D.CX.AS.V.CX.C.L'X2.Q.CO'D'C'D.XB.I.C.F.AD.CO'D.}
‹f005r°06--› {.‹.CX.YX'QQ.CX.K.J.J.QF.HX'H'H.CX.XV.X.XV'X.L.K.}
‹f005r°07--› {.‹.C.F.AD.CO.CE.KK.O.RA.H.R.I.C'T.AD.CO.CX'CX.XV.C.D.}
‹f005r°08--› {.‹.H'H'H.Q'Q'R'C.N'QV.L.C.I.PF.PF.PF.L.B'CV.B'N.I.I.}
‹f005r°09R0› {.‹.DP'DP.YX'QQ.}
‹f005r°09i°› [Illūstrātiō: P-02:LRMS Abraham sacrificing Isaac before angel w/ small animal.]
‹f005r°09L0› {.C.C.S.CY.AC.R.Z.≈.}
‹f005r°10--› {.YX'QQ.N'QV.QX.N.}
‹f005r°11--› {.Z.AC.C.N.I.T'T.C.NG.}
‹f005r°12--› {.IX.W'CO'D.O.O.I.S'I.}
‹f005r°13--› {.YX'QQ.HX'H'H.O.I.}
‹f005r°14--› {.C'F'O'R'C.C'T.CO.IH.O.A.}
‹f005r°15--› {.L.C'F'O'R'C.AG.O.D.}

folio 5 verso

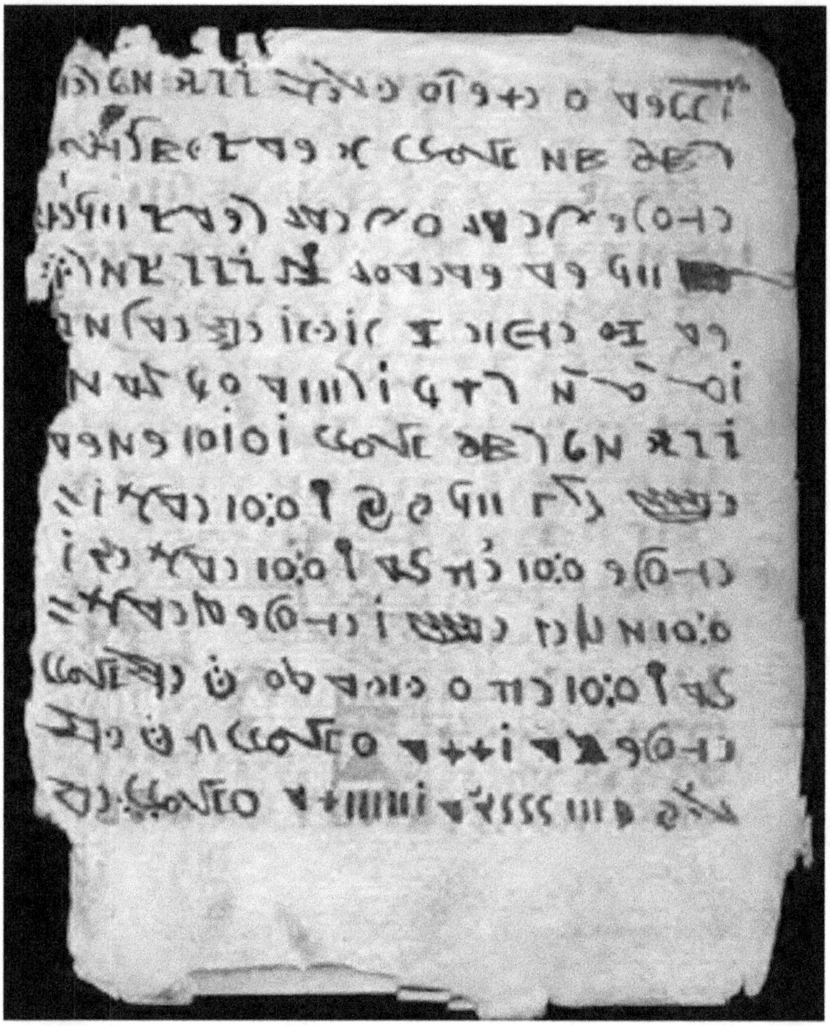

‹f005v°01--› {.IX.W'CO'D.O.C'T.CO.IH.O.CX.K.C.QF.HX'H'HK.N'QV.L.C.I.›.}
‹f005v°02--› {.L.B'CV.B'N.YX'QQ.Q.C.CO'D'HY.QX.B.R.F.AD.›.}
‹f005v°03--› {.C'F'O'R'CO.RT.C.D.K.O.RT.C.D.K.L.CO'D'HY.I'I'G.CX.I.›.}
‹f005v°04--› {.|.CO'D.|.I'I'G.CO'D'CO'D.C.D.O.K.J0.HX'H'H.HY.N.L.I'X5.}
‹f005v°05--› {.CO'D.NB.C'F'Q'I'C.BC.R.IX.Z.IX.C'XG.C'D'R.N.I.›.}
‹f005v°06--› {.IX.EA'X2'EA'X4'X2.N.L.TA.QT.IX.L.I'I'I.D.O.QT.AG'D.N.}
‹f005v°06t°› [Trānslātiō: "And crucified you on the cross, and on the third day, you arose again..."]
‹f005v°07--› {.HX'H'HK.N'QV.L.B'CV.YX'QQ.IX.O.IX.O.I.CO.N.CO'D.}
‹f005v°08--› {.C'M.K'A'A.I'I'G.C.Q.CQ.IG.O'X2'O'I.C'D'R'T.IX.≈.}
‹f005v°09--› {.C'F'O'R'CO.O'X2'O'I.C'I'T.S'D.IG.O'X2'O'I.C'D'R'T.C.XB.IX.}
‹f005v°10--› {.O'X2'O'I.N.XB.C.A.C'M.IX.C'F'O'R'CO.O.A.C'D'R'T.≈.}
‹f005v°11--› {.S'D.IG.O'X2'O'I.C'I'T.O.CX'I'CX'D.NG.O.NP.C.DB.YX'QQ.}
‹f005v°12--› {.C'F'O'R'CO.E.D.IX.T.T.D.O.YX'QQ.AC.NP.CX.DB.}
‹f005v°12t°› [Trānslātiō: "100 years and 20 years of the patriarch before..."]
‹f005v°13--› {.BG'J'C.C.Q.BV.I'I'I.S'S'S.XB'C'D.IX.I'I'I'I.T.D.O.YX'QQ.X4.C.DB.}
‹f005v°13t°› [Trānslātiō: "...3000 and 50 souls died..."]

folio 6 recto

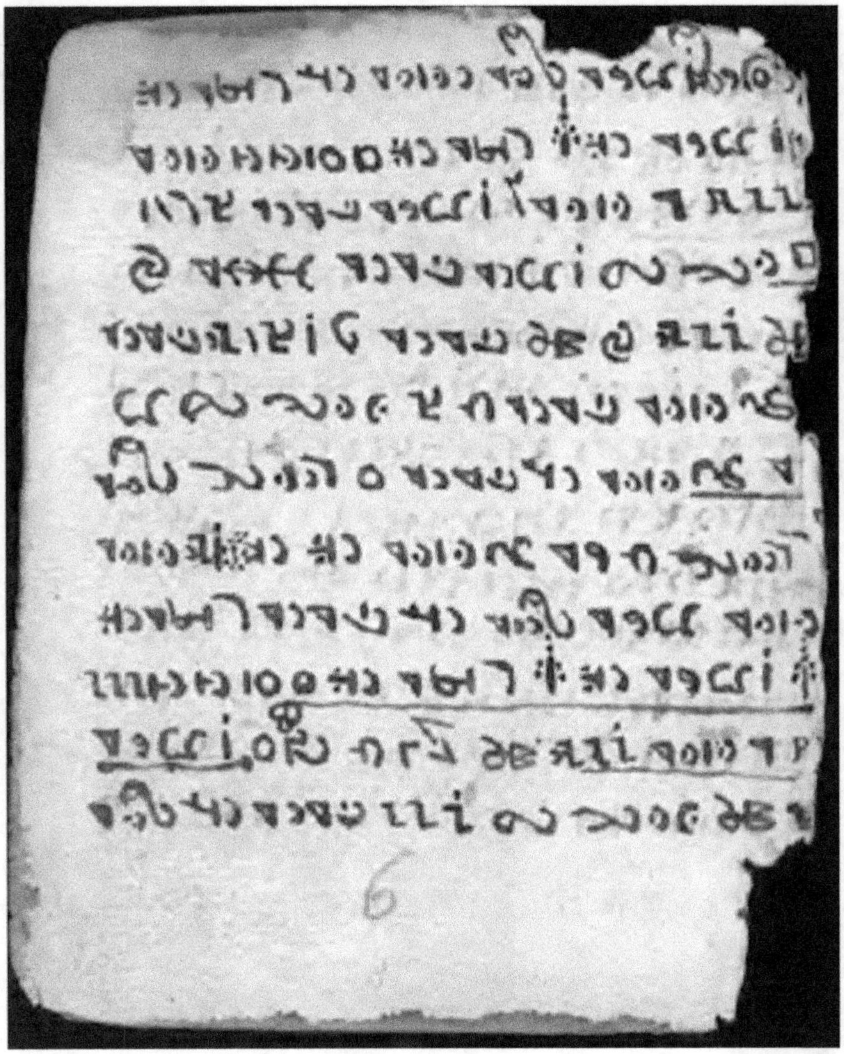

‹f006rº01--› {.‹.C.O.R.CO.NY.IX.W'CO'D.NY.CE.D.C.C.I.CX.D.C'BG.L.F.EO.D.C.F'X2.}
‹f006rº02--› {.‹.IX.W'CO'D.C.F.X4.I'X3.X2.L.F.EO.D.C.F'X2.O.O.I.CX.I.CX'I'CX'I'CX'D.}
‹f006rº03--› {.‹.H.H.XA.DP.CX'I'CX'D.EK.IX.W'CO'D.BZ.D.C.CO.HY.L.I.I.}
‹f006rº04--› {.‹./.XJ'CX.\.NK'NY.IX.W.C.D.BZ.D.C.D.Q.Q.Z.D.CQ.}
‹f006rº05--› {.‹.B'CV.HX'H'HK.CQ.B'CV.BZ.D.C.D.QV.IX.HY.I.HK.BZ.D.CO'D.}
‹f006rº06--› {.‹.U.CX'I'CX'D.BZ.D.C.D.AC.HY.QX.CX.NK'NY.W'CO'D.}
‹f006rº06fº› [Fissum: ‹f006rº06› .W. and ‹f006rº07› .CO'D.]
‹f006rº07--› {.«.88.».U.CX'I'CX'D.C'BG.D.C.D.O.L.C.CX.CU'C.NY.CE.D.}
‹f006rº08--› {.‹.LA.C.CX.NK.AC.CO'D.U.CX'I'CX'D.C.F'X2.C'XF'XX.IX.HK.CX'I'CX'D.}
‹f006rº09--› {.‹.CX'I'CX'D.W'CO'D.NY.C.C.D.C'BG.BZ.D.C.D.L.F.EO.D.C.F'X2.}
‹f006rº10--› {./.X2.I'X3.X2.IX.W'CO'D.C.F.X4.I'X3.X2.L.F.EO.D.C.F'X2.O.\.O.I.CX.IX.CX.I.H'H'H.}
‹f006rº11--› {.‹./.DP.CX'I'CX'D.HX'H'HK.\.B'CV.K'A'A.AC.BE'I'O./.IX.W'CO'D.\.}
‹f006rº12--› {.‹.B'CV.QX.CX.NK'NY.HX'H'H.BZ.D.C.D.C'BG.NY.CX.D.}

folio 6 verso

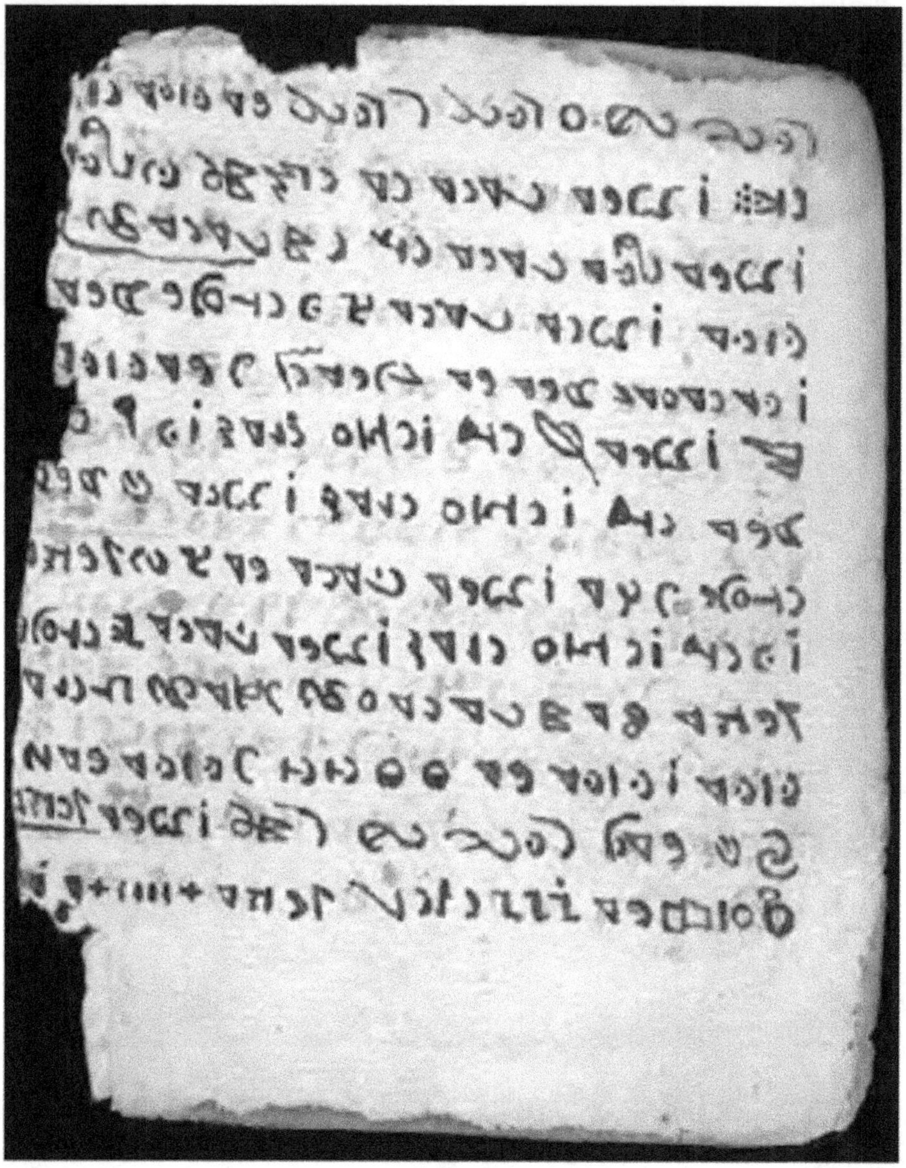

‹f006v°01--› {.L.CX.NK'NY.O.LA.CX.CU'C.L.LA.C.CU'C.CO'D.CX.I.O.D.C.I.}
‹f006v°02--› {.C'XF'XX.IX.W'CO'D.CU'D.C'D'C'D.C'IZ.B'CV.Z.NY.CX.›.}
‹f006v°03--› {.IX.W'CO'D.NY.CX.D.CU'D.C.D.C'BG.C.B./.CU'D.C.D.U.\.›.}
‹f006v°04--› {.CX'I'CX'D.IX.W.C.D.CU'D.C'D'HY.QX.C'F'O'R'CO.V.CO'D.›.}
‹f006v°05--› {.IX.CX'D'C'D'O'D'K.V'CO'D'CO'D.K.R.CO.D.C.AS.R.CO'D.CX'I'CX'D.›.}
‹f006v°06--› {.DB.IX.W'CO'D.PQ.C'BD.IX.C'XV'O.I.O.CC.K.D.CC.IX.QX.IG.O.›.}
‹f006v°07--› {.V.CO'D.C'BD.IX.C'XV'O.I.O.C.K.D.CC.IX.W.C.D.BK.V.CO.XB.›.}
‹f006v°08--› {.C'F'O'R'CO.O.R.CC.D.IX.W'CO'D.BZ.D.C.D.CO'D'HY.Z.A.CO.I.BO.I.›.}
‹f006v°09--› {.IX.QX.C'BD.IX.C'XV'O.I.O.C.K.D.CC.IX.W'CO'D.BZ.D.C.D.HK.C'F'O'R'CO.›.}
‹f006v°10--› {.A.CO.I.BO.D.BF.D.B'CV.D.C.D.O.U.XI'D.U.AC.C.K.D.›.}
‹f006v°11--› {.CX'I'CX'D.IX.CX'I'CX'D.CO'D.O.PT.CX.I.CX.I.R.CX'I'CX'D.CO'D.N.›.}
‹f006v°12--› {.CQ.BK.CO'D.C.R.L.CX.NK'NY.L.B'CV.IX.W'CO'D./.A'C'I'BO.\.›.}
‹f006v°13--› {.AV.O.I.XJ'XJ.CO'D.HX'H'H.C.I.C.KB.A.C'I'T.D.T.I'I'I'I.T.D.C.D.›.}

folio 7 recto

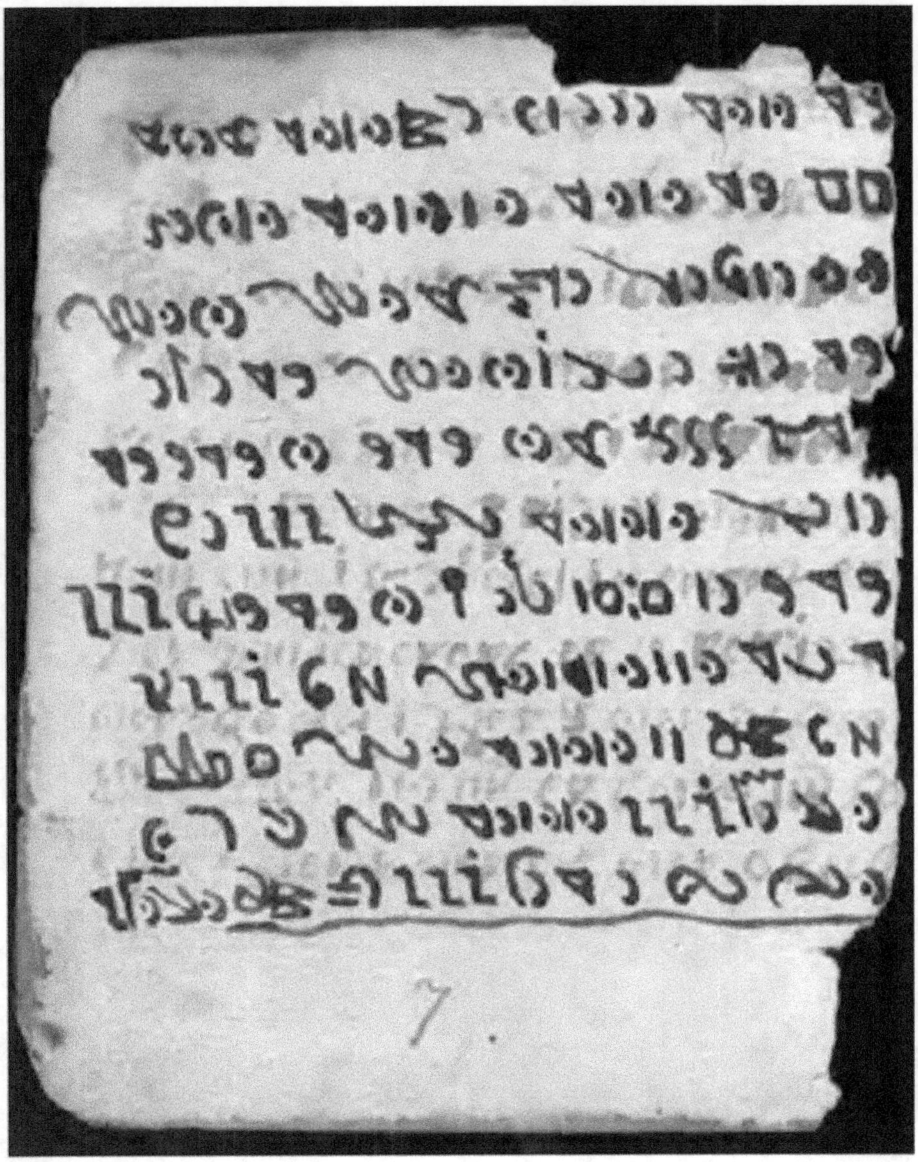

‹f007r°01--› {.CO'D.CX'I'CX'D.C.C.C'I'Q.L.B.CX'I'CX'D.V.Z.V.}
‹f007r°02--› {.TP.TP.CO'D.CX'I'CX'D.CX'I'CX'I'CX'D.CX.Z.C.S.}
‹f007r°03--› {.CX'CX.C.I.G.C.KB.C'IZ.V.CX'NE.Z.CX'NE.}
‹f007r°04--› {.CO'D.C.F'X2.C.CU'C.IX.Z.CX'NE.CO'D.C.A.C.}
‹f007r°05--› {.‹.D.HY.S'S'ST.V.Z.CO'D'CO.Z.CO'D'CO.CO'D.}
‹f007r°06--› {.C.I.CU'I.CX'I'CX'I'CX'D.NE.H'H'H.C.RO.}
‹f007r°07--› {.CO'D'CO.C.I.O'X2'O'I.NG.C.IG.Z.CO'D'CO.QT.HX'H'H.}
‹f007r°08--› {.DP.CU'D.CX.I.I.CX.I.D.I.NE.X.N'QV.HX'H'H.HY.}
‹f007r°09--› {.N'QV.B'CV.I.I.CX'I'CX'I'C'D.CX'NE.O'XM.}
‹f007r°10--› {.CX.KA.C.AS.HX'H'H.CX'I'CX'I'C'D.NE.BK.L.QX.}
‹f007r°11--› {./.CX.NK'NY.C.D.C.R.HX'H'H.BU.B'CV.\.CX.KA.CX.AS.X.}

folio 7 verso

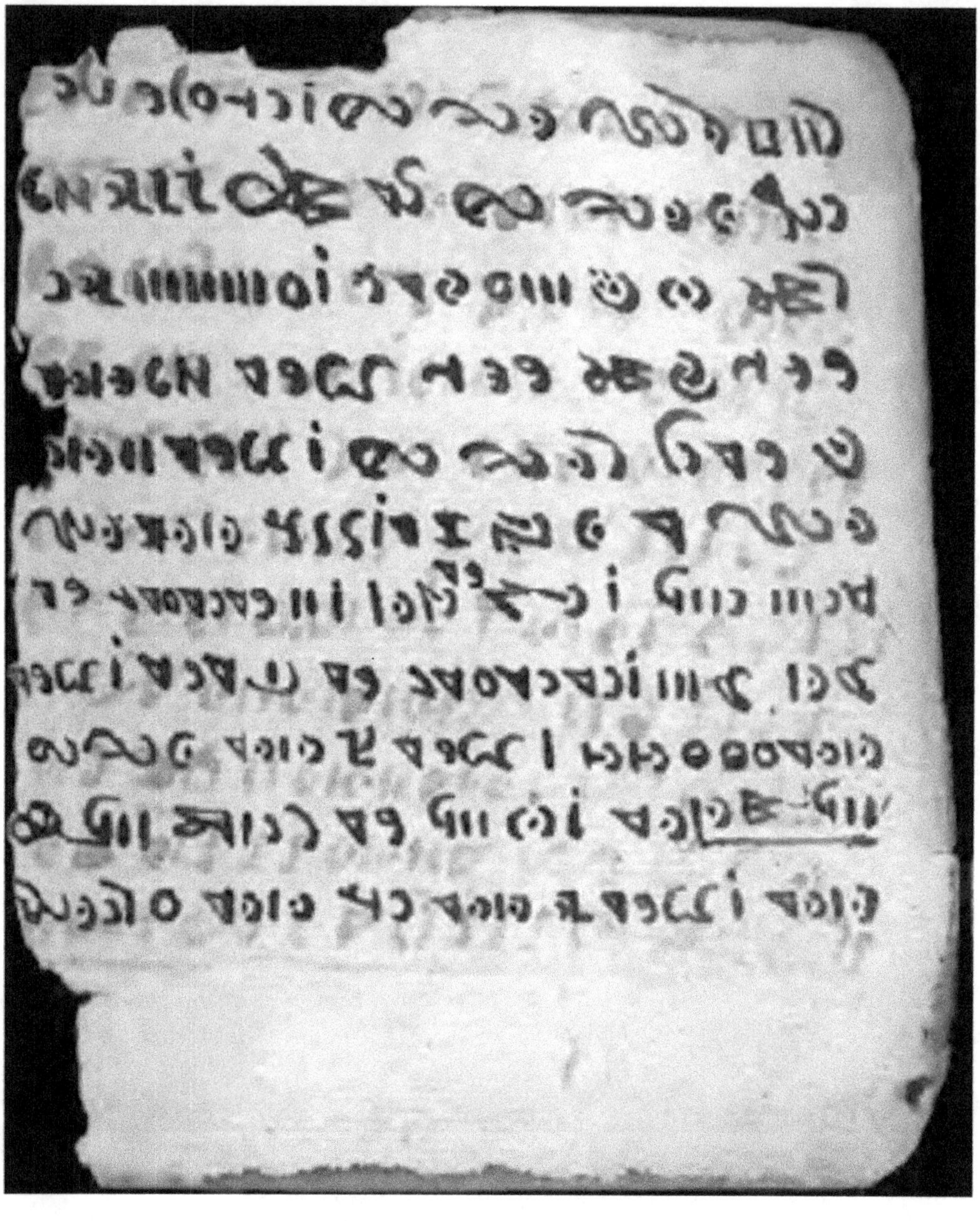

‹f007v°01--› {.L.I'I'XJ.CX.NE.CX.NK'NY.IX.C'F'O'R'CO.NG.C.›.}

‹f007v°02--› {.CO.JR.QX.CX.NK'NY.S'D.B'CV.HX'H'HK.N'QV.›.}

‹f007v°03--› {.L.B'CV.Z.NP.X2.I'I'I.O.C.Q.D.LT.IX.O.I'I'I'I'I'I'I.HK.C.›.}

‹f007v°04--› {.CO'CE'XC.CQ.B'CV.CO'CE'XC.W'CO'D.N'QV.CE.I.CX.I.›.}

‹f007v°05--› {.BK.CO'D.C.R.L.CX.NK'NY.IX.W'CO'D.I.I.CX.I.C.›.}

‹f007v°06--› {.CX'NE.D.QX.BK.J.X.BC.D.IX.S'S'ST.CX'I'CX'D.CX'NE.}

‹f007v°07--› {.HR.C.I'I'I.C.I'I'G.IX.CA.BO.CO'D.C.A.CX.IX.IX.I.I.CO'D'C'D'O'D'K.CO'D.}

‹f007v°08--› {.V.CX.I.V.I'I'I.IX.C'D'C'D'O'D'K.CO'D.BK.D.C.D.IX.W'CO'D.}

‹f007v°09--› {.CX'I'CX'D.O.O.PT.CX.I.CX.I.I.W'CO'D.HY.CX'I'CX'D.QX.NK'NY.}

‹f007v°10--› {./.I'I'G.B.CX.I.\.CX.D.IX.Z.I'I'G.CO'D.L.C.I.DB.I'I'G.}

‹f007v°11--› {.CX'I'CX'D.IX.W'CO'D.HK.CX'I'CX'D.C'BG.CX'I'CX'D.O.LA.C.CX.CU'C.}

folio 8 recto

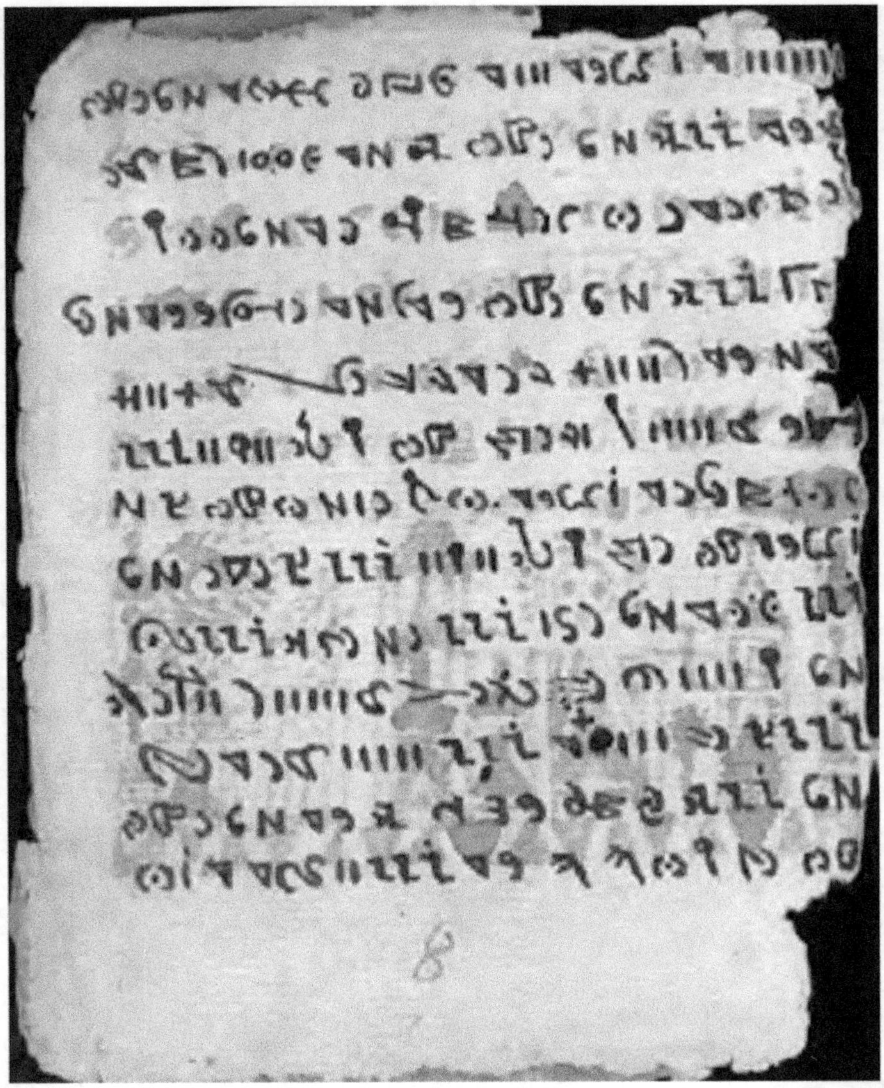

‹f008rº01--› {.‹.I'I'I'I'I'I.D.IX.W'CO'D.I'I'I.D.QV'KE'BB.Q.Q.Z.D.N'QV.C.Q.C.Q.}
‹f008rº02--› {.‹.U.CO'D.HX'H'HK.N'QV.C.NU.C.Q.HF.O.N.D.QX.O'X2'O'I.L.B.V.C.}
‹f008rº03--› {.‹.C.HM.QX.C.D.C.Z.R.L.BG.B.BH.C.D.N'QV.CX'CX.IG.}
‹f008rº04--› {.‹.RA.RA.HX'H'HK.N'QV.C.NU.C.Q.CO'D'R'N'D.C'F'O'R'CO.CO'D.N.Q.C.}
‹f008rº05--› {.‹.D.N.CO'D.L.I'I'I'I.T.K.C.D.K.KK.C.QS.V.T.I'I'I.T.}
‹f008rº06--› {.‹.CO.V.I'I'I'I'I.IG.I.XB.C'IZ.NU.C.A.IG.NG.C.I'I'G.I.I.HX'H'H.}
‹f008rº07--› {.‹.Q.CX.I.B.TI.C.D.IX.W'CO'D.Z.A'O.C'I'N.Z.NU.C.Q.HY.N.}
‹f008rº08--› {.‹.IX.W'CO'D.NU.C.Q.C'IZ.IG.NG.C.I.I.IG.I.I.HX'H'H.HY.C.D.C.N'QV.}
‹f008rº09--› {.‹.HX'H'H.QX.CX.D.N'QV.C.S.I.HX'H'H.C.N.C.A.XV.C.HX'H'H.AD.O.}
‹f008rº10--› {.‹.N'QV.IG.I'I'I'I.EX.NZ.CU'C.IR'JB.V.I'I'I'I'I.L.I'I'IU'C.BT.C.}
‹f008rº11--› {.‹.HX'H'H.HY.C.≈.I'I'I.O.T.D.HX'H'H.I'I'I'I'I.V.C.D.EV.}
‹f008rº12--› {.‹.N'QV.HX'H'HK.CQ.B'CV.CO'CE'XC.HK.CO'D.N'QV.C.NU.C.Q.}
‹f008rº12tº› [Trānslātiō: "...there by God, the Roman hill(s) were given..."]
‹f008rº13--› {.‹.NU.C.A.C.A.IG.Z.XF.XF.CO'D.HX'H'H.I.I.U.D.D.IX.Z.}

folio 8 verso

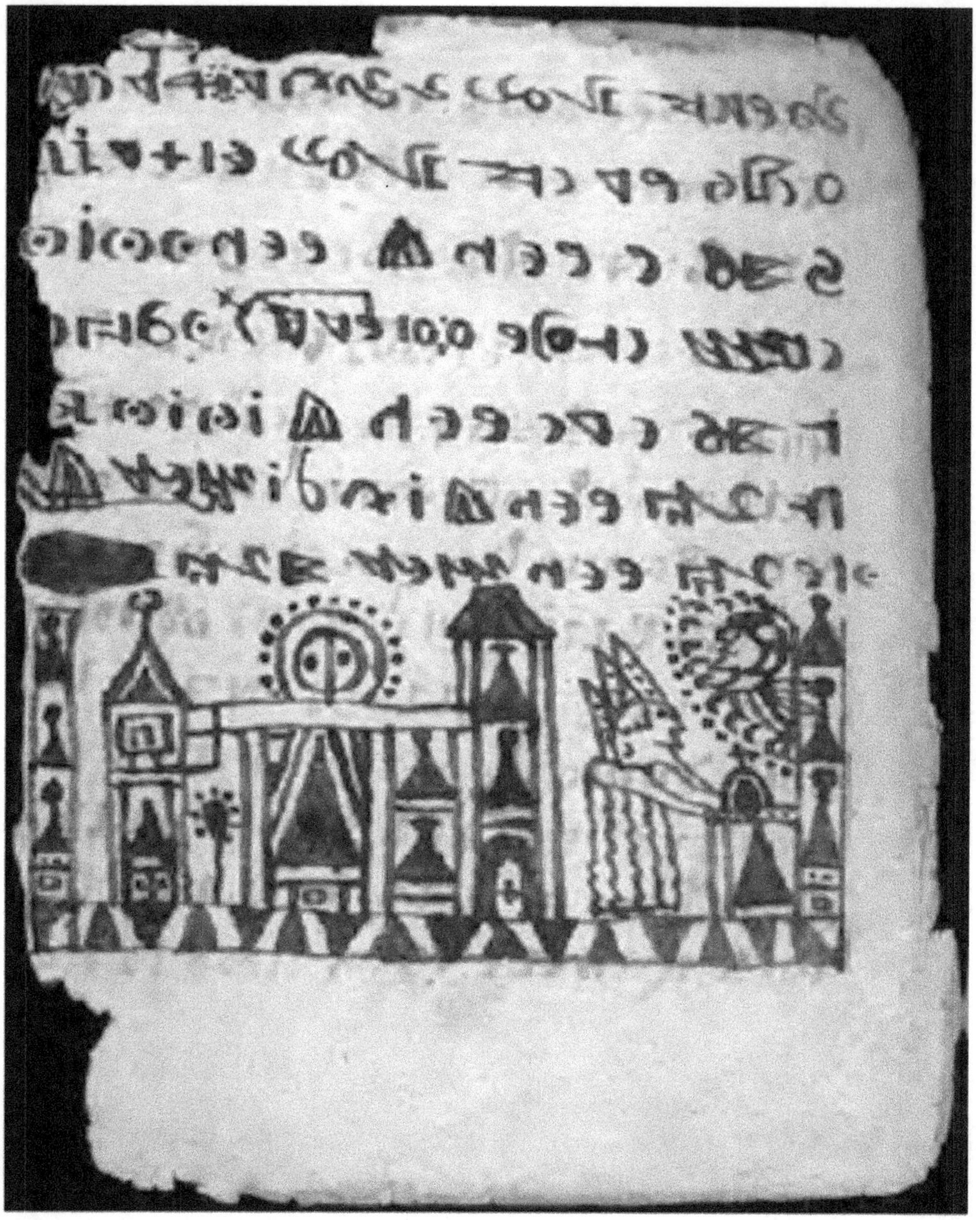

‹f008vº01--› {.UD.CO.XA.DB.YX'QQ.QS.U.RT.D.((.OT.)).DP.IU.C.D.C'M.}
‹f008vº02--› {.O.C.NU.C.Q.CO'D.C'DB.YX'QQ.CY.I.T.D.HX'H'H.}
‹f008vº03--› {.CQ.B'CV.CO.CO'CE'XC.XU.CO'CE'XC.QX.Z.IX.Z.}
‹f008vº04--› {.C'M.C'F'O'R'CO.O'X2'O'I.CO'D.D'R'T.QX.QV'KE'BB.}
‹f008vº05--› {.DP.B'CV.C.D.C.CO'CE'XC.XU.IX.Z.IX.Z.HK.›.}
‹f008vº06--› {.AC.BA.CO'CE'XC.XU.IX.RT.QV.IX.BA./.CE'D'XU.\.≈.}
‹f008vº07--› {.QX.I.CO.BA.CO'CE'XC.BA.A.CE.D.B'BA.}
‹f008vº07iº› [Illūstrātiō: P-03:LCLR Priest in temple at altar before angel.]

folio 9 recto

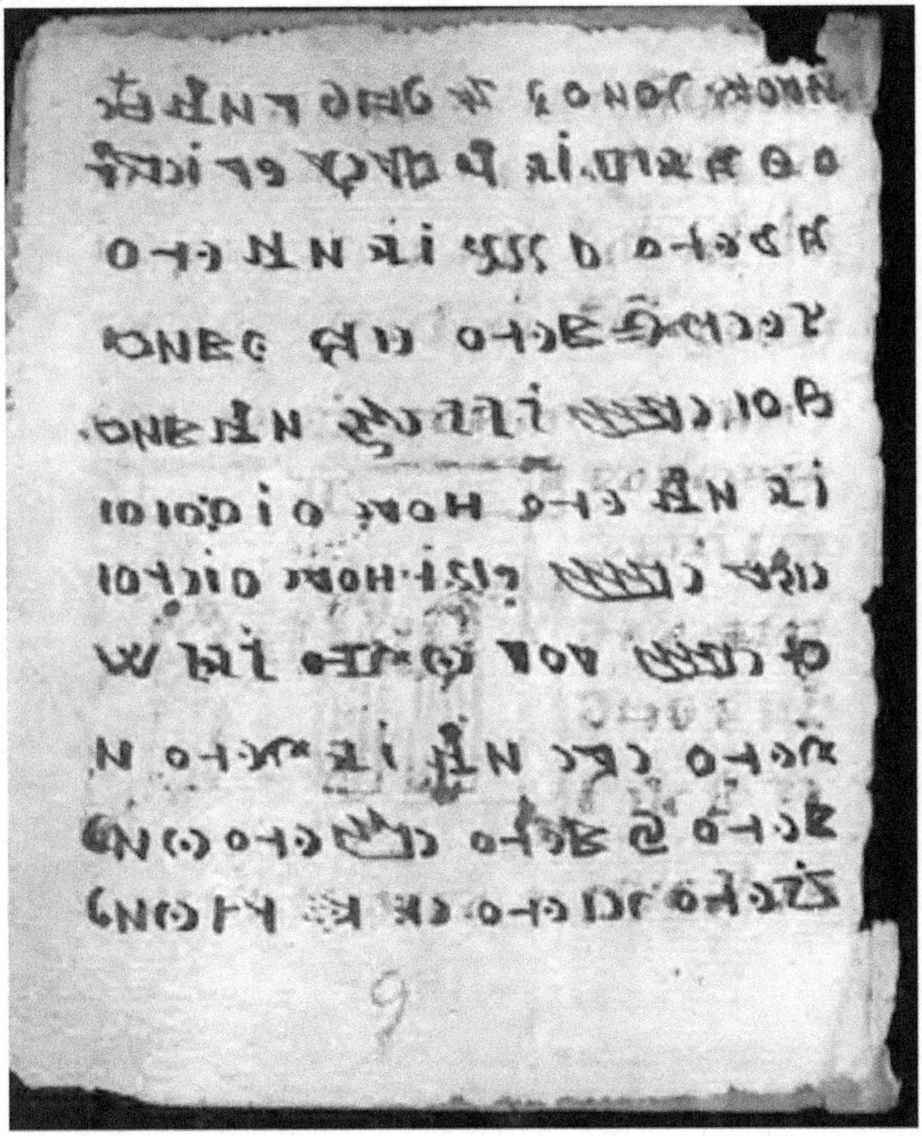

‹f009r°01--› {.N.D'O'D.R.R.O.N.O.QT.AG'D.QV'KE'BB.DP.N'J0'C0.}

‹f009r°02--› {.O.OX.NA.HK.LA.XJ.IX.HK.BH.XJ'D'CO'BY.CO'D.IX.C'D'O'D.}

‹f009r°03--› {.NA.V.CX'F'O.CD.S.S.ST.IX.HK.N'J0.CX'F'O.}

‹f009r°04--› {.HY.CX.C.F.Q.BU.B.CX'F'O.CX.I.Y.QX.B'N.EU.}

‹f009r°05--› {.DC'R.O.I.C'M.HX.H.XC.YE.N'J0.B'N.EU.}

‹f009r°06--› {.IX.HK.N'J0.CX.XV.CO.XH'O'D.C.O.IX.O'X2'O'I.O.I.}

‹f009r°07--› {.C.I.XB.D.C'M.CO.I.S.IX.XH'O'D.C.O.IX.C'XV.O.I.}

‹f009r°08--› {.EQ.C'M.D'O'D.Z'RT'NB.HX.HF'H.XL.}

‹f009r°09--› {.RT.CX'F'O.C.D.C.N'J0.IX.HK.RT.CX'F'O.N.}

‹f009r°10--› {.B.CX'F'O.CQ.B.CX'F'O.C'M.CX'F'O.Z.N.}

‹f009r°11--› {.XW'X.CX'F'O.R.X.XJ.CX'F'O.C.F'X2.XF'XX.XV'EY.Z.N'QV.}

folio 9 verso

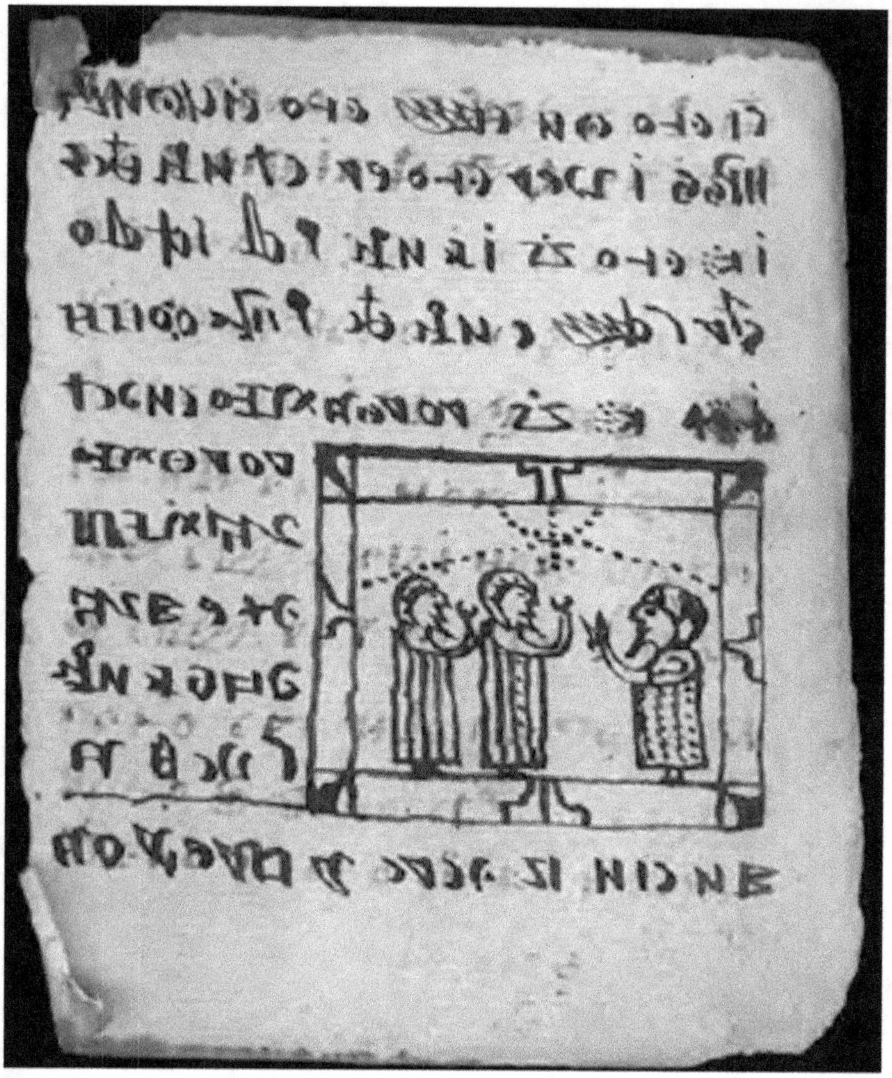

‹f009v°01-->   {.C.I.CX'F'O.Z.N.C'M.CX.IJ.O.CX.IX.XB.Z.N.K'A'A.}
‹f009v°02-->   {.I'I'G.C.Q.C.Q.IX.W'CO'D.CX'F'O.CO'D.C.TA.N'J0'C0.XB.}
‹f009v°03-->   {.IX.XF'XX.CX'F'O.XW'X.IX.HK.N'J0.IG.TU.I.LJ.TU.O.}
‹f009v°04-->   {.C.A.D.L.C'M.CO.N'J0'C0.IG.I.I'AG.C.O'X2'O'I.H'HF'H.}
‹f009v°05-->   {.O.XX.DP.XF'XX.XW'X.D'O'D.Z.NA.RT'NB.C.N'QV.C.TA.}
‹f009v°06i°›   [Illūstrātiō: P-04:LRLS Abraham, Isaac, & Jacob; Priestly Blessing.]
‹f009v°06-->   {.D'O'D.Z'RT'NB.}
‹f009v°06t°›   [Trānslātiō: "Hear the holy Word..."]
‹f009v°07-->   {.BA.RT'HF'HS.}
‹f009v°07t°›   [Trānslātiō: "...of Saint John..."]
‹f009v°08-->   {.QX.T.CO.B'BA.}
‹f009v°08t°›   [Trānslātiō: "...in his tenth chapter..."]
‹f009v°09-->   {.QV'KE'BB.HK.N'J0.}
‹f009v°10-->   {./.L.C.R.C.BW.NA.\.}
‹f009v°11-->   {.B'N.C'I'N.I'AG.QX.CE.D.C.V.XJ'D'CO'BY.O.NA.}

folio 10 recto

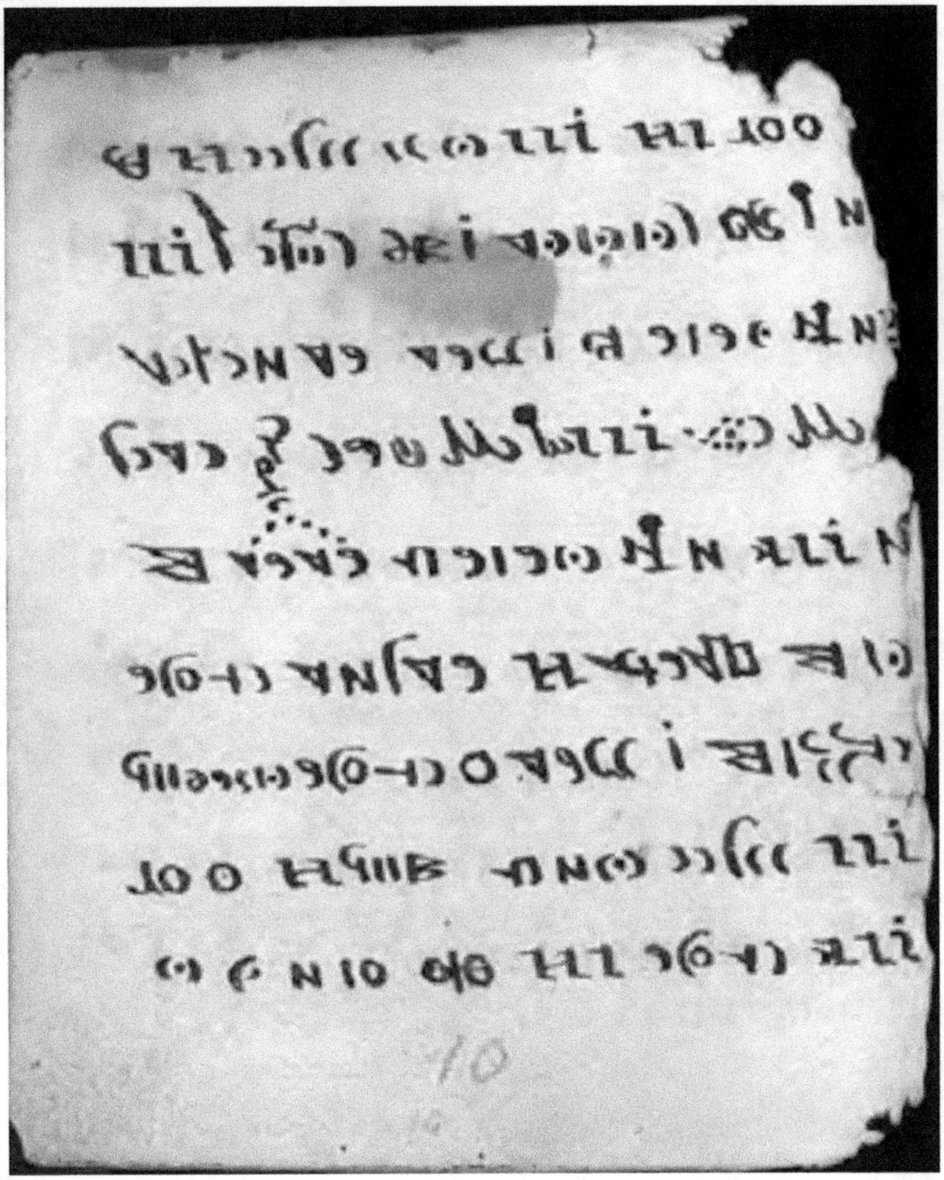

‹f010r°01--> {.‹.O'O'P.H'HF'H.HX'H'H.Z.Q.I.Q'Q'R'C'C.HF'H.BR.}
‹f010r°02--> {.‹.N.IG.UD.L.CX'I'CX'I'CX'D.IX.B'CV.L.I'I'IU'C.BT.HX'H'H.}
‹f010r°03--> {.‹.HY.N'J0.QX.CO'I'CO.Y.IX.W'CO'D.CO'D.N.C.BT.C.KB.}
‹f010r°04--> {.‹.TE.NX.C.XX.HX'H'H.AC.IG.TE.NX.BK.CO.C.C'XV.OB.I.CO.C.D.C.RB.}
‹f010r°04n°› [Notā Bene: Symbols .C'XV.OB.I.CO. written vertically downward.]
‹f010r°05--> {.‹.N.HX'H'H.N'J0.Z.CO'I'CO.AC.(.CO'D'CO'D.).DB.}
‹f010r°06--> {.‹.CX.I.DB.XJ'D'CO'BY.HF'H.CO'D'R'N'D.C'F'O'R'CO.}
‹f010r°07--> {.‹.C'BP.I.DB.IX.W'CO'D.O.C'F'O'R'CO.CX.I.S.CO.CV.I'I'G.}
‹f010r°08--> {.‹.HX'H'H.Q'Q'R'C'C.Z.N.AC.B.I'I'G.HF'H.O'O'P.}
‹f010r°09--> {.‹.HX'H'HK.C'F'O'R'CO.H'HF'H.OC.O.I.N.QX.Z.}

folio 10 verso

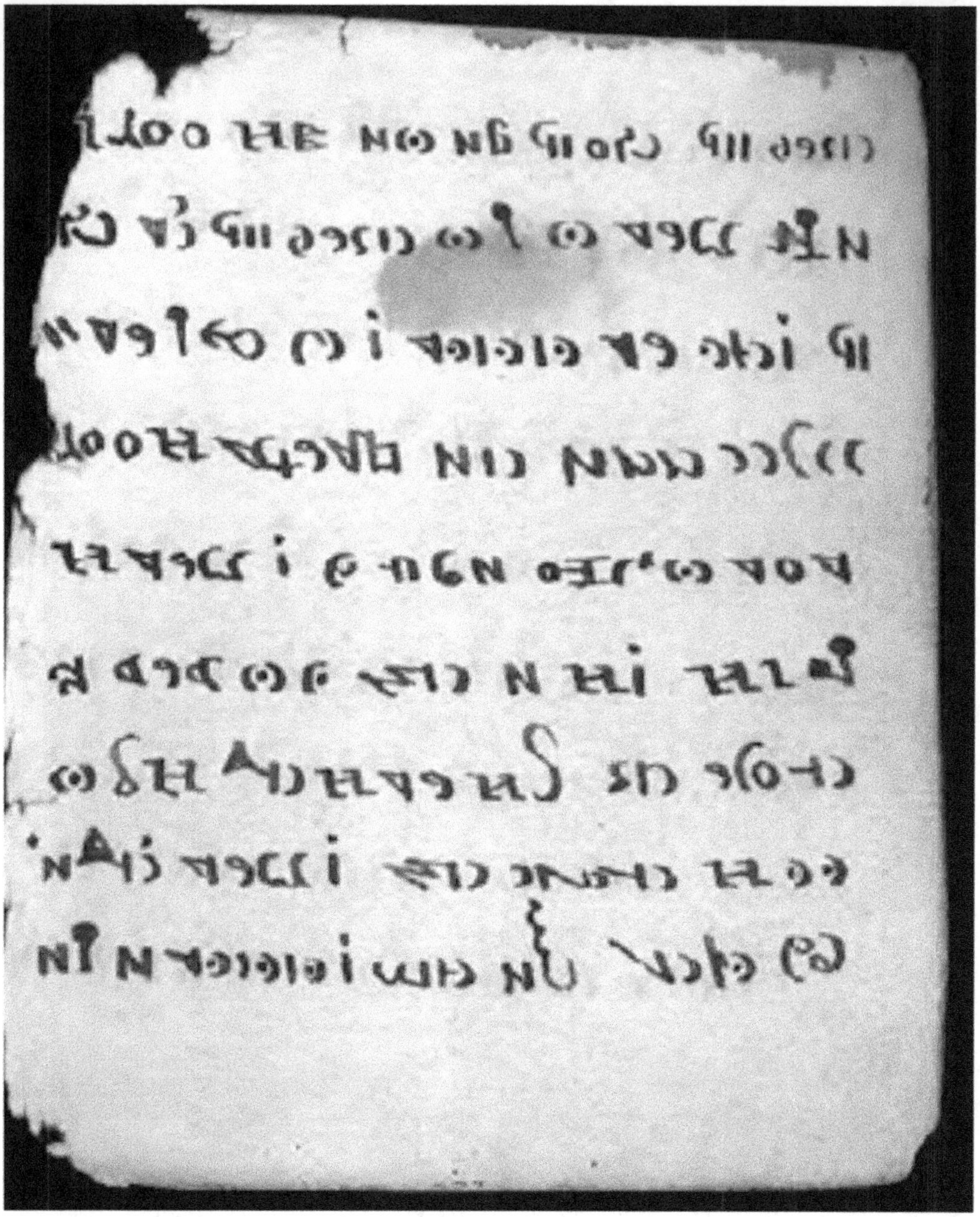

‹f010v°01--> {.C.I.S.CO.CV.I'I'G.C.EK.O.I.G.B'N.Z.N.B.HF'H.O'O'P.HX.›.}
‹f010v°02--> {.N'J0.W'CO'D.Z.IX.Z.C.I.A.CO.C.Q.I'I'G.C.CO'D.CU.EK.›.}
‹f010v°03--> {.I.G.IX.C'EY.CX.CO'D.CX'I'CX'I'CX'D.IX.C.Q.OB.Q.IG.CO'D.≈.}
‹f010v°04--> {.Q'Q'R'C'C.XO.XO.N.C'I'N.XJ'D'CO'BY.HF'H.O'O'P.}
‹f010v°05--> {.D'O'D.Z'RT'NB.N'QV.AC.QX.IX.W'CO'D.HF'H.}
‹f010v°06--> {.BH.H'HF'H.IX.HF'H.N.C'IZ.QX.Z.V.CO.V.Y.}
‹f010v°07--> {.C'F'O'R'CO.C.A.S.S.HF'H.CO'D.HF'H.C'BD.HF'H.S'O.Z.}
‹f010v°08--> {.CX'CX.HF'H.C'XV'OB'I'C.C'IZ.IX.W'CO'D.IX.BD.N.X.}
‹f010v°09--> {.CV'RO.CX.II.C.K.NG.N.CX.I.K'BL.IX.CX'I'CX'I'CX'D.N.IG.N.}

folio 11 recto

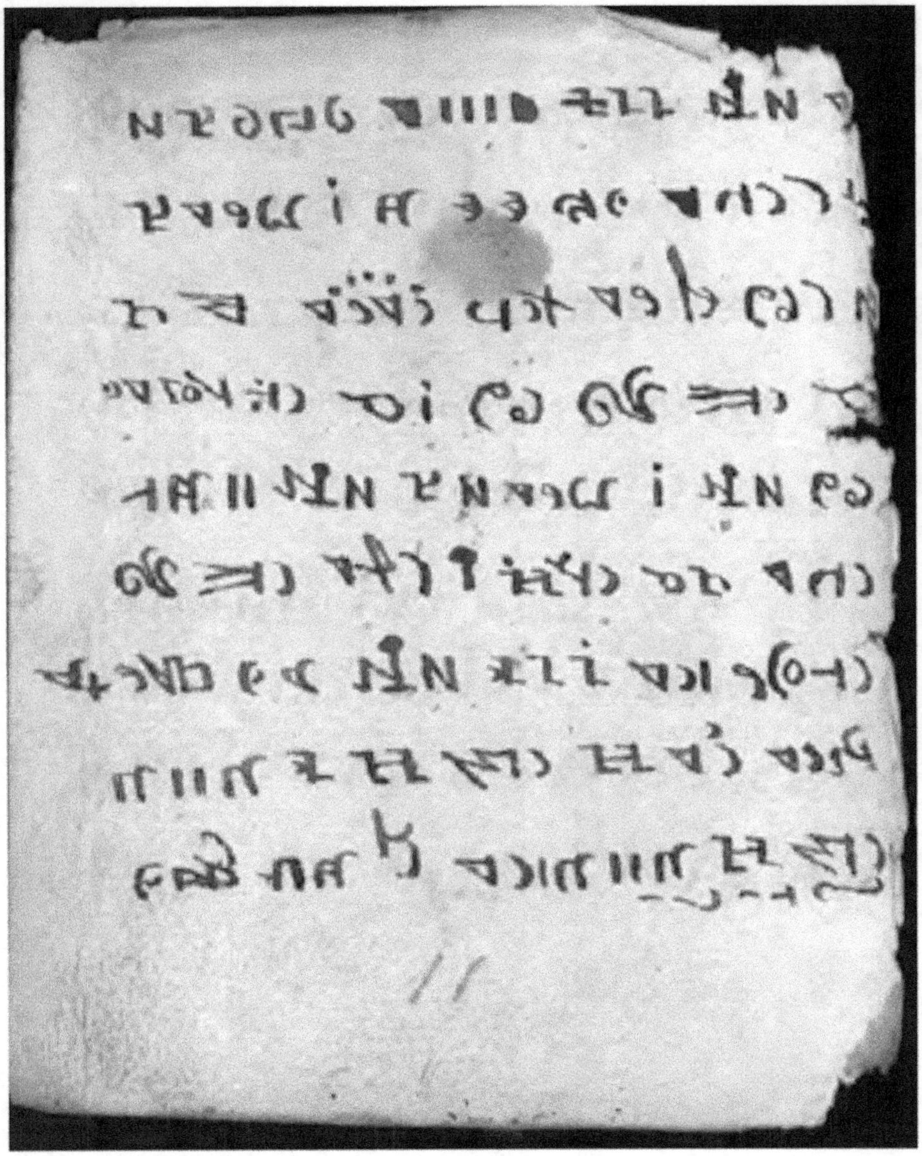

‹f011r°01--› {.‹.D.N'J0.H'H'HF.BV.I'I'I.D.QV'KE'BB.HY.N.}

‹f011r°02--› {.‹.J0.L.C'XC'D.QX.Y.CY.CY.NA.IX.W'CO'D.HY.}

‹f011r°02t°› [Trānslātiō: "...Jesus, on the Sabbath in Jerusalem. The twelve apostles had come..."]

‹f011r°03--› {.‹.N.L.CV.RO'C.AB.CO'D.EY'J.C.IJ.(.C'D'CO'D.).DB.HM.}

‹f011r°04--› {.‹.OB.C.XN.UD.CV'RO.IX.OB.C.F'X2.XV.O.A.D.CX.}

‹f011r°05--› {.‹.CV'RO.N'J0.IX.W'CO'D.N.HY.N'J0.I.I.NA.XP.}

‹f011r°06--› {.‹.C'XC'D.HM.OB.C'BG.HF.HX.IG.L.IK'D.C.XN.UD.}

‹f011r°07--› {.‹.C'F'O'R'CO.I.C.D.HX'H'HK.N'J0.V.QX.XJ'D'CO'BY.}

‹f011r°08--› {.‹.G.S.CO'D.C.CO'D.HF'H.C'IZ.HF'H.HK.BQ.I.I.BQ.}

‹f011r°09--› {.C'IZ.HF'H.BQ.I.I.BQ.I.C.D.TL.NA.AC.TL.BQ.QE.}

‹f011r°10--› {.CU.RB.F.J.CU.J.}

‹f011r°10n°› [Notā Bene: Symbols rendered .CU.RB.F.J.CU.J. are approximate; perhaps underlined.]

folio 11 verso

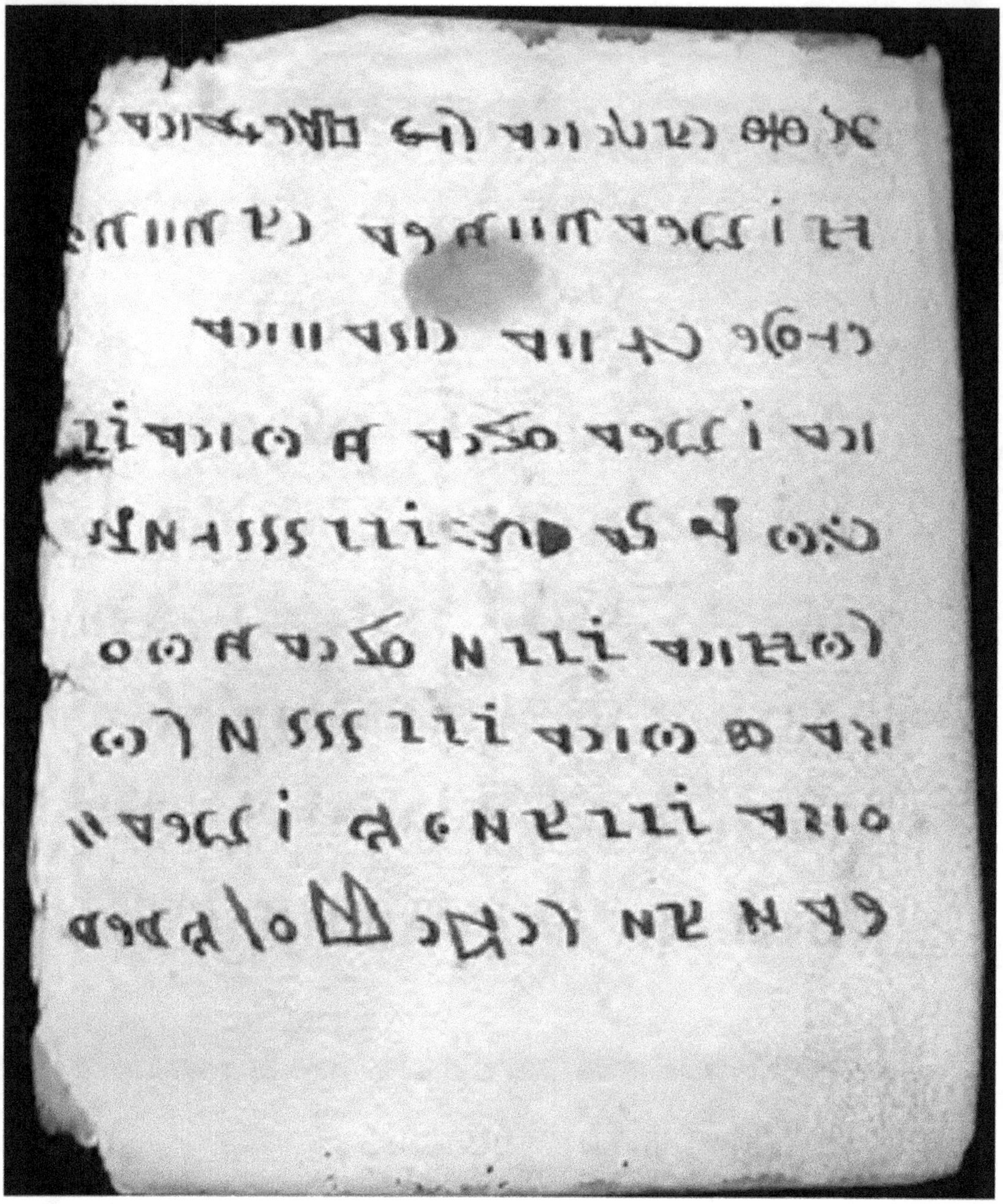

‹f011v°01-->   {.RO'C.OC.L.HY.NG.C.I.C.D.L.F.G.XJ'D'CO'BY.I.C.D.C.›.}
‹f011v°02-->   {.HF'H.IX.W'CO'D.BQ.I.I.BQ.CO'D.C.HY.BQ.I.I.BQ.≈.}
‹f011v°03-->   {.C'F'O'R'CO.CU'F.I.S.D.C.I.S.D.I'I'I.C.D.«.00.».}
‹f011v°04-->   {.I.C.D.IX.W'CO'D.O'AG.C.D.NA.Z.I.C.D.HX.H.}
‹f011v°05-->   {.CU.X2.Z.BH.S'D.BV.QF.HX'H'H.S'S'S.XP.N'J0.}
‹f011v°06-->   {.L.Z.HF'H.I.C.D.HX'H'H.N.O'AG.C.D.NA.Z.O.}
‹f011v°07-->   {.I.EB.D.XQ.Z.I.C.D.HX'H'H.S'S'S.N.L.Z.}
‹f011v°08-->   {.O.I.EB.D.HX'H'H.HY.N.QX.Y.IX.W'CO'D.≈.}
‹f011v°09-->   {.CO'D.N.HY.N.L.C.MB.C.QP.O.II.Y.V.CO.V.}

folio 12 recto

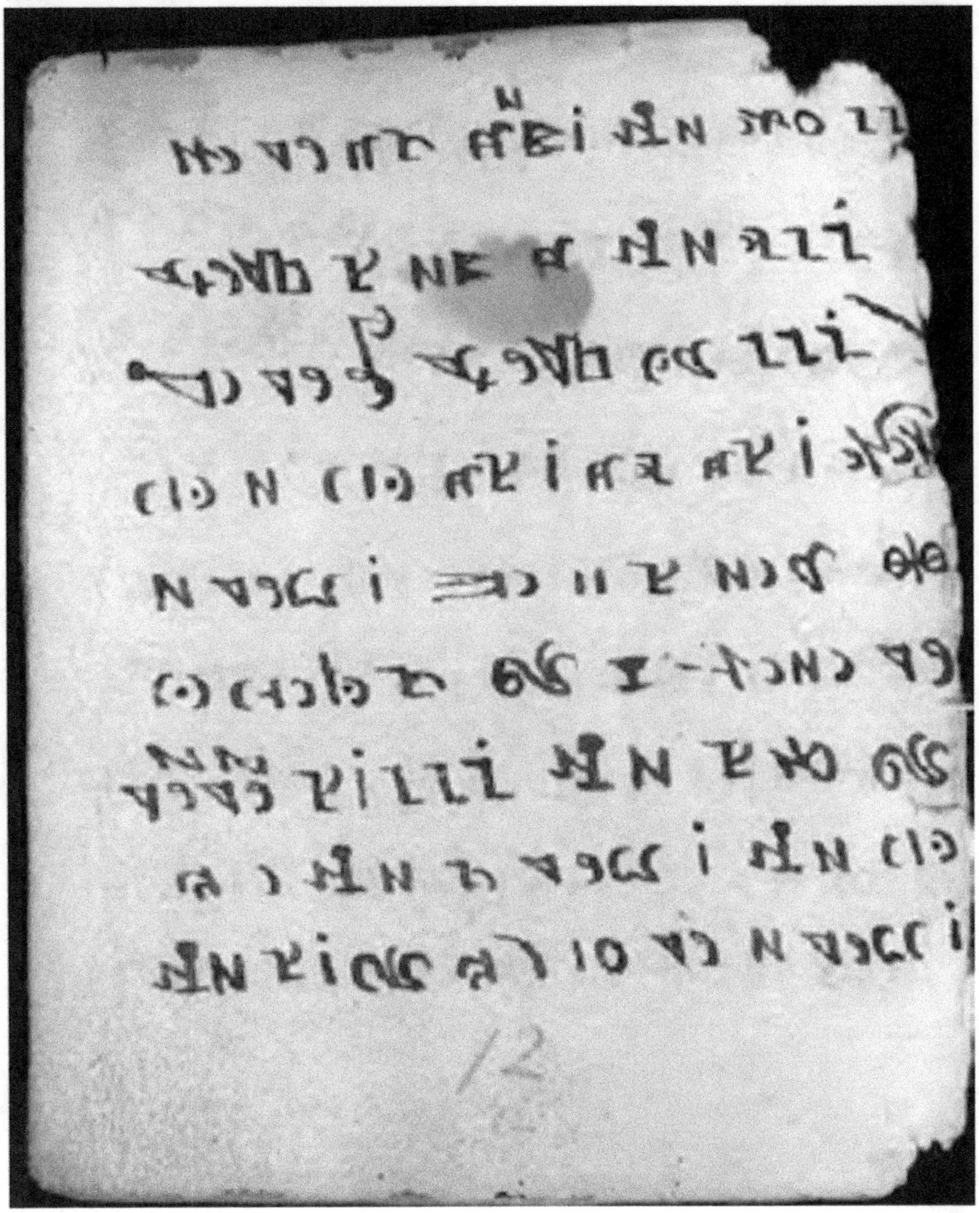

‹f012r°01--›	{.‹.H.H.O.IR'ML'C.N'J0.IX.B'N.NA.HM.BQ.CO'D.C.AA.}
‹f012r°01n°›	[Notā Bene: In above sequence, .IX.B.N.NA., symbol .N. is over and between .B. and .NA.]
‹f012r°02--›	{.‹.HX'H'HK.N'J0.NA.B'N.HY.XJ'D'CO'BY.}
‹f012r°03--›	{.‹.KB.HX'H'H.V.QX.XJ'D'CO'BY.C.A.CO.CO'D.C'D'O.}
‹f012r°04--›	{.‹.EY'J.C.QD.CO.IX.HY.NA.HK.NA.IX.HY.NA.CX'I'Q.N.CX'I'Q.}
‹f012r°05--›	{.‹.OC.V.C.N.HY.I.I.C.XN.IX.W'CO'D.N.}
‹f012r°06--›	{.‹.CO'D.C.N.C.AG.XT.BC.UD.HM.CX.BT.C.F.Q.Z.}
‹f012r°07--›	{.‹.UD.CU.A.HY.N'J0.HX'H'H.IX.HY.CO'D'CO'D.}
‹f012r°08--›	{.‹.CX'I'Q.N'J0.IX.W'CO'D.HM.N'J0.C.Y.}
‹f012r°09--›	{.‹.IX.W'CO'D.N.CO.X.D.O.I.L.Y.UD.IX.HY.N'J0.}

folio 12 verso

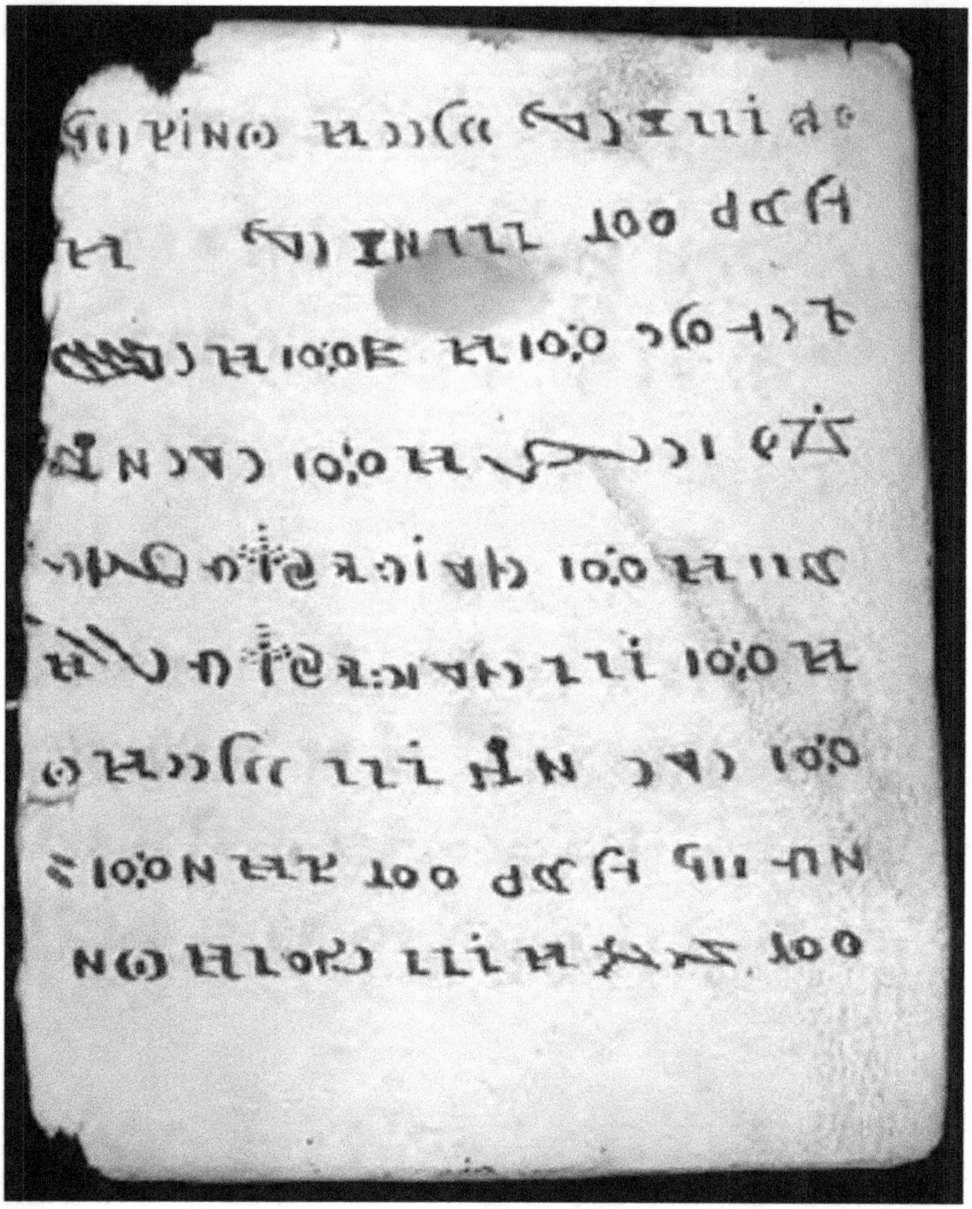

‹f012v°01--> {.QX.Y.HX'H'H.BC.C'D'R.Q'Q'R'C'C.HF'H.Z.N.IX.HY.I'I'G.›.}

‹f012v°02--> {.F.R.V.OD.O'O'P.H'H'H.N.BC.C'D'R.«.00.».HF'H.›.}

‹f012v°03--> {.HM.C'F'O'R'CO.O'X2'O'I.HF'H.B'O'X2'O'I.HF'H.C'M.›.}

‹f012v°04--> {.XW'X.QX.I.C.CU'C.X2.HF'H.O'X2'O'I.C.D.C.N'J0.›.}

‹f012v°05--> {.V.I.I.HF'H.O'X2'O'I.CX.I.D.IX.L'X2.HK.CQ.X4.I'X3.X4.AC.YD.CX.}

‹f012v°06--> {.HF'H.O'X2'O'I.HX'H'H.C'EY.D.HA.X2.HK.CQ.X4.I'X3.X4.AC.CU.CU'IR.HF'H.}

‹f012v°07--> {.O'X2'O'I.C.D.C.N'J0.HX'H'H.Q'Q'R'C'C.HF'H.Z.}

‹f012v°08--> {.N.AC.I'I'G.F.R.V.OD.O'O'P.HY.HF'H.N.O'X2'O'I.≈.}

‹f012v°09--> {.O'O'P.AG.C.BG'XS.HF'H.HX'H'H.BE'I'O.H'HF'H.Z.N.N.}

folio 13 recto

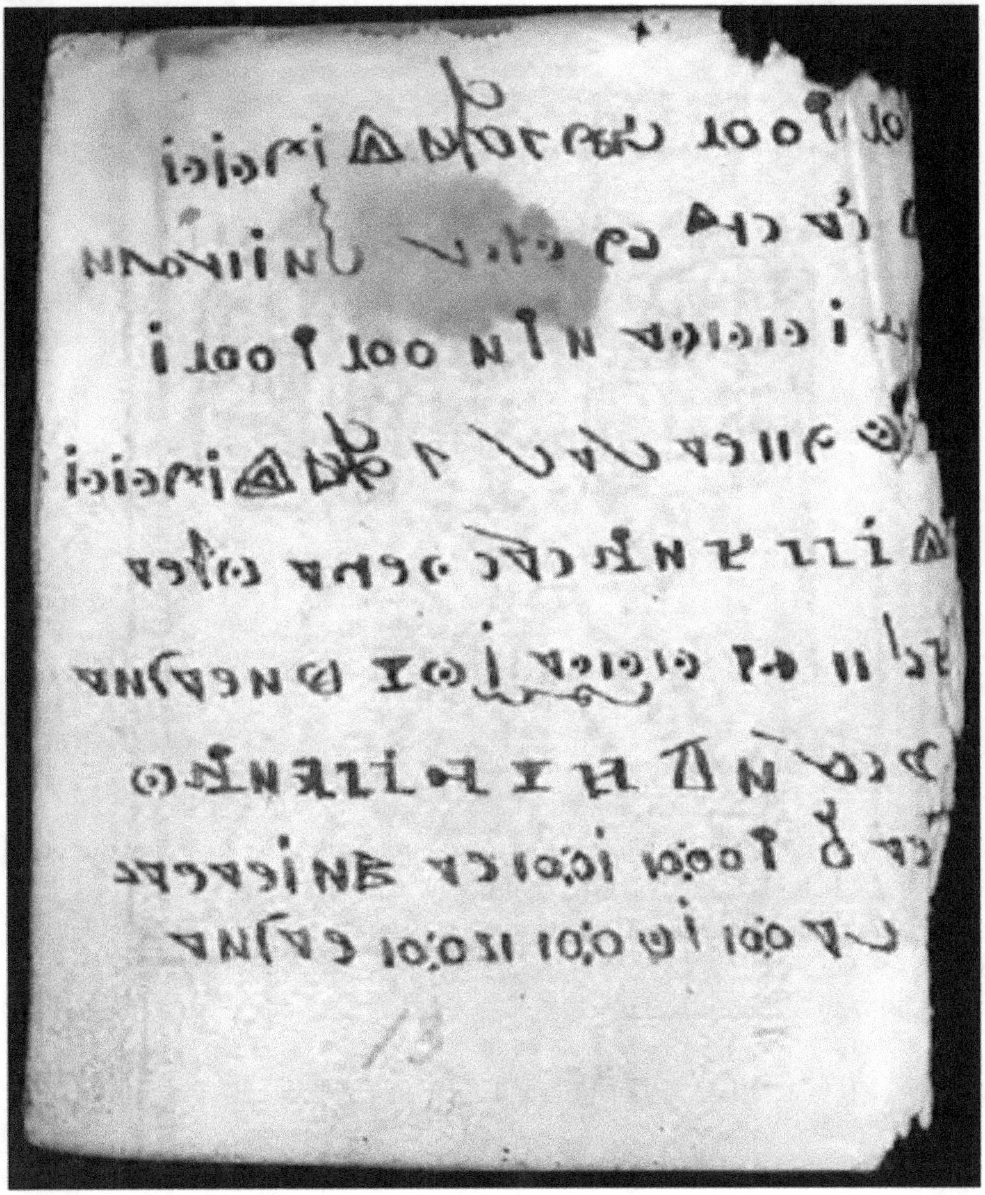

‹f013rº01--› {.O'O'P.IG.O'O'P.BE'I'O.RT.A'O'CU'C'C'A.XU.IX.RT.CX.IX.CX.IX.}
‹f013rº01hº› [Hyperbolē: .O. has been added to complete the grapheme .O'O'P. in ‹f013rº01› above.]
‹f013rº02--› {.‹.XU.CC'D.C'BD.CV'RO.CX.II.C.K.NG.N.IX.I.XV.OB.I.N.}
‹f013rº03--› {.‹.HY.K'BL.IX.CX'I'CX'I'CX'D.N.IG.N.O'O'P.IG.O'O'P.IX.}
‹f013rº04--› {.‹.NP.QX.I.I.CO'D.CU'D.CU.A'O'CU'C'C'A.XU.IX.RT.CX.IX.CX.IX.}
‹f013rº05--› {.‹.XU.HX'H'H.HY.N'J0.C.DS.Z.CO.XC.D.Z.BT.CO'D.}
‹f013rº06--› {.‹.HY.C.II.I.I.CX.ML.CX.I./.CX'I'CX'D.IX.\.Z.BC.BR.N.CO'D'R'N'D.}
‹f013rº07--› {.‹.V.C.EA.X2.N.XW.HF'H.BC.HF.O.HX'H'HK.N'J0.Z.}
‹f013rº08--› {.‹.CO'D.OB.C.IG.O.O'X2'O'I.IX.O'X2'O'I.CO'D.B'N.IX.CO'D'CO'D'K.}
‹f013rº09--› {.‹.CU'D.O'X2'O'I.IX.BK.O'X2'O'I.I'AG.O'X2'O'I.CO'D'R'N'D.}

folio 13 verso

‹f013v°00i°›	[Illūstrātiō: P-05:MCWO Moses & Aaron & three tablets. First three commandments.]
‹f013v°01C0›	{.I'I'I.AB.KB'X'C'Q'D.C'IZ.IX.BA.N'QV.L.B'CV.B'N.}
‹f013v°01t°›	[Trānslātiō: "Three Commands Moses gives from there, your mountain...."]
‹f013v°02R1›	{.Q'C.CQ.}
‹f013v°02R2›	{.BH.C'M.}
‹f013v°02R3›	{.K'A'A.I'AE'I'AE.}
‹f013v°02f°›	[Fissum: ‹f013v°02R3› .I'AE. and ‹f013v°02R4› .I'AE.]
‹f013v°02R4›	{.O'X2'O.}
‹f013v°02R5›	{.C'F'O'R'CO.CQ.}
‹f013v°02t°›	[Trānslātiō(R1-R5): "God's first law to people: Yahweh alone is our only God."]
‹f013v°03C1›	{.I'I.CQ.BH.}
‹f013v°03C2›	{.CQ.IX.CO'D'C'D'K.}
‹f013v°03f°›	[Fissum: ‹f013v°03C2› .CO'D.C. and ‹f013v°03C3› .D.K.]
‹f013v°03C3›	{.«.88.».CX'A'CO.}
‹f013v°03C4›	{.CC'IZ.O'X2'O'I.}
‹f013v°03t°›	[Trānslātiō(C1-C4): "God's second law: God's name, we give honor."]
‹f013v°04L1›	{.I'I'I.CQ.BH.}
‹f013v°04L2›	{.O'BC'O.O'X2'O'I.}
‹f013v°04L3›	{.K'A'A.I'AE.C'AE.}
‹f013v°04L4›	{.RT.AV'I.IX.O.C.}
‹f013v°04t°›	[Trānslātiō(L1-L4): "God's third law: God's name, recall Yahweh's holy Sabbath."]
‹f013v°05R6›	{.L.}
‹f013v°05n°›	[Notā Bene: Samaritans list God's name as 2nd commandment w/ three stones.]

folio 14 recto

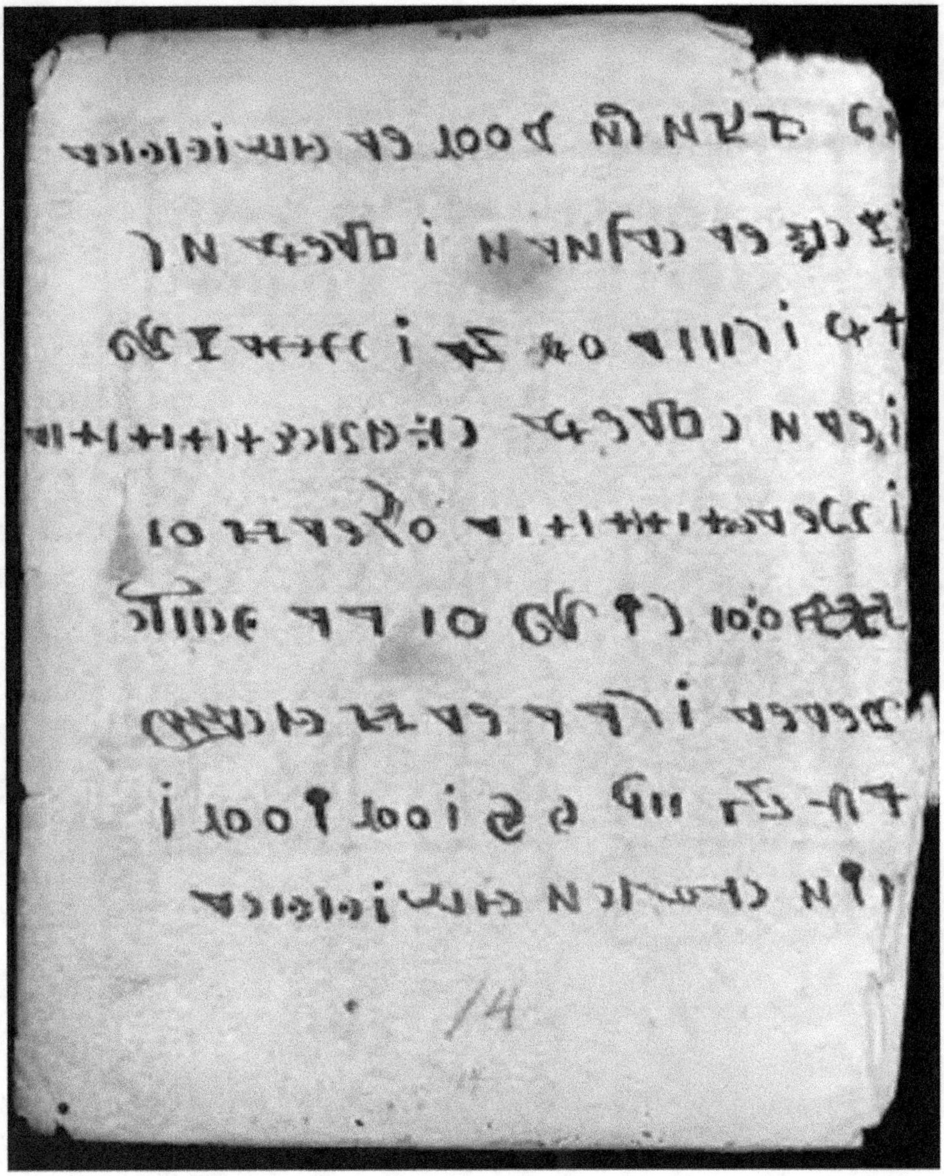

‹f014r°01-->   {.N'QV.HM.HY.N.LO.N.V.O'O'P.CO'D.CX.I.K'BL.IX.CX'I'CX'I'C'D.}
‹f014r°02-->   {.‹.IX.BC.C'XG.CO'D.C'D'R'N'D.N.IX.XJ'D'CO'BY.N.L.}
‹f014r°03-->   {.‹.TA.QT.IX.L.I'I'I.D.O.QT.AG'D.IX.Q'Q'C'Q'D.BC.UD.}
‹f014r°03t°›   [Trānslātiō: "...(you on) the cross, in three days he arose again and..."]
‹f014r°04-->   {.‹.IX.CO'D.N.C.XJ'D'CO'BY.C.F'X2.C.A.S.I.C.CC.T'I'T'I'T'I'T'I.D.}
‹f014r°05-->   {.‹.IX.W'CO'D.C.A.T'I'T'I'T'I'T'I.D.O.XB.CO'D.HF'H.O.I.}
‹f014r°06-->   {.‹.|.HT'H'H.|.O'X2'O'I.L.IG.UD.O.I.DP'DP.QX.C.I'I'IU'C.}
‹f014r°07-->   {.‹.V'CO'D'CO'D.IX.L.DP'DP.CO'D.HF'H.CX.I.C'M.}
‹f014r°08-->   {.‹.BI.AC.K'A'A.I'I'G.C.Q.CQ.IX.O'O'P.IG.O'O'P.IX.}
‹f014r°09-->   {.‹.N.IG.N.C'XV'OB'I'C.N.CX.I.K'BL.IX.CX.IX.CX.I.C.D.}

folio 14 verso

‹f014v°00i°› [Illūstrātiō: P-06:MCWO Jesus rides donkey into Jerusalem; palms & clothes.]

‹f014v°01--› {.I'D'O'D.Z'RT'NB.BA.RT'BS'D.QX.}

‹f014v°01t°› [Trānslātiō(L1-L4): "Hear the holy Word of Saint Matthew in..."]

‹f014v°02--› {.I'T'I'T.X.Q.I.CO.B'BA.QV'KE'BB.W'CO'D.}

‹f014v°02h°› [Hyperbolē: .CO.D. has been added to complete the grapheme .W'CO'D. in ‹f014v°02› above.]

‹f014v°02t°› [Trānslātiō(L1-L4): "...twenty...one...chapter of his when was..."]

folio 15 recto

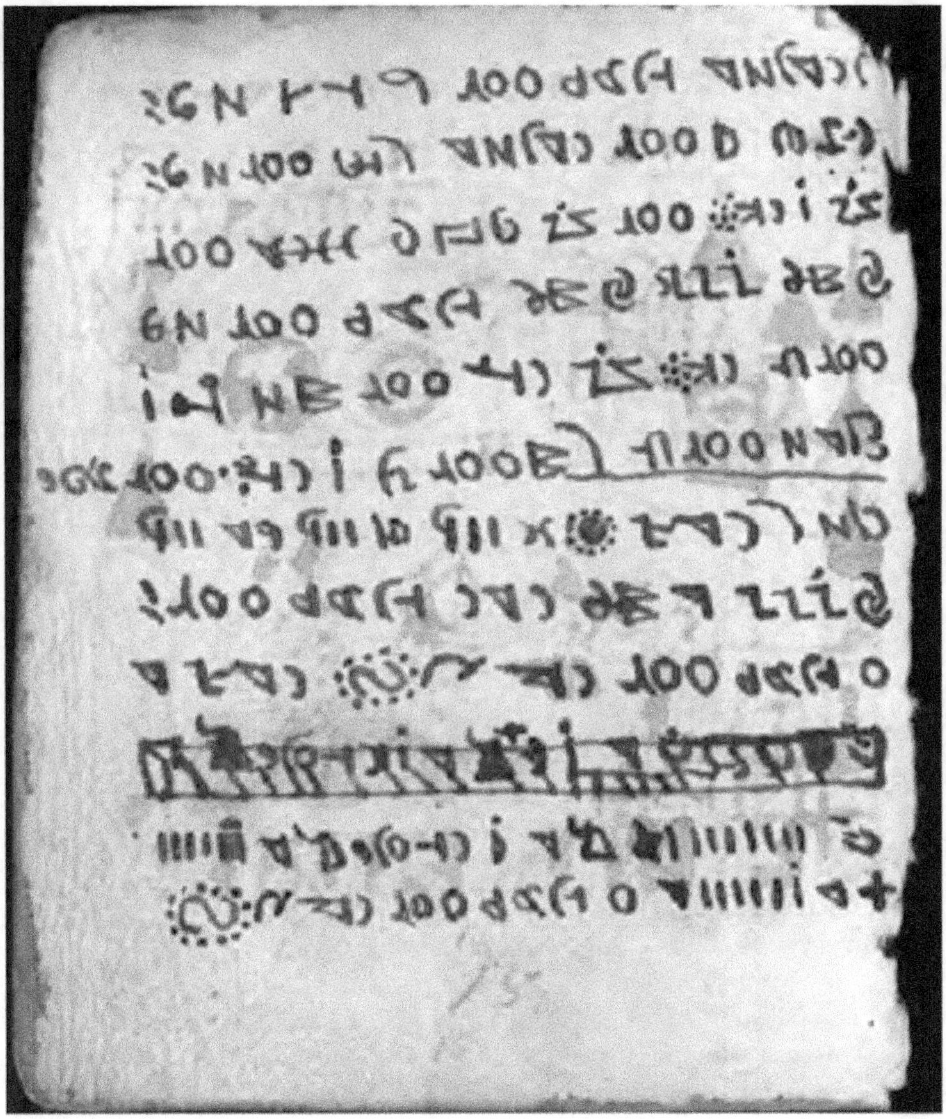

‹f015r°01--› {.R.C'D'R'N'D.F.R.V.OD.O'O'P.LO.XV'EY.N'QV.≈.}
‹f015r°02--› {.CX.BC.NH.CD.O'O'P.C'D'R'N'D.L.F.BL.O'O'P.N'QV.≈.}
‹f015r°03--› {.XW'X.IX.C'XF'XX.O'O'P.XW'X.QV'KE'BB.Q.Q.C.D.O'O'P.}
‹f015r°04--› {.CQ.B'CV.HX'H'HK.CQ.B'CV.F.Q.V.OD.O'O'P.N'QV.}
‹f015r°05--› {.O'O'P.AC.C'XF'XX.XW'X.C'BG.O'O'P.N.B.BH.IX.}
‹f015r°06--› {./.CC.I.D.N.O'O'P.AC.L.\.B.O'O'P.H.R.IX.C'BG.X2.O'O'P.UD.}
‹f015r°07--› {.QV.N.L.C'D'HY.((.EZ.)).Q.C.I'I'G.OL.I'I'G.CO'D.I'I'G.}
‹f015r°08--› {.CQ.HX'H'H.DP.B'CV.C.D.C.F.Q.V.OD.O'O'P.≈.}
‹f015r°09--› {.O.F.Q.V.OD.O'O'P.C'DB.RT.((.AD.)).C'D'HY.D.}
‹f015r°10--› {.|.NP.BV.C.S'S'S.XB'C'D.IX.CY.YA'X.E.D.IX.C'F'O'R'CO.E.D.|.}
‹f015r°11--› {.NP.I'I'I'I'I'I'I.T.E.D.IX.C'F'O'R'CO.E.D.IX.I'I'I'I.}
‹f015r°12--› {.YA'X.D.IX.I'I'I'I.D.O.F.R.V.OD.O'O'P.C'DB.RT.((.AD.)).}

folio 15 verso

‹f015v°01--› {.C'D'HY.D.O.CX'CX.D.EO.O.NP.C'DB.RT.((.AD.)).C'D'HY.}
‹f015v°02--› {.D.I'I'I'I'I.S'S'S.XB'C'D.IX.C'F'O'R'CO.E.D.IX.I'I'I'I'I.T.D.}
‹f015v°02t°› [Trānslātiō: "5,000 souls, and the first century, 50 years..."]
‹f015v°03--› {.IX.I'I'I'I.D.IX.I'I'I'I.D.}
‹f015v°03t°› [Trānslātiō: "...and four and four."]
‹f015v°03c°› [Commentārium: Perhaps 5,000 souls in the first century, 58 A.D.]
‹f015v°03i°› [Illūstrātiō: P-07:BCLS Sacrifice at temple. Money exchangers.]

folio 16 recto

‹f016rº01--›   {.BA.RT'CO'IH'D.CX.H.R.B'BA.O.N.C.AD.I.O.K.≈.}

‹f016rº02--›   {.≈.CO.H.R.RT.V'I.V.IX.BR.C'IZ.IX.(.CO'D'CO'D.).C.N'QV.}

‹f016rº02iº›   [Illūstrātiō: P-08:MCWO Angel & apostle on mountain holding object; Mary & Gabriel.]

‹f016rº02eº›   [Ēditiō Vulgāta: LK 6:1-11.]

‹f016rº03--›   {.C0.J0.N.XP.}

folio 16 verso

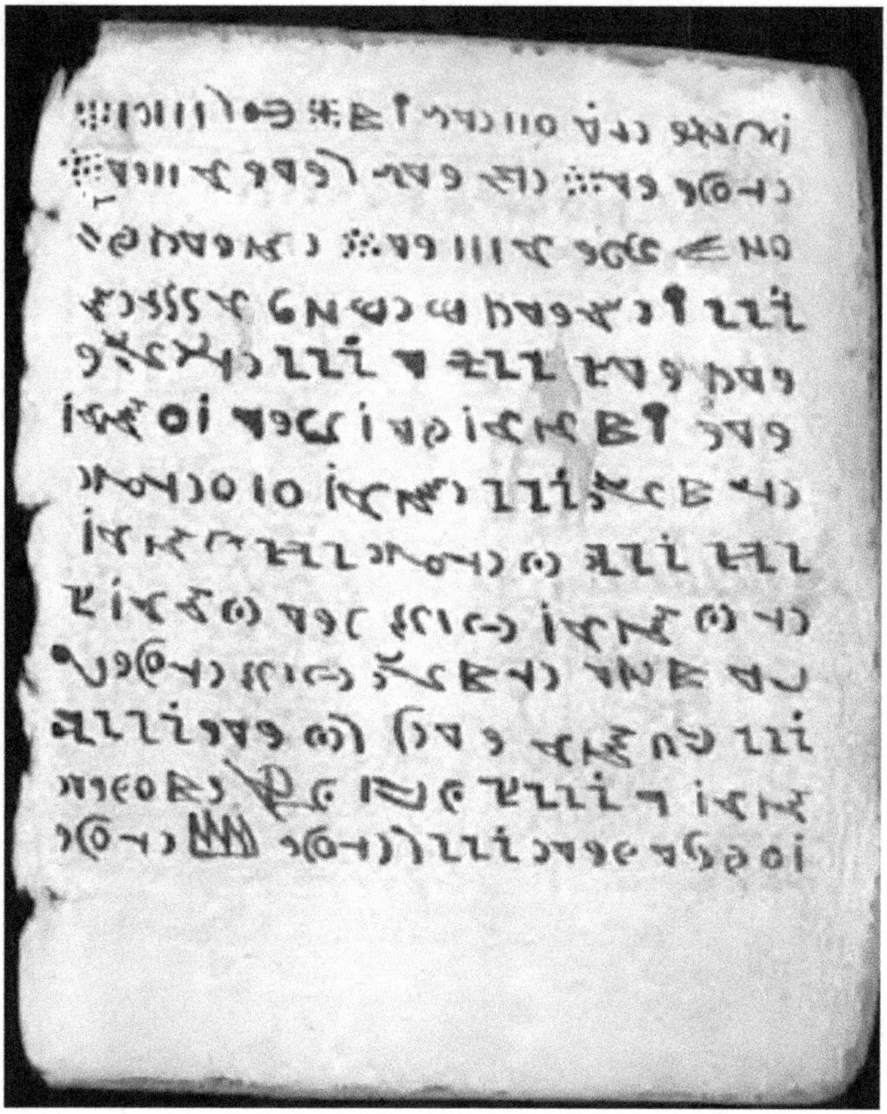

‹f016v°01--> {.IX.RT.N.CO.C.K.D.O.I.I.C.D.F.CE.IG.B.EZ.CE'O.L.I'I'I.C.I'XX.}
‹f016v°02--> {.C'F'O'R'CO.CO'D.XX.C'IZ.CO'D.F.CE.L.CO'D'CO.V.I.I.CO'D.XX.}
‹f016v°03--> {.O.N.XN.UD.CO.V.I'I'I.CO'D.XX.C.XS.A.CO'D.F.CE.C.Q.≈.}
‹f016v°04--> {.HX'H'H.IG.C.XS.CO'D.EG.BR.C.BR.N'QV.V.S'S'ST.C.BX.}
‹f016v°05--> {.CO'D.EG.CO'D'HY.H'H'HT.D.HX'H'H.C.XI.BG'J'C.CO.}
‹f016v°06--> {.CO'D'CO.IG.B.V.I.V.IH.C.Q.D.IX.W'CO'D.IX.O.BX.V.IX.}
‹f016v°07--> {.C'BG.B.BG'J'C.HX'H'H.C.BX.V.IX.O.I.O.C'XV'OB'I'C.}
‹f016v°08--> {.H'HF'H.HX'H'HK.Z.C'XV'OB'I'C.H'HF'H.RT.BX.V.IX.}
‹f016v°09--> {.C'XV.Z.BX.V.IX.CX.Q.I.R.D.Q.CO'D.Z.BX.V.IX.HY.}
‹f016v°10--> {.C.D.B.XA.D.C'XV.B.BG'J'C.CX.Q.I.R.QD.C'F'O'R'CO.CU.O.}
‹f016v°11--> {.HX'H'H.NP.XD.BX.V.CO'D.C.R.L.Z.CO'D'CO.HX'H'H.HF.O.}
‹f016v°12--> {.BX.V.IX.DP.HX'H'H.HY.QX.KE.QX.EK.C.B.O.QX.CO'D.C.}
‹f016v°13--> {.IX.O.C.Q.Q.C.D.QX.CO'D.C.HX'H'H.L.C'F'O'R'CO.EN.C'F'O'R'CO.}

folio 17 recto

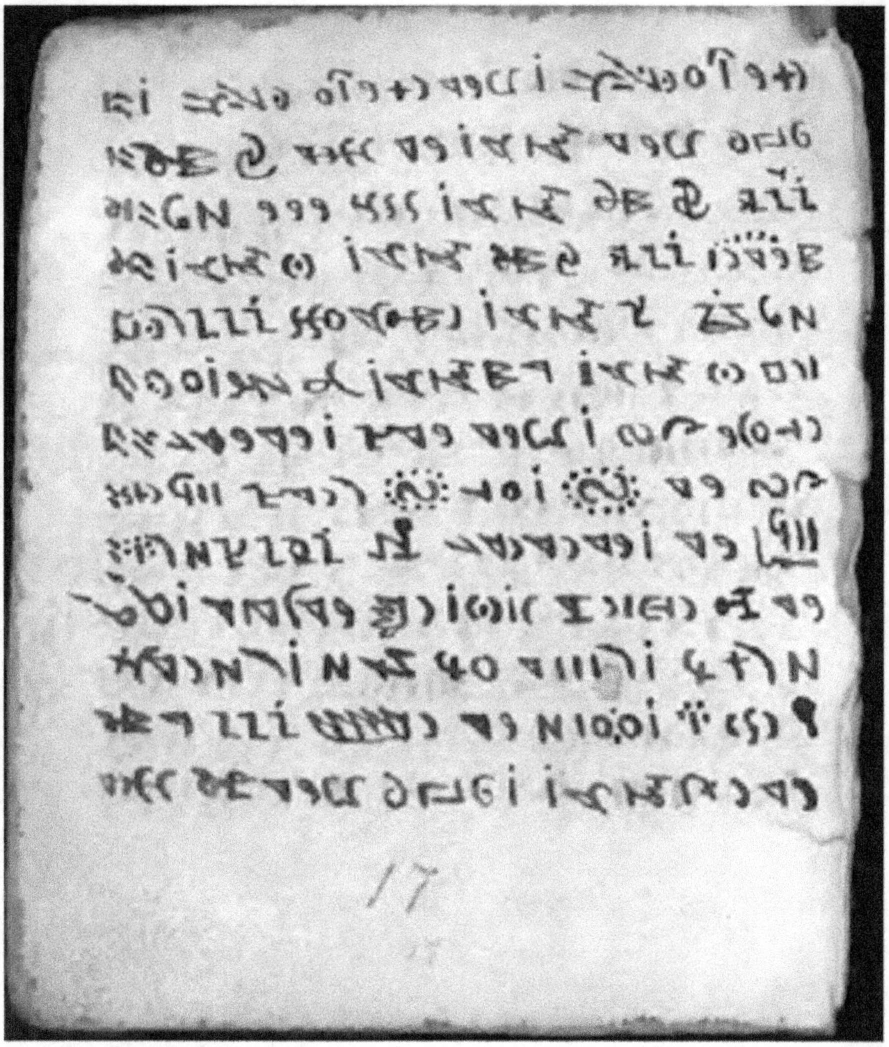

‹f017r°01--> {.C'T.CO.IH.O.CX.KB.X.J.R.≈.IX.W'CO'D.C'T.CO.IH.O.CX.KB.J.C.≈.IX.≈.I.}
‹f017r°02--> {.QV'KE'BB.W'CO'D.BX.V.IX.CO'D.|.Q'R'C'D.|.CQ.B'CV.≈.I.}
‹f017r°03--> {.HX'H'HK.CQ.B'CV.BX.V.IX.S'S'ST.CO'CO'CO.N'QV.≈.XV'CV.}
‹f017r°04--> {.B.(.CO'D'C'D.).HX'H'HK.CQ.B'CV.BX.V.IX.Z.BX.V.IX.≈.XV'CV.}
‹f017r°05--> {.N'QV.XW'X.HY.BX.V.IH.C.B.O.V.O.SS.HX'H'H.L.CX.≈.BE.I.}
‹f017r°06--> {.I'I'XJ.Z.BX.V.IX.DP.B.BX.V.IX.Q.O.N.CO.IX.O.L'X2.≈.I.}
‹f017r°07--> {.C'F'O'R'CO.RT.AD.IX.W'CO'D.CO'D.HY.IX.CO'D'CO'D'K.≈.I.}
‹f017r°08--> {.RT.AD.CO'D.((.AD.)).IX.O.F.((.AD.)).L.C'D'HY.I'I'G.CX.I.S.≈.}
‹f017r°09--> {./.I'I'G.\.NG.CO'D.IH.CO'D.C'D'C'D.K.J0.HX'H'H.HY.N.L.I'X5.≈.}
‹f017r°10--> {.CO'D.NB.C'F'Q'I'C.BC.Q.IX.Z.IX.C'XG.CO'D.R.D.I.D.IX.OB'OB.}
‹f017r°11--> {.N.L'TA.QT.IX.L.I'I'I.D.O.QT.AG'D.N.IX.L.N.C'D'R'T.}
‹f017r°11t°› [Trānslātiō: "...you on the cross, and arose in three days, you arose again..."]
‹f017r°12--> {.IG.C'S'C.I'X4.IX.O'X2'O'I.N.CO'D.C'M.HX'H'H.DP.B'CV.}
‹f017r°13--> {.C.D.C.RT.BX.V.IX.IX.QX.KE.BB.W'CO'D.B'CV.|.Q'R'C'D.|.}

folio 17 verso

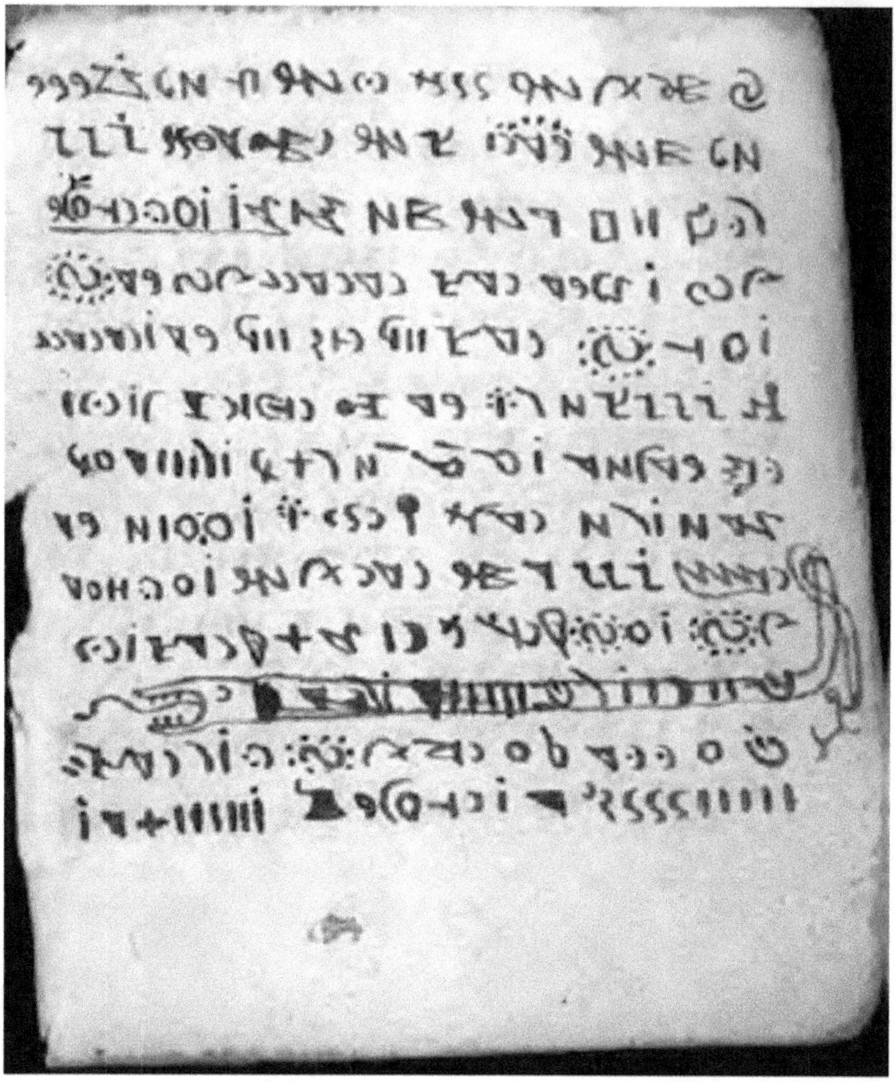

‹f017v°01--› {.CQ.B'CV.RT.N.CO.S'S'ST.Z.N.CO.AC.N'QV.XW'X.CO'CO'CO.}
‹f017v°02--› {.N'QV.B'N.CO.(.CO'D'C'I.).HY.N.CO.C.B.O.V.O.SS.HX'H'H.}
‹f017v°03--› {.L.CX.BE.I.I'I'XJ.DP.N.CO.B'N.BX./.V.IX.IX.O.L'X2.C'F'O'R'CO.\.}
‹f017v°04--› {.RT.AD.IX.W'CO'D.C'D'HY.C'D'C'D.C.CX.RT.AD.CO'D.((.AD.)).}
‹f017v°05--› {.IX.O.F.((.AD.)).C'D'HY.I'I'G.C'EY.XB.I'I'G.CO'D.IX.C'D'C'D.C.P.}
‹f017v°06--› {.J0.HX'H'H.HY.N.L.I'X5.CO'D.NB.C'F'Q'I'C.BC.R.IX.Z.I.}
‹f017v°07--› {.C'XG.CO'D'R'N'D.IX.EA'X2'EA'X4'X2.N.L.TA.QT.IX.L.I'I'I.D.O.QT.}
‹f017v°07t°› [Trānslātiō: "...people crying out, crucify you on the cross, on the third day, arose."]
‹f017v°08--› {.AG'D.N.IX.L.N.C'D'R'T.IG.C'S'C.I'X5.IX.O'X2'O'I.N.CO'D.}
‹f017v°09--› {.R.C'M.HX'H'H.DP.B.CO.C.D.C.RT.N.CO.IX.O.L'X2.XH'O'D.}
‹f017v°10--› {.RT.((.AD.)).IX.O.((.AD.)).MS.LT.C.I.V.T.MS.C'D'HY.I.Z.}
‹f017v°10s°› [SERPĒNS: 1/7: .BK.I.I.C.I.IX.L.BK.I'I'I'I'I.D.D.CU'D.BV.]
‹f017v°11--› {.NP.O.CX'CX.D.EO.O.C'DB.RT.((.AD.)).L'X2.I.L.C'D'HY.≈.}
‹f017v°12--› {.I'I'I'I'I.S'S'S.XB'C'D.IX.C'F'O'R'CO.E.IX.I'I'I'I'I.T.D.IX.}
‹f017v°12t°› [Trānslātiō: "5,000 souls. And the first century and fifty years, and..."]

folio 18 recto

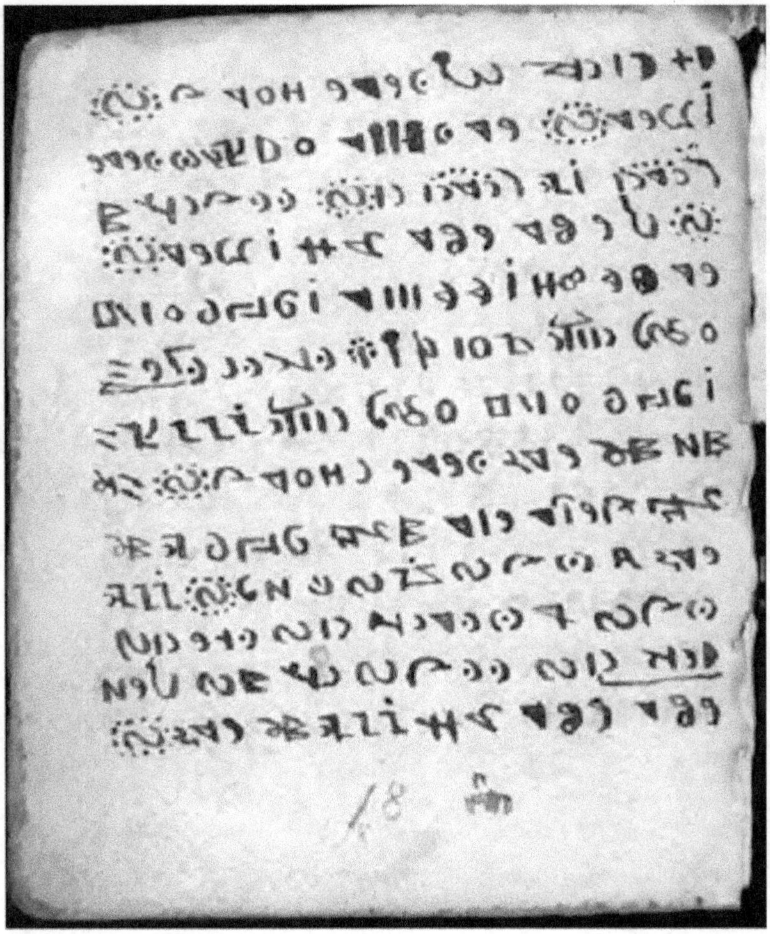

‹f018r°01--> {.BV.T.BV.I.C'DB.CU'CU'IG.QX.CO'D'CO.XH'O'D.RT.((.AD.)).}
‹f018r°02--> {.IX.W'CO'D.((.AD.)).CO'D.QX.I'I'I.D.O.CD.HY.K.Z.QX.CO'D'CO.}
‹f018r°03--> {.L.(.C.D.C.I.).IX.HK.L.(.C.D.C.I.).C.I.((.AD.)).CX'CX.RT.C'BG.B.}
‹f018r°04--> {.((.AD.)).NG.CO'BF'D'CO'BF'D.V'T'T.IX.W'CO'D.((.AD.)).}
‹f018r°05--> {.CO'D.O.CY.AV'I.I.IX.CY.CY.I'I'I.D.IX.QV'KE'BB.O.I'I'XJ.}
‹f018r°06--> {.O.U'QV.C.I'I'IU'C.HM.O.I.XB.IG.I'X5.CX.KC.CX.C.CX.RA.CO.≈.}
‹f018r°07--> {.IX.QV'KE'BB.O.I'I'XJ.O.U'QV.C.I'I'IU'C.HX'H'H.HY.≈.}
‹f018r°07t°› [Trānslātiō: "...and when...the heavenly Father came over..."]
‹f018r°08--> {.B'N.B'CV.CO'D'XB.QX.CO'D'CO.C.XH'O'D.RT.((.AD.)).≈.I.CV.}
‹f018r°08t°› [Trānslātiō: "...your mount Golgotha in..."]
‹f018r°09--> {.BA.RT'CO'IH'D.CO.I.D.B'BA.QV'KE'BB.HK.B'CV.}
‹f018r°09t°› [Trānslātiō: "...of Saint Luke, chapter one of his when...gave the mount..."]
‹f018r°10--> {.CO'D'XB.BS.Z.RT.AD.XW'X.AD.BK.N'QV.((.AD.)).HX'H'HK.}
‹f018r°10t°› [Trānslātiō: "...Golgotha, Matthew the Saint...there...through..."]
‹f018r°11--> {.Z.RT.AD.BI.Z.CX.D.C'BD.C.I.AD.CX.F.CO.C.I.AD.}
‹f018r°12--> {./.BV'CO'BD.C.\.I.AD.CX'CX.RT.AD.C'BG.B.AD.NG.CO.N.}
‹f018r°13--> {.CO'BF'D'CO'BF'D.V'T'T.HX'H'HK.B'CV.CO'D'XB.((.AD.)).}
‹f018r°13t°› [Trānslātiō: "...conquered evil through mount Golgotha..."]

folio 18 verso

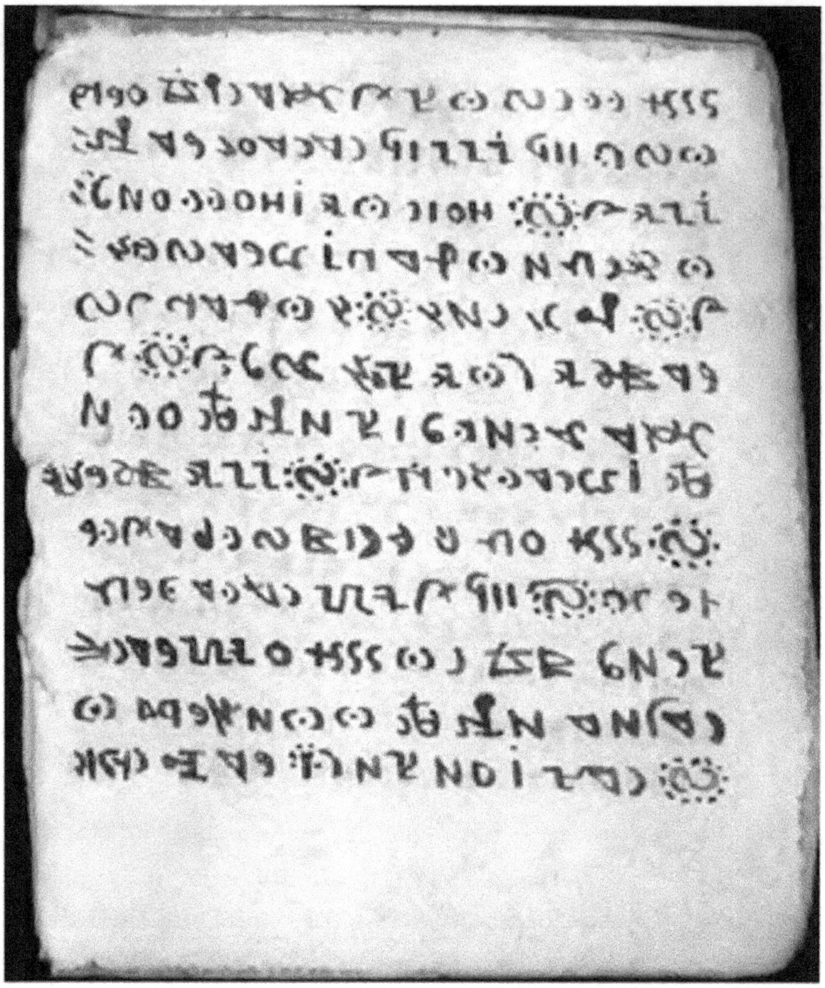

‹f018v°01-› {.S'S'ST.CX'CX.C.AD.Z.HY.RT'XI'D.C.IG.XW'X.O.CO.O.}

‹f018v°01t°› [Trānslātiō: "...the Holy Spirit came, Amen!..."]

‹f018v°02-› {.Z.AD.L'X2.I'I'G.HX'H'H.I'I'G.C'D'C'D'O'K.CO'D.J0.≈.}

‹f018v°02t°› [Trānslātiō: "...over the Son. The Son's name is Jesus..."]

‹f018v°02h°› [Hyperbolē: .I. has been added to complete the grapheme .I'I'G. in ‹f018v°02› above.]

‹f018v°03-› {.HX'H'H.RT.((.AD.)).XH.O.I.C.Z.HK.I.XH.O.CX'CX.O.N'QV.≈.}

‹f018v°04-› {.Z.XB.P.AC.N.Z.PS.D.IZ.IX.W'CO'D.AD.C.A.QD.≈.}

‹f018v°05-› {.RT.((.AD.)).BH.Q.J.C.N.XB.((.AD.)).XB.Z.PS.D.XC.R.AD.}

‹f018v°06-› {.CO'D.B'CV.HK.L.Z.HK.HY.O.BO.U'QV.RT.X.((.AD.)).RT'XI'D.}

‹f018v°06f°› [Fissum: ‹f018v°06› .RT. and ‹f018v°07› .XI'D.]

‹f018v°07-› {.«.88.».V.C.N.CX.QV.I.HY.N'J0'C0.O.CX.N.}

‹f018v°08-› {.C0.IX.W'CO'D.CX.HY.CO.XV.X.I.RT.((.AD.)).HX'H'HK.B'CV.CO'D.Y.}

‹f018v°09-› {.((.AD.)).S'S'ST.O.AC.BK.CY.C.I.B.AD.CX.OD.D.RT.CX.CO.}

‹f018v°10-› {.EY.CO.Q.L'X2.((.AD.)).I'I'G.RT'HF'HS.C.KB.T.CX.D.QX.CO.AC.}

‹f018v°11-› {.HY.CO.N'QV.B.XW'X.C.Z.S'S'ST.O.HF'HS.CO'D.C.XN.}

‹f018v°12-› {.C'D'R'N'D.N'J0'C0.Z.CX.Q.N.BO.CO.OP.XJ.Z.}

‹f018v°13-› {.((.AD.)).C'D'HY.IX.O.N.HY.N.L.I'X5.CO'D.NB.C'F'Q'I'C.}

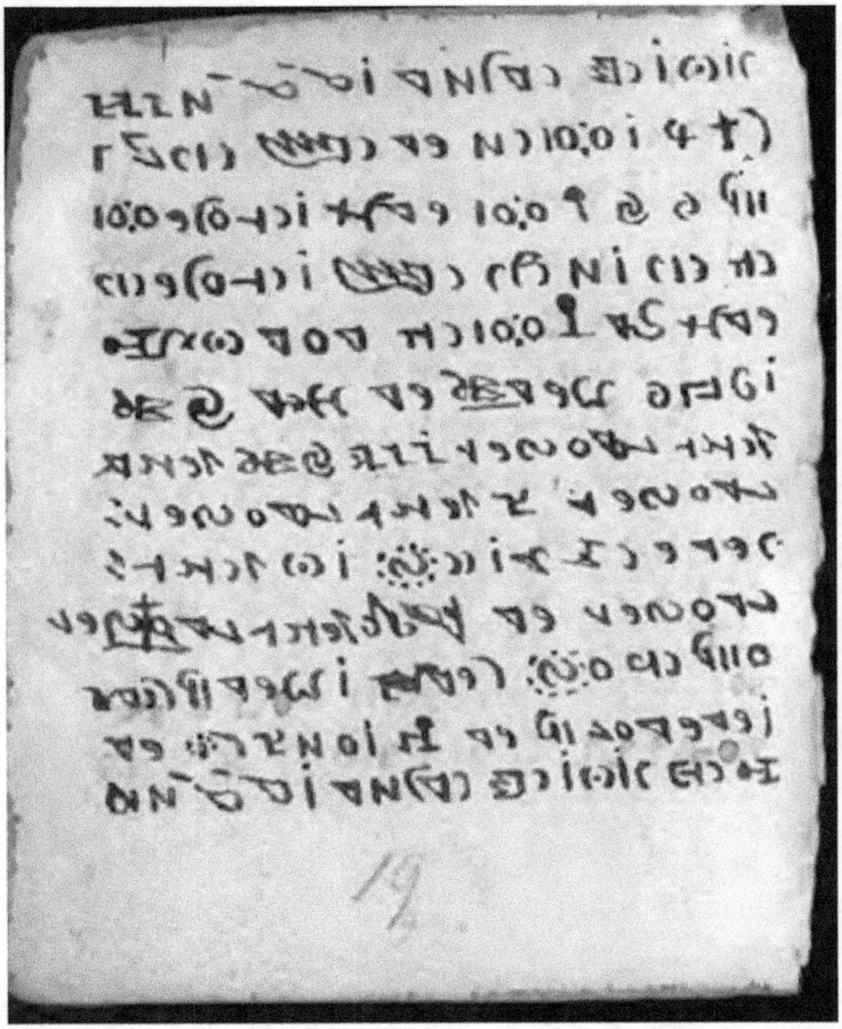

<f019r°01--> {.Q.IX.Z.IX.C'XG.C'D'R'N'D.IX.EA'X2'EA'X4'X2.N.H'HF'H.}
<f019r°01t°> [Trānslātiō: "...and the people crying out and crucified you. The power..."]
<f019r°02--> {.L.TA.QT.IX.O'X2'O'I.C.N.CO'D.C'M.C'I'Q.K.A.RA.}
<f019r°02t°> [Trānslātiō: "on the cross, arose again. We are your church..."]
<f019r°03--> {.I'I'G.C.Q.CQ.IG.O'X2'O'I.CO'D'R'T.IX.C'F'O'R'CO.O'X2'O'I.}
<f019r°04--> {.C'I'T.C'I'Q.IX.N.C.RO.Q.C'M.IX.C'F'O'R'CO.C'I'Q.}
<f019r°05--> {.CO'D'R'T.S'D./.IG.\.O'X2'O'I.C'I'T.D'O'D.Z'RT'NB.}
<f019r°06--> {.IX.QV'KE'BB.W'CO'D./.B'CV.\.CO'D.Q.Q.CX.D.CQ.B'CV.}
<f019r°07--> {.A.C.KC.F.K.O.A.O.AD.CO.BH.HX'H'HK.CQ.B'CV.A.C'XV.C.D.}
<f019r°08--> {.CU'D.O.AD.CO'D'HY.A.CO.KC.XP.K.O.A.O.AD.CO.K.≈.}
<f019r°09--> {.QX.CO'DP'CO.C.BX.V.IX.C.C.((.AD.)).IX.Z.A.C'XV.C.F.≈.}
<f019r°10--> {.CU'D.O.AD.CO.K.CO'D.KO.FH.A.CO.XV.C.XP.K.D./.HB.\.CO.K.}
<f019r°11--> {.O.I'I'G.C.IJ.O.((.AD.)).L.CO'D'HY.IX.W'CO'D.I.G.L.C.D.HM.}
<f019r°12--> {.IX.CO'D'CO'D'O'K.I.G.CO'D.J0.I.O.N.HY.L.I'X5.CO'D.}
<f019r°13--> {.NB.O.C.F.Q.Q.IX.Z.IX.C'XG.C'D'R'N'D.IX.EA'X2'EA'X4'X2.N.I.O.}
<f019r°13t°> [Trānslātiō: "...and the people...and crucified you..."]

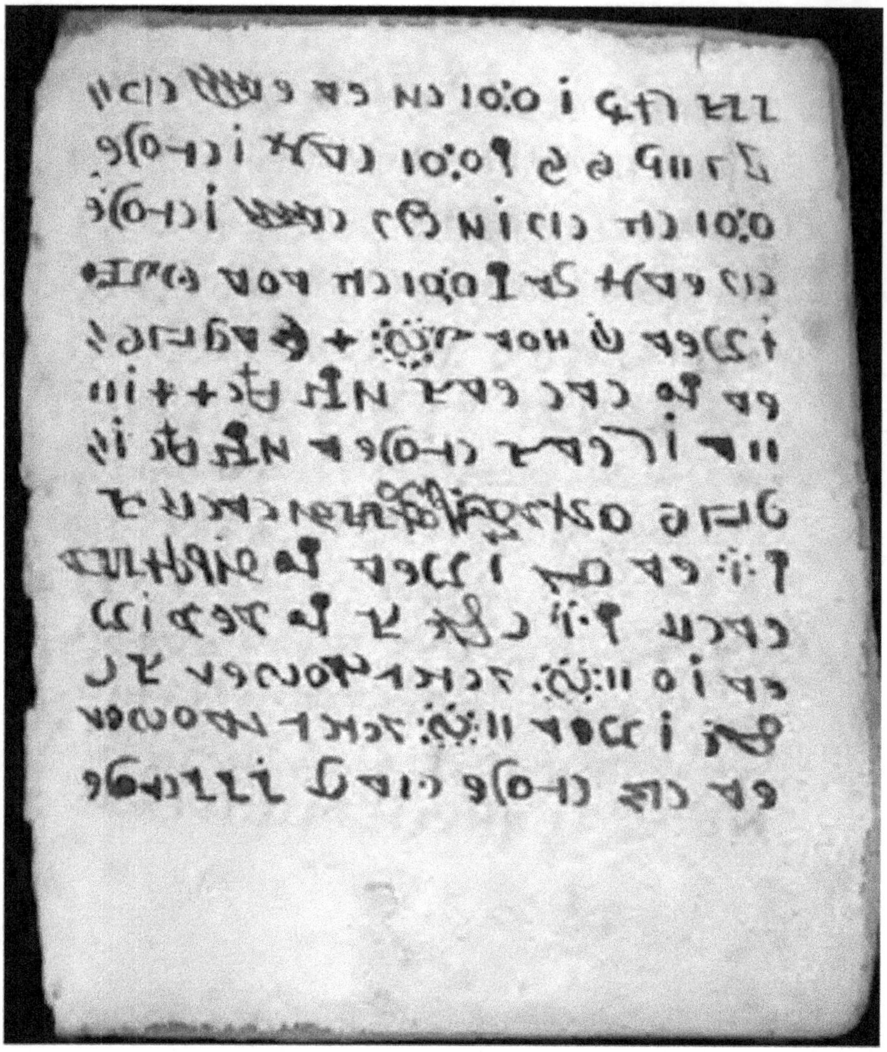

‹f019v°01--›	{.H'HF'H.L.TA.QT.IX.O'X2'O'I.C.N.C.D.CO.M.C'I'Q.≈.}
‹f019v°01t°›	[Trānslātiō: "...the power on the cross, arose again and we..."]
‹f019v°02--›	{.K.A.RA.I'I'G.C.Q.CQ.IG.O'X2'O'I.C'D'R'T.IX.C'F'O'R'CO.}
‹f019v°03--›	{.O'X2'O'I.C'I'T.C'I'Q.IX.N.C.RO.Q.C'M.IX.C'F'O'R'CO.}
‹f019v°04--›	{.C.I.RB.CO'D'R'T.S'D./.IG.\.O'X2'O'I.C'I'T.D'O'D.Z'RT'NB.}
‹f019v°05--›	{.IX.W'CO'D.BK.XH'O'D.RT.((.AD.)).T.CY.D.QV'KE'BB.≈.}
‹f019v°06--›	{.CO'D.BH.C.D.C.CO'D'HY.N'J0'C0.T.T.IX.I'I'I'I.D.}
‹f019v°06f°›	[Fissum: ‹f019v°06› .I.I. and ‹f019v°07› .I.I.D.]
‹f019v°07--›	{.«.88.».IX.L.CO'D'HY.C'F'O'R'CO.D.N'J0'C0.IX.≈.}
‹f019v°08--›	{.QV'KE'BB.O.QS'T.V.|.OB.IX.CU.PQ.HS.EQ'I.|.C.D.C.HA.HM.}
‹f019v°09--›	{.IG.I'X5.CO'D.O.A.IX.W'CO'D.BH.EQ.IX.OP.EO.T.HS.V.}
‹f019v°10--›	{.CO'D.C.KI.IG.I'X4.C.TX.HY.BH.V.CO.V.IX.W'CO'D.}
‹f019v°10f°›	[Fissum: ‹f019v°10› .W. and ‹f019v°11› .CO'D.]
‹f019v°11--›	{.«.88.».IX.O.I.I.((.AD.)).A.C'XV.C.XP.XB.O.AD.CO.K.HY.C.}
‹f019v°12--›	{.TX.IX.W'CO'D.I.I.((.AD.)).A.C'XV.C.DA.K.D.O.AD.CO.K.}
‹f019v°13--›	{.CO'D.C'IZ.C'F'O'R'CO.C.I.D.R.CU.HX'H'H.C.D.QV.C.}

folio 20 recto

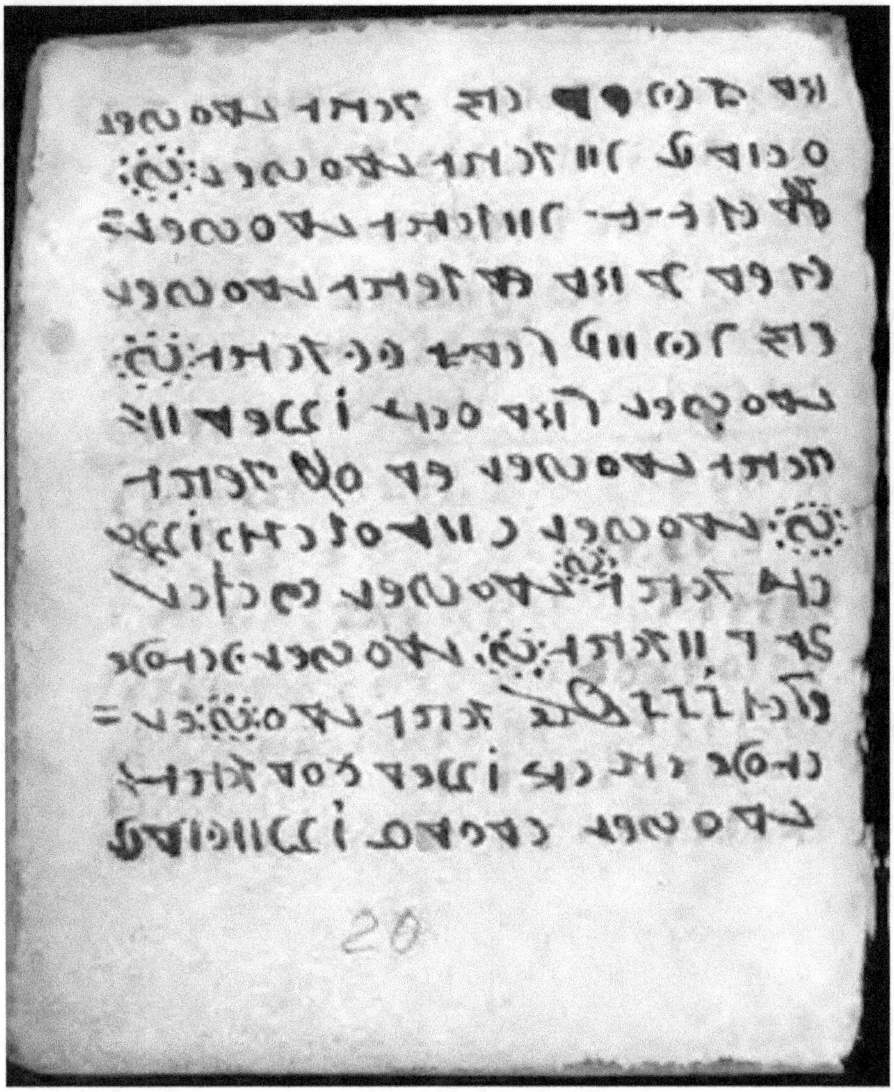

‹f020r°01--› {.I.I.D.HM.Z.D.D.C'IZ.A.C'XV.C.F.K.D.O.AD.CO.K.}

‹f020r°02--› {.O.CX.I.D.R.CU.Q.I.I.A.C'XV.C.XP.K.D.O.AD.CO.K.((.AD.)).}

‹f020r°03--› {.|.CA.K.|.C.A.F'J.F'J.R.I.I.A.C'XV.C.XP.CU'D.O.AD.CO.K.≈.}

‹f020r°04--› {.C.A'CO'D.V.I.S.D.CO'D.A.CO.XV.C.XP.K.D.O.AD.CO.K.}

‹f020r°05--› {.C'IZ.R.Z.I'I'G.L.C'D'HY.CX'CX.A.C'XV.C.F.((.AD.)).}

‹f020r°06--› {.K.D.O.AD.CO.K.L.I.S.D.O.C'BG.IX.W'CO'D.I.I.≈.}

‹f020r°07--› {.L.I.C'XV.C.F.K.D.O.AD.CO.K.CO'D.O.PQ.A.CO.XV.C.XP.}

‹f020r°08--› {.AD.K.D.O.AD.CO.K.C.I.I.D.O.S.C.AA.Q.IX.W.XB.}

‹f020r°09--› {.C'BD.A.C.I.C.XP.((.AD.)).K.D.O.AD.CO.K.Z.C.BT.C.KB.}

‹f020r°10--› {.S'D.DP.I.I.A.C'XV.C.F.((.AD.)).K.D.O.AD.CO.K.QX.C'F'O'R'CO.}

‹f020r°11--› {.CO.AS.C.A.HX'H'H.JQ.A.C'XV.C.XP.K.D.O.((.AD.)).CO.K.≈.}

‹f020r°12--› {.C'F'O'R'CO.C'XV.C.C.I'AG.IX.W'CO'D.LT.O.D.A.C'XV.C.F.≈.}

‹f020r°13--› {.K.D.O.AD.CO.K.C'D'C'D.OI.IX.W.I.I.CX.I.D.R.CU.}

folio 20 verso

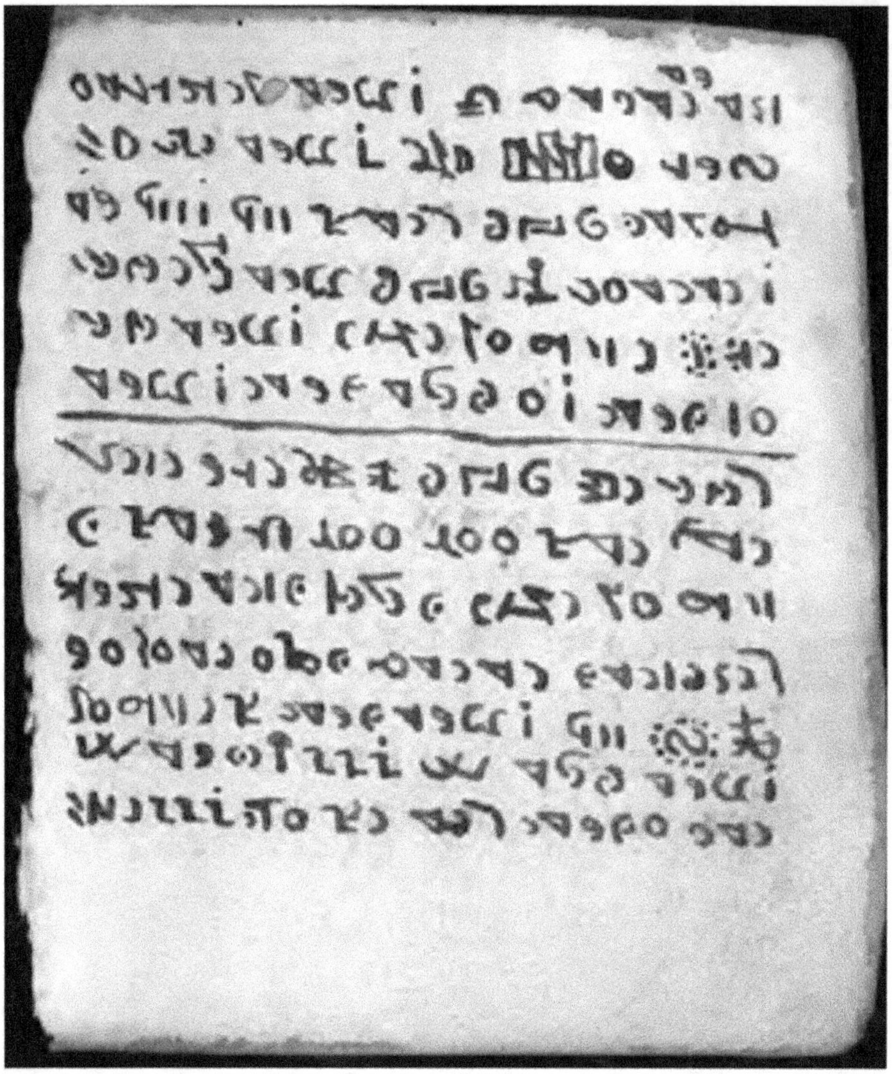

‹f020v°01--› {.I.S.D.CO'D'C'D.CO'D.OI.BU.I.W'CO'D.O.A.C'I'T.F.K.D.O.}
‹f020v°01n°› [Notā Bene: Symbols .CO'D. appear raised over the following symbol .C.]
‹f020v°02--› {.AD.CO.K.O.EN.CD.JA.QA.X.W'CO'D.C.H.BL.CD.≈.}
‹f020v°03--› {.XV'O.A.D.CX.QV'KE'BB.R.C'D'HY.I'I'G.IX.I'I'G.CO'D.}
‹f020v°04--› {.IX.C'D'C'D.O.C.J0.QV'KE'BB.W.C.D.C.A.C.C.C.A.C.≈.}
‹f020v°05--› {.C.F'X2.((.I.)).C.I.J.XV'O.O.A.C.AG.I.Q.IX.W'CO'D.C.A.CX.}
‹f020v°06--› {.O.I.QX.CO'D.C.IX.O.C.Q.Q.C.D.QX.CO'D.C.IX.W'CO'D.}
‹f020v°06d°› [DĪVĪSIŌ.]
‹f020v°07--› {.L.C.A.CX.C'XG.QV'KE'BB.HK.B'CV.C.F.CO.C.I.C.QS.}
‹f020v°08--› {.C'D'R.C'D'HY.O'O'P.O'O'P.AC.CX.D.HY.QX.}
‹f020v°09--› {.I.J.XV'O.O.EK.C.AG.I.Q.QX.C.A.CX.I.QX.I.C.D.C'XV.CO.CO.HA.}
‹f020v°10--› {.L.C.S.CV.I.C.D.QX.C'D'C'D.AC.QX.O.H.C.D.O.EB.O.CO.}
‹f020v°11--› {.C0.((.AD.)).I'I'G.IX.W'CO'D.QX.CO'D.C.HY.C.I.J.XV'O.O'S.}
‹f020v°12--› {.IX.W'CO'D.C.Q.Q.C.D.XL.HX'H'H.IG.Z.CO'D.XL.}
‹f020v°13--› {.C.D.CO.O.QX.CO'D.C.L.CU'D.C.HY.O.IU.C.HX'H'H.C.N.≈.}

folio 21 recto

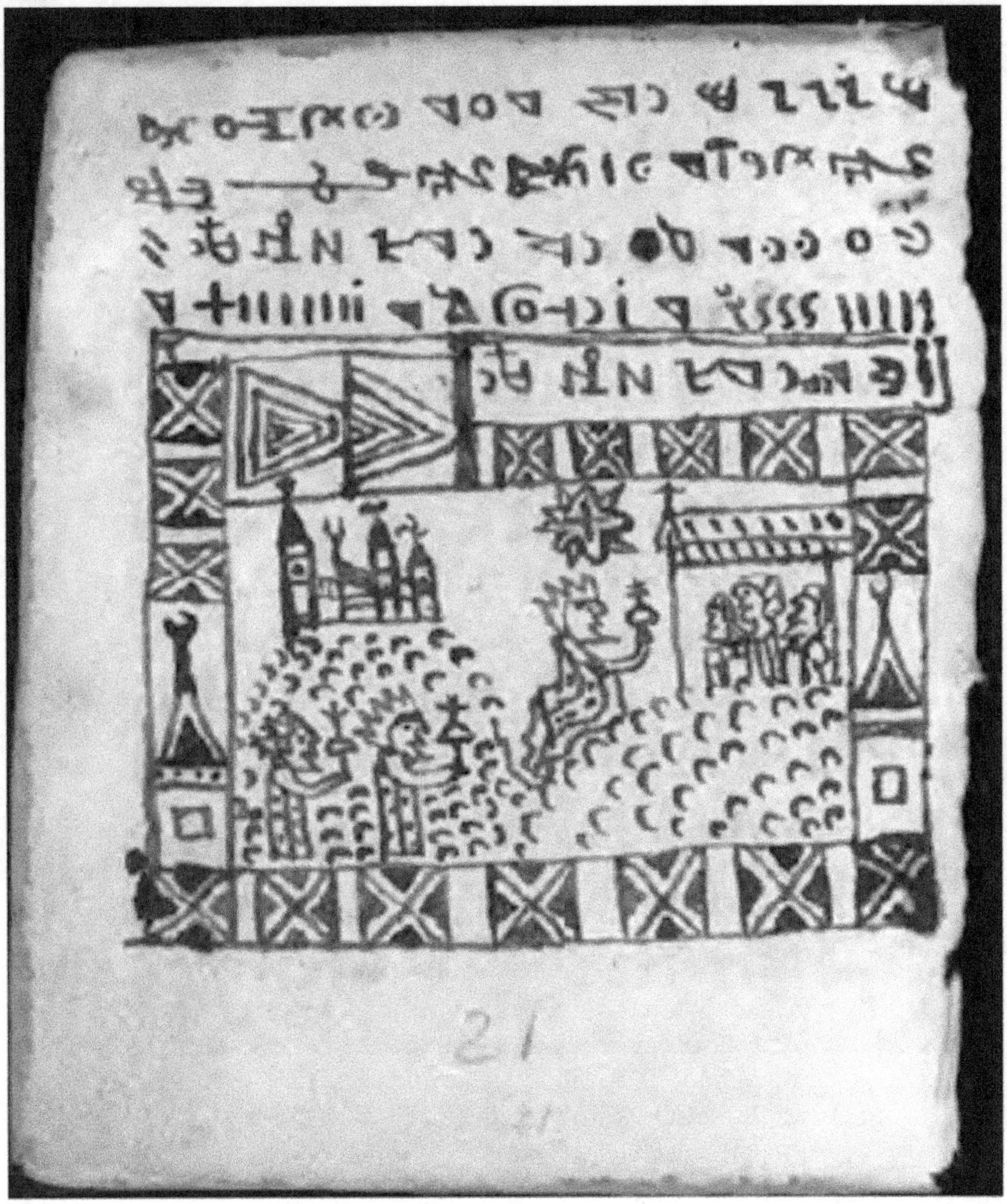

‹f021r°01t°› {.BR.HX'H'H.BR.C'IZ.D'O'D.Z'RT'NB.QC.}
‹f021r°01--› [Trānslātiō: "...give (you) blessings upon blessings! Hear the holy Word..."]
‹f021r°02t°› {.BA.RT'CO'IH'D.QX.I.H.R.CO.B'BA.AH.CE.F'XB.}
‹f021r°02--› [Trānslātiō: "...of Saint Luke in one...chapter of his..."]
‹f021r°03--› {.CX.O.CX'CX.D.OB.O.C'DB.C'D'HY.N'J0'C0.=.}
‹f021r°04--› {.I'I'I'I.S'S'S.XB'C'D.IX.C.F.O.R.E.D.IX.I'I'I'I'I.T.D.}
‹f021r°04t°› [Trānslātiō: "5,000 souls, first century, 60 years."]
‹f021r°05--› {.IX.CY.D.I'I'I.C'D'HY.N'J0'C0.}
‹f021r°05t°› [Trānslātiō: "6th day, The 3 come to Jesus the Christ."]
‹f021r°05i°› [Illūstrātiō: P-09:BCLS Magi visit Christ child, Mary, & Joseph.]
‹f021r°05e°› [Ēditiō Vulgāta: MT 2:1-11+.]

folio 21 verso

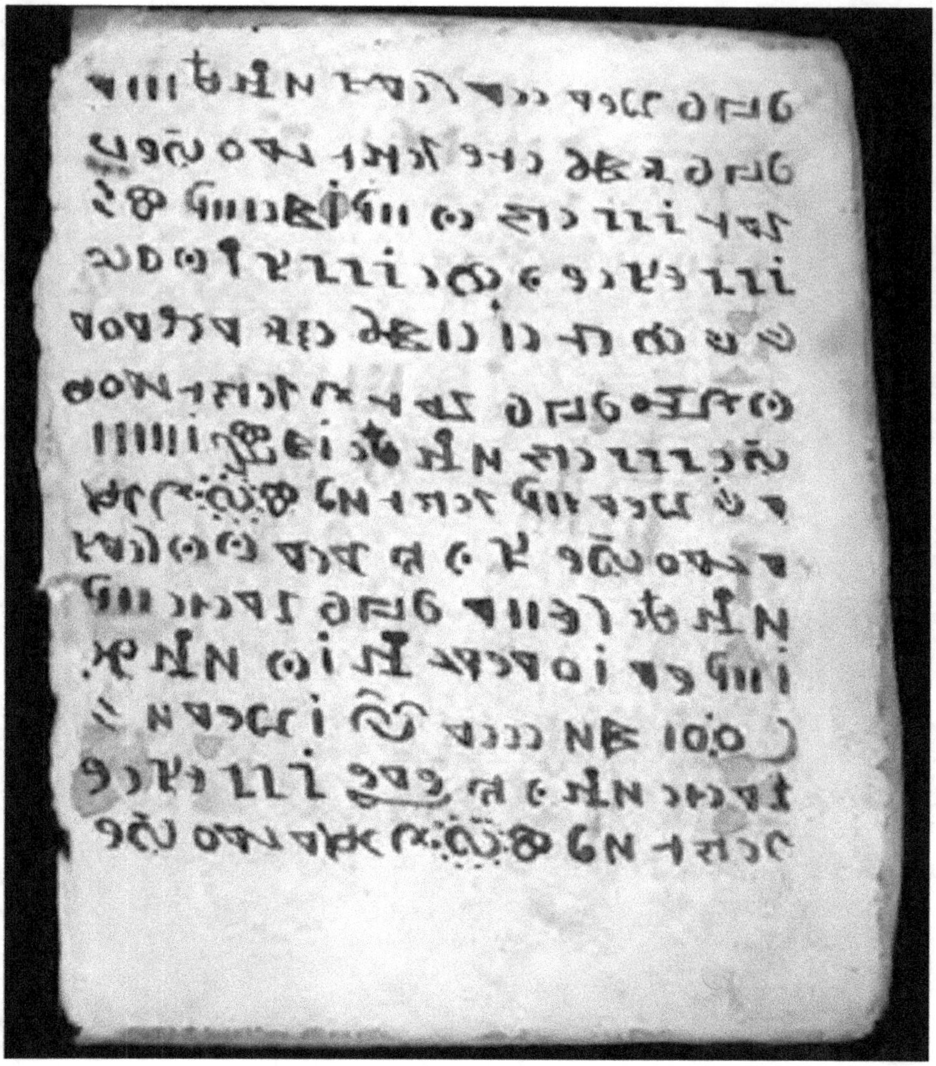

‹f021v°01--›	{.QV'KE'BB.W'CO'D.C.C.D.L.C'D'HY.N'J0.NT.I'I'I.D.}
‹f021v°02--›	{.QV'KE'BB.HK.B'CV.C.F.C.A.C'XV.C.I.K.D.O.AD.CO.IJ.}
‹f021v°03--›	{.AG'D.XV.HX'H'H.C'IZ.Z.I'I'G.IX.B.C.I.I'I'G.XQ.≈.}
‹f021v°04--›	{.HX'H'H.CE.HY.C.CO.QX.UP.C.HX'H'H.HY.IG.Z.CD.NK.}
‹f021v°05--›	{.BK.BK.UP.AC.C.IX.C.I.B'CV.C.XS.HK.D.S.CO.D'O'D.}
‹f021v°06--›	{.Z'RT'NB.QV'KE'BB.AG'D.F.RT.A.C'IZ.F.K.D.O.XC.}
‹f021v°07--›	{.AD'C.H'H'H.C'IZ.N'J0'C0.IX.B.XQ.K.KF.IX.I'I'I'I.}
‹f021v°08--›	{.D.BK.W'CO'D.I'I'G.A.C.I.IX.F.N'QV.XQ.((.AD.)).RT'XI'D.}
‹f021v°08f°›	[Fissum: ‹f021v°08› .RT.XI. and ‹f021v°09› .D.]
‹f021v°09--›	{.«.88.».K.D.O.AD.X2.CO.HY.QX.Y.V.C.D.Z.CX.I.L.C'D'HY.}
‹f021v°10--›	{.N'J0'C0.L.CY.I.I.D.QV'KE'BB.AG'D.C'EY.C.I'I'G.}
‹f021v°11--›	{.IX.I'I'G.CO'D.IX.O.D.CO.DP.K.J0.IX.Z.N'J0.RO.CO.}
‹f021v°12--›	{.L.O'X2'O'I.B'N.C.C.C.D.KZ.IX.W'CO'D.N.≈.}
‹f021v°13--›	{.AG'D.C'EY.C.N'J0.QX.Y./.CO'D'CO.\.HX'H'H.CE.HY.C.CO.}
‹f021v°14--›	{.Q.C'I'T.F.N'QV.XQ.((.AD.)).RT'XI'D.K.D.O.AD.X2.CO.}

folio 22 recto

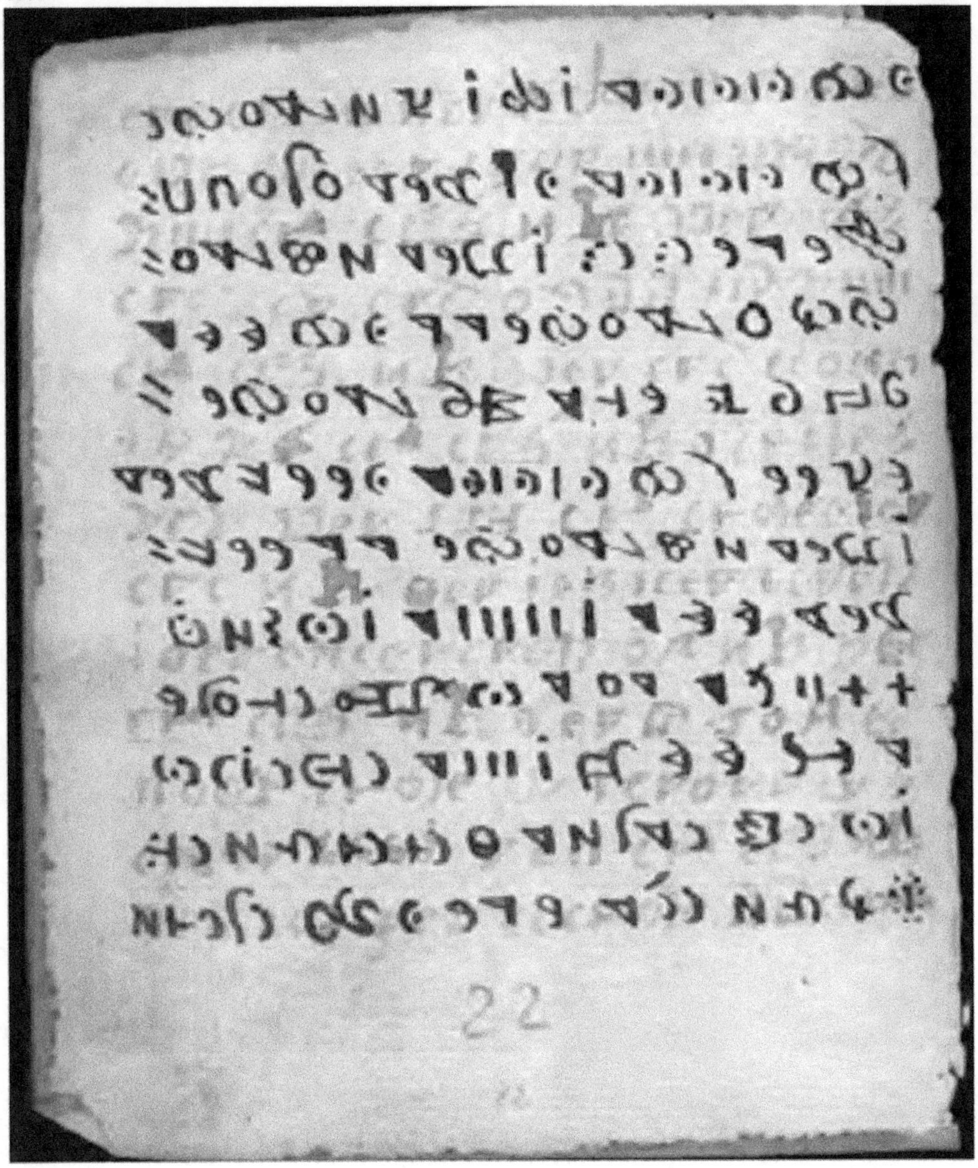

‹f022r°01-->   {.QX.UP.CX'I'CX'I'CX'D.IX.CU'C.IX.HY.N.K.D.O.AD.X2.K.}
‹f022r°02-->   {.L.UP.CX'I'CX'I'CX'D.QX.IG.V.CO'D.O.RB.O.XD.BL.≈.}
‹f022r°03-->   {.|.CU.|.CO'D'CO.L.X3.L'X2.X.IX.W'CO'D.N.XQ.K.D.O.≈.}
‹f022r°04-->   {.AD.X2.L.QT.O.K.D.O.AD.X2.CO'D.DP.QX.UP.CY.CY.D.}
‹f022r°05-->   {.QV'KE'BB.HK.CO.F.D.B'CV.K.D.O.AD.X2.CO.≈.}
‹f022r°06-->   {.CE.HY.CO.CO.L.UP.CX'I'CX'I'CX'D.QX.CO.CO.KK.V.CO'D.}
‹f022r°07-->   {.IX.W'CO'D.N.XQ.K.D.O.AD.X2.CO'D.D.CO.CO.KK.≈.}
‹f022r°08-->   {.V.CO.V.CY.CY.D.IX.I'I'I'I'I.D.I.Z.XS.N.NP.X.}
‹f022r°09-->   {.T.T.I.I.LT.D.D'O'D.Z.RT'NB.C'F'O'R'CO.}
‹f022r°10-->   {.D.CE'C'Q.CY.CY.NA.IX.I.I.C.D.C.F.Q.C.IX.Q.Z.}
‹f022r°11-->   {.IX.Z.C'XG.C'D'R'N'D.O.C.I.C.I.AC.N.C.F'X2.}
‹f022r°12-->   {.((.I.)).QT.AC.N.C.MV.D.CO'DP'CO.QX.UD.C.R.C'EY.N.}

folio 22 verso

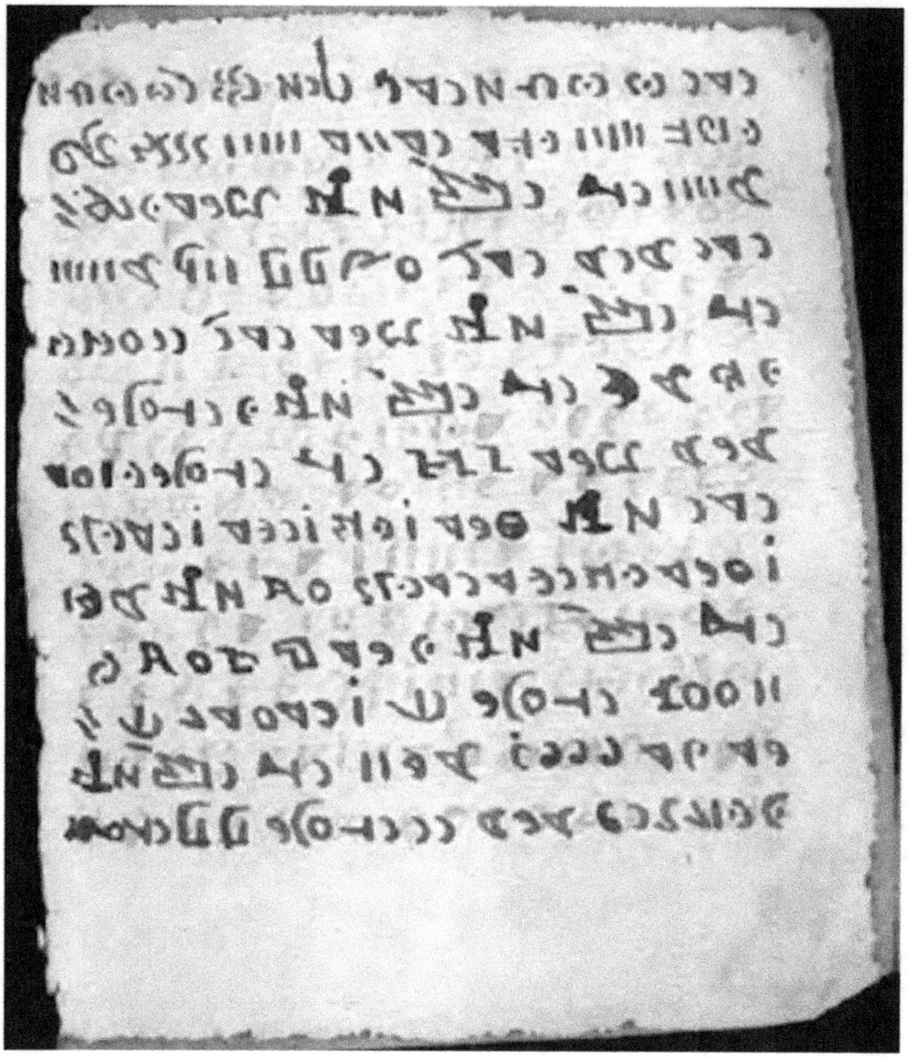

‹f022v°01--› {.C.D.C.Z.CX.Q.AC.N.C.D.LT.NG.C.N.BP.L.Z.CX.Q.AC.N.}
‹f022v°02--› {.CX.I'ML.KK.I'I'I'I.CX.XV.X.D.C.D.J.J.D.I'I'I'I.S.S.T.A.UD.}
‹f022v°03--› {.V.I'I'I.C'BD.C.MA.J.N'J0.W'CO'D.QX.CU'C.≈.}
‹f022v°04--› {.C.D.C.V.C.V.C.D.MV.O.RT.AE'AE.I'I'G.V.I'I'I'I.}
‹f022v°05--› {.C'BD.C.MA.J.N'J0.W.C'D'C'D.MV.C.C.O.C.A.I.I.}
‹f022v°06--› {.QX.Y.V.CY.C'BD.C.MA.J.N'J0.QX.C'F'O'R'CO.≈.}
‹f022v°07--› {.V.CO.V.W'CO'D.H'HF'H.C'BG.C'F'O'R'CO.CX.I.O.D.}
‹f022v°08--› {.C.D.C.N'J0.O.CO'D.IX.CX.IZ.IX.C.CE.D.IX.C.D.C.A.S.}
‹f022v°09--› {.IX.O.CO'D.CX.I'T.C.CE.D.C.D.CX.A.S.O.XA.N'J0.V.CY.I.}
‹f022v°10--› {.C'BD.C.MA.J.N'J0.QX.CO'D.EF.HM.O.XA.C.Q.}
‹f022v°11--› {.I.I.O'O'IA.C'F'O'R'CO.NI.IX.CO'D'O'D'K.NI.≈.}
‹f022v°12--› {.CO'D.RB.D.CV.CV.CV.Q.X.V.CY.I.I.C'BD.C.MA.J.N'J0.}
‹f022v°13--› {.QX.CX.I.K.S.CX.QV.V.CO.V.C.C.C'F'O'R'CO.AE'AE.C'XV.OB.I.}

folio 23 recto

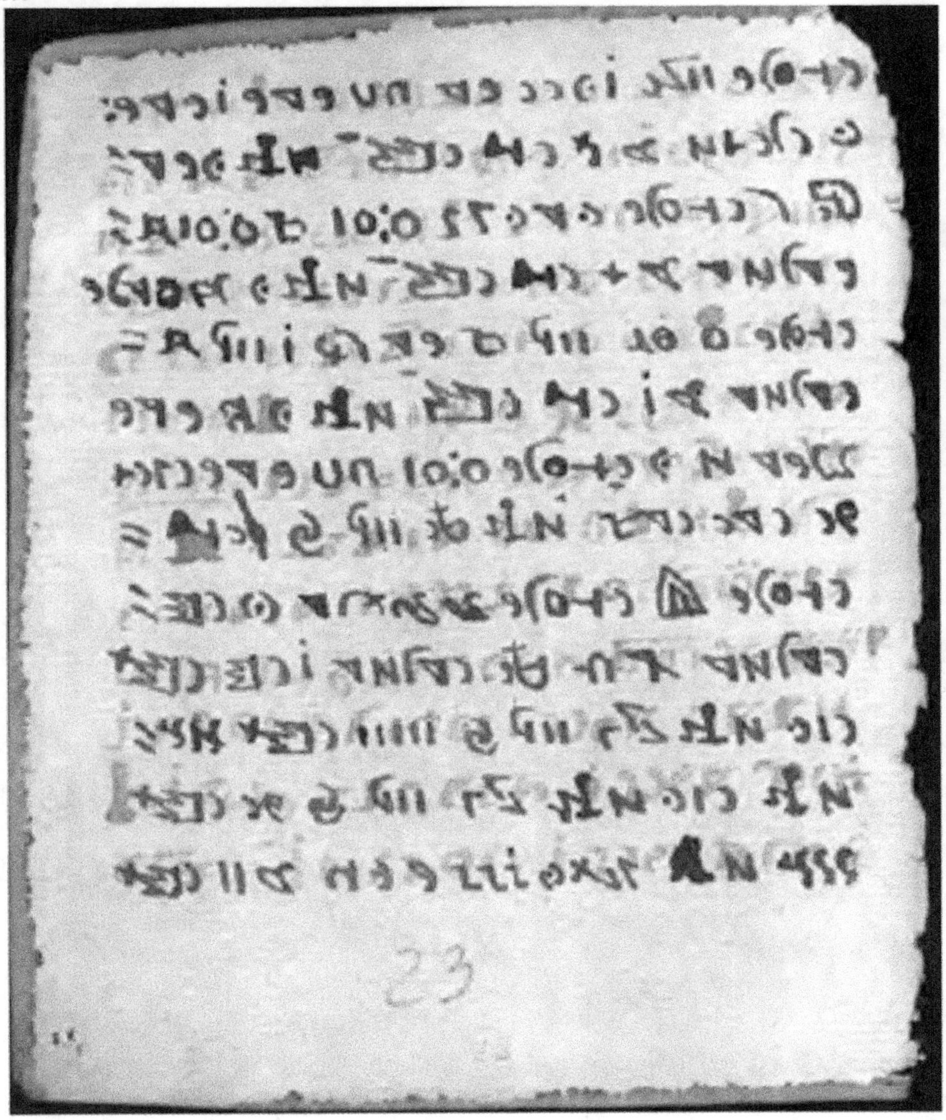

‹f023r°01--› {.C'F'O'R'CO.I.I'AG.C.I.QX.C.C.CO'D.XD.BL.CO'D'CO.IX.CO'D'CO.X2.}

‹f023r°02--› {.BZ.C.R.C'EY.N.V.LT.C'BD.C.MA.J.N'J0.QX.CO'D.≈.}

‹f023r°03--› {.EF.X.L.C'F'O'R'CO.CX.D.CX.A.S.O'X2'O'I.HM.O'X2'O'I.XA.≈.}

‹f023r°04--› {.CO'D'R'N'D.V.T.C.BD.C.MA.J.N'J0.NA.O.D.QV.CO.}

‹f023r°05--› {.C'F'O'R'CO.O'O'P.I'I'G.HM.CO'D.L.QT.IX.I'I'G.XA.≈.}

‹f023r°06--› {.C'D'R'N'D.V.IX.C'BD.C.MA.J.N'J0.QX.Y.CO'DP'CO.}

‹f023r°07--› {.W'CO'D.N.QX.C'F'O'R'CO.O'X2'O'I.XD.BL.CO'D'CO.C.A.C.A.}

‹f023r°08--› {.RO'C.C.D.C.C'D'HY.N'J0'C0.I'I'G.CQ.BT.C'BD.≈.}

‹f023r°09--› {.C'F'O'R'CO.XU.C'F'O'R'CO.U.U.RT.D.Z.C'XG.≈.}

‹f023r°10--› {.C'D'R'N'D.BI.AC.C0.C'D'R'N'D.IX.C'XG.C'MA'T.}

‹f023r°11--› {.C.I.CX.N'J0.K'A'A.I'I'G.CQ.I'I'I'I.C'MA'T.S'S'ST.≈.}

‹f023r°12--› {.N'J0.C.I.CX.N'J0.K'A'A.I'I'G.CQ.RO'C.C'MA'T.}

‹f023r°13--› {.S'S'ST.N'J0.A'KB'T'C'Q.HX'H'H.CO'CE'XC.V.I.I.C'MA'T.}

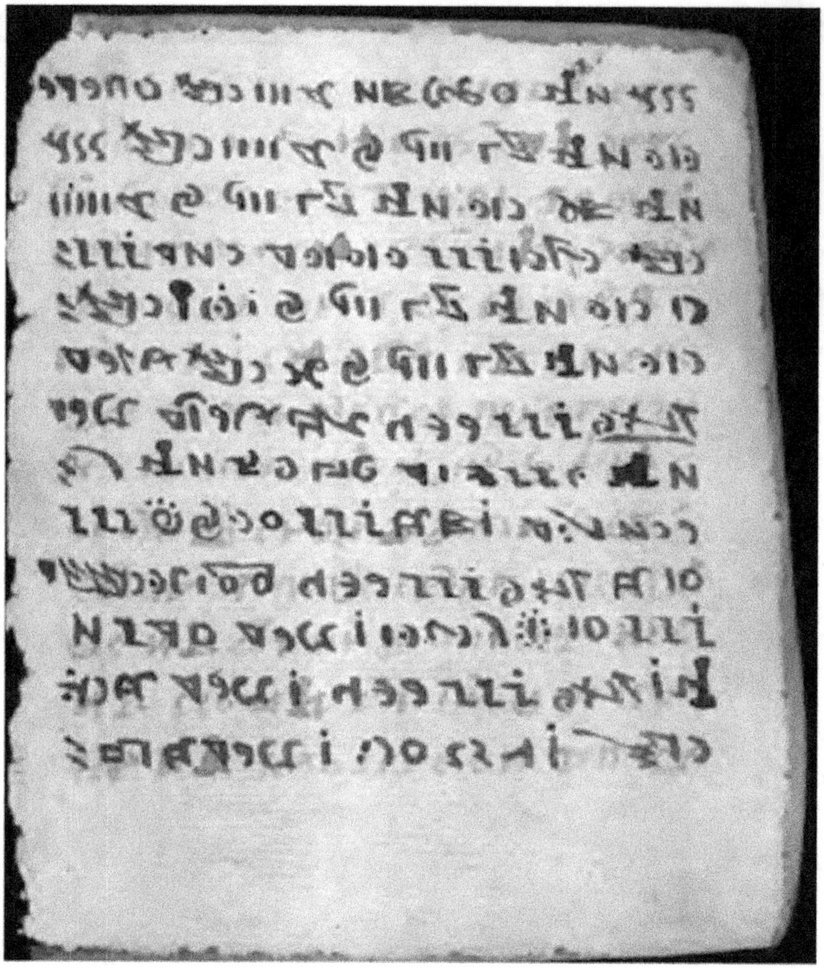

‹f023v°01--›	{.S'S'ST.N'J0.O.U'QV.B'N.V.I'I'I.C'MA'T.BL.XD.CO'D'CO.}
‹f023v°02--›	{.CX.I.CX.N'J0.K'A'A.I'I'G.CQ.V.I'I'I'I.C'MA'T.S'S'ST.}
‹f023v°03--›	{.N'J0.B'CV.C.I.CX.N'J0.K'A'A.I'I'G.CQ.V.I'I'I'I.}
‹f023v°04--›	{.C'MA'T.CX.A.C.I.HX'H'H.CX'I'CX'I'CX'D.C.N.D.HX'H'H.≈.}
‹f023v°05--›	{.C.I.C.I.CX.N'J0.K'A'A.I'I'G.CQ.I.Z.IG.C'MA'T.≈.}
‹f023v°05t°›	[Trānslātiō: "...this Lord Jesus...the only Son of God, the first...pope..."]
‹f023v°06--›	{.C.I.CX.N'J0.K'A'A.I'I'G.CQ.RO'C.C'MA'T.RT'A'CO'D.}
‹f023v°06t°›	[Trānslātiō: "...this Lord Jesus...the only Son of God, ...pope Saint Peter..."]
‹f023v°07--›	{./.A'KB'T'C'Q.\.HX'H'H.CO'CE'XC.BA.RT'CO'IH'D.W'CO'D.}
‹f023v°07t°›	[Trānslātiō: "...Bishop over Rome, of Saint Luke was...."]
‹f023v°08--›	{.N'J0.QX.H'H'HF'I'D.QV'KE'BB.HY.N'J0.L.≈.}
‹f023v°08t°›	[Trānslātiō: "...the Lord Jesus in Capernaum, when the Lord Jesus came on...."]
‹f023v°09--›	{.CO.C.N.K.X.X.D.IX.B.NA.HX'H'H.O.CX.CQ.RO.XX.H'H'H.}
‹f023v°10--›	{.O.I.NA.A'KB'T'C'Q.HX'H'H.CO'CE'XC.FI.I.RB.CX.C'M.D.}
‹f023v°11--›	{.HX'H'H.O.I.((.I.)).L.C.Q.CX.I.IX.W'CO'D.O.DP.HM.N'J0.}
‹f023v°11f°›	[Fissum: ‹f023v°11› .N. and ‹f023v°12› .J0.]
‹f023v°12--›	{.«.88.».IX.A'KB'T'C'Q.HX'H'H.CO'CE'XC.IX.W'CO'D.NA.C.F'X2.}
‹f023v°13--›	{.C'MR.IX.XP.XB.S.O.L'X2.IX.W'CO'D.NA.LA.XJ.≈.}

folio 24 recto

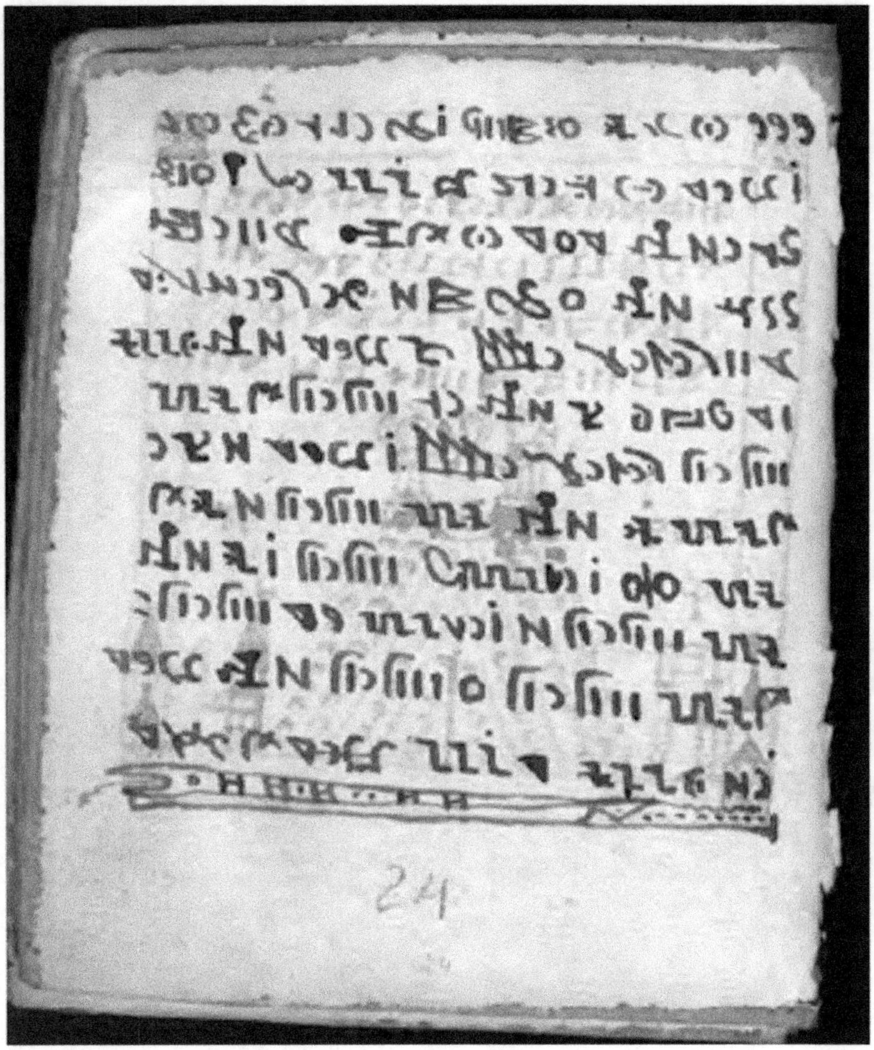

‹f024r°01--> {.CO'CO'CO.Z.Q.J.HK.O.I.B.I'I'G.IX.U.C.K.F.C.Q.FU.C.Q.K.}

‹f024r°02--> {.IX.W'CO'D.CE.Q.F'X2.C.I.CO.NA.HX'H'H.CX'KB.IG.O.I.RO.}

‹f024r°03--> {.S'D.C.N'J0.D'O'D.C.Q.RT'NB.V.I.I.C'MA'T.}

‹f024r°04--> {.S'S'ST.N'J0.O.U.B'N.RO'C.L.CO.C.KC.K.X.X.D.}

‹f024r°05--> {.V.I.I.L.C.A.C.U.C'M.HM.W'CO'D.N'J0.QX.H'H'HF'I'D.}

‹f024r°05f°› [Fissum: ‹f024r°05› .H'H'HF. and ‹f024r°06› .I.D.]

‹f024r°06--> {.«.88.».QV'KE'BB.HY.N'J0.C.F.I'I'AE.C'AE.RT'HF'HS.}

‹f024r°07--> {.I'I'AE.C'AE.L.C.A.C.U.C.EN.IX.W'CO'D.N.HY.C.}

‹f024r°08--> {.RT'HF'HS.HK.N'J0.HF'HS.I'I'AE.C'AE.N.HK.RT.}

‹f024r°09--> {.HF'HS.OC.IX.C.I.H.HS.YO.I'I'AE.C'AE.IX.HK.N'J0.}

‹f024r°10--> {.HF'HS.I'I'AE.C'AE.N.IX.C.K.H.HS.CO'D.I'I'AE.C'AE.≈.}

‹f024r°11--> {.RT'HF'HS.I'I'AE.C'AE.O.I'I'AE.C'AE.N'J0.W'CO'D.}

‹f024r°12--> {.C.N.QX.H'H'HF'I'D.HX'H'H.W'CO'D.RT'XI'D.}

‹f024r°12h°› [Hyperbolē: .I. has been added to complete the grapheme .H'H'HF'I'D. in ‹f024r°12› above.]

‹f024r°12s°› [SERPĒNS: 2/7.]

folio 24 verso

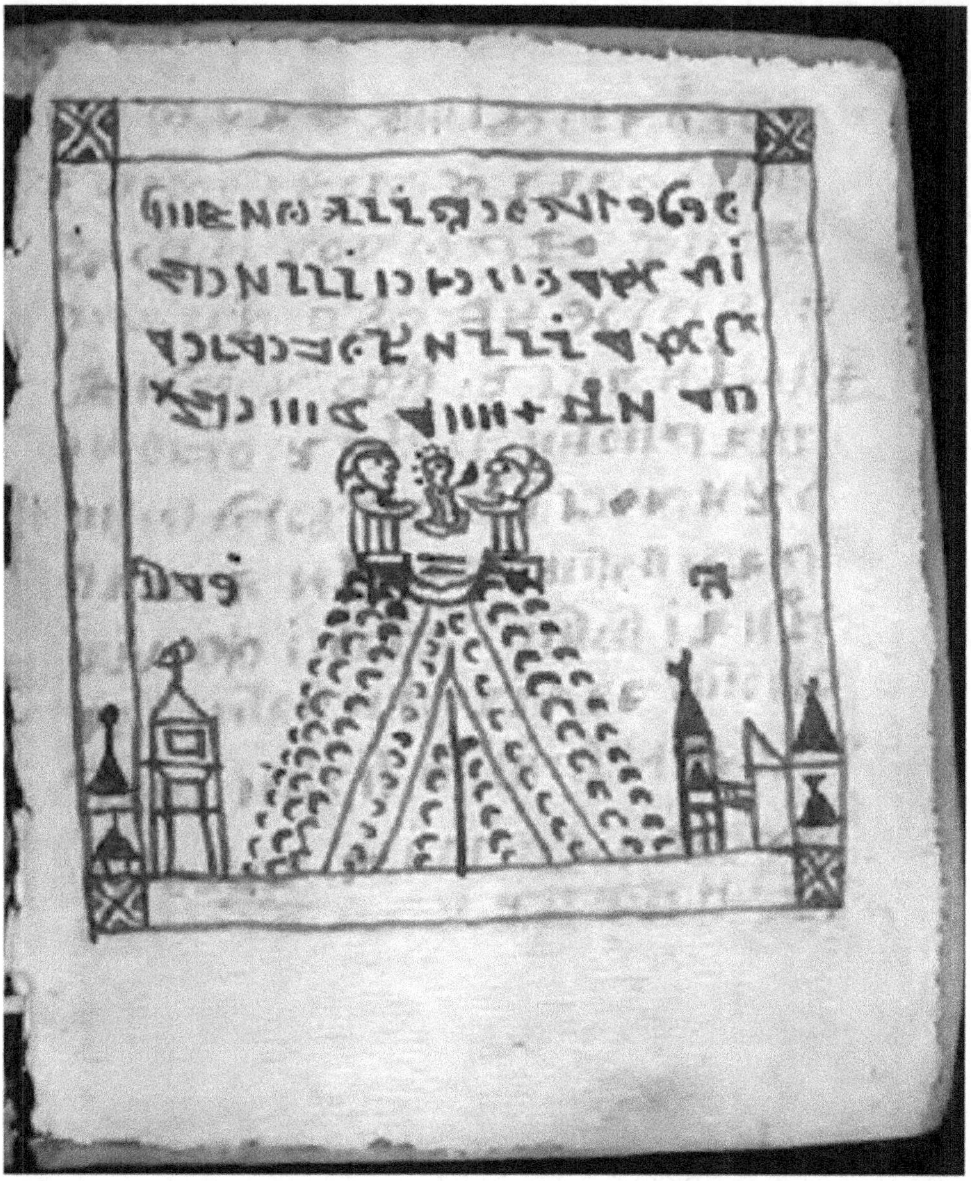

‹f024vº00iº› [Illūstrātiō: P-10:MCWO Two men on pedastool w/ baby w/ halo; Jerusalem & city.]
‹f024vº01--› {.HY.CO'QV.CO.A.KC.QX.C.Y.HX'H'HK.Z.N.B.I'I'G.}
‹f024vº02--› {.IX.AC.XI'D.CX.I.I.C'EY.C.I.HX'H'H.N.C'IZ.}
‹f024vº03--› {.RT'XI'D.HX'H'H.N.HY.QX.KK.C.D.QA.C.D.}
‹f024vº04--› {.XD.D.N'J0.T.I'I'I'I.D.V.I'I'I.C'MA'T.}
‹f024vº05CR› {.Y.}
‹f024vº05CL› {.CO'D.EF.}

folio 25 recto

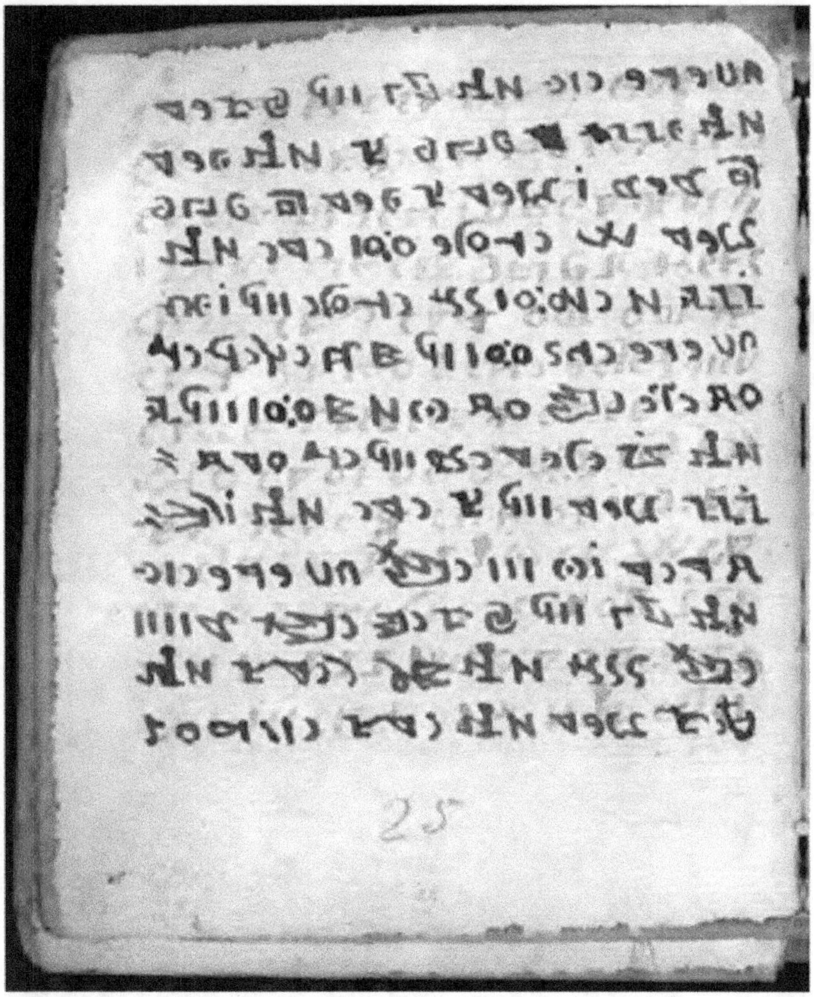

‹f025r°01--> {.BS.BL.CO'DP'CO.C.I.CX.N'J0.K'A'A.I'I'G.CQ.HM.CO'D.}
‹f025r°02--> {.N'J0.QX.H'H'HF'I'D.QV'KE'BB.HY.N'J0.QX.CO'D.}
‹f025r°02h°› [Hyperbolē: .I. has been added to complete the grapheme .H'H'HF'I'D. in ‹f025r°02› above.]
‹f025r°03--> {.LA.XJ.V.CO.V.IX.W'CO'D.HY.QX.CO'D.LA.XJ.QV'KE'BB.}
‹f025r°04--> {.W'CO'D.XL.C'F'O'R'CO.O'X2'O'I.C.D.C.N'J0.}
‹f025r°05--> {.HX'H'HK.N.C.K.O'X2'O'I.S'S'ST.C'F'O'R'C.I'I'G.IX.QX.AC.}
‹f025r°05h°› [Hyperbolē: .S. has been added to complete the grapheme .S'S'ST. in ‹f025r°05› above.]
‹f025r°06--> {.XD.BL.CO'DP'CO.C.XC.S.O'X2'O'I.I.G.B.NA.C.CU'C.C.G.C'BD.}
‹f025r°07--> {.O.XA.C.R.C.X.C'M.O.XA.Z.N.B'O'X2'O'I.I'I'G.HK.}
‹f025r°08--> {.N'J0.XW'X.CX.R.CX.D.C.S.RO.I'I'G.C'BD.O.D.XA.≈.}
‹f025r°09--> {.HX'H'H.W'CO'D.I'I'G.HY.C.D.C.N'J0.IX.L.XN.≈.}
‹f025r°10--> {.XA.D.C.DP.IX.Z.I'I'I.C'MA'T.XD.BL.CO'DP'CO.C.I.CE.}
‹f025r°11--> {.N'J0.K'A'A.I'I'G.CQ.HM.C'XG.C'MA'T.V.I'I'I'I.}
‹f025r°12--> {.C'MA'T.S'S'ST.N'J0.B'CV.L.C'D'HY.N'J0'C0.}
‹f025r°12f°› [Fissum: ‹f025r°12› .N'J0. and ‹f025r°13› .C0.]
‹f025r°13--> {.«.88.».HM.W'CO'D.N'J0.C'D'HY.C.I.J.XV'O.O.BC.}

folio 25 verso

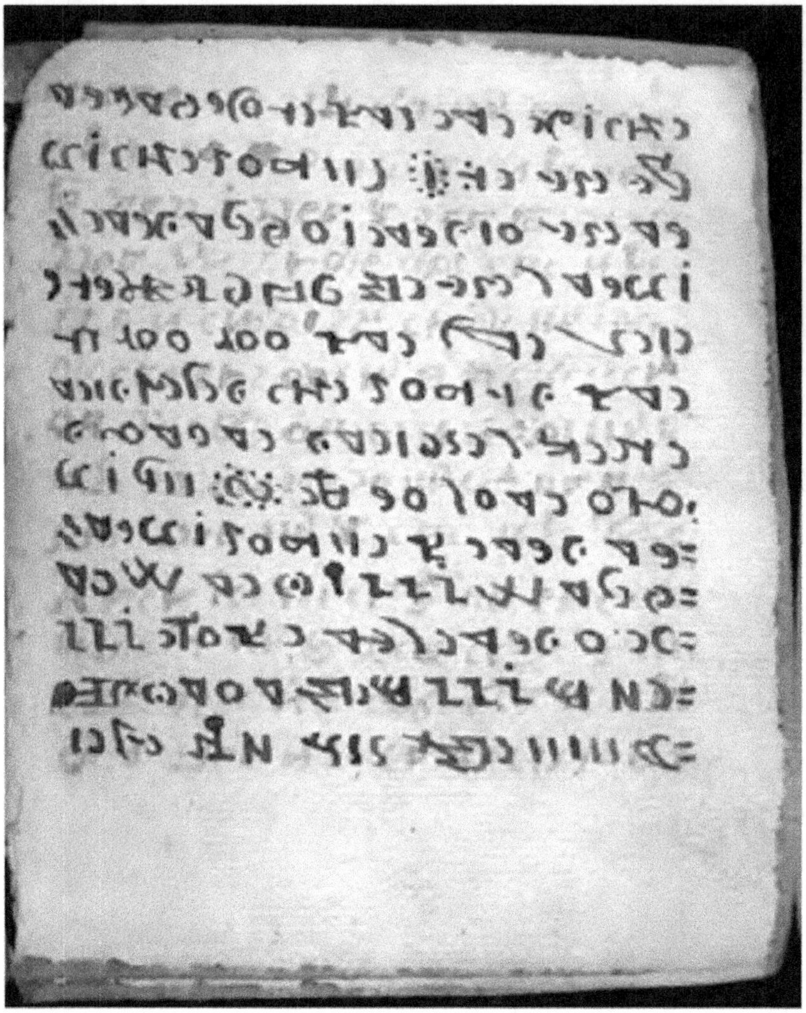

‹f025v°01-‐›	{.C.AG.I.R.IX.RO'C.C.D.C.C'D'HY.C'F'O'R'CO.C.Q.D.LT.CO'D.}
‹f025v°02-‐›	{.C.AS.I.CX.C.A.CX.C.F'X2.((.I.)).C.I.I.XV'O.O.A.C.AG.I.Q.IX.W'CO'D.}
‹f025v°02f°›	[Fissum: ‹f025v°02› .W. and ‹f025v°03› .CO'D.]
‹f025v°03-‐›	{.«.88.».C.S.CX.O.I.QX.CO'D.C.IX.O.C.Q.Q.C.D.QX.C.D.C.≈.}
‹f025v°04-‐›	{.IX.W'CO'D.L.C.A.CX.C'XG.QV'KE'BB.HK.B'CV.CO.F.C.}
‹f025v°05-‐›	{.C.I.C.QS.C'D'R.C'D'HY.O'O'P.O'O'P.AC.}
‹f025v°06-‐›	{.C'D'HY.QX.I.X.XV'O.O.A.C.C.AG.I.Q.QX.C.RA.CX.A.QX.I.C.K.}
‹f025v°07-‐›	{.C'XV.C.C.IJ.R.C.S.CV.I.C.D.QX.C.D'O'D.OI.QX.}
‹f025v°08-‐›	{.X.OB'L.O.C.D.O.L.O.CO.C0.((.AD.)).I'I'G.I.W'CO'D.}
‹f025v°08f°›	[Fissum: ‹f025v°08› .W. and ‹f025v°09› .≈.CO'D.]
‹f025v°09-‐›	{.«.88.».QX.CO'D.C.HY.C.I.I.XV'O.O.A.IX.W'CO'D.≈.}
‹f025v°10-‐›	{.≈.C.Q.Q.C.D.XL.HX'H'H.IG.Z.C.D.XL.BB.D.}
‹f025v°11-‐›	{.≈.Q.C.O.QX.CO'D.C.L.CE.D.C.HY.O.IU.C.HX'H'H.}
‹f025v°12-‐›	{.≈.C.N.BR.HX'H'H.BR.C'IZ.D'O'D.Z'RT'NB.}
‹f025v°12t°›	[Trānslātiō: "...give you blessings upon blessings! Hear the holy Word..."]
‹f025v°13-‐›	{.≈.V.I'I'I'I.C'MA'T.S'S'ST.N'J0.C.A.C.I.}
‹f025v°13t°›	[Trānslātiō: "...to the five popes...Lord Jesus..."]

folio 26 recto

<f026r°01--> {.HX'H'H.CX'I'CX'I'CX'D.C.N.D.HX'H'H.C.I.E.}
<f026r°01t°> [Trānslātiō: "...you over this world; over the first century."]
<f026r°02i°> [Illūstrātiō: P-11:MCWO Crucifixion, Jesus; guard w/ spear, soldiers/crowd.]
<f026r°02R1> {.HM.W'CO'D.N.}
<f026r°02C1> {.N.C'XV.HF.}
<f026r°02L1> {.C0.L.TA.QT.≈.}
<f026r°03R2> {.CX'I'CX'I'CX'D.NV.O'O'P.}
<f026r°03L2> {.H'HF'H.C.R.OB.Q.CX.KE.KK.}

folio 26 verso

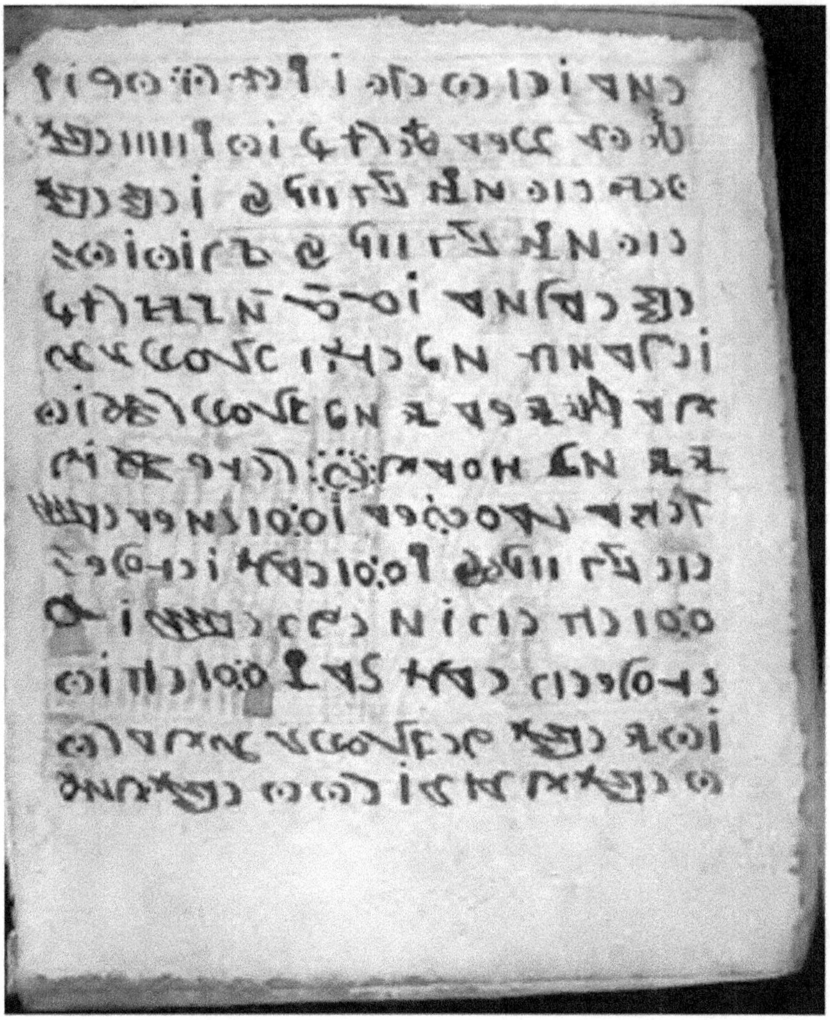

‹f026v°01-->　{.C.N.D.IX.C.I.Z.C.A.CX.IX.IG.C'IK.L.I'XX.Z.CO.IX.IG.}

‹f026v°02-->　{.NG.C.CX.V.W'CO'D.C0.L.TA.QT.IX.Z.IG.I'I'I'I'I.C'MA'T.}

‹f026v°03-->　{.QX.C.HF.O.C.I.CX.N'J0.K'A'A.I'I'G.CQ.IX.C'XG.C'MA'T.}

‹f026v°04-->　{.C.I.CX.N'J0.K'A'A.I'I'G.CQ.HM.R.IX.Z.IX.Z.≈.}

‹f026v°04t°›　[Trānslātiō: "...this Lord Jesus, the only Son of God came, and the..."]

‹f026v°05-->　{.C'XG.C'D'R'N'D.IX.EA'X2'EA'X4'X2.N.H'HF'H.L.TA.QT.}

‹f026v°05t°›　[Trānslātiō: "...people crying out and crucified you...power on the cross... arose"]

‹f026v°06-->　{.IX.C.AS.D.N.AC.N'QV.C'BG.X.I.YX'QQ.U.U.}

‹f026v°07-->　{.RT.D.QJ.HK.CO'D.HK.N'QV.YX'QQ.L.B'CV.IX.Z.}

‹f026v°08-->　{.HK.HK.N'QV.XH'O'D.RT.((.AD.)).L.C'XV.CO.B'CV.IX.RT.}

‹f026v°09-->　{.A.C'IZ.D.K.D.O.AD.X2.CO'D.IX.O'X2'O'I.C.N.CO'D.C'M.}

‹f026v°10-->　{.C.I.C.K'A'A.I'I'G.C.Q.CQ.IG.O'X2'O'I.C'D'R'T.IX.C'F'O'R'CO.≈.}

‹f026v°11-->　{.O'X2'O'I.C'I'T.C'I'Q.IX.N.C.RO.Q.C'M.IX.YJ.}

‹f026v°12-->　{.S.F'O'R'C.C'I'Q.C'D'R'T.S'D./.IG.\.O'X2'O'I.C'I'T.IX.Z.}

‹f026v°13-->　{.IX.Z.HK.C'MA'T.RO'C.YX'QQ.U.U.RT.D.L.Z.}

‹f026v°14-->　{.Z.C'MA'T.RT.V.IX.V.IX.L.Z.C.QX.C'MA'T.RT.N.CO.}

folio 27 recto

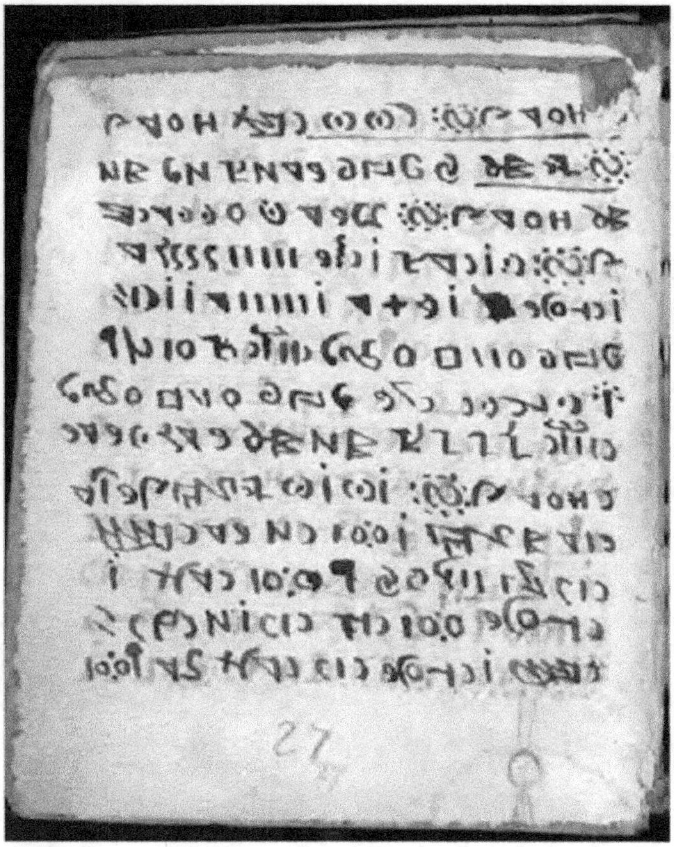

‹f027rº01--› {./.XH'O'D.RT.((.AD.)).L.Z.C.QX.\.C'MA'T.XH'O'D.RT.}

‹f027rº02--› {./.((.AD.)).HK.B'CV.\.CQ.QV'KE'BB.CO'D.N.HY.N'QV.B'N.}

‹f027rº03--› {.B'CV.XH'O'D.RT.((.AD.)).W'CO'D.NP.O.CX'CX.D.C'DB.}

‹f027rº04--› {.RT.((.AD.)).L'X2.IX.C'D'HY.IX.C.XS.CO.I'I'I'I.S'S'S.XB'C'D.}

‹f027rº04hº› [Hyperbolē: .C. has been added to complete the grapheme .XB'C'D. in ‹f027rº04› above.]

‹f027rº04tº› [Trānslātiō: "...5,000 souls,"]

‹f027rº05--› {.IX.C'F'O'R'CO.E.IX.CY.T.D.IX.I'I'I'I.D.IX.IX.CD.I.≈.}

‹f027rº05tº› [Trānslātiō: "...and the first century, 60 years, and 5 years..."]

‹f027rº05cº› [Commentārium: Either 65 or 165 A.D.]

‹f027rº06--› {.QV'KE'BB.O.I'I'XJ.O.U'QV.C.I'I'IU'C.HM.O.I.XB.IG.}

‹f027rº07--› {.I'X5.C.KC.CX.C.C.A.CO.QV'KE'BB.O.I'I'XJ.O.U'QV.}

‹f027rº08--› {.C.I'I'IU'C.HX'H'H.HY.B'N.B'CV.CO'D.CC.QX.CO'D'CO.}

‹f027rº09--› {.C.XH'O'D.RT.((.AD.)).IX.CX.I.IX.Z.HK.BA.RT'CO'IH'D.}

‹f027rº09tº› [Trānslātiō: "...and the giving of Saint Luke..."]

‹f027rº10--› {.C.I.D.B'BA.IX.O'X2'O'I.C.N.CO'D.C'M.}

‹f027rº10tº› [Trānslātiō: "...this day of his and we are your church..."]

‹f027rº11--› {.C'I'Q.K'A'A.I'I'G.C.Q.CQ.IG.O'X2'O'I.C'D'R'T.IX.}

‹f027rº11tº› [Trānslātiō: "...the only faithful Son of God. Amen!..."]

‹f027rº12--› {.C'F'O'R'CO.O'X2'O'I.C'I'T.C'I'Q.IX.N.C.BL'R.Q.≈.}

‹f027rº13--› {.C'M.IX.C'F'O'R'CO.C'I'Q.C'D'R'T.S'D.IG.O'X2'O'I.}

folio 27 verso

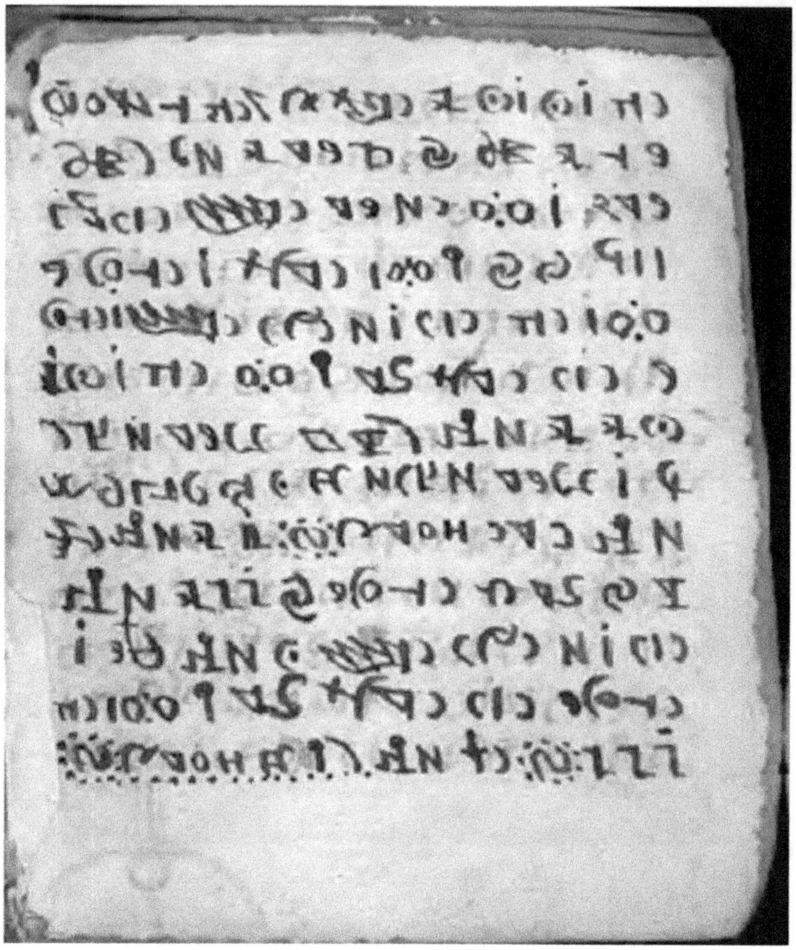

‹f027v°01--› {.C.XC.IX.Z.I.Z.HK.C'MA'T.RT.A.C'I'T.F.K.D.O.AD.J.}

‹f027v°02--› {.CO.F.HK.B'CV.CQ.HM.CO'D.HK.N'QV.L.B'CV.}

‹f027v°02t°› [Trānslātiō: "...gave the mountain of God came to be given there on mount..."]

‹f027v°03--› {.CO'D'XB.IX.O'X2'O.C.N.CO'D.C'M.C'I'Q.K'A'A.}

‹f027v°03t°› [Trānslātiō: "...Golgotha. And we are your church...only..."]

‹f027v°04--› {.I'I'G.C.Q.CQ.IG.O'X2'O'I.C'D'R'T.IX.C'F'O'R'CO.}

‹f027v°04t°› [Trānslātiō: "...faithful Son of God, Amen!..."]

‹f027v°05--› {.O'X2'O'I.C'I'T.C'I'Q.IX.N.C.BL'R.Q.C'M.I.C'F'O'R'CO.}

‹f027v°05f°› [Fissum: ‹f027v°05› .C.F.O.R. and ‹f027v°06› .CO.]

‹f027v°06--› {.«.88.».C'I'Q.C'D'R'T.S'D.IG.O'X2'O.C'I'T.IX.Z.IX.}

‹f027v°07--› {.Z.HK.HK.N'J0.L.BC.EU.W'CO'D.N.HY.L.}

‹f027v°08--› {.QT.IX.W'CO'D.N.HY.Q.N.NA.QX.Y.QV'KE'BB.XL.}

‹f027v°09--› {.N'J0.C.D.C.N.O.D.RT.((.AD.)).|.H.X.|.HK.N'J0.C'IZ.}

‹f027v°10--› {.BC.CQ.S'D.AC.C'F'O'R'CO.CQ.HX'H'HK.N'J0.}

‹f027v°11--› {.C'I'Q.IX.N.C.BL'R.Q.C'M.QX.N'J0'C0.IX.}

‹f027v°12--› {.C'F'O'R'CO.C'I'Q.C'D'R'T.S'D.IG.O'X2'O'I.C'I'T.}

‹f027v°13--› {.HX'H'H.((.AD.)).C.TA.N'J0.(.L.IG.NA.XH'O'D.RT.).((.AD.)).}

folio 28 recto

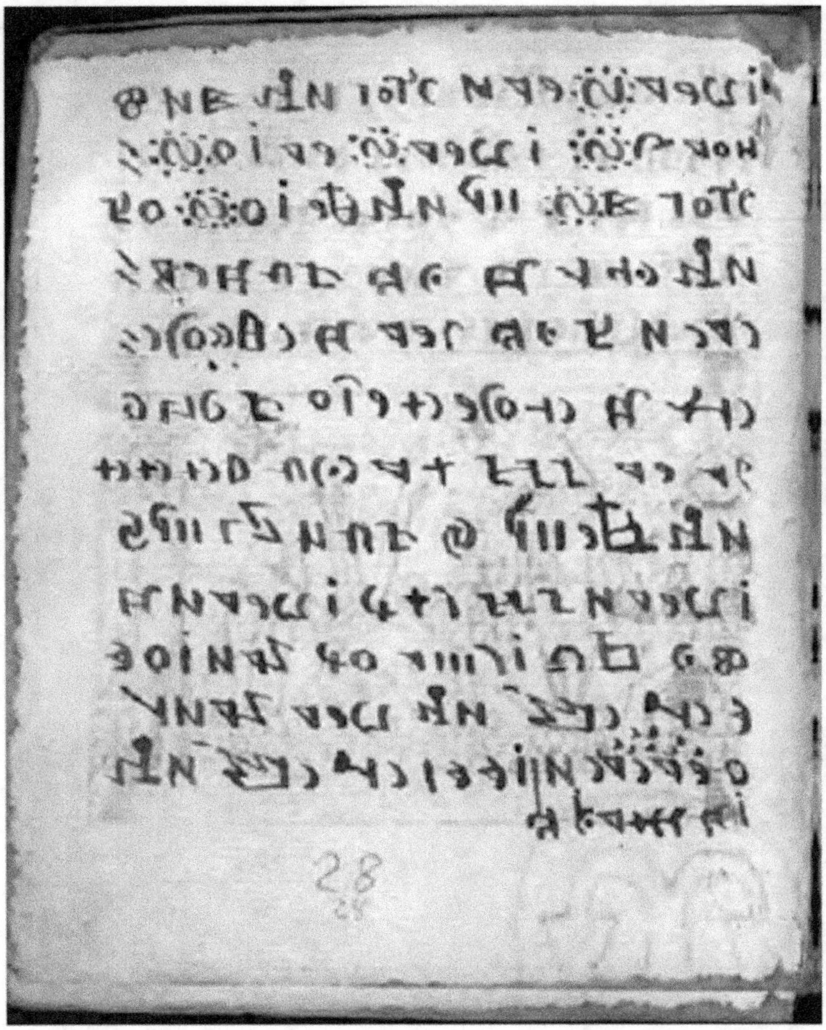

‹f028r°01--› {.IX.W'CO'D.((.AD.)).CO'D.N.Q.IU.O.I.N'J0.B'N.XQ.}
‹f028r°02--› {.XH'O'D.RT.((.AD.)).IX.W'CO'D.((.AD.)).C.D.IX.O.((.AD.)).≈.}
‹f028r°03--› {.Q.IU.O.I.B.((.AD.)).I'I'G.N'J0'C0.IX.O.((.AD.)).O.HY.}
‹f028r°04--› {.N'J0.CX.XC.K.NA.QX.Y.HM.XD.NA.CO'D.≈.}
‹f028r°05--› {.C.D.C.N.HY.QX.Y.Q.CO'D.NA.C.BW.C.C.O.R.CO.≈.}
‹f028r°06--› {.C.XI.NA.C'F'O'R'CO.C'T.CO'IH'D.HM.QV'KE'BB.}
‹f028r°07--› {.RO.D.CO'D.H'HF'H.T.D.Z.AC.CD.C'T.C'T.C'T.}
‹f028r°08--› {.N'J0'C0.I'I'G.CQ.HM.AC.N.K'A'A.I'I'G.CQ.}
‹f028r°08t°› [Trānslātiō: "Lord Jesus Christ, the Son of God came before you, the only-begotten Son of God."]
‹f028r°09--› {.IX.W'CO'D.N.H'HF'H.L'TA.QT.IX.W'CO'D.N.NA.}
‹f028r°09t°› [Trānslātiō: "...and you were power on the cross, arose, and your disciples were..."]
‹f028r°10--› {.XQ.QX.NN.BU.IX.L.I'I'I.D.O.QT.AG'D.N.IX.O.CY.}
‹f028r°10t°› [Trānslātiō: "...and on the third day, you arose again...."]
‹f028r°11--› {.CX.C'BD.C.MA.J.N'J0.W'CO'D.AG'D.N.XV.}
‹f028r°12--› {.O.(.CO'D'C'D.).C.N.I.IX.CY.CY.I.C'BD.C.MA.N'J0.}
‹f028r°13--› {.IX.NA.Q.Q.C.D.QX.Y.«.00.».}

‹f028v°01--› {.W'CO'D.K.X.A.YW.C'F'O'R'C.EN.I.I.O'X2'O'I.IX.I.I.O'X2'O'I.}
‹f028v°02--› {.C.A.CX.I.CY.E.A.IX.CX.S'S'S.XB.IX.CY.T.IX.CY.XD.BL.CO'D.C.}
‹f028v°02t°› [Trānslātiō: "...Six hundred, and thousand, sixty, and six..."]
‹f028v°03--› {.IX.I.I.O'X2'O'I.XA.C'D'R'N'D.V.XE.C'BD.C.MA.J.}
‹f028v°04--› {.N'J0.W.T.EU.W'CO'D.D.C.B'N.U'QV.L.}
‹f028v°05--› {.C.I'I'IU'C.V'CO'D'CO'D.O.S.S.I.N.O.U'QV.CQ.L.I'X4.}
‹f028v°05i°› [Illūstrātiō: P-12:BCLR Garden of Gethsemane, arrest of Jesus; guards, garden.]
‹f028v°05n°› [Notā Bene: Symbol .N. above man's figure denotes Jesus in scene.]

folio 29 recto

<f029r°00i°> [Illūstrātiō: P-13:URLS Two men at supper.]
<f029r°01--> {.I'D'O'D.Z.O.FN.}
<f029r°02--> {.EB.I.C'T.B'O'X2'O'I.NG.N.}
<f029r°03--> {.BA.OD.S.I.C'T.EO.}
<f029r°04--> {.RT'BS'D.IX.RT'HF'HS.}
<f029r°04t°> [Trānslātiō: "...Saint Matthew and Saint John..."]
<f029r°05--> {.O.C'TA.C'TA.C'TA.B.≂.}
<f029r°06--> {.O'X2'O'I.NG.N.QV'KE'BB.≂.}
<f029r°07--> {.HY.N'J0.L.CO.XC.D.}
<f029r°08--> {.Y.HM.OP.CU.C.N.C.BW.CO.C'D'R'N'D.HM.CO'D.N.≂.}
<f029r°09--> {.C.D.C.N.HY.NA.QX.Y.HX'H'HK.N'J0.CO'D.NA.≂.}
<f029r°09t°> [Trānslātiō: "...your disciples came into Jerusalem. By the Lord Jesus are disciples..."]
<f029r°10--> {.C.I.T.O.EY'J.D.C'T.CO.IH.O.R.CO'D.N.NA.C.BW.CO.≂.}
<f029r°11--> {.O.R.C.IX.C'I'N.C.XJ'D'CO'BY.HY.IX.W'CO'D.N.HY.≂.}
<f029r°12--> {.C.NA.QX.Y.HX'H'H.S'S'S.C.H.R.N.I.C.L.NA.QV'KE'BB.}
<f029r°13--> {.CO'D.NA.C.XI.O.EY'J.D.C'T.CO.IH.O.HX'H'H.C'T.CO.IH.O.}

folio 29 verso

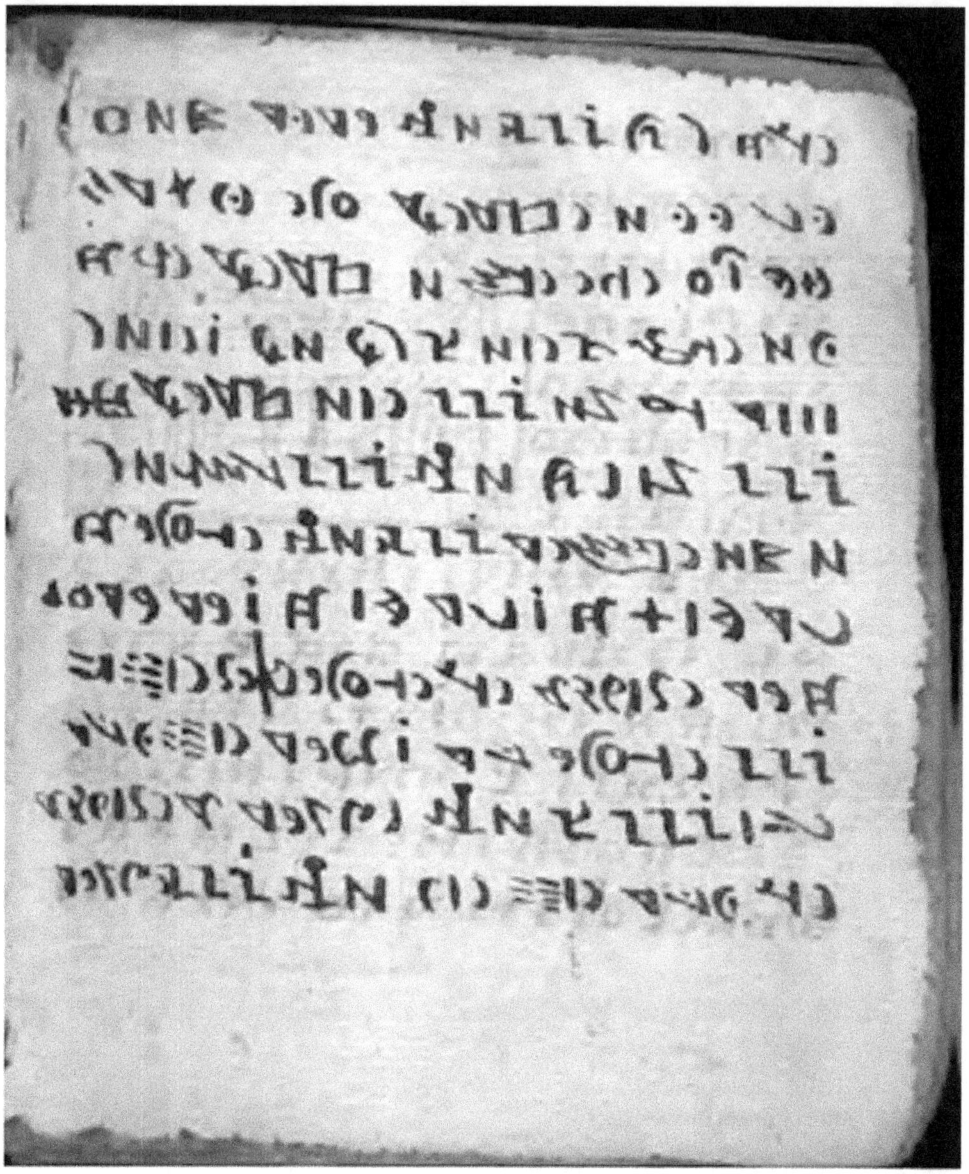

‹f029v°01--›   {.C'BG.NA.L.H.R.HX.I.HK.N'J0.C.D.CX.D.B'N.O.}
‹f029v°02--›   {.CX.CU.CX'CX.N.C.XJ'D'CO'BY.O.R.C.Z.EY'J.D.≈.}
‹f029v°03--›   {.C'T.CO.IH.O.C.XC.C.C.MA.N.XJ'D'CO'BY.C.A.Q.NA.}
‹f029v°04--›   {.QX.N.C.XC'U.HY.C'I'N.HY.L.QT.N.QT.IX.C'I'N.L.}
‹f029v°05--›   {.I'I'I.D.XV'O.AG.I.I.HX'H'H.C'I'N.XJ'D'CO'BY.Q.Q.C.D.}
‹f029v°06--›   {.HX'H'H.AG.I.C.H.R.N'J0.HX'H'H.K.UV.N.L.}
‹f029v°07--›   {.N.B'N.C'M.D.HX'H'HK.N'J0.C'F'O'R'CO.NA.}
‹f029v°08--›   {.CU'D.CX.I.T.NA.IX.CU'D.CY.I.NA.IX.CO'D'CO'D.O.K.}
‹f029v°09--›   {.NA.CO'D.C'S'C.RO.XB.V.C'BG.C'F'O'R'C.XB.C'S'C.UM.KK.}
‹f029v°10--›   {.HX'H'H.C'F'O'R'CO.K.D.IX.W'CO'D.C'UM.QX.K'X'D.D.}
‹f029v°11--›   {.NK.I.HX'H'H.HY.N'J0.C.RT'A'CO'D.V.C.S.I.CO.XB.V.}
‹f029v°12--›   {.C'BG.QX.K'X'D.D.C'UM.C'I'Q.N'J0.HX'H'HK.RT'A'CO'D.}

folio 30 recto

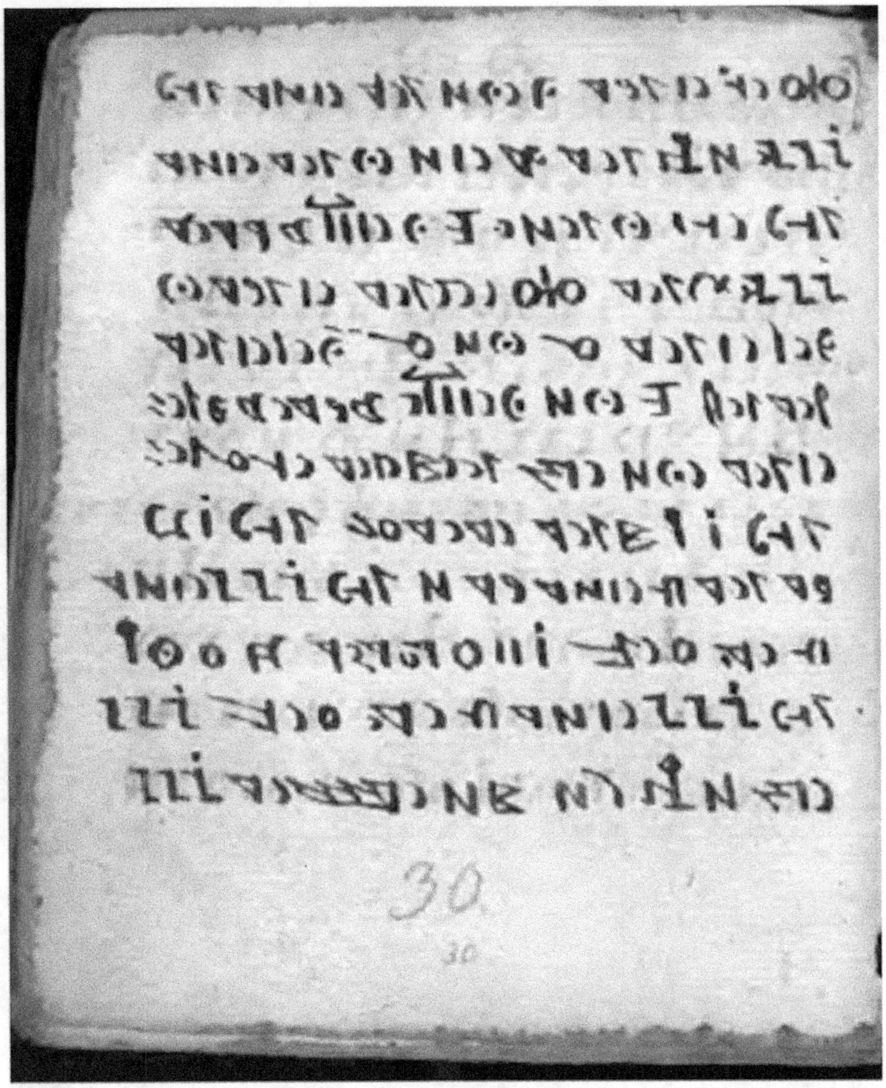

‹f030rº01--› {.OC.C'XV.X.C.I.A'CO'D.QX.Z.N.A.C.D.C'I'N.D.A.F.QV.}
‹f030rº02--› {.HX'H'HK.N'J0.A.C.D.X'V.C'I'N.Z.A.C.D.C'I'N.D.}
‹f030rº03--› {.A.F.QV.I.F.I.Z.A.C.N.CX.BC.QX.C.I'I'IU.V.CO'D'C'D.}
‹f030rº04--› {.HX'H'HK.RT.A.C.D.OC.C.PU.A.C.D.C.I.A'CO'D.Z.}
‹f030rº05--› {.QX.C.II.C.I.A.C.D.AC.Z.N.AC.QX.C.I.C.I.A.C.D.}
‹f030rº06--› {.A.C.D.I.C.I.RA.Z.N.QX.C.I'I'IU'C.V.I.D.C.V.QV.LA.C.C.}
‹f030rº07--› {.C.I.A.C.D.Z.N.C'IZ.A.C.C.B.C.I.C.D.C'XV'OB'I'C.≈.}
‹f030rº08--› {.A.F.QV.IX.IG.B.A.C.D.C'D'C'D'O'K.A.F.QV.IX.W'CO'D.}
‹f030rº08fº› [Fissum: ‹f030rº08› .W. and ‹f030rº09› .CO'D.]
‹f030rº09--› {.«.88.».A.C.D.AC.C'I'N.D.CO'D.N.A.F.Q.HX'H'H.CX.I.N.D.}
‹f030rº10--› {.AC.C.D.O.C.AG.F.IX.I.I.O.LA.XJ.DP.XB.DP.NA.O.OX.IG.}
‹f030rº11--› {.A.F.QV.HX'H'H.C'I'N.D.AC.C.D.C.O.C.KK.HX'H'H.}
‹f030rº12--› {.C'IZ.N'J0.L.N.B'N.C'M.D.HX'H'H.}

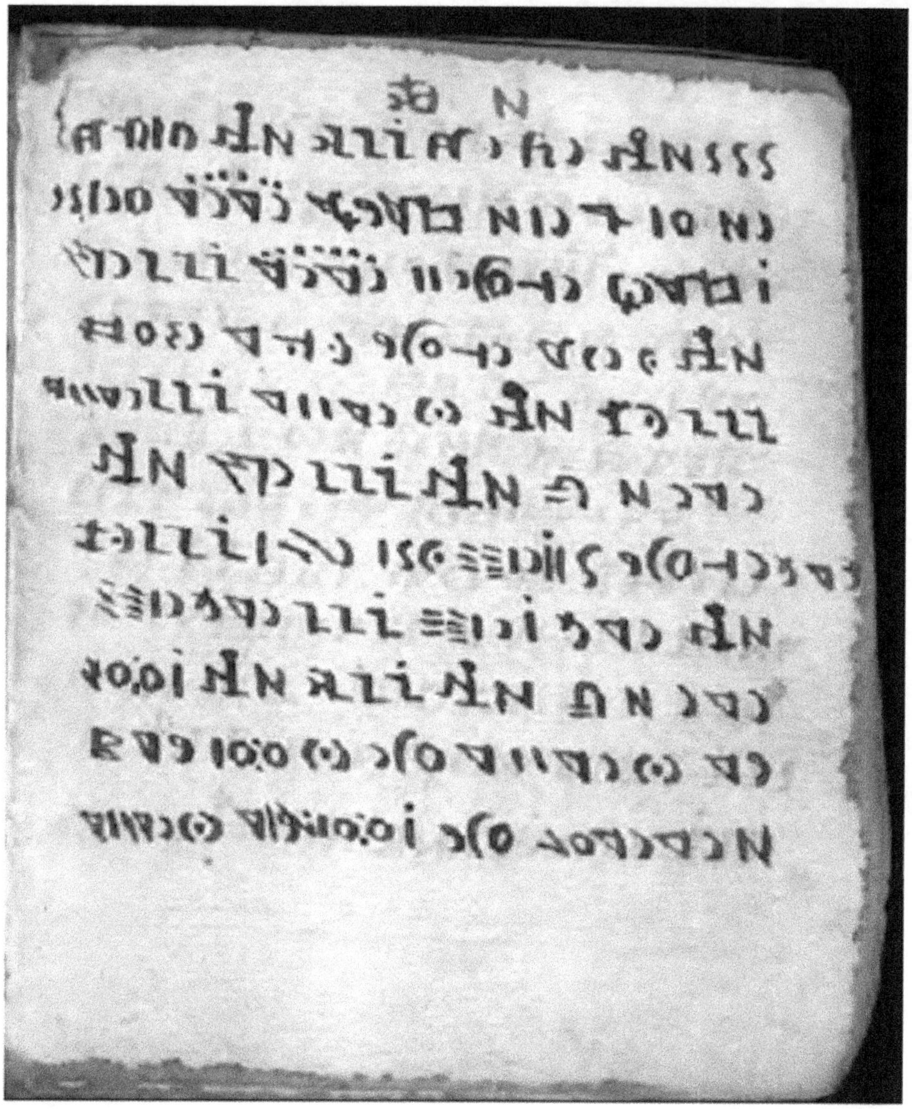

‹f030v°00C0› {.N'C0.}
‹f030v°00t°› [Trānslātiō: "The Christ."]
‹f030v°00d°› [DĪVĪSIŌ: Beginning of "Passion" Section of manuscript.]
‹f030v°00q°› [Quod Vidē: ‹f048v°00d°› for section end.]
‹f030v°01--› {.S'S'S.N'J0.C.H.R.C.NA.HX'H'HK.N'J0.XD.I.AC.BQ.}
‹f030v°02--› {.C.N.O.I.BI.C'I'N.XJ'D'CO'BY.(.C'D'C'D.).O.C.I'I'I.}
‹f030v°03--› {.IX.XJ'D'CO'BY.C'F'O'R'C.I.I.(.C'D'C'D.).HX'H'H.C'IZ.}
‹f030v°04--› {.N'J0.QX.C.Q.V.C'F'O'R'CO.CX.XV.X.D.C.S.O.KE.}
‹f030v°05--› {.HX'H'H.CX.BC.N'J0.Z.C.D.I.I.D.HX'H'H.C.D.J.J.D.}
‹f030v°06--› {.C.D.C.N.BU.N'J0.HX'H'H.C'IZ.N'J0.}
‹f030v°07--› {.LT.C'F'O'R'CO.S.I.IX.C'UM.QX.S.I.CU.J.I.HX.H.I.CX.IA.}
‹f030v°08--› {.N'J0.C.D.LT.IX.C'UM.HX'H'H.C.D.LT.C'UM.}
‹f030v°09--› {.C.D.C.N.BU.N'J0.HX'H'HK.N'J0.I.O'X2'O.≈.}
‹f030v°10--› {.CO'D.Z.C.D.I.I.D.O.R.C.Z.O'X2'O'I.CO'D.B.}
‹f030v°11--› {.N.C'D'C'D'O'K.O.R.CO.IX.O'X2'O'I.X.XV.CO.I.D.Z.C.D.J.J.D.}

folio 31 recto

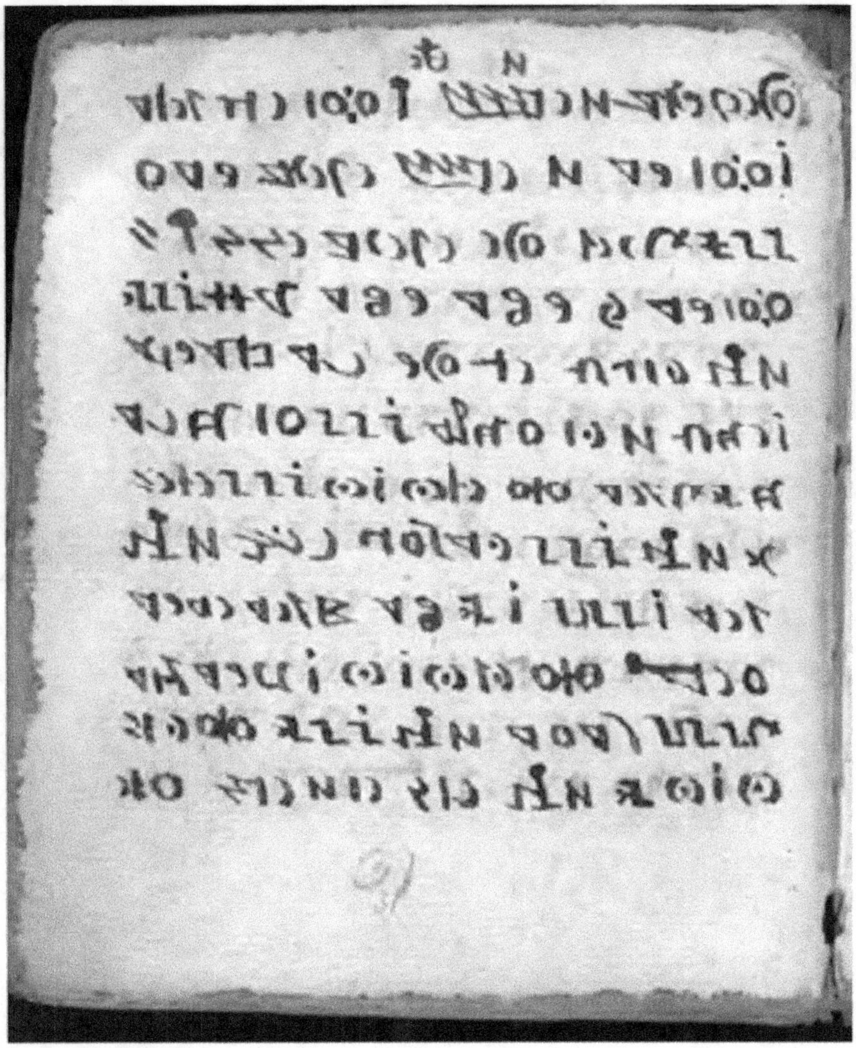

<f031r°00C0>	{.N'C0.}
<f031r°00t°>	[Trānslātiō: "The Christ."]
<f031r°01-->	{.O.R.C.C.Q.CO.NA.DL.N.C'M.IG.O'X2'O'I.C'I'T.A.C.I.D.}
<f031r°02-->	{.IX.O'X2'O'I.CO'D.N.C'M.C.A.C.Q.D.CO'D.O.}
<f031r°03-->	{.H'H'HF.RT.Q.C.A.O.R.C.C.A.C.Q.DL.C.EL.EL.IG.≈.}
<f031r°04-->	{.O'X2'O'I.CO'D.C.Q.CO'BF'D'CO'BF'D.V'T'T.HX'H'H.C.}
<f031r°04t°>	[Trānslātiō: "We (who) are the faithful conquered over evil."]
<f031r°05-->	{.N'J0.CX.I.XP.AC.C'F'O'R'CO.CU'D.XJ'D'CO'BY.}
<f031r°06-->	{.IX.C.NA.AC.N.CX.I.O.Q.I.IK'D.HX'H'H.O.I.NA.C.D.}
<f031r°07-->	{.NA.HK.RT.A.C.D.OC.C.BT.Z.IX.Z.HX'H'H.C.A.C.≈.}
<f031r°08-->	{.RO.CU.N'J0.HX'H'H.CX.D.H.O.XC.C.CU'C.X2.N'J0.}
<f031r°09-->	{.A.C.D.IX.H.HS.IX.HK.BF.D.B.A.C'D'C'D.CO'D.}
<f031r°10-->	{.O.C'D'O.OC.CX.A.Z.IX.Z.IX.W'CO'D.AG.I.D.}
<f031r°11-->	{.RT.H.HS.L.D'O'D.N'J0.HX'H'HK.OC.CX.I.≈.}
<f031r°12-->	{.Z.IX.Z.HK.N'J0.C.I.XB.C'I'N.C'IZ.O.KC.}

folio 31 verso

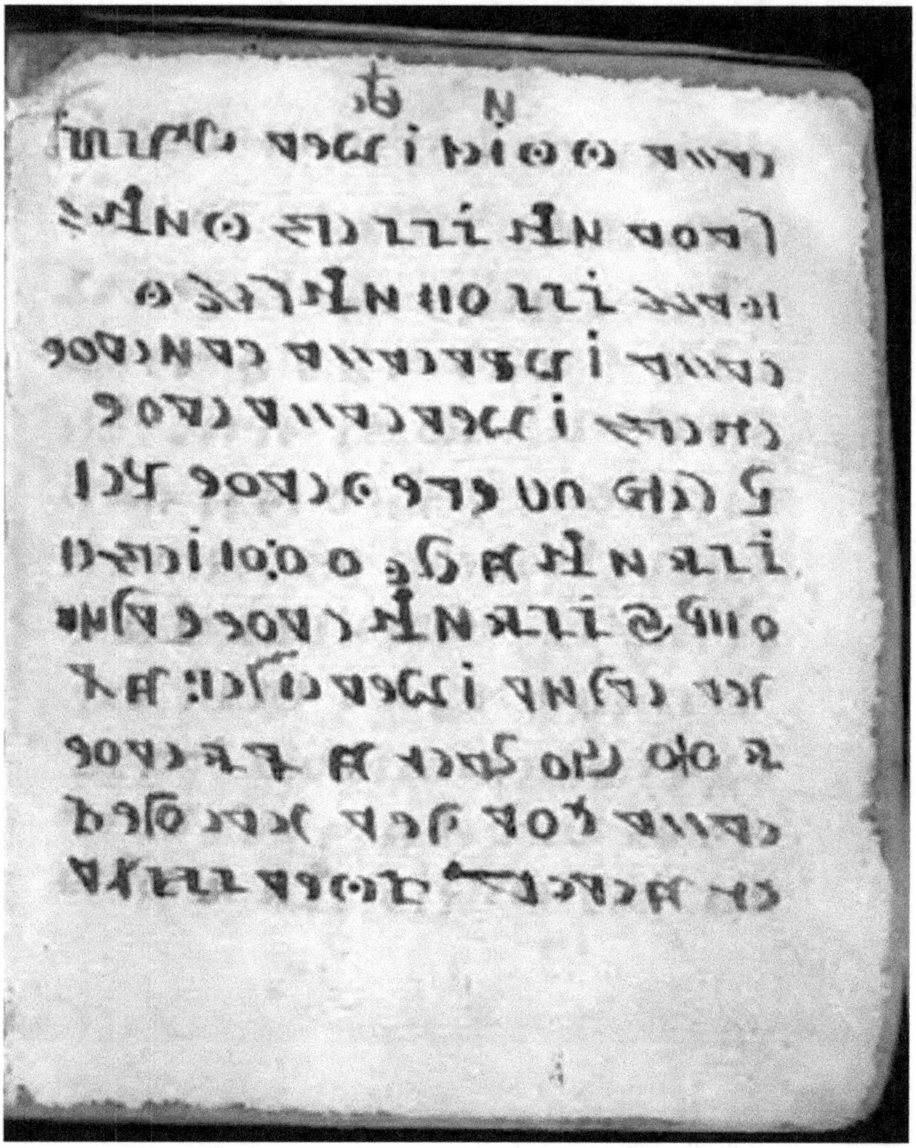

‹f031v°00C0› {.N'C0.}
‹f031v°00t°› [Trānslātiō: "The Christ."]
‹f031v°01--› {.C.D.J.J.D.Z.C.QX.IX.C.I.IX.W'CO'D.C.RB.RT.H.HS.}
‹f031v°02--› {.L.D'O'D.N'J0.HX'H'H.C'IZ.Z.N'J0.≈.}
‹f031v°03--› {.I.CX.D.KC.HX'H'H.O.I.I.N'J0.L.XV'C.Z.«.00.».}
‹f031v°04--› {.C.D.J.J.D.IX.W'CO'D.C.D.J.J.D.CO'D.N.C.D.O.CO.}
‹f031v°05--› {.C'XV.C.C'IZ.IX.W'CO'D.C.D.J.J.D.C.D.O.CO.}
‹f031v°06--› {.G.X.L.C.F.G.AC.BL.CO'DP'CO.QX.C.D.O.CO.ED.C.I.}
‹f031v°07--› {.HX'H'HK.N'J0.NA.C.R.CE'O.O'X2'O'I.IX.C'IZ.C.I.}
‹f031v°08--› {.O.I'I'G.CQ.HX'H'HK.N'J0.C.D.O.CO.CO'D.R.N.O.}
‹f031v°09--› {.R.CO'D.C'D'R'N'D.IX.W'CO'D.C.I.AS.C.I.X2.NA.BI.}
‹f031v°10--› {.HK.OC.BE'I'O.S'D.C.K.NA.BI.HK.C.D.O.CO.}
‹f031v°11--› {.C.D.J.J.D.LT.O.D.R.X.CO'D.Q.C.D.C.O.R.CO.HM.}
‹f031v°12--› {.CX.XV.NA.C.D.C'D'O.HM.Z.CO'D.H'HF'H.EY'J.D.}

folio 32 recto

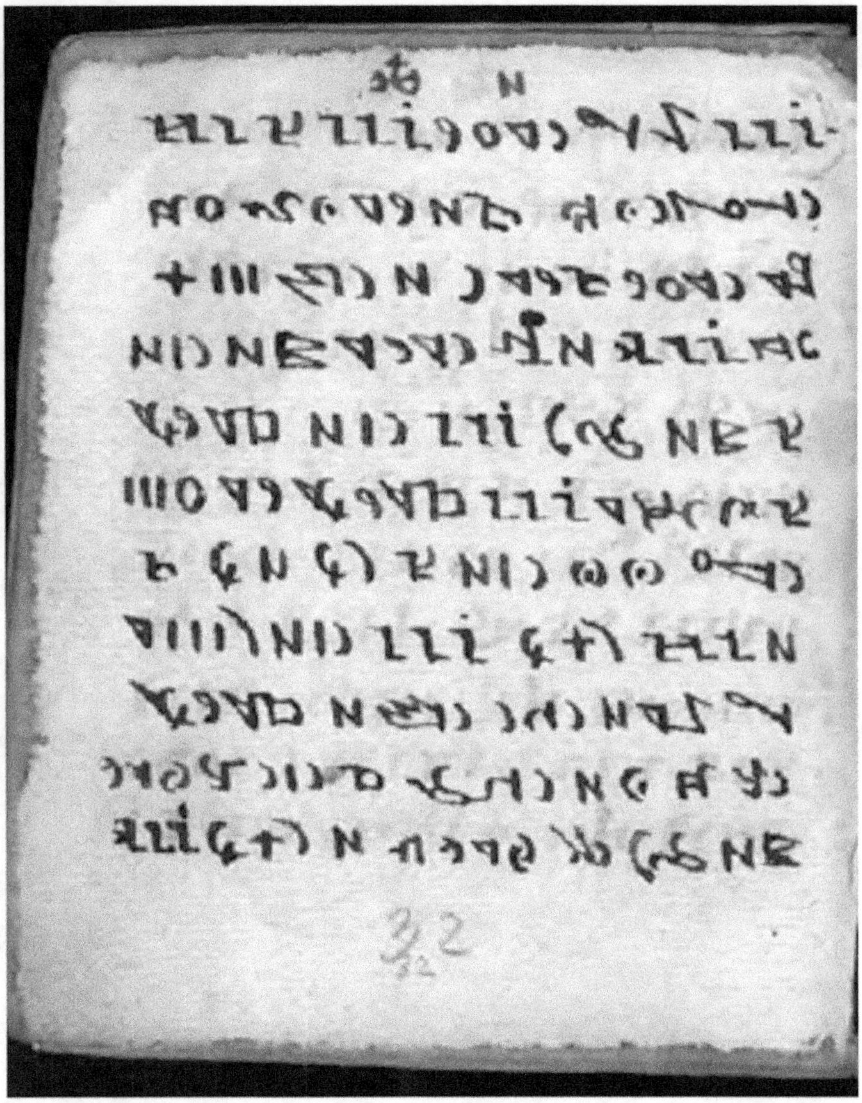

‹f032r°00C0› {.N'C0.}
‹f032r°00t°› [Trānslātiō: "The Christ."]
‹f032r°01--› {.HX'H'H.AG'XV'O.C.D.O.CO.HX'H'H.HY.H'HF'H.}
‹f032r°02--› {.C'XV.OB.I.Z.Y.HM.N.CO'D.QX.U.O.NA.}
‹f032r°03--› {.S'D.C.D.O.CO.HM.CO'D.C.N.C'IZ.I'I'I.T.}
‹f032r°04--› {.QV.D.I.HX'H'HK.N'J0.C'D'C'D.B'N.C.IX.N.}
‹f032r°05--› {.HY.B'N.U'QV.HX'H'H.C'I'N.XJ'D'CO'BY.}
‹f032r°06--› {.HY.RT'XI'D.HX'H'H.XJ'D'CO'BY.CO'D.O.I'I'I.}
‹f032r°07--› {.C'D'O.Z.C.QX.C'I'N.HY.L.QT.N.QT.HM.}
‹f032r°08--› {.N.H'HF'H.L.TA.QT.HX'H'H.C'I'N.L.I'I'I.D.}
‹f032r°09--› {.XV'O.AG'D.N.C.XC.C.C'M.N.XJ'D'CO'BY.}
‹f032r°10--› {.C.ED.NA.QX.N.C.XC'U.HM.C.I.C.ED.CQ.D.CE.}
‹f032r°11--› {.B'N.U'QV.C'K'I.C.Q.D.CX.AC.N.L'TA.QT.HX'H'HK.}

folio 32 verso

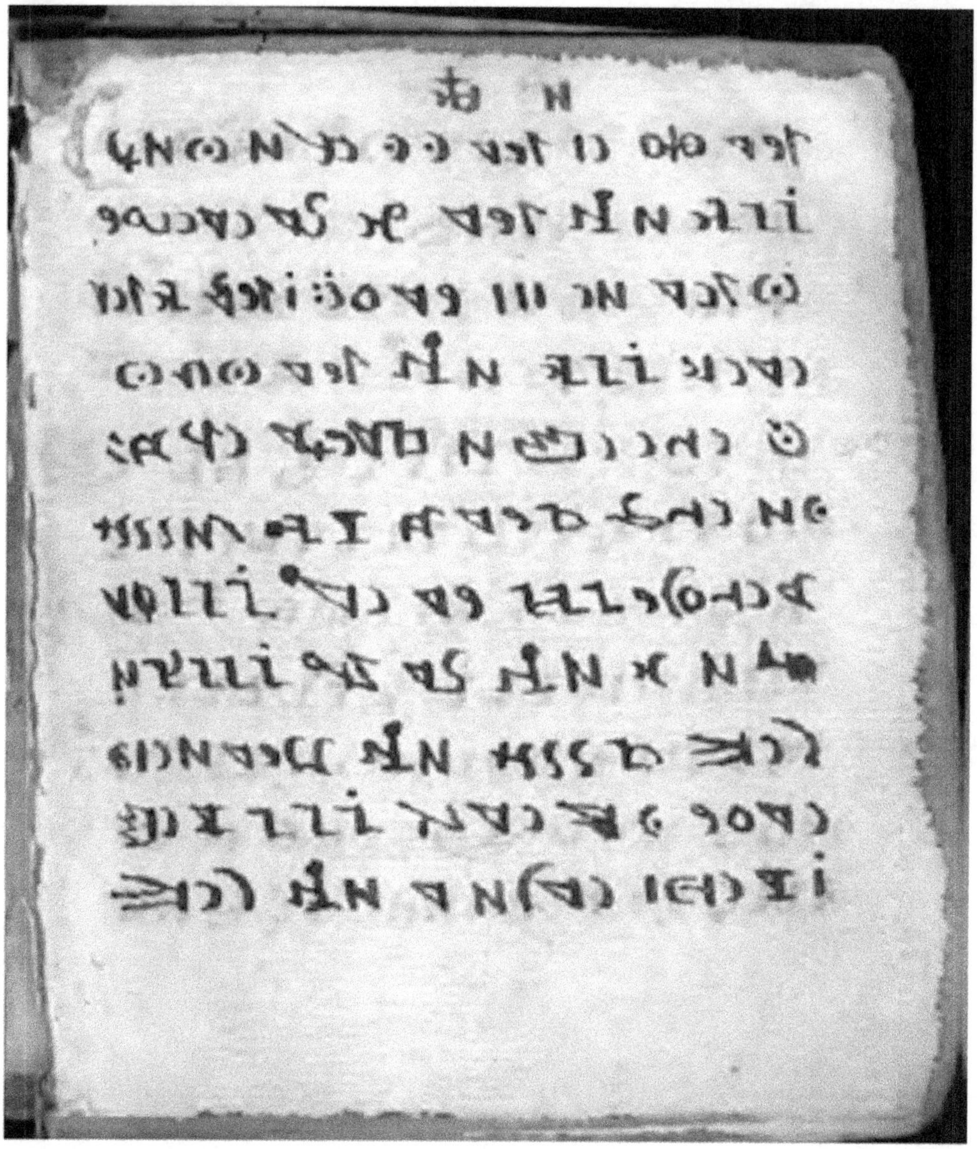

‹f032v°00C0›	{.N'C0.}
‹f032v°00t°›	[Trānslātiō: "The Christ."]
‹f032v°01--›	{.A'CO'D.OC.C.I.A'CO'D.CX'CX.C'CA.N.Z.N.QT.}
‹f032v°02--›	{.HX'H'HK.N'J0.A'CO'D.RO'C.S'D.C.D.C.AD.CO.CO.}
‹f032v°03--›	{.Z.A.C.D.N.CO.I'I'I.CO'D.O.L.X3.IX.A.C.Q'D.HK.A.C'XV.}
‹f032v°04--›	{.C.D.C.HA.HX'H'HK.N'J0.A'CO'D.Z.AC.Z.}
‹f032v°05--›	{.NP.C.XC.C.C'M.N.XJ'D'CO'BY.C.AG.NA.≈.}
‹f032v°06--›	{.QX.N.C.XC.U.HM.CO'D.NA.BC.HF.II.N.S'S'ST.}
‹f032v°07--›	{.V.C'F'O'R'CO.H'HF'H.CO'D.C'D'O.HX.HX.H.OL.K.}
‹f032v°08--›	{.C'BD.N.Q.C.N'J0.S'D.AG.XV.O.HX'H'H.HY.N.}
‹f032v°09--›	{.L.C.XN.HM.S'S'ST.N'J0.W'CO'D.N.C.I.QV.}
‹f032v°10--›	{.CX.D.O.CO.QX.DB.C.D.KC.HX.H'H'HK.C'XG.}
‹f032v°11--›	{.IX.BC.C'F'Q'I.C'D'R'N'D.N'J0.L.C.XN.}

folio 33 recto

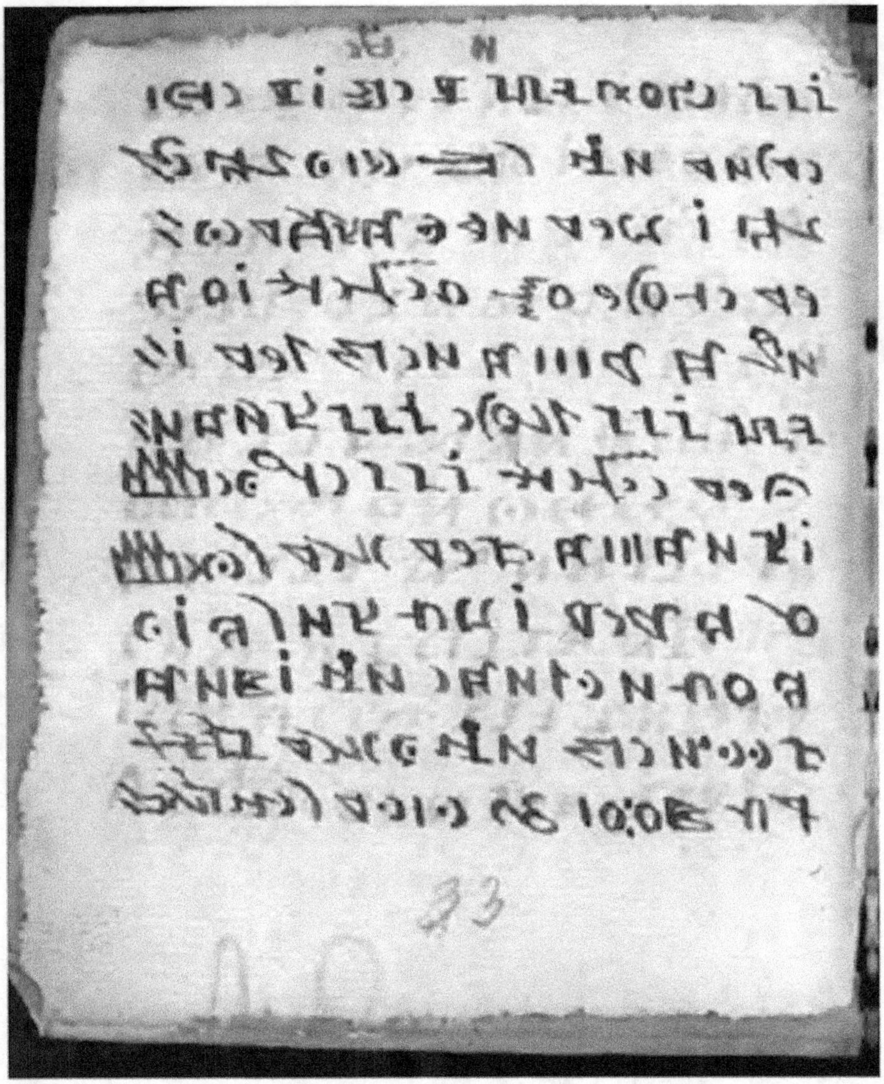

‹f033r°00C0›	{.N'C0.}
‹f033r°00t°›	[Trānslātiō: "The Christ."]
‹f033r°01--›	{.HX'H'H.BE'I'O.RT'HF'HS.BC.C'XG.IX.BC.C.F.Q.I.}
‹f033r°02--›	{.C.F.R.N.D.N'J0.L.XN.C'K'I.I.QX.BA.Q.C.A.}
‹f033r°03--›	{.BA.I.IX.W'CO'D.N.CY.CX.NA.HY.BS'D.Z.≈.}
‹f033r°04--›	{.CO'D.C'F'O'R'CO.O.MJ.AC.C.AG.C.F'KA.IX.O.NA.}
‹f033r°05--›	{.N.BS'K.NA.V.I'I'I.NA.N.C'IZ.A'CO'D.IX.≈.}
‹f033r°06--›	{.HF'HS.HX'H'H.A.K.O.R.C.HX'H'H.HY.N.NA.N.≈.}
‹f033r°07--›	{.RT.CO'D.C.C.AG.C.C.F.CE.HX'H'H.C'XV'O.QX.C'M.}
‹f033r°08--›	{.I.HY.N.NA.I'I'I.NA.HM.CO'D.Q.KC.D.L.Z.C'M.}
‹f033r°09--›	{.OB.Y.V.C.V.IX.W.AC.HY.N.L.Y.IX.QX.}
‹f033r°10--›	{.Y.O.AC.N.CX.A.N.NA.C.N'J0.IX.B'N.NA.}
‹f033r°11--›	{.HM.CX'CX.X.N.C'IZ.N'J0.QX.Q.KC.D.|.A.HT'H'H.|.}
‹f033r°12--›	{.BI.AC.B'O'X2'O'I.U.CX'I'CX'D.L.C.AA.L.XV.X.QQ.}

folio 33 verso

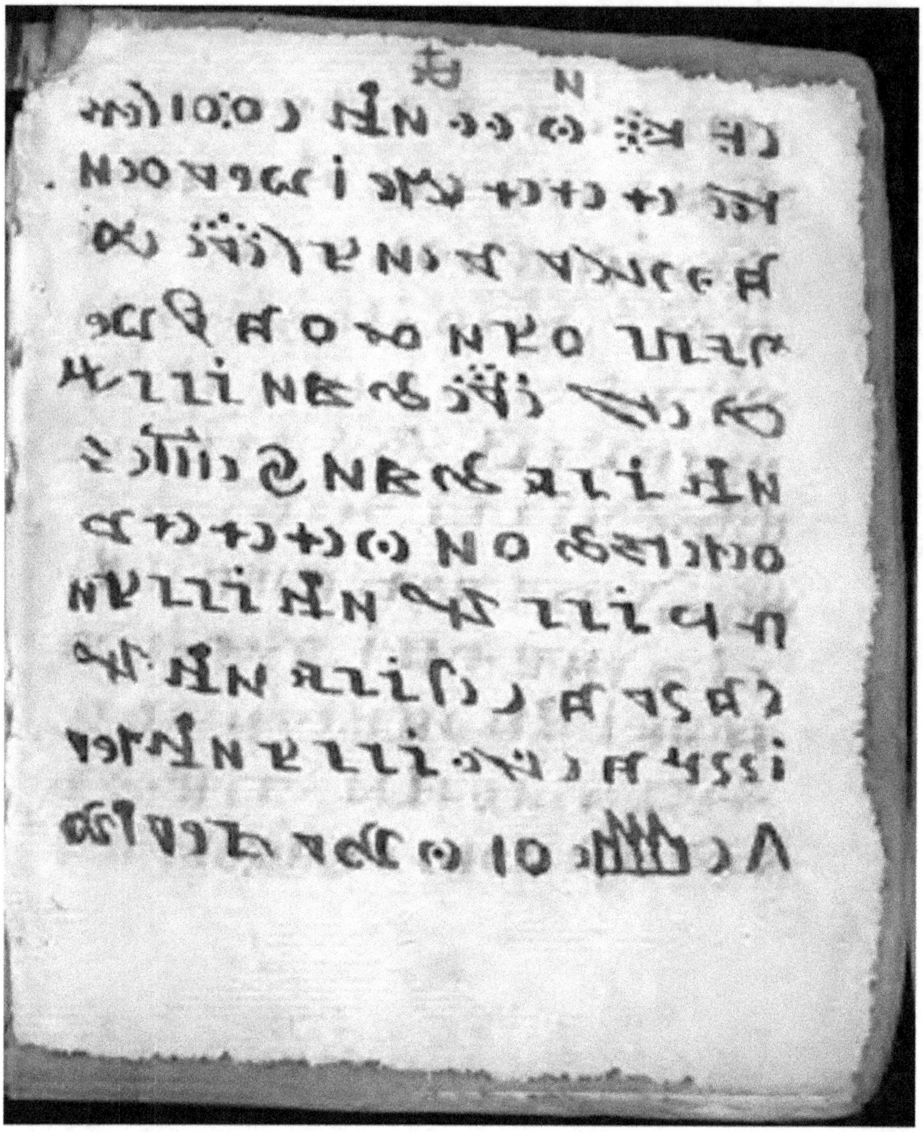

‹f033vº00C0›   {.N'C0.}
‹f033vº00tº›   [Trānslātiō: "The Christ."]
‹f033vº01--›   {.C.F'X2.XF'XX.Z.CX'CX.N'J0.C.O'X2'O'I.L.C.AA.}
‹f033vº02--›   {.XV.C.C.C'TA.C'TA.C'TA.C.A.XB.C.IX.W'CO'D.O.C.N.}
‹f033vº03--›   {.NA.QX.R.KC.D.V.C.N.HY.L.(.C.D.C.).BE.O.}
‹f033vº04--›   {.RT'HF'HS.O.HY.N.OB.C.O.NA.YV.W.CO.}
‹f033vº05--›   {.OB'Q.C.XV'IR.(.C.D.C.).U.B'N.HX'H'H.XL.}
‹f033vº06--›   {.N'J0.HX'H'HK.U.B'N.CQ.C.I'I'IU'C.≈.}
‹f033vº07--›   {.O.C.A.C'IZ.U.O.N.Z.C'TA.C'TA.C'TA.V.}
‹f033vº08--›   {.AC.IJ.HX'H'H.AG.XV.O.N'J0.HX'H'H.HY.N.}
‹f033vº09--›   {.C.NA.S.D.NA.C.C.RB.HX'H'HK.N'J0.AG.XV.O.}
‹f033vº10--›   {.IX.S'S'ST.NA.C'XV.X.I.CX.HX'H'H.HY.N'J0.A'CO'D.}
‹f033vº11--›   {.YA.C'M.C.O.I.Z.UD.D.HM.CO'D.IG.UD.}

folio 34 recto

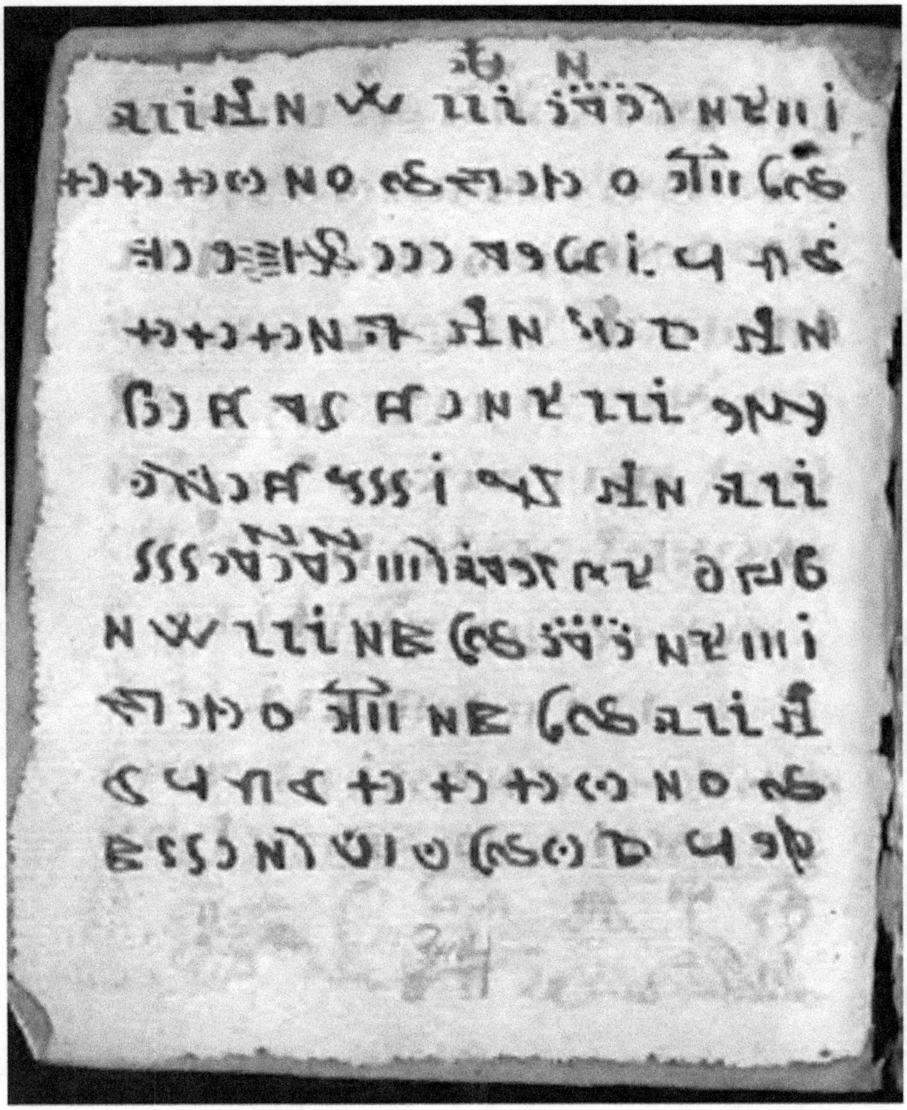

‹f034r°00C0› {.N'C0.}
‹f034r°00t°› [Trānslātiō: "The Christ."]
‹f034r°01--› {.IX.I.I.HY.N.L.(.CO'D'C.).HX'H'H.XL.N'J0.HX'H'HK.}
‹f034r°02--› {.U'QV.I'I'IU'C.O.CX.I.C'IZ.U.O.N.Z.C'TA.C'TA.C'TA.}
‹f034r°03--› {.V.AC.IJ.IX.W'CO'D.C.C.C.U.UM.CO.C.F'X2.}
‹f034r°04--› {.N'J0.HM.C.I.J.N'J0.BI.X.N.C'TA.C'TA.C'TA.}
‹f034r°05--› {.C.A.XB.CO.HX'H'H.HY.N.C.NA.S.D.NA.C.C.RB.}
‹f034r°06--› {.HX'H'HK.N'J0.AG.XV.O.IX.S'S'ST.NA.C'XV.X.I.CX.}
‹f034r°07--› {.QV'KE'BB.HY.RT'A'CO'D.HX.L.I'I'I.C'D'C'D.C.S'S'S.}
‹f034r°08--› {.IX.I'I'I.HY.N.(.CO'D'C.).U'QV.B'N.HX'H'H.XL.N'J0.}
‹f034r°08f°› [Fissum: ‹f034r°08› .N. and ‹f034r°09› .J0.]
‹f034r°09--› {.«.88.».HX'H'HK.U'QV.B'N.I'I'IU'C.O.C.A.C'IZ.}
‹f034r°10--› {.U.O.N.Z.C'TA.C'TA.C'TA.V.AC.IJ.V.}
‹f034r°11--› {.OL.CO.IJ.HM.Z.U'QV.BZ.I.BZ.L.N.C.S.S.B.}

folio 34 verso

‹f034v°00C0› {.N'C0.}
‹f034v°00t°› [Trānslātiō: "The Christ."]
‹f034v°01--› {.U.HX'H'H.HY.B.CV.L.I'I'IU'C.II.O.U'QV.HX'H'HK.}
‹f034v°02--› {.N.C.I.S'S'ST.Z.N.AC.Z.C'TA.C'TA.C'TA.CU'C.C.}
‹f034v°03--› {.HX'H'HK.B.CV.Z.AC.Z.N.C'EY.XV.O.U'QV.XB.}
‹f034v°04--› {.B'N.C.A.CU.I.X.B.U'QV.I'I'G.J0.QX.XC.C.A.BD.}
‹f034v°05--› {.IG.I'X5.O.LT.O.D.HX'H'H.DP.C.DP.B.CV.C.D.C.}
‹f034v°06--› {.N'J0.HM.IG.F.O.A.D.CO.C.I.HY.B.CV.II.O.U'QV.}
‹f034v°07--› {.C.N'J0.HM.N.C'XV.T.B.CV.IG.B'N.C'TA.C'TA.C'TA.}
‹f034v°08--› {.BA.IX.II.XB.II.K'A'A.CU.X.I.CX.Q.AC.O.XU.≈.}
‹f034v°09--› {.BA.HX'H'H.HY.N.C.BQ.HX'H'HK.N'J0.}
‹f034v°10--› {.CE.D.C.D.B'N.IX.S'S'ST.N.BQ.C'F'O'R'CO.CX.I.S.CO.C.Q.}
‹f034v°11--› {./.C.A.C.A.X.IX.W'CO'D.CE.≈.C'XV.X.Q.IX.W'CO'D.NA.CU.\.}
‹f034v°11i°› [Illūstrātiō: P-14:BCSR Two men; two birds. Rooster crowing twice.]

folio 35 recto

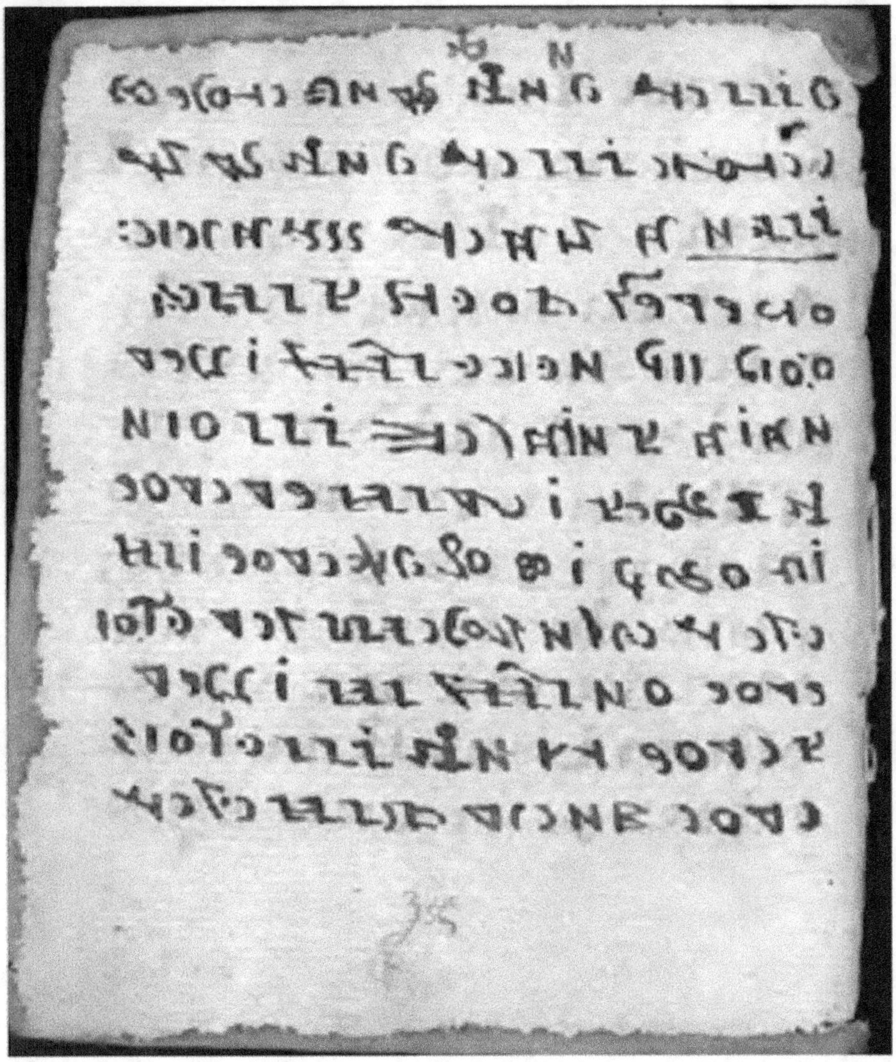

‹f035r°00C0›	{.N'C0.}
‹f035r°00t°›	[Trānslātiō: "The Christ."]
‹f035r°01--›	{.C.R.HX'H'H.C'BD.C.R.N'J0.S.CO'D.N.BU.C'F'O'R'CO.OB.Q.}
‹f035r°02--›	{.C.C'XV'OB'I'C.HX'H'H.C'BD.C.R.N'J0.S.D.AG'XV'O.}
‹f035r°03--›	{./.HX'H'HK.N.\.BQ.AG.I.BQ.C'XV'O.S'S'ST.BQ.R.C.I.C.X2.}
‹f035r°04--›	{.O.IJ.CO'DP'CO.BO.HM.O.CX.F.S.HY.H'HF'H.C.A.}
‹f035r°05--›	{.O'X2'O'I.QV.I'I'G.N.CX.I.C.CX.H'HF'H.A.IX.W'CO'D.}
‹f035r°06--›	{.N.BQ.IX.BQ.HY.N.IX.BQ.L.C.XN.HX'H'H.O.I.N'J0.}
‹f035r°06f°›	[Fissum: ‹f035r°06› .N. and ‹f035r°07› .J0.]
‹f035r°07--›	{.«.88.».BD.UD'CO.HY.IX.CU'D.H'HF'H.CO'D'C'D.O.CO.}
‹f035r°08--›	{.IX.AC.O.U.QT.IX.XQ.O.PC.C.R.XB.C.C.D.O.CO.IX.H'HF'H.}
‹f035r°09--›	{.C.X.A.C'BG.C.X2.R.II.N.A.K.O.QV.C.HF'HS.IX.W'CO'D.}
‹f035r°10--›	{.CO'D.O.CO.O.N.H'HF'H.A.H'HF'H.IX.W'CO'D.}
‹f035r°11--›	{.HY.C.D.O.CO.XV'EY.N'J0.HX'H'H.CX.IU.O.I.≈.}
‹f035r°12--›	{.C.D.O.C.B'N.C.Q.D.HM.C.H'HF'H.C.X.A.C'BG.}

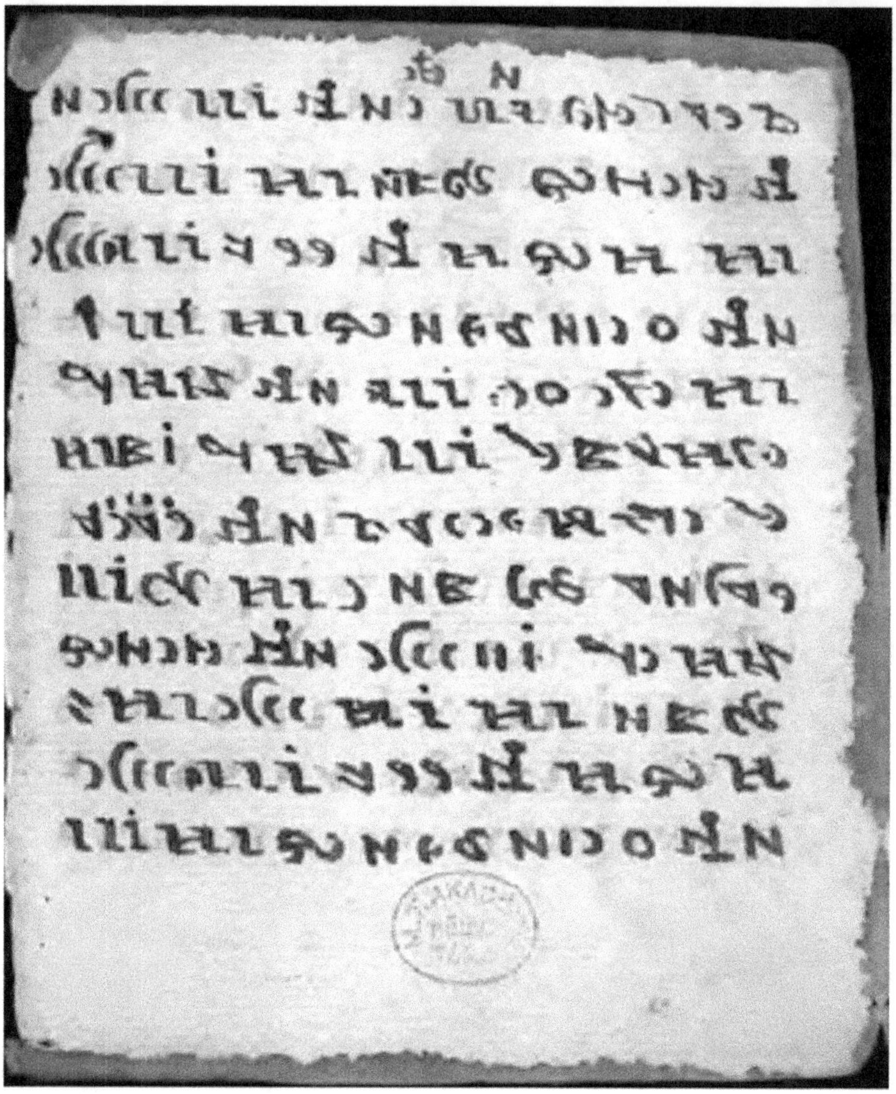

‹f035vº00C0› {.N'C0.}
‹f035vº00tº› [Trānslātiō: "The Christ."]
‹f035vº01--› {.HM.CO'D.L.C.A.Q.C.HF'HS.C.N'J0.H'H'H.Q'Q'R'C.N'J0.}
‹f035vº01fº› [Fissum: ‹f035vº01› .N. and ‹f035vº02› .J0.]
‹f035vº02--› {.«.88.».C.A.C.XH.AD.CO.UD.B'N.H'HF'H.HX'H'H.Q'Q'R'C.}
‹f035vº03--› {.H'HF'H.HH.AD.CO.HF'H.J0.CO.CO.KK.HX'H'HK.Q'Q'R'C.}
‹f035vº04--› {.N'J0.O.C'I'N.V.QX.N.AD.CO.H'HF.HS.H.IG.}
‹f035vº05--› {.H'HF'H.C.AA.C.O.L.X3.HX'H'HK.N'J0.AG.H'HF'H.XV'O.}
‹f035vº06--› {.CX.RB.HF'H.XB.B.CA.HX'H'H.AG.HF'H.XV'O.IX.N.HX.HF'H.}
‹f035vº07--› {.CA.C'IZ.HF'H.G.C.Q.V.HM.N'J0./.CO'D'C'D.\.}
‹f035vº08--› {.CO'D'R'N'D.U'QV.B'N.C.H'HF'H.UD.HX'H'H.}
‹f035vº09--› {.AG.H'HF'H.C'XV'O.IX.I.I.Q'Q'R'C.N'J0.C.A.C.N.CU.S.}
‹f035vº10--› {.UD.B'N.H'HF'H.HX.HF'H.Q'Q'R'C.H'HF'H.≈.}
‹f035vº11--› {.HF'H.AD.CO.HF'H.J0.CO.CO.KK.HX.I.HK.Q'Q'R'C.}
‹f035vº12--› {.N'J0.O.C'I'N.V.QX.N.AD.CO.H'HF'H.HX'H'H.}

folio 36 recto

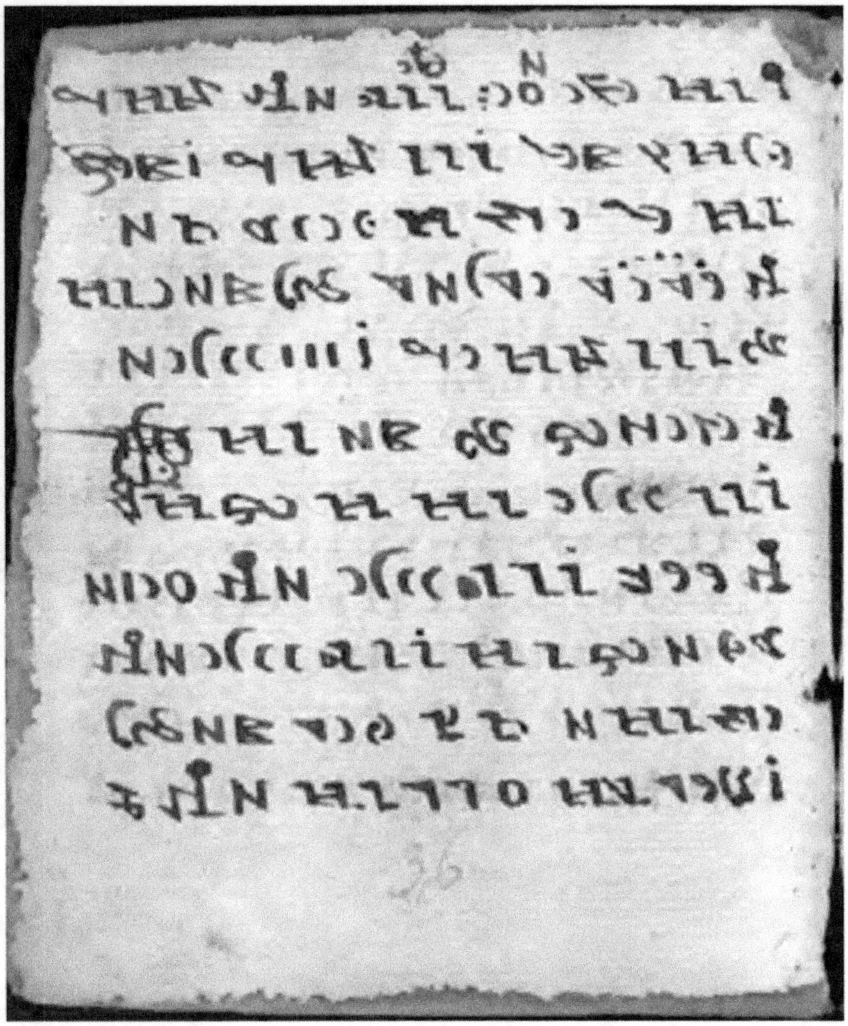

‹f036r°00C0› {.N'C0.}
‹f036r°00t°› [Trānslātiō: "The Christ."]
‹f036r°01-->› {.IG.H'HF'H.C.AA.C.O.L.X3.H'H'HK.N'J0.AG.H'HF'H.XV'O.}
‹f036r°02-->› {.Z.HF'H.XB.B.CA.HX'H'H.AG.HF'H.XV'O.IX.B.C.CU.S.}
‹f036r°03-->› {.H'HF'H.CA.C'IZ.HF'H.QX.C.Q.V.HM.N'J0.}
‹f036r°03f°› [Fissum: ‹f036r°03› .N. and ‹f036r°04› .J0.]
‹f036r°04-->› {.«.88.».(.CO'D'C'D.).C'D'R'N'D.U'QV.B'N.C.H'HF'H.}
‹f036r°05-->› {.UD.H'H'H.AG.H'HF'H.C'XV'O.IX.I'I'I.Q'Q'R'C.N'J0.}
‹f036r°05f°› [Fissum: ‹f036r°05› .N. and ‹f036r°06› .J0.]
‹f036r°06-->› {.«.88.».C.A.C.N.AD.CO.UD.B'N.H'HF'H.|.Q'Q'R'C.|.}
‹f036r°06c°› [Commentārium: Decending 'dove' obscures text underneath (.Q'Q'R'C.).]
‹f036r°07-->› {.HX'H'H.RO.Q.R.C.H'HF'H.HH.AD.CO.HF'H.D.}
‹f036r°08-->› {.J0.CO.CO.KK.HX'H'H.C.Q'Q'R'C.N'J0.O.C'I'N.}
‹f036r°09-->› {.V.QX.N.AD.CO.H'HF'H.HX'H'HK.Q'Q'R'CO.N'J0.}
‹f036r°10-->› {.C'IZ.H'HF'H.N.HM.HY.C.Q.C.D.B'N.U'QV.}
‹f036r°11-->› {.IX.W'CO'D.H.HF'H.O.DP'DP.H'HF'H.N'J0.TG.}

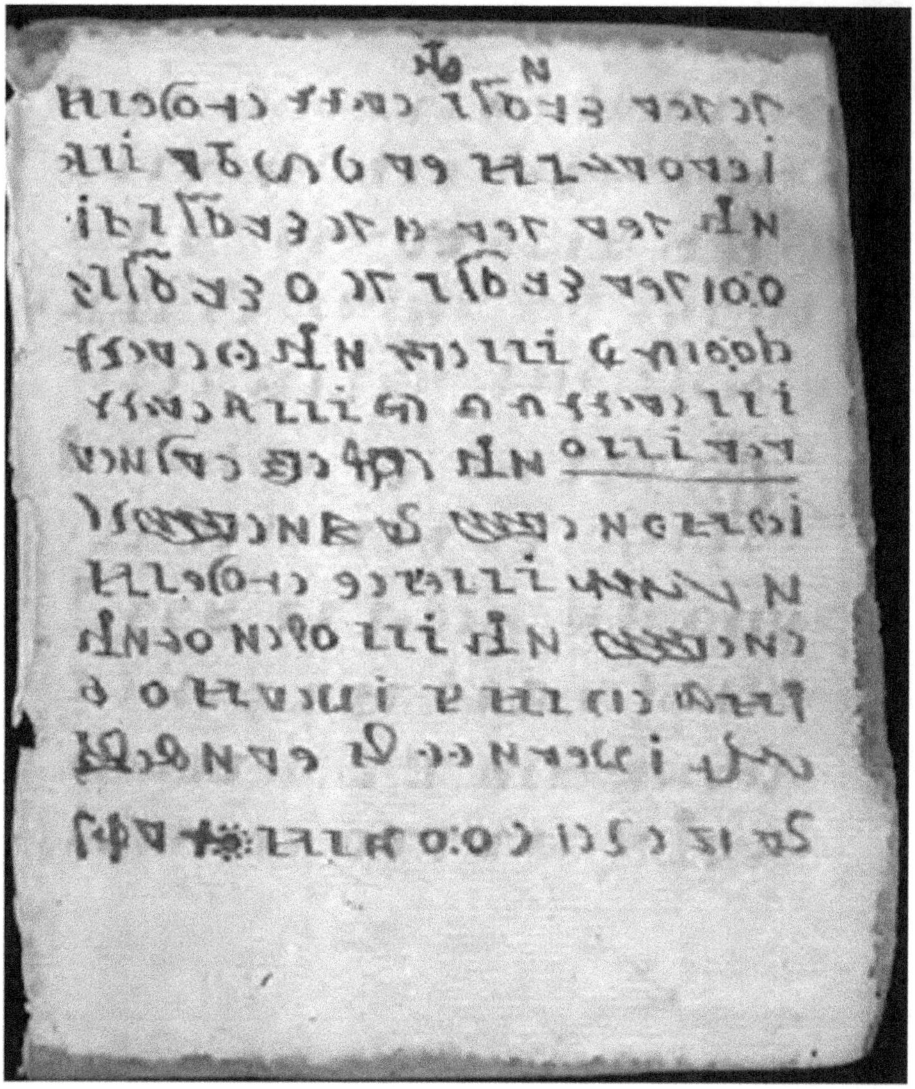

‹f036v°00C0› {.N'C0.}
‹f036v°00t°› [Trānslātiō: "The Christ."]
‹f036v°01--› {.A.C.A.C.D.CC.KK.OE.AS.XP.C.D'X.SA.SA.C'F'O'R'CO.H'HF'H.}
‹f036v°02--› {.IX.CO'D'O'D'K.H'HF'H.CO'D.QV.AD.OB.C.D.HX'H'HK.}
‹f036v°03--› {.N'J0.A'CO'D.A'CO'D.CX.I.A.C.CC.KK.OE.AS.H.HM.IX.}
‹f036v°04--› {.O'X2'O'I.A'CO'D.CC.KK.OE.AS.H.A.C.O.CC.KK.OE.AS.H.≈.}
‹f036v°05--› {.EO.O'X2'O'I.AC.QT.HX'H'H.C'IZ.N'J0.Z.C.D.C.SA.SA.}
‹f036v°06--› {.HX'H'H.C.D.C.SA.SA.AC.LT.L.F.G.HX'H'H.XA.C.D.C.SA.SA.}
‹f036v°07--› {./.D'O'D.HX'H'H.O.\.N'J0.L.XJ.CO.C'XG.C'D'R.N.C.D.}
‹f036v°08--› {.IX.C.Q.HF'H.QX.N.C'M.S'D.B'N.C'M.S.L.}
‹f036v°09--› {.N.K.UV.HX'H'H.CE.HY.C.CO.C'F'O'R'CO.H'HF'H.}
‹f036v°10--› {.C.N.C'M.N'J0.HX'H'H.O.PC.C.N.O.K.N'J0.}
‹f036v°11--› {.IX.HF'H.OH.C'I'Q.H'HF'H.HY.IX.W.C.D.HF'H.O.OD.}
‹f036v°12--› {.UV.IX.W'CO'D.N.CX'CX.OL.CO'D.N.AV'C.EQ'I.}
‹f036v°13--› {.S'D.I'AG.C'S'C.I.C.O'X2'O.NA.H'HF'H.((.EZ.)).T.D.F'S.RB.}

folio 37 recto

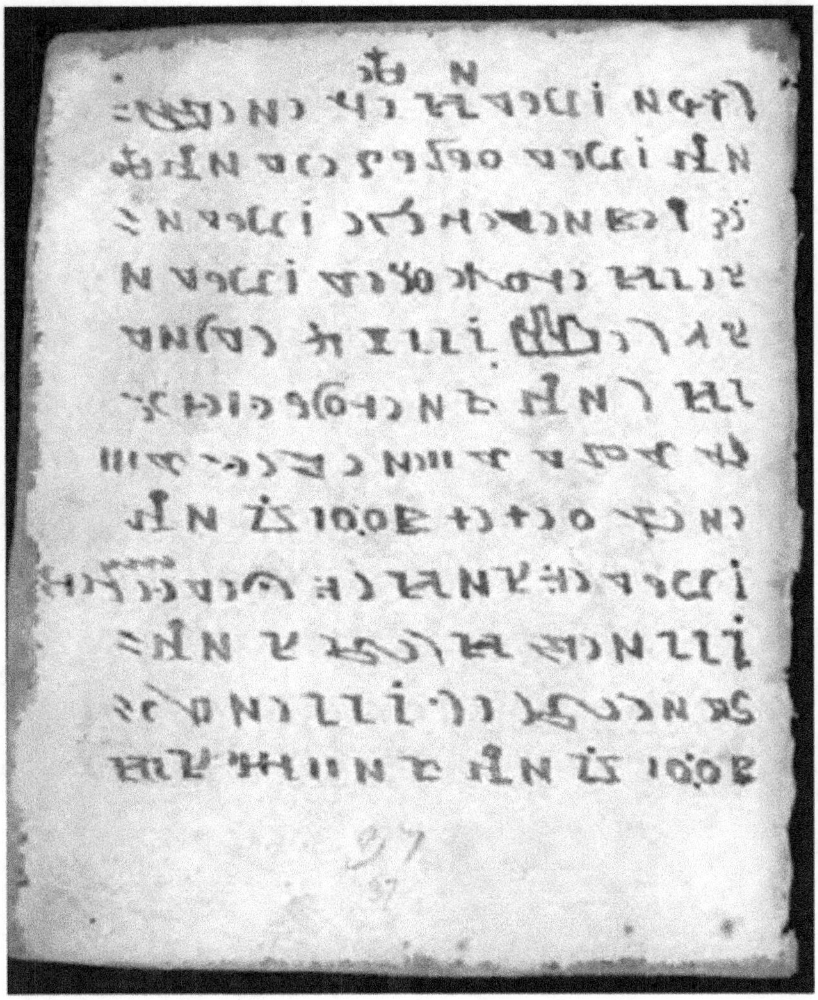

‹f037r°00C0› {.N'C0.}
‹f037r°00t°› [Trānslātiō: "The Christ."]
‹f037r°01--› {.L.TA.QT.N.IX.W'CO'D.HF'H.C'BG.C.N.C'M.≈.}
‹f037r°02--› {.N'J0.IX.W'CO'D.O.CO.AG.CO.RB.C.Q.D.N'J0'C0.}
‹f037r°03--› {.CC.XB.IG.C.B'N.C.D.C'BD.TL.C.IX.W'CO'D.N.≈.}
‹f037r°04--› {.HY.C.H'HF'H.C'XV'OB'I'C.O.SB.C.D.IX.W'CO'D.N.}
‹f037r°05--› {.HY.XP.L.C.XM.HX.H.I.BC.F.CE.C'D'R'N'D.}
‹f037r°06--› {.H'HF'H.L.N'J0.HM.N.C'F'O'R'CO.CX.I.CX.I.RB.R'J'J'C.}
‹f037r°07--› {.IK'D.V.O.AG'D.V.I.I.C.N.C'DB.C.C'K'I.V.I'I'I.}
‹f037r°08--› {.C.N.BJ.A.O.C'TA.C'TA.C'TA.B'O'X2'O'I.XW'X.N'J0.}
‹f037r°08h°› [Hyperbolē: .C'TA. has been added to complete the triad found in ‹f037r°08› above.]
‹f037r°09--› {.IX.W'CO'D.C.F'X2.HY.N.HF'H.C.F'X2.XD'X.C.D.CX.C.AG.C.XY.}
‹f037r°10--› {.HX'H'H.N.C'IZ.HF'H.L.NE.C.HY.N'J0.≈.}
‹f037r°11--› {.S.IK.N.L.NE.C.C.L'X.IX.H.H.C.N.D.Z.≈.}
‹f037r°12--› {.B'O'X2'O'I.XW'X.N'J0.HM.N.I.I.YW.C.HY.H'HF'H.}

folio 37 verso

‹f037v°00C0› {.N'C0.}
‹f037v°00t°› [Trānslātiō: "The Christ."]
‹f037v°01--› {.L.CU'D.R.O3.L.N'J0.IX.W'CO'D.I.I.BK.BK.TW.}
‹f037v°01i°› [Illūstrātiō: P-15:MCWO Man on horse; soldiers; man in water/fields.]
‹f037v°02--› {.I'I'G.CQ.}
‹f037v°00t°› [Trānslātiō: "Son of God."]

folio 38 recto

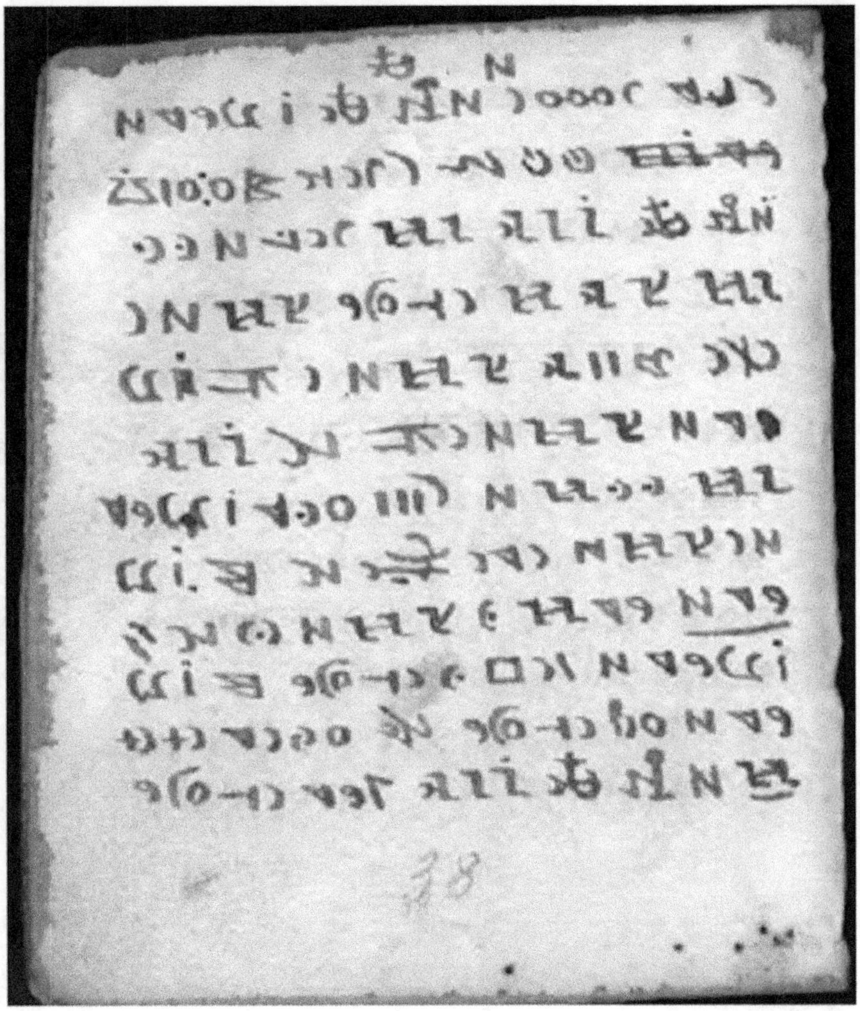

‹f038r°00t°› [Trānslātiō: "The Christ."]

‹f038r°01--› {.L.CU'D.R.O3.C.N'J0.NT.C.IX.W'CO'D.N.}

‹f038r°02--› {.|.CO'D.HX.HF'H.|.BK.BK.TW.L.Q.C.KC.B'O'X2'O'I.XW'X.}

‹f038r°03--› {.N'J0'C0.HX.I.HK.H'HF'H.Q.C.K'X'D.N.CX'CX.}

‹f038r°04--› {.H'HF'H.HY.HK.HF'H.C'F'O'R'CO.HY.HF'H.N.C.}

‹f038r°05--› {.BJ'C.V.I.I.HK.HY.HF'H.N.C.XK.IX.W'CO'D.}

‹f038r°05f°› [Fissum: ‹f038r°05› .W. and ‹f038r°06› .CO'D.]

‹f038r°06--› {.«.88.».N.HY.HF'H.N.C.XK.KC.HX'H'HK.}

‹f038r°07--› {.H'HF'H.CX'CX.HF'H.N.L.I'I'I.O.CX.D.I.W'CO'D.}

‹f038r°08--› {.N.C.HY.HF'H.N.C.D.C.LB.KC.DB.IX.W.}

‹f038r°09--› {./.CO'D.N.\.CO'D.HF'H.QX.HY.HF'H.N.Z.KC.≈.}

‹f038r°10--› {.IX.W'CO'D.N.I.C.XJ.QX.C'F'O'R'CO.DB.IX.W'CO'D.}

‹f038r°10f°› [Fissum: ‹f038r°10› .W. and ‹f038r°11› .CO'D.]

‹f038r°11--› {.«.88.».N.O.I.I.C'F'O'R'CO.CU'C.C.O.C.Q.C'TA.C'TA.C'TA.}

‹f038r°11h°› [Hyperbolē: .C.D. changed to .C'TA. to complete the triad found in ‹f038r°11› above.]

‹f038r°12--› {./.HF'H.\.N'J0'C0.HX'H'HK.A'CO'D.C'F'O'R'CO.}

folio 38 verso

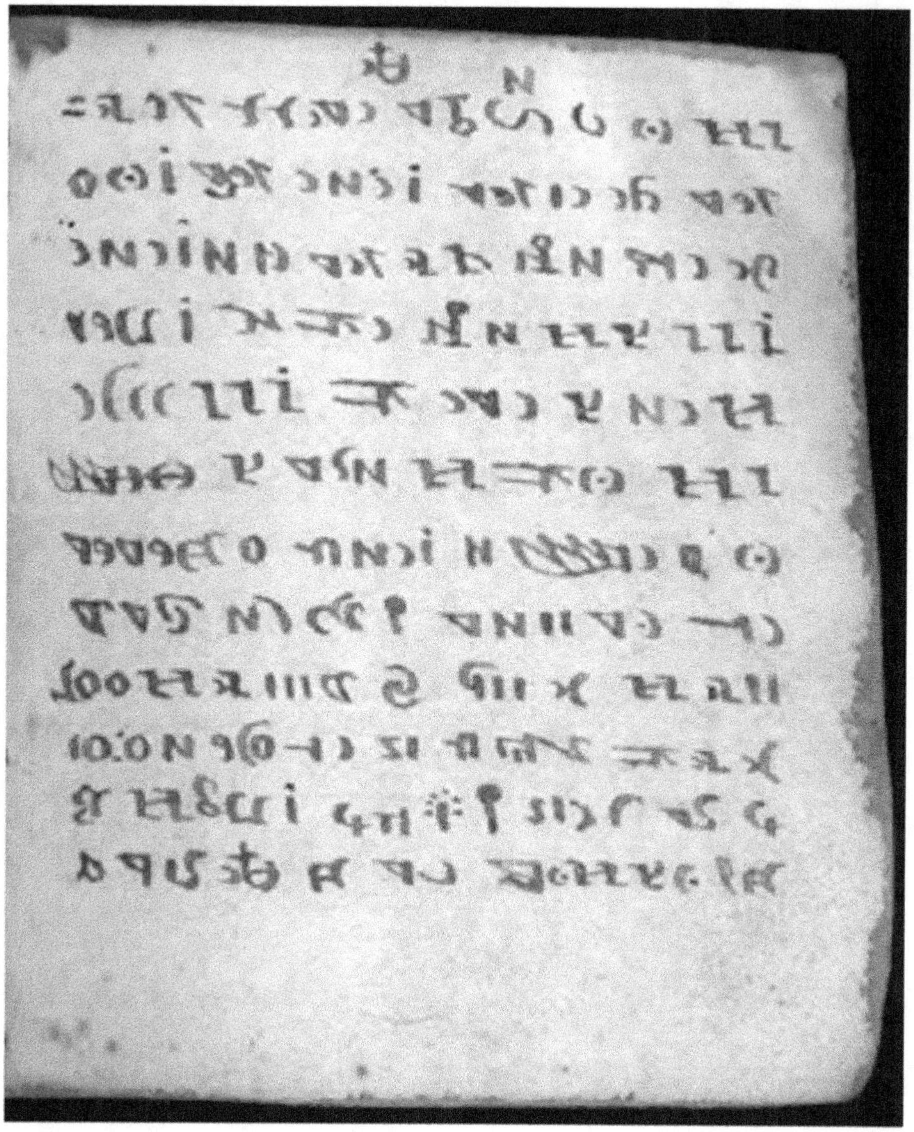

‹f038v°00C0›	{.N'C0.}
‹f038v°00t°›	[Trānslātiō: "The Christ."]
‹f038v°01-->›	{.H'HF'H.Z.QV.AD.OB.C'D'C'D.X.SA.SA.A.C.HK.≈.}
‹f038v°02-->›	{.A'CO'D.EG.C.C.I.A'CO'D.IX.C.N.C.A.CO.D.H.IX.Z.XD.}
‹f038v°03-->›	{.RO'C.C.Y.N'J0.HM.HK.A.C.D.C.A.N.IX.C.N.C.}
‹f038v°04-->›	{.HX'H'H.HY.HF'H.N'J0.C.XK.KC.IX.W'CO'D.}
‹f038v°05-->›	{.HF'H.C.N.HY.C.D.C.XK.HX'H'H.Q.I.R.L.}
‹f038v°06-->›	{.H'HF'H.Z.XK.HF'H.N.RB.D.HY.|.Z.C'M.|.}
‹f038v°07-->›	{.Z.MF.C'M.N.IX.C.N.AC.O.NA.CO'D'C'D.}
‹f038v°08-->›	{.C'XV.CX.D.I.I.N.D.IG.UD.L.N.Q.C.D.V.}
‹f038v°09-->›	{.I.I.HK.HF'H.Q.C.I'I'G.CQ.V.I'I'I.HK.HF'H.O'O'P.}
‹f038v°10-->›	{.RO'C.HK.XK.BA.AC.I'AG.C'F'O'R'CO.N.O'X2'O'I.}
‹f038v°11-->›	{.QT.S'D.R.C.I.S.IG.I'X6.I'T.QT.IX.W.S'O.HF'H.PA.}
‹f038v°12-->›	{.NA.ML.QX.HY.HF'H.QX.DB.C.D.NA.C0.S.I.DP.C'P.}

folio 39 recto

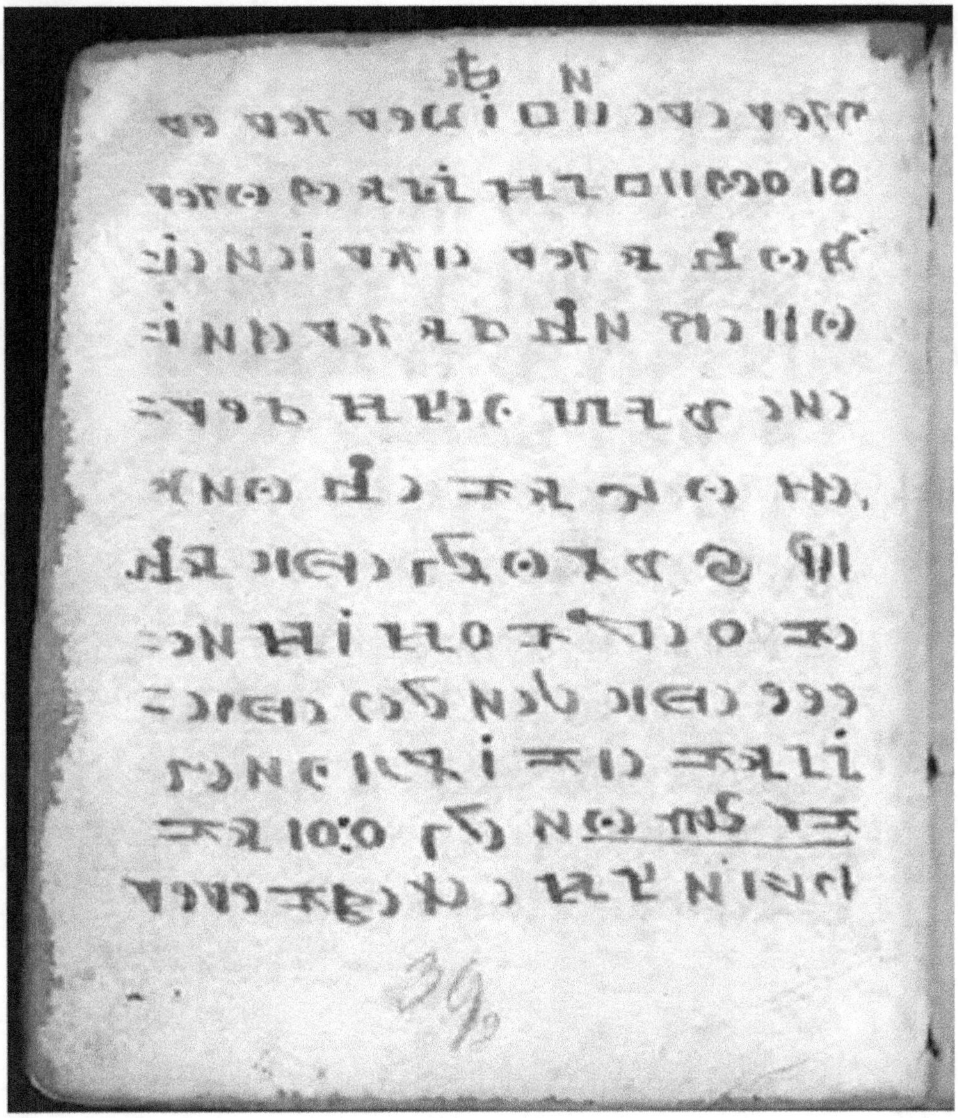

‹f039r°00C0› {.N'C0.}
‹f039r°00t°› [Trānslātiō: "The Christ."]
‹f039r°01--› {.RT'A'CO'D.C.D.C.I.I.O.IX.W'CO'D.A.CO'D'CO'D.}
‹f039r°02--› {.O.I.O.Z.I'I'XJ.H.H.D.HX'H'HK.Z.C.QX.A.C.D.}
‹f039r°03--› {.NA.Z.J0.HK.A.C.D.C.I.A.C.D.IX.I.N.C.IX.≈.}
‹f039r°04--› {.Z.I.I.C'XV'O.I.N'J0.HM.HK.A.C.D.C.A.N.IX.≈.}
‹f039r°05--› {.C.N.C.V.HF'HS.QX.C.HY.HF'H.HM.D.D.≈.}
‹f039r°06--› {.C.A.EY.Z.KC.HK.XK.C.J0.Z.N.Q.C.}
‹f039r°07--› {.I'I'G.CQ.V.BI.Z.K'A'A.C'F'Q'I'C.N'J0.}
‹f039r°08--› {.C.XK.O.C'D'O.XK.O.HF'H.IX.HF'H.N.C.≈.}
‹f039r°09--› {.CO.C.C.C'F'Q'I'C.EO.C.N.C.A.C.Q.C'F'Q'I'C.≈.}
‹f039r°10--› {.HX'H'HK.XK.C.I.XK.IX.BI.J.I.QX.N.C.A.C.}
‹f039r°11--› {./.XK.D.S'D.AC.Z.\.N.C.AA.O'X2'O'I.HK.XK.}
‹f039r°12--› {.I.R.K'X'D.I.N.HY.HF'H.C.BJ'C.B.XK.CO'D'CO'D.}

folio 39 verso

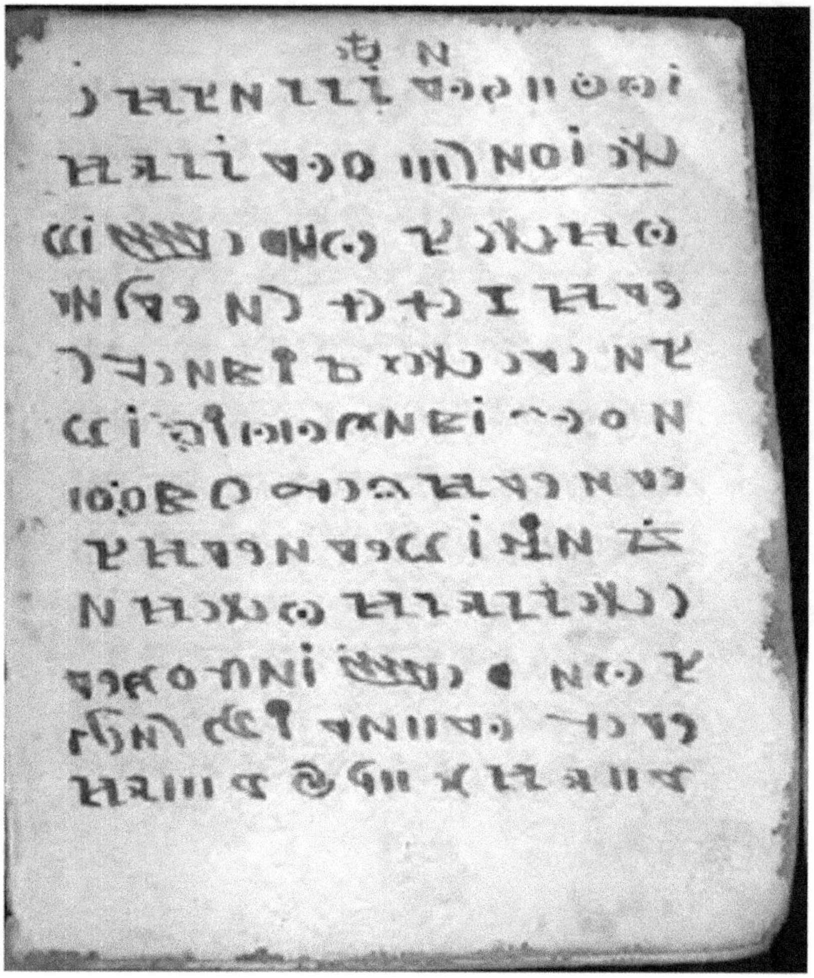

‹f039v°00C0› {.N'C0.}
‹f039v°00t°› [Trānslātiō: "The Christ."]
‹f039v°01--› {.IX.Z.NP.I.I.C.Q.CX.D.HX'H'H.N.HY.HF'H.C.}
‹f039v°02--› {./.BJ'C.IX.O.N.L.\.I'I'I.O.CX.D.HX'H'HK.HF'H.}
‹f039v°03--› {.Z.HF'H.BJ'C.HY.Z.N.MF.C'M.IX.W'CO'D.}
‹f039v°03f°› [Fissum: ‹f039v°03› .W. and ‹f039v°04› .CO'D.]
‹f039v°04--› {.«.88.».HF'H.BC.C'TA.C'TA.C'TA.L.N.CO'D'R'N'D.}
‹f039v°04h°› [Hyperbolē: .C'TA. has been added to complete the triad found in ‹f039v°04› above.]
‹f039v°05--› {.HY.N.C.D.C.BJ'C.Q.HM.IG.B'N.C.KK.L.}
‹f039v°06--› {.N.O.CE.J.J.IX.B'N.RT.CX.I.CX.I.IG.L.X3.≈.IX.W'CO'D.}
‹f039v°06f°› [Fissum: ‹f039v°06› .W. and ‹f039v°07› .CO'D.]
‹f039v°07--› {.«.88.».N.CO'D.HF'H.L'X2.C'XV'O.ML.B'O'X2'O'I.}
‹f039v°08--› {.XW'X.N'J0.IX.W'CO'D.N.CO'D.HF'H.HY.}
‹f039v°09--› {.C.BJ'C.HX'H'HK.H'HF'H.Z.BJ'C.HF'H.N.}
‹f039v°10--› {.HY.Z.N.V.C'M.IX.N.AC.O.NA.CO'D'CO'D.}
‹f039v°10f°› [Fissum: ‹f039v°10› .CO'D. and ‹f039v°11› .CO'D.]
‹f039v°11--› {.«.88.».C'XV.CX.D.I.I.N.D.IG.UD.L.N.C.AA.}
‹f039v°12--› {.V.I.I.HK.HF'H.Q.C.I'I'G.CQ.V.I'I'I.HK.HF'H.}

folio 40 recto

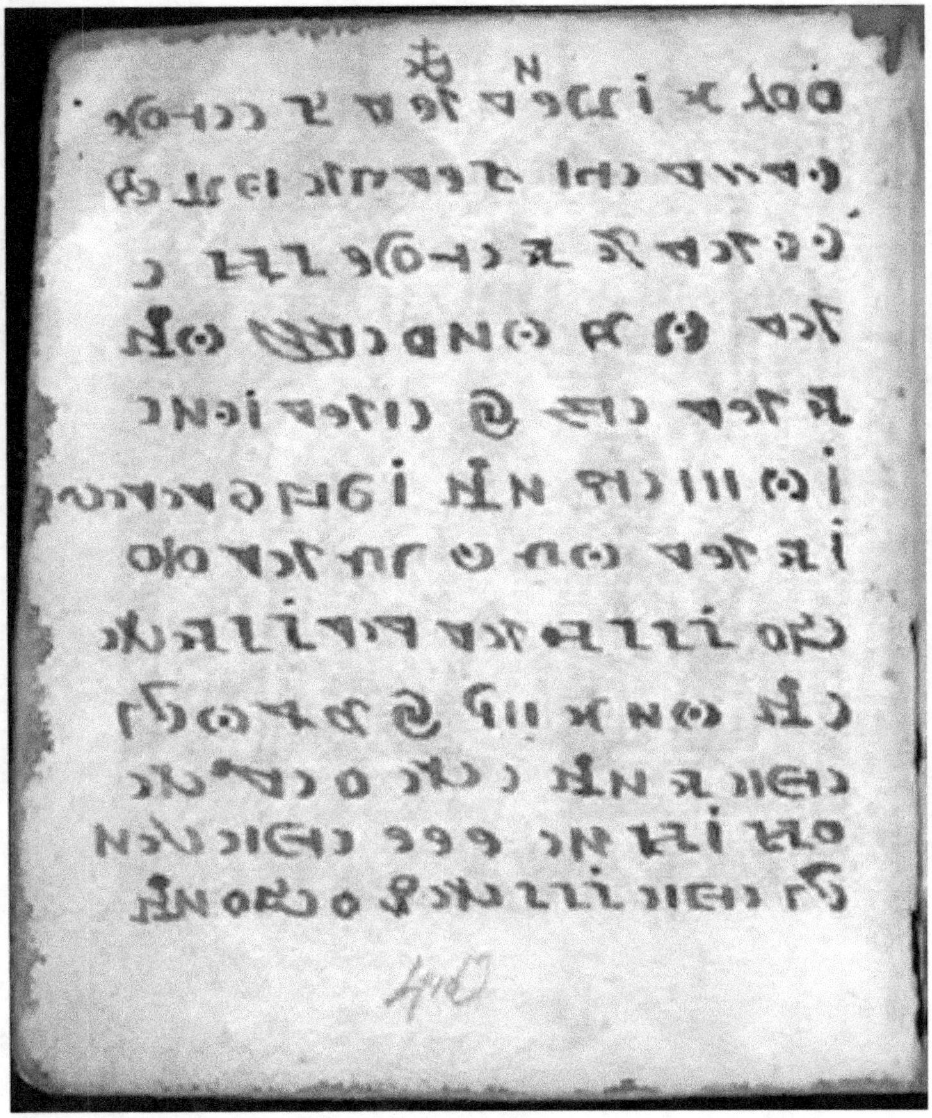

‹f040r°00C0› {.N'C0.}
‹f040r°00t°› [Trānslātiō: "The Christ."]
‹f040r°01--› {.O'O'P.Q.C.IX.W'CO'D.A'CO'D.HY.C.C'F'O'R'CO.}
‹f040r°02--› {.CX.D.J.J.D.C.XC.I.HM.CO'D.RT.A.C.I.QX.YI.C.NX.}
‹f040r°03--› {.CX'CX.A.C.D.EL.C.HK.C'F'O'R'CO.H'HF'H.C.}
‹f040r°04--› {.A.C.D.Z.NA.Z.N.D.C'M.Z.J0.}
‹f040r°05--› {.HK.A'CO'D.C'IZ.CQ.C.I.A'CO'D.I.CX.N.C.}
‹f040r°06--› {.IX.Z.I'I'I.C'XV'O.I.N'J0.IX.QV'KE'BB.D.C.D.C.AD.}
‹f040r°07--› {.IX.HK.A'CO'D.Z.AC.BK.R.AC.A.C.D.OC.}
‹f040r°08--› {.BE'I'O.HX'H'H.HF.O.A.C.D.D.C.D.HX'H'HK.BJ'C.}
‹f040r°09--› {.C.J0.Z.N.Q.C.I'I'G.CQ.V.BI.Z.C.AA.}
‹f040r°10--› {.C'F'Q'I'C.HK.N'J0.C.BJ'C.O.C'D'O.BJ'C.}
‹f040r°11--› {.O.HF'H.IX.HF'H.N.C.CO'CO'CO.C'F'Q'I'C.CU.C.N.}
‹f040r°12--› {.K'A'A.C'F'Q'I'C.HX'H'H.BJ'C.PC.O.BE'I'O.N'J0.}

folio 40 verso

‹f040v°00i°› [Illūstrātiō: P-16:MCWO Man standing before priest; guard, helpers, & palace.]
‹f040v°01--› {.S'D.HK.N.Z.BJ'C.XD.C.K.C'I'N.C'I'N.}
‹f040v°02--› {.K'A'A.I'I'G.C.Q.CQ.}
‹f040v°02t°› [Trānslātiō: "...the only faithful Son of God."]
‹f040v°03R0› {.BJ'C.}
‹f040v°03L0› {.N'J0.}
‹f040v°03t°› [Trānslātiō: "Pilate. The Lord Jesus."]

folio 41 recto

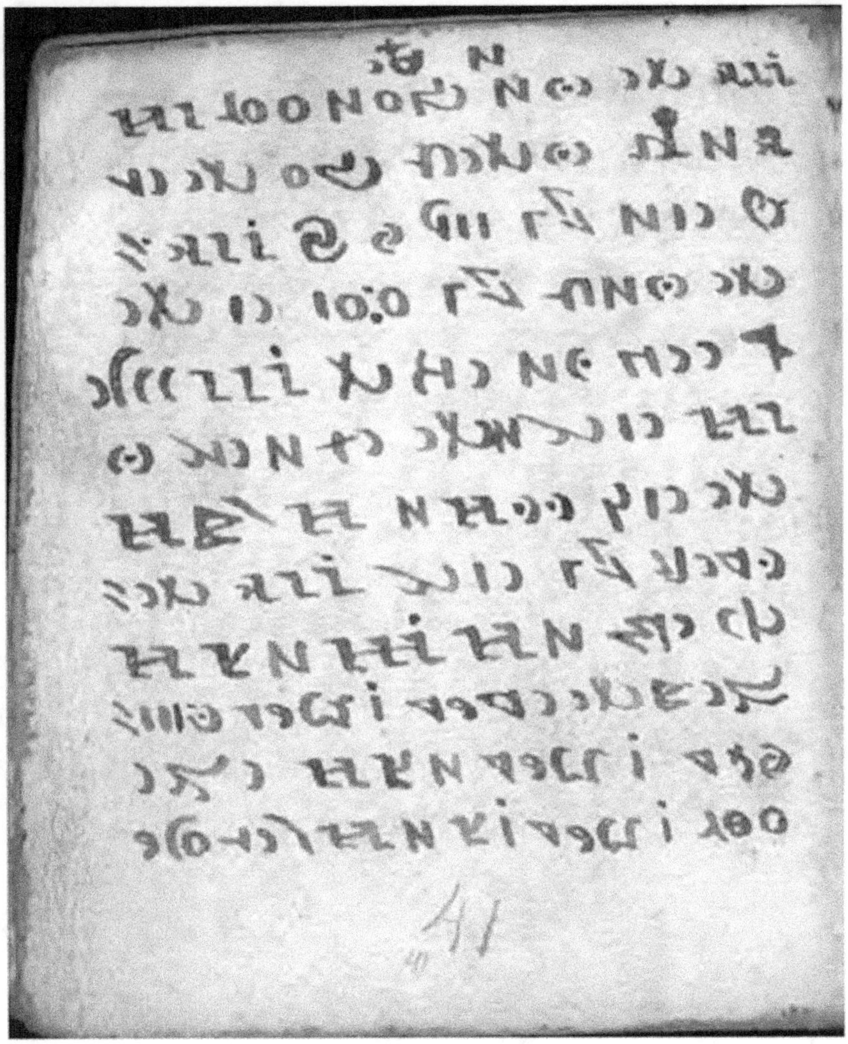

‹f041r°00C0›	{.N'C0.}
‹f041r°00t°›	[Trānslātiō: "The Christ."]
‹f041r°01--›	{.HX'H'HK.BJ'C.Z.N.BE'I'O.N.O'O'P.H'HF'H.}
‹f041r°02--›	{.HK.N'J0.Z.BJ'C.XD.BE.O.BJ'C.C.K.}
‹f041r°03--›	{.C.RB.C'I'N.K'A'A.I'I'G.C.Q.CQ.HX'H'HK.≈.}
‹f041r°04--›	{.BJ'C.Z.N.AC.K'A'A.O'X2'O'I.C.I.BJ'C.}
‹f041r°05--›	{.BI.C.C.N.A.QX.N.C.XY.BJ.HX'H'H.Q'Q'R'C.}
‹f041r°06--›	{.H'HF'H.C.I.CU'C.N.BJ'C.C'T.N.C.KC.Z.}
‹f041r°07--›	{.BJ'C.C.I.XB.CX'CX.HF'H.N.HF'H.J.B.HF'H.}
‹f041r°08--›	{.CX.D.C.HA.K'A'A.C.I.CU'C.HX'H'HK.BJ'C.≈.}
‹f041r°09--›	{.EK.Q.give.N.HF'H.HX.HF'H.N.HY.HF'H.}
‹f041r°10--›	{.AA.C.C.B.BJ'C.C.D.CO'D.IX.W'CO'D.NP.I'I'I.≈.}
‹f041r°11--›	{.C.Q.LT.D.IX.W'CO'D.N.HY.HF'H.C'EK'BZ.C.}
‹f041r°12--›	{.O'O'P.IX.W'CO'D.IX.HY.N.HF'H.L.CO.F'O'R'CO.}

folio 41 verso

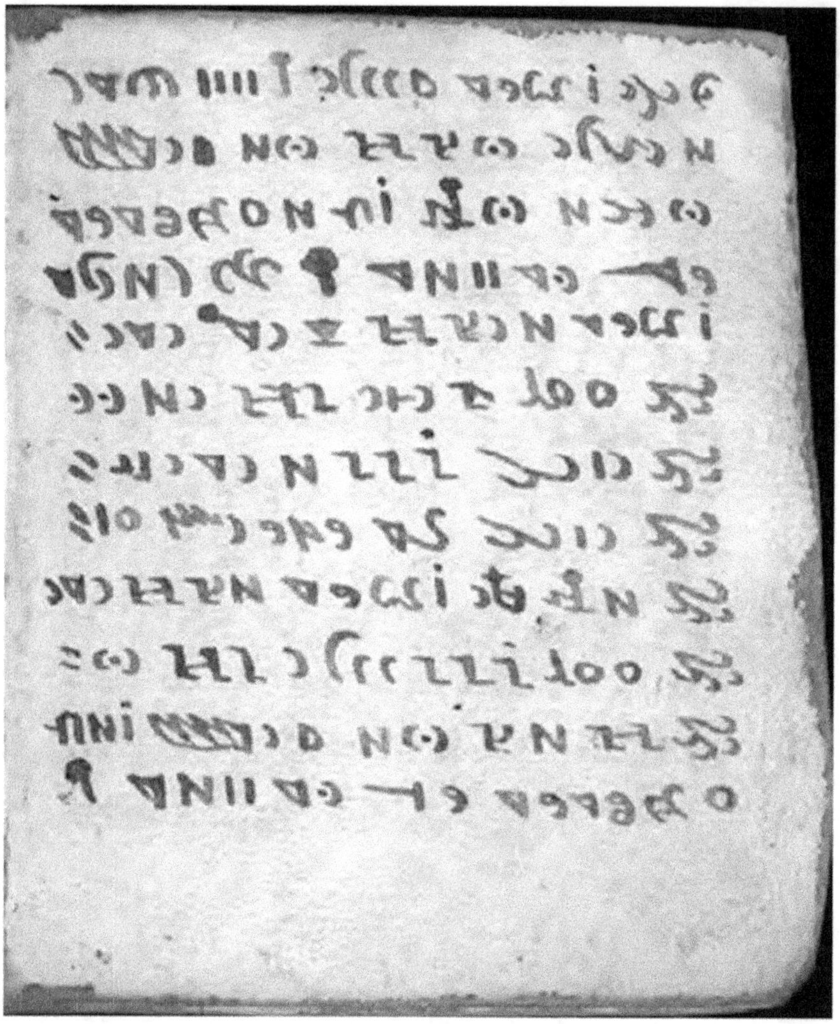

‹f041v°00n°› [Notā Bene: One of only two pages in Passion section w/out .N.C0. header.]
‹f041v°00q°› [Quod Vidē: ‹f049r°›.]
‹f041v°01--› {.QX.CU'C.C.IX.W'CO'D.O.Q'Q'R'CO.IG.I'I'I'I.EX.D.L.}
‹f041v°02--› {.N.C.A.XB.C.Z.HY.HF'H.Z.N.BV.C'M.}
‹f041v°03--› {.Z.CE.C.N.Z.J0.IX.AC.N.O.NA.BF.D.CO'D'CO'D.}
‹f041v°03f°› [Fissum: ‹f041v°03› .CO'D. and ‹f041v°04› .CO'D.]
‹f041v°04--› {.«.88.».CX.D.I.I.N.D.IG.UD.L.N.Q.C.D.}
‹f041v°05--› {.IX.W'CO'D.N.C.HY.HF'H.BC.C'D'O.C.D.C.≈.}
‹f041v°06--› {.C'EK'BZ.O'O'P.HM.CX.I.C.H'HF'H.C.N.CX'CX.}
‹f041v°07--› {.C'EK'BZ.C.I.CU'C.HX'H'H.N.C.D.C.KC.≈.}
‹f041v°08--› {.C'EK'BZ.C.I.CU'C.S'D.CO'D'CO.C.BO.O.I.≈.}
‹f041v°09--› {.C'EK'BZ.N'J0'C0.IX.W'CO'D.N.HY.HF'H.C.D.C.}
‹f041v°10--› {.C'EK'BZ.O'O'P.HX'H'H.Q'Q'R'C.H'HF'H.Z.≈.}
‹f041v°11--› {.C'EK'BZ.HF'H.N.HY.Z.N.CD.C'M.IX.N.AC.}
‹f041v°12--› {.O.NA.BF.D'CO'D.CO'XV.X.CX.D.I.I.N.D.IG.}

folio 42 recto

‹f042rº00iº› [Illūstrātiō: P-17:MCWO King & priest & midwife & women delivering baby.]
‹f042rº01--› {.UD.L.N.Q.C.A.HX'H'H.N.Q.C.I'I'G.}
‹f042rº02--› {.CQ.HX'H'HK.C.A.V.BC.C'MA'T.HK.N.IX.}
‹f042rº03--› {.EO.HF'H.O'X2'O'I.Z.CO'D'CO.L'XX.CX'CX.}
‹f042rº04--› {.N.C'I'N.C.D.I'I'I.D.IG.CO'D'R'N'D.}
‹f042rº05--› {.N'J0.}
‹f042rº06--› {.C'EY.C'EY.IX.CO'DP'CO.QV'EY.}
‹f042rº07--› {.C'XF'XX.}
‹f042rº08--› {.N'J0'C0.IX.N.C.B'O'X2'O'I.C'XF'XX.B'N.}
‹f042rº09--› {.RT.C.C.C.D.C'BP.N.}

folio 42 verso

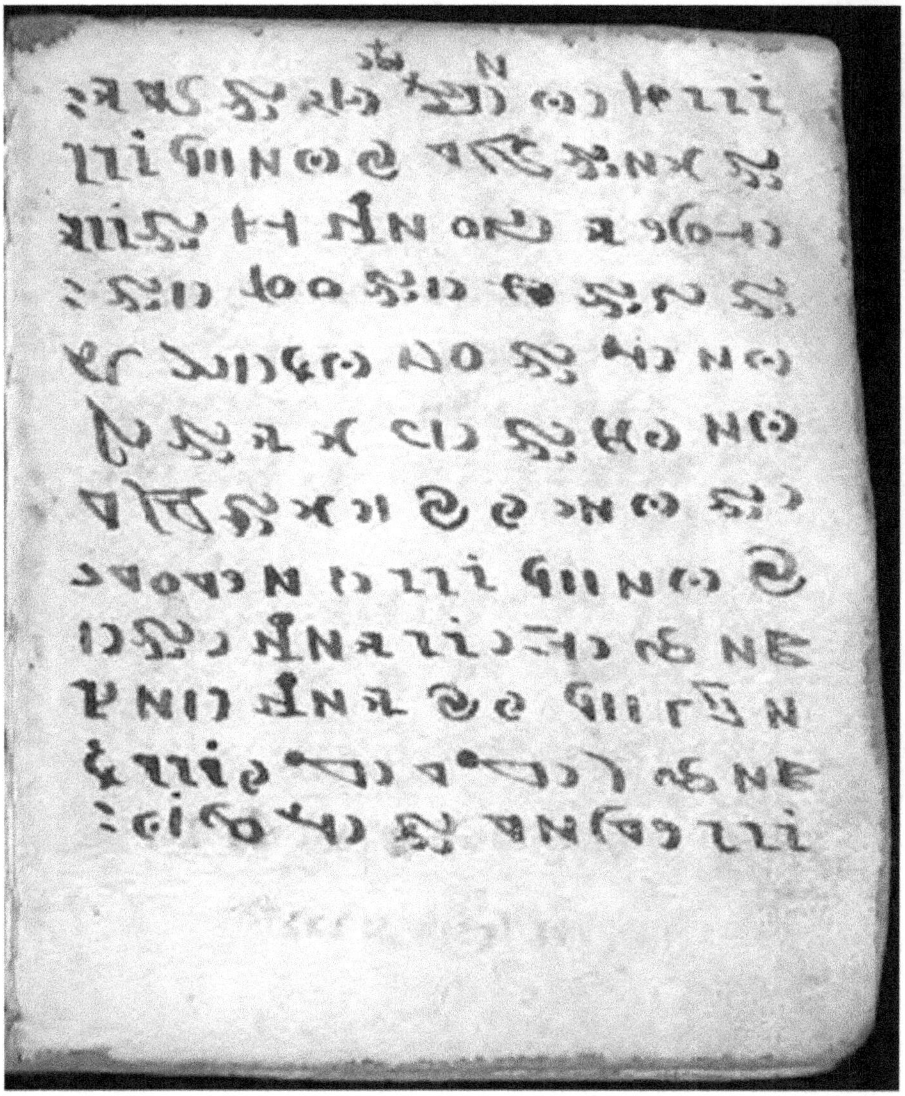

‹f042vº00C0› {.N'C0.}
‹f042vº00tº› [Trānslātiō: "The Christ."]
‹f042vº01--› {.HX'H'H.O.II.C.Z.C'MA'T.CX.I'XB.C'EK'BZ.S'D.HK.≈.}
‹f042vº02--› {.C'EK'BZ.Q.C.N.C'EK'BZ.QS'A.D.CQ.Z.N.I'I'G.HX'H'H.}
‹f042vº03--› {.C'F'O'R'CO.HK.BE'I'O.N'J0.F.EY.C'EK'BZ.HX'H'HK.}
‹f042vº04--› {.C'EK'BZ.AD.C'EK'BZ.BK.UH.C.I.C'EK'BZ.O'O'P.C.I.C'EK'BZ.≈.}
‹f042vº05--› {.Z.N.C'BD.C'EK'BZ.O.KB.T.Z.QT.C.I.CU'C.R.EQ.}
‹f042vº06--› {.Z.N.C.Q.QH.C'EK'BZ.C.I.RB.Q.C.HK.C'EK'BZ.LK.}
‹f042vº07--› {.C.C'EK'BZ.Z.N.C.CQ.CQ.I.C.Q.C.C'EK'BZ.D'RA.D.}
‹f042vº08--› {.CQ.Z.N.I'I'G.HX'H'H.C'I'N.CO'D'O'D'K.}
‹f042vº09--› {.B'N.U.C.F.≈.C.HX'H'HK.N'J0.C.C'EK'BZ.C.I.}
‹f042vº10--› {.N.K'A'A.I'I'G.C.Q.CQ.HK.N'J0.C'I'N.HY.}
‹f042vº11--› {.B'N.U.L.C'D'O.D.C'D'O.C.Q.HX'H'H.QT.}
‹f042vº12--› {.HX'H'H.CO'D'R'N'D.C'EK'BZ.C'BG.OB'Q.IX.QX.≈.}

folio 43 recto

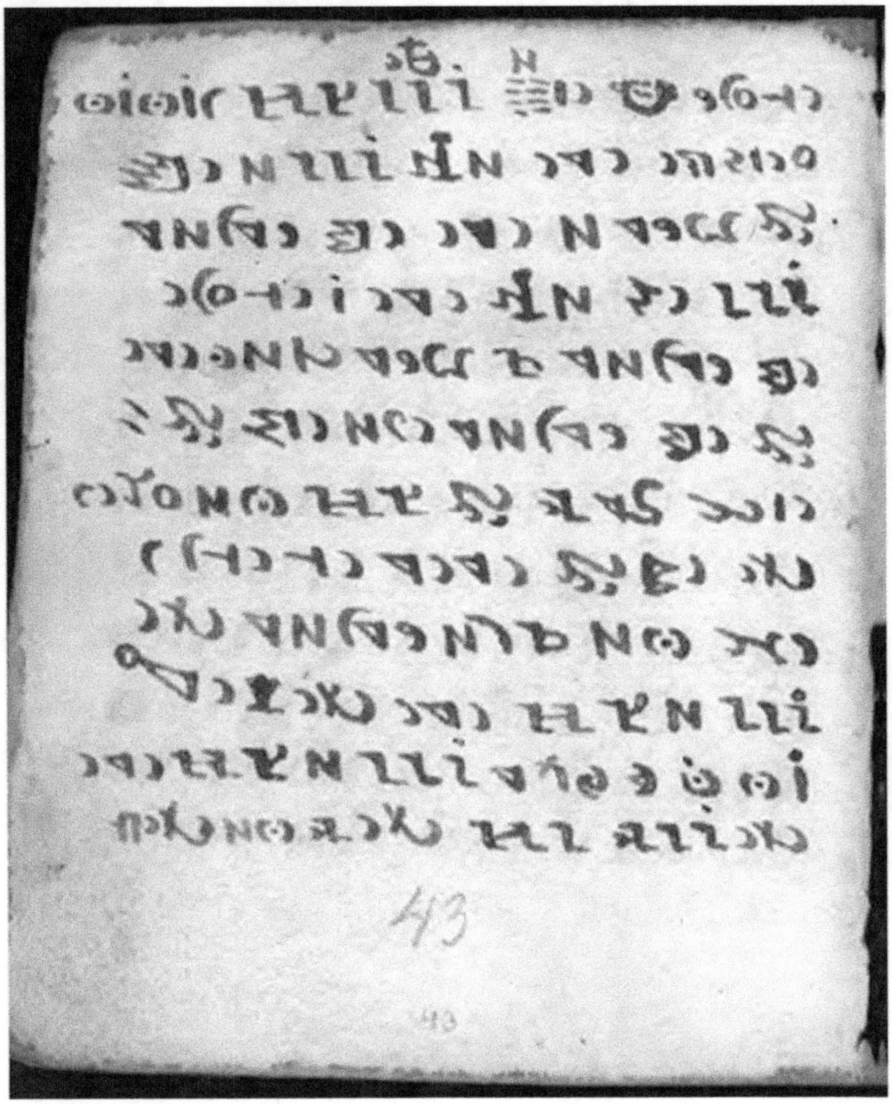

‹f043rº00C0›   {.N'C0.}
‹f043rº00tº›   [Trānslātiō: "The Christ."]
‹f043rº01--›   {.C'F'O'R'CO.YT.C'UM.HX'H'H.HY.HF'H.Q.IX.Z.IX.Z.}
‹f043rº02--›   {.O.C.I.EB.PU.C.C.D.C.N'J0.HX'H'H.N.C'M.}
‹f043rº03--›   {.C'EK'BZ.W'CO'D.N.C.D.C.C'XG.CO'D'R'N'D.}
‹f043rº04--›   {.HX'H'H.C.BO.N'J0.C.D.C.IX.C'F'O'R'C.}
‹f043rº05--›   {.C'XG.C'D'R'N'D.HM.W'CO'D.EK.N.CX.C.D.C.}
‹f043rº06--›   {.C'EK'BZ.C'XG.CO'D'R'N'D.C.RB.N.C'IZ.C'EK'BZ.≈.}
‹f043rº07--›   {.C.I.CU'C.S'D.HK.C'EK'BZ.HY.HF'H.Z.N.O.IU.C.R.}
‹f043rº08--›   {.BJ'C.C.B.C'EK'BZ.C'D'C'D.C.F.C.F.Q.Q.}
‹f043rº09--›   {.C.EK'C.Z.N.HM.L.N.CO'D'R'N'D.BJ'C.}
‹f043rº10--›   {.HX'H'H.N.HY.HF'H.C.D.C.BJ'C.BC.C'D'O.}
‹f043rº11--›   {.IX.Z.NP.CY.C.Q.LT.D.HX'H'H.N.HY.HF'H.C.D.CO.}
‹f043rº12--›   {.BJ'C.HX'H'HK.H'HF'H.BJ'C.HK.Z.N.BJ'C.AC.}

folio 43 verso

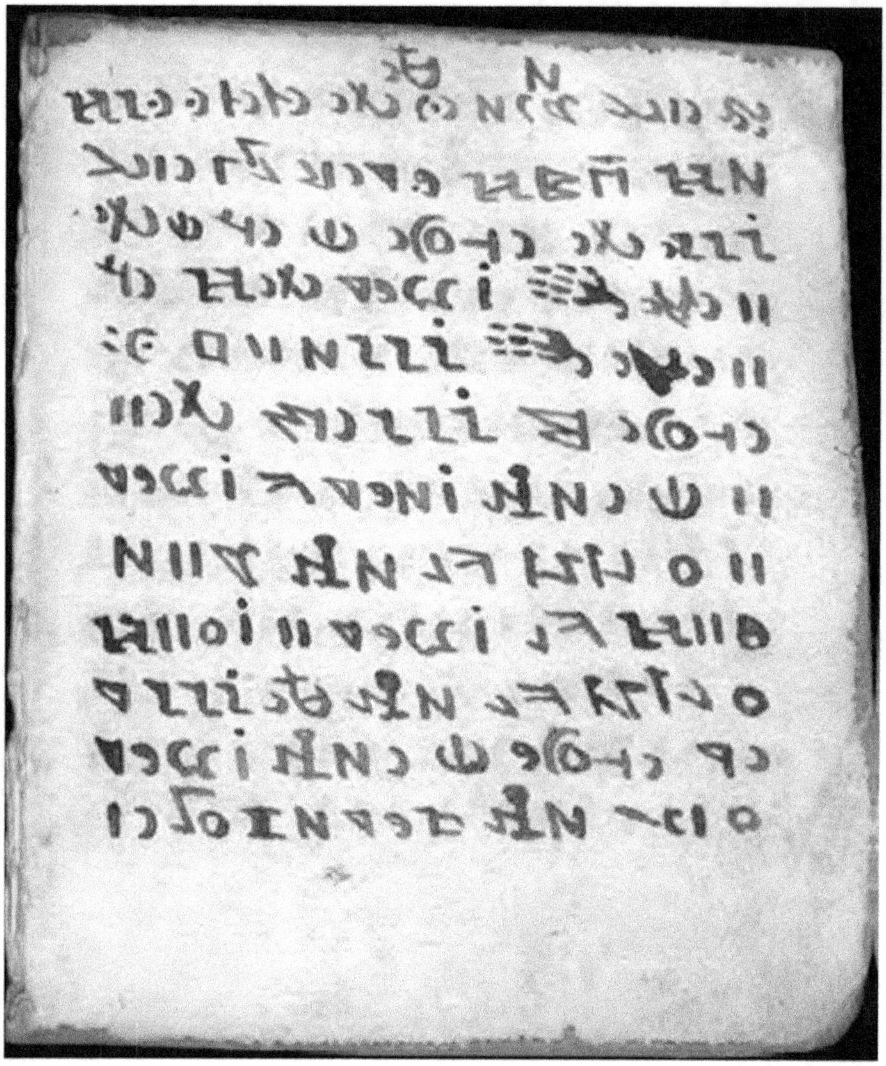

‹f043v°00C0›	{.N'C0.}
‹f043v°00t°›	[Trānslātiō: "The Christ."]
‹f043v°01--›	{.C'EK'BZ.C'I'KC.V.RB.N.Z.BJ'C.C.A.C'EY.CX'CX.H'HF'H.}
‹f043v°02--›	{.N.HF'H.YZ.B.HF'H.CX.D.C.HA.K'A'A.C.I.CU'C.}
‹f043v°03--›	{.HX'H'HK.BJ'C.C'F'O'R'C.NI.C'BG.NI.BJ'C.}
‹f043v°04--›	{.I.I.C.V'C.«.99.».IX.W'CO'D.BJ'C.HF'H.C'BG.}
‹f043v°04a°›	[Abbreviatiōnem: .«.99.».=Scourge; 1/2.]
‹f043v°05--›	{.I.I.C.V'C.«.99.».HX'H'H.N.I'I'XJ.QX.≈.}
‹f043v°05a°›	[Abbreviatiōnem: .«.99.».=Scourge; 2/2.]
‹f043v°06--›	{.C'F'O'R'C.DB.HX'H'H.C'IZ.BJ'C.I.I.}
‹f043v°07--›	{.I.I.NI.C.N'J0.IX.N.CO'D.XF.IX.W'CO'D.}
‹f043v°08--›	{.I.I.O.TO.TO.XF.K.N'J0.V.I.I.N.}
‹f043v°09--›	{.FO.I.I.HF'H.XF.K.IX.W'CO'D.I.I.IX.O.I.I.HF'H.}
‹f043v°10--›	{.O.K.A.TO.XF.K.N'J0'C0.HX'H'H.D.}
‹f043v°11--›	{.C.D.C'XV'O.R.CO.NI.C.N'J0.IX.W'CO'D.}
‹f043v°12--›	{.O.I.QS.N'J0.HM.CO'D.N.BC.O.AG.C.I.}

folio 44 recto

‹f044r°00i°› [Illūstrātiō: P-18:MCWO Jesus being scourged by soldiers; Crown of thorns.]

‹f044r°01--› {.I'I'G.CQ.}

‹f044r°01t°› [Trānslātiō: "Son of God."]

folio 44 verso

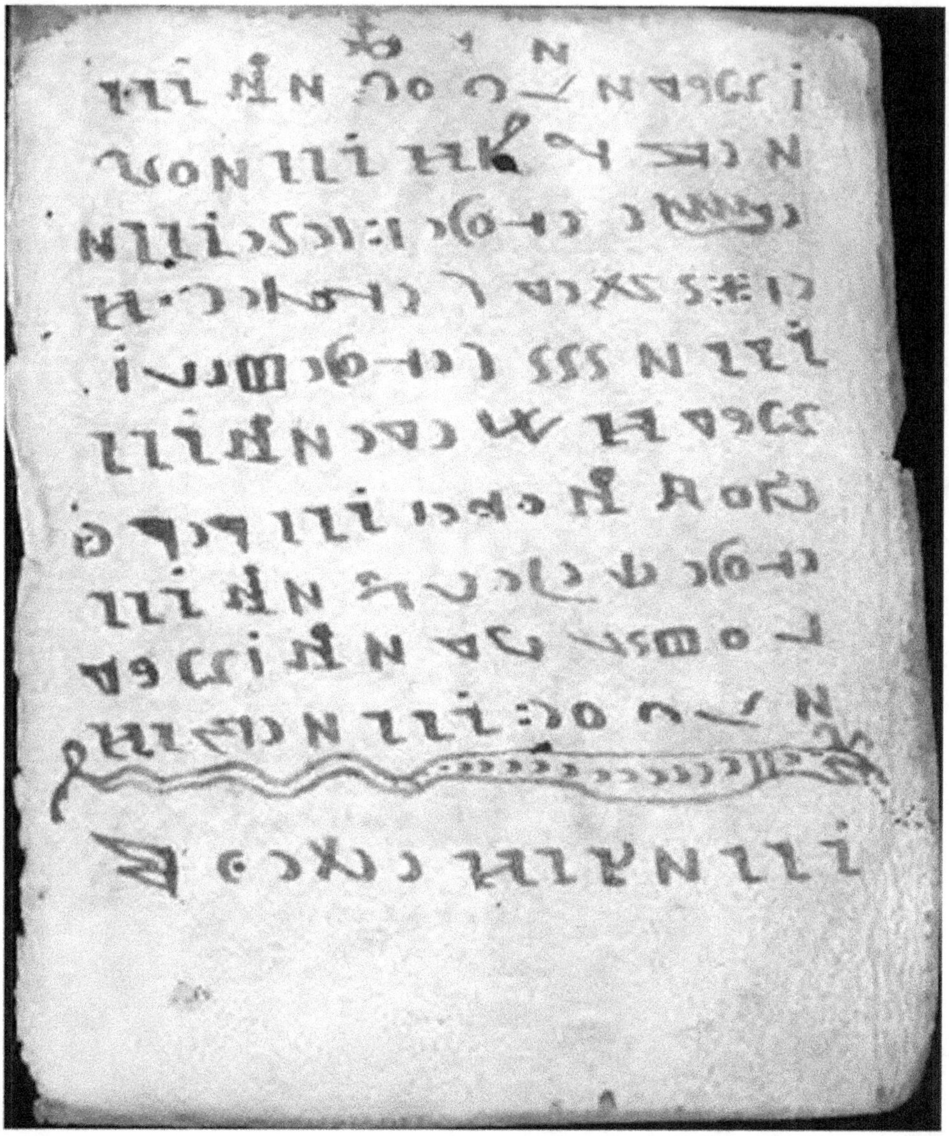

‹f044v°00C0› {.N.C0.}

‹f044v°00t°› [Trānslātiō: "The Christ."]

‹f044v°01--› {.IX.W'CO'D.N.YY.XD.O.L'X2.N'J0.HX.H'HF.}

‹f044v°02--› {.N.C'DB.XV'O.RO.HF'H.HX'H'H.N.O.HY.}

‹f044v°03--› {.C'M.C.C'F'O'R'C.I.X2.I.C'S'C.HX'H'H.N.}

‹f044v°04--› {.C.I.EZ.S.AG.TA.C.D.L.C'XV'OB'I'C.L'X2.HF'H.}

‹f044v°05--› {.HX'H'H.N.S'S'S.L.C'F'O'R'C.ER.C.K.IX.}

‹f044v°06--› {.W'CO'D.HF'H.XL.C.D.C.N'J0.HF'H.H.}

‹f044v°07--› {.BE'I'O.XA.J0.CX.V.C.I.HX'H'H.D.C.DP.C.Q.}

‹f044v°08--› {.C'F'O'R'C.NI.C.DV.C.CU.IJ.N'J0.HX'H'H.}

‹f044v°09--› {.K.O.ER.S.K.YO.D.N'J0.IX.W'CO'D.}

‹f044v°10--› {.N.YY.XD.O.L'X2.HX'H'H.N.C'IZ.H'HF'H.O.}

‹f044v°10s°› [SERPĒNS: 3/7.]

‹f044v°11--› {.HX'H'H.N.HY.H'HF'H.C.BJ.CO.QX.DB.}

‹f045r°00i°› [Illūstrātiō: P-19:MCWO Jesus w/ crown of thorns on throne, whipped, before king.]
‹f045r°01-›› {.HX'H'HK.BJ'C.XA.J0.CX.Y.C.I.}

folio 45 verso

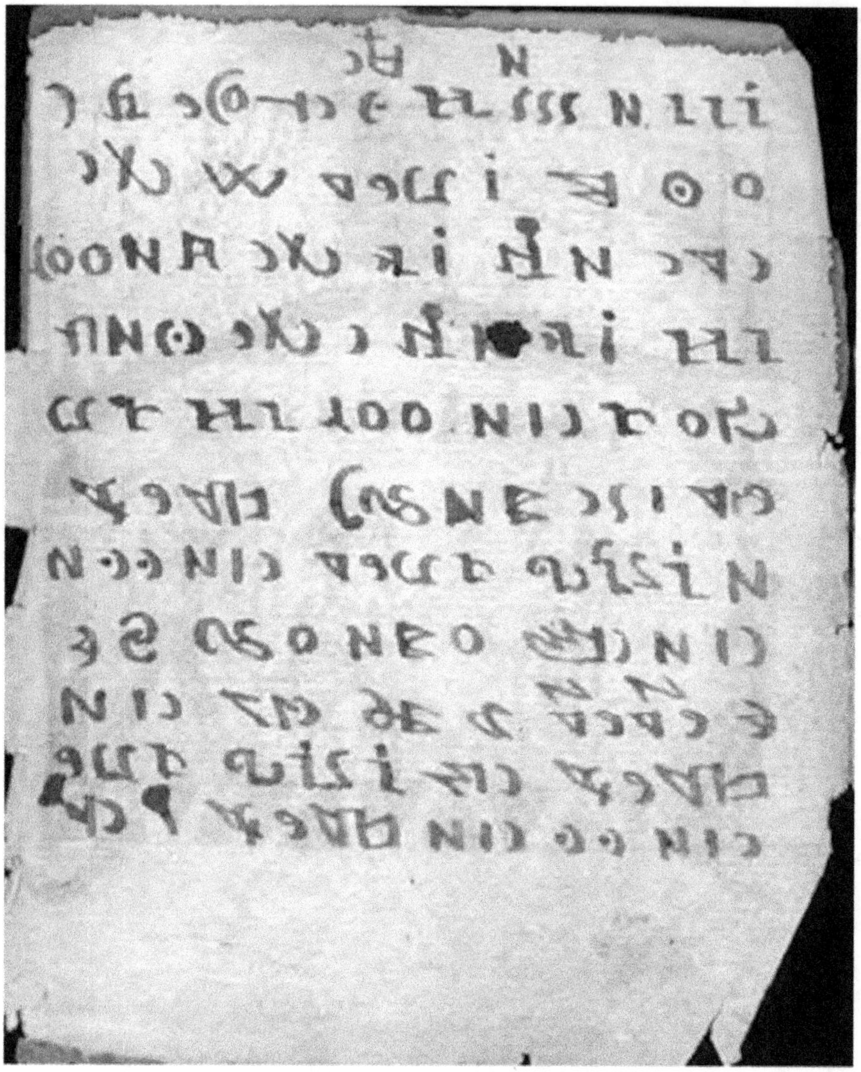

‹f045vº00C0› {.N'C0.}
‹f045vº00tº› [Trānslātiō: "The Christ."]
‹f045vº01--› {.HX'H'H.N.S'S'S.HF'H.QX.C'F'O'R'CO.H.R.L.}
‹f045vº02--› {.O.OX.DB.I.XI'D.D.XL.BJ'C.}
‹f045vº03--› {.C.D.C.N'J0.IX.HK.BJ'C.XA.N.O'O'P.}
‹f045vº04--› {.H'HF'H.IX.HK.N'J0.C.BJ.CO.Z.N.AC.}
‹f045vº05--› {.BE'I'O.HM.C'I'N.O'O'P.H'HF'H.HM.W.}
‹f045vº06--› {.CO.I.D.I.S.C.B'N.U'QV.XJ'D'CO'BY.}
‹f045vº07--› {.N.HX.QS.HX.AD.HM.W'CO'D.C'I'N.CX'CX.N.}
‹f045vº08--› {.C'I'N.C'M.O.B'N.O.U.CQ.CY.CY.}
‹f045vº08tº› [Fissum: ‹f045vº08› .CY. and ‹f045vº09› .CY.]
‹f045vº09--› {.«.88.».CO'D'CO'D.V.B'CV.C.AA.C'I'N.}
‹f045vº10--› {.XJ'D'CO'BY.C'IZ.HX.QS.HX.AD.HM.XI.CO.}
‹f045vº11--› {.CO.I.N.CX'CX.C'I'N.XJ'D'CO'BY.IG.C'BD.}

folio 46 recto

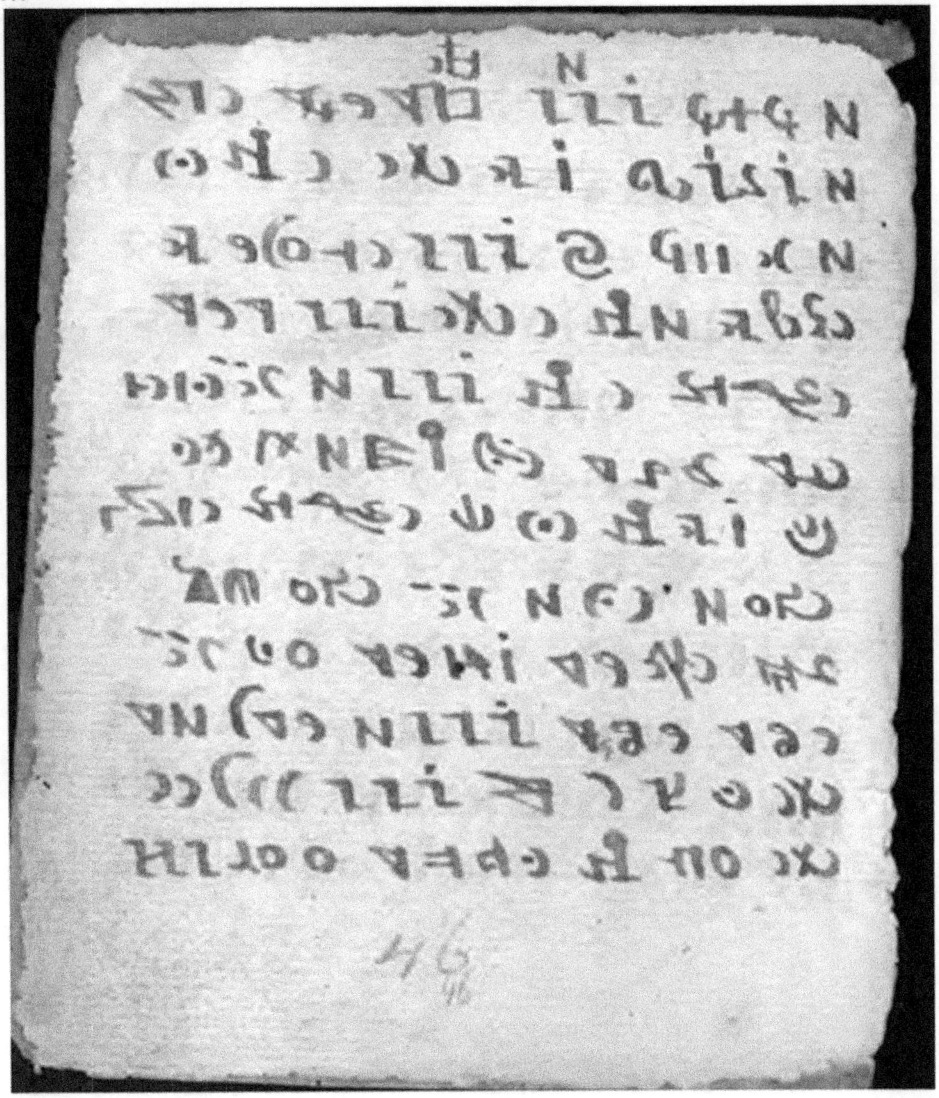

‹f046r°00C0›　{.N'C0.}
‹f046r°00t°›　[Trānslātiō: "The Christ."]
‹f046r°01--›　{.N.QT.TA.QT.HX'H'H.XJ'D'CO'BY.C'IZ.}
‹f046r°02--›　{.N.HX.QS.HX.AD.IX.HK.BJ'C.C.J0.Z.}
‹f046r°03--›　{.N.RO'C.I'I'G.CQ.HX'H'H.C'F'O'R'CO.HK.}
‹f046r°04--›　{.C.S.CU.O.HK.N'J0.C.BJ'C.HX'H'H.DP.CO.DP.}
‹f046r°05--›　{.C.QS.F'S.S.C.J0.HX'H'H.N.RB.R'J'J'C.CX.I.Z.}
‹f046r°06--›　{.BE.D.V.PC.D.CX.X2.Q.IG.B'N.RT.LT.CX.}
‹f046r°07--›　{.NV.IX.HK.J0.Z.NI.C.UW.S.C.I.K'A'A.}
‹f046r°08--›　{.BE'I'O.N.X.C.QE.N.Q.R'J'J'C.BE'I'O.NH.E.}
‹f046r°09--›　{.BA.C.V'C.CO'D.IX.CX.I.CO'D.O.QX.RB.R'J'J'C.}
‹f046r°10--›　{.CO'BF'D'CO'BF'D.HX'H'H.N.CO'D'R'N'D.}
‹f046r°11--›　{.BJ'C.BK.HY.L.DB.HX'H'H.R.Q'R'C'C.}
‹f046r°12--›　{.BJ'C.O.AC.J0.CX.BQ.XF.D.O'O'P.H'HF'H.}

folio 46 verso

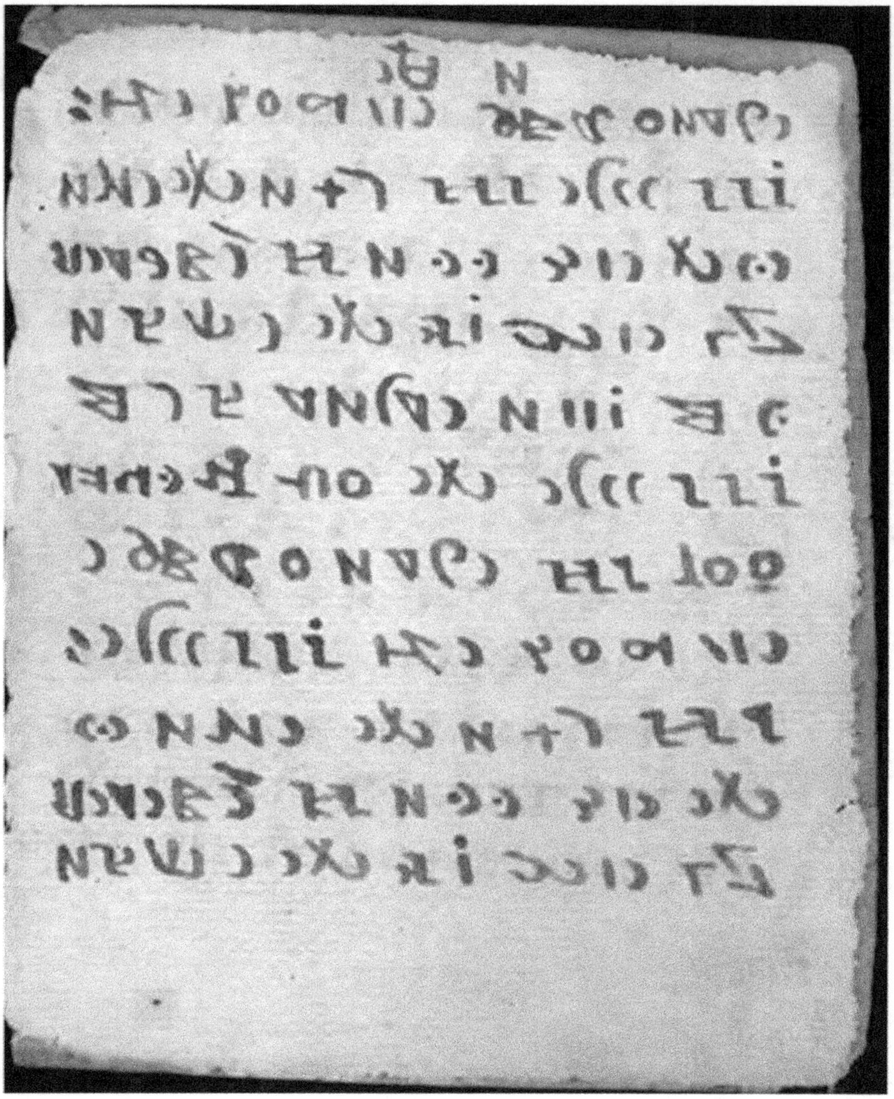

‹f046v°00C0› {.N'C0.}
‹f046v°00t°› [Trānslātiō: "The Christ."]
‹f046v°01--› {.C.RB.D.N.O.V.B'CV.C.I.I.XV'O.O.XB.I'AG.I.≈.}
‹f046v°02--› {.HX'H'H.Q'Q'R'C.H'H'HF.L'TA.N.BJ'C.C.KC.N.}
‹f046v°03--› {.Z.BJ'C.I.CC.CX'CX.N.HF'H.J'C.B.CO'D.C.HA.}
‹f046v°04--› {.K'A'A.C.I.CU'C.IX.HK.BJ'C.C.NI.HY.N.}
‹f046v°05--› {.QX.DB.IX.I.I.N.C'D'R'N'D.HY.L.DB.}
‹f046v°06--› {.HX'H'H.Q'Q'R'C.BJ'C.O.AC.J0.CX.XC.KK.D.}
‹f046v°07--› {.O'O'P.H'HF'H.C.RB.D.N.O.V.B'CV.C.}
‹f046v°08--› {.C.I.J.XV'O.O.CC.C.AG.I.HX'H'H.Q'Q'R'C.≈.}
‹f046v°09--› {.H'HF'H.L'TA.N.BJ'C.C.KC.N.Z.}
‹f046v°10--› {.BJ'C.C.I.CC.CX'CX.N.HF'H.J'C.B.C.D.C.HA.}
‹f046v°11--› {.K'A'A.C.I.CU'C.IX.HK.BJ'C.C.NI.HY.N.}

folio 47 recto

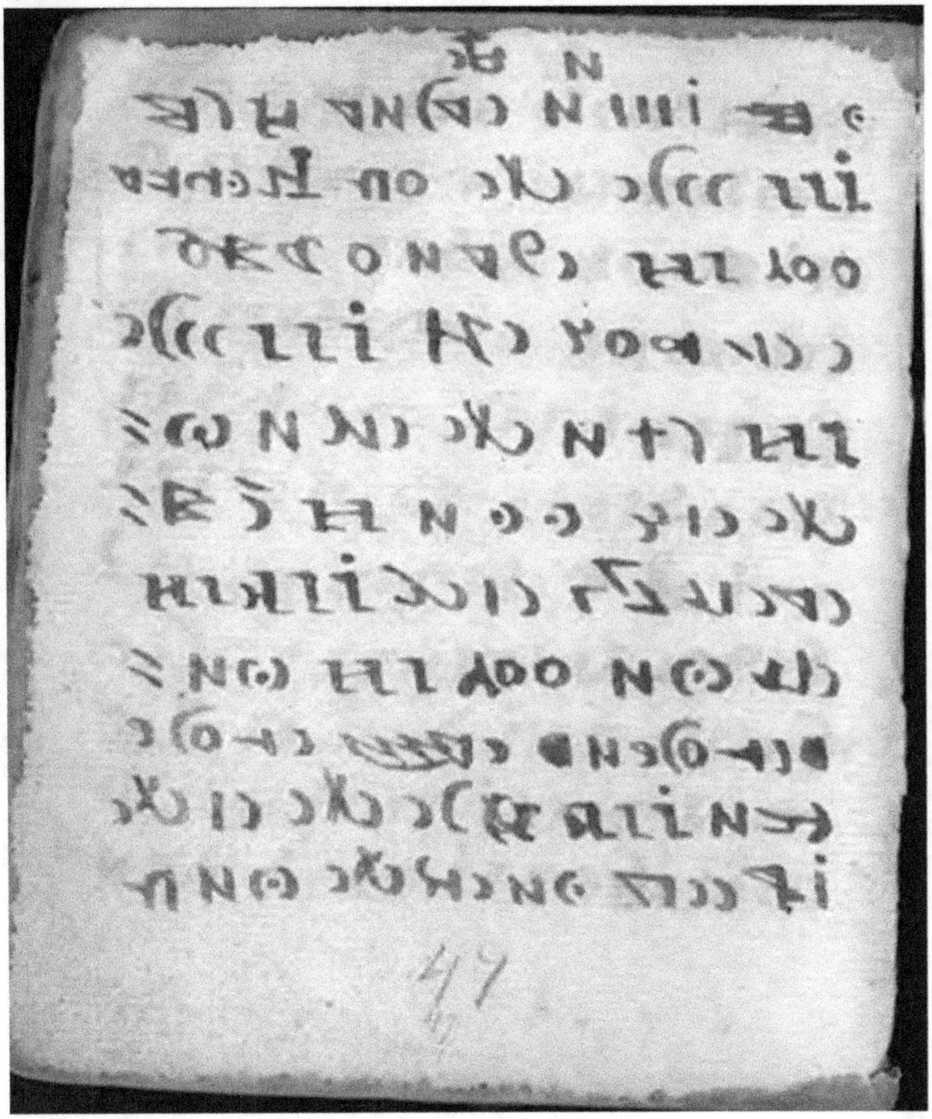

‹f047rº00C0›	{.N'C0.}
‹f047rº00tº›	[Trānslātiō: "The Christ."]
‹f047rº01--›	{.QX.DB.IX.I'I'I.N.C'D'R'N'D.HY.L.DB.}
‹f047rº02--›	{.HX'H'H.Q'Q'R'C.BJ'C.O.AC.J0.CX.XC.XF.D.}
‹f047rº03--›	{.O'O'P.H'HF'H.C.RO.D.N.O.V.B'CV.}
‹f047rº04--›	{.C.C.I.J.XV'O.O.CC.C.AG.I.HX'H'H.Q'Q'R'C.}
‹f047rº05--›	{.H'HF'H.L.TA.N.BJ'C.C.KC.N.Z.≈.}
‹f047rº06--›	{.BJ'C.C.I.CC.CX'CX.N.HF'H.J'C.B.≈.}
‹f047rº07--›	{.C.D.C.KI.K'A'A.C.I.CU'C.HX'H'HK.H'HF'H.}
‹f047rº08--›	{.C.KI.Z.N.O'O'P.H'HF'H.Z.N.≈.}
‹f047rº09--›	{.MF.C'F'O'R'CO.N.D.C'M.C'F'O'R'CO.}
‹f047rº10--›	{.CE.C.N.HX'H'HK.QH.R.C.BJ'C.C.I.BJ'C.}
‹f047rº11--›	{.IX.BI.C.C.DC.QX.N.C.IJ.BJ'C.Z.N.AC.}

folio 47 verso

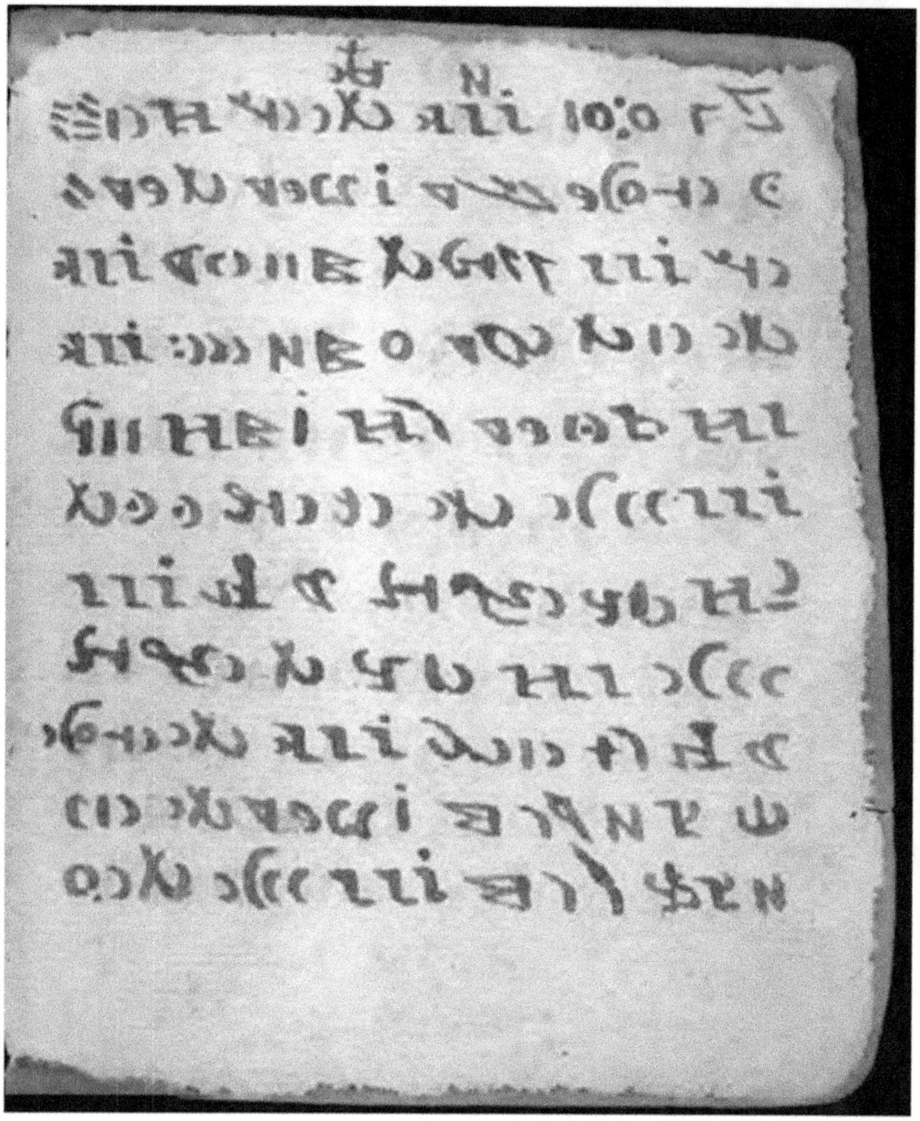

‹f047v°00C0› {.N'C0.}
‹f047v°00t°› [Trānslātiō: "The Christ."]
‹f047v°01--> {.K'A'A.O'X2'O'I.HX'H'HK.BJ'C.C'BG.HF'H.C'UM.}
‹f047v°02--> {.QX.C'F'O'R'CO.K'X'D.D.IX.W'CO'D.BJ.CO'D.≈.}
‹f047v°03--> {.C'BG.HX'H'H.AA.F.G.BJ.B.I.I.C.Q.V.HX'H'HK.}
‹f047v°04--> {.BJ'C.C.I.BJ.AD.D.O.B'N.C.C.C.X2.HX'H'HK.}
‹f047v°05--> {.H'HF'H.HM.Z.CO'D.L.HF'H.IX.B.HF'H.I'I'G.}
‹f047v°06--> {.HX'H'H.Q'Q'R'C.BJ'C.C.C'KK.C'XV.CO.CX'CX.BJ.}
‹f047v°07--> {./.C.\.\.HF'H.EO.ED.C.UW.S.V.J0.HX'H'H.}
‹f047v°08--> {.Q'Q'R'C.H'HF'H.EO.ED.BJ'C.UW.S.}
‹f047v°09--> {.V.J0.L.TA.C.I.CU'C.HX'H'HK.BJ'C.C'F'O'R'C.}
‹f047v°10--> {.NI.HY.N.MS.C'DB.IX.W'CO'D.BJ'C.C'I'Q.}
‹f047v°11--> {.N.HY.TG.BT.L.DB.HX'H'H.Q'Q'R'C.BJ'C.O.}

folio 48 recto

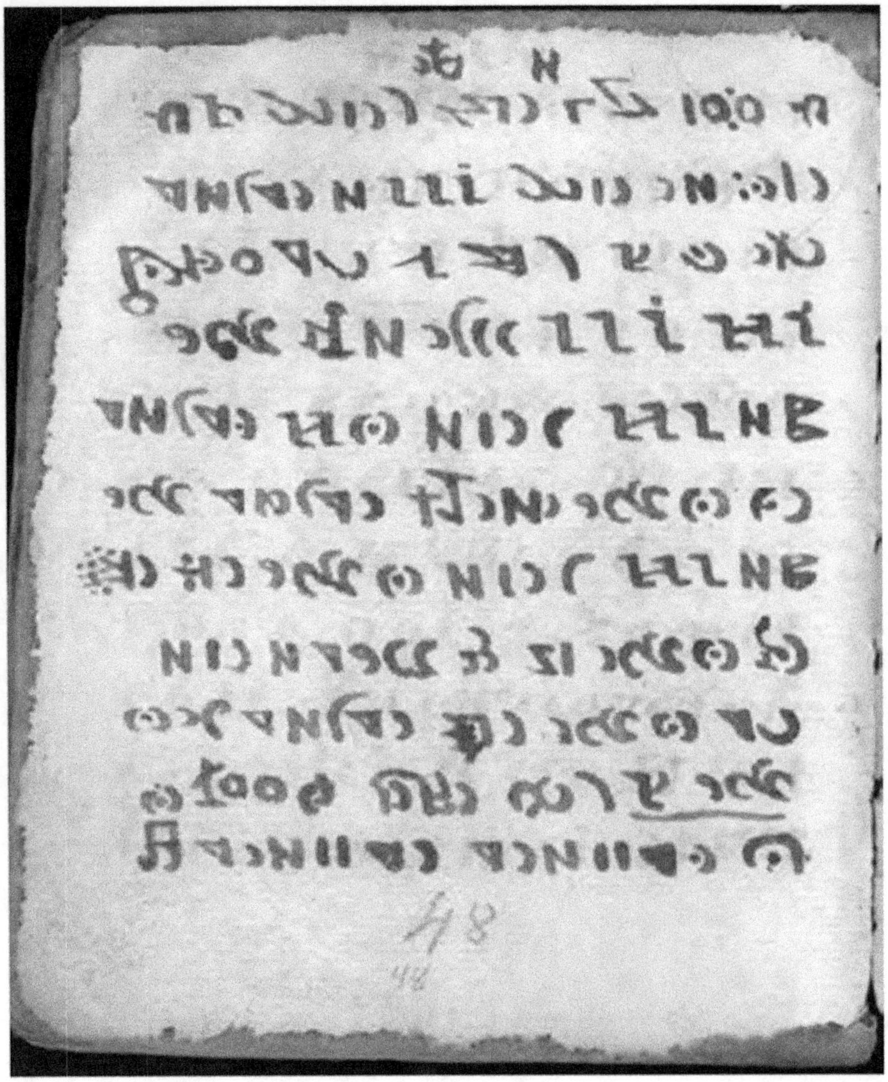

‹f048rº00C0›	{.N'C0.}
‹f048rº00tº›	[Trānslātiō: "The Christ."]
‹f048rº01--›	{.AC.O'X2'O'I.K'A'A.C'IZ.L.C.I.CU'C.HM.AC.}
‹f048rº02--›	{.C.I.CX.X2.N.C.C.I.CU'C.HX'H'H.N.C'D'R.I.I.D.}
‹f048rº03--›	{.BJ'C.BK.HY.L.DB.XP.CU'D.O.C'EY.EK'EY.O.C.}
‹f048rº03qº›	[Quod Vidē: ‹f078rº02› regarding .CT.; 1/2.]
‹f048rº04--›	{.HX.HF'H.HX'H'H.Q'Q'R'C.N'J0.UD.CO.}
‹f048rº05--›	{.B'N.H'HF'H.R.C'I'N.Z.HF'H.CX.D'R'N'D.}
‹f048rº06--›	{.Z.C.QX.UD.CO.C.N.C.MX.TA.C'D'R'N'D.UD.D.}
‹f048rº07--›	{.B'N.H'HF'H.R.C'I'N.Z.UD.CO.C.F'X2.C'XF'XX.}
‹f048rº08--›	{.LH.Z.UD.C.I'AG.CC.CX.IX.CO'D.N.C'I'N.}
‹f048rº09--›	{.CU'D.Z.UD.C.C'XG.CO'D'R'N'D.RO'C.Z.}
‹f048rº10--›	{./.UD'CO.HY.\.L.UP.C.HY.C.Q.O'O'IA.Z.}
‹f048rº11--›	{.XD'X.CX.D.I.I.N.C'D'C'D.I.I.N.C.D.XJ'C'C.}

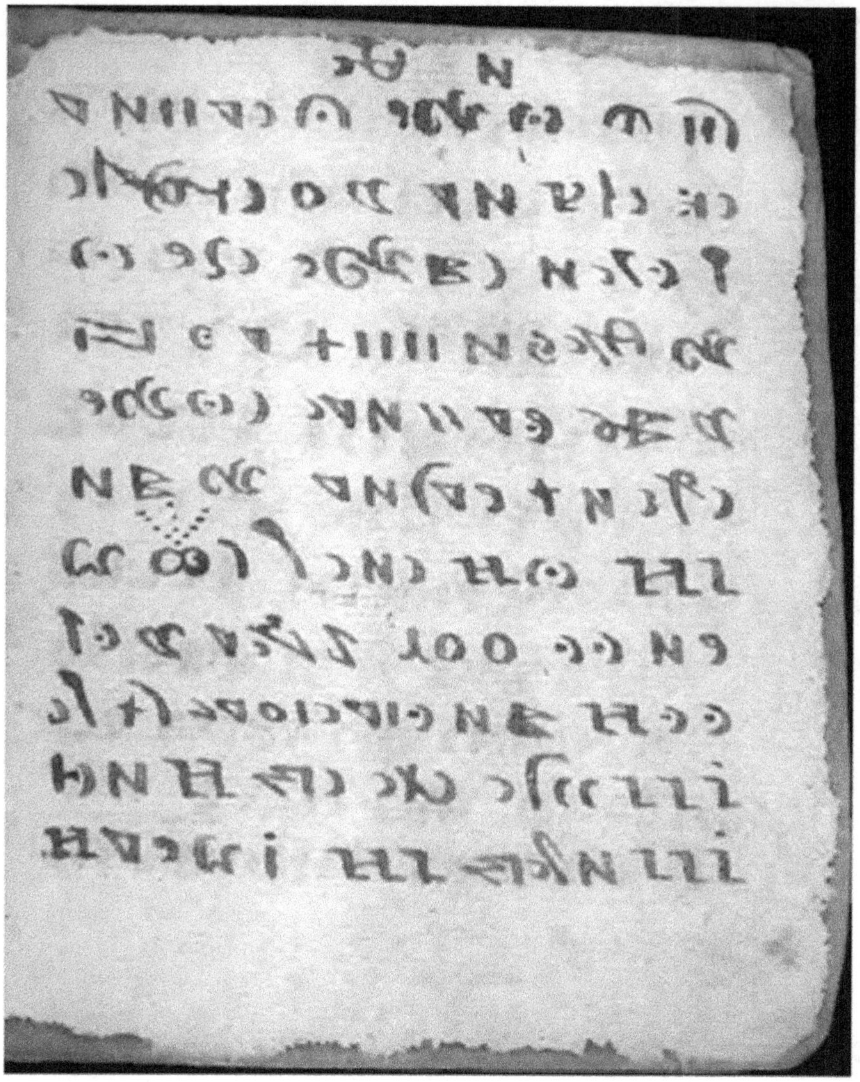

‹f048vº00C0›	{.N'C0.}
‹f048vº00tº›	[Trānslātiō: "The Christ."]
‹f048vº00dº›	[DĪVĪSIŌ: Ending of "Passion" Section of manuscript.]
‹f048vº00qº›	[Quod Vidē: ‹f030vº00dº› for section start.]
‹f048vº01--›	{.L.I.I.EX.Z.UD.CO.XD'X.CO'D.I.I.N.D.}
‹f048vº02--›	{.C.F'X2.C.IX.HY.N.D.V.O.C.F.O.R.QL.C.}
‹f048vº03--›	{.IG.CX.A.C.N.C.B.UD.CO.C.S.CO.C.Q.}
‹f048vº04--›	{.UD.XD.A.C.CQ.N.I'I'I'I.T.D.QX.KE.}
‹f048vº05--›	{.V.B'CV.CX.D.J'J'N'D.C.C.Z.UD.CO.}
‹f048vº06--›	{.C.RB.C.N.T.CO'D'R'N'D.UD.B'N.}
‹f048vº07--›	{.H'HF'H.Z.HF'H.C.N.C.LO.L.(.FM.).W.}
‹f048vº08--›	{.CO.N.CX'CX.O'O'P.AG.KB.X.C.D.V.CX.A.}
‹f048vº09--›	{.CX'CX.HF'H.B'N.CX.I.D.C.I.O.D.C.L.TA.IG.C.}
‹f048vº10--›	{.HX'H'H.Q'Q'R'CO.BJ'C.C'IZ.HF'H.N.CX.I.}
‹f048vº11--›	{.HX'H'H.N.BT.C'IZ.H'HF'H.IX.W'CO'D.HF'H.}

folio 49 recto

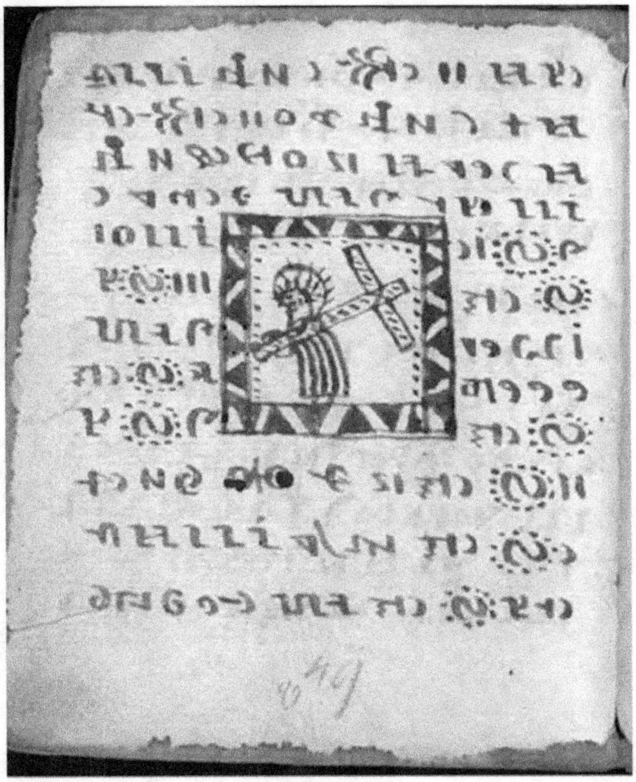

‹f049r°00n°›	[Notā Bene: One of only two pages in Passion section w/out .N.C0. header.]
‹f049r°00q°›	[Quod Vidē: ‹f041v°›.]
‹f049r°01--›	{.C.HY.HF'H.I.I.C'BP.C.N'J0.HX'H'H.BU.}
‹f049r°02--›	{.HF'H.T.L.N'J0.V.O.I.I.C'BP.C'BG.}
‹f049r°03--›	{.HF'H.Q.CO'D.HF'H.I'AG.O.F.Q.U.N'J0.}
‹f049r°04--›	{.HX'H'H.C.HY.XV.RT'HF'HS.QX.C'XC'D.C.}
‹f049r°05i°›	[Illūstrātiō: P-20:MCSS Jesus carrying cross w/ crown of thorns.]
‹f049r°05n°›	[Notā Bene: Since there is a crown of thorns, this cannot be Simon of Cyrene.]
‹f049r°05e°›	[Ēditiō Vulgāta: MK 15:21.]
‹f049r°05R1›	{.RT.((.AD.)).IX.C.}
‹f049r°05L1›	{.HX'H'H.O.I.}
‹f049r°06R2›	{.((.AD.)).C'I'BO.}
‹f049r°06L2›	{.I'I'I.((.AD.)).HY.}
‹f049r°07R3›	{.IX.W'CO'D.}
‹f049r°07L3›	{.RT'HF'HS.}
‹f049r°08R4›	{.CO'CO'CO.XV.CO.}
‹f049r°08L4›	{.HK.((.AD.)).C'I'BO.}
‹f049r°09R5›	{.((.AD.)).C'I'BO.}
‹f049r°09L5›	{.RT.((.AD.)).HY.}
‹f049r°10--›	{.I.I.((.AD.)).C'I'BO.I'AG.UH.OC.CQ.N.C'IK.}
‹f049r°11--›	{.C.((.AD.)).C'I'BO.K'I'AG.JC.D.HX'H'H.HF'H.AC.}
‹f049r°12--›	{.C.F.HY.((.AD.)).C'I'BO.HF'HS.CX.CO.QV'KE'BB.}

folio 49 verso

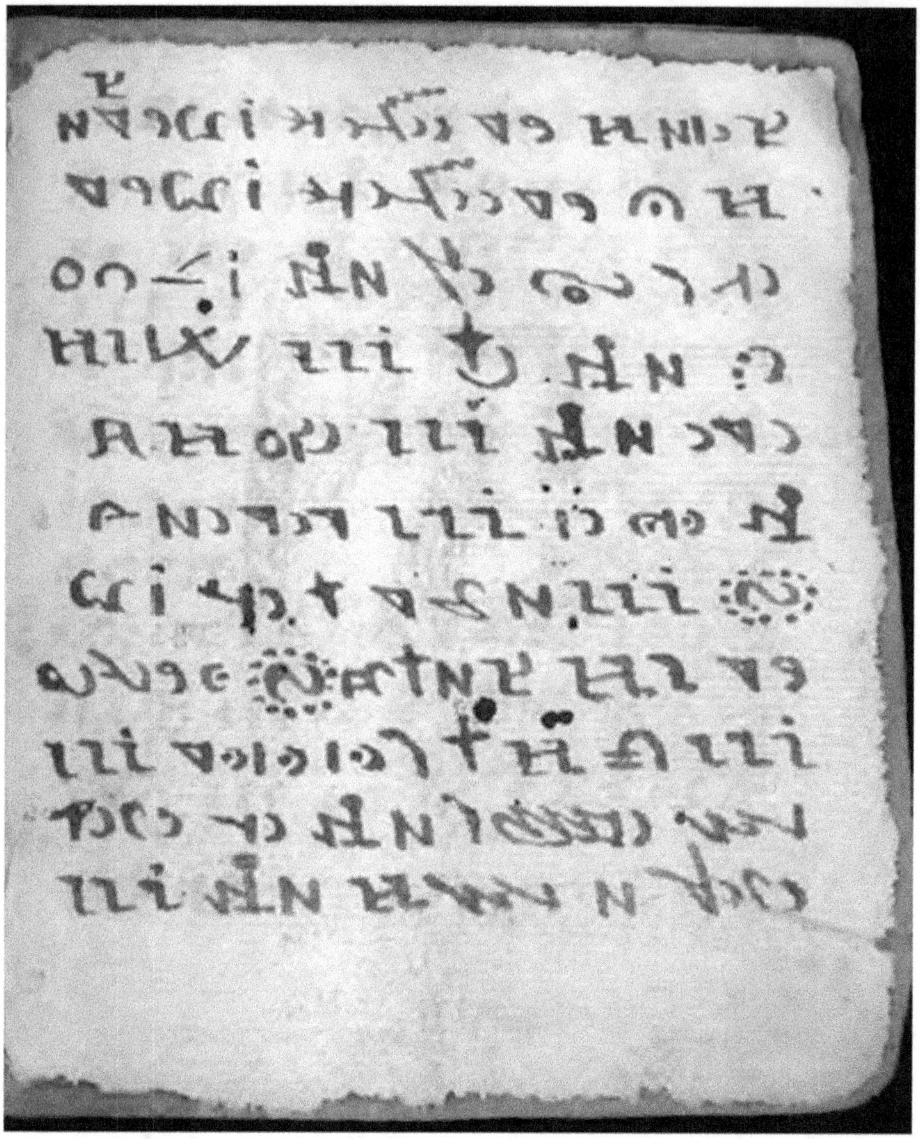

‹f049v°01--› {.HY.C'I'N.HF'H.CO'D.C.C.AG.C.F.CE.IX.W.CO.HY.D.N.}
‹f049v°02--› {.HF'H.XD'X.CO'D.C.C.AG.C.F'KA.IX.W'CO'D.}
‹f049v°03--› {.C.XP.L.AD.O.C.EK.N'J0.IX.YY.XD.O.}
‹f049v°04--› {.L.X3.N'J0.CU.T.HX'H'H.XL.X.H'HF'H.}
‹f049v°05--› {.C.D.C.N'J0.HX'H'H.BE'I'O.HF'H.XA.}
‹f049v°06--› {.J0.CX.MT.C.I.HX'H'H.D.C.D.C.N.RT.}
‹f049v°07--› {.((.AD.)).HX'H'H.N.V.D.T.C'BG.IX.W'CO'D.}
‹f049v°07f°› [Fissum: ‹f049v°07› .W. and ‹f049v°08› .CO'D.]
‹f049v°08--› {.«.88.».H'HF'H.HY.N.TA.NA.((.AD.)).QX.CO.NK'NY.}
‹f049v°09--› {.HX'H'H.BU.HF'H.O.TA.L.CX'I'CX'I'CX'D.HX'H'H.}
‹f049v°10--› {.UZ.C'M.L.N'J0.C'XV.C.Q.C.IK.}
‹f049v°11--› {.CO.RB.C.HS.N.UZ.HF'H.N'J0.HX'H'H.}

folio 50 recto

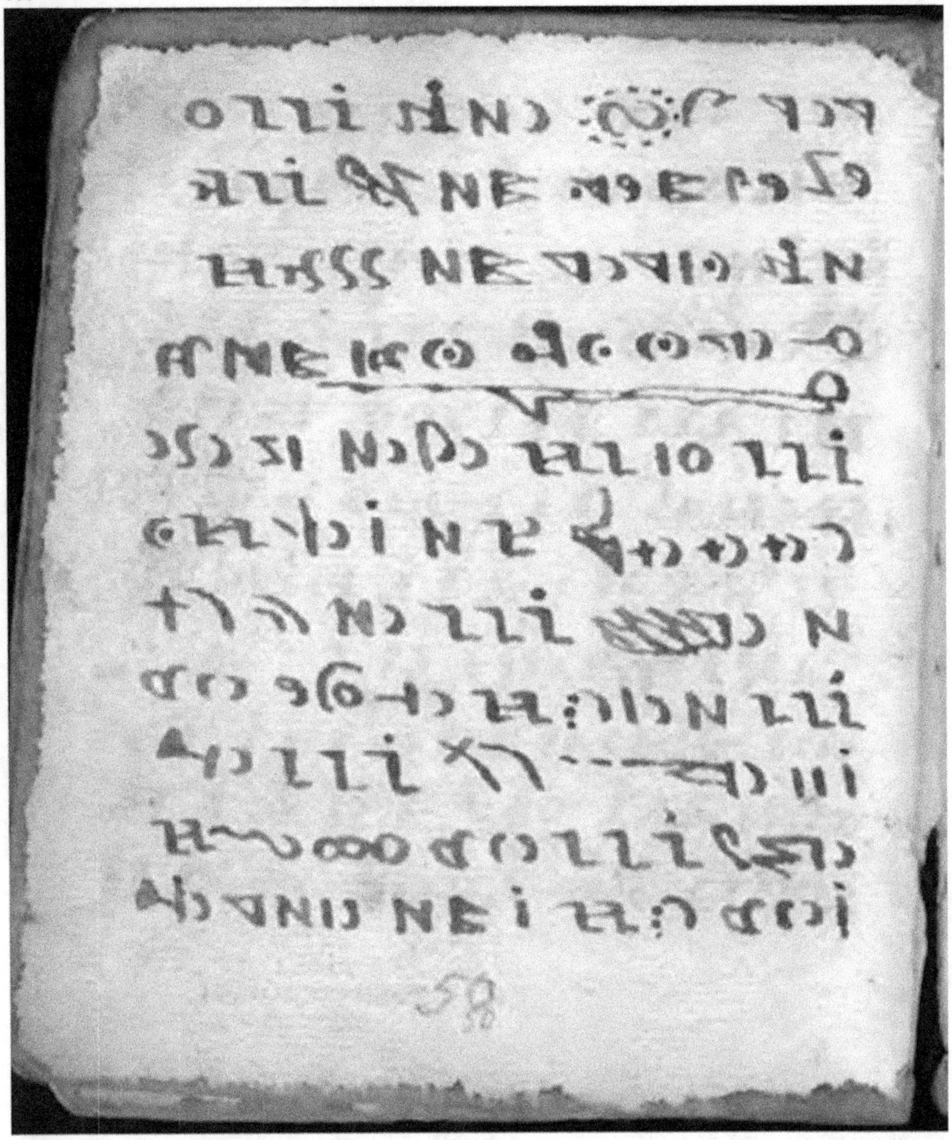

‹f050rº01--› {.DP.C.DP.RT.((.AD.)).C.N'J0.HX'H'H.O.}
‹f050rº02--› {.CO.AG.CO.RB.B.CO.D'X.B'N.AG.O.HX'H'HK.}
‹f050rº03--› {.N'J0.CX.I.D.C.D.B'N.S'S'ST.HF'H.}
‹f050rº04--› {.OX.C.D.Z.QX.BH.Z.NA.I.B'N.NA.}
‹f050rº04dº› [DĪVĪSIŌ.]
‹f050rº05--› {.HX'H'H.O.I.H'HF'H.C.ML.C.N.I'AG.C'S'C.}
‹f050rº06--› {.L.C'TA.C'TA.C'TA.CX.HY.N.IX.C.II.J.HF'H.QX.}
‹f050rº07--› {.N.C'M.HX'H'H.C.N.L'L.L.TA.}
‹f050rº08--› {.HX'H'H.N.CO.I.L.X3.HF'H.C'F'O'R'CO.C.Q.V.}
‹f050rº09--› {.IX.BL.C'DB'J.L.EM.HX'H'H.C'BD.}
‹f050rº10--› {.C'IZ.ML.HX'H'H.CO.Q.V.O3.TW.HF'H.}
‹f050rº11--› {.IX.C.Q.V.L.X3.HF'H.IX.B'N.C'I'N.D.C'BD.}

folio 50 verso

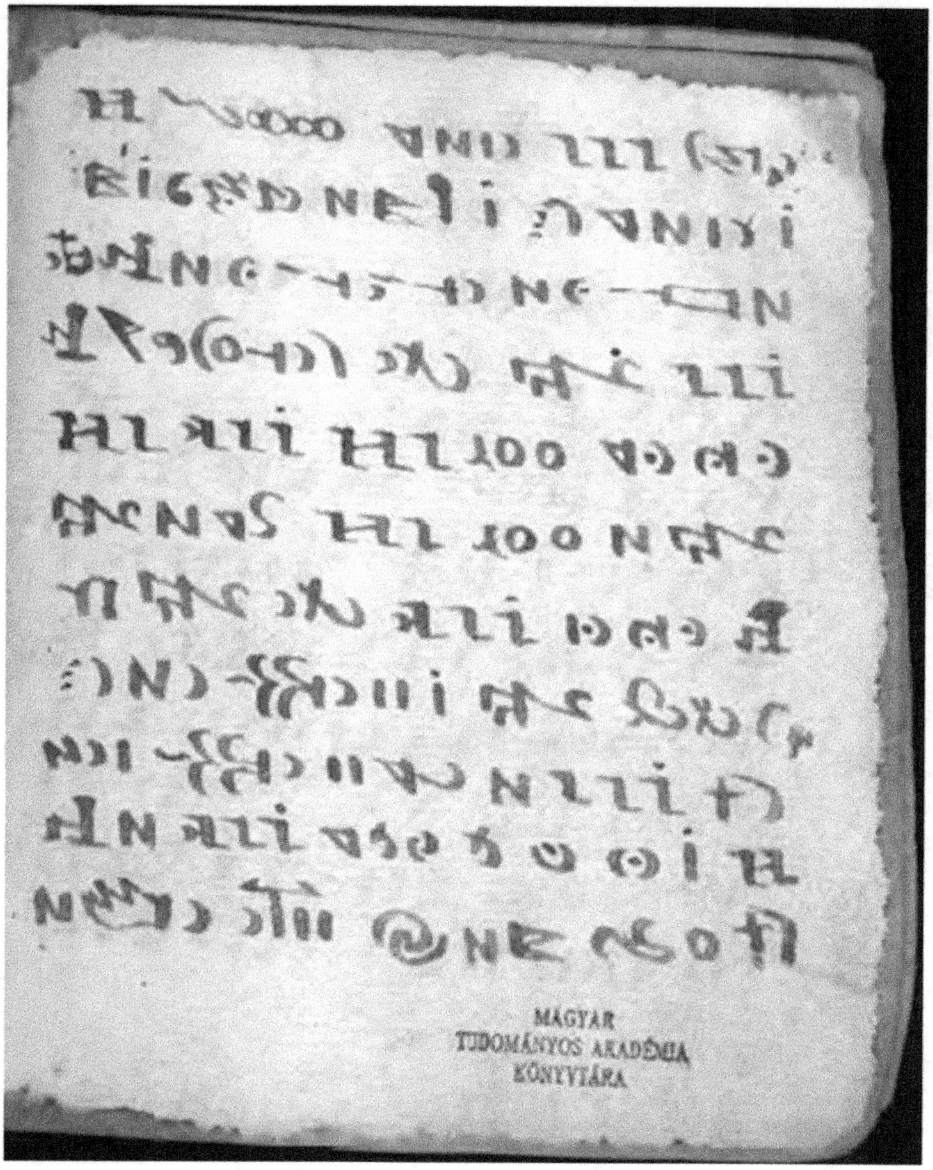

‹f050v°01--› {.C'IZ.IZ.R.HX'H'H.C'I'N.D.O4.TW.HF.CO.}
‹f050v°02--› {.IX.C'I'N.D.L.X3.IX.IG.B'N.C.A.HC.QV.IX.B.}
‹f050v°03--› {.N.DB'J.QX.N.C.F'J.C.F'J.QX.N'J0'C0.}
‹f050v°04--› {.HX'H'H.BA.BJ'C.L.C'F'O'R'CO.A.J0.}
‹f050v°05--› {.CX.MT.CX.D.O'O'P.H'HF'H.HX.CO.HK.H'HF'H.}
‹f050v°06--› {.BA.N.O'O'P.H'HF'H.S'D.N.BA.}
‹f050v°07--› {.J0.CX.MT.Z.HX'H'HK.BJ'C.BA.AC.}
‹f050v°08--› {.R.BJ.PH.BA.IX.I.I.C'BP.C.N.L'X2.}
‹f050v°08m°› [Margō: Unknown mark in margin previously listed as illegible glyph has been deleted.]
‹f050v°09--› {.L.TA.HX'H'H.N.CU'D.I.I.C'BP.I.C.N.}
‹f050v°10--› {.HF'H.IX.Z.BK.LT.C.Q.CO'D.HX'H'HK.N'J0.}
‹f050v°11--› {.L.TA.O.U.B'N.CQ.I'I'IU'C.C'M.N.}

folio 51 recto

‹f051r°00i°›	[Illūstrātiō: P-21:MCWO Crucifixion; Jesus on cross.]
‹f051r°01R1›	{.Z.CQ.XW'X.HF'H.}
‹f051r°01L1›	{.C'XV.C.XV'C.HX'H'H.N.}
‹f051r°02R2›	{.HM.CX.I.MS.HF'H.}
‹f051r°02L2›	{.BV.I'I'I'I'I'I.C'I'BO.}
‹f051r°03R3›	{.R.CX.D'R'N'D.}
‹f051r°03L3›	{.N.C'I'BO.HX'H'HK.}
‹f051r°04R4›	{.HF'H.HX.H.CO'D.}
‹f051r°04L4›	{.L.TA.N'J0.Z.AE'AE.}
‹f051r°05R5›	{.RT.((.AD.)).C.EM.}
‹f051r°05L5›	{.C'XV'OB'I'C.C.A.C.C.N.}

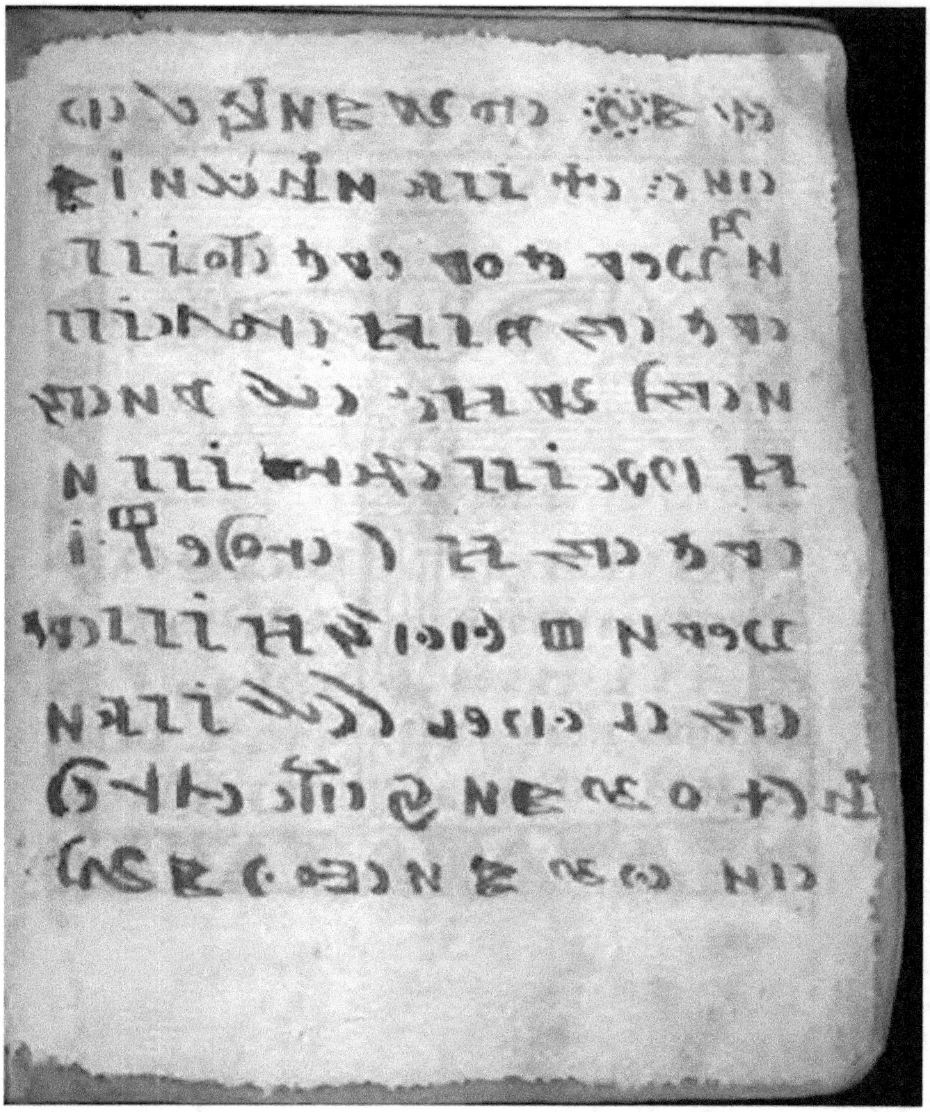

‹f051v°01-->›	{.C.A.J.B.((.AD.)).C'XV'O.S'D.B'N.KA.CU.C.IJ.}
‹f051v°02-->›	{.C'I'N.L.X3.C.EM.H'H'HK.N'J0.CU'C.N.IX.B.}
‹f051v°03-->›	{.N.NA.W'CO'D.LT.O.D.CO'D.LT.C'IU'O.HX'H'H.}
‹f051v°04-->›	{.C.D.LT.C'IZ.NA.H'HF'H.C'XV'OB'I'C.HX'H'H.}
‹f051v°05-->›	{.N.C'IZ.R.S'D.HF'H.CC.C.CU'C.V.N.C'IZ.}
‹f051v°06-->›	{.HF'H.I.RB.G.C.HX'H'H.C.AG.C'XV'O.HX'H'H.N.}
‹f051v°07-->›	{.C.D.LT.C'IZ.HF'H.L.C'F'O'R'CO.ER.I.IX.}
‹f051v°08-->›	{.W'CO'D.N.ER.CX.I.CX.I.J'XB.HF'H.HX'H'H.C.D.LT.}
‹f051v°09-->›	{.C'IZ.C.K.CX.I.I.CO.K.L.C.CU'C.HX'H'HK.N'J0.}
‹f051v°09f°›	[Fissum: ‹f051v°09› .N. and ‹f051v°10› .J0.]
‹f051v°10-->›	{.«.88.».L.TA.O.U.B'N.CQ.I'I'IU'C.CX.I.XV.C.R.}
‹f051v°10m°›	[Margō: The glyph .J0. in ‹f051v°09› actually appears in the margin of ‹f051v°10›.]
‹f051v°11-->›	{.C'I'N.Z.U.B'N.C.UY.QX.B.U'QV.}

folio 52 recto

‹f052rº01--› {.C.Q.V.HX'H'H.O.C.N'J0.B'N.C.UY.CX.HY.}
‹f052rº02--› {.D'O'D.Z.CT'XB.I.C'T.V.NB.C'TA.C'TA.C'TA.N'J0.}
‹f052rº02iº› [Illūstrātiō: P-22:MCWO Empty cross; sepulchre, king, man.]
‹f052rº03--› {.J0.CX.XC.C.I.}

folio 52 verso

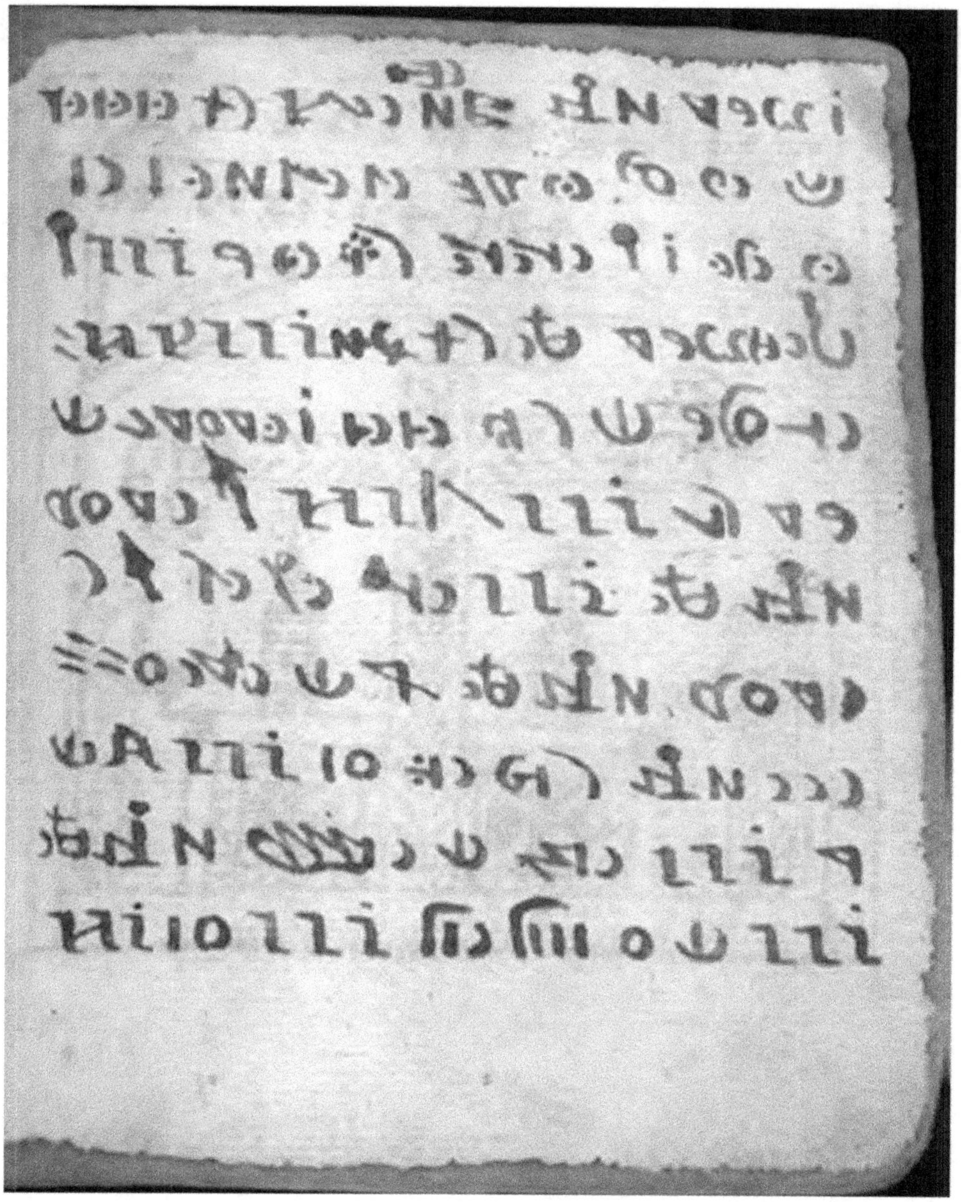

‹f052v°01--›   {.IX.W'CO'D.N'J0.C.CE'O.B'N.C.K.HY.L.TA.CX'I'CX'I'CX'D.}
‹f052v°02--›   {.NV.C.Q.OB'Q.Z.AA.KK.C.A.C.A.N.CX.IX.C.I.}
‹f052v°03--›   {.Z.C.RB.CX.IX.IG.C'XV.C.XV'C.L.I'X5.CX.I.CO.H'H'H.IG.}
‹f052v°04--›   {.NG.C.CX.I.W'CO'D.C0.L.TA.QT.N.HX'H'H.HY.HF'H.≈.}
‹f052v°05--›   {.C'F'O'R'CO.NI.L.Y.CX.I.CX.I.IX.CX.D'O'D.K.NI.}
‹f052v°06--›   {.CO'D.L.K.HX'H'H.J.II.H'HF'H.BT.C.D.O.V.}
‹f052v°07--›   {.N'J0'C0.HX'H'H.C'BD.C.DN.CA.I.BT.L.}
‹f052v°08--›   {.BV.D.O.V.N'J0'C0.BI.NI.C.V'C.O'UM.}
‹f052v°09--›   {.C.C.C.N'J0.L.F.G.C.F'X2.O.I.HX'H'H.XA.NI.}
‹f052v°10--›   {.D.HX'H'H.C'IZ.NI.C'M.N'J0'C0.}
‹f052v°11--›   {.HX'H'H.NI.O.I'I'AE.C'AE.HX'H'H.O.I.HX.HF'H.}

folio 53 recto

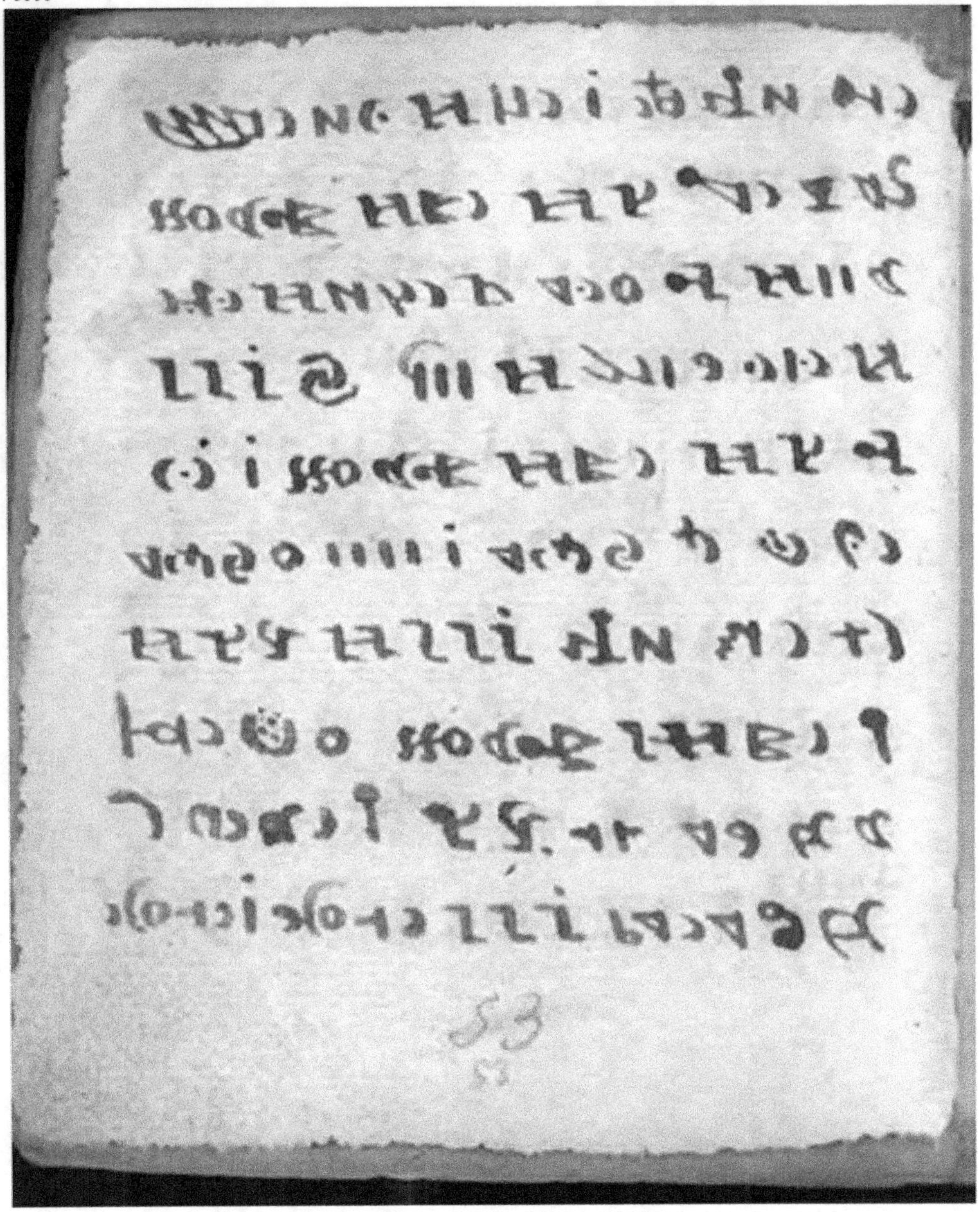

<f053r°01--> {.C'BD.N'J0'C0.IX.C.EK.HF'H.QX.N.C'M.}
<f053r°02--> {.S'D.BC.C'D'O.HY.HF'H.C.B.HF'H.B.O.V.O.SS.}
<f053r°03--> {.V.I.I.HF.H'HF.O.O.CX.D.HM.C.XB.N.HF'H.CX.RO'C.}
<f053r°04--> {.HF'H.CX.I.CX.CO.I.KC.HF'H.I'I'G.CQ.HX'H'H.}
<f053r°05--> {.HF.O.HY.HF'H.C.B.HF'H.B.O.V.O.SS.IX.Z.}
<f053r°06--> {.C.RB.BK.LT.C.Q.LT.Q.D.IX.I'I'I'I.O.CQ.LT.Q.V.}
<f053r°07--> {.L.TA.C'I'BO.N'J0.HX'H'H.HF'H.ED.HY.HF'H.}
<f053r°08--> {.IG.C.B.HF'H.H.B.O.V.O.SS.O.BL'XX.C'XV.OB.I.}
<f053r°09--> {.V.NA.CO'D.EY.D.ED.HY.IG.C.NA.AD.L.}
<f053r°10--> {.NA.BF.D.C.D.EO.HX'H'H.C'F'O'R'CO.IX.C'F'O'R'C.}

folio 53 verso

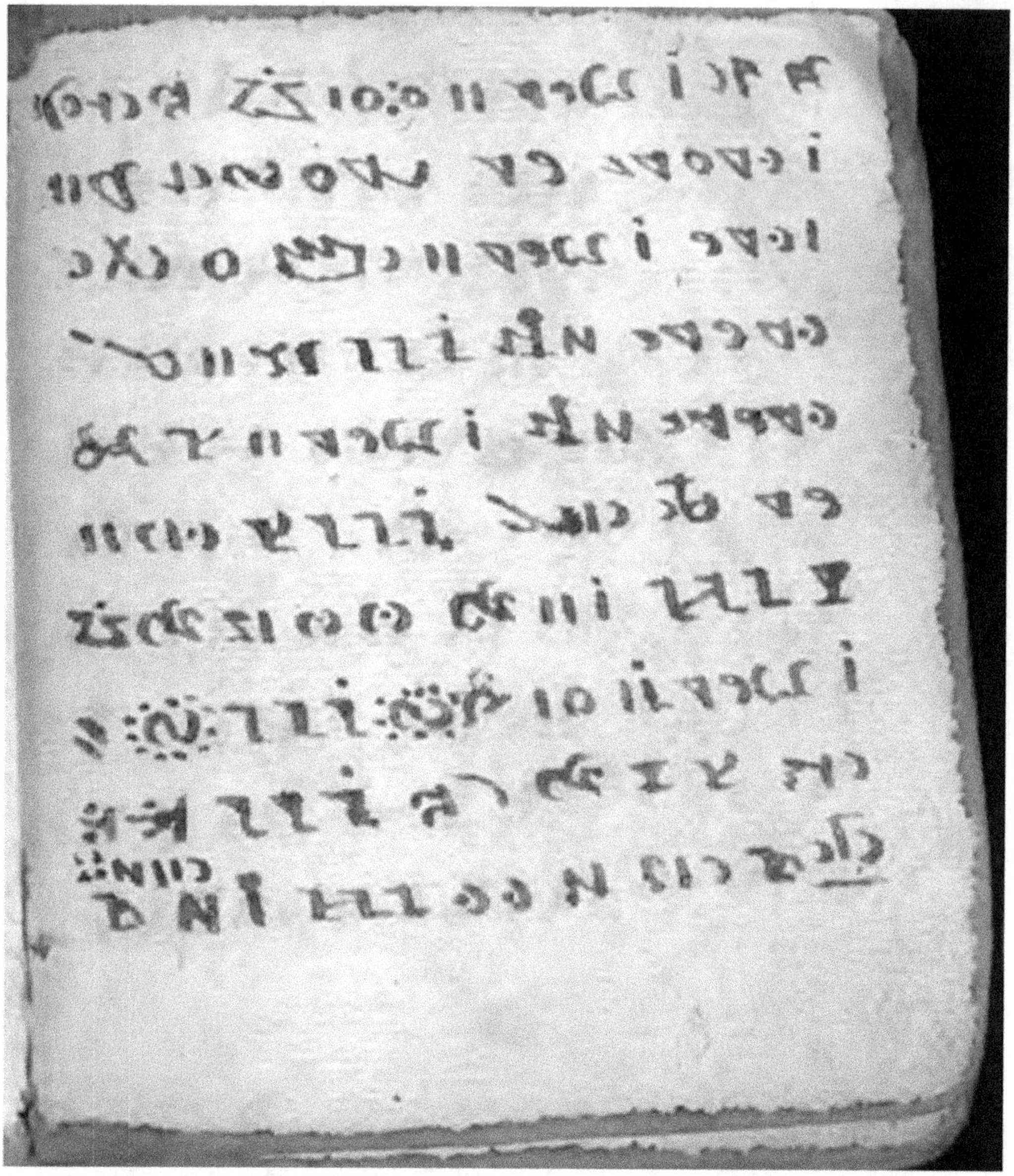

‹f053v°01--›	{.NA.A.C.IX.W'CO'D.I.I.O'X2'O'I.XW'X.Y.C'F'O'R'CO.}
‹f053v°02--›	{.IX.CX'D'O'D'K.CO'D.CU'D.O.AD.C.K.V.I.I.}
‹f053v°03--›	{.I.CX.D.CO.IX.W'CO'D.I.I.C'M.O.BJ'C.}
‹f053v°04--›	{.CX.D.CO'D.C.N'J0.HX'H'H.I.S.I.I.EA.X2.}
‹f053v°05--›	{.CX.D.CO'D.C.N'J0.IX.W'CO'D.I.I.HY.KT.}
‹f053v°06--›	{.CO'D.C0.C.I.CU'C.HX'H'H.HY.CX'I'Q.I.I.}
‹f053v°07--›	{.BC.H'HF'H.IX.I.I.UD.Z.C.QX.I'AG.UD.XW'X.}
‹f053v°08--›	{.IX.W'CO'D.IX.I.O.I.RT.((.AD.)).HX.H.D.((.AD.)).≈.}
‹f053v°09--›	{.C'I'BO.HY.BC.UD.L.Y.HX'H'H.F'X2.F'X2.}
‹f053v°10--›	{./.C.A.C.\.HM.CO.I.R.N.CX'CX.H'HF'H.IG.N.HM.}
‹f053v°10T0›	{.C.I.I.N.X4.}
‹f053v°10n°›	[Notā Bene: ‹f053v°10T0› symbols are over (.N.HM.) in ‹f053v°10› above.]

folio 54 recto

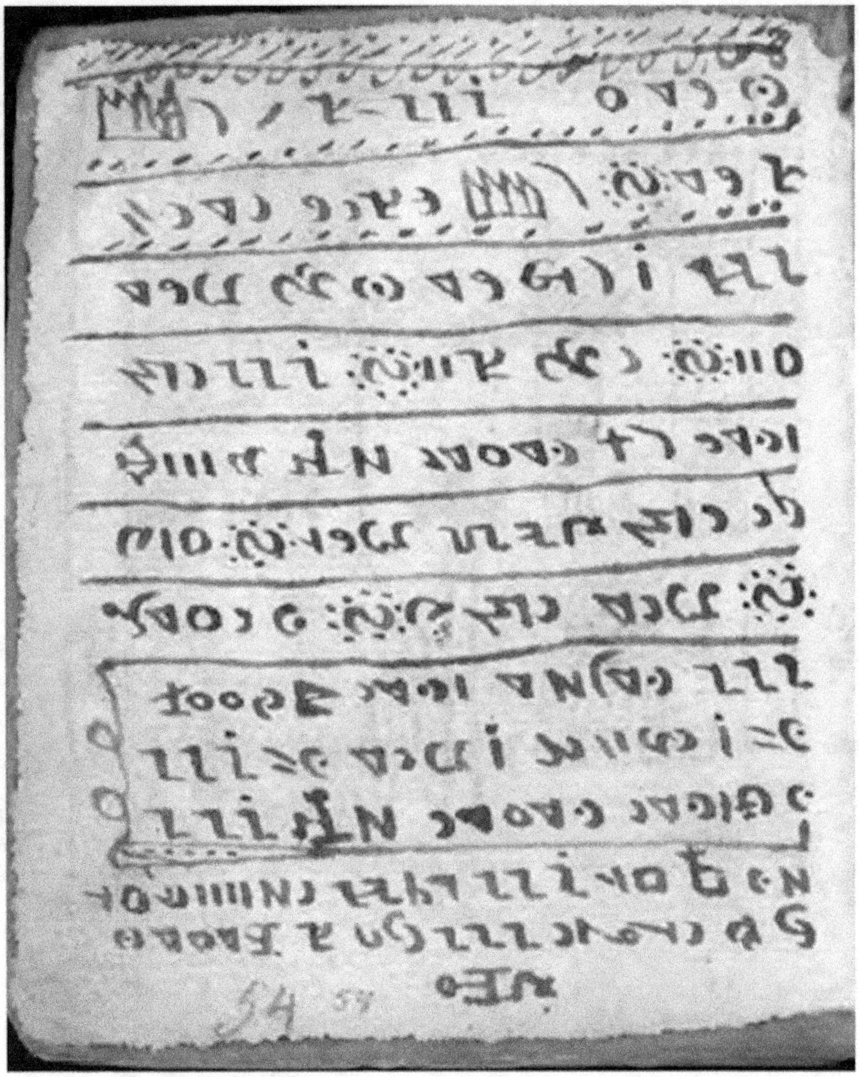

‹f054r°01--›	{.(./.Z.CO'D.O.HX'H'H.HY.JB.L.M.\.).}
‹f054r°01d°›	[DĪVĪSIŌ.]
‹f054r°02--›	{.(./.HM.CO'D.((.AD.)).L.M.CO.HY.C.CO.C.D.C.≈.\.).}
‹f054r°03--›	{./.H'HF'H.IX.L.F.G.CO'D.Z.UD.W'CO'D.\.}
‹f054r°04--›	{./.O.I.I.((.AD.)).C.UD.HY.I.I.((.AD.)).HX'H'H.C'IZ.\.}
‹f054r°05--›	{./.I.CX.D.C.L.EM.CX.D'O'D.K.I.I.J0.V.I'I'I.MC.\.}
‹f054r°06--›	{./.LT.C.give.RT'HF'HS.XI.CO.K.((.AD.)).O.I.RT.\.}
‹f054r°07--›	{./.((.AD.)).W.C.D.C'IZ.RT.((.AD.)).QX.C.O.D.S'I'O.\.}
‹f054r°08--›	{.H'H'H.CX.D'R'N'D.I.CX.D.C.B.C.Q.O'O'IA.}
‹f054r°09--›	{.QX.MC.IX.C.QQ.JJ.CU'C.IX.HD.W.C.D.QX.MC.HX'H'H.}
‹f054r°10--›	{./.QX.BU.I.CX.D.C.CX.D'O'D.C.N'J0.\.(./.HX'H'H.\.).}
‹f054r°11--›	{.N.QX.NN.XJ.XV.HX'H'H.DP.EG.HF'H.C.N.I'I'I'I.KI.O'XV.}
‹f054r°12--›	{.Q.C.Y.C'XV'OB'I'C.HX'H'H.Q.C.EO.HY.BT.D'O'D.Z.}
‹f054r°13--›	{.RT'NB.}

‹f054v°00i°› [Illūstrātiō: P-23:MCWO Jesus burried. Angels & tomb.]
‹f054v°01--› {.I'D'O'D.Z'RT'NB.BA.RT.CO.I.XZ.}
‹f054v°01t°› [Trānslātiō: "Hear the holy Word of Saint..."]

folio 55 recto

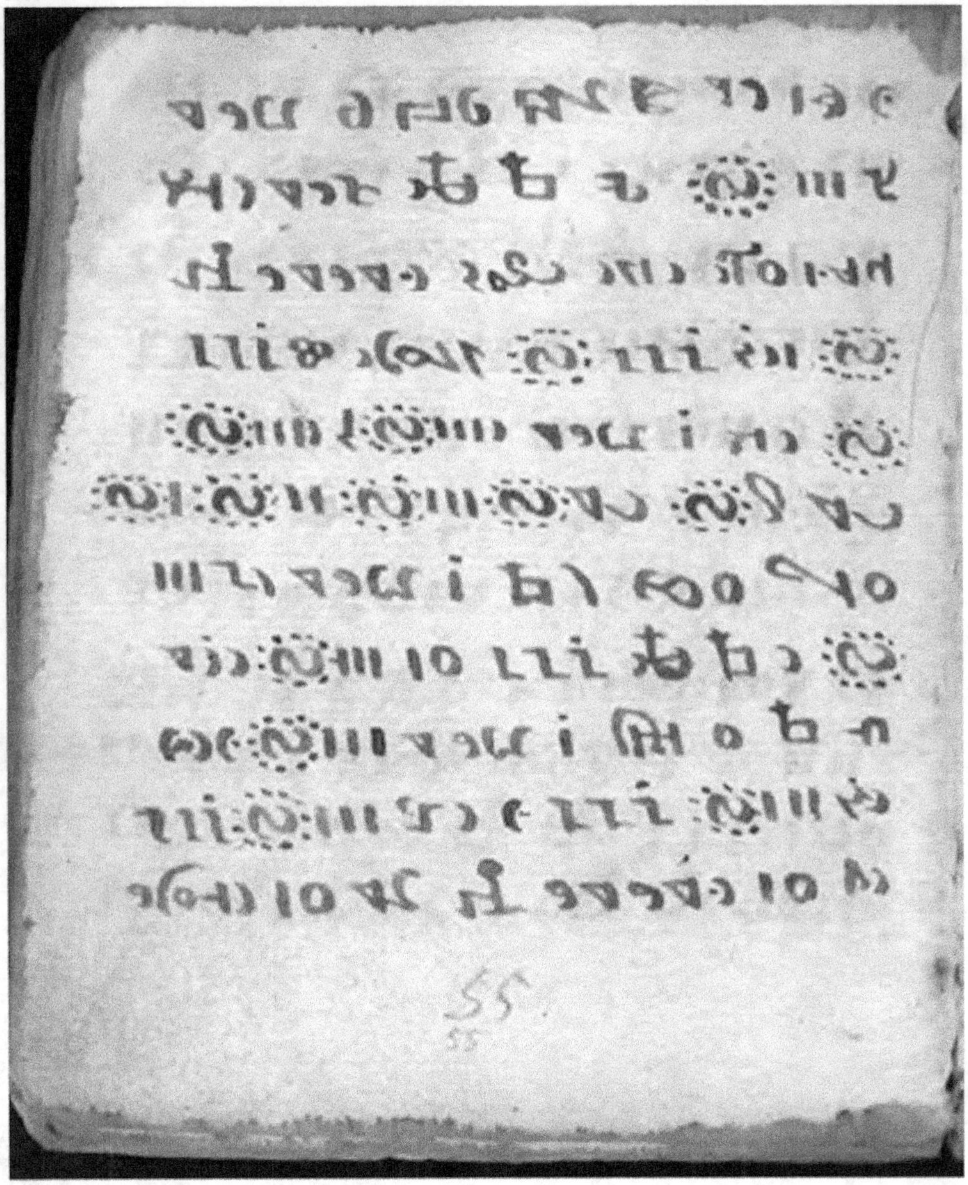

‹f055r°01-->›	{.QX.CY.I.CO.DP.B'BA.QV'KE'BB.W'CO'D.}
‹f055r°01t°›	[Trānslātiō: "...in all of his seventh chapter, when were..."]
‹f055r°02-->›	{.HY.I'I'I.((.AD.)).HF.NN.C0.HM.CO'D.C.XI.}
‹f055r°03-->›	{.XC.D'X.I.O.IU.C.C.I.A.C.PH.O.EB.CX.D'CO'D'CO.J0.}
‹f055r°04-->›	{.((.AD.)).I.C.IX.HX'H'H.((.AD.)).A.K.O.QV.C.XQ.HX'H'H.}
‹f055r°05-->›	{.((.AD.)).C'I'BO.IX.W'CO'D.C.I'I'I.((.AD.)).I'A.C.IX.I.I.((.AD.)).}
‹f055r°06-->›	{.CU'D.ML.((.AD.)).CU'D.((.AD.)).I'I'I.((.AD.)).I.I.((.AD.)).X2.I.((.AD.)).}
‹f055r°07-->›	{.O.XV'O.O.OB'Q.L.NN.IX.W'CO'D.L.H.I'I'I.}
‹f055r°08-->›	{.((.AD.)).CO.NN.C0.HX'H'H.O.I'I'I'I.((.AD.)).C.IX.D.}
‹f055r°09-->›	{.AC.NN.O.YW'R.IX.W'CO'D.I'I'I.((.AD.)).QX.Z.}
‹f055r°10-->›	{.C.XB.I'I'I.((.AD.)).HX'H'H.QX.C.ED.I'I'I.((.AD.)).HX'H'H.}
‹f055r°11-->›	{.C.A.O.I.CX.D'CO'D'CO.J0.Q.D.O.I.C'F'O'R'CO.}

folio 55 verso

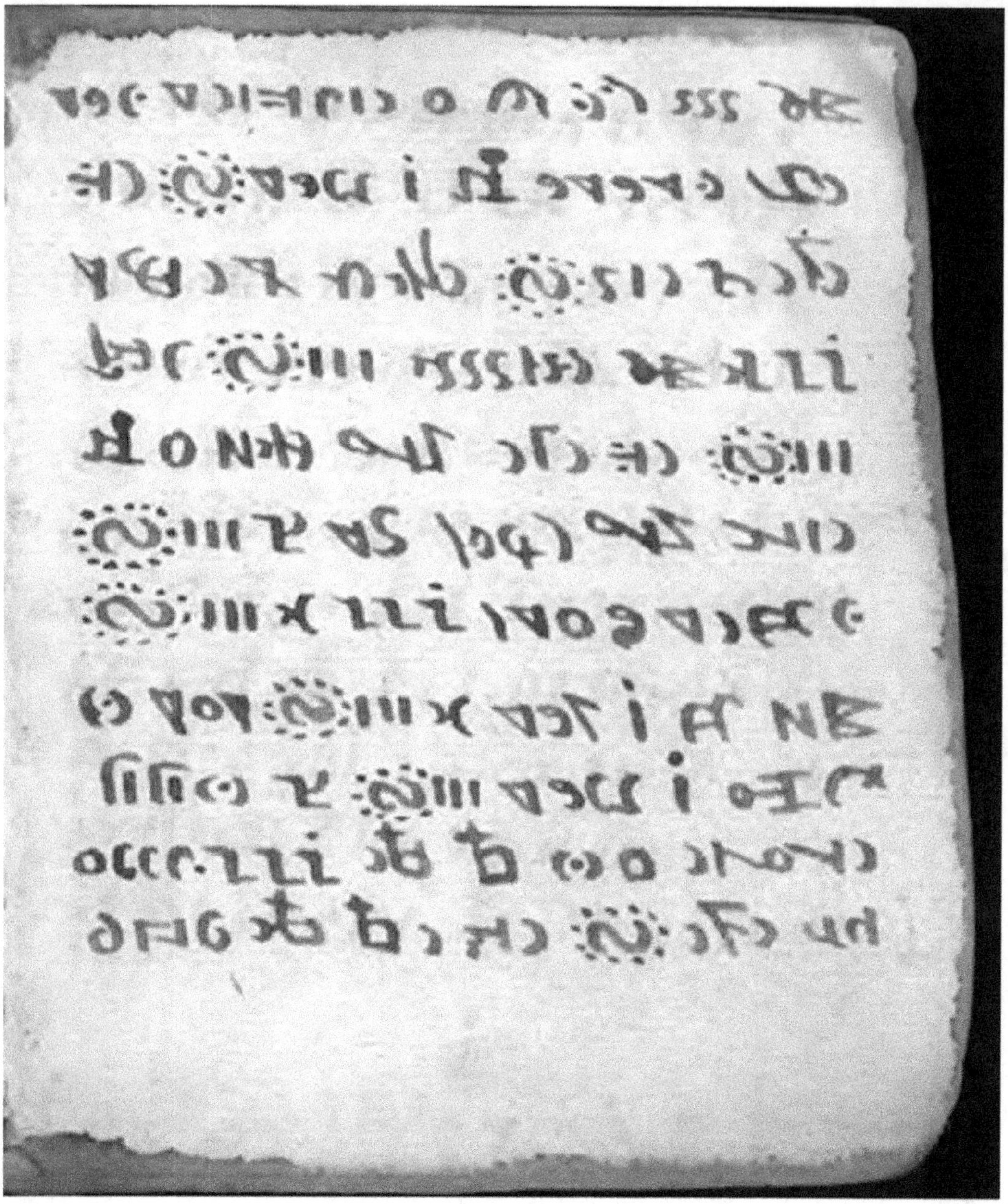

‹f055v°01--› {.B'CV.S'S'S.L.CX.EX.O.C.I.R.KK.I.C.D.QX.CO'D.}
‹f055v°02--› {.C.A.C.CX.D.CO'D.C.J0.I.W'CO'D.((.AD.)).C.F'X2.}
‹f055v°03--› {.C.AA.C.HM.C.I.S.((.AD.)).NG.A.C.AC.BI.C.BR.D.}
‹f055v°04--› {.HX'H'HK.B'CV.CX.I.I.S'S'ST.I'I'I.((.AD.)).R.C'EY.C.}
‹f055v°05--› {.I'I'I.((.AD.)).C.F'X2.C.RA.C.AG.XV.O.C'EY.C.N.O.J0.}
‹f055v°06--› {.C'I'KC.AG.XV.O.L.QT.CX.I.I.S'D.HY.I'I'I.((.AD.)).}
‹f055v°07--› {.QX.NA.C.D.BF.O.D.L.HX'H'H.RO'C.I'I'I.((.AD.)).}
‹f055v°08--› {.B'N.NA.IX.A'CO'D.Q.C.I'I'I.((.AD.)).D'O'D.Z.}
‹f055v°09--› {.RT'NB.IX.W'CO'D.I'I'I.((.AD.)).HY.Z.AE'AE.}
‹f055v°10--› {.C'XV'OB'I'C.O.Z.NN.C0.HX'H'H.RB.Q.QV.O.}
‹f055v°11--› {.XC.P.C.AA.C.((.AD.)).C'I'BO.C.NN.C0.QV'KE'BB.}

folio 56 recto

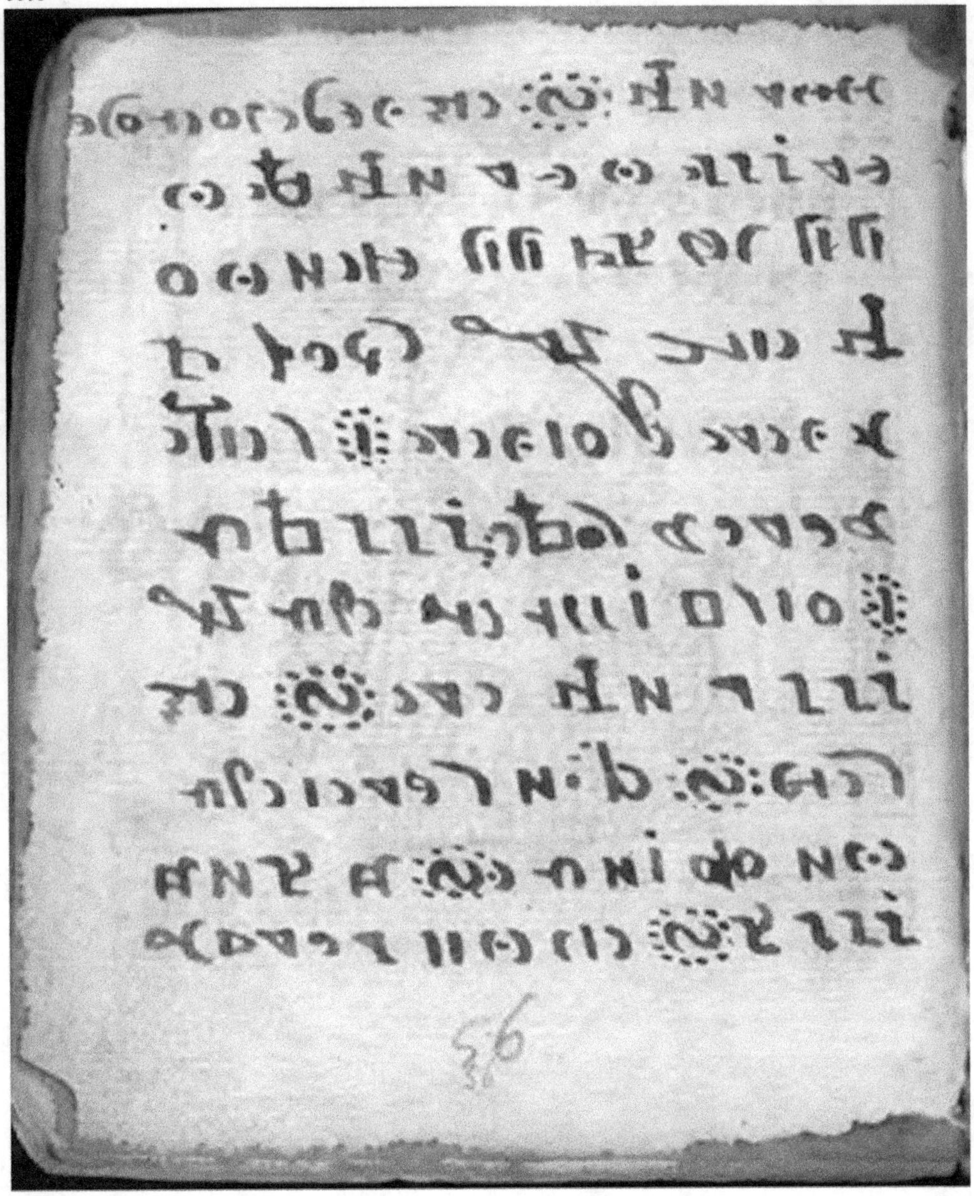

‹f056rº01--›　{.Q'Q'Z'V.N'J0.((.AD.)).C'I'T.QX.CO'QV.C.Q.O.C.F.O.R.R.}
‹f056rº02--›　{.CE.D.HX'H'HK.Z.CE.D.N'J0'C0.Z.}
‹f056rº03--›　{.AE'AE.R.C.A.HY.C'EY.AE'AE.C'EY.C.N.Z.O.}
‹f056rº04--›　{.J0.C'I'KC.AG.D'O.L.QT.CO.BT.HM.}
‹f056rº05--›　{.Q.Z.C.D.C.C.QS.O.I.QX.C.D.C.((.I.)).L.C.I.IU.C.}
‹f056rº06--›　{.V.CO'D'CO.V.L.O.NN.L'X2.HX'H'H.NN.AC.}
‹f056rº07--›　{.((.I.)).O.I'I'XJ.IX.QA.QA.XV.C'BD.C.R.AC.AG.XV.O.}
‹f056rº08--›　{.HX'H'H.D.N'J0.C.D.C.((.AD.)).C'I'BO.}
‹f056rº09--›　{.L.C.F.Q.((.AD.)).EK.IX.N.L.CO'D'CO.I.C.RB.AC.}
‹f056rº10--›　{.Z.N.OC.IX.N.AC.C.((.AD.)).NA.HY.N.NA.}
‹f056rº11--›　{.HX'H'H.HY.((.AD.)).C'I'Q.Z.I.I.D.CO'D.DR.Q.O.}

‹f056vº00iº› [Illūstrātiō: P-24:MCWO Risen Lord. Six priests w/ globī crucigers; one w/ incense.]
‹f056vº01--› {.IX.W'CO'D.((.AD.)).C.F.HY.((.AD.)).C.Q.AE'AE.}
‹f056vº02R1› {.HX.HK.H.}
‹f056vº02L1› {.CX'CX.RO'C.((.AD.)).O.}
‹f056vº03R2› {.I'I'I.((.AD.)).}
‹f056vº03L2› {.IX.I.I.XW'X.Q.O.}

folio 57 recto

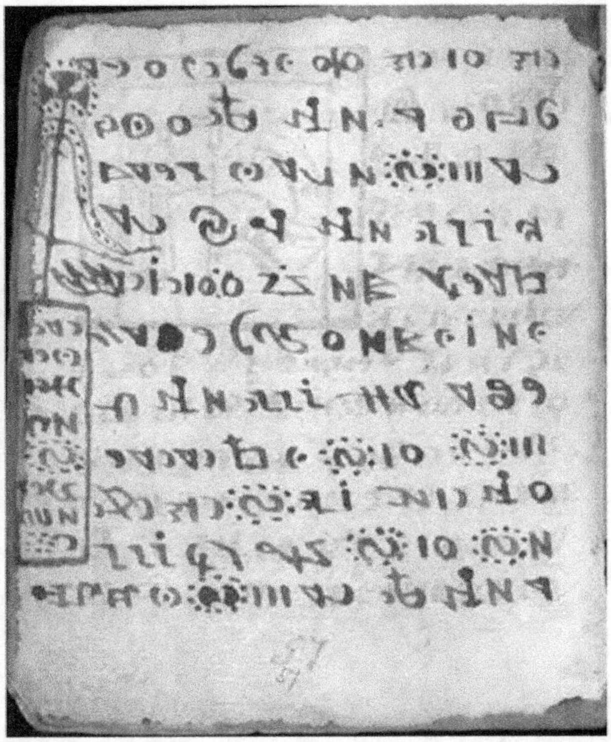

‹f057r°00i°› [Illūstrātiō: P-25:URMS St. John/Latin cross w/ snake draped over boxed text.]

‹f057r°01--› {.C'I'BO.O.I.C'I'BO.OC.QX.CC.QV.C.R.O.CA.D.}

‹f057r°02--› {.QV'KE'BB.D.N'J0'C0.O.OX.C.Q.}

‹f057r°03--› {.CU'D.I'I'I.((.AD.)).N.IJ.D.Z.D.CO'D.DR.}

‹f057r°04--› {.Y.HX'H'HK.N'J0.BH.CQ.CU'D.}

‹f057r°05--› {.XJ'D'CO'BY.B'N.XW'X.O'X2'O'I.CO.IX.C'M.}

‹f057r°06--› {.QX.N.IX.QX.B'N.O.U'QV.CO'BF'D'CO'BF'D.}

‹f057r°06t°› [Trānslātiō: "...in you, and in your father, conquered..."]

‹f057r°06f°› [Fissum: ‹f057r°06› .CO.|.BF.|.D.=. and ‹f057r°07› .CO'BF'D.]

‹f057r°07--› {.«.88.».V'T'T.HX'H'HK.N'J0.AC.}

‹f057r°07t°› [Trānslātiō: "...evil through the Lord Jesus before..."]

‹f057r°08--› {.I'I'I.((.AD.)).O.I.QX.NN.C'D'C'D.CO.}

‹f057r°09--› {.O.J0.C.I.K.C.IX.HK.((.AD.)).C'I'BO.C.BJ.A.C.}

‹f057r°10--› {.N.((.AD.)).O.I.((.AD.)).AG.XV.O.L.QT.HX'H'H.}

‹f057r°11--› {.DP.N'J0'C0.CU'D.I'I'I.((.AD.)).Z.NA.RT'NB.}

‹f057r°00L1› {.C'D'C'D.}

‹f057r°00L2› {.Z.CO'D.}

‹f057r°00L3› {./.Q'Q'C'Q'D.\.}

‹f057r°00L4› {.N.RT.}

‹f057r°00L5› {.((.AD.)).}

‹f057r°00L6› {.W'CO'D.}

‹f057r°00L7› {.N.BL.XD.}

‹f057r°00L8› {.C.XX.}

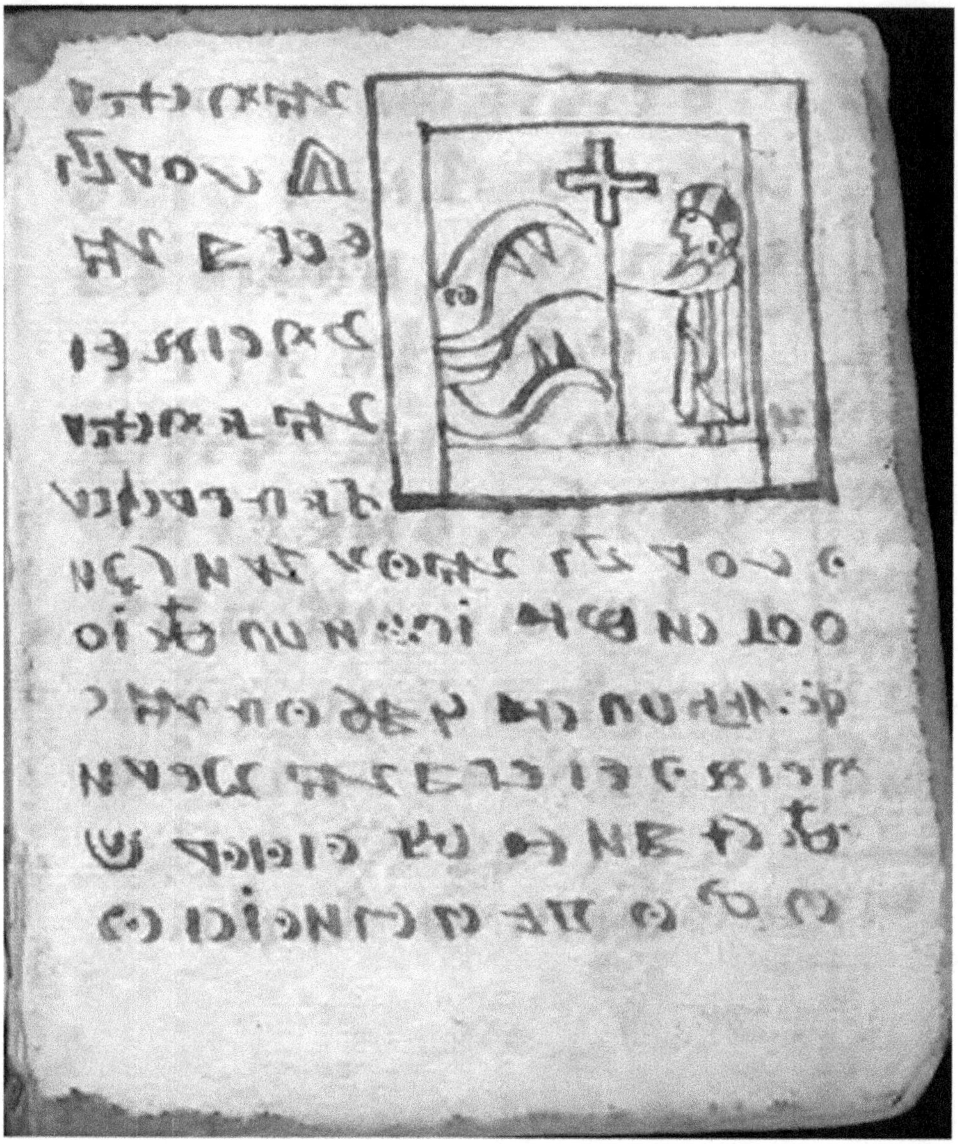

‹f057v°00i°› [Illūstrātiō: P-26:MCWO Man w/ cross on staff fighting a fearsome creature.]
‹f057v°01--› {.BA.RT.C'T.C.D.}
‹f057v°02--› {.XU.CU'O'D.K'A'A.}
‹f057v°03--› {.CY.CO.DP.B'BA.}
‹f057v°04--› {.V.RT.CO.I.XZ.CY.I.}
‹f057v°05--› {.BA.HK.RT.C'T.C.D.}
‹f057v°06--› {.HM.HK.AC.CO'D.C.BT.C.K.}
‹f057v°07--› {.QX.CU'O'D.K'A'A.BA.Z.QS.AG'D.N.L.QT.K.}
‹f057v°08--› {.O'O'P.C.N.BR.BD.IX.R.XX.N.BL.XD.C0.IX.O.}
‹f057v°09--› {.XB.C.X3.A./.F.XC.\.BL.XD.C'BD.XB'B'CV.Z.AC.BA.C.}
‹f057v°10--› {.RT.CO.I.SS.QX.CO'I'CO.H.B'BA.W'CO'D.N.}
‹f057v°11--› {.C0.L.TA.B'N.CE'O.CX.HY.CX'I'CX'I'CX'D.NV.}
‹f057v°12--› {.Z.OB'Q.Z.KK.XJ.C.A.C.A.N.CX.IX.C.I.Z.}

folio 58 recto

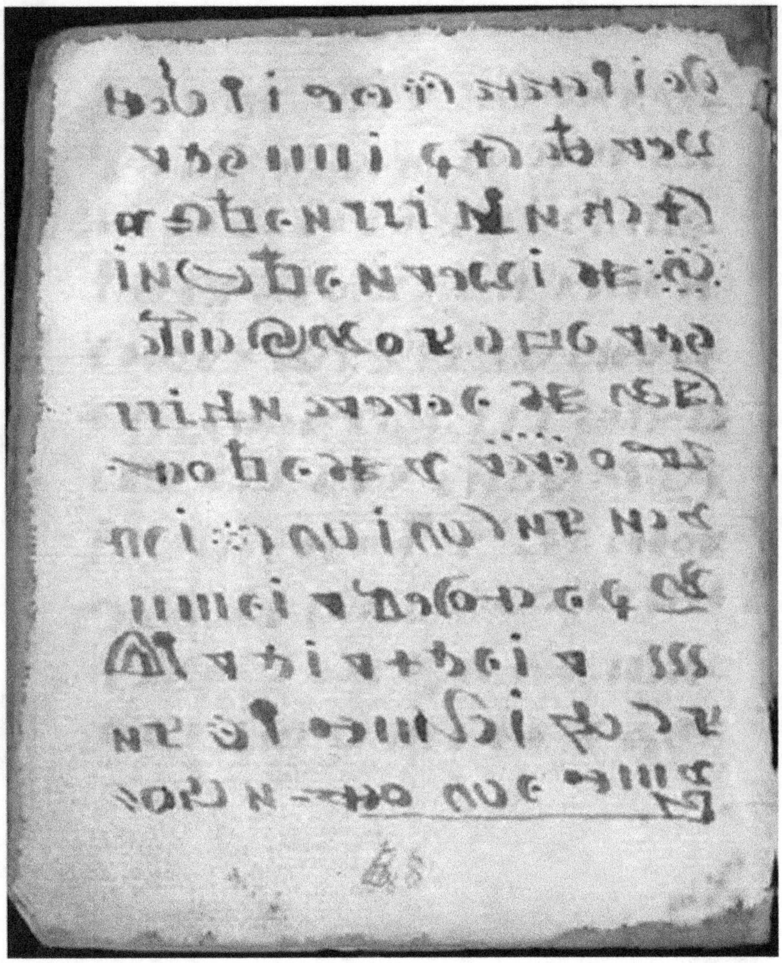

‹f058rº01--›	{.C.RB.CX.IX.IG.C'XV'C'XV'C.L.I'X4.Z.CO.IX.IG.NG.C.CX.I.}
‹f058rº02--›	{.W'CO'D.C0.L.TA.QT.IX.I'I'I'I.CQ.LT.D.}
‹f058rº03--›	{.L.TA.C'I'BO.N'J0.HX'H'H.N.QX.NN.BU.NA.}
‹f058rº04--›	{.((.AD.)).B'CV.IX.W'CO'D.N.QX.NN.BL.IR.N.IX.}
‹f058rº05--›	{.C.Q.LT.D.QV'KE'BB.HY.O.U.CQ.C.I'I'IU'C.}
‹f058rº06--›	{.L.B.U.B'CV.QX.CX.D.CO'D.C.N'J0.HX'H'H.}
‹f058rº07--›	{.AG.XV.O.O.(.CX.D.C.D.).V.B'CV.QX.NN.O.C'DB.}
‹f058rº08--›	{.V.C.N.HY.N.L.BL.XD.IX.BL.XD.L.XX.IX.R.AC.}
‹f058rº09--›	{./.UD.\.QT.QX.C'F'O'R'CO.E.D.IX.QX.I'I'I'I'I.}
‹f058rº09tº›	[Trānslātiō: "...In the first century, in year five..."]
‹f058rº10--›	{.S'S'S.«.00.».D.IX.QX.LT.T.D.I.LT.D.IG.XU.}
‹f058rº10tº›	[Trānslātiō: "...thousand, and in ninety and nine (5,199 Anno Mundi), ..."]
‹f058rº10cº›	[Commentārium: 5,199 A.M. is one traditional date for the beginning of the world (creation).]
‹f058rº10rº›	[Relatiō: Eusebius of Caesarea; Pope Gregory XIII in 1584; confirmed Pope Urban VIII in 1630.]
‹f058rº11--›	{.HY.L.CU.RO.AA.IX.C.S.I'I'I.CE'O.IG.NP.X.HY.N.}
‹f058rº12--›	{./.V.I'I'I.CE'O.QX.BL.XD.\.|.O.C.D.|.N.BE'I'O.≈.}
‹f058rº12dº›	[DĪVĪSIŌ.]

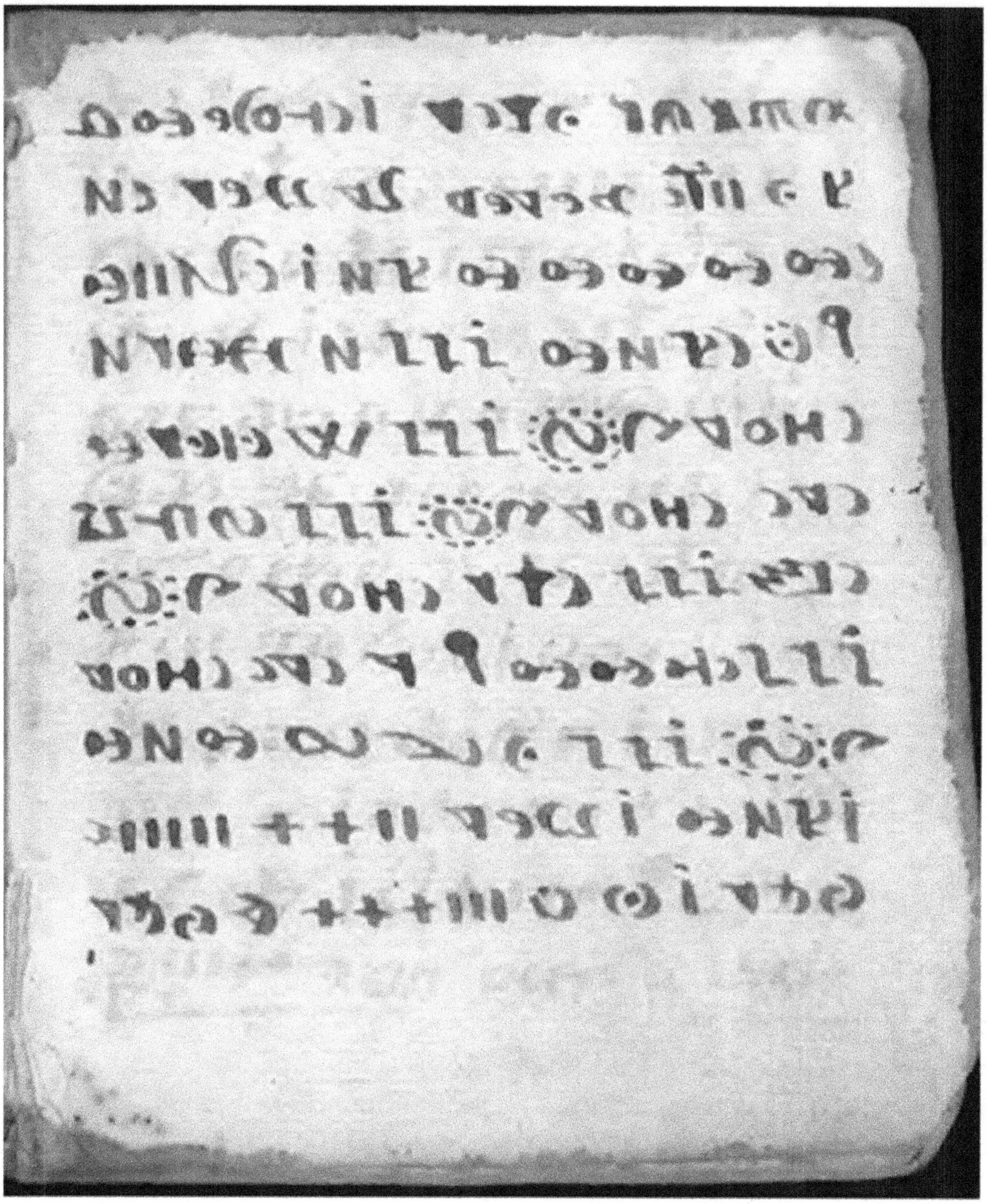

‹f058v°01--› {.RT.UN.E.NH.E.QX.BC.C.D.IX.C'F'O'R'CO.CE'O.OB.}
‹f058v°02--› {.HY.QX.I'I'IU'C.V.CO'D'CO.V.S'D.W'CO'D.CO.N.}
‹f058v°03--› {.CO.CE'O.CE'O.CE'O.CE'O.CE'O.HY.N.IX.C.S.I'I'I.CE'O.}
‹f058v°04--› {.IG.NP.C.HY.N.CE'O.HX'H'H.N.Q'Q'C'Q'D.N.}
‹f058v°05--› {.C.XH'O'D.RT.((.AD.)).HX'H'H.XL.CX.I.CX.D.CE'O.}
‹f058v°06--› {.C.D.C.C.XH'O'D.RT.((.AD.)).HX'H'H.AD.AC.XW.}
‹f058v°07--› {.C'M.HX'H'H.C.TA.D.C.XH'O'D.RT.((.AD.)).}
‹f058v°08--› {.HX'H'H.C.F.O.CE'O.CE'O.IG'D.C.D.C.C.XH'O'D.}
‹f058v°09--› {.RT.((.AD.)).HX'H'H.QX.NK'NY.CE'O.N.CE'O.}
‹f058v°10--› {.IX.HY.N.CE'O.IX.W'CO'D.I'I'T'T.I'I'I'I.C.}
‹f058v°11--› {.C.Q.LT.D.IX.Z.BZ.I'I'I.T.T.T.CY.C.Q.LT.D.}

folio 59 recto

‹f059r°00i°› [Illūstrātiō: P-27:URLS Resurrection of Jesus from tomb, w/ soldiers.]
‹f059r°01--› {.C.IX.L.I'I'I.D.O.QT.AG'D.N'J0'C0.}
‹f059r°01t°› [Trānslātiō: "And on the third day, the Lord Jesus Christ rose again."]

folio 59 verso

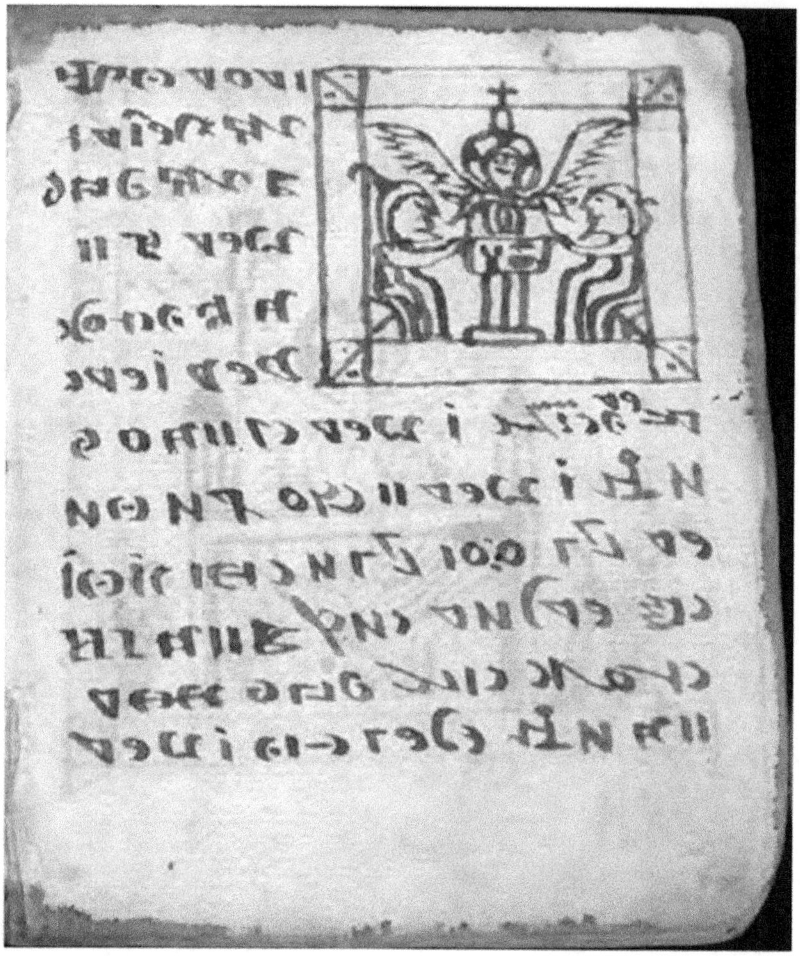

‹f059v°00i°› [Illūstrātiō: P-28:URLS Two men seated at table w/ winged haloed person in their midst.]
‹f059v°01--› {.I'D'O'D.Z'RT'NB.}
‹f059v°01t°› [Trānslātiō: "Hear the holy Word..."]
‹f059v°02--› {.BA.RT'CO'IH'D.I.}
‹f059v°02t°› [Trānslātiō: "...of Saint Luke (in chapter) one..."]
‹f059v°03--› {.B'BA.QV'KE'BB.}
‹f059v°03t°› [Trānslātiō: "...of his when..."]
‹f059v°04--› {.W'CO'D.HY.I.I.}
‹f059v°04t°› [Trānslātiō: "...were come two..."]
‹f059v°05--› {.NA.Y.QX.C'F'O'R'C.}
‹f059v°05t°› [Trānslātiō: "...(of the) disciple(s) in Jerusalem..."]
‹f059v°06--› {.V.CO.V.I.CO'D.C.}
‹f059v°07--› {.D.XV.X.CO'D.QX.C.X2.AG.C.IX.W'CO'D.C.A.I.I.NA.O.C.Q.}
‹f059v°08--› {.N'J0.IX.W'CO'D.I.I.BE'I'O.BI.N.Z.N.}
‹f059v°09--› {.CO'D.K'A'A.O'X2'O'I.K'A'A.N.C.F.Q.I.Q.IX.Z.IX.}
‹f059v°10--› {.C'XG.CO'D'R'N'D.C.N.EQ.B.I.I.NA.H'HF'H.}
‹f059v°11--› {.C'XV'OB'I'C.C'I'KC.QV'KE'BB.|.Q'Q'Z'D.|.}
‹f059v°12--› {.I.I.NA.N'J0.CO'QV.CO.A.CX.I.QX.IX.W'CO'D.}

folio 60 recto

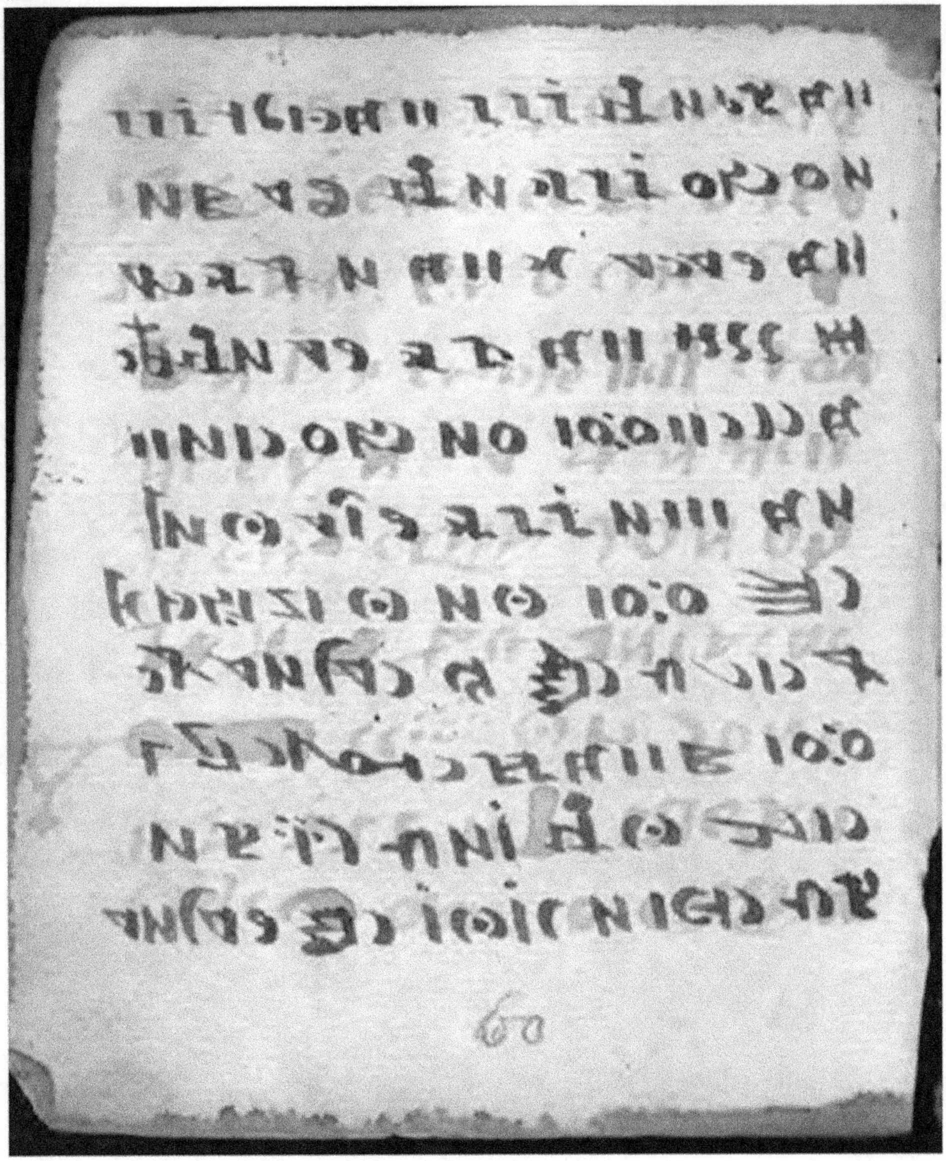

‹f060r°01-->   {.I.I.NA.HY.NG.N'J0.HX'H'H.I.I.NA.CX.I.QV.XV.HX'H'H.}
‹f060r°02-->   {.N.O.BE'I'O.HX'H'HK.N'J0.BF.D.B'N.}
‹f060r°03-->   {.I.I.NA.CO'D'C'D.Q.C.I.I.NA.N.BI.HK.CU'D.}
‹f060r°04-->   {.YW.S'S'ST.I.I.NA.HM.HK.CO'D.N'J0'C0.}
‹f060r°05-->   {.NA.C.C.C.I.I.O'X2'O'I.O.N.BE'I'O.C'I'N.I.I.}
‹f060r°06-->   {.N.NA.I'I'I.N.HX'H'HK.CO'IH'D.Z.N.BT.}
‹f060r°07-->   {.C.XN.O'X2'O'I.Z.N.Z.I'AG.K.X.XB.C.A.Q.A.}
‹f060r°08-->   {.BI.C.I.C.AC.C'XG.Y.C'D'R'N'D.BI.C.}
‹f060r°09-->   {.O'X2'O'I.B.I.I.NA.HF'H.C.F.OB.I.C.K'A'A.}
‹f060r°10-->   {.C'I'KC.Z.J0.IX.N.AC.L.I'X4.HY.N.}
‹f060r°11-->   {.HY.AC.C.F.Q.I.N.Q.IX.Z.IX.C'XG.CO'D'R'N'D.}

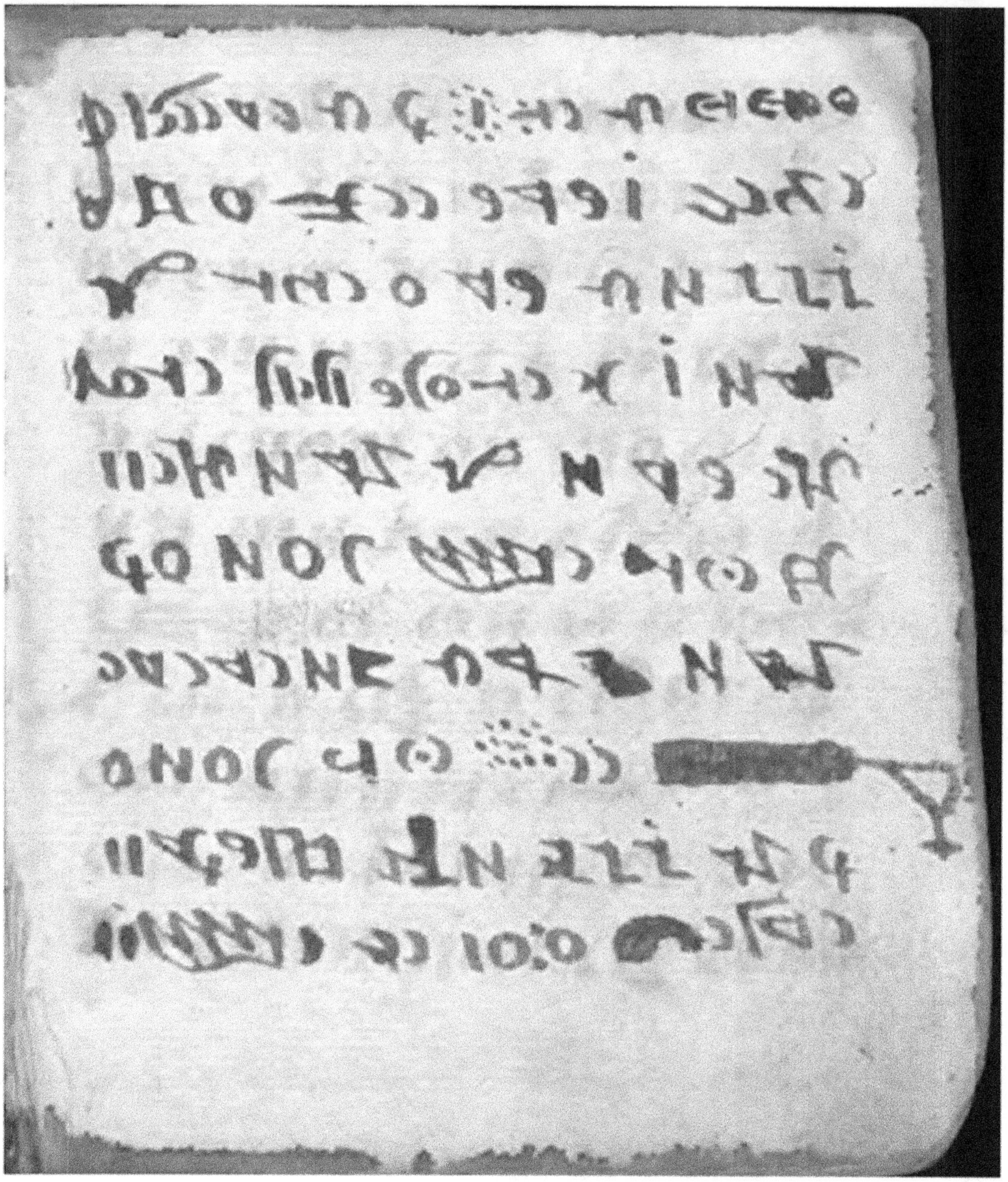

‹f060v°01--›	{.O.F.Q.F.Q.AC.C.F'X2.((.I.)).QT.AC.CX.D.C.C.MV.I.CD.}
‹f060v°02--›	{.C.A.Q.CU.C.IX.CO'DP'CO.C.C.UH.O.XA.O.}
‹f060v°03--›	{.HX'H'H.N.AC.CO'D.O.C.XC.XV.RO.}
‹f060v°04--›	{.|.AG'D.|.N.IX.Q.C.C'F'O'R'CO.AE.C'AE.C'XV.OB.I.}
‹f060v°05--›	{.R.LA.C.CO'D.N.O.R.H.AG'D.N.R.LA.C.I.I.}
‹f060v°06--›	{.NA.Z.BD.C'M.RB.O.N.O.QT.}
‹f060v°07--›	{.AG'D.N.BI.AC.B'N.C'D'C'D.C.}
‹f060v°08--›	{.|.«.00.».|.C.C.XX.Z.IJ.R.O.N.O.}
‹f060v°08o°›	[Ornāmentum: Chalice/goblet.]
‹f060v°09--›	{.QT.AG'D.HX'H'HK.N'J0.XJ.RA.CO.BY.I.I.}
‹f060v°10--›	{.C.D.A.C.RA.C.O'X2'O'I.C.CU.C'M.I.I.}

folio 61 recto

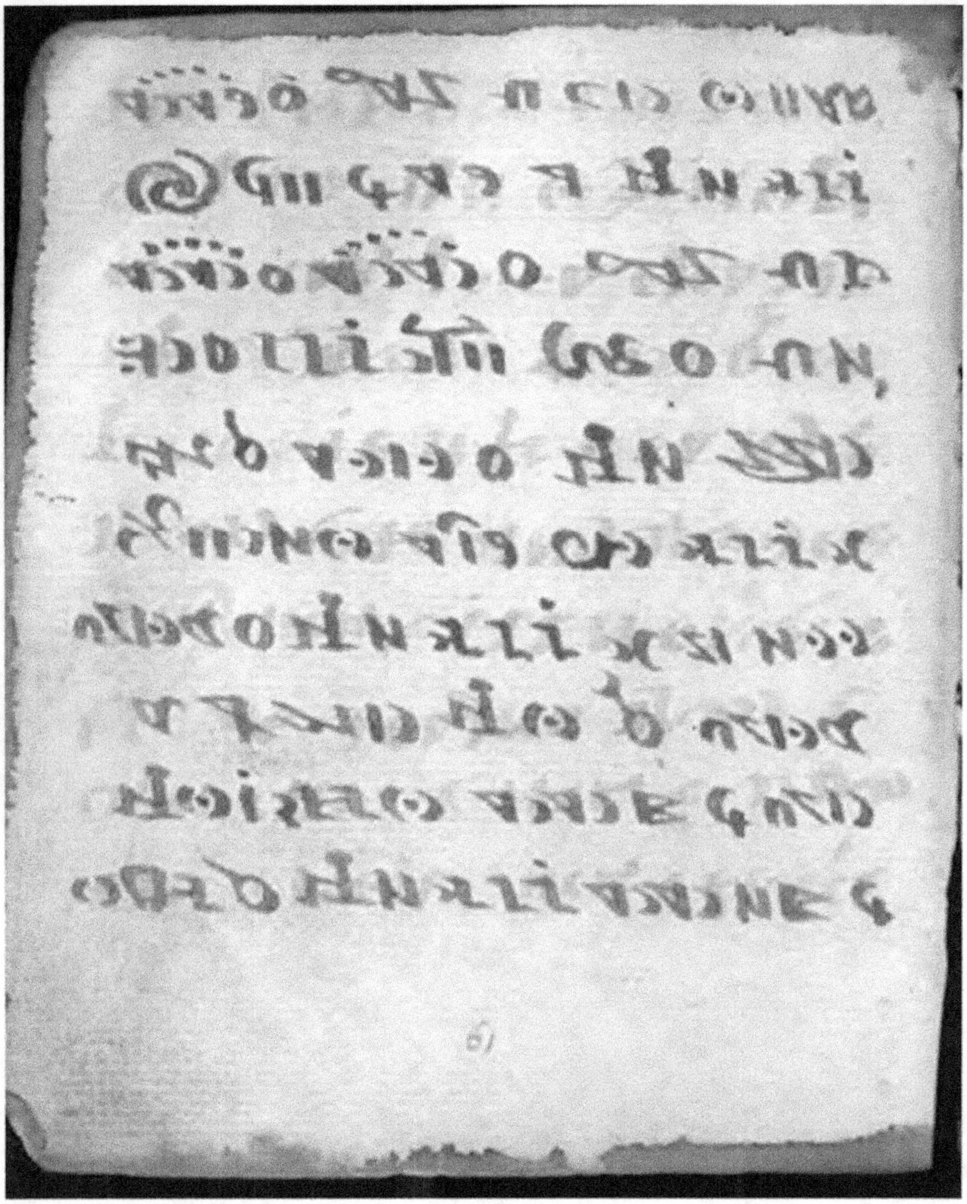

‹f061r°01--> {.XJ.D.I.I.Z.C'I'Q.AC.AG'D.O.O.(.CO'D'C'D.).}
‹f061r°02--> {.HX'H'HK.N'J0.DP.CO'D.QT.I'I'G.CQ.}
‹f061r°03--> {.HM.AC.AG'D.O.O.(.C'D'C'D.).O.(.C'D'C'D.).}
‹f061r°04--> {.N.AC.O.U'QV.I'I'IU'C.HX'H'H.BV.C.F'X2.}
‹f061r°05--> {.C'M.N'J0.O.CX'I'CX'D.OB.BA.}
‹f061r°06--> {.RO'C.HX'H'HK.C'EY.Q.CO'IH'D.Z.N.C.I.I.QD.Q.}
‹f061r°07--> {.CX'CX.N.I'AG.Q.C.HX'H'HK.N'J0.O.V.CX.I.A.XD.}
‹f061r°08--> {.V.CX.D.XD.OB.C.Z.J0.C'I'KC.BI.V.}
‹f061r°09--> {.C.I.A.XD.QT.B.C'D'C'D.Z.HF'H.IX.Z.J0.}
‹f061r°10--> {.QT.B'N.C'D'C'D.HX'H'HK.N'J0.OB.HF.XJ.C.Q.}

folio 61 verso

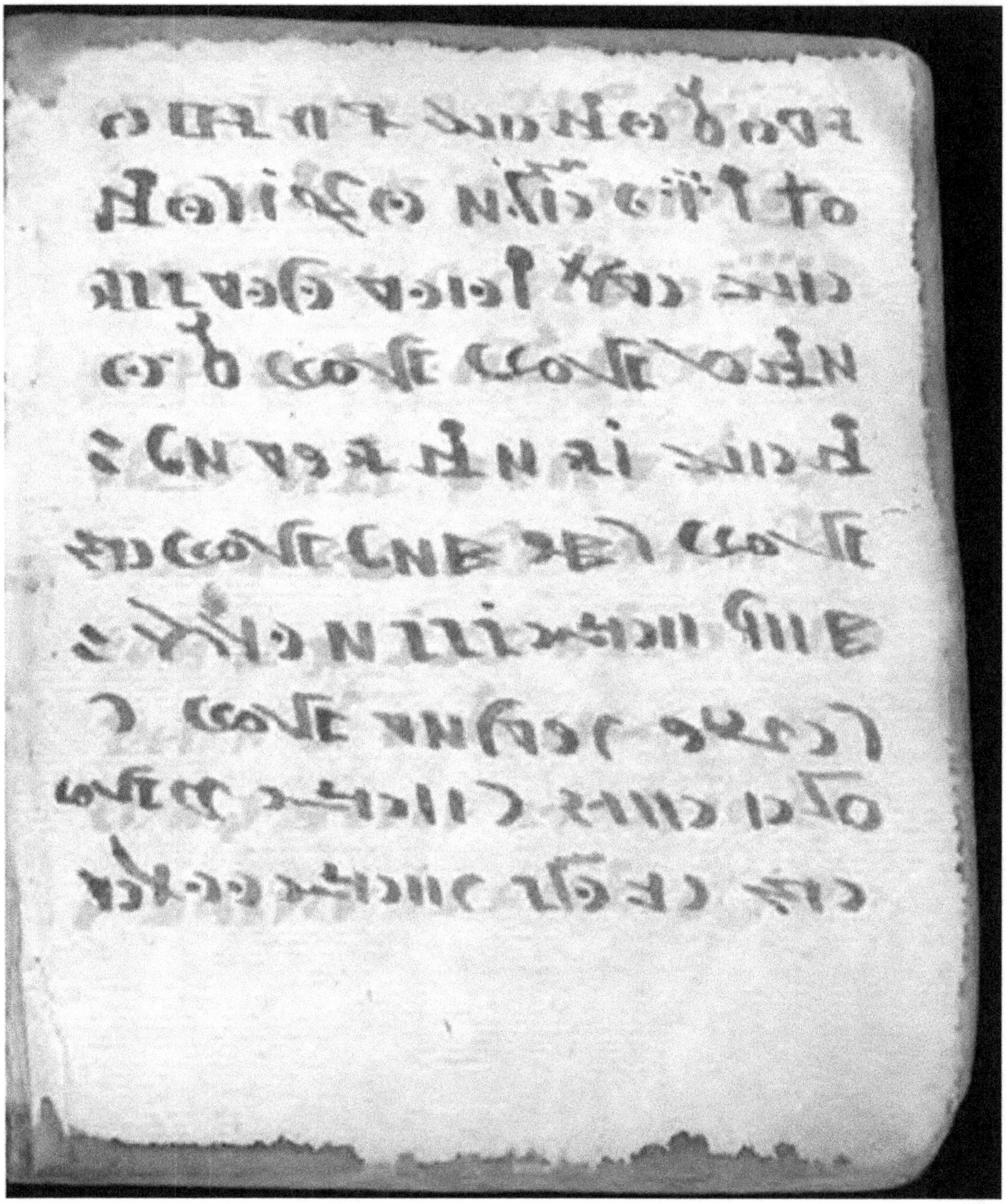

‹f061v°01--› {.HF.D.C.Q.OB.C.Z.J0.C'I'KC.BI.AC.H'HF.XJ.C.Q.}
‹f061v°02--› {.O.TA.IG.I'X5.QX.D.C.R.N.Z.C.A.O.IX.L.Z.J0.}
‹f061v°03--› {.C.I.K.C.C'D'R'T.IG.CX'I'CX'D.CX.R.CX.D.H.HK.}
‹f061v°04--› {.N'J0.OB.YX'QQ.YX'QQ.OB.C.Z.}
‹f061v°05--› {.J0.C'I'KC.IX.HK.N'J0.HK.CO'D.N'QV.≈.}
‹f061v°06--› {.YX'QQ.L.B.CO.B'N.QV.YX'QQ.C'IZ.}
‹f061v°07--› {.B.I'I'G.I.I.C.C.HX'H'H.N.CX.XV.QF.≈.}
‹f061v°08--› {.L.C.QS.C.Q.CO'D'R'N'D.YX'QQ.L.}
‹f061v°09--› {.O.AG.C.I.C.I.I.XP.XB.L.I.I.C'BG.IR.C.V.YX.}
‹f061v°10--› {.C'IZ.C.KK.CX.AS.H.Q.I.I.C'BG.IR.C.CX'CX.QT.C.D.}

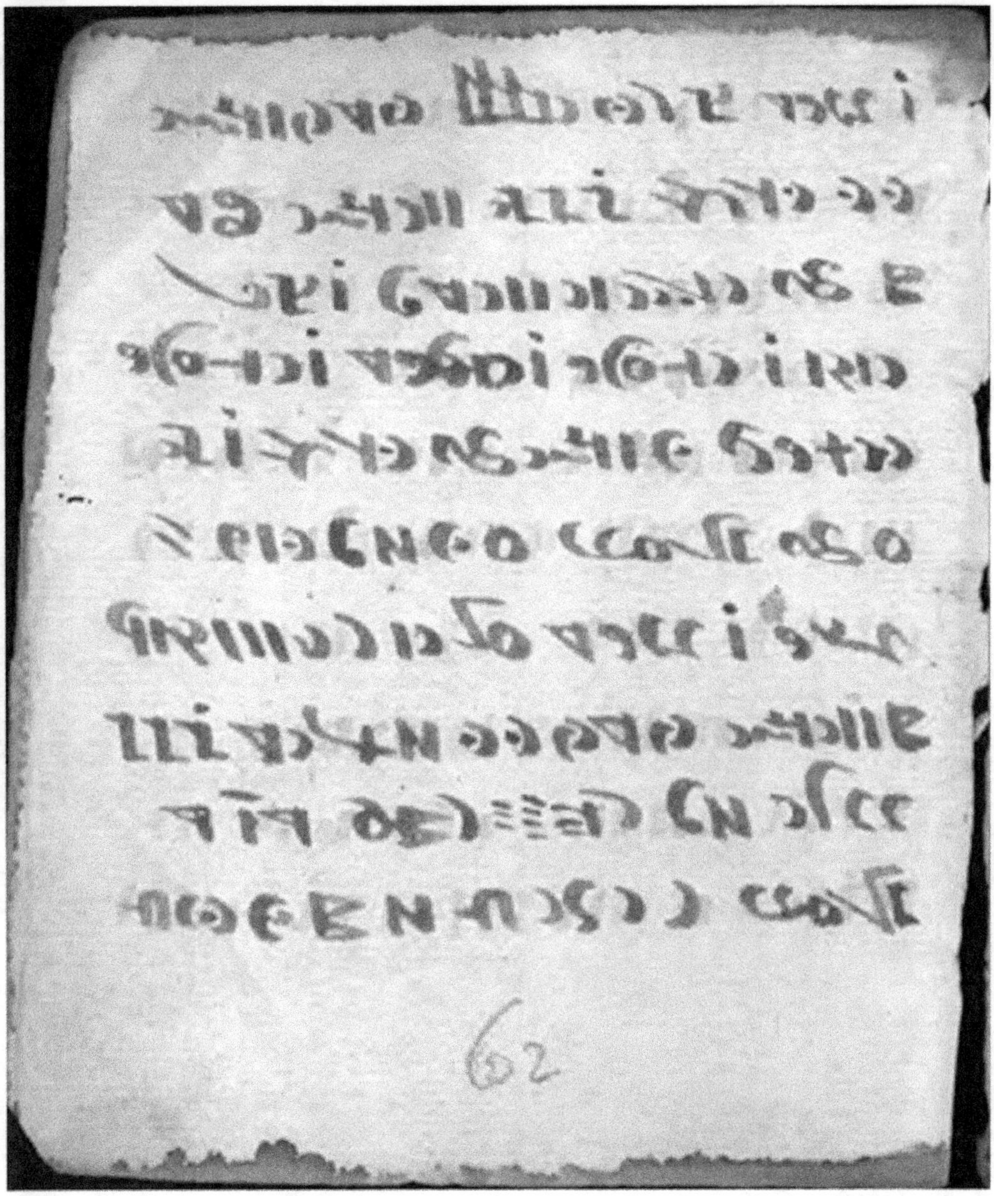

<f062r°01--> {.IX.W'CO'D.HY.L.Z.C'M.C.Q.D.C.Q.I.BG.IR.C.}
<f062r°02--> {.CX'CX.CX.XV.QF.HX'H'HK.I.I.C'BG.IR.C.BF.D.}
<f062r°03--> {.B.U.C.KB.X.C.C.I.C.I.I.C.D.QV.IX.HY.CU.}
<f062r°04--> {.C.I.XB.I.IX.C'F'O'R'CO.IX.EG.CQ.CO'D.IX.C'F'O'R'CO.}
<f062r°05--> {.C'EY.T.CO.LT.CX.I.KB.C.U.CX.XV.QF.IX.HK.}
<f062r°06--> {.O.U.YX'QQ.O.QX.N'QV.CX.I.RO.≈.}
<f062r°07--> {.QS.C.CO.IX.W'CO'D.O.AG.C.I.R.CX.I'I'I.XB.I.G.}
<f062r°08--> {.B.I.I.C'BG.IR.C.C.Q.D.C.Q.CX'CX.N.QT.C.D.HX'H'H.}
<f062r°09--> {.Q'Q'R'C.N'QV.C'UM.L.B'CV.DP.IH.DP.}
<f062r°10--> {.YX'QQ.C.C'S'C.AC.N.B.QX.Z.AC.}

folio 62 verso

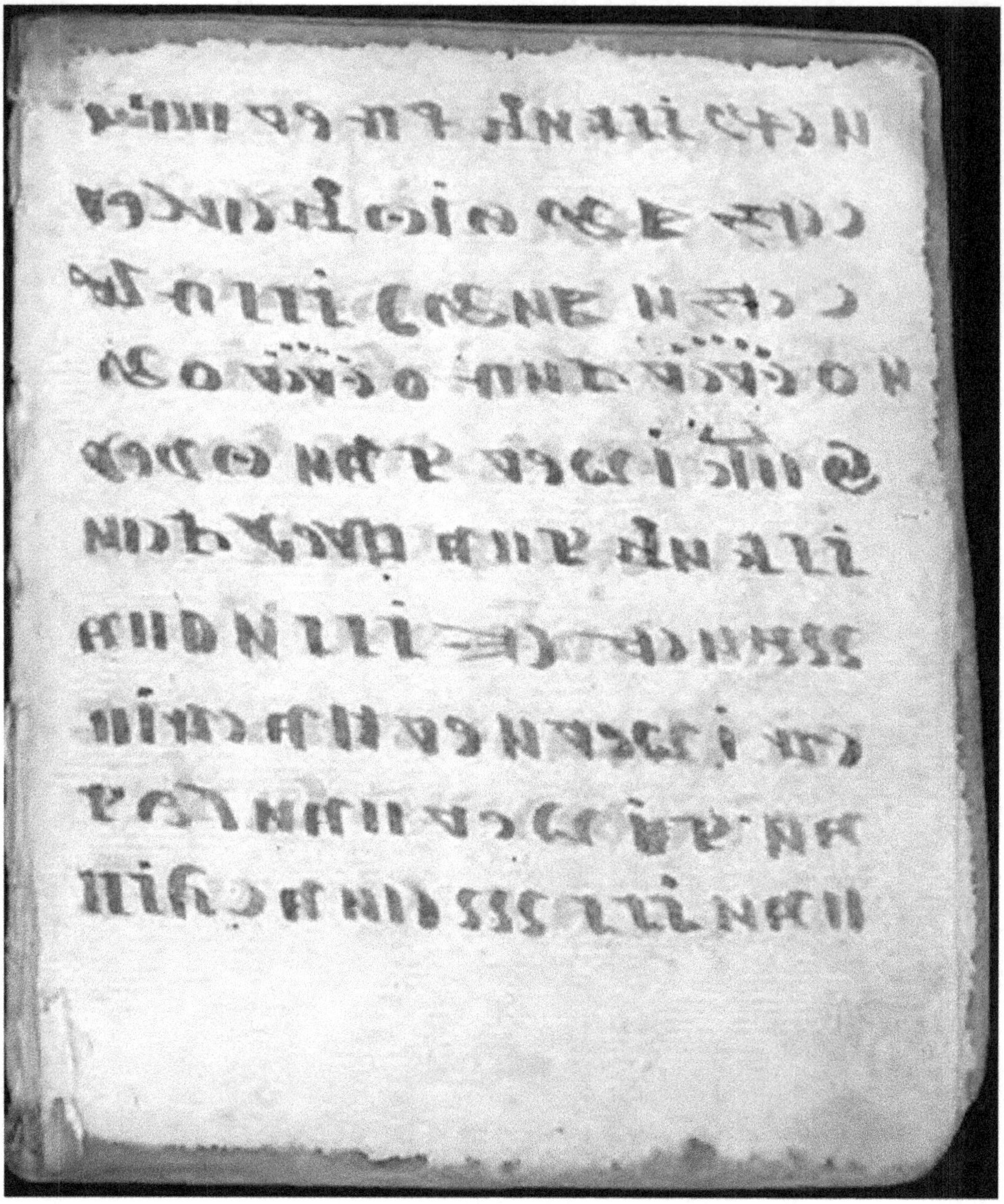

<f062v°01--> {.N.CX.XV.Q.HX'H'HK.N'J0.BI.AC.CO'D.I'I'I.BG.IR.C.}
<f062v°02--> {.C.C'IZ.B.U.Z.IX.Z.J0.C'I'KC.CO'D.}
<f062v°03--> {.C.C'IZ.N.B'N.U'QV.HX'H'H.AC.AG.XV.O.}
<f062v°04--> {.N.O.(.CX.D.C.D.).HM.N.AC.O.(.CX.D.C.D.).O.U.}
<f062v°05--> {.CQ.I'I'IU'C.IX.W'CO'D.HY.NA.N.Z.V.CO.V.}
<f062v°06--> {.HX'H'HK.N'J0.HY.I.I.NA.XJ'D'CO'BY.HM.C'I'N.}
<f062v°07--> {.S'S'ST.N.C'DB.C.XN.HX.I.H.N.CD.I.I.NA.}
<f062v°08--> {.C.AG.XV.IX.W'CO'D.N.CO'D.I.I.NA.C.N.IX.I.I.}
<f062v°09--> {.NA.N.X.HY.IX.W'CO'D.I.I.NA.N.I.I.HY.}
<f062v°10--> {.N.NA.N.HX'H'H.S'S'S.C'I'N.NA.C.H.R.HX'H'H.}

folio 63 recto

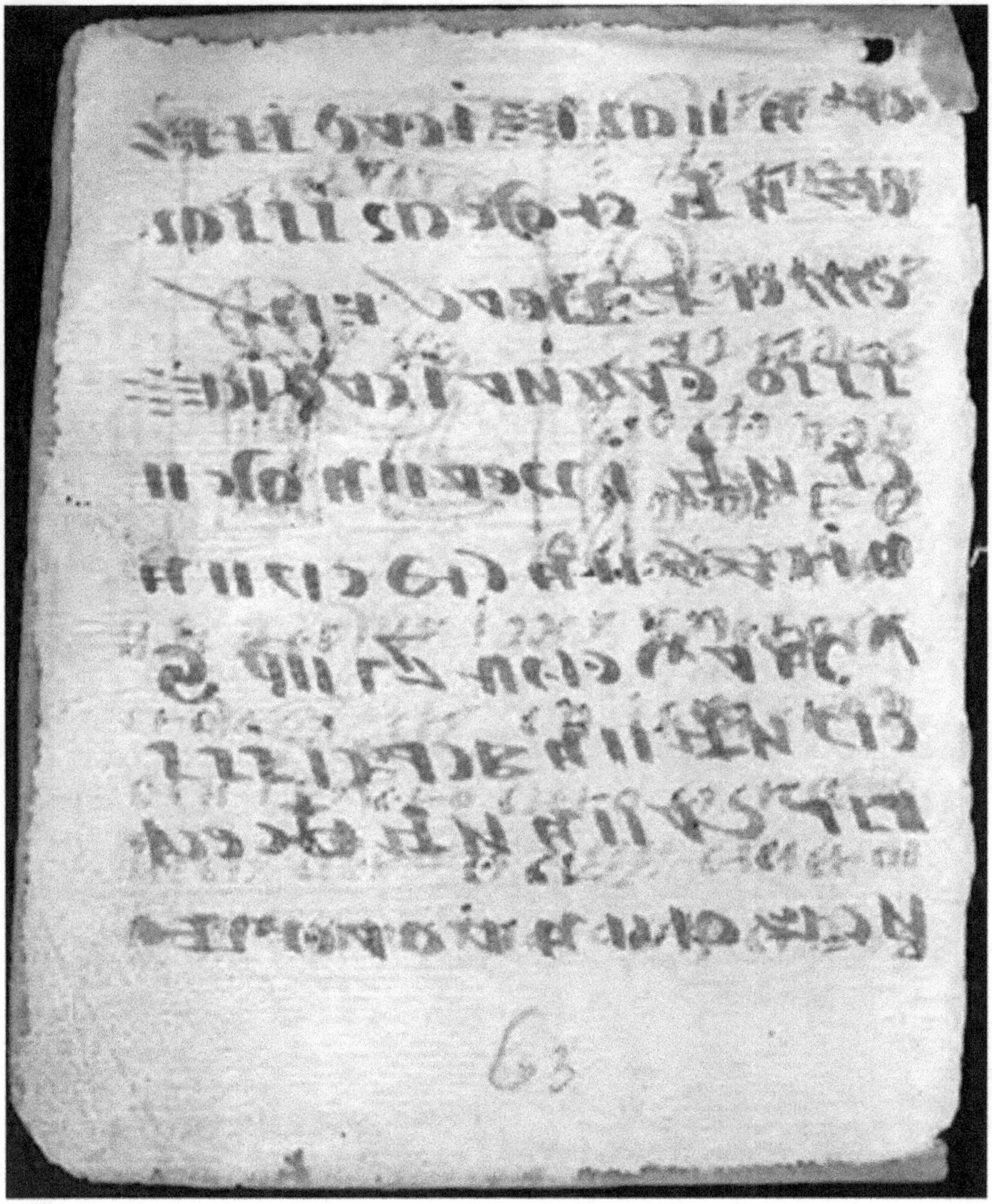

‹f063r°01--› {.C'BG.NA.I.I.C.I.S.I'XX.IX.C.X.D.LT.HX'H'H.≈.}
‹f063r°02--› {.C'IZ.A.N'J0.C'F'O'R'C.EG.S.XH.H.H.EG.S.}
‹f063r°03--› {.C.Q.AA.A.C.I.BI.W'CO'D.CU.F'X2.I.KB.}
‹f063r°04--› {.H'H'H.O.CX.D.≈.N.D.IX.C.D.Q.C.IX.C'UM.}
‹f063r°05--› {.C.EY'J.N'J0.IX.W'CO'D.I.I.BQ.O.R.C.I.I.}
‹f063r°06--› {.NA.IX.C.EK.EK.I.I.NA.L.F.QV.C.I.R.I.I.NA.}
‹f063r°07--› {.L.XI'D.RT.CX.I.QX.AC.K'A'A.I'I'G.CQ.}
‹f063r°08--› {.C'I'Q.N'J0.I.I.NA.B.C.DP.C.I.HX'H'H.}
‹f063r°09--› {.DP.I.DP.CU'D.I.IX.NA.N'J0'C0.CO.EK.}
‹f063r°10--› {.N.C.K.C.O.I'I'I.NA.D'O'D.CX.RT'NB.}

folio 63 verso

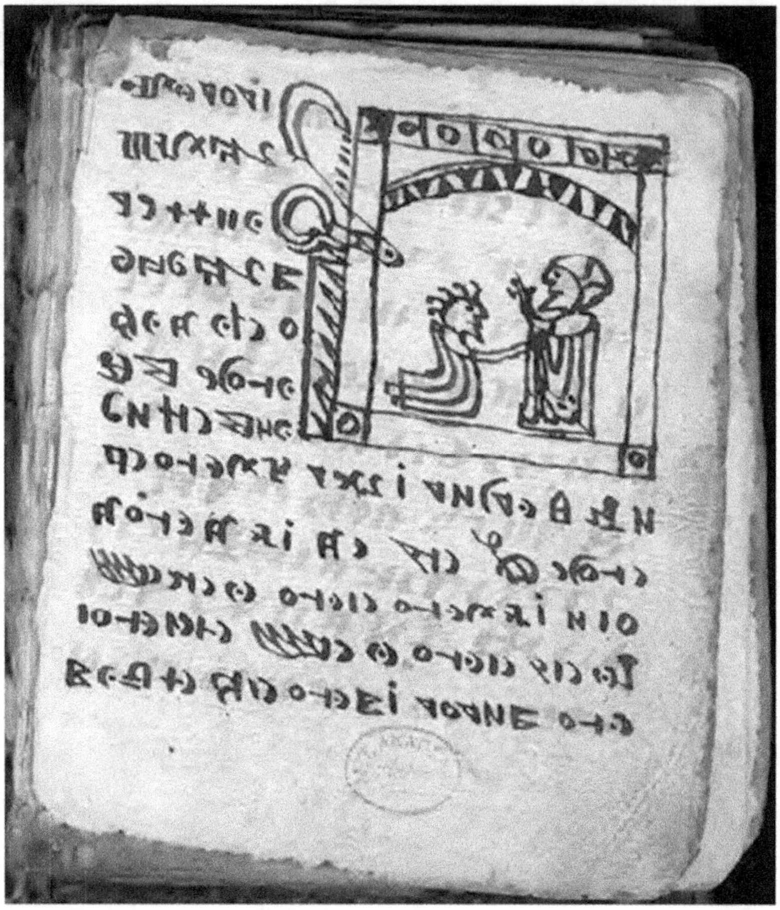

‹f063v°00i°› [Illūstrātiō: P-29:URLS Thomas touching nail-scarred hands of Resurrected Jesus.]
‹f063v°00e°› [Ēditiō Vulgāta: JN 20:24-29.]
‹f063v°01--› {.I'D'O'D.Z'RT'NB.}
‹f063v°01t°› [Trānslātiō: "Hear the holy Word..."]
‹f063v°02--› {.BA.RT'HF'HS.}
‹f063v°02t°› [Trānslātiō: "...of Saint John..."]
‹f063v°03--› {.QX.I'I'T'T.CO'D.}
‹f063v°03t°› [Trānslātiō: "...in the twentieth is..."]
‹f063v°04--› {.B'BA.QV'KE'BB.}
‹f063v°04t°› [Trānslātiō: "...of his when..."]
‹f063v°05--› {.O.C.BT.QX.NA.QX.Y.}
‹f063v°06--› {.QX.F'O'R'CO.DB.CY.O.}
‹f063v°06--› [Hyperbolē: .QX. is changed to complete the grapheme .C'F'O'R'CO. in ‹f063v°06›.]
‹f063v°07--› {.QX.N.DB.C.I.T.N'QV.}
‹f063v°08--› {.N'J0.BW.CX.D'R'N'D.IX.W'CO'D.HY.RT.CX'F'O.C.XJ.}
‹f063v°09--› {.C'F'O'R'CO.ER'EQ.C.I'DR.C.NA.IX.HK.NA.CE.XV'O.NA.}
‹f063v°10--› {.O.I.N.IX.HK.RT.CX.XV'O.C.I.CX'F'O.Z.C'XV.C.C'M.}
‹f063v°11--› {.BH.Z.C.I.XB.C.I.CX'F'O.Z.C'M.C'EY.C.A.C'T.O.I.}
‹f063v°12--› {.CX'F'O.B'N.D'O'D.IX.B.CX'F'O.C.I.Y.C'T.BU.QX.B.}

folio 64 recto

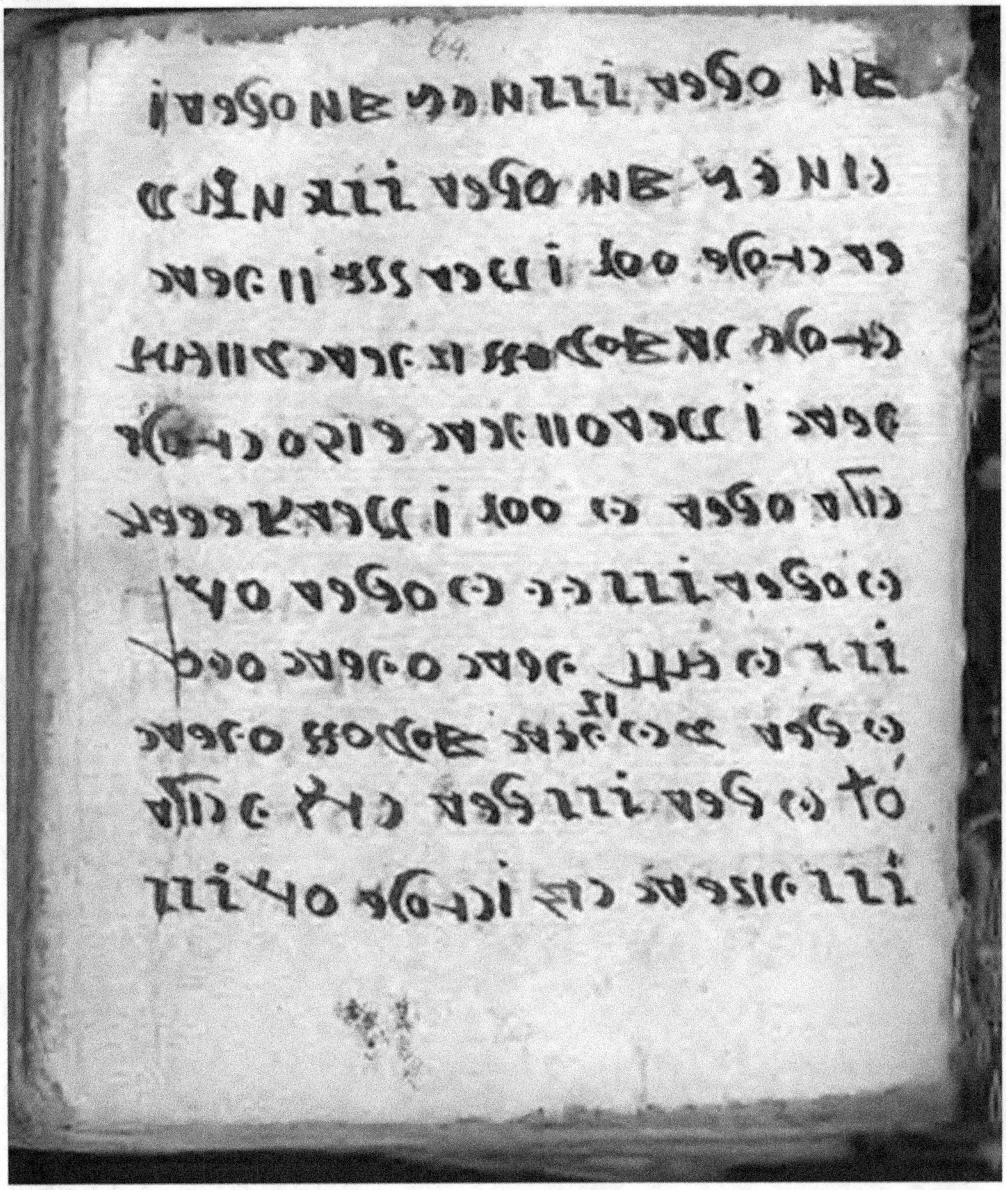

‹f064r°01--› {.B'N.O.Q.C.CO'D.HX'H'H.N.CX'CX.B'N.O.Q.C.CO'D.IX.}
‹f064r°02--› {.C'I'N.CY.E.B'N.O.Q.C.CO'D.HX'H'HK.N'J0.V.}
‹f064r°03--› {.CO'D.C'F'O'R'CO.O'O'P.IX.W'CO'D.S'S'ST.I.I.QX.CO'D.C.}
‹f064r°04--› {.C'F'O'R'CO.R.D.B.O.V.O.SS.I'AG.QX.CO'D.C.V.I.I.C'EY.F.K.}
‹f064r°05--› {.QX.CO'D.C.IX.W'CO'D.O.I.I.RO'C.D.C.CO.I.XB.O.C'F'O'R'CO.}
‹f064r°06--› {.C'AE.D.O.Q.C.CO'D.Z.O'O'P.IX.W'CO'D.HY.CO'CO'CO.KC.}
‹f064r°07--› {.Z.O.Q.C.CO'D.HX'H'H.CX'CX.Z.O.Q.C.CO'D.O.BG.}
‹f064r°08--› {.HX'H'H.Z.CE.K.K.K.QX.CO'D.C.O.QX.CO'D.C.O.CX.OB.}
‹f064r°09--› {.Z.C.R.CO'D.V.Z.I'AG.QX.CO'D.C.B.O.V.O.SS.O.QX.CO'D.C.}
‹f064r°10--› {.O.TA.Z.Q.C.CO'D.HX'H'H.Q.C.CO'D.C.XI.QX.C'AE.D.}
‹f064r°11--› {.HX'H'H.QX.I'AG.CO'D.C.give.IX.C'F'O'R'CO.O.BG.HX'H'H.}

folio 64 verso

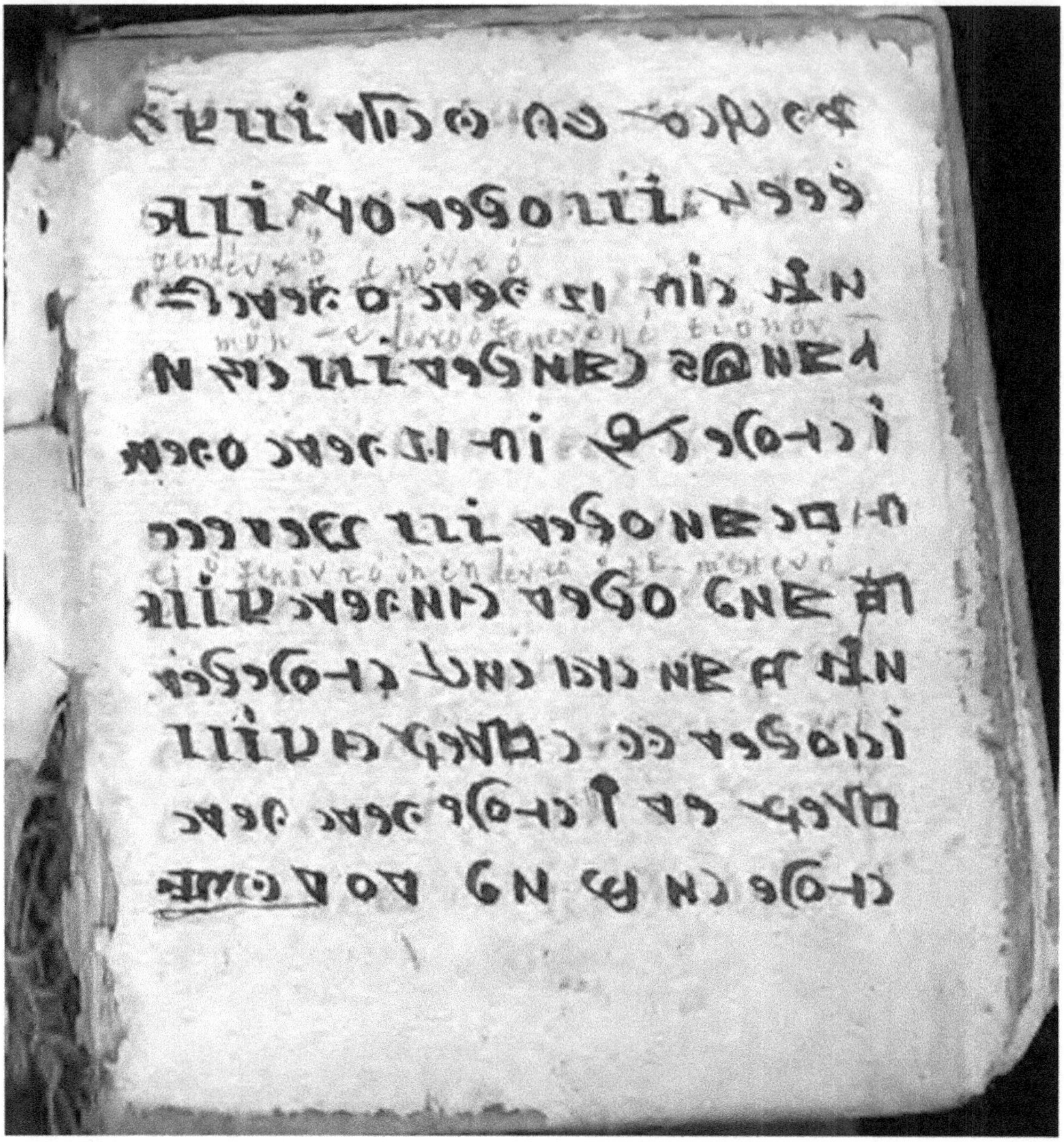

<f064v°01--> {.V.QX.UC.C.OB.BK.XD'X.Z.C.I.RA.D.HX'H'H.HY.≈.}
<f064v°02--> {.CO'CO'CO.K.I.HX'H'H.O.Q.C.CO'D.O.BG.HX'H'HK.}
<f064v°03--> {.N'J0.C.IX.AC.I'AG.QX.CO'D.C.C.O.QX.CO'D.C.BU.R.}
<f064v°04--> {.XP.B'N.OA.BB.C.B'N.Q.C.CO'D.HX'H'H.C'IZ.N.}
<f064v°05--> {.IX.C'F'O'R'CO.C'IU'O.A.IX.AC.I'AG.QX.CO'D.C.O.QX.CO'D'CO.}
<f064v°06--> {.AC.XJ.C.B'N.O.Q.C.CO'D.HX'H'H.W'CO'D.CO'CO'CO.}
<f064v°07--> {.LA.B'N.QV.O.Q.C.CO'D.CX.I.N.QX.CO'D.C.HY.IX.H.HK.}
<f064v°08--> {.N'J0.NA.B'N.C'XV.C.I.C.N.CU.K.C'F'O'R'CO.Q.C.CO'D.}
<f064v°09--> {.IX.C.I.O.Q.C.CO'D.CX'CX.C.XJ'D'CO'BY.C'EY.HY.HX'H'H.}
<f064v°10--> {.XJ'D'CO'BY.CO'D.IG.C'F'O'R'CO.QX.CO'D.Z.CO'D.C.}
<f064v°11--> {.C'F'O'R'CO.C.N.BR.N'QV.D'O'D./.Z'RT'NB.\.}

folio 65 recto

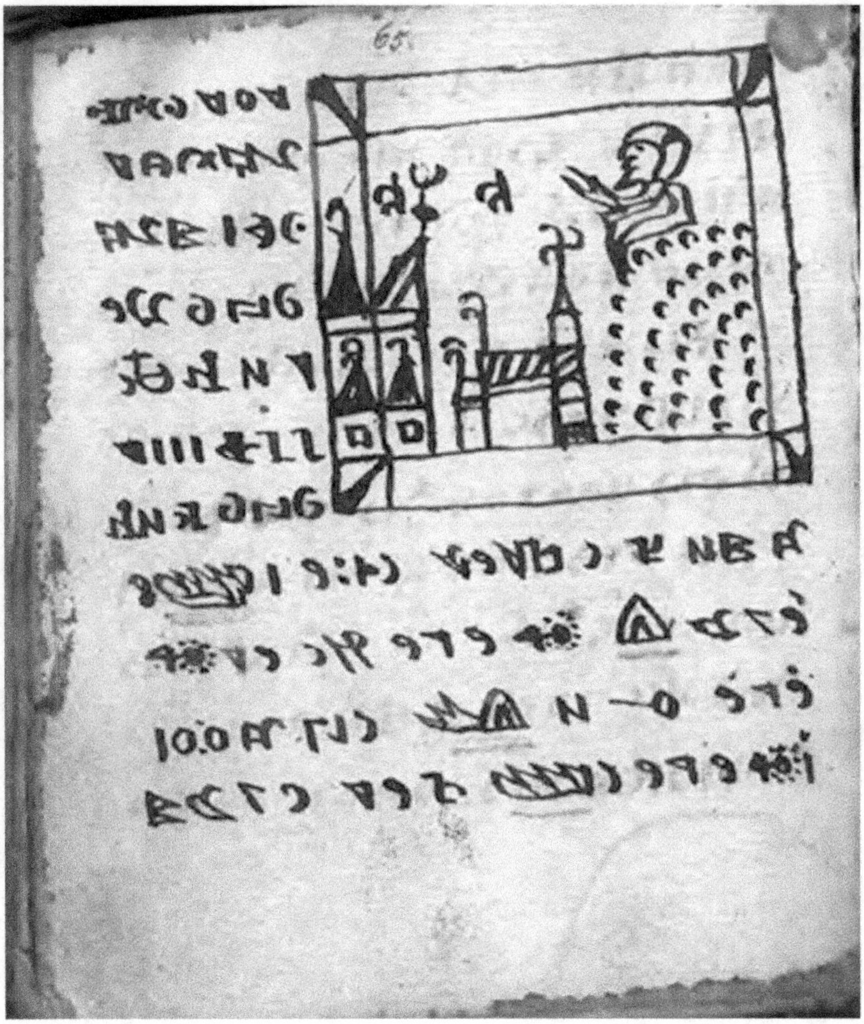

‹f065r°00i°›	[Illūstrātiō: P-30:URLS Man on hill overlooking Jerusalem.]
‹f065r°01--›	{.D'O'D.Z'RT'NB.}
‹f065r°01t°›	[Trānslātiō: "Hear the holy Word..."]
‹f065r°02--›	{.BA.RT'BS'D.}
‹f065r°02t°›	[Trānslātiō: "...of Saint Matthew..."]
‹f065r°03--›	{.QX.CY.I.B'BA.}
‹f065r°03t°›	[Trānslātiō: "...in his seventh (chapter)..."]
‹f065r°04--›	{.QV'KE'BB.XI.CO.}
‹f065r°05--›	{.D.N'J0'C0.}
‹f065r°06--›	{.H'HX'HF.I'I'I.D.}
‹f065r°07--›	{.QV'KE'BB.HK.N'J0.}
‹f065r°08--›	{.NA.B'N.HY.C.XJ'D'CO'BY.C.F2'X2.CO.I.M.CO.}
‹f065r°09--›	{.CO.X.X.A.V.XU.((.EZ.)).T.CO'D'CO.C.DN.I.CO'D.((.EZ.)).BI.}
‹f065r°10--›	{.CO.X.D.CO.OB.N.XU.MA.C.K.A.NA.O'X2'O'I.}
‹f065r°11--›	{.IX.((.EZ.)).T.CO'DP'CO.C'M.HM.CO'D.CO.A.V.B.}

folio 65 verso

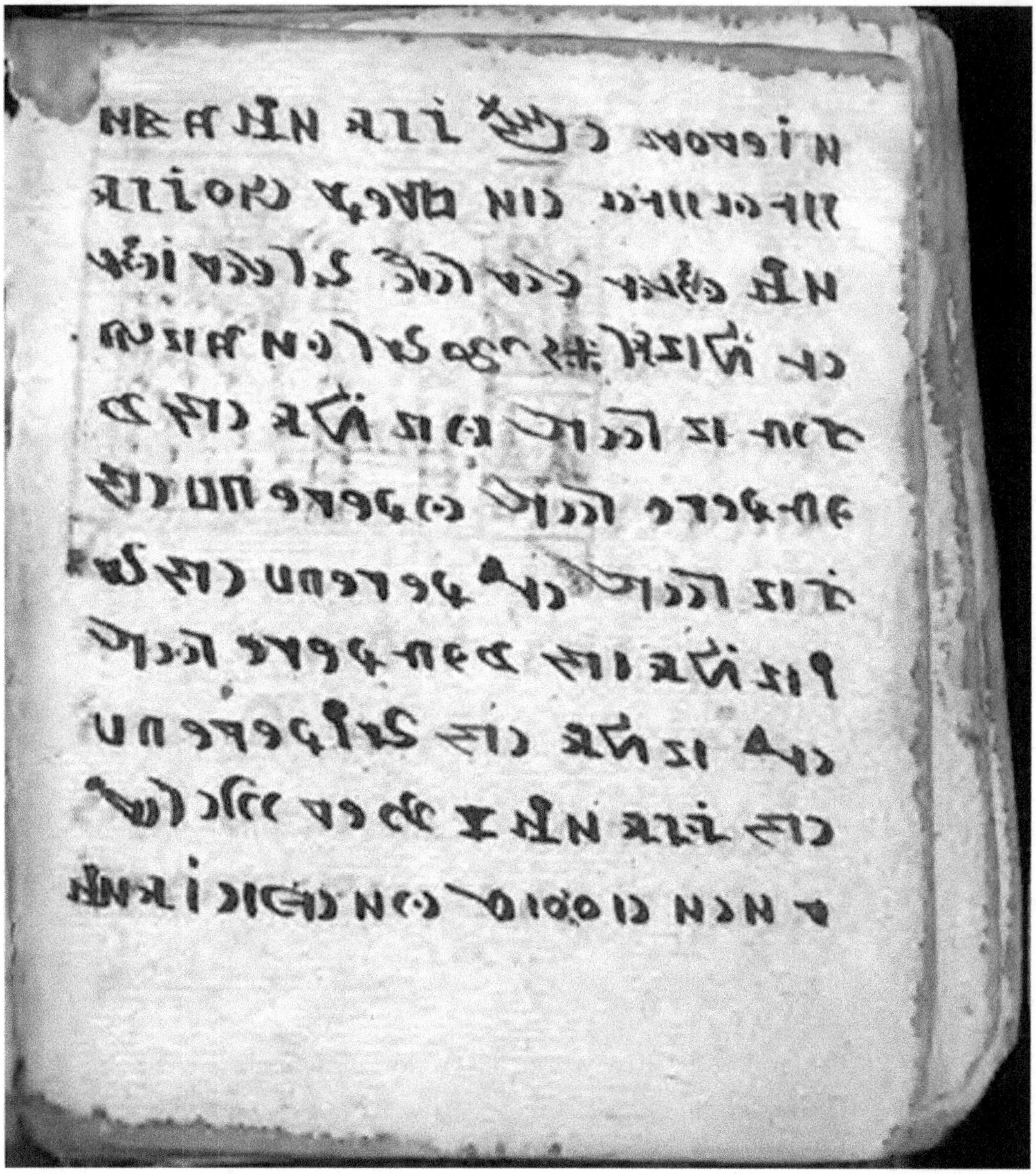

‹f065v°01-->   {.N.IX.CO.D'O'D.C.C'MA'T.HX'H'HK.N'J0.NA.B'N.}
‹f065v°02-->   {.I.I.F.CX.I'I'I.F.C.K.C.K.C'I'N.XJ'D'CO'BY.BE'I'O.HX'H'HK.}
‹f065v°03-->   {.N'J0.CX.XS.K.C'XV.C.CA.C.D.L.C.K.L'D.C'S'C.L.CA.C.D.IX.CX.XS.XV.}
‹f065v°04-->   {.C'XV.X.MB.I'AG.HK.L.DN.XB.C.U.S'D.L.CX.N.NA.I'AG.AD.I.}
‹f065v°05-->   {.HM.Q.AC.I'AG.L'C'C.XV'C.Z.I'AG.X.MB.HK.C'IZ.V.}
‹f065v°06-->   {.QX.AC.QT.CO'D'CO.L'C'C.XV'C.Z.QT.CO'D'CO.XD.BL.C'IZ.}
‹f065v°07-->   {.HM.I'AG.L'C'C.XV'C.C'BD.QT.CO'D'CO.XD.BL.C'IZ.S'D.}
‹f065v°08-->   {.IG.I'AG.X.MB.HK.I.IZ.V.QX.AC.QT.CO'D'CO.L'C'C.XV'C.}
‹f065v°09-->   {.C'BD.I'AG.MB.HK.C'IZ.S'D.IG.QT.CO'D'CO.XD.BL.}
‹f065v°10-->   {.C'IZ.HX'H'HK.N'J0.BC.UD.CO'D.Q'Q'R'C.L.C'D'O.}
‹f065v°11-->   {.D.N.C.N.C.I.O'X2'O'I.OB.Z.N.C.C'F'Q'I'C.IX.HK.N'J0.}

folio 66 recto

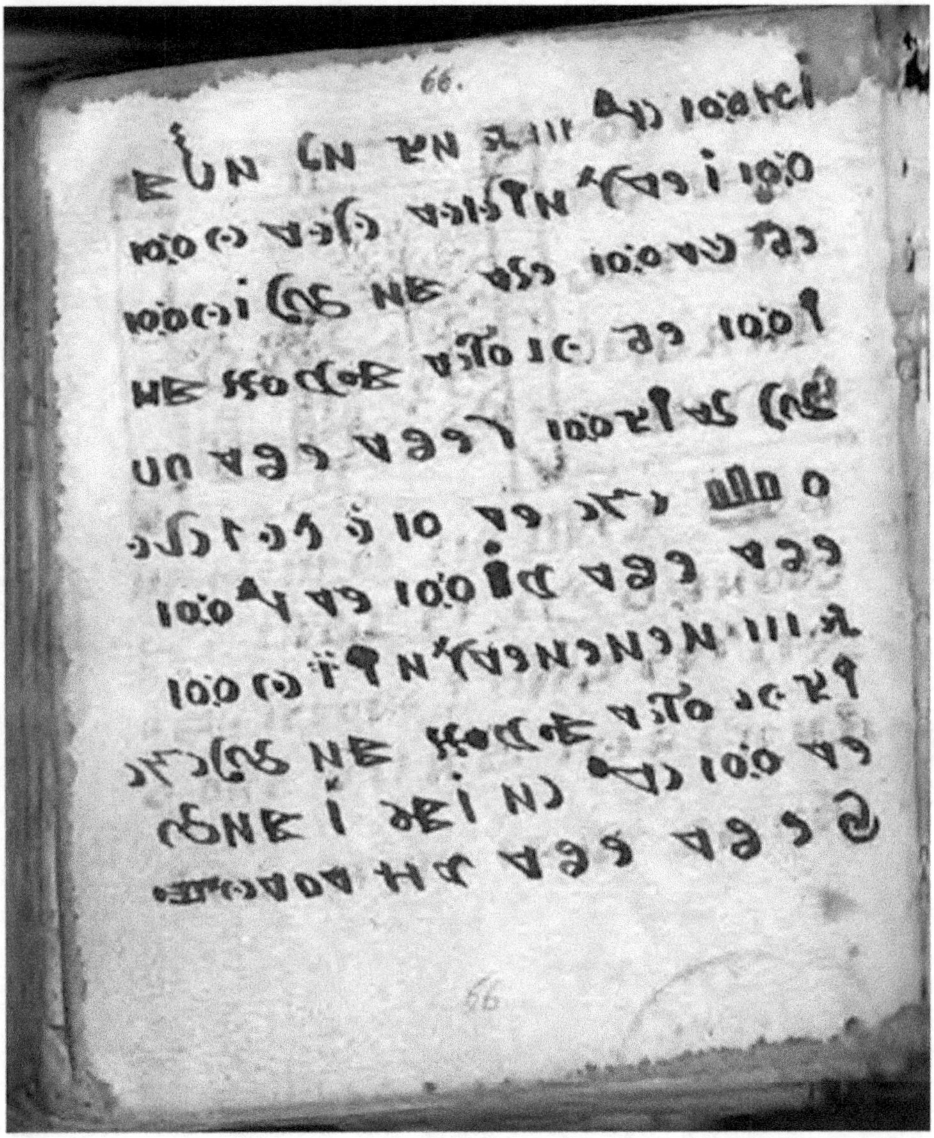

‹f066r°01--› {.IX.Q.FR.O'X2'O'I.C'BD.I.I.K.HK.N.HY.N'QV.N.NG.B.}
‹f066r°02--› {.O'X2'O'I.IX.CO'D'R'T.N.IG.CX'I'CX'D.CX.R.CX.D.Z.O'X2'O'I.}
‹f066r°03--› {.C.OD.BK.D.O'X2'O'I.CO.S.D.B'N.U'QV.QV.IX.Z.O'X2'O'I.}
‹f066r°04--› {.IG.O'X2'O'I.CO.OD.QX.AG.O'IU'C'D.B'O.V.O.SS.B'N.}
‹f066r°05--› {.U'QV.S'D.IG.HY.O'X2'O'I.L.CO'BF'D'CO'BF'D.XD.BL.}
‹f066r°06--› {.O'XM.C.BO.C.CO'D.O.I.CX.X.LT.CX.A.C.S.CX.}
‹f066r°07--› {.CO'BF'D'CO'BF'D.V.IX.O'X2'O'I.CO'D.BD.O'X2'O'I.}
‹f066r°08--› {.HK.I'I'I.N.CO.N.CO.N.CO'D'R'T.N.IG.I'X5.Z.O'X2'O'I.}
‹f066r°09--› {.IG.HY.QX.C.O'IU'C'D.B.O.V.O.SS.B'N.U'QV.C.BO.C.}
‹f066r°10--› {.CO'D.O'X2'O'I.C'D'O.C.N.IX.B'CV.IX.B'N.U.}
‹f066r°10t°› [Trānslātiō: "...we are...you and the mountain, and your father..."]
‹f066r°11--› {.CQ.CO'BF'D'CO'BF'D.V'T'T.D'O'D.Z'RT'NB.}
‹f066r°11t°› [Trānslātiō: "God conquered evil! Hear the holy Word!"]

folio 66 verso

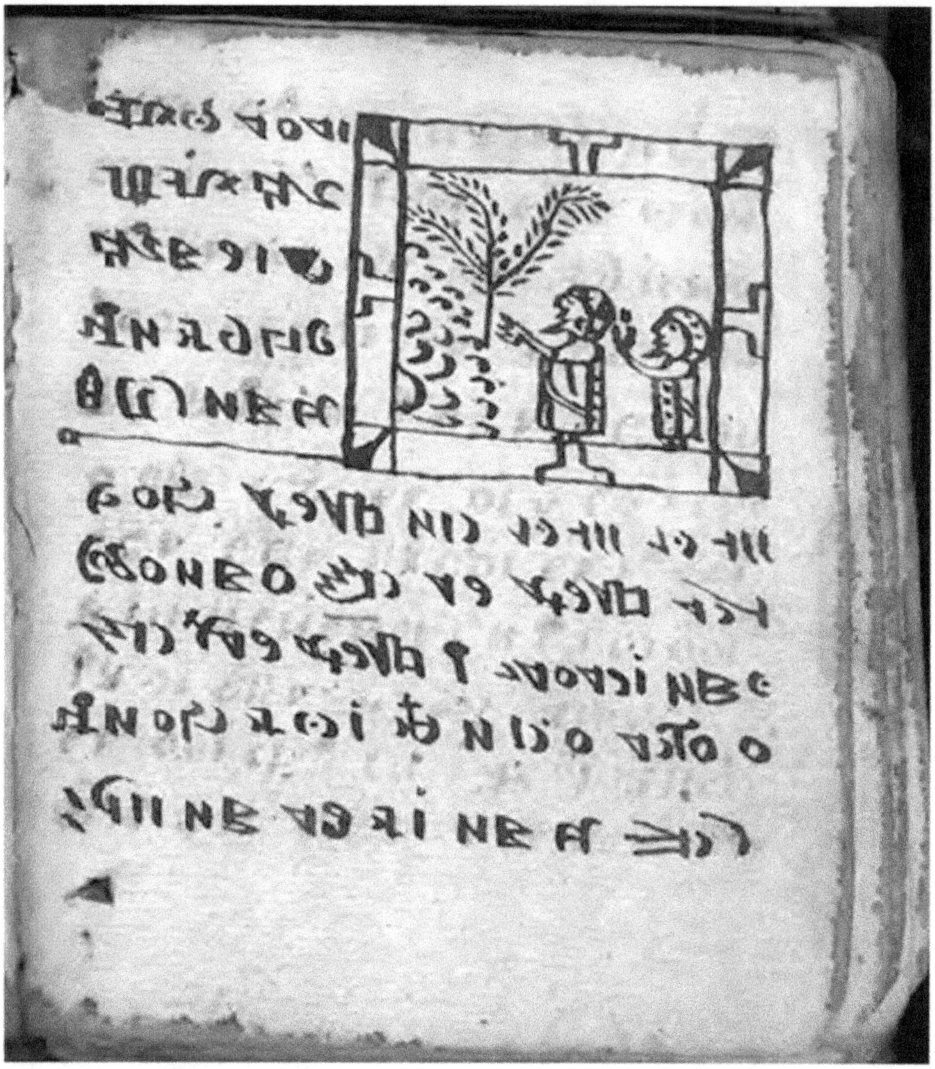

‹f066v°00i°› [Illūstrātiō: P-31:URLS Two men w/ arms raised before palm tree & hill/mount.]
‹f066v°01--› {.I'D'O'D.Z'RT'NB.}
‹f066v°01t°› [Trānslātiō: "Hear the holy Word..."]
‹f066v°02--› {.BA.RT'HF'HS.}
‹f066v°02t°› [Trānslātiō: "...of Saint John..."]
‹f066v°03--› {.XE.I.CO.B'BA.}
‹f066v°03t°› [Trānslātiō: "...chapter of his..."]
‹f066v°04--› {.QV'KE'BB.HK.N'J0.}
‹f066v°04t°› [Trānslātiō: "...when...the Lord Jesus..."]
‹f066v°05--› {./.NA.B'N.L.W.BW.\.}
‹f066v°06--› {.I.I.F.CX.K.I.I.F.CX.K.C'I'N.XJ'D'CO'BY.BE'I'O.QX.}
‹f066v°07--› {.KV.C.D.XJ'D'CO'BY.CO'D.C'M.O.B'N.O.U'QV.}
‹f066v°08--› {.QX.B'N.IX.CO.O'X2'O.D.K.IG.XJ'D'CO'BY.CO'D'R'T.C'IZ.}
‹f066v°09--› {.O.O'IU'C'D.O.X.C'I'N.C0.IX.Z.HK.BE'I'O.N'J0.}
‹f066v°10--› {.L.C.XN.NA.B'N.IX.HK.BF.D.B'N.I'I'G.≈.}

folio 67 recto

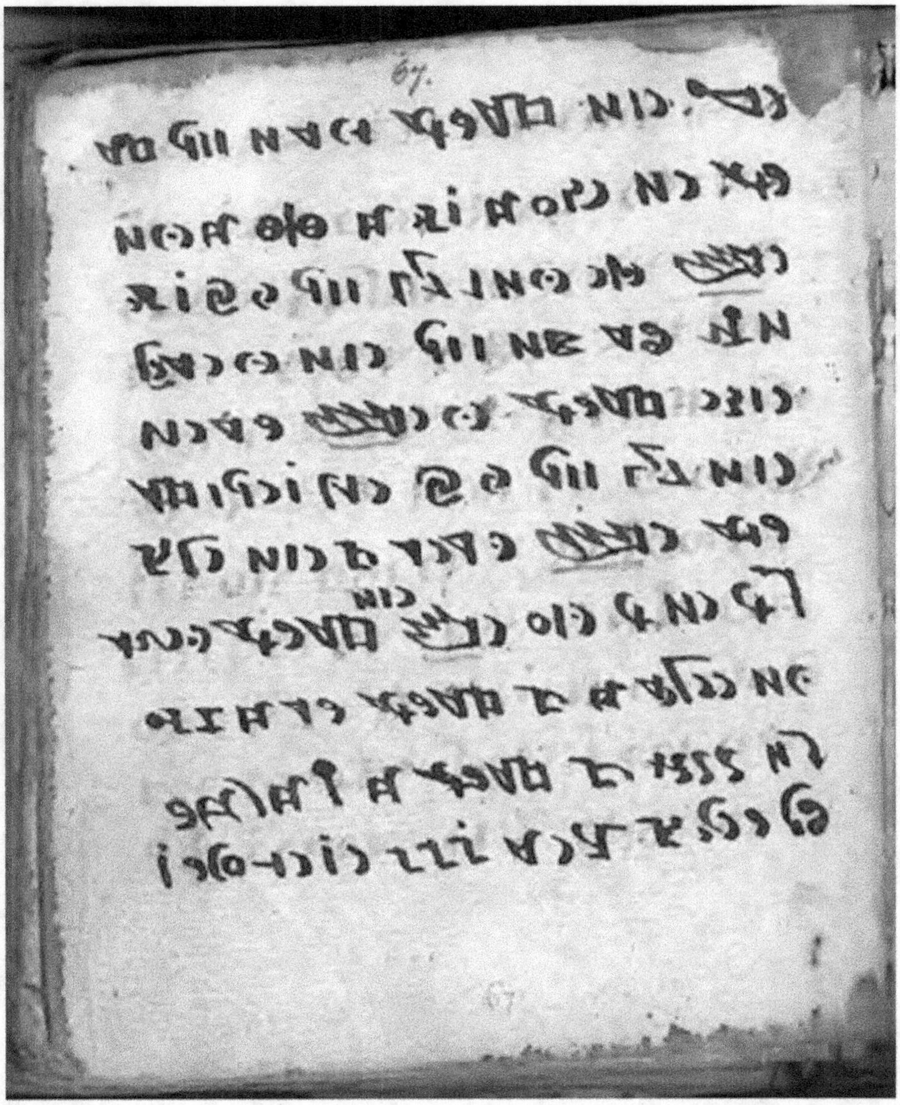

‹f067rº01--›	{.C'D'O.C'I'N.XJ'D'CO'BY.F.Q.D.N.I'I'G.XJ'D'CO'BY.}
‹f067rº01fº›	[Fissum: ‹f067rº01› .XJ.D. and ‹f067rº02› .CO.BY.]
‹f067rº02--›	{.«.88.».C.N.BE'I'O.NA.IX.HK.NA.OC.NA.Z.N.}
‹f067rº03--›	{.C'M.C.A.C.Z.N.I.K'A'A.I'I'G.C.Q.CQ.IX.HK.}
‹f067rº04--›	{.N'J0.BF.D.B'N.I'I'G.C'I'N.Z.C.D./.AE.\.}
‹f067rº05--›	{.C.I.CC.C.XJ'D'CO'BY.C.Q.XC.M.CO'D.C.N.}
‹f067rº06--›	{.C'I'N.K'A'A.I'I'G.C.Q.CQ.C.K.R.IX.C.G.I.XJ'D'CO'BY.}
‹f067rº06fº›	[Fissum: ‹f067rº06› .XJ.D. and ‹f067rº07› .CO.BY.]
‹f067rº07--›	{.«.88.».C'M.C'D'C'D.HM.C'I'N.C.RA.HY.}
‹f067rº08--›	{.L.QT.C.N.QT.CX.I.O.C'M.C'I'N.XJ'D'CO'BY.CX.CU.S'D.}
‹f067rº09--›	{.QX.N.C.C.RA.C.D.NA.HM.XJ'D'CO'BY.CO'D.NA.BC.H.O.}
‹f067rº10--›	{.L.N.S'S'ST.HM.XJ'D'CO'BY.NA.IG.NA.L.NA.CO.}
‹f067rº11--›	{.BF.QV.CO.C.Q.C.HY.ED.C.V.HX'H'H.C.IX.C'F'O'R'CO.IX.}

folio 67 verso

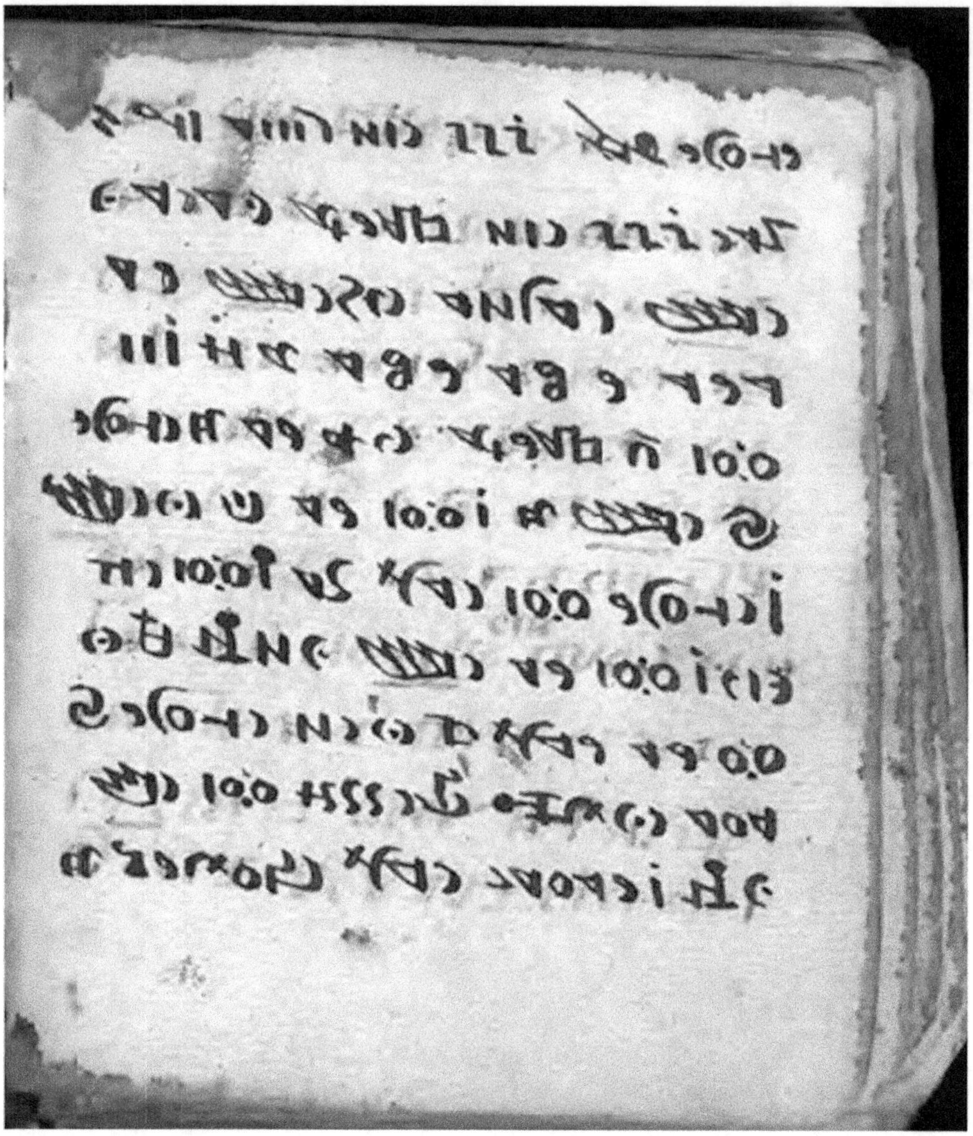

‹f067v°01--> {.C'F'O'R'CO.«.99.».HX'H'H.C'I'N.L.I'I'I.D.I.XV'O.≈.}

‹f067v°01a°› [Abbreviatiōnem: .«.99.».=Sparrow.]

‹f067v°01c°› [Commentārium: Sparrow originally transcribed .QX.K.Q.]

‹f067v°02--> {.AG'D.C.HX'H'HK.C'I'N.XJ'D'CO'BY.CX.D.C.D.QX.}

‹f067v°03--> {.C'M.C'D'R'N'D.C.Q.XB.C'M.CO'D.}

‹f067v°04--> {.D.CO'D.CO'BF'D'CO'BF'D.V'T'T.IX.I.I.}

‹f067v°05--> {.O'X2'O'I.A.XJ'D'CO'BY.C.Q.MN.CO'D.NA.C'F'O'R'CO.}

‹f067v°06--> {.CQ.C'M.NA.IX.O'X2'O'I.CO'D.BK.C.Q.C'M.}

‹f067v°07--> {.IX.C'F'O'R'CO.O'X2'O'I.C'D'R'T.S'D.IG.O'X2'O'I.C'I'T.}

‹f067v°08--> {.CE.I.Q.IX.O'X2'O'I.CO'D.C'M.X.QX.N'J0.NT.CE.Q.}

‹f067v°09--> {.O'X2'O.CO'D.CO'D'R'T.HM.Z.C.N.C'F'O'R'CO.CQ.}

‹f067v°10--> {.D'O'D.Z'RT'NB.CU.XS.C.S'S'ST.O'X2'O'I.C'M.}

‹f067v°11--> {.QX.J0.IX.C.D'O'D.K.C'D'R'T.BE'I'O.RT.CO.E.NA.}

folio 68 recto

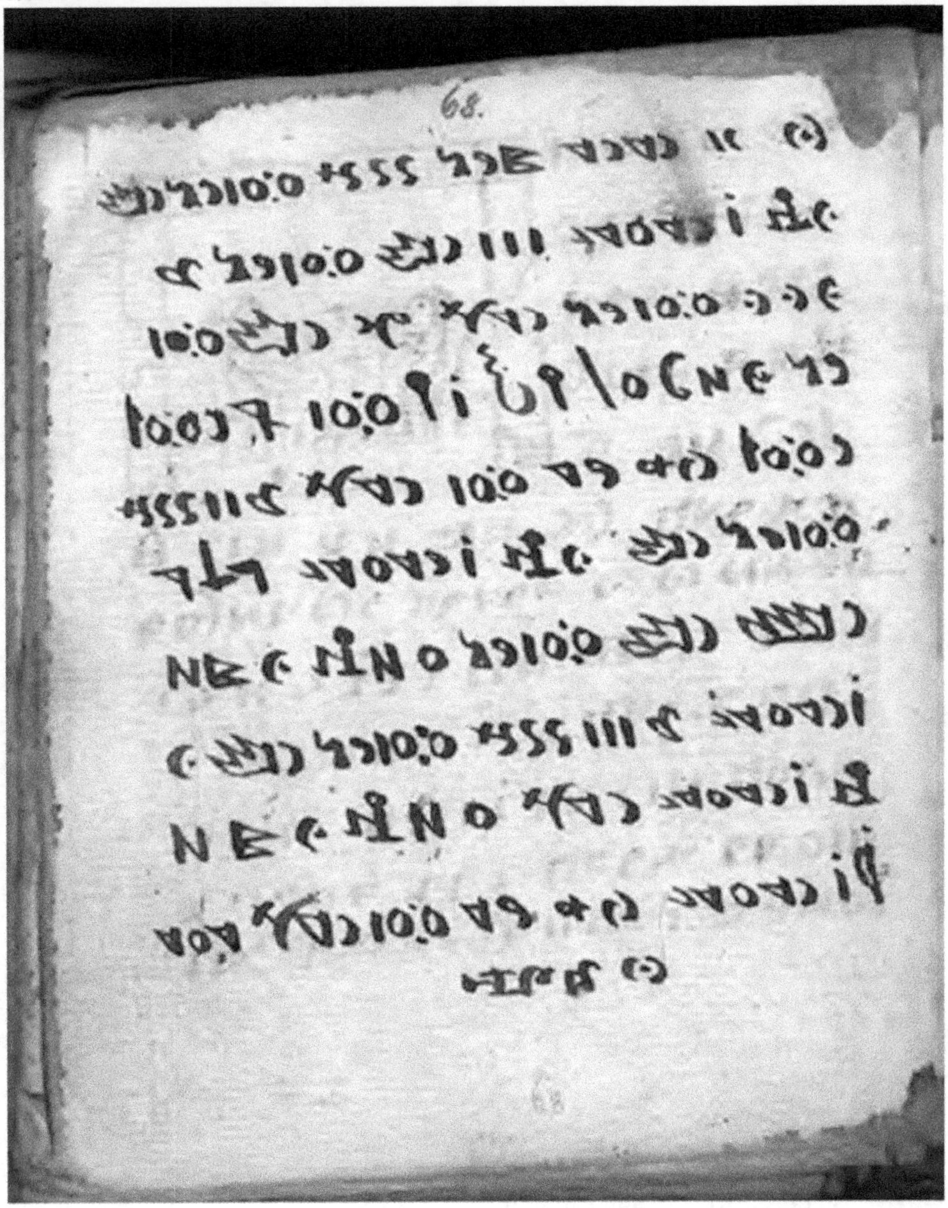

‹f068r°01--› {.Z.J.J.C'D'C'D.B.C.E.S'S'ST.O'X2'O'I.C.E.C'M.}
‹f068r°02--› {.QX.J0.IX.C.D'O'D.K.I'I'I.C'M.O'X2'O'I.CO.E.V.}
‹f068r°03--› {.QX.CX'CX.O'X2'O'I.CO.E.C'D'R'T.RO'C.C'M.O'X2'O'I.}
‹f068r°04--› {.CO.E.QX.N'QV.O.II.IG.NG.IX.IG.O'X2'O'I.BI.C.O'X2'O'I.}
‹f068r°05--› {.C.O'X2'O'I.C.Q.MN.CO'D.O'X2'O'I.C'D'R'T.V.I.I.S'S'ST.}
‹f068r°06--› {.O'X2'O'I.C.E.C'M.QX.J0.IX.CO'D'O'D'K.DP.IH.DP.}
‹f068r°07--› {.C'M.C'M.O'X2'O'I.CO.E.O.N'J0.QX.B'N.}
‹f068r°08--› {.IX.C.D'O'D.K.V.I'I'I.S'S'ST.O'X2'O'I.CO.E.C'M.QX.}
‹f068r°09--› {.J0.IX.C.D'O'D.K.C'D'R'T.O.N'J0.QX.B'N.}
‹f068r°10--› {.IX.IX.C'D'O'D'K.C.Q.T.CO'D.O'X2'O'I.C'D'R'T.D.D'O'D.}
‹f068r°11--› {.«.00.».Z.NA.RT'NB.«.00.».}

folio 68 verso

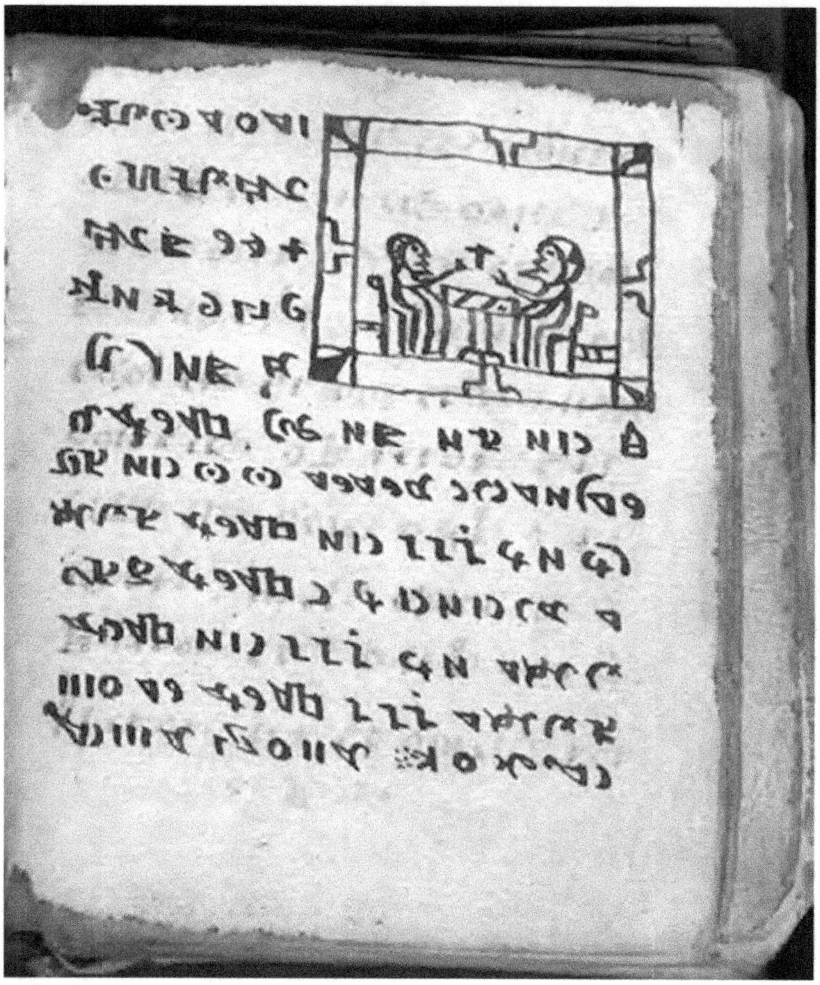

‹f068v°00i°› [Illūstrātiō: P-32:URLS Two men seated at table w/ cross between them; hands reaching.]
‹f068v°01--> {.I'D'O'D.Z'RT'NB.}
‹f068v°01t°› [Trānslātiō: "Hear the holy Word..."]
‹f068v°02--> {.BA.RT'HF'HS.QX.}
‹f068v°02t°› [Trānslātiō: "...of Saint John in..."]
‹f068v°03--> {.T.CY.CO.B'BA.}
‹f068v°03t°› [Trānslātiō: "...sixteenth chapter of his..."]
‹f068v°04--> {.QV'KE'BB.HK.N'J0.}
‹f068v°04t°› [Trānslātiō: "...when...the Lord Jesus..."]
‹f068v°05--> {.NA.B'N.L.W.}
‹f068v°06--> {.BW.C'I'N.HY.N.B'N.U'QV.XJ'D'CO'BY.BQ.}
‹f068v°07--> {.CO'D'R'N'D.C.Q.C.V'CO'D'CO'D.Z.CX.Q.C'I'N.HY.C.S.}
‹f068v°08--> {.L.QT.N.QT.HX'H'H.C'I'N.XJ'D'CO'BY.HY.RT.XI'D.}
‹f068v°08f°› [Fissum: ‹f068v°08› .XI. and ‹f068v°09› .D.]
‹f068v°09--> {.«.88.».V.Q.C'I'N.C.I.QT.C.XJ'D'CO'BY.HY.J.C.}
‹f068v°10--> {.RT'XI'D.N.QT.HX'H'H.C'I'N.XJ'D'CO'BY.}
‹f068v°11--> {.HY.RT'XI'D.HX'H'H.XJ'D'CO'BY.CO'D.O.I'I'I.}
‹f068v°12--> {.C'D'O.RO'C.O.XF'XX.V.I.I.O.K'A'A.V.I'I'I.C'D'O.}

folio 69 recto

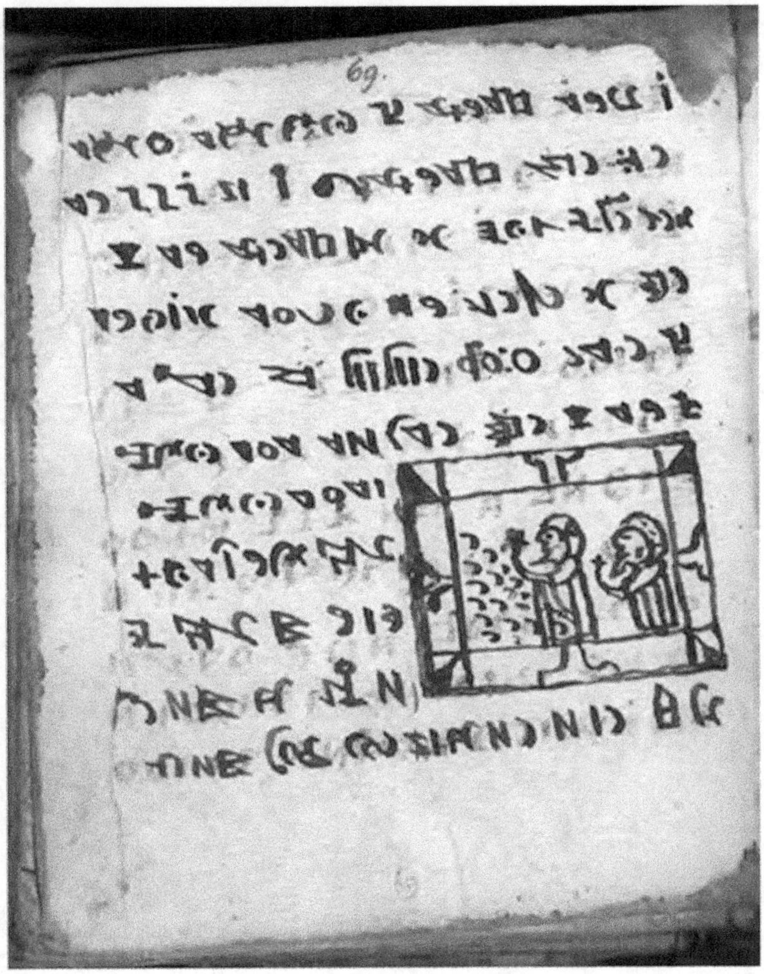

‹f069r°01--› {.IX.W'CO'D.XJ'D'CO'BY.HY.Z.RT'XI'D.O.XI'D.}
‹f069r°02--› {.C.F'X2.C'IZ.XJ'D'CO'BY.LO.IG.I'AG.HX'H'H.CO'D.}
‹f069r°03--› {.C'A'A'A.CX.I.X.BI.W'CO'D.CU.T.X2.I.QS.}
‹f069r°04--› {.C'XG.Q.C.EK.C.K.CO'D.QX.BL.O.D.Q.I.IX.C.Q.CO'D.}
‹f069r°05--› {.HY.C.D.C.O'X2'O'I.Q.C'I'AE'I'AE.DB.C'D'O'D.}
‹f069r°06--› {.HM.CO'D.BC.C'XG.C'D'R'N'D.D'O'D.Z'RT'NB.}
‹f069r°07i°› [Illūstrātiō: P-33:LRMS Two men w/ arms raised before hill/mount.]
‹f069r°07--› {.I'D'O'D.Z'RT'NB.}
‹f069r°07t°› [Trānslātiō: "Hear the holy Word..."]
‹f069r°08--› {.BA.RT'CO'IH'D.QX.T.CY.I.}
‹f069r°08t°› [Trānslātiō: "...of Saint Luke in the seventeenth..."]
‹f069r°08f°› [Fissum: ‹f069r°08› .T. and ‹f069r°09› .CY.I.]
‹f069r°09--› {.«.88.».CO.B'BA.HK.}
‹f069r°09t°› [Trānslātiō: "...chapter of his..."]
‹f069r°10--› {.N'J0.NA.B'N.L.}
‹f069r°10t°› [Trānslātiō: "Lord Jesus, your disciple on..."]
‹f069r°11--› {.W.BW.C'I'N.C.N.NA.I'AG.AD.Q.U'QV.B'N.AC.}

folio 69 verso

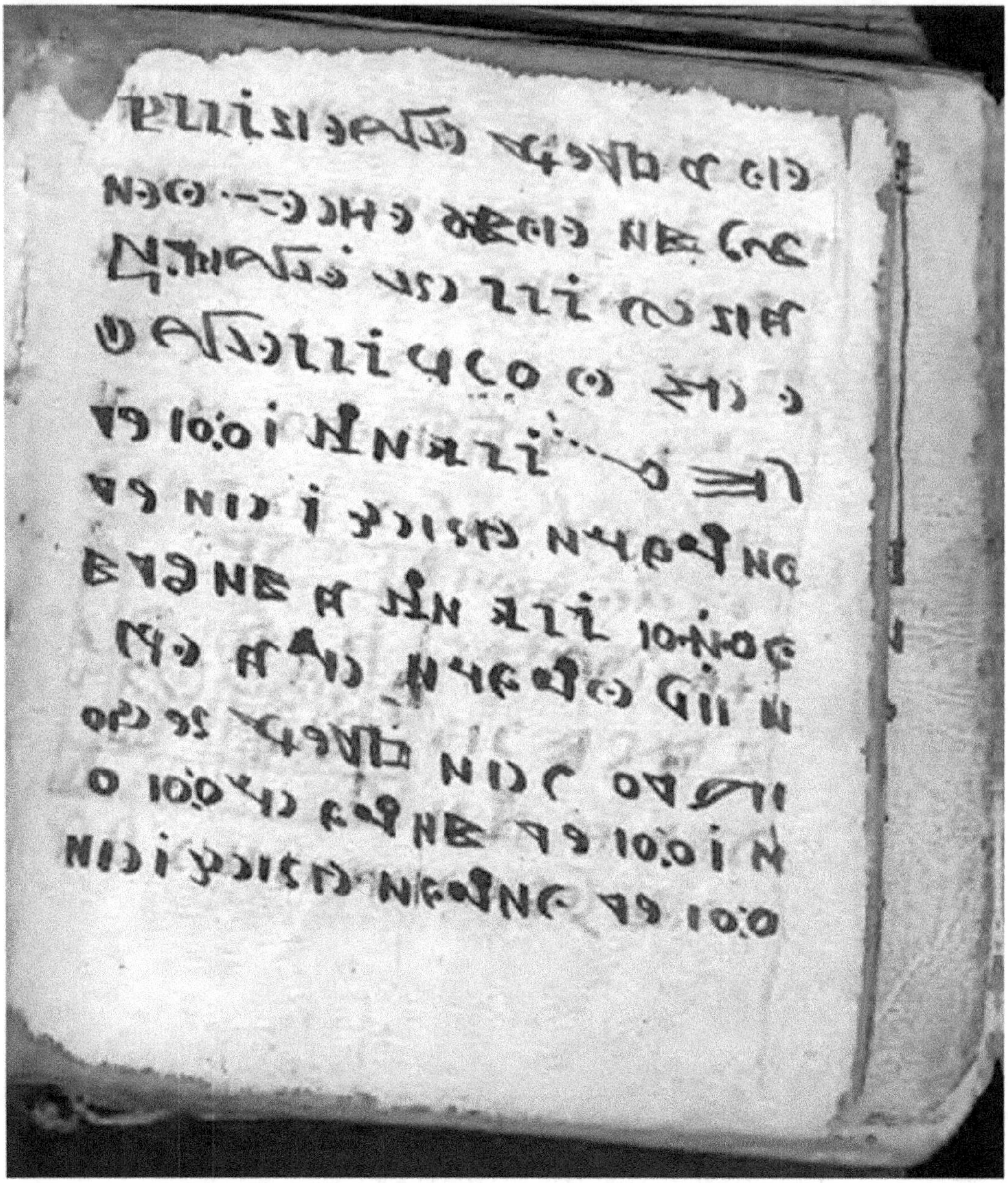

‹f069v°01--› {.CX.I.QX.V.XJ'D'CO'BY.C'K'RA'BS'CE.I'AG.HX'H'H.HY.}
‹f069v°02--› {.U'QV.B'N.CX.I.QX.B'CV.CX.F.I.C.CX.PF.Z.CE.N.}
‹f069v°03--› {.NA.I'AG.AD.R.HX'H'H.C.S.K.CX.K.RA.BS.I.I.DP.XW'X.}
‹f069v°04--› {.CX.C'IZ.Z.O.Q.IJ.HX'H'H.CX.K.RA.BS.BK.}
‹f069v°05--› {.L.XN.OB.HX'H'HK.N'J0.IX.O'X2'O'I.CO'D.}
‹f069v°06--› {.QX.N.BH.RO.BG.N.C.A.S.I.C.CC.IX.C'I'N.CO'D.}
‹f069v°07--› {.QX.O.X.N.X2.X.O.I.HX'H'HK.N'J0.NA.B'N.BF.D.B.}
‹f069v°08--› {.N.I'I'G.Z.BH.QX.BG.N.C'BD.NA.CX.BG.Q.}
‹f069v°09--› {.I.LA.BS'D.O.R.C'I'N.XJ'D'CO'BY.S.CO.BE'I'O.}
‹f069v°10--› {.N.IX.O'X2'O'I.CO'D.B'N.BH.QX.C'BG.O'X2'O'I.O.}
‹f069v°11--› {.O'X2'O'I.CO'D.QX.N.BH.QX.N.C.A.S.I.C.CC.IX.C'I'N.}

folio 70 recto

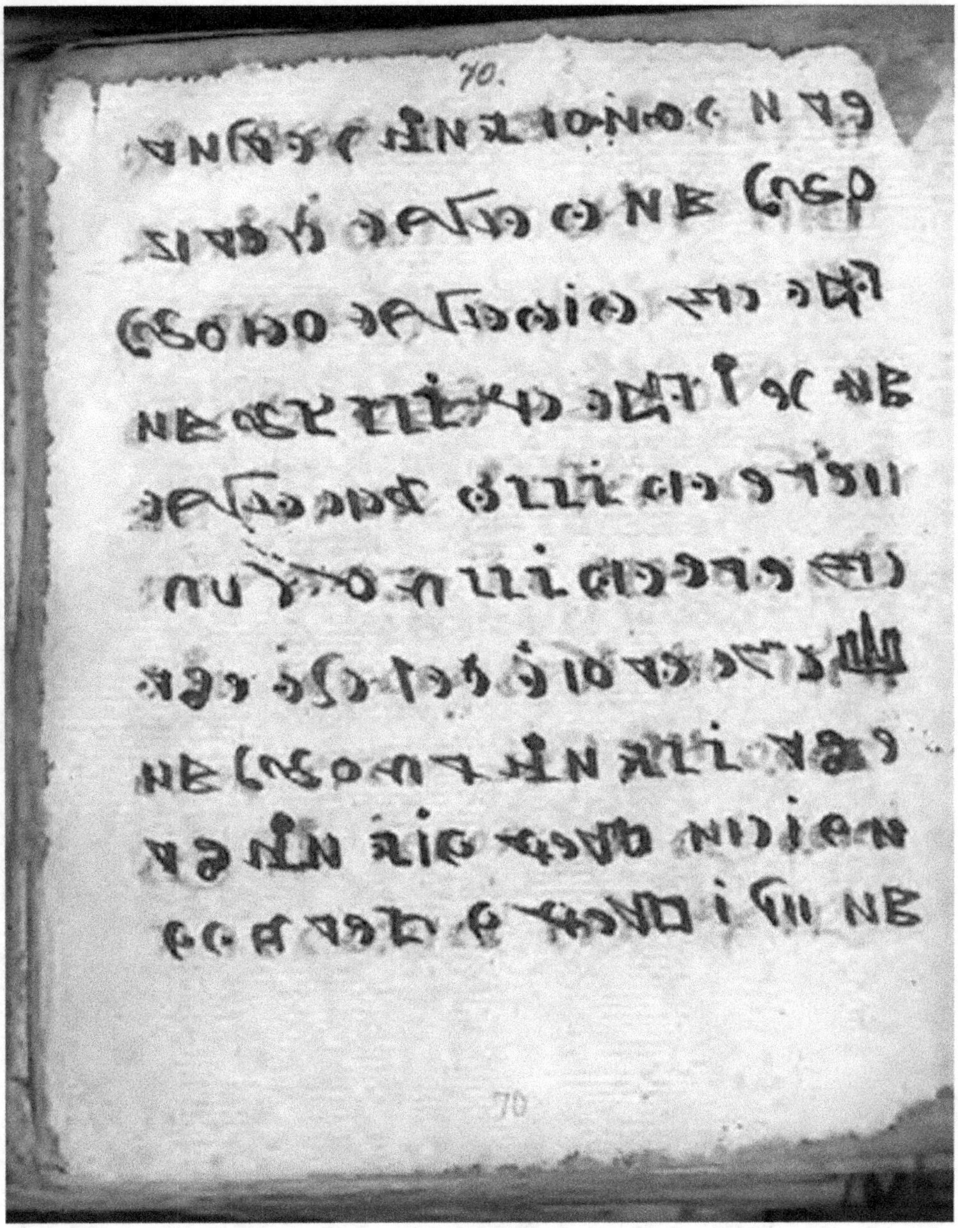

‹f070r°01--› {.CO'D.N.QX.OI.N.O.F.HK.N'J0.R.CX.D'R'N'D.}
‹f070r°02--› {.O.U'QV.B'N.Z.CX.K.RA.BS.CX.LT.A'CO'D.I'AG.}
‹f070r°03--› {.LA.X.MB.CX.C'IZ.Z.IX.Z.CX.I.RA.BS.CE'O.CX.I.O.U'QV.}
‹f070r°04--› {.B.N.Q.CO.IG.LA.X.MB.CX.C'BG.HX'H'H.HY.U.B'N.}
‹f070r°05--› {.I.I.CO'DP'CO.CX.I.QX.HX'H'H.Z.V.XY.CX.CX.K.AS.NY.CX.}
‹f070r°06--› {.C'IZ.CO'DP'CO.CX.I.QX.HX'H'H.AC.EA.X2.L.BL.XD.}
‹f070r°07--› {.XM.CO.AS.CE.CO.X.D.O.I.CE.LT.CE.A.C.S.CX.CO'BF'D'CO'BF'D.}
‹f070r°07f°› [Fissum: ‹f070r°07› .CO'BF'D.≈. and ‹f070r°08› .CO'BF'D.]
‹f070r°08--› {.«.88.».HX'H'HK.N'J0.BI.AC.O.U'QV.B'N.}
‹f070r°09--› {.N.BS.IX.C'I'N.XJ'D'CO'BY.QX.IX.HK.N'J0.BF.D.}
‹f070r°10--› {.B'N.I'I'G.IX.XJ'D'CO'BY.QX.HM.CO'D.NA.QX.QX.}

folio 70 verso

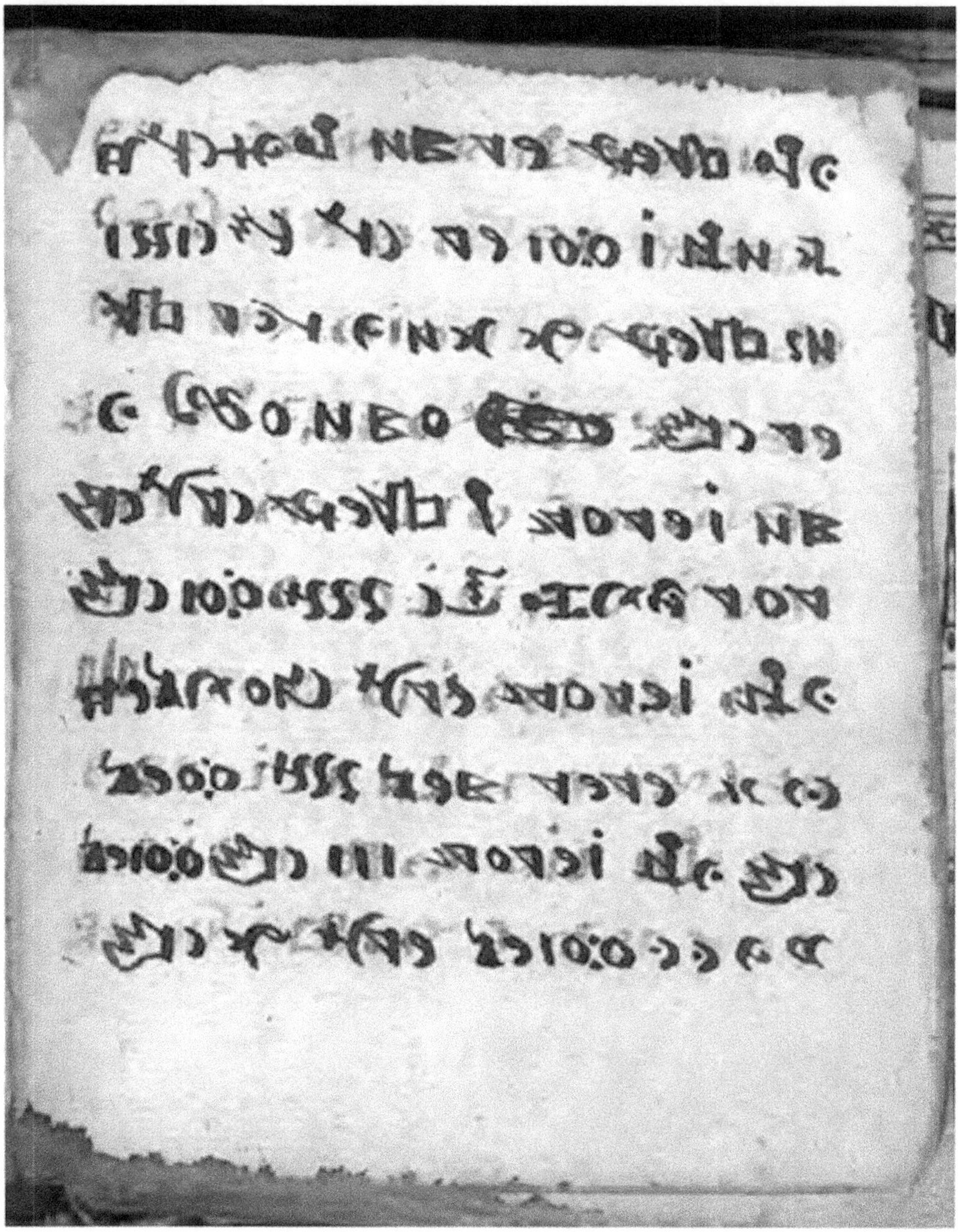

‹f070v°01--› {.QX.BH.XJ'D'CO'BY.CO'D.B'N.BH.QE.T.C'BG.NA.}
‹f070v°02--› {.HK.N'J0.IX.O'X2'O'I.CO'D.C'BG.CA.XS.C.I.SS.I.}
‹f070v°03--› {.N.S.XJ'D'CO'BY.RO'C.RO'C.N.I.QX.I.XV.C.D.XJ.D.}
‹f070v°04--› {.CO'D.C'M.|.O.U.CV.|.O.B'N.O.U'QV.QX.}
‹f070v°05--› {.B'N.IX.B.D'O'D.K.IG.XJ'D'CO'BY.C'D'R'T.C.D.J.}
‹f070v°06--› {.D'O'D.CX.R.RT'NB./.XS.\.C.S'S'ST.O'X2'O'I.C'M.}
‹f070v°07--› {.QX.J0.IX.CO'D'O'D'K.C'D'R'T.BE'I'O.RT.E.XM.}
‹f070v°08--› {.Z.C.I.CO'D'CO'D.B.CO.E.S'S'ST.O'X2'O.CO.E.}
‹f070v°09--› {.C'M.QX.J0.IX.CO'D'O'D'K.I'I'I.C'M.O'X2'O'I.CO.E.}
‹f070v°10--› {.V.QX.CX'CX.O'X2'O'I.CO.E.CO'D'R'T.RO'C.C'M.}

folio 71 recto

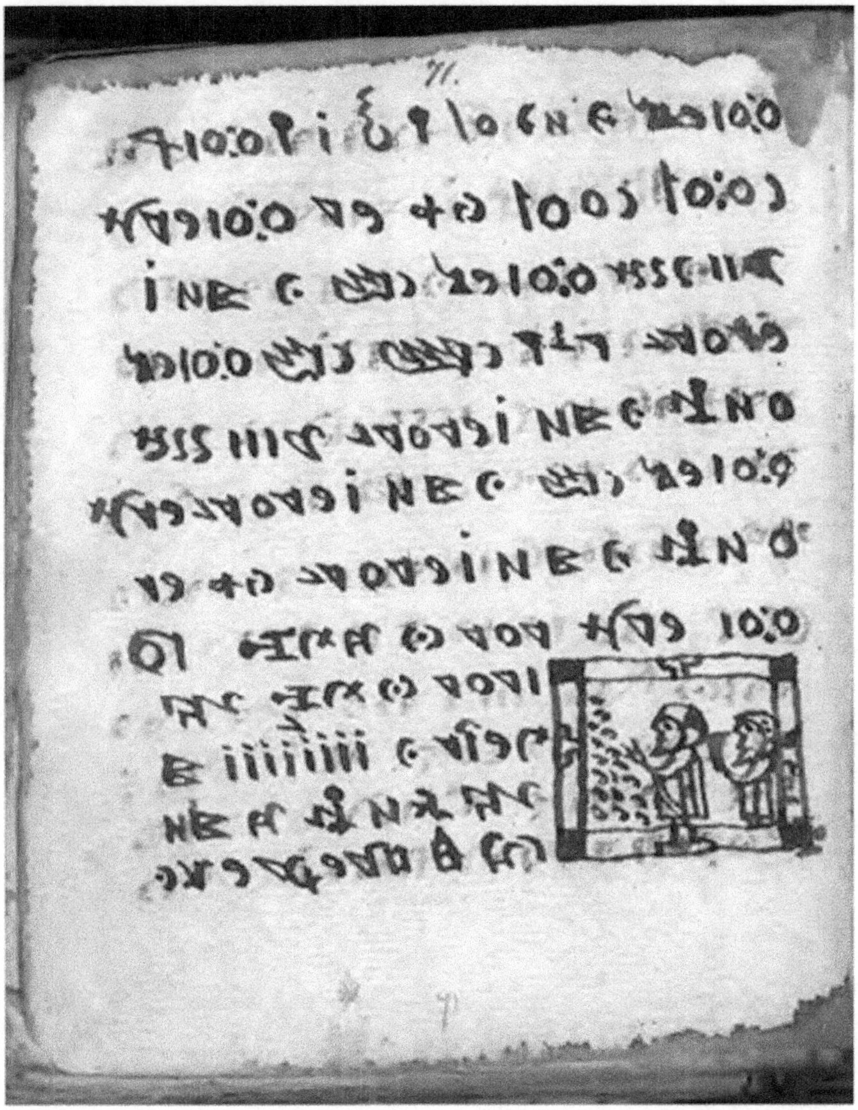

‹f071r°01--› {.O'X2'O'I.CO.E.QX.N'QV.O.I.IG.NG.IX.IG.O'X2'O'I.BI.}
‹f071r°02--› {.C.O'X2'O.BT.C.O.O.A.C.Q.MN.CO'D.O'X2'O'I.CO'D'R'T.}
‹f071r°03--› {.V.I.I.C.S'S'ST.O'X2'O'I.CO.E.C'M.QX.B'N.IX.}
‹f071r°04--› {.CO.X.D'O'D.K.DP.XS.IR.DP.C'M.C'M.O'X2'O'I.CO.E.}
‹f071r°05--› {.O.N'J0.QX.B'N.IX.CO'D'O'D'K.V.I'I'I.S'S'ST.}
‹f071r°06--› {.O'X2'O'I.CO.E.C'M.QX.B'N.IX.CO'D'O'D'K.CO'D'R'T.}
‹f071r°07--› {.O.N'J0.QX.B'N.IX.CO'D'O'D'K.C.Q.T.CO'D.}
‹f071r°08--› {.O'X2'O'I.CO'D'R'T.D'O'D.Z.NA.RT'NB.«.00.».XC.O.}
‹f071r°09i°› [Illūstrātiō: P-34:LRSS Two men w/ arms raised before hill/mount.]
‹f071r°09--› {.I'D'O'D.Z'RT'NB.BA.}
‹f071r°10--› {.RT'CO'IH'D.QX.IX.IX.IX.IX.IX.IX.IX.IX.B.}
‹f071r°11--› {.BA.HK.N'J0.NA.B'N.}
‹f071r°12--› {.L.W.BW.XJ'D'CO'BY.CO.ED.CX.}

folio 71 verso

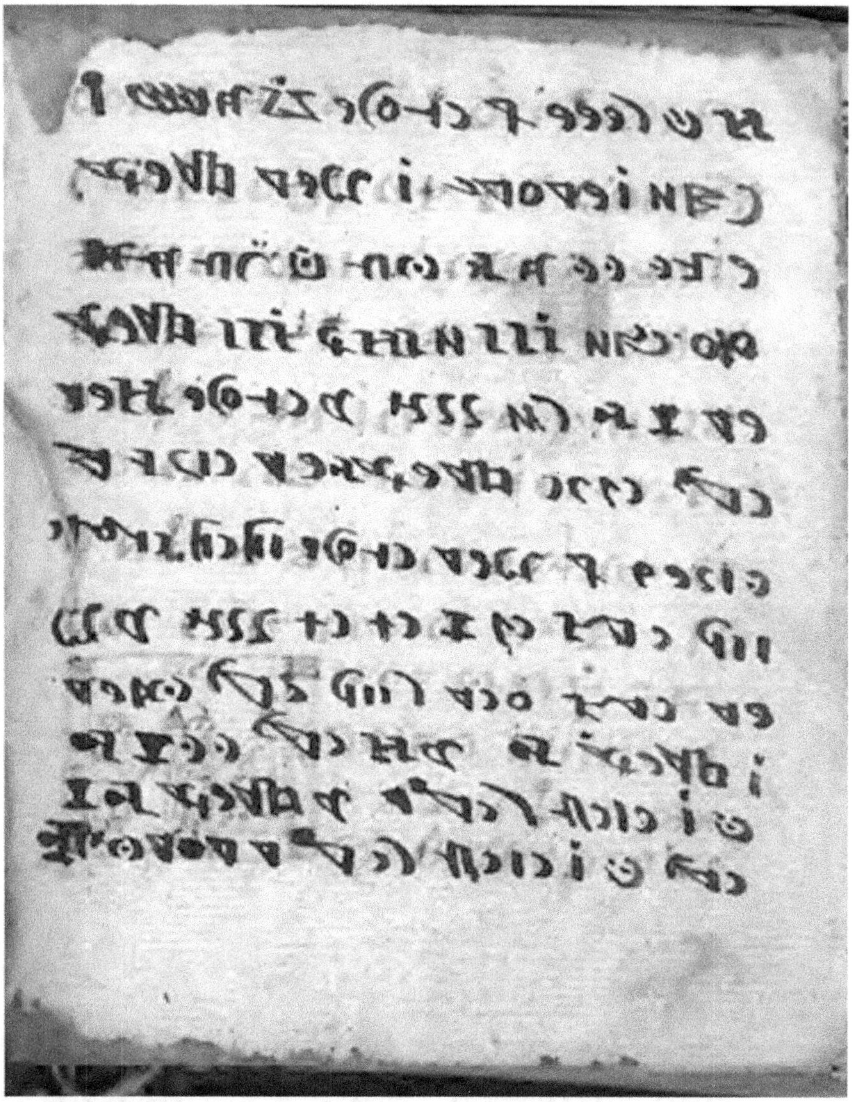

‹f071vº01-->   {.HF'H.BK.L.CO'CO'CO.BI.C'F'O'R'CO.XW'X.NA.M.IG.}
‹f071vº02-->   {.C.B'N.IX.CO'D'O'D'K.IX.W'CO'D.XJ'D'CO'BY.}
‹f071vº03-->   {.CO.ED.CX'CX.CY.NA.HK.Z.AC.NP.R.AC.R.F.R.}
‹f071vº04-->   {.OC.BE.I.N.HX'H'H.N.H'HF'H.QT.HX'H'H.XJ'D'CO'BY.}
‹f071vº05-->   {.CO'D.BC.HF.O.L.N.S'S'ST.V.C'F'O'R'CO.HF'H.CO'D.}
‹f071vº06-->   {.C.D.Q.C.A.Q.C.XJ'D'CO'BY.HK.CO'D.C'I'Q.HF.DB.}
‹f071vº07-->   {.CX.I'AG.CO.RO.BI.W'CO'D.C.F.O.R.I'I'AE.C'AE.H.XV.OB.I.C.}
‹f071vº08-->   {.I'I'G.C'D'HY.C.A.BC.C'TA.C'TA.C'TA.S'S'ST.V.W'CO'D.}
‹f071vº08fº›   [Fissum: ‹f071vº08› .W. and ‹f071vº09› .CO'D.]
‹f071vº08hº›   [Hyperbolē: .C'TA. has been added to complete the triad found in ‹f071vº08› above.]
‹f071vº09-->   {.«.88.».C'D'HY.O.C.D.L.I'I'G.C'D'R.Z.I.CO'D.}
‹f071vº10-->   {.IX.XJ'D'CO'BY.HF.O.V.HF'H.C'D'R.CX'CX.BC.HF.O.}
‹f071vº11-->   {.NP.IX.CX.I.C.AC.L.C'D'O'D.V.XJ'D'CO'BY.HF.O.BC.}
‹f071vº12-->   {.C'D'R.NP.IX.C.I.C.AC.L.C'D'O'D.D'O'D.Z'RT'NB.}

folio 72 recto

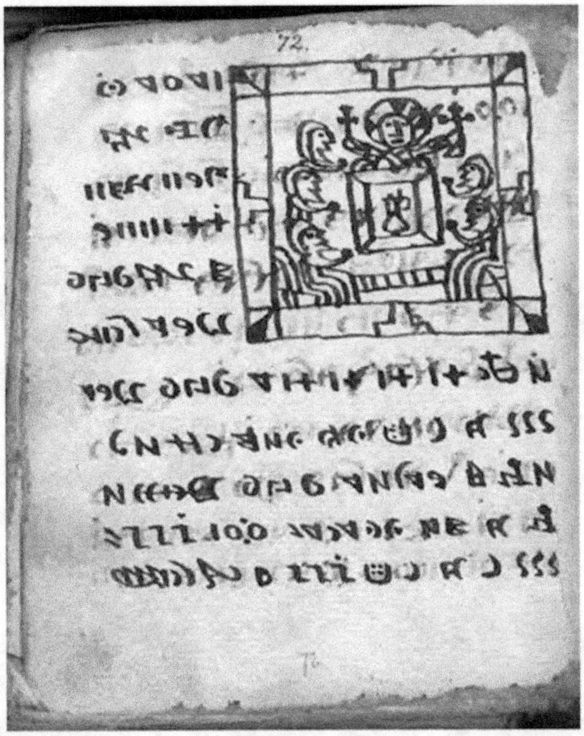

‹f072r°00i°› [Illūstrātiō: P-35:URLS Last Supper. Jesus appearing before group of men.]
‹f072r°00e°› [Ēditiō Vulgāta: 1 CO 11:23-27.]
‹f072r°01--› {.I'D'O'D.Z.}
‹f072r°01t°› [Trānslātiō: "Hear the..."]
‹f072r°02--› {.RT'NB.BA.}
‹f072r°02t°› [Trānslātiō: "...holy Word of..."]
‹f072r°03--› {.RT.CO.I.I.XZ.QX.I.I.}
‹f072r°03t°› [Trānslātiō: "...Saint...in (the) second..."]
‹f072r°04--› {.IX.T.I'I'I'I.CO.}
‹f072r°04t°› [Trānslātiō: "...and fifteenth chapter..."]
‹f072r°04e°› [Ēditiō Vulgāta: 1 CO 15:3-8.]
‹f072r°05--› {.B'BA.QV'KE'BB.}
‹f072r°05t°› [Trānslātiō: "...of his when..."]
‹f072r°06--› {.W'CO'D.L.C'I'KC.}
‹f072r°06t°› [Trānslātiō: "...was risen..."]
‹f072r°07--› {.N'C0.T'I'T'I'T'I'T'I.D.QV'KE'BB.W'CO'D.}
‹f072r°07t°› [Trānslātiō: "...the Christ forty days when were..."]
‹f072r°08--› {.S'S'S.NA.C.I.BL'XX.Z.BE.I.QX.N.DB.C.T'T.N'QV.}
‹f072r°08t°› [Trānslātiō: "...many disciples..."]
‹f072r°09--› {.N'J0.BW.CO'D'R'N'D.QV'KE'BB.|.W'CE'T'Q'Q.|.N'J0.}
‹f072r°09f°› [Fissum: ‹f072r°09› .N. and ‹f072r°10› .J0.]
‹f072r°10--› {.«.88.».NA.B'N.QX.CX.D.C.D.K.O'X2'O.P.HX'H'H.≈.}
‹f072r°11--› {.S'S'S.C.NA.C.BL.X4.HX'H'H.CD.UC.L.C'M.}

folio 72 verso

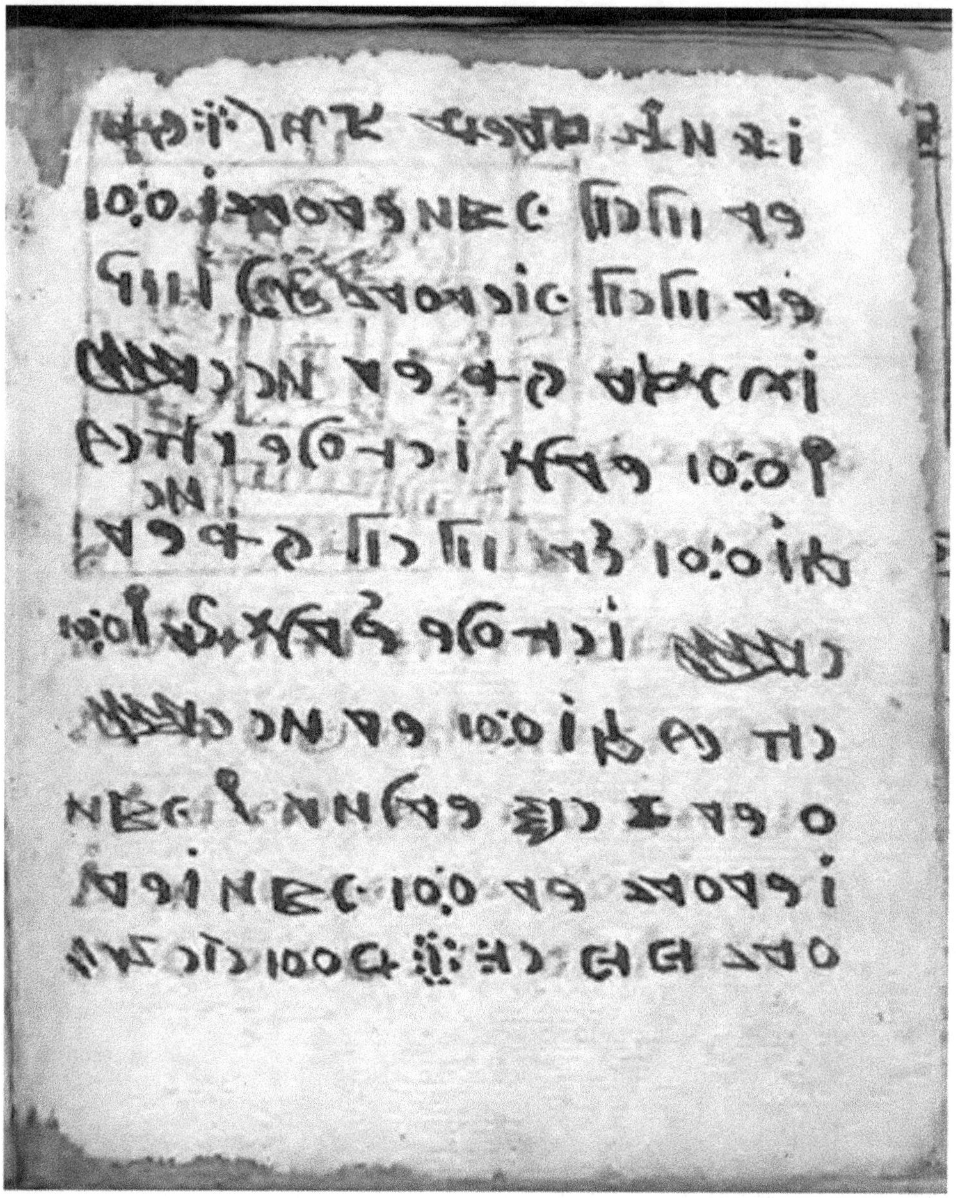

<f072v°01--> {.IX.HK.N'J0.XJ'D'CO'BY.HY.NA.L.I'X5.C.Q.MN.}
<f072v°02--> {.CO.DP.I'AE.C'AE.QX.B'N.CO'D'O'D'K.IX.O'X2'O'I.}
<f072v°03--> {.CO'D.I'AE.C'AE.QX.IX.CO'D'O'D'K.U'QV.I'I'G.}
<f072v°04--> {.I.RT'XI'D.C.Q.MN.CO'D.N.C.C'M.}
<f072v°05--> {.IG.O'X2'O'I.CO'D'R'T.IX.C'F'O'R'CO.C'I'T.C.QE.}
<f072v°06--> {.FQ.IX.O'X2'O'I.CC'D.C'I'AE.CU'C.AE.C.Q.MN.N.C.CO'D.}
<f072v°07--> {.C'M.IX.C'F'O'R'CO.C.CO'D'R'T.S'D.IG.O'X2'O'I.}
<f072v°08--> {.C'I'T.C.BS.BE.I.IX.O'X2'O'I.CO'D.N.C.C'M.}
<f072v°09--> {.O.CO'D.BC.C'XG.CO'D'R'N'D.IG.I.QX.B'N.}
<f072v°10--> {.IX.CO'D'O'D'K.CO'D.O'X2'O'I.QX.B'N.IX.CO'D.}
<f072v°11--> {.O.D.K.F.Q.F.Q.C.F'X2.((.I.)).QT.O'X2'O'I.C.IH.C.AG'D.≈.}

folio 73 recto

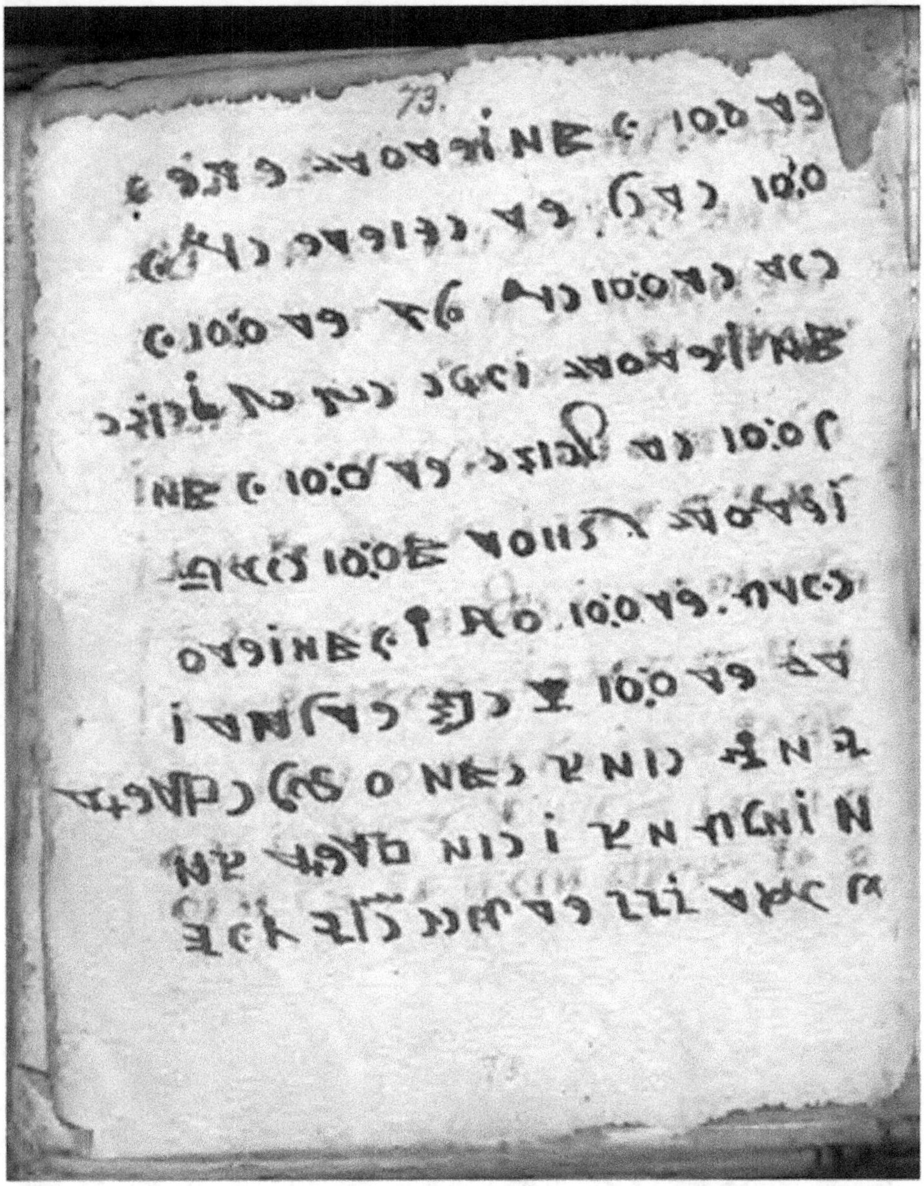

‹f073r°01-->   {.CO'D.O'X2'O'I.QX.B'N.IX.CO'D'O'D'K.CO'DP'CO.QX.}
‹f073r°02-->   {.O'X2'O'I.C.D.C.R.CO'D.C.CY.I.CO'D'CO.C'BG.QX.}
‹f073r°03-->   {.C.Q.D.C.D.O'X2'O'I.C'BD.O.R.A'CO'D.O'X2'O'I.QX.}
‹f073r°04-->   {.B'N.IX.CO'D'O'D'K.I.R.QT.C.C.A.KE.IX.C.XS.XB.C.}
‹f073r°05-->   {.R.O'X2'O'I.C'D'R.C.I'AG.C.CO'D.O'X2'O'I.QX.B'N.}
‹f073r°06-->   {.IX.CO.D'O'D.C.L.S.I.I.O.D.B'O'X2'O'I.C.I.V.BU.}
‹f073r°07-->   {.Z.D.AC.CO'D.O'X2'O'I.O.XA.IG.QX.B'N.IX.CO'D.O.}
‹f073r°08-->   {.D.DR.CO'D.O'X2'O'I.BC.C'XG.CO'D.R.D.I.D.IX.}
‹f073r°09-->   {.HK.N'J0.C'I'N.HY.C.B'N.O.U'QV.C.XJ'D'CO'BY.}
‹f073r°10-->   {.N.IX.N'QV.AC.N.HY.IX.C'I'N.XJ'D'CO'BY.HY.N.}
‹f073r°11-->   {.RT'XI'D.HX'H'H.CO'D.NA.C'A'C'AS.HF.A.QX.HF.}

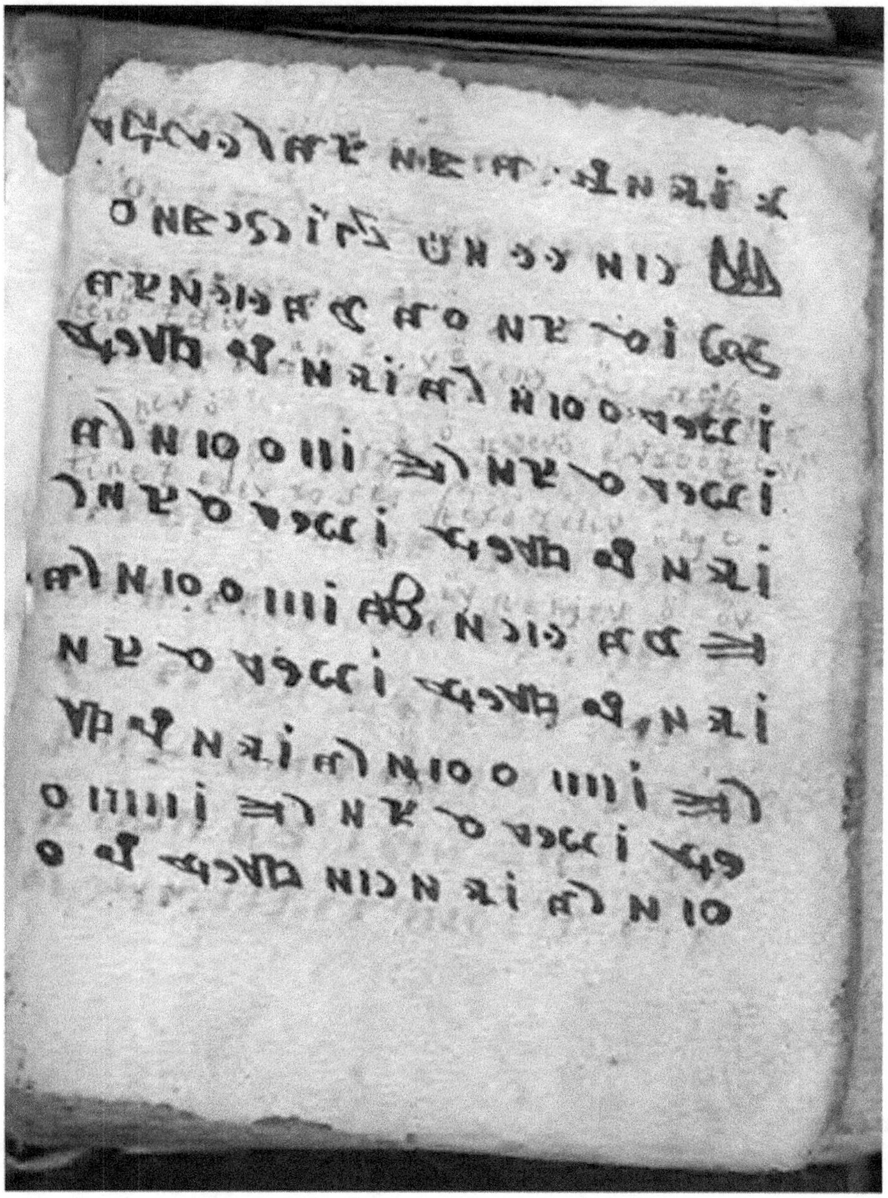

‹f073v°01--› {.BX.IX.HK.N'J0.NA.B'N.HY.NA.L.CX.K.C.MB.D.}
‹f073v°02--› {.XM.C'I'N.CX.CE.N.NP.K'A'A.IX.C'S'C.B'N.O.}
‹f073v°03--› {.U'QV.IX.OB.HY.N.O.NA.V.BQ.CY.I.C.N.HY.NA.}
‹f073v°04--› {.IX.W'CO'D.O.O.I.N.L.NA.IX.HK.N.BH.XJ'D'CO'BY.}
‹f073v°05--› {.IX.W'CO'D.OB.HY.N.L.XN.IX.I.I.O.O.I.N.L.NA.}
‹f073v°06--› {.IX.HK.N.BH.XJ'D'CO'BY.IX.W'CO'D.OB.HY.N.I..}
‹f073v°07--› {.XN.V.NA.CX.I.C.N.C.DN.BS.IX.I'I'I.O.O.I.N.L.NA.}
‹f073v°08--› {.IX.HK.N.BH.XJ'D'CO'BY.IX.W'CO'D.OB.HY.N.}
‹f073v°09--› {.L.XN.IX.I'I'I'I.O.O.I.N.L.NA.IX.HK.N.BH.XJ'D'CO'BY.}
‹f073v°09f°› [Fissum: ‹f073v°09› .XJ.D. and ‹f073v°10› .CO.BY.]
‹f073v°10--› {.«.88.».IX.W.C.D.OB.HY.N.L.XN.IX.I'I'I'I'I.O.}
‹f073v°11--› {.O.I.N.L.NA.IX.HK.N.C'I'N.XJ'D'CO'BY.BH.O.}

folio 74 recto

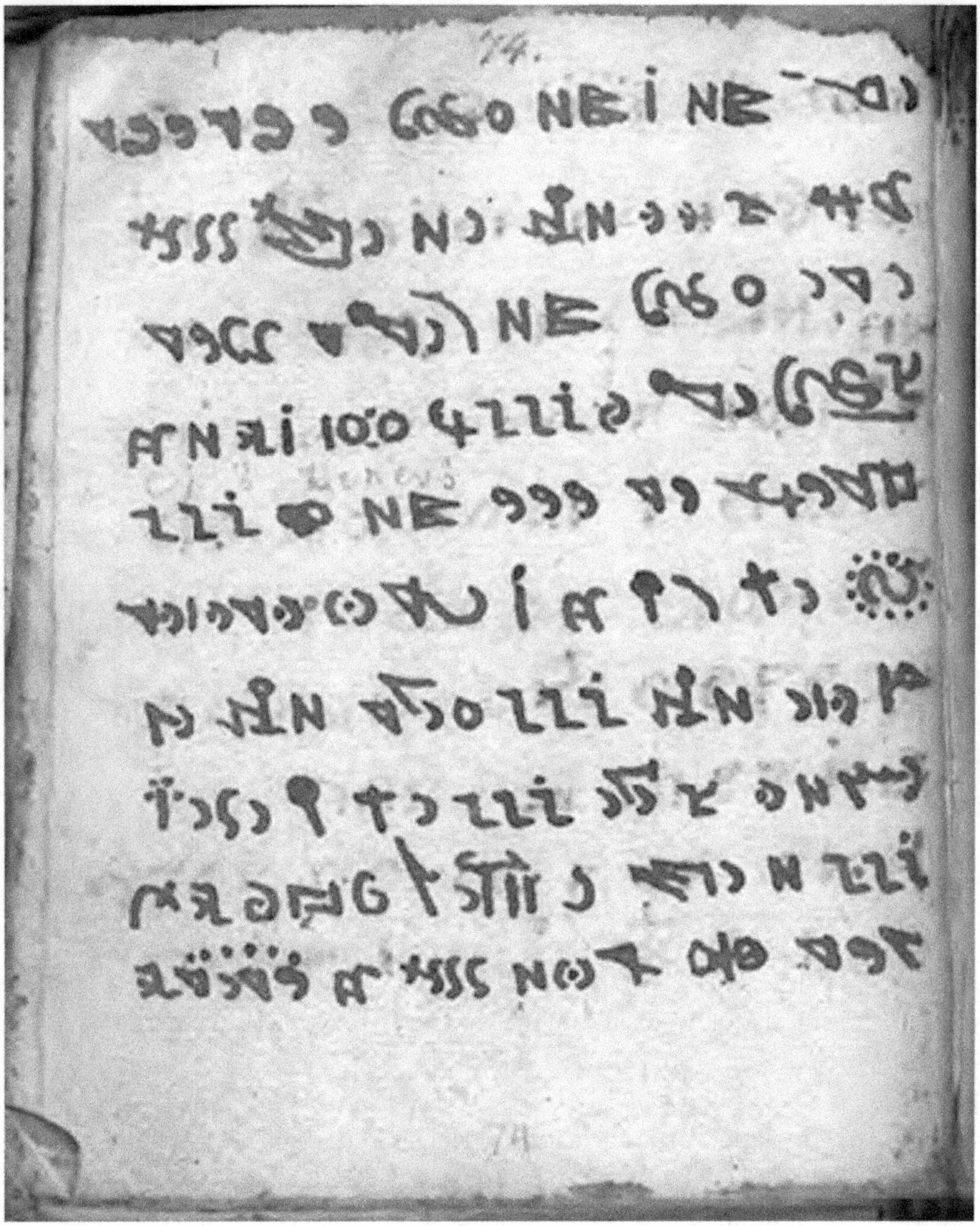

‹f074r°01--› {.C'DB'J.B'N.IX.B'N.O.U'QV.CO'BF'D'CO'BF'D.}
‹f074r°02--› {.V'T'T.HM.CX'CX.N'J0.C.N.C'MA'T.S'S'ST.}
‹f074r°03--› {.C.D.C.O.U'QV.B'N.L.C'D'O'D.W'CO'D.}
‹f074r°04--› {.HY.U'QV.C'D'O.C.Q.HX'H'H.QT.O'X2'O'I.IX.HK.N.NA.}
‹f074r°05--› {.XJ'D'CO'BY.CO'D.CO'CO'CO.B'N.XQ.HX'H'H.}
‹f074r°06--› {.((.AD.)).C.TA.L.IG.NA.IX.CU'D.Z.CX.X.D.CX'I'CX'D.}
‹f074r°07--› {.OL.CX.I.C.N'J0.HX'H'H.O.C.A.D.N'J0.C.A.}
‹f074r°08--› {.C.BO.N.CX.HY.C.AS.C.HX'H'H.C.TA.IG.C'S'C.I'X4.}
‹f074r°09--› {.HX'H'H.N.C'IZ.C.I'I'IU'C.BT.QV'KE'BB.HK.RT.}
‹f074r°10--› {.A'CO'D.OC.BI.Z.N.S'S'ST.NA.(.CO'D'C'D.).HK.}

folio 74 verso

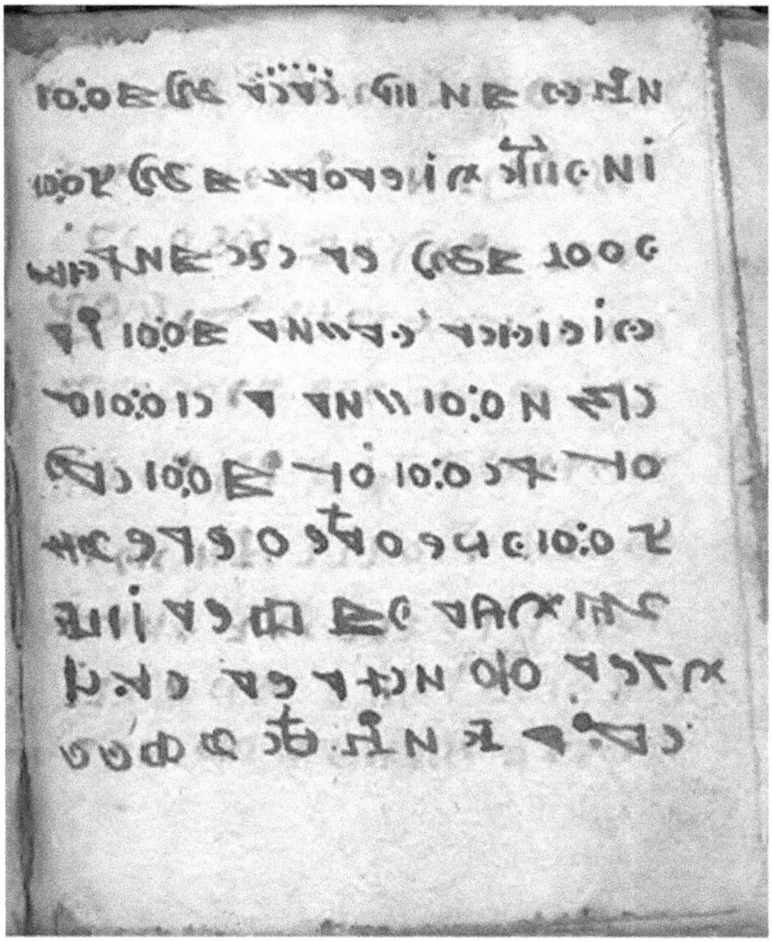

‹f074vº01--› {.N'J0.Z.B'N.I'I'G.(.C'D'C'D.).U'QV.B'O'X2'O'I.}
‹f074vº01tº› [Trānslātiō: "Your child, in the Lord Jesus, pray(s), Our Father..."]
‹f074vº01nº› [Notā Bene: THE LORD'S PRAYER.]
‹f074vº02--› {.IX.N.QX.I'I'IU'C.RT.IX.CO'D'O'D'K.B.U'QV.HY.O'X2'O'I.}
‹f074vº02tº› [Trānslātiō: "...You are in heaven. Holy is Your Name. Father, bring us..."]
‹f074vº03--› {.QX.O'O'P.B.U'QV.CO'D.C'S'C.B'N.BI.C'EY'KB'X.}
‹f074vº03tº› [Trānslātiō: "...into Your Kingdom. Father, Your Will be as above..."]
‹f074vº04--› {.Z.IX.CX'I'CX'I'C'D.CX.D.J'J'N'D.B'O'X2'O'I.IG'D.}
‹f074vº04tº› [Trānslātiō: "...so in the earth. This day, our bread..."]
‹f074vº05--› {.C'IZ.N.O'X2'O'I.J'J'N'D.D.C.I.O'X2'O'I.O'J.}
‹f074vº05tº› [Trānslātiō: "...give us today; our sin..."]
‹f074vº06--› {.O'XV.BI.C.O'X2'O'I.O'XV.B'O'X2'O'I.C'D'R.}
‹f074vº06tº› [Trānslātiō: "...forgive, as we forgive our debtors,"]
‹f074vº07--› {.HY.O'X2'O'I.QX.IJ'CO.O.D'T'CO.O.CO'DP'CO.V'T'T.}
‹f074vº07tº› [Trānslātiō: "...Bring us not into testing; lead not unto evil."]
‹f074vº08--› {.BA.RT'BS'D.QX.B.XJ'XJ.CO'D.IX'I'I'HK.}
‹f074vº08tº› [Trānslātiō: "According to St. Mark as is in his book. Amen."]
‹f074vº09--› {.RT'A'CO'D.OC.N.C.A.D.CO'D.C.X'K.EK.}
‹f074vº10--› {.C'D'O.X.D.HK.N'J0'C0.V.C'I'Q.BK.BK.}

folio 75 recto

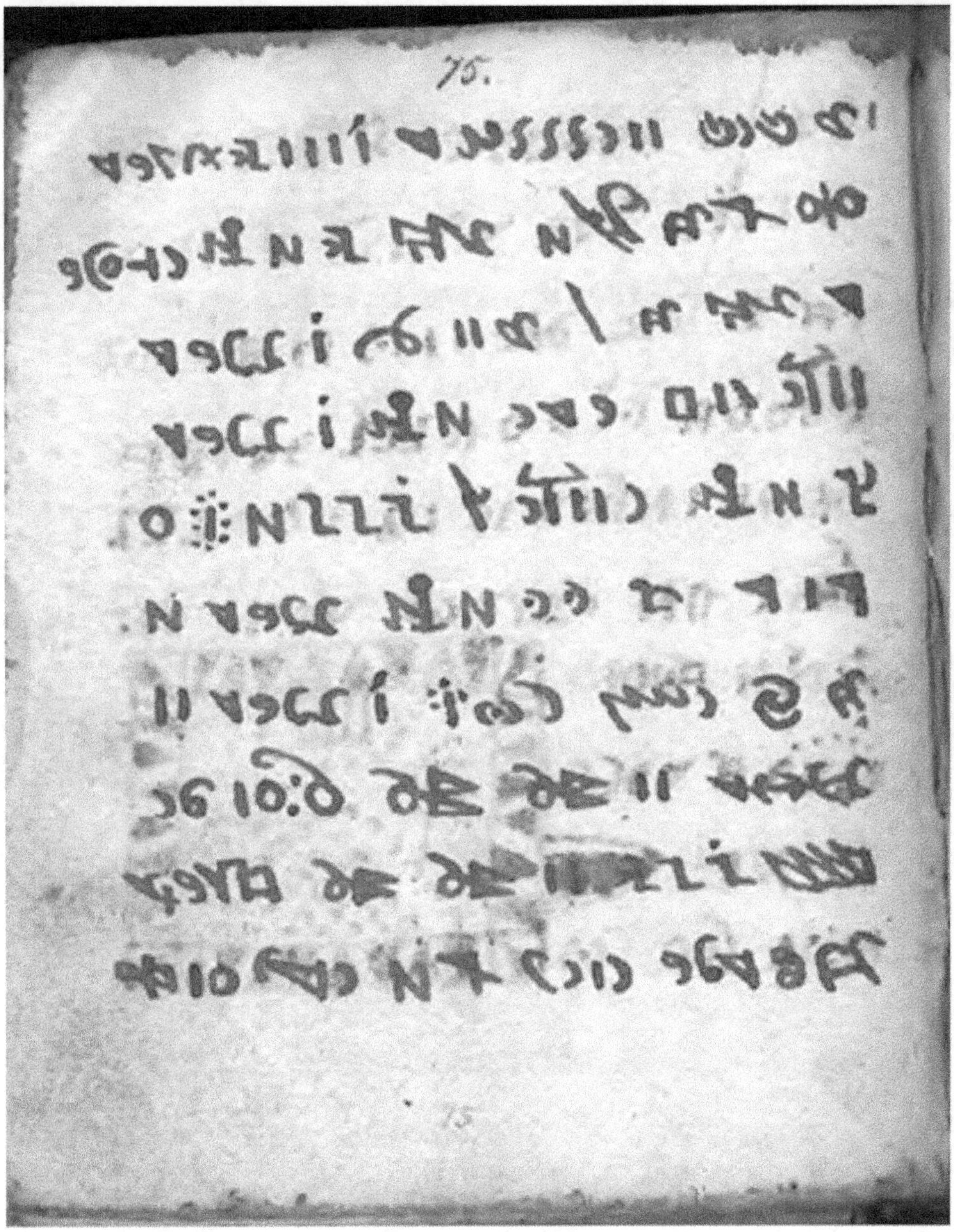

‹f075r°01--› {.I.V.BK.C.BK.I.I.C.S'S'S.CC'D.IX.I'I'I.HK.RT'A'CO'D.}

‹f075r°02--› {.OC.BI.NA.QS.BT.BA.HK.N'J0.C'F'O'R'CO.}

‹f075r°03--› {.D.BA.NA.II.V.I.I.QV.R.IX.W'CO'D.}

‹f075r°04--› {.I'I'IU'C.I'I'XJ.CO'D.C.N'J0.IX.W'CO'D.}

‹f075r°05--› {.HY.N'J0.C.I'I'IU'C.BT.HX'H'H.N.((.I.)).O.}

‹f075r°06--› {.DP.I.DP.HM.CX'CX.N'J0.W'CO'D.N.}

‹f075r°07--› {.NA.CQ.C.BO.L.Z.I'X4.IX.W'CO'D.I.I.}

‹f075r°08--› {.Q'Q'C'Q'D.I.I.B'CV.B'CV.OI.X2.O.I.QV.C.}

‹f075r°09--› {.M.HX'H'HK.B'CV.B'CV.XJ'D'CO'BY.}

‹f075r°10--› {.NA.BF.D.QV.CO.C.I.C.RB.BI.N.C'D'R.O.I.MB.}

folio 75 verso

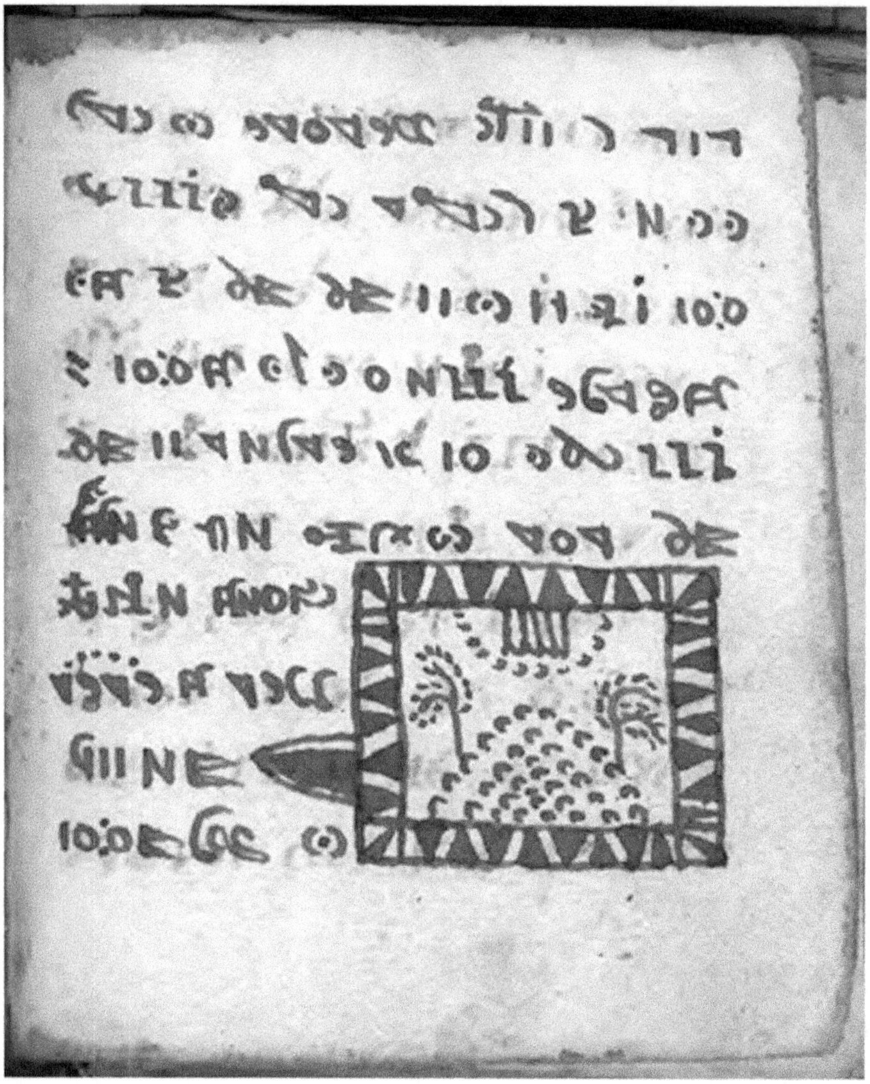

‹f075v°01--› {.DP.I.DP.L.I'I'IU'C.V.CO.D'O'D.CO.Z.C'D'R.}
‹f075v°02--› {.CX'CX.N.HY.L.C'D'O'D.C'D'O.C.Q.HX'H'H.QT.}
‹f075v°03--› {.O'X2'O'I.IX.HK.I.IX.Z.I.I.B'CV.B'CV.HY.NA.QX.}
‹f075v°04--› {.NA.BF.D.QV.CO.HX.HF'H.N.O.CX.BT.QX.NA.O'X2'O'I.≈.}
‹f075v°05--› {.HX'H'H.CU.O.CX.O.I.Q.I.CO'D'R'N'D.I.I.B'CV.}
‹f075v°06--› {.B'CV.D'O'D.Z'RT'NB.N.AC.QX.N.NA.QX.}
‹f075v°07i°› [Illūstrātiō: P-36:LRLS Ascension of Jesus on Mt. Olivet.]
‹f075v°07e°› [Ēditiō Vulgāta: MK 16:19; LK 24:51; & ACTS 1:9.]
‹f075v°07--› {.BE'I'O.N.NA.N'J0'C0.}
‹f075v°08--› {.W'CO'D.NA.(.CO'D'CO'D.).}
‹f075v°08t°› [Trānslātiō: "...the disciples were praying..."]
‹f075v°09--› {.B'N.I'I'G.}
‹f075v°09t°› [Trānslātiō: "...(to) your Son..."]
‹f075v°10--› {.Z.U'QV.B'O'X2'O'I.}
‹f075v°10t°› [Trānslātiō: "...the Our Father..."]

folio 76 recto

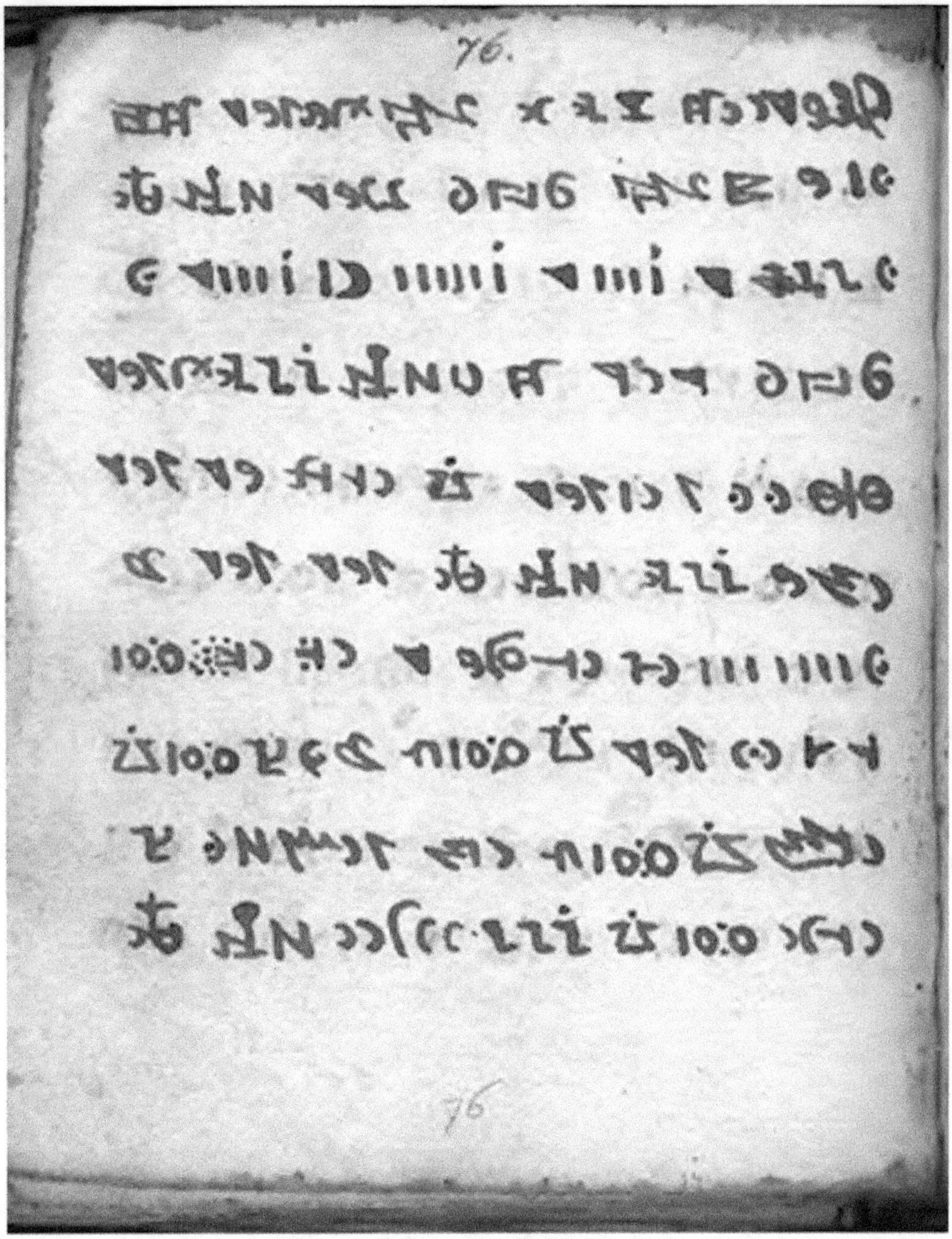

‹f076rº01--› {.R.BT.CC.CO'D.C.C.NA.BC.HK.RO'C.BA.RT.CO.C.A'CO'D.NA.BC.A.}
‹f076rº02--› {.QX.I.CO.B'BA.QV'KE'BB.W'CO'D.N'J0'C0.}
‹f076rº03--› {.QX.H'H'HF.D.IX.I'I'I.D.IX.I'I'I'I.C.I.IX.I'I'I.D.QX.}
‹f076rº04--› {.QV'KE'BB.D.CO'D.NA.BL.N'J0.HX'H'HK.RT'A'CO'D.}
‹f076rº05--› {.OC.CX'CX.A.C.I.A'CO'D.XW'X.C.F.IJ.C.CO'D.A'CO'D.}
‹f076rº06--› {.C.BO.CO.HX'H'HK.N'J0'C0.A'CO'D.A'CO'D.V.}
‹f076rº07--› {.QX.I'I'I'I'I'I.CX.I.C'F'O'R'CO.D.C.F'X2.C'XF'XX.O'X2'O'I.}
‹f076rº08--› {.D.EY.Z.A'CO'D.XW'X.O'X2'O'I.AC.V.QX.HY.O'X2'O'I.XW'X.}
‹f076rº09--› {.C'M.XW'X.O'X2'O'I.AC.C'IZ.A.C.BO.N.CX.HY.}
‹f076rº10--› {.C.F.R.C.O'X2'O'I.XW'X.HX'H'H.R.Q'R'C'C.N'J0'C0.}

folio 76 verso

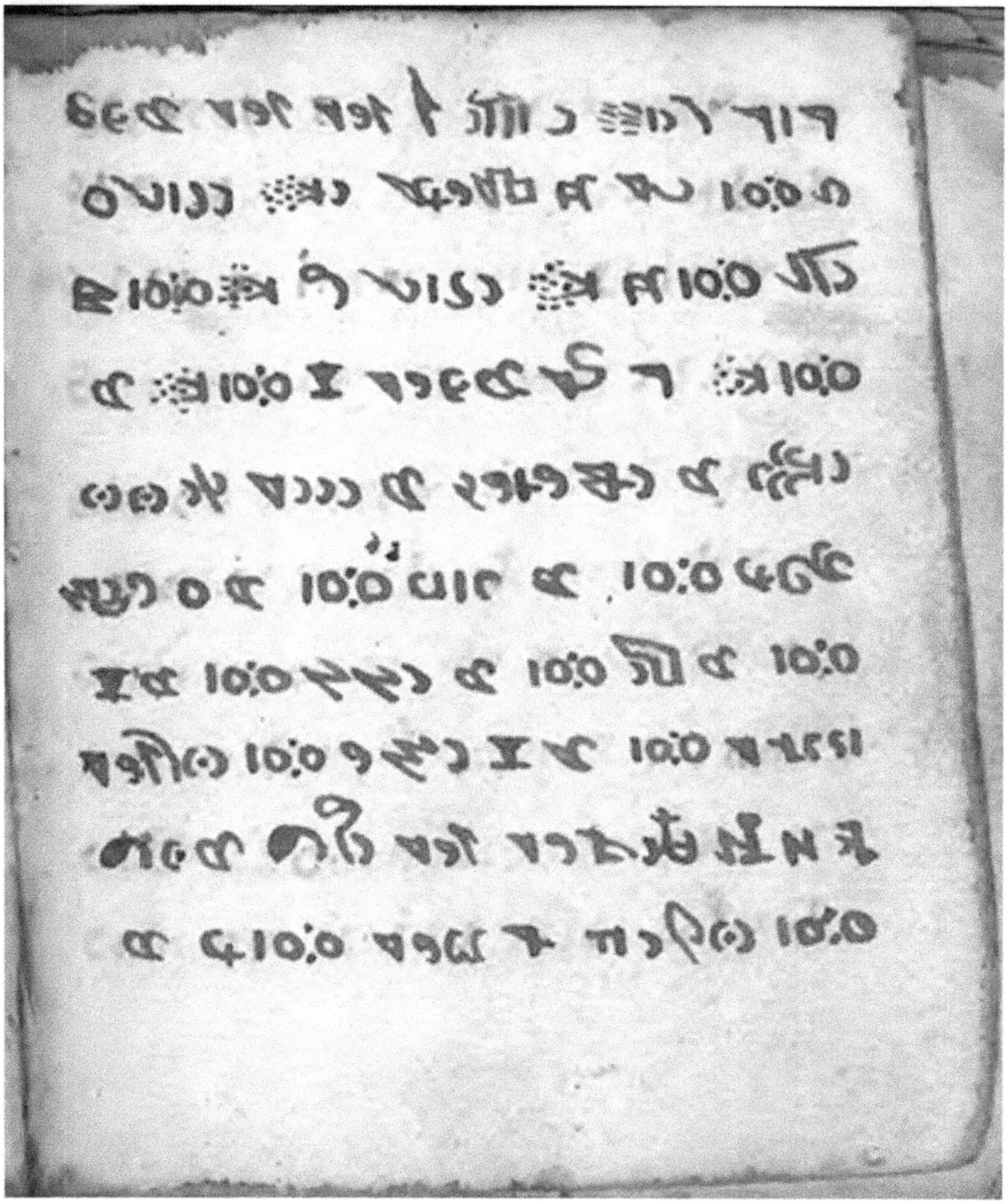

‹f076v°01--› {.DP.I.DP.L.C'UM.C.I'I'IU'C.BT.A'CO'D.A'CO'D.V.QX.S'O.}
‹f076v°02--› {.AC.O'X2'O'I.CU'D.NA.XJ'D'CO'BY.C'XF'XX.C.C.I.CU.O.}
‹f076v°03--› {.C.AS.K.O'X2'O'I.NA.XF'XX.C.S.I.CU.CO.X.XF'XX.O'X2'O'I.B.}
‹f076v°04--› {.O'X2'O'I.XF'XX.D.S'D.V.QX.CO'D.BC.O'X2'O'I.XF'XX.V.}
‹f076v°05--› {.C'BP.V.CE.DB.CO.EY.CO.XB.V.C.C.C.D.XB.C.Z.C.QX.}
‹f076v°06--› {.UD.QT.O'X2'O'I.V.R.I.IJ.O'X2'O'I.V.O.CO'D.C'IZ.}
‹f076v°07--› {.O'X2'O'I.V.EF.C.O'X2'O'I.V.D.EK.EK.O'X2'O'I.V.BC.}
‹f076v°08--› {.I.S.Q.DP.D.O'X2'O'I.V.BC.C.BO.CO.O'X2'O'I.Z.L.A'CO'D.}
‹f076v°09--› {.HK.N'J0'C0.HM.CO'D.A'CO'D.C.CO.I.LO.V.QX.LO.}
‹f076v°10--› {.O'X2'O'I.Z.R.C'I'T.BI.W'CO'D.O'X2'O'I.QT.V.}

folio 77 recto

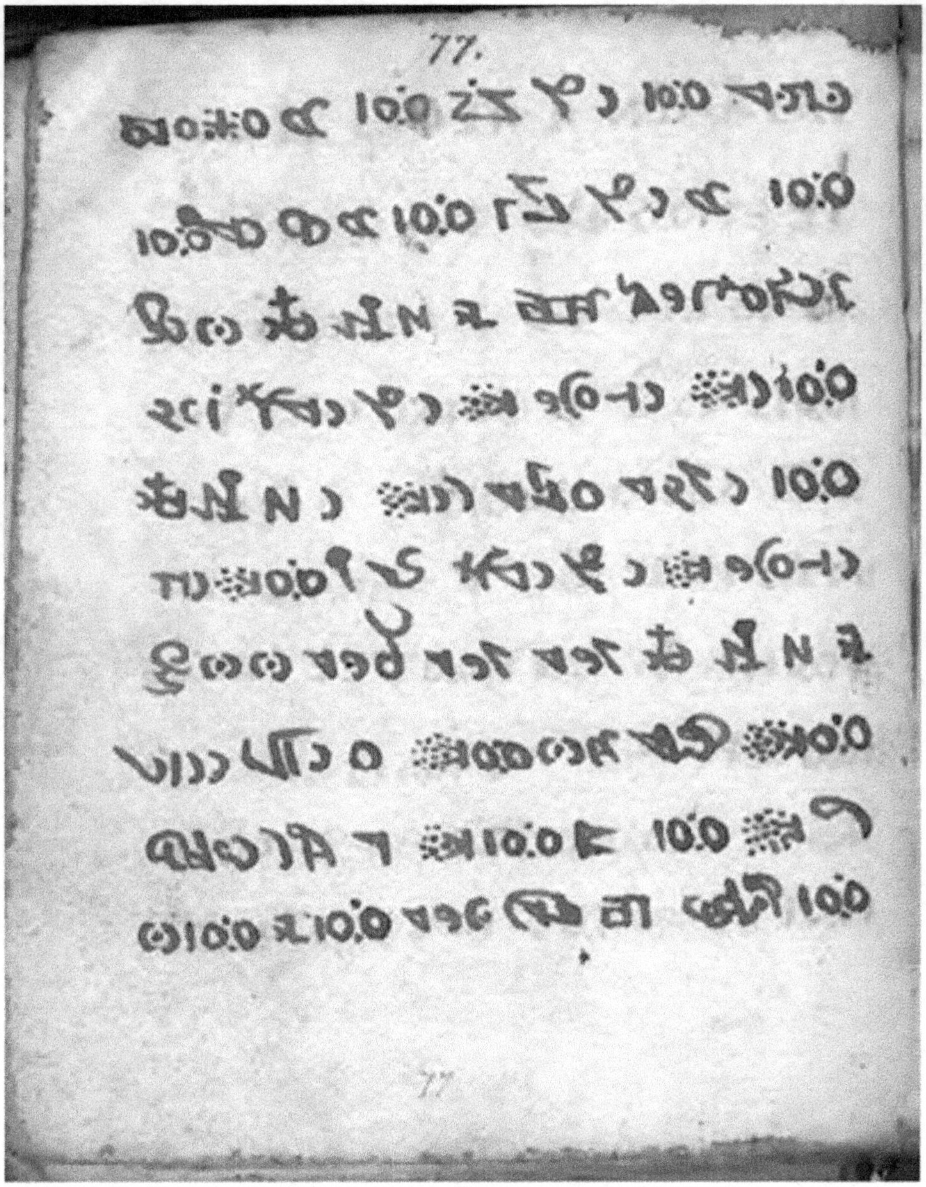

‹f077r°01--› {.CX.H.CX.D.O'X2'O'I.C.RO.XW'X.O'X2'O'I.V.O.EZ.O.D.O.}
‹f077r°02--› {.O'X2'O'I.V.C.RO.K'A'A.O'X2'O'I.V.O2.C'D'O.O'X2'O'I.}
‹f077r°03--› {.R.BE'I'O.RT.CO.E.«.99.».HF.HK.N'J0'C0.Z.C.S.}
‹f077r°03a°› [Abbreviatiōnem: .«.99.».=Honey Bee.]
‹f077r°04--› {.O'X2'O'I.C'XF'XX.C'F'O'R'CO.XF'XX.C.RO.C'D'R'T.IX.Q.XB.}
‹f077r°05--› {.O'X2'O'I.C.A.XB.D.O.K.A.D.L.C'XF'XX.C.N'J0'C0.}
‹f077r°06--› {.C'F'O'R'CO.XF'XX.C.RO.C'D'R'T.S'D.IG.O'X2'O.XF'XX.C'I'T.}
‹f077r°07--› {.HK.N'J0'C0.A'CO'D.A'CO'D.EK.O.CO'D.Z.C.QX.RO.AG.}
‹f077r°08--› {.O'X2'O.XF'XX.C.CO'D.NA.Z.O'X2'O.XF'XX.O.C.I'AG.C.C.I.CU.}
‹f077r°09--› {.LO.XF'XX.O'X2'O'I.B'O'X2'O'I.XF'XX.DP.LO.EY.L.C.Q.N.G.}
‹f077r°10--› {.O'X2'O'I.|.L.O.Y.QT.|.LA.XJ'XJ.D.R.QX.CO'D.O'X2'O'I.HK.O'X2'O'I.Z.}

folio 77 verso

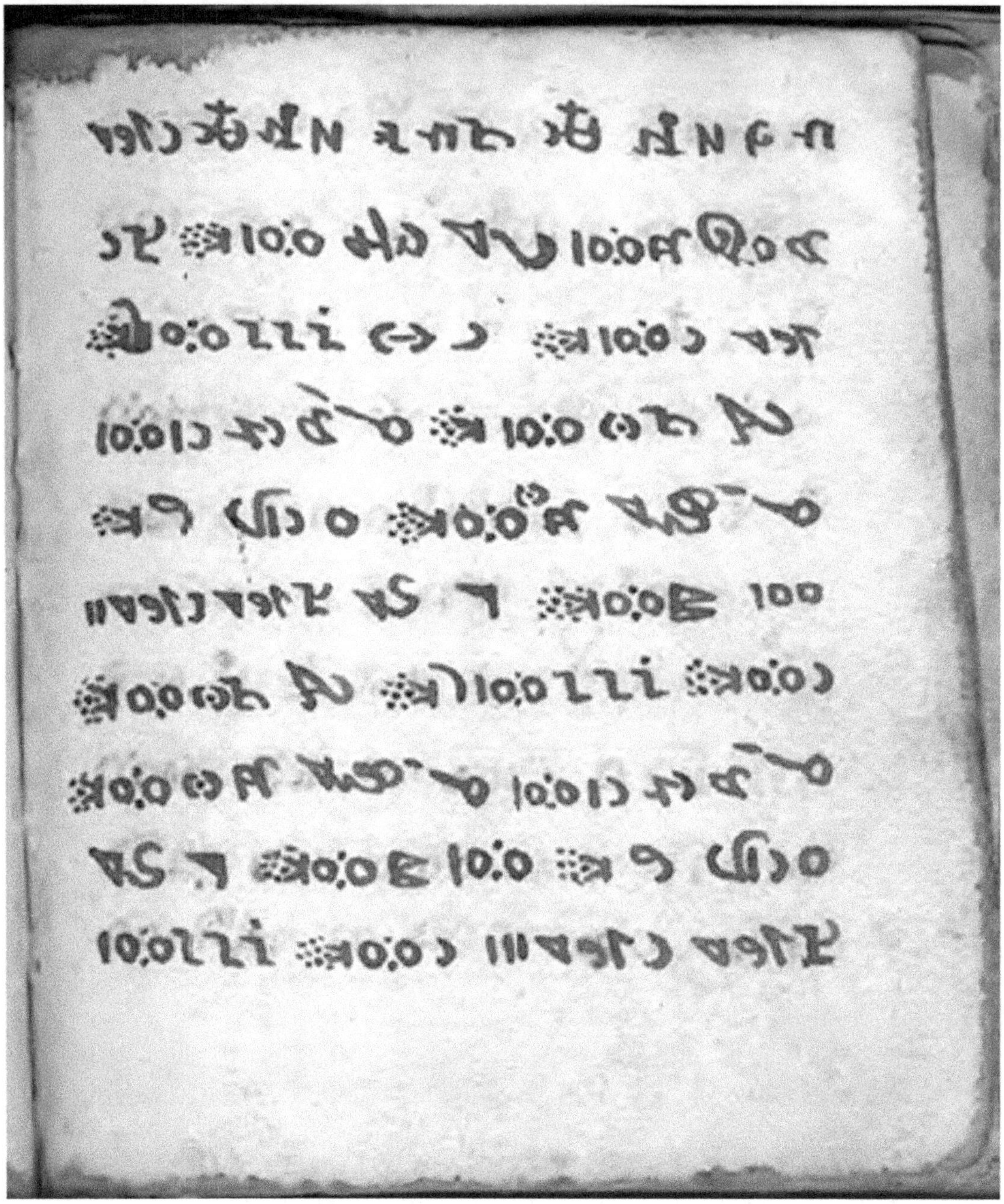

<f077v°01--> {.AC.QX.N'J0'C0.HM.AC.HK.N'J0'C0.C.A'CO'D.}

<f077v°02--> {.V.O.L.QV.NA.O'X2'O'I.CU'D.CT.IK'D.O'X2'O'I.XF'XX.HY.C.}

<f077v°03--> {.A'CO'D.C.O'X2'O'I.XF'XX.C.CX.Q.HX'H'H.O'X2'O'I.L.XF'XX.}

<f077v°04--> {.EK'EY.HM.Z.O'X2'O'I.XF'XX.EA.V.C.AG.C.I.O'X2'O'I.}

<f077v°05--> {.EA.C.CO.AG'D.NA.Z.O'X2'O.XF'XX.O.C.I'AG.CO.XF'XX.}

<f077v°06--> {.O.O.I.B.O'X2'O.XF'XX.D.S'D.HY.A'CO'D.C.A'CO'D.I.I.}

<f077v°07--> {.C.O'X2'O.XF'XX.HX'H'H.O'X2'O'I.L.XF'XX.EK'EY.HM.Z.O'X2'O.XF'XX.}

<f077v°08--> {.EA.X2.V.C.AG.C.I.O'X2'O'I.EA.C.CO.AG'D.NA.Z.O'X2'O.XF'XX.}

<f077v°09--> {.O.C.I'AG.CO.XF'XX.O'X2'O'I.B.O'X2'O.XF'XX.D.S'D.}

<f077v°10--> {.HY.A'CO'D.C.A'CO'D.I'I'I.C.O'X2'O.XF'XX.HX'H'H.O'X2'O'I.}

folio 78 recto

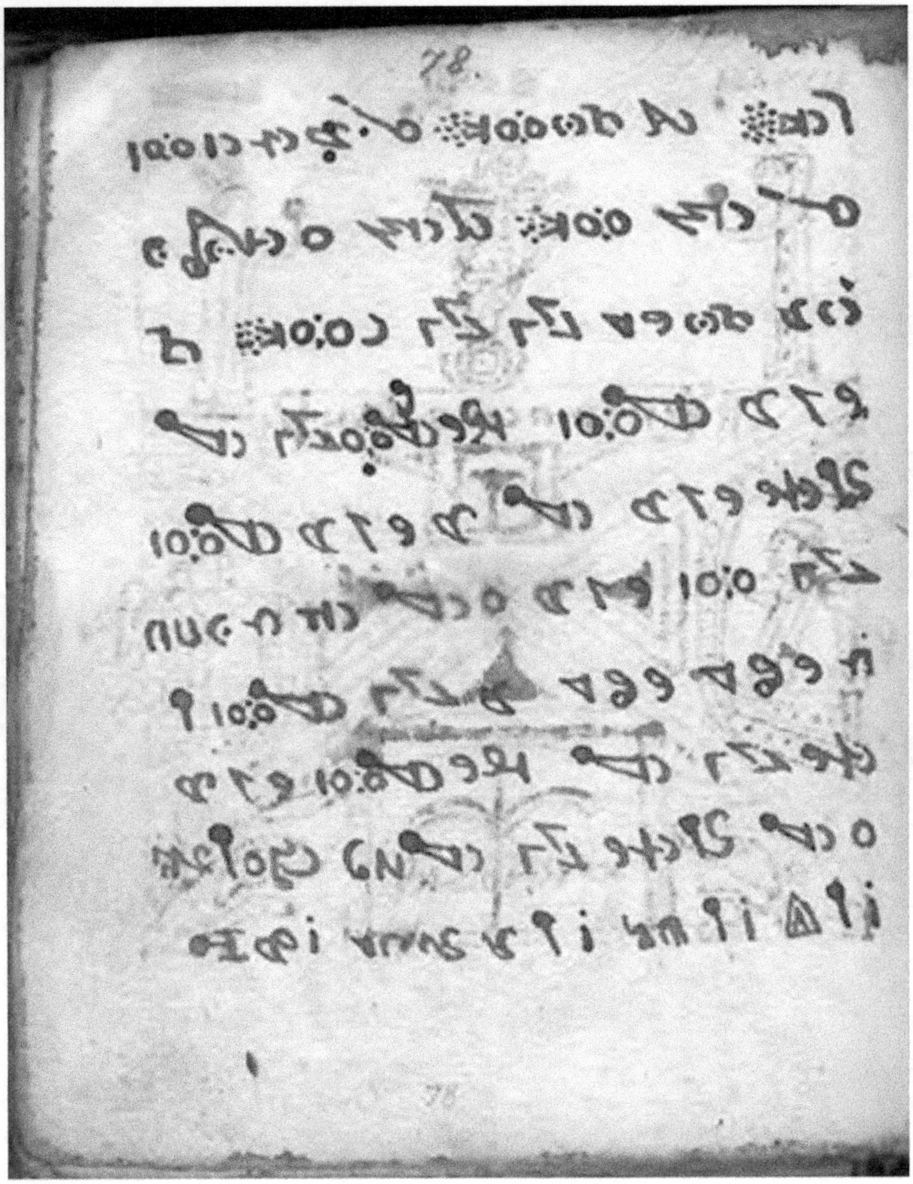

‹f078r°01--› {.L.C'XF'XX.EK'EY.HM.Z.O'X2'O.XF'XX.EA.X2.V'X.C.AG.C.I.O'X2'O'I.}
‹f078r°02--› {.EA.X2.C'IZ.O'X2'O.XF'XX.C.RA.C'IZ.O.C'EY.EK'EY.O.X.QX.}
‹f078r°02c°› [Commentārium: Originally .C.FR.UQ.O.X.QX. rendered as .CT.]
‹f078r°02q°› [Quod Vidē: ‹f048r°03›; 2/2.]
‹f078r°03--› {.J'C.Q.V.HM.Z.CO'D.K'A'A.K'A'A.C.O'X2'O.XF'XX.HM.}
‹f078r°04--› {.CO.A.V.C'D'O.O'X2'O'I.K.CQ.CO.CO.C'D'O.O'X2'O.K'A'A.C'D'O.}
‹f078r°05--› {.S.IG.CX.XV.CO.CO.A.V.C'D'O.V.CO.A.V.C'D'O.O'X2'O'I.}
‹f078r°06--› {.K'A'A.O'X2'O'I.CO.A.V.O.C'D'O.C'I'T.AC.QX.BL.XD.}
‹f078r°07--› {.AC.CO'BF'D'CO'BF'D.XU.K'A'A.C'D'O.O'X2'O'I.IG.}
‹f078r°08--› {.C.A.CO.K'A'A.C'D'O.I.EQ.CO.C'D'O.O'X2'O'I.CO.A.V.}
‹f078r°09--› {.O.C'D'O.S.IG.CX.XV.CO.K'A'A.C'D'O.N'QV.BE'I'O.IG.BA.}
‹f078r°10--› {.IX.IG.XU.IX.IG.NH.E.IX.IG.U.U.RT.D.IX.RT'NB.}

folio 78 verso

‹f078v°00i°› [Illūstrātiō: P-37:MCWO King & priest w/ skeletal man holding arrow; angels; beasts.]
‹f078v°01R0› {.YX'QQ.}
‹f078v°01C0› {.I'I'G.O.CQ.}
‹f078v°01L0› {.KB'X'C'Q'D.C.N.}
‹f078v°02--› {.N'QV.AC.QX.N'QV.AC.XW'X.N'QV.}
‹f078v°03--› {.C.K.KC.CO'D.NG.IG.I'XX.N.}

folio 79 recto

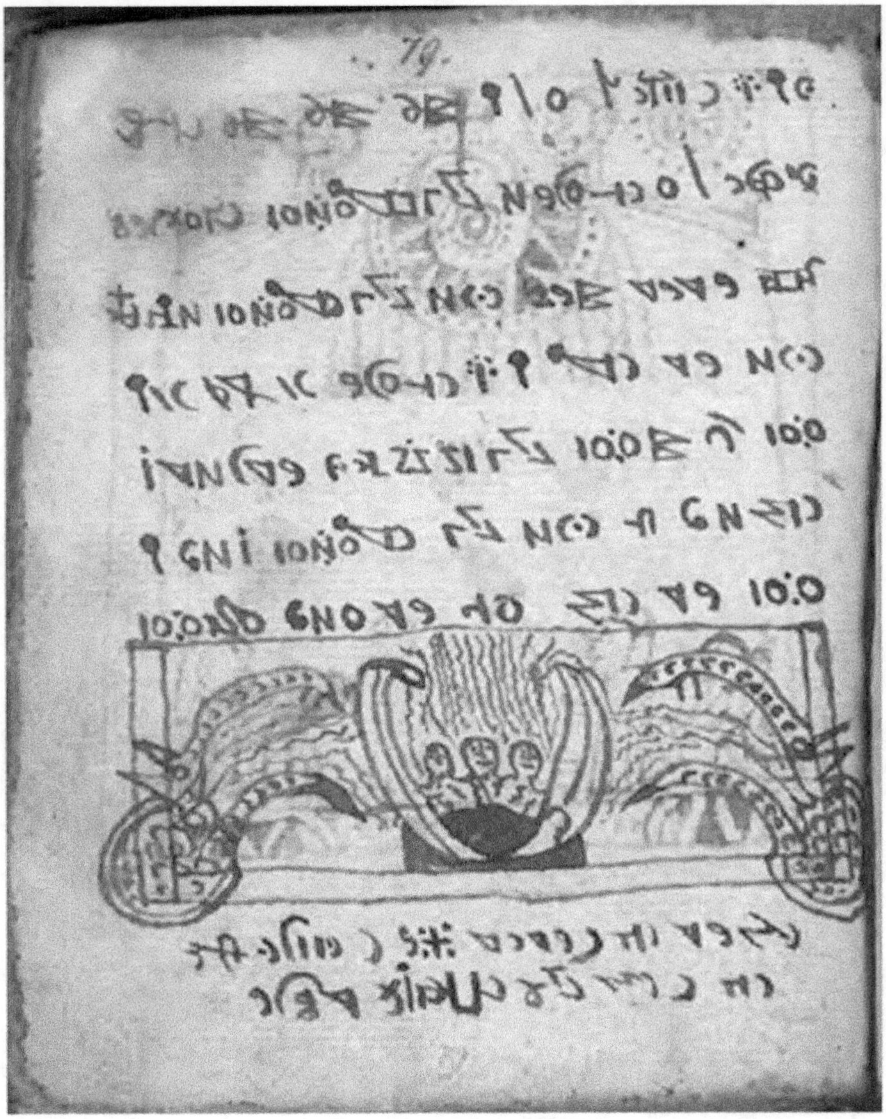

‹f079rº01--›	{.QX.IG.I'X5.C.I'I'IU'C.EK.O.I.I.IG.B'CV.B'CV.B'CV.CU.XV.CO.}
‹f079rº02--›	{.Q.C.C.QV.C.II.O.C'F'O'R'CO.N.K'A'A.XJ.D'O.O.N.X2.O.I.BE.O.RT.CO.E.}
‹f079rº03--›	{.«.99.».CO'D'CO'D.B.CO.|.CO.|.Z.N.K'A'A.C'D'O.O.N.O.I.X.N.X.J0'C0.}
‹f079rº03aº›	[Abbreviatiōnem: .«.99.».=Honey Bee.]
‹f079rº04--›	{.Z.N.CO'D.C'D'O.IG.I'X5.C'F'O'R'CO.BI.Q.J.IG.}
‹f079rº05--›	{.O'X2'O'I.K'A'A.B'O'X2'O'I.K'A'A.I'AG.XW'X.HK.QX.CO'D'R'N'D.IX.}
‹f079rº06--›	{.C'IZ.N'QV.AC.Z.N.K'A'A.C'D'O.O.X.N.X.O.I.IX.N'QV.IG.}
‹f079rº07--›	{.O'X2'O'I.CO'D.C'IZ.BB.XC.CO'D.O.N'QV.OB.S'D.O'X2'O'I.}
‹f079rº08iº›	[Illūstrātiō: P-38:BCMR Three young men in fire/furnace w/ two beast heads besides.]
‹f079rº08--›	{.CA.A'CO'D.C'I'T.C.CO'D'C'D.T.X4.C.Q.C'I'AE.CX.R.CC.}
‹f079rº09--›	{.C'I'T.C'IZ.K.A.OB'C.C.BL.C.RA.IX.LT.D.DB.R.CO.}

‹f079v°00i°› [Illūstrātiō: P-39:MCWO Two men above w/ cross between; four men before tax collector.]

folio 80 recto

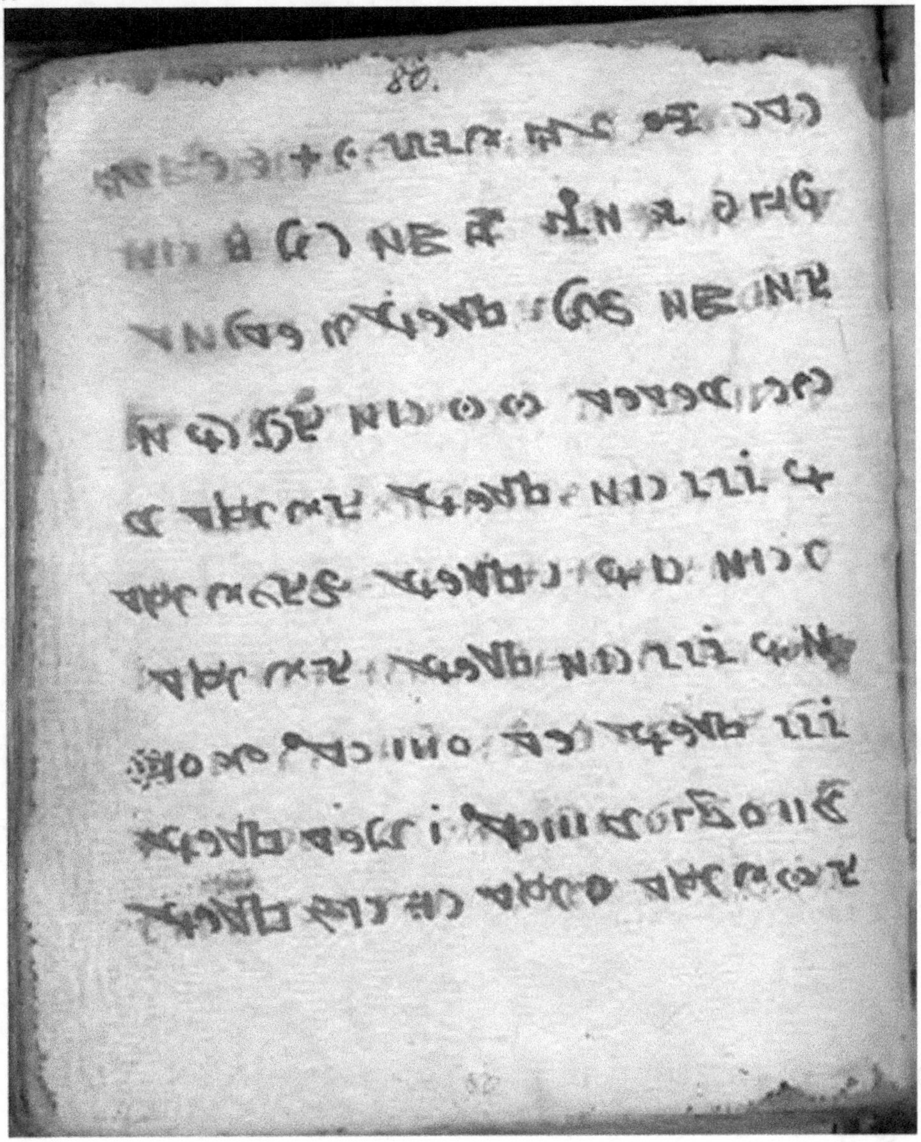

‹f080r°01--›	{.D'O'D.NB.BA.RT'HF'HS.QX.T.CY.CO.B'BA.}
‹f080r°01h°›	[Hyperbolē: .C.D.C. changed to .D'O'D. in ‹f080r°01› above.]
‹f080r°01t°›	[Trānslātiō: "...Hear the word of Saint John in the sixteenth chapter of his..."]
‹f080r°02--›	{.QV'KE'BB.HK.N'J0.NA.B'N.L.W.BW.C'I'N.}
‹f080r°02t°›	[Trānslātiō: "...when the Lord Jesus gave your disciple on..."]
‹f080r°03--›	{.HY.N.B'N.U'QV.XJ'D'CO'BY.BQ.CO'D'R'N'D.}
‹f080r°04--›	{.C.Q.C.V'CO'D'CO'D.Z.C.QX.C'I'N.HY.C.S.L.QT.N.}
‹f080r°05--›	{.QT.HX'H'H.C.K.N.XJ'D'CO'BY.HY.RT'XI'D.V.}
‹f080r°06--›	{.Q.C'I'N.C.I.QT.C.XJ'D'CO'BY.C.S.HY.L.RT'XI'D.}
‹f080r°07--›	{.N.QT.HX'H'H.C'I'N.XJ'D'CO'BY.HY.RT'XI'D.}
‹f080r°08--›	{.HX'H'H.XJ'D'CO'BY.CO'D.O.I'I'I.C'D'O.RO'C.O.XF'XX.}
‹f080r°09--›	{.V.I.I.O.K'A'A.C.Q.V.I'I'I.O.D'O.IX.W'CO'D.XJ'D'CO'BY.}
‹f080r°10--›	{.HY.Z.RT'XI'D.O.XI'D.C.F'X2.C'IZ.XJ'D'CO'BY.}

folio 80 verso

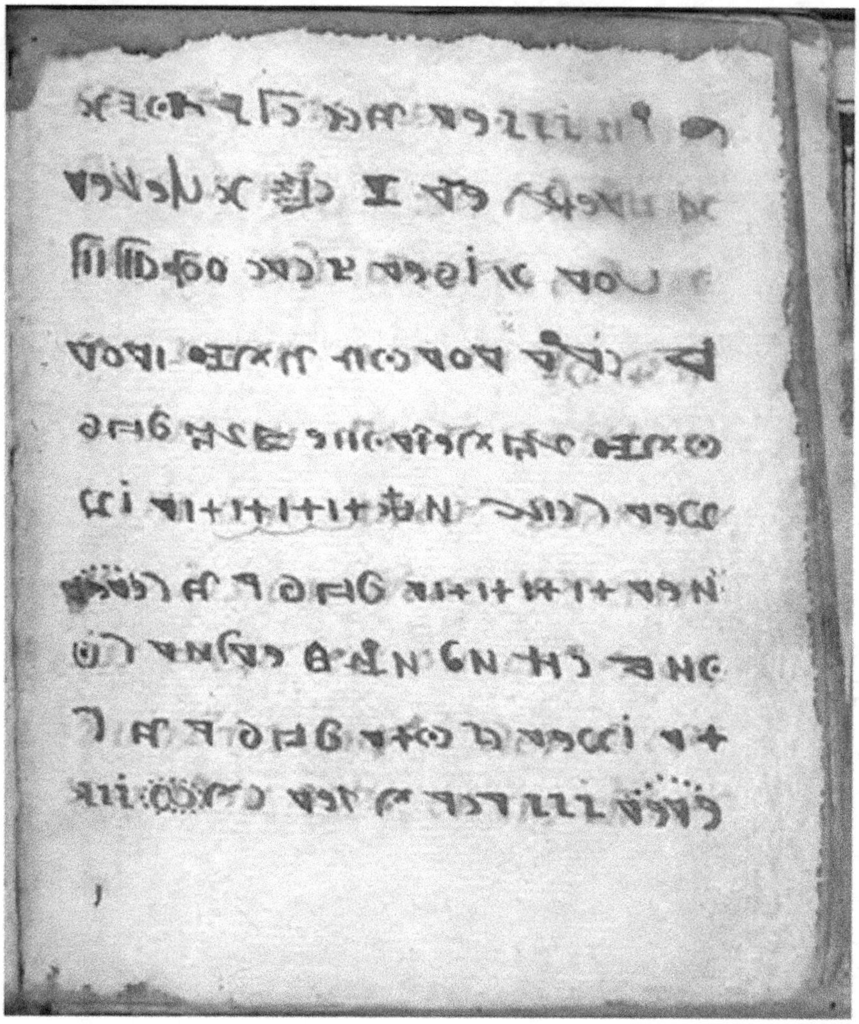

‹f080v°01--› {.LO.IG.I'AG.HX'H'H.CO'D.NA.CA.I.C.AS.HF.HM.QX.HF.Q.C.}
‹f080v°02--› {.QS.XJ'D'CO'BY.R.CO'D.BC.C'XG.Q.C.KE.CO.K.CO'D.}
‹f080v°03--› {.QX.CU'O'D.Q.J.IX.C.Q.CO'D'HY.C.D.C.O.O.RA.O.C'I'AE'I'AE.}
‹f080v°04--› {.DB.C'D'O'D.D'O'D.Z.AC.BQ.RT'NB.I'D'O'D.}
‹f080v°04t°› [Trānslātiō: "...Hear the Holy Word before the disciple. Hear..."]
‹f080v°05--› {.Z'RT'NB.BA.RT'CO'IH'D.QX.I.I.CO.B'BA.QV'KE'BB.}
‹f080v°05e°› [Ēditiō Vulgāta: ACTS 2.]
‹f080v°05t°› [Trānslātiō: "...the Holy Word of Saint Luke in his 2nd chapter, when..."]
‹f080v°06--› {.W'CO'D.L.C'I'KC.N'C0.T'I'T'I'T'I'T'I.D.IX.W.}
‹f080v°06t°› [Trānslātiō: "...the Christ was risen on the forty days and..."]
‹f080v°07--› {.N.CO'D.T'I'T'I'T'I'T'I.D.QV'KE'BB.DP.NA.L.(.CO'D'CO'D.).}
‹f080v°07t°› [Trānslātiō: "...the forty days when all the apostles were in prayer..."]
‹f080v°08--› {.QX.N.DB.S.XV.T.N'QV.N'J0.BW.CO'D'R'N'D.L.NP.}
‹f080v°09--› {.T.D.IX.W'CO'D.HM.Z.T.D.QV'KE'BB.DP.NA.L.}
‹f080v°09t°› [Trānslātiō: "...ten days. And the ten days were come, when all the disciples (were) in..."]
‹f080v°10--› {.(.CO'D'CO'D.).HX'H'H.DP'C'DP.RT'A'CO'D.C.RT.((.AD.)).HX'H'HK.}
‹f080v°10t°› [Trānslātiō: "...prayer over...Saint Peter, the holy...through..."]

folio 81 recto

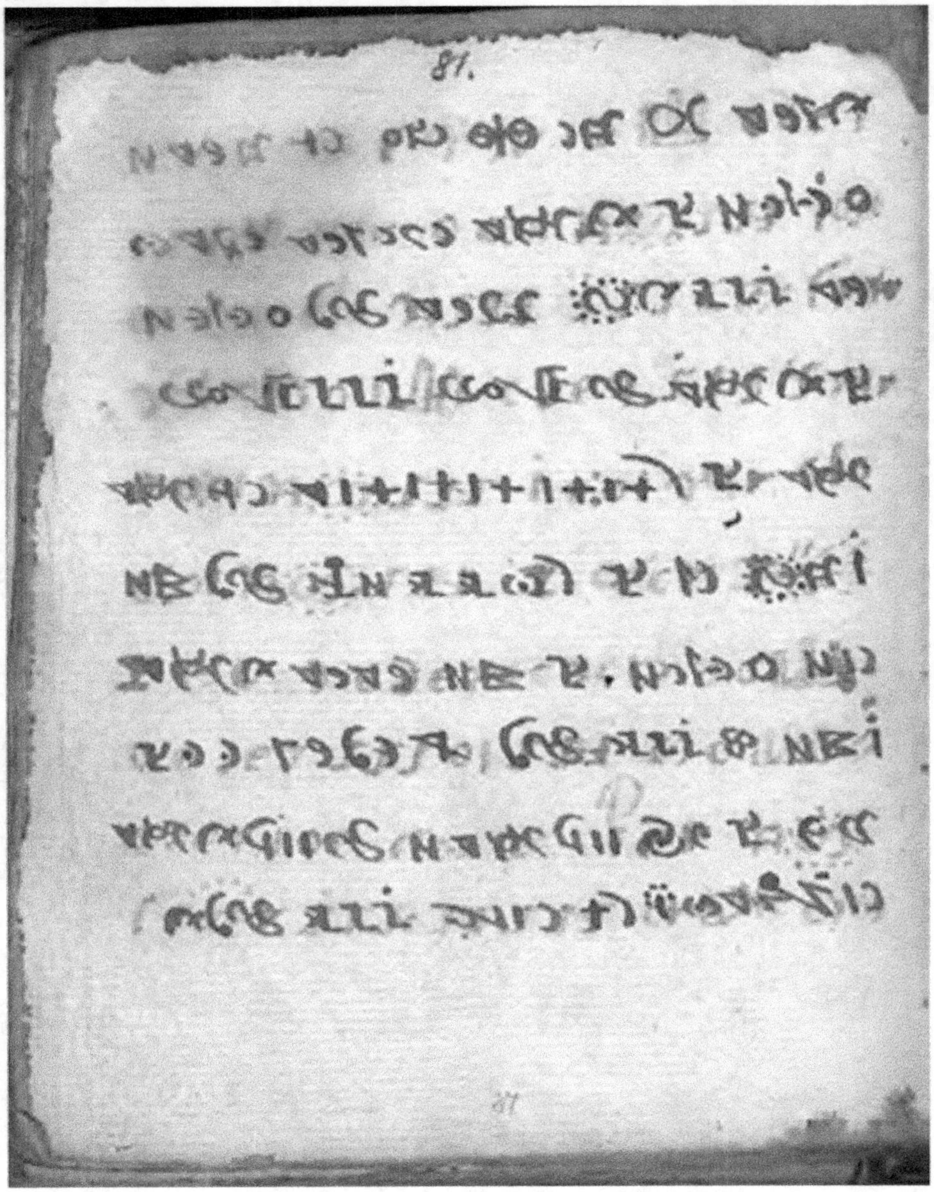

‹f081r°01-->   {.RT'A'CO'D.Q.EU.NA.C.OC.BE'I'O.C.F.NA.CO'D.N.}
‹f081r°01t°›   [Trānslātiō: "...Saint Peter..."]
‹f081r°02-->   {.O.C'EY.CX.N.HY.RT'XI'D.C.A.C.A'CO'D.CO.QT.D.Z.}
‹f081r°03-->   {.CO'D.HX'H'HK.RT.((.AD.)).W'CO'D.HY.U'QV.O.CE.A.CE.N.}
‹f081r°04-->   {.HY.RT'XI'D.U.YX'QQ.HX'H'H.YX'QQ.}
‹f081r°05-->   {.XI'D.HY.L.T'I'T'I'T'I'T'I'T'I.D.C.F.XI'D.}
‹f081r°06-->   {.IX.NA.((.AD.)).C.A.HY.L.BC.Q.HK.HK.N'J0.U'QV.B'N.}
‹f081r°07-->   {.C'I'N.O.CX.A.C.N.HY.B'N.CO'D'CO'D.RT'XI'D.}
‹f081r°08-->   {.IX.B'N.XQ.HX'H'HK.U'QV.BI.CE.QV.CO.A.CX'CX.HY.}
‹f081r°09-->   {.V.QE.HY.QX.CQ.I'I'G.XI'D.N.U.I'I'G.RT'XI'D.}
‹f081r°10-->   {.C.I.X.AG.O.A.D.Z.I'X5.L'TA.C'I'KC.HX'H'HK.U'QV.RT.}

folio 81 verso

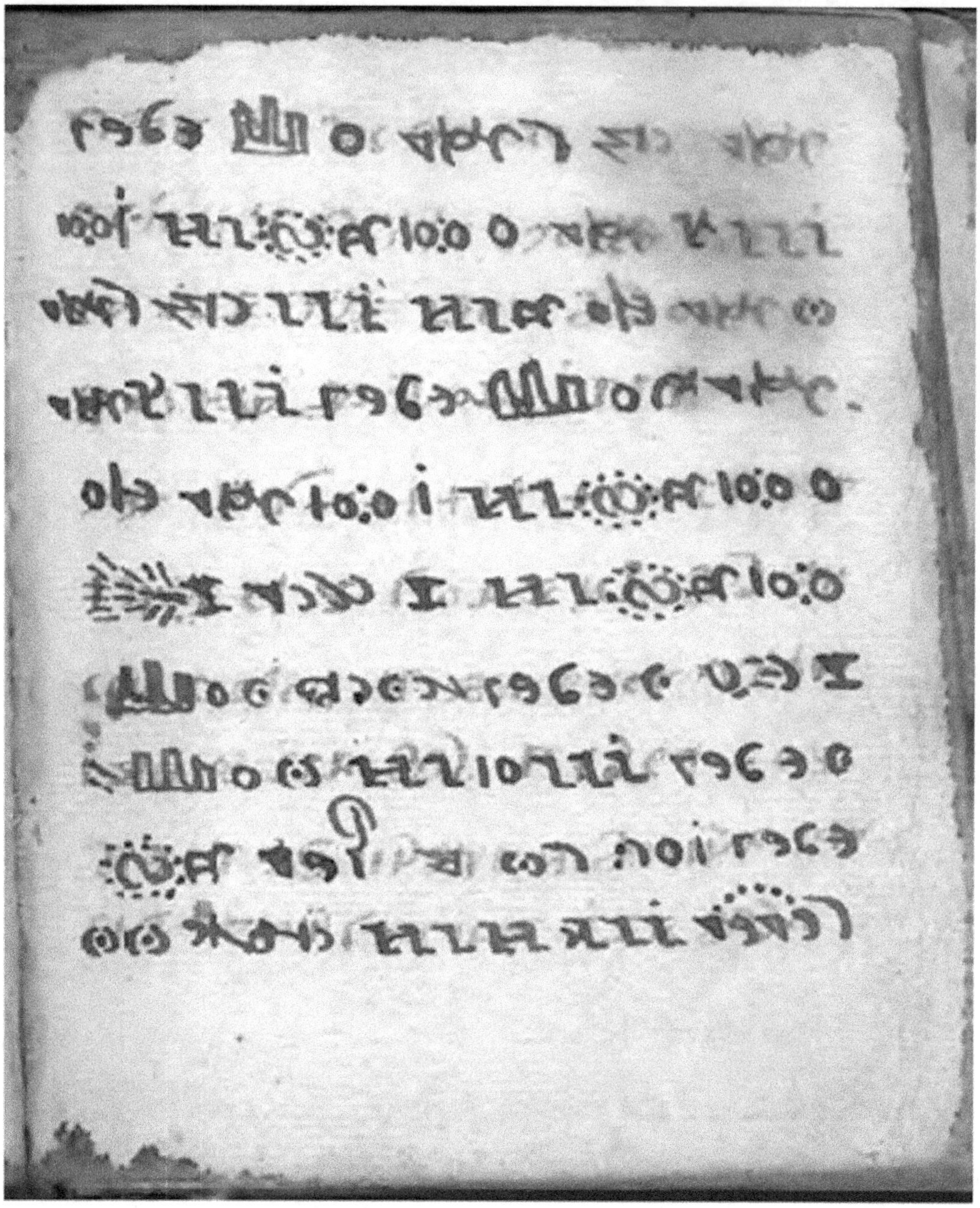

‹f081v°01--›   {.XI'D.C'IZ.L.XI'D.O'XM.CY.QV.CO.A.}
‹f081v°02--›   {.HX'H'H.HY.XI'D.O.O'X2'O'I.NA.((.AD.)).H'HF'H.IX.O'X2'O'I.}
‹f081v°03--›   {.Z.XI'D.CE.BT.O.NA.H'HF'H.HX'H'H.C'IZ.L.XI'D.}
‹f081v°04--›   {.X.XI'D.RT.O'XM.CE.QV.CO.RA.HX'H'H.HY.XI'D.D.}
‹f081v°05--›   {.O.O'X2'O'I.NA.((.AD.)).H'HF'H.IX.O'X2'O'I.XI'D.C'EY.O.}
‹f081v°06--›   {.O'X2'O'I.NA.((.AD.)).H'HF'H.BC.CU.C.C.D.TK.}
‹f081v°07--›   {.BC.C.PF.BL.QX.CE.QV.CO.S.KC.QX.C.Y.QX.O'XM.}
‹f081v°08--›   {.O.CE.QV.CO.A.HX'H'H.O.I.H'HF'H.Z.O'XM.≈.}
‹f081v°09--›   {.CE.QV.CO.RA.IX.O.L'X2.L.Z.DB.Q.C.I.CO'D.NA.((.AD.)).}
‹f081v°10--›   {.L.(.CO'D'CO'D.).HX'H'HK.HF'H.H'HF'H.C'XV.OB.I.CO.Z.C.QX.}

folio 82 recto

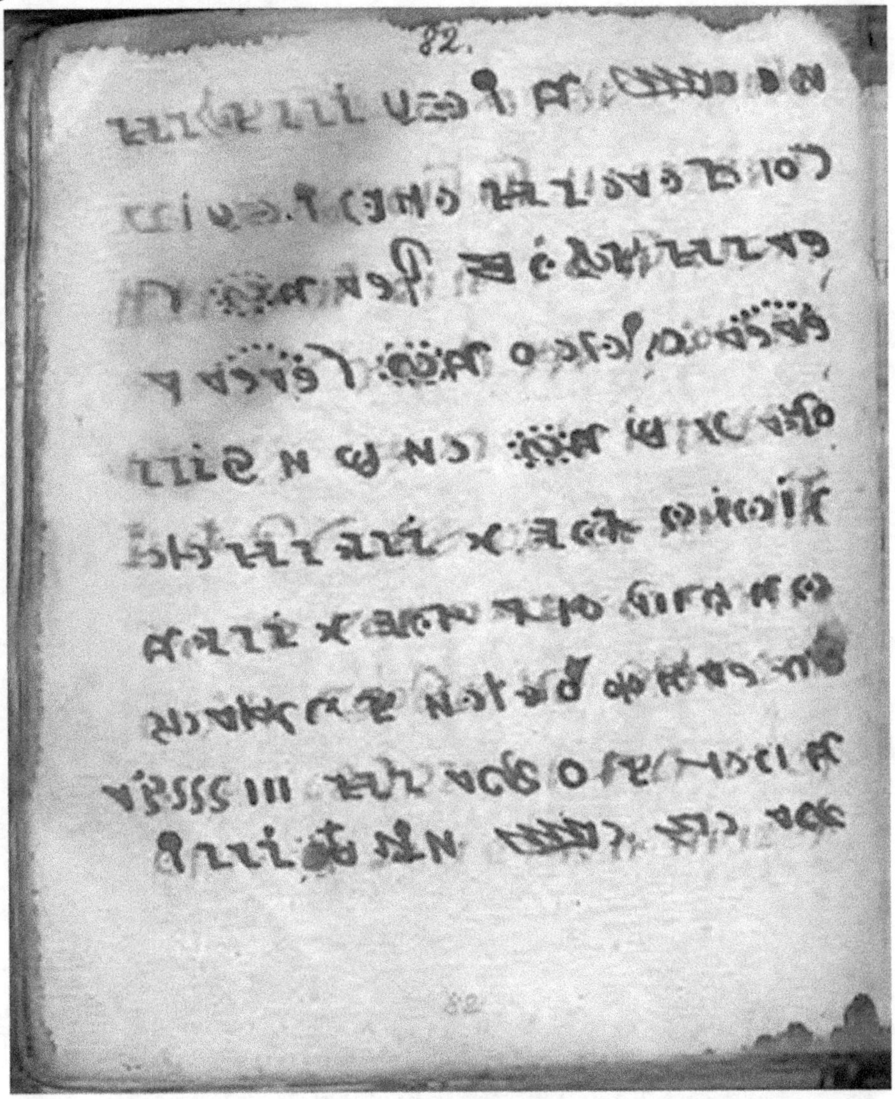

‹f082r°01--› {.N.BF.C'M.NA.IG.C.PF.BL.HX'H'H.HY.CU.A.H.HR.H.}
‹f082r°02--› {.R.O.I.HM.CX.D.C.H'HF'H.CX.BF.Z.IG.C.PF.BL.IX.W'CO'D.}
‹f082r°02f°› [Fissum: ‹f082r°02› .W. and ‹f082r°03› .CO'D.]
‹f082r°03--› {.«.88.».H'HF'H.HY.CU.A.QX.DB.Q.C.I.CO'D.NA.((.AD.)).L.}
‹f082r°04--› {.(.CO'D'CO'D.).C.I.IG.CX.A.C.O.NA.((.AD.)).L.(.CO'D'CO'D.).D.}
‹f082r°05--› {.O'IU'C'D.Q.J.BR.NA.((.AD.)).C.N.BR.N.CQ.}
‹f082r°06--› {.Q.IX.Z.IX.Z.HM.QX.HF.C.Q.HX'H'HK.H'HF.F.C'EY.C.}
‹f082r°07--› {.Z.NA.Y.I'I'G.O.I.BI.A.QX.HF.Q.C.HX'H'HK.NA.}
‹f082r°08--› {.CO.AC.CO'D.NA.OC.O.CE.BT.CX.N.HY.RT'XI'D.C.XY.}
‹f082r°09--› {.NA.I.Q.C'XV.HY.O.UD.D.H'HF'H.I'I'I.S'S'S.XB'C'D.}
‹f082r°09t°› [Trānslātiō: "...three thousand souls..."]
‹f082r°10--› {.UD.D.C'IZ.C'M.N'J0'C0.((.EZ.)).HX'H'H.XX.IG.}
‹f082r°10t°› [Trānslātiō: "...were added to the church of the Lord Jesus Christ..."]
‹f082r°10e°› [Ēditiō Vulgāta: ACTS 2:41.]

folio 82 verso

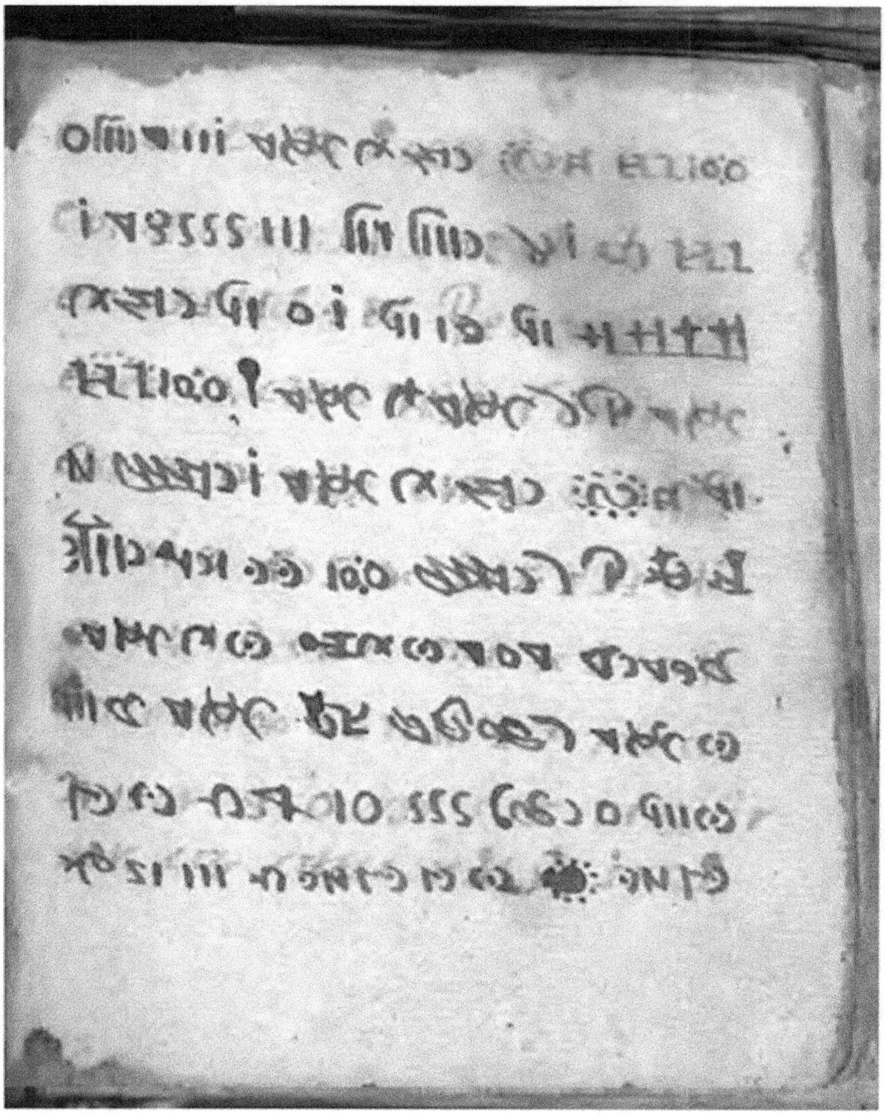

‹f082vº01--› {.O'X2'O'I.H'HF'H.NA.((.AD.)).C'IZ.RT'XI'D.IX.I.I.D.C'I'AE.O.}
‹f082vº02--› {.H'HF'H.O2.IX.CU.O.C'I'I'AE'I'AE.I'I'I.S'S'S.C.C.D.IX.}
‹f082vº02hº› [Hyperbolē: .C.has been changed to complete the grapheme .XB'C'D. ‹f082vº02› in above.]
‹f082vº03--› {./.I.T.T'I'T'I.\.T.I.G.CY.I'I'G.IX.O.I.G.C'IZ.RT.}
‹f082vº04--› {.XI'D.FA.L.XI'D.RT'XI'D.IG.O'X2'O'I.H'HF'H.}
‹f082vº05--› {.I.G.NA.((.AD.)).C'IZ.RT'XI'D.IX.C'M.N'J0'C0.}
‹f082vº05fº› [Fissum: ‹f082vº05› .N. and ‹f082vº06› .J0'C0.]
‹f082vº06--› {.«.88.».FA.L.C'M.O'X2'O'I.CX'CX.I.C'BD.C.I'I'IU'C.}
‹f082vº07--› {.V.CO'D'C'D.D'O'D.Z'RT'NB.Z.RT'XI'D.O.}
‹f082vº07tº› [Trānslātiō: "...to pray. Hear the holy Word, the Holy Spirit..."]
‹f082vº08--› {.Z.XI'D.L.U.C.Q.BK.HY.CU.T.XI'D.V.I'I'I.}
‹f082vº09--› {.Z.I'I'G.O.C.U'QV.S'S'S.O.I.BI.AC.Z.C'A'C'AS.}
‹f082vº09fº› [Fissum: ‹f082vº09› .C.A. and ‹f082vº10› .C.AS.]
‹f082vº10--› {.«.88.».N.CX.((.EZ.)).Z.C'A'C'AS.N.CX.AC.I'I'I.I'AG.RO'C.}

‹f083r°00i°› [Illūstrātiō: P-40:MCWO So-called "World Clock".]

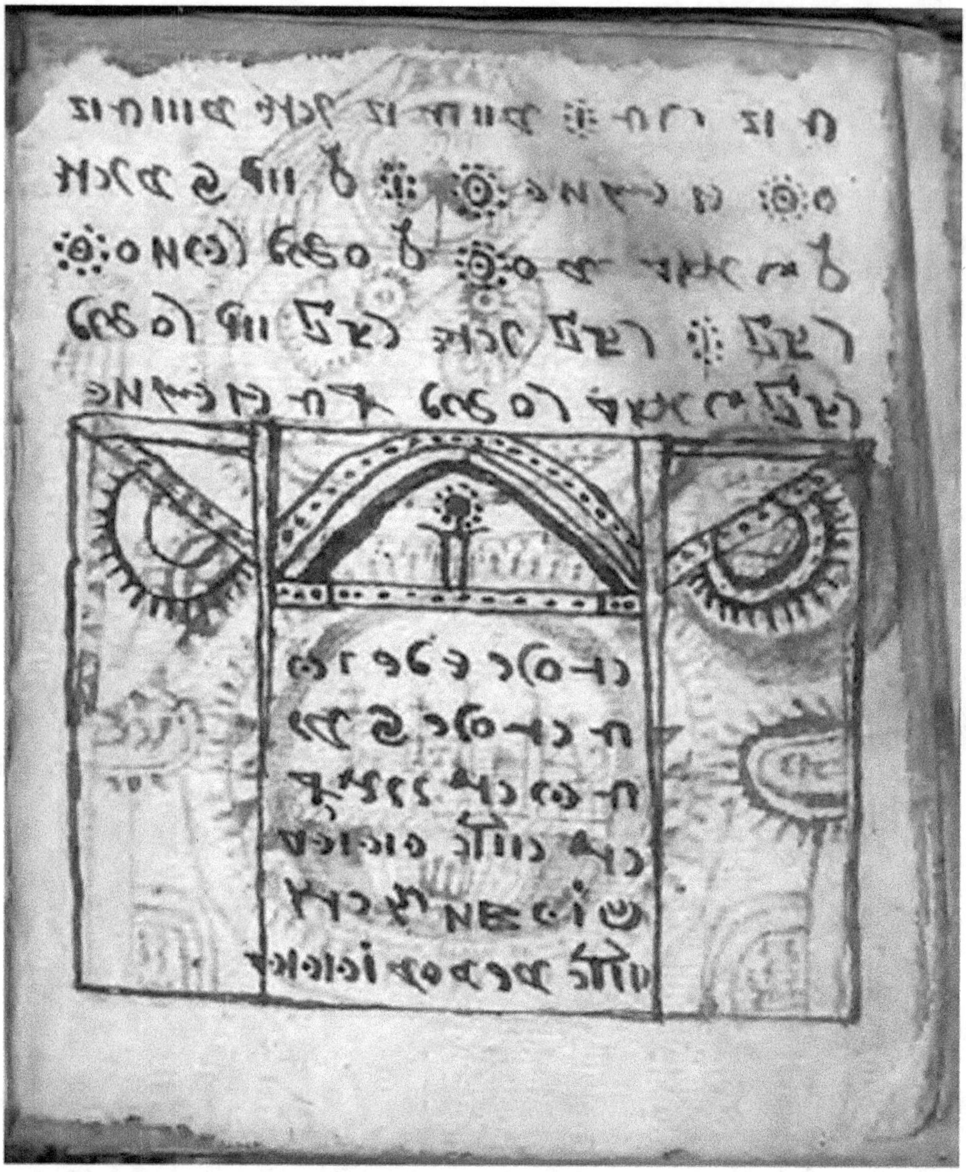

‹f083v°01--›	{.AC.I'AG.L.R.AC.((.I.)).V.II.AC.I'AG.R.C'XV.CE.V.I'I'I.AC.I'AG.}
‹f083v°02--›	{.O.((.OX.)).C.AG.C.AS.N.CX.((.OX.)).((.I.)).OB.C.I'I'G.CQ.V.R.C'I'BO.}
‹f083v°03--›	{.OB.C.RT'XI'D.V.O.((.OX.)).OB.C.O.U'QV.L.Z.N.O.((.OX.)).}
‹f083v°04--›	{.L.HY.K.A.((.I.)).L.HY.K.A.R.C'I'BO.L.HY.K.A.I'I'G.L.O.U'QV.}
‹f083v°05--›	{.L.HY.I.K.A.RT'XI'D.L.O.U'QV.BI.AC.C'A'C'AS.N.BK.}
‹f083v°06i°›	[Illūstrātiō: P-41:BCLR Open icon display.]
‹f083v°06--›	{.C'F'O'R'CO.CE.QV.CO.RA.Z.}
‹f083v°07--›	{.AC.C'F'O'R'CO.CQ.V.I.}
‹f083v°08--›	{.AC.Z.C'BD.S'S'ST.BI.}
‹f083v°09--›	{.C'DB.C.I'I'IU'C.CX'I'CX'I'C'D.}
‹f083v°10--›	{.NV.IX.QX.B'N.TE.C.XI.}
‹f083v°11--›	{.C.I'I'IU'C.V.CO.V.O.V.IX.CX'I'CX'I'CX'D.}

folio 84 recto

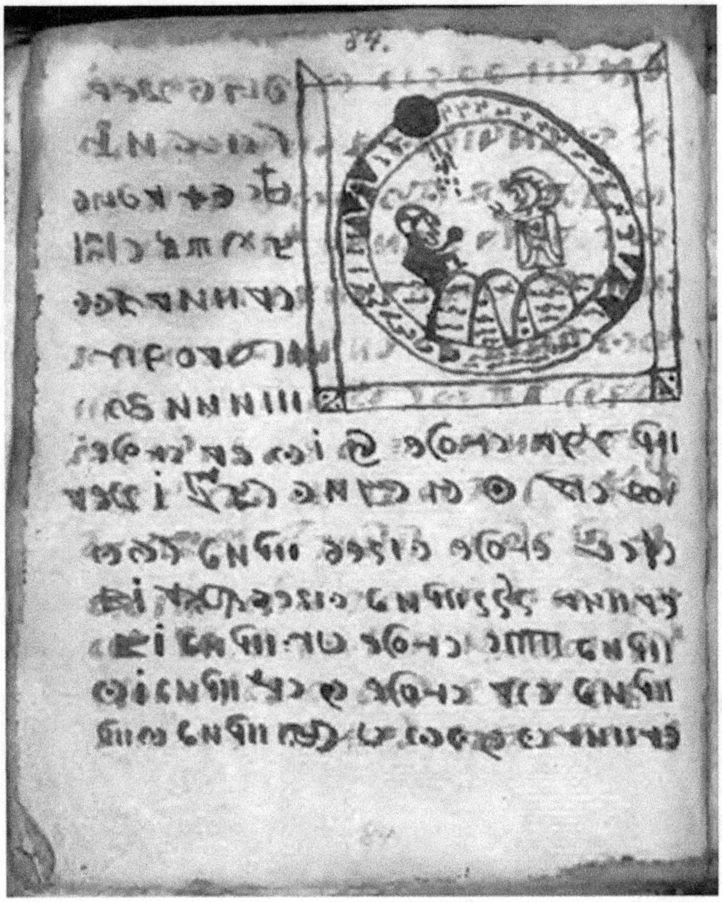

‹f084rº00iº› [Illūstrātiō: P-42:URLS Jesus & Peter walking on water. Sea/waves.]

‹f084rº01--› {.QV'KE'BB.W'CO'D.}

‹f084rº02--› {.L.C.I.CU'C.N'J0'C0.}

‹f084rº02fº› [Fissum: ‹f084rº02› .N'J0. and ‹f084rº03› .C0.]

‹f084rº03--› {.«.88.».CE.T.D.QV'KE'BB.}

‹f084rº04--› {.HY.RT.UN.E.C.I.HD.I.}

‹f084rº05--› {.C.D.I.I.N.D.HM.CX'CX.}

‹f084rº06--› {.I'D'O'D.O.QE.AC.}

‹f084rº06tº› [Trānslātiō: "...listen!...before..."]

‹f084rº07--› {.I'I'I.N.N.N.U.}

‹f084rº07tº› [Trānslātiō: "...the trinity; you, and you, and you. The Father..."]

‹f084rº08--› {.I'I'G.XI'D.XS.C'F'O'R'CO.CQ.IX.Z.CO'D.C'F'O'R'CO.}

‹f084rº08tº› [Trānslātiō: "...The Son. The Spirit. ...only God, and the being only."]

‹f084rº09--› {.I.O2.C.I'DR.OX.C'A'C'AS.N.CX.L.HY.K.A.IX.W'CO'D.}

‹f084rº10--› {.C.A.C.CU.CO.F'O'R'CO.CX.I.S.CO.CV.I'I'G.N'QV.L.C.Q.Z.}

‹f084rº11--› {.CO'D.I'I'I'I.D.S'S'S.I'I'G.N'QV.CX.I.S.CO.CV.|.I'I'G.|.D.IX.B.}

‹f084rº12--› {.I'I'G.N'QV.YM.C.C'F'O'R'CO.BL.L.I'I'G.N'QV.IX.B.}

‹f084rº13--› {.I'I'G.N.G.C.Q.D.C'F'O'R'CO.C.Q.C'BG.I'I'G.N'QV.IX.Z.}

‹f084rº14--› {.CO'D.I.I.N.D.Z.C.Q.QX.Z.BL.C.YC.I'I'G.N'QV.Z.I'I'G.}

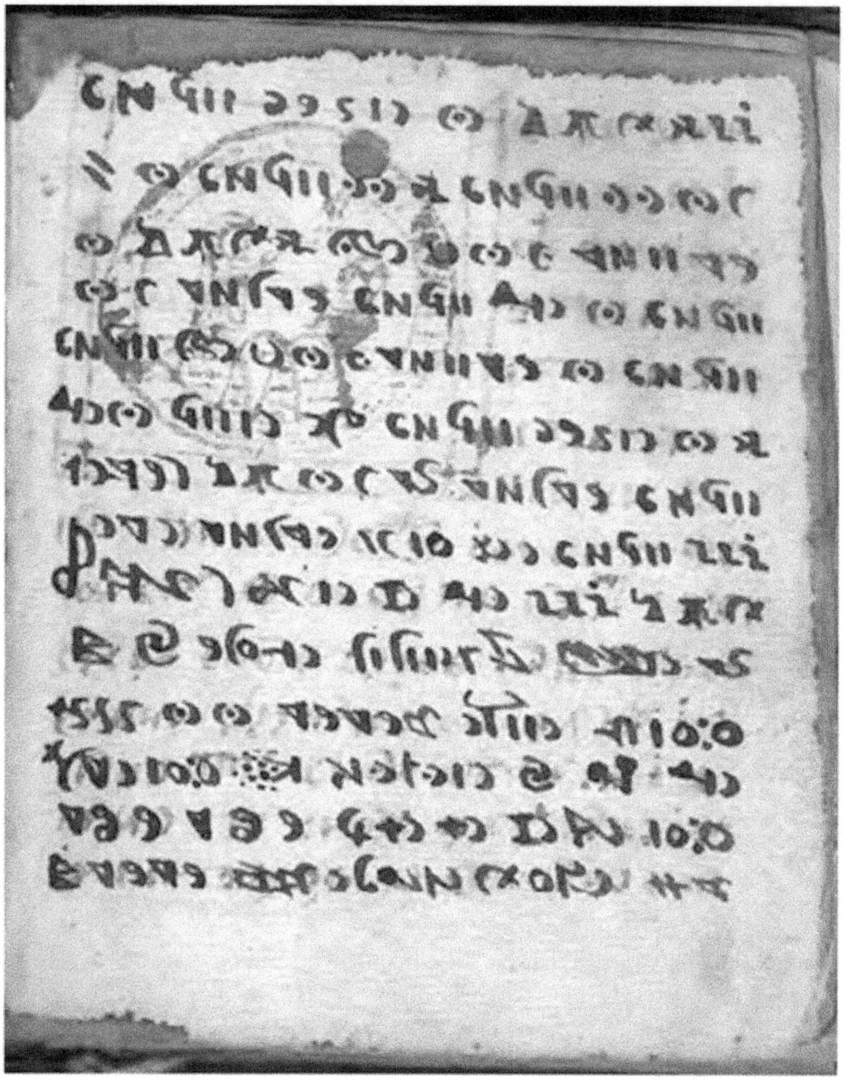

‹f084v°01--> {.HX'H'HK.RT.UN.E.Z.C.I.S.CO.CV.I'I'G.N'QV.}
‹f084v°02--> {.Q.Z.CX'CX.I'I'G.N'QV.HK.CX'CX.I'I'G.N'QV.Z.≈.}
‹f084v°03--> {.CO'D.I.I.N.D.QX.Z.BL.YC.HK.RT.UN.E.Z.}
‹f084v°04--> {.I'I'G.N'QV.Z.C'BD.I'I'G.N'QV.CO'D'R'N'D.Q.Z.}
‹f084v°05--> {.I'I'G.N'QV.Z.CO'D.I.I.N.D.QX.Z.BL.YC.I'I'G.N'QV.}
‹f084v°06--> {.HK.Z.C.I.S.CO.CV.I'I'G.N'QV.RO'C.C.I.I'I'G.Z.C'BD.}
‹f084v°07--> {.I'I'G.N'QV.CO'D'R'N'D.S'D.Q.Z.UN.E.L.CO.DP.C.DP.}
‹f084v°08--> {.HX'H'H.I'I'G.N'QV.C.CU.T.C.O.I.Q.J.CO'D'R'N'D.C.D.C.}
‹f084v°09--> {.RT.UN.E.HX'H'H.C'BD.B.BC.C.I.EL.O.L.BA.AV.}
‹f084v°10--> {.S'D.C'M.K'A'A.I'I'AE.AE.C'F'O'R'CO.CQ.B.}
‹f084v°11--> {.O'X2'O'I.AC.CX.I'I'IU'C.V.C.D.CO'D.Z.C.QX.S'S'ST.}
‹f084v°12--> {.C'BG.BH.CQ.C.I.CX.BT.CX.XY.XF'XX.O'X2'O'I.C'D'R'T.}
‹f084v°13--> {.O'X2'O'I.EK'EY.C.BC.C'TA.C'TA.C'TA.QT.CO'BF'D'CO'BF'D.}
‹f084v°13h°› [Hyperbolē: .C'TA. has been added to complete the triad found in ‹f084v°13› above.]
‹f084v°14--> {.V'T'T.BE'I'O.RT.N.K.O.QV.C.XM.CO'D'CO'D.B.}

folio 85 recto

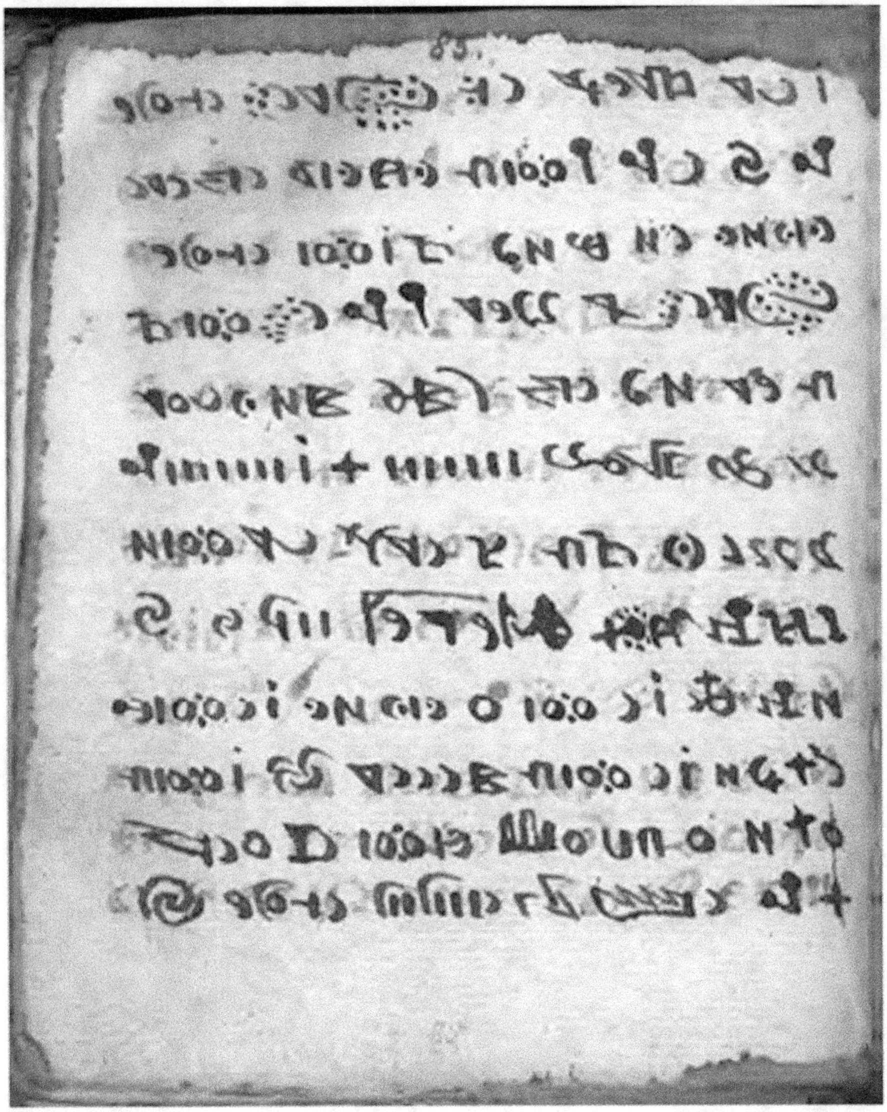

‹f085r°01--› {.I.CU'D.XJ'D'CO'BY.C.F'X2.EV.XX.D.L'XX.C'F'O'R'CO.}
‹f085r°02--› {.BH.CQ.C.BH.IG.O'X2'O'I.AC.CX.F.Q.CX.I.V.C'IZ.C.D.C.}
‹f085r°03--› {.CX.I.QX.N.CX.C.N.BR.N.G.HM.IX.O'X2'O'I.C'F'O'R'CO.}
‹f085r°04--› {.EV.XX.D.L'XX.BI.W'CO'D.IG.BH.L'XX.O'X2'O.HM.}
‹f085r°05--› {.AC.CO'D.N'QV.C'IZ.L.B'CV.B'N.QX.C.O.D.}
‹f085r°06--› {.Q.J.U.YX'QQ.I'I'I'I.XH.T.IX.I'I'I'I'I'I'I.BH.}
‹f085r°07--› {.V.R.AG.K.Z.HM.AC.HY.C'D'R'T.CU'D.O'X2'O'I.N.}
‹f085r°08--› {.H'HF'H.J0.NA.((.EZ.)).T.|.B.C.|.A.CO'DP'CO.RA.I'I'G.C.Q.CQ.}
‹f085r°09--› {.N'J0'C0.IX.C.O'X2'O'I.O.CX.I.QX.N.CX.IX.C.O'X2'O'I.CE'O.}
‹f085r°10--› {.R.T.QT.N.IX.C.O'X2'O'I.AC.B.C.C.C.D.BP.IX.O'X2'O'I.AC.}
‹f085r°11--› {.O.TA.N.O.XD.BL.O'XM.C'EY.O'X2'O'I.C.BC.O.C'DB.}
‹f085r°11t°› [Trānslātiō: "...Your cross...us because of the given..."]
‹f085r°12--› {.T.BH.C'M.K'A'A.C'I'I'AE'I'AE.C'F'O'R'CO.CQ.}
‹f085r°12t°› [Trānslātiō: "...Ten Commandments (to) the church alone. Yahweh alone is God..."]

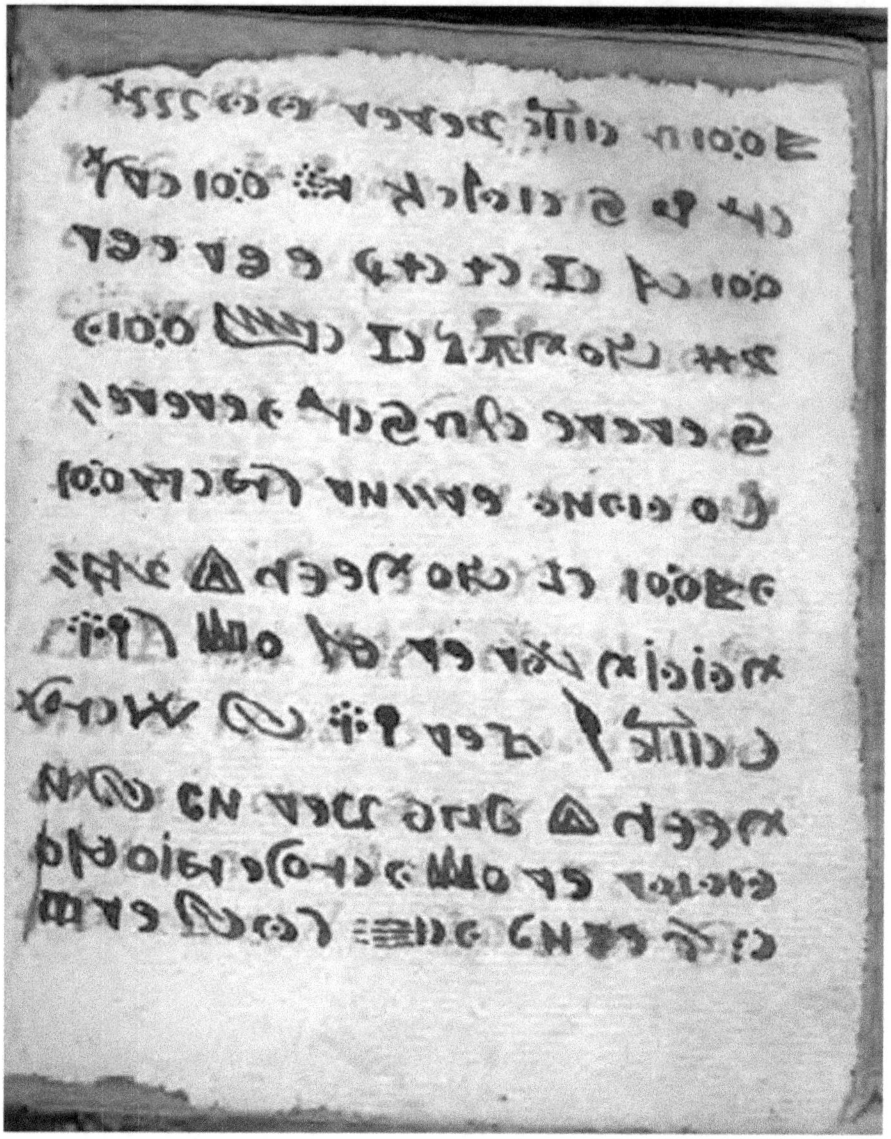

‹f085v°01--› {.B'O'X2'O'I.AC.C.I'I'IU'C.V.C.V.CO'D.Z.C.QX.S'S'ST.}
‹f085v°02--› {.C'BG.BH.CQ.C.I.CX.BT.C.XY.XF'XX.O'X2'O'I.C'D'R'T.}
‹f085v°03--› {.O'X2'O'I.EK'EY.C.BC.C'TA.C'TA.C'TA.QT.CO'BF'D'CO'BF'D.}
‹f085v°03h°› [Hyperbolē: .C'TA. has been added to complete the triad found in ‹f085v°03› above.]
‹f085v°04--› {.V'T'T.BE'I'O.RT.UN.E.C.BC.C'M.O'X2'O'I.QX.}
‹f085v°05--› {.CQ.CO'D'CO'D'CO.C.R.AC.CQ.C'BD.QX.CO'D'CO'D'CO.≈.}
‹f085v°06--› {.C.O.CX.I.QX.N.CX.CO'D.J'J'N'D.L.F.QV.C'IZ.O'X2'O'I.}
‹f085v°07--› {.QX.B'O'X2'O'I.C.K.BE'I'O.RT.CO'CE'XC.XU.BA.≈.}
‹f085v°08--› {.RT.CX.I.CX.IX.RT.KB.I.Q.D.CO'D.CE.A.O'XM.L.IG.I'X5.}
‹f085v°09--› {.C.C.I'I'IU'C.BT.HM.CO'D.IG.I'X5.EV.XL.C'F'O'R'C.}
‹f085v°10--› {.RT.CO'CE'XC.XU.QV'KE'BB.W'CO'D.N'QV.EV.T.N.}
‹f085v°11--› {.CX'I'CX'I'CX'D.CO'D.O'XM.QX.C'F'O'R'CO.F.QV.IX.O.C.A.O.}
‹f085v°12--› {.L.X3.MV.CO'D.N'QV.QX.C'UM.L.Z.EV.CO'D.ER.}

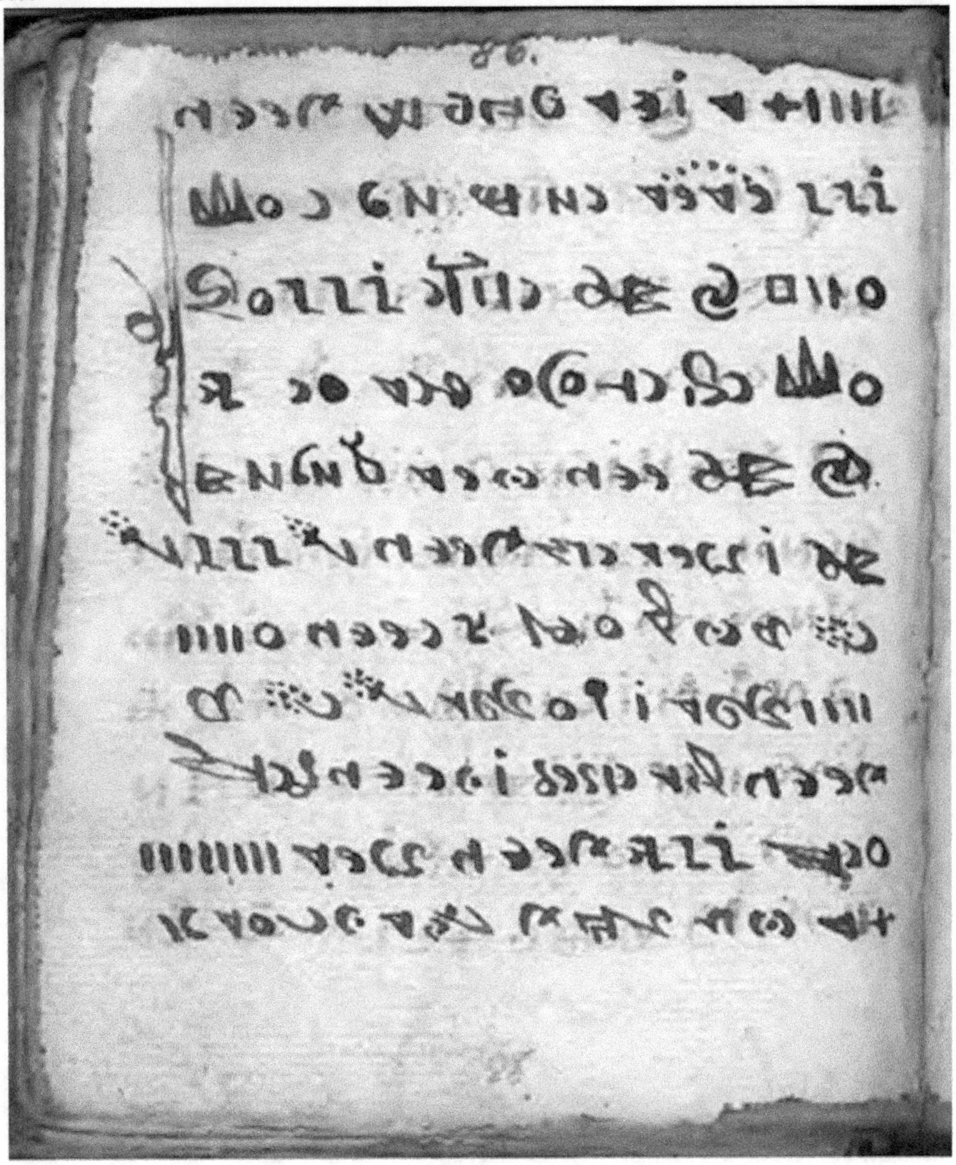

‹f086r°01--> {.I'I'I'I.T.D.IX.CY.D.QV'KE'BB.XL.RT.CO'CE'XC.}
‹f086r°01m°› [Margō: Object/border along left-hand side; Lines 01 to 05.]
‹f086r°02--> {.HX'H'H.(.CO'D'CO'D.).C.N.BR.N'QV.C.O'XM.}
‹f086r°03--> {.O.I'I'XJ.CQ.B'CV.C.I'I'IU'C.HX'H'H.O.S.J.}
‹f086r°04--> {.O'XM.C.S.I.C'F'O'R'CO.OL.CD.O.C.HK.}
‹f086r°05--> {.CQ.B'CV.CO'CE'XC.Z.CO'D.OB.C.N'QV.N.B.}
‹f086r°06--> {.B'CV.IX.W'CO'D.C'IZ.RT.CO'CE'XC.NR'XX.H'H'H.NR'XX.}
‹f086r°07--> {.UU.V.Z.QD.OX.CE.A.HY.C.CO'CE'XC.O.I'I'I'I.}
‹f086r°08--> {.I'I'I'I.UD.D.IX.IG.O.UD.D.NR'XX.UU.V.}
‹f086r°09--> {.RT.CO'CE'XC.DN.XB.K.C.I.S.CO.S'O.IX.QX.CO'CE'XC.IG.C'M.}
‹f086r°10--> {.O.C'DB.HX'H'HK.RT.CO'CE'XC.W'CO'D.I'I'I'I'I'I'I.}
‹f086r°11--> {.T.D.Z.AC.BA.RT.KB.I.C.Q.D.QX.CU'O'D.Q.J.}

folio 86 verso

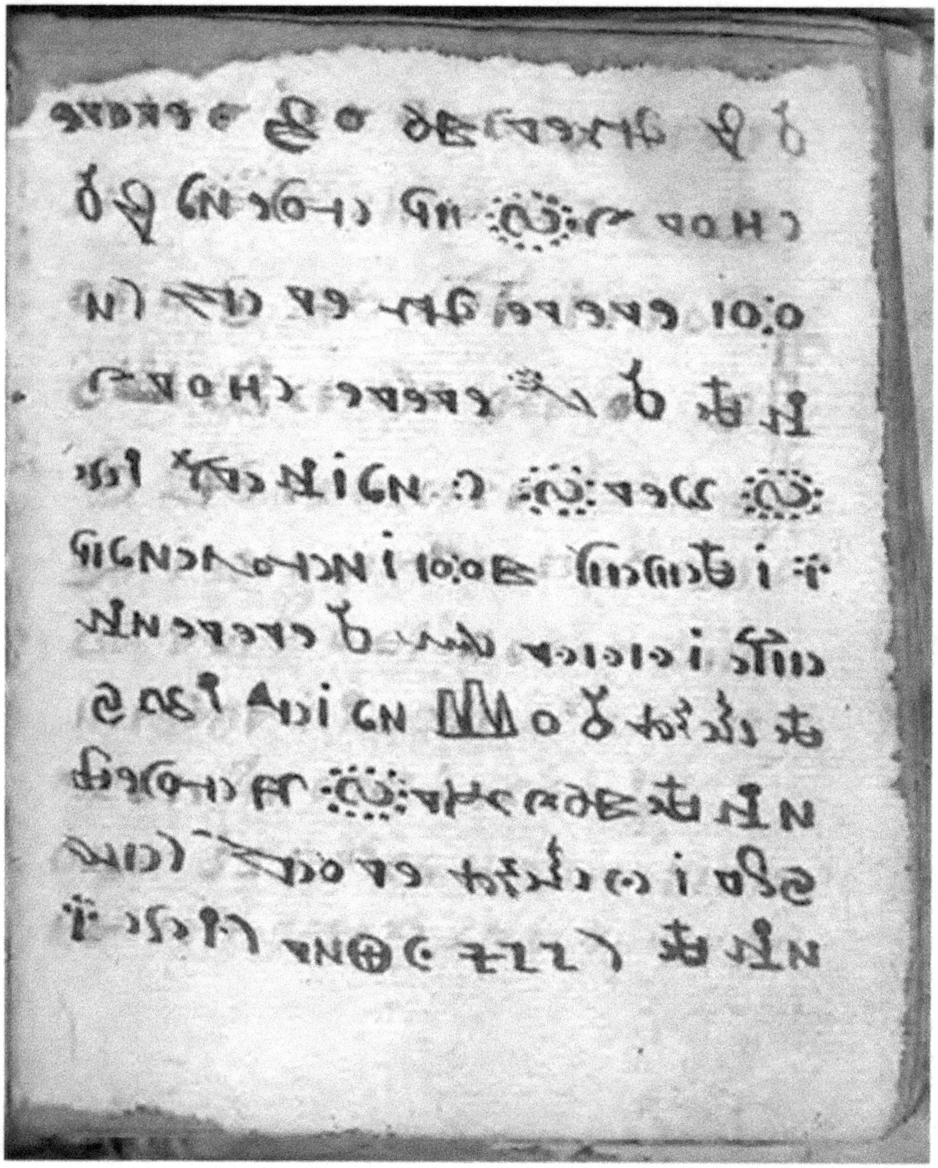

‹f086vº01--› {.OB.C.QD.R.BJ.F.CO'D.B'CV.O.U.QX.CO'D'CO'D'CO.}
‹f086vº02--› {.C.XH'O'D.RT.((.AD.)).I'I'G.C'F'O'R'CO.N'QV.QD.OB.C.}
‹f086vº03--› {.O'X2'O'I.CO'D'CO'D'CO.R.BJ.F.CO'D.C'IZ.L.N'J0'C0.}
‹f086vº03fº› [Fissum: ‹f086vº03› .N. and ‹f086vº04› .J0'C0.]
‹f086vº04--› {.«.88.».C0.NR'XX.CO'D'CO'D'CO.C.XH'O'D.RT.}
‹f086vº05--› {.((.AD.)).W'CO'D.((.AD.)).L'X2.N'QV.IX.J0.C'D'R'T.IG.C'S'C.}
‹f086vº06--› {.I'XX.IX.C0.I.I.R.C'I'AE.B'O'X2'O'I.IX.N.C'XV'OB'I'C.N'QV.I.G.}
‹f086vº07--› {.C.I'I'IU'C.IX.CX'I'CX'I'CX'D.CU.BO.OB.C.CO'D'CO'D'CO.N'J0'C0.}
‹f086vº07fº› [Fissum: ‹f086vº07› .N'J0. and ‹f086vº08› .C0.]
‹f086vº08--› {.«.88.».C.XS.C.XS.CX.D.OB.C.O'XM.N.CO.IX.C'BD.IG.U.CQ.}
‹f086vº09--› {.N'J0'C0.B'CV.RT'XI'D.((.AD.)).NA.C'F'O'R'CO.C.DQ.Q.}
‹f086vº10--› {.CQ.S.D.IX.Z.C.XS.C.BO.C.D.CO'D.O.C'DB'J.L.C'I'KC.}
‹f086vº11--› {.N'J0'C0.L.H'H'HT.QX.[[.TA.]].N.D.L.IG.C'S'C.I'X4.}

folio 87 recto

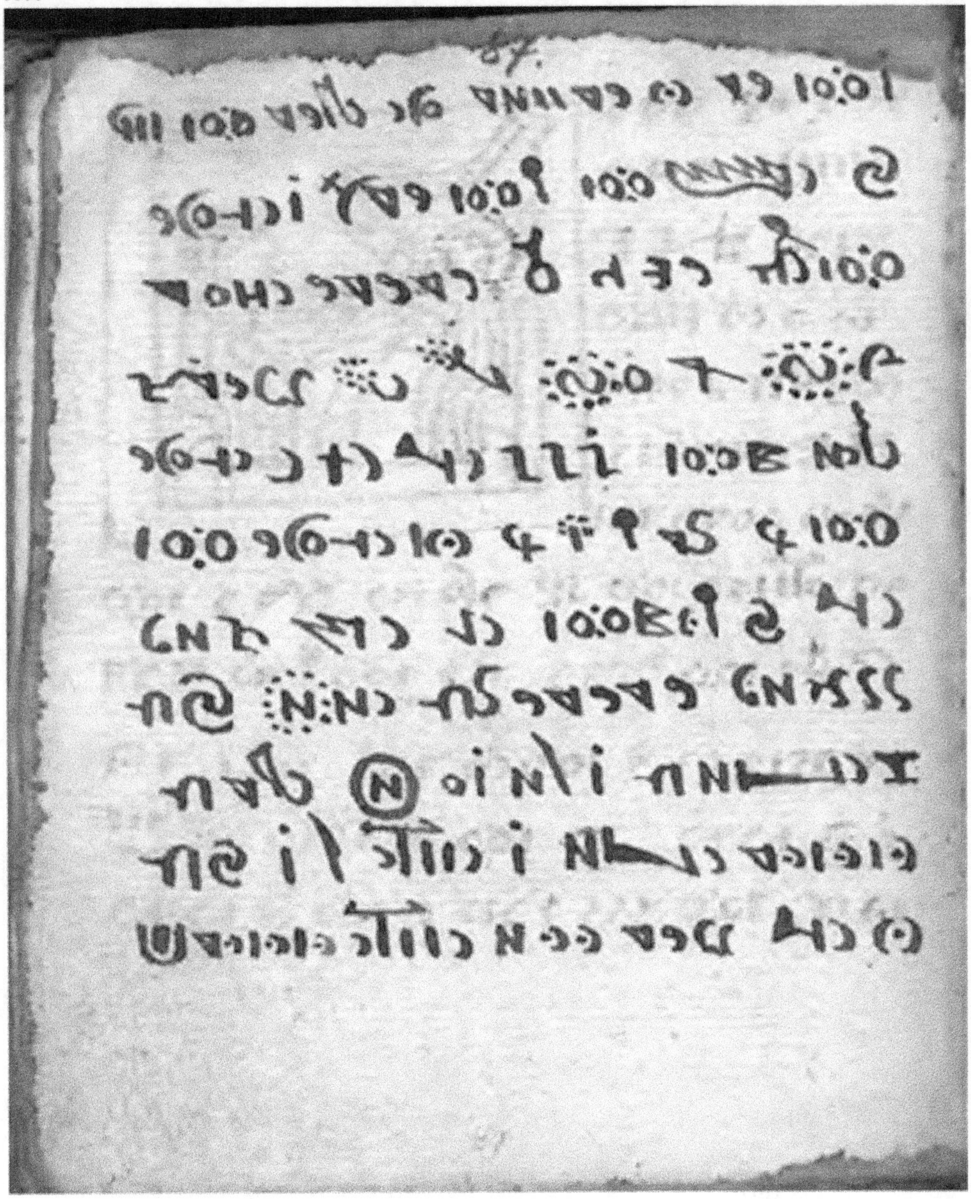

‹f087r°01--› {.I.O'X2'O'I.CO'D.Z.CO'D.J'J'N'D.O.R.C.NG.IX.CO'D.O'X2'O'I.I'I'G.}

‹f087r°02--› {.CQ.C'M.O'X2'O'I.IG.O'X2'O'I.CO'D'R'T.IX.C'F'O'R'CO.}

‹f087r°03--› {.O'X2'O'I.C.DN.I'T.CO'CE'XC.OB.C.CO'D'CO'D'CO.C.XH.O.D.}

‹f087r°04--› {.RT.((.AD.)).BI.O.((.AD.)).NR'XX.UU.W'CO'D.HY.}

‹f087r°05--› {.NG.C.N.B'O'X2'O'I.HX'H'H.C'BD.C'TA.C.C'F'O'R'CO.}

‹f087r°06--› {.O'X2'O'I.QT.S'D.IG.I'X5.QT.Z.I.C'F'O'R'CO.O'X2'O'I.}

‹f087r°07--› {.C'BD.CQ.IG.QX.B'O'X2'O'I.C.K.C'IZ.HM.N'QV.}

‹f087r°08--› {.S'S'ST.N'QV.CO'D'CO'D'CO.S.AC.C.N.((.N.)).CQ.AC.}

‹f087r°09--› {.BC.C'BD.N.AC.IX.II.N.IX.O.[[.N.]].CU'D.AC.}

‹f087r°10--› {.CX'I'CX'I'CX'D.C'BD.N.IX.C.I'I'IU'C.BT.IX.CQ.AC.}

‹f087r°11--› {.Z.C'BD.W'CO'D.CX'CX.N.C.I'I'IU'C.CX'I'CX'I'CX'D.NV.}

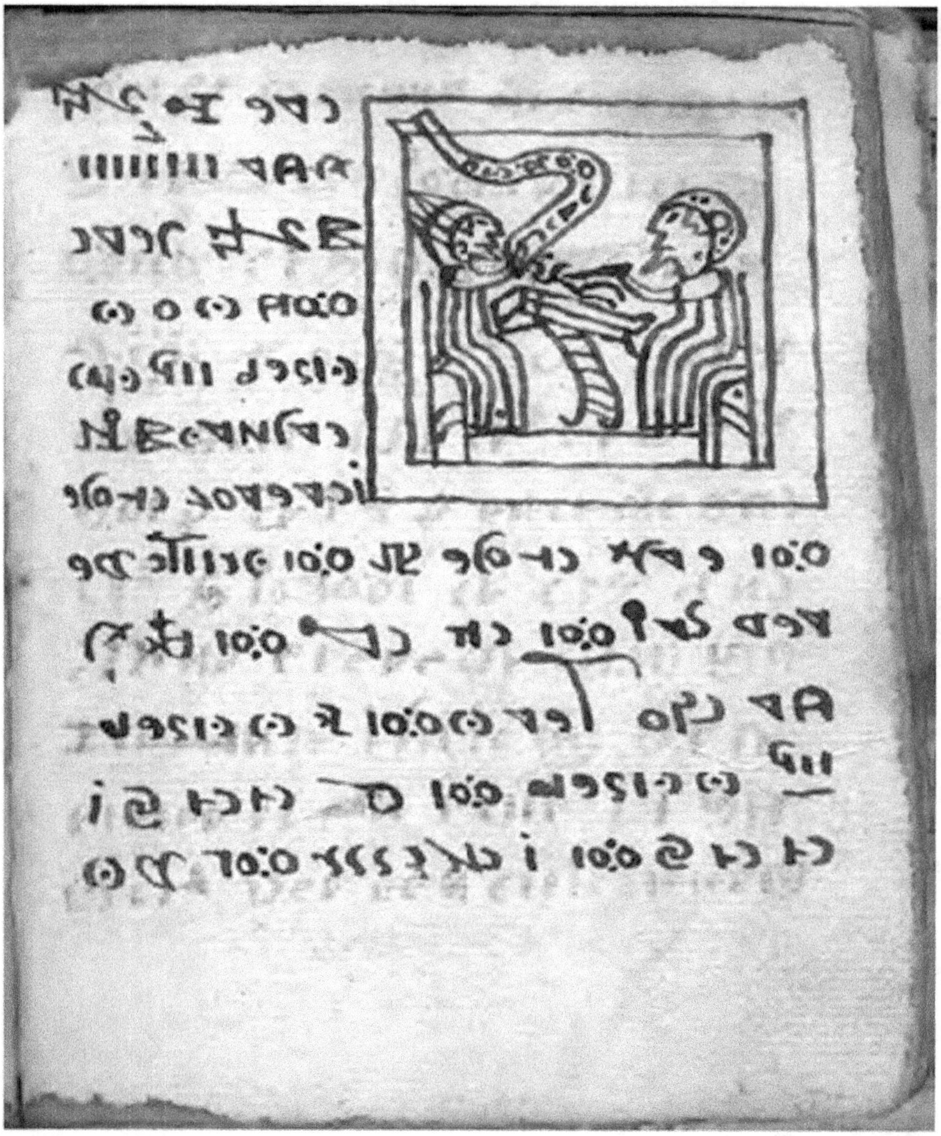

‹f087v°00i°› [Illūstrātiō: P-43:URLS Two men seated; one writing on long scroll.]
‹f087v°01--› {.C.D.CO.NB.BA.}
‹f087v°02--› {.RT'BS'D.I'I'I'I'I.K.I'I'I.}
‹f087v°03--› {.B'BA.RB.CO'D.C.}
‹f087v°04--› {.O'X2'O.NA.Z.O.Z.}
‹f087v°05--› {.CX'I'Q.CO.CV.I'I'G.CX.BD.Q.}
‹f087v°06--› {.C'D'R'N'D.QX.B.J0.}
‹f087v°07--› {.IX.C'D'CO'D'O'K.C'F'O'R'CO.}
‹f087v°08--› {.O'X2'O'I.CO'D'R'T.C'F'O'R'CO.HK.K.O'X2'O'I.QX.C.I'I'IU'C.V'CO'D'CO'D.}
‹f087v°08f°› [Fissum: ‹f087v°08› .V.CO. and ‹f087v°09› .D.CO'D.]
‹f087v°09--› {.«.88.».S'D.IG.O'X2'O'I.C'I'T.C'D'O.O'X2'O'I.C0.RT.}
‹f087v°10--› {.BS'D.BE'I'O.DN.CO'D.Z.O'X2'O'I.HK.Z.CX.I.S.CO.XV'O.}
‹f087v°11--› {.I'I'G.Z.CX.I.S.CO.XV'O.O'X2'O'I.EA.X2.CX.I.CX.I.CQ.IX.}
‹f087v°12--› {.CX.I.CX.I.CQ.O'X2'O'I.IX.C.KC.S'S'ST.O'X2'O'I.V.Z.}

folio 88 recto

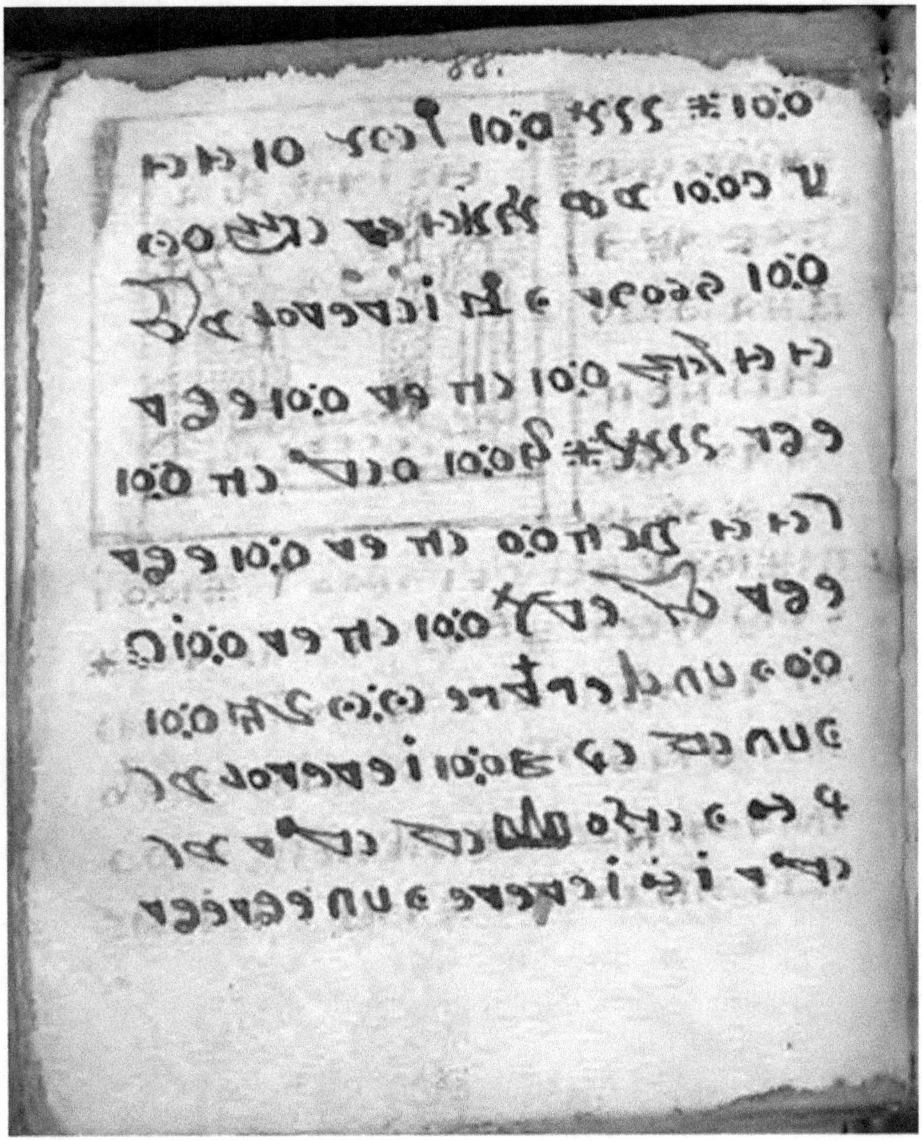

‹f088r°01-->   {.O'X2'O'I.X2.EZ.S'S'ST.O'X2'O'I.IG.Z.ED.O.I.CX.I.CX.I.}
‹f088r°02-->   {.HY.C.O'X2'O'I.V.O2.S'S'S.IX.C'EY.CO'D.C'XG.O.Z.}
‹f088r°03-->   {.O'X2'O'I.C'Q'CV'O'RO'D.QX.J0.IX.C'D'CO'D'O'K.V.L'DN.}
‹f088r°04-->   {.C'EY.C'EY.BT.C'IZ.O'X2'O'I.C'I'T.CO'D.O'X2'O'I.CO'BF'D'CO'BF'D.}
‹f088r°04f°›   [Fissum: ‹f088r°04› .CO'BF'D. and ‹f088r°05› .CO'BF'D.]
‹f088r°05-->   {.«.88.».S'S'ST.IJ.EZ.S.Q.O'X2'O'I.O.C'D'O.C'I'T.O'X2'O'I.}
‹f088r°06-->   {.L.C'EY.C'EY.V.C'I'T.O'X2'O.C'I'T.CO'D.O'X2'O'I.CO'BF'D'CO'BF'D.}
‹f088r°06f°›   [Fissum: ‹f088r°06› .CO'BF'D. and ‹f088r°07› .CO'BF'D.]
‹f088r°07-->   {.«.88.».CU.DN.CO'D'R'T.O'X2'O'I.C'I'T.CO'D.O'X2'O.IX.L.X4.}
‹f088r°08-->   {.O'X2'O.QX.BL.XD.XB.CO.LA.D.T.LA.Z.X2.Z.BA.O'X2'O'I.}
‹f088r°09-->   {.QX.BL.XD.C'DB.C.QT.B'O'X2'O'I.IX.CO'D'CO'D.O.K.V.L.}
‹f088r°10-->   {.QT.CE'O.QX.C'XV.XB.O'XM.C'DB.C'D'O'D.V.L.}
‹f088r°11-->   {.C'D'O'D.IX.CE'O.IX.CO'D'CO'D'CO.QX.BL.XD.CO'BF'D'CO'BF'D.}

folio 88 verso

‹f088v°00i°› [Illūstrātiō: P-44:URLS Man w/ cross staff, shin gesture before two priests.]

‹f088v°00C0› {.HK.C0.A'CO'D.IX.H'HF'H.}

‹f088v°00t°› [Trānslātiō: "...Christ (to) Peter the authority."]

‹f088v°01--› {.I'D'O'D.Z'RT'NB.}

‹f088v°01t°› [Trānslātiō: "Hear the holy Word..."]

‹f088v°02--› {.BA.RT'CO'IH'D.QX.}

‹f088v°02t°› [Trānslātiō: "...of Saint Luke in..."]

‹f088v°03--› {.CY.TL.CO.B'BA.}

‹f088v°03t°› [Trānslātiō: "...the...chapter of his..."]

‹f088v°04--› {.QV'KE'BB.HK.N'J0.}

‹f088v°04t°› [Trānslātiō: "...when...the Lord Jesus..."]

‹f088v°05--› {.NA.B'N.IX.H'HF'H.}

‹f088v°05t°› [Trānslātiō: "...your disciple the authority..."]

‹f088v°06--› {.UD.CO.CO'D.EZ.}

‹f088v°07--› {.C'F'O'R'CO.EZ.O'X2'O'I.}

‹f088v°08--› {.IX.O'X2'O'I.EZ.IG.CX.BO.CX.IX.QX.EL.C.Q.CO.HY.O'X2'O'I.EZ.HX'H'H.}

‹f088v°09--› {.EZ.O.D.C'DB.D.C'D'R.EZ.IX.W'CO'D.OL.XA.D.HY.}

‹f088v°10--› {.C'F'O'R'CO.C'AE.CO.C'DB.Z.EZ.IX.C'AE.CO.CO'D.IG.O.}

‹f088v°11--› {.O.R.CX.C'DB.C.K.CV.BZ.J.EU.C'AE.CO.QV'KE'BB.Z.EZ.}

‹f088v°12--› {.C.O.NP.S'S'S.EZ.O'X2'O'I.N.V.O'O'P.N.CX.D.CO.XG.N.CX.}

‹f088v°13--› {.Q.IX.N.IX.W'CO'D.EZ.CO'D.Z.C'AE.C.C'M.}

folio 89 recto

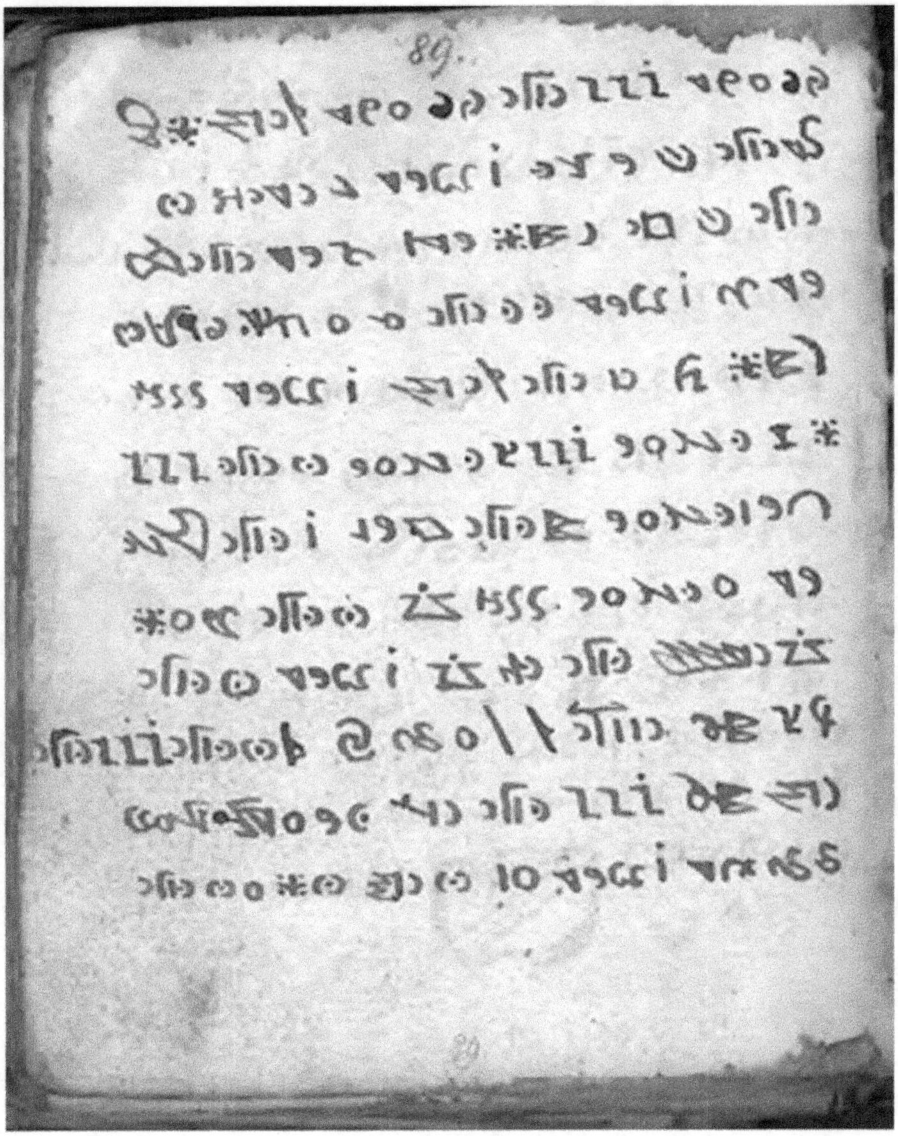

‹f089r°01--› {.C.Q.CV.O.RO.D.HX'H'H.C'AE.C.C.Q.CV.O.RO.D.BT.C'IZ.EZ.CQ.}
‹f089r°02--› {.S'D.C'AE.C.BK.CO.HY.CX.IX.W'CO'D.K.C.D.C.F.S.Z.}
‹f089r°03--› {.C'AE.C.BK.XJ.C.C.B.EZ.CO'D.I.HM.CO'D.C'AE.NK'NY.}
‹f089r°03h°› [Hyperbolē: The ending above .NK'NY. is a hypothetical ligature of .NK. and .NY.]
‹f089r°04--› {.CO'D.PA.IX.W'CO'D.CX'CX.C'AE.C.OB.O.I'T.C.DP.X.CV.IG.U.C.Q.}
‹f089r°05--› {.L.B.EZ.H.R.BL.C'AE.C.BT.C'IZ.IX.W'CO'D.S'S'ST.}
‹f089r°06--› {.EZ.AG.CX.KC.O.CO.HX'H'H.HY.CX.KC.O.CO.Z.C'AE.CX.H'H'H.}
‹f089r°07--› {.R.CO.I.CX.KC.O.CO.B.CX.AE.C.EU.CO.K.IX.CX.AE.C.R.EK.K.C.}
‹f089r°08--› {.CO'D.O.CX.KC.O.CO.S'S'ST.XW'X.Z.CX.AE.C.V.O.EZ.}
‹f089r°09--› {.XW'X.C'M.CX.AE.C.C.AA.XW'X.IX.W'CO'D.Z.CX.AE.C.}
‹f089r°10--› {.QT.HY.B'CV.C.II.IU.C.BT.II.O.U.CQ.C.II.Z.CX.AE.C.HX'H'H.CX.AE.C.}
‹f089r°11--› {.C'IZ.B'CV.HX'H'H.CX.AE.C.C'BG.QX.CO.O.D.HF.O.YX'QQ.}
‹f089r°12--› {.U.U.RT.D.IX.W'CO'D.O.I.Z.C'XG.Z.EZ.O.Z.CX.AE.C.}

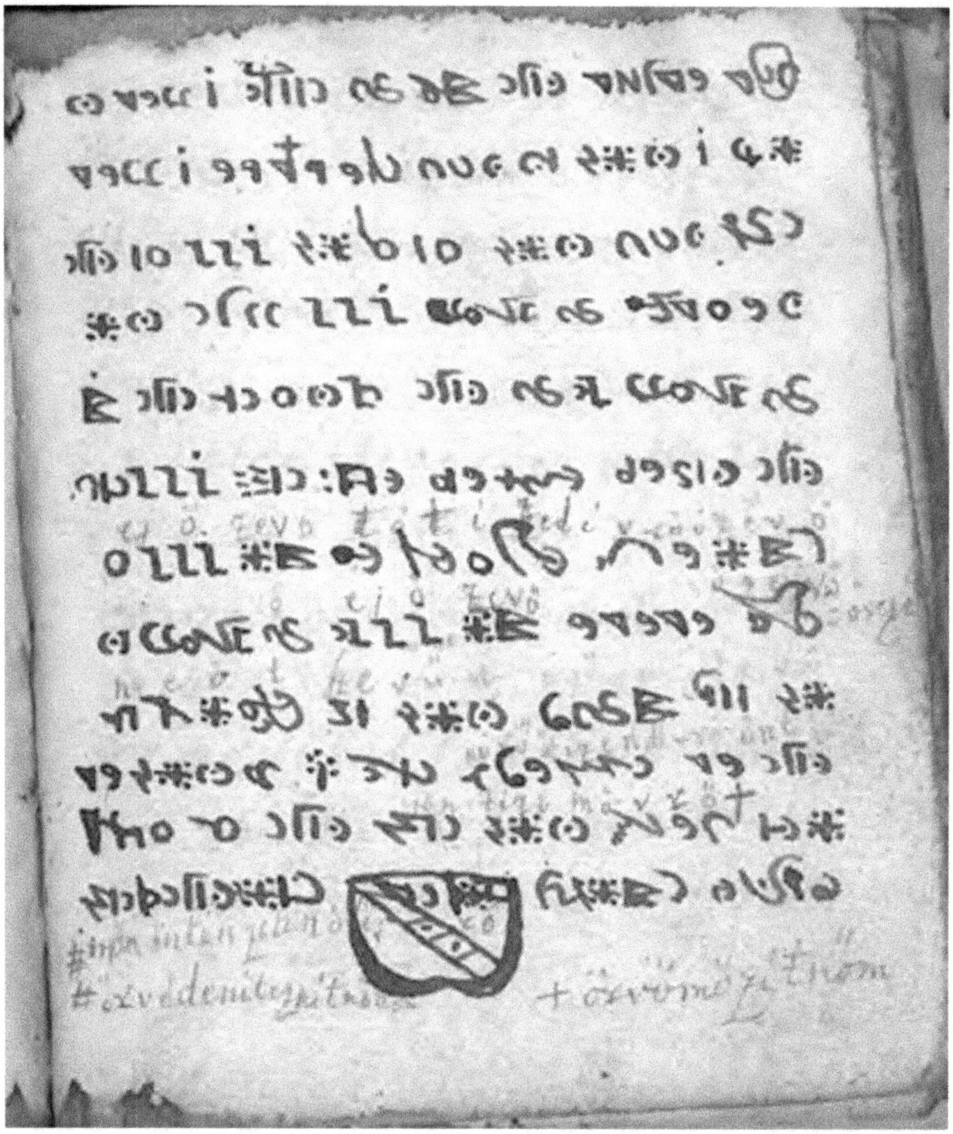

‹f089v°01--› {.RO'C.D.CO'D'R'N'D.CX.AE.C.B'CV.U.C.I'I'IU'C.IX.W'CO'D.Z.}
‹f089v°02--› {.EZ.QT.IX.Z.EZ.EL.XB.MT.QX.BL.XD.KE.CO.DP.D.T.DP.CO.CO.IX.W'CO'D.}
‹f089v°03--› {.C.S.IG.QX.BL.XD.Z.EZ.EB.O.I.EA.EZ.EB.HX'H'H.O.I.CX.AE.C.}
‹f089v°04--› {.QX.CO.O.D.HF.O.U.YX'QQ.HX'H'H.Q'Q'R'C.Z.EZ.}
‹f089v°05--› {.U.YX'QQ.HK.U.CX.AE.C.HM.Z.O.C.F.C'AE.C.B.}
‹f089v°06--› {.CX.AE.C.CX.I.S.CO.OD.C.BO.T.CO.OD.CE.BS.X2.C'UM.HX'H'H.C.I.R.}
‹f089v°07--› {.L.B.EZ.CO.R.C.CA.R.O.CE.A.CE'O.B.EZ.HX'H'H.O.}
‹f089v°08--› {.QV.MJ.CX.CO'D'CO'D'CO.B.EZ.HX'H'HK.U.YX'QQ.Z.}
‹f089v°08h°› [Hyperbolē: The beginning above .QV.MJ. is a hypothetical ligature of the two glyphs.]
‹f089v°09--› {.EZ.EB.I'I'G.B.U'QV.Z.EZ.EB.I'AG.BJ'C.O.C.O.EZ.BI.AC.}
‹f089v°10--› {.CX.AE.C.CO'D.C.AA.CO'QV.V.BJ'C.I'X5.V.Z.EZ.EB.CO'D.}
‹f089v°11--› {.EZ.C'EY.I.R.CO.BI.K.AS.Z.EZ.EB.C'IZ.CX.AE.C.OB.O.XY.D.}
‹f089v°12--› {.CV.IG.S.X.C.Q.L.B.EZ.A.H.R.|.I.EZ.BT.CO'D.C.|.I.EZ.H.CX.EA.C.EQ.C'IZ.}
‹f089v°12o°› [Ornāmentum: Shield/tartan drawn over text denoted as struck above.]

folio 90 recto

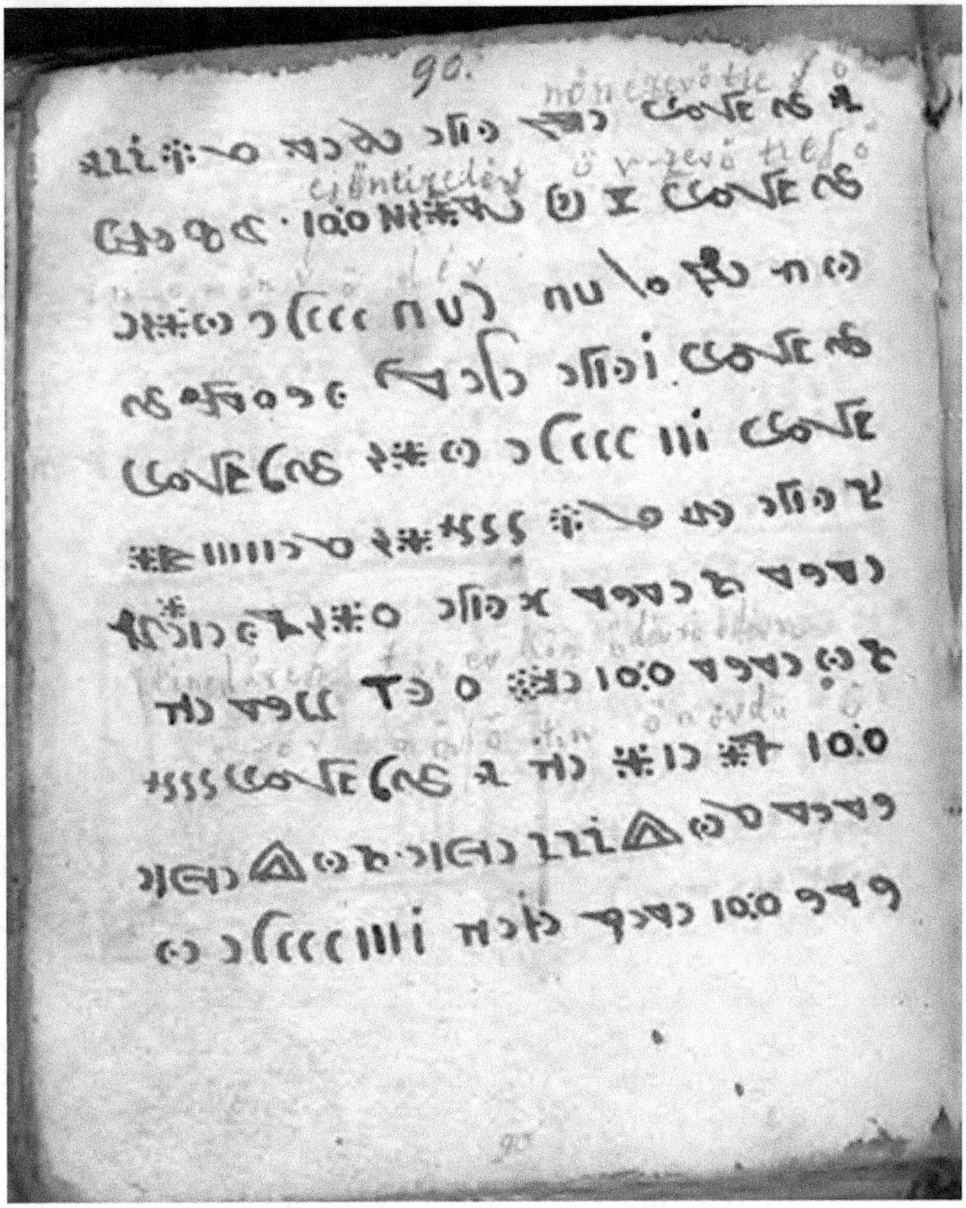

‹f090r°01--› {.HK.U.YX'QQ.C'IZ.CX.AE.C.CU.XJ.C.D.X.OB.I'X5.HX'H'HK.}
‹f090r°02--› {.U.YX'QQ.BC.LC.CU'D.EZ.EB.N.O'X2'O'I.V.AV.CX.TB.}
‹f090r°03--› {.Z.AC.CU.O.AA.O.II.BL.XD.L.BL.XD.Q.Q'Q'R'C.Z.EZ.EB.C.}
‹f090r°04--› {.U.YX'QQ.IX.CX.AE.C.R.C'D'R.QX.CO.O.D.AG.O.U.}
‹f090r°05--› {.YX'QQ.IX.I.I.Q.Q'Q'R'C.Z.EZ.EB.U'QV.YX'QQ.}
‹f090r°06--› {.HY.CX.AE.C.CA.KB.CA.I'X5.S'S'ST.EZ.EB.OB.C.I'I'I'I'I.B.EZ.}
‹f090r°07--› {.CO'D'CO'D.HM.C.D.CO'D.RO'C.CX.AE.C.O.EZ.EB.BI.QX.C.I.EZ.C.S'D.}
‹f090r°08--› {.HM.Z.C'D'CO'D.O'X2'O'I.C'XF'XX.O.CE.IH.W'CO'D.C'I'T.}
‹f090r°09--› {.O'X2'O'I.BI.EZ.C.I.EZ.C'I'T.X.HK.U'QV.YX'QQ.S'S'ST.}
‹f090r°10--› {.CO'D'CO'D.OB.Z.XU.HX'H'H.C'F'Q'I'C.HM.Z.XU.C'F'Q'I'C.}
‹f090r°11--› {.CO'D'CO.O'X2'O'I.C'D'C'D.C'EY.C'I'T.IX.I'I'I.Q.Q'Q'R'C.Z.}

folio 90 verso

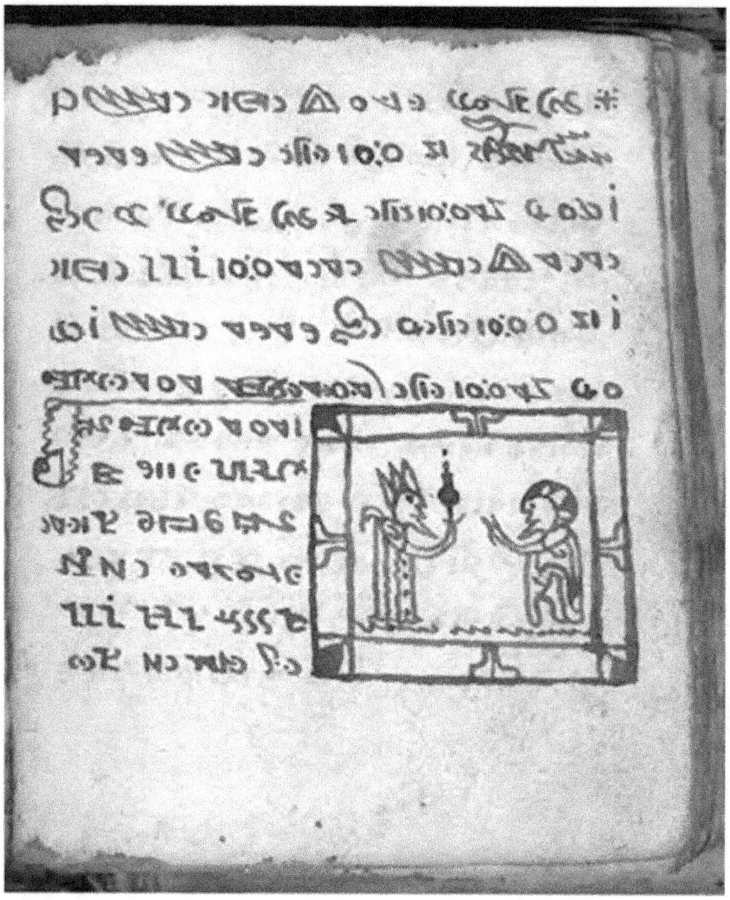

‹f090v°01--›	{.EZ.U'QV.YX'QQ.CX.K'X'D.O.XU.C'F'Q'I'C.C'M.EK.}
‹f090v°02--›	{.|.XS.XS.L.A.QS.L.A.H.|.I'AG.O'X2'O'I.CX.AE.C.C'M.CO'D'CO'D.}
‹f090v°02h°›	[Hyperbolē: The beginning above .|.XS.XS.L.A.QS.L.A.H.|. is complete conjecture.]
‹f090v°03--›	{.IX.CU.C.QT.AG'D.O'X2'O'I.C'AE.C.HK.U'QV.YX'QQ.V.R.CO'AD.}
‹f090v°04--›	{.C'D'C'D.XU.C'M.C'D'C'D.O'X2'O'I.HX'H'H.C'F'Q'I'C.}
‹f090v°05--›	{.IX.I'AG.O.O'X2'O'I.C'AE.C.QT.CO'AD.CO'D'CO'D.C'M.IX.C.QQ.}
‹f090v°06--›	{.O.QT.AG'D.O'X2'O'I.CX.AE.C.L.D'O'D./.CX.RT.D.D'O'D.Z'RT'NB.\.}
‹f090v°06d°›	[DĪVĪSIŌ.]
‹f090v°06o°›	[Ornāmentum: Flag/banner hanging from line above.]
‹f090v°07i°›	[Illūstrātiō: P-45:LRMS Man before priest holding holy object.]
‹f090v°07e°›	[Ēditiō Vulgāta: JN 2.]
‹f090v°07--›	{.I'D'O'D.Z'RT'NB.BA.}
‹f090v°07t°›	[Trānslātiō: "Hear the holy Word..."]
‹f090v°08--›	{.RT'HF'HS.QX.I.I.CO.B.}
‹f090v°08t°›	[Trānslātiō: "...of Saint John in his second chapter..."]
‹f090v°09--›	{.BA.QV'KE'BB.HY.I.CX.D.C.}
‹f090v°09t°›	[Trānslātiō: "...of when came..."]
‹f090v°10--›	{.QX.XV.O.A.D.CX.C.N'J0.}
‹f090v°11--›	{.HM.S'S'ST.H'HF'H.HX'H'H.}
‹f090v°12--›	{.CX.S.C.A.D.CO.C.N.HY.Z.}

folio 91 recto

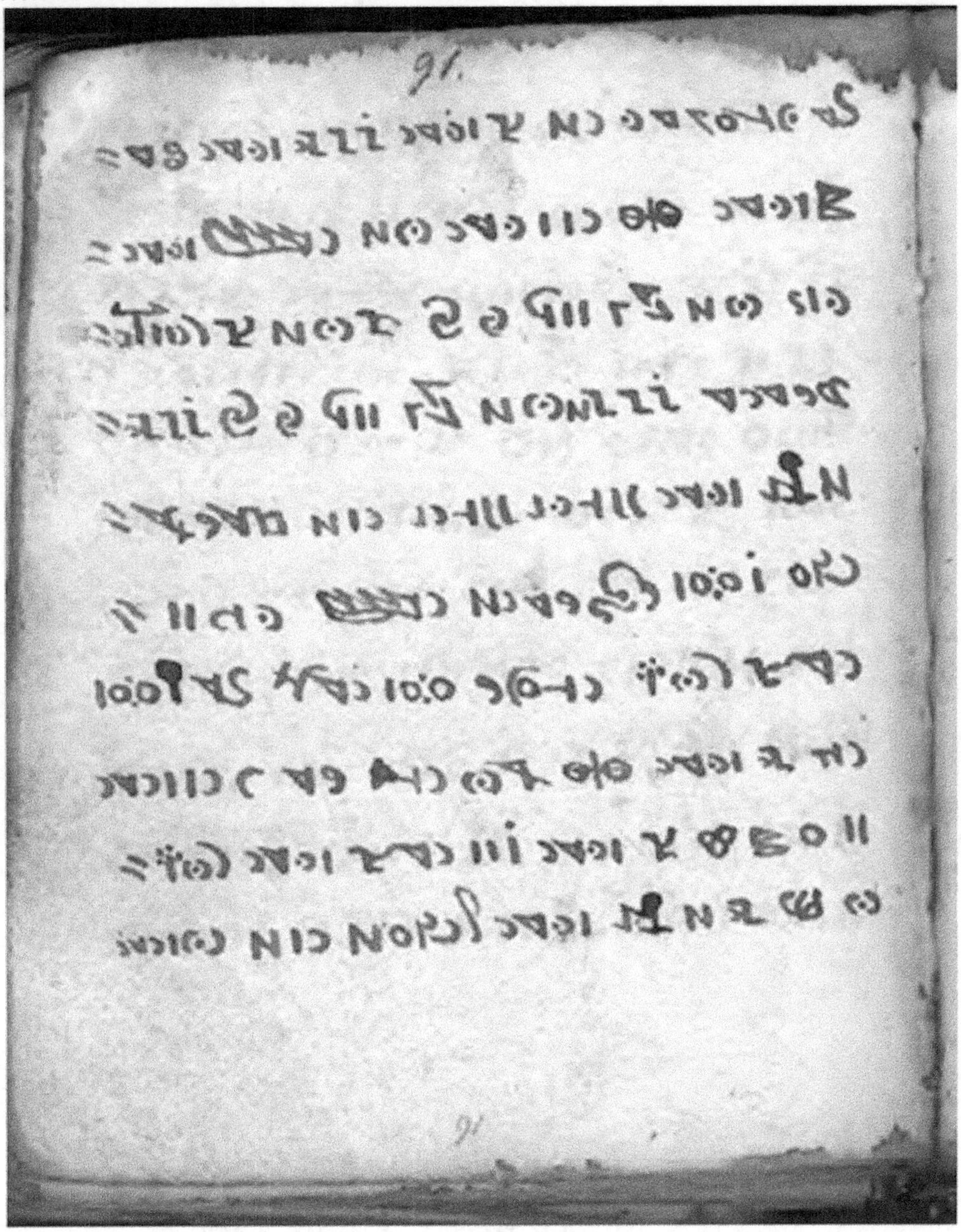

‹f091r°01--› {.S'D.QX.XV.O.A.D.CX.C.N.HY.I.CX.D.C.HX'H'HK.I.CX.D.C.BF.D.≈.}
‹f091r°02--› {.B.I.CX.D.C.OC.C.I.I.CX.D.CX.Z.N.C'M.I.CX.D.C.≈.}
‹f091r°03--› {.CX.I.S.Z.N.K'A'A.I'I'G.C.Q.CQ.HM.Z.N.HY.L.C.I'I'IU'C.≈.}
‹f091r°04--› {.V.CO'D'C'D.HX'H'H.N.Z,N.K'A'A.I'I'G.C.Q.CQ.HX'H'HK.≈.}
‹f091r°05--› {.N'J0.I.CX.D.C.I.I.F.CX.K.I'I'I.C.K.C'I'N.XJ'D'CO'BY.≈.}
‹f091r°06--› {.BE'I'O.IX.O'X2'O'I.CO'AD.CO'D.C.N.C'M.CX.XC.I.I.≈.}
‹f091r°07--› {.C'D'HY.L.Z.I'X4.C'F'O'R'CO.O'X2'O'I.C'D'R'T.S'D.IG.O'X2'O'I.}
‹f091r°08--› {.C'I'T.HK.I.CX.D.C.OC.BI.Z.C'BD.CO'D.Q.C.I.I.C.D.C.}
‹f091r°09--› {.I.I.O.B.XQ.HY.I.CX.D.C.IX.I.I.C'D'HY.I.CX.D.C.L.Z.I'X4.≈.}
‹f091r°10--› {.Z.BR.HK.N'J0.I.CX.D.C.ML.BE'I'O.N.C'I'N.Z.I.C.D.C.}

folio 91 verso

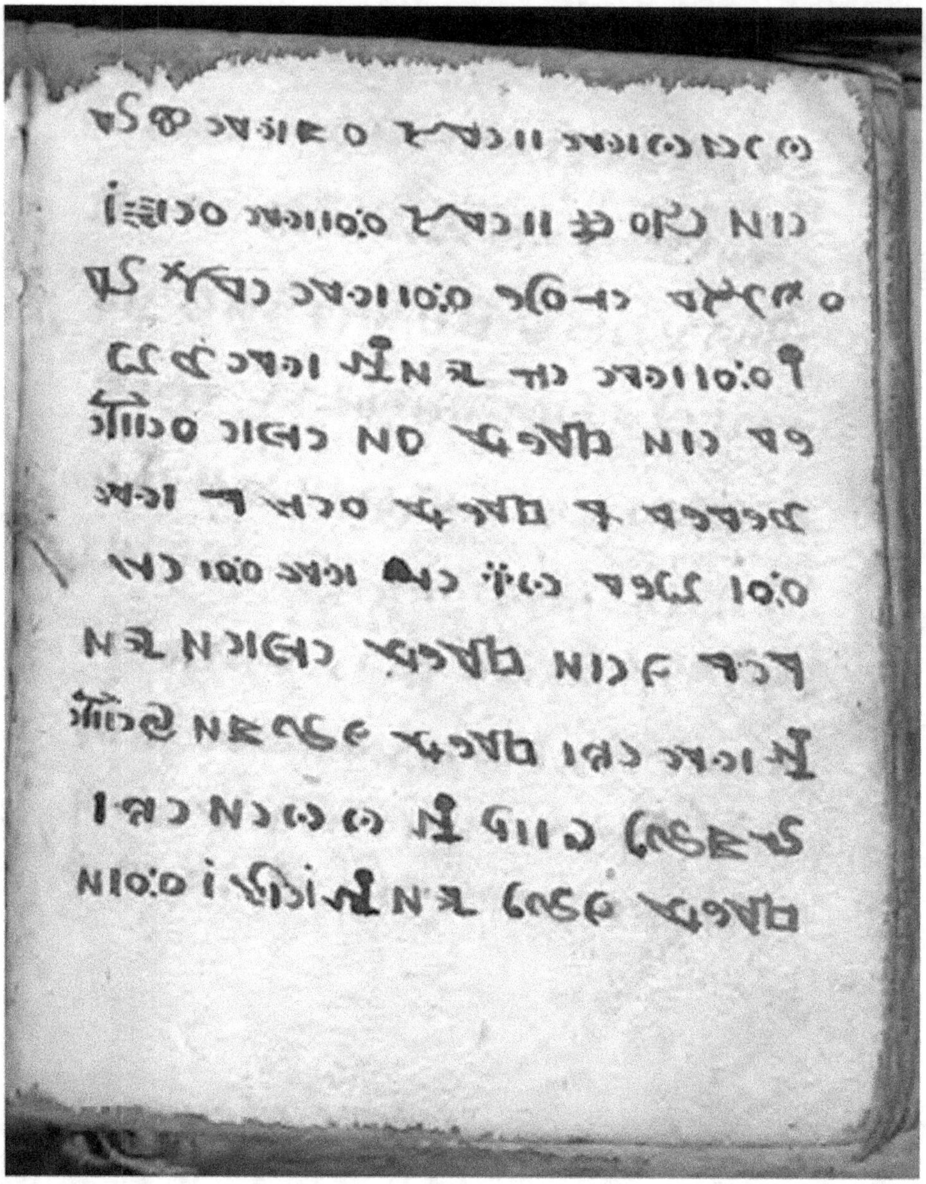

‹f091v°01--› {.Z.Q.C.A.Z.I.CX.D.C.C.I.C'D'HY.O.B.I.X.CX.D.C.XQ.S'D.}
‹f091v°02--› {.C'I'N.BE'I'O./.C'TA.\.I.I.C'D'HY.O'X2'O'I.I.CX.D.C.O.C'UM.IX.}
‹f091v°03--› {.O.RT'XI'D.C'F'O'R'CO.O'X2'O'I.I.CX.D.C.C'D'R'T.S'D.}
‹f091v°04--› {.IG.O'X2'O'I.I.CX.D.C.C'I'T.HK.N'J0.I.CX.D.C.V.W'CO'D.}
‹f091v°04f°› [Fissum: ‹f091v°04› .W. and ‹f091v°05› .CO'D.]
‹f091v°05--› {.«.88.».C'I'N.XJ'D'CO'BY.O.N.C'F'Q'I'C.O.C.I'I'IU'C.}
‹f091v°06--› {.V'CO'D'CO'D.BI.XJ'D'CO'BY.O.C.F.J.DP.I.CX.D.C.}
‹f091v°07--› {.O'X2'O'I.W'CO'D.Z.I'X4.C'BD.I.CX.D.C.O'X2'O'I.C.K.J.}
‹f091v°08--› {.DP.C.DP.QX.C'I'N.XJ'D'CO'BY.C'F'Q'I'C.N.HK.N'J0.}
‹f091v°08f°› [Fissum: ‹f091v°08› .N. and ‹f091v°09› .J0.]
‹f091v°09--› {.«.88.».I.CX.D.C.C.Y.I.XJ'D'CO'BY.QX.U.B'N.CQ.C.I'I'IU'C.}
‹f091v°10--› {.S'D.B.U'QV.BB.I'I'G.J0.Z.C.Q.C.N.C.Y.I.}
‹f091v°11--› {.XJ'D'CO'BY.QX.U'QV.HK.N'J0.IX.CO.IH.BO.IX.O'X2'O'I.N.}

folio 92 recto

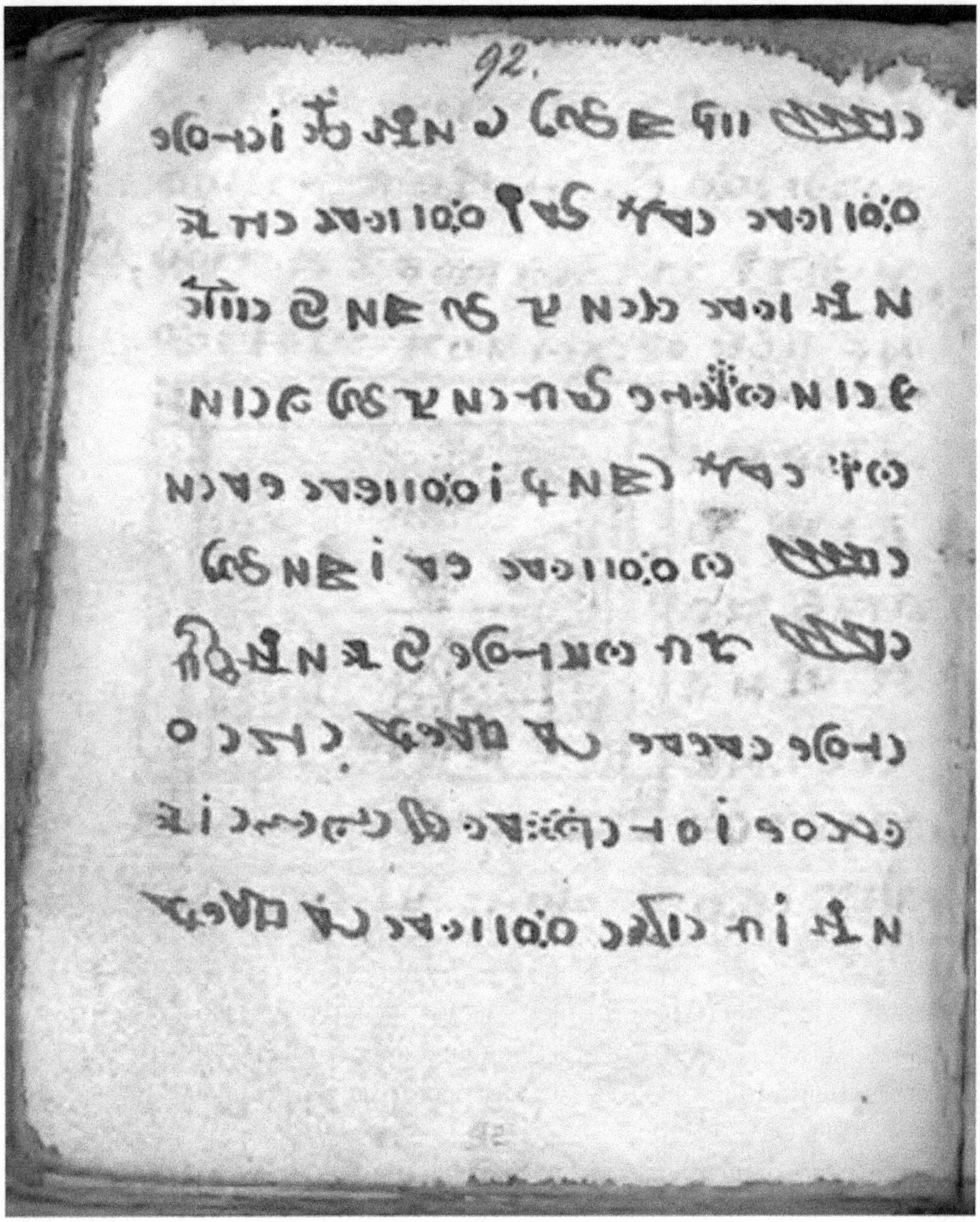

‹f092r°01--> {.C'M.I'I'G.B.U'QV.CV.N'J0'C0.IX.C'F'O'R'C.}
‹f092r°02--> {.O'X2'O'I.I.CX.D.C.C'D'R'T.S'D.IG.O'X2'O'I.I.CX.D.C.C'I'T.HK.}
‹f092r°03--> {.N'J0.I.CX.D.C.C.A.C.N.HY.U.B'N.CQ.C.I'I'IU'C.}
‹f092r°04--> {.QX.C'I'N.Z.I'X5.CX.XC.CO.S'D.AC.C.N.HY.U'QV.QX.C'I'N.}
‹f092r°05--> {.Z.I'X4.C'D'R'T.L.B'N.QT.IX.O'X2'O'I.I.CX.D.C.CO'D.C.N.}
‹f092r°06--> {.C'M.Z.O'X2'O'I.I.CX.D.C.CO'D.IX.B'N.U'QV.}
‹f092r°07--> {.C'M.HM.AC.Z.I.C'F'O'R'CO.CQ.HK.N'J0.O'O'L'AC.}
‹f092r°08--> {.C'F'O'R'CO.CX.D'CO'D'CO.CU'D.XJ'D'CO'BY.C.I'AG.C.O.}
‹f092r°09--> {.CX.KC.O.CO.IX.O.F.C.XC.X.XX.D.CX.C.CU'C.C.K.QX.C.BO.C.IX.HK.}
‹f092r°10--> {.N'J0.IX.AC.C.I'AG.C.C.O'X2'O'I.I.CX.D.C.CU'D.XJ'D'CO'BY.}

folio 92 verso

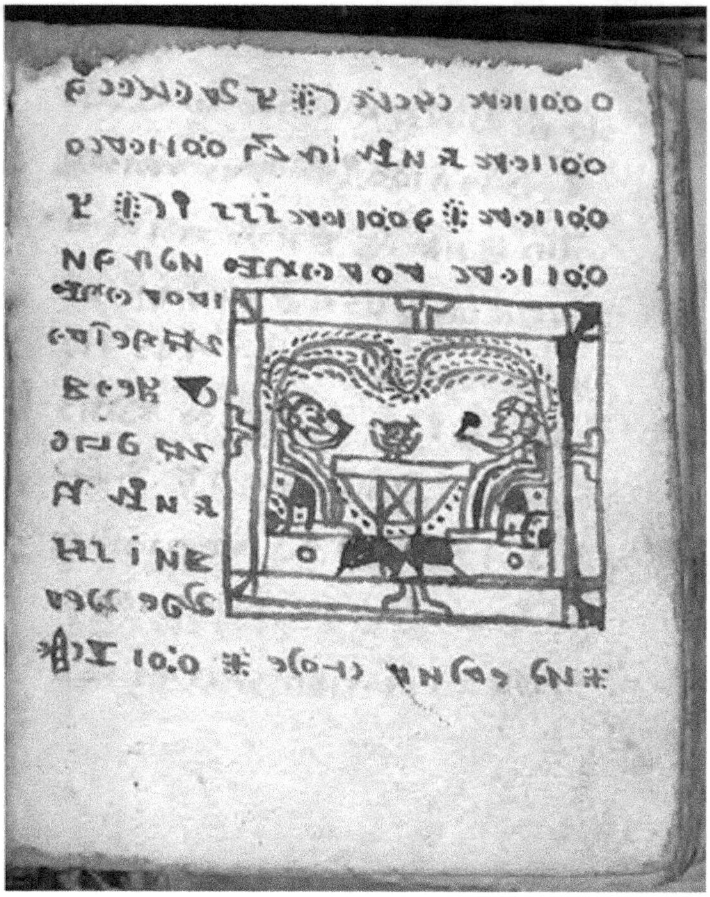

<f092v°01--> {.O.O'X2'O'I.I.CX.D.C.C.XB.C.K'X'D.C.L.((.I.)).HY.S'D.CX.KC.CX.C.QE.}
<f092v°02--> {.O'X2'O'I.I.C.D.C.HK.N'J0.IX.AC.K'A'A.O'X2'O'I.I.CX.D.C.O.}
<f092v°03--> {.O'X2'O'I.I.CX.D.C.((.I.)).QX.O'X2'O'I.I.CX.D.C.HX'H'H.IG.L.((.I.)).HY.}
<f092v°04--> {.O'X2'O'I.I.CX.D.C.D'O'D.Z'RT'NB.N'QV.AC.QX.N.}
<f092v°05i°> [Illūstrātiō: P-46:LRLS Two men under palm trees drinking, eating; seated at table.]
<f092v°05--> {.I'D'O'D.Z'RT'NB.}
<f092v°05t°> [Trānslātiō: "Hear the holy Word..."]
<f092v°06--> {.BA.RT'CO'IH'D.QX.}
<f092v°06t°> [Trānslātiō: "...of Saint Luke in..."]
<f092v°07--> {.XE.TL.CO.QX.B.}
<f092v°07t°> [Trānslātiō: "...his...chapter..."]
<f092v°08--> {.BA.QV'KE'BB.}
<f092v°08t°> [Trānslātiō: "...of when..."]
<f092v°09--> {.HK.N'J0.NA.}
<f092v°09t°> [Trānslātiō: "...the Lord Jesus...your disciple..."]
<f092v°09f°> [Fissum: <f092v°10> .B'N. added onto end of <f092v°09--> above.]
<f092v°10--> {.«.88.».IX.H'HF'H.}
<f092v°10t°> [Trānslātiō: "...the authority..."]
<f092v°11--> {.UD.CO.W'CO'D.}
<f092v°12--> {.EZ.N'QV.CO'D'R'N'D.C'F'O'R'CO.EZ.O'X2'O'I.BC.C.BW.CX.}

folio 93 recto

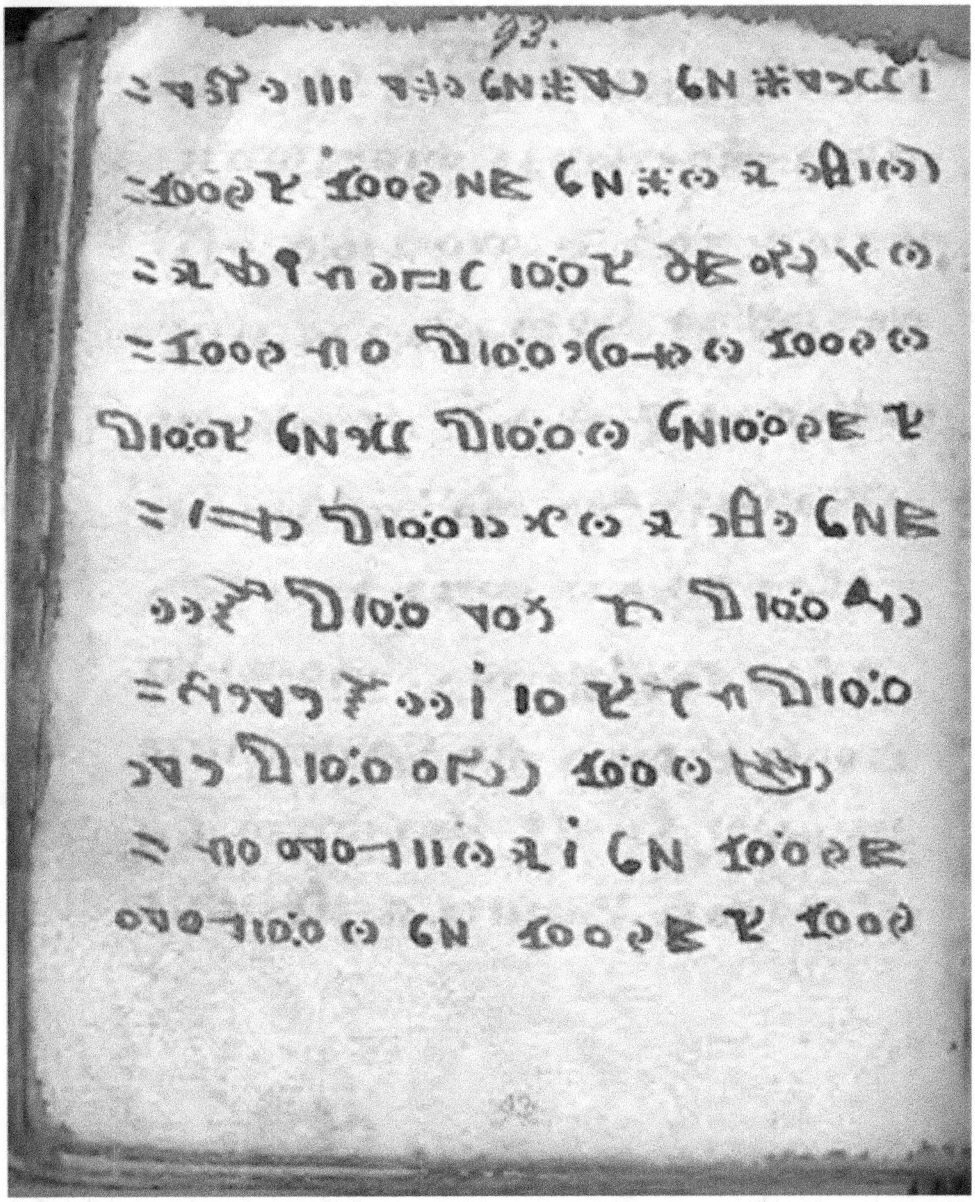

‹f093r°01--› {.IX.W'CO'D.EZ.N'QV.CU'D.EZ.N'QV.CX.K.X2.D.I'I'I.CX.AD.I.C.D.≈.}

‹f093r°02--› {.L.Z.I.BW.C.HK.Z.EZ.N'QV.B'N.C.Q.O'O'IA.HY.C.Q.O'O'IA.≈.}

‹f093r°03--› {.Z.Q.J.BE'I'O.B'CV.HY.O'X2'O'I.QV'KE'BB.AC.IG.OE.A.HK.≈.}

‹f093r°04--› {.Z.BB.O'O'IA.Z.C'F'O'R'C.O'X2'O'I.EF.O.AC.C.Q.O'O'IA.≈.}

‹f093r°05--› {.HY.B.C.Q.O'X2'O'I.N'QV.Z.O'X2'O'I.EF.XI.CO.N'QV.HY.O'X2'O'I.EF.}

‹f093r°06--› {.B'N.QV.CX.BW.C.HK.Z.RO'C.C.I.O'X2'O'I.EF.C.KE.≈.}

‹f093r°07--› {.C'BD.O'X2'O'I.EF.HM.LT.O.D.O'X2'O'I.EF.MJ.CX'CX.}

‹f093r°08--› {.O'X2'O'I.EF.AC.R.HY.O.I.IX.CX'CX.MJ.CO'D'CO.XY.≈.}

‹f093r°09--› {.C'M.Z.O.X.O.IA.C.BE'I'O.O'X2'O'I.EF.C.D.C.}

‹f093r°10--› {.B.C.Q.O.X.O.IA.N'QV.IX.HK.Z.I.I.DA.O.D.O.O.AC.≈.}

‹f093r°11--› {.C.Q.O.O'X2'O.HY.B.C.Q.O'O'IA.N'QV.Z.O'X2'O'I.F.O.D.O.}

folio 93 verso

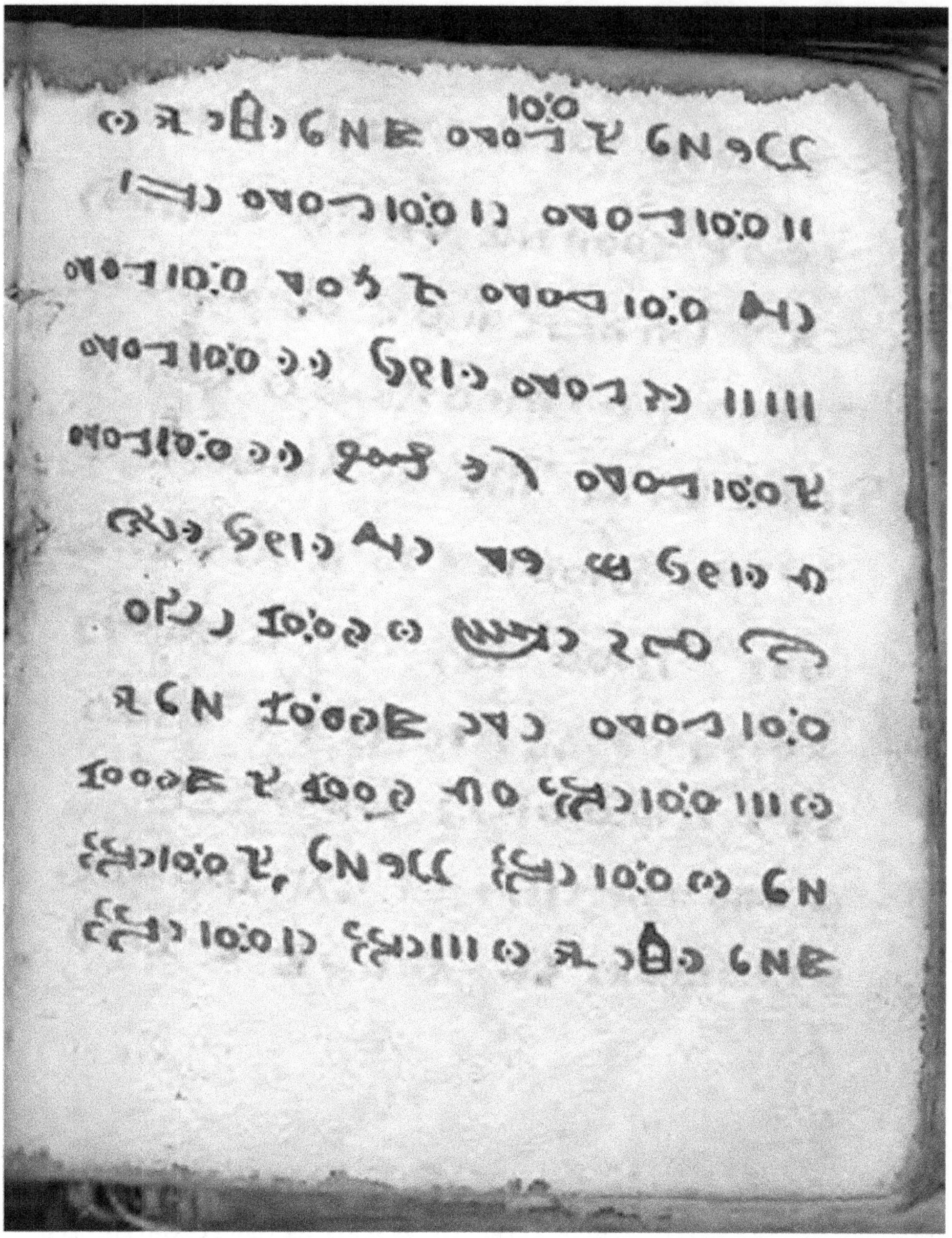

‹f093v°01--› {.W.CO.N'QV.HY.DA.O.D.O.B'N.QV.CX.BW.C.HK.Z.}
‹f093v°02--› {.I.I.O'X2'O'I.DA.O.D.O.C.I.O'X2'O'I.DA.O.D.O.C.KK.I.}
‹f093v°03--› {.C'BD.O'X2'O'I.D'O.D.O.HM.LT.O.D.O'X2'O'I.DA.O.D.O.}
‹f093v°04--› {.I'I'I'I'I.C'IZ.DA.O.D.O.CX.I.RO.Q.C.CX'CX.O'X2'O'I.F.O.D.O.}
‹f093v°05--› {.HY.O'X2'O'I.DA.O.D.O.L.CE.DA.O.CO.CX'CX.O'X2'O'I.S.O.XC.}
‹f093v°06--› {.AC.CX.I.RO.Q.C.BR.CO'D.C'BD.CX.I.RO.Q.C.CX.CU.XS.Q.}
‹f093v°07--› {.L'C'R.OB.C.XB.C'M.C.Q.C.Q.O'X2'O.IA.C.BE'I'O.}
‹f093v°08--› {.O'X2'O'I.DA.O.D.O.C.D.C.B.C.Q.O.X.O.IA.N'QV.HK.}
‹f093v°09--› {.Z.I'I'I.O'X2'O'I.C'BP.O.AC.C.Q.O'O'IA.HY.B.C.Q.O'O'IA.}
‹f093v°10--› {.N'QV.Z.O'X2'O'I.C'BP.XI.CO.N'QV.HY.O'X2'O'I.C'BP.}
‹f093v°11--› {.B'N.QV.CX.BW.C.HK.Z.I'I'I.C'BP.C.I.O'X2'O'I.C'BP.}

folio 94 recto

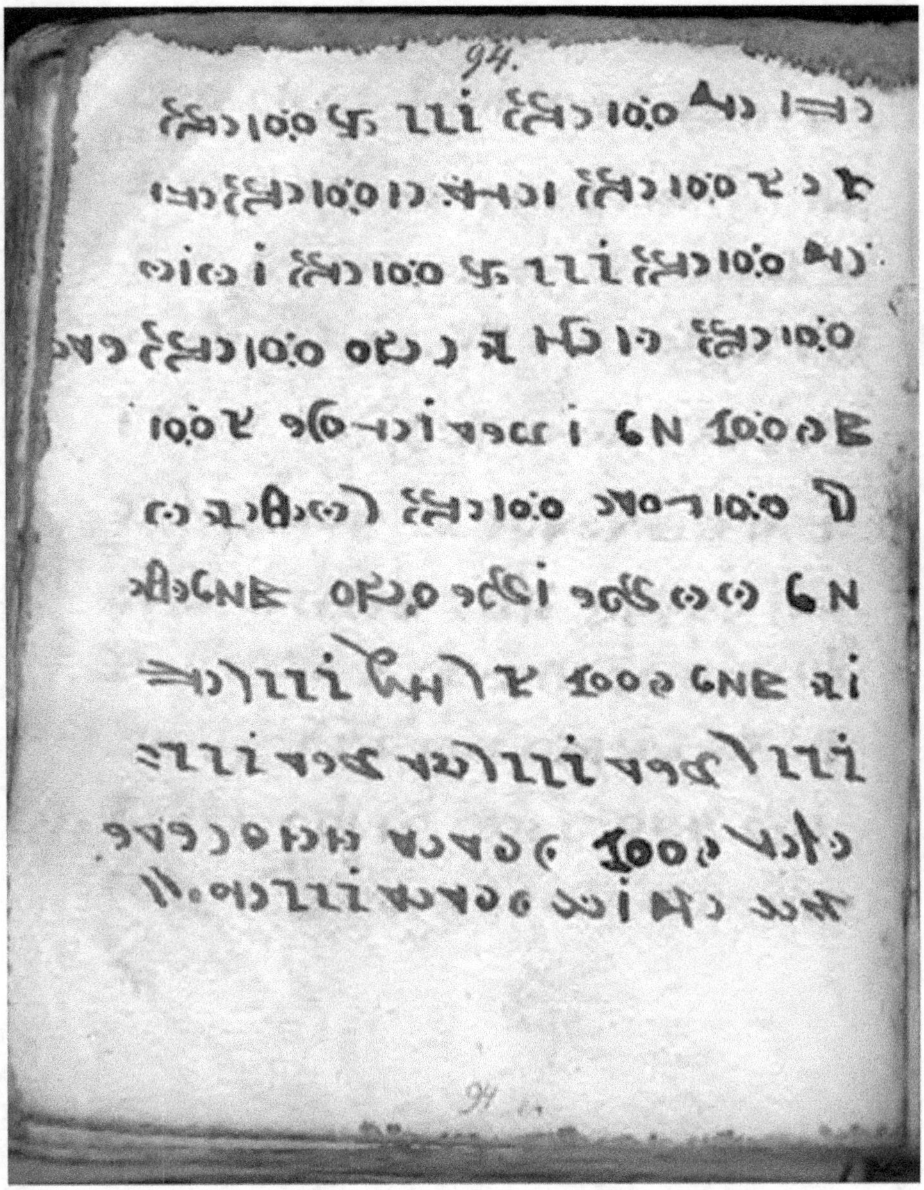

‹f094rº01--› {.C.KK.I.C'BD.O'X2'O'I.C'BP.HX'H'H.C.ED.O'X2'O'I.C'BP.}

‹f094rº02--› {.HM.C.HY.O'X2'O'I.C'BP.I.C.F.D.X2.C.I.O'X2'O'I.C'BP.C.KK.I.}

‹f094rº03--› {.C'BD.O'X2'O'I.C'BP.HX'H'H.C.ED.O'X2'O'I.C'BP.IX.Z.IX.Z.}

‹f094rº04--› {.O'X2'O'I.C'BP.CX.I.C.RA.EY.HK.C.BE'I'O.O'X2'O'I.C'BP.CO'D.C.}

‹f094rº05--› {.B.C.Q.O'X2'O.IA.N'QV.IX.W'CO'D.IX.C'F'O'R'CO.HY.O'X2'O'I.}

‹f094rº06--› {.EF.O'X2'O'I.DA.O.D.C.O'X2'O'I.C'BP.L.Z.C.BW.C.HK.Z.}

‹f094rº07--› {.N'QV.Z.CX.Q.UD.CO.IX.UD.CO.O.X.BE'I'O.B'N.QV.C.BW.C.}

‹f094rº08--› {.IX.HK.B'N.QV.C.Q.O'O'IA.HY.L.F.XV.DN.HX'H'H.L.C.XN.}

‹f094rº09--› {.HX'H'H.L.V.CO'D.HX'H'H.L.XO.D.V.CO'D.HX.HX.H'HF'H.H.≈.}

‹f094rº10--› {.CX.BT.C.K.C.Q.O'O'IA.QX.BB.D.C.D.CX.I.CX.I.O.C.CO'D'CO.}

‹f094rº11--› {.AA.KC.C'BD.IX.KC.X.QX.CV.D.CU'D.HX'H'H.C'XV'O.≈.}

folio 94 verso

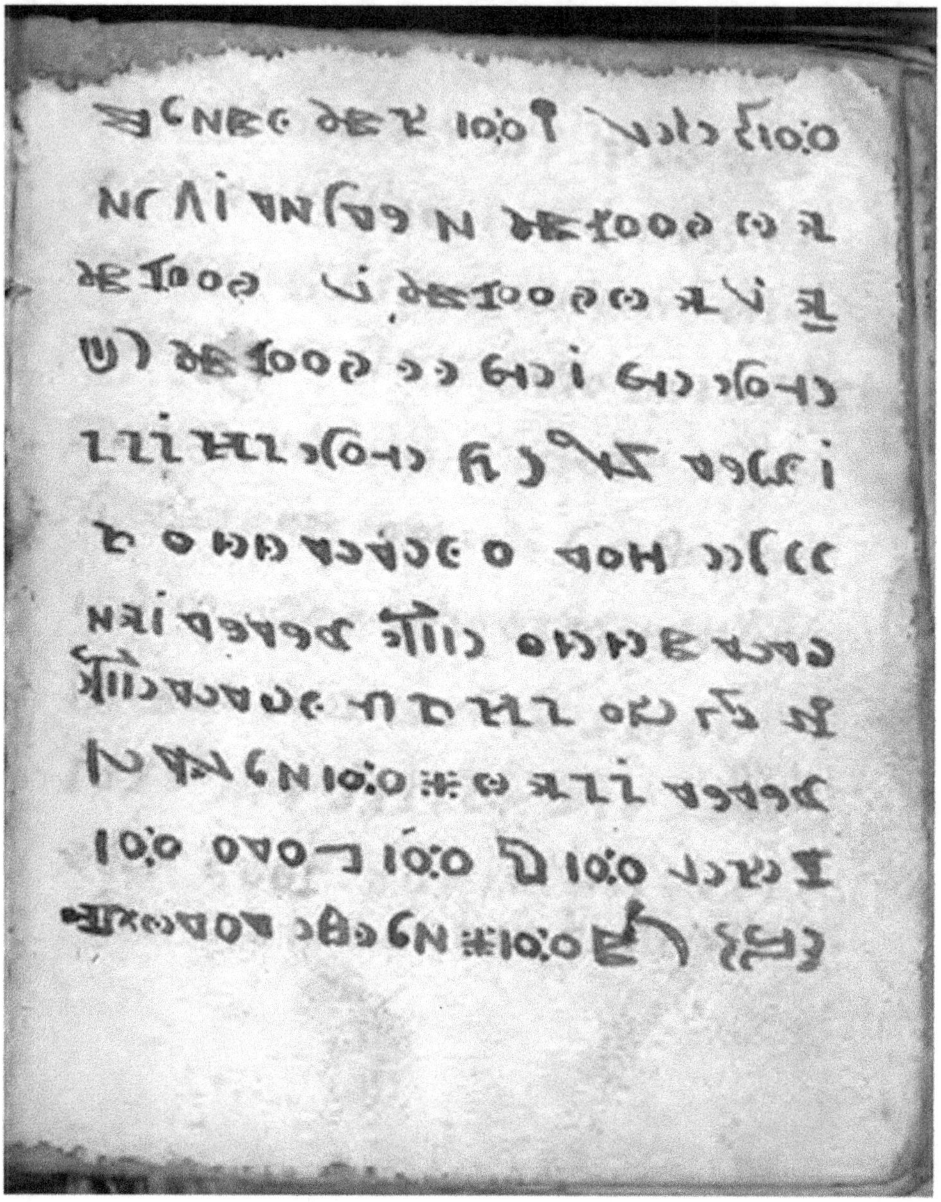

‹f094v°01--›	{.O'X2'O'I.LA.A.C.A.C.K.IG.O'X2'O'I.HY.B'CV.QX.B'N.QV.DB.}
‹f094v°02--›	{.HK.Z.C.Q.O'O'IA.B'CV.N.CO'D'R'N'D.IX.YA.R.N.}
‹f094v°03--›	{./.HK.\.X'K.HK.Z.C.Q.O'O'IA.B'CV.X'K.«.00.».C.Q.O'O'IA.B'CV.}
‹f094v°04--›	{.C'F'O'R'C.C.F.G.IX.C.F.G.C.CX.C.Q.O'O'IA.B'CV.L.BK.}
‹f094v°05--›	{.IX.W'CO'D.AG'XV'O.C.H.R.C'F'O'R'C.H'HF'H.HX'H'H.}
‹f094v°06--›	{.Q'Q'R'C'C.XH'O'D.O.QX.CX'D'CX'D.CX.I.CX.I.O.HM.}
‹f094v°07--›	{.BB.D.CU'D.B.C'F.C'F.O.C.I'I'IU'C.V'CO'D'CO'D.IX.HK.N'J0.}
‹f094v°07f°›	[Fissum: ‹f094v°07› .N. and ‹f094v°08› .J0.]
‹f094v°08--›	{.«.88.».K'A'A.BE'I'O.H'HF'H.HM.AC.QX.MW.D.CU'D.C.I'I'IU'C.}
‹f094v°09--›	{.V'CO'D'CO'D.HX'H'HK.Z.EZ.O'X2'O'I.N'QV.K.D.C.CU.I.}
‹f094v°10--›	{.BC.C.HY.C.K.O'X2'O'I.EF.O'X2'O'I.DA.O.D.O.O'X2'O'I.}
‹f094v°11--›	{.CC.BP.L.B'O'X2'O'I.EZ.N'QV.CX.BW.C.D'O'D.Z'RT'NB.}

folio 95 recto

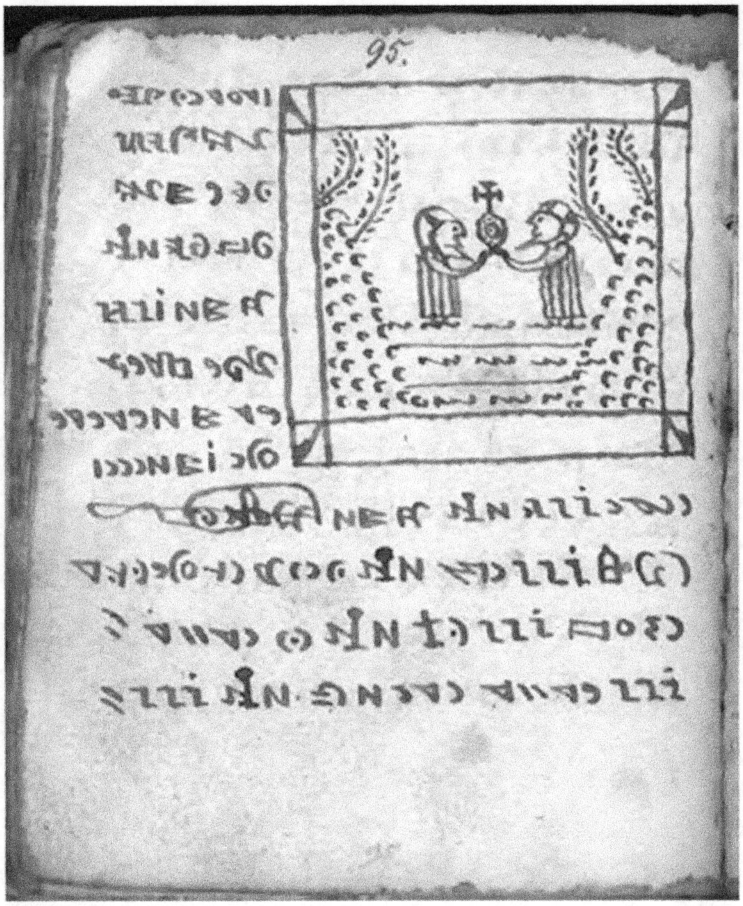

‹f095rº00iº› [Illūstrātiō: P-47:URLS Two men in palm field/garden holding holy object w/ cross.]
‹f095rº01--› {.I'D'O'D.Z'RT'NB.}
‹f095rº01tº› [Trānslātiō: "Hear the holy Word..."]
‹f095rº02--› {.BA.RT'HF'HS.}
‹f095rº02tº› [Trānslātiō: "...of Saint John..."]
‹f095rº03--› {.QX.CY.CO.B'BA.}
‹f095rº03hº› [Hyperbolē: .C. has been corrected to .CO. in ‹f095rº03› above.]
‹f095rº03tº› [Trānslātiō: "...in his sixth chapter..."]
‹f095rº04--› {.QV'KE'BB.HK.N'J0.}
‹f095rº04tº› [Trānslātiō: "...when...the Lord Jesus..."]
‹f095rº05--› {.NA.B'N.IX.H'HF'H.}
‹f095rº05tº› [Trānslātiō: "...your disciple the authority..."]
‹f095rº06--› {.UD.CO.XJ'D'CO'BY.}
‹f095rº07--› {.CO'D.B'N.CO'D'C'D.CO.}
‹f095rº08--› {.O.R.C.IX.B'N.C.C.C.I.}
‹f095rº09--› {.CO.CU'CU.C.HX'H'HK.N'J0.NA.B'N.|.W'CO'D.Z.|.}
‹f095rº10--› {.L.W.BW.HX'H'H.C'IZ.N'J0.QX.C.Q.V.C'F'O'R'CO.CX.XV.X.D.}
‹f095rº11--› {.C.BO.O.KE.HX'H'H.CX.TA.N'J0.Z.C.D.≈.D.≈.}
‹f095rº12--› {.HX'H'H.CO'D.J.J.D.C.D.C.N.BU.N'J0.HX'H'H.≈.}

folio 95 verso

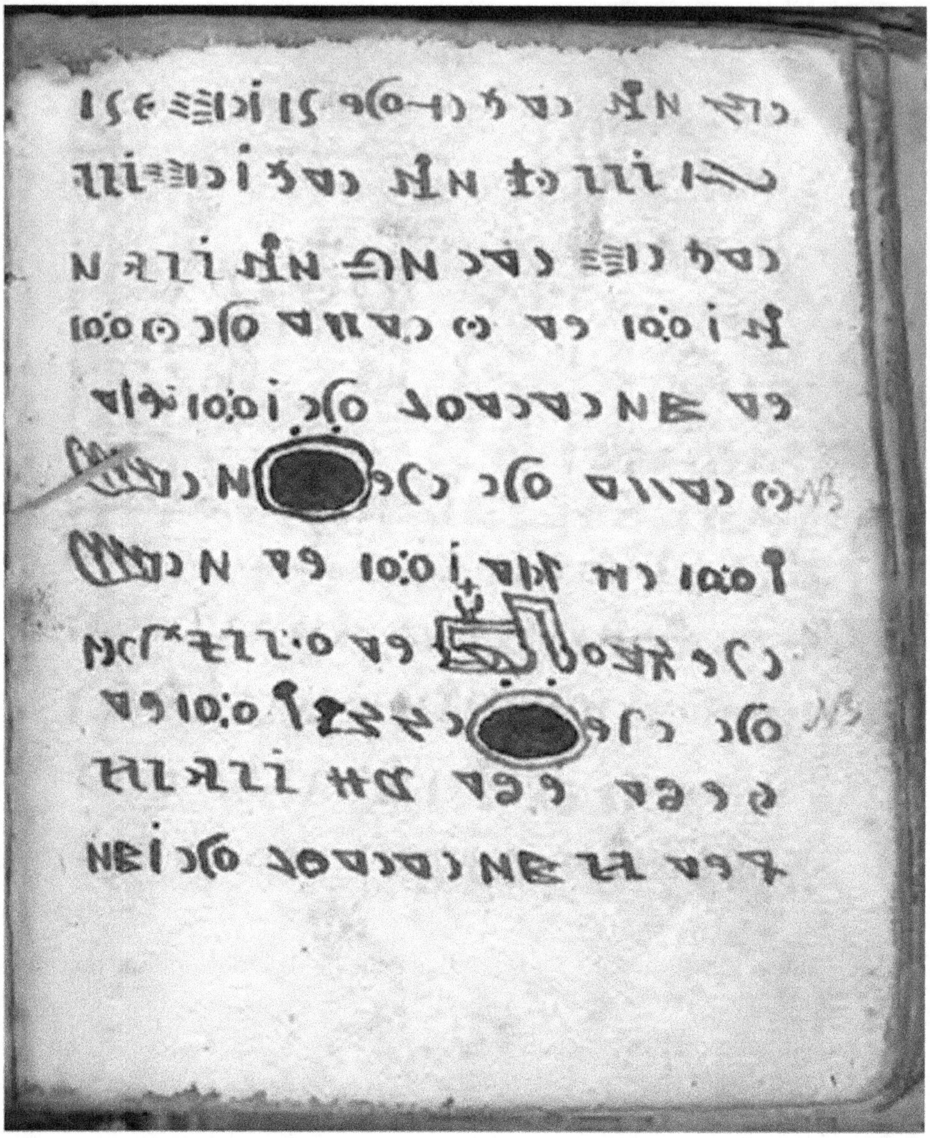

‹f095vº01--› {.C'IZ.N'J0.C.D.LT.C'F'O'R'CO.S.I.IX.C'UM.QX.S.IX.}
‹f095vº02--› {.CU.IR.I.HX'H'H.CX./.TA.\.N'J0.C.D.LT.IX.C.C'UM.HX'H'HK.}
‹f095vº03--› {.C.D.LT.C'UM.C.D.C.N.BU.N'J0.HX'H'HK.N'J0.}
‹f095vº03fº› [Fissum: ‹f095vº03› .N. and ‹f095vº04› .J0.]
‹f095vº04--› {.«.88.».IX.O'X2'O'I.CO'D.Z.C.D.I.I.D.O.R.C.Z.O'X2'O'I.}
‹f095vº05--› {.CO'D.B'N.C'D'C'D'O'K.O.R.C.IX.O'X2'O'I.K.X.CO.I.D.}
‹f095vº06--› {.Z.C.D.≈.D.O.R.C.C.R.CO.PB.N.C'M.}
‹f095vº07--› {.IG.O'X2'O'I.C'I'T.A.C.I.D.IX.O'X2'O'I.CO'D.N.C'M.}
‹f095vº08--› {.C.R.CO.K.A.DL.O.«.99.».CO'D.O.X.H'HF.RT.Q.C.A.}
‹f095vº08aº› [Abbreviatiōnem: .«.99.».=Crypt/Galgotha; 1/3.]
‹f095vº08qº› [Quod Vidē: ‹f097vº03› and ‹f188vº02›.]
‹f095vº09--› {.O.R.C.C.R.CO.PB.C.EL.EL.IG.O'X2'O'I.CO'D.}
‹f095vº10--› {.C.Q.CO'BF'D'CO'BF'D.V'T'T.HX'H'HK.H'HF'H.}
‹f095vº11--› {.BI.CO'D.HF'H.B'N.C'D'C'D'O'K.O.R.C.IX.B'N.}

folio 96 recto

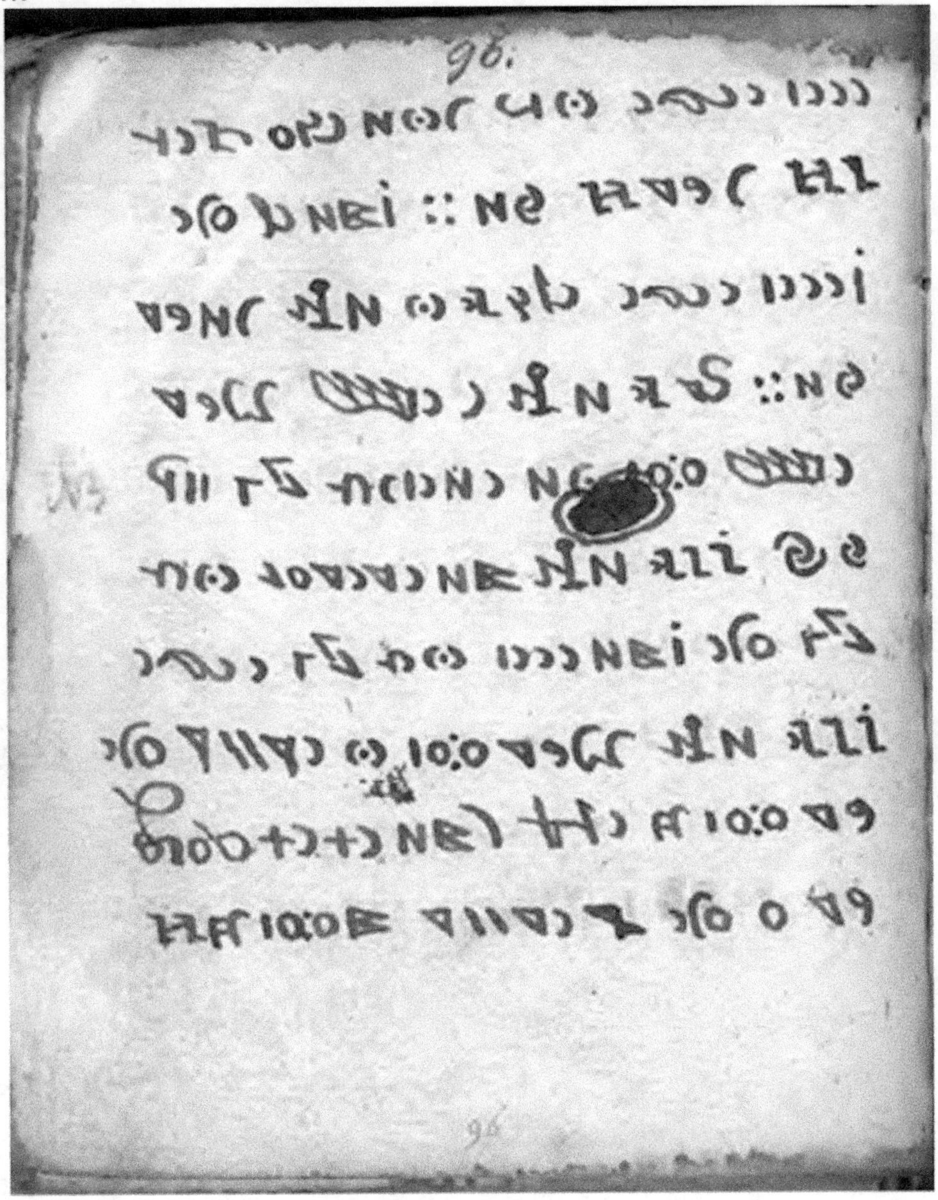

‹f096r°01--› {.C.C.C.I.C.CU'CU.C.Z.IJ.R.Z.N.BE'I'O.HM.C.F.}
‹f096r°02--› {.H'HF'H.R.CO'D.HF'H.C.Q.N.X4.IX.B'N.CU.BT.O.R.C.}
‹f096r°03--› {.IX.C.C.C.I.C.CU'CU.C.C.BT.XB.HK.Z.N'J0.Q.N.CO'D.}
‹f096r°04--› {.C.Q.N.X4.S'D.HK.N'J0.C.C'M.W'CO'D.}
‹f096r°05--› {.C'M.O'X2'O'I.PB.QV.N.C.N.C'I'Q.AC.K'A'A.I'I'G.}
‹f096r°06--› {.C.Q.CQ.HX'H'HK.N'J0.B'N.C'D'C'D'O'K.Z.AC.}
‹f096r°07--› {.K'A'A.O.R.C.IX.B'N.C.C.C.I.Z.AC.K'A'A.C.CU'CU.C.}
‹f096r°08--› {.HX'H'HK.N'J0.W'CO'D.O'X2'O'I.Z.C.D.J.J.D.O.R.C.}
‹f096r°09--› {.CO'D.O'X2'O'I.NA.C.F.F.L.B'N.C'TA.C'TA.C'TA.O.L'AV'DN.}
‹f096r°09h°› [Hyperbolē: .OB. was changed to .C'TA. to complete the triad found in ‹f096r°09› above.]
‹f096r°10--› {.CO'D.O.O.R.C.BI.C.D.J.J.D.B'O'X2'O'I.NA.HF'H.}

folio 96 verso

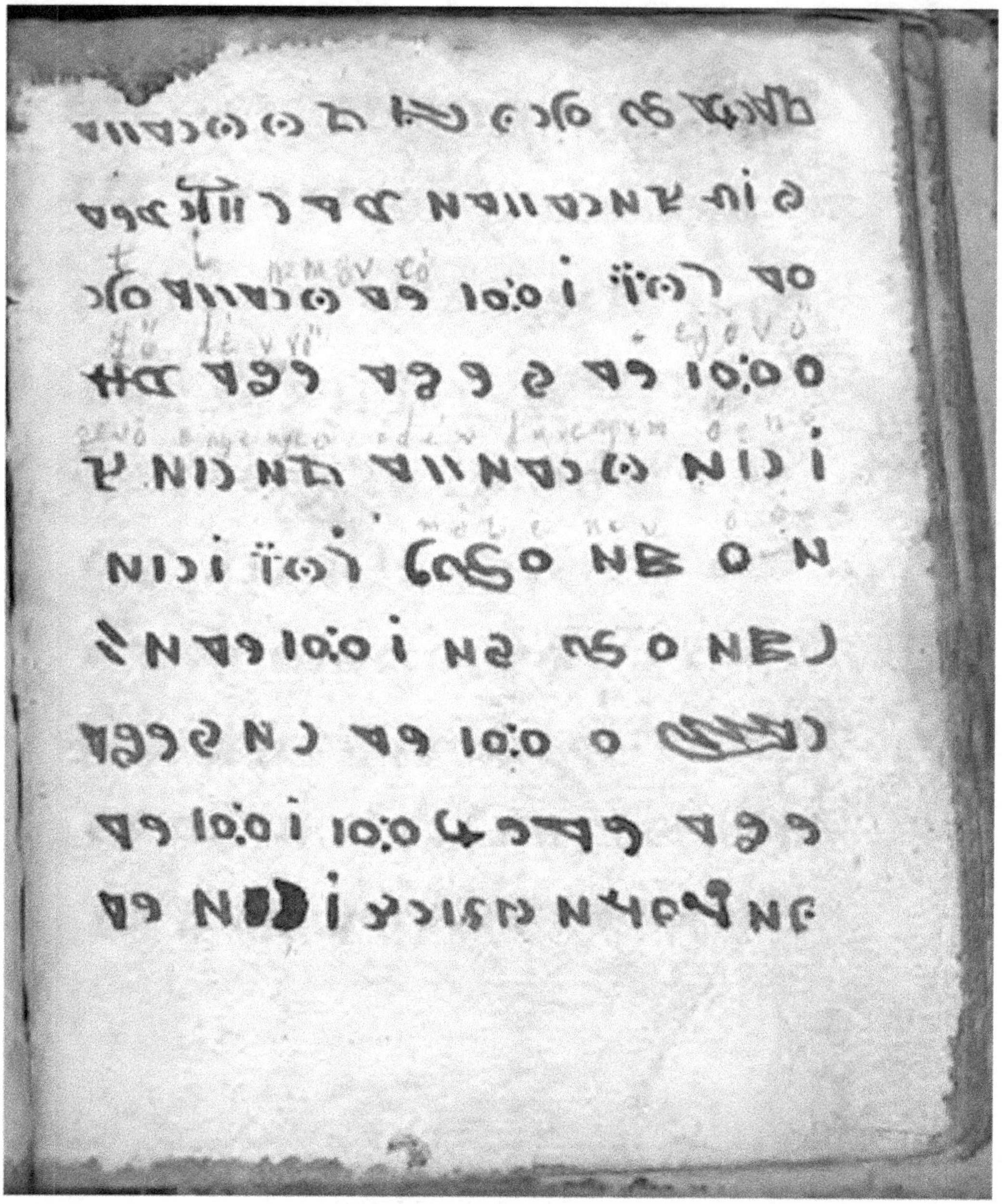

‹f096v°01--› {.XJ'D'CO'BY.U.O.R.Z.BK.J.X.HM.Z.CX.Q.C.D.J.J.D.}
‹f096v°02--› {.C.Q.IX.AC.HY.N.C.D.J.J.D.N.V.D.L.I'I'IU'C.V.CO'D.}
‹f096v°03--› {.O.D.L.Z.I'X4.IX.O'X2'O'I.CO'D.Z.C.D.J.J.D.O.R.C.}
‹f096v°04--› {.O.O'X2'O'I.CO'D.C.Q.CO'BF'D'CO'BF'D.V'T'T.}
‹f096v°05--› {.IX.C'I'N.Z.C.D.N.J.J.D.HM.N.C'I'N.HY.}
‹f096v°06--› {.N.O.B'N.O.U'QV.L.Z.I'X4.IX.C'I'N.}
‹f096v°07--› {.C.B'N.O.U.BB.N.IX.O'X2'O'I.CO'D.N.≈.}
‹f096v°08--› {.C'M.O.O'X2'O'I.CO'D.C.N.C.Q.CO'BF'D'CO'BF'D.}
‹f096v°08f°› [Fissum: ‹f096v°08› .CO'BF'D. and ‹f096v°08› .CO'BF'D.]
‹f096v°09--› {.«.88.».CO'D'CO.QT.O'X2'O'I.IX.O'X2'O'I.CO'D.}
‹f096v°10--› {.QX.N.BH.O.BG.N.C.A.S.I.C.CC.IX.C'I'N.CO'D.}

folio 97 recto

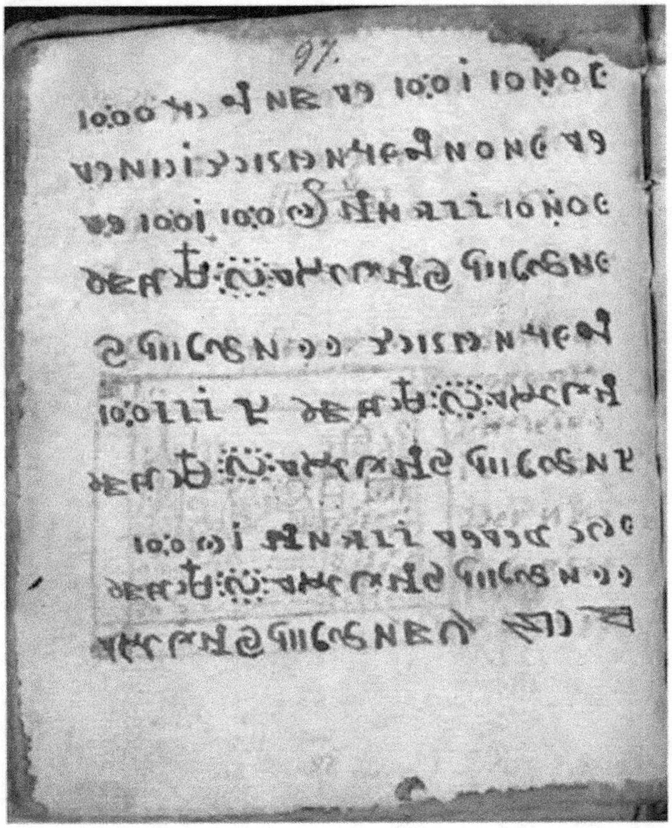

‹f097rº01-->   {.QX.O.N.X2.O.I.IX.O'X2'O'I.CO'D.B'N.BH.C'BG.O.O'X2'O'I.}
‹f097rº02-->   {.CO'D.QX.N.O.N.BH.QE.BG.N.C.A.S.I.C.CC.IX.C'I'N.CO'D.}
‹f097rº03-->   {.QX.O.N.X2.O.I.HX'H'HK.N'J0.S.Z.O'X2'O'I.IX.O'X2'O'I.CO'D.}
‹f097rº04-->   {.QX.N.U'QV.I'I'G.CQ.J0.RT'XI'D.((.AD.)).C0.NA.B'CV.}
‹f097rº04tº›   [Trānslātiō: "...Father, Son of God, Jesus, Holy Spirit, (?)Christ's Apostles."]
‹f097rº04qº›   [Quod Vidē: ‹f097rº05-6,7,9,10-vº01›, ‹f103vº06-->, and ‹f120vº08-9›.]
‹f097rº05-->   {.BH.QX.BG.N.C.A.S.I.C.CC.CX'CX.N.U'QV.I'I'G.CQ.}
‹f097rº05tº›   [Trānslātiō: "...Father, Son of God,..."]
‹f097rº05qº›   [Quod Vidē: ‹f097rº04,7,9,10-vº01›, ‹f103vº06-->, and ‹f120vº08-9›.]
‹f097rº06-->   {.J0.RT'XI'D.((.AD.)).C0.NA.B'CV.HY.HX'H'H.O'X2'O'I.}
‹f097rº06tº›   [Trānslātiō: "...Jesus, Holy Spirit, (?)Christ's Apostles..."]
‹f097rº07-->   {.HY.N.U'QV.I'I'G.CQ.J0.RT'XI'D.((.AD.)).C0.NA.B'CV.}
‹f097rº07tº›   [Trānslātiō: "...Father, Son of God, Jesus, Holy Spirit, (?)Christ's Apostles."]
‹f097rº07qº›   [Quod Vidē: ‹f097rº04,5-6,9,10-vº01›, ‹f103vº06-->, and ‹f120vº08-9›.]
‹f097rº08-->   {.QX.C.Q.C.V'CO'D'CO'D.HX'H'HK.N'J0.IX.Z.O'X2'O'I.}
‹f097rº09-->   {.CX'CX.N.U'QV.I'I'G.CQ.J0.RT'XI'D.((.AD.)).C0.NA.B'CV.}
‹f097rº09tº›   [Trānslātiō: "...Father, Son of God, Jesus, Holy Spirit, (?)Christ's Apostles."]
‹f097rº09qº›   [Quod Vidē: ‹f097rº04,5-6,7,10-vº01›, ‹f103vº06-->, and ‹f120vº08-9›.]
‹f097rº10-->   {.DB.C'IZ.J.XD.B'N.U'QV.I'I'G.CQ.J0.RT'XI'D.}
‹f097rº10tº›   [Trānslātiō: "...Father, Son of God, Jesus, Holy Spirit..."]
‹f097rº10qº›   [Quod Vidē: ‹f097rº04,5-6,7,9›, ‹f103vº06-->, and ‹f120vº08-9›.]

folio 97 verso

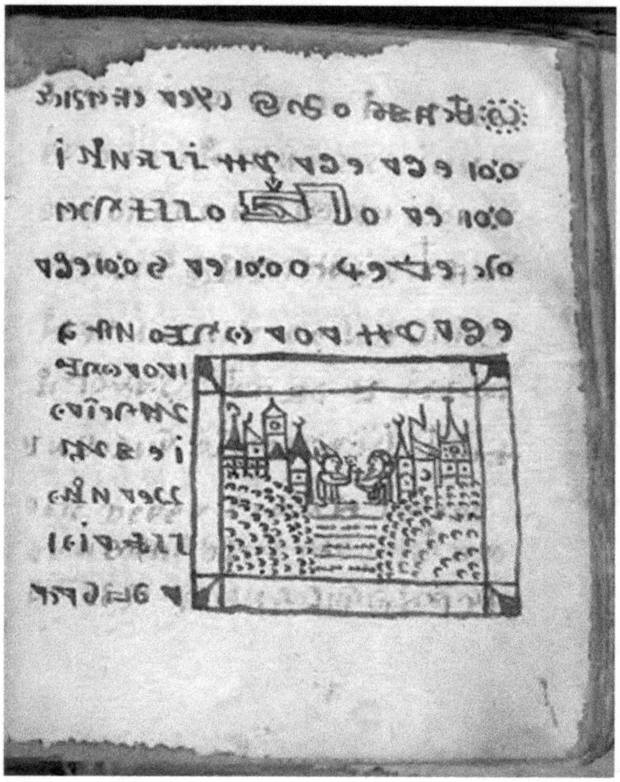

‹f097v°01--› {.((.AD.)).C0.NA.B'CV.O.U.CQ.C.XB.CO'D.C.F'X2.C.A.S.I.C.CC.}

‹f097v°01t°› [Trānslātiō: "...(?)Christ's Apostles...."]

‹f097v°02--› {.O'X2'O'I.CO'BF'D'CO'BF'D.V'T'T.HX'H'HK.N'J0.IX.}

‹f097v°02t°› [Trānslātiō: "...we conquered evil through the Lord Jesus and...."]

‹f097v°03--› {.O'X2'O'I.CO'D.O.«.99.».O.H'H'HF.RT.Q.C.A.}

‹f097v°03a°› [Abbreviatiōnem: .«.99.».=Crypt/Galgotha; 2/3.]

‹f097v°03q°› [Quod Vidē: ‹f095v°08› and ‹f188v°02›.]

‹f097v°04--› {.O.R.C.CO'D'CO.QT.O.O'X2'O'I.CO'D.C.Q.O'X2'O'I.CO'BF'D'CO'BF'D.}

‹f097v°04t°› [Trānslātiō: "...we conquered...."]

‹f097v°04f°› [Fissum: ‹f097v°04› .CO'BF'D. and ‹f097v°05› .CO'BF'D.]

‹f097v°05--› {.«.88.».V'T'T.D'O'D.Z'RT'NB.N.AC.QX.}

‹f097v°05t°› [Trānslātiō: "...evil. Hear the holy Word before you!"]

‹f097v°06i°› [Illūstrātiō: P-48:LRLS Two men between two cities; each holding crosses.]

‹f097v°06--› {.I'D'O'D.Z'RT'NB.}

‹f097v°06t°› [Trānslātiō: "Hear the holy Word..."]

‹f097v°07--› {.BA.RT'CO'IH'D.QX.}

‹f097v°07t°› [Trānslātiō: "...of Saint Luke in..."]

‹f097v°08--› {.IX.CO.B'BA.}

‹f097v°08t°› [Trānslātiō: "...his... chapter..."]

‹f097v°09--› {.W'CO'D.N'J0.QX.}

‹f097v°09t°› [Trānslātiō: "The Lord Jesus was in..."]

‹f097v°10--› {.H'H'HF.D.IX.QX.I.}

‹f097v°11--› {.D.QV'KE'BB.D.C.DP.}

folio 98 recto

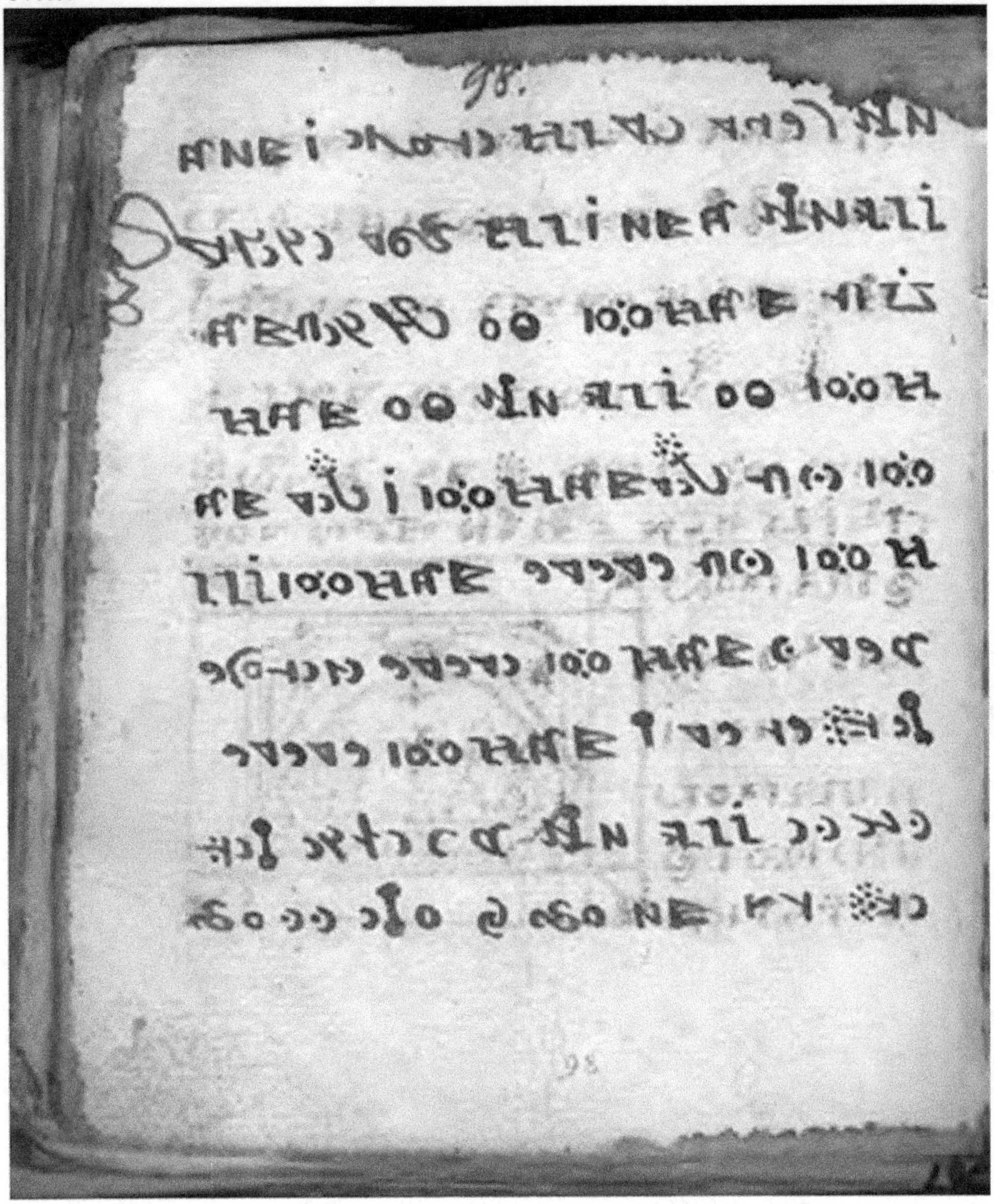

<f098r°01--> {.N'J0.L.CO.XP.D.CU'D.H'HF'H.C'XV'OB'I'C.IX.B'N.NA.}
<f098r°02--> {.HX'H'HK.N'J0.NA.B'N.IX.H'HF'H.UD.D.C.EL.C.EL.D.}
<f098r°03--> {.XW'X.AC.B.NA.HF'H.O'X2'O'I.O.O.YO.BT.XB.C.A.C.B.NA.}
<f098r°04--> {.HF'H.O'X2'O'I.O.O.HX'H'HK.N'J0.O.O.B.NA.HF'H.}
<f098r°05--> {.O'X2'O'I.Z.AC.CU'T'XX'C'D.C.D.B.NA.HF'H.O'X2'O'I.IX.BJ.XX.C.D.B.NA.}
<f098r°06--> {.HF'H.O'X2'O'I.Z.AC.CO'D'CO'D'CO.B.NA.HF'H.O'X2'O'I.HX'H'H.}
<f098r°07--> {.V.CO'D.QX.B.NA.HF'H.O'X2'O'I.C.D'CO'D'CO.C.A.C'F'O'R'CO.}
<f098r°08--> {.MY.C'XF'XX.CO.F.CO'D.IG.B.NA.HF'H.O'X2'O'I.CO'D'CO'D'CO.}
<f098r°09--> {.CX.KC.CX.C.HX'H'HK.N'J0.V.Q.C.BT.XB.C.MY.C.F'X2.}
<f098r°10--> {.C'XF'XX.XV'EY.B'N.O.U.CQ.O.IG'O.C.CX'CX.O.U.}

folio 98 verso

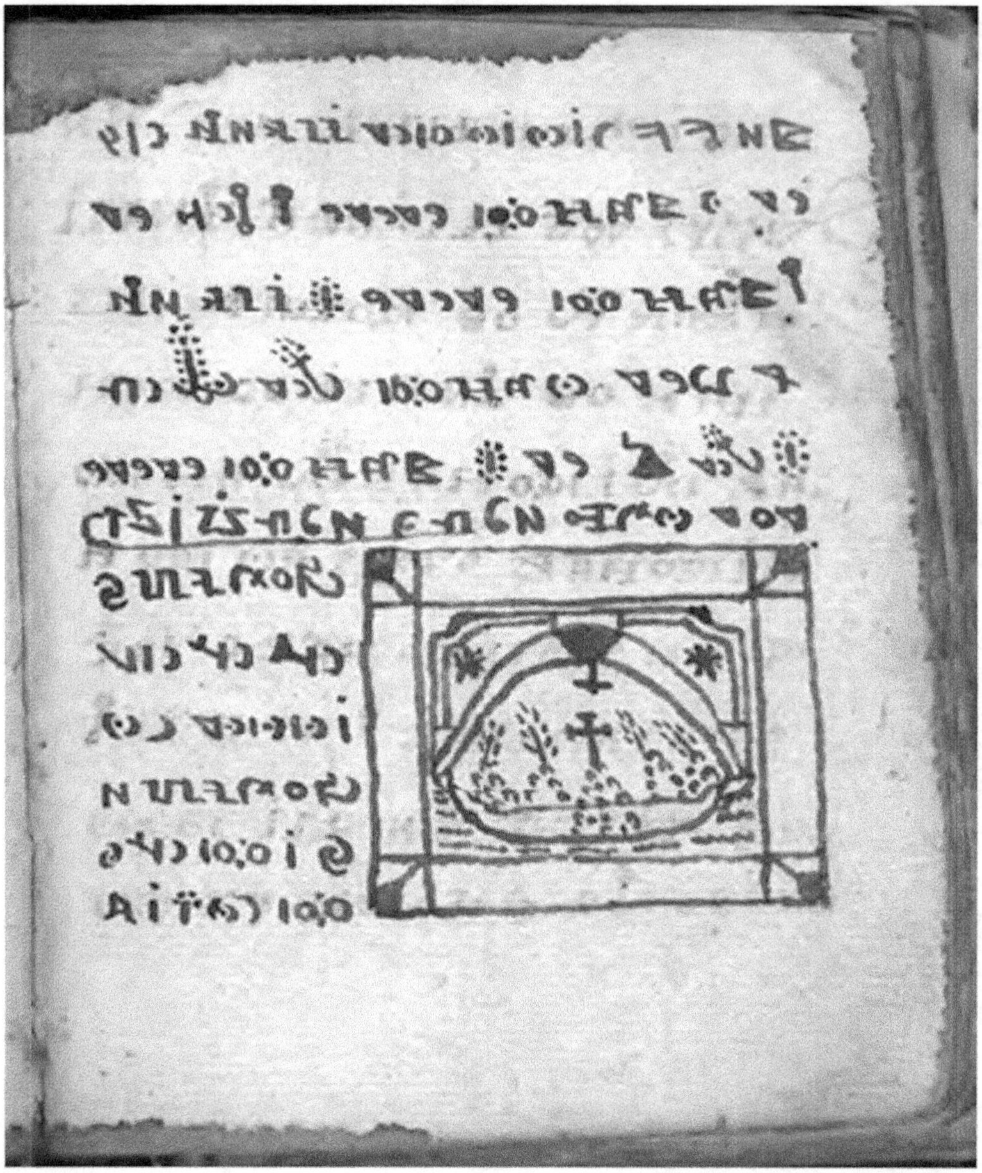

‹f098v°01--> {.B'N.XF.XF.R.IX.Z.IX.Z.O.I.C.D.HX'H'HK.N'J0.C.I.XB.}
‹f098v°02--> {.CO'D.QX.B.NA.HF'H.O'X2'O'I.CO'D'C'D.CO.IG.MY.C.XC.CO'D.}
‹f098v°03--> {.IG.B.NA.HF'H.O'X2'O'I.CO'D'C'D.CO.((.I.)).HX'H'HK.N'J0.}
‹f098v°04--> {.BI.W'CO'D.Z.NA.HF'H.O'X2'O'I.CU.T.XX.C.D.((.EO.)).C.AC.}
‹f098v°05--> {.((.I.)).CU.T.XX.C.D.E.CO'D.((.I.)).B.NA.HF'H.O'X2'O'I.CO'D'CO'D'CO.}
‹f098v°06--> {.D'O'D.Z'RT'NB.N'QV./.AC.CE.N.CV.AC.XW'X.IX.K'A'A.\.}
‹f098v°07i°› [Illūstrātiō: P-49:LRLS Lone cross on hill; four palms trees around.]
‹f098v°07--> {.BE'I'O.RT'HF'HS.CQ.}
‹f098v°08--> {.C'BD.C'BG.C.I.K.}
‹f098v°09--> {.IX.CX'I'CX'I'CX'D.C.Z.}
‹f098v°10--> {.BE'I'O.RT'HF'HS.N.}
‹f098v°11--> {.CQ.IX.O'X2'O'I.C'BG.C.Q.}
‹f098v°12--> {.O'X2'O'I.L.Z.I'X4.IX.XA.}

folio 99 recto

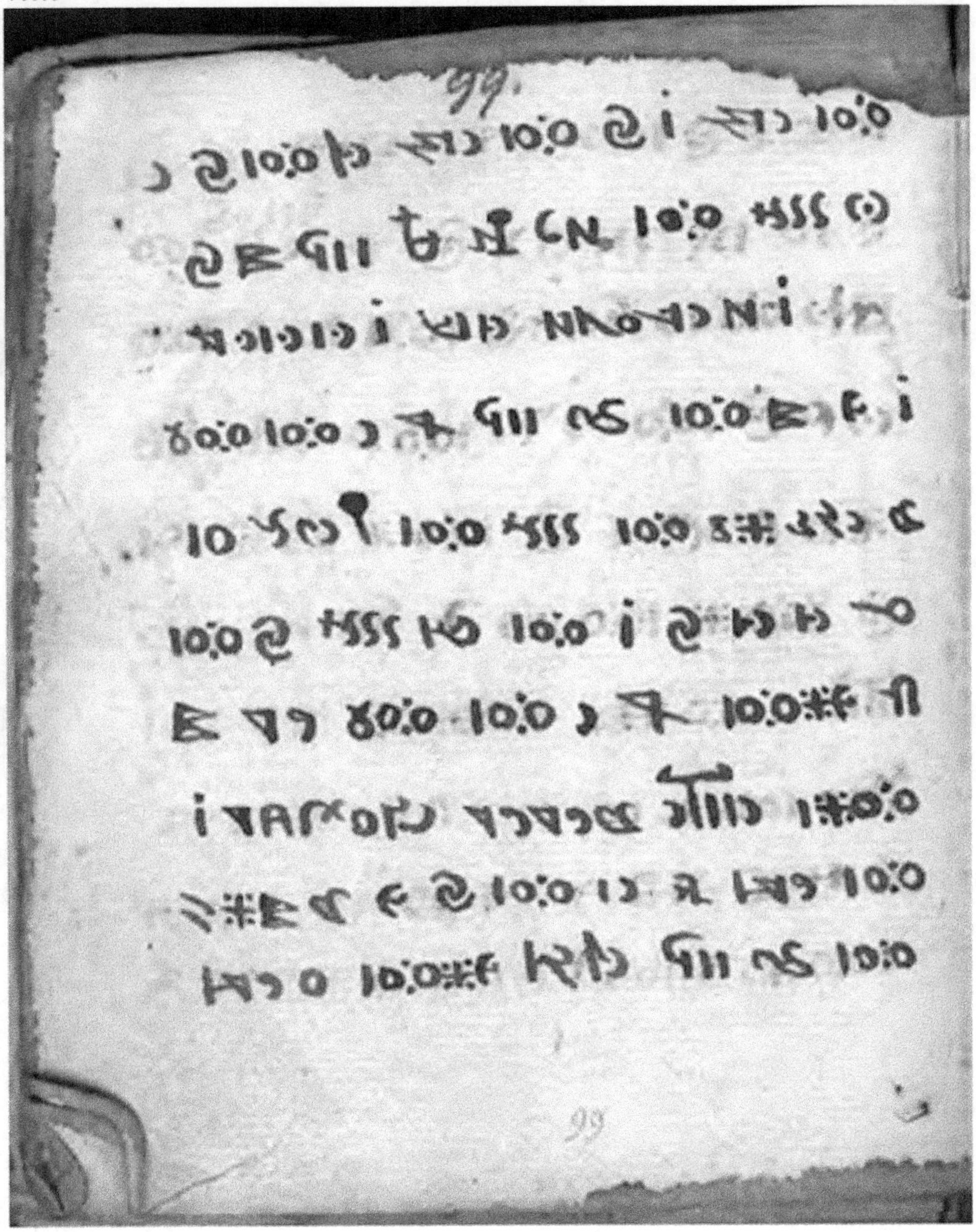

<f099r°01--> {.O'X2'O'I.C'IZ.IX.CQ.O'X2'O'I.C'IZ.C.A.O'X2'O'I.CQ.C.}
<f099r°02--> {.Z.S'S'ST.O'X2'O'I.N'QV.J0.NT.I'I'G.B.CQ.}
<f099r°03--> {.IX.N.C'XV.OB.I.N.CX.I.C'EY'KB'X.IX.CX'I'CX'I'CX'D.}
<f099r°04--> {.IX.QE.B'O'X2'O'I.U.I'I'G.BI.C.O'X2'O'I.O'X2'O.OB'C.}
<f099r°05--> {.V.C.XB.CC.EZ.AG.O'X2'O'I.S'S'ST.O'X2'O'I.IG.C.Q.J.O.I.}
<f099r°06--> {.OB.CX.I.CX.I.CQ.IX.O'X2'O'I.BK.EY.S'S'ST.CQ.O'X2'O'I.}
<f099r°07--> {.AC.QE.EZ.O'X2'O'I.BI.C.O'X2'O'I.O'X2'O.OB'C.CO'D.B.}
<f099r°08--> {.O'X2'O.EZ.I.C.I'I'IU'C.W'CO'D.CO'D.BE'I'O.RT'BS'D.IX.}
<f099r°09--> {.O'X2'O'I.CO'D.I.HK.C.I.O'X2'O'I.CQ.QX.V.B.EZ.≈.}
<f099r°10--> {.O'X2'O'I.U.I'I'G.C.A.XB.BT.QE.EZ.O'X2'O'I.O.CO'D.EY.}

folio 99 verso

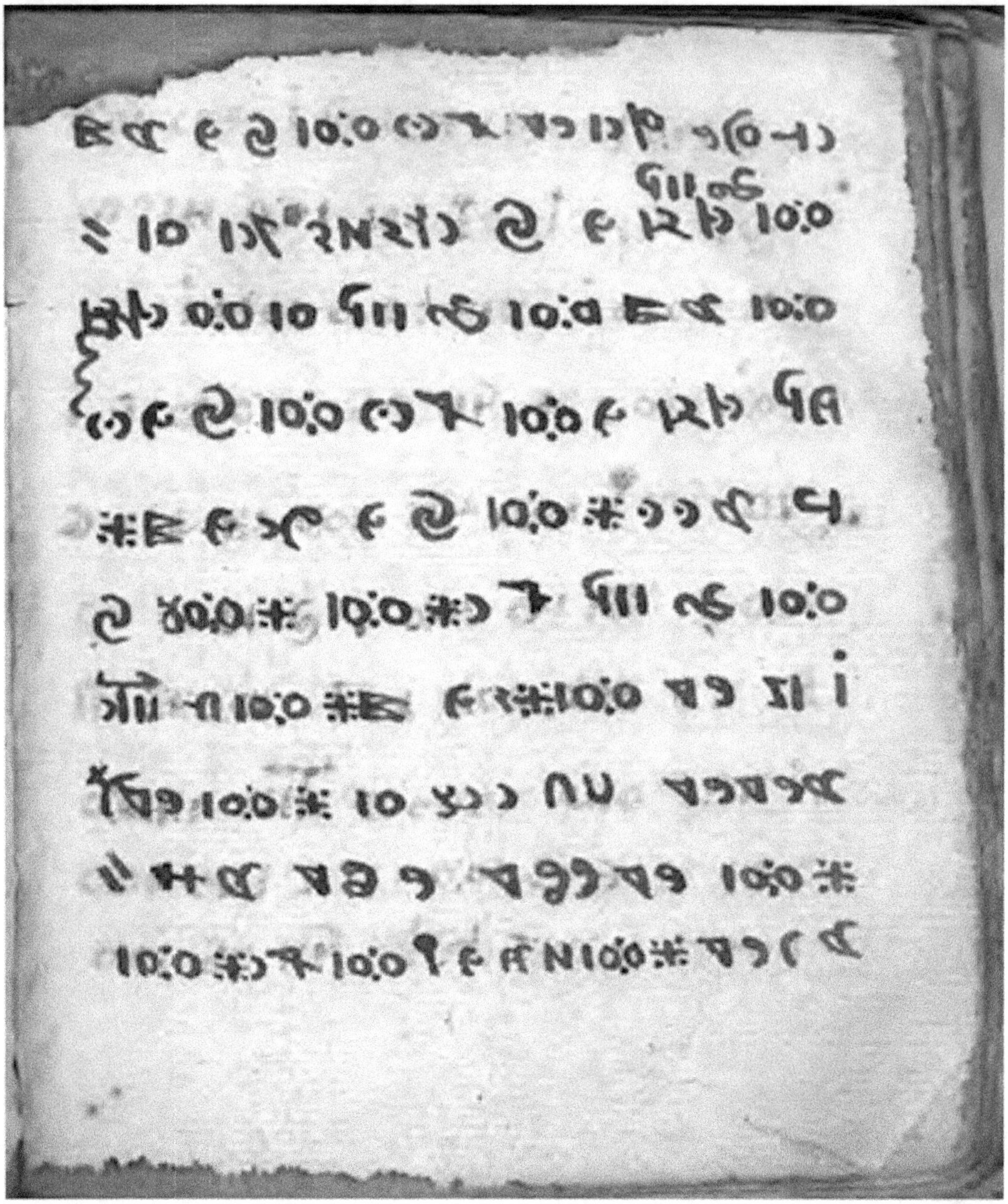

‹f099v°01-->   {.C'F'O'R'CO.OL.C.I.CO'D.BI.Z.O'X2'O'I.CQ.QX.V.B.}
‹f099v°02-->   {.O'X2'O'I.U.O.I'I'G.C'EY.EB.I.CE.CQ.C'XV.EB.N.EB.A.C.I.O.I.≈.}
‹f099v°03-->   {.O'X2'O'I.V.B'O'X2'O'I.U.I'I'G.O.I.O'X2'O.C.AG.EB.I.}
‹f099v°04-->   {.BS.G.C'EY.EB.I.QX.O'X2'O'I.BI.Z.O'X2'O'I.CQ.QX.Z.}
‹f099v°05-->   {.IJ.X.V.CX'CX.EZ.O'X2'O'I.CQ.QX.RO.Z.B.EZ.}
‹f099v°06-->   {.O'X2'O'I.U.I'I'G.DP.C.EZ.O'X2'O'I.EZ.O'X2'O.OB'C.CQ.}
‹f099v°07-->   {.IX.I.AC.CO'D.O'X2'O'I.EZ.EB.QX.B.EZ.O'X2'O'I.AC.I'I'IU'C.}
‹f099v°08-->   {.V'CO'D'CO'D.BL.XD.C.BE.C.O.I.EZ.O'X2'O'I.CO'D'R'T.}
‹f099v°09-->   {.EZ.O'X2'O'I.CO'D.CO'BF'D'CO'BF'D.V'T'T.≈.}
‹f099v°10-->   {.V.Q.CO'D.EZ.O'X2'O'I.N.NA.QX.IG.O'X2'O'I.BI.C.EZ.O'X2'O'I.}

folio 100 recto

‹f100r°01--›	{.O'X2'O.OB'C.CO'D.B.EZ.O'X2'O'I.I'I'IU'C.V'CO'D'CO'D.C'XB'R.}
‹f100r°02--›	{.EZ.O'X2'O'I.O.C.X.I.N.O.U'QV.IX.I'I'G.X2.IX.RT'XI'D.}
‹f100r°03i°›	[Illūstrātiō: P-50:MCLS Man kneeling on platform w/ candle; three objects descending.]
‹f100r°03--›	{.CO'CV'XC.XU.C'IZ.}
‹f100r°04--›	{.O'XM.R.CX.I.KI.}
‹f100r°05--›	{.Q.IX.Z.IX.Z.C'XG.}
‹f100r°06--›	{.C'D'R'N'D.C'EY.C'EY.O.}
‹f100r°07--›	{.AC.C.F'X2.((.I.)).QT.AC.}
‹f100r°08--›	{.C.D.C.QA.I.CO.I.EB.AG.A.}
‹f100r°09--›	{.CU.C.I.CO'DP'CO.C.BJ.AC.O.HR.CO'CV'XC.R.IX.Z.}
‹f100r°10--›	{.IX.Z.C'XG.CO'D'R'N'D.CO.CV.XV.BA.NH.E.C.HY.I.I'AG.C.}
‹f100r°11--›	{.RO'C.BA.C.HY.I.I'AG.C.NH.E.CX.XJ.O.C.BT.CO.CO'CV'XC.}

folio 100 verso

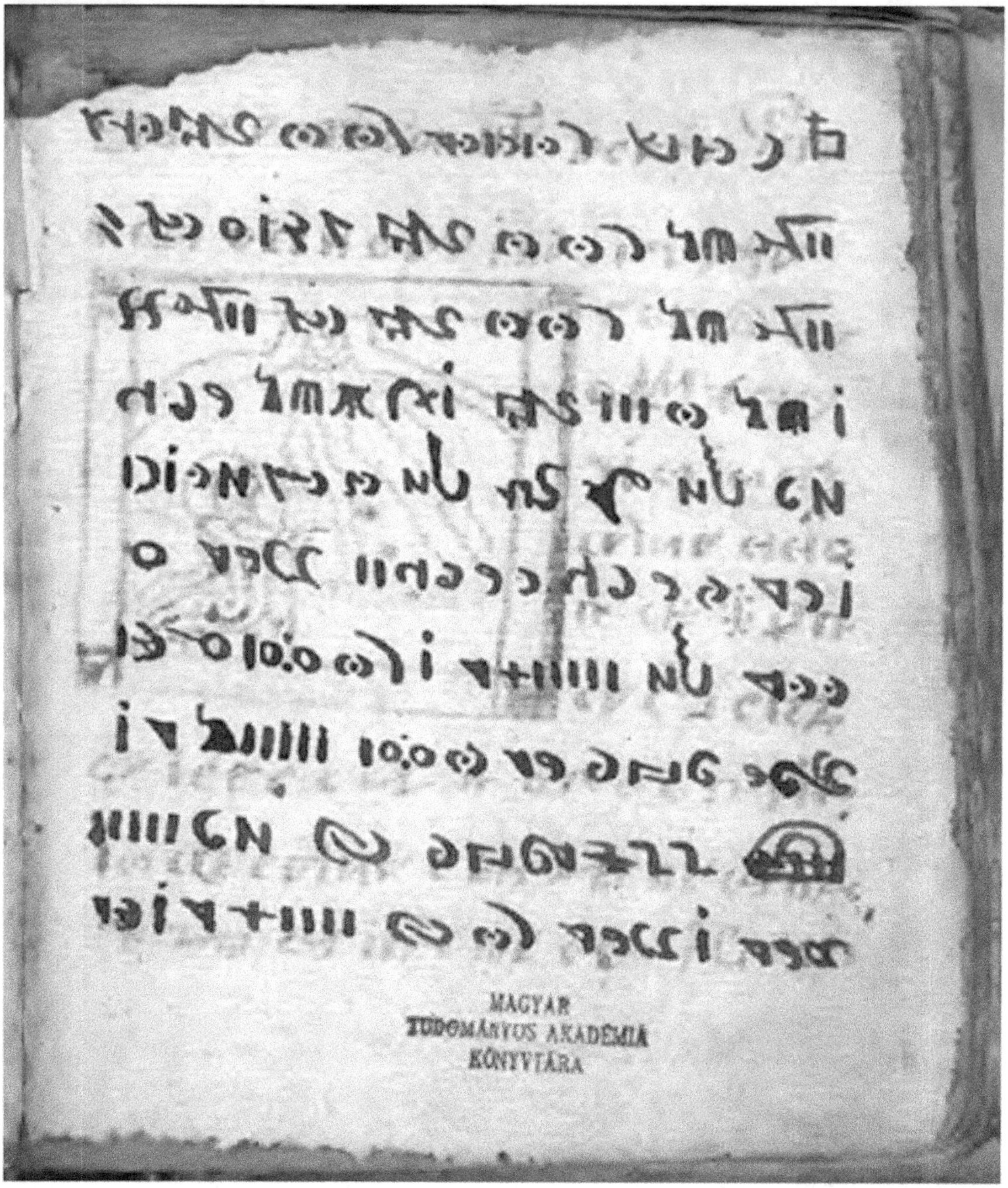

‹f100vº01--›	{.NN.C.C'EY.BR.L.CX'I'CX'I'CX'D.L.Z.C.QX.Z.CX.XV.RA.}
‹f100vº02--›	{.I.I'AG.C.NH.E.L.Z.C.QX.BA.A.XB.IX.O.C.HF.≈.}
‹f100vº03--›	{.I.I'AG.C.NH.E.L.Z.C.QX.BA.C.HR.I.I'AG.C.SS.}
‹f100vº04--›	{.IX.NH.E.Z.I'I'I.BA.IX.RT.UN.NH.E.CO.C.XC.}
‹f100vº05--›	{.N'QV.NG.N.RO'C.S.AC.NG.N.C.A.C.A.N.CX.IX.C.I.}
‹f100vº06--›	{.I.CO'D.C.Q.CO'CV'XC.C.CO'CV'XC.I.I.W'CO'D.O.}
‹f100vº07--›	{.CX'CX.D.NG.N.I'I'I'I'I.T.D.IX.R.Z.O'X2'O'I.EA.CE.I.}
‹f100vº08--›	{.UD.CO.QV'KE'BB.CO'D.Z.O'X2'O'I.I'I'I'I'I.E.D.IX.}
‹f100vº09--›	{.|.OA.|.H'H'HT.D.QV'KE'BB.EV.N'QV.I'I'I'I.E.}
‹f100vº10--›	{.V'CO'D.IX.W'CO'D.L.Z.EV.I'I'I'I.T.D.IX.CY.D.}

folio 101 recto

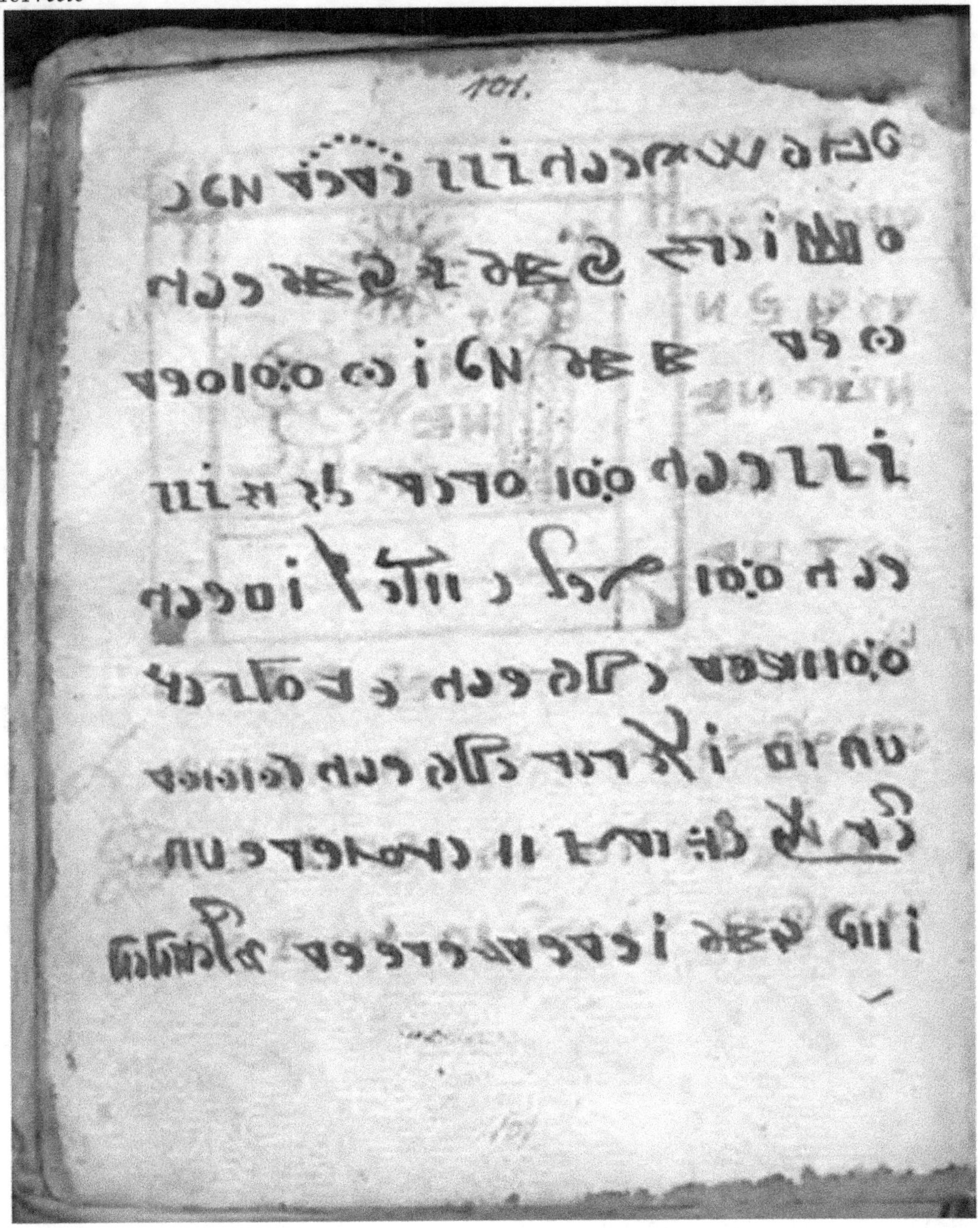

‹f101r°01--> {.QV'KE'BB.XL.RT.CO.K.XC.HX'H'H.(.CO'D'CO'D.).N'QV.C.}
‹f101r°02--> {.O.EN.IX.C'IZ.CQ.B'CV.HK.CQ.B'CV.HK.CQ.B'CV.CO'CV'XC.}
‹f101r°03--> {.Z.CO'D.«.00.».B.B'CV.N'QV.IX.Z.O'X2'O'I.O.CO'D.}
‹f101r°04--> {.HX'H'H.CO'CV'XC.O'X2'O'I.O.DP.C.DP.X2.CX.XB.I.BO.HX'H'H.}
‹f101r°05--> {.CO'CV'XC.O'X2'O'I.IX.RO.CO.R.K.C.I'I'IU'C.EQ.IX.XJ.CO'CV'XC.}
‹f101r°06--> {.O'X2'O'I.I.XV.S.CO'D.C.NU.C.Q.CO'CV'XC.CE.KK.O.RA.H.C'BG.}
‹f101r°07--> {.BL.XD.I.XJ.IX.EK.C.DP.C.DP.C.NU.C.Q.CO'CV'XC.L.CX.I.CX'CX.D.}
‹f101r°08--> {./.CO'D.KB'I'Q.\.C.F'X2.I.D.HY.I.I.C'XV.OB.I.CO'DP'CO.BL.XD.}
‹f101r°09--> {.IX.I'I'G.XB'B'CV.IX.CO'D'CO'D'K.CO'D'CO.CO'D.V.EX.II.C.D.I'AE'C'AE.}

folio 101 verso

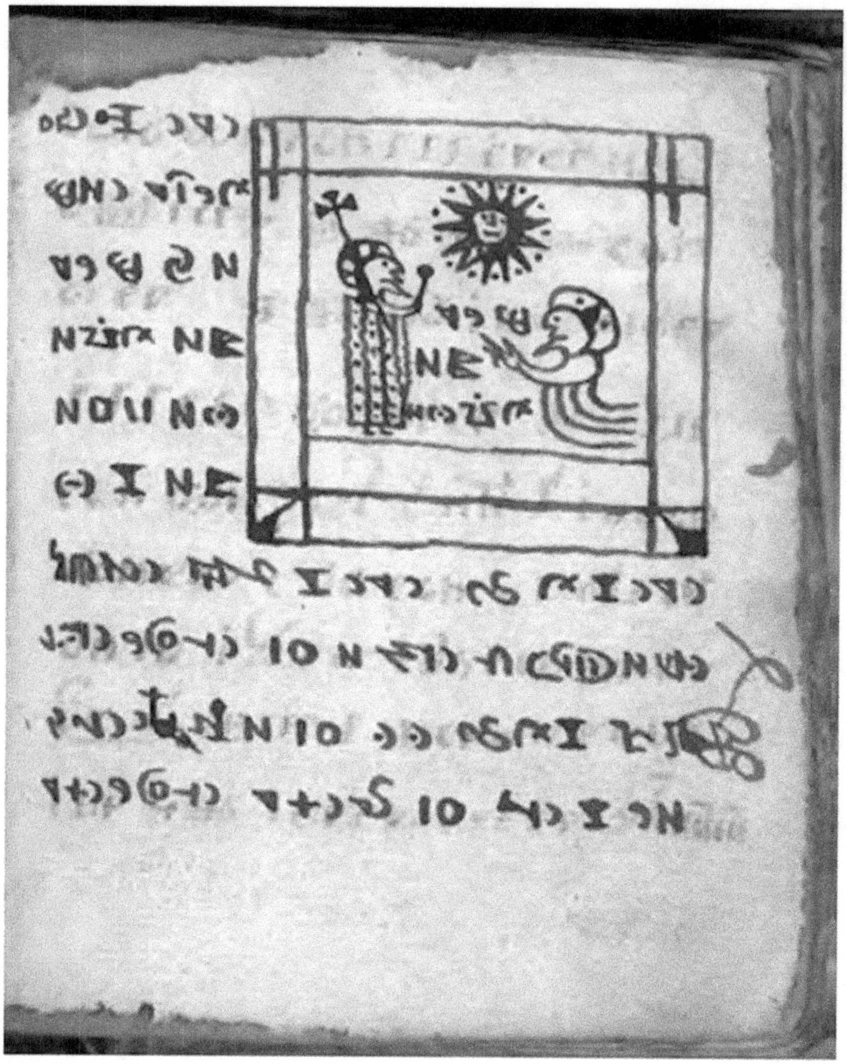

‹f101v°00i°›	[Illūstrātiō: P-51:URLS Man kneels before Jesus w/ staff & cross under face in sun.]
‹f101v°00C1›	{.BR.CO'D.}
‹f101v°00C2›	{.B'N.}
‹f101v°00C3›	{.RT.XW'X.Z.N.}
‹f101v°01--›	{.C.D.C.NB.BE.O.}
‹f101v°02--›	{.RT'CO'IH'D.C.N.BR.}
‹f101v°03--›	{.N.CQ.BR.CO'D.}
‹f101v°04--›	{.B'N.RT.XW'X.N.}
‹f101v°05--›	{.Z.N.I'I'XJ.N.}
‹f101v°06--›	{.B'N.BC.CX.Q.}
‹f101v°07--›	{.C.D.C.BC.RT.U.C.D.C.BC.BA.Y.C.CU.I.NH.E.}
‹f101v°08--›	{.CE.BG.N.C.I'I'G.Q.AC.C'IZ.N.O.I.C'F'O'R'CO.C.DP.X2.K.}
‹f101v°09--›	{.|.C'IZ.|.HM.BC.RT.U.CX'CX.O.I.N'J0'C0.C.K.XB.}
‹f101v°09m°›	[Margō: An unknown drawing appears in the margin in ‹f101v°09› above.]
‹f101v°09h°›	[Hyperbolē: .C'IZ. in ‹f101v°09› above is conjecture.]
‹f101v°10--›	{.N.CO.BC.C'BG.O.I.S'D.C'T'D.C'F'O'R'CO.C'T'D.}

folio 102 recto

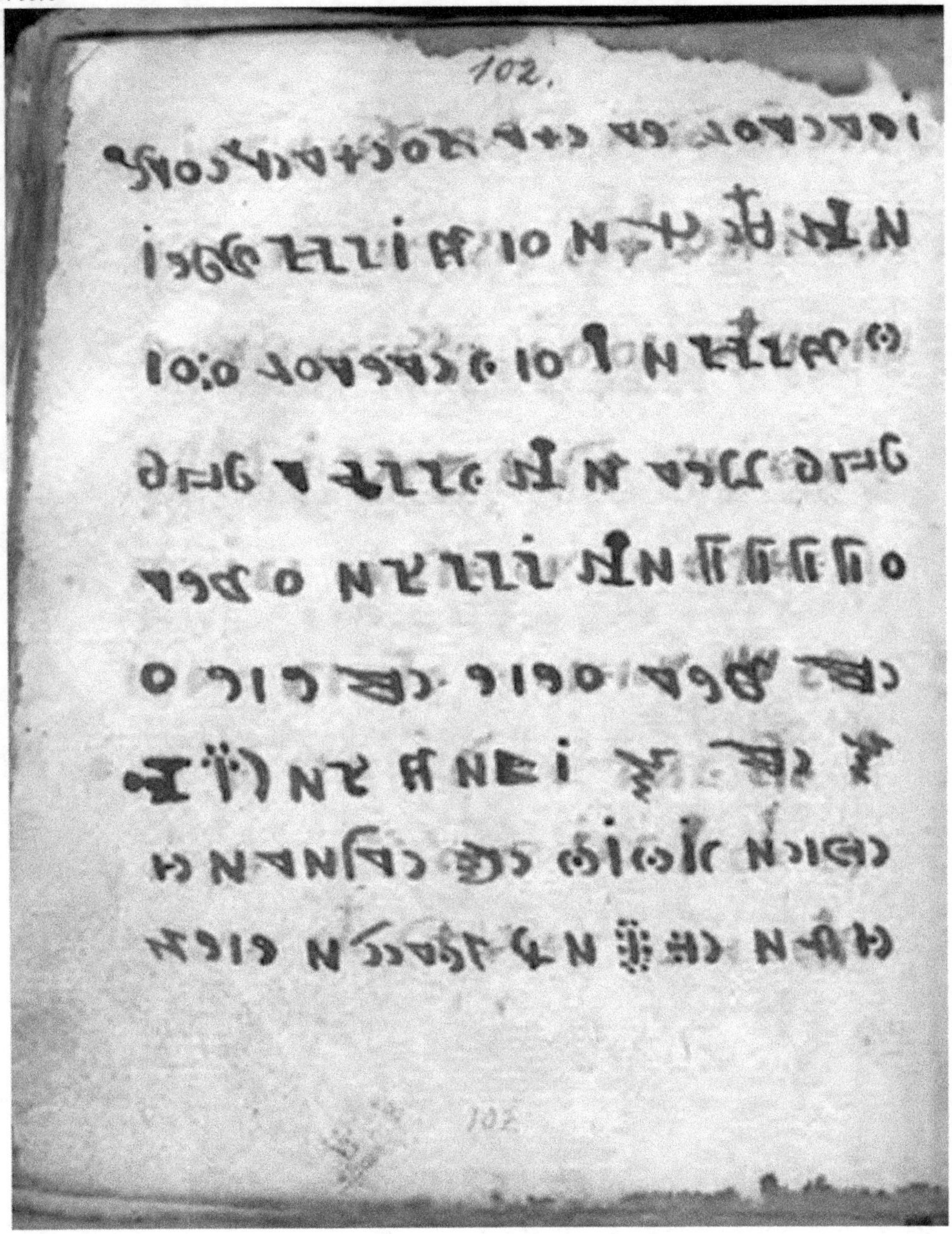

‹f102rº01--› {.IX.CO'D'C'D'O'K.CO'D.C'T'D.HM.O.C'T'D.C'BG.C.O.D.S.IG.}
‹f102rº02--› {.N'J0'C0.CU.XV.N.O.I.NA.IX.H'HF'H.UD.CO.IX.}
‹f102rº03--› {.Z.NA.H'HF'H.N.IG.O.I.QX.C.D.CO'D.O.K.O'X2'O'I.}
‹f102rº04--› {.QV'KE'BB.W'CO'D.N'J0.QX.H'H'HT.D.QV'KE'BB.}
‹f102rº05--› {.O.AE'AE.AE'AE.N'J0.HX'H'H.HY.N.O.V.CO'D.}
‹f102rº06--› {.C'DB.V.CO'D.O.CO'I'CO.C'DB.CO'I'CO.O.}
‹f102rº07--› {.MJ.C'DB.MJ.IX.B'N.Y.HY.N.L.I'X4.NB.}
‹f102rº08--› {.C'F'Q'I'C.N.Q.IX.Z.IX.Z.C'XG.C'D'R'N'D.N.CX.I.}
‹f102rº09--› {.CX.I.AC.N.C.F'X2.((.I.)).N.QT.A.CX.D.C.MV.N.CO'I'CO.BO.}

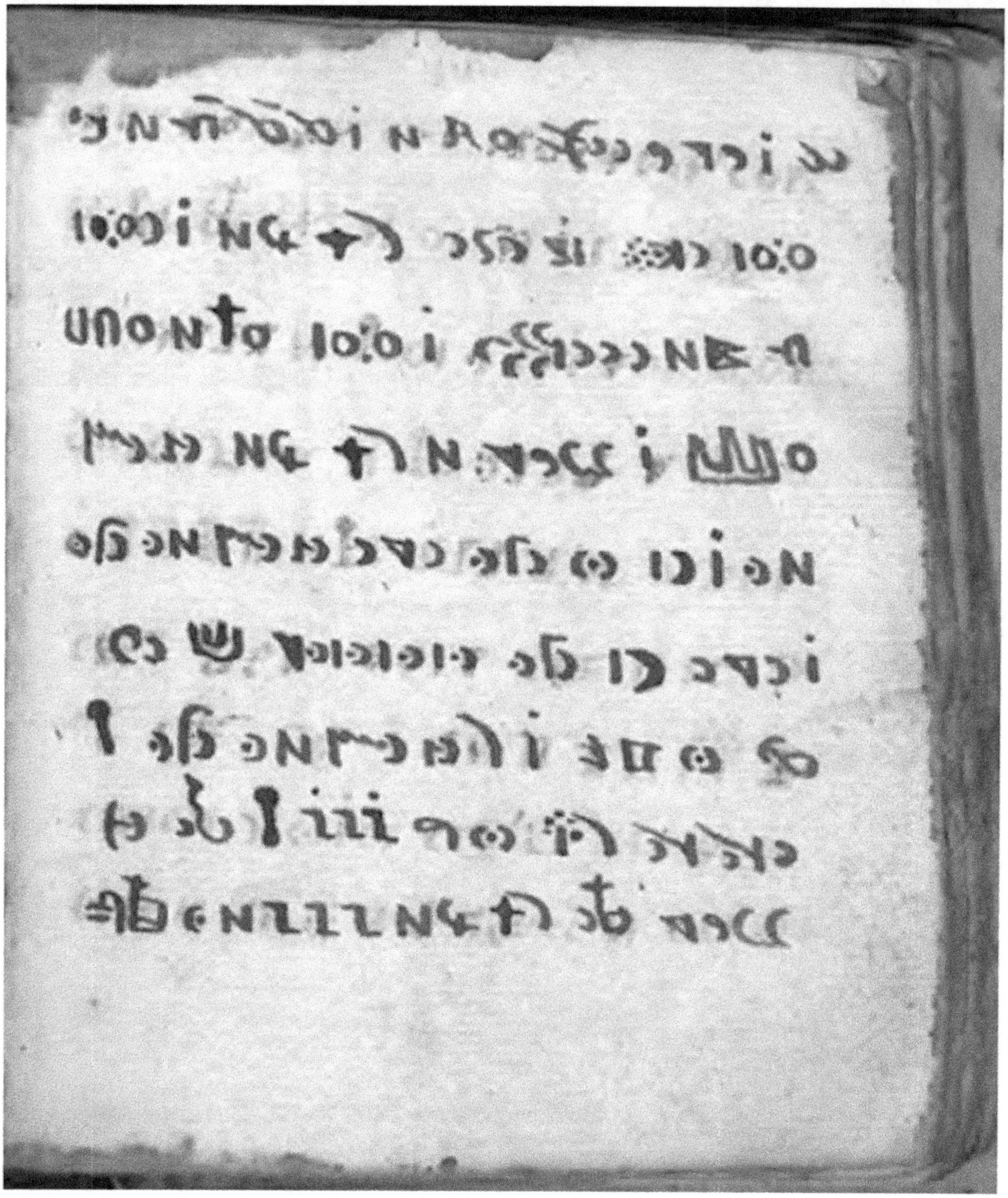

‹f102v°01--› {.CU'C.IX.CO'DP'CO.CX.C.QF.O.XA.N.IX.EA.J.EA.J.AC.N.LT.}
‹f102v°02--› {.O'X2'O'I.C'XF'XX.IZ.C'S'C.L'TA.QT.N.IX.C.O'X2'O'I.}
‹f102v°03--› {.AC.B'N.C.C.C'BP.IX.O'X2'O'I.O.TA.N.O.XD.BL.}
‹f102v°04--› {.O'XM.IX.W'CO'D.N.L.TA.QT.N.C.A.C.BO.}
‹f102v°05--› {.N.CX.IX.C.I.Z.C.R.CX.C.C.D.C.C'A'C'AS.N.CX.C.RA.NP.}
‹f102v°06--› {.IX.C.D.C.C.I.C.RA.CX'CX.I.CX'I'CX'I'CX'D.NV.C.Q.}
‹f102v°07--› {.BO.Q.Z.XJ.K.IX.L.C'A'C'AS.N.CX.C.R.CX.IG.}
‹f102v°08--› {.C'XV'C'XV'C.L.I'X5.Z.IO.HX.H.HX.MY.NG.C.C'EY.}
‹f102v°09--› {.W'CO'D.C0.L.TA.QT.N.H'H'H.N.QX.NT.BU.}

folio 103 recto

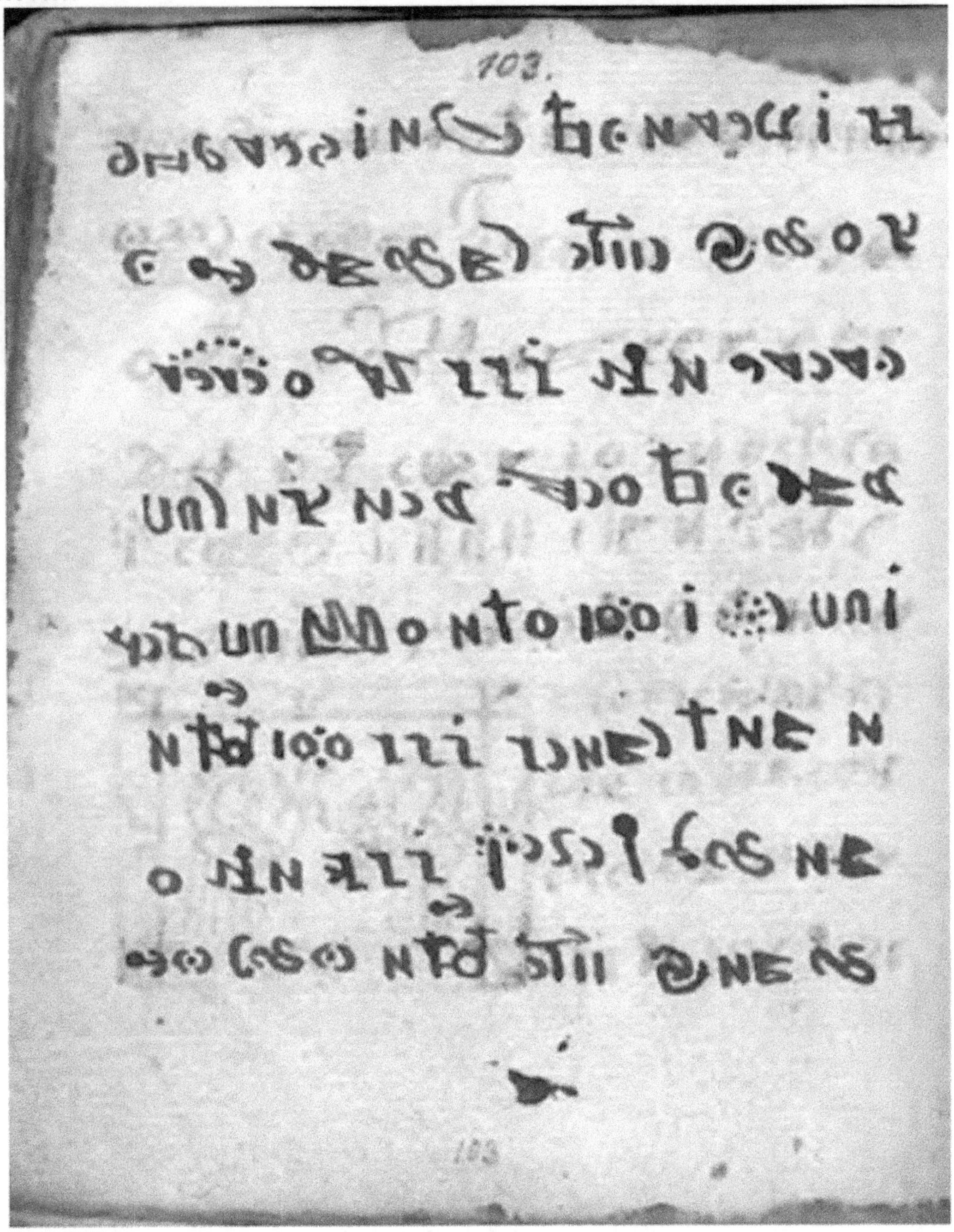

‹f103r°01--› {.HF'H.IX.W'CO'D.N.QX.NN.BL.IR.N.IX.C.Q.LT.D.QV'KE'BB.}
‹f103r°02--› {.HY.O.U.CQ.C.I'I'IU'C.L.B.U.B'CV.CE'O.QX.}
‹f103r°03--› {.CX.D.C.D.CO.N'J0.HX'H'H.AG.D'O.O.(.CO'D'CO'D.).}
‹f103r°04--› {.V.B'CV.QX.NN.O.C'DB.X.V.C.N.HY.N.L.XD.BL.}
‹f103r°05--› {.IX.XD.BL.L.XX.IX.O'X2'O'I.O.TA.N.O'XM.XD.BL.HM.C'BG.}
‹f103r°06--› {.N.B'N.TA.L.B'N.C.H.HX'H'H.O'X2'O'I.CE'O.TA.O.TA.N.}
‹f103r°07--› {.B'N.U'QV.IG.C'S'C.I'X5.HX'H'HK.N'J0.O.}
‹f103r°08--› {.U.B'N.CQ.I'I'IU'C.CE'O.TA.O.TA.N.Z.U'QV.Z.CE'O.}

folio 103 verso

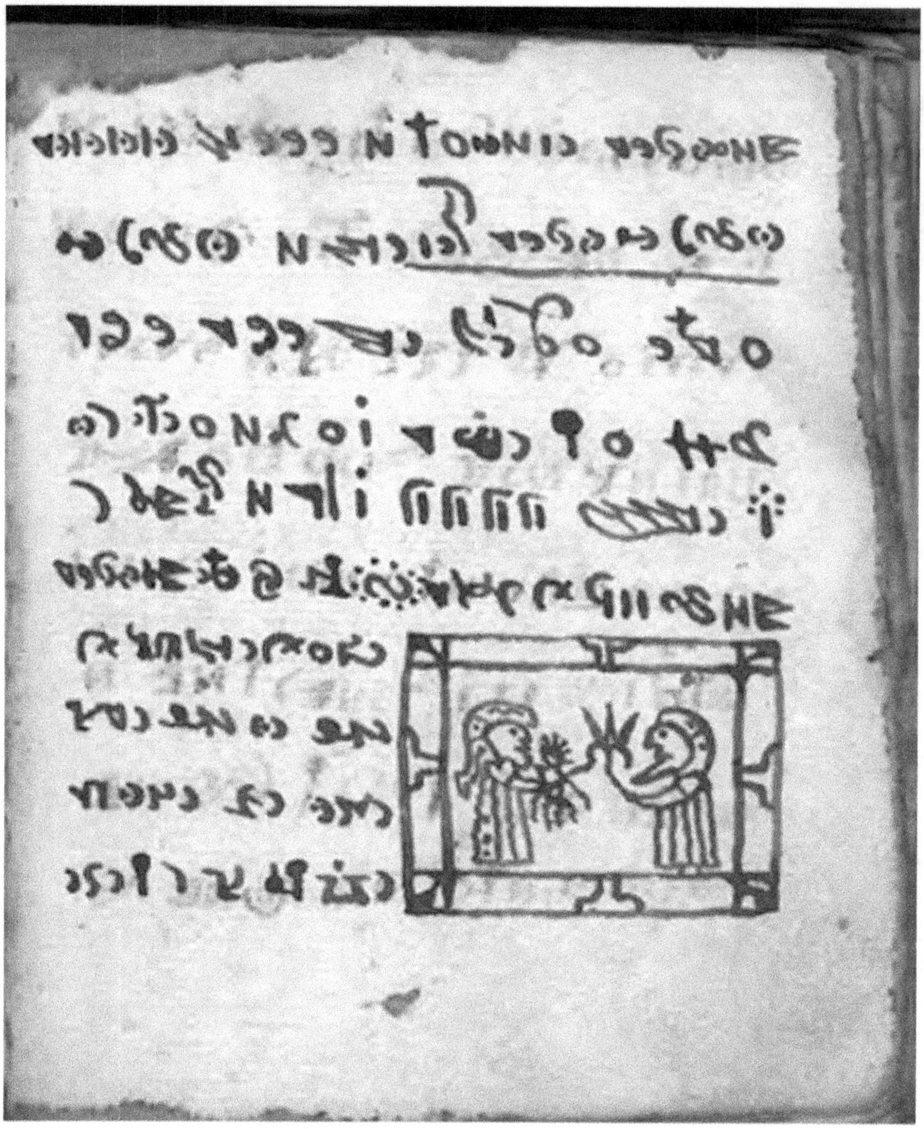

‹f103vº01--› {.B'N.O.C.Q.Q.C.CO'D.C'I'N.CX.I.O.TA.N.CO'CO'CO.K.K.CX.I.CX'I'CX'I'CX'D.}

‹f103vº02--› {./.Z.U'QV.CE'O.C.Q.Q.C.CO'D.C.I.C.\.IZ.N.Z.U'QV.CE'O.}

‹f103vº03--› {.O.D'T'CO.O.K'A'A.C'DB.CO'BF'D'CO'BF'D.}

‹f103vº04--› {.V'T'T.O.IG.C.BR.D.IX.O.Q.C.N.O.C.IU.C.R.Z.}

‹f103vº05--› {.I'X5.C'M.AE'AE.AE'AE.IX.II.DP.N.U.T.B'CV.L.}

‹f103vº06--› {.B'N.U'QV.I'I'G.RT'XI'D.((.AD.)).J0.CQ.C0.B'CV.C.Q.Q.C.CO'D.}

‹f103vº06hº› [Hyperbolē: .QV. has been added to complete the grapheme .U'QV. in ‹f103vº06› above.]

‹f103vº06tº› [Trānslātiō: "...Father, Son of God, Jesus, Holy Spirit, (?)Christ's Apostles."]

‹f103vº06qº› [Quod Vidē: ‹f097rº04,5-6,7,9,10-vº01›, and ‹f120vº08-9›.]

‹f103vº07iº› [Illūstrātiō: P-52:LRMS Two men holding crown. One man.]

‹f103vº07--› {.BE'I'O.RT.C.F.QA.NH.E.RT.}

‹f103vº08--› {.N.EQ.Z.N.EQ.C'D'HY.}

‹f103vº09--› {.C.D.C.CX.C.LI.C.XB.CE.AC.}

‹f103vº10--› {.C.XW'X.BH.HY.L.IG.C'S'C.}

folio 104 recto

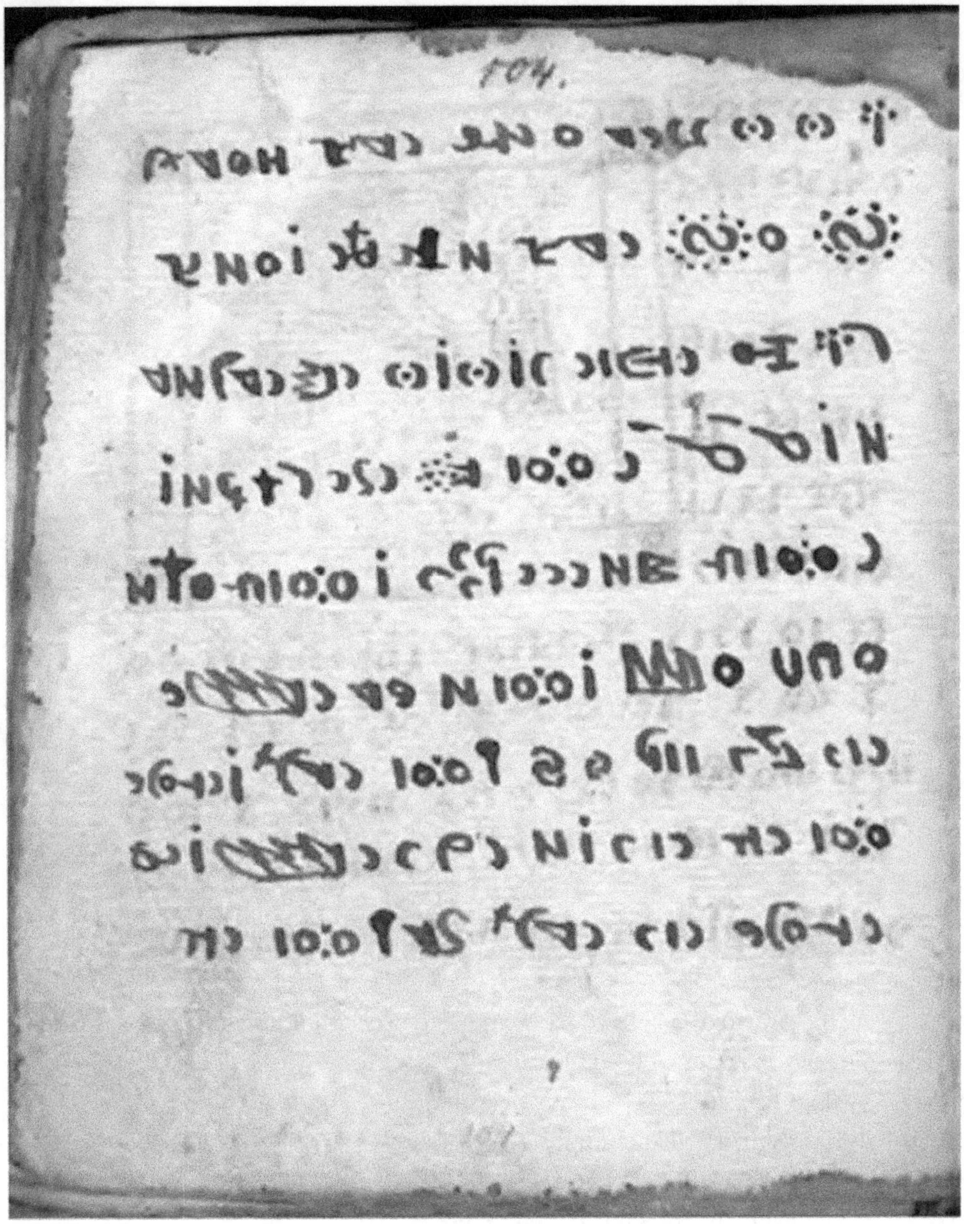

‹f104r°01--›   {.I'X4.Z.C.QX.W'CO'D.O.N.EQ.C'D'HY.XH'O'D.RT.}
‹f104r°02--›   {.((.AD.)).O.((.AD.)).CO'D'HY.N'J0'C0.IX.O.N.HY.}
‹f104r°03--›   {.L.I'X4.NB.C'F'Q'I'C.Q.IX.Z.IX.Z.C'XG.C'D'R'N'D.}
‹f104r°04--›   {.N.IX.EA.EA.O'X2'O'I.XF'XX.C'S'C.L.TA.QT.N.IX.}
‹f104r°05--›   {.C.O'X2'O'I.AC.B'N.C.C.C'BP.IX.O'X2'O'I.AC.O.TA.N.}
‹f104r°06--›   {.O.XD.BL.O'XM.IX.O'X2'O'I.N.CO'D.C'M.C.}
‹f104r°07--›   {.C'I'Q.K'A'A.I'I'G.C.Q.CQ.IG.O'X2'O'I.C'D'R'T.IX.C'F'O'R'C.}
‹f104r°08--›   {.O'X2'O'I.C'I'T.C'I'Q.IX.N.C.RO.Q.C'M.IX.YO.}
‹f104r°09--›   {.C'F'O'R'CO.C'I'Q.C'D'R'T.S'D.IG.O'X2'O'I.C'I'T.}

folio 104 verso

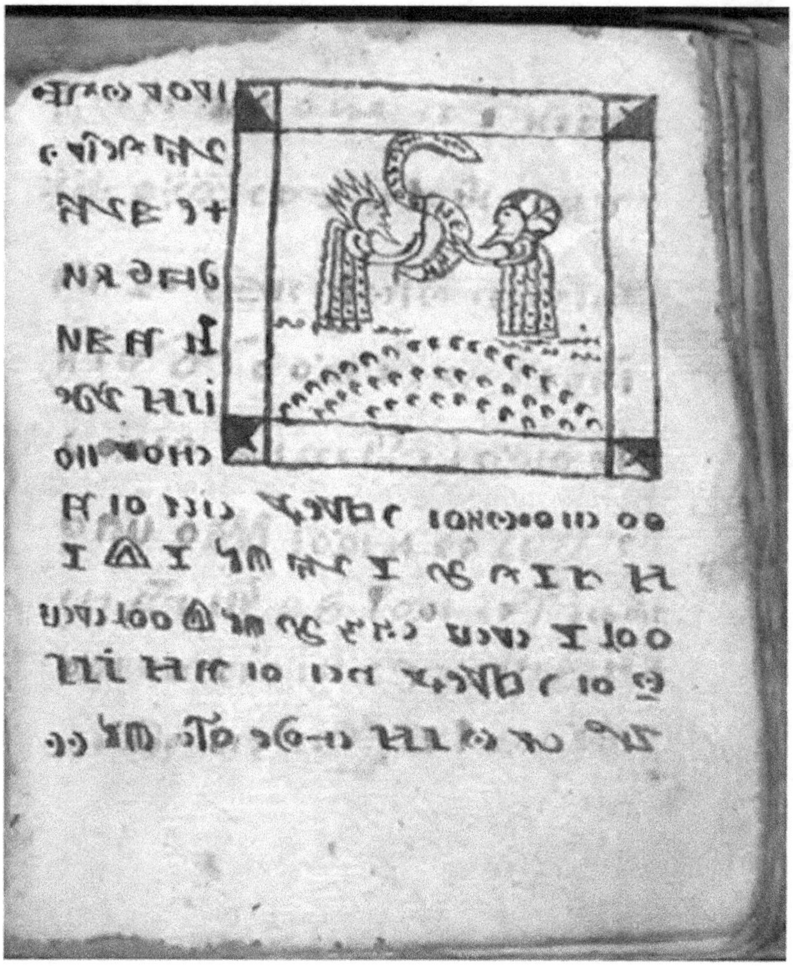

‹f104v°00i°› [Illūstrātiō: P-53:URLS One king, one priest, holding long scroll/snake.]
‹f104v°00e°› [Ēditiō Vulgāta: LK 10:19.]
‹f104v°01--› {.I'D'O'D.Z'RT'NB.}
‹f104v°01t°› [Trānslātiō: "Hear the holy Word..."]
‹f104v°02--› {.BA.RT'CO'IH'D.QX.}
‹f104v°02t°› [Trānslātiō: "...of Saint Luke in..."]
‹f104v°03--› {.T.CO.B'BA.}
‹f104v°03t°› [Trānslātiō: "...his tenth chapter..."]
‹f104v°04--› {.QV'KE'BB.HK.N.}
‹f104v°04t°› [Trānslātiō: "...when ...you..."]
‹f104v°05--› {.IG.C.NA.B'N.}
‹f104v°06--› {.IX.H'HF'H.UD.CO.}
‹f104v°07--› {.C.XH'O'D.I.I.O.}
‹f104v°08--› {.O.O.C.I.I.O.O.Z.N.O.I.Q.XJ'D'CO'BY.C.I.C.C.O.I.NA.}
‹f104v°09--› {.HF'H.HM.BC.RT.U.BC.BA.NH.E.BC.XU.BC.}
‹f104v°10--› {.O'O'P.BC.C'D'C'D.C.XB.X.BO.U.NH.E.XU.O'O'P.C.D.C.I.XS.}
‹f104v°11--› {.Z.O.I.R.XJ'D'CO'BY.XC.C.I.O.I.NA.HF'H.HX'H'H.}
‹f104v°12--› {.AG.XV.O.CU'D.Z.H'HF'H.C'F'O'R'CO.O.IU.C.NH.E.CX'CX.}

folio 105 recto

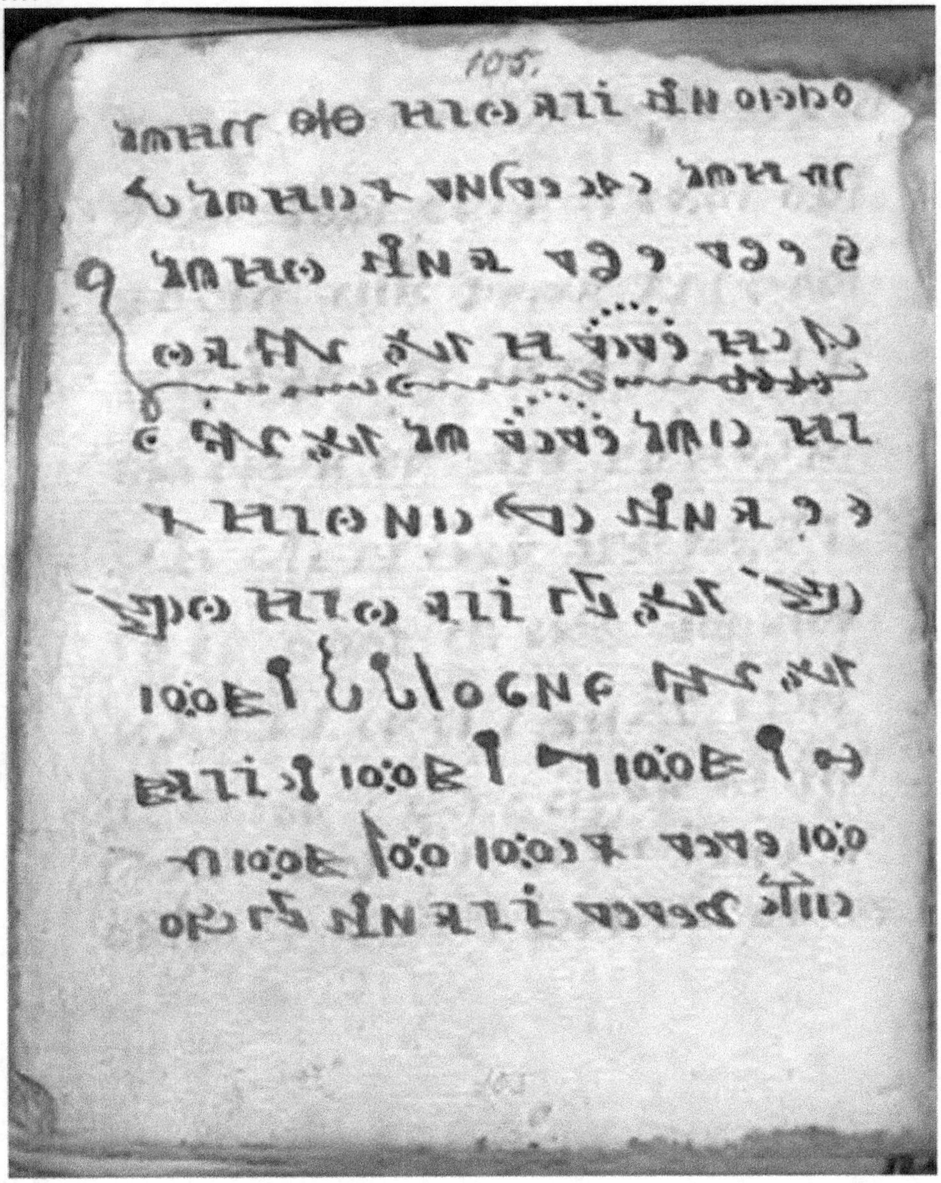

‹f105r°01-->   {.O.C.I.CX.I.O.N'J0.HX'H'HK.C.Q.H'HF'H.OC.BA.HF'H.NH.E.}
‹f105r°02-->   {.Q.AC.HF'H.NH.E.C.DR.X.C.CO'D'R'N'D.BI.C.I.HF'H.NH.E.NG.}
‹f105r°03-->   {.C.Q.CO'BF'D'CO'BF'D.HK.N'J0.Z.HF'H.NH.E.}
‹f105r°04-->   {.EK.X.C.HF'H.(.CO'D'C'D.).HF'H.A'KB'X'C'Q.BA.HK.Z.}
‹f105r°04s°›   [SERPĒNS: 4/7: .C.A.C.C.A.C.S.QX.]
‹f105r°05-->   {.H'HF'H.C.I.NH.E.(.CO'D'C'D.).HF.F.A'KB'X'C'Q.BA.HK.Z.}
‹f105r°06-->   {.CX.CO.HK.N'J0.C'D'R.C'I'N.Z.H'HF'H.BI.}
‹f105r°07-->   {.C'M.XT.A.KB.X.C.K'A'A.HX'H'HK.Z.H'HF'H.Z.C'M.}
‹f105r°08-->   {.A'KB'X'C'Q.BA.QX.N'QV.O.II.CU.IG.NG.IG.B'O'X2'O'I.}
‹f105r°09-->   {.CE'O.IG.B'O'X2'O'I.BD.IG.B'O'X2'O'I.MY.C.HX'H'HK.B.}
‹f105r°10-->   {.O'X2'O'I.CO'D'CO'D.BI.O'X2'O'I.O'X2'O.BT.B'O'X2'O'I.AC.}
‹f105r°11-->   {.C.I'I'IU'C.V'CO'D'CO'D.HX'H'HK.N'J0.K'A'A.BE'I'O.}

folio 105 verso

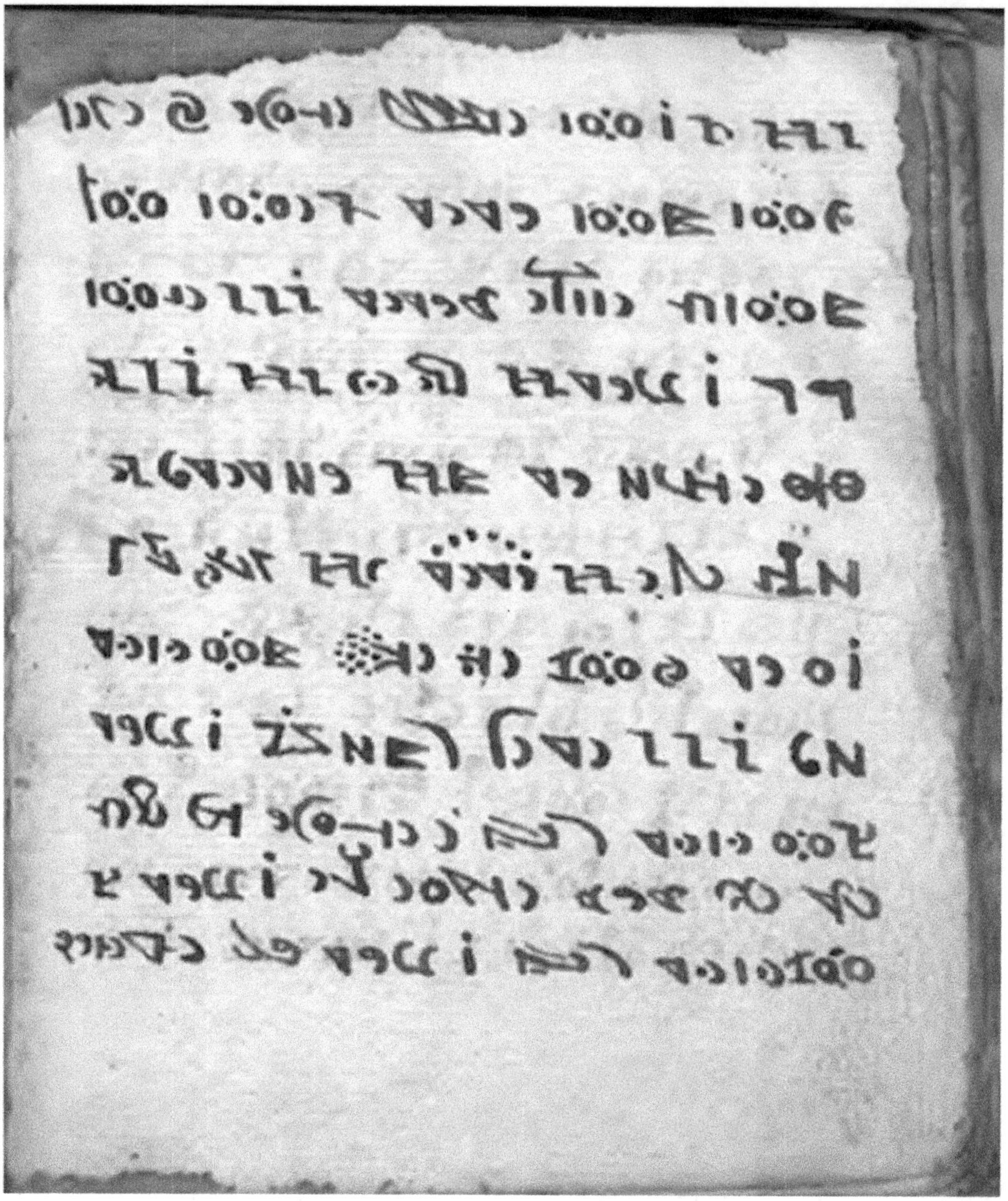

‹f105v°01--› {.H'HF'H.HM.IX.O'X2'O'I.C'M.C'F'O'R'C.CQ.C.A.C.I.}
‹f105v°02--› {.QX.O'X2'O'I.B'O'X2'O'I.C'D'C'D.BI.C.O'X2'O'I.O'X2'O.BT.}
‹f105v°03--› {.B'O'X2'O'I.AC.C.I'I'IU'C.V'CO'D'CO'D.HX'H'H.C.K.O'X2'O'I.}
‹f105v°04--› {.D.DP.IX.W'CO'D.HF'H.EF.C.Z.H'HF'H.HX'H'HK.}
‹f105v°05--› {.OC.C.F.IJ.N.CO'D.B.HF'H.CO.N.D.C.D.QV.HK.}
‹f105v°06--› {.N'J0.EK.C.HF'H.(.C'D'C'D.).Q.HF'H.A'KB'X'C'Q.K'A'A.}
‹f105v°07--› {.IX.O.CO'D.C.Q.O'X2'O.IA.C.F'X2.C'XF'XX.B.O'X2'O.CX'I'CX'D.}
‹f105v°08--› {.N'QV.HX'H'H.C.D.C.R.L.B'N.XW'X.IX.W'CO'D.}
‹f105v°09--› {.HY.O'X2'O.CX'I'CX'D.L.BK.J.X.X.C.C'F'O'R'CO.F.RO'C.S.AC.}
‹f105v°10--› {.CU.V.C.Y.V.CO.V.C'XV.BT.O.C.K'C.C.IX.W'CO'D.HY.}
‹f105v°11--› {.O'X2'O.IA.CX'I'CX'D.L.BK.J.X.IX.W'CO'D.CO.II.C.CE.D.C'EY.CO.JN.}

folio 106 recto

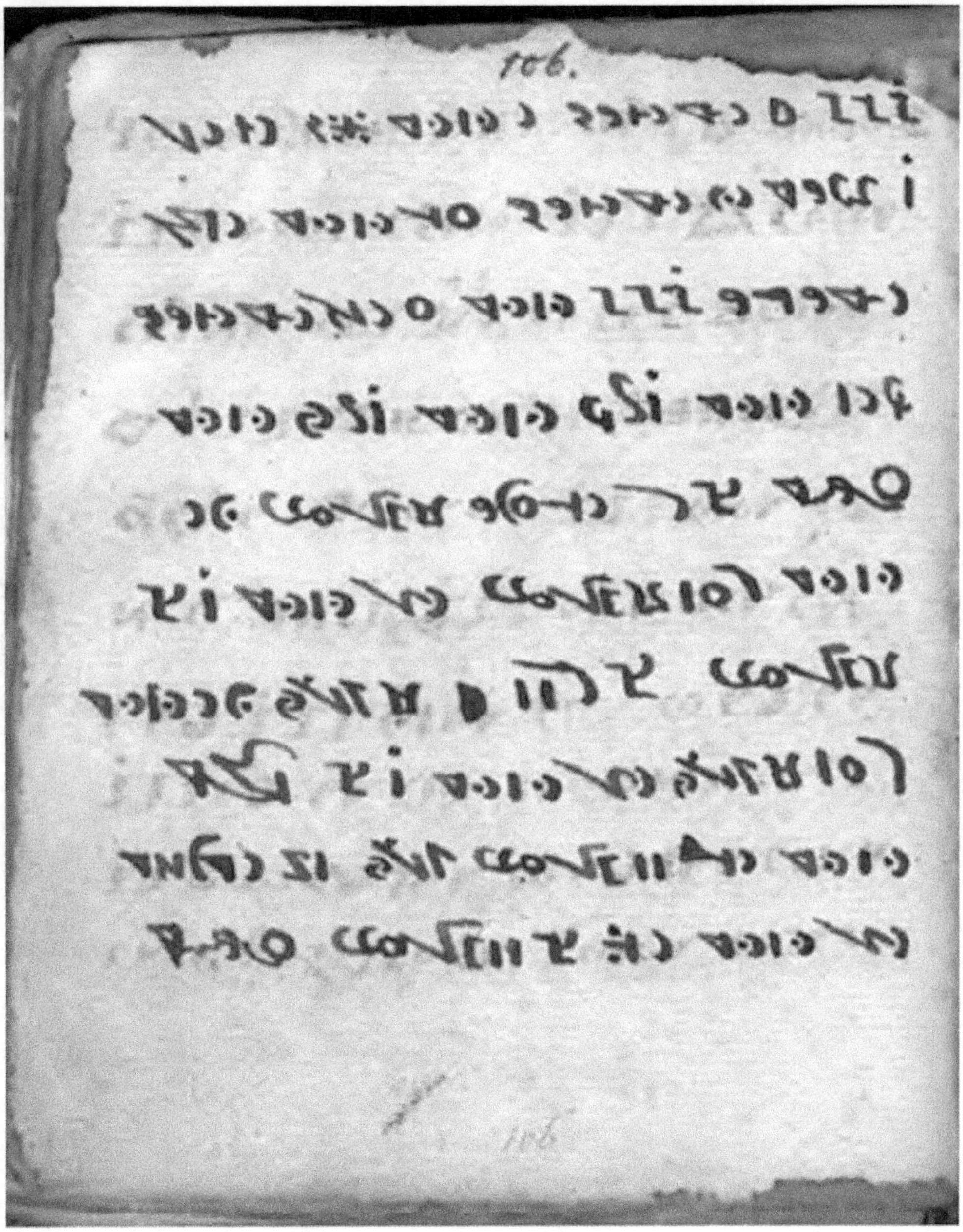

‹f106r°01--› {.HX'H'H.O.CE.D.C'EY.CO.XB.C.CX'I'CX'D.EZ.XB.C.A.C.KB.}
‹f106r°02--› {.IX.W'CO'D.Z.CE.D.C'EY.CO.XB.O.F.CX'I'CX'D.C'IZ.}
‹f106r°03--› {.CX.D'CO'D'CO.HX'H'H.CX'I'CX'D.O.C.KB.I.CE.D.C'EY.CO.XB.IX.S.C.Q.}
‹f106r°04--› {.QT.C.I.CX'I'CX'D.IX.S.QT.CX'I'CX'D.IX.S.C.Q.CX'I'CX'D.}
‹f106r°05--› {.O.CO'D'HY.R.C'F'O'R'CO.MG.YX'QQ.QX.C.}
‹f106r°06--› {.CX'I'CX'D.L.O.I.XW.YX'QQ.C.QS.CX'I'CX'D.IX.HY.}
‹f106r°07--› {.XW.YX'QQ.HY.L.I.I.BV.MG.A'KB'X'C'Q.QX.C.CX'I'CX'D.}
‹f106r°08--› {.L.O.I.MG.A'KB'X'C'Q.C.QS.CX'I'CX'D.IX.HY.I.S.XN.D.}
‹f106r°09--› {.CX'I'CX'D.C'BD.I.I.YX'QQ.A'KB'X'C'Q.I'AG.C'D'R'N'D.}
‹f106r°10--› {.C.QS.CX'I'CX'D.C.F'X2.HY.I.I.YX'QQ.O.CO'D.}

folio 106 verso

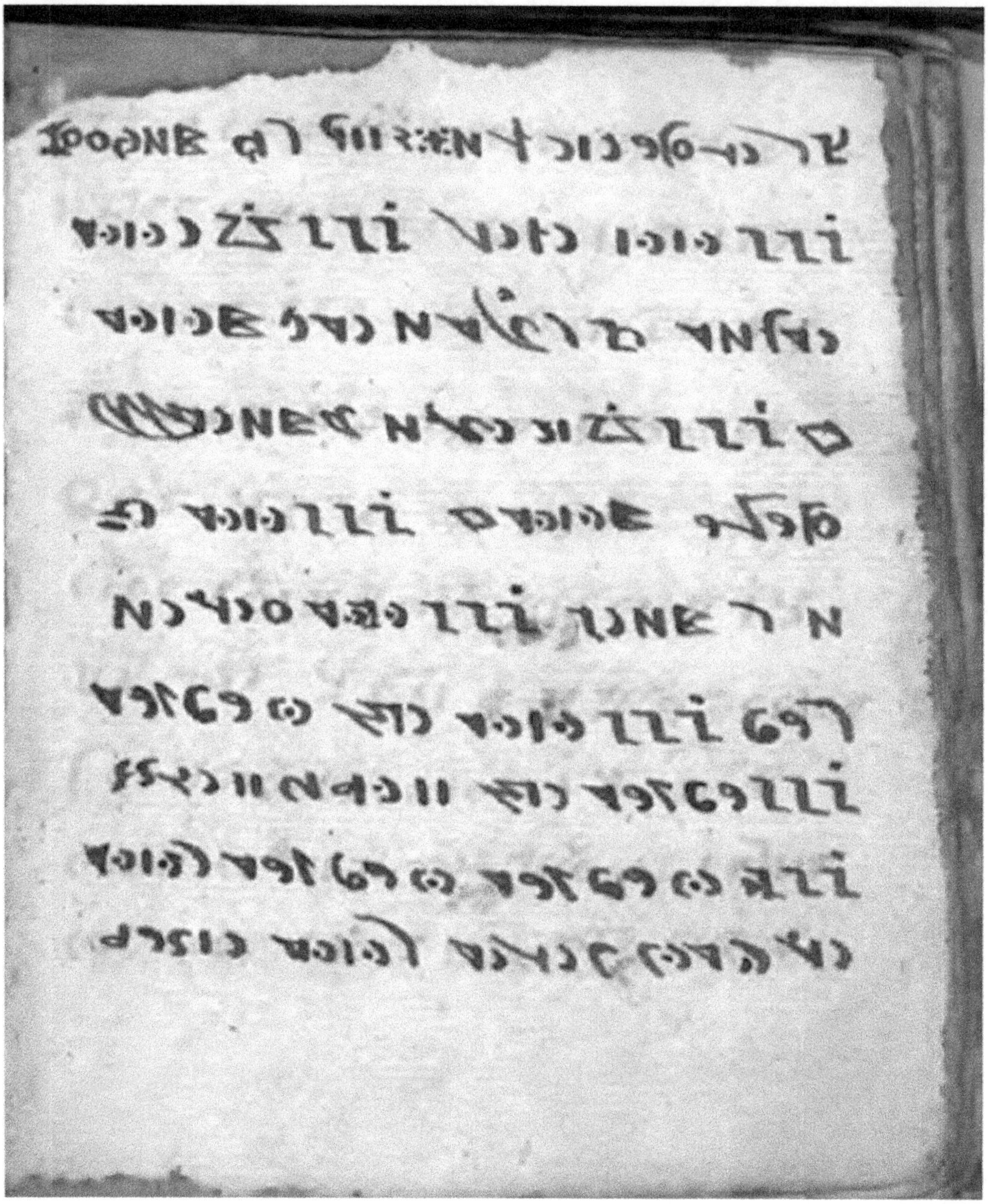

‹f106v°01--› {.HY.L.C'F'O'R'CO.C.I.C.BT.XV.N.EZ.XB.I'I'G.L.Y.B'N.C.Q.O'O'IA.}
‹f106v°02--› {.HX'H'H.CX.I.CX.I.C.A.C.KB.HX'H'H.XW'X.C.CX'I'CX'D.}
‹f106v°03--› {.C'D'R'N'D.HM.L.QS.X.D.N.C.D.LT.B.CX'I'CX'D.}
‹f106v°04--› {.EU.HX'H'H.XW'X.I.C.C.QS.I.N.V.B'N.C'M.}
‹f106v°05--› {.O.RA.CO.AG.CO.B.CX'I'CX'D.EU.HX'H'H.CX'I'CX'D.BU.}
‹f106v°06--› {.N.L.B'N.C.H.HX'H'H.CX.XG.D.O.C'BG.C.N.}
‹f106v°07--› {.L.CO'QV.HX'H'H.CX'I'CX'D.C'IZ.Z.CO'QV.A'CO'D.}
‹f106v°08--› {.HX'H'H.CO'QV.A'CO'D.C'IZ.I.I.CX.XV'O.XC.I.I.C.EL.S.PV.}
‹f106v°09--› {.HX'H'HK.Z.CO'QV.A'CO'D.Z.CO'QV.A'CO'D.L.CX'I'CX'D.}
‹f106v°09t°› [Trānslātiō: "...through the fisherman, Peter. The fisherman Peter on..."]
‹f106v°10--› {.C'BG.C'XV.C.D.L.CX'I'CX'D.C.I.S.CO.OD.}

folio 107 recto

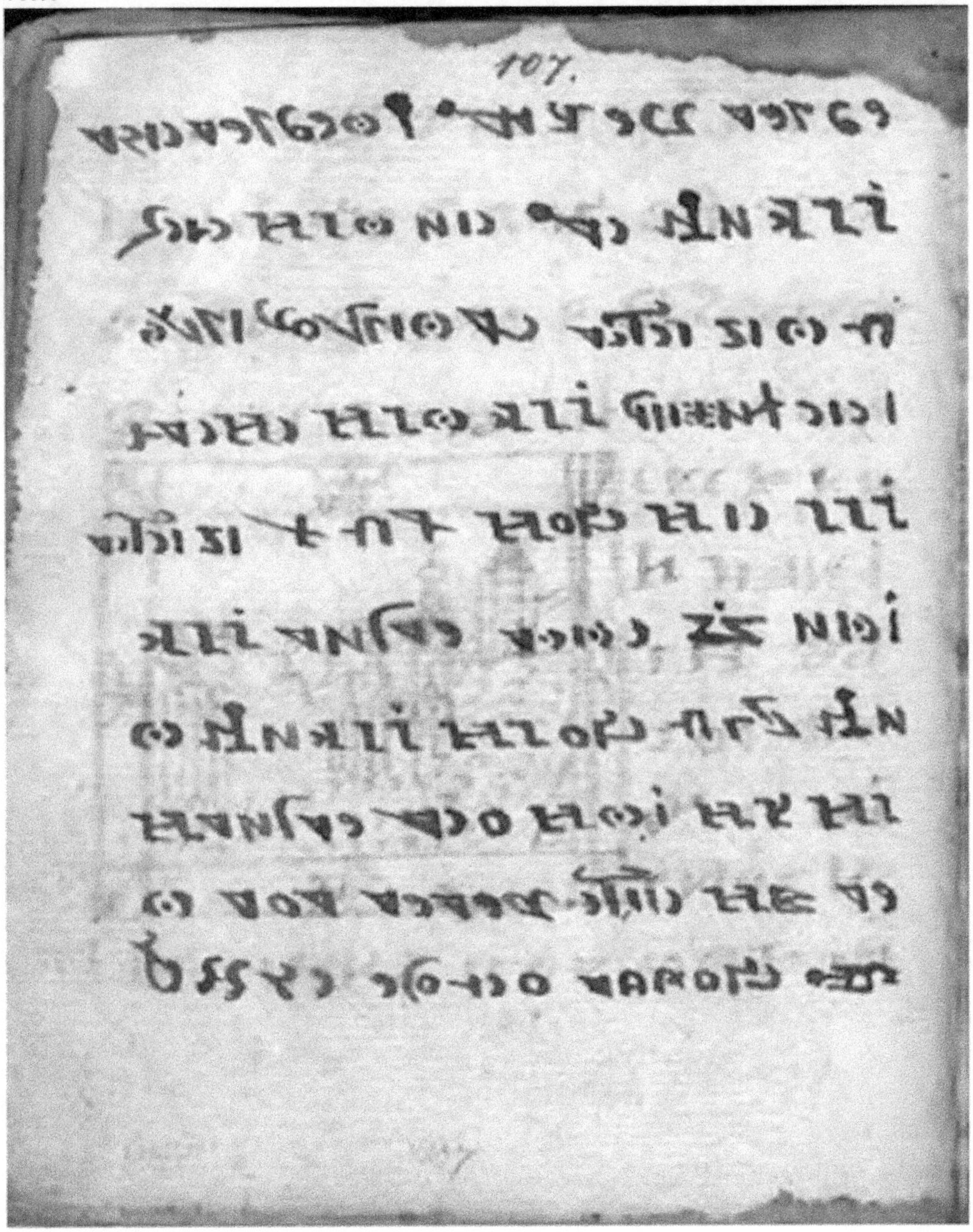

‹f107r°01--›　{.CO'QV.A'CO'D.W.CO.ED.F.D'O.IG.Z.CO'QV.A'CO'D.C.I.XB.D.}
‹f107r°02--›　{.HX'H'HK.N'J0.C'D'O.C'I'N.Z.H'HF'H.CX.I.C.QN.}
‹f107r°03--›　{.AC.Z.I'AG.L.CO.IU.C.D.CU'D.Z.I.YX'QQ.I.A'KB'X'C'Q.}
‹f107r°04--›　{.I.C.I.C.TA.N.EZ.I'I'G.HX'H'HK.Z.H'HF'H.C.HF.F.C.D.EY.}
‹f107r°05--›　{.HX'H'H.C.I.HF'H.BE'I'O.HF'H.BI.AC.HT.IZ.I'I'IU'C.D.}
‹f107r°06--›　{.IX.CX.I.N.XW'X.C.CX'I'CX'D.CO'D'R'N'D.HX'H'HK.}
‹f107r°07--›　{.N'J0.K'A'A.AC.BE'I'O.H'HF'H.HX'H'HK.N'J0.Z.}
‹f107r°08--›　{.H'HF'H.HY.HF'H.IX.Z.H'HF.O.C'D'C'D.R.N.D.HF'H.}
‹f107r°09--›　{.CO'D.B.HF'H.C.I'I'IU'C.V'CO'D'CO'D.D'O'D.Z.}
‹f107r°10--›　{.RT'NB.BE'I'O.RT'BS'D.O.C'F'O'R'CO.C.EL.SS.OB.C.}

folio 107 verso

‹f107v°01-–›	{.CU'O'D.C'M.V.I.I.C.CC.RA.C.OB.C.L.C'D'HY.}
‹f107v°02-–›	{.IX.QT.N'C0.BE'I'O.RT.UN.NH.E.BB.C.RA.C.RO.Q.C.≈.}
‹f107v°03-–›	{.CX.I.QS.CO.KK.DR.C.D.CO.HK.CQ.S'D.CO'D'CO'D'CO.}
‹f107v°04-–›	{.CQ.C'I'N.L.O.H'H'HF.N.CX.K.C.O.C.A.C'XV.}
‹f107v°05i°›	[Illūstrātiō: P-54:LRLS Man offering a candle to man on hilled city.]
‹f107v°05e°›	[Ēditiō Vulgāta: MT 5.]
‹f107v°05-–›	{.C.D.C.NB.HK.N'J0.}
‹f107v°05f°›	[Fissum: ‹f107v°05› .N. and ‹f107v°06› .J0.]
‹f107v°06-–›	{.«.88.».NA.B'N.IX.}
‹f107v°07-–›	{.H'HF'H.UD.}
‹f107v°08-–›	{.HM.O.I.XJ'D'CO'BY.}
‹f107v°08f°›	[Fissum: ‹f107v°08› .XJ.D.CO. and ‹f107v°09› .BY.]
‹f107v°09-–›	{.«.88.».I'AG.|.I'AG.|.}
‹f107v°09h°›	[Hyperbolē: The ending .I'AG. in ‹f107v°09› above is conjecture.]
‹f107v°10-–›	{.CO'D'R'N'D.IJ.}
‹f107v°10t°›	[Trānslātiō: "...crying out..."]
‹f107v°11-–›	{.IX.BR.C.N.X.N'QV.I'D'O'D.Z'RT'NB.BA.}
‹f107v°11t°›	[Trānslātiō: "...and blessed you there. Hear the holy Word of..."]

folio 108 recto

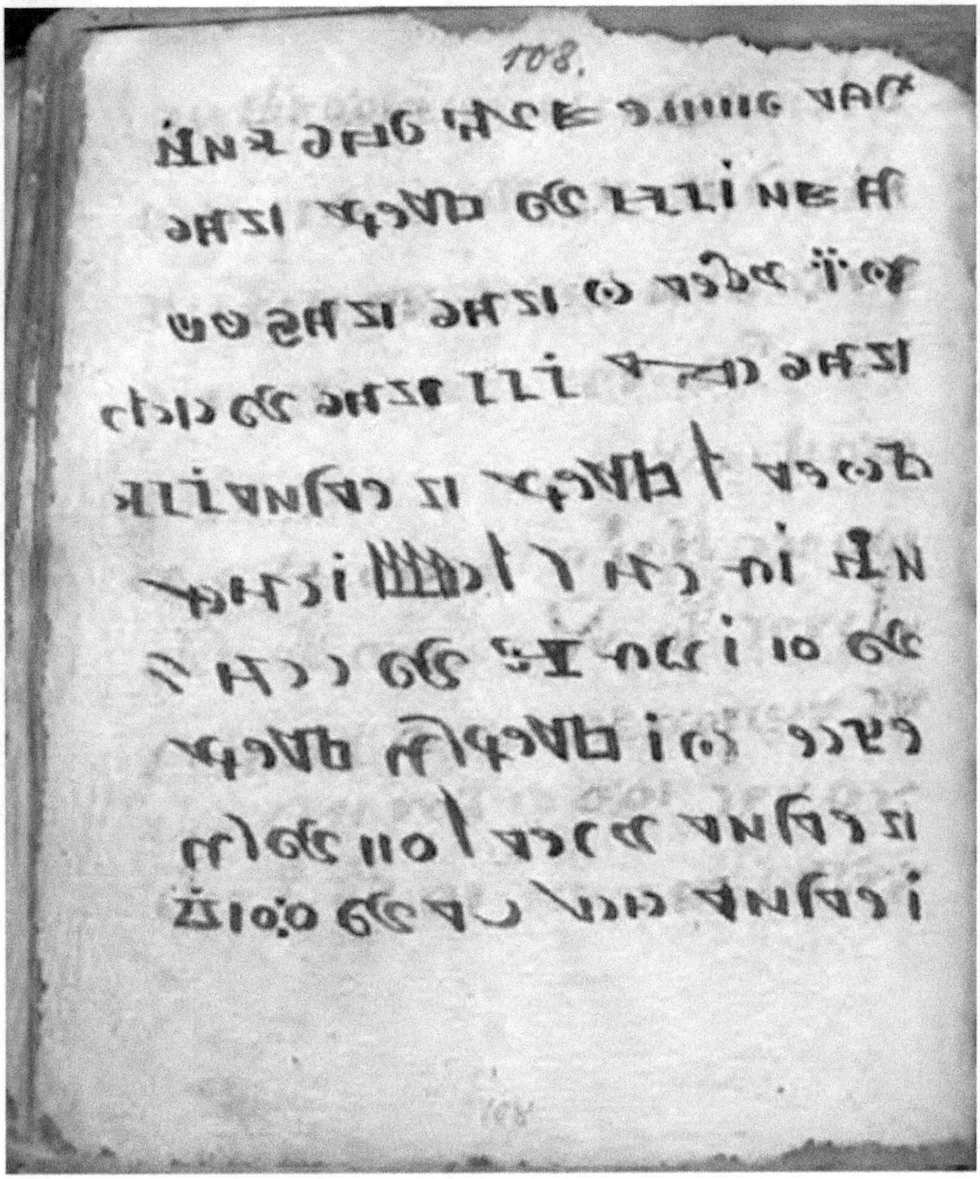

‹f108rº01--› {.RT'BS'D.QX.Q.I'I'I'I.CO.B'BA.QV'KE'BB.HK.N'J0.}
‹f108rº01tº› [Trānslātiō: "...Saint Matthew in chapter four of his then the Lord Jesus gave..."]
‹f108rº02--› {.NA.B'N.IX.H'HF'H.UD.XJ'D'CO'BY.I'AG.NA.CV.}
‹f108rº02tº› [Trānslātiō: "...disciple your power/authority...."]
‹f108rº03--› {.Z.I'X4.F.C.L.CO'D.Z.I'AG.NA.CV.I'AG.NA.CQ.BK.BK.}
‹f108rº04--› {.I'AG.NA.CV.C.DS.D.HX'H'H.I'AG.NA.CV.UD.C.I.C.BT.Q.}
‹f108rº05--› {.HM.Z.CO'D.A.XJ'D'CO'BY.I'AG.CO'D'R'N'D.HX'H'HK.}
‹f108rº06--› {.N'J0.IX.AC.C.AG.I.L.BT.C'M.IX.C.AG.I.CX.XV.}
‹f108rº07--› {.UD.O.I.IX.W.AC.BC.K.X2.UD.C.C.AG.I.≈.}
‹f108rº08--› {.CO.HY.C.CO.Z.IX.XJ'D'CO'BY.L.BQ.XJ'D'CO'BY.}
‹f108rº09--› {.I'AG.CO'D'R'N'D.V.Q.CO'D.II.O.I.I.UD.L.BQ.}
‹f108rº10--› {.IX.CO'D'R'N'D.CX.I.C.KB.CU'D.UD.O'X2'O'I.XW'X.}

folio 108 verso

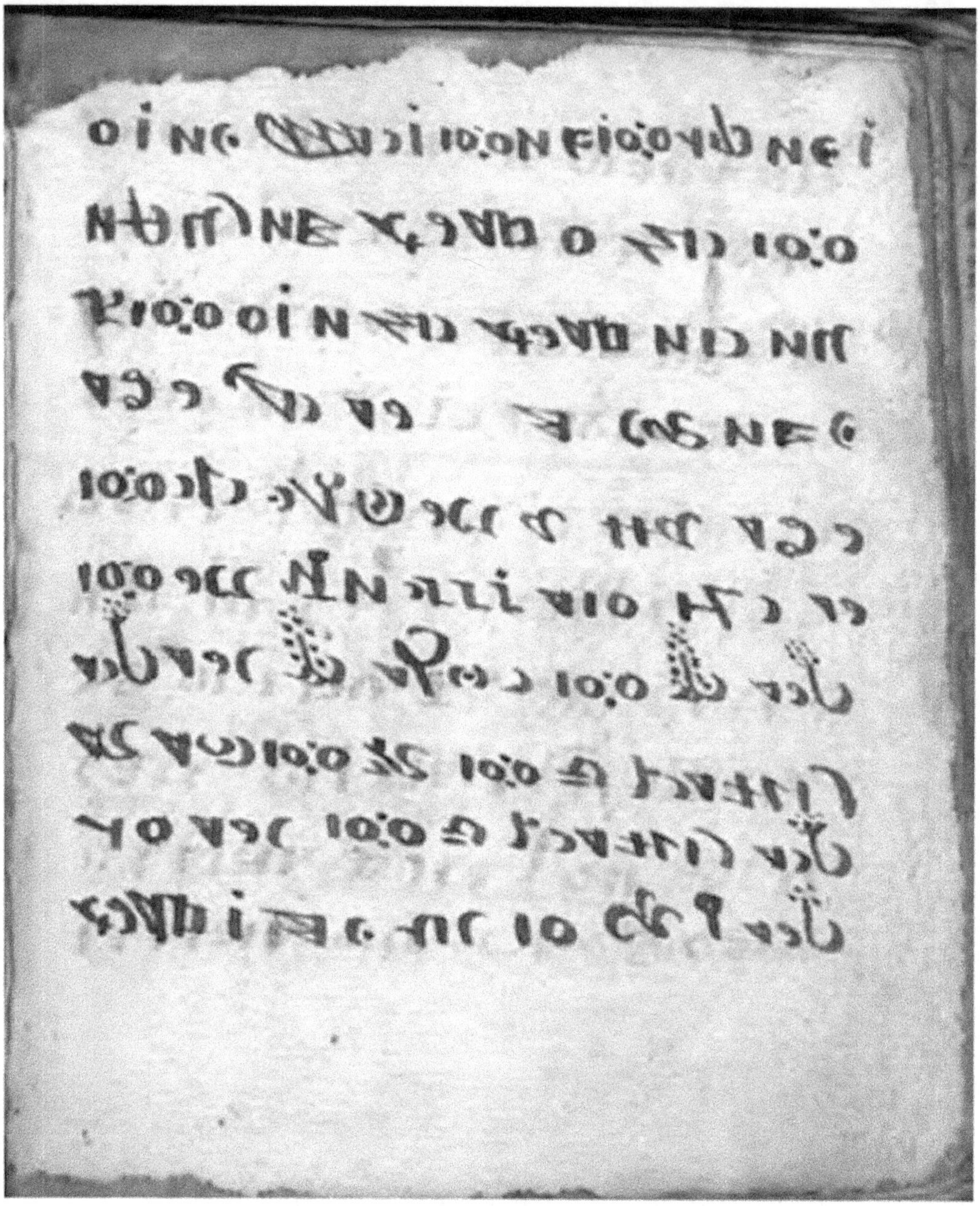

‹f108v°01--› {.IX.QX.N.CU.K.XV.O'X2'O.IX.QE.N.O'X2'O'I.IX.C'M.QX.N.IX.O.}
‹f108v°02--› {.O'X2'O'I.C'IZ.O.XJ'D'CO'BY.B'N.L.BQ.L.TA.N.}
‹f108v°03--› {.BQ.N.C'I'N.XJ'D'CO'BY.C'IZ.N.IX.O.O'X2'O'I.HY.}
‹f108v°04--› {.QX.B'N.U'QV.DB.«.00.».CO'D'C'D.Q.CO'BF'D'CO'BF'D.}
‹f108v°04f°› [Fissum: ‹f108v°04› .CO'BF'D. and ‹f108v°05› .CO'BF'D.]
‹f108v°05--› {.«.88.».V'T'T.V.XI.CO.BK.K'C.CX.C.A.C.O'X2'O'I.}
‹f108v°06--› {.CO'D.C.AG.I.O.I.D.HX'H'HK.N'J0.XI.CO.O'X2'O'I.}
‹f108v°07--› {.NR'XX.CO'D.((.EO.)).O'X2'O'I.C.Z.EK.D.((.EO.)).R.CO'D.NR'XX.C.D.}
‹f108v°08--› {.L.I.A.KK.D.C.SB.BU.O'X2'O'I.X.S.C.K.O'X2'O'I.C.BL.D.S'D.}
‹f108v°09--› {.NR'XX.CO'D.L.I.A.KK.D.C.BT.BU.O'X2'O'I.Q.CO'D.O.F.}
‹f108v°10--› {.NR'XX.CO'D.IG.UD.O.I.Q.AC.QX.DB.IX.XJ'D'CO'BY.}

folio 109 recto

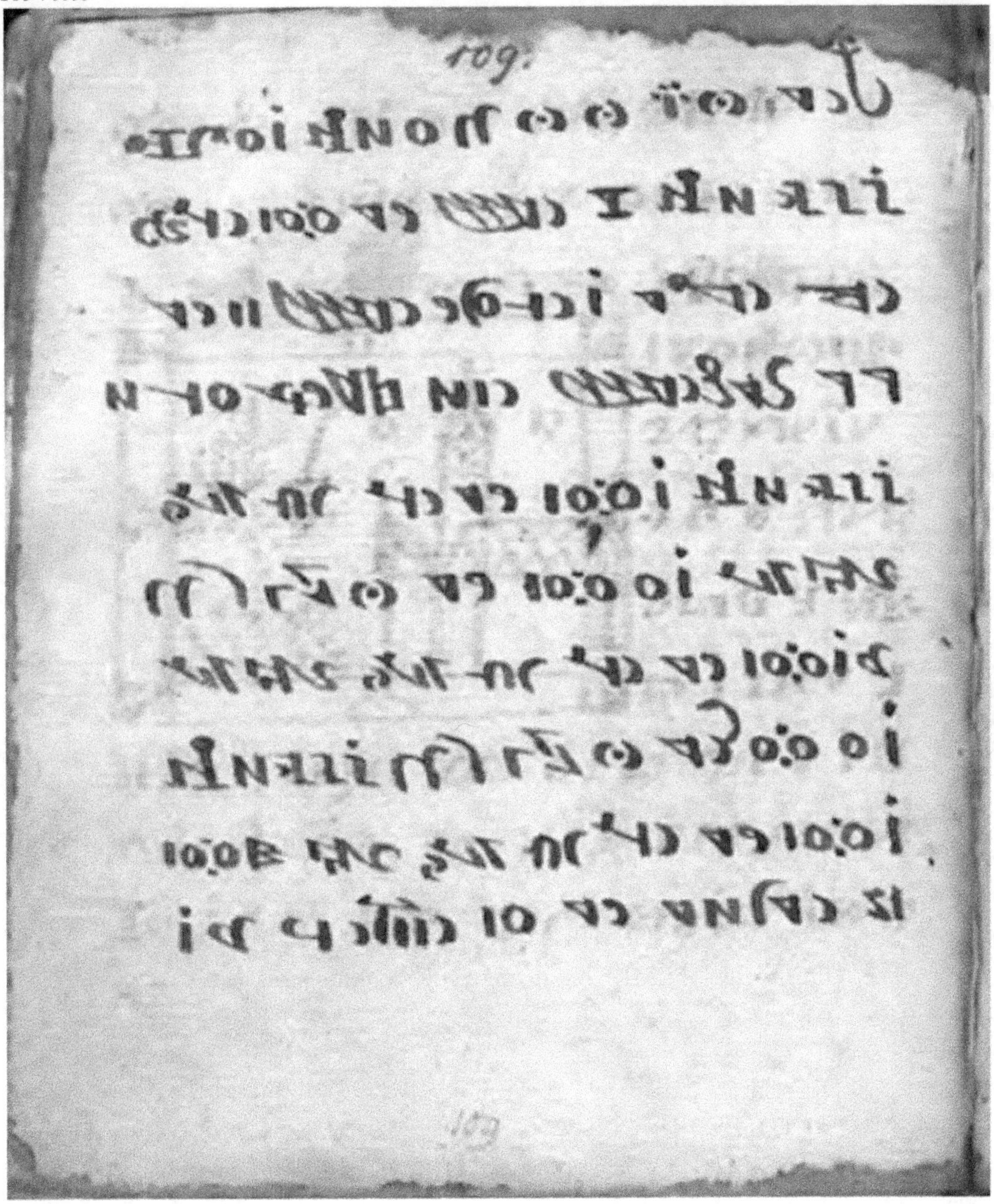

‹f109r°01--› {.NR'XX.CO'D.Z.I'X4.Z.CX.Q.BQ.O.N'J0.IX.O.RT'NB.}

‹f109r°02--› {.HX'H'HK.N'J0.BC.C'M.CO'D.O'X2'O'I.C'BG.S.XC.}

‹f109r°03--› {.C'DB.C'D'O'D.IX.C'F'O'R'CO.C'M.I.I.CO'D.}

‹f109r°04--› {.DP'DP.S'D.S.C'M.C'I'N.XJ'D'CO'BY.O'XV.N.}

‹f109r°05--› {.HX'H'HK.N'J0.IX.O'X2'O'I.CO'D.C'BG.R.AC.A'KB'X'C'Q.}

‹f109r°06--› {.BA.A.KB.X.IX.O.O'X2'O'I.CO'D.Z.K'A'A.L.BQ.}

‹f109r°07--› {.V.IX.O'X2'O'I.CO'D.C'BG.Q.AC.A'KB'X'C'Q.BA.A.KB.X.}

‹f109r°08--› {.IX.O.O'X2'O.CC'D.Z.K'A'A.L.BQ.HX'H'HK.N'J0.}

‹f109r°09--› {.IX.O'X2'O'I.CO'D.C'BG.R.AC.A'KB'X'C'Q.BA.B'O'X2'O'I.}

‹f109r°10--› {.I'AG.C'D'R'N'D.CO'D.O.I.C.I'I'IU'C.IJ.V.IX.}

folio 109 verso

<f109v°01--> {.O'X2'O'I.CC'D.C'BG.R.AC.A'KB'X'C'Q.BA.A.KB.X.B.}
<f109v°02--> {.O'X2'O'I.I'AG.C'D'R'N'D.CC'D.O.I.IJ.B'N.}
<f109v°03--> {.O.U'QV.D'O'D.Z'RT'NB.N'QV.AC.QX.N'QV.}
<f109v°04i°> [Illūstrātiō: P-55:MRLS Man on hill overlooking Jerusalem.]
<f109v°04CR> {.Y.}
<f109v°04CL> {.Y.}
<f109v°04t°> [Trānslātiō: "Jerusalem! Jerusalem!"]
<f109v°04--> {.I'D'O'D.Z'RT'NB.}
<f109v°04t°> [Trānslātiō: "Hear the holy Word..."]
<f109v°05--> {.BA.RT'CO'IH'D.}
<f109v°05t°> [Trānslātiō: "...of Saint Luke..."]
<f109v°06--> {.QX.LT.CO.B'BA.}
<f109v°06t°> [Trānslātiō: "...in his ninth chapter..."]
<f109v°07--> {.QV'KE'BB.HY.N'J0.}
<f109v°07t°> [Trānslātiō: "...when the Lord Jesus came..."]
<f109v°08--> {.Y.IX.W'CO'D.HY.}
<f109v°08t°> [Trānslātiō: "...(to) Jerusalem and was come..."]
<f109v°09--> {.N'J0.L.C.I.MB.C.XU.O.I.Y.V.CO'D.HX'H'H.}
<f109v°10--> {.O.I.I'I'G.CQ.XP.Y.V.CO.V.HX'H'H.C'I'BO.N'J0.}
<f109v°10f°> [Fissum: <f109v°10> .N. and <f109v°11> .J0.]
<f109v°11--> {.«.88.».HX'H'HK.Y.Y.W'CO'D.Z.Y.IX.XB.X.D.IX.Z.Y.}

folio 110 recto

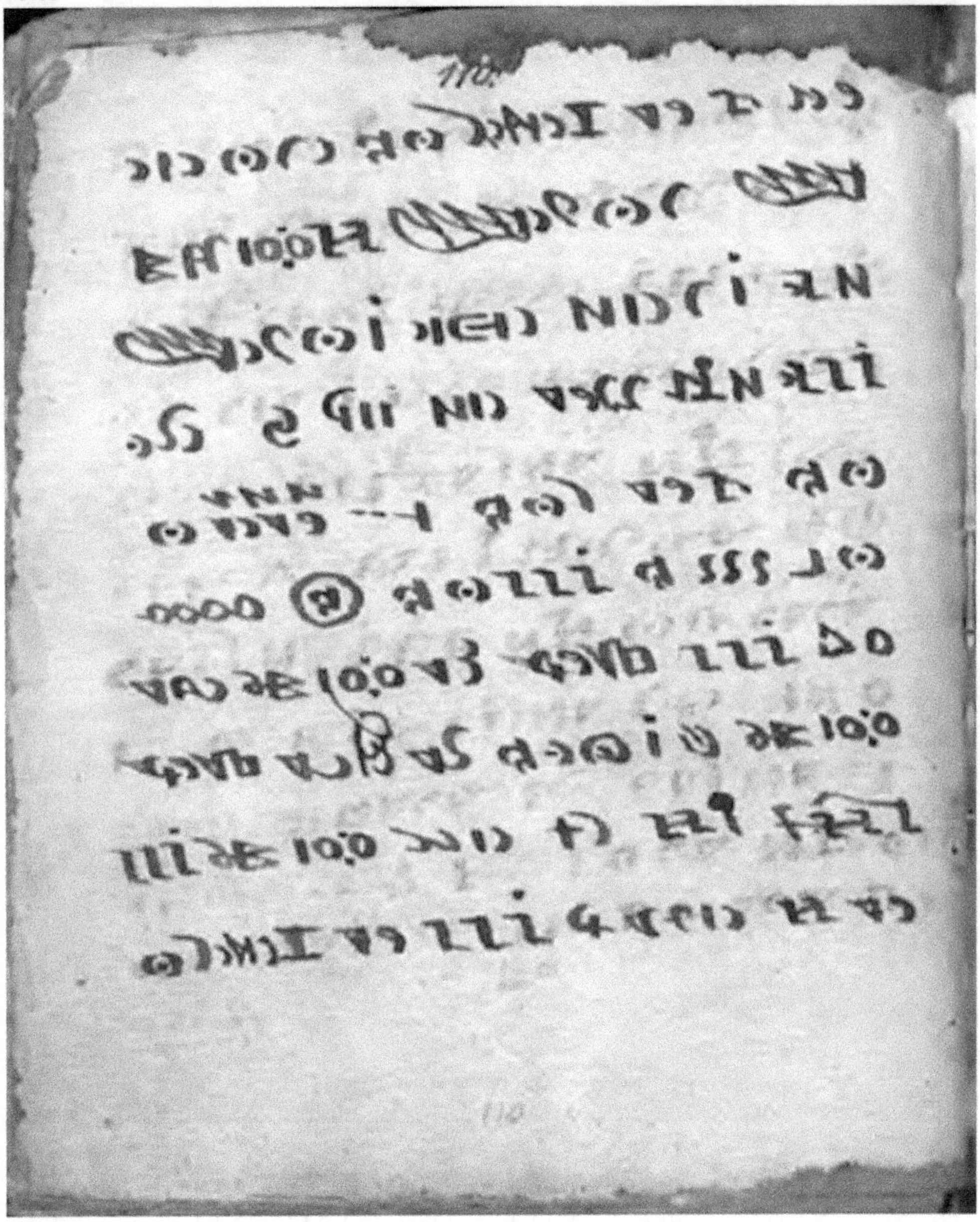

‹f110r°01-->›	{.CO.C.A.HM.CO'D.BC.Y.C.R.Z.C.I.C.}
‹f110r°02-->›	{.M.Q.Z.RB.C'M.HF'H.O'X2'O'I.NA.B.}
‹f110r°03-->›	{.N.HK.IX.Q.C'I'N.C'F'Q'I'C.IX.Z.RB.C'M.}
‹f110r°04-->›	{.HX'H'HK.N'J0.W'CO'D.C'I'N.I'I'G.CQ.C.S.CX.}
‹f110r°05C0›	{.N.N.AG.}
‹f110r°05-->›	{.Z.Y.HM.CO'D.L.Z.Y.XV.J.J.CO'D'C'D.Z.}
‹f110r°06-->›	{.Z.K.S'S'S.Y.HX'H'H.Z.Y.[[.Y.]].O4.}
‹f110r°07-->›	{.O.K.HX'H'H.XJ'D'CO'BY.CC'D.O'X2'O'I.B'CV.NY.D.}
‹f110r°08-->›	{.O'X2'O'I.B'CV.BK.IX.Z.CX.Y.S'D.C.XB.CU'D.XJ'D'CO'BY.}
‹f110r°09-->›	{.H'HF.HT.A.IG.HF'H.L.TA.C.I.CU'C.O'X2'O'I.B'CV.HX'H'H.}
‹f110r°10-->›	{.CO'D.HF'H.C.I.R.V.QT.HX'H'H.CO'D.B.L.Z.}

folio 110 verso

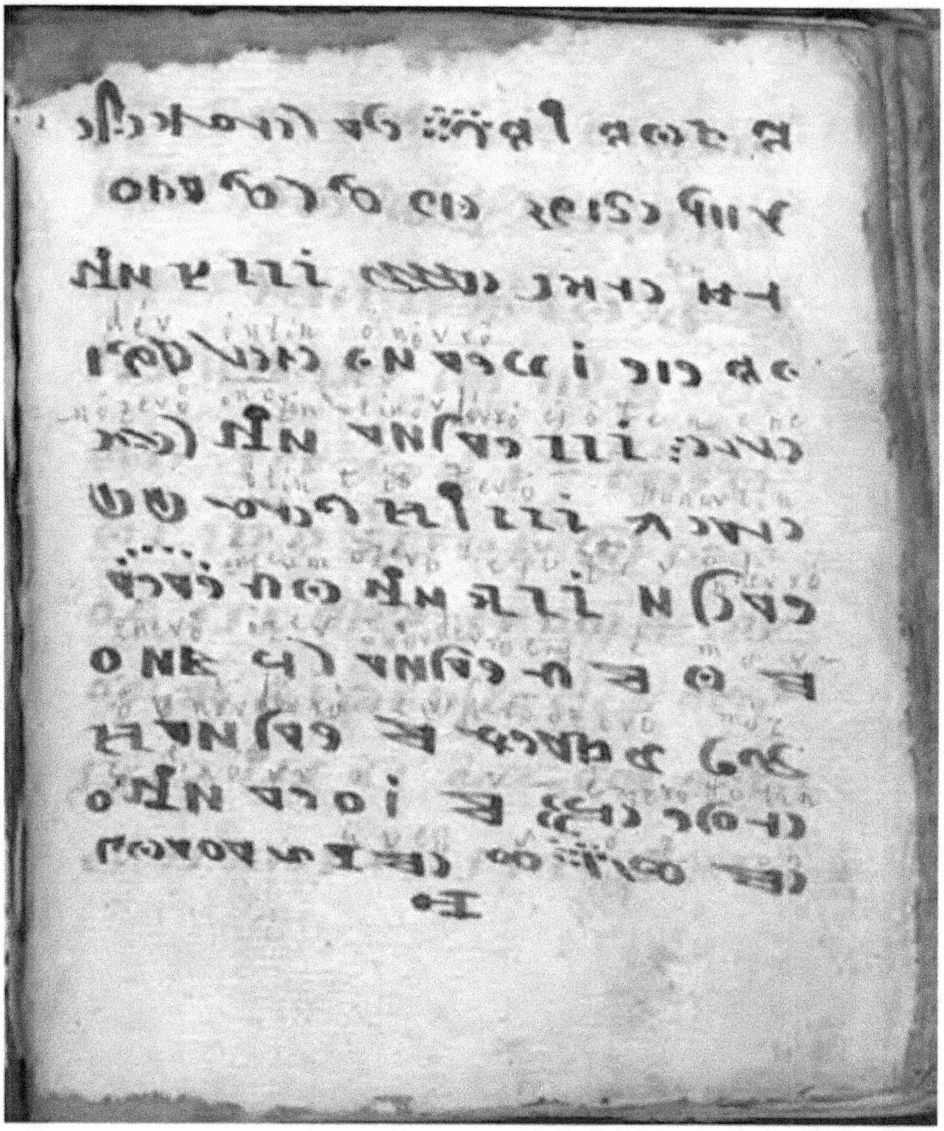

‹f110v°01--›	{.Y.HM.Z.Y.IG.Y.L'XX.Q.C.D.L.C'XV'OB'I'C.CX.R.C.}
‹f110v°02--›	{.QS.I'I'G.C.S.I.RO.XB.CX.I.RB.OB'Q.L.OB'Q.D.EG.O.}
‹f110v°03--›	{.F.T.I.C.D.XV.C.C.C'M.HX'H'H.HY.N'J0.}
‹f110v°04--›	{.QX.Y.CO'I'CO.IX.W'CO'D.N.QX.C.A.C.KB.EQ.RO.Q.I.}
‹f110v°05--›	{.C.K.K.R.X3.HX'H'H.CO'D'R'N'D.N'J0.L.CA.C.}
‹f110v°06--›	{.C.K.D.C.XF.HX'H'H.IG.HF'H.R.C'XV.OB.BK.BK.}
‹f110v°07--›	{.CO'D.C.R.N.HX'H'HK.N'J0.Z.AC.(.CO'D'CO'D.).}
‹f110v°08--›	{.DB.Z.DB.AC.CO'D'R'N'D.L.IJ.B'N.O.}
‹f110v°09--›	{.U'QV.V.XJ'D'CO'BY.DB.CO'D'R'N'D.HF'H.}
‹f110v°10--›	{.C'F'O'R'CO.C'BP.DB.IX.O.CO'D.N'J0.O.}
‹f110v°11--›	{.C'DB.O2.J.I'X5.O2.C'DB.BC.XD.J.D'O'D.Z.RT.}
‹f110v°11t°›	[Trānslātiō: "...Hear the holy..."]
‹f110v°12--›	{.NB.}
‹f110v°12t°›	[Trānslātiō: "Word!"]

folio 111 recto

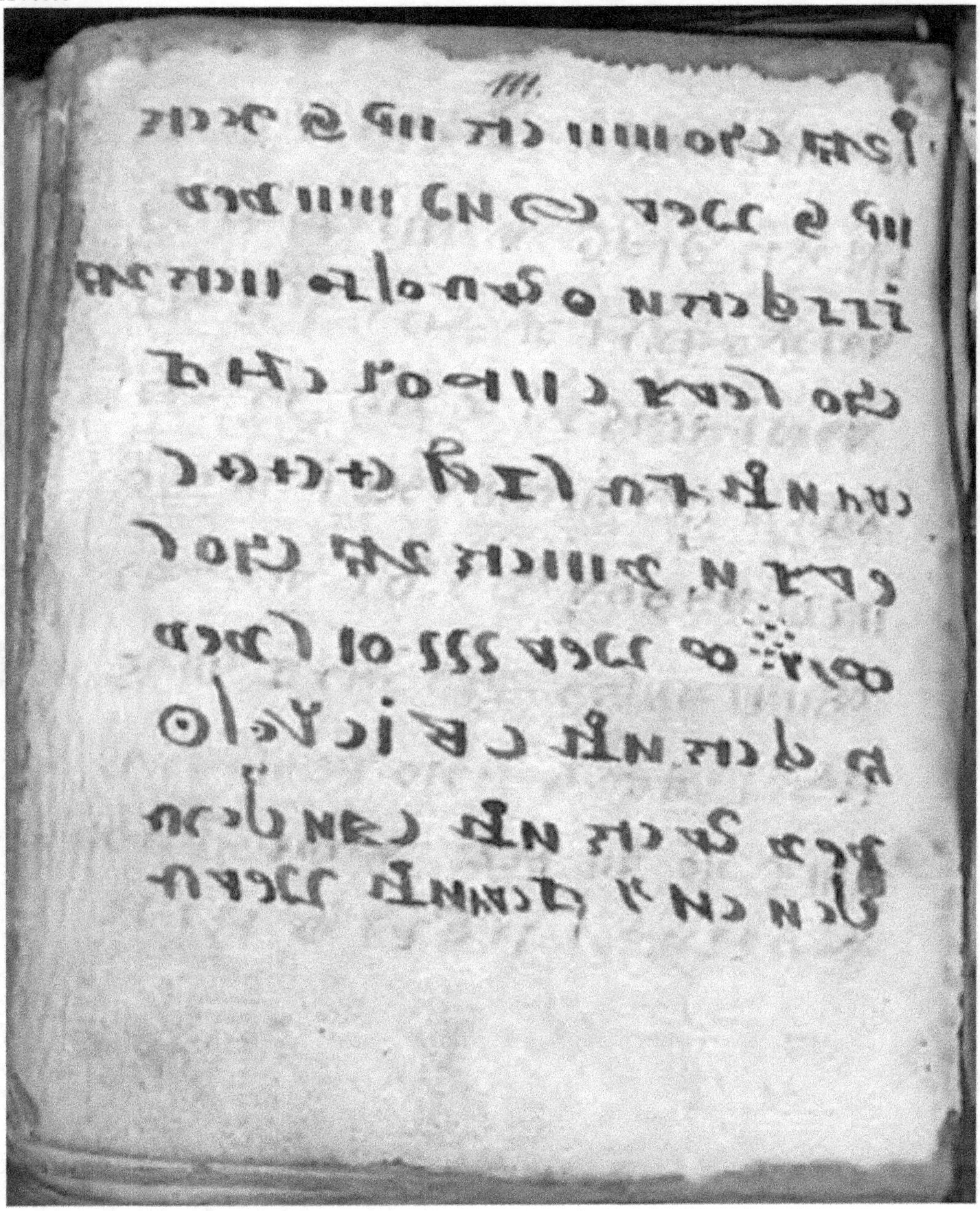

‹f111rº01--› {.IG.BA.BE'I'O.I'I'I'I.C'I'BO.I'I'G.CQ.RO'C.C'IZ.}
‹f111rº02--› {.I'I'G.CQ.W'CO'D.EV.N'QV.I'I'I'I.V.CO.V.}
‹f111rº03--› {.HX'H'H.LK.C'IZ.N.O.S'D.AC.O.II.HF.O.I.I.C.IZ.BA.}
‹f111rº04--› {.BE'I'O.L.CO'D'HY.C.I.I.XV'O.O.XV'O.C.AG.I.HM.}
‹f111rº05--› {.C.D.EG.N'J0.BI.AC.L.BC.C.A.C.C'TA.C'TA.C'TA.L.}
‹f111rº06--› {.CO'D'HY.N.V.I'I'I.C'I'BO.BA.BE'I'O.L.}
‹f111rº07--› {.O2.J.I'XX.O2.W'CO'D.S'S'S.O.I.L.V.CO.V.}
‹f111rº08--› {.Y.LK.C'I'BO.N'J0.C'DB.IX.C.K'C.CX.II.OX.}
‹f111rº09--› {.V.CO.V.S'D.C'I'BO.N'J0.C.B'N.NG.C.Q.AC.}
‹f111rº10--› {.NG.C.N.C.N.Q.I.HM.C.D.EG.N'J0.W'CO'D.AC.}

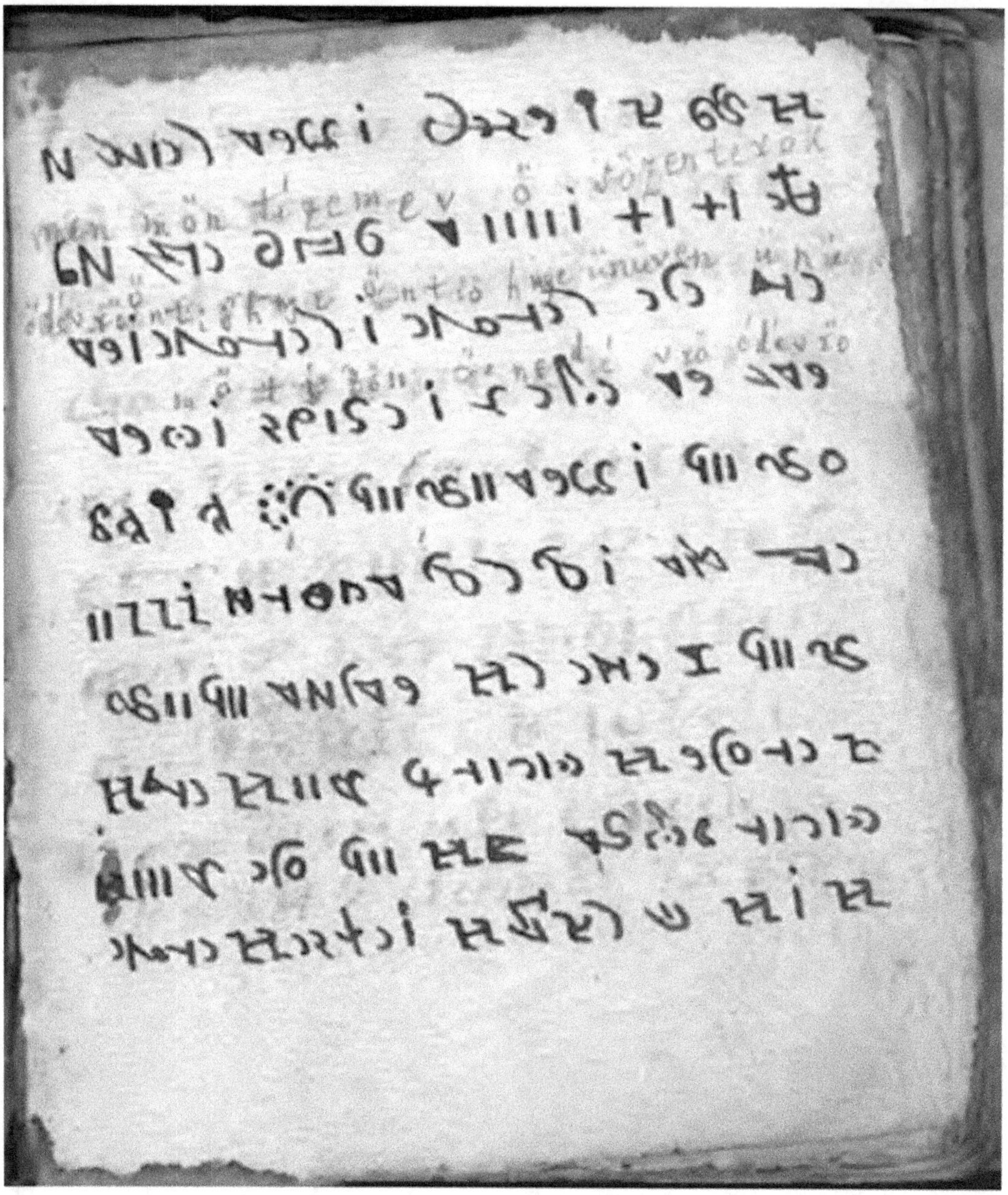

‹f111v°01--› {.HF'H.UD.HY.IG.CO.XB.C.QV.IX.W.C.D.L.C'I'KC.N.}
‹f111v°02--› {.C0.I'T'I'T.I'I'I'I.D.QV'KE'BB.C'IZ.N'QV.}
‹f111v°03--› {.C'BD.C.R.C.L.C'XV'OB'I'C.I'XX.L.C'XV'OB'I'C.IX.CO'D'CO'D.}
‹f111v°03f°› [Fissum: ‹f111v°03› .CO'D. and ‹f111v°04› .CO'D.]
‹f111v°04--› {.«.88.».K.CO'D.CX.A.C.QD.IX.C.S.I.RO.XB.IX.Z.CO'D.}
‹f111v°05--› {.O.U.I'I'G.IX.W'CO'D.I.I.U.I'I'G.XD.XX.Y.IG.Y.S'O.}
‹f111v°06--› {.C'DB.CU.A.D.IX.OB'Q.L.OB'Q.D.EG.O.F.N.HX'H'H.I.I.}
‹f111v°07--› {.U.I'I'G.BC.C'BD.L.HF'H.CO'D'R'N'D.I'I'G.I.I.U.}
‹f111v°08--› {.HM.C'F'O'R'CO.HF'H.CX.I.C.I.F.QT.V.I.I.HF'H.C'BD.HF'H.}
‹f111v°09--› {.C.C.I.C.I.XV.Q.Z.S'D.B.HF'H.I'I'G.O.R.O.V.I'I'I.HF'H.}
‹f111v°10--› {.HF'H.IX.HF'H.BK.L.HY.I.A.K.HF'H.IX.C.BT.XB.C.HF'H.C'XV'OB'I'C.}

folio 112 recto

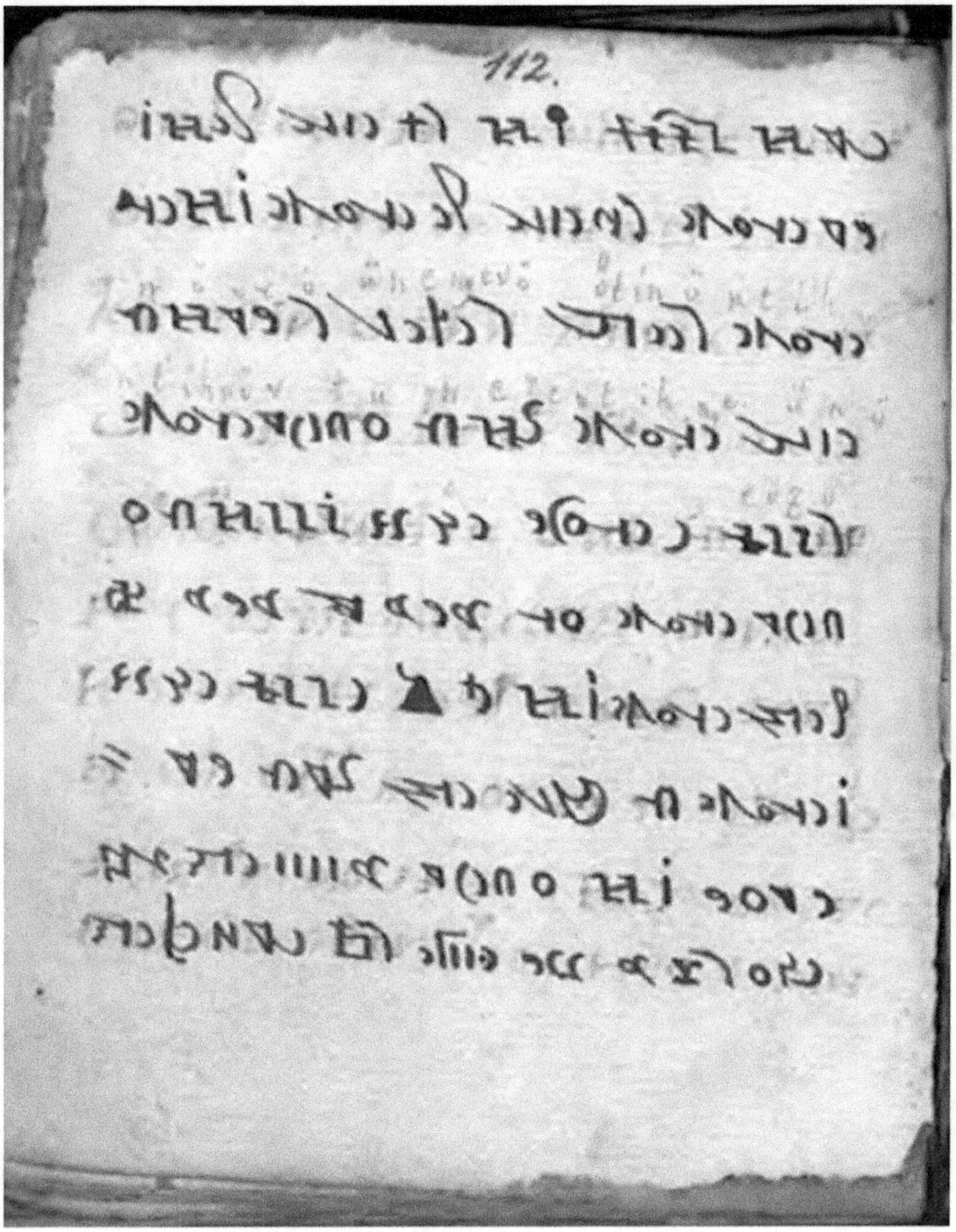

‹f112r°01--›	{.CU'D.HF'H.H'HF.HT.H.IG.HF'H.L.TA.C'I'KC.S.C.HF'H.IX.}
‹f112r°02--›	{.CO'D.C'XV'OB'I'C.L.XC.C'I'KC.L.II.C.C'XV'OB'I'C.IX.HF'H.C'BD.}
‹f112r°03--›	{.C'XV.O.A.C.L.C.C.LA.C.L.C.II.C.K.L.CO'D.HF'H.AC.}
‹f112r°04--›	{.C'I'KC.C'XV.X.OB.I.C.S.HF'H.AC.O.XD.C.Q.D.C'XV'OB'I'C.}
‹f112r°05--›	{.L.H'H'HF.C.C'F'O'R'CO.C.CC.SS.HX'H'H.HF'H.AC.O.}
‹f112r°06--›	{.XD.C.Q.D.C'XV'OB'I'C.O.F.V.CO.V.DB.V.CO.V.HY.}
‹f112r°07--›	{.S.C'IZ.C'XV'OB'I'C.C.IX.HF'H.LT.E.C.H'H'HF.C.CC.S.PV.}
‹f112r°08--›	{.IX.C'XV'OB'I'C.AC.CT.XB.K.C.C'IZ.S'D.AC.CO'D.≈.}
‹f112r°09--›	{.C.D.O.CO.IX.HF'H.O.XD.C.Q.D.V.I'I'I'I.C'IZ.BA.}
‹f112r°10--›	{.BE'I'O.L.BC.V.XI.CO.CX.I'AE.C.L.NN.CU'D.N.LK.C'I'BO.}

folio 112 verso

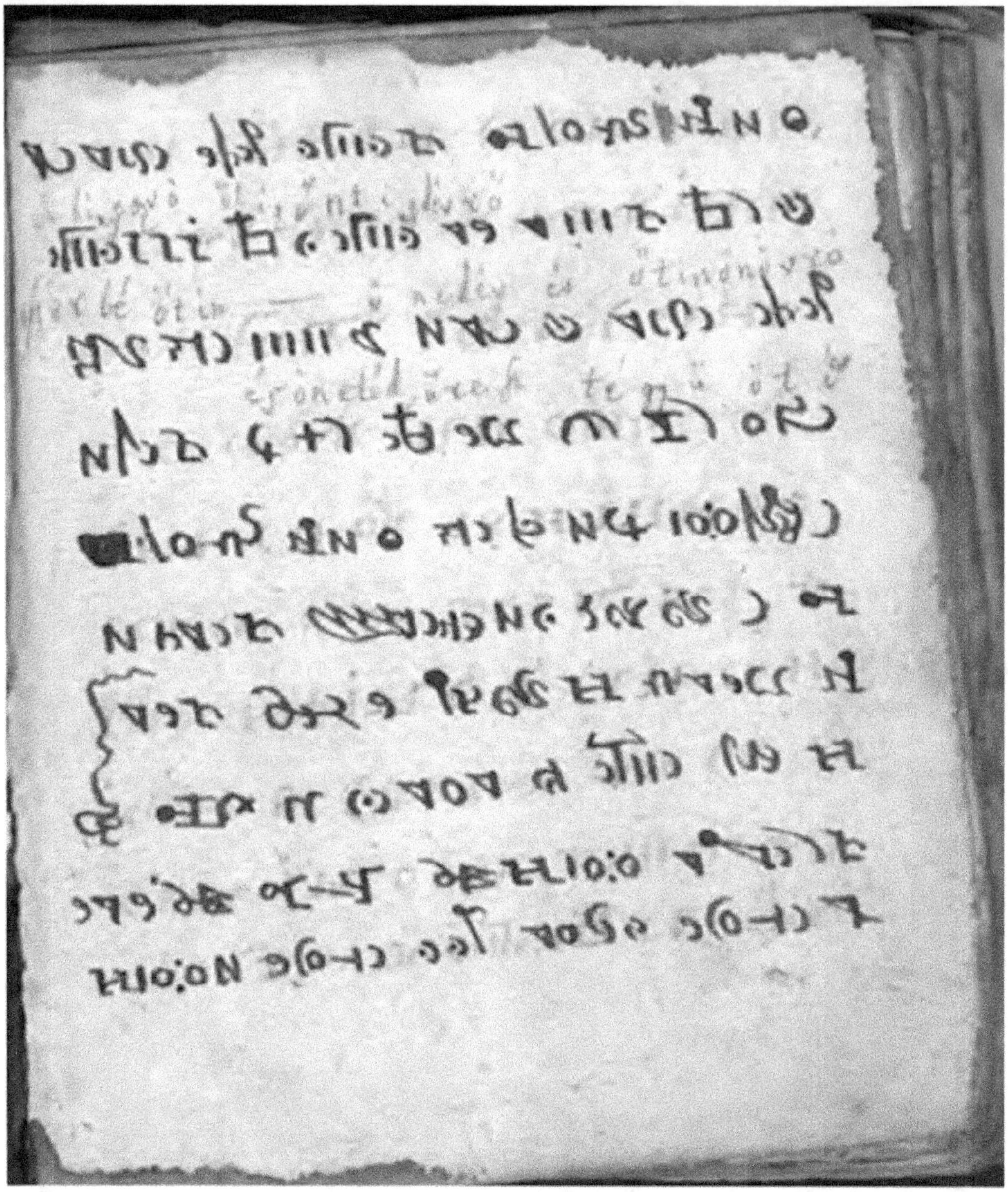

‹f112v°01-->	{.O.N'J0.S.AC.O.I.HF.O.HM.CX.I'AE.CX.MC.II.CO.C.S.I.D.CU'D.}
‹f112v°02-->	{.BK.L.NN.HM.I'I'I.D.CO'D.CX.I'AE.Z.NN.HX'H'H.CX.I'AE.C.}
‹f112v°03-->	{.MC.C.II.C.C.S.Q.D.BK.C.D.N.V.I'I'I'I'I.C'I'BO.BA.}
‹f112v°04-->	{.BE'I'O.L.BC.EX.XI.CO.C0.L.TA.QT.HM.C.A.N.}
‹f112v°05-->	{.C.HR.PS.EK.O'X2'O'I.QT.N.LK.C'IZ.O.N'J0.S.AC.O.II.|.HF'H.|.}
‹f112v°06-->	{.HF.O.C.UD.UD.C.C.CX.N.C.I.C'M.HM.C.D.EG.N'J0.}
‹f112v°06f°›	[Fissum: ‹f112v°06› .N. and ‹f112v°07› .J0.]
‹f112v°07-->	{.«.88.».W'CO'D.AC.HF'H.UD.HY.IG.CO.XB.CE.CV.HM.CO'D.AS.}
‹f112v°08-->	{.HF'H.CE.K.A.C.I'I'IU'C.Y.D'O'D.Z.BQ.RT'NB.}
‹f112v°08t°›	[Trānslātiō: "...Hear the apostle's holy Word!"]
‹f112v°09-->	{.HM.R.C'D'O'D.O'X2'O'I.HF'H.B'CV.ED.IR.NB.B'CV.CO.DP.CO.}
‹f112v°10-->	{.BI.C'F'O'R'CO.C.Q.Q.C.O.D.PQ.CX'CX.C'F'O'R'CO.N.O'X2'O'I.HF'H.}

folio 113 recto

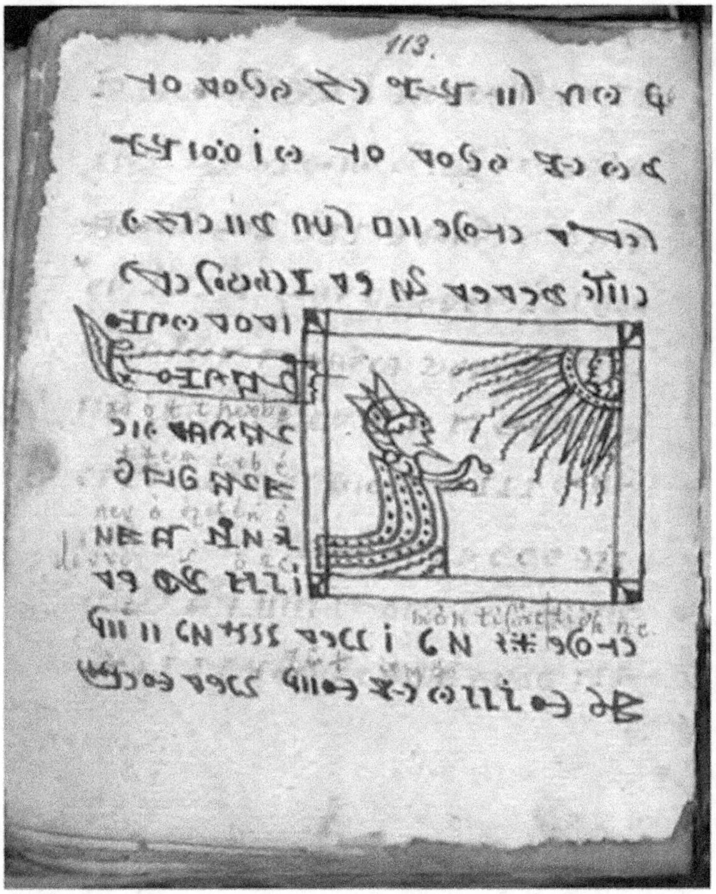

‹f113r°01--› {.QT.Z.AC.L.I.I.ED.IR.NB.CA.A.C.Q.Q.C.O.D.X.O'XV.}
‹f113r°02--› {.V.Z.CX.Q.DB.C.Q.Q.C.O.D.O.F.Z.IX.O'X2'O'I.ED.IR.NB.}
‹f113r°03--› {.L.C'D'O'D.C'F'O'R'CO.I.I.O.L.BL.XD.V.I.I.C'IZ.QX.}
‹f113r°04--› {.C.I'I'IU'C.V'CO'D'CO'D.S.N.CO'D.BC.C.H.Q.C.XB.X.C'D'R.}
‹f113r°05i°› [Illūstrātiō: P-56:MRLS King (David) kneeling before glory of God.]
‹f113r°05--› {.I'D'O'D.Z'RT'NB.}
‹f113r°05t°› [Trānslātiō: "...Hear the holy Word..."]
‹f113r°06--› {./.BA.RT'NB.\.}
‹f113r°06t°› [Trānslātiō: "...of the holy Word..."]
‹f113r°07--› {.BA.RT'BS'D.QX.I.CO.}
‹f113r°07t°› [Trānslātiō: "...of Saint Matthew in the first chapter..."]
‹f113r°08--› {.B'BA.QV'KE'BB.}
‹f113r°08t°› [Trānslātiō: "...of his when..."]
‹f113r°09--› {.HK.N'J0.NA.B'N.}
‹f113r°09t°› [Trānslātiō: "...the Lord Jesus...your disciple..."]
‹f113r°10--› {.IX.H'HF'H.UD.OP.D.}
‹f113r°10t°› [Trānslātiō: "...the authority..."]
‹f113r°11--› {.C'F'O'R'CO.EZ.XB.N'QV.IX.W'CO'D.S'S'ST.N'QV.I.I.I'I'G.}
‹f113r°12--› {.B'CV.B'CV.CE'O.HX'H'H.Z.CX.Q.DB.CE'O.I'I'G.W'CO'D.CE'O.C'M.}

folio 113 verso

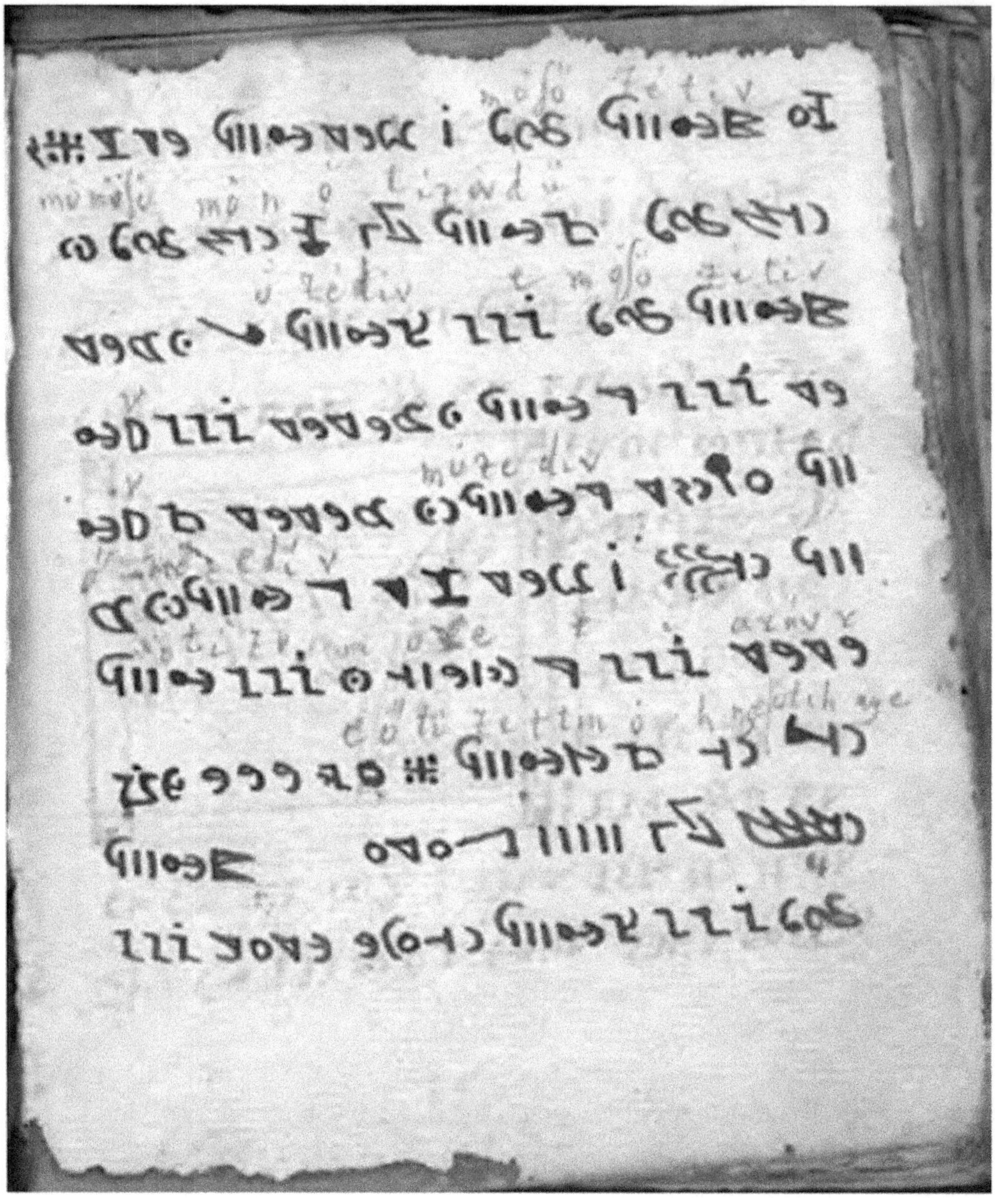

‹f113v°01-->›	{.NB.B.CE'O.I'I'G.U'QV.IX.W'CO'D.CE'O.I'I'G.CO'D.BC.EZ.}
‹f113v°02-->›	{.C'IZ.U'QV.HM.CE'O.I'I'G.K'A'A.BC.C'IZ.U'QV.Z.}
‹f113v°03-->›	{.B.CE'O.I'I'G.U'QV.HX'H'H.HY.CE'O.I'I'G.CU.QX.V'CO'D'CO'D.}
‹f113v°03f°›	[Fissum: ‹f113v°03› .V.CO'D. and ‹f113v°04› .CO'D.]
‹f113v°04-->›	{.«.88.».HX'H'H.DP.CE'O.I'I'G.QX.V'CO'D'CO'D.HX'H'H.CD.CE'O.}
‹f113v°05-->›	{.I'I'G.O.IG.C.XB.D.DP.CE'O.I'I'G.Z.V'CO'D'CO'D.HM.CD.CE'O.}
‹f113v°06-->›	{.I'I'G.C'BP.IX.W'CO'D.BC.D.DP.CE'O.I'I'G.Z.V'CO'D'CO'D.}
‹f113v°06f°›	[Fissum: ‹f113v°06› .V. and ‹f113v°07› .CO'D'CO'D.]
‹f113v°07-->›	{.«.88.».HX'H'H.DP.C.C.I.CO.I.K.Z.HX'H'H.CE'O.I'I'G.}
‹f113v°08-->›	{.C'BD.C.F.HM.C.A.CE'O.I'I'G.EZ.O.HK.CO'CO'CO.QX.XW'X.}
‹f113v°09-->›	{.C'M.K'A'A.I'I'I'I.DA.O.D.O.«.00.».B.CE'O.I'I'G.}
‹f113v°10-->›	{.U'QV.HX'H'H.HY.CE'O.I'I'G.C.F.O.R.D.CE.D.O.C.HX'H'H.}

folio 114 recto

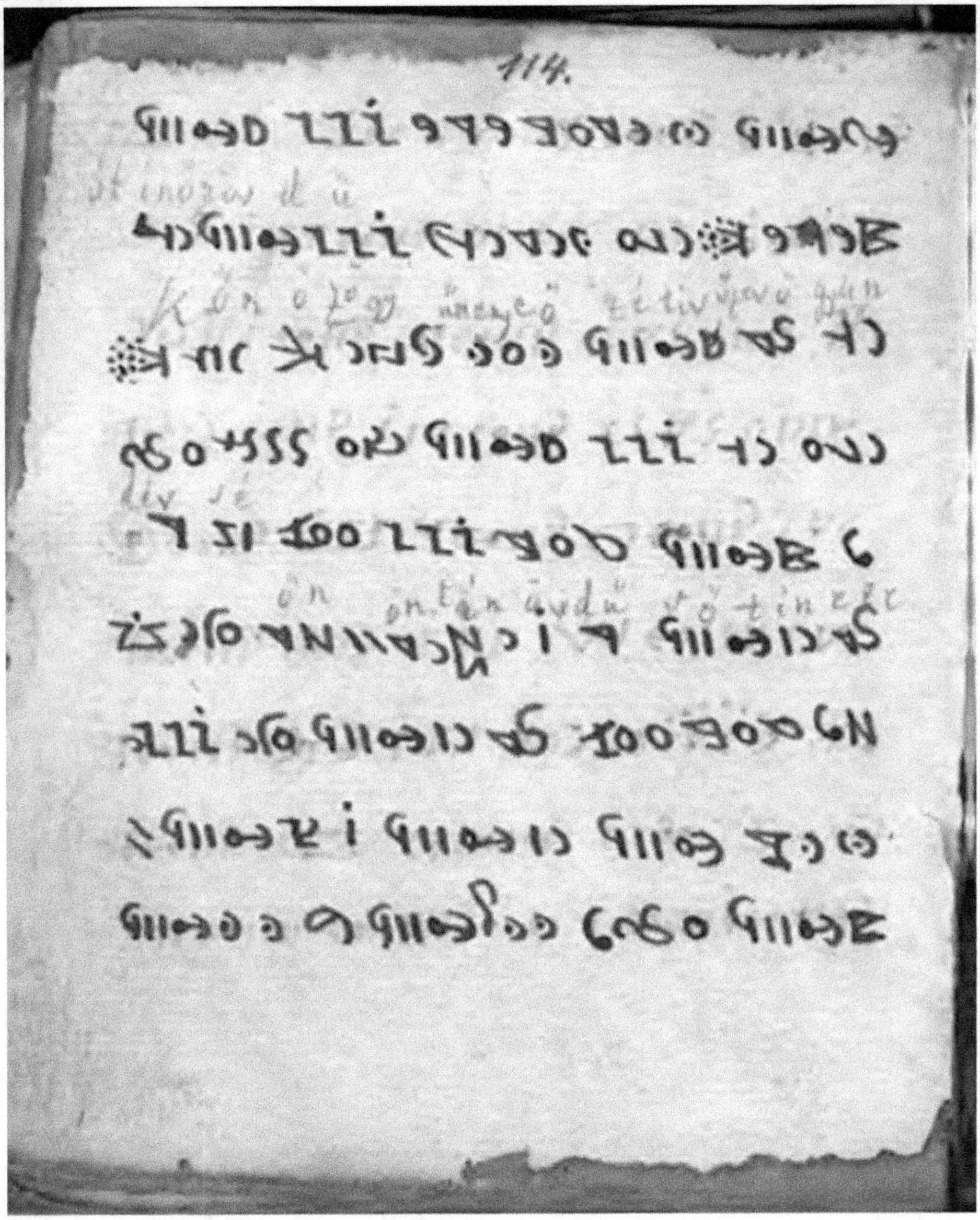

‹f114r°01--› {.AD.CE'Q.CE'O.I'I'G.Z.CE.D.O.DP.CO'DP'CO.HX'H'H.CD.CE'O.I'I'G.}
‹f114r°02--› {.B.CO'DP'CO.XF'XX.C.K.O.QX.C.D.C.F.Q.HX'H'H.CE'O.I'I'G.C'BD.}
‹f114r°03--› {.C'XV.S'D.CD.CE'O.I'I'G.CX.O.CX.Q.C.KE.C.XN.Q.AC.XF'XX.}
‹f114r°04--› {.C.K.O.C.F.HX'H'H.O.CE'O.I'I'G.BE'I'O.S'S'ST.O.U.}
‹f114r°05--› {.QV.B.CE'O.I'I'G.OB.O.DL.HX'H'H.O'O'IA.I'AG.DP.}
‹f114r°06--› {.S'D.C.I.CE'O.I'I'G.DP.IX.C.MB.C.D.J'J'N'D.O.R.C.XW'X.}
‹f114r°07--› {.N'QV.OB.O.DL.O'O'IA.S'D.C.I.CE'O.I'I'G.O.R.C.HX'H'HK.}
‹f114r°08--› {.Z.CX.BC.CE'O.I'I'G.C.I.CE'O.I'I'G.IX.HY.CE'O.I'I'G.≈.}
‹f114r°09--› {.B.CE'O.I'I'G.O.U'QV.CX'CX.L.II.CE'O.I'I'G.CO.CX'CX.CE'O.I'I'G.}

folio 114 verso

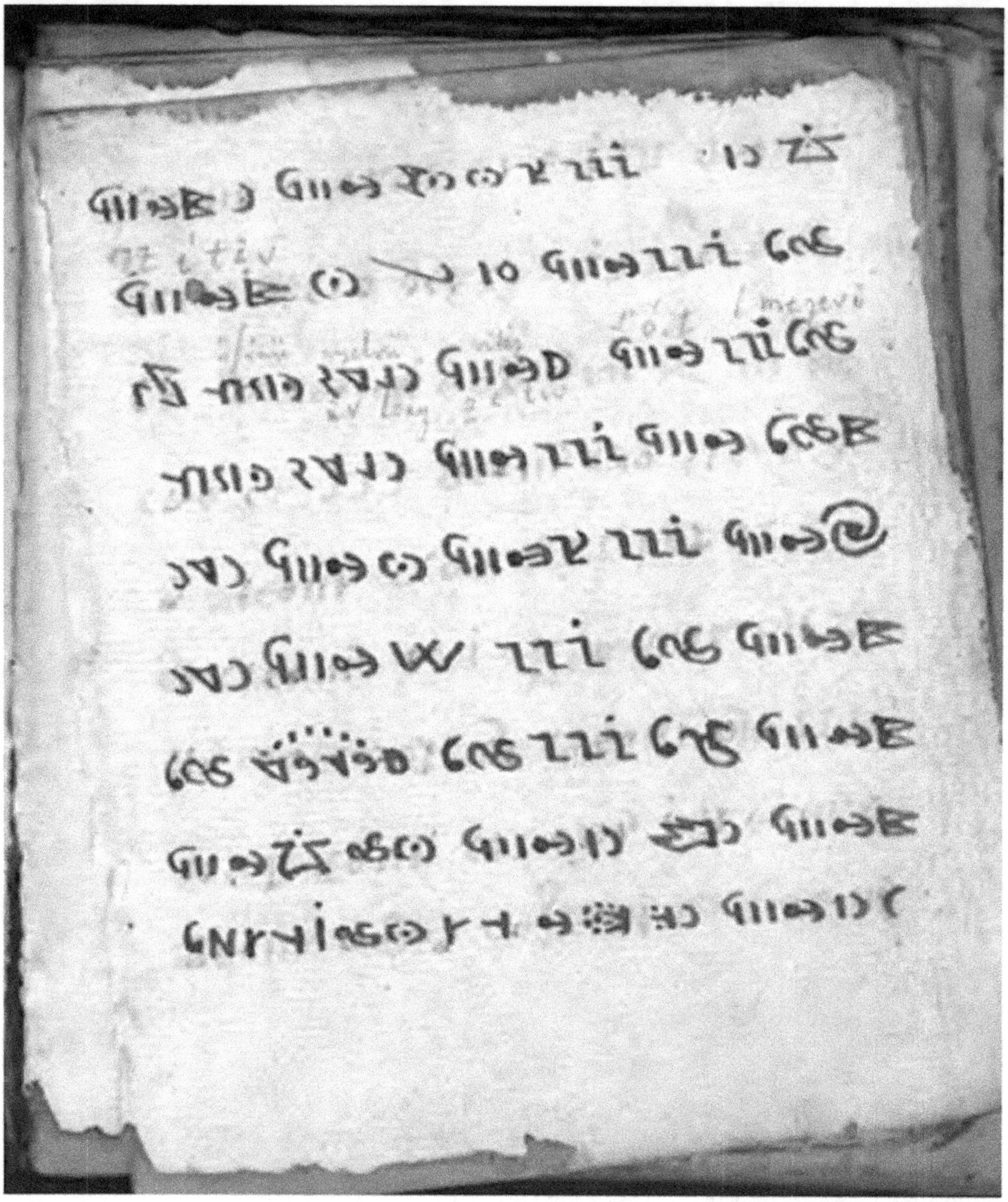

‹f114v°01--› {.XW'X.C.I.«.00.».HX'H'H.HY.Z.C.QX.DB.CE'O.I'I'G.C.B.CE'O.I'I'G.}
‹f114v°02--› {.U'QV.HX'H'H.CE'O.I'I'G.O.I.CU.Z.B.CE'O.I'I'G.}
‹f114v°03--› {.U'QV.HX'H'H.CE'O.I'I'G.CD.CE'O.I'I'G.C.K.D.XB.CX.I.A.AC.K'A'A.}
‹f114v°04--› {.B.U'QV.CE'O.I'I'G.HX'H'H.CE'O.I'I'G.C.K.D.XB.CX.I.S.AC.}
‹f114v°05--› {.CQ.CE'O.I'I'G.HX'H'H.HY.CE'O.I'I'G.Z.CE'O.I'I'G.C.D.C.}
‹f114v°06--› {.B.CE'O.I'I'G.U'QV.HX'H'H.XL.CE'O.I'I'G.C.D.C.}
‹f114v°07--› {.B.CE'O.I'I'G.U'QV.HX'H'H.U'QV.CD.(.CO'D'CO'D.).U'QV.}
‹f114v°08--› {.B.CE'O.I'I'G.C'M.C.I.CE'O.I'I'G.Z.U.XW'X.CE'O.I'I'G.}
‹f114v°09--› {.R.C.I.CE'O.I'I'G.C.F'X2.XF'XX.CE'O.F.EY.Z.U.IX.XV'EY.N'QV.}

folio 115 recto

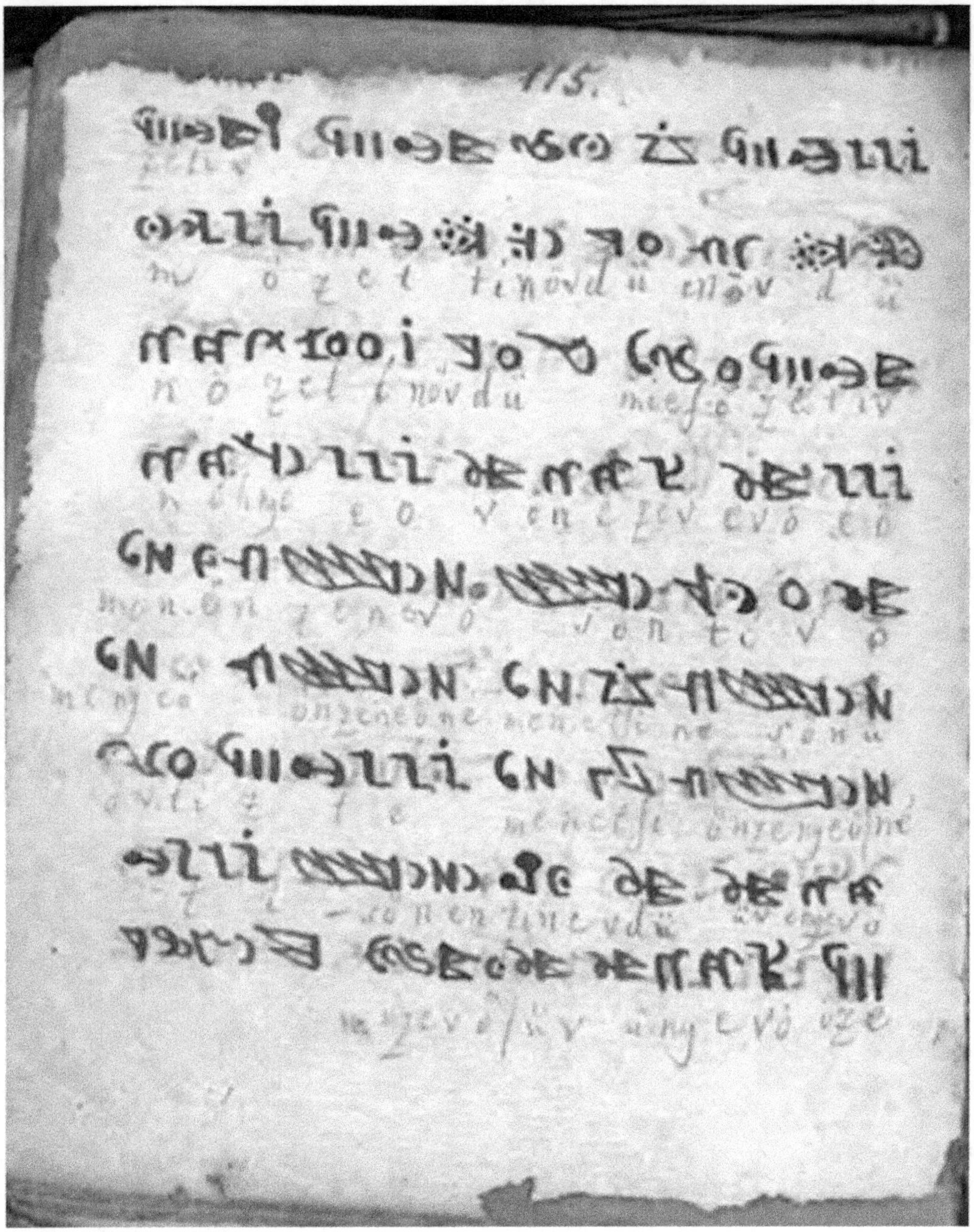

‹f115r°01--› {.HX'H'H.CE'O.I'I'G.XW'X.Z.U.B.CE'O.I'I'G.IG.B.CE'O.I'I'G.}

‹f115r°02--› {.CX.F'X2.XK'XX.R.AC.O.DP.X.C.F'X2.XF'XX.CE'O.I'I'G.HX'H'HK.Z.}

‹f115r°03--› {.B.CE'O.I'I'G.O.U'QV.OB.C.O.DL.IX.O'O'IA.RT.NA.BQ.}

‹f115r°04--› {.HX'H'H.B'CV.HY.NA.NA.B'CV.HX'H'H.C'BG.NA.BQ.}

‹f115r°05--› {.B'CV.O.CX.D.C'M.N.C'M.AC.QX.N'QV.}

‹f115r°06--› {.N.C'M.AC.XW'X.N'QV.N.C'M.AC.N'QV.}

‹f115r°07--› {.N.C'M.AC.K'A'A.N'QV.HX'H'H.CE'O.I'I'G.O.U.}

‹f115r°08--› {.NA.BQ.B'CV.B'CV.QX.BH.C.N.C'M.HX'H'H.CE'O.}

‹f115r°09--› {.I'I'G.HY.NA.BQ.B'CV.B'CV.O.B.U'QV.DB.C.AS.C.CO'D.}

folio 115 verso

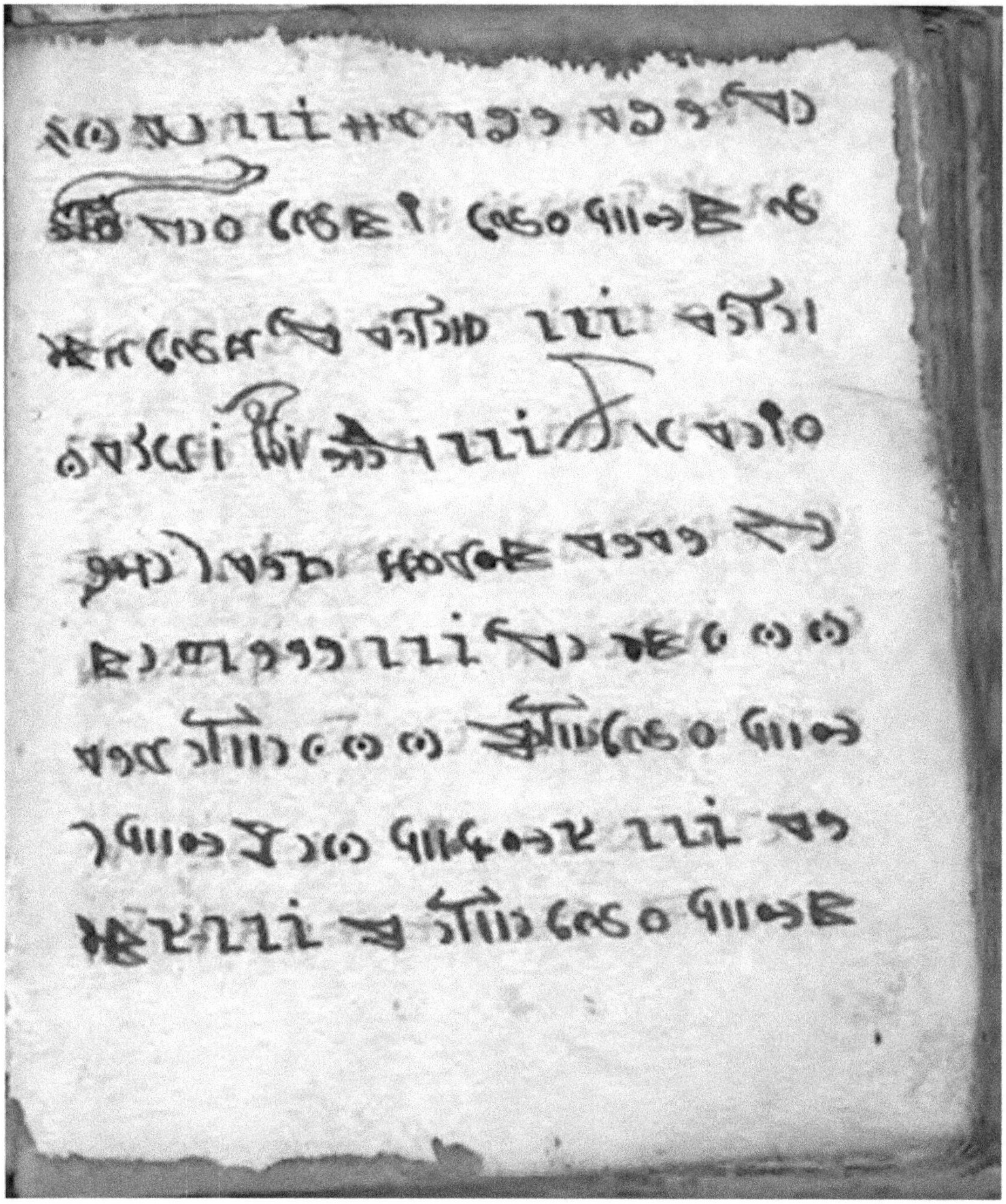

‹f115v°01-->   {.CX.D.R.CO'BF'D'CO'BF'D.V'T'T.HX'H'H.CU'D.CE.Q.≈.}
‹f115v°02-->   {.U.B.CE'O.I'I'G.O.U'QV.IG.B.U.CV.O.C'IZ.|.O.IU.CE.|.}
‹f115v°03-->   {.I'I'IU'C.D.HX'H'H.CD.I'I'IU'C.D.D.R.NA.U'QV.NA.B'CV.}
‹f115v°04-->   {.O.IG.C.D.Q.J.PQ.R.HX'H'H.XV.C.F.CO.XI.QV.PQ.XI.W'CC'D.Z.}
‹f115v°05-->   {.C'M.CO'D'CO'D.B.O.V.O.SS.HM.CO'D.L.C'BD.CO.}
‹f115v°06-->   {.Z.C.QX.QX.B'CV.C'D'R.HX'H'H.CO'CO'CO.LA.XJ.C.B.}
‹f115v°07-->   {.CE'O.I'I'G.O.U'QV.C.I'I'IU'C.DB.Z.C.QX.QX.C.I'I'IU'C.V'CO'D'CO'D.}
‹f115v°07f°›   [Fissum: ‹f115v°07› .V.CO'D. and ‹f115v°08› .CO'D.]
‹f115v°08-->   {.«.88.».HX'H'H.HY.CE'O.QT.I'I'G.Z.C.BC.CE'O.I'I'G.L.}
‹f115v°09-->   {.B.CE'O.I'I'G.O.U'QV.C.I'I'IU'C.DB.HX'H'H.HY.B.CV.}

folio 116 recto

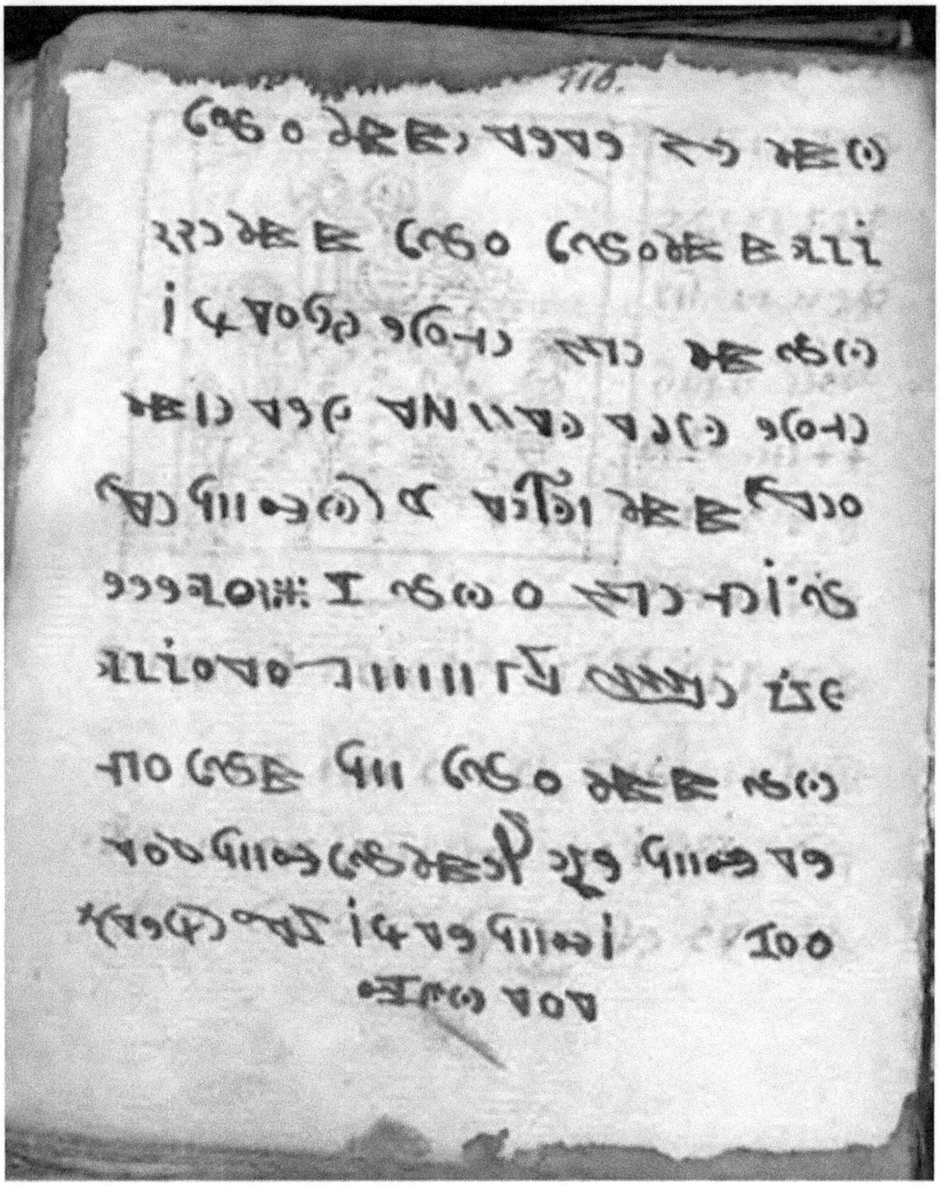

‹f116rº01--> {.Z.B'CV.C'IZ.CO'D'CO'D.C.B.B'CV.O.U'QV.}
‹f116rº02--> {.HX'H'HK.B.B'CV.O.U'QV.O.U'QV.B.B'CV.C.XB.XB.}
‹f116rº03--> {.Z.U.B'CV.C'IZ.C'F'O'R'CO.C.Q.C'Q'O'D.QT.IX.}
‹f116rº04--> {.C'F'O'R'CO.CX.RB.C.D.CX.D.J'J'N'D.QX.CO'D.C.I.B'CV.}
‹f116rº05--> {.O.C'D'R.B.B'CV.I.CX.IU.C.D.C.L.Z.CE'O.I'I'G.C'D'R.}
‹f116rº06--> {.U.IX.AC.C'IZ.O.Z.U.BC.EZ.I.O.HK.CO.C.CO.}
‹f116rº07--> {.QX.XW'X.C'M.K'A'A.I'I'I'I.DA.O.D.O.HX'H'HK.}
‹f116rº08--> {.Z.U.B.B'CV.O.U'QV.I'I'G.B.U'QV.O.AC.}
‹f116rº09--> {.CO'D.CE'O.I'I'G.CO.A.C.S.II.C.B'CV.U'QV.CE'O.I'I'G.D'O'D.}
‹f116rº10--> {.O'O'IA.«.00.».IX.CE'O.I'I'G.CO'D.QT.IX.AG'D.O.L.QT.CO'D'R'T.}
‹f116rº11--> {.D'O'D.Z'RT'NB.}

folio 116 verso

‹f116v°00i°› [Illūstrātiō: P-57:URLS Men holding swaddled baby over basket. Woman & men on hill.]
‹f116v°01--› {.C.D.C.NB.AC.}
‹f116v°02--› {.BA.RT'HF'HS.}
‹f116v°03--› {.C'AE.Z.Q.J.BA.}
‹f116v°04--› {.QV'KE'BB.W'CO'D.}
‹f116v°05--› {.N'J0.QX.I'I'T'T.}
‹f116v°06--› {.D.IX.QX.LT.D.QX.}
‹f116v°07--› {.QV'KE'BB.C'F'Q'I'C.}
‹f116v°08--› {.RT'HF'HS.C'AE.L.C.A.C.S.BO.C'M.HX'H'H.HY.≈.}
‹f116v°09--› {.C'I'Q.HF'HS.I'I'I'I.C.C.Q.J.NI.XJ'XJ.BB.CV.CX.I.QX.IX.C'XF'XX.}
‹f116v°10--› {.UD.HM.CO'D'HY.NI.XJ'XJ.CV.CX.I.QX.IX.C'XF'XX.L.BQ.}
‹f116v°11--› {.C.HF'HS.L.C.A.C.S.BO.L.RO'C.UD.CO'D.NI.}

folio 117 recto

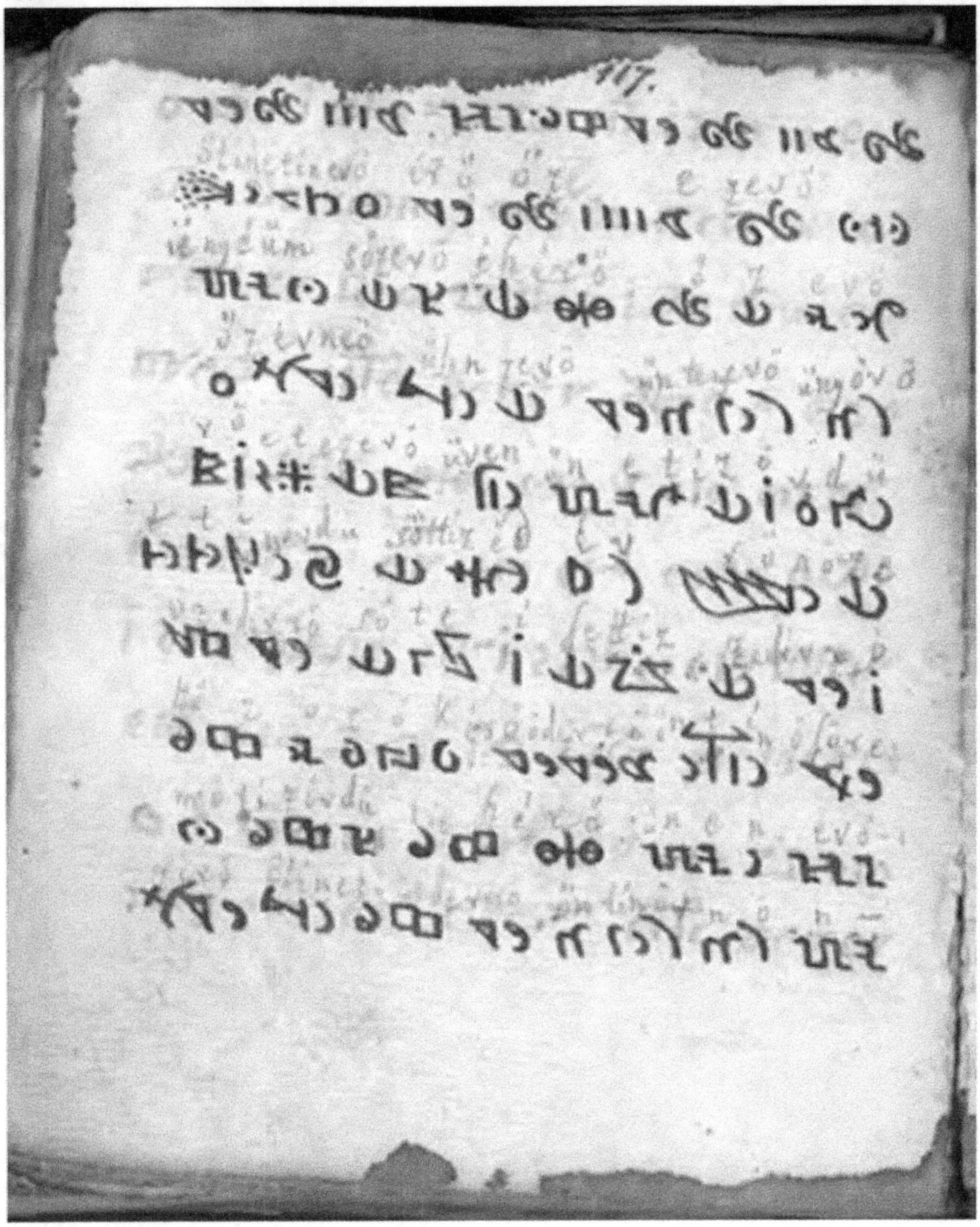

‹f117r°01--› {.UD.V.I.I.UD.CO'D.BB.CV.HX.HF'H.V.I'I'I.UD.CO'D.}
‹f117r°02--› {.CX.I.QX.UD.V.I'I'I'I.UD.CO'D.O.EG.D.C'XF'XX.}
‹f117r°03--› {.RO'C.HK.NI.UD.OC.NI.HY.NI.Z.HF'HS.}
‹f117r°04--› {.L.BQ.L.C.R.BQ.CO'D.NI.C'BD.C'D'R'T.O.}
‹f117r°05--› {.BE'I'O.IX.NI.RT'HF'HS.C'AE.B.NI.EZ.XB.IX.B.}
‹f117r°06--› {.NI.C'M.L.C.I.C.R.T'T.NI.CQ.C.EK.X.C'EY.C'EY.}
‹f117r°07--› {.IX.CO'D.NI.XW'X.NI.IX.K'A'A.NI.CO'D.XJ'D'CO'BY.}
‹f117r°07f°› [Fissum: ‹f117r°07› .XJ.D. and ‹f117r°08› .CO.BY.]
‹f117r°08--› {.«.88.».C.I.IU.C.V'CO'D'CO'D.QV'KE'BB.HK.XJ'XJ.BB.CV.}
‹f117r°09--› {.H'HF'H.C.HF'HS.OC.XJ'XJ.BB.HY.XJ'XJ.BB.CV.Z.}
‹f117r°10--› {.HF'HS.L.BQ.L.C.A.BQ.CO'D.BB.CV.C'BD.CO'D'R'T.}

folio 117 verso

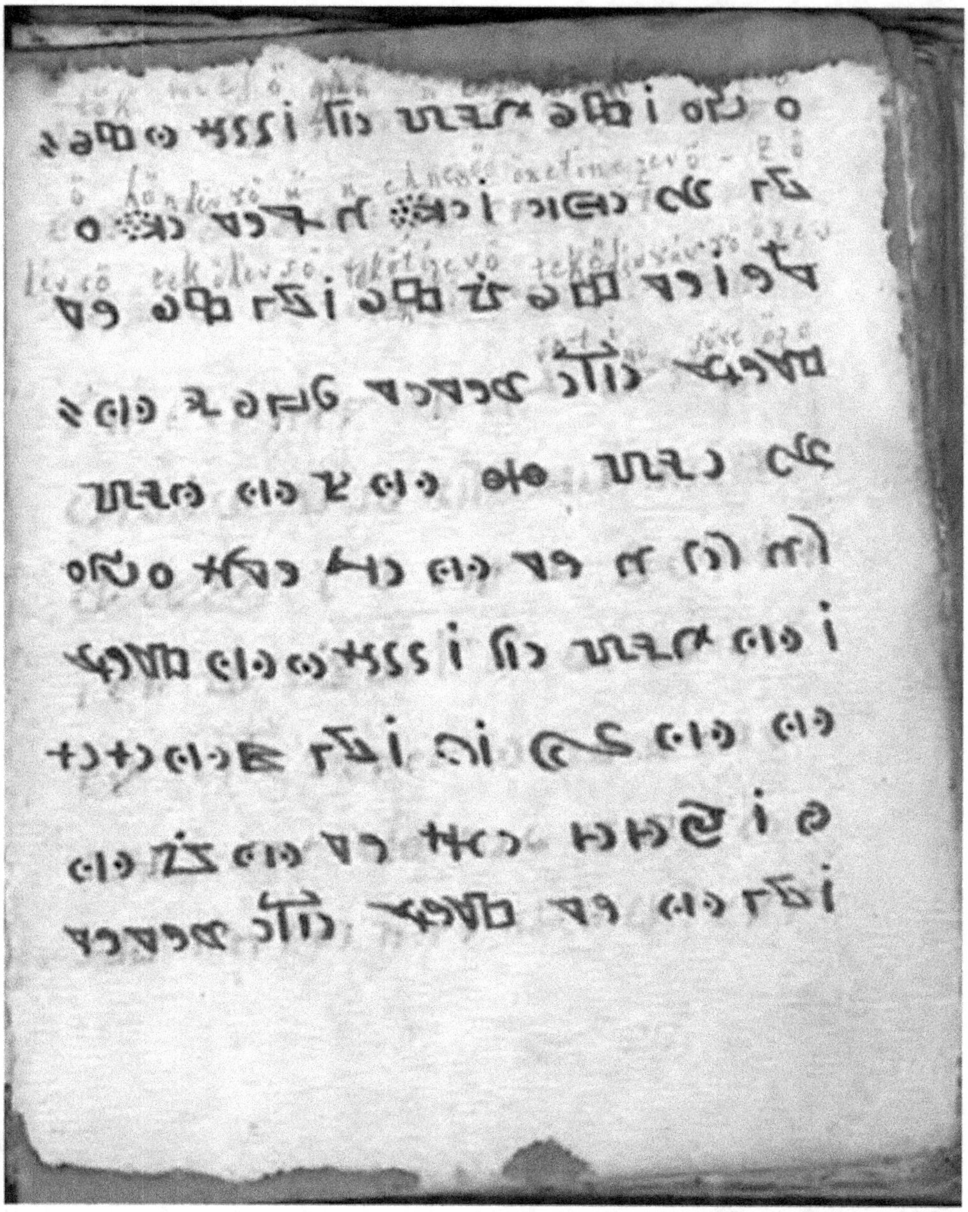

‹f117v°01--›   {.O.BE'I'O.IX.BB.CV.RT'HF'HS.C'AE.IX.S'S'ST.Z.BB.CV.≈.}
‹f117v°02--›   {.K'A'A.UD.C'F'Q'I'C.IX.C'XF'XX.BQ.BI.CO'D.C'XF'XX.O.}
‹f117v°03--›   {.D'T'CO.IX.CO'D.BB.CV.XW'X.BB.CV.IX.K'A'A.BB.CV.CO'D.}
‹f117v°04--›   {.XJ'D'CO'BY.C.I.IU.C.V'CO'D'CO'D.QV'KE'BB.HK.CX.I.QX.≈.}
‹f117v°05--›   {.UD.C.HF'HS.OC.CX.I.QX.HY.CX.I.QX.RT'HF'HS.}
‹f117v°06--›   {.L.BQ.L.C.Q.BQ.CO'D.CX.I.QX.C'BD.CO'D'R'T.O.BE'I'O.}
‹f117v°07--›   {.IX.CX.I.QX.RT'HF'HS.C'AE.IX.S'S'ST.Z.CX.I.QX.XJ'D'CO'BY.}
‹f117v°08--›   {.CX.I.QX.RT'HF'HS.C'AE.IX.S'S'ST.Z.CX.I.QX.C'TA.C'TA.C'TA.}
‹f117v°08h°›   [Hyperbolē: .C'TA. has been added to complete the triad found in ‹f117v°08› above.]
‹f117v°09--›   {.C.Q.IX.CQ.C'EY.C'EY.C.Q.T'T.CO'D.CX.I.QX.XW'X.CX.I.QX.}
‹f117v°10--›   {.IX.K'A'A.CX.I.QX.CO'D.XJ'D'CO'BY.C.I.IU.C.V'CO'D'CO'D.}

folio 118 recto

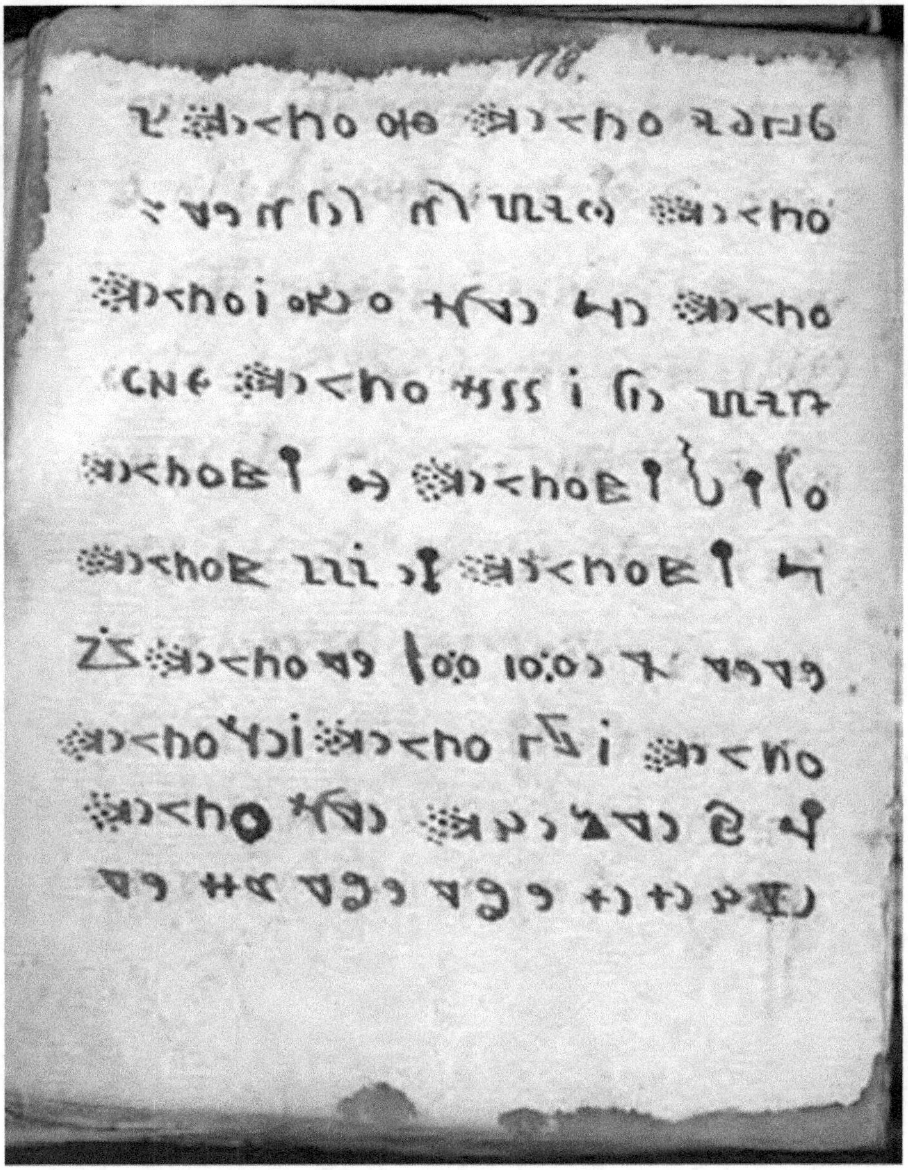

‹f118r°01--› {.QV'KE'BB.HK.O'EG'A'C'XF'XX.OC.O'EG'A'C'XF'XX.HY.}
‹f118r°02--› {.O'EG'A'C'XF'XX.Z.HF'HS.L.BQ.L.C.A.BQ.CO'D.≈.}
‹f118r°03--› {.O'EG'A'C'XF'XX.C'BD.C'D'R'T.O.BE'I'O.IX.O'EG'A'C'XF'XX.}
‹f118r°04--› {.RT'HF'HS.C'AE.IX.S'S'ST.O'EG'A'C'XF'XX.QX.N'QV.}
‹f118r°05--› {.O.II.IG.NG.IG.B.O'EG'A'C'XF'XX.CE'O.IG.B.O'EG'A'C'XF'XX.}
‹f118r°06--› {.BD.IG.B.O'EG'A'C'XF'XX.MY.C.HX'H'H.B.O'EG'A'C'XF'XX.}
‹f118r°07--› {.CO'D'CO'D.BI.C.O'X2'O'I.O'X2'O.BT.CO'D.O'EG'A'C'XF'XX.XW'X.}
‹f118r°08--› {.O'EG'A'C'XF'XX.IX.K'A'A.O'EG'A'C'XF'XX.IX.C'BG.O'EG'A'C'XF'XX.}
‹f118r°09--› {.BH.CQ.C.D.E.C.XB.C'XF'XX.C'D'R'T.O'EG'A'C'XF'XX.}
‹f118r°10--› {.C.BC.C'TA.C'TA.C'TA.CO'BF'D'CO'BF'D.V'T'T.CO'D.}
‹f118r°10h°› [Hyperbolē: .XB. has been changed to .C'TA. to complete the triad found in ‹f118r°10› above.]

folio 118 verso

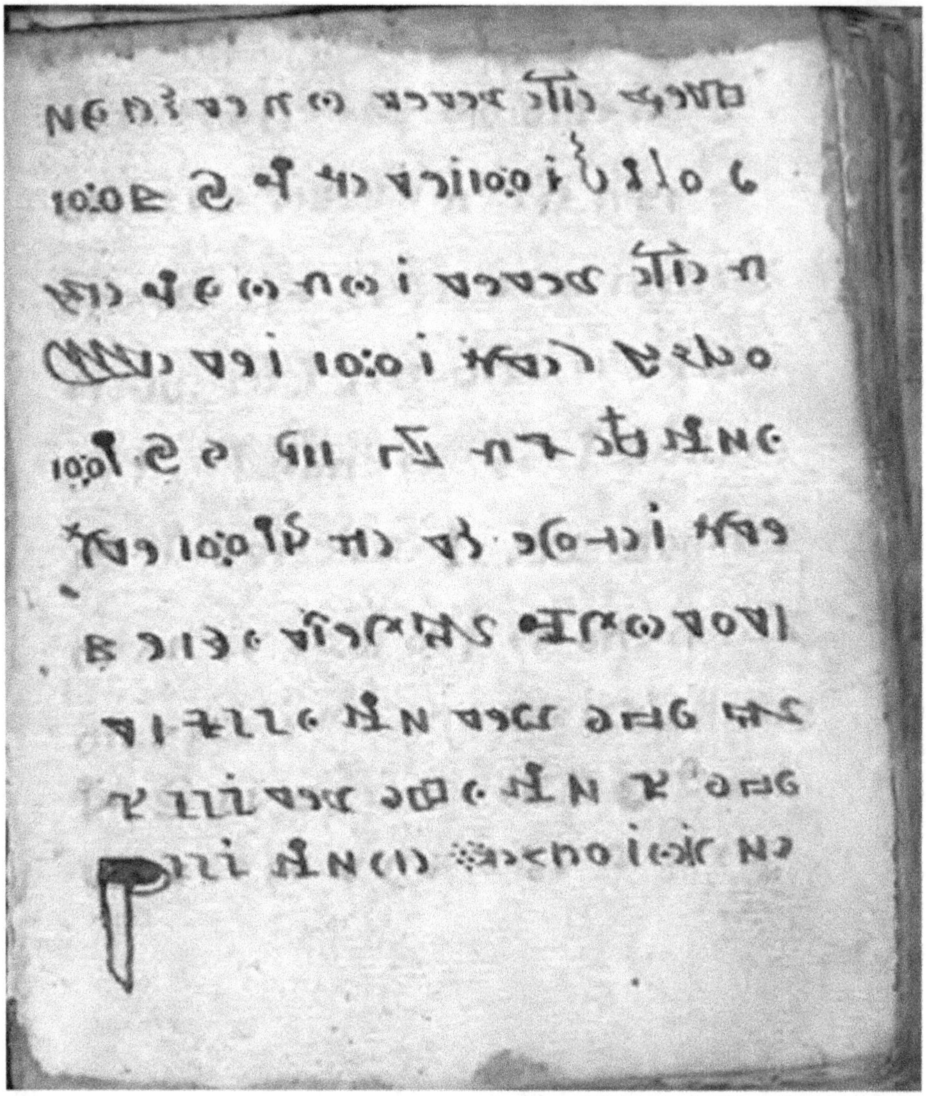

‹f118v°01--> {.XJ'D'CO'BY.C.I.IU.C.V'CO'D'CO'D.Z.BQ.CO'D.XS.C.A.QX.N.}
‹f118v°02--> {.QV.O.II./.IG.\.NG.IX.O'X2'O'I.IX.CO'D.C'BG.BH.CQ.B'O'X2'O'I.}
‹f118v°03--> {.AC.I'I'IU'C.V'CO'D'CO'D.IX.Z.AC.Z.QX.BH.C'IZ.}
‹f118v°03h°› [Hyperbolē: .C. has been changed to to complete the grapheme .I'I'IU.C. in ‹f118v°03› above.]
‹f118v°04--> {.O.EK.XB.EK.L.C'D'R'T.IX.O'X2'O'I.IX.CO'D.C'M.}
‹f118v°05--> {.QX.N'J0'C0.DP.AC.K'A'A.I'I'G.C.Q.CQ.IG.O'X2'O'I.}
‹f118v°06--> {.CO'D'R'T.IX.C'F'O'R'CO.CC'D.C'I'T.S.I.IG.O'X2'O'I.CO'D'R'T.}
‹f118v°07--> {.I'D'O'D.Z'RT'NB.BA.RT'CO'IH'D.QX.CY.I.CO.B.}
‹f118v°07t°› [Trānslātiō: "...Hear the Holy Word of Saint Luke in his seventh chapter..."]
‹f118v°08--> {.BA.QV'KE'BB.W'CO'D.N'J0.QX.H'H'HF'I'D.}
‹f118v°08t°› [Trānslātiō: "...of when the Lord Jesus was in Capernaum."]
‹f118v°09--> {.QV'KE'BB.HY.N'J0.QX.XJ'XJ.CV.V.CO'D.HX'H'H.HY.}
‹f118v°10--> {.C.N.R.IX.CX.Q.IX.O'EG'A'C'XF'XX.C'I'Q.N'J0.HX'H'H.|.C.|.}
‹f118v°10o°› [Ornāmentum: Tool/hammer.]

folio 119 recto

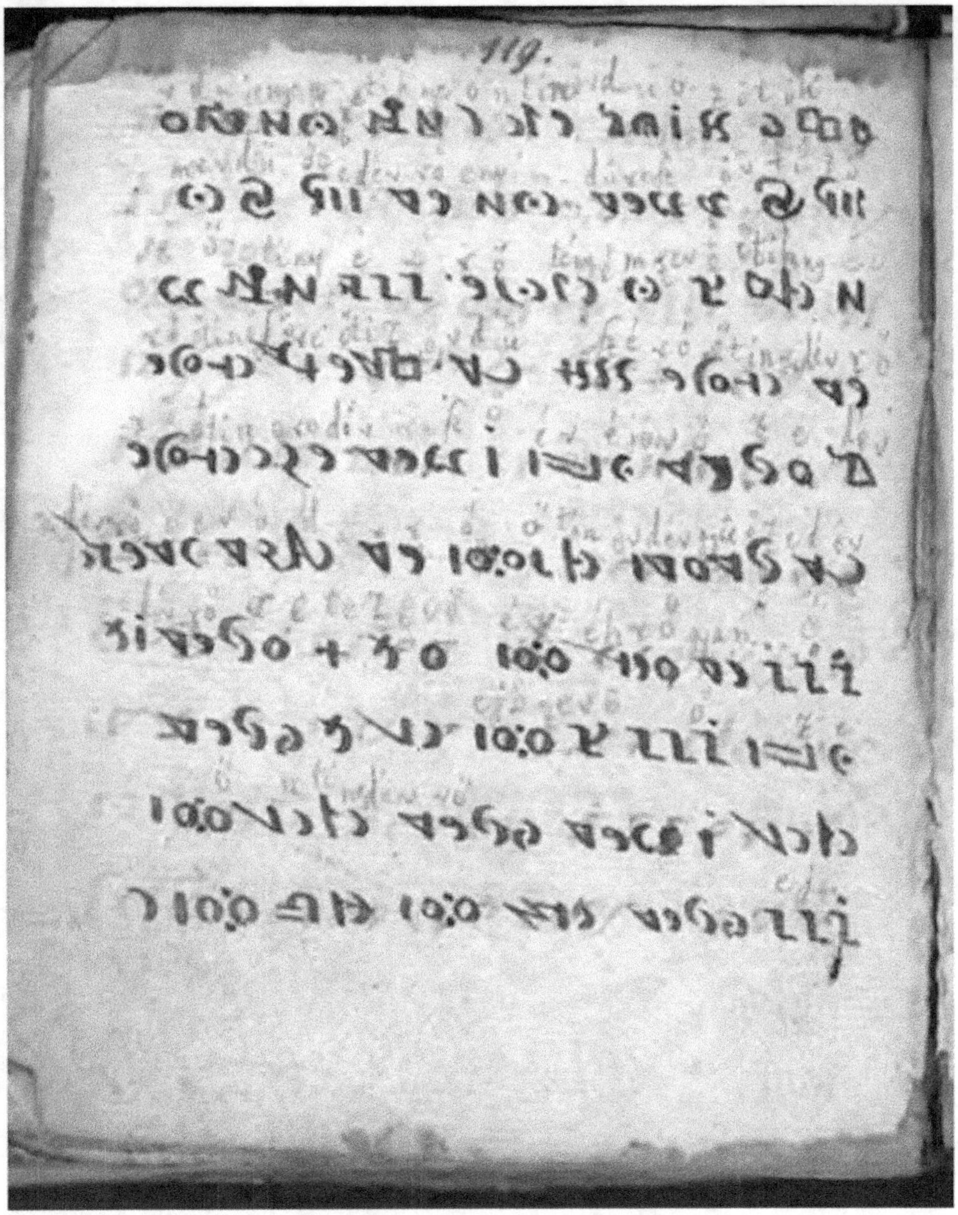

‹f119rº01--›	{.QX.XJ'XJ.CV.SS.IX.NH.E.CO.A.C.L.N'J0.Z.N.BE'I'O.}
‹f119rº02--›	{.I'I'G.CQ.V.W'CO'D.Z.N.CO'D.I'I'G.CQ.Z.}
‹f119rº03--›	{.N.C.AG.O.HY.Z.C.A.Z.CO.HX'H'HK.N'J0.W'CO'D.}
‹f119rº03fº›	[Fissum: ‹f119rº03› .W. and ‹f119rº04› .CO'D.]
‹f119rº04--›	{.«.88.».C'F'O'R'CO.S'S'ST.CU'D.XJ'D'CO'BY.C'F'O'R'CO.}
‹f119rº05--›	{.E.O.Q.C.CX.D.QX.KE.IX.W'CO'D.CO.XB.C.C'F'O'R'CO.}
‹f119rº06--›	{.CU'D.Q.C.D'O'D.I.C'EY.I.O'X2'O'I.CO'D.UC.XB.D.Q.D.CO.H.C.}
‹f119rº07--›	{.HX'H'H.CO'D.O.CO.XV.O'X2'O'I.O.LT.T.O.Q.C.CO'D.IX.LT.}
‹f119rº08--›	{.QX.K'X'D.I.HX'H'H.HY.O'X2'O'I.C.KB.LT.C.Q.Q.C.CO'D.}
‹f119rº09--›	{.C.BT.C.K.IX.W'CO'D.C.Q.C.Q.CO'D.C.BT.C.K.O'X2'O'I.}
‹f119rº10--›	{.HX'H'H.BB.Q.C.CO'D.CX.IZ.O'X2'O'I.CX.I.BU.O'X2'O'I.C.}

folio 119 verso

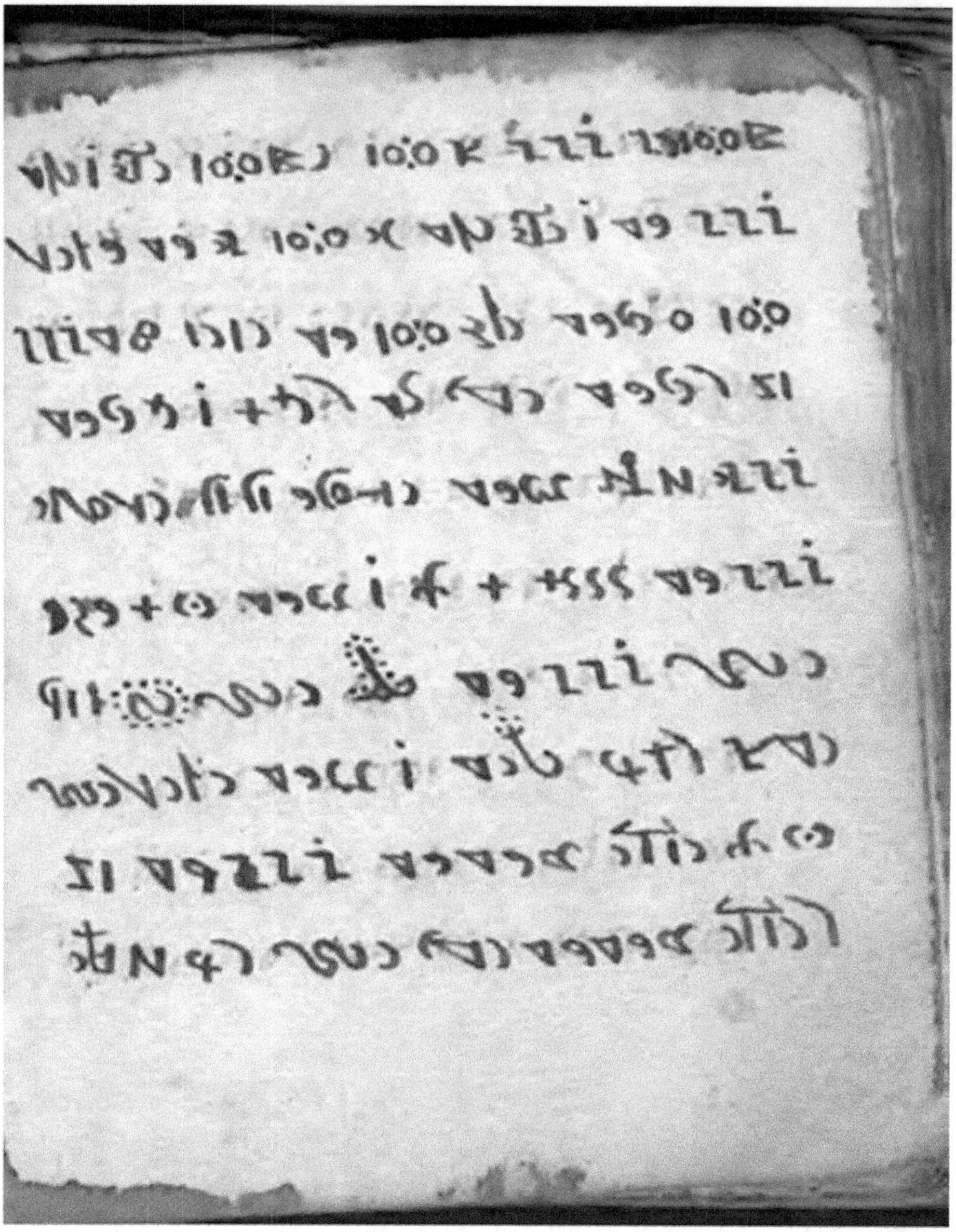

‹f119v°01--›	{.B'O'X2'O'I.C.H.HX'H'H.HY.O'X2'O'I.C.B'O'X2'O'I.C.IU.XB.IX.EK.D.}
‹f119v°02--›	{.HX'H'H.CO'D.IX.C.IU.XB.EK.D.Q.C.O'X2'O'I.HK.CO'D'CO.A.C.K.}
‹f119v°03--›	{.O'X2'O'I.O.CQ.CO'D.C.A.CC.O'X2'O'I.CO'D.C.I.C.I.AV.D.HX'H'H.}
‹f119v°04--›	{.I'AG.L.Q.C.CO'D'C'D.R.S'D.L.LT.T.IX.LT.Q.C.CO'D.}
‹f119v°05--›	{.HX'H'HK.N'J0.W'CO'D.C'F'O'R'CO.AE'AE.C'XV'OB'I'C.}
‹f119v°06--›	{.HX'H'H.CO'D.S'S'ST.T.R'CU.IX.W'CO'D.Z.T.CO.XB.C.}
‹f119v°07--›	{.C'NE.HX'H'H.CO'D.((.EO.)).CX'NE.((.AD.)).I'I'G.}
‹f119v°08--›	{.C'D'HY.L.TA.QT.NR'XX.C.D.IX.W'CO'D.C.A.C.K.C'NE.}
‹f119v°09--›	{.Z.R'CU.C.I.IU.C.V'CO'D'CO'D.HX'H'H.CO'D.I'AG.}
‹f119v°10--›	{.L.C.I.IU.C.V'CO'D'CO'D.C'D'R.C'NE.L.QT.N'C0.}

folio 120 recto

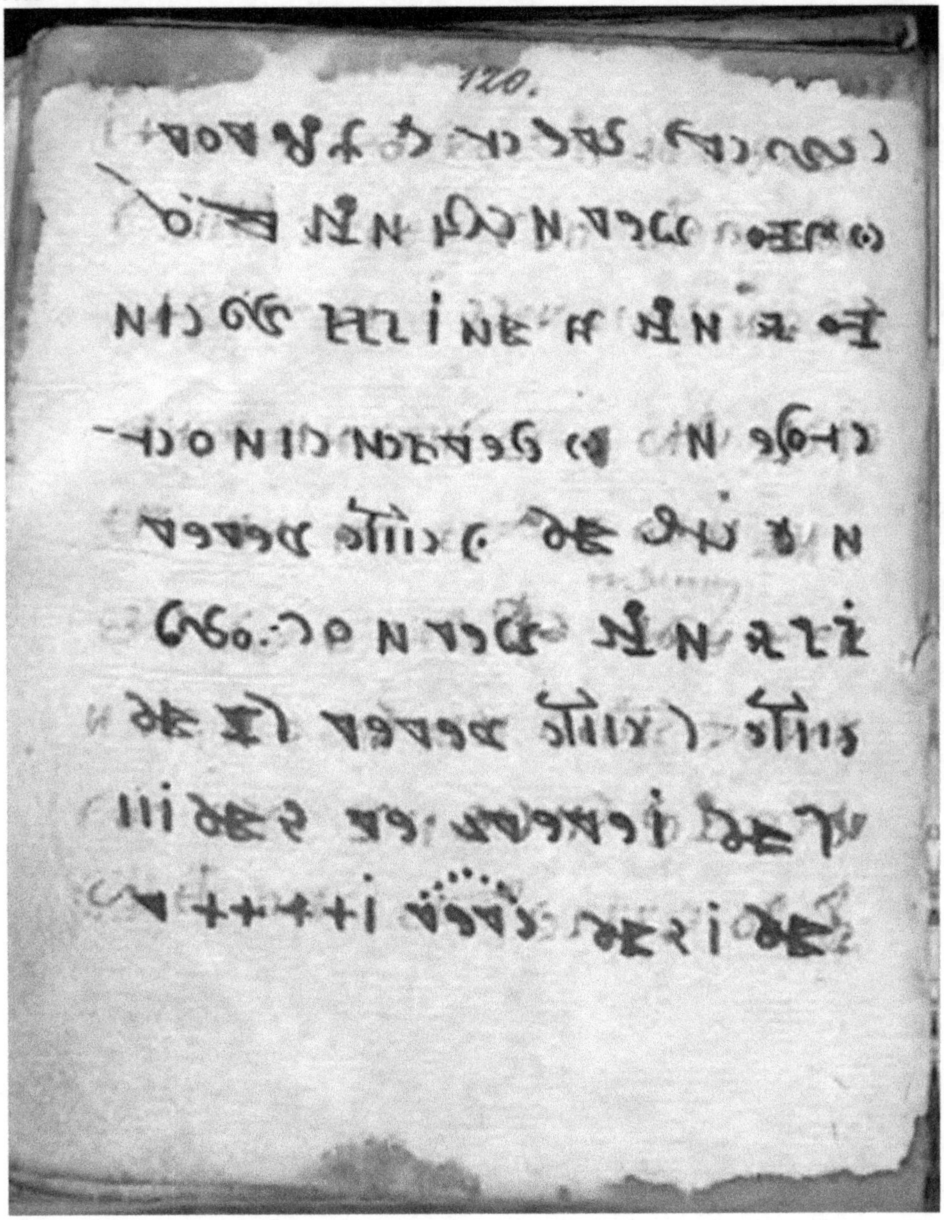

‹f120r°01--› {.C'NE.C'D'R.S'D.CO.C'XV.LT.R'CU.BH.D'O'D.}
‹f120r°02--› {.Z'RT'NB.Q.W'CO'D.N.C.A.R.EY.N'J0.DB.EA.}
‹f120r°03--› {.NB.HK.N'J0.NA.B'N.IX.H'HF'H.UD.C'I'N.}
‹f120r°04--› {.C'F'O'R'CO.N.Z.Q.C.CO'D.HM.C.N.C.I.N.O.C.F'J.}
‹f120r°05--› {.N.LT.BJ.X.CO.B'CV.QX.C.I'I'IU.CO.V'CO'D'CO'D.}
‹f120r°06--› {.HX'H'HK.N'J0.W'CO'D.N.O.L'X2.O.U'QV.}
‹f120r°07--› {.CE.I'I'IU'C.L.C.I'I'IU'C.V'CO'D'CO'D.L.BC.B'CV.}
‹f120r°08--› {.L.B'CV.IX.CO'D'CO'D'K.CO'D.XB'B'CV.IX.I.I.}
‹f120r°09--› {.B'CV.IX.XB'B'CV.(.C'D'CO'D.).IX.T.T.T.T.D.}
‹f120r°09t°› [Trānslātiō: "...the mountain and glory (pray) and forty years..."]

folio 120 verso

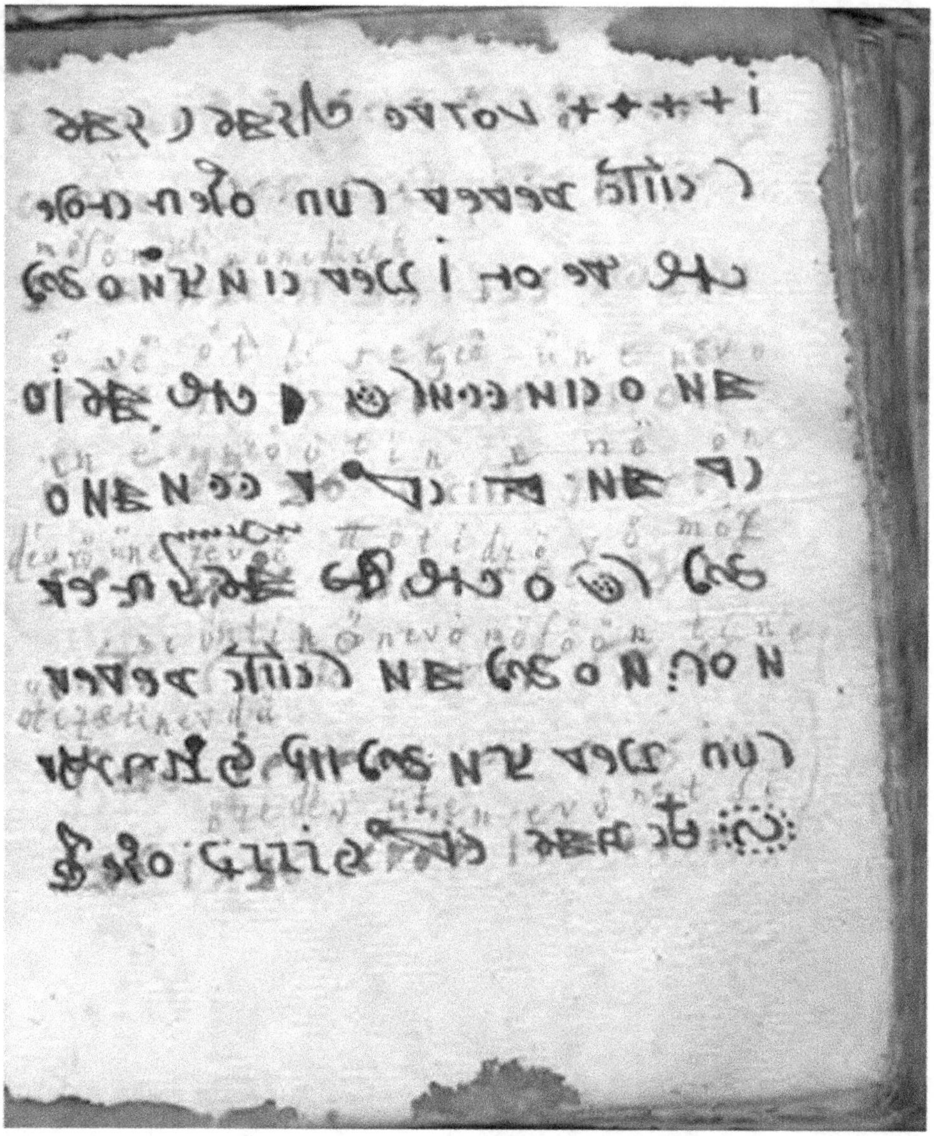

‹f120vº01--› {.IX.T.T.T.T.X2.K'O'A'D'CX.EK.XB'B'CV.C.XB'B'CV.}
‹f120vº01tº› [Trānslātiō: "...and forty in the desert..."]
‹f120vº01qº› [Quod Vidē: ‹f004vº11--› for identical parallel.]
‹f120vº02--› {.L.C.I'I'IU'C.V'CO'D'CO'D.L.BL.XD.O.JN.CO.AC.C'F'O'R'CO.}
‹f120vº03--› {.BJ.X.CO'D'CO.O.F.IX.W'CO'D.C'I'N.HY.N.O.U'QV.}
‹f120vº04--› {.B'N.O.C'I'N.CX'CX.N.L.BL'XX.BV.BJ.X.CO.B'CV.IX.O.}
‹f120vº05--› {.C.DP.B'N.DB.C'D'O'D.CX'CX.N.B'N.O.}
‹f120vº06--› {.U'QV.L.BL'XX.O.BJ.X.CO.U.CV.B'CV.AS.LK.AC.CO'D.}
‹f120vº07--› {.N.O.L'X2.N.O.U'QV.B'N.L.C.I'I'IU'C.V'CO'D'CO'D.}
‹f120vº08--› {.L.BL.XD.W'CO'D.HY.N.U'QV.I'I'G.CQ.J0.RT'XI'D.}
‹f120vº08tº› [Trānslātiō: "...Father, Son of God, Jesus, Holy Spirit,..."]
‹f120vº08qº› [Quod Vidē: ‹f097rº04,5-6,7,9,10-vº01›, and ‹f103vº06--›.]
‹f120vº09--› {.((.AD.)).C0.NA.B'CV.C'D'O.C.Q.HX'H'H.QT.O.JN.CO.|.UC'CO.|.}
‹f120vº09tº› [Trānslātiō: "...(?)Christ's disciples...."]

folio 121 recto

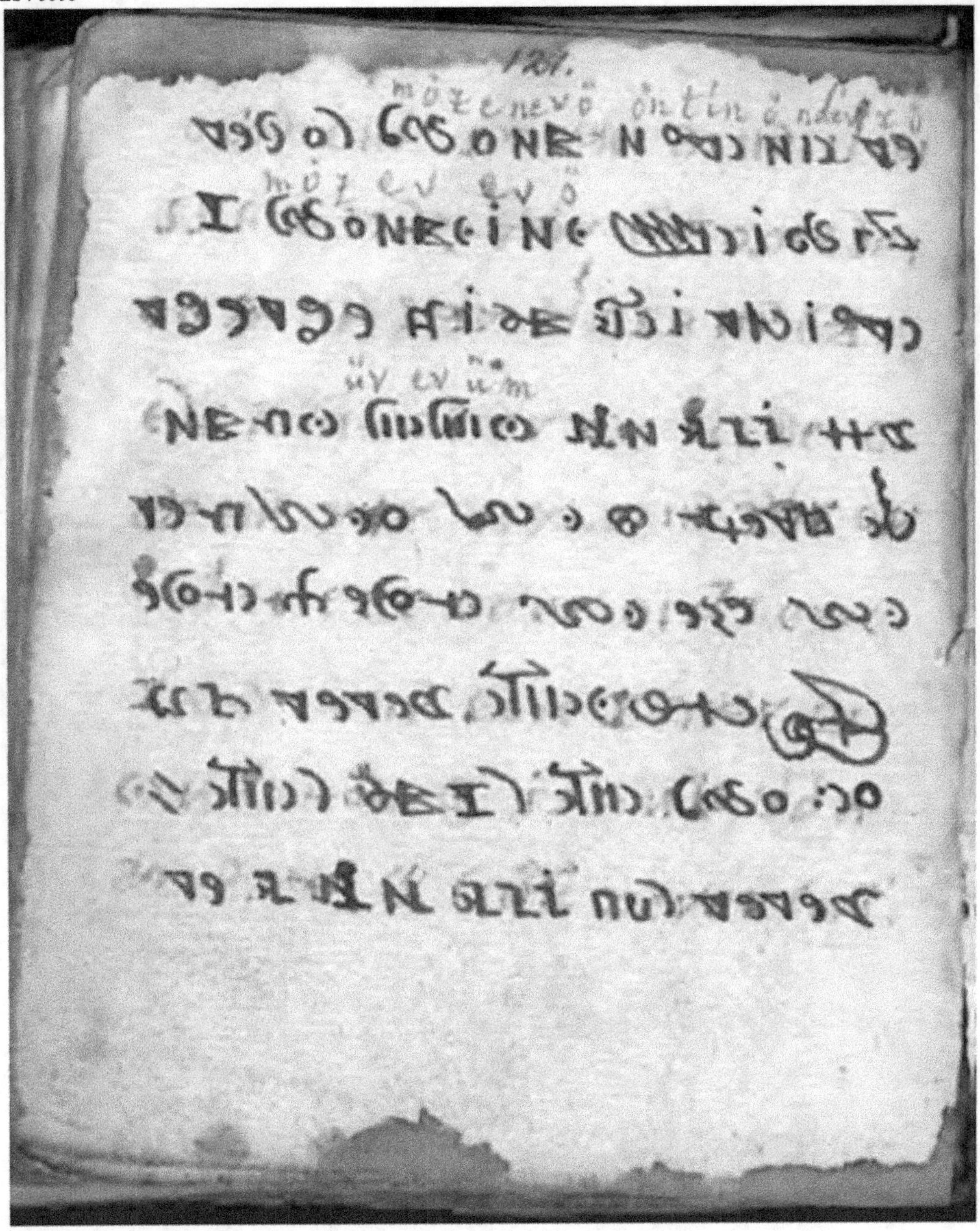

‹f121r°01--› {.CO'D.C'I'N.C'D'O.N.B'N.O.U'QV.L.O.Q.C.CO'D.}
‹f121r°02--› {.K'A'A.UD.IX.C'M.IX.N.IX.CX.B'N.O.U'QV.BC.}
‹f121r°03--› {.C'D'O.IX.EK.D.IX.C.IU.XB'B'CV.IX.NA.CO'BF'D'CO'BF'D.}
‹f121r°04--› {.V'T'T.HX'H'HK.N'J0.Z.I'I'AE.C'I'AE.Z.AC.B'N.}
‹f121r°05--› {.NG.C.XJ'D'CO'BY.XQ.CX.AD.NG.O.CX'NE.AC.CO'D.}
‹f121r°06--› {.CX'NE.CO.XB.CO.CX'NE.C'F'O'R'CO.R'CU.C'F'O'R'CO.}
‹f121r°07--› {.|.BJ.X.CO.|.BJ.X.CO.X2.QX.C.I'I'IU'C.V'CO'D'CO'D.HM.W.}
‹f121r°08--› {.O.L'X2.O.U'QV.QV.C.I'I'IU'C.L.BC.B'CV.L.C.I'I'IU'C.≈.}
‹f121r°09--› {.V'CO'D'CO'D.L.BL.XD.HX'H'HK.N'J0.HK.CO'D.}

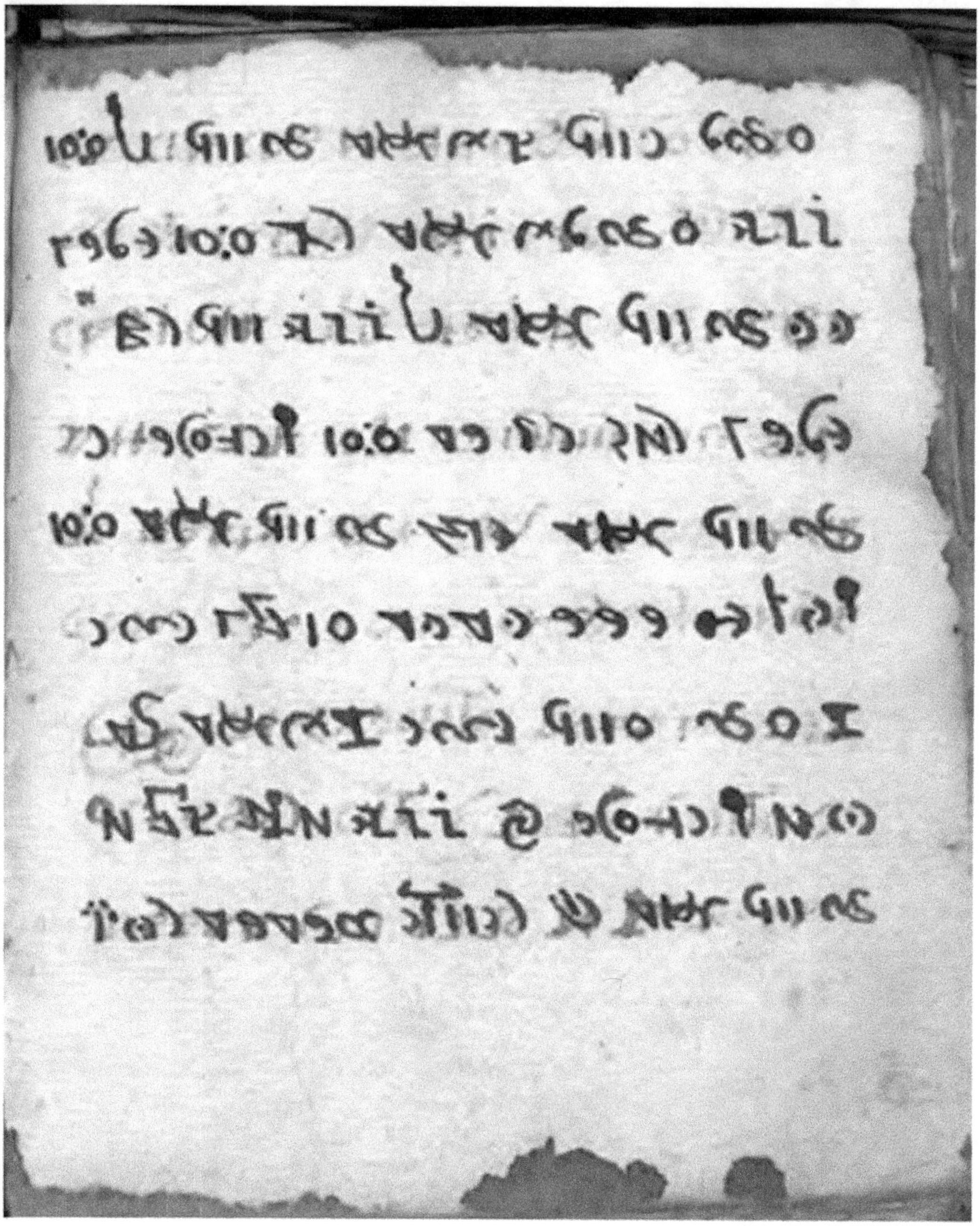

‹f121v°01-->   {.O.U'QV.C.I'I'G.HY.RT'XI'D.U.I'I'G.NG.O'X2'O'I.}

‹f121v°02-->   {.HX'H'HK.O.U'QV.RT'XI'D.L.BI.O'X2'O'I.CE.QV.CO.A.}

‹f121v°03-->   {.CX'CX.U.I'I'G.XI'D.NG.HX'H'HK.I'I'G.L.B.}

‹f121v°04-->   {.CE.QV.CO.A.L.N.XB.C.RB.CO'D.O'X2'O'I.IG.C'F'O'R'CO.C.}

‹f121v°05-->   {.U.I'I'G.XI'D.CO'D'CO'D.U.I'I'G.XI'D.O'X2'O'I.}

‹f121v°06-->   {.IG.Q.C.II.CE'O.CO'CO'CO.CX'D'CX'D.O.I.K'A'A.C'IZ.C.}

‹f121v°07-->   {.BC.O.U.O.I'I'G.C'IZ.C.BC.RT'XI'D.S'D.}

‹f121v°08-->   {.Z.N.IG.C'F'O'R'CO.CQ.HX'H'HK.N'J0.HY.K.A.N.}

‹f121v°09-->   {.U.I'I'G.XI'D.BK.L.C.I'I'IU'C.V'CO'D'CO'D.L.Z.I'XX.}

folio 122 recto

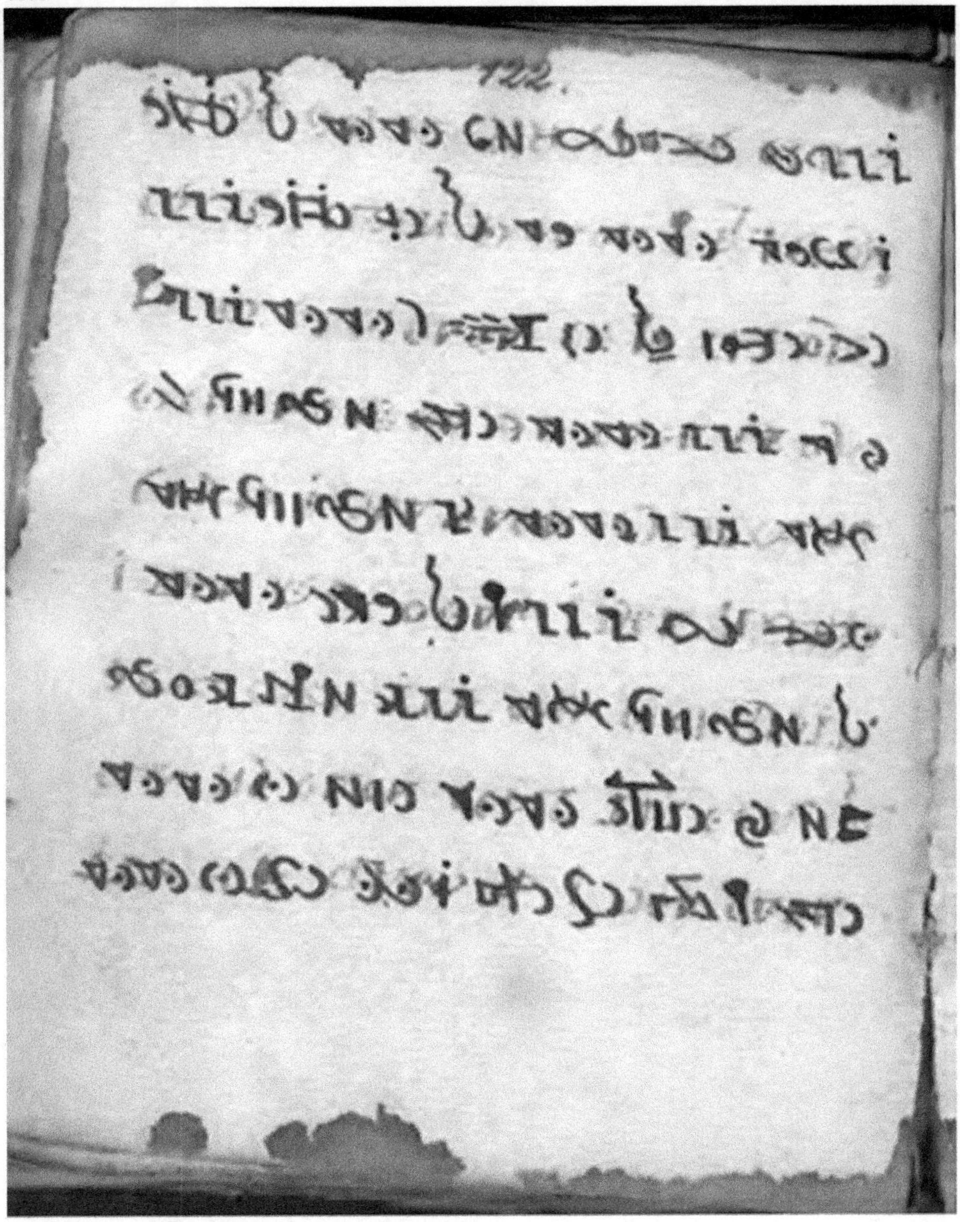

‹f122rº01--›　{.HX'H'H.BK.NK'NY.N'QV.CX'D'CX'D.NG.TG.CO.}
‹f122rº02--›　{.IX.W'CO'D.CX'D'CX'D.CO'D.NG.C.K.X.TG.CO.HX'H'H.}
‹f122rº03--›　{.C.K.C.CE'O.I.NG.C'IZ.BC.PF.PF.L.CX'D'CX'D.HX'H'H.}
‹f122rº04--›　{.C.Q.DP.HX'H'H.CX'D'CX'D.CO'D'CO'D.N.U.I'I'G.≈.}
‹f122rº05--›　{.XI'D.HX'H'H.CX'D'CX'D.HY.N.U.I'I'G.XI'D.}
‹f122rº06--›　{.QX.NK'NY.HX'H'H.IG.NG.CO'D.C.CX'D'CX'D.}
‹f122rº07--›　{.NG.N.U.I'I'G.XI'D.HX'H'HK.N'J0.HK.O.U.}
‹f122rº08--›　{.B'N.CQ.C.I'I'IU'C.CX'D'CX'D.C'I'N.Z.CX'D'CX'D.}
‹f122rº09--›　{.CO'D'CO'D.IG.K'A'A.C'S'C.II.XJ.IX.CU'C.X2.C.S.Z.CX'D'CX'D.}

folio 122 verso

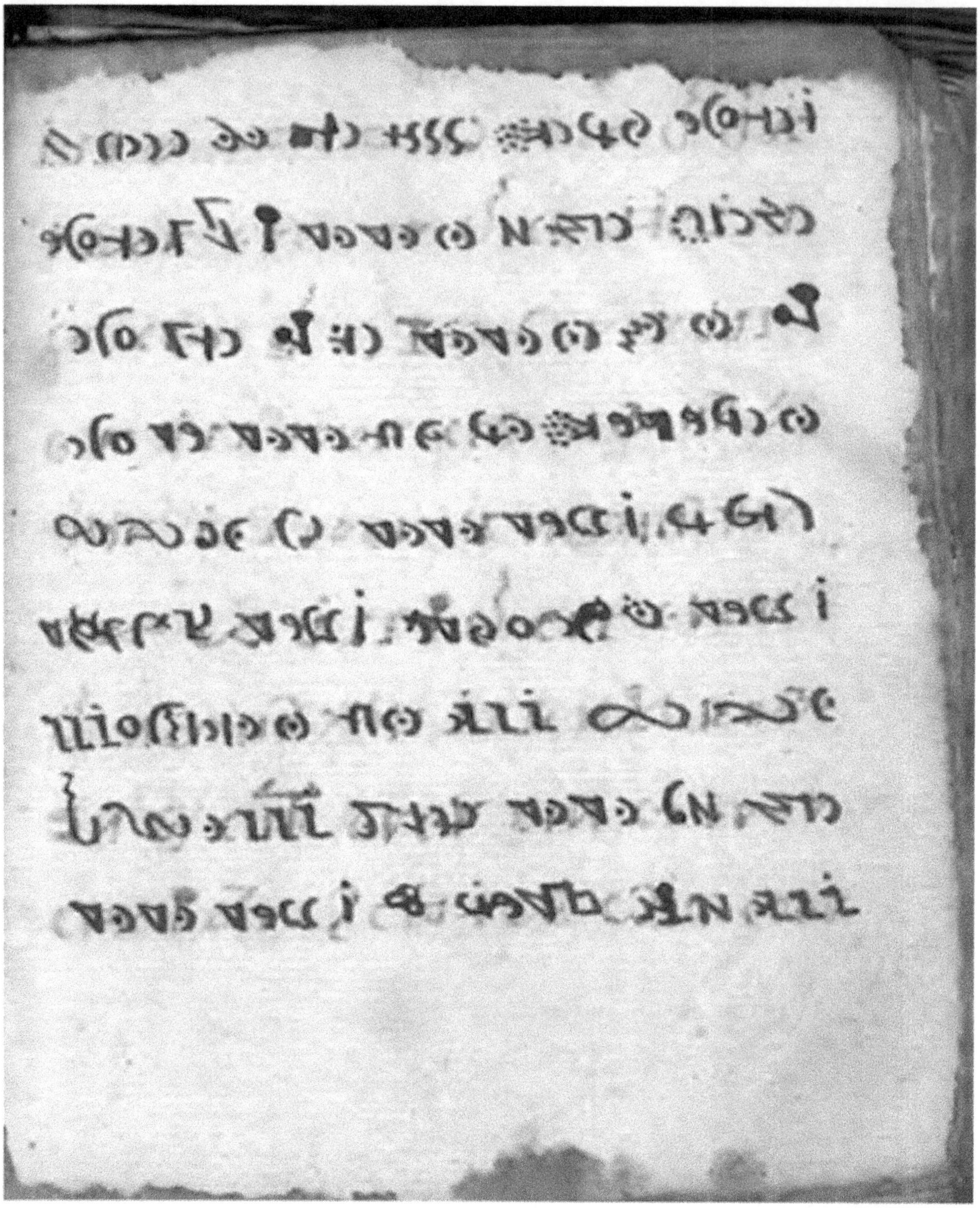

‹f122v°01--›	{.IX.C'F'O'R'CO.C.Q.QT.C'XF'XX.S'S'ST.C'XV'O.CU'C.X2.C.C.C'I'Q.≈.}
‹f122v°02--›	{.C.XB.C.I.L.X5.C'IZ.N.Z.CX'D'CX'D.IG.K'A'A.C'F'O'R'CO.}
‹f122v°03--›	{.BH.Z.C.AA.Z.CX.D.QX.D.C.F'X2.BH.C.F.Q.O.R.CX.}
‹f122v°04--›	{.Z.C.G.CO'D'CO.XF'XX.CX.QT.QX.AC.CX'D'CX'D.CO'D.O.O.R.C.}
‹f122v°05--›	{.L.F.C.QT.IX.W'CO'D.CX'D'CX'D.C.R.QX.CV.QX.BB.}
‹f122v°06--›	{.IX.W'CO'D.NP.RO'C.O.C.Q.D.LT.IX.W'CO'D.HY.RT'XI'D.}
‹f122v°07--›	{.QX.NK'NY.HX'H'HK.Z.AC.Z.CX.I.C.I.R.O.HX'H'H.}
‹f122v°08--›	{.C'IZ.N'QV.CX'D'CX'D.C.CE.K'A'A.HX'H'H.CX'NE.NG.}
‹f122v°09--›	{.HX'H'HK.N'J0.XJ'D'CO'BY.XQ.IX.W'CO'D.CX'D'CX'D.}

folio 123 recto

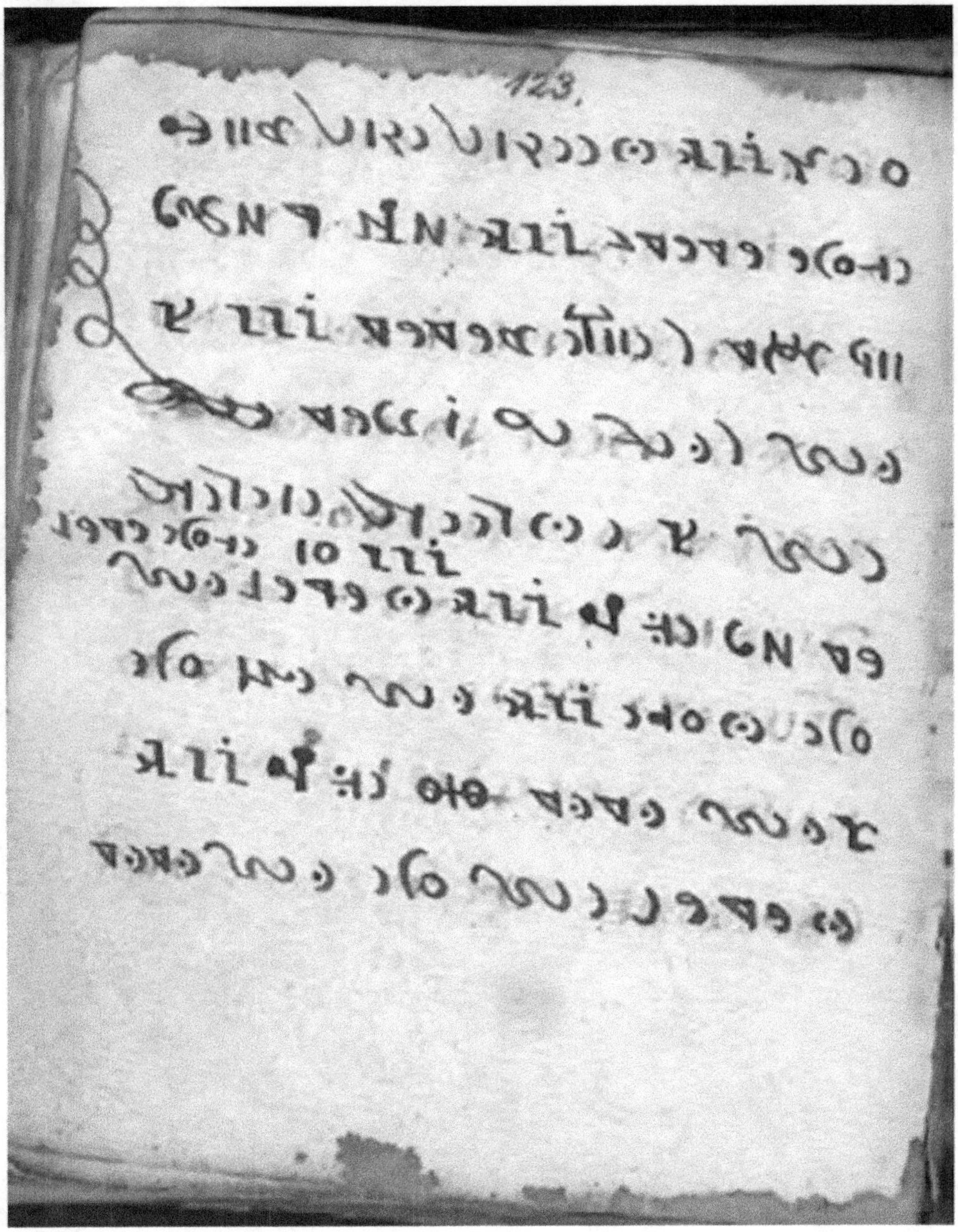

‹f123rº01--› {.O.C.MJ.HX'H'HK.Z.C.C.XB.I.CU.C.XB.I.CU.V.I.I.CE'O.}
‹f123rº02--› {.C'F'O'R'CO.CO'D'CO'D'K.HX'H'HK.N'J0.DP.N.U'QV.}
‹f123rº03--› {.I'I'G.XI'D.L.C.I'I'IU'C.I.V'CO'D'CO'D.HX'H'H.HY.}
‹f123rº04--› {.CX'NE.L.CX.NK'NY.IX.W'CO'D.|C.NK.|.}
‹f123rº05--› {.C'NE.HY.C.Z.LA.C.C.V'CU.C.I.C.LA.C.V'CU.}
‹f123rº06--› {.HX'H'H.O.I.C'F'O'R'C.CO'D'CO.K.}
‹f123rº07--› {.CO'D.N'QV.C.F'X2.BH.HX'H'HK.Z.C.D.C.K.CX'NE.}
‹f123rº08--› {.O.R.C.Z.O.F.C.HX'H'HK.CX'NE.C.A.EY.O.R.C.}
‹f123rº09--› {.HM.CX'NE.CX'D'CX'D.OC.C.F'X2.BH.HX'H'HK.}
‹f123rº10--› {.Z.CO'D'CO.C.C'NE.O.R.C.CX'NE.CX'D'CX'D.}

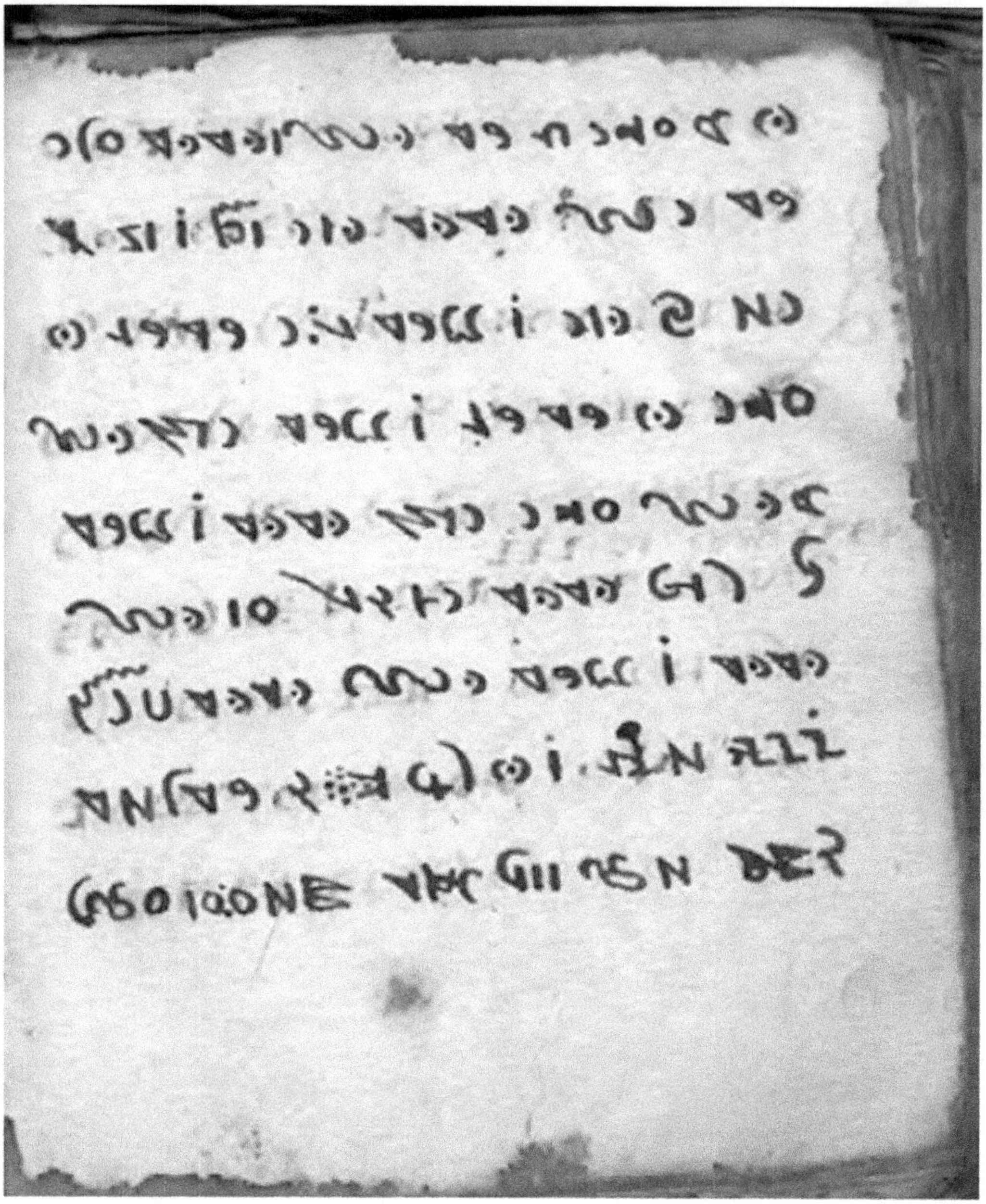

‹f123v°01--› {.Z.V.O.FB.C.AC.CO'D.CX'NE.I.CX.D.CO'D.O.R.C.}
‹f123v°02--› {.CO'D.C'NE.CX'D'CX'D.CX.I.CX.I.C.AS.IX.I'AG.BI.}
‹f123v°03--› {.C.N.CQ.CX.I.C.IX.W'CO'D.K.X2.C.CO.BI.CO.K.Z.}
‹f123v°04--› {.O'F'CO.Z.CO'D'CO'K.IX.W'CO'D.C'IZ.CX'NE.}
‹f123v°05--› {.V.CX'NE.O'XV.XC.C'IZ.CX'D'CX'D.IX.W'CO'D.}
‹f123v°06--› {.CQ.R.F.Q.CX'D'CX'D.C'EY.XB.K.O.I.CX'NE.}
‹f123v°07--› {.CX'D'CX'D.IX.W'CO'D.CX'NE.CX'D'CX'D.BL.C.AS.}
‹f123v°08--› {.HX'H'HK.N'J0.IX.Z.L.QT.XF'XX.XB.CO'D'R'N'D.}
‹f123v°09--› {.XB'B'CV.N.U.I'I'G.XI'D.B'N.O'X2'O'I.O.U'QV.}

folio 124 recto

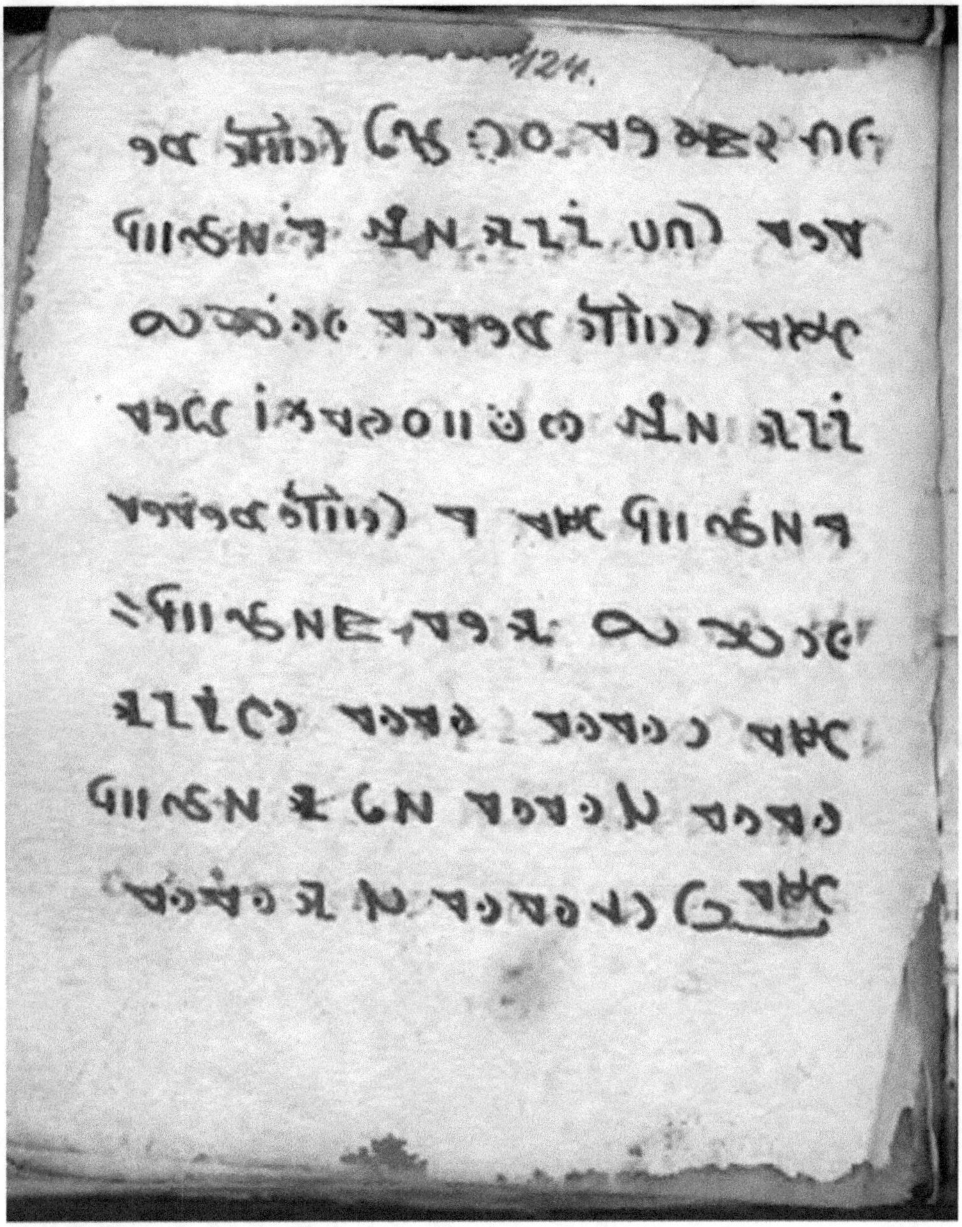

‹f124r°01--›	{.C.R.AC.XB'B'CV.CO'D.O.L.X4.U'QV.R.C.I'I'IU'C.V'CO'D'CO'D.}
‹f124r°01f°›	[Fissum: ‹f124r°01› .V.CO. and ‹f124r°02› .D.CO'D.]
‹f124r°02--›	{.«.88.».R.BL.XD.HX'H'HK.N'J0.DP.U.I'I'G.}
‹f124r°03--›	{.XI'D.L.C.I'I'IU'C.V.CO'D'C'D.QX.CX.NK'NY.}
‹f124r°04--›	{.HX'H'HK.N'J0.Z.NP.I.I.O.C.Q.D.LT.IX.W'CO'D.}
‹f124r°05--›	{.D.N.U.I'I'G.XI'D.DP.L.CO.I'I'IU'C.V'CO'D'CO'D.}
‹f124r°06--›	{.QX.C.NK'NY.HK.CO'D.B'N.U.I'I'G.≈.}
‹f124r°07--›	{.XI'D.C.CX'D'CX'D.CX'D'CX'D.C.Q.HX'H'HK.}
‹f124r°08--›	{.CX'D'CX'D.X2.≈.CX'D'CX'D.N'QV.HK.N.U.I'I'G.}
‹f124r°09--›	{./.XI'D.\.C.R.C.K.CX'D'CX'D.QS'X.HK.CX'D'CX'D.}

folio 124 verso

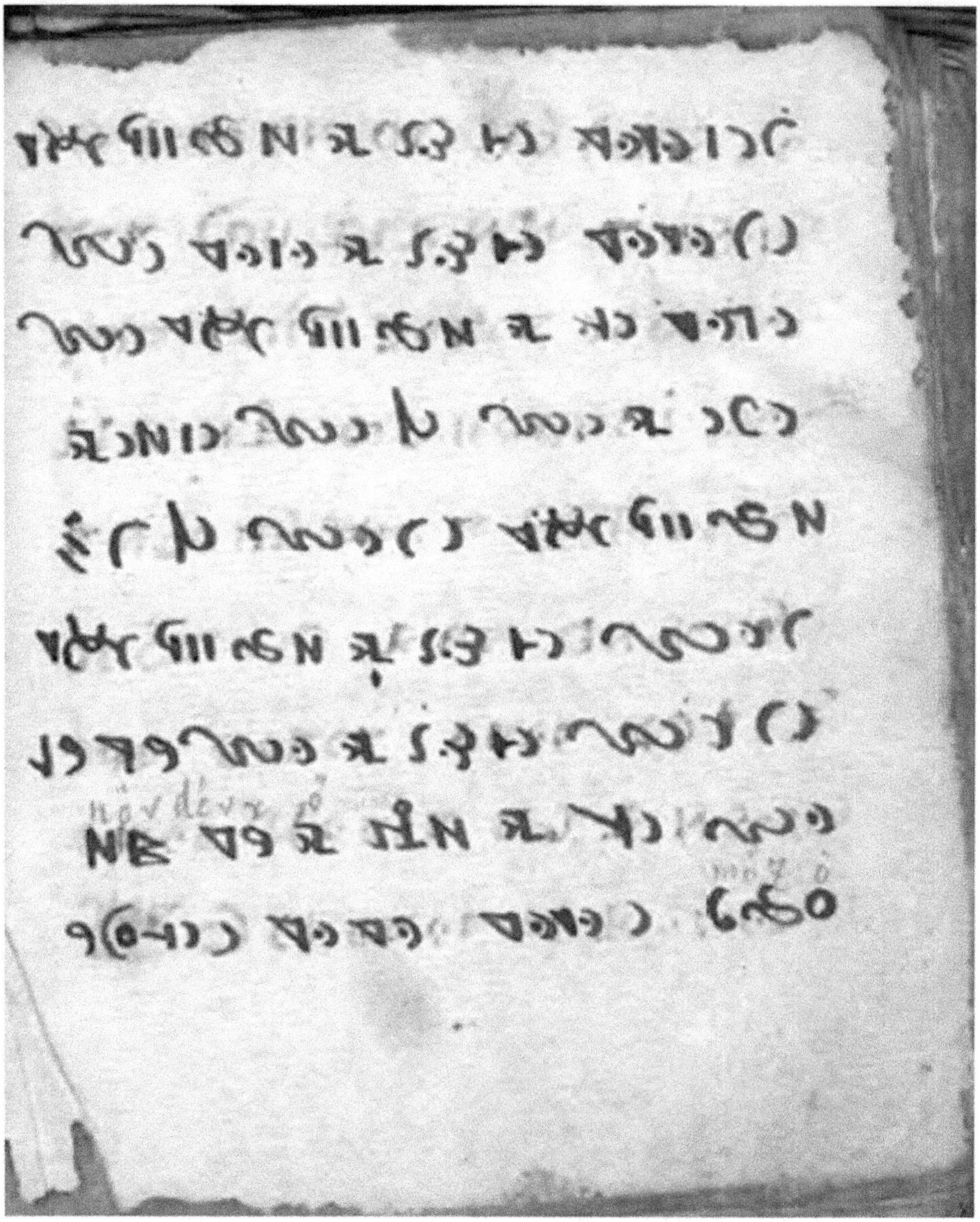

<f124v°01--> {.R.X.C.I.CX'D'CX'D.C'EY.C.C.X.S.HK.N.U.I'I'G.XI'D.}
<f124v°02--> {.C.R.CX'D'CX'D.CX.C'EY.C.C.X.S.HK.CX'I'CX'D.C'NE.}
<f124v°03--> {.CX.F.CE.D.C'XV.C.HK.N.U.I'I'G.XI'D.CX'NE.}
<f124v°04--> {.CX.RB.C.HK.C'NE.X2.≈.C'NE.C'I'N.C.HK.}
<f124v°05--> {.N.U.I'I'G.XI'D.C.R.LT.NE.EK.R.≈.}
<f124v°06--> {.R.C'NE.C'EY.C.C.X.S.HK.N.U.I'I'G.XI'D.}
<f124v°07--> {.C.R.C'NE.C'EY.C.C.X.S.HK.CX'NE.CO'DP'CO.K.}
<f124v°08--> {.CX'NE.C'XV.HK.N'J0.HK.CO'D.B'N.}
<f124v°09--> {.O.U'QV.C.CX'D'CX'D.CO'D.CX.D.C.C.F.O.O.R.CO.}

folio 125 recto

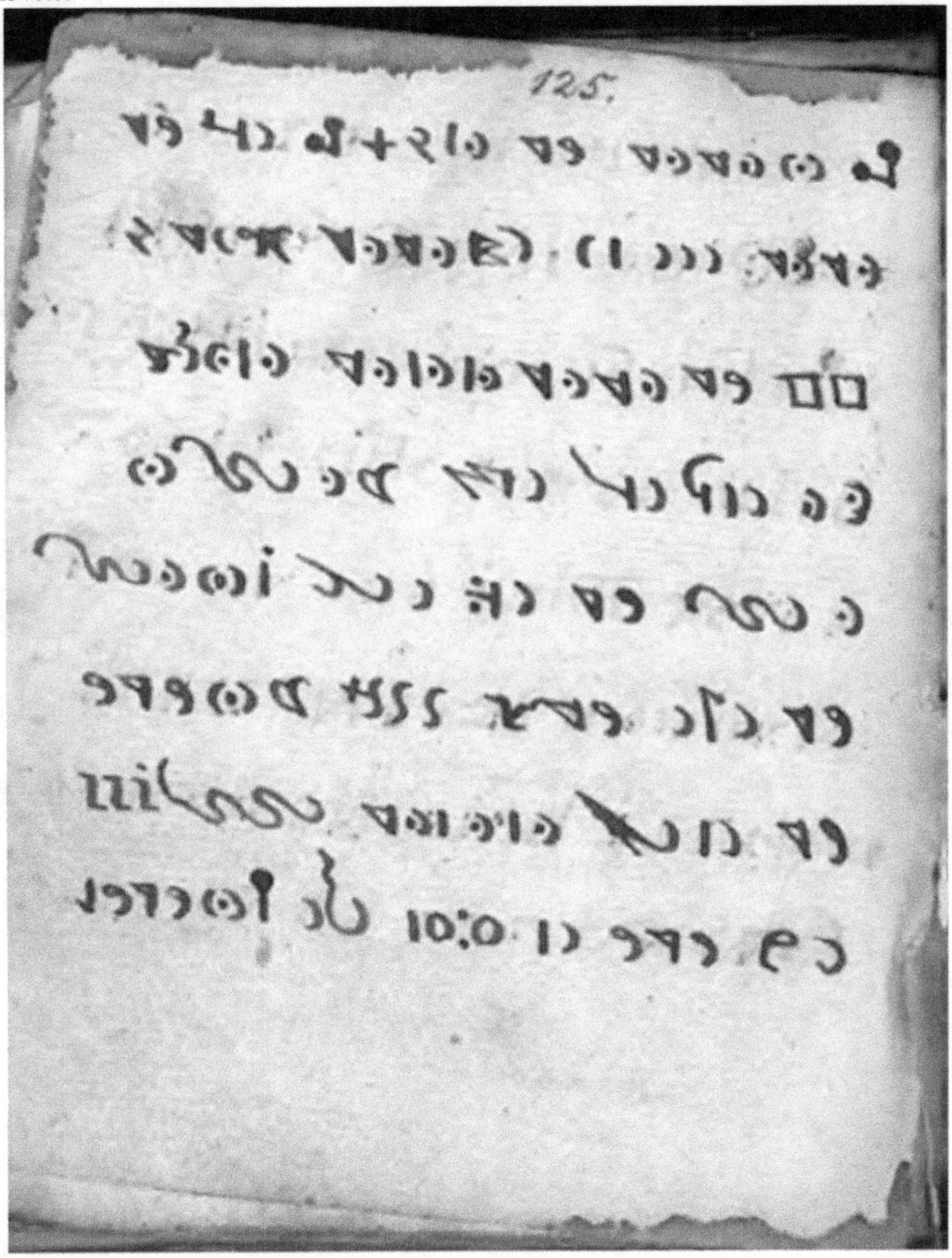

‹f125r°01--› {.BH.Z.CX'D'CX'D.CO'D.C'EY.XB.T.BH.C'BG.CO'D.}
‹f125r°02--› {.CX'D'CX'D.C.C.C'I'Q.X.L.B.CX'D'CX'D.V'O.Q.D.≈.}
‹f125r°03--› {.XJ'XJ.CO'D.CX'D'CX'D.CX'I'CX'I'CX'D.CX.I.QX.CC'D.}
‹f125r°04--› {.CX'CX.C.I.G.C'XV.C'IZ.V.CX'NE.Z.}
‹f125r°05--› {.CX'NE.CO'D.C.F'X2.C.CU.C.IX.Z.CX'NE.}
‹f125r°06--› {.CO'D.C.A.C.CO'D'HY.S'S'ST.V.Z.CO'D'CO.}
‹f125r°07--› {.CO'D.C.I.CU.CX'I'CX'I'CX'D.NE.HX'H'H.}
‹f125r°08--› {.C.RO.CO'D'CO.C.I.O'X2'O'I.NG.C.IG.Z.CO.BI.CO.K.}

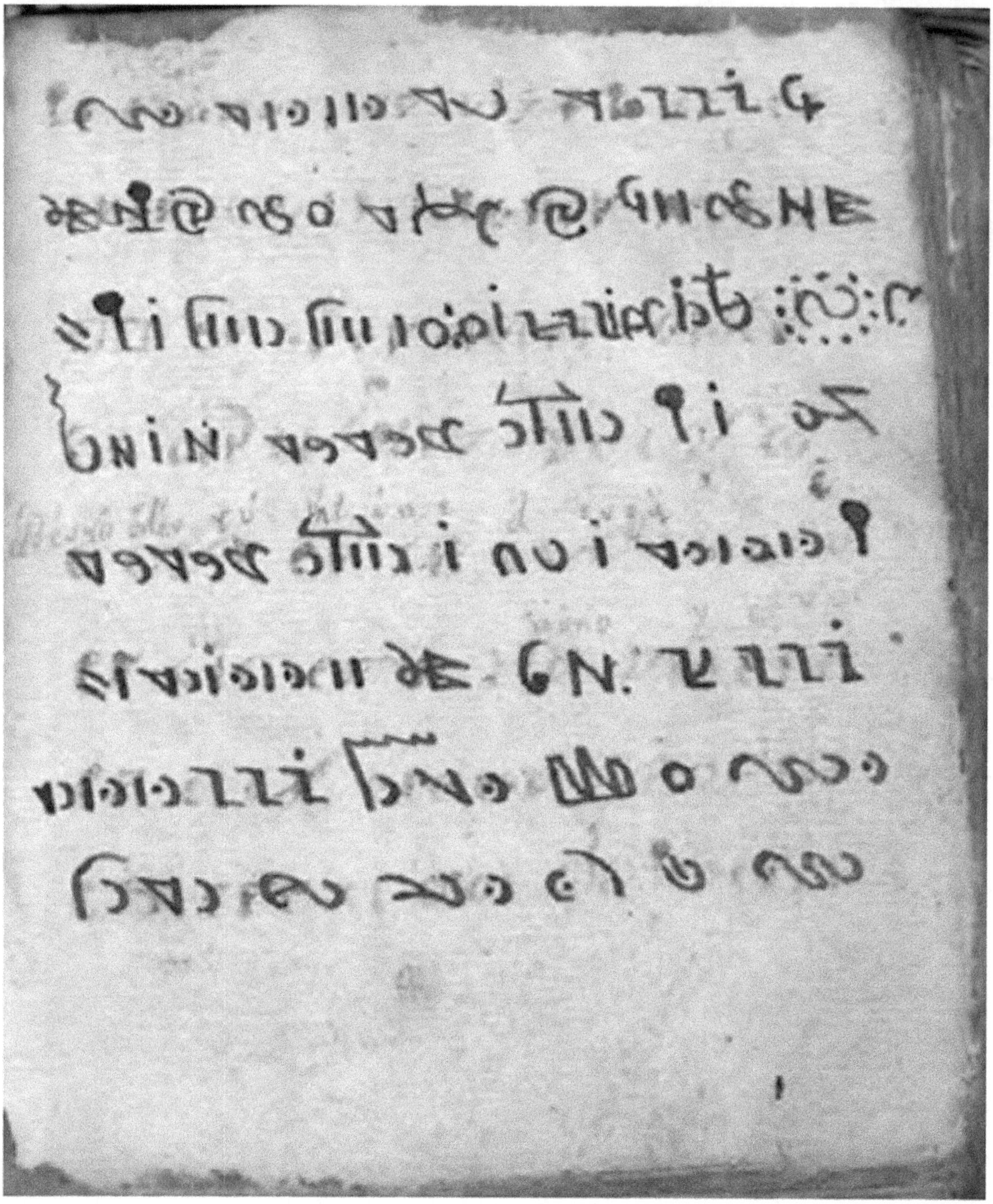

‹f125vº01--› {.QT.HX'H'H.DP.C.D.CX.I.I.CX.I.D.CX'NE.}
‹f125vº02--› {.B'N.U.I'I'G.CQ.XI'D.O.U.CQ.J0.B'CV.}
‹f125vº03--› {.RT.((.AD.)).C0.IX.BQ.H'HF'H.IX.O'X2'O'I.I'I'AE.C'I'I'AE.IX.IG.≈.}
‹f125vº04--› {.AG.C.IX.IG.C.I'I'IU'C.V'CO'D'CO'D.N.IX.N.NG.}
‹f125vº05--› {.IG.CX'I'CX'I'CX'D.IX.BL.XD.IX.C.I'I'IU'C.V'CO'D'CO'D.}
‹f125vº06--› {.HX'H'H.HY.N'QV.B'CV.I.I.CX.I.CX.IX.C.D.I.≈.}
‹f125vº07--› {.CX'NE.O'XM.CX.K.C.AS.HX'H'H.CX'I'CX'I'C'D.}
‹f125vº08--› {.NE.BK.R.QX.CX.NK'NY.C.D.C.R.}

folio 126 recto

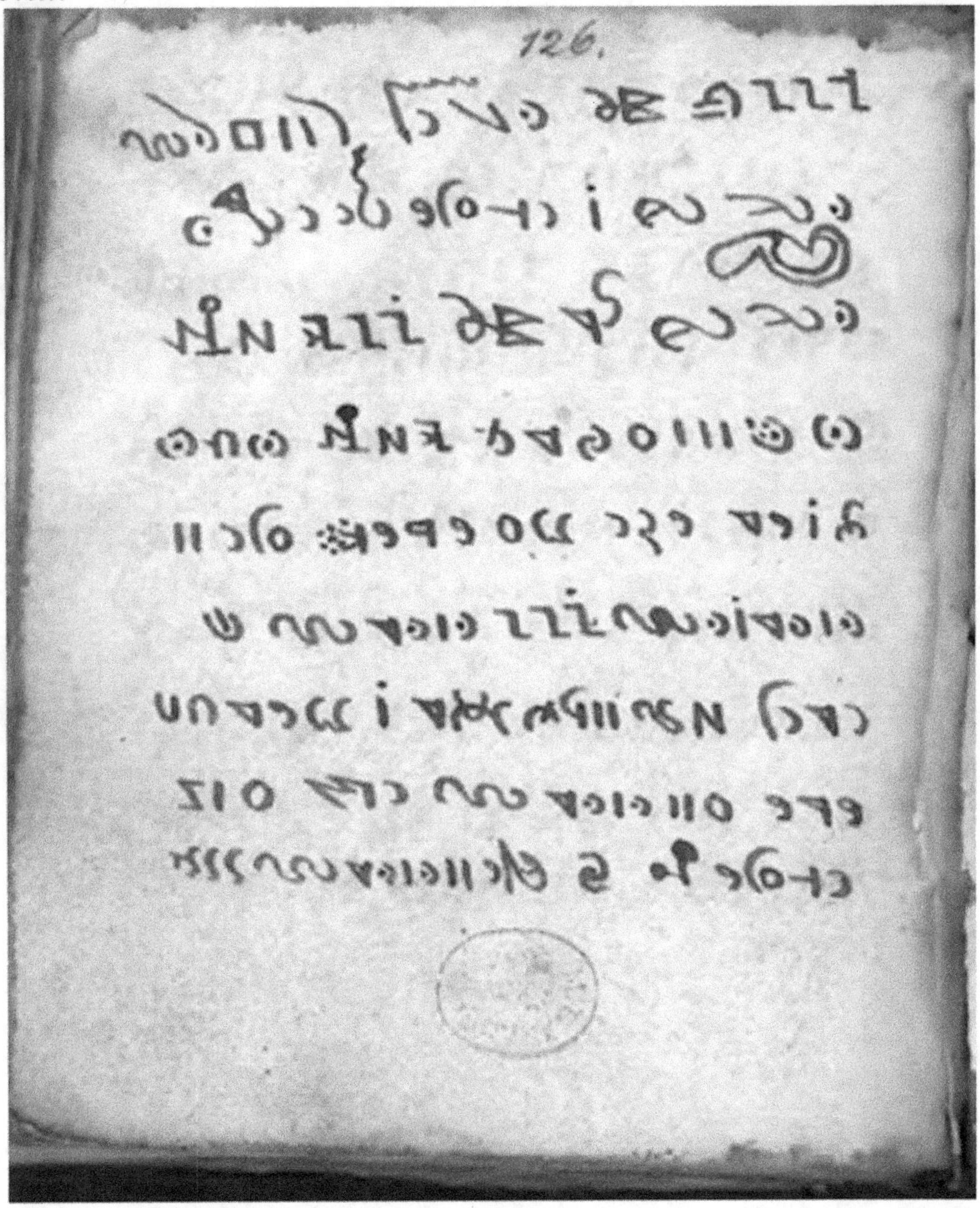

‹f126r°01-->   {.HX'H'H.BU.B'CV.CX.K.C.AS.R.I'I'XJ.CX.J.NE.}
‹f126r°02-->   {.CX.NK'NY.IX.C'F'O'R'CO.NG.C.C'BD.QX.}
‹f126r°02o°›   [Ornāmentum: Heart-shaped object.]
‹f126r°03-->   {.CX.NK'NY.S'D.B'CV.HX'H'HK.N'J0.}
‹f126r°04-->   {.Z.NP.X.I'I'I.O.C.Q.D.LT.HK.N'J0.Z.AC.Z.}
‹f126r°05-->   {.R'CU.IX.CO'D'CO.XB.C.W.O.CO'DP'CO.XF'XX.O.R.CO.I.I.}
‹f126r°06-->   {.CX'I'CX'D.IX.CX'NE.HX'H'H.CX'I'CX'D.NE.BK.}
‹f126r°07-->   {.C.D.C.R.N.U.I'I'G.RT'XI'D.IX.W'CO'D.XD.BL.}
‹f126r°08-->   {.CO'D'CO.O.I.I.CX'I'CX'D.NE.C'IZ.O.I'AG.}
‹f126r°09-->   {.C'F'O'R'CO.BH.CQ.EK.I.I.CX'I'CX'D.NE.S'S'ST.}

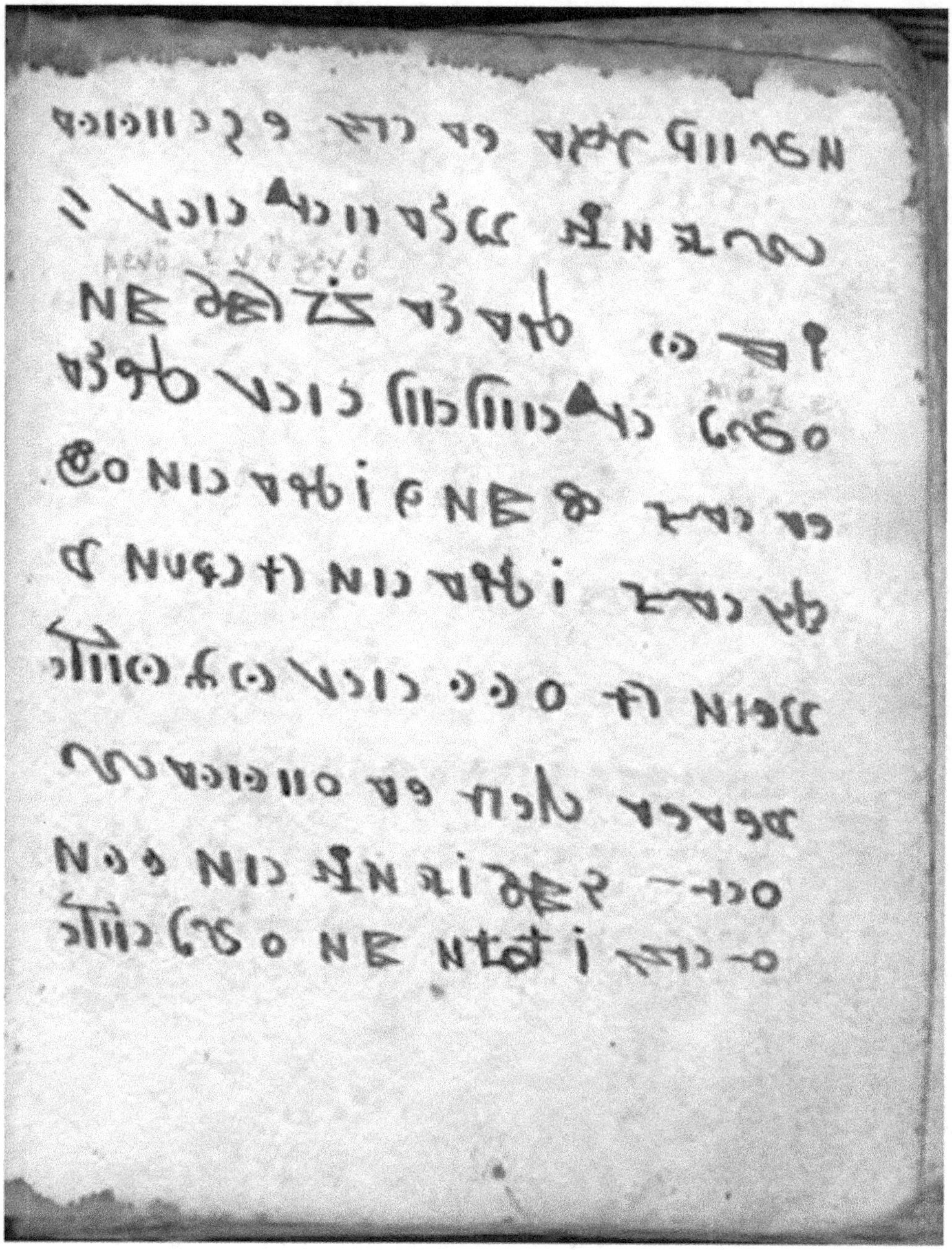

‹f126v°01--› {.N.U.I'I'G.XI'D.CO'D.C'IZ.CO.XB.C.I.I.CX'I'CX'D.}
‹f126v°02--› {.NE.HK.N'J0.XI.CC'D.I.I.C'BD.C.I.C.KB.≈.}
‹f126v°03--› {.IG.DB.Z.«.00.».EO.CO'D.CC'D.XW'X.L.B'CV.B'N.}
‹f126v°04--› {.O.U'QV.C'BD.C'I'I'AE.C'I'AE.C.I.C.KB.EO.CO.CC'D.}
‹f126v°05--› {.CO'D.C'D'HY.XQ.B'N.QX.IX.EO.CO'D.C'I'N.O.V.}
‹f126v°06--› {.C'L.X.XB.C'D'HY.IX.EO.CO'D.C'I'N.L.TA.C.QT.BL.N.V.}
‹f126v°07--› {.W.CO.I.N.L.TA.O.CX'CX.C.I.C.KB.Z.R'CU.Z.I'I'IU'C.}
‹f126v°08--› {.V'CO'D'CO'D.X2.≈.CO.AC.CO'D.O.I.I.CX'I'CX'D.NE.}
‹f126v°09--› {.O.C.F.J.XB'B'CV.IX.HK.N'J0.C'I'N.CX'CX.N.}
‹f126v°10--› {.OB.C'IZ.IX.TA.O.TA.N.B'N.O.U'QV.C.I'I'IU'C.}

folio 127 recto

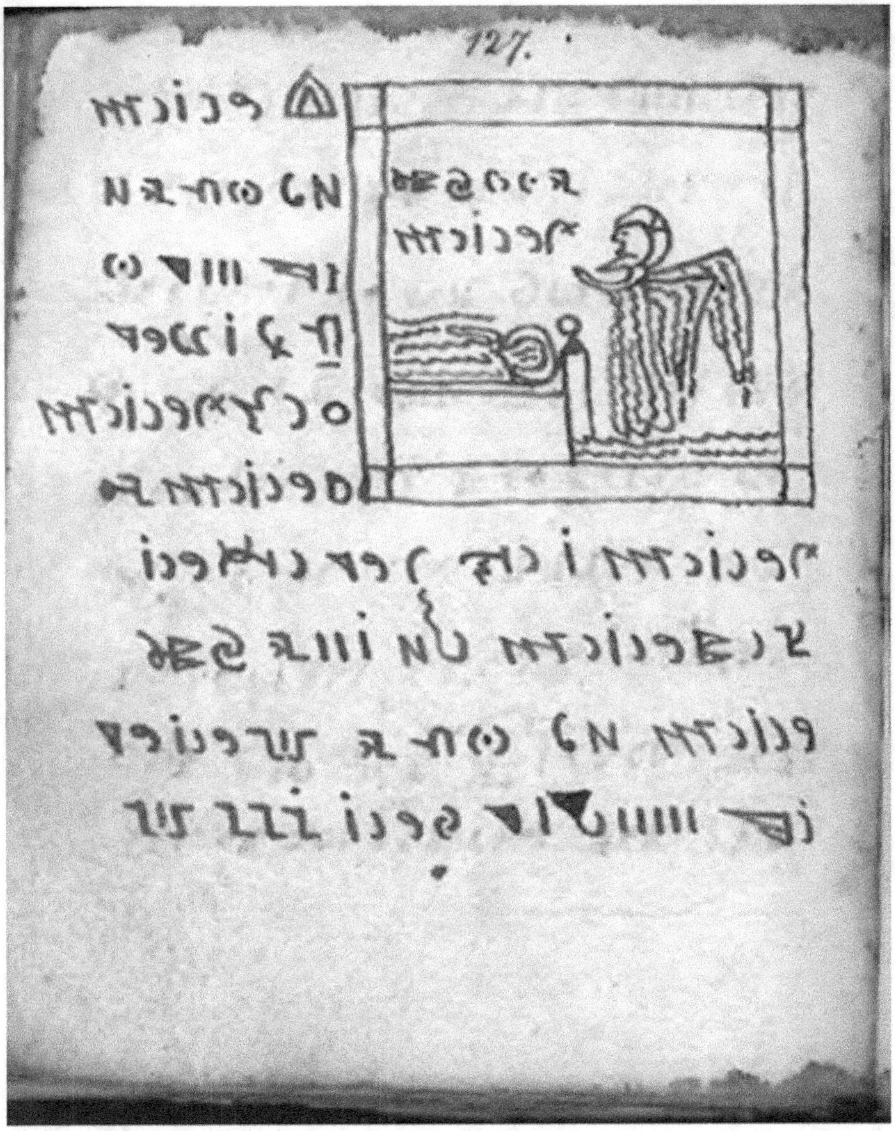

‹f127rº00iº› [Illūstrātiō: P-58:URLS Angel on water w/ man under blanket. Bethesda pool.]
‹f127rº01--› {.XU.CO'C'IX'C'A'A'A.}
‹f127rº02R1› {.HK.QX.XD.CQ.B'CV.}
‹f127rº02L1› {.N'QV.Z.AC.HK.N.}
‹f127rº03R2› {.RT.CO'C'IX'C'A'A'A.}
‹f127rº03L3› {.I.DB.I'I'I.D.Z.}
‹f127rº04--› {./.AC.\.QT.IX.W'CO'D.}
‹f127rº05--› {.O.C.QD.RT.CO'C'IX'C'A'A'A.}
‹f127rº06--› {.CD.CO'C'IX'C'A'A'A.HF.O.}
‹f127rº07--› {.RT.CO'C'IX'C'A'A'A.IX.C.F.BO.R.CO'D.C.XI.CO.C.IX.}
‹f127rº08--› {.HY.C.B.CO'C'IX'C'A'A'A.NG.N.IX'I'I'HK.CQ.B'CV.}
‹f127rº09--› {.CO'C'IX'C'A'A'A.N'QV.Z.AC.HK.HR.I.H.CO.C.IX.CO'D.}
‹f127rº10--› {.C'DB.I'I'I'I'I.XE.D.C.Q.CO.C.IX.HX'H'H.AG'I'H.}

folio 127 verso

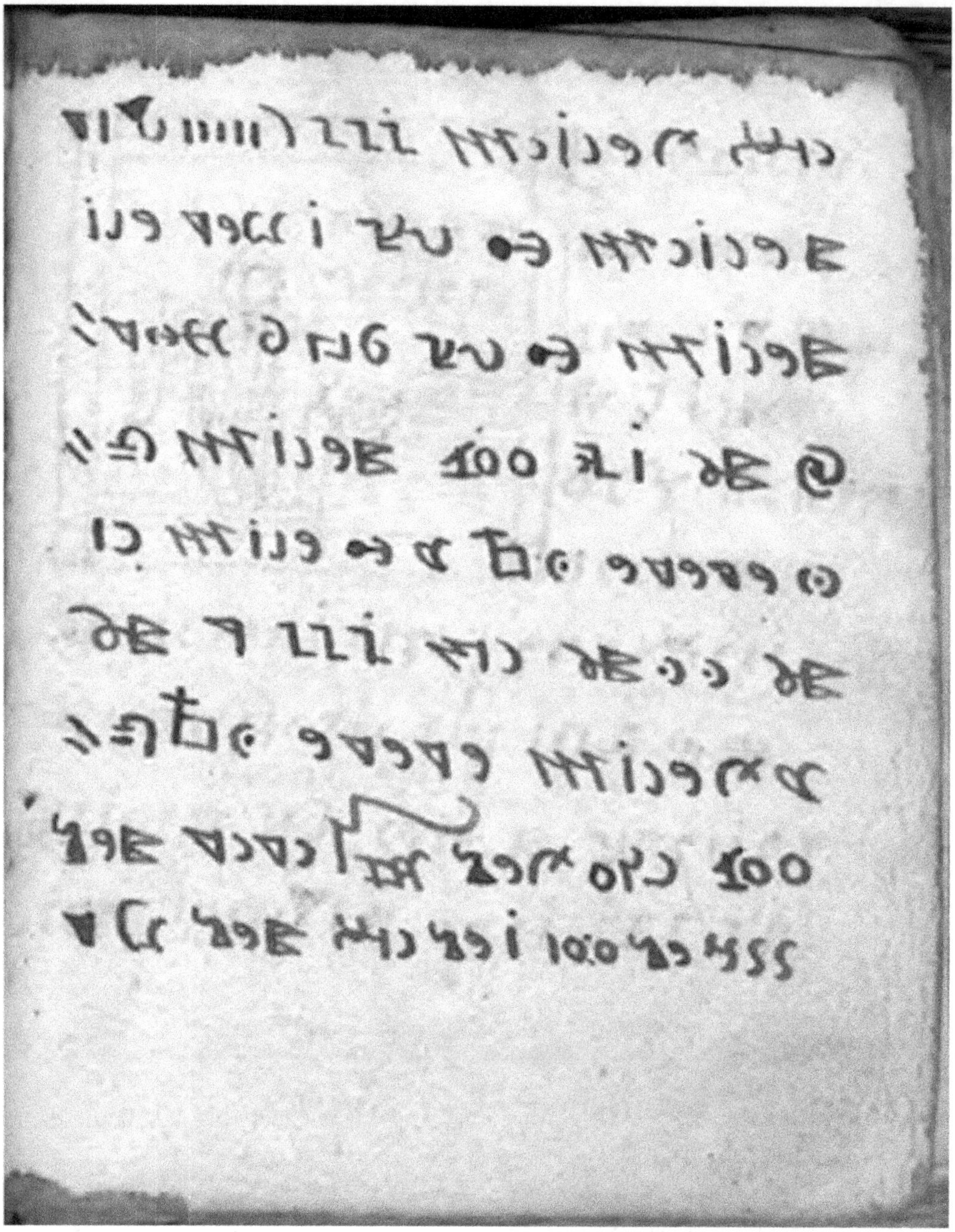

‹f127vº01--> {.C.XI.RT.CO'C'IX'C'A'A'A.HX'H'H.L.I'I'I'I'I.XE.I.D.}
‹f127vº02--> {.B.CO'C'IX'C'A'A'A.CE'O.BL.IX.W'CO'D.CO.C.IX.}
‹f127vº03--> {.B.CO.C.IX.AA.A.CE'O.BL.QV'KE'BB.|.Q'Q'Z'D.|.≈.}
‹f127vº04--> {.CQ.B'CV.IX.HK.O'O'IA.B.CO.C.IX.AA.A.BU.≈.}
‹f127vº05--> {.Z.CO'D'CO'D'CO.QX.NN.V.CE'O.CO.K.IX.AA.A.C.I.}
‹f127vº06--> {.B'CV.CX'CX.B'CV.C'IZ.HX'H'H.DP.B'CV.}
‹f127vº07--> {.V.RT.CO.C.IX.AA.A.CO'D'CO'D'CO.QX.NN.BU.≈.}
‹f127vº08--> {.O'O'IA.BE'I'O.RT.CO.E.BQ.BC.CU.XB.C'D'C'D.B.CO.E.}
‹f127vº09--> {.S'S'ST.CO.E.O'X2'O'I.IX.CO.E.C.XI.B.CO.E.XI'D.}

folio 128 recto

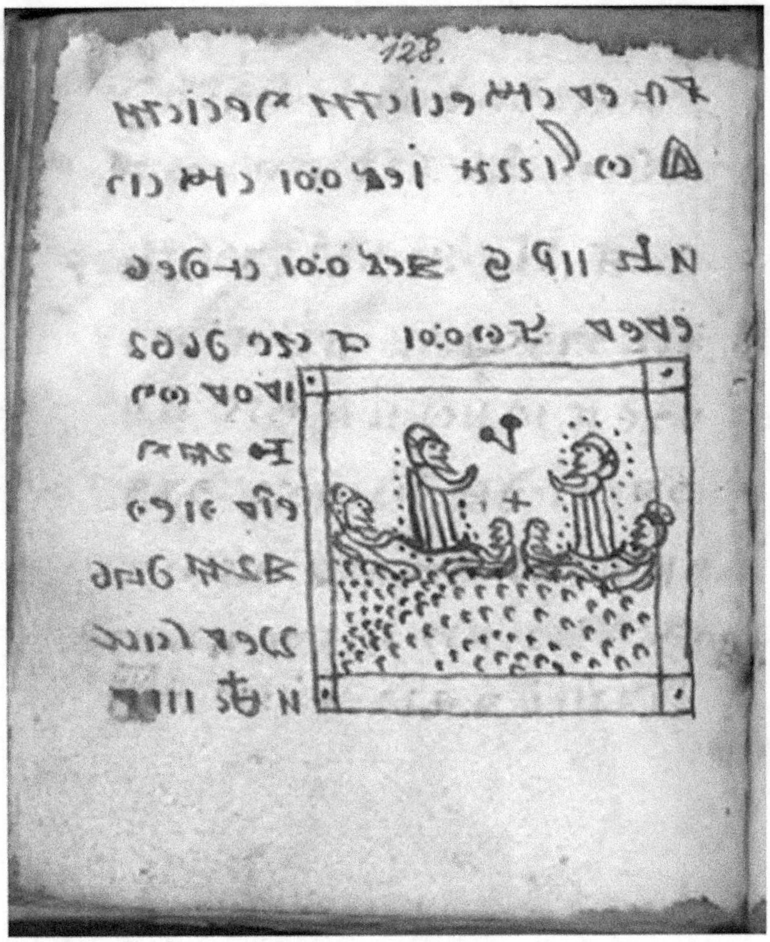

<f128r°01--> {.BI.AC.CO'D.C.XI.CO.C.I.C'A'A'A.RT.CO'C'IX'C'A'A'A.}
<f128r°02--> {.XU.Z.L.C.L.I.S'S'ST.IX.CO.E.O'X2'O'I.C.XI.C'I'Q.}
<f128r°03--> {.N'J0.I'I'G.CQ.B.CO.E.O'X2'O'I.C'F'O'R'CO.BB.}
<f128r°04--> {.CO'D'CO'D.HY.Z.O'X2'O'I.HM.C.AG.L.QV.CV.BB.S.}
<f128r°05i°> [Illūstrātiō: P-59:LRLS Two glorified men between cross (.T.) w/ men beneath .BH.]
<f128r°05--> {.I'D'O'D.Z.RT.}
<f128r°05t°> [Trānslātiō: "Hear the holy..."]
<f128r°06--> {.NB.}
<f128r°06t°> [Trānslātiō: "...Word!"]
<f128r°06n°> [Notā Bene: Symbol <f128r°06> above occurs within illustration P-59.]
<f128r°07--> {.NB.BA.RT.}
<f128r°07t°> [Trānslātiō: "...Word of Saint..."]
<f128r°08--> {.CO'IH'D.QX.I.CO.QX.}
<f128r°08t°> [Trānslātiō: "...Luke in chapter one..."]
<f128r°09--> {.B'BA.QV'KE'BB.}
<f128r°09t°> [Trānslātiō: "...of his when..."]
<f128r°10--> {.W'CO'D.L.C.I.CU'C.}
<f128r°11--> {.N'C0.I'I'I.D.}

folio 128 verso

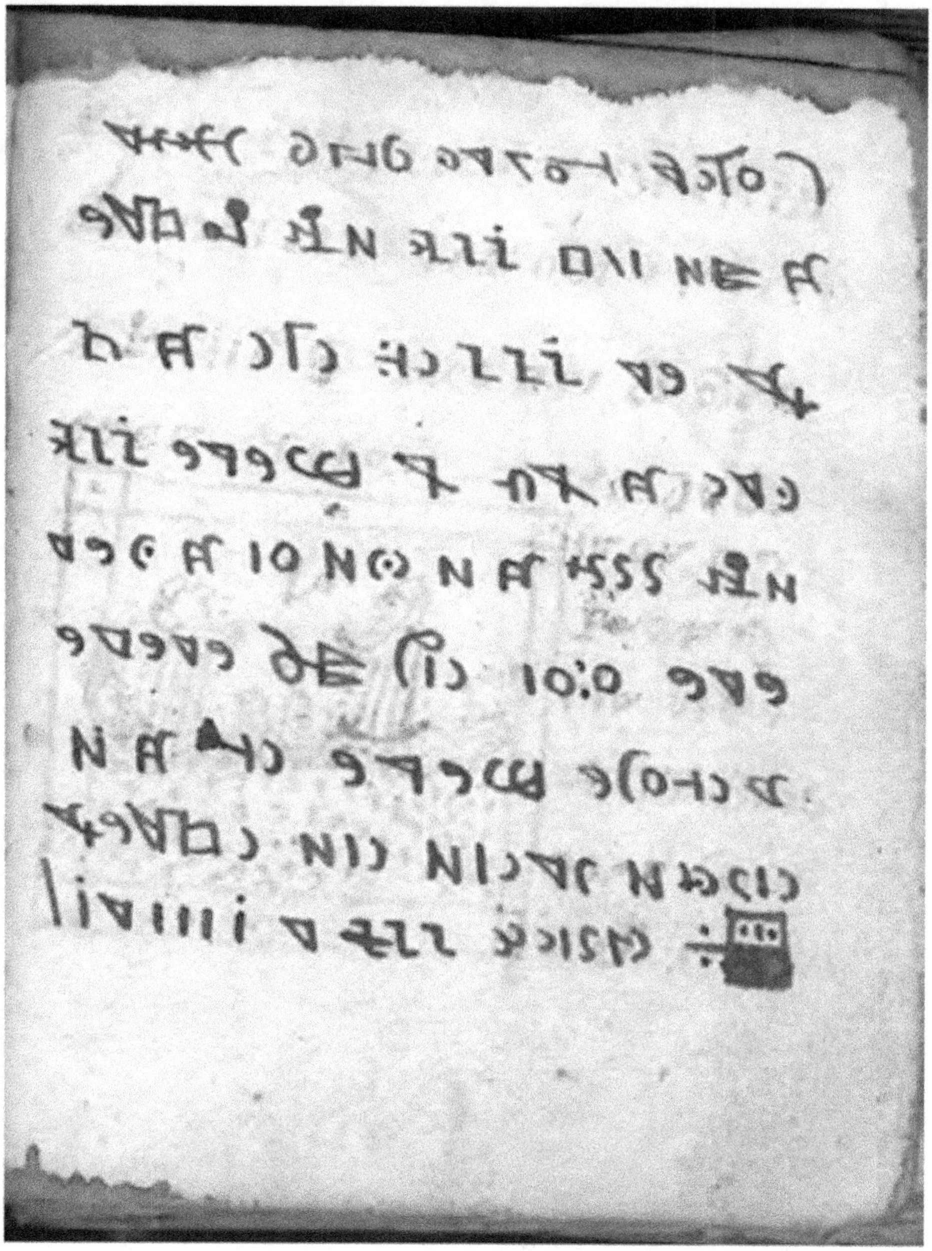

‹f128vº01--> {.L.O.IU.C.L'D.XV.O.A.D.CX.QV'KE'BB.Q.Q.Z.D.}

‹f128vº02--> {.NA.B'N.I'I'XJ.HX'H'HK.N'J0.BH.XJ'D'CO'BY.}

‹f128vº02fº› [Fissum: ‹f128vº02› .XJ.D.CO. and ‹f128vº03› .BY.]

‹f128vº03--> {.«.88.».CO'D.HX'H'H.C.F'X2.C.RA.C.NA.HM.}

‹f128vº04--> {.CX.D.C.NA.BI.AC.BI.BR.CO'D'CO.HX'H'HK.}

‹f128vº05--> {.N'J0.S'S'ST.NA.N.Z.N.O.I.NA.QX.CO'D.}

‹f128vº06--> {.CO'D'CO.O'X2'O'I.C.I.RO.B'CV.CO'D'CO'D'CO.}

‹f128vº07--> {.V.C'F'O'R'CO.BR.CO'DP'CO.C'BD.NA.N.}

‹f128vº08--> {.C.I.RB.CX.I.N.RB.D.C'I'N.C'I'N.C.XJ'D'CO'BY.}

‹f128vº09--> {.|.C.F'X2.|.F'X2.C.A.S.I.C.CU.C.H'H'HF.D.IX.II.I.D.IX.II.}

‹f128vº09oº› [Ornāmentum: Owl/box/object.]

folio 129 recto

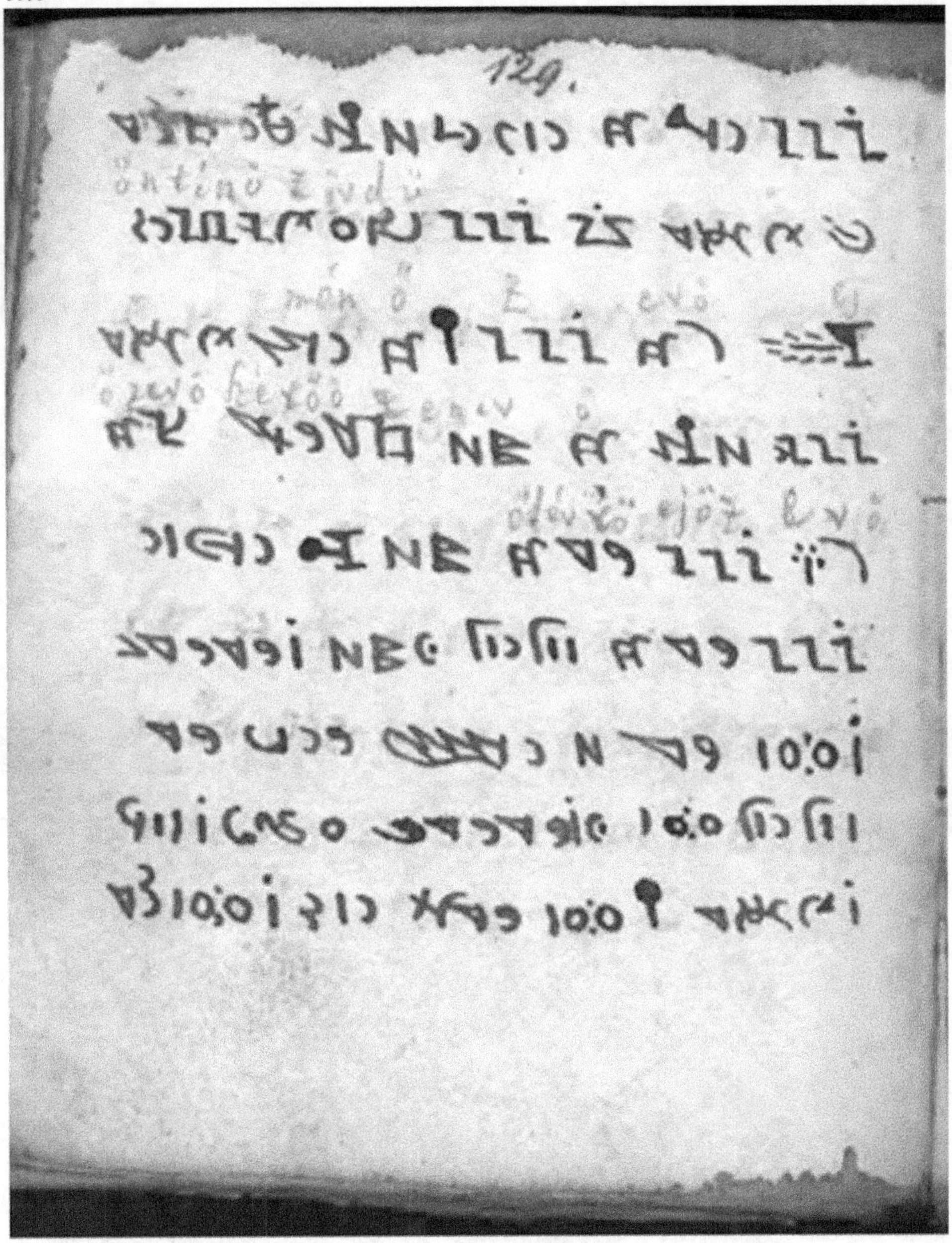

‹f129r°01--› {.HX'H'H.C'BD.NA.C.I.QX.C'EY.N'J0'C0.HM.CC'D.}
‹f129r°02--› {.BK.RT'XI'D.XW'X.HX'H'H.BE'I'O.RT'HF'HS.C.XB.}
‹f129r°03--› {.TK.L.NA.HX'H'H.IG.NA.give.RT'XI'D.}
‹f129r°04--› {.HX'H'HK.N'J0.NA.B'N.XJ'D'CO'BY.HY.HY.NA.}
‹f129r°05--› {.L.I'X4.HX'H'H.CO'D.NA.B'N.NB.C'F'Q'I'C.}
‹f129r°06--› {.HX'H'H.CO'D.NA.I'AE.C'AE.QX.B'N.IX.CO'D'CO'D'K.}
‹f129r°07--› {.IX.O'X2'O'I.CO'D.N.C'M.CO.C.IJ'CO.D.}
‹f129r°08--› {.I'AE.C'AE.O'X2'O'I.QX.IX.CO'D'CO'D'CO.O.U'QV.IX.I'I'G.}
‹f129r°09--› {.IX.RT'XI'D.IG.O'X2'O'I.CO'D'R'T.C.I.CC.IX.O'X2'O'I.CC'D.}

folio 129 verso

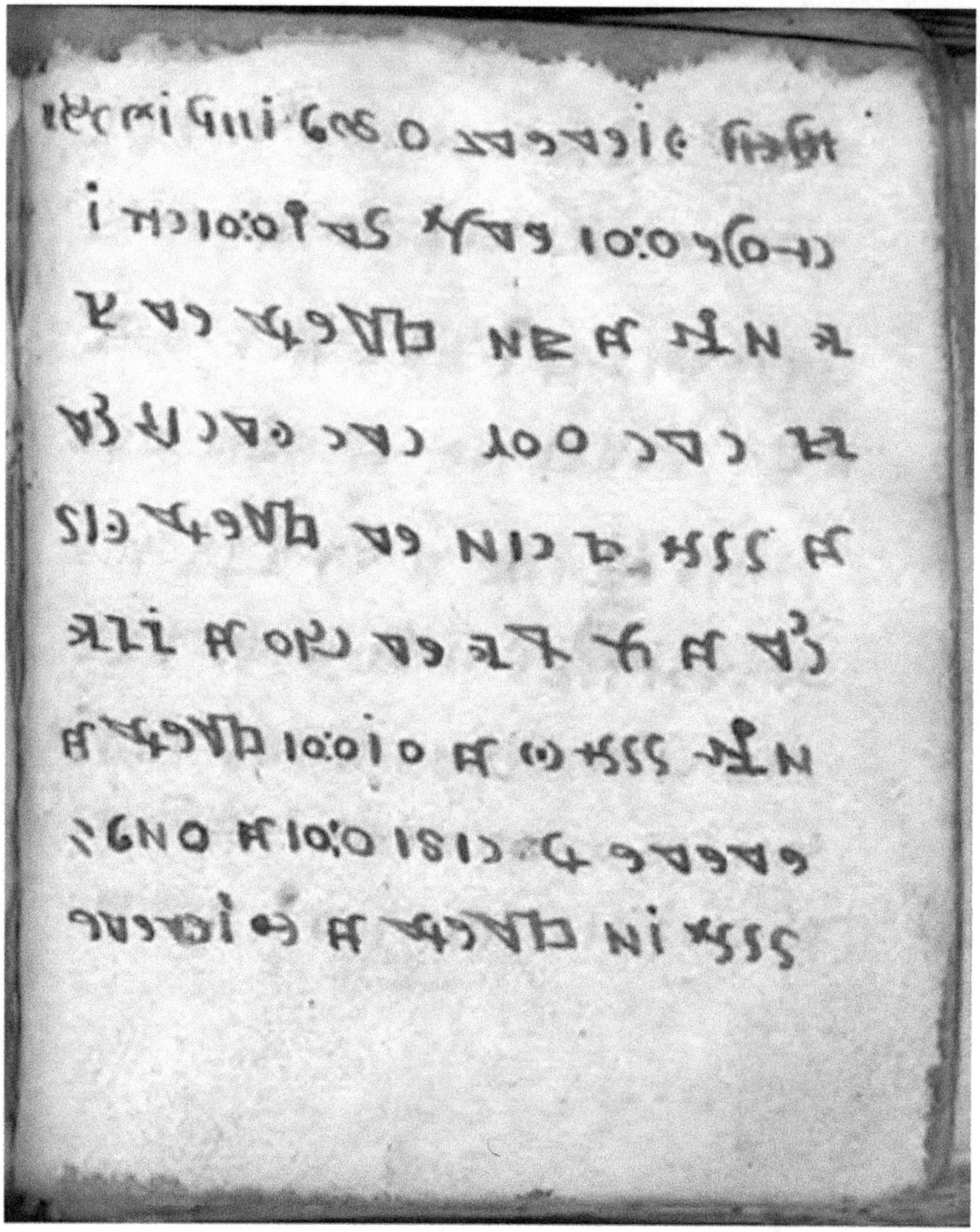

‹f129v°01--> {.|.I'AE.C'AE.|.QX.IX.CO'D'CO'D'K.O.U'QV.IX.I'I'G.IX.RT'XI'D.}

‹f129v°01t°› [Trānslātiō: "In the Name of the Father, Son, and the Holy Spirit."]

‹f129v°02--> {.C'F'O'R'CO.O'X2'O'I.CO'D'R'T.S'D.IG.O'X2'O'I.C'I'T.IX.}

‹f129v°03--> {.HK.N'J0.NA.B'N.XJ'D'CO'BY.CO'D'HY.}

‹f129v°04--> {.HF'H.C.D.C.O'O'P.C.D.C.CX.D.C.HA.CC'D.}

‹f129v°05--> {.NA.S'S'ST.HM.C'I'N.CO'D.XJ'D'CO'BY.CX.I.S.}

‹f129v°06--> {.CC'D.NA.EG.J.BI.HK.CO'D.BE'I'O.NA.HX'H'HK.}

‹f129v°07--> {.N'J0.S'S'ST.Z.NA.O.IX.O'X2'O'I.XJ'D'CO'BY.NA.}

‹f129v°08--> {.CO'D'CO'D'CO.QT.C.I.S.I.O'X2'O'I.NA.O.N'QV.≈.}

‹f129v°09--> {.S'S'ST.IX.N.XJ'D'CO'BY.NA.CE'O.IX.CO'D'CO'D'CO.}

folio 130 recto

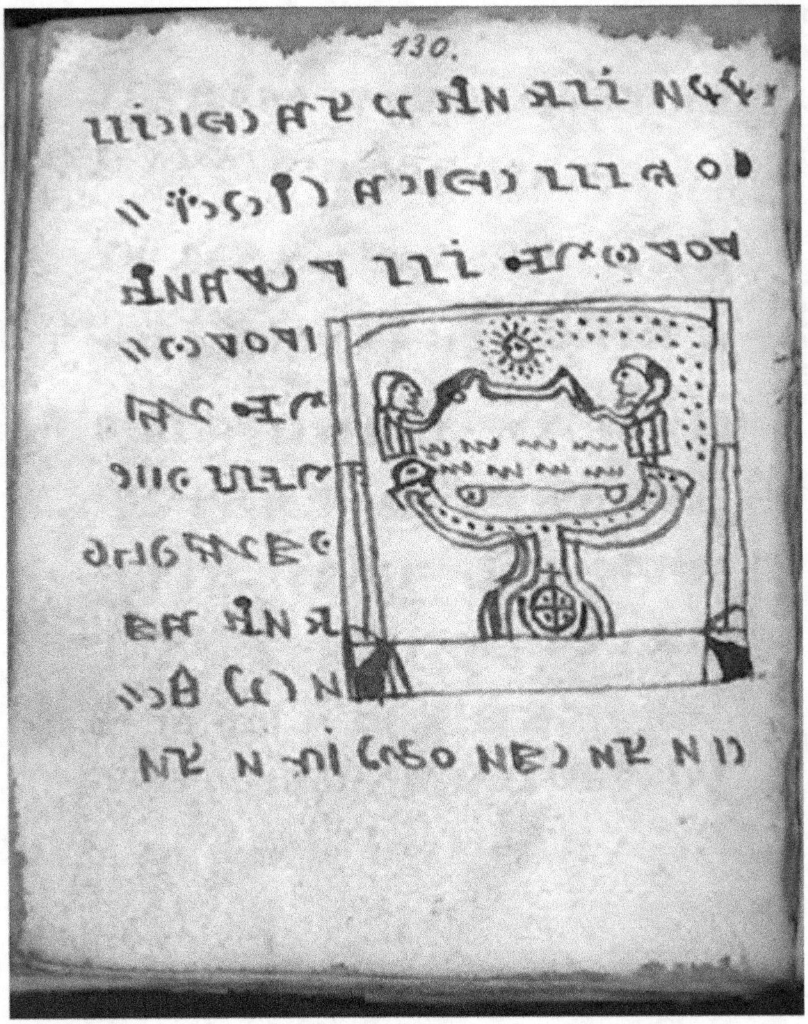

<f130r°01--> {.QT.QT.N.HX'H'HK.N'J0.XI.HY.NA.C'F'Q'I'C.HX'H'H.}
<f130r°02--> {.BV.O.Y.HX'H'H.C'F'Q'I'C.NA.L.IG.C'S'C.I'X4.≈.}
<f130r°03--> {.D'O'D.Z'RT'NB.HX'H'H.DP.CU'D.NA.N'J0.}
<f130r°04i°> [Illūstrātiō: P-60:LRLS Two men on either side of body of water; sun overhead.]
<f130r°04--> {.I'D'O'D.Z.≈.}
<f130r°04t°> [Trānslātiō: "Hear the..."]
<f130r°05--> {.RT'NB.BA.}
<f130r°05t°> [Trānslātiō: "...holy Word of..."]
<f130r°06--> {.RT'HF'HS.QX.I.I.CO.}
<f130r°06t°> [Trānslātiō: "...Saint John in chapter two..."]
<f130r°07--> {.QX.B'BA.QV'KE'BB.}
<f130r°07t°> [Trānslātiō: "...of his when..."]
<f130r°08--> {.HK.N'J0.NA.B.}
<f130r°08t°> [Trānslātiō: "...the Lord Jesus...his disciple..."]
<f130r°09--> {.N.L.W.BW.C.≈.}
<f130r°10--> {.C'I'N.HY.N.C.B'N.O.U'QV.IX.AC.N.HY.N.}

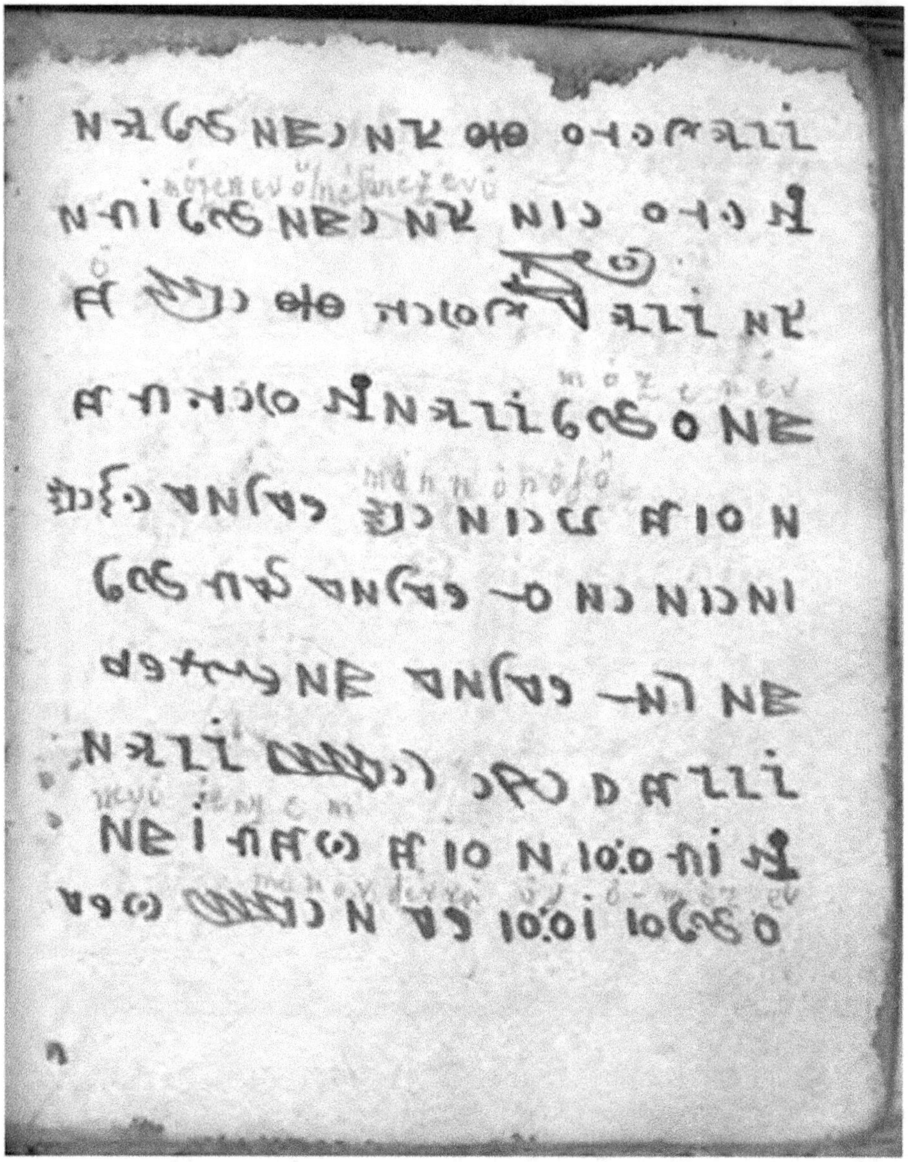

‹f130vº01-->   {.HX'H'HK.RT.CX'F'O.OC.HY.N.C.B'N.U'QV.HK.N'J0.}
‹f130vº01fº›   [Fissum: ‹f130vº01› .N. and ‹f130vº02› .J0.]
‹f130vº02-->   {.«.88.».CX'F'O.C'I'N.HY.N.X.C.B'N.U'QV.IX.AC.N.}
‹f130vº03-->   {.HY.N.HX'H'HK.«.99.».RT.O.QA.C'XV.X.OC.C'M.NA.}
‹f130vº03aº›   [Abbreviatiōnem: .«.99.».=Mouse/rodent.]
‹f130vº04-->   {.B'N.O.U'QV.HX'H'HK.N'J0.O.Q.C'XV.X.AC.NA.}
‹f130vº05-->   {.N.O.I.NA.XI.C'I'N.C'XG.CO'D'R'N'D.CX.XS.C'XG.}
‹f130vº06-->   {.I.N.C'I'N.C.N.OB.CO'D'R'N'D.S'D.AC.U'QV.}
‹f130vº07-->   {.B'N.L.N.IR.CO'D'R'N'D.B'N.C.AS.T.CO.OD.}
‹f130vº08-->   {.HX'H'H.NA.CD.EK'EY.C.L.C'M.HX'H'HK.N'J0.}
‹f130vº08fº›   [Fissum: ‹f130vº08› .N. and ‹f130vº09› .J0.]
‹f130vº09-->   {.«.88.».IX.AC.O'X2'O'I.N.O.IX.NA.Z.NA.AC.IX.B'N.}
‹f130vº10-->   {.O.U'QV.O.I.IX.O'X2'O'I.CO'D.N.C'M.Z.CO'D.}

folio 131 recto

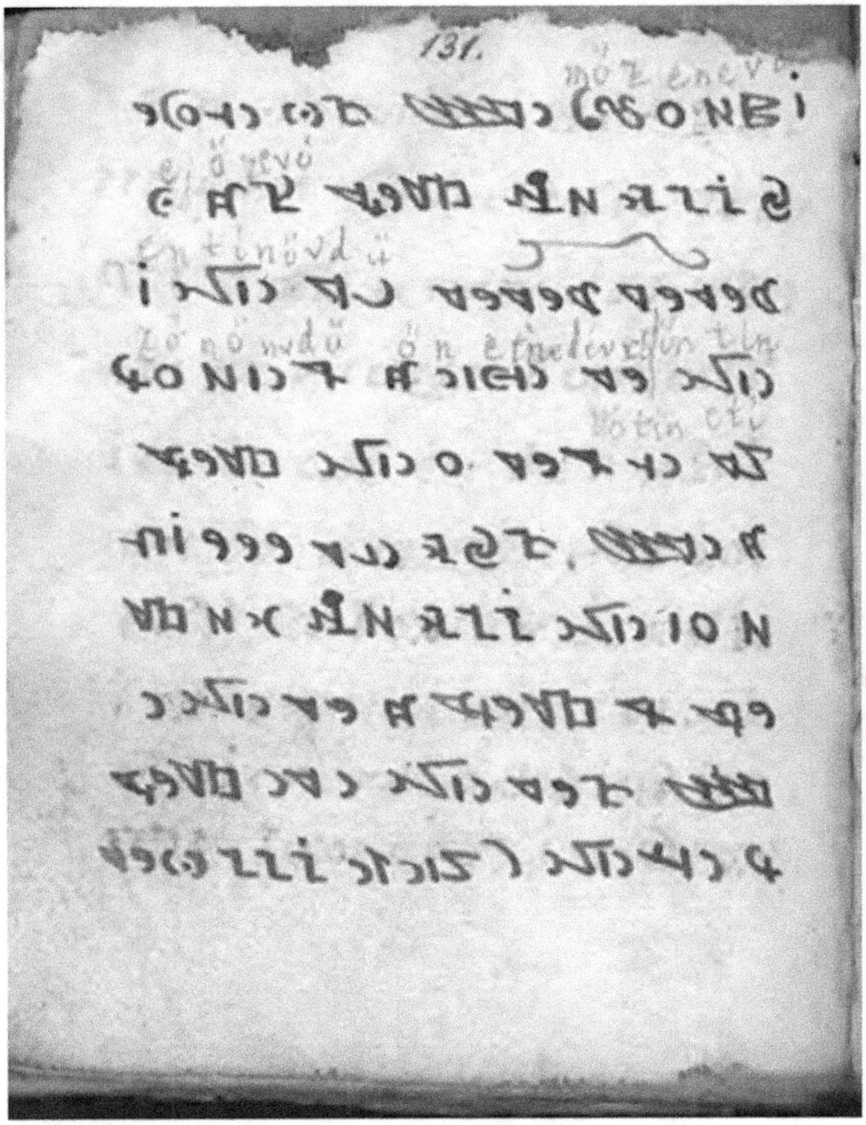

‹f131r°01--› {.IX.B'N.O.U'QV.C'M.HM.Z.C'F'O'R'CO.}
‹f131r°02--› {.CQ.HX'H'HK.N'J0.XJ'D'CO'BY.HY.NA.QX.}
‹f131r°03--› {.V'CO'D'CO'D.V'CO'D'CO'D.CU'D.C.I'AG.C.IX.}
‹f131r°04--› {.C.I'AG.CO'D.C'F'Q'I'C.NA.BI.C'I'N.O.QT.}
‹f131r°05--› {.AG'D.C.F.BI.CO'D.O.C.I'AG.C.XJ'D'CO'BY.}
‹f131r°06--› {.NA.C'M.HM.CQ.HK.C.K.D.CO'CO'CO.IX.AC.}
‹f131r°07--› {.N.O.I.C.I'AG.C.HX'H'HK.N'J0.Q.C.N.XJ'D'CO'BY.}
‹f131r°07f°› [Fissum: ‹f131r°07› .XJ.D. and ‹f131r°08› .CO.BY.]
‹f131r°08--› {.«.88.».BI.XJ'D'CO'BY.NA.CO'D.C.I'AG.C.C'M.}
‹f131r°08f°› [Fissum: ‹f131r°08› .C. and ‹f131r°09› .M.]
‹f131r°09--› {.«.88.».HM.CO'D.C.I'AG.C.C.D.C.XJ'D'CO'BY.}
‹f131r°10--› {.QT.C'BG.C.I'AG.C.L.AG.I.C.A.CO.HX'H'H.Z.CO'D.}

folio 131 verso

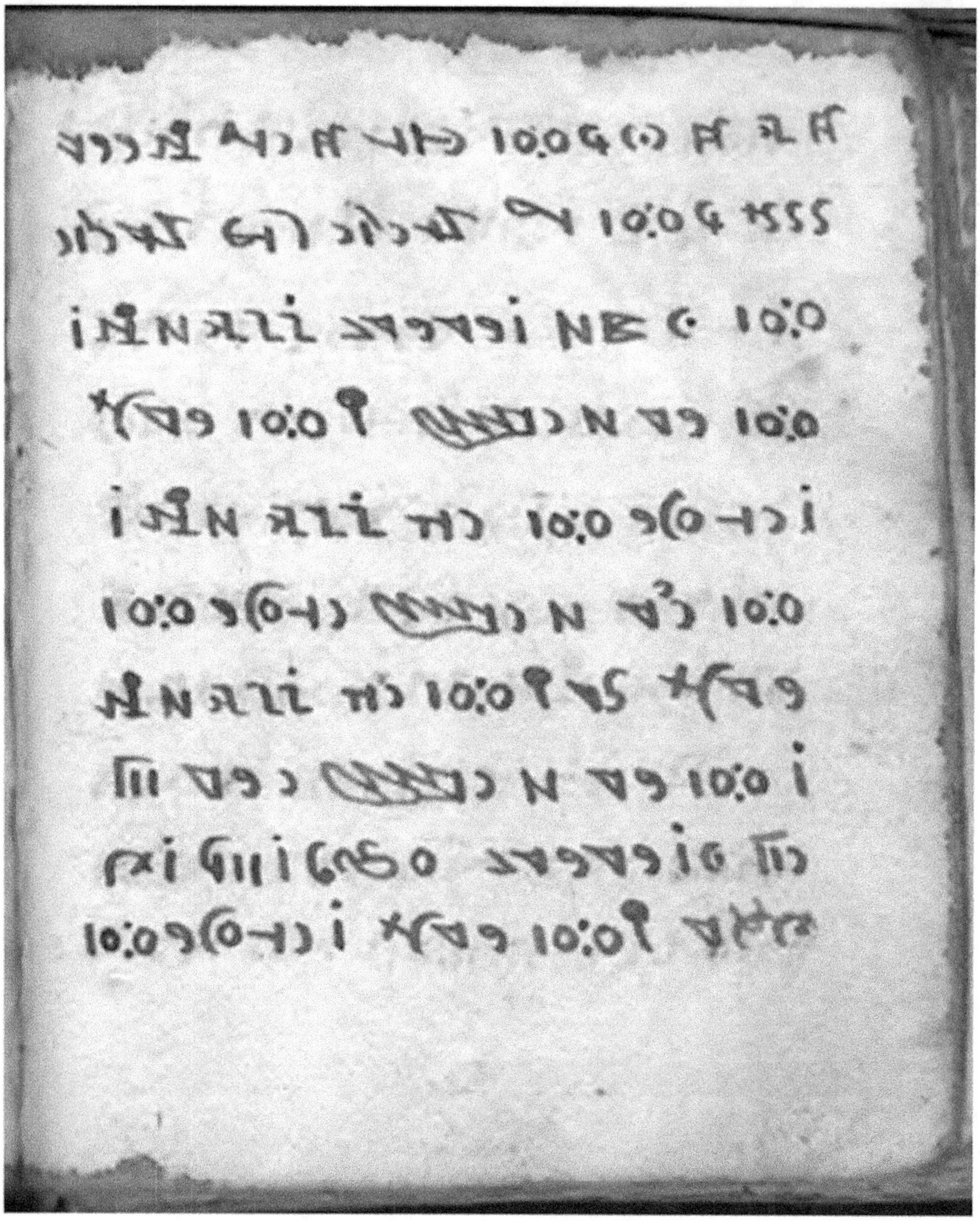

‹f131v°01--> {.NA.HK.NA.Z.QT.O'X2'O'I.CX.I.K.NA.C'BD.J0.C.CO.XF.}
‹f131v°02--> {.S'S'ST.QT.O'X2'O'I.XV'O.AG'D.C.IH.C.L.F.Q.AG'D.C.IH.C.}
‹f131v°03--> {.O'X2'O'I.QX.B'N.IX.CO'D'CO'D'K.HX'H'HK.N'J0.IX.}
‹f131v°04--> {.O'X2'O'I.CO'D.N.C'M.IG.O'X2'O'I.CO'D'R'T.}
‹f131v°05--> {.IX.C'F'O'R'CO.O'X2'O'I.C'I'T.HX'H'HK.N'J0.IX.}
‹f131v°06--> {.O'X2'O'I.CC'D.N.C'M.C'F'O'R'CO.O'X2'O'I.}
‹f131v°07--> {.CO'D'R'T.S'D.IG.O'X2'O'I.C'I'T.HX'H'HK.N'J0.}
‹f131v°08--> {.IX.O'X2'O'I.CO'D.N.C'M.C.CO'D.I'AE.C'AE.}
‹f131v°08f°› [Fissum: ‹f131v°08› .I'AE. and ‹f131v°09› .C'AE.]
‹f131v°09--> {.«.88.».QX.IX.CO'D'CO'D'K.O.U'QV.IX.I'I'G.IX.RT.}
‹f131v°10--> {.XI'D.IG.O'X2'O'I.CO'D'R'T.IX.C'F'O'R'CO.O'X2'O'I.}

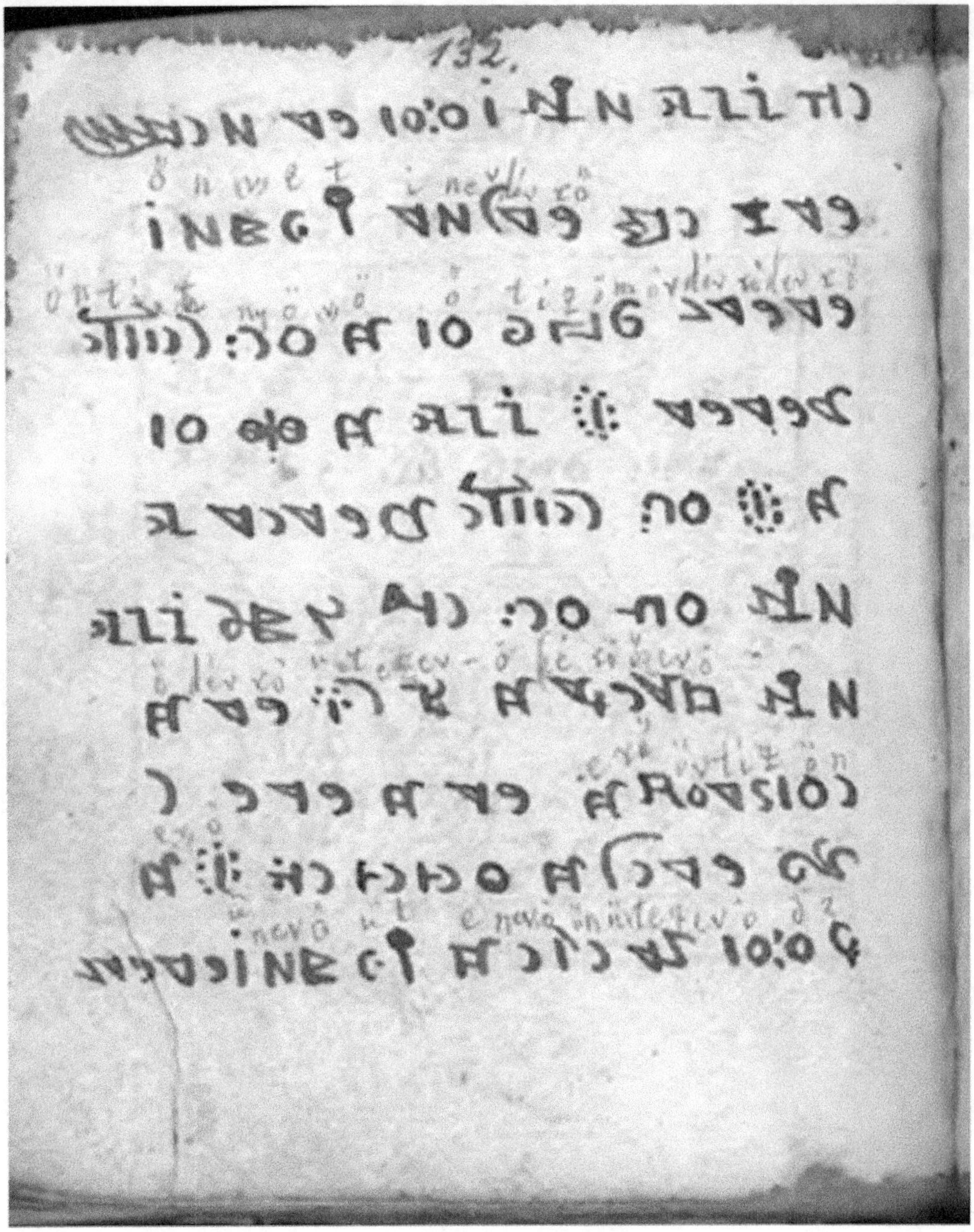

‹f132rº01--› {.C'I'T.HX'H'HK.N'J0.IX.O'X2'O'I.CO'D.N.C'M.}
‹f132rº02--› {.CO'D.BC.C'XG.CO'D'R'N'D.IG.QX.B'N.IX.}
‹f132rº03--› {.CO'D'CO'D'K.QV'KE'BB.O.I.NA.O.L'X2.L.C.I'I'IU'C.}
‹f132rº04--› {.V'CO'D'CO'D.((.I.)).HX'H'HK.NA.OC.O.I.}
‹f132rº05--› {.NA.((.I.)).O.L'X2.L.C.I'I'IU'C.V'CO'D'CO'D.HK.}
‹f132rº06--› {.N'J0.O.AC.O.L'X2.C'BD.EK.B'CV.HX'H'HK.}
‹f132rº07--› {.N'J0.XJ'D'CO'BY.NA.HY.L.I'X4.CO'D.NA.}
‹f132rº08--› {.C.O.I.S.D.O.XA.NA.CO'D.NA.CO'D'CO.L.}
‹f132rº09--› {.UD.CO'D.C.R.NA.O.CX.I.CX.I.C.F'X2.((.I.)).NA.}
‹f132rº10--› {.QT.O'X2'O'I.AG'D.C.IH.C.NA.IG.QX.B'N.IX.CO'D'CO'D'K.}

‹f132v°01-->   {.HX'H'H.C.J.BI.CO.O'X2'O'I.O.I.S.D.HY.NA.IG.CO.O.}
‹f132v°02-->   {.S.NA.QX.B'N.IX.C.D.CO'D.K.D'O'D.CX.RT'NB.}
‹f132v°03i°›   [Illūstrātiō: P-61:BCLS Angel in boat/moon over king on throne; hill behind.]
‹f132v°03-->   {.QV'KE'BB.W'CO'D./.Q'Q'C'Q'D.\.CQ.B.BB.}
‹f132v°04-->   {.RT.CO'CV'XC.XU.QV'KE'BB.W'CO'D.}

folio 133 recto

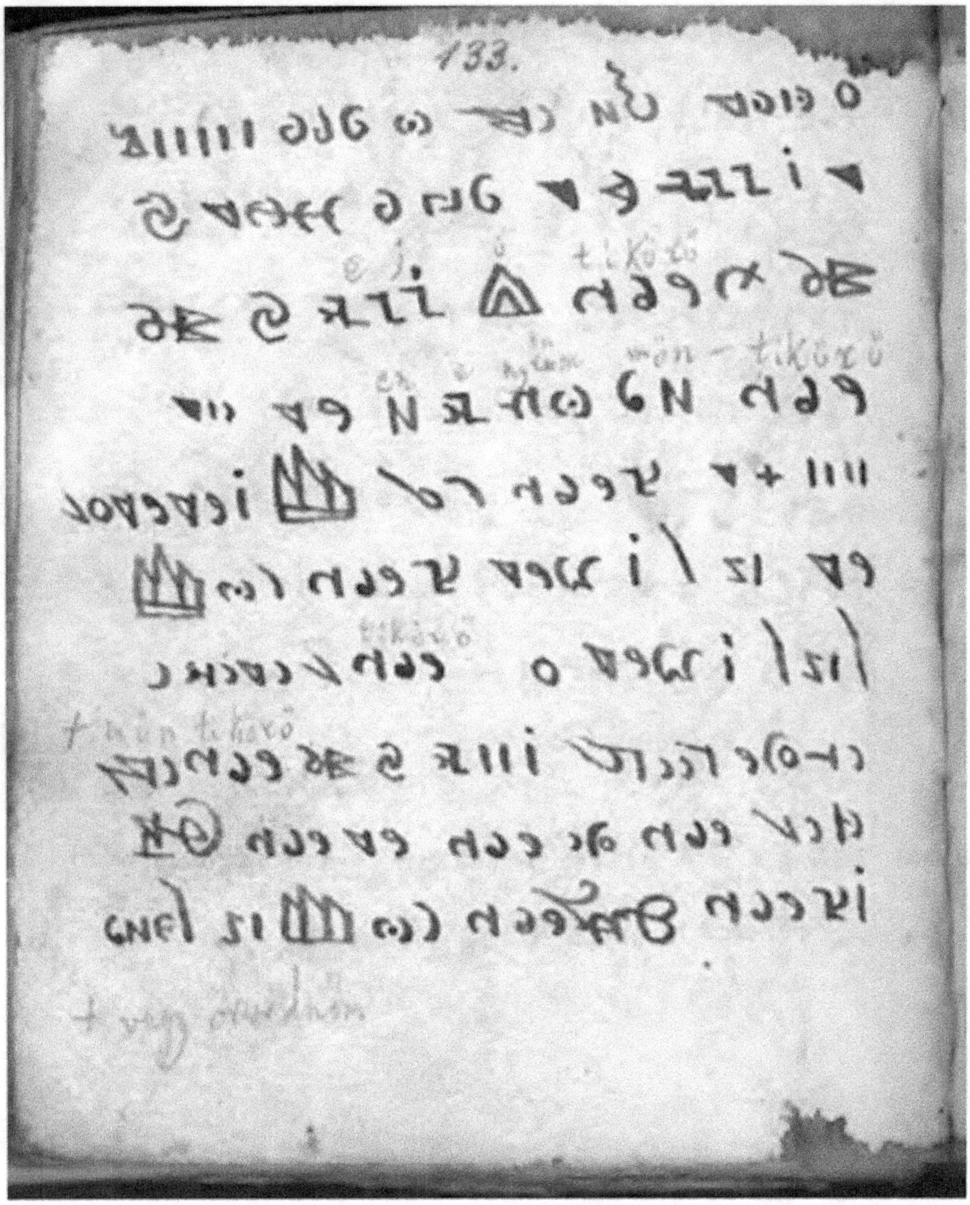

‹f133rº01--›	{.O.CX'I'CX'D.NG.N.C'DB.Z.QV.MC.BB.I'I'I'I'I.E.}
‹f133rº01hº›	[Hyperbolē: .MC. has been changed to complete the grapheme .QV'KE'BB. in ‹f133rº01› above.]
‹f133rº02--›	{.D.IX.H'H'HF.CY.D.QV'KE'BB.|.Q.Q.C.Q.|.D.CQ.}
‹f133rº03--›	{.B'CV.RT.CO'CV'XC.XU.HX'H'HK.CQ.B'CV.}
‹f133rº04--›	{.RT.CO'CV'XC.XU.QV.KE.CE.W'CO'D.}
‹f133rº05--›	{.I'I'I'I.T.D.HY.CO'CV'XC.L.OB.XM.IX.C.D.CO'D.O.K.}
‹f133rº06--›	{.CO'D.I'AG.II.IX.W'CO'D.HY.CO'CV'XC.L.Z.XN.}
‹f133rº07--›	{.II.I'AG.II.IX.W'CO'D.O.«.00.».CO'CV'XC.K.C.D.C'BD.C.}
‹f133rº08--›	{.C'F'O'R'CO.L'C'C.XV'C.IX'I'I'HK.CQ.B'CV.CO'CV'XC.C'IZ.}
‹f133rº09--›	{.CX.I.C.KB.C.CV.XC.O.R.C.CO'CV'XC.CO'D.CO'CV'XC.L.DN./.D.\.}
‹f133rº10--›	{.IX.HY.CO.C.XC.B.NA.EK.CO'CV'XC.L.Z.XM.I'AG.L.QE.N'QV.}

folio 133 verso

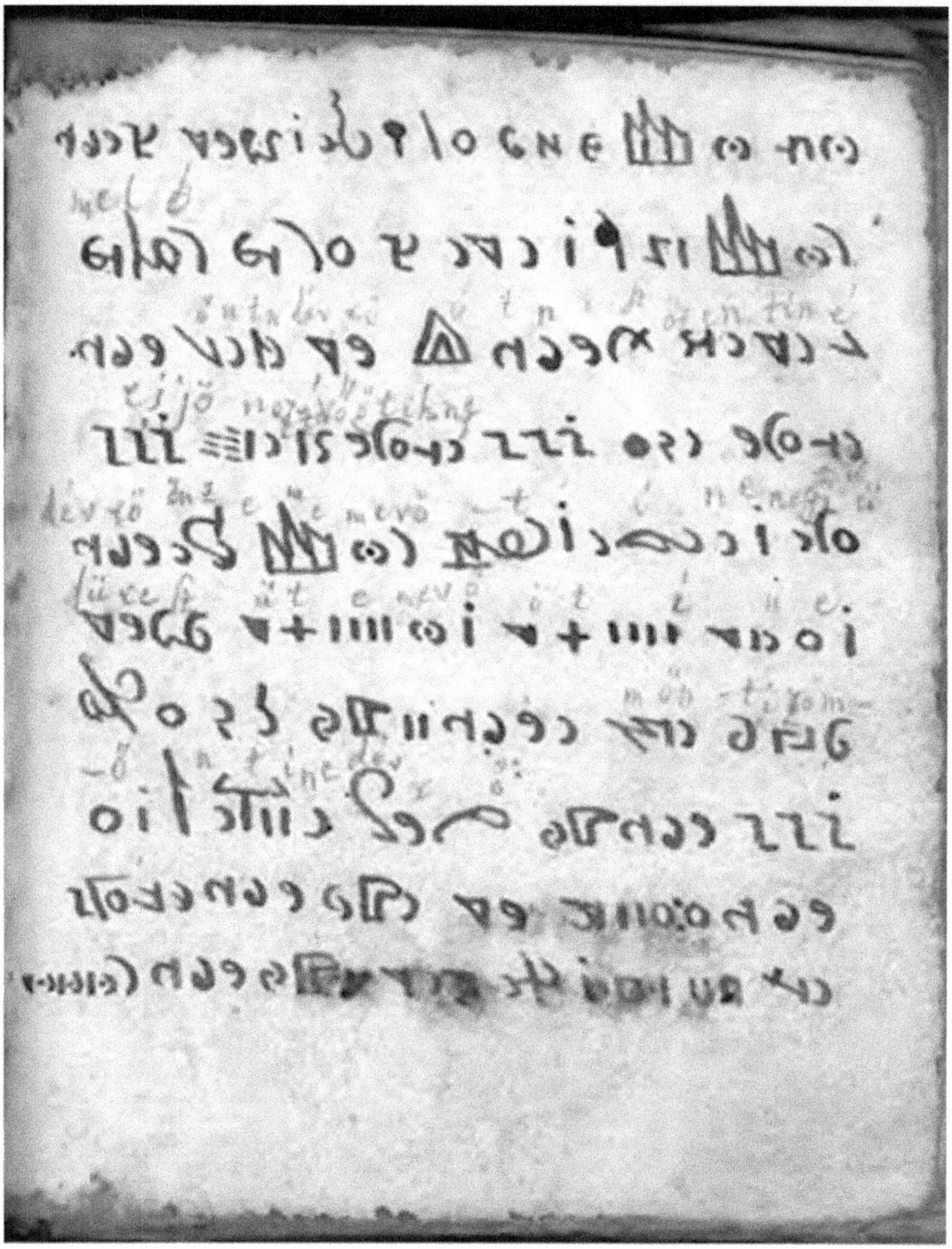

‹f133vº01--> {.Z.AC.Z.XM.QE.N'QV.O.I.IG.NG.C.IX.W'CO'D.HY.CO.CX.XC.}
‹f133vº02--> {.L.Z.XM.I'AG.L.O.IX.C.D.C.HY.O.L.F.QV.L.RO.EK.F.QV.}
‹f133vº03--> {.K.C.D.C.XY.RT.CO'CV'XC.XU.CO'D.C.A.C'XV.CO'CV'XC.X.}
‹f133vº04--> {.C'F'O'R'CO.C.EB.O.HX'H'H.C'F'O'R'CO.S.I.C'UM.HX'H'H.}
‹f133vº05--> {.O.R.C.IX.C.CU'CU.C.IX.C.O.EQ./.N.\.L.Z.XM.C.RT.C.CO'CV'XC.}
‹f133vº06--> {.IX.O.C.I.D.I'I'I.T.D.IX.Z.I'I'I.T.D.C.W'CO'D.}
‹f133vº07--> {.QV'KE'BB.C'IZ.C.CO'CV'XC.I.I.NU.C.Q.C.I.XB.O.EK.QT.}
‹f133vº08--> {.HX'H'H.CO'CV'XC.NU.C.Q.RO.CO.S.C.I'I'IU'C.BT.IX.O.}
‹f133vº09--> {.CO'CV'XC.O'X2'O'I.I.DL.CO'D.C.NU.C.Q.CO.BB.XC.CE.KK.O.RA.H.}
‹f133vº10--> {.C.KB.|.D.|.BL.I.X.XJ.IX.EK.C.DP.C.DP.I.I.NU.C.Q.CO'CV'XC.L.CX.I.CX.I.CX.I.D.}

folio 134 recto

<f134r°01--> {.C.D.XC./.BJ.\.C.F'X2.C'D'HY.I.I.C'XV.OB.I.CO'DP'CO.BL.XD.IX.}
<f134r°02--> {.I'I'G.EK.B'CV.IX.CO'D'CO'D'K.CO'DP'CO.CO'D.V.RT.C.D.}
<f134r°03R1> {.I'AE.C'AE.}
<f134r°03i°> [Illūstrātiō: P-62:MCLS King bowing before YHVH; glory above.]
<f134r°03L1> {.C.D.C.NB.HK.}
<f134r°04--> {.N'J0.DP.C.DP.}
<f134r°05--> {.O'O'P.O'X2'O'I.O'O'P.}
<f134r°05h°> [Hyperbolē: .O. has been added to complete the grapheme .O'O'P. in <f134r°05> above.]
<f134r°06--> {.CO'CO'CO.IG.C.A.C.AG.B.}
<f134r°07--> {.O'O'P.V.C.D.CO'D.I'D'O'D.}
<f134r°07h°> [Hyperbolē: .O. has been added to complete the grapheme .O'O'P. in <f134r°07> above.]
<f134r°07t°> [Trānslātiō: "...Hear..."]
<f134r°08--> {.Z'RT'NB.BA.}
<f134r°08t°> [Trānslātiō: "...the holy Word of..."]
<f134r°09--> {.RT'BS'D.QX.IX.IX.IX.IX.IX.IX.IX.IX.CO.B'BA.QV'KE'BB.HK.N'J0.}
<f134r°09t°> [Trānslātiō: "...Saint Matthew in his...chapter when the Lord Jesus..."]
<f134r°10--> {.NA.B'N.IX.H'HF'H.UD.CO'D.CU'D.N'QV.C'D'O'D.}
<f134r°10t°> [Trānslātiō: "...your disciple the authority..."]
<f134r°11--> {.C'F'O'R'CO.O'O'P.IG.C.A.C.AG.O'IU'C'D.N.O'X2'O'I.C.D.C.}
<f134r°12--> {.N'QV.O'O'P.IX.W'CO'D.S'S'ST.C'F'O'R'CO.O.T.C.D.}

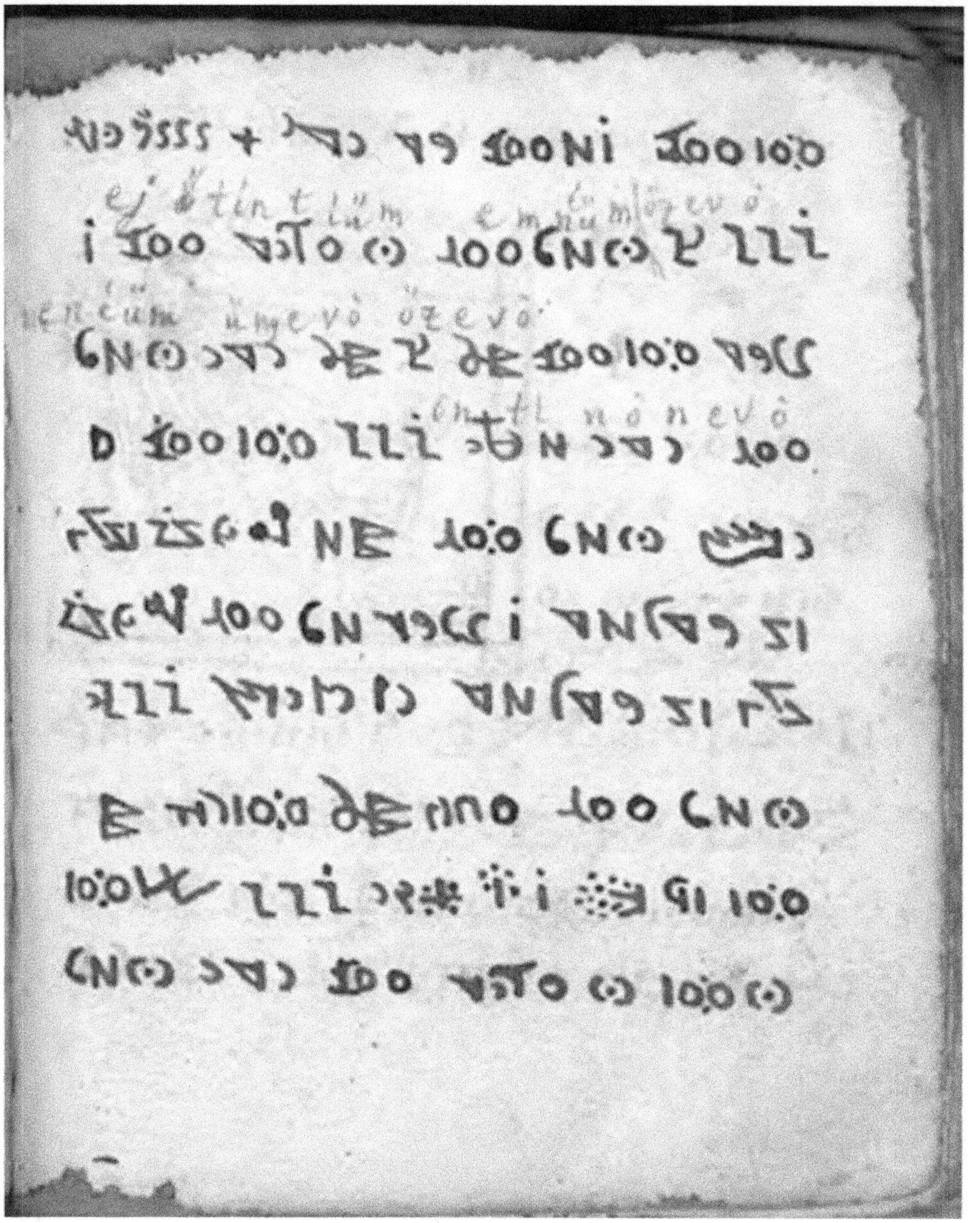

‹f134v°01--› {.O'X2'O'I.O'O'IA.IX.N.O'O'IA.CO'D'C'D.C'T.S'S'S.CO.C.CX.BR.}
‹f134v°02--› {.HX'H'H.HY.Z.N'QV.O'O'P.Z.O'IU'C'D.O'O'IA.IX.}
‹f134v°03--› {.W'CO'D.O'X2'O'I.O'O'IA.B'CV.HY.B'CV.C.D.C.Z.N'QV.}
‹f134v°04--› {.O'O'P.C.D.C.N'C0.HX'H'H.O'X2'O'I.O'O'IA.CD.}
‹f134v°05--› {.C'M.O.Q.N'QV.O'X2'O.P.B'N.BH.QX.XW'X.K'A'A.}
‹f134v°06--› {.I'AG.CO'D'R'N'D.IX.W'CO'D.N'QV.O'O'P.BH.QE.XW'X.}
‹f134v°07--› {.K'A'A.I'AG.CO'D'R'N'D.C.I.C.A.C'IZ.HX'H'HK.}
‹f134v°08--› {.Z.N'QV.O'O'P.O.XD.C.Q.B'CV.O'X2'O'I.L.I'T.B.}
‹f134v°09--› {.O'X2'O'I.I.G.XF'XX.IX.I'X4.EZ.EB.C.HX'H'H.XL.O'X2'O'I.}
‹f134v°10--› {.Z.O'X2'O'I.Z.O'IU'C'D.O'O'IA.C.D.C.Z.N'QV.}

folio 135 recto

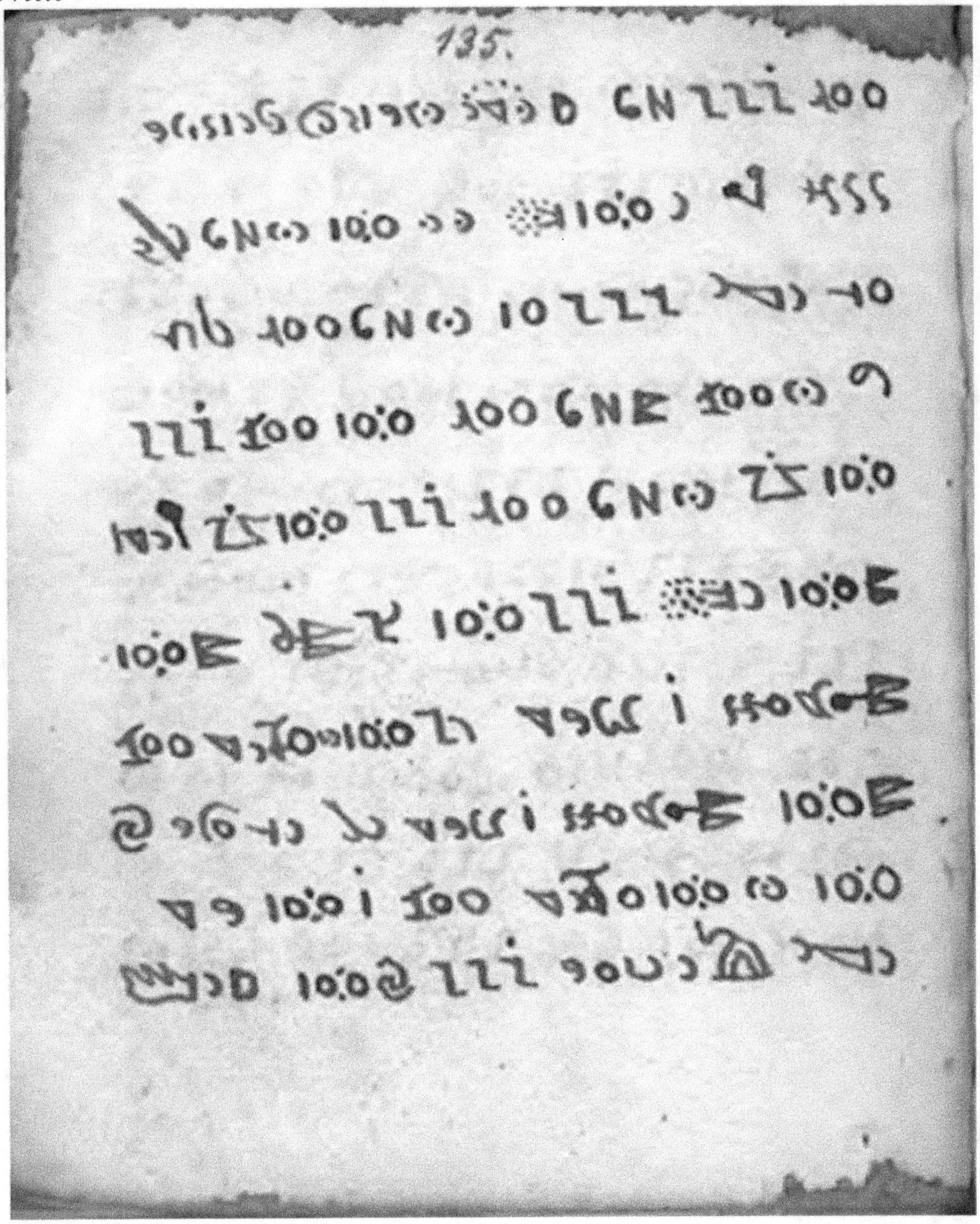

‹f135r°01--›   {.O'O'P.HX'H'H.N'QV.O.(.CX.D.C.).Z.CO.I.XB.C.Q.Q.C.C.I.S.I.Q.CO.}
‹f135r°02--›   {.S'S'ST.BH.C.O'X2'O'I.XF'XX.CX'CX.O'X2'O'I.Z.N'QV.EK.XB.}
‹f135r°03--›   {.O.F.C.D.C.H'H'H.O.I.Z.N'QV.O'O'P.NG.AC.}
‹f135r°04--›   {.CO.Z.O'O'IA.B'N.QV.O'O'P.O'X2'O'I.O'O'IA.HX'H'H.}
‹f135r°05--›   {.O'X2'O'I.XW'X.Z.N'QV.O'O'P.HX'H'H.O'X2'O'I.XW'X.IG.C.D.I.}
‹f135r°06--›   {.B'O'X2'O'I.C'XF'XX.HX'H'H.O'X2'O'I.HY.B'CV.B'O'X2'O'I.}
‹f135r°07--›   {.B.O.V.O.SS.IX.W'CO'D.HM.O'X2'O'I.O'IU'C'D.O'O'IA.}
‹f135r°08--›   {.B'O'X2'O'I.B.O.V.O.SS.IX.W'CO'D.CU'C.C'F'O'R'CO.CQ.}
‹f135r°09--›   {.O'X2'O'I.Z.O'X2'O'I.O.O.IU.D.D.O'O'IA.IX.O'X2'O'I.CO'D.}
‹f135r°10--›   {.C.D.C.XU.A.C.BL.O.CO.HX'H'H.CQ.O'X2'O'I.CD.C'M.}

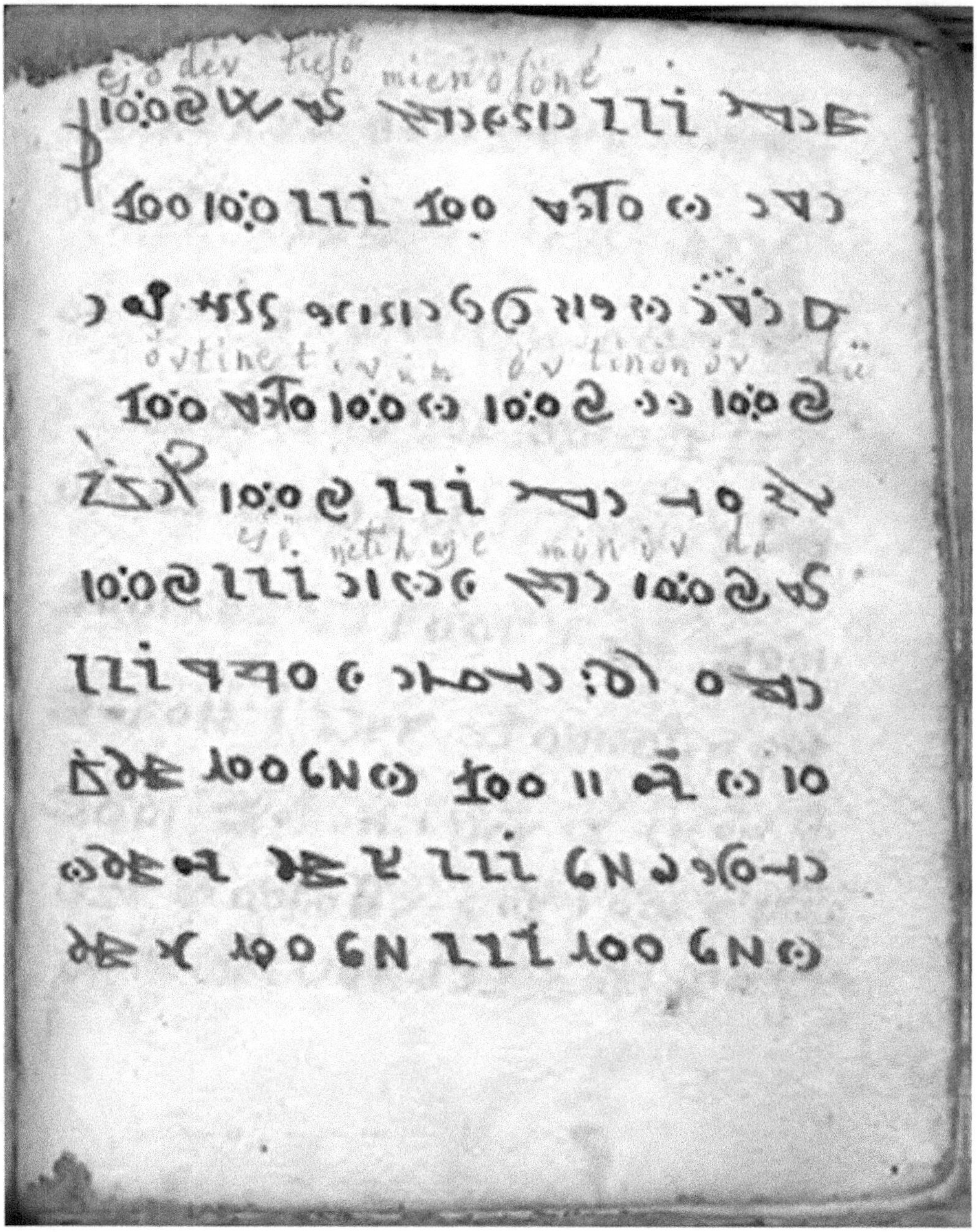

<f135vº01--> {.B.C.D.C.HX'H'H.C.I.S.QX.C'IZ.S'D.XL.CQ.O'X2'O'I.}
<f135vº02--> {.C.D.C.Z.O'IU'C'D.O'O'IA.HX'H'H.O'X2'O'I.O'O'IA.}
<f135vº03--> {.YU.(.C.D.C.).Z.CO.I.XB.C.Q.C.Q.C.I.S.I.C.Q.CO.S'S'ST.BH.C.}
<f135vº04--> {.CQ.O'X2'O'I.CX'CX.CQ.O'X2'O'I.Z.O'X2'O'I.O'IU'C'D.O'O'IA.}
<f135vº05--> {.CU.XB.O.F.C.D.C.HX'H'H.CQ.O'X2'O'I.EK.C.XW'X.}
<f135vº06--> {.S'D.CQ.O'X2'O'I.C'IZ.QX.Z.I.C.HX'H'H.CQ.O'X2'O'I.}
<f135vº07--> {.C'DB.O.L.OB.X2.C'XV.OB.I.Z.O.DB.BI.HX'H'H.}
<f135vº08--> {.O.I.Z.HF.O.I.I.O'O'IA.Z.N'QV.O'O'P.B'CV.XW.W.}
<f135vº09--> {.C'F'O'R'CO.CV.N'QV.HX'H'H.HY.B'CV.HF.O.B'CV.Z.}
<f135vº10--> {.Z.N'QV.O'O'P.HX'H'H.N'QV.O'O'P.Q.C.B'CV.}

folio 136 recto

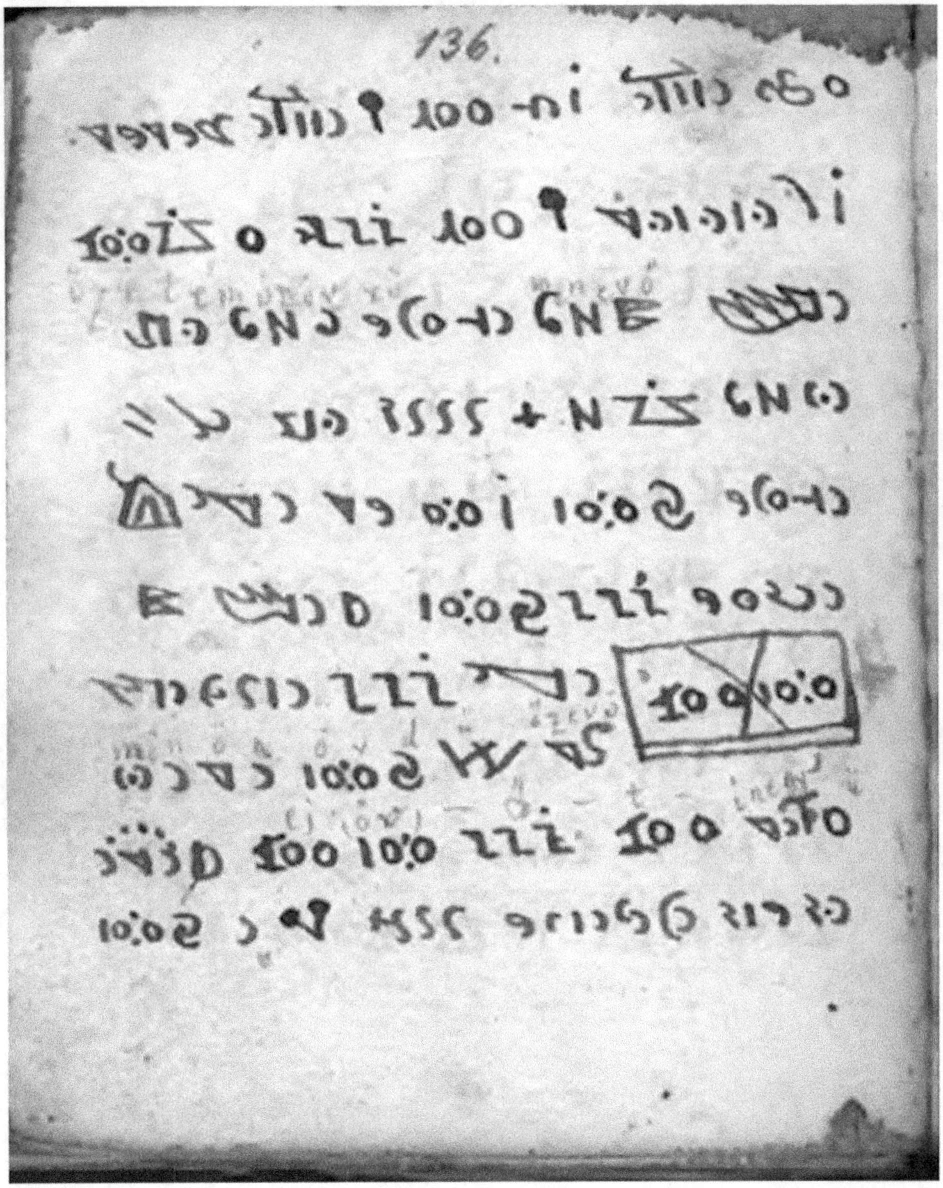

<f136r°01--> {.O.U.C.I'I'IU'C.IX.AC.O'O'P.IG.C.I'I'IU'C.V'CO'D'CO'D.}
<f136r°02--> {.IX.L.CX.IX.CX'I'CX'D.IG.O'O'P.HX'H'HK.O.XW'X.O'X2'O.BC.}
<f136r°03--> {.C'M.B'N.QV.C'F'O'R'CO.CV.N'QV.CX.AC.}
<f136r°04--> {.Z.N'QV.XW'X.N.T.S'S'S.XB.CX.I'AG.CU.C.≈.}
<f136r°05--> {.C'F'O'R'CO.CQ.O'X2'O'I.IX.O'X2'O.CO'D'C'D.C.XU.A.}
<f136r°06--> {.C.C.XB.O.CO.HX'H'H.CQ.O'X2'O'I.CD.C'M.B.}
<f136r°07--> {.O'X2'O'I.O'O'IA.}
<f136r°07o°> [Ornāmentum: Box drawn over text divided in half (.O.X2.O.I.) & (.O.O.IA.).]
<f136r°07L1> {.C.D.C.HX'H'H.C.I.S.QX.C'IZ.}
<f136r°07L2> {.S'D.XL.CQ.O'X2'O'I.CO'D.C.Z.}
<f136r°08--> {.O'IU'C'D.O'O'IA.HX'H'H.O'X2'O'I.O'O'IA.CD.(.C.D.C.).}
<f136r°09--> {.CX.EB.CO.I.EL.C.R.Q.C.C'I'Q.CO.S'S'ST.BH.C.CQ.O'X2'O'I.}

folio 136 verso

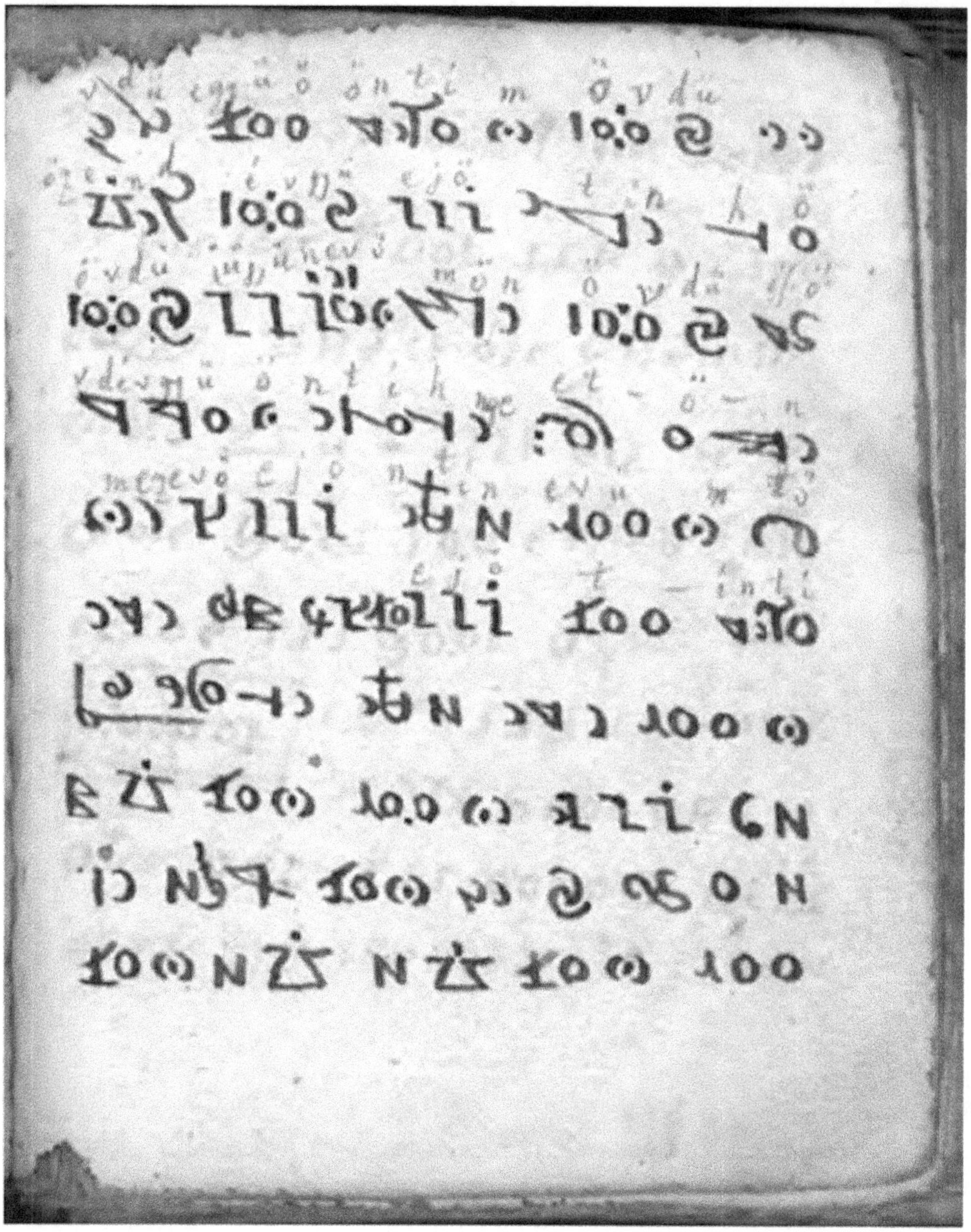

<f136vº01--> {.CX'CX.CQ.O'X2'O'I.Z.O'IU'C'D.O'O'IA.EK.C.}
<f136vº02--> {.O'XV.C.D.C.HX'H'H.CQ.O'X2'O'I.EK.C.XW'X.}
<f136vº03--> {.S'D.CQ.O'X2'O'I.C'IZ.QX.I.C.C.R.HX'H'H.CQ.O'X2'O'I.}
<f136vº04--> {.C'DB.O.L.OB.X2.C'XV.OB.I.Z.O.DB.DB.}
<f136vº05--> {.O.R.Z.O'O'P.N'C0.HX'H'H.HY.L.Z.}
<f136vº06--> {.O'IU'C'D.O'O'IA.HX'H'H.O.T.HY.QT.B'CV.C.D.C.}
<f136vº07--> {.Z.O'O'P.C.D.C.N'C0.C'F'O'R'CO./.CV.\.}
<f136vº08--> {.N'QV.HX'H'HK.Z.O'X2'O.P.Z.O.IA.XW'X.B.}
<f136vº09--> {.N.O.U.CQ.C.XB.Z.O.IA.BI.XS.N.C.IX.}
<f136vº10--> {.O'O'P.Z.O.IA.XW'X.N.XW'X.N.Z.O.IA.}

folio 137 recto

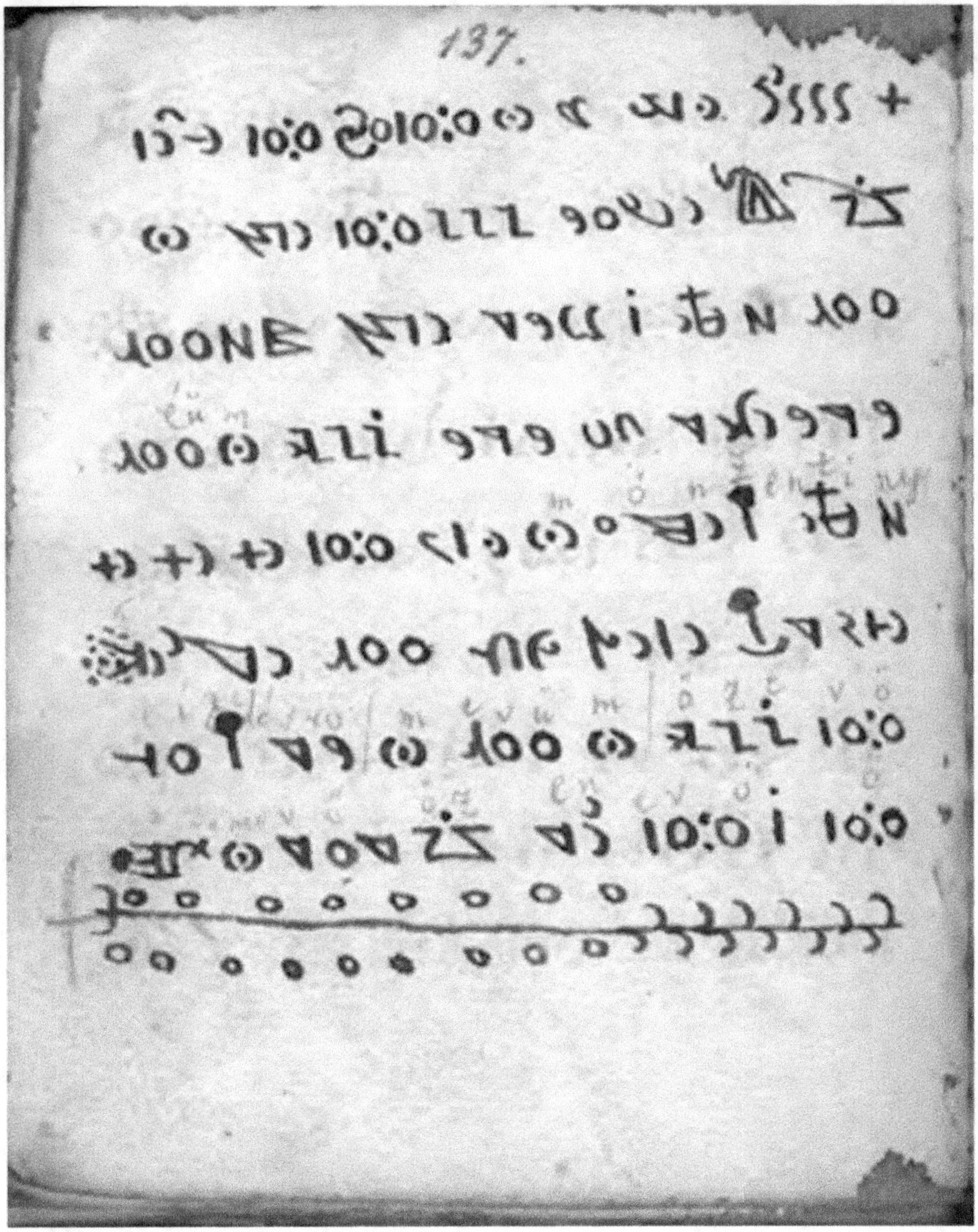

‹f137r°01-->   {.T.S'S'S.C.LT.CX.KC.V.Z.O'X2'O'I.O.CQ.O'X2'O'I.CE.H.C.I.}
‹f137r°02-->   {.XW'X.XU.A.C.O.CO.HX'H'H.O'X2'O'I.C'IZ.Z.}
‹f137r°03-->   {.O'O'P.N'C0.IX.W'CO'D.C'IZ.B'N.O'O'P.}
‹f137r°04-->   {.CO'DP'CO.C.R.C.D.D.CO'DP'CO.HX'H'HK.Z.O'O'P.}
‹f137r°05-->   {.N'C0.IG.C.B.O.Z.CX.I.A.O'X2'O'I.C'TA.C'TA.C'TA.}
‹f137r°06-->   {.C'EY.XB.D./.IG.\.C.I.C.EK.QX.AC.O'O'P.C.D.C.C'XF'XX.}
‹f137r°07-->   {.O'X2'O'I.HX'H'HK.Z.O'O'P.Z.CO'D.IG.O.F.}
‹f137r°08-->   {.O'X2'O'I.IX.O'X2'O'I.CC'D.XW'X.D'O'D.Z'RT'NB.}
‹f137r°08d°›   [DĪVĪSIŌ.]

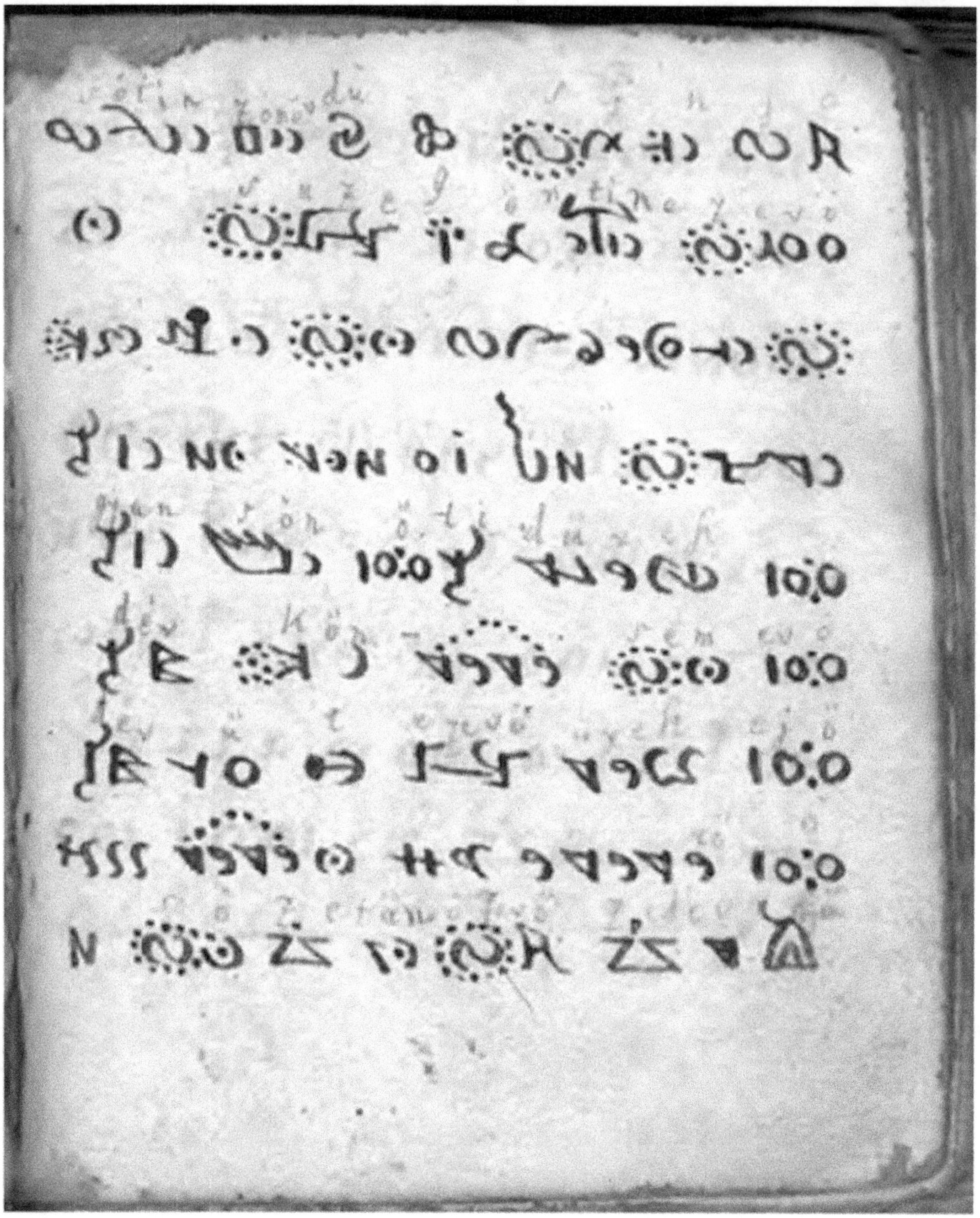

‹f137v°01--›   {.XA.AD.C.F'X2.RT.((.AD.)).XQ.CQ.C.C.XJ.C.CU.K.AD.}
‹f137v°02--›   {.O'O'P.((.AD.)).C.I.IU.C.Q.O.I'XX.ED.IR.HR.((.AD.)).Z.}
‹f137v°03--›   {.((.AD.)).C'F'O'R'CO.CV.RT.AD.Z.((.AD.)).CX.J0.C.A.XF'XX.}
‹f137v°04--›   {.C'D'HY.((.AD.)).N.NG.IX.O.N.CX.XV.X2.QX.N.C.I.C'I'Q.}
‹f137v°05--›   {.O'X2'O'I.NI.R.CO.K.D.C'I'Q.O'X2'O'I.C'M.C.I.C'I'Q.}
‹f137v°06--›   {.O'X2'O'I.Z.((.AD.)).(.CO'D'CO'D.).C'XF'XX.B.C'I'Q.}
‹f137v°07--›   {.O'X2'O'I.W'CO'D.ED.IR.HR.CE'O.O'XV.B.JZ.}
‹f137v°08--›   {.O'X2'O'I.CO'D'CO'D'CO.V.T.T.Z.(.CO'D'CO'D.).S'S'ST.}
‹f137v°09--›   {.XU.A.D.XW'X.XA.((.AD.)).CX.A.XW'X.NP.((.AD.)).N.}

folio 138 recto

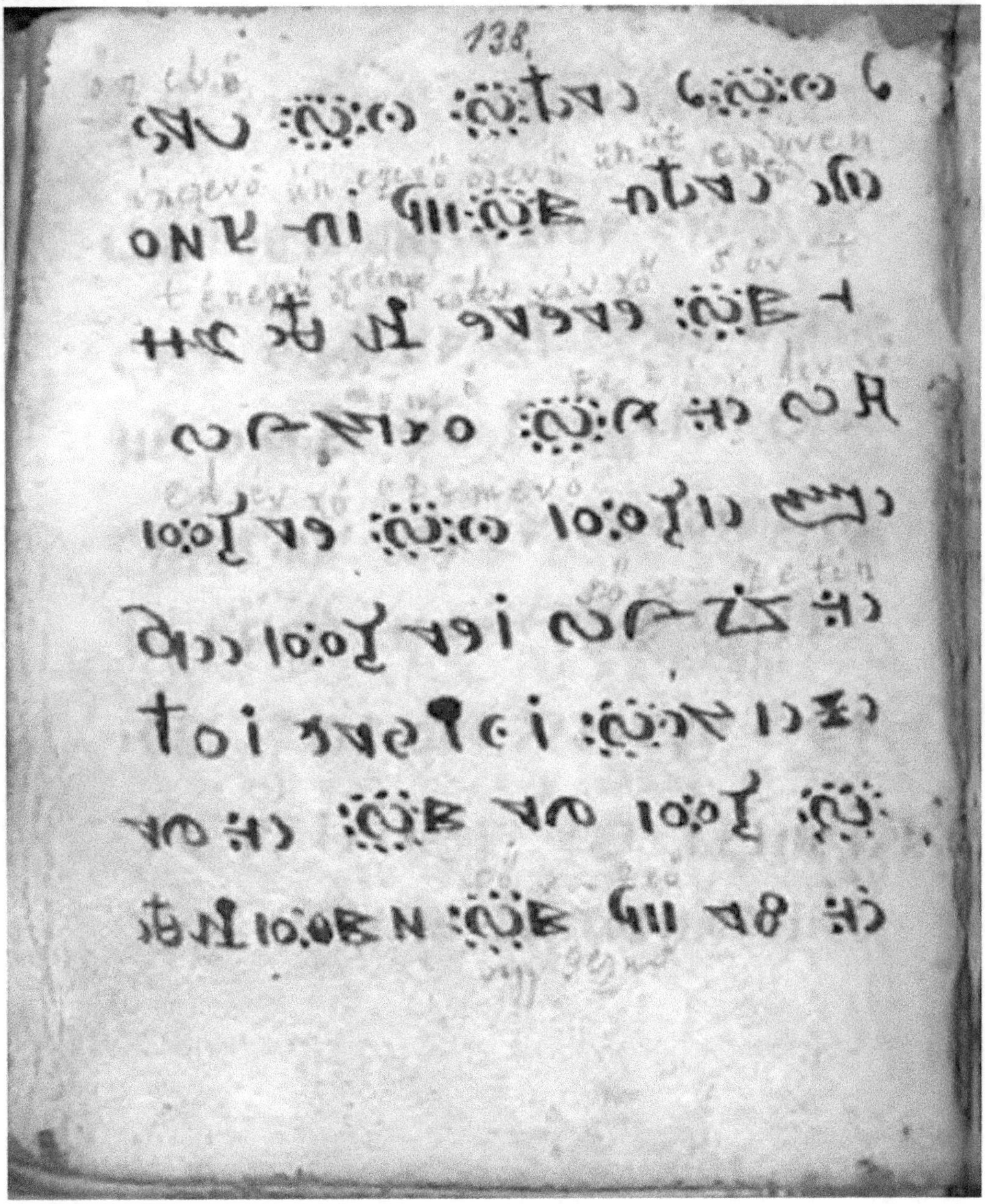

‹f138r°01--› {.QV.Z.((.AD.)).QV.C.D.CU.TA.((.AD.)).Z.((.AD.)).CU'D.Q.C.}
‹f138r°02--› {.C'AE.C.C.D.CU.TA.AC.B.((.AD.)).I'I'G.IX.AC.HY.N.O.}
‹f138r°03--› {.F.B.((.AD.)).CO'D'CO'D'CO.J0'C0.V'T'T.}
‹f138r°04--› {.XA.AD.C.F'X2.RT.((.AD.)).O.C'IZ.RT.AD.}
‹f138r°05--› {.C'M.C.I.C'I'Q.I.Z.((.AD.)).CO'D.C'I'Q.O'X2'O'I.}
‹f138r°06--› {.C.F'X2.XW'X.RT.AD.IX.CO'D.C'I'Q.O'X2'O'I.C.C.I.L.XV'O.}
‹f138r°07--› {.C.BC.C.I.EK.C.((.AD.)).IX.QX.IG.C.Q.D.LT.IX.O.TA.}
‹f138r°08--› {.((.AD.)).C'I'Q.O'X2'O'I.RO.D.B.((.AD.)).C.F'X2.RO.D.}
‹f138r°09--› {.C.F'X2.AV.D.I'I'G.B.((.AD.)).N.B'O'X2'O'I.J0'C0.}

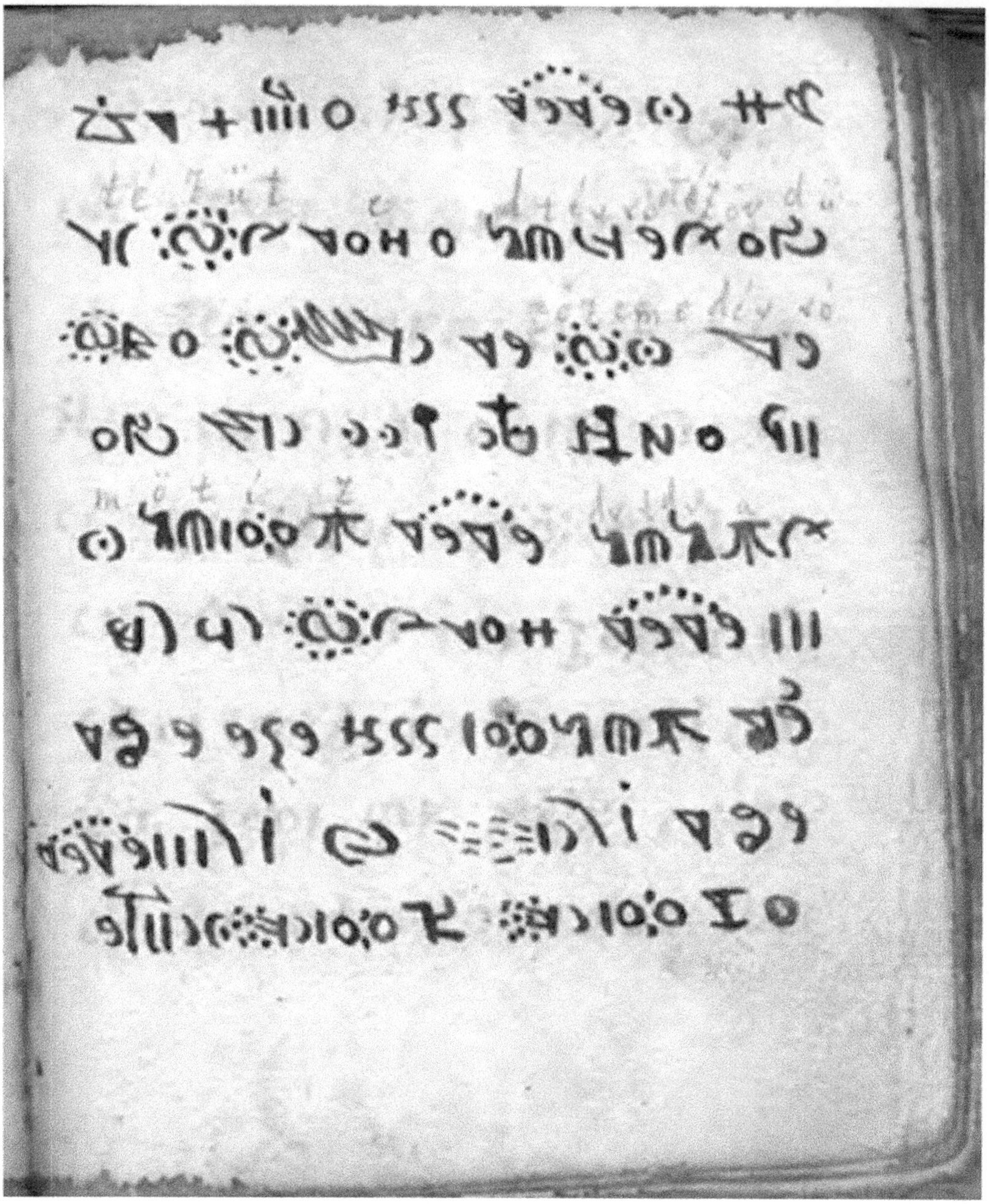

‹f138vº01-->	{.V'T'T.Z.(.CO'D'CO'D.).S'S'ST.O.I.IU.I.I.T.D.XW'X.}
‹f138vº02-->	{.BE'I'O.RT.CO.XV.Q.NH.E.O.XH'O'D.RT.((.AD.)).R.XV.}
‹f138vº03-->	{.CO'D.Z.((.AD.)).CO'D.C'M.((.AD.)).O.B.((.AD.)).}
‹f138vº04-->	{.I'I'G.O.N'J0'C0.IG.CX'CX.C'IZ.BE'I'O.}
‹f138vº05-->	{.RT.UN.E.NH.E.(.CO'D'CO'D.).UN.O'X2'O'I.NH.E.Z.}
‹f138vº06-->	{.I'I'I.(.CO'D'CO'D.).XH'O'D.RT.((.AD.)).L.IJ.L.BR.}
‹f138vº07-->	{.C.CO'D.UN.NH.E.O'X2'O'I.S'S'ST.CO.S.CO.CO'BF'D'CO'BF'D.}
‹f138vº07fº›	[Fissum: ‹f138rº07› .CO'BF'D. and ‹f138rº08› .CO'BF'D.]
‹f138vº08-->	{.«.88.».IX.L.C'XF'XX.C.Q.IX.L.I'I'I.(.CO'D'CO'D.).}
‹f138vº09-->	{.O.BC.O'X2'O'I.C'XF'XX.HY.O'X2'O'I.C'XF'XX.QX.C.I'I'IU'C.}

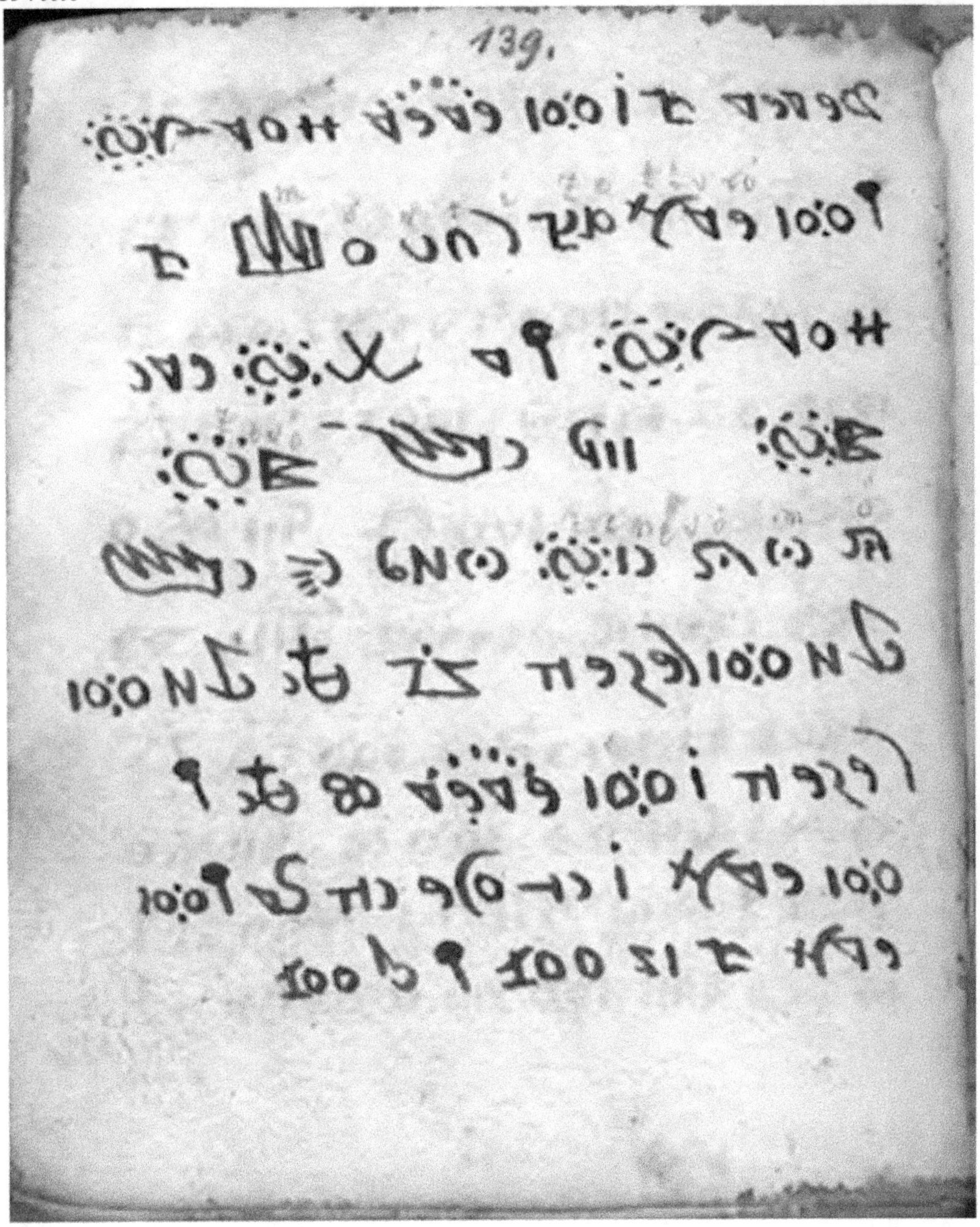

‹f139r°01--› {.V'CO'D'CO'D.HM.IX.O'X2'O'I.(.CO'D'CO'D.).T'T.O.D.RT.((.AD.)).}
‹f139r°02--› {.IG.O'X2'O'I.CO'D'R'T.O.C.HY.L.XD.BL.O'XM.HM.}
‹f139r°03--› {.T'T.O.D.RT.((.AD.)).IG'D.XL.((.AD.)).CO'D.C.}
‹f139r°04--› {.B.((.AD.)).«.00.».I'I'G.C'M.B.((.AD.)).}
‹f139r°05--› {.UN.Z.I.X.S.C.I.((.AD.)).Z.N'QV.XG.C'M.}
‹f139r°06--› {.A.CU.N.O'X2'O'I.L.CO.XB.CO.I'T.XW'X.C0.A.CU.N.O'X2'O'I.}
‹f139r°07--› {.L.CO.XB.CO.I'T.IX.O'X2'O'I.(.CO'D'CO'D.).XQ.C0.IG.}
‹f139r°08--› {.O'X2'O'I.CO'D'R'T.IX.C'F'O'R'CO.C'I'T.S'D.IG.O'X2'O'I.}
‹f139r°09--› {.CO'D'R'T.HM.I'AG.O'O'IA.IG.C.A.O'O'IA.}

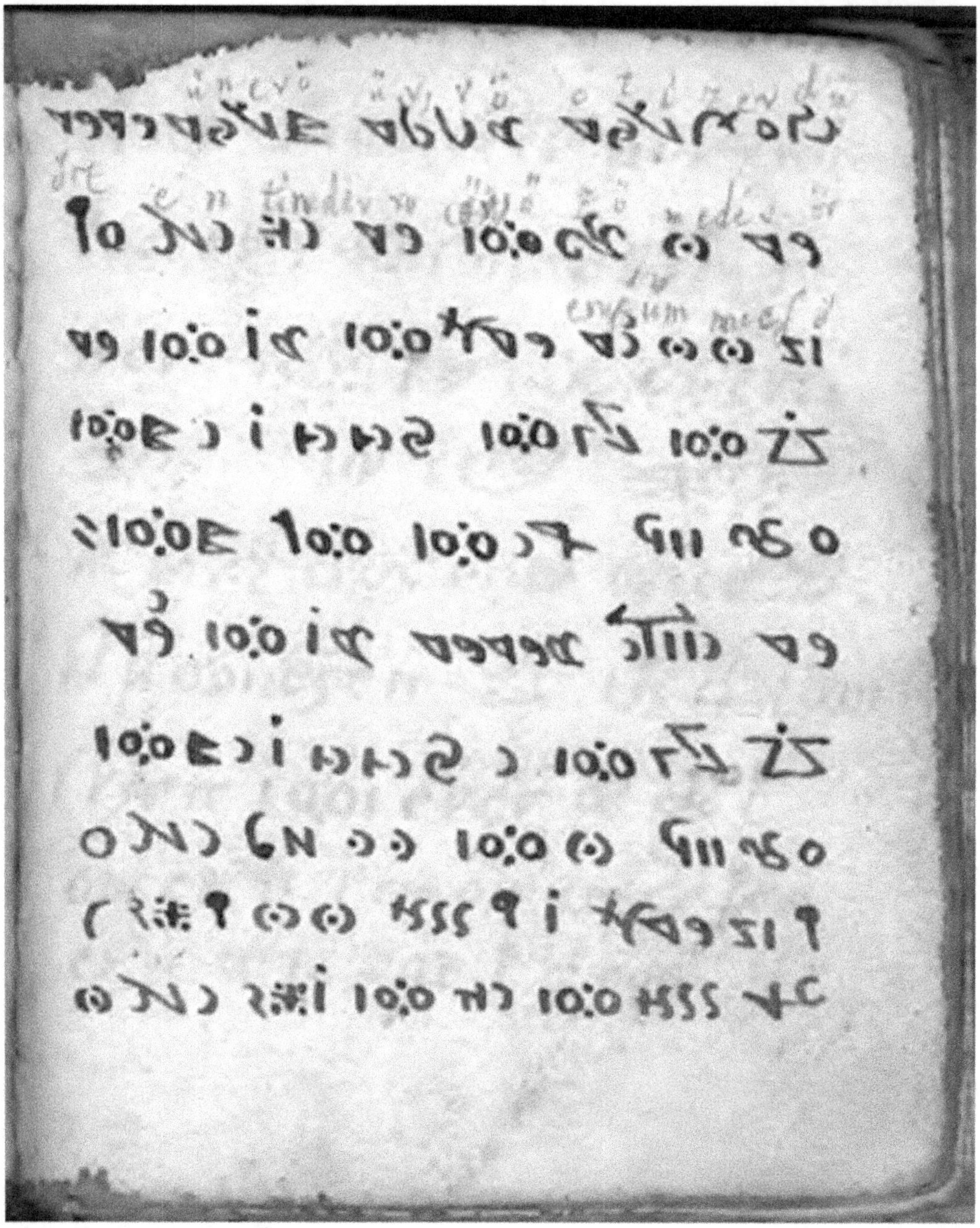

‹f139v°01--› {.BE'I'O.RT.KB'X'C'Q'D.V.NG.CU'D.B.KB'X'C'Q'D.CO'D'CO'D.}
‹f139v°02--› {.CO'D.Z.UD.O'X2'O'I.CO'D.C.C.F'X2.C.KC.O.IG.}
‹f139v°03--› {.I'AG.Z.C.QX.CC'D.CO'D'R'T.O'X2'O'I.V.IX.O'X2'O'I.CO'D.}
‹f139v°04--› {.XW'X.O'X2'O'I.K'A'A.O'X2'O'I.CQ.CX.I.CX.I.IX.C.B'O'X2'O'I.}
‹f139v°05--› {.O.U.I'I'G.BI.C.O'X2'O'I.O'X2'O.I.B'O'X2'O'I.≈.}
‹f139v°06--› {.CO'D.C.I'I'IU'C.V'CO'D'CO'D.V.IX.O'X2'O'I.CC'D.}
‹f139v°07--› {.XW'X.K'A'A.O'X2'O'I.C.CQ.CX.I.CX.I.IX.C.B'O'X2'O'I.}
‹f139v°08--› {.O.U.I'I'G.Z.O'X2'O'I.CX'CX.N'QV.C.KC.O.}
‹f139v°09--› {.IG.I'AG.CO'D'R'T.IX.IG.S'S'ST.Z.C.QX.IG.EZ.XB.R.}
‹f139v°10--› {.Q.T.S'S'ST.O'X2'O'I.C'I'T.O'X2'O'I.IX.EZ.XB.C.KC.Z.}

folio 140 recto

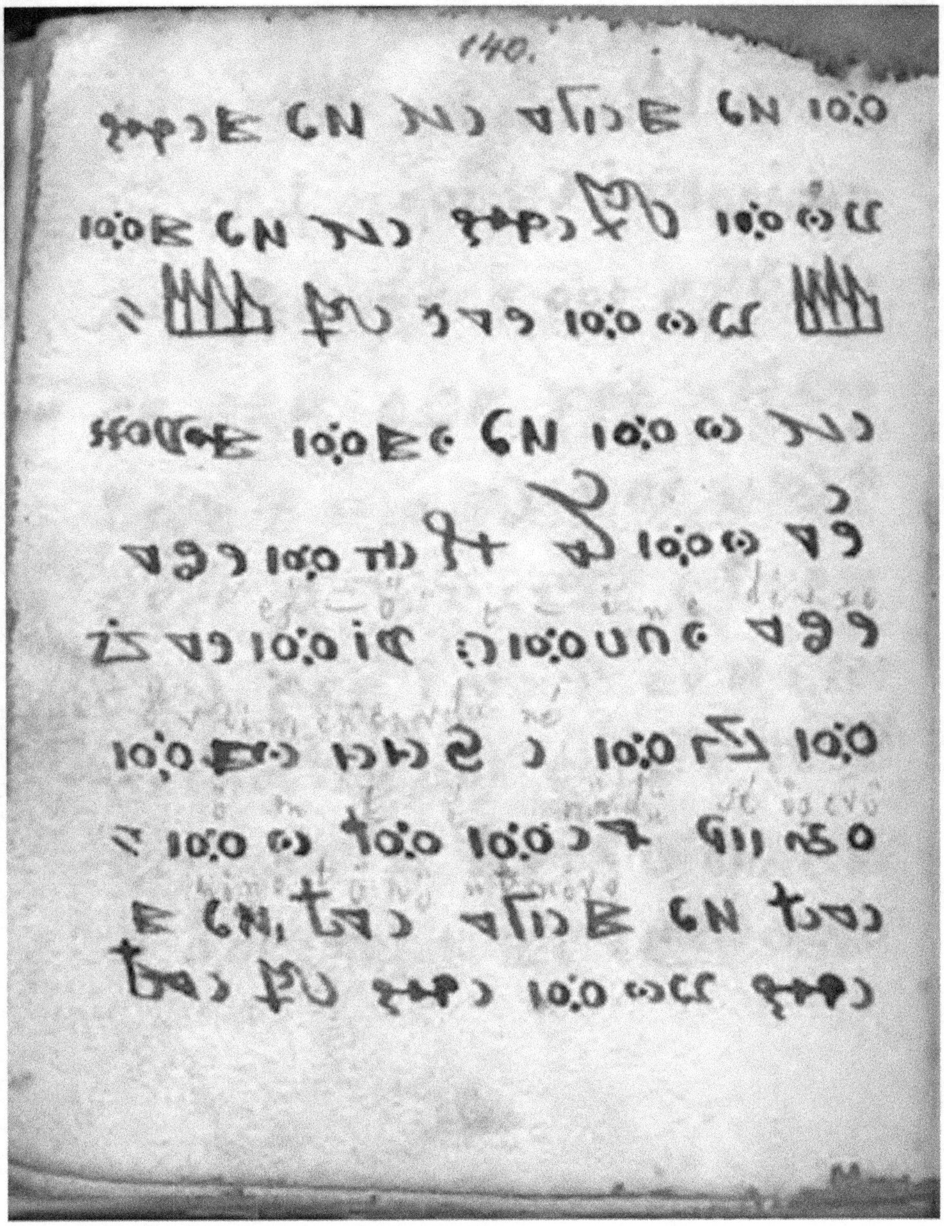

‹f140rº01--›   {.O'X2'O'I.N'QV.B.C'AE.D.C.XB.C.N'QV.B.C'O'BD'JN.}
‹f140rº02--›   {.W.Z.O'X2'O'I.EK'OB'TA.C'O'BD'JN.C'XB'C.N'QV.B'O'X2'O'I.}
‹f140rº03--›   {.M.W.Z.O'X2'O'I.CO'D.LT.CU.OB.N.M.≈.}
‹f140rº04--›   {.C.KB.Z.O'X2'O'I.N'QV.QX.B'O'X2'O'I.B.O.V.O.SS.}
‹f140rº05--›   {.C.CO'D.Z.O'X2'O'I.EK'C'D.C'I'T.O'X2'O'I.CO'BF'D'CO'BF'D.}
‹f140rº05fº›   [Fissum: ‹f140rº05› .CO'BF'D. and ‹f140rº06› .CO'BF'D.]
‹f140rº06--›   {.«.88.».QX.XD.BL.O'X2'O'I.L.X3.V.IX.O'X2'O'I.CO'D.XW'X.}
‹f140rº07--›   {.O'X2'O'I.K'A'A.O'X2'O'I.C.CQ.C'EY.C'EY.Z.B'O'X2'O'I.}
‹f140rº08--›   {.O.U.I'I'G.BI.C.O'X2'O'I.O'X2'O.I.Z.O'X2'O'I.≈.}
‹f140rº09--›   {.C.D.C.TA.N'QV.B.C'AE.D.C.D.C.TA.N'QV.B.}
‹f140rº10--›   {.C'O'BD'JN.W.Z.O'X2'O'I.C'O'BD'JN.C.EK'OB'TA.C.D.C.TA.}

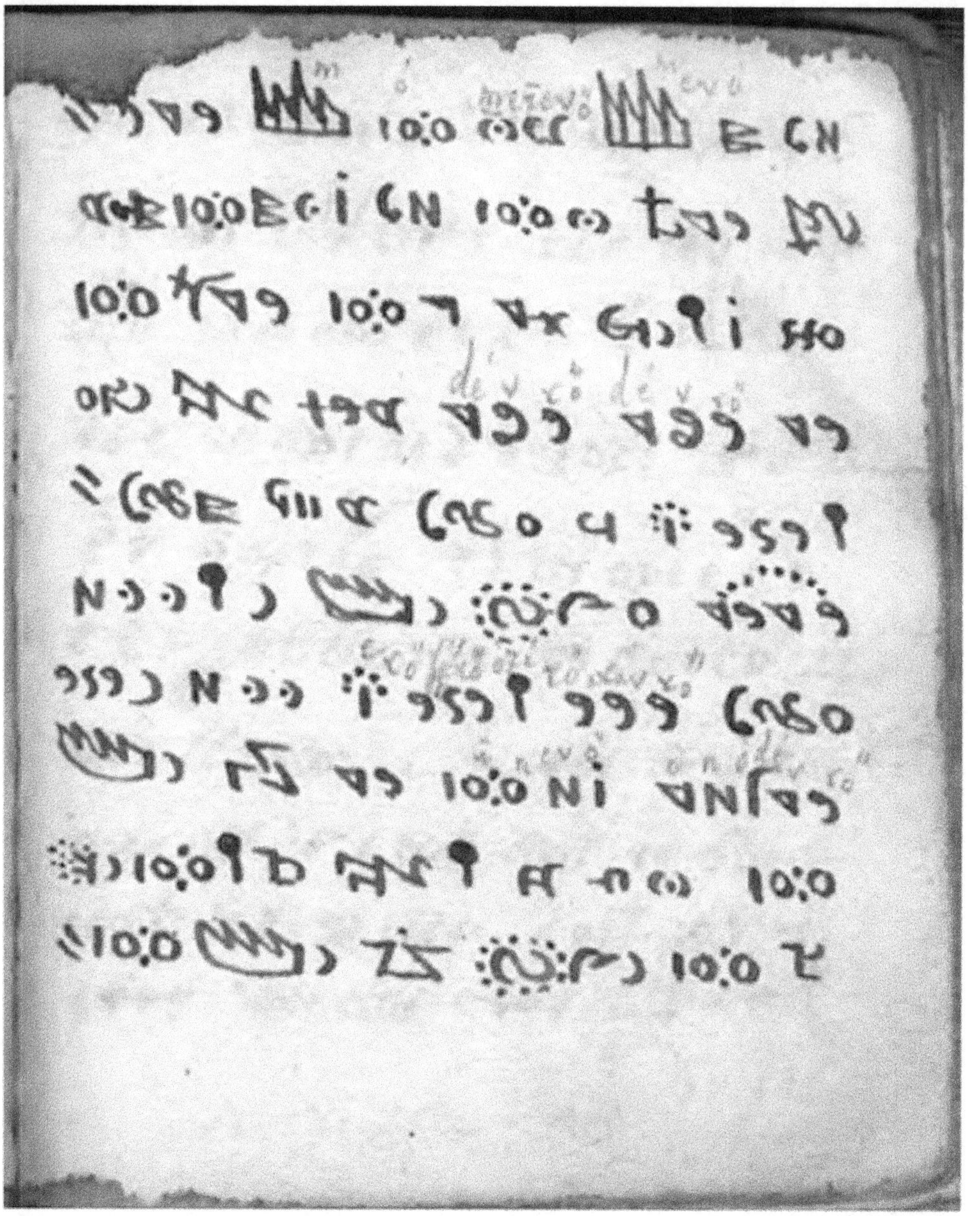

‹f140v°01--› {.N'QV.B.M.XI.Z.O'X2'O'I.M.CO'D.LT.≈.}
‹f140v°02--› {.CU.C.TA.CO'D.CU.TA.Z.O'X2'O'I.N'QV.IX.QX.B'O'X2'O'I.B.O.V.}
‹f140v°03--› {.O.SS.IX.IG.I.F.G.Q.CE.D.DP.O'X2'O'I.CO'D'R'T.O'X2'O'I.}
‹f140v°04--› {.CO'D.CO'BF'D'CO'BF'D.V.CO.T.BA.BE'I'O.}
‹f140v°05--› {.IG.CO.S.CO.I'X6.IJ.O.U'QV.V.I'I'G.B.U'QV.≈.}
‹f140v°06--› {.(.CO'D'CO'D.).O.RT.((.AD.)).C'M.C.IG.CX'CX.N.}
‹f140v°07--› {.O.U'QV.CO'CO'CO.IG.CO.S.CO.I'X5.CX'CX.N.C.CO.S.CO.}
‹f140v°08--› {.CO'D'R'N'D.IX.N.O'X2'O'I.CO'D.K'A'A.C'M.}
‹f140v°09--› {.O'X2'O'I.Z.AC.NA.IG.BA.HM.IG.O'X2'O'I.C'XF'XX.}
‹f140v°10--› {.HY.O'X2'O'I.C.RT.((.AD.)).XW'X.C'M.O'X2'O'I.≈.}

folio 141 recto

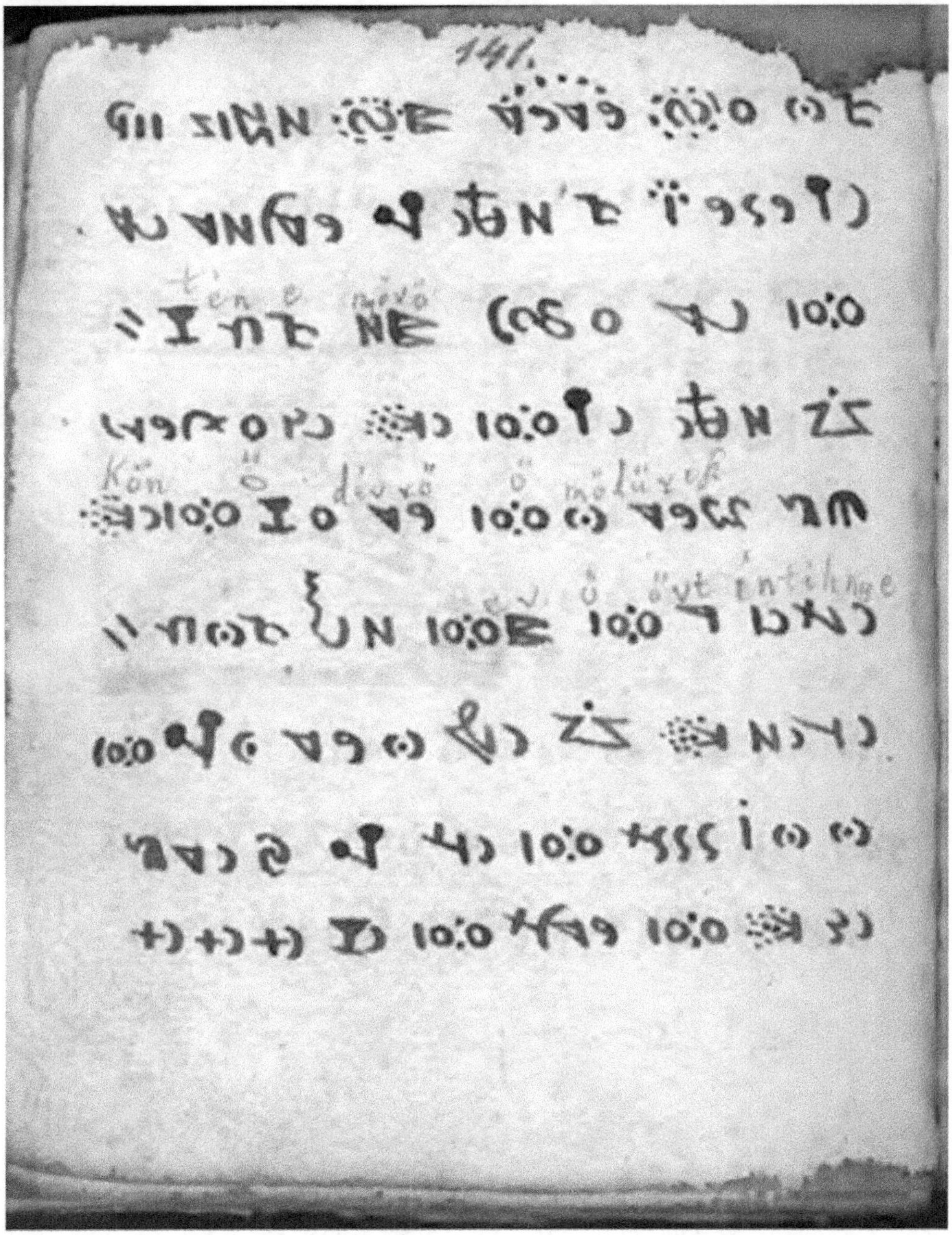

‹f141r°01--› {.HM.Z.O.((.AD.)).(.CO'D'CO'D.).B.((.AD.)).N.MB.I'AG.I'I'G.}
‹f141r°02--› {.C.IG.CO.S.CO.I'X4.HM.N'C0.BH.CO'D'R'N'D.CU'D.}
‹f141r°03--› {.O'X2'O'I.CU'D.O.U'QV.B'N.HM.BS.BC.≈.}
‹f141r°04--› {.XW'X.N'C0.C.IG.O'X2'O'I.C'XF'XX.BE'I'O.RT.CO.XV.DV.}
‹f141r°05--› {.NH.LT.W'CO'D.Z.O'X2'O'I.CO'D.O.BC.O'X2'O.XF'XX.}
‹f141r°06--› {.C.K.T.C.I.DP.O'X2'O.IX.B'O'X2'O'I.N.NG.HM.Z.AC.≈.}
‹f141r°07--› {.C'XV.C.N.XF'XX.XW'X.C.K.PS.A.Z.CO'D.QX.BH.O'X2'O'I.}
‹f141r°08--› {.Z.CX.Q.IX.S'S'ST.O'X2'O'I.C'BG.BH.CQ.C.D.E.}
‹f141r°09--› {.C.CC.XF'XX.O'X2'O'I.CO'D'R'T.O'X2'O'I.C.BC.C'TA.C'TA.C'TA.}

‹f141v°01-->   {.CO'BF'D'CO'BF'D.V'T'T.BA.AC.IX.CO'D'CO.K.B.}
‹f141v°02-->   {.O'X2'O'I.QX.C.I'I'IU'C.V'CO'D'CO'D.C'DB.QT.V.L.}
‹f141v°03-->   {.QT.CO.V.CO'D'CO.IX.CE'O.CO'BF'D'CO'BF'D.V'T'T.}
‹f141v°04i°›   [Illūstrātiō: P-63:MRMS Descended/fallen one giving circle of light to man on globe.]
‹f141v°04-->   {.CO'D.QX.CO.R.CO.C'F'O'R'CO.}
‹f141v°05-->   {.C'I'I'AE.C'AE.C'XV'OB'I'C.IX.}
‹f141v°06-->   {.W'CO'D.C'M.C.S.I'AE.}
‹f141v°07-->   {.QX.CO.R.CO.O.U.K.R.D.}
‹f141v°08-->   {.IG'D.I.I.CQ.CO'D'CO'D'CO.}
‹f141v°09-->   {.give.IX.I.I.D.O.CE.XV.C.AC.I.I.D.C'I'AE.C'AE.}
‹f141v°10-->   {.BC.D.HX'H'H.C'I'I'AE.CX'CX.BR.Z.S.T.I.I.D.C'F'O'R'CO.}
‹f141v°11-->   {.CC'D.HX'H'H.C'I'I'AE.C'IZ.C.I.RT.((.[[.OT.]].)).IX.W'CO'D.}

folio 142 recto

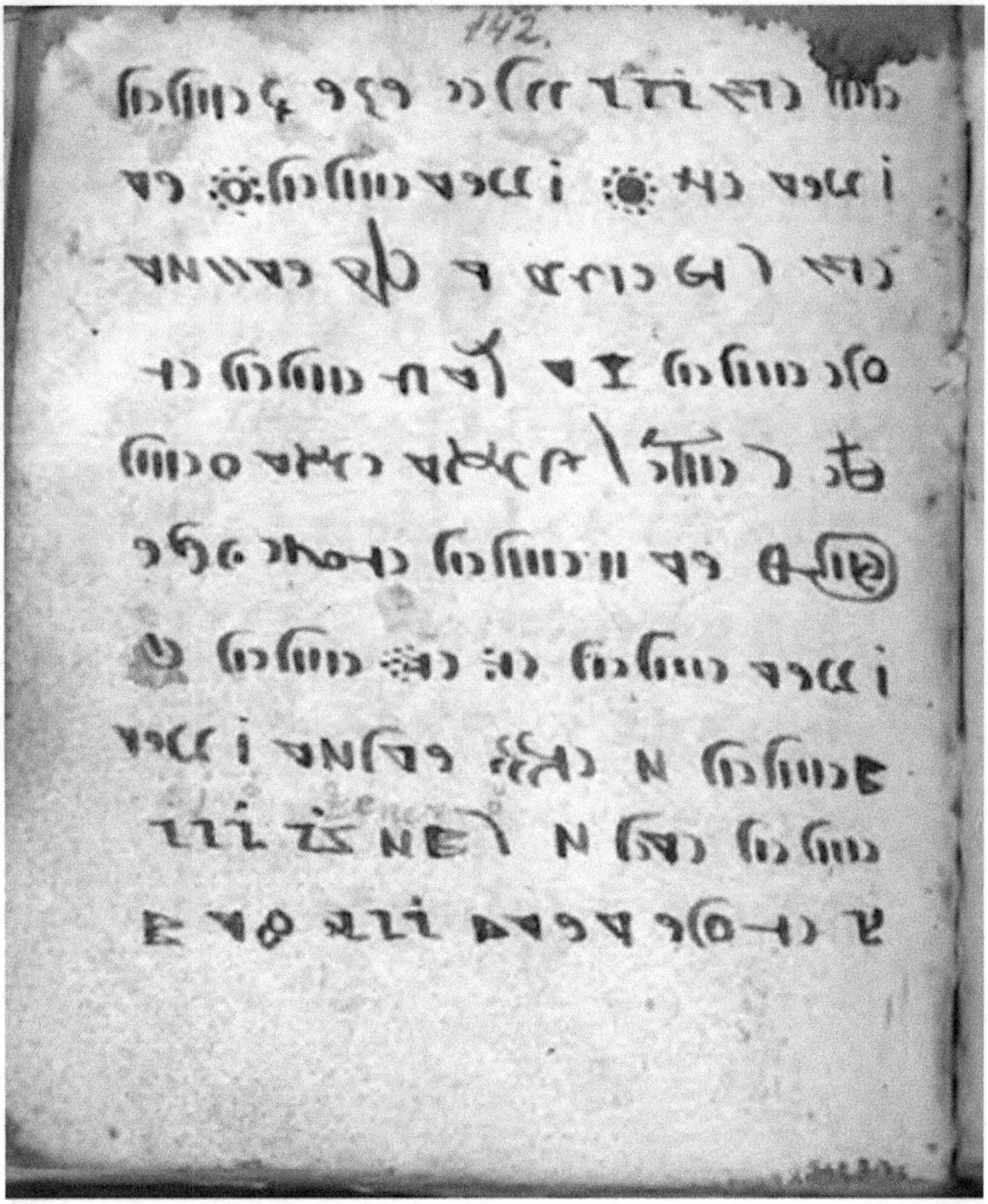

‹f142rº01--› {.C'I'I'AE.C'IZ.HX'H'H.Q'Q'R'C'C.CO.QT.C'I'I'AE.C'AE.}
‹f142rº02--› {.IX.W'CO'D.C'XV.T.((.[[.OT.]].)).IX.W'CO'D.C'I'I'AE.C'AE.((.O.)).CO'D.}
‹f142rº03--› {.C'IZ.L.F.G.C'I'Q.V.DP.EK.K.C.CO'D.I.I.N.D.}
‹f142rº04--› {.O.R.C.C'I'I'AE.C'AE.BC.D.R.C.D.AC.C'I'I'AE.C'AE.C.F.}
‹f142rº05--› {.C0.L.C.II.IU.C.II.RT'XI'D.C.XI'D.O.C.II.AE.}
‹f142rº06--› {.[[.C.Q.I.I.]].TA.R.CO'D.I.I.C'I'I'AE.C'AE.C'XV.OB.I.Z.CQ.CO.}
‹f142rº06tº› [Trānslātiō: "Yahweh is faithful..."]
‹f142rº07--› {.IX.W'CO'D.C'I'I'AE.C'AE.C.F'X2.C'XF'XX.C'I'I'AE.C'AE.BK.}
‹f142rº08--› {.B.C'I'I'AE'I'AE.N.C'BP.CO'D'R'N'D.IX.W'CO'D.}
‹f142rº09--› {.C.I'I'I.R.C'AE.C.D.C.R.N.L.B'N.XW'X.HX'H'H.}
‹f142rº10--› {.HY.C'F'O'R'CO.D.CO'D.DR.HX'H'HK.AV.D.B.}

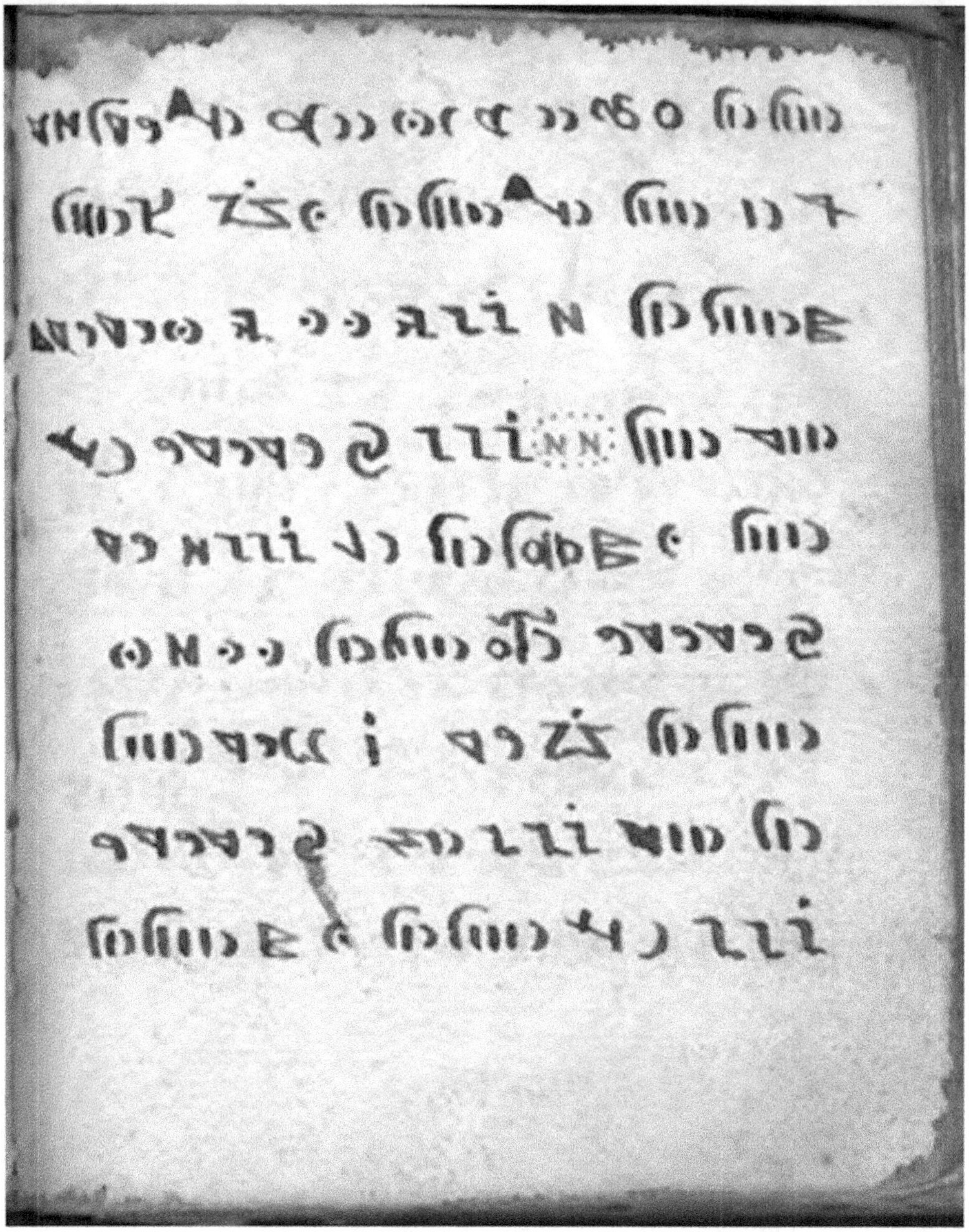

‹f142v°01--> {.C'I'I'AE.C'AE.O.U.C.C.V.Q.Z.C.C.Q.C'BD.CO'D'R'N'D.}
‹f142v°02--> {.BI.C.I.C'I'I'AE.C'BD.C'I'I'AE.C'AE.QX.XW'X.HY.C'I'I'AE.}
‹f142v°03--> {.B.C'I'I'AE.C'AE.N.HX'H'HK.CX'CX.HK.Z.CO'D'CO'D'K.}
‹f142v°04--> {.C.I.I.D.C'I'I'AE.((.N.N.)).HX'H'H.CQ.CO'D'CO'D'CO.C.KB.X.}
‹f142v°05--> {.C'I'I'AE.QX.B.CD.I.O.R.C'AE.C.K.HX'H'H.N.CO'D.}
‹f142v°06--> {.CQ.CO'D'CO'D'CO.C'IU'O.C'I'I'AE.C'AE.CX'CX.N.Z.}
‹f142v°07--> {.C'I'I'AE.C'AE.XW'X.CO'D.IX.W'CO'D.C'I'I'AE.C'AE.}
‹f142v°07f°› [Fissum: ‹f142v°07› .C'I'I'AE. and ‹f142v°08› .C'AE.]
‹f142v°08--> {.«.88.».C.I.I.D.HX'H'H.C'IZ.CQ.CO'D'CO'D'CO.}
‹f142v°09--> {.HX'H'H.C'BG.C'I'I'AE.C'AE.QX.B.C'I'I'AE.C'AE.}

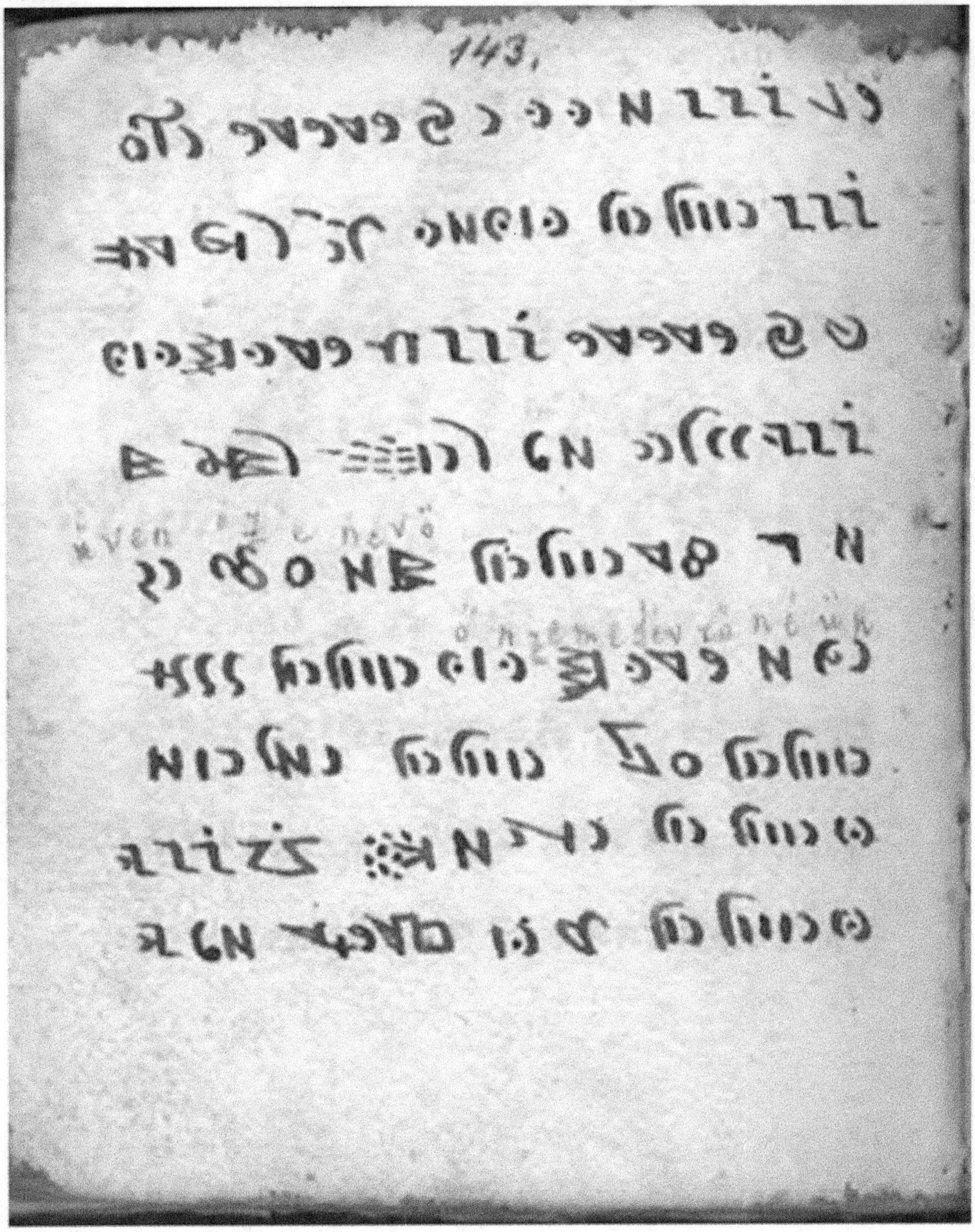

‹f143r°01--› {.CO.K.HX'H'H.N.CX'CX.C.CQ.CO'D'CO'D'CO.C'IU'O.}
‹f143r°02--› {.HX'H'H.C'I'I'AE'I'AE.CX.I.QX.N.CX.R'J'J.C.R.F.G.D.C.XF.}
‹f143r°03--› {.BK.CQ.CO'D'CO'D'CO.HX'H'H.AC.CO'D.CX.I.BO.CX.I.QX.}
‹f143r°04--› {.HX'H'HK.Q'Q'R'C'C.N'QV.L.C'UM.L.B'CV.B.}
‹f143r°05--› {.N.D.AV.D.C'I'AE.C'AE.B'N.O.U.C.XB.}
‹f143r°06--› {.Z.N.CO'D.CX.XG.CX.I.QX.C'I'I'AE.C'AE.S'S'ST.}
‹f143r°07--› {.C'I'I'AE.C'AE.O.K.A.C'I'I'AE.C'AE.C.N.Q.C'I'N.}
‹f143r°08--› {.Z.C'I'I'AE.C'AE.C.C'XV.C.N.XF'XX.XW'X.HX'H'HK.}
‹f143r°09--› {.Z.C'I'I'AE.C'AE.V.CX.I.XJ'D'CO'BY.N'QV.HK.}

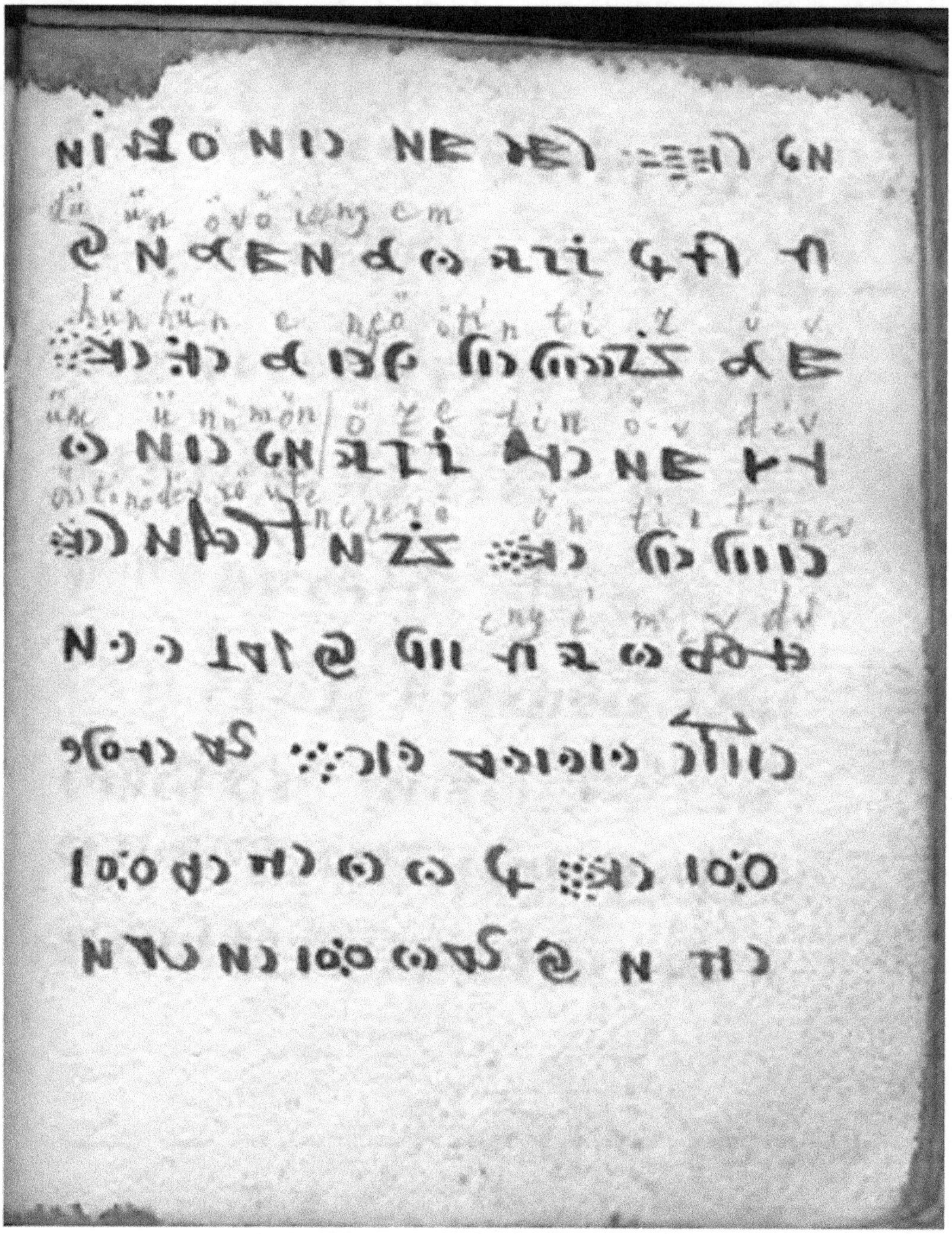

‹f143vº01--› {.N'QV.L.UM.L.B'N.C'I'N.O.J0.IX.N.}
‹f143vº02--› {.AC.L.TA.QT.HX'H'HK.Z.Q.O.N.B.Q.O.N.CQ.}
‹f143vº03--› {.B.Q.O.XW'X.C.C'I'AE.C'AE.QE.C'I'Q.O.C.F'X2.C'XF'XX.}
‹f143vº04--› {.XV'EY.B'N.C'BD.HX'H'HK.N'QV.C'I'N.Z.}
‹f143vº05--› {.C'I'I'AE.C'AE.C'XF'XX.XW'X.N.D.CO.CE.A.N.L.C'XF'XX.}
‹f143vº06--› {.CE.T.AV.O.Z.HK.AC.I'I'G.CQ.A.D.P.CX'CX.N.}
‹f143vº07--› {.C.I'I'IU'C.CX'I'CX'I'CX'D.CX.I.C.XX.S'D.C'F'O'R'CO.}
‹f143vº08--› {.O'X2'O'I.C'XF'XX.QT.Z.C.QX.C'I'T.C.XC.O'X2'O'I.}
‹f143vº09--› {.C'I'T.N.CQ.S'D.Z.O'X2'O'I.C.N.CU'D.N.}

folio 144 recto

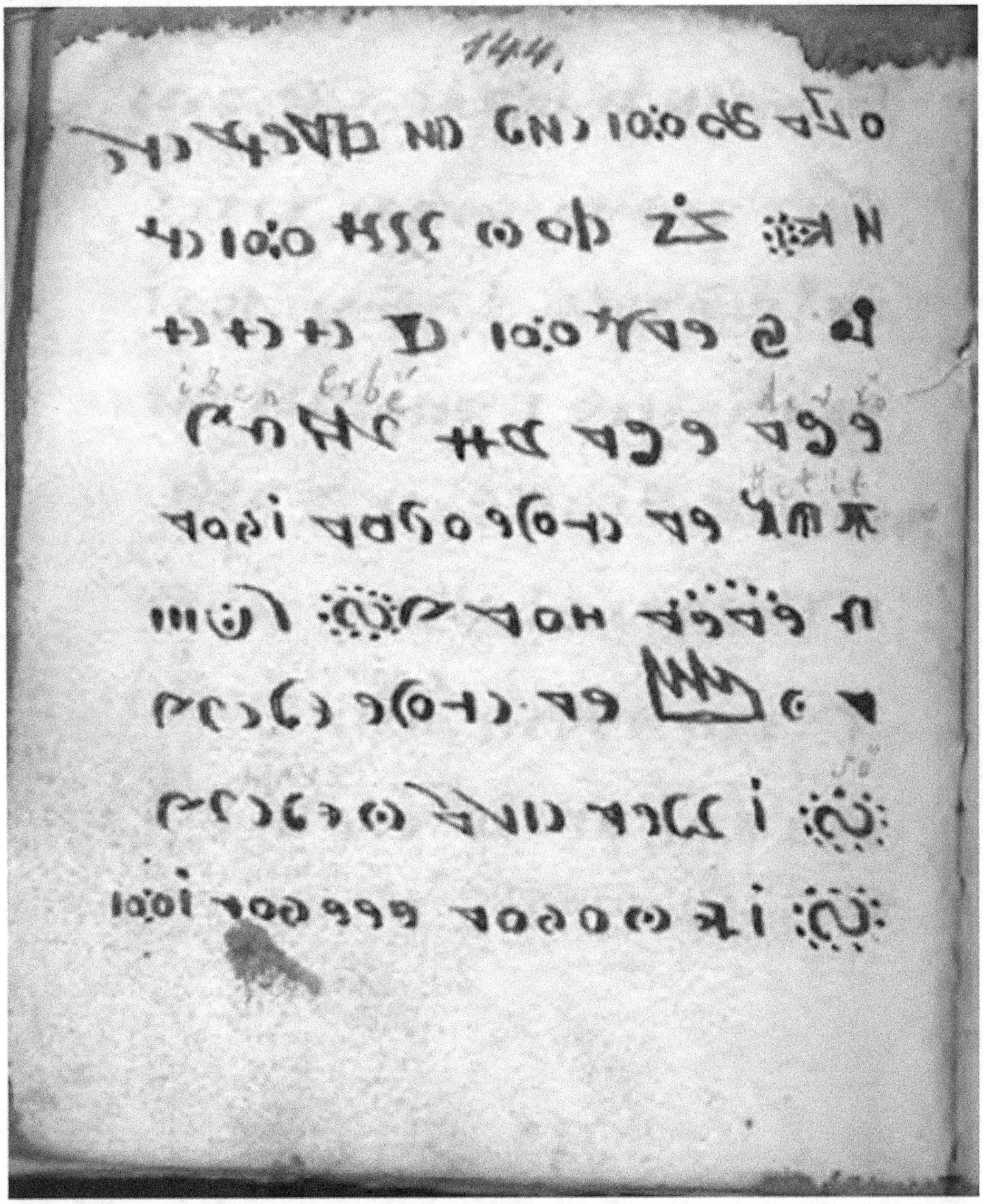

‹f144r°01--› {.O.K.A.D.UD.O'X2'O'I.C.N'QV.C'I'N.XJ'D'CO'BY.C'XV.C.}

‹f144r°02--› {.N.XF'XX.XW'X.C'I'Q.Z.S'S'ST.O'X2'O'I.C'BG.}

‹f144r°03--› {.BH.CQ.CO'D'R'T.O'X2'O'I.C.BC.C'TA.C'TA.C'TA.}

‹f144r°04--› {.CO'BF'D'CO'BF'D.V'T'T.BA.AC.RT.}

‹f144r°05--› {.UN.NH.E.CO'D.C'F'O'R'CO.O.C'Q'O'D.IX.C'Q'O'D.}

‹f144r°06--› {.AC.(.CO'D'CO'D.).XH'O'D.RT.((.AD.)).L.NP.I'I'I.}

‹f144r°07--› {.D.QX.M.CO'D.C'F'O'R'CO.C.QV.C.R.RT.}

‹f144r°08--› {.((.AD.)).IX.W'CO'D.C.I.KB.L.D.CE.QV.C.R.RT.}

‹f144r°09--› {.((.AD.)).IX.HK.Z.O.C'Q'O'D.CO'CO'CO.C'Q'O'D.I.O'X2'O'I.}

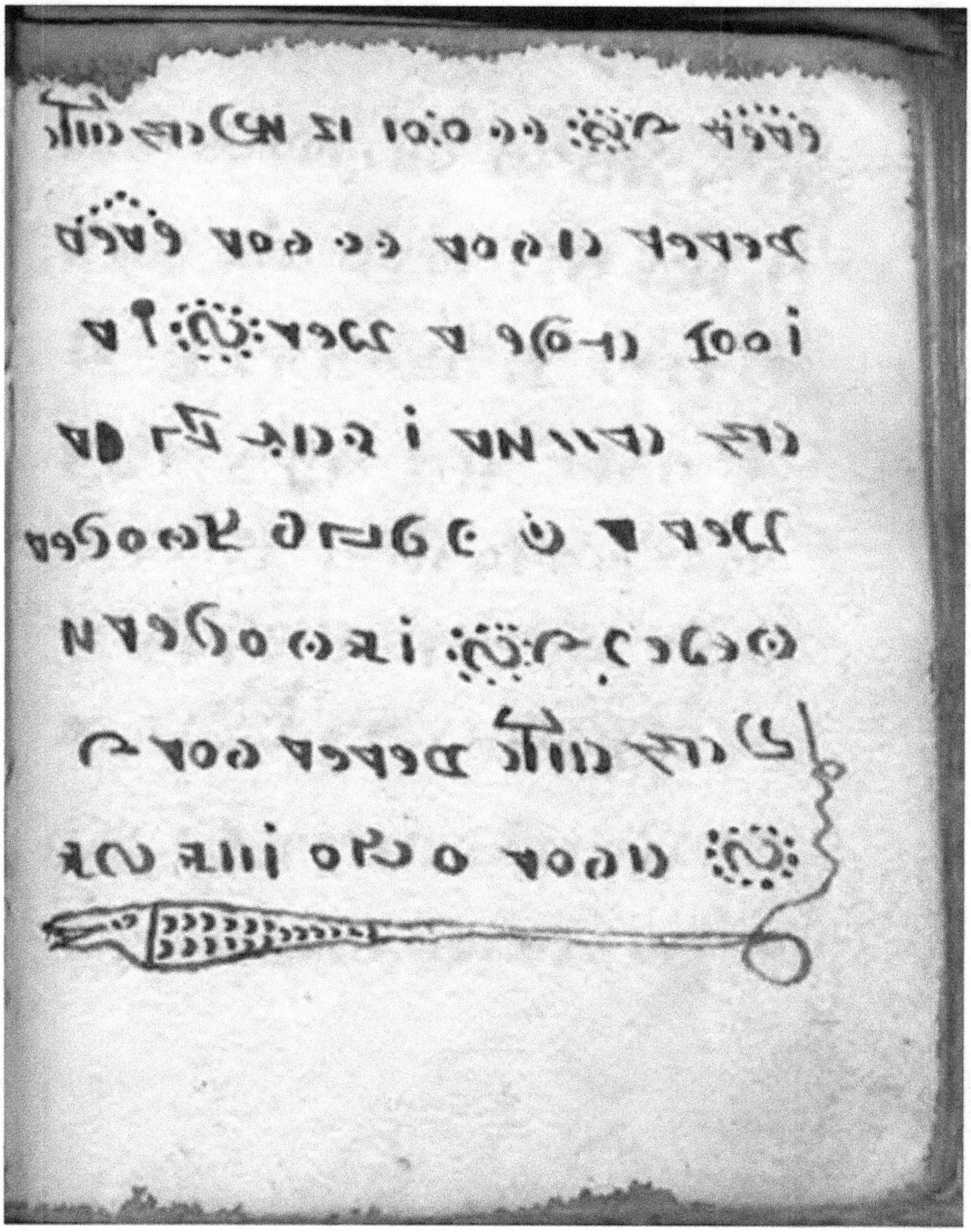

‹f144vº01--›	{.(.CO'D'CO'D.).RT.((.AD.)).CX'CX.O'X2'O'I.I'AG.N'QQ.C'IZ.C.I'I'IU'C.}
‹f144vº02--›	{.V'CO'D'CO'D.C.I.C'Q'O'D.CX'CX.C'Q'O'D.(.CO'D'CO'D.).}
‹f144vº03--›	{.IX.O'O'IA.C'F'O'R'CO.D.XI.CO'D.((.AD.)).IG'D.}
‹f144vº04--›	{.C'IZ.C.D.J'J'N'D.IX.CX.C.I.J.C.X.K'A'A.CD.D.}
‹f144vº05--›	{.XI.CO'D.D.BK.QX.QV'KE'BB.HY.Z.O.Q.C.CO'D.}
‹f144vº06--›	{.Z.CE.QV.CO.R.C.RB.RT.((.AD.)).IX.HK.Z.O.Q.C.CO'D.N'QQ.}
‹f144rº06fº›	[Fissum: ‹f144rº06› .N. and ‹f144rº07› .QQ.]
‹f144vº07--›	{.«.88.».C'IZ.C.I'I'IU'C.V'CO'D'CO'D.C'Q'O'D.RT.}
‹f144vº08--›	{.((.AD.)).C.I.C'Q'O'D.O.BE'I'O.IX'I'I'HK.AD.HK.}
‹f144vº08sº›	[SERPĒNS: 5/7.]

folio 145 recto

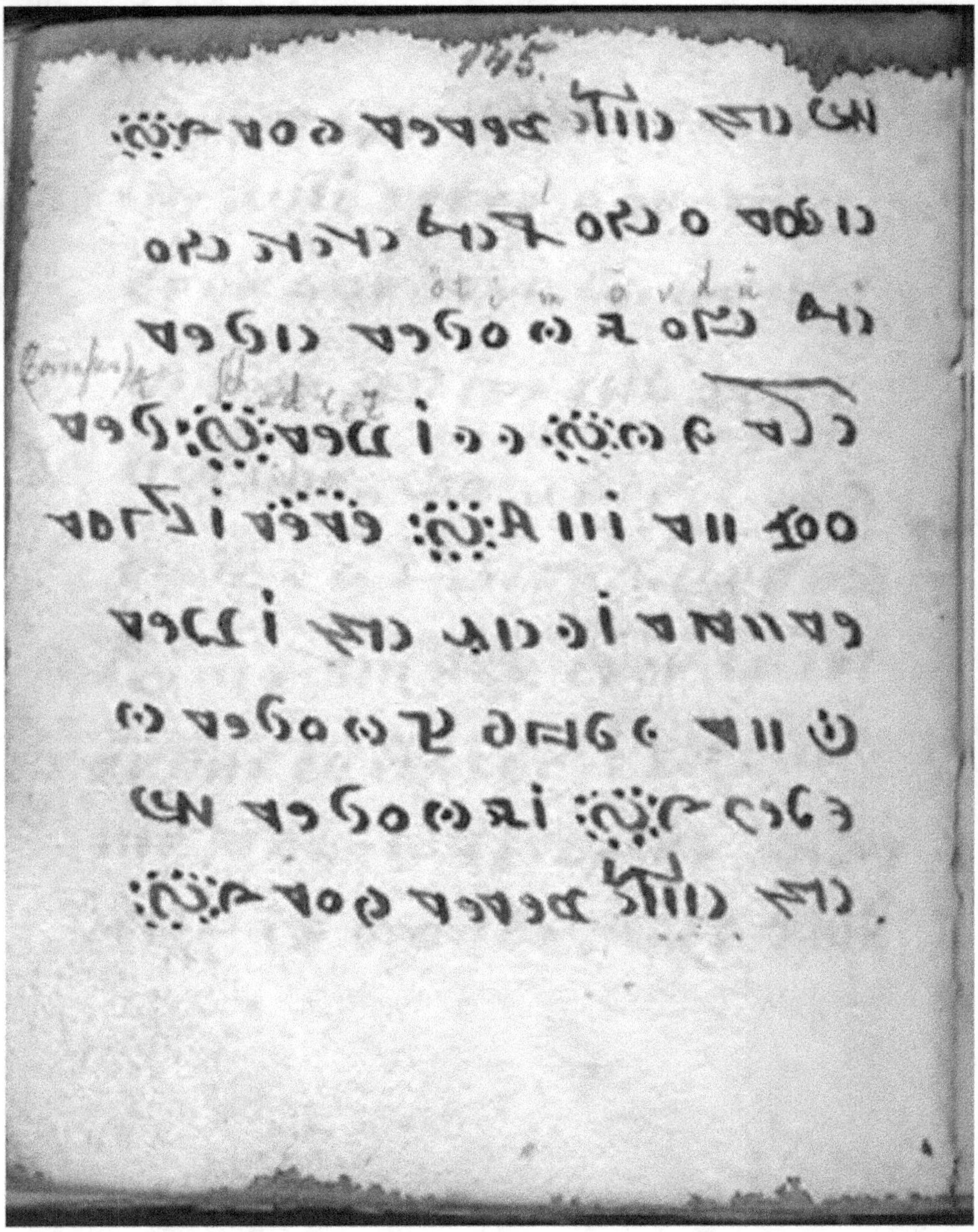

‹f145r°01--› {.N'QQ.C'IZ.C.I'I'IU'C.V'CO'D'CO'D.C'Q'O'D.RT.((.AD.)).}
‹f145r°02--› {.C'I'Q.C.O.BE'I'O.BI.C.F.G.C'XV.C'I'BO.BE'I'O.}
‹f145r°03--› {.C'BD.BE'I'O.HK.Z.O.Q.C.CO'D.C'I'Q.C.CO'D.}
‹f145r°04--› {.C.MX.D.QX.Z.((.AD.)).CX'CX.IX.W'CO'D.((.AD.)).Q.C.CO'D.}
‹f145r°05--› {.O'O'IA.I.I.D.IX.I.I.XA.((.AD.)).(.CO'D'CO'D.).IX.K'A'A.I.D.}
‹f145r°06--› {.CO'D.J.J.D.I.D.IX.CX.C.I.J.C.X.C'IZ.IX.W'CO'D.}
‹f145r°07--› {.NP.I.I.D.QX.QV'KE'BB.HY.Z.O.Q.C.CO'D.Z.}
‹f145r°08--› {.CE.QV.CO.RB.RT.((.AD.)).IX.HK.Z.O.Q.C.CO'D.N'QQ.}
‹f145r°09--› {.C'IZ.C.I'I'IU'C.V'CO'D'CO'D.C'Q'O'D.RT.((.AD.)).}

folio 145 verso

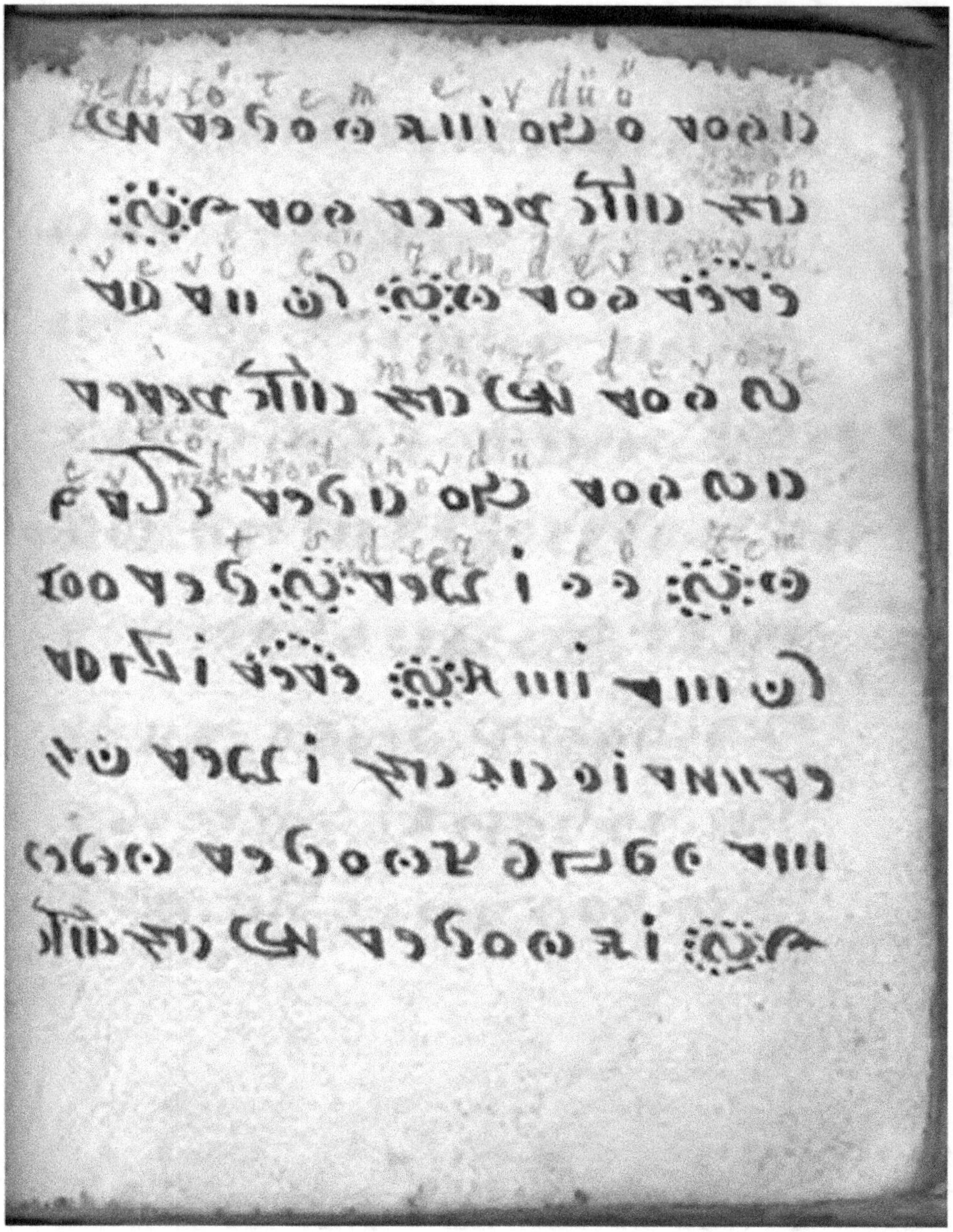

‹f145v°01--› {.C.I.C'Q'O'D.O.BE'I'O.I'I'I.HK.Z.O.C.Q.CO'D.N'QQ.}
‹f145v°02--› {.C'IZ.C.I'I'IU'C.V.CO'D'C'D.C'Q'O'D.RT.((.AD.)).}
‹f145v°03--› {.(.CO'D'CO'D.).C'Q'O'D.Z.((.AD.)).L.NP.I.I.D.C.I.D.}
‹f145v°04--› {.AD.C'Q'O'D.N'QQ.C'IZ.C.I'I'IU'C.V'CO'D'CO'D.}
‹f145v°05--› {.C.I.AD.C'Q'O'D.BE'I'O.C'I'Q.C.CO'D.C.MX.D.QX.}
‹f145v°06--› {.Z.IX.((.AD.)).CX'CX.IX.W'CO'D.((.AD.)).Q.C.CO'D.O'O'IA.}
‹f145v°07--› {.L.BZ.I'I'I.D.IX.I'I'I.XA.((.AD.)).(.CO'D'CO'D.).IX.K'A'A.CD.D.}
‹f145v°08--› {.CO'D.J'J'N'D.IX.CX.C.I.J.C.X.C'IZ.IX.W'CO'D.BZ.≈.}
‹f145v°09--› {.I'I'I.D.QX.QV'KE'BB.HY.Z.O.Q.C.CO'D.Z.CE.QV.CO.Q.}
‹f145v°10--› {.RT.((.AD.)).IX.HK.Z.O.Q.C.CO'D.N'QQ.C'IZ.C.I'I'IU'C.}

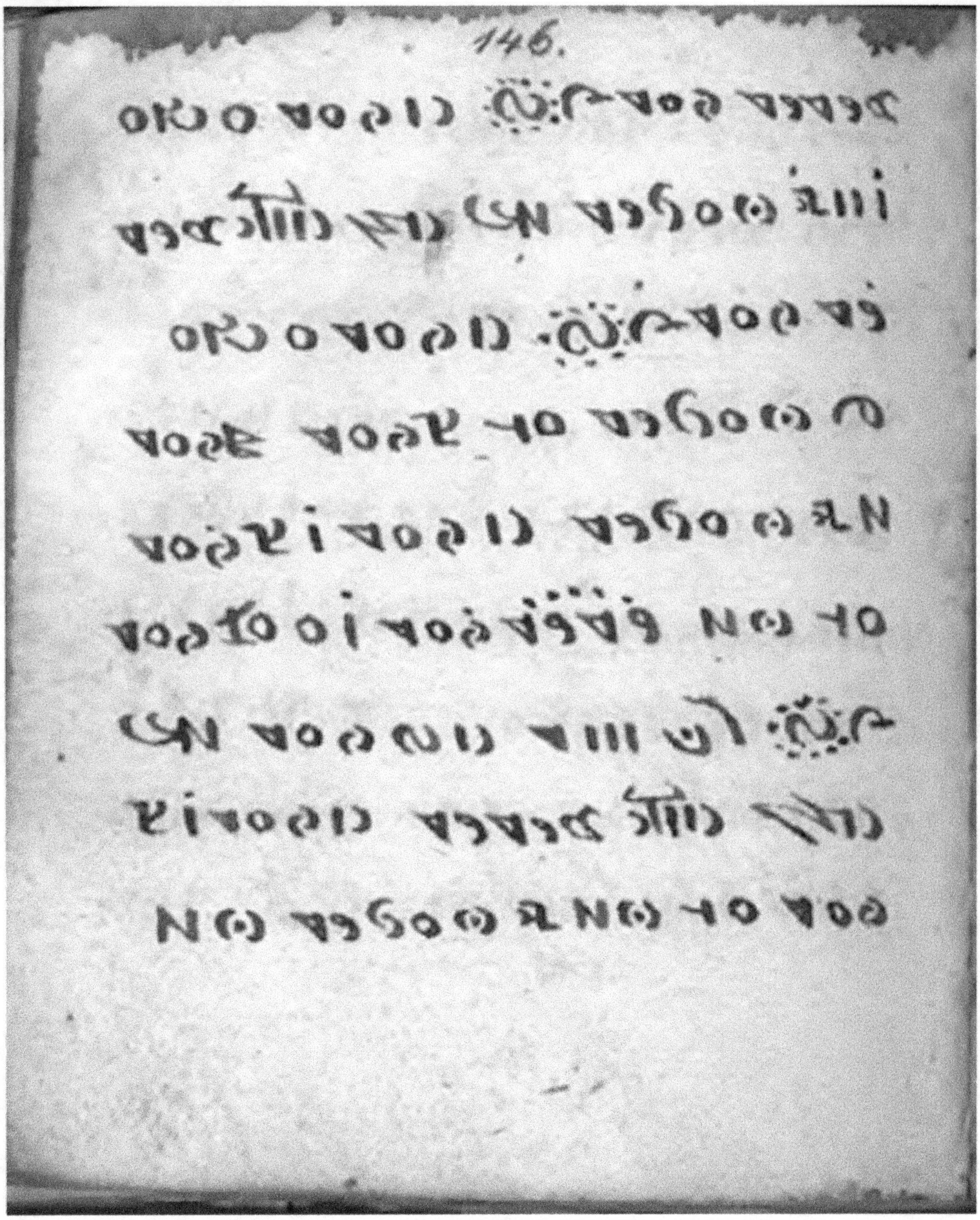

‹f146rº01--›　{.V.CO'D'C'D.C'Q'O'D.RT.((.AD.)).C.I.C'Q'O'D.O.BE'I'O.}
‹f146rº02--›　{.IX'I'I'HK.Z.O.Q.C.CO'D.N'QQ.C'IZ.C.I'I'IU'C.V'CO'D'CO'D.}
‹f146rº02fº›　[Fissum: ‹f146rº02› .V.CO'D. and ‹f146rº03› .CO'D.]
‹f146rº03--›　{.«.88.».C'Q'O'D.RT.((.AD.)).C.I.C'Q'O'D.O.BE'I'O.}
‹f146rº04--›　{.RO.Z.O.Q.C.CO'D.O.F.HY.C'Q'O'D.B'CV.O.D.}
‹f146rº05--›　{.N.HK.Z.O.Q.C.CO'D.C.I.C'Q'O'D.IX.HY.C'Q'O'D.}
‹f146rº06--›　{.O.F.Z.N.(.CO'D'CO'D.).C'Q'O'D.IX.O'O'IA.C'Q'O'D.}
‹f146rº07--›　{.RT.((.AD.)).L.BZ.I'I'I.D.C.I.AD.C'Q'O'D.N'QQ.}
‹f146rº08--›　{.C'IZ.C.I'I'IU'C.V'CO'D'CO'D.C.I.C'Q'O'D.IX.HY.}
‹f146rº09--›　{.C'Q'O'D.O.F.Z.N.HK.Z.O.Q.C.CO'D.Z.N.}

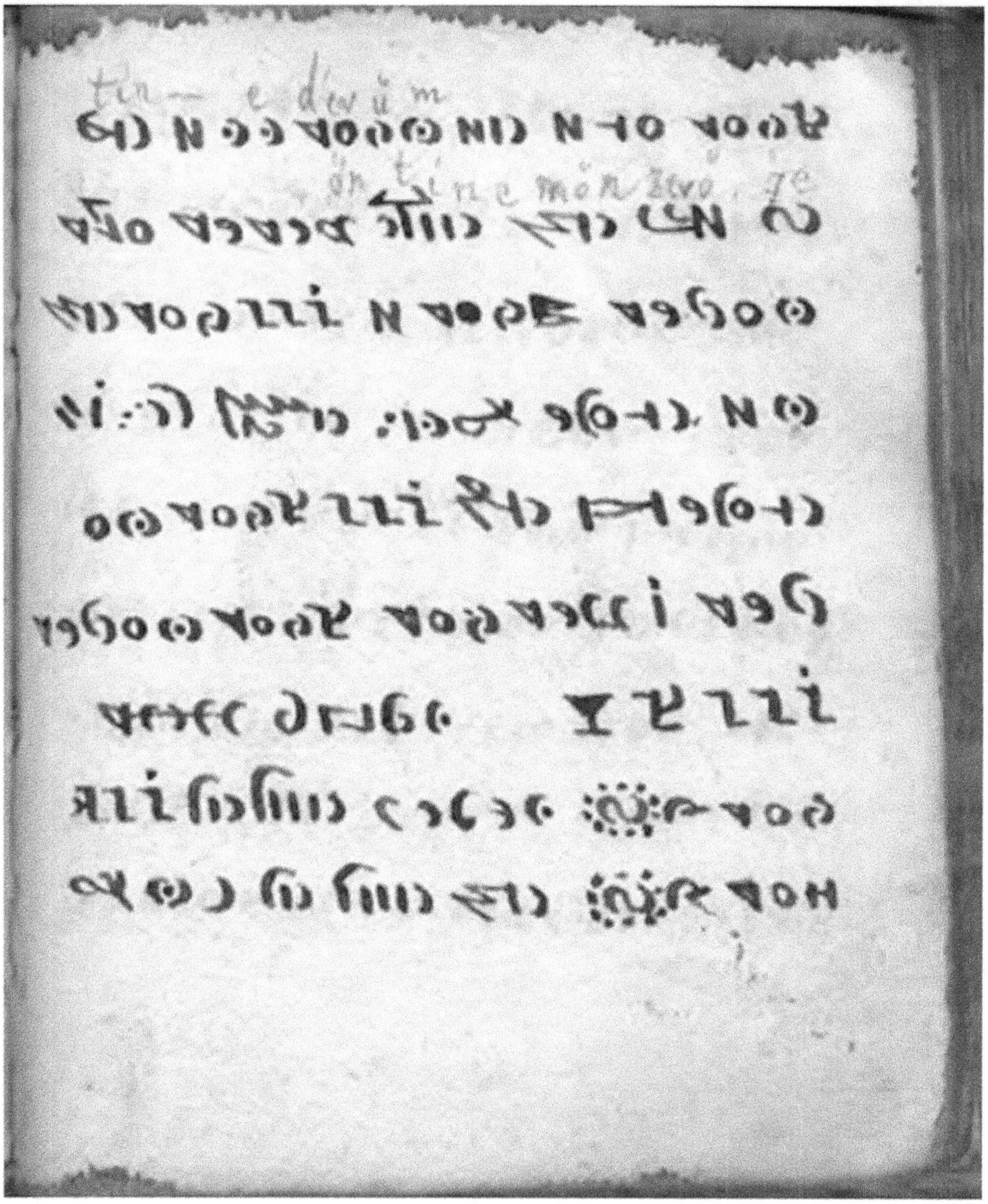

‹f146vº01--› {.HY.C'Q'O'D.O.F.N.C'I'N.Z.C'Q'O'D.CX'CX.N.C.F.G.}
‹f146vº02--› {.AD.N'QQ.IZ.C.I'I'IU'C.V'CO'D'CO'D.O.K'A'A.}
‹f146vº03--› {.Z.O.Q.C.CO'D.B.C'Q'O'D.N.HX'H'H.C'Q'O'D.C'IZ.}
‹f146vº04--› {.Z.N.C'F'O'R'CO.T.O.CX.I.X2.C.I.C.A.AS.L.L.X3.IX.≈.}
‹f146vº05--› {.C'F'O'R'CO.XV'EY.C'XV.O.A.HX'H'H.HY.C'Q'O'D.Z.O.}
‹f146vº06--› {.Q.C.CO'D.IX.W'CO'D.C'Q'O'D.HY.C'Q'O'D.Z.O.Q.C.CO'D.}
‹f146vº07--› {.HX'H'H.HY.BC.«.00.».QX.QV'KE'BB.|.Q'Q'Z'V.|.}
‹f146vº08--› {.C'Q'O'D.RT.((.AD.)).QX.CE.QV.CO.R.C'I'I'AE.C'AE.HX'H'HK.}
‹f146vº09--› {.XH'O'D.RT.((.AD.)).C'IZ.C'I'I'AE.C'AE.C.Z.MX.O.}

folio 147 recto

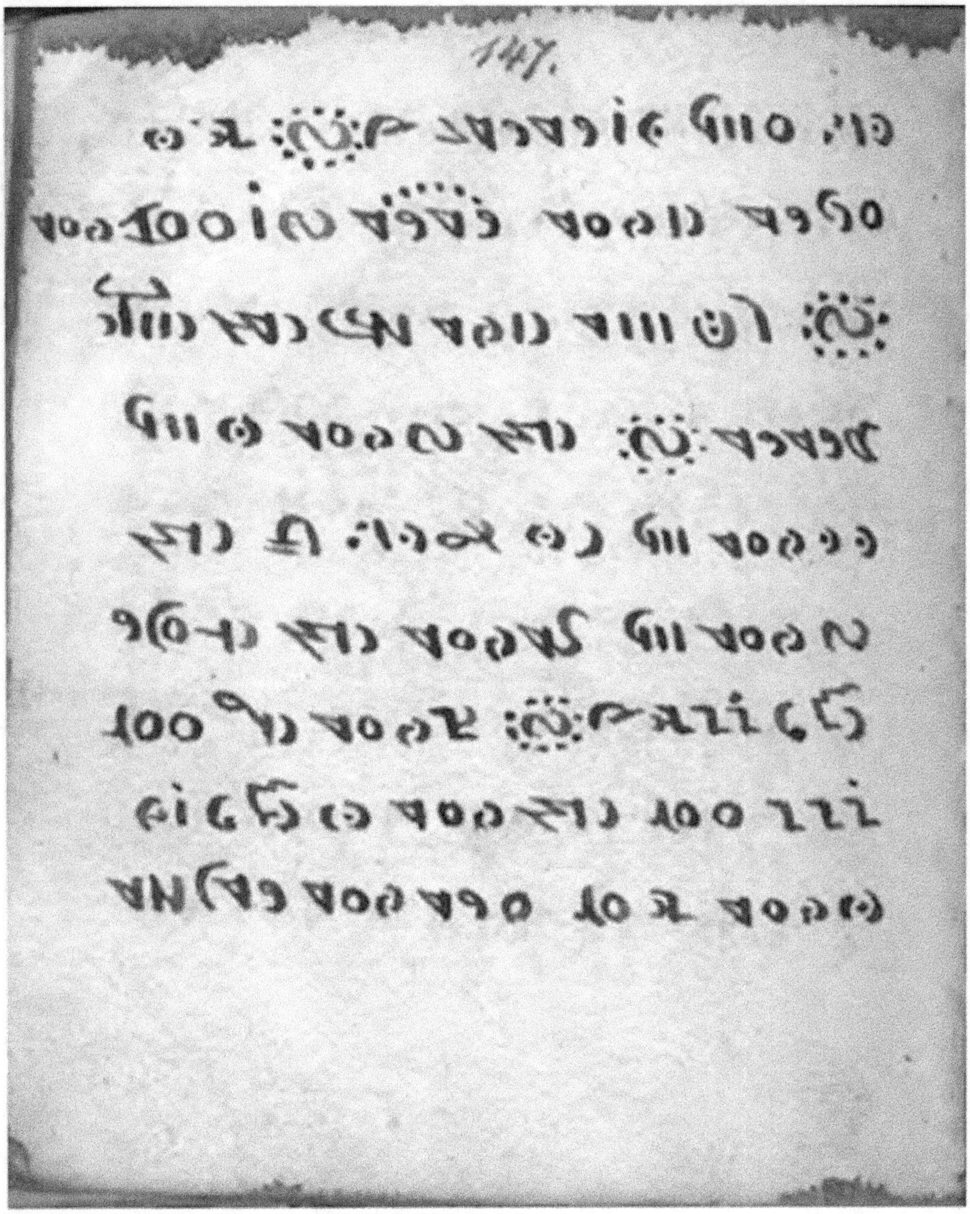

‹f147r°01-->   {.CX.I.X2.O.I'I'G.QX.IX.CO'D'CO'D'K.RT.((.AD.)).HK.Z.}
‹f147r°02-->   {.O.Q.C.CO'D.C.I.C'Q'O'D.(.CO'D'CO'D.).AD.IX.O'O'IA.C'Q'O'D.}
‹f147r°03-->   {.((.AD.)).L.NP.I'I'I.D.C.I.C.Q.D.N'QQ.C'IZ.C.I'I'IU'C.}
‹f147r°04-->   {.V'CO'D'CO'D.((.AD.)).C'IZ.AD.C'Q'O'D.Z.I'I'G.}
‹f147r°05-->   {.CX'CX.C'Q'O'D.I'I'G.C.Z.CU.T.O.CX.I'XX.BU.C'IZ.}
‹f147r°06-->   {.AD.C'Q'O'D.I'I'G.S'D.C'Q'O'D.C'IZ.C'F'O'R'CO.}
‹f147r°07-->   {.C.AS.QV.HX'H'HK.RT.((.AD.)).HY.C'Q'O'D.C'XV'O.O'O'P.}
‹f147r°08-->   {.HX'H'H.O'O'P.C'IZ.C'Q'O'D.Z.C.AS.QV.IX.QX.}
‹f147r°09-->   {.Z.CX.O.D.HK.O'O'P.CO'D.C'Q'O'D.CO'D'R'N'D.}
‹f147r°09h°›   [Hyperbolē: .O.P.O in ‹f147r°09› above was changed to the grapheme 'O'O'P.]

folio 147 verso

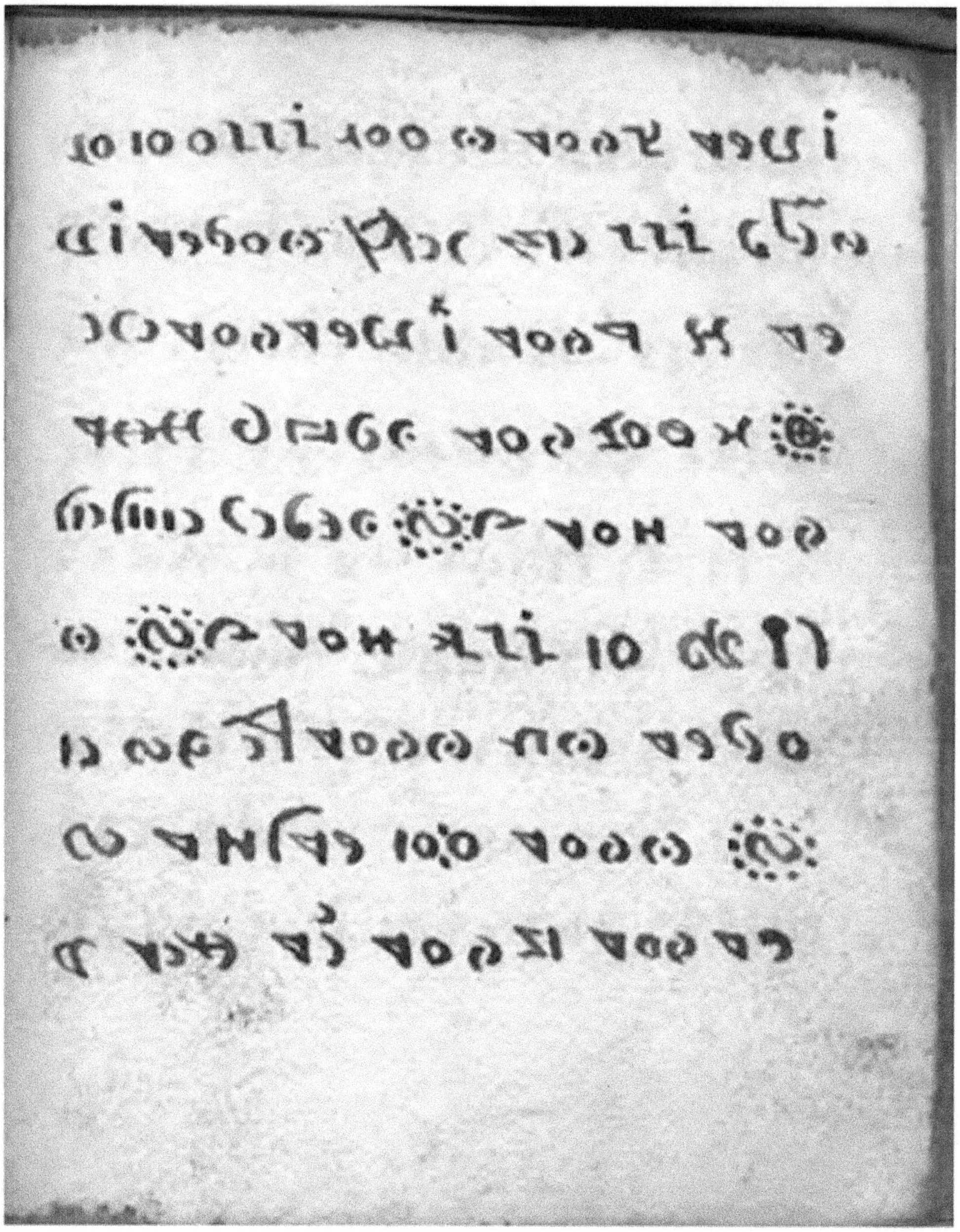

‹f147vº01--› {.IX.W'CO'D.HY.C'Q'O'D.Z.O'O'P.HX'H'H.O.O.I.O'O'P.}
‹f147vº01hº› [Hyperbolē: .O. was added to complete the grapheme .O'O'P. in ‹f147vº01› above.]
‹f147vº02--› {.Z.C.AS.QV.HX'H'H.C'IZ.Q.C.XF.II.Z.O.CQ.CO'D.IX.W'CO'D.}
‹f147vº02fº› [Fissum: ‹f147vº02› .W. and ‹f147vº03› .CO'D.]
‹f147vº03--› {.«.88.».SS.DP.C'Q'O'D.XI.W'CO'D.C'Q'O'D.C.R.C.}
‹f147vº04--› {.((.[[.OT.]].)).RO'C.O'O'IA.C'Q'O'D.QX.QV'KE'BB.|.Q'Q'Z'V.|.}
‹f147vº05--› {.C'Q'O'D.XH'O'D.RT.((.AD.)).QX.CE.QV.C.Q.C'I'I'AE.C'AE.}
‹f147vº06--› {.L.IG.UD.O.I.HX'H'HK.XH'O'D.RT.((.AD.)).Z.}
‹f147vº07--› {.O.TI.CO'D.Z.AC.Z.C'Q'O'D.DP.Z.AD.C.I.}
‹f147vº08--› {.IX.((.AD.)).Z.BB.O.D.O'X2'O'I.CO'D'R'N'D.AD.}
‹f147vº09--› {.CO'D.C'Q'O'D.I'AG.C'Q'O'D.CC'D.T'T.C.D.V.}

folio 148 recto

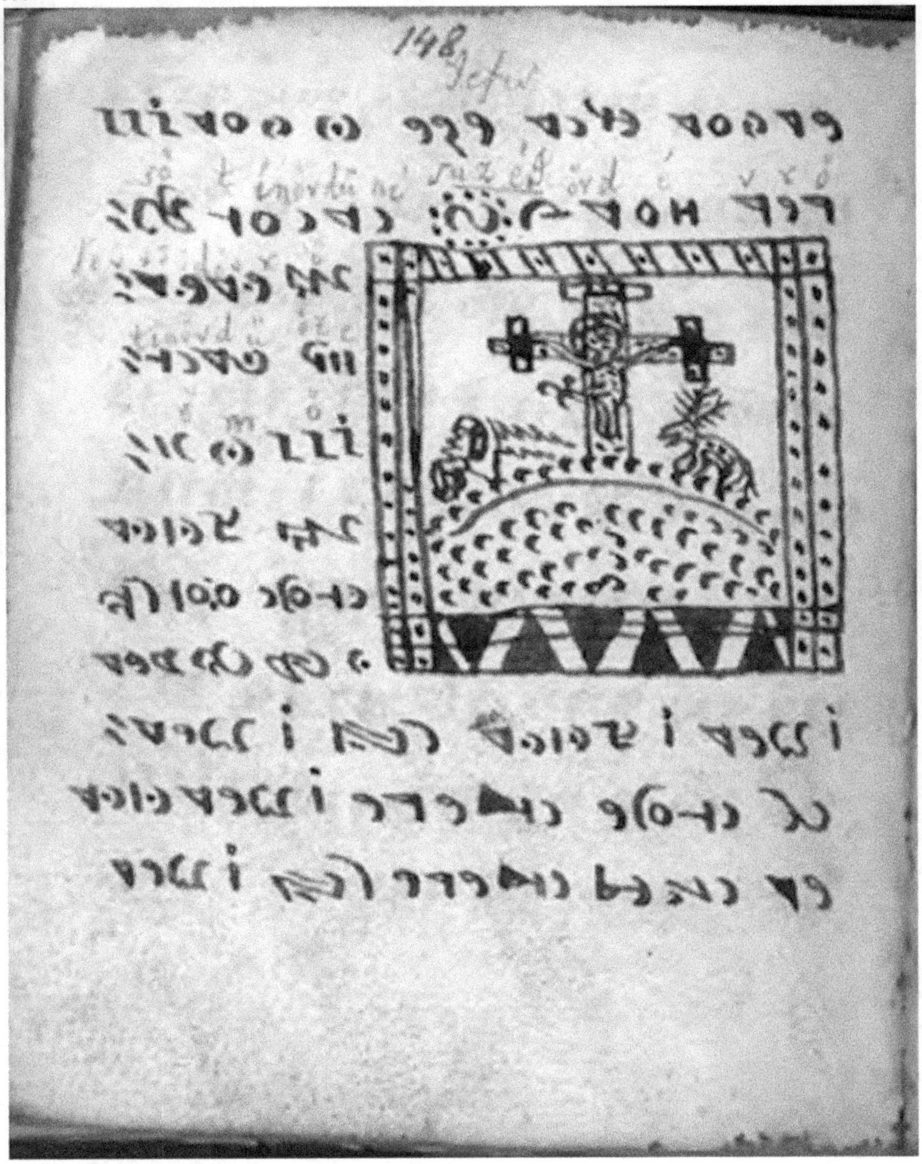

‹f148r°01--›	{.CO'D.C'Q'O'D.CE.XV.C.D.CO.JN.CO.Z.C'Q'O'D.HX'H'H.}
‹f148r°02--›	{.D.CO.DP.XH'O'D.RT.((.AD.)).C.D.C.O'XV.UD.≈.}
‹f148r°03i°›	[Illūstrātiō: P-64:MRLS Man on cross; antlered creature w/ man running away.]
‹f148r°03--›	{.BA.CX.D.CO.≈.}
‹f148r°04--›	{.I'I'G.BK.D.C.F.≈.}
‹f148r°05--›	{.HX'H'H.Z.Q.J.≈.}
‹f148r°06--›	{.BA.HY.CX'I'CX'D.}
‹f148r°07--›	{.CX.F'O'R'CO.O'X2'O'I.L.Y.}
‹f148r°08--›	{.QX.BZ.V.C.Y.V.CO'D.}
‹f148r°09--›	{.IX.W'CO'D.IX.HY.CX'I'CX'D.L.BK.J.X.IX.W.C.D.≈.}
‹f148r°10--›	{.KC.C'F'O'R'CO.C'BD.CO'DP'CO.IX.W'CO'D.CX'I'CX'D.}
‹f148r°11--›	{.CO'D.C'XV.C.CE'EO.C'BD.CO'DP'CO.L.BK.J.X.IX.W'CO'D.}

folio 148 verso

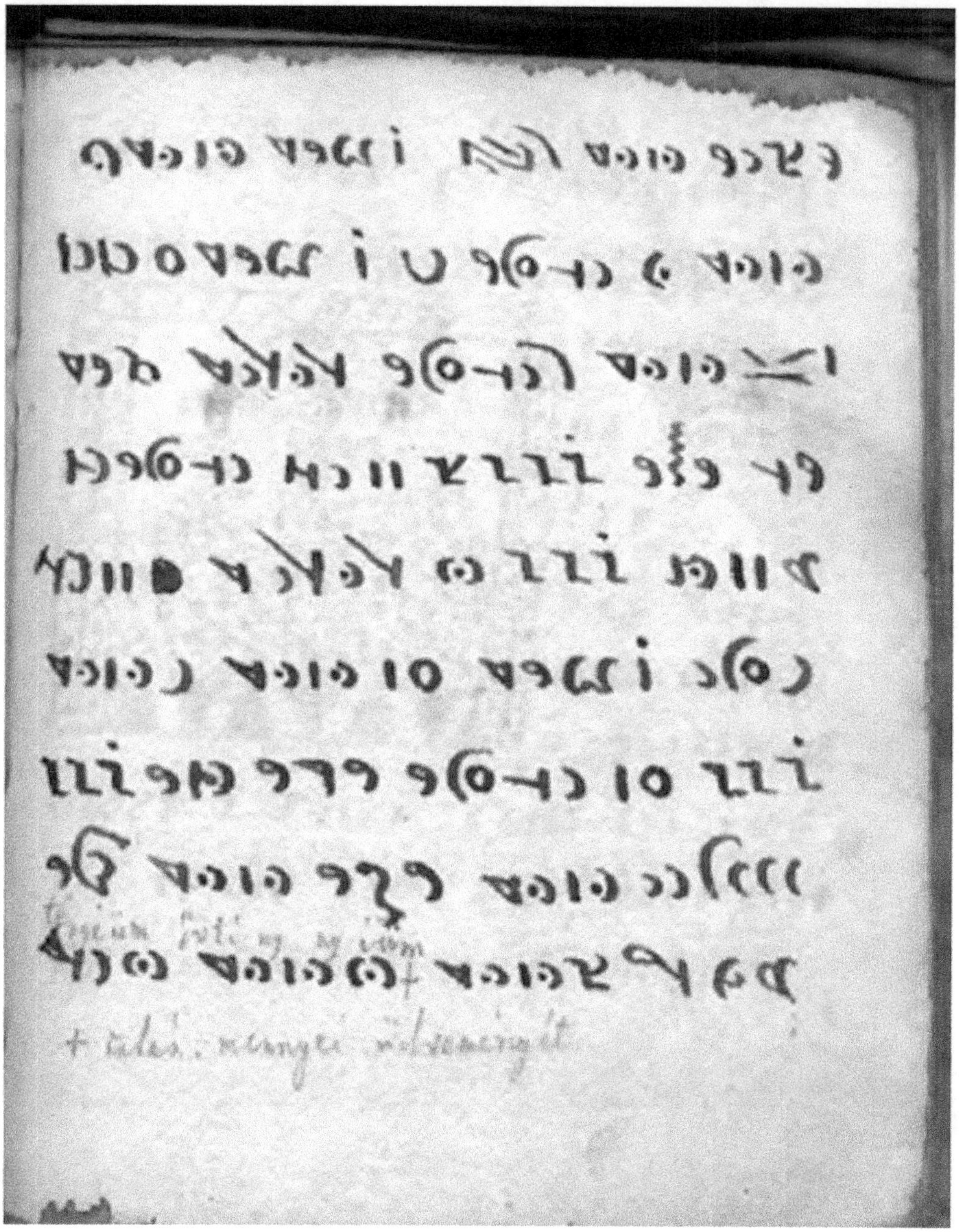

‹f148v°01--› {.CX.HY.C.CO.CX'I'CX'D.L.BK.J.X.IX.CO'D.CX'I'CX'D.QX.}

‹f148v°01h°› [Hyperbolē: Ending .L.X. in ‹f148v°01› above was changed to .QX. to agree w/ ‹f148v°02› below.]

‹f148v°02--› {.CX'I'CX'D.QX.C'F'O'R'CO.BL.IX.W'CO'D.O.XB.C.I.}

‹f148v°03--› {.I.YY.CX'I'CX'D.L.C'T.O.R.CO.XV'CX'XV'C'D.HM.CO'D.}

‹f148v°04--› {.CO.XV.CO.XS.CO.HX'H'H.HY.I.I.C.XH.C'T.O.L.CO.CX.I.}

‹f148v°05--› {.V.I.I.CX.I.HX'H'H.Z.XV'CX'XV'C'D.BV.I.I.C.XH.}

‹f148v°06--› {.C.O.R.C.IX.W'CO'D.O.I.CX'I'CX'D.C.CX'I'CX'D.}

‹f148v°07--› {.HX'H'H.O.I.C'XV.O.R.CO.CO'D'CO.C.A.CO.HX'H'H.}

‹f148v°08--› {.Q.Q'Q'R'C'C.CX'I'CX'D.CO'CO'CO.CX'I'CX'D.C.K.R.CO.}

‹f148v°09--› {.V.QX.XV'O.HY.CX'I'CX'D.Z.CX'I'CX'D.Z.C'BD.}

folio 149 recto

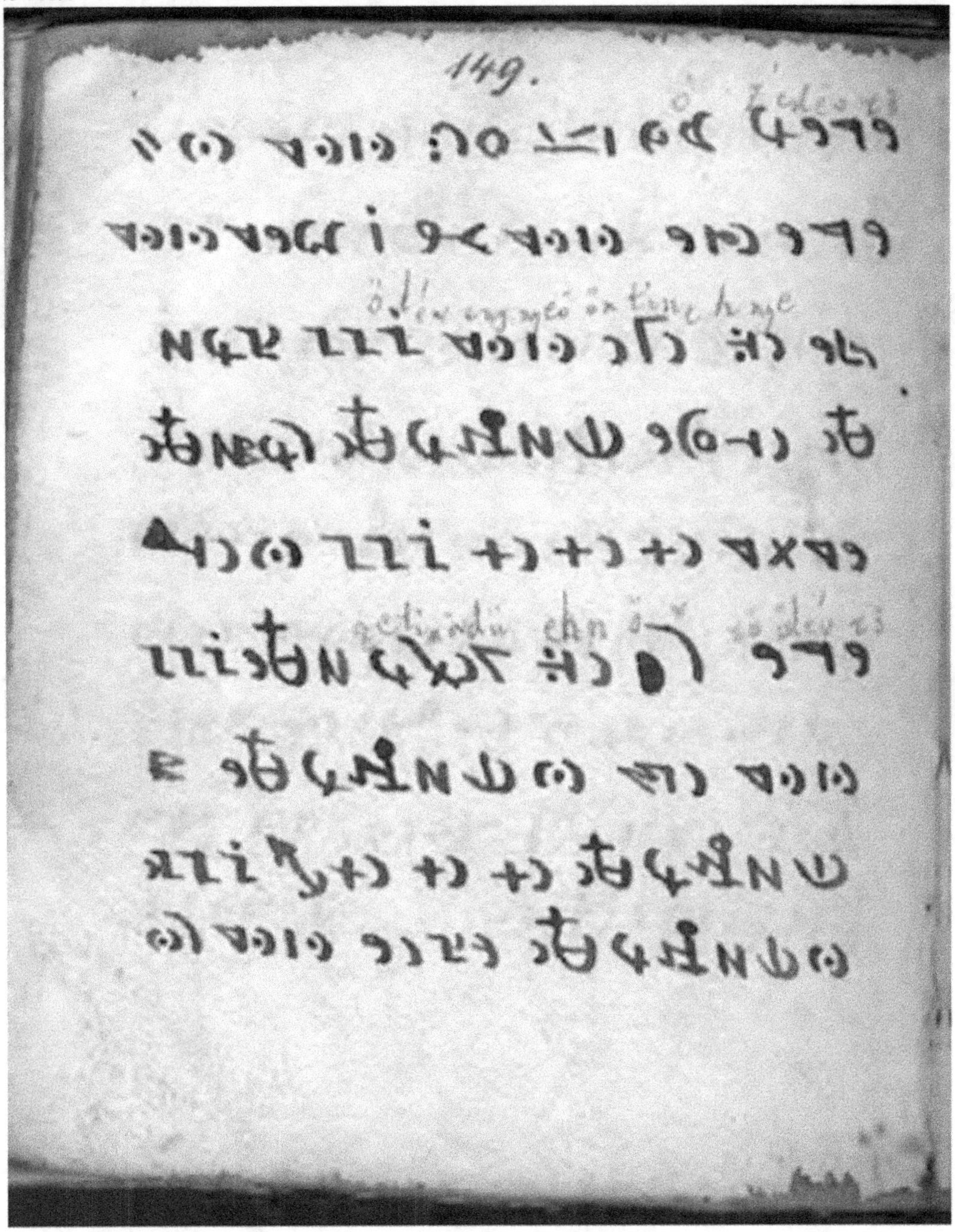

‹f149r°01--› {.CO'DP'CO.QT.V.QX.I.YY.O.L.X3.CX'I'CX'D.Z.≈.}
‹f149r°02--› {.CO'DP'CO.CX.I.CO.CX'I'CX'D.A.CO.IX.W'CO'D.CX'I'CX'D.}
‹f149r°03--› {.L.QA.CO.C.F'X2.C.RA.C.CX'I'CX'D.HX'H'H.HY.QT.N.}
‹f149r°04--› {.C0.C'F'O'R'CO.NI.N'J0.QT.C0.L.QT.B'N.C0.}
‹f149r°05--› {.CO'D.EY'J.D.C'TA.C'TA.C'TA.HX'H'H.Z.C'BD.}
‹f149r°06--› {.CO'DP'CO.R.BV.C.F'X2.A.C.II.T.QT.N'C0.HX'H'H.}
‹f149r°07--› {.CX'I'CX'D.C'IZ.Z.NI.N'J0.QT.C0.B.}
‹f149r°08--› {.NI.N'J0.QT.C0.C'TA.C'TA.C'TA.BT.HX'H'HK.}
‹f149r°09--› {.Z.NI.N'J0.QT.C0.CE.HY.C.CO.CX'I'CX'D.L.Z.}

folio 149 verso

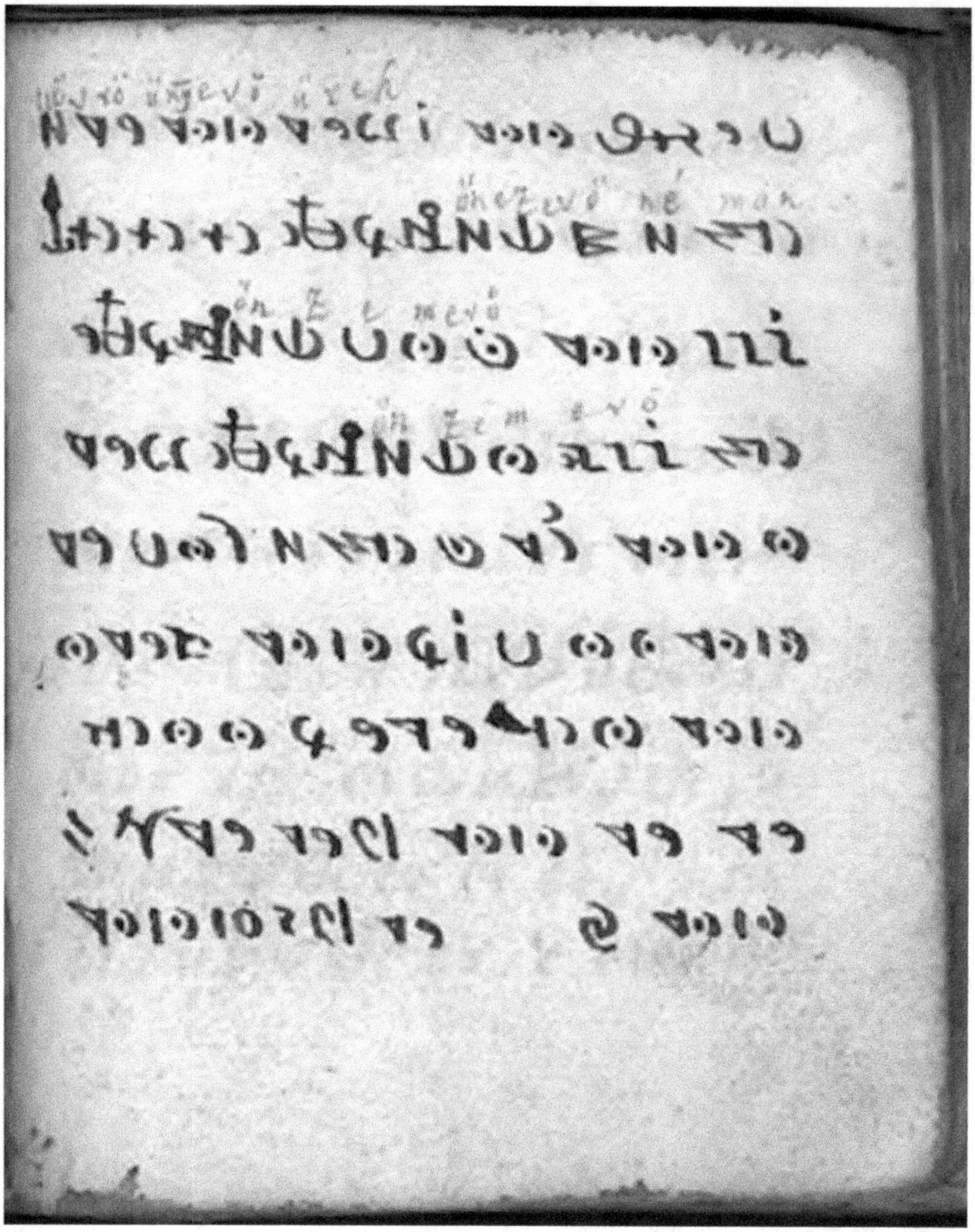

‹f149vº01--› {.BL.CO.|.XB'C'CO.|.CX'I'CX'D.IX.W'CO'D.CX'I'CX'D.CO'D.N.}
‹f149vº02--› {.C'IZ.N.B.NI.N'J0.QT.C0.C'TA.C'TA.C'TA.BT.}
‹f149vº03--› {.HX'H'H.CX'I'CX'D.NP.Z.BL.NI.N'J0.QT.C0.}
‹f149vº04--› {.C'IZ.HX'H'HK.Z.NI.N'J0.QT.C0.XI.CO'D.}
‹f149vº05--› {.Z.CX'I'CX'D.CC'D.BK.C'IZ.N.L.Z.BL.CO'D.}
‹f149vº06--› {.CX'I'CX'D.QX.Z.BL.IX.QT.CX'I'CX'D.HM.CO'D.Z.}
‹f149vº07--› {.CX'I'CX'D.Z.C'BD.CO'DP'CO.QT.Z.C.Q.C'I'BO.}
‹f149vº08--› {.CO'D'CO'D.CX'I'CX'D.II.R.CO'D.CO'D'R'T.≈.}
‹f149vº09--› {.CX'I'CX'D.CQ.«.00.».CO'D.I.R.XB.O.I.CX'I'CX'D.}

folio 150 recto

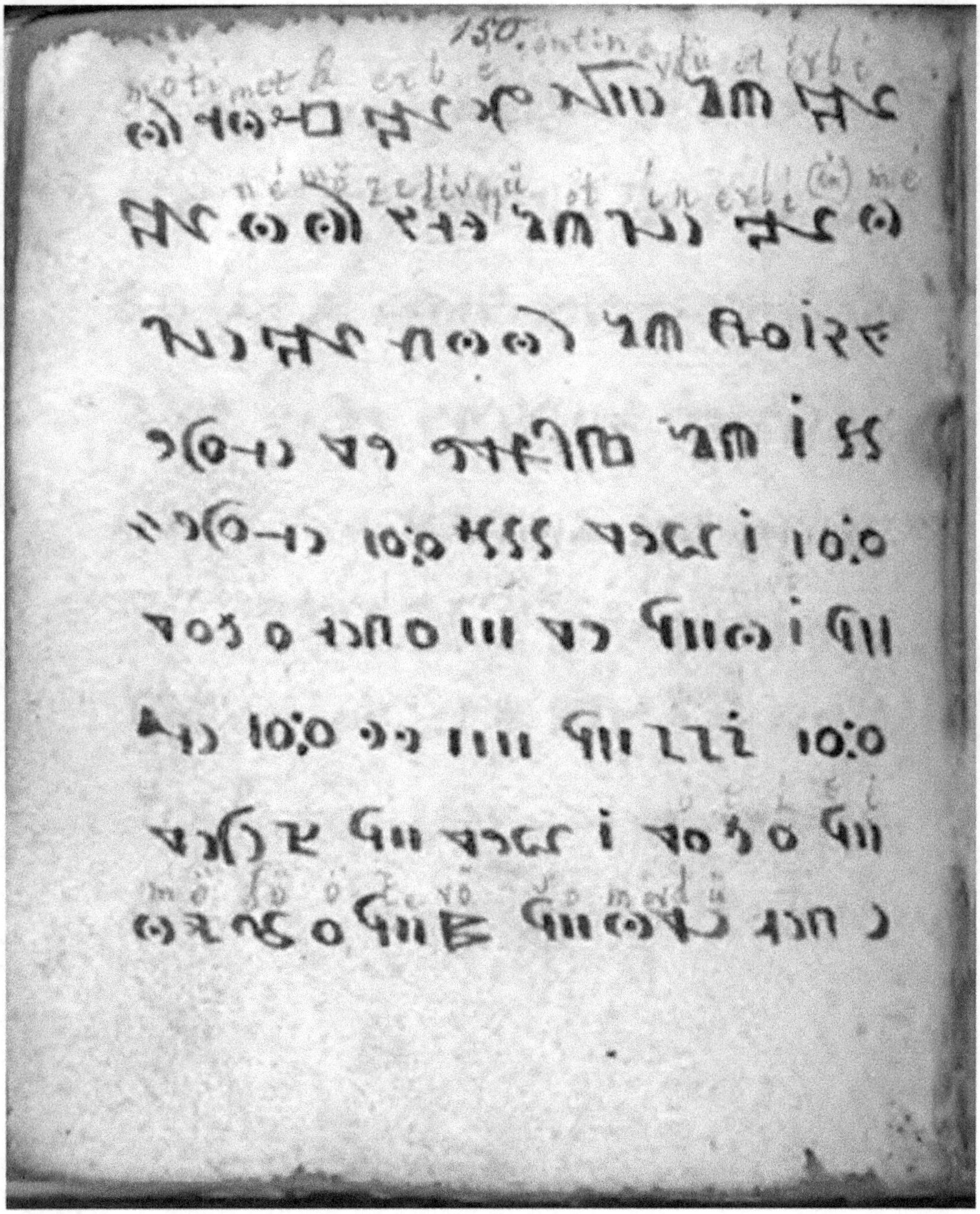

‹f150rº01--›	{.BA.NH.E.C.I.I'AG.C.RO'C.BA.XJ.CO.Z.XV'O.L.Z.}

‹f150rº02--›	{.Z.BA.C.K.LA.NH.E.CE.F.XB.L.Z.C.QX.BA.}

‹f150rº03--›	{.X.A.XB.IX.O.BS.NH.E.L.Z.C.QX.AC.BA.C.K.LA.}

‹f150rº04--›	{.SS.IX.NH.E.W'CO'D.C'F'O'R'CO.}

‹f150rº05--›	{.O'X2'O'I.IX.W'CO'D.S'S'ST.O'X2'O'I.C'F'O'R'CO.≈.}

‹f150rº06--›	{.I'I'G.IX.Z.I'I'G.C.D.I'I'I.O.XD.C.F.O.LT.O.D.}

‹f150rº07--›	{.O'X2'O'I.HX'H'H.I'I'G.I'I'I'I.CX'CX.O'X2'O'I.C'BD.}

‹f150rº08--›	{.I'I'G.O.LT.O.D.IX.W'CO'D.I'I'G.HY.C.R.C.D.}

‹f150rº09--›	{.C.XD.C.F.CU'D.Z.I'I'G.B.I'I'G.O.U.HK.Z.}

folio 150 verso

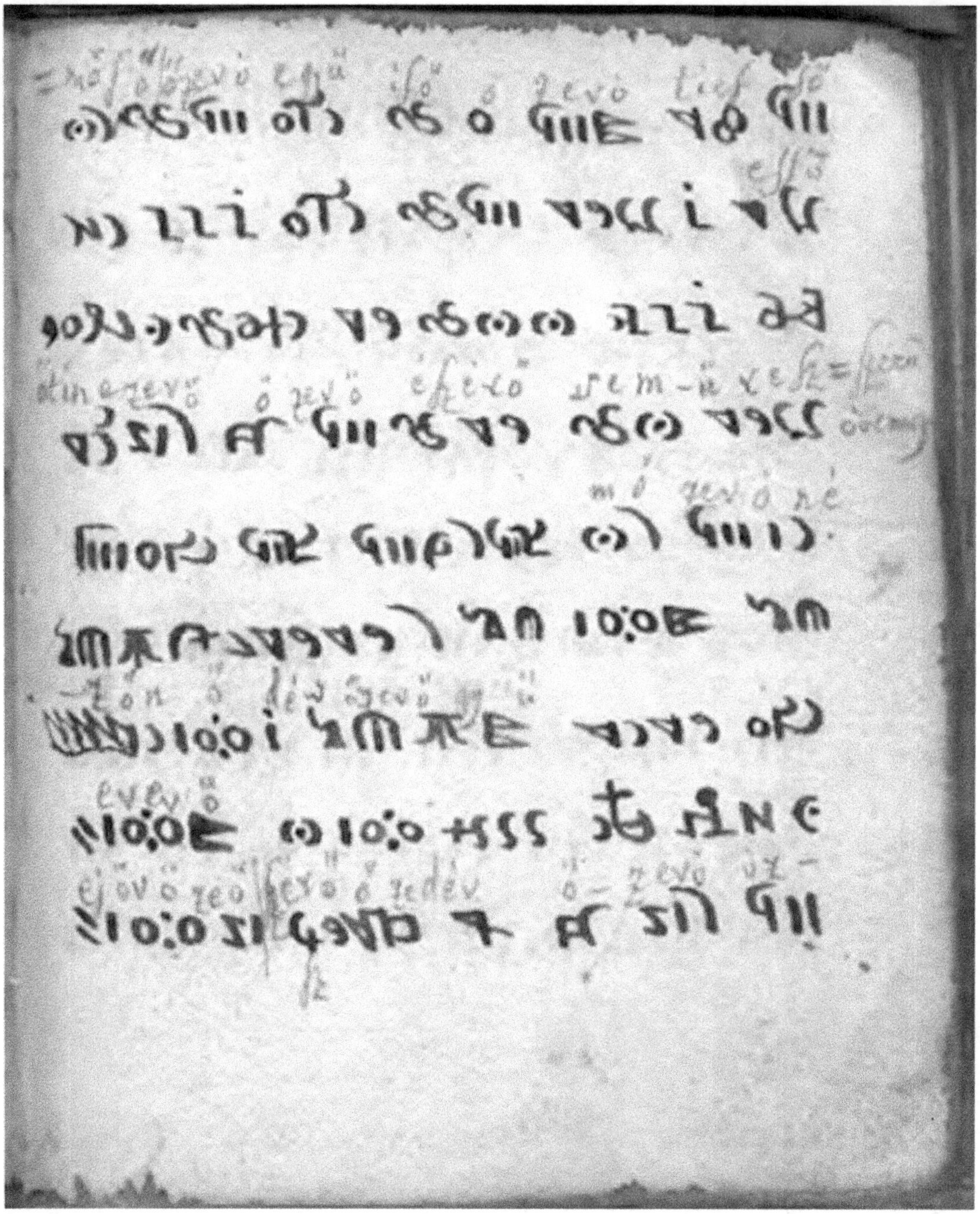

‹f150v°01--› {.I'I'G.AV.D.B.I'I'G.O.U.C'IU'O.I'I'G.U.L.Z.}
‹f150v°02--› {.W.D.IX.W'CO'D.I'I'G.U.C'IU'O.HX'H'H.C.N.}
‹f150v°03--› {.HK.CV.HX'H'HK.Z.C.QX.U.CO'D.C'T.CV.U.CX.K.CV.O.CO.}
‹f150v°04--› {.W'CO'D.Z.U.CO'D.U.I'I'G.NA.L.I'AG.CC'D.}
‹f150v°05--› {.C.I.I.I'I'G.L.Z.HY.I.G.L.QE.I'I'G.HY.I.G.BE'I'O.I'I'AE.}
‹f150v°06--› {.NH.E.B'O'X2'O'I.O.NH.E.L.CO'D'CO'D'K.RT.UN.NH.E.}
‹f150v°07--› {.BE'I'O.CO'D'C'D.B.UN.BH.E.IX.O'X2'O'I.C'M.}
‹f150v°08--› {.QX.N'J0'C0.S'S'ST.O'X2'O'I.Z.B'O'X2'O'I.≈.}
‹f150v°09--› {.I'I'G.L.I'AG.NA.BI.XJ'D'CO'BY.AG.O'X2'O'I.≈.}

folio 151 recto

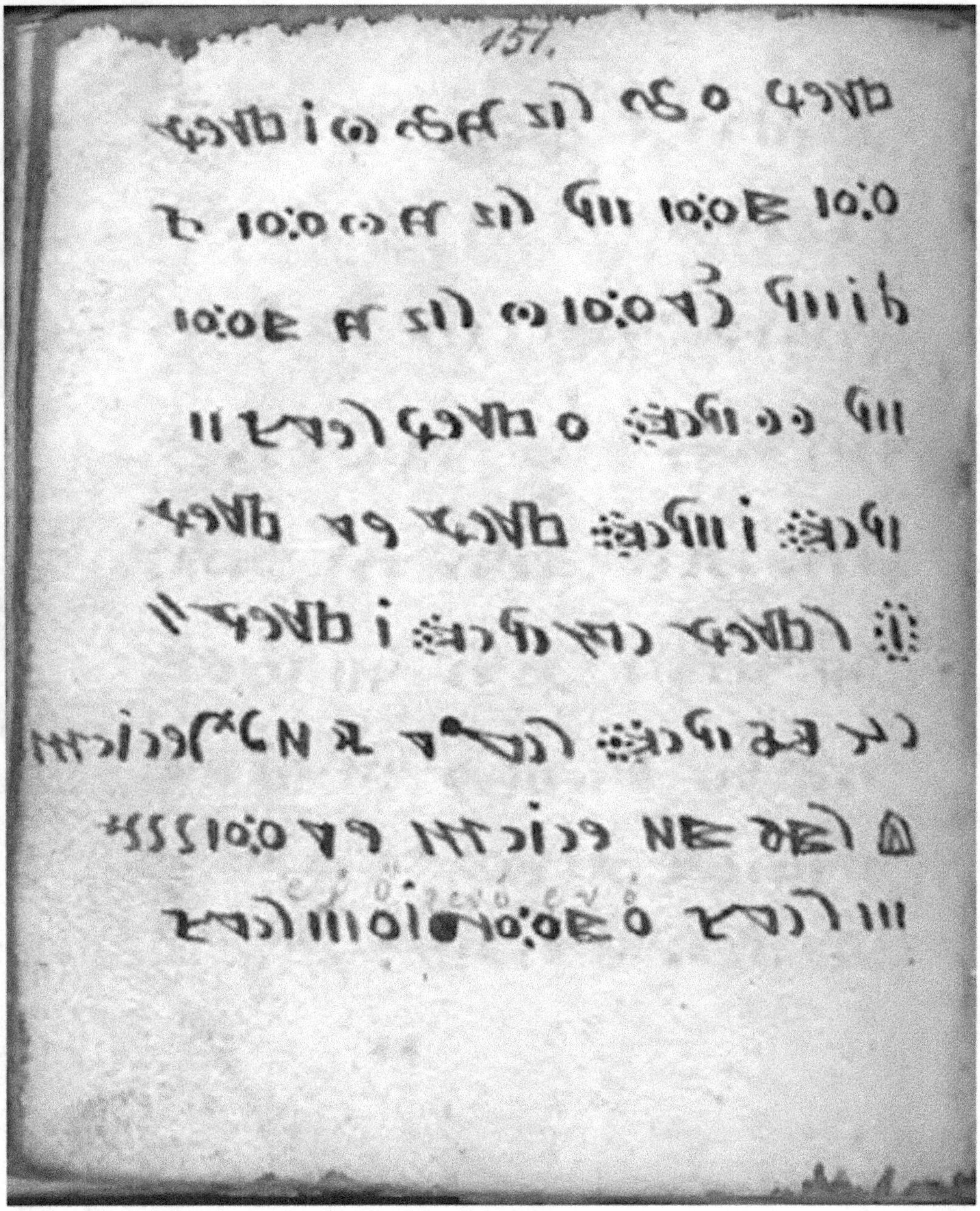

‹f151r°01--› {.XJ'D'CO'BY.O.U.L.I'AG.NA.U.Z.IX.XJ'D'CO'BY.}
‹f151r°02--› {.O'X2'O'I.B'O'X2'O'I.I'I'G.L.I'AG.NA.Z.O'X2'O'I.HM.}
‹f151r°03--› {.C.I.IX.I'I'G.CC'D.O'X2'O'I.Z.L.I'AG.NA.B'O'X2'O'I.}
‹f151r°04--› {.I'I'G.CX'CX.I.G.C'XF'XX.O.XJ'D'CO'BY.L.CO'D'HY.I.I.}
‹f151r°05--› {.I.G.XF'XX.IX.I'I'G.C'XF'XX.XJ'D'CO'BY.CO'D.XJ'D'CO'BY.}
‹f151r°06--› {.((.I.)).L.XJ'D'CO'BY.C'IZ.C.G.C'XF'XX.IX.XJ'D'CO'BY.≈.}
‹f151r°07--› {.C.KC.HK.CV.I.G.C'XF'XX.L.C'D'O'D.HK.N'QV.RT.CO'C'IX'C'A'A'A.}
‹f151r°08--› {.XU.L.B'CV.B'N.CO'C'IX'C'A'A'A.CO'D.O'X2'O'I.S'S'ST.}
‹f151r°09--› {.I'I'I.L.C'D'HY.O.B.O'X2'O.XV'O.IX.O.I'I'I.L.C'D'HY.}

folio 151 verso

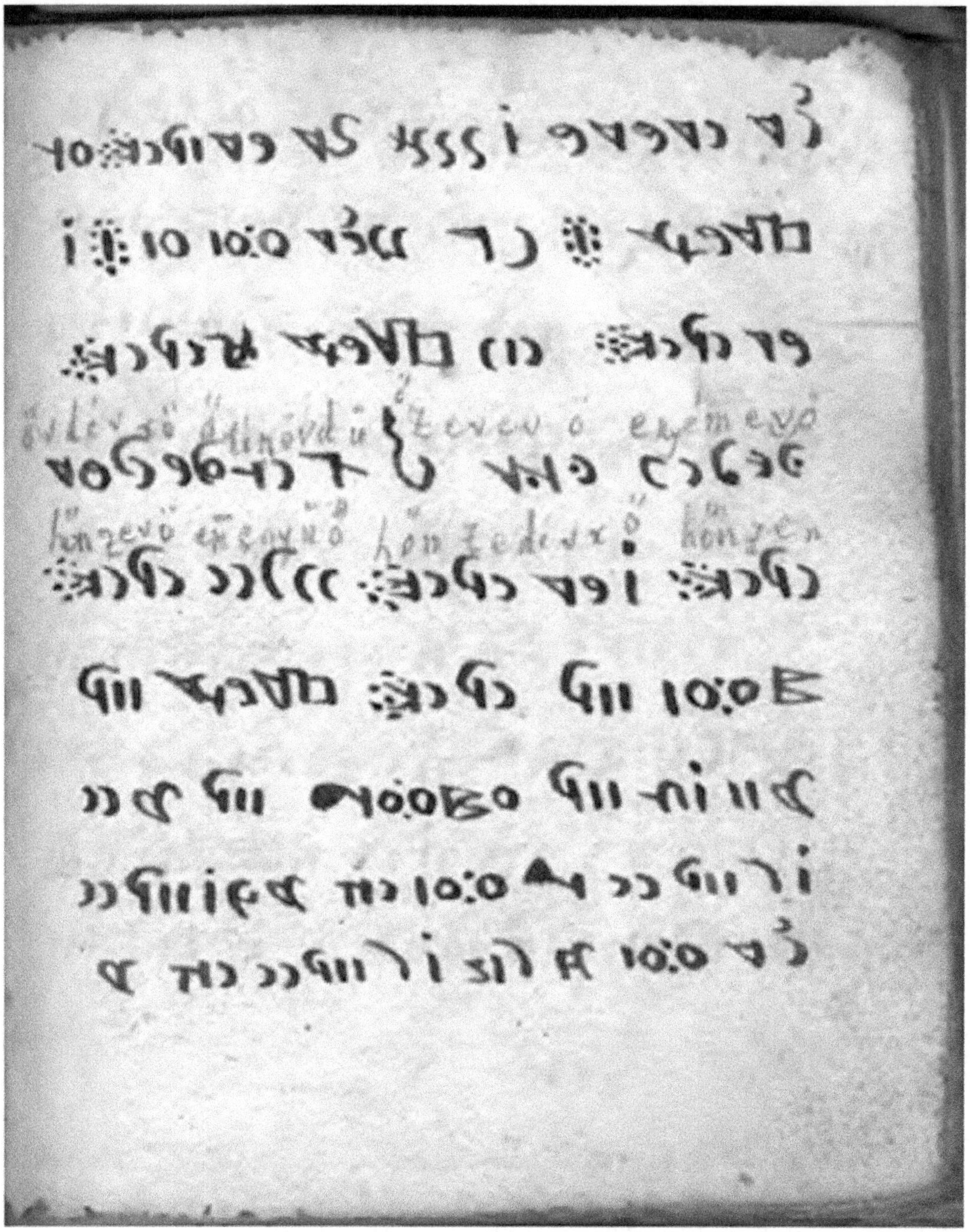

‹f151v°01--›	{.CC'D.C.D'CO'D'CO.IX.S'S'ST.S'D.CO'D.I.G.C'XF'XX.O'XV.}
‹f151v°02--›	{.XJ'D'CO'BY.((.I.)).C.DP.XI.CC'D.O'X2'O'I.O.I.((.I.)).IX.}
‹f151v°03--›	{.CO'D.C.G.C'XF'XX.C'I'Q.XJ'D'CO'BY.HY.C.G.C'XF'XX.}
‹f151v°04--›	{.QX.CE.QV.C.Q.CX.XV.X.XV.NG.BI.C'F'O'R'CO.Q.C.O.D.}
‹f151v°05--›	{.C.G.C'XF'XX.IX.CO'D.C.G.C'XF'XX.C.Q'Q'R'C.C.C.G.C'XF'XX.}
‹f151v°06--›	{.B'O'X2'O'I.I'I'G.C.G.C'XF'XX.XJ'D'CO'BY.I'I'G.}
‹f151v°07--›	{.V.I.I.IX.AC.I'I'G.O.B.O'X2'O.XV'O.I'I'G.V.C.C.}
‹f151v°08--›	{.IX.L.I'I'G.C.C'BD.O'X2'O'I.C'I'T.V.QX.IX.I'I'G.C.C.}
‹f151v°09--›	{.CC'D.O'X2'O'I.NA.L.I'AG.IX.L.I'I'G.C.C.C'I'T.V.}

folio 152 recto

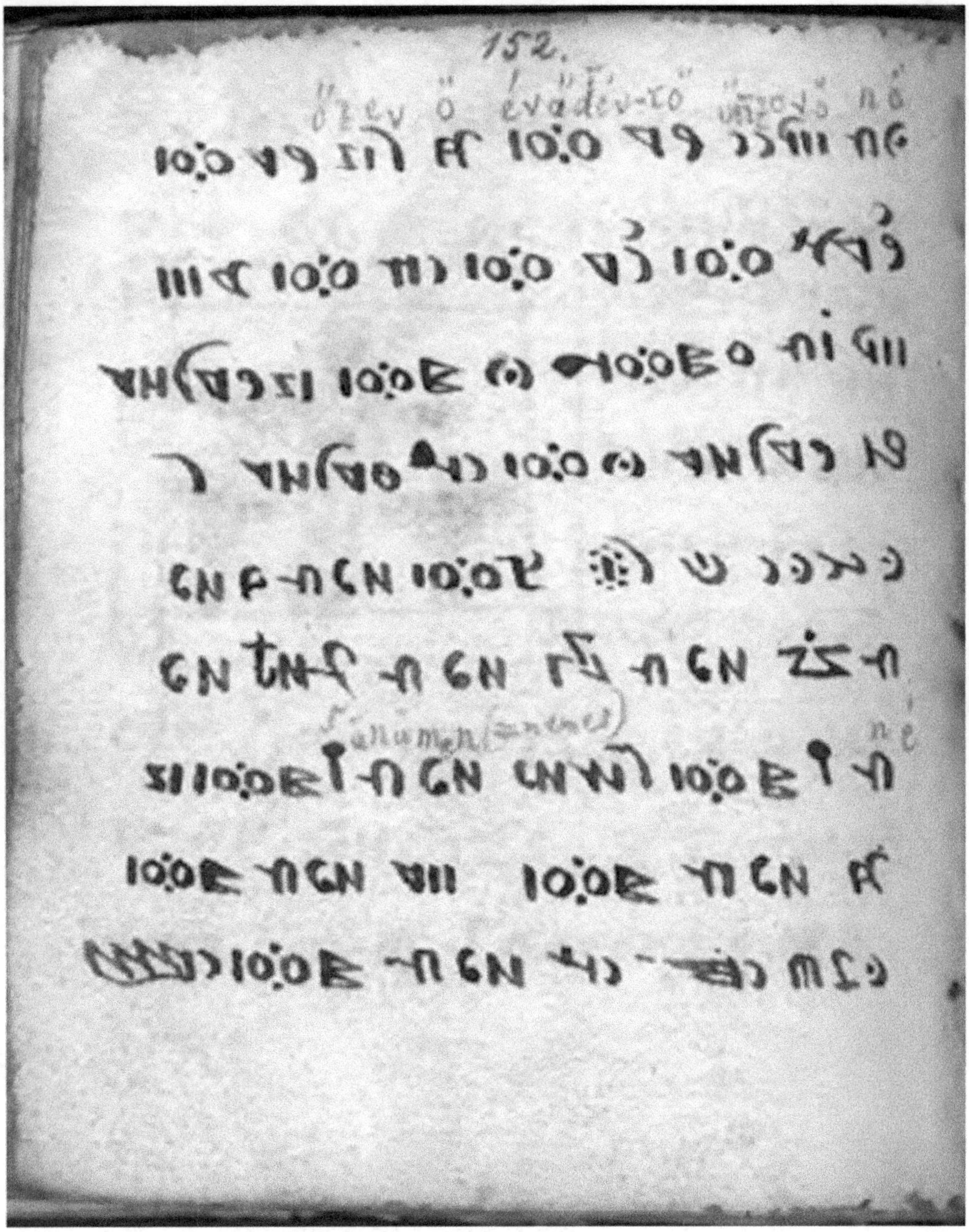

‹f152rº01--› {.QX.AC.I'I'G.C.C.CO'D.O'X2'O'I.NA.L.I'AG.CO'D.O'X2'O'I.}
‹f152rº02--› {.C.CO'D'R'T.O'X2'O'I.CC'D.O'X2'O'I.C'I'T.O'X2'O'I.V.I'I'I.}
‹f152rº03--› {.I'I'G.IX.AC.O.B.O'X2'O.XV'O.Z.B'O'X2'O'I.I'AG.CO'D'R'N'D.}
‹f152rº04--› {.O.PP.CO'D'R'N'D.Z.O'X2'O'I.C'BD.O.D'R'N'D.L.}
‹f152rº05--› {.CX.KC.CX.C.BK.L.((.I.)).HY.O'X2'O'I.N'QV.AC.QX.N'QV.}
‹f152rº06--› {.AC.XW'X.N'QV.AC.K'A'A.N'QV.AC.EK.N.TA.C.N'QV.}
‹f152rº07--› {.AC.IG.B'O'X2'O'I.L.K.D.N.CV.N.CV.AC.IG.B'O'X2'O'I.I'AG.}
‹f152rº08--› {.NA.N'QV.AC.B'O'X2'O'I.I.I.D.N'QV.AC.B'O'X2'O'I.}
‹f152rº09--› {.CX.QT.NH.C'DB'J.C'BG.N'QV.AC.B'O'X2'O'I.C'M.}

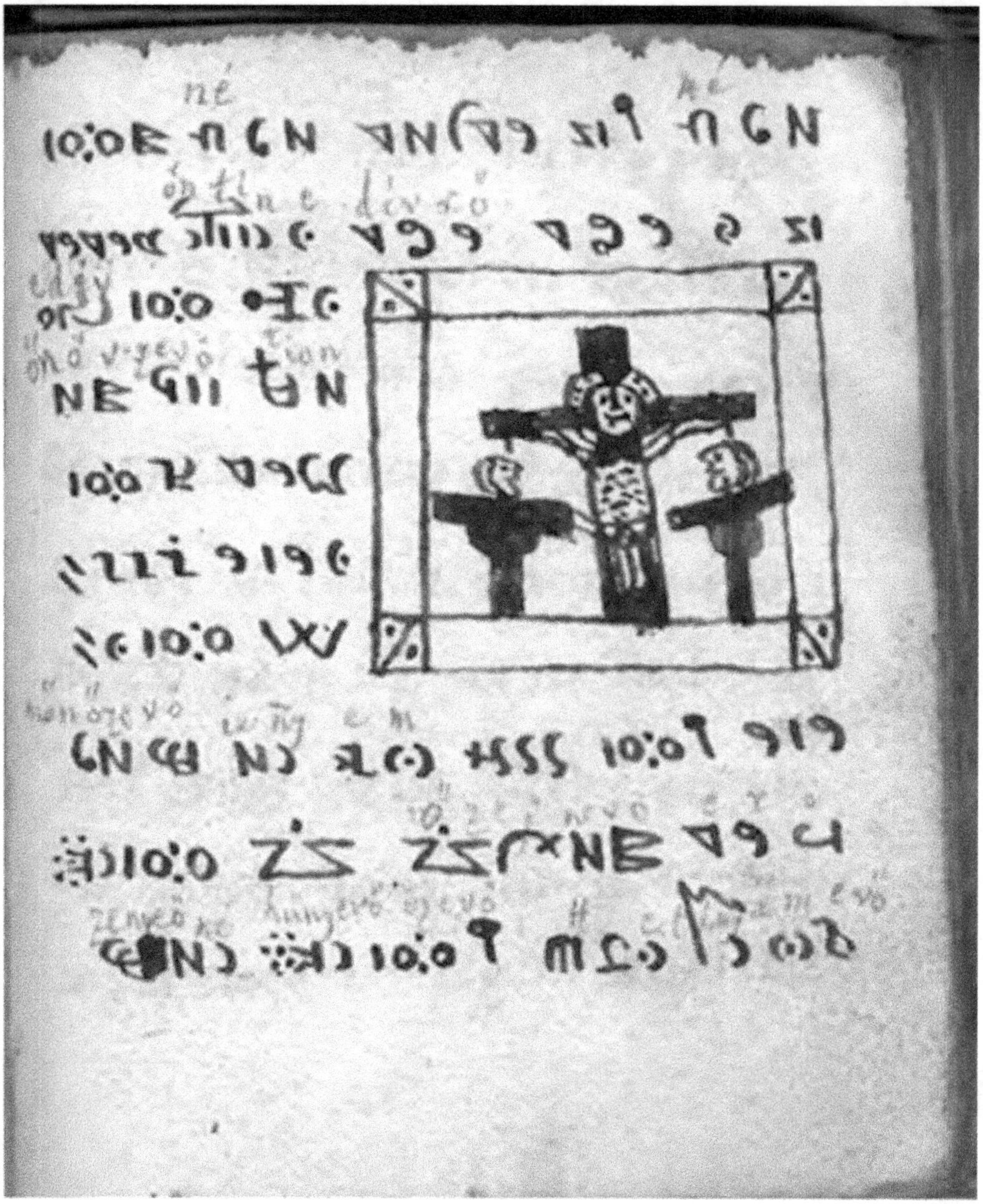

‹f152vº01--› {.N'QV.AC.IG.I'AG.CO'D'R'N'D.N'QV.AC.B'O'X2'O'I.}
‹f152vº02--› {.I'AG.C.Q.CO'BF'D'CO'BF'D.QX.C.I'I'IU'C.V'CO'D'CO'D.}
‹f152vº03iº› [Illūstrātiō: P-65:MCLR Christ on cross w/ two criminals.]
‹f152vº03--› {.QX.NB.O'X2'O'I.BE'I'O.}
‹f152vº04--› {.N.NT.I'I'G.B'N.}
‹f152vº05--› {.W'CO'D.HY.O'X2'O'I.}
‹f152vº06--› {.QX.CO'I'CO.HX'H'H.≈.}
‹f152vº07--› {.XL.O'X2'O'I.QX.≈.}
‹f152vº08--› {.CO'I'CO.IG.O'X2'O'I.S'S'ST.Z.HK.C.N.BR.N'QV.}
‹f152vº09--› {.IJ'CO.D.B'N.RT.XW'X.XW'X.O'X2'O'I.C'XF'XX.}
‹f152vº10--› {.HM.Z.C.AS.CX.QT.NH.IG.O'X2'O'I.C'XF'XX.C.N.BR.}

folio 153 recto

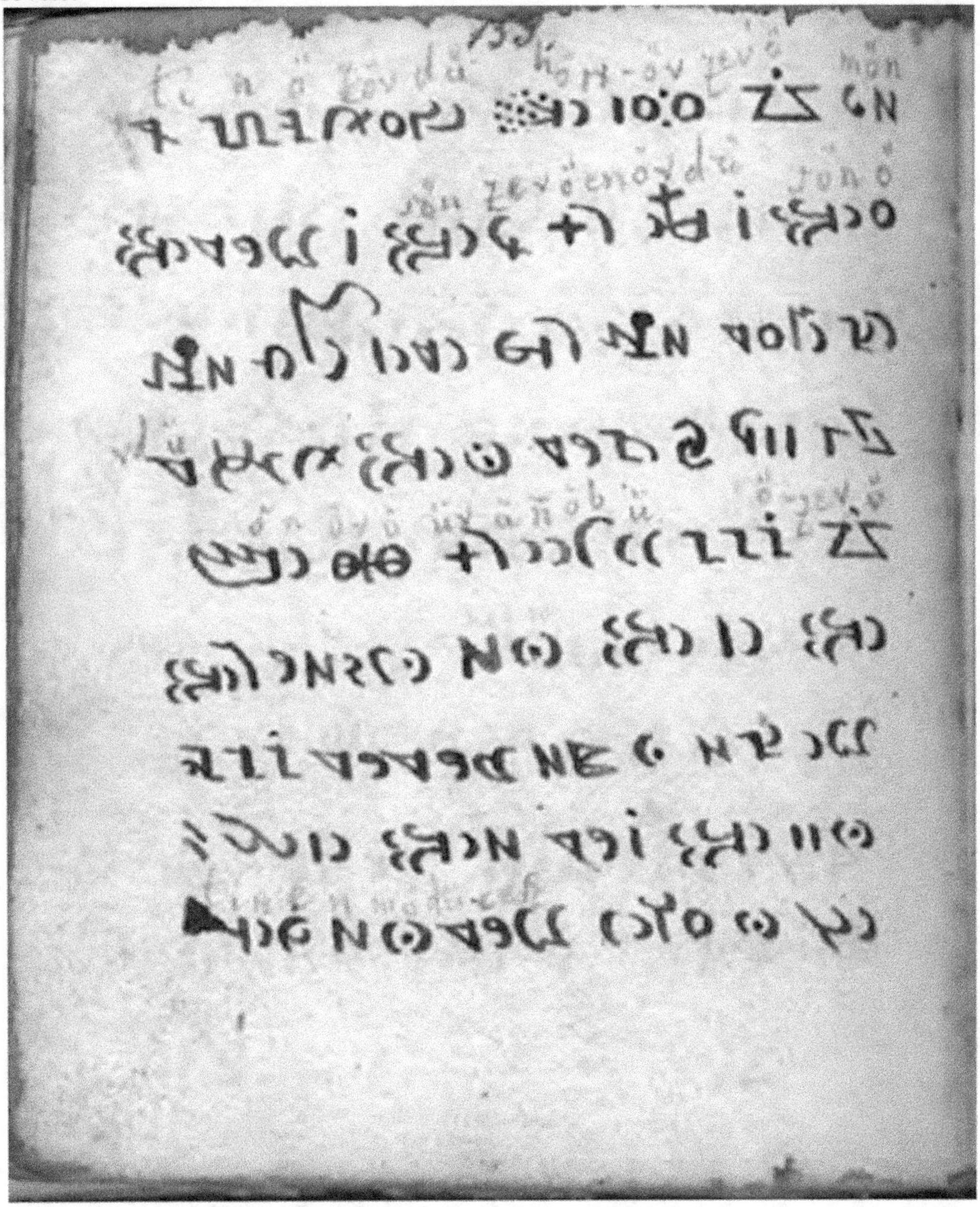

‹f153r°01--› {.N'QV.XW'X.O'X2'O'I.C'XF'XX.BE'I'O.RT'HF'HS.BI.}
‹f153r°02--› {.O.C'BP.IX.C0.L'TA.QT.C'BP.IX.W'CO'D.C'BP.}
‹f153r°03--› {.L.HY.C.AS.O.D.N'J0.L.F.G.C.D.C.I.C.AS.AC.N'J0.}
‹f153r°04--› {.K'A'A.I'I'G.CQ.HM.CO'D.NP.C'BP.RT'XI'D.}
‹f153r°05--› {.XW'X.HX'H'H.Q'Q'R'C'C.L'TA.OC.C'M.}
‹f153r°06--› {.C'BP.C.I.C'BP.Z.N.Z.XB.N.CO.L.C'BP.}
‹f153r°07--› {.XI.C.HY.N.QX.B'N.V'CO'D'CO'D.HX'H'HK.}
‹f153r°08--› {.Z.I.I.C'BP.IX.CO'D.N.C'BP.C.I.CU.C.≈.}
‹f153r°09--› {.C.EK.Z.O.BL.I.C.Q.W'CO'D.Z.N.QX.C'BD.}

folio 153 verso

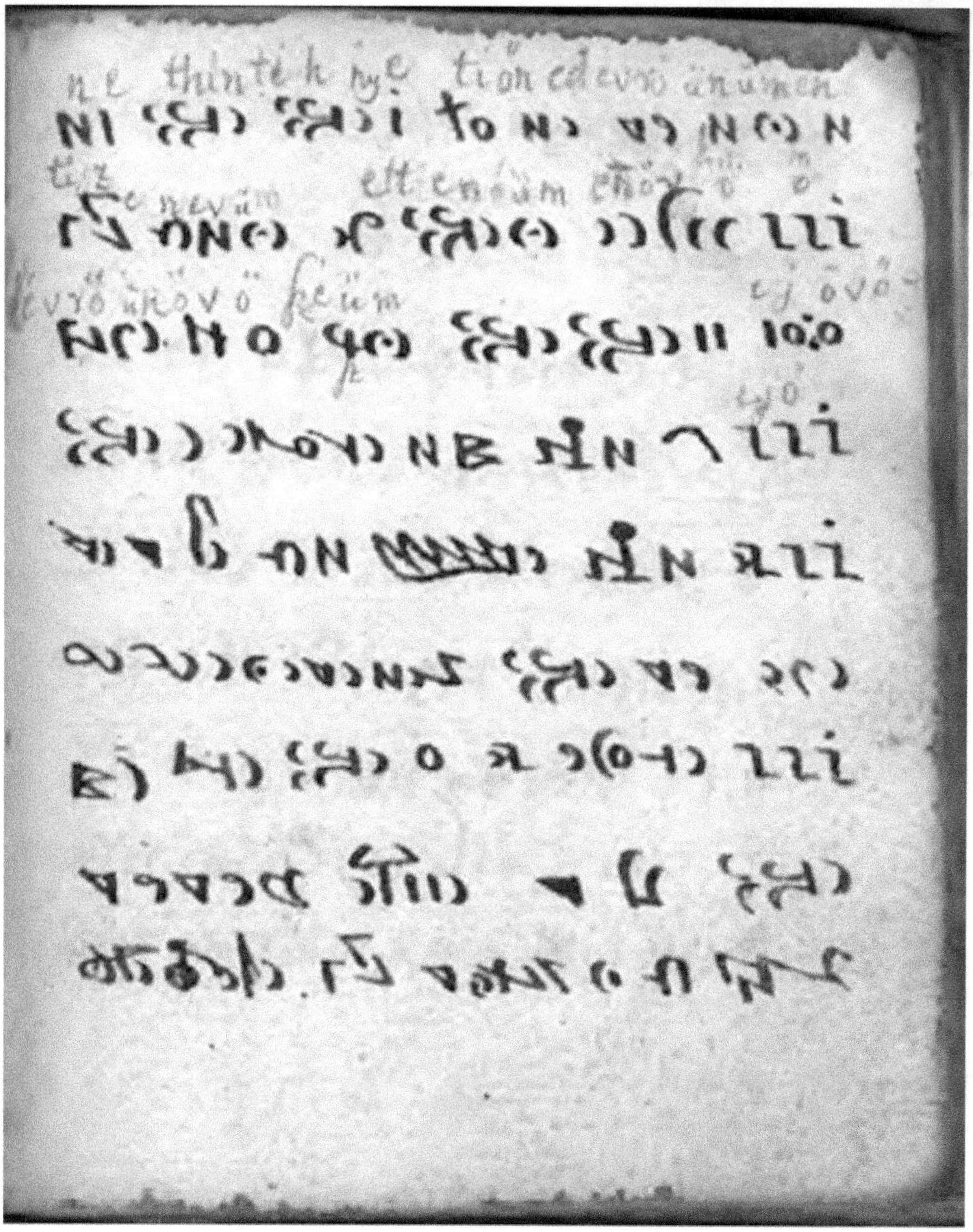

<f153v°01--> {.N.Z.N.CO'D.C.N.O.TA.IX.C'BP.C'BP.I.N.}

<f153v°02--> {.HX'H'H.Q'Q'R'C'C.Z.BP.RO'C.Z.N.AC.K'A'A.}

<f153v°03--> {.O'X2'O'I.I.I.C'BP.C'BP.Z.QT.O'XV.I.C.Q.K.IX.}

<f153v°04--> {.HX'H'H.L.N'J0.B'N.C'XV'OB'I'C.C.C.XY.}

<f153v°05--> {.HX'H'HK.N'J0.C'M.N.AC.NG.Q.D.C.DS.}

<f153v°06--> {.C.R.XB.CO'D.C'BP.AG.C.N.C.D.Z.C.NK'NY.}

<f153v°07--> {.HX'H'H.C'F'O'R'CO.HK.O.C.XY.C'BD.L.B.}

<f153v°08--> {.C.XY.W.D.C.I'I'IU'C.V'CO'D'CO'D.}

<f153v°09--> {.BA.AC.QX.A.BG'J'C.C.Q.D.K'A'A.C.A.C.PS.C.IK.CE.}

folio 154 recto

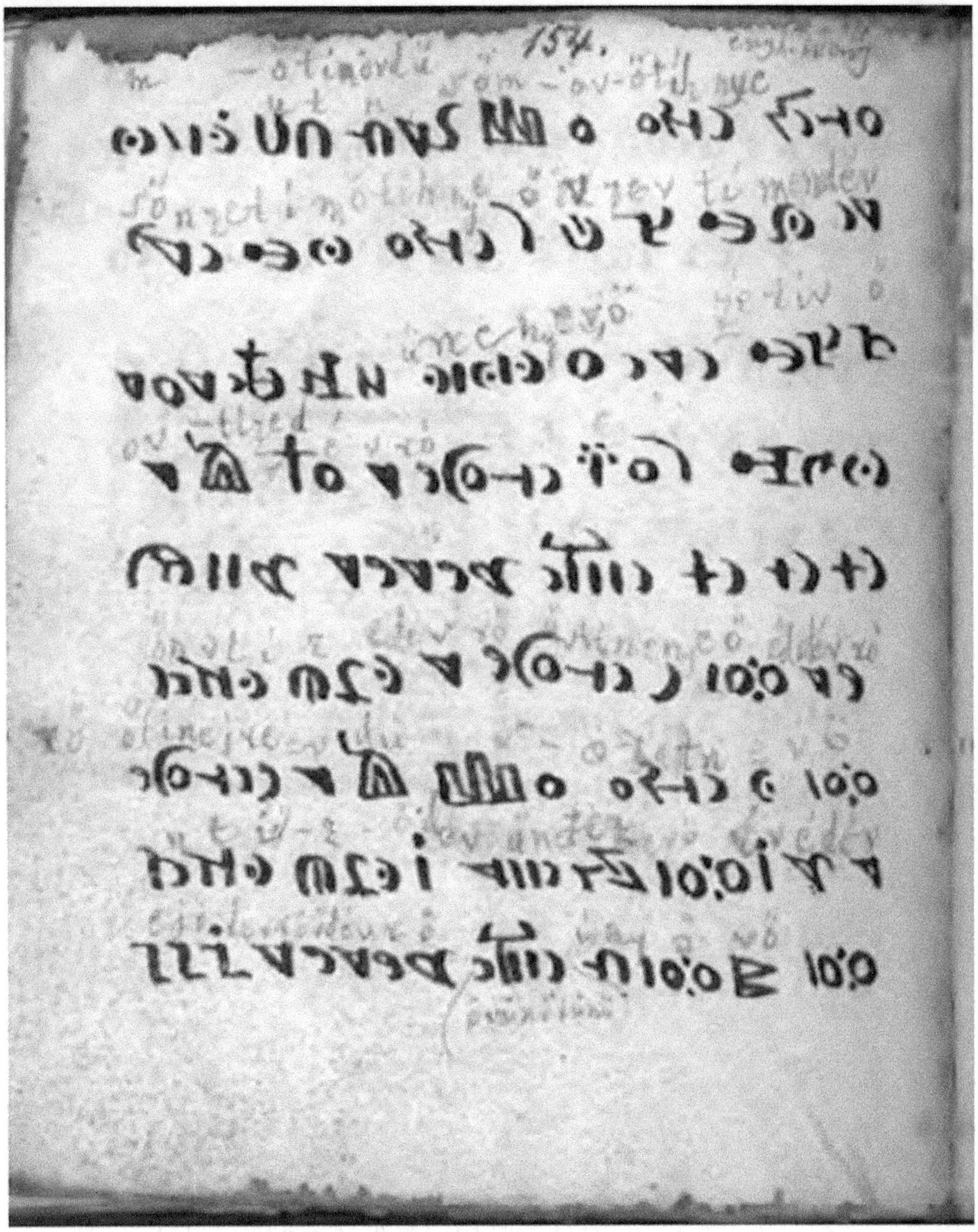

‹f154r°01--›   {.O.F.C.BO.C'XV.BS.O.O'XM.S'D.AC.XD.BL.X.CX.I.J.Z.}
‹f154r°02--›   {.D.C.Z.CE'O.HY.BK.L.C'XV.XB.O.Z.CE'O.C.D.Q.}
‹f154r°03--›   {.HM.HY.CE'O.C.D.C.O.CX.I.QX.I.CX.N'J0'C0.D'O'D.}
‹f154r°04--›   {.Z'RT'NB.L.O.I'X4.C'F'O'R'C.D.O.TA.XU.A.D.}
‹f154r°05--›   {.C'TA.C'TA.C'TA.C.I'I'IU'C.V'CO'D'CO'D.V.I.I.NX.}
‹f154r°06--›   {.CO'D.O'X2'O'I.C.C'F'O'R'CO.D.CX.QT.NH.CX.XV.I.C'L.}
‹f154r°07--›   {.O'X2'O'I.QX.C.F.XB.O.O'XM.XU.A.D.CO.C'F'O'R'CO.}
‹f154r°08--›   {.D.V.IX.O'X2'O'I.K'A'A.C.I.I.D.IX.CX.QT.NH.CX.N.A.EG.}
‹f154r°09--›   {.O'X2'O'I.B'O'X2'O'I.AC.C.I'I'IU'C.V'CO'D'CO'D.HX'H'H.}

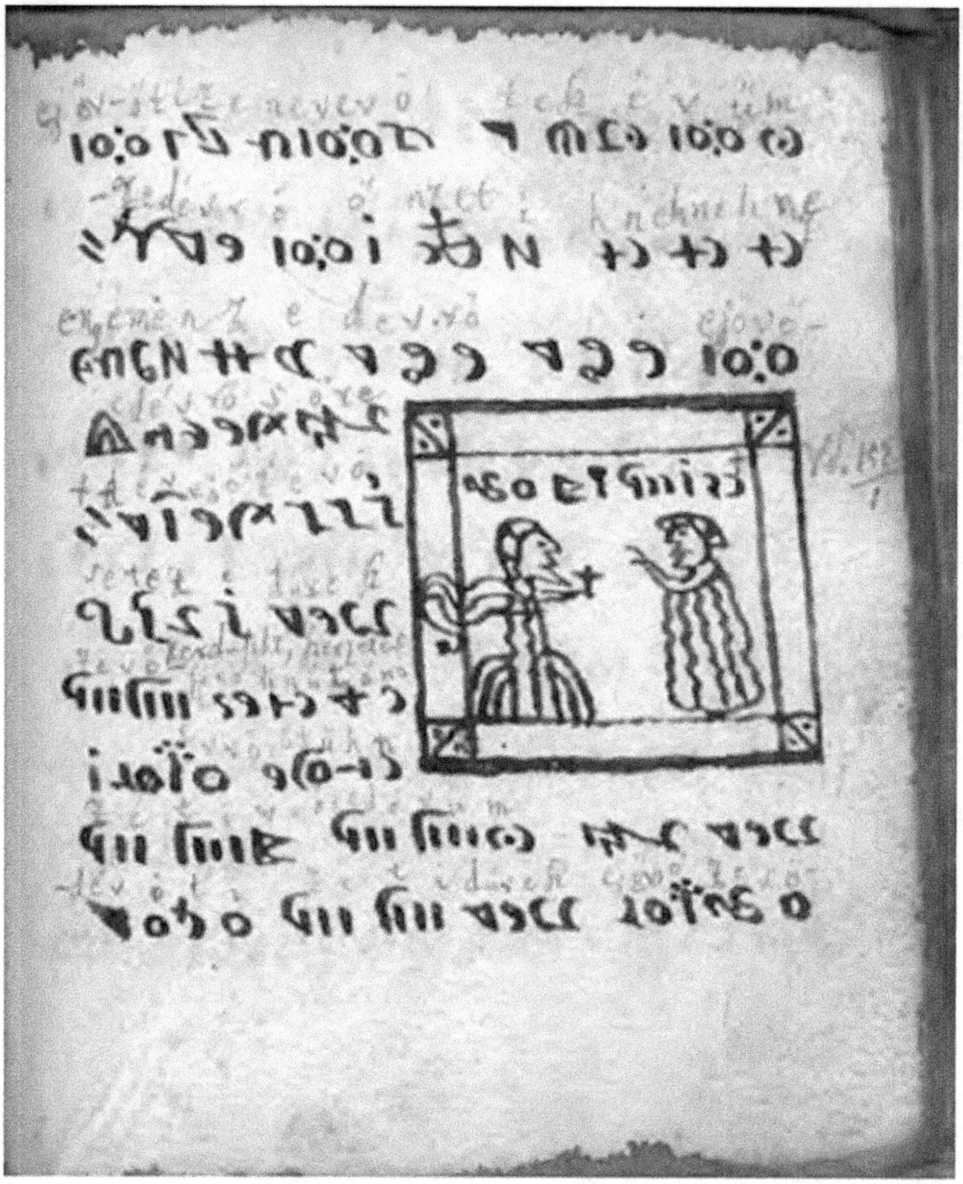

‹f154v°01--›	{.Z.O'X2'O'I.CX.QT.NH.D.HM.O'X2'O'I.AC.K'A'A.O'X2'O'I.}
‹f154v°02--›	{.C'TA.C'TA.C'TA.N'C0.IX.O'X2'O'I.CO'D'R'T.≈.}
‹f154v°03--›	{.O'X2'O'I.CO'BF'D'CO'BF'D.V'T'T.N'QV.AC.CE.}
‹f154v°04i°›	[Illūstrātiō: P-66:MCMR Two robed men; one holding tiny cross.]
‹f154v°04C0›	{.C.XB.IX.I'I'G.IG.B.O.U.}
‹f154v°04--›	{.BA.RT.CO'CE'XC.XU.}
‹f154v°05--›	{.HX'H'H.RT'CO'IH'D.≈.}
‹f154v°06--›	{.W'CO'D.HX.AG.Q.H.AD.}
‹f154v°07--›	{.C'T.C.F.CO.S.I'I'AE.I'I'G.}
‹f154v°08--›	{.C'F'O'R'CO.O'I'X4'O'P.IX.}
‹f154v°09--›	{.W'CO'D.BA.Z.I'I'AE.I'I'G.B.I'I'AE.I'I'G.}
‹f154v°10--›	{.O.U.I'X4.O.P.W'CO'D.I'I'AE.I'I'G.O.LT.O.D.}

folio 155 recto

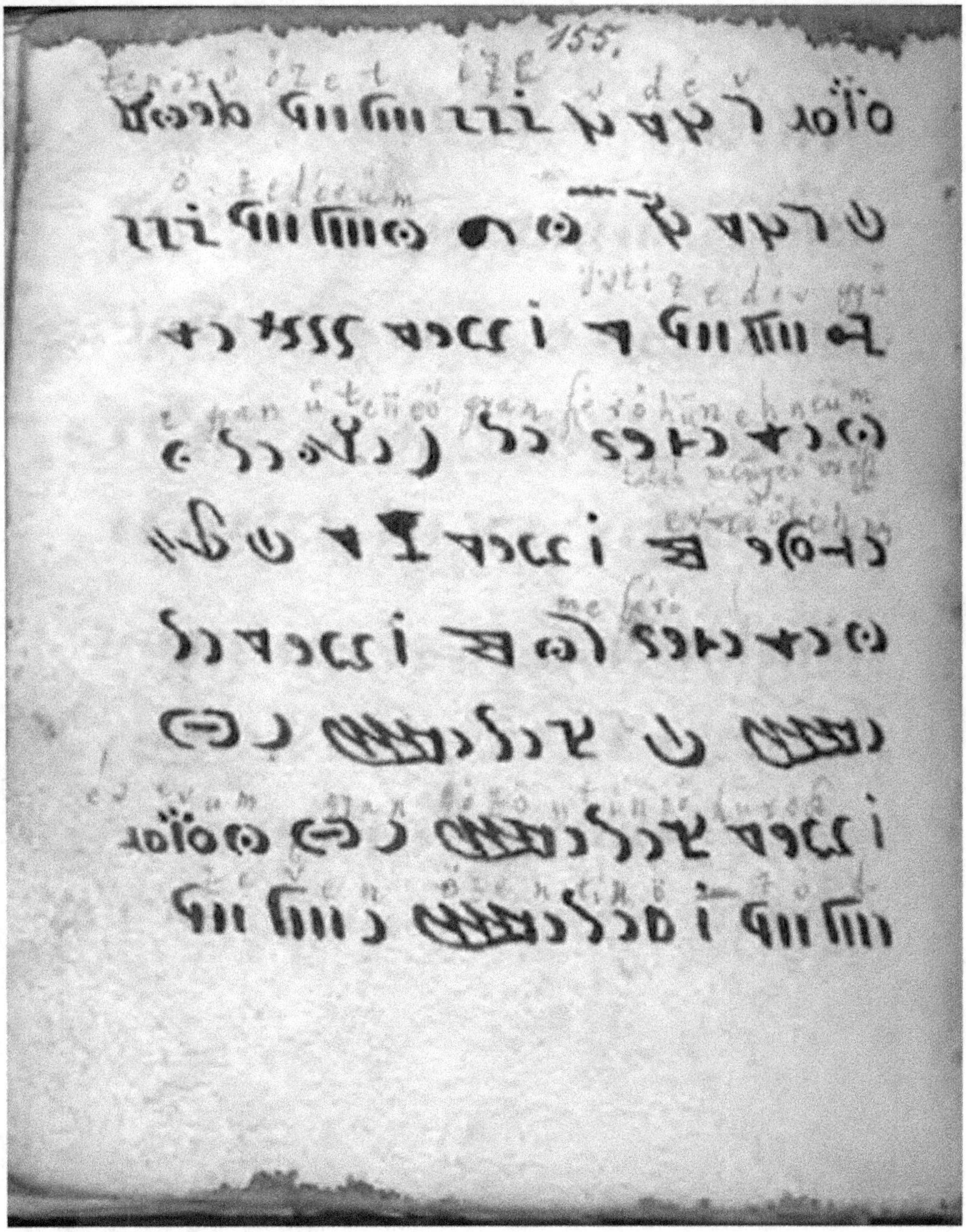

‹f155r°01--› {.O'I'X4'O'P.L.XB.D.EK.HX'H'H.I'I'AE.I'I'G.EO.CO.Z.V.}
‹f155r°02--› {.BK.L.EK.D.BE.I.J.IR.Z.L.O.Z.I'I'AE.I'I'G.HX'H'H.}
‹f155r°03--› {.HF.O.I'I'AE.I'I'G.DP.IX.W'CO'D.S'S'ST.C.D.}
‹f155r°04--› {.Z.C'T.C'EY.CO.S.C'S'C.C.K'C.CX.C.S.QX.}
‹f155r°05--› {.C'F'O'R'CO.B.IX.W'CO'D.BC.D.BK.R.CU.≈.}
‹f155r°06--› {.Z.C'T.C'EY.CO.S.L.Z.DB.IX.W'CO'D.C.S.}
‹f155r°07--› {.C'M.BK.HY.C'S'C.M.C.CX.Q.}
‹f155r°08--› {.IX.W'CO'D.HY.C'S'C.M.C.CX.Q.Z.O'I'X3'O'P.}
‹f155r°09--› {.C'I'AE.I'I'G.IX.CD.C'S'C.M.C'I'I'AE.I'I'G.}

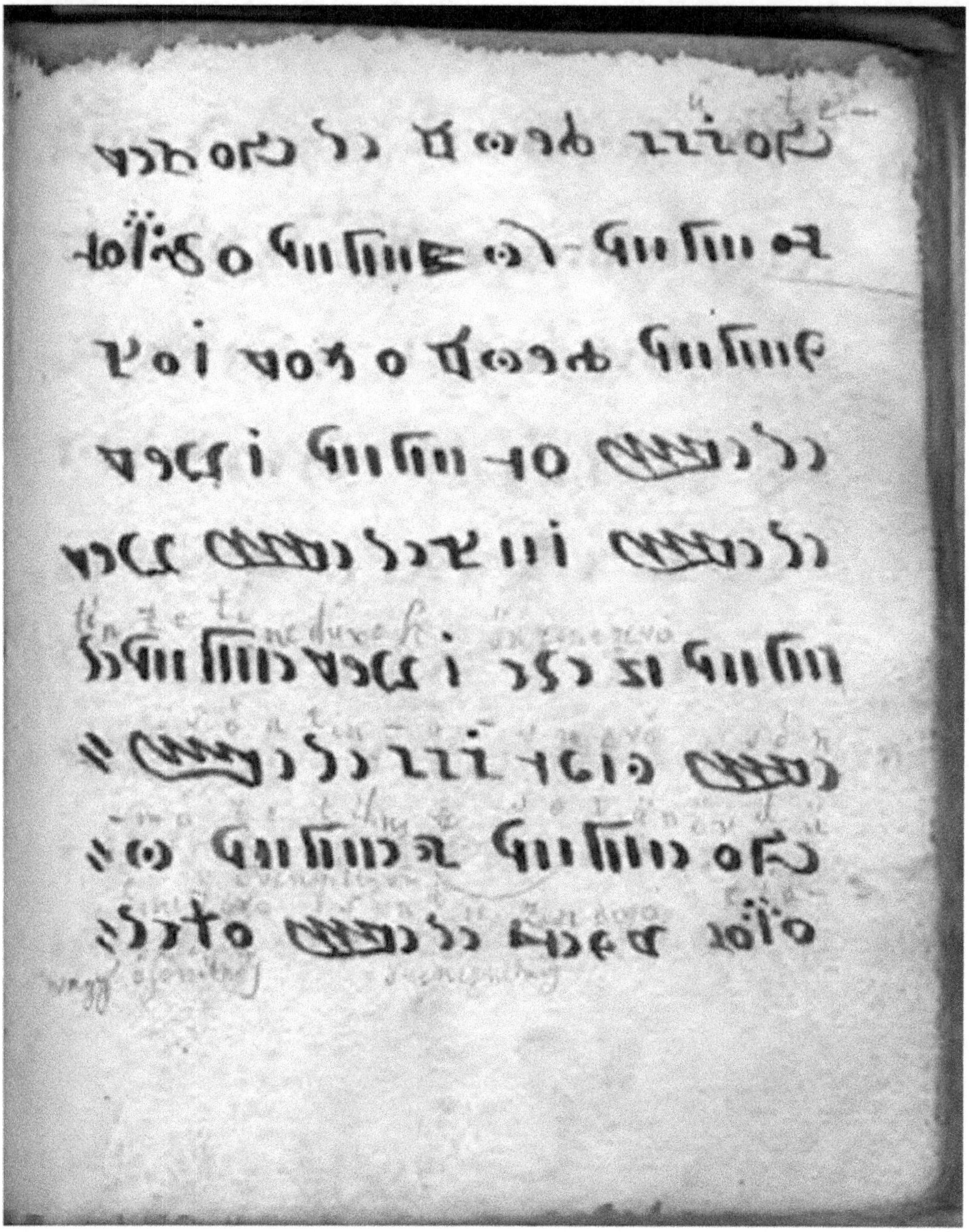

‹f155vº01--› {.BE'I'O.HX'H'H.EO.CO.Z.XJ.C.S.BE'I'O.HM.CO'D.}
‹f155vº02--› {.HF.O.I'I'AE.I'I'G.L.Z.B.I'I'AE.I'I'G.O.U.I'X4.O.F.}
‹f155vº03--› {.QE.I'I'AE.I'I'G.EO.CO.Z.XJ.O.LT.O.D.IX.O.HY.}
‹f155vº04--› {.C.L.C'M.O.F.I'I'AE.I'I'G.IX.W'CO'D.}
‹f155vº05--› {.EF.C'M.IX.I.I.HY.C'S'C.M.W'CO'D.}
‹f155vº06--› {.I'I'AE.I'I'G.I'AG.CO.S.CO.IX.W'CO'D.C'I'I'AE.I'I'G.C.S.}
‹f155vº07--› {.C'M.CX.I.QV.XV.HX'H'H.C'S'C.M.≈.}
‹f155vº08--› {.BE'I'O.C'I'I'AE.I'I'G.HK.C'I'I'AE.I'I'G.Z.≈.}
‹f155vº09--› {.O'I'X4'O'P.V.QE.C'BG.C'S'C.M.O.TA.C.S.≈.}

folio 156 recto

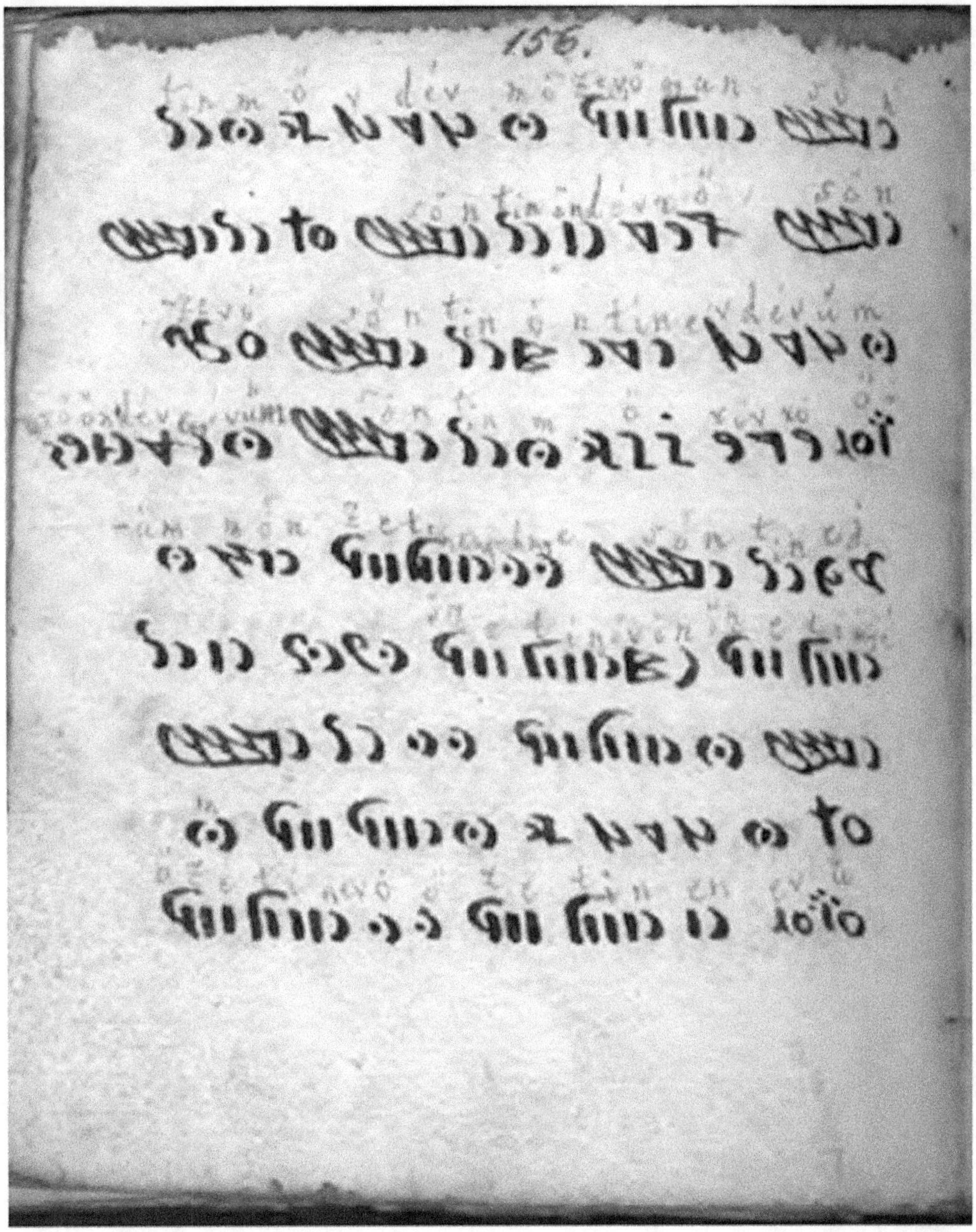

‹f156r°01--› {.C'M.C'I'I'AE.I'I'G.Z.EK.D.EK.HK.Z.C.S.}
‹f156r°02--› {.C'M.BI.CO'D.C.I.C'S'C.M.O.TA.C'S'C.M.}
‹f156r°03--› {.Z.XB.D.EK'C'D.C.B.C'S'C.M.O.U.}
‹f156r°04--› {.I'X3.O.P.CO'DP'CO.HX'H'HK.Z.C.L.C'M.Z.CE.D.C'EY.CO.XB.}
‹f156r°05--› {.V.QE.C'S'C.M.CX'CX.C'I'I'AE.I'I'G.C'IZ.Z.}
‹f156r°06--› {.C'I'I'AE.I'I'G.C.B.C'I'I'AE.I'I'G.CX.S.CX.S.C.I.C.S.}
‹f156r°07--› {.C'M.Z.C'I'I'AE.I'I'G.CX'CX.C'S'C.M.}
‹f156r°08--› {.O.TA.Z.XB.D.EK.HK.Z.C.I'I'G.I'I'G.Z.}
‹f156r°09--› {.O'I'X4'O'P.C.I.C'I'I'AE.I'I'G.CX'CX.C'I'I'AE.I'I'G.}

folio 156 verso

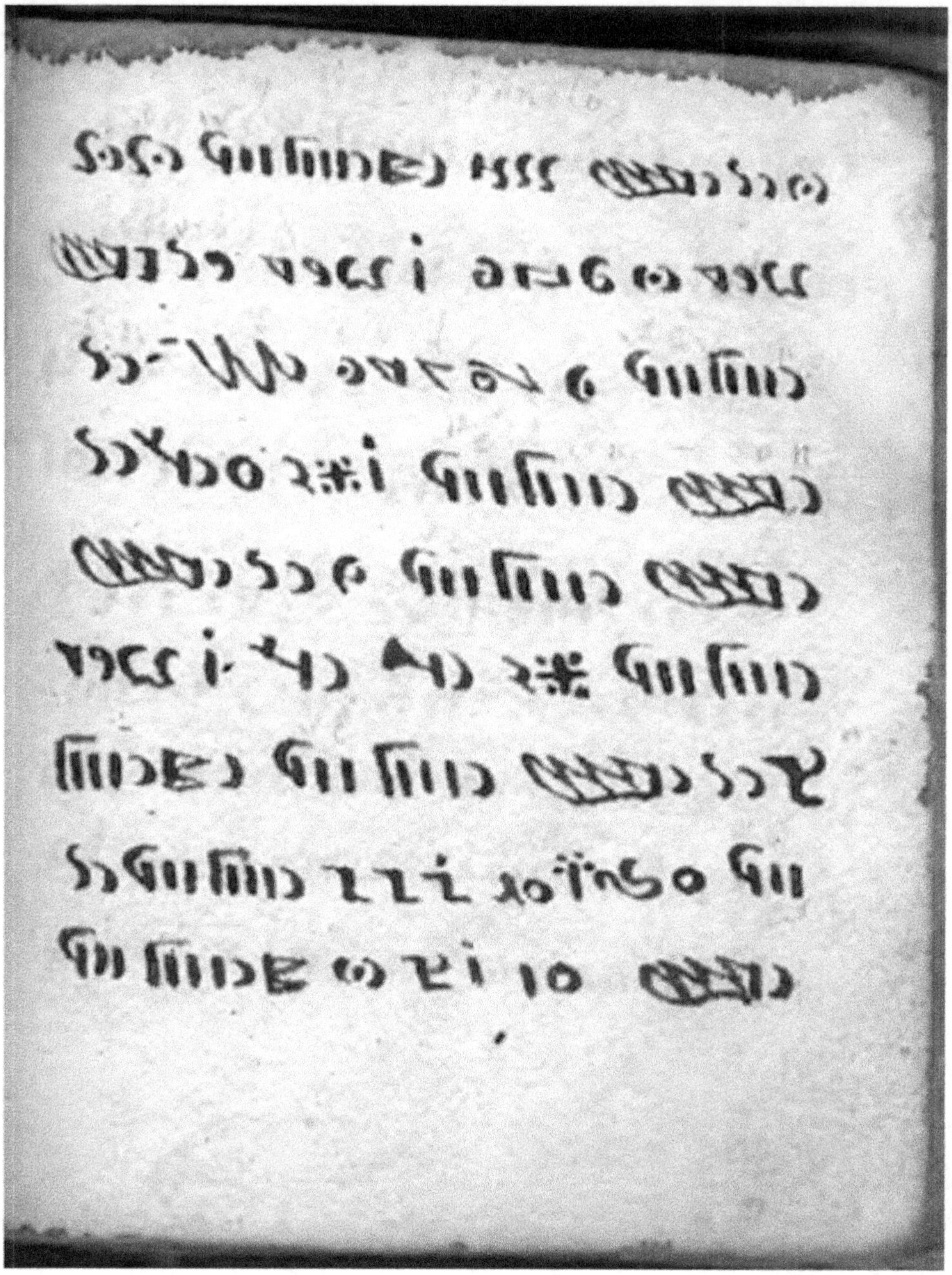

‹f156v°01--› {.Z.C'S'C.M.S'S'ST.C.B.C.I'I'I.RA.I'I'G.Z.CX.Q.}
‹f156v°02--› {.W'CO'D.Z.QV'KE'BB.IX.W'CO'D.CO.S.C'M.}
‹f156v°03--› {.C'I'I'AE.I'I'G.QX.KB.O.A.D.CX'NE.X2.C.S.}
‹f156v°04--› {.C'M.C'I'I'AE.I'I'G.IX.EZ.XB.O.C'BG.C.S.}
‹f156v°05--› {.C'M.C'I'I'AE.I'I'G.QX.C'S'C.M.}
‹f156v°06--› {.C'I'I'AE.I'I'G.EZ.XB.C'BD.C'BG.IX.W'CO'D.}
‹f156v°07--› {.HY.C'S'C.M.C'I'I'AE.I'I'G.C.B.C'I'I'AE.}
‹f156v°08--› {.I'I'G.O.U.I'X4.O.P.HX'H'H.C'I'I'AE.I'I'G.C.S.}
‹f156v°09--› {.C'M.O.I.IX.HY.Z.B.C'I'I'AE.I'I'G.}

folio 157 recto

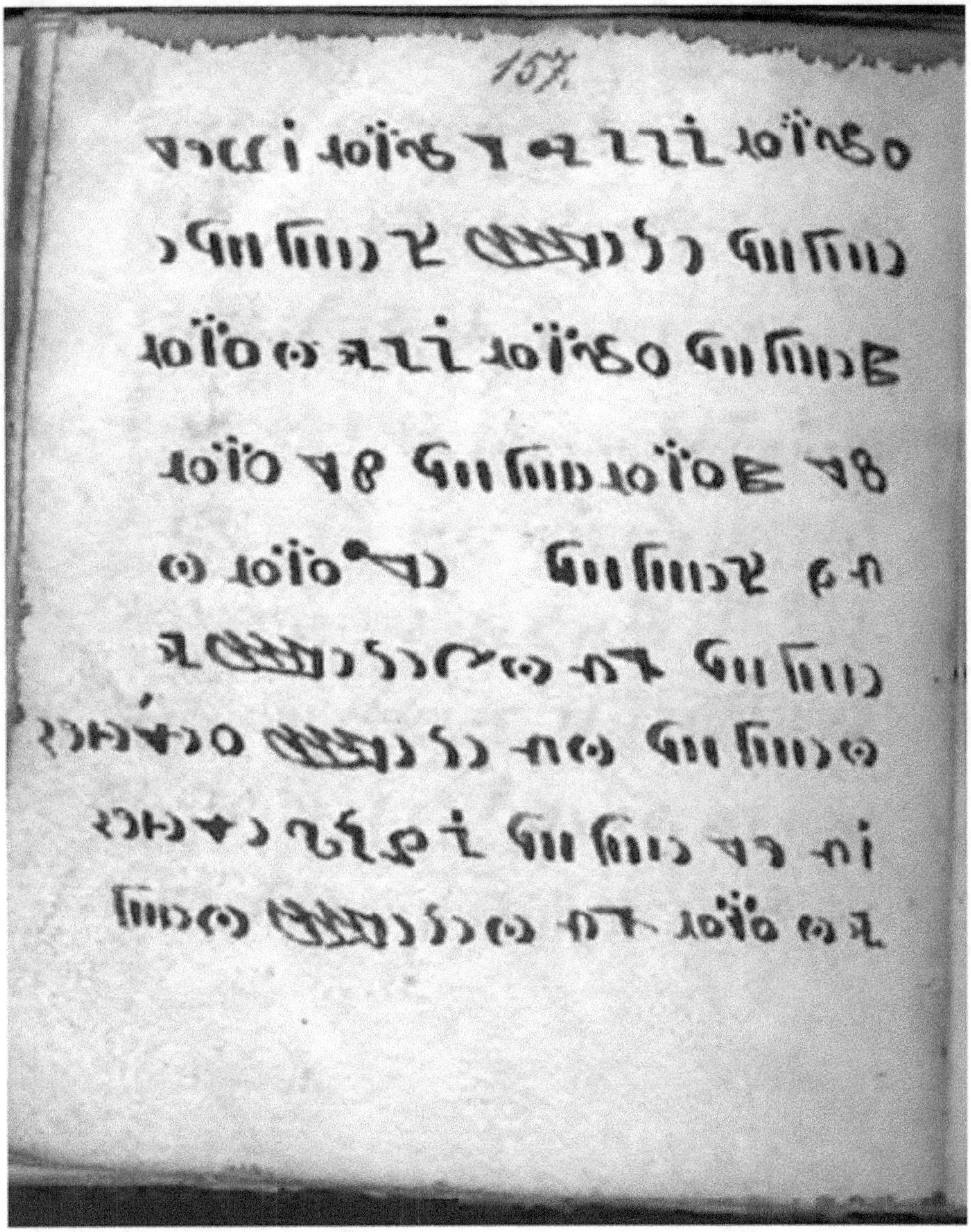

‹f157r°01--› {.O.U.I'X4.O.P.HX'H'H.HF.O.BI.U.I'X3.O.P.IX.W'CO'D.}
‹f157r°02--› {.C'I'I'AE.I'I'G.C'S'C.M.HY.C'I'I'AE.I'I'G.C.}
‹f157r°03--› {.B.C'I'I'AE.I'I'G.O.U.I'X3.O.P.HX'H'HK.Z.O'I'X3'O'P.}
‹f157r°04--› {.O2.D.B.O'I'X3'O'P.C'I'I'AE.I'I'G.AV.D.O'I'X3'O'P.}
‹f157r°05--› {.AC.QX.HY.C'I'I'AE.I'I'G.«.00.».C'D'O.O'I'X3'O'P.Z.}
‹f157r°06--› {.C'I'I'AE.I'I'G.BI.AC.Z.RT.C'S'C.M.HK.}
‹f157r°07--› {.Z.C'I'I'AE.I'I'G.Z.AC.C'S'C.M.O.CX.D.C'EY.CO.XB.}
‹f157r°08--› {.IX.AC.CO'D.C'I'I'AE.I'I'G.HX.PC.HX.AD.C'T.CX.I.CO.XB.}
‹f157r°09--› {.HK.Z.O'I'X3'O'P.BI.AC.Z.C'S'C.M.Z.C'I'I'AE.}

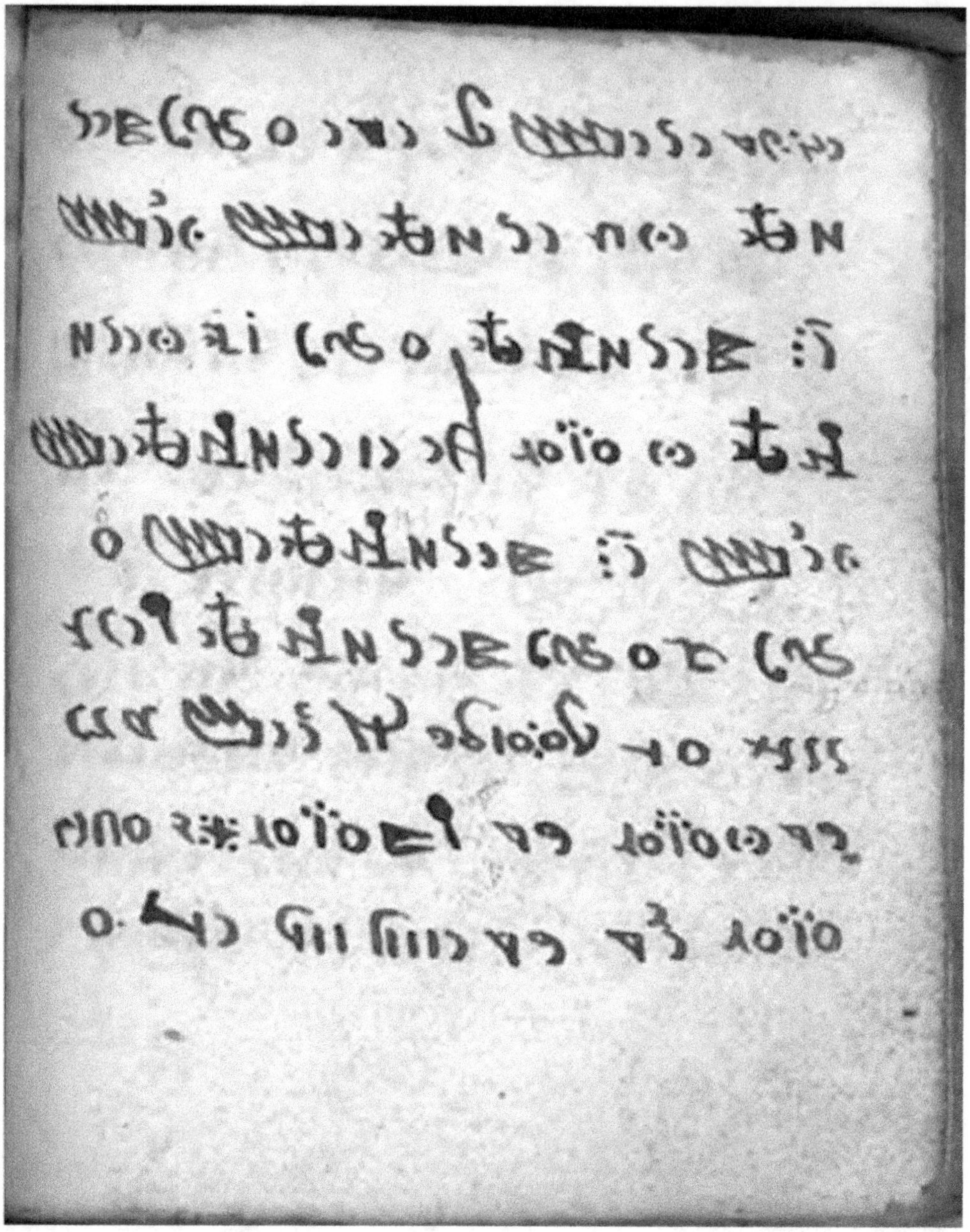

‹f157vº01--›	{.C.XB.X.R.D.C'S'C.M.R'CU.C.D.C.O.U'QV.B.C.S.}
‹f157vº02--›	{.N'C0.Z.AC.C.S.N'C0.C'M.QX.CC.M.}
‹f157vº03--›	{.L.X3.B.C.S.N'J0'C0.O.U'QV.IX.HK.Z.C.S.N'J0'C0.}
‹f157vº03fº›	[Fissum: ‹f157vº03› .N. and ‹f157vº04› .J0'C0.]
‹f157vº04--›	{.«.88.».Z.O'I'X3'O'P.BT.BS.C.C.I.C.S.N'J0'C0.C'M.}
‹f157vº05--›	{.QX.CC.M.L.X3.B.C.S.N'J0'C0.C'M.O.}
‹f157vº06--›	{.U'QV.HM.O.U'QV.B.C.S.N'J0'C0.IG.C.Q.Q.C.}
‹f157vº07--›	{.S'S'ST.O'XV.TI.O'X2'O'I.S'O.CX.I.EK.Z.C'M.V.W'CO'D.}
‹f157vº07fº›	[Fissum: ‹f157vº07› .W. and ‹f157vº08› .CO'D.]
‹f157vº08--›	{.«.88.».Z.O'I'X4'O'P.CO'D.IG.B.O'I'X3'O'P.EZ.XB.O.BL.C.A.}
‹f157vº09--›	{.O'I'X3'O'P.CC'D.CO'D.C'I'I'AE.I'I'G.C'BD.O.}

folio 158 recto

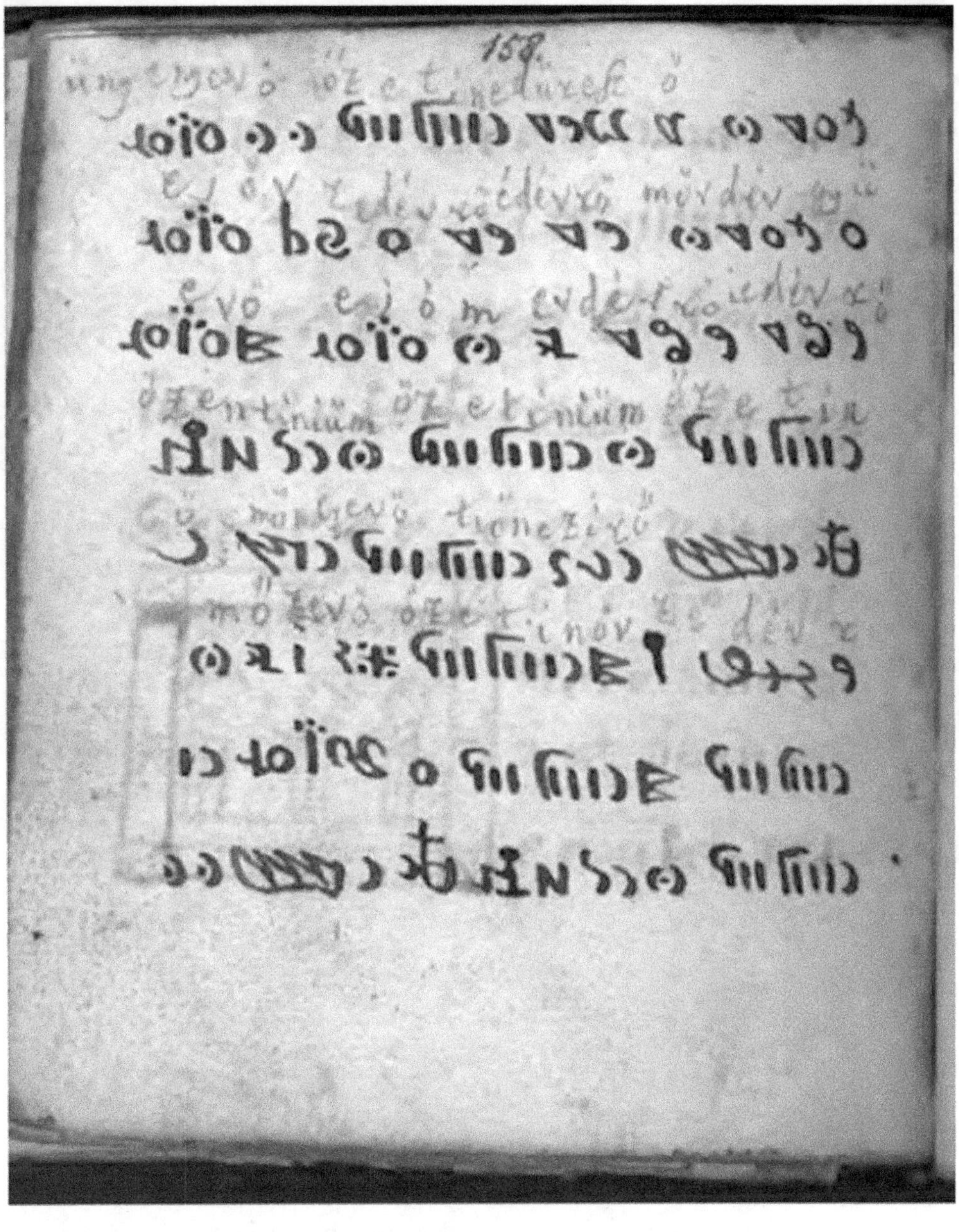

‹f158r°01--> {.LT.O.D.Z.V.W'CO'D.C'I'I'AE.I'I'G.CX'CX.O'I'X3'O'P.}
‹f158r°02--> {.O.LT.O.D.Z.CO'D'CO'D.O.CQ.EO.O'I'X3'O'P.}
‹f158r°03--> {.CO.CV.D.CO.CV.D.HK.Z.O.I.I'X3.O.P.B.O'I'X3'O'P.}
‹f158r°04--> {.C'I'I'AE.I'I'G.Z.C'I'I'AE.I'I'G.Z.C.S.N'J0'C0.}
‹f158r°04f°› [Fissum: ‹f158r°04› .N'J0. and ‹f158r°05› .C0.]
‹f158r°05--> {.«.88.».C'M.C.K.S.C'I'I'AE.I'I'G.C'IZ.C.}
‹f158r°06--> {.CO.|.XB'C'CO.|.IG.B.C'I'I'AE.I'I'G.EZ.XB.IX.HK.C.I.}
‹f158r°07--> {.C'I'I'AE.I'I'G.B.C'I'I'AE.I'I'G.O.U.I'X3.O.F.C.I.}
‹f158r°08--> {.C'I'I'AE.I'I'G.Z.C.S.N'J0'C0.C'M.CX'CX.}

folio 158 verso

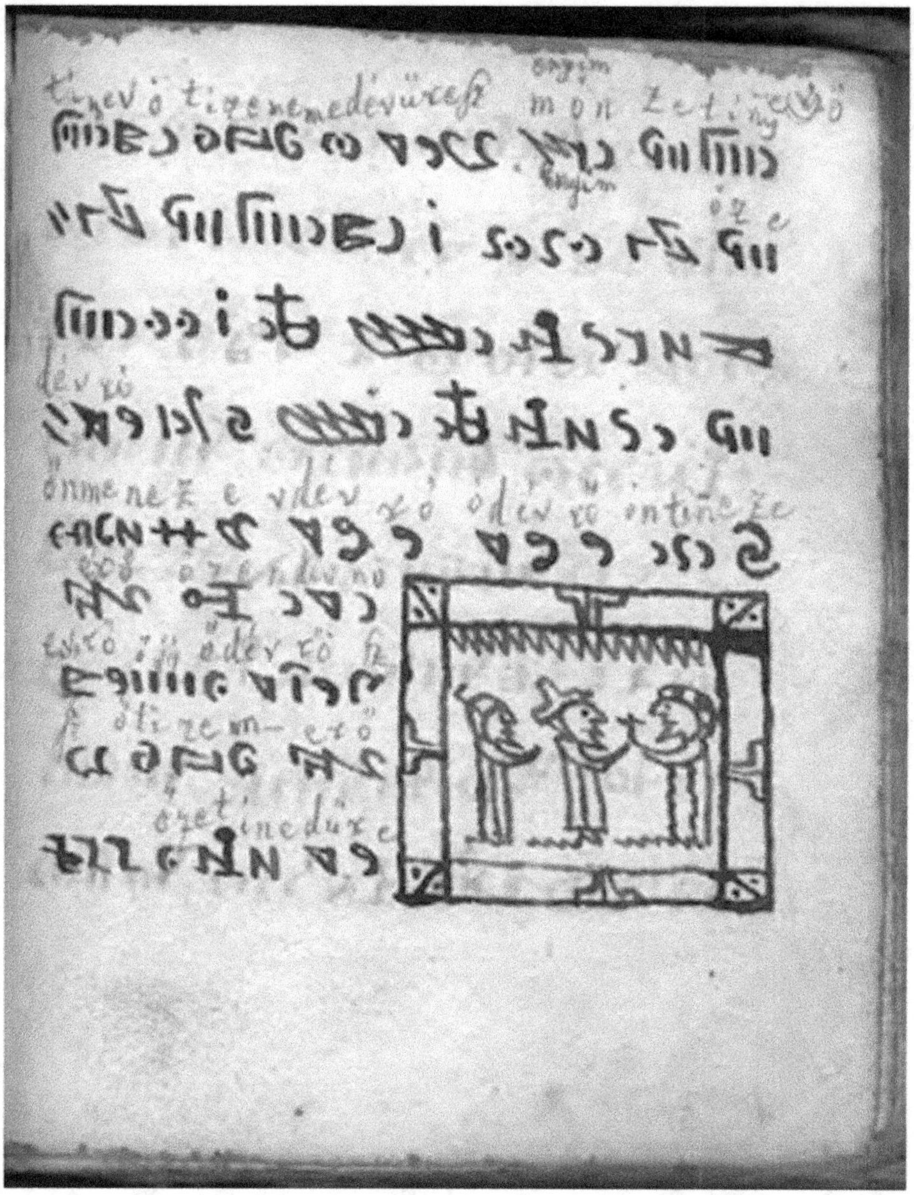

‹f158v°01--›	{.C'I'I'AE.I'I'G.C'IZ.W'CO'D.Z.QV'KE'BB.Q.B.C'I'I'AE.}
‹f158v°02--›	{.I'I'G.K'A'A.CX.S.CX.S.IX.C.B.C'I'I'AE.I'I'G.K'A'A.≈.}
‹f158v°03--›	{.DB.N.C.S.J0.C'M.C0.IX.CX'CX.C'I'I'AE.}
‹f158v°04--›	{.I'I'G.C.S.N'J0'C0.C'M.CQ.BT.C.I.CO'D.≈.}
‹f158v°05--›	{.CQ.C'S'C.CO.CV.D.CO.CV.D.V.T.T.N'QV.AC.QX.}
‹f158v°06i°›	[Illūstrātiō: P-67:LRMS Two men holding small cross w/ man behind him.]
‹f158v°06--›	{.C.D.C.NB.BA.}
‹f158v°07--›	{.RT'CO'IH'D.CX.I'I'I'I.CO.B.}
‹f158v°08--›	{.BA.QV'KE'BB.W'CO'D.}
‹f158v°08f°›	[Fissum: ‹f158v°08› .W. and ‹f158v°09› .CO'D.]
‹f158v°09--›	{.«.88.».N'J0.QX.H'H'HF'I'I'D.}
‹f158v°09f°›	[Fissum: ‹f158v°09› .H'H'HF. and ‹f159r°01› .I.I.D.]

folio 159 recto

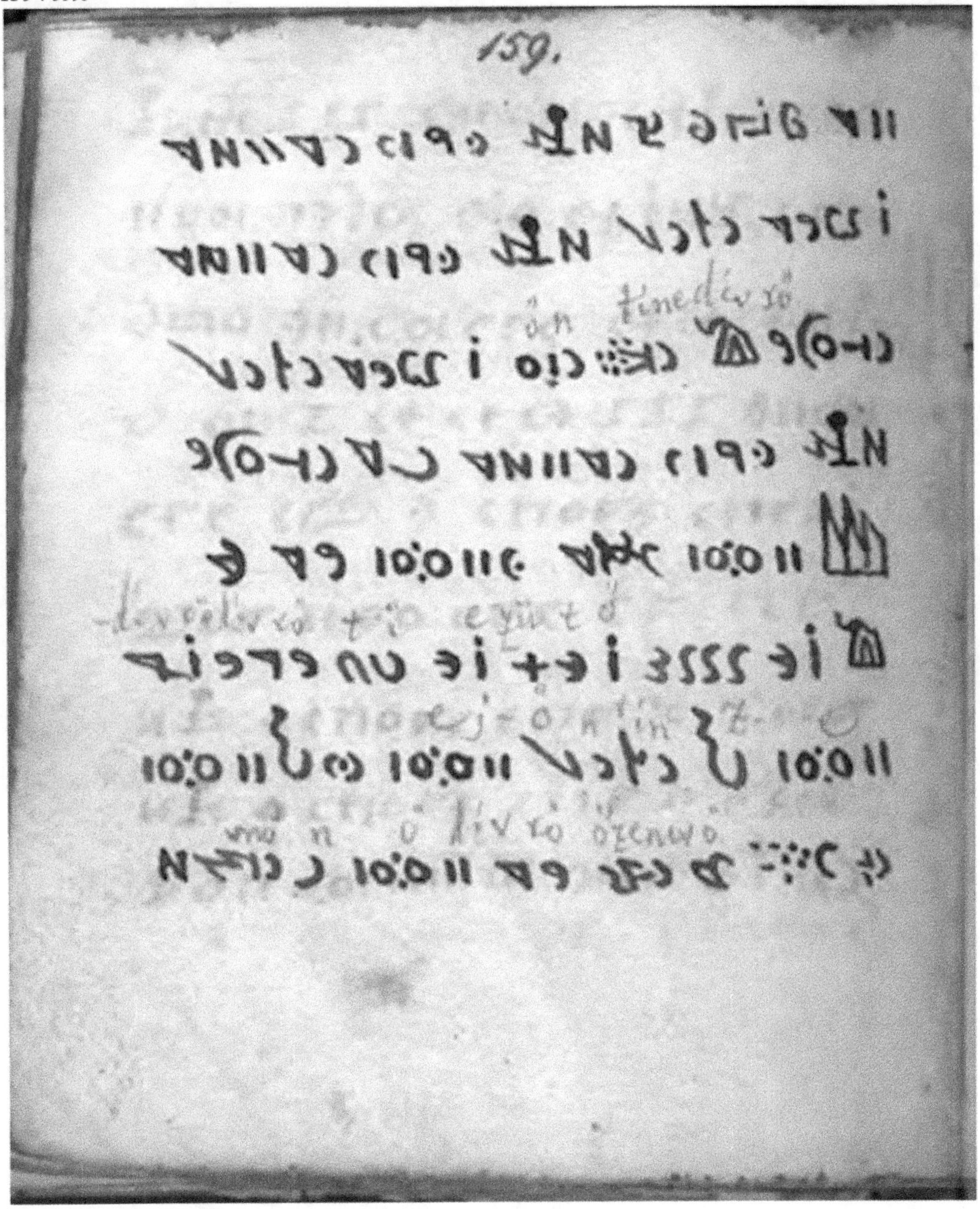

‹f159r°01--> {.«.88.».QV'KE'BB.HY.N'J0.CX.OP.I.Q.CO'D.J'J'N'D.}
‹f159r°02--> {.IX.W'CO'D.C.BT.C.KB.N'J0.CX.OP.I.I.C.D.I.I.N.D.}
‹f159r°03--> {.C'F'O'R'CO.XU.A.C'XF'XX.C.I.O.IX.W'CO'D.C.BT.C.KB.}
‹f159r°04--> {.N'J0.CX.OP.I.Q.C.D.I.I.N.D.CU'D.C'F'O'R'CO.}
‹f159r°05--> {.EN.I.I.O'X2'O'I.XI'D.QX.I.I.O'X2'O'I.CO'D.CY.}
‹f159r°06--> {.XU.A.IX.CY.S'S'S.CC.IX.CY.T.IX.CY.XD.BL.CO'DP'CO.XI.BI.}
‹f159r°07--> {.I.I.O'X2'O'I.NG.C.BT.C.KB.I.I.O'X2'O'I.Z.NG.I.I.O'X2'O'I.}
‹f159r°08--> {.C'K'I.Q.XX.V.CX.A.H.CO'D.I.I.O'X2'O'I.C.C'IZ.N'J0'C0.}
‹f159r°08f°› [Fissum: ‹f159r°08› .N. and ‹f159v°01› .J0'C0.]

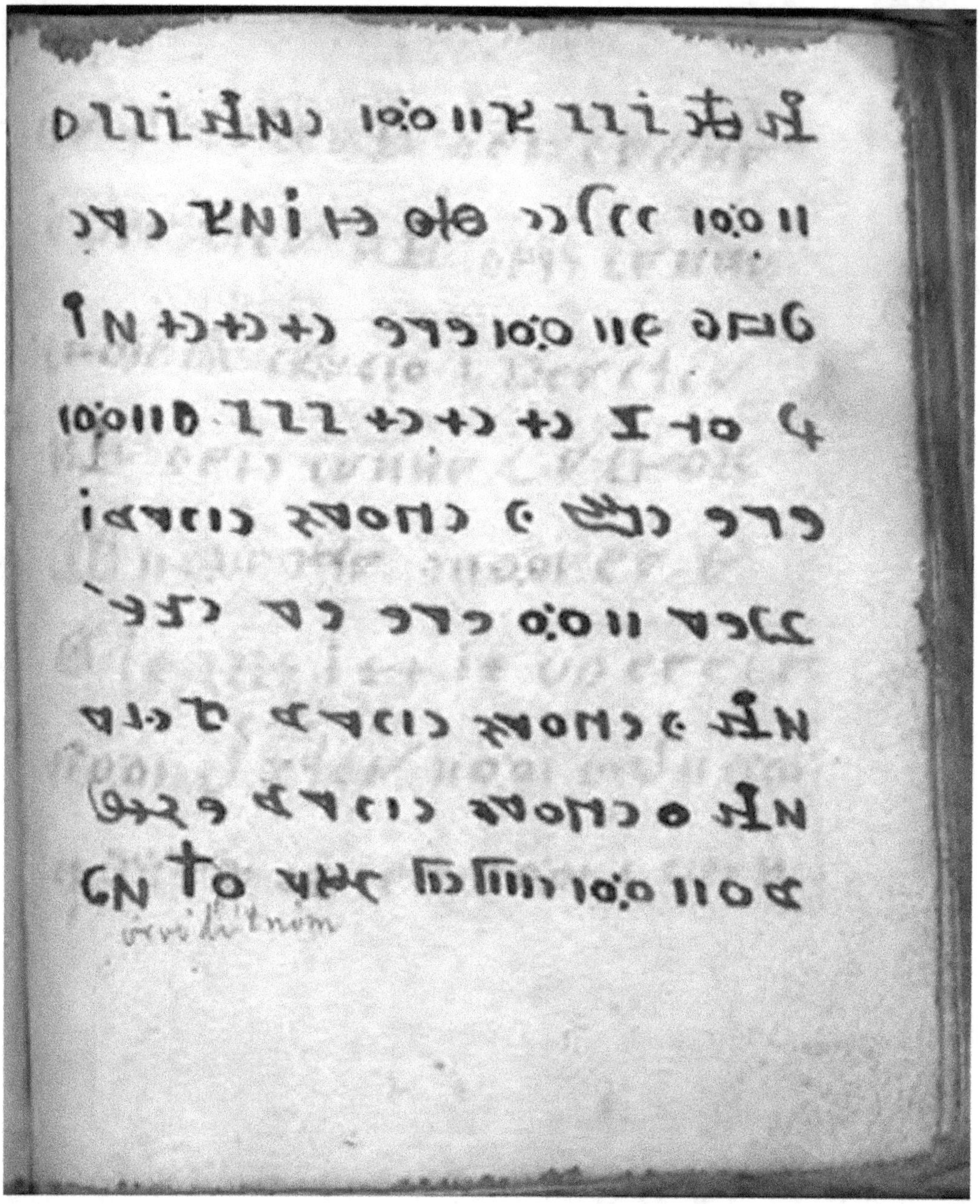

‹f159v°01--›	{.«.88.».HX'H'H.HY.I.I.O'X2'O'I.C.N'J0.HX'H'H.CD.}
‹f159v°02--›	{.I.I.O'X2'O'I.Q'Q'R'C'C.OC.CX.I.IX.N.HY.C.D.C.}
‹f159v°03--›	{.QV'KE'BB.QE.I.I.O'X2'O'I.CO'D'CO.C'TA.C'TA.C'TA.N.IG.}
‹f159v°04--›	{.QT.O.F.BC.C'TA.C'TA.C'TA.HX'H'H.CD.I.I.O'X2'O'I.}
‹f159v°05--›	{.CO'DP'CO.C'M.QX.C.N.A.O.D.EL.C'I'Q.D.V.IX.}
‹f159v°06--›	{.W'CO'D.I.I.O'X2'O.CO'DP'CO.CO'D.C.ED.CE.XT.}
‹f159v°07--›	{.N'J0.QX.CO.N.A.O.D.EL.C'I'Q.D.V.HM.CX.K.D.}
‹f159v°08--›	{.N'J0.O.C.N.A.O.D.EL.C'I'Q.D.V.CO.XB.CE.CO.}
‹f159v°09--›	{.V.O.I.I.O'X2'O'I.C'I'I'AE.C'AE.XI'D.O.TA.N'QV.}

folio 160 recto

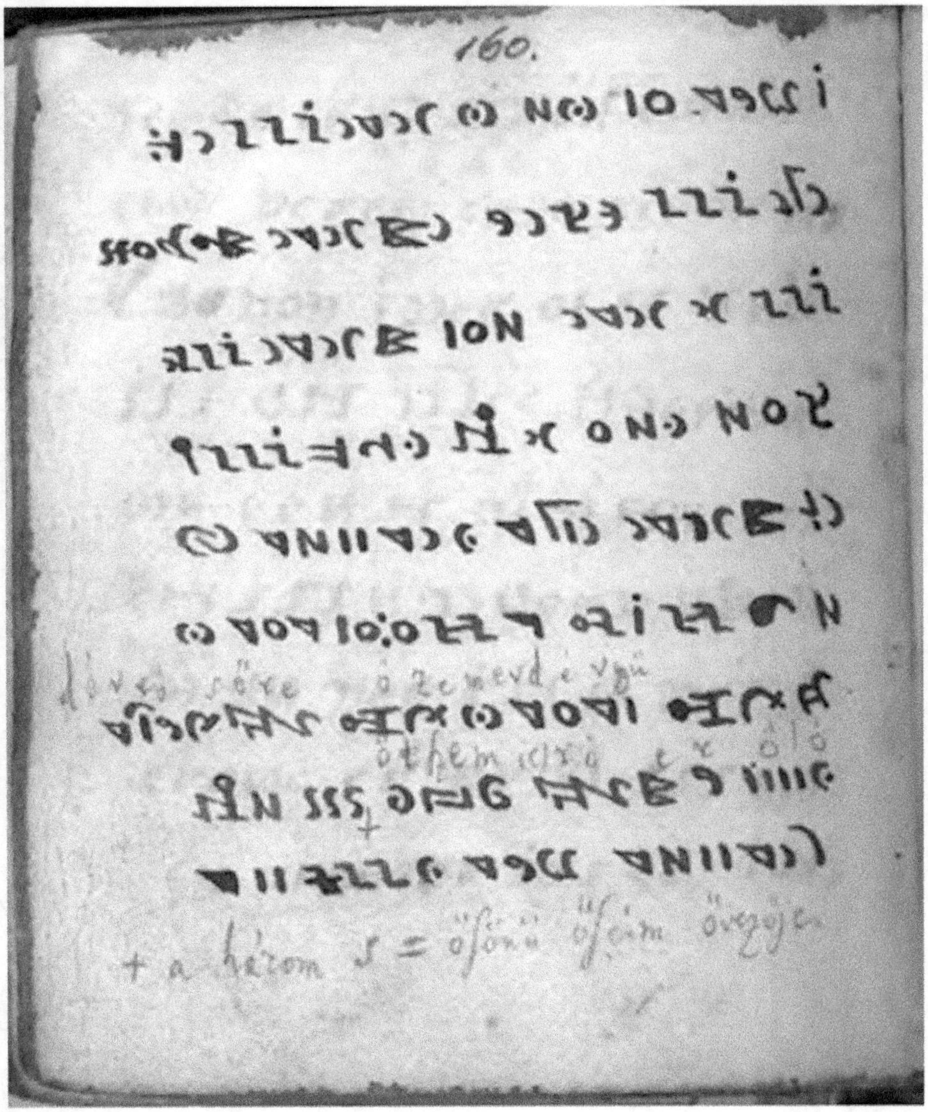

‹f160r°01--› {.IX.W'CO'D.O.I.Z.N.Z.Q.C.D.C.HX'H'H.C.F'X2.}
‹f160r°02--› {.C.RA.C.HX'H'H.CE.HY.C.CO.C.B.R.C.D.C.B.O.V.O.SS.}
‹f160r°03--› {.HX'H'H.Q.C.Q.C.D.C.N.O.I.B.R.C.D.C.HX'H'HK.}
‹f160r°04--› {.HY.O.N.CX.N.O.Q.C.J0.CX.XC.XF.HX'H'H.IG.}
‹f160r°05--› {.C.K.X.B.Q.C.D.C.C'AE.D.QX.C.D.I.I.N.D.EV.}
‹f160r°06--› {.N.LO.HF'H.IX.HF.O.D.HF'H.O'X2'O.I'D'O'D.Z.}
‹f160r°06t°› [Trānslātiō: "...Hear the..."]
‹f160r°07--› {.NA.RT'NB.I'D'O'D.Z'RT'NB.BA.RT'CO'IH'D.}
‹f160r°07t°› [Trānslātiō: "...disciple's holy Word! Hear the holy Word of Saint Luke..."]
‹f160r°08--› {.QX.I'I'I'I.CO.B'BA.QV'KE'BB.S'S'S.N'J0.}
‹f160r°08t°› [Trānslātiō: "...in his fourth chapter when...the Lord Jesus..."]
‹f160r°09--› {.L.C.D.I.I.N.D.W'CO'D.QX.H'H'HF'I'I'D.}
‹f160r°09t°› [Trānslātiō: "...on...you were in Nazareth..."]

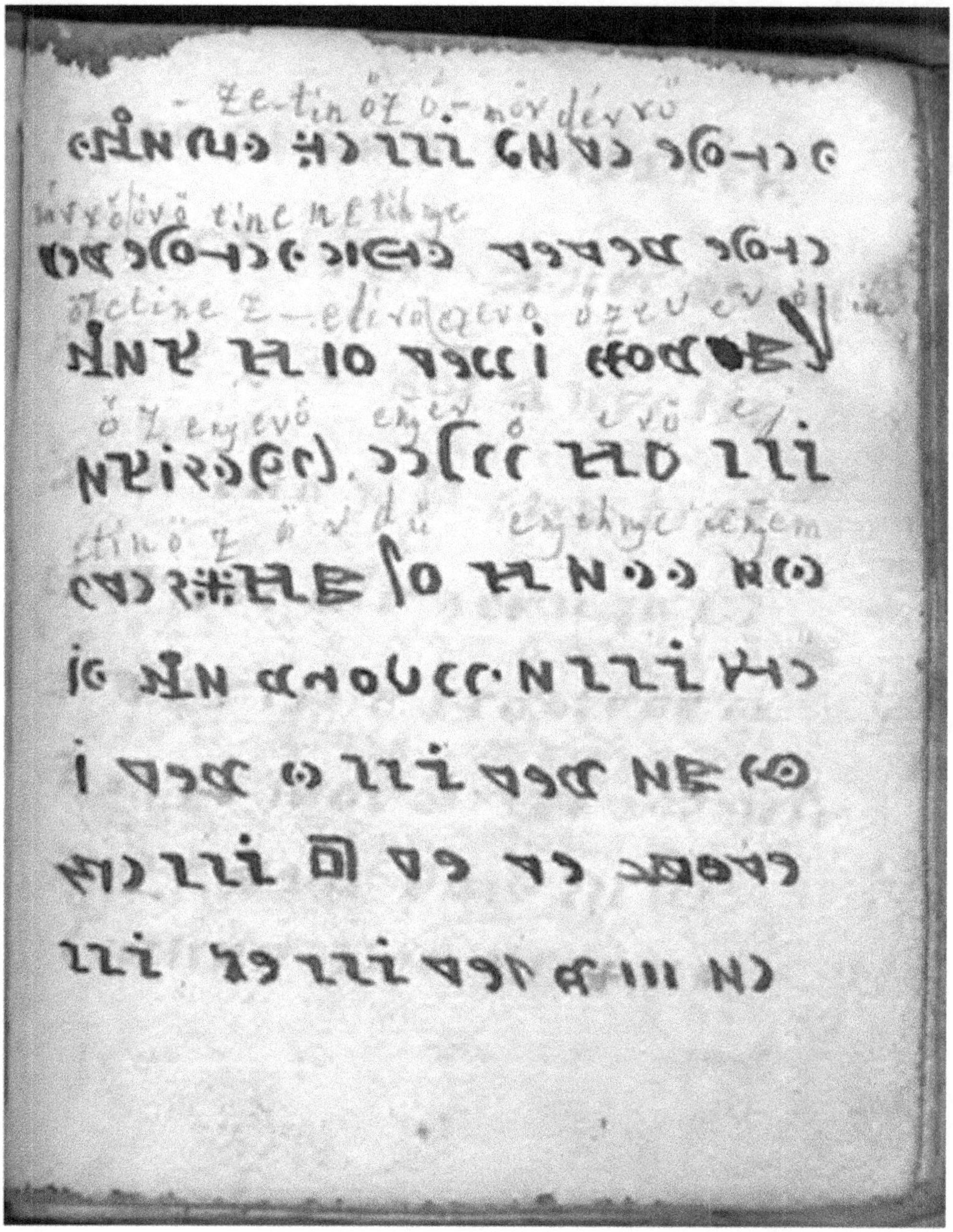

‹f160v°01--> {.QX.C'F'O'R'CO.C.D.N'QV.HX'H'H.C.F'X2.CX.IJ.R.N'J0.QX.}

‹f160v°02--> {.C'F'O'R'CO.V'CO'D'CO'D.CX.F.Q.I.Z.C'F'O'R'CO.V.CO'D.}

‹f160v°03--> {.II.IB.B.O.V.O.Q.Q.IX.W'CO'D.O.I.HF'H.HY.N'J0.}

‹f160v°04--> {.HX'H'H.CD.HF'H.Q'Q'R'C'C.C.Q.QE.CX.XB.IX.HY.N.}

‹f160v°05--> {.Z.N.CX'CX.N.HF'H.O.BT.B.HF'H.EZ.XB'C'D.Q.}

‹f160v°06--> {.C.XI.HX'H'H.N.X.R.Q.NG.O.XC.V.N'J0.QX.IX.}

‹f160v°07--> {.OX.QE.B'N.V.CO'D.HX'H'H.Z.V.CO'D.IX.}

‹f160v°08--> {.CO.D'O'D.CO'D'CO'D.LA.XJ.HX'H'H.C'IZ.}

‹f160v°09--> {.C.N.I'I'I.NA.A'CO'D.HX'H'H.CO.E.HX'H'H.}

folio 161 recto

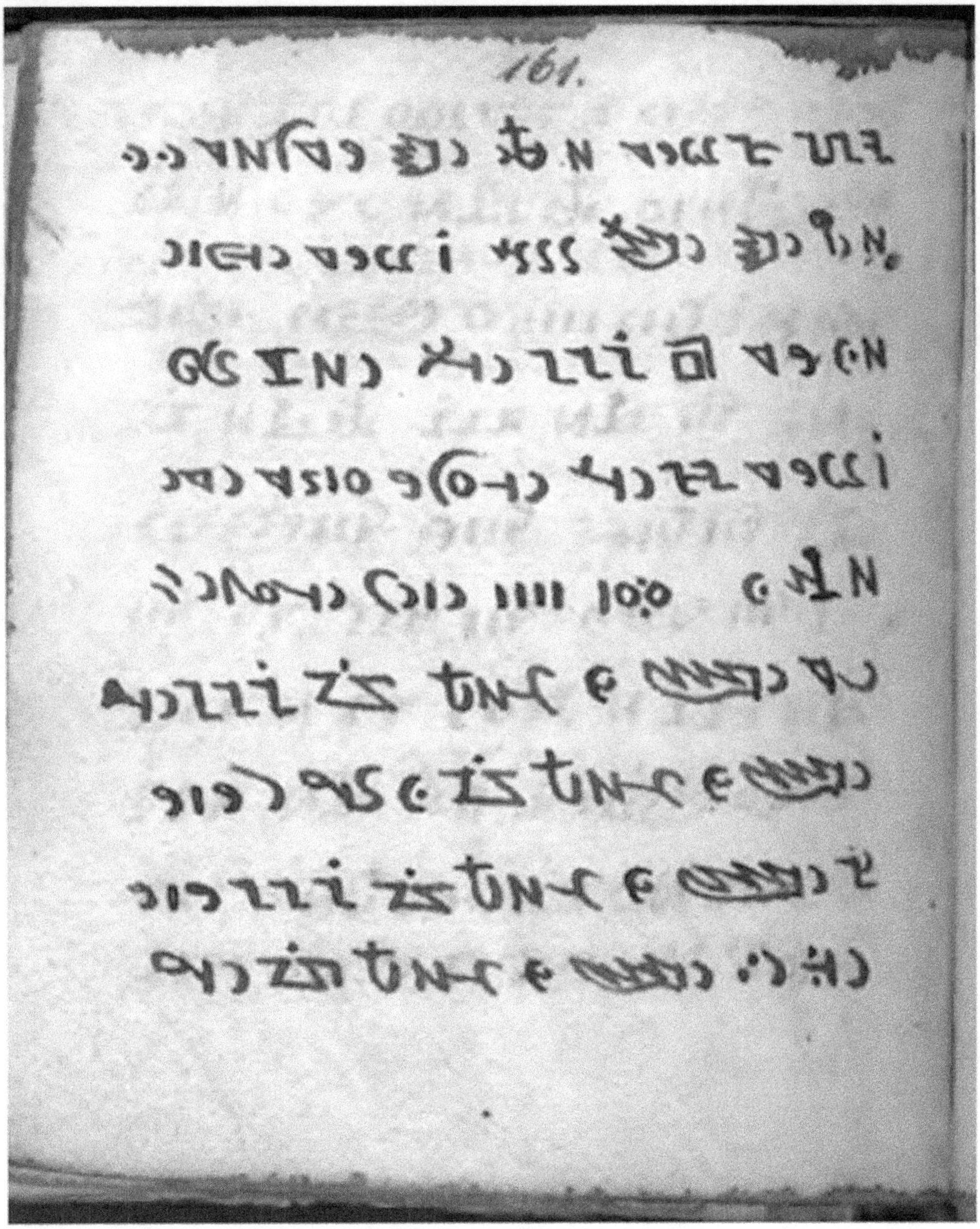

‹f161r°01--›	{.HF'HS.HM.W'CO'D.N'C0.C'XG.CO.L.R.N.D.CX'CX.}
‹f161r°02--›	{.N.C.IG.C'XG.C'MA'T.S'S'ST.IX.W'CO'D.C'F'Q'I'C.}
‹f161r°03--›	{.N.QX.CO'D.LA.XJ.HX'H'H.C.XI.C.N.BC.UD.}
‹f161r°04--›	{.IX.W'CO'D.HF'H.C'BG.C'F'O'R'CO.O.I.S.D.C.D.C.}
‹f161r°05--›	{.N'J0.QX.«.00.».O'X2'O'I.I'I'I'I.C.I.C.RB.C'XV'OB'I'C.≈.}
‹f161r°06--›	{.CU'D.C'M.QX.EL.N.NR.XW'X.HX.H'H'H.C'BD.}
‹f161r°07--›	{.C'M.QX.EL.N.NR.XW'X.QX.S.XV'O.L.CO'I'CO.}
‹f161r°08--›	{.HY.C'M.QX.EL.N.NR.XW'X.HX'H'H.CO'I'CO.}
‹f161r°09--›	{.C.F'X2.L'X2.C'M.QE.EL.N.NR.XW'X.C'XV'O.}

folio 161 verso

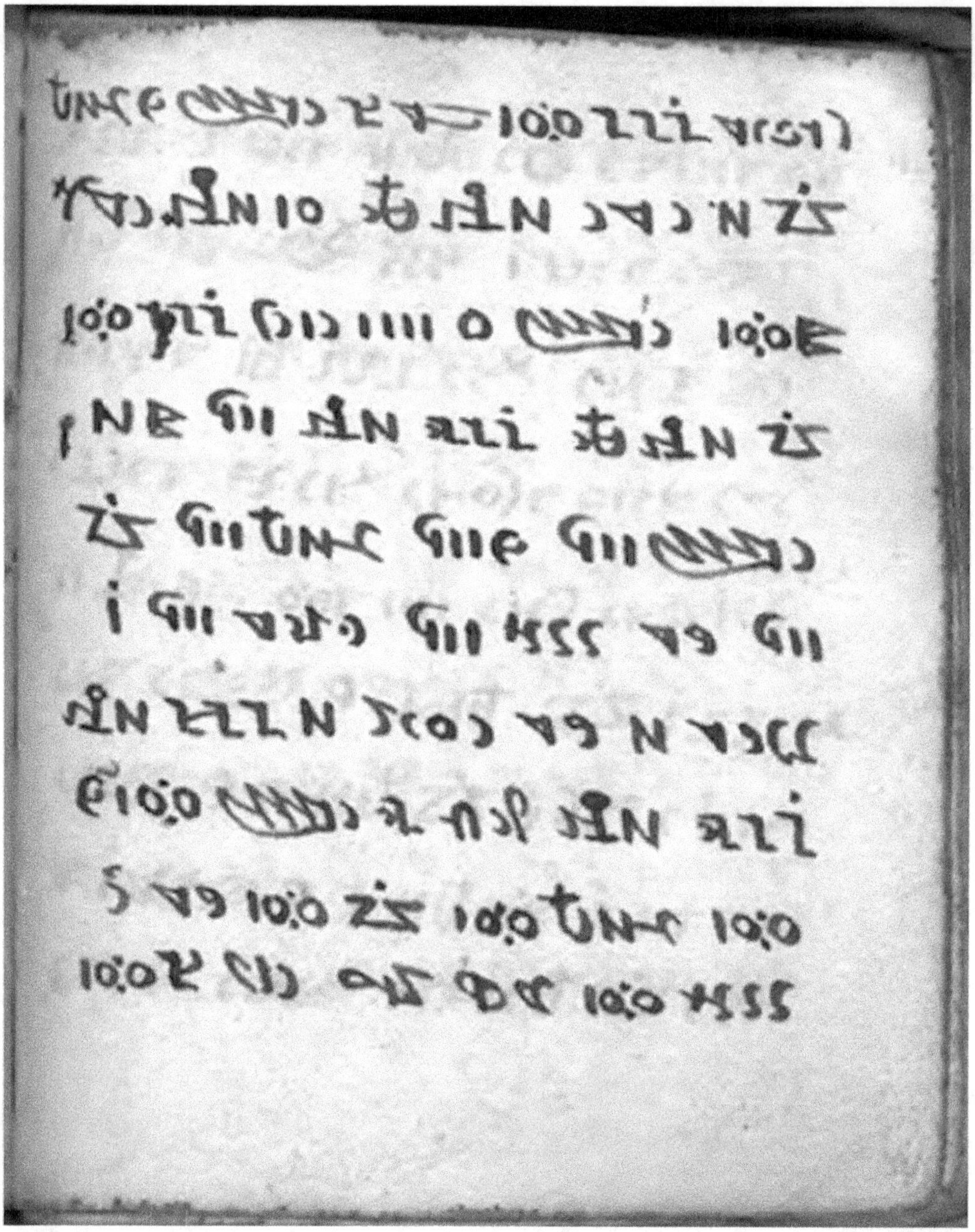

‹f161v°01--> {.L.XV.JI.R.D.HX'H'H.O'X2'O'I.IR'IR'D.HY.C'M.QX.Q.N.NR.}
‹f161v°02--> {.XW'X.N.C.D.C.N'J0'C0.O.I.N'J0.C'D'R'T.}
‹f161v°03--> {.B'O'X2'O'I.C'M.O.I'I'I.C.I.C.RB.HX'H'H.O'X2'O'I.}
‹f161v°04--> {.XW'X.N'J0'C0.HX'H'HK.N'J0.I'I'G.B'N.IX.}
‹f161v°05--> {.C'M.I'I'G.QX.I'I'G.BA.BJ.I'I'G.XW'X.}
‹f161v°06--> {.I'I'G.CO'D.S'S'ST.I'I'G.CX.A.C.D.I'I'G.IX.}
‹f161v°07--> {.W'CO'D.N.CO'D.C.O.Q.A.C.N.H'HF'H.N'J0.}
‹f161v°08--> {.HX'H'HK.N'J0.ML.C.AC.HK.C'M.O'X2'O'I.QE.}
‹f161v°09--> {.O'X2'O'I.EL.N.NR.O'X2'O'I.XW'X.O'X2'O'I.CO'D.S.}
‹f161v°10--> {.S'S'ST.O'X2'O'I.V.O2.AG.XV.O.C.I.RB.HY.O'X2'O'I.}

folio 162 recto

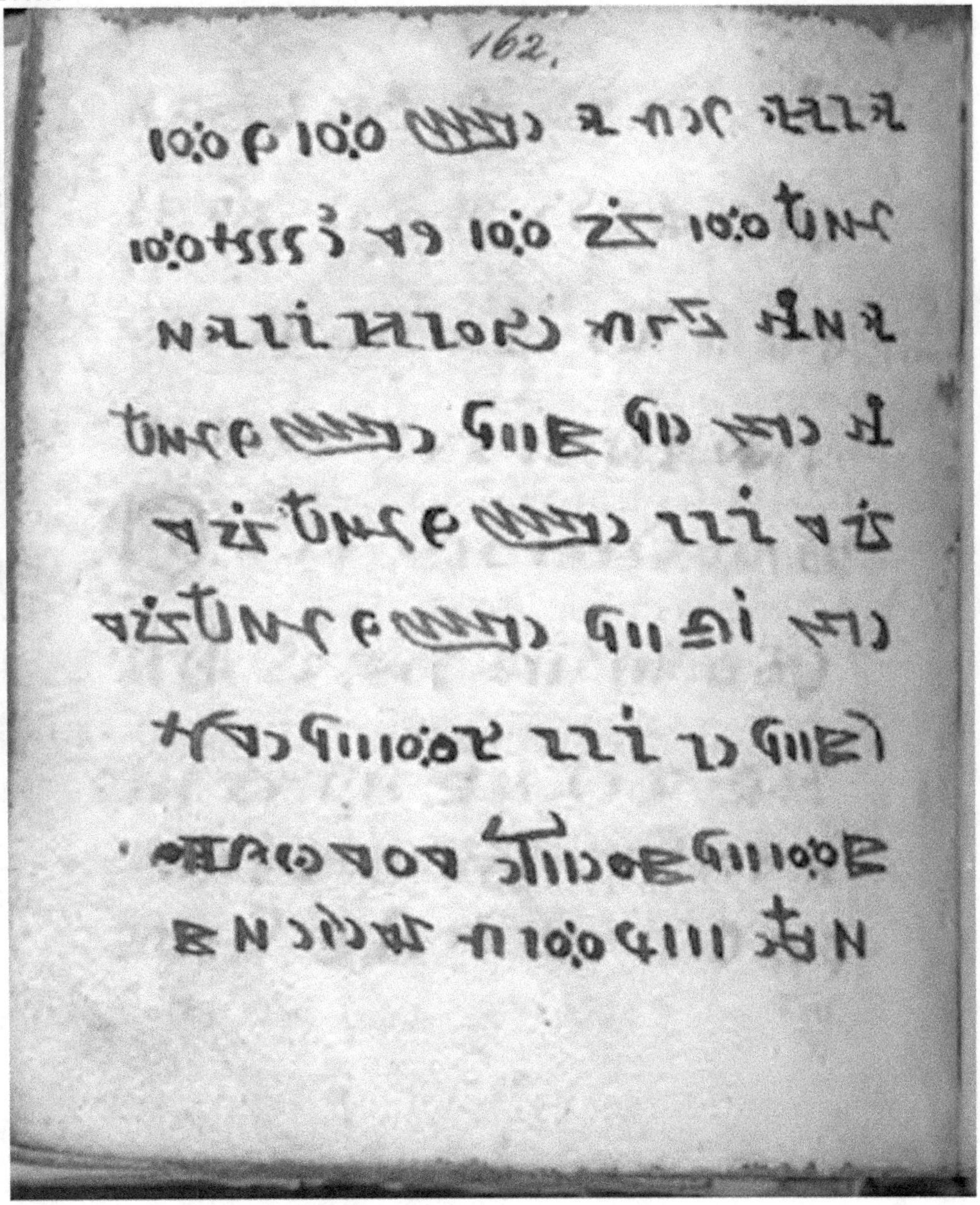

‹f162r°01--› {.HK.H'HF'H.RB.C.AC.HK.C'M.O'X2'O'I.QX.O'X2'O'I.}
‹f162r°02--› {.EL.N.NR.O'X2'O'I.XW'X.O'X2'O'I.CO'D.CC.S'S'ST.O'X2'O'I.}
‹f162r°03--› {.HK.N'J0.K'A'A.AC.BE'I'O.H'HF'H.HX'H'HK.N'J0.}
‹f162r°03f°› [Fissum: ‹f162r°03› .N. and ‹f162r°04› .J0.]
‹f162r°04--› {.«.88.».C'IZ.C.I.G.B.I'I'G.C'M.QX.EL.N.NR.}
‹f162r°05--› {.XW'X.D.HX'H'H.C'M.QX.EL.N.NR.XW'X.D.}
‹f162r°06--› {.C'IZ.IX.BU.I'I'G.C'M.QX.EL.N.NR.XW'X.D.}
‹f162r°07--› {.L.B.I'I'G.C.H.HX'H'H.HY.O'X2'O'I.I'I'G.C'D'R'T.}
‹f162r°08--› {.B'O'X2'O'I.I'I'G.B.O.C.I'I'IU'C.D'O'D.Z'RT'NB.}
‹f162r°09--› {.N'C0.I'I'I.QT.O'X2'O'I.AC.AG'D.CA.I.C.N.B.}

folio 162 verso

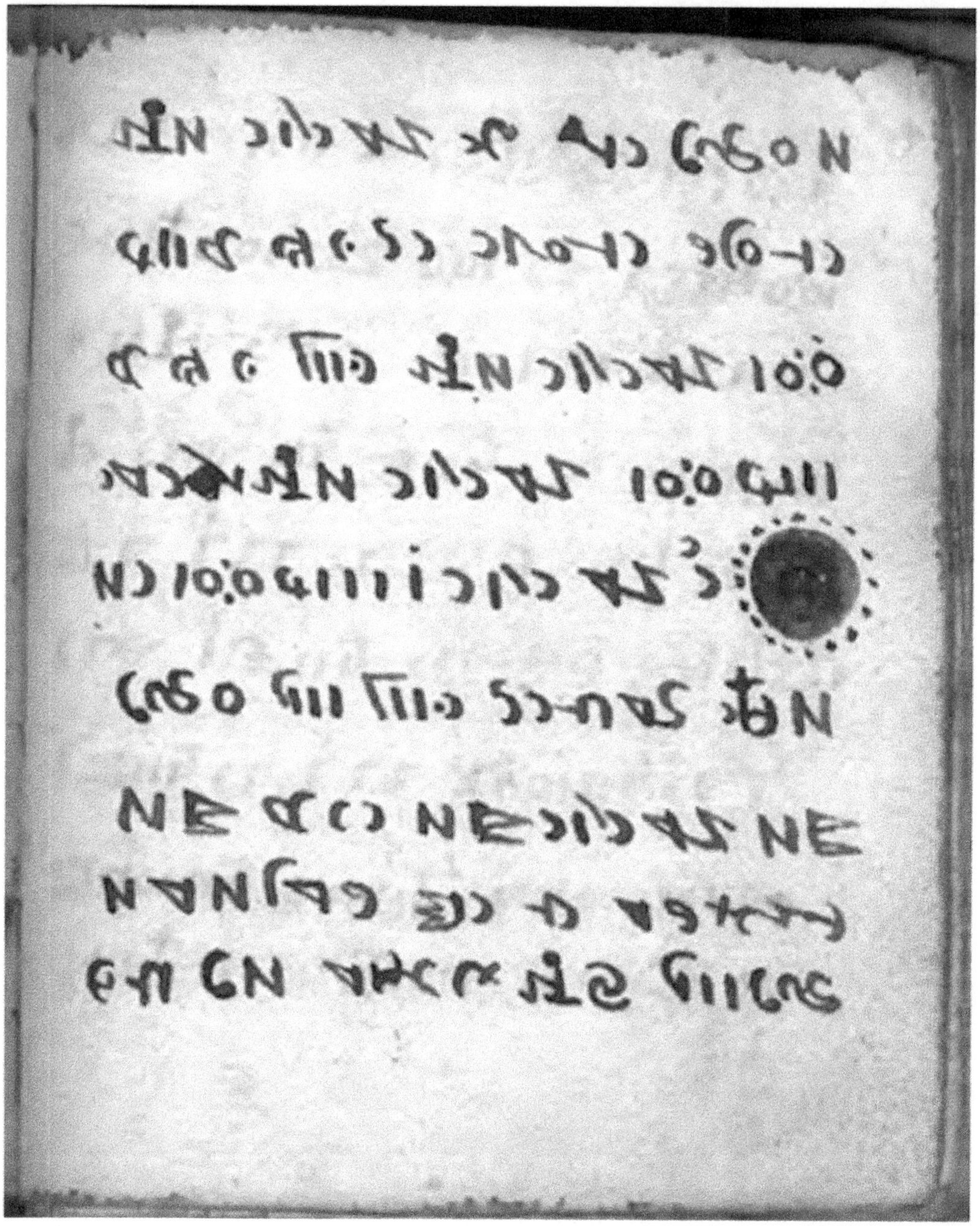

‹f162vº01--›	{.N.O.U'QV.C'BD.RO'C.AG'D.CA.I.C.N'J0.}
‹f162vº02--›	{.C'F'O'R'CO.C'XV'OB'I'C.C.S.QX.Y.V.I.I.QT.}
‹f162vº03--›	{.O.X2.X.O.I'AG.D.C.I.I.C.N'J0.CX.I'AE.QX.Y.V.}
‹f162vº04--›	{.I'I'I.QT.O'X2'O'I.AG'D.CA.I.C.N'J0.K.|.D.|.C.D.C.}
‹f162vº05--›	{.((.EZ.)).CC.AG'D.CA.I.C.IX.I'I'I.QT.O'X2'O'I.C.N.}
‹f162vº05oº›	[Ornāmentum: Holy orb; possibly covering up bad text.]
‹f162vº06--›	{.N'C0.S'D.AC.C.S.CX.I'AE.I'I'G.O.U'QV.}
‹f162vº07--›	{.B'N.AG'D.CA.I.C.B'N.C.Q.V.B'N.}
‹f162vº08--›	{.CA.K.AD.TA.CO'D.AC.C'XG.CO'D'R'N'D.N.}
‹f162vº09--›	{.U'QV.I'I'G.CQ.RT'XI'D.N'QV.AC.QX.}

folio 163 recto

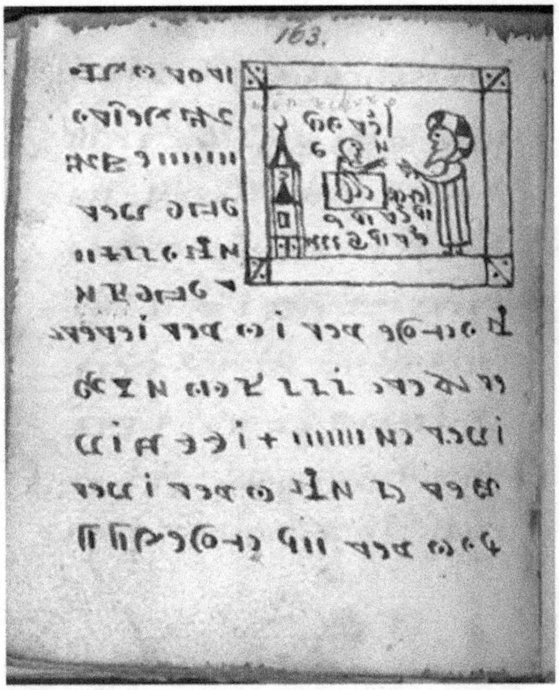

‹f163r°00i°›	[Illūstrātiō: P-68:URMO Jesus raising sick/dead person.]
‹f163r°01R1›	{.II.CC'D.QX.C.G.}
‹f163r°01R2›	{.N'QV.}
‹f163r°01R3›	{.II.AC.C.IJ.}
‹f163r°01R4›	{.I.G.CC'D.I.G.CO.}
‹f163r°01R5›	{.CO.C.D.I.G.CQ.S'S'ST.}
‹f163r°01--›	{.I'D'O'D.Z'RT'NB.}
‹f163r°01t°›	[Trānslātiō: "Hear the holy Word..."]
‹f163r°02--›	{.BA.RT'CO'IH'D.QX.}
‹f163r°02t°›	[Trānslātiō: "...of Saint Luke in..."]
‹f163r°03--›	{.I'I'I'I'I'I.CO.B'BA.}
‹f163r°03t°›	[Trānslātiō: "...his seventh chapter..."]
‹f163r°04--›	{.QV'KE'BB.W'CO'D.}
‹f163r°04t°›	[Trānslātiō: "...when was..."]
‹f163r°05--›	{.N'J0.QX.H'H'HF'I'I'D.}
‹f163r°05t°›	[Trānslātiō: "...the Lord Jesus in Nazareth..."]
‹f163r°05f°›	[Fissum: ‹f163r°05› .H'H'HF.I.I. and ‹f163r°06› .D.]
‹f163r°06--›	{.«.88.».QV'KE'BB.HY.N'J0.}
‹f163r°06f°›	[Fissum: ‹f163r°06› .N. and ‹f163r°07› .J0.]
‹f163r°07--›	{.«.88.».QX.C'F'O'R'CO.V.CO'D.IX.Z.V.CO'D.IX.CO'D'CO'D.}
‹f163r°08--›	{.CO'D.K.D.C.D.C.HX'H'H.HY.CX.I.QX.N.BC.UD.}
‹f163r°09--›	{.IX.W'CO'D.C.N.I'I'I'I'I'I.T.IX.CY.CY.NA.IX.W.}
‹f163r°10--›	{.W'CO'D.C.H.N'J0.Z.V.CO'D.IX.W'CO'D.}
‹f163r°11--›	{.QT.QX.Z.V.CO'D.I'I'G.C'F'O'R'CO.RT.AE'AE.}

folio 163 verso

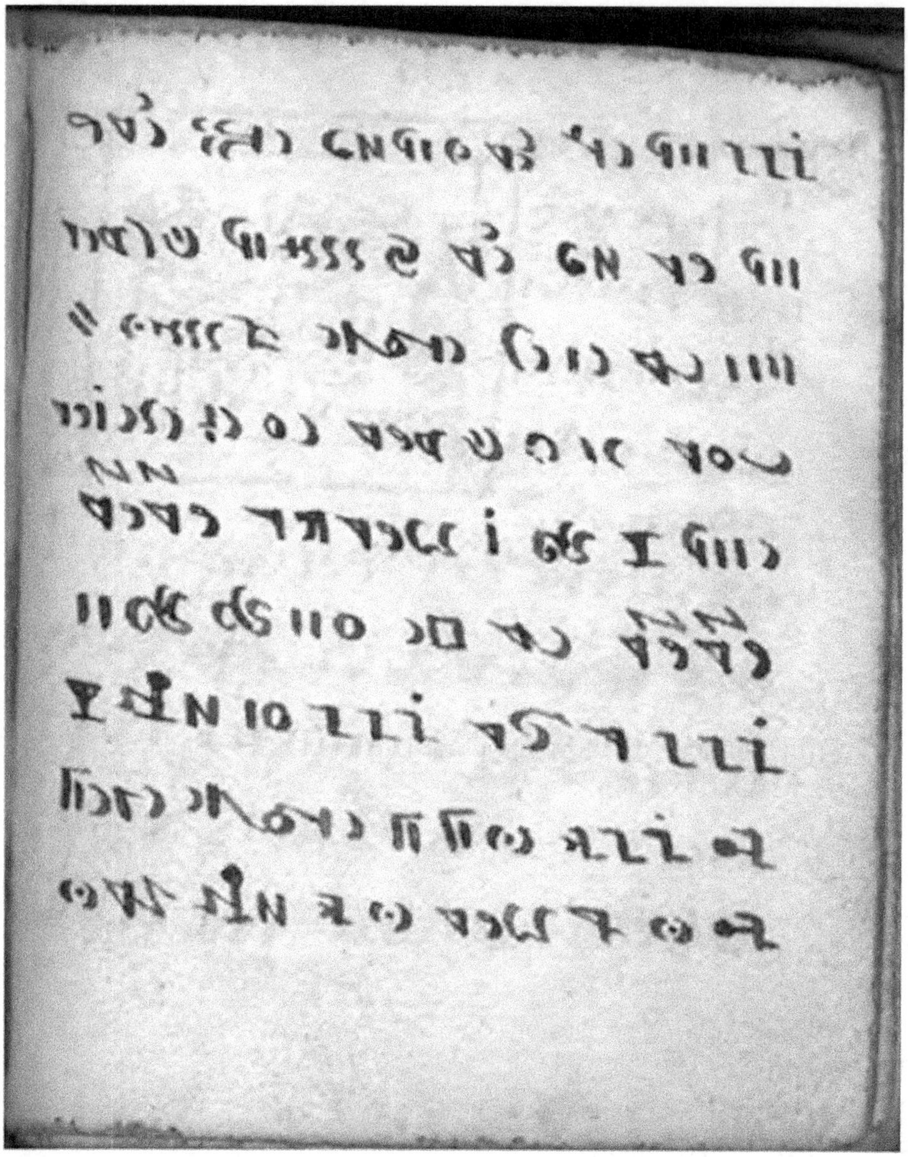

‹f163v°01--› {.HX'H'H.I'I'G.C'BG.CC'D.C.Q.I.G.N'QV.L.BP.CC'D.LO.}
‹f163v°02--› {.I'I'G.CO'D.N'QV.CC'D.CQ.S'S'ST.I.G.BK.L.V.CO'D.}
‹f163v°03--› {.I'I'I'I.CU'D.C.I.C.RB.C'XV'OB'I'C.HM.S'S'ST.QX.≈.}
‹f163v°04--› {.CU'O'D.Q.I.L'X2.BK.V.CO'D.C.O.C.C.X.C'S'C.IX.C.D.}
‹f163v°05--› {.C.I'I'G.BC.UD.IX.W'CO'D.LA.C.DP.CO'D'CO'D.}
‹f163v°05T1› {.N.N.}
‹f163v°05n°› [Notā Bene: ‹f163v°05T1› symbols are over (.CO'D.CO'D.) in ‹f163v°05› above.]
‹f163v°06--› {.CO'D'CO'D.CU'D.XJ.C.O.I.I.UD.UD.I.I.}
‹f163v°06T2› {.N.N.}
‹f163v°06n°› [Notā Bene: ‹f163v°06T2› symbols are over (.CO'D.CO'D.) in ‹f163v°06› above.]
‹f163v°07--› {.HX'H'H.DP.Q.C.D.HX'H'H.O.I.N'J0.BC.}
‹f163v°08--› {.HF.O.HX'H'HK.Z.AE'AE.C'XV'OB'I'C.C.A.C'AE.}
‹f163v°09--› {.HF.O.Z.BI.W'CO'D.Z.HK.N'J0.AG'D.Z.}

folio 164 recto

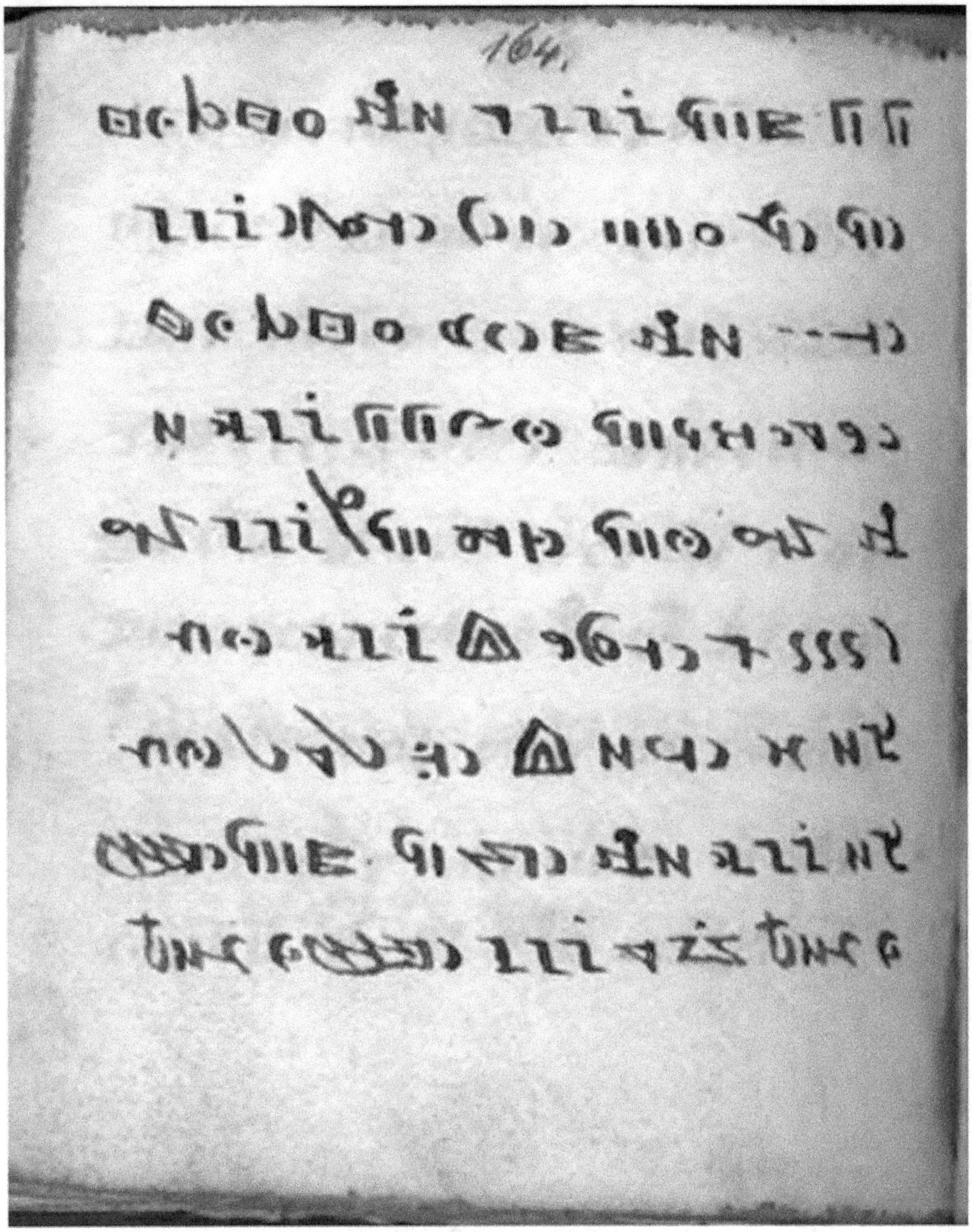

‹f164r°01--› {.AE'AE.B.I'I'G.HX'H'H.DP.N'J0.O.PE.EK.QX.PE.}
‹f164r°02--› {.C.I.G.C.BY.O.I'I'I'I.C.I.C.RB.C'XV'OB'I'C.HX'H'H.}
‹f164r°03--› {.C.F'J'J.N'J0.B.C.Q.V.O.PE.EK.QX.PE.}
‹f164r°04--› {.K.CO'D.C.XY.QT.I'I'G.Z.RT.AE'AE.HX'H'HK.N'J0.}
‹f164r°04f°› [Fissum: ‹f164r°04› .N. and ‹f164r°05› .J0.]
‹f164r°05--› {.«.88.».AG.XV.O.Z.I'I'G.C.A.D.O.I'I'G.EQ.HX'H'H.AG.XV.O.}
‹f164r°06--› {.L.S'S'S.BI.C'F'O'R'CO.XU.HX'H'HK.Z.AC.}
‹f164r°07--› {.HY.N.Q.CV.C.IJ.N.XU.C.F'X2.CU.D.CU.Z.AC.}
‹f164r°08--› {.HY.I.I.HX'H'HK.N'J0.C'IZ.I.G.B.I'I'G.C'M.}
‹f164r°09--› {.QX.EL.N.NR.XW'X.D.HX'H'H.C'M.QX.EL.N.NR.}

folio 164 verso

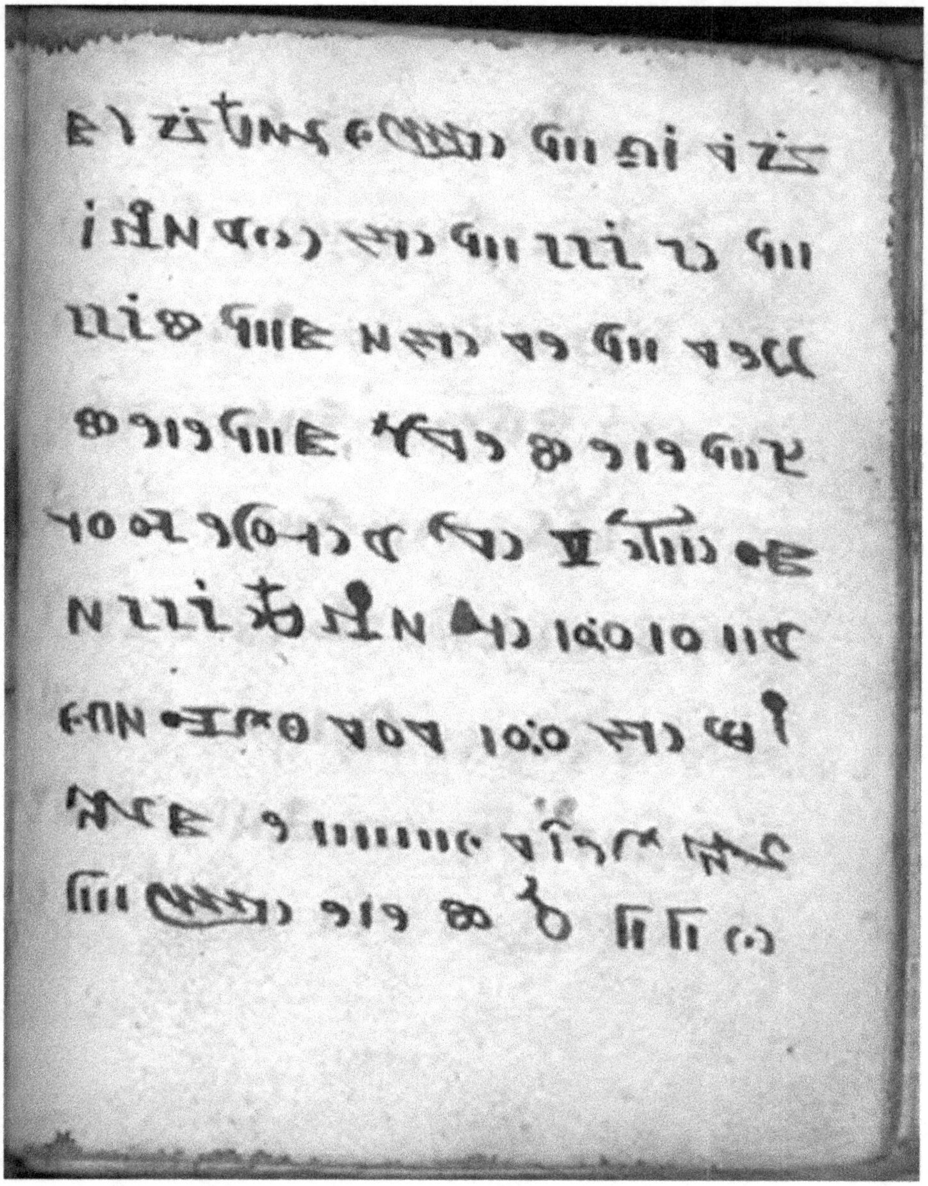

‹f164v°01--> {.XW'X.D.IX.BU.I'I'G.C'M.QX.EL.N.NR.XW'X.L.B.}
‹f164v°02--> {.I'I'G.C.H.HX'H'H.I'I'G.C'IZ.C.C.Q.V.N'J0.IX.}
‹f164v°03--> {.W'CO'D.I'I'G.CO'D.C'IZ.N.B.I'I'G.XQ.HX'H'H.}
‹f164v°04--> {.HY.I'I'G.CO'I'CO.XQ.CO'D'R'T.B.I'I'G.CO'I'CO.XQ.}
‹f164v°05--> {.B.O.C.I'I'IU'C.BC.C'D'R.V.C'F'O'R'CO.HF.O.O'XV.}
‹f164v°06--> {.V.I.I.O.I.O'X2'O'I.C'BD.N'J0'C0.HX'H'H.N.}
‹f164v°07--> {.IG.BR.C'IZ.O'X2'O.I'D'O'D.OX.RT'NB.N.AC.QX.}
‹f164v°07t°› [Trānslātiō: "Amen! We give blessings. Hear the holy Word before you..."]
‹f164v°08--> {.BA.RT'CO'IH'D.QX.I'I'I'I'I'I.CO.B'BA.}
‹f164v°08t°› [Trānslātiō: "...of Saint Luke in his seventh chapter..."]
‹f164v°09--> {.Z.AE'AE.OB.C.XQ.CO'I'CO.C'M.I'I'AE.C'AE.}
‹f164v°09f°› [Fissum: ‹f164v°09› .I'I'AE. and ‹f165r°01› .C'AE.]

folio 165 recto

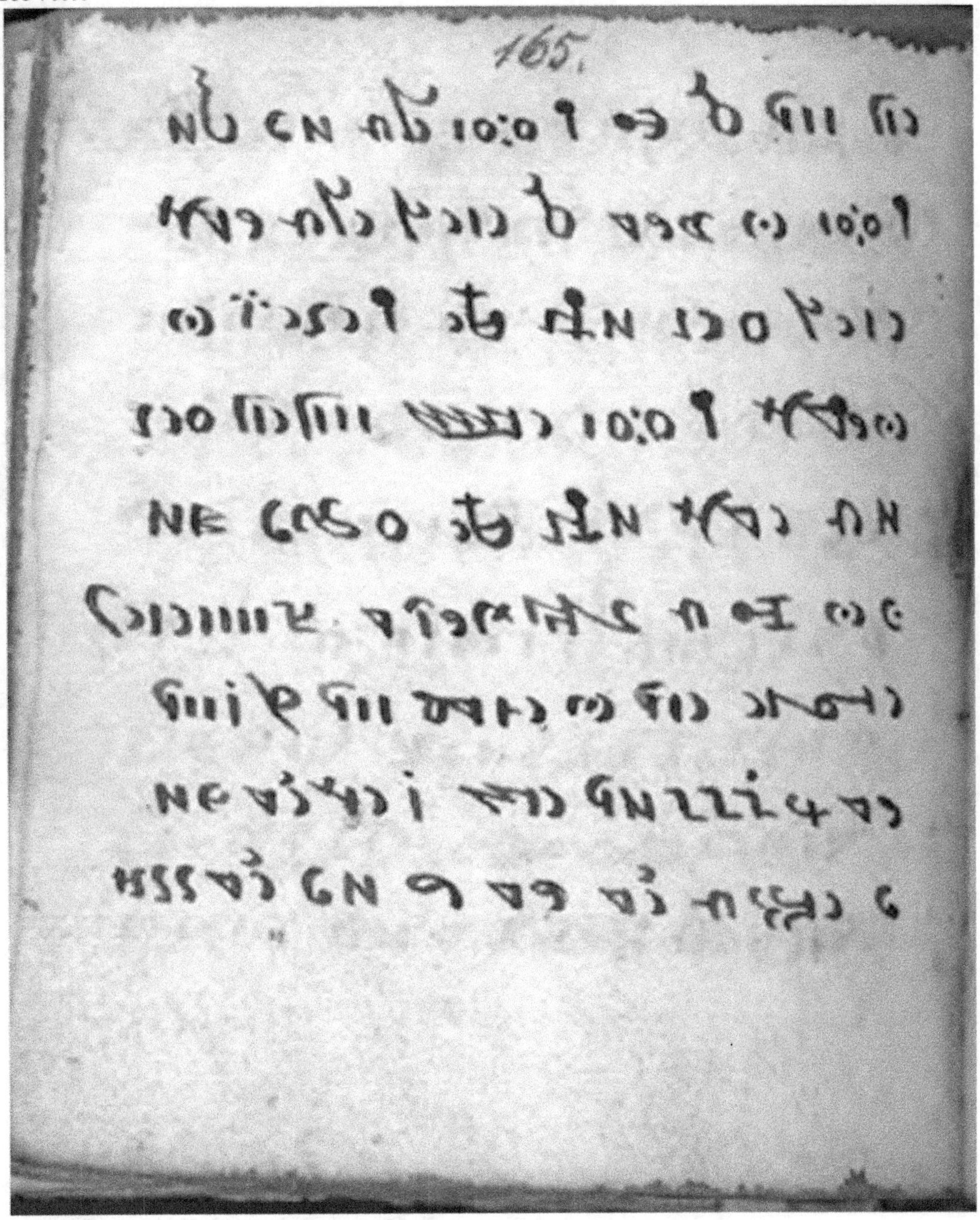

<f165r°01--> {.«.88.».I'I'G.OB.C.CE'O.IG.O'X2'O'I.C.EK.AC.N'QV.NG.N.}
<f165r°02--> {.IG.O'X2'O'I.Z.V.CO'D.OB.C.C.I.C.EK.C.EK.AC.CO'D'R'T.}
<f165r°03--> {.C.IX.C.EK.O.C.K.N'J0'C0.IG.C'S'C.I'X3.Z.}
<f165r°04--> {.Z.CO'D'R'T.IG.O'X2'O'I.C'M.I'I'AE.C'AE.O.C.C.BC.}
<f165r°05--> {.N.AC.C'D'R'T.N'J0'C0.O.U'QV.B'N.}
<f165r°06--> {.QX.Z.NB.AC.BA.RT'CO'IH'D.HY.I'I'I'I.CX.I.C.RB.}
<f165r°07--> {.C'XV'OB'I'C.C.I.G.Z.C'EY.D.O.I'I'G.EQ.IX.I'I'G.}
<f165r°08--> {.CO'D.QT.HX'H'H.N.G.C'IZ.IX.C'BG.CC'D.QX.N.}
<f165r°09--> {.QV.C'BP.AC.CC'D.CO'D'CO.N'QV.CC'D.S'S'ST.}

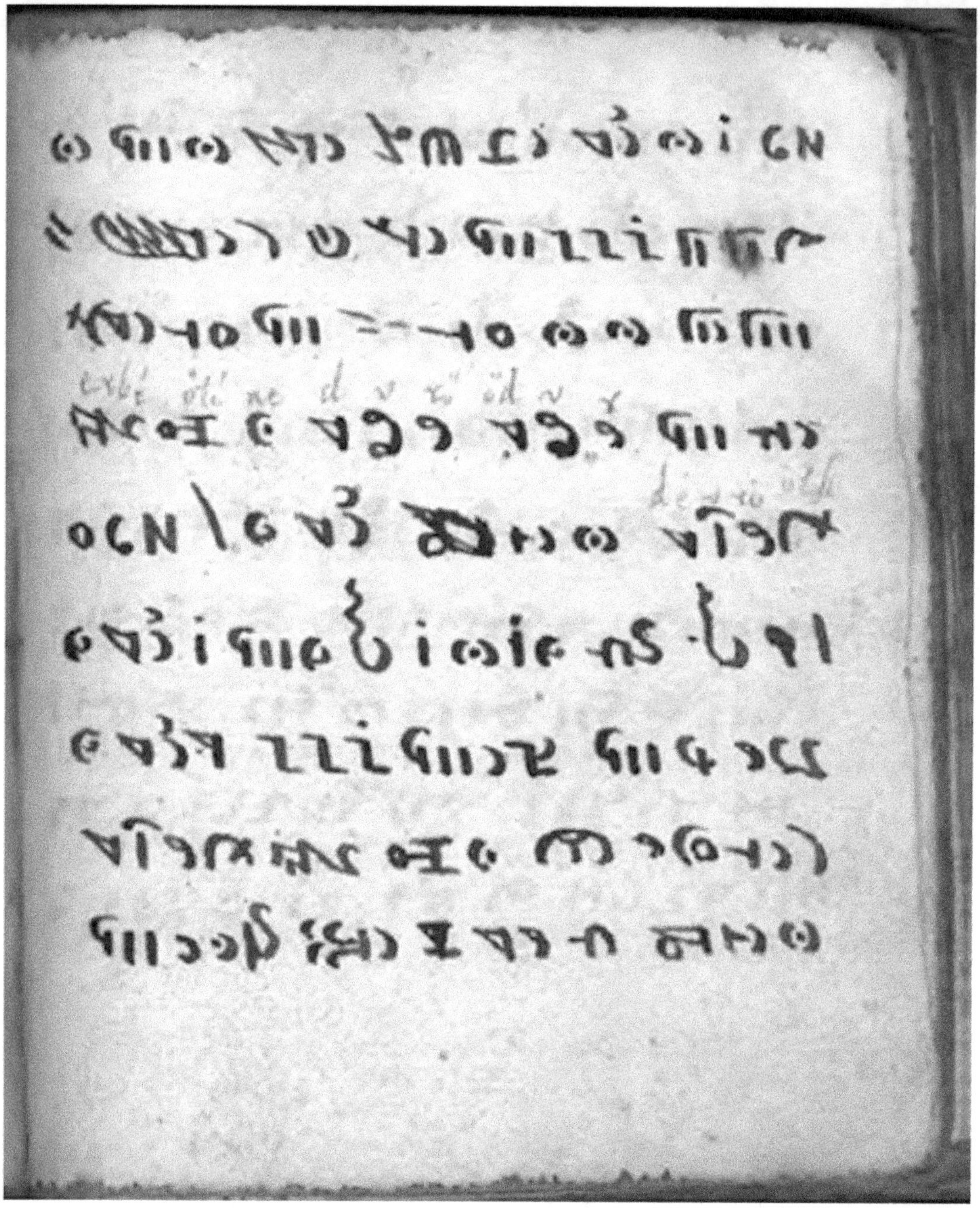

‹f165vº01--› {.N'QV.IX.Z.CC'D.C.QT.NH.EQ.K.C'IZ.Z.I'I'G.Z.}
‹f165vº02--› {.RT.AE'AE.HX'H'H.I'I'G.C'BG.BK.L.C'M.≈.}
‹f165vº03--› {.I'I'AE.C'AE.Z.C.QX.O'XV.≈.I'I'G.O.F.C'D'R'T.}
‹f165vº04--› {.C'I'T.I'I'G.CO'BF'D'CO'BF'D.QX.NB.BA.}
‹f165vº05--› {.RT'CO'IH'D.Z.C'EY.D.Q.CC'D.QV.II.N'QV.O.}
‹f165vº06--› {.I.I.IG.NG.S.AC.QX.IX.Z.IX.NG.QX.I'I'G.IX.CC'D.QX.}
‹f165vº07--› {.XI.CO.QT.I'I'G.HY.C.I'I'G.HX'H'H.D.CC'D.QX.}
‹f165vº08--› {.L.C'F'O'R'CO.NX.QX.NB.BA.RT'CO'IH'D.}
‹f165vº09--› {.Z.C'EY.D.O.AC.CO'D.BC.C'BP.S.I.CX.C.I'I'G.}

folio 166 recto

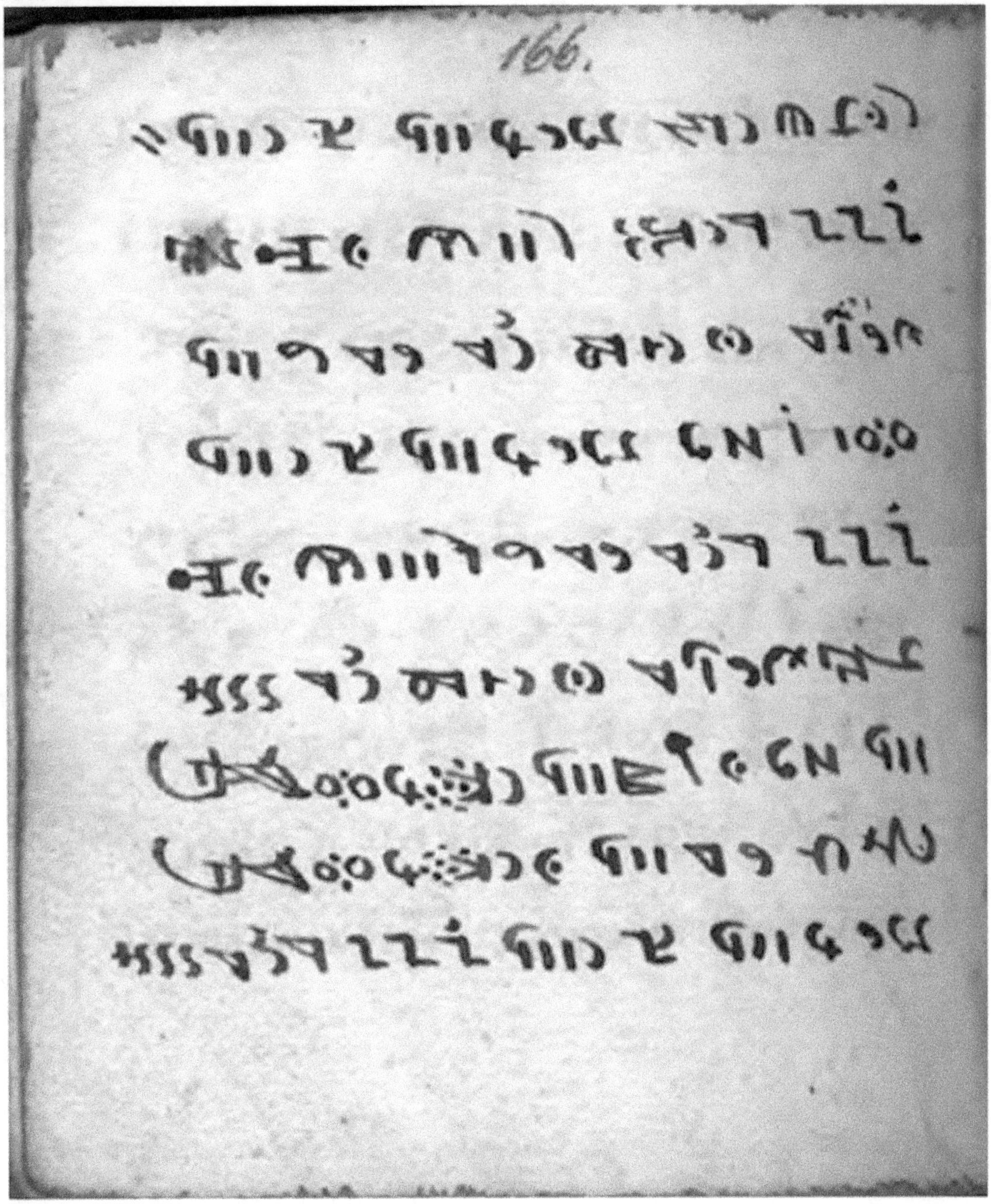

<f166r°01--> {.L.CX.QT.NH.C'IZ.XI.CO.QT.I'I'G.HY.C.I'I'G.≈.}
<f166r°02--> {.HX'H'H.DP.C'BP.L.I.I.NX.QX.NB.BA.}
<f166r°03--> {.RT'CO'IH'D.Z.C'EY.DP.O.CC'D.CO'D'CO.I'I'G.}
<f166r°04--> {.O'X2'O'I.IX.N'QV.XI.CO.QT.I'I'G.HY.C.I'I'G.}
<f166r°05--> {.HX'H'H.DP.CC'D.CO'D'CO.L.I'I'I.NX.QX.NB.}
<f166r°06--> {.BA.RT'CO'IH'D.Z.C'EY.D.O.CC'D.S'S'ST.}
<f166r°07--> {.I'I'G.N'QV.QX.IG.B.I'I'G.C'XF'XX.QT.O'X2'O.D.I'T.DV.}
<f166r°08--> {.CX.AG.TA.AC.CO'D.I'I'G.QX.C'XF'XX.QT.D.I'T.DV.}
<f166r°09--> {.XI.CO.QT.I'I'G.HY.C.I'I'G.HX'H'H.D.CC'D.S'S'ST.}

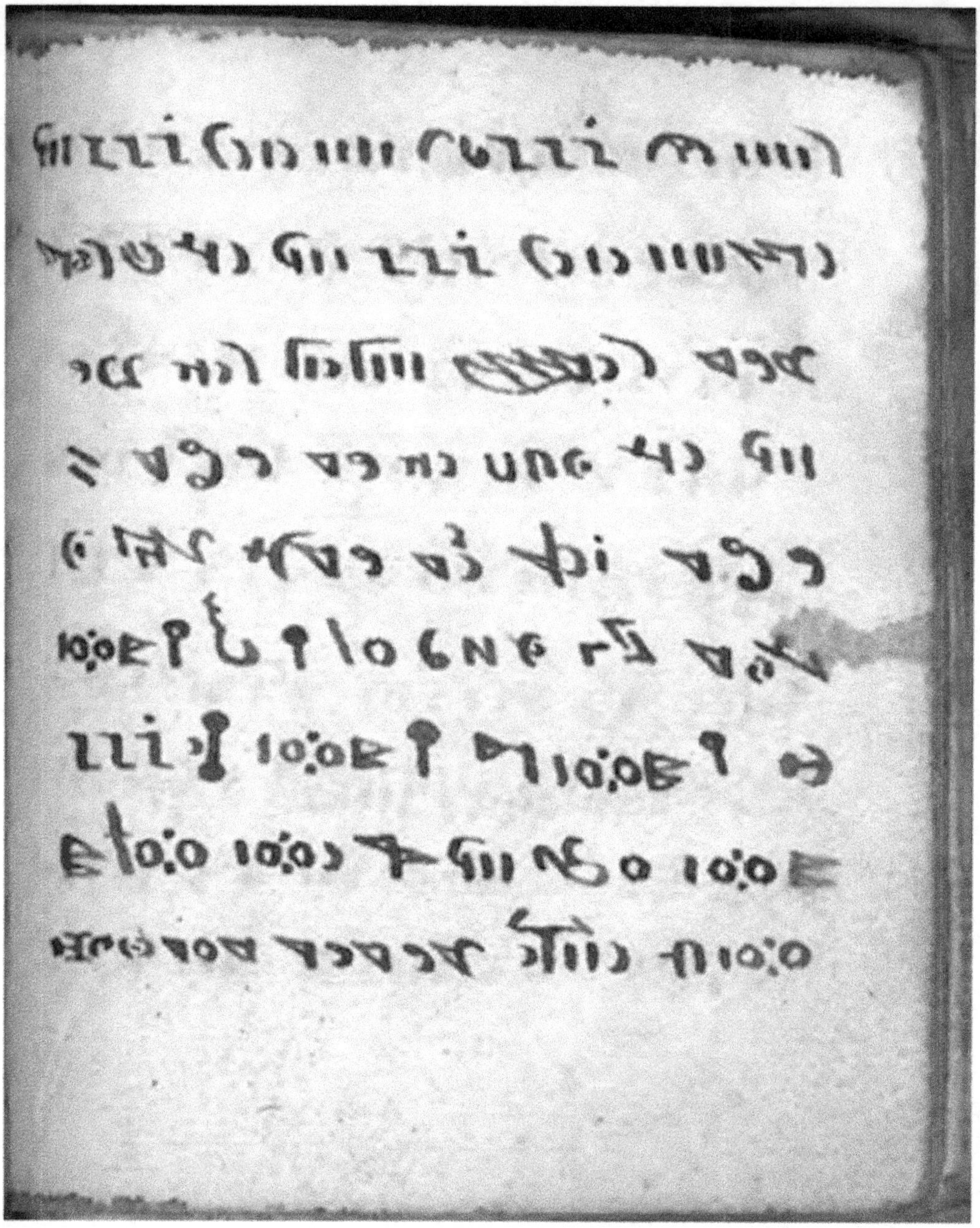

‹f166vº01-->   {.L.I'I'I'I.NX.HX'H'H.QV.R.I'I'I'I.C.I.C.RB.HX'H'H.I'I'G.}
‹f166vº02-->   {.C'IZ.I'I'I'I.C.I.C.RB.HX'H'H.I'I'G.C'BG.BK.L.CX.XV.}
‹f166vº03-->   {.V.CO'D.L.C'M.I'I'AE.C'AE.L.C'I'T.XI.CO.}
‹f166vº04-->   {.I'I'G.C'BG.QX.XD.BL.C'I'T.CO'D.CO'BF'D'CO'BF'D.}
‹f166vº04fº›   [Fissum: ‹f166vº04› .CO'BF'D.≈. and ‹f166vº05› .CO'BF'D.]
‹f166vº05-->   {.«.88.».IX.EO.XV.CC'D.CO'D'R'T.BA.QX.}
‹f166vº06-->   {.BG.C.Q.D.K'A'A.QX.N'QV.O.II.IG.NG.IG.B'O'X2'O'I.}
‹f166vº07-->   {.CE'O.IG.B'O'X2'O'I.BD.IG.B'O'X2'O'I.MY.C.HX'H'H.}
‹f166vº08-->   {.B'O'X2'O'I.O.U.I'I'G.BI.C.O'X2'O'I.O'X2'O.BT.B.}
‹f166vº09-->   {.O'X2'O'I.AC.C.I'I'IU'C.V.CO'D'C'D.D'O'D.Z'RT'NB.}

folio 167 recto

‹f167r°00i°› [Illūstrātiō: P-69:URMS Angel asking God in his glory for body of Moses.]
‹f167r°01--› {.I'D'O'D.Z'RT'NB.}
‹f167r°01t°› [Trānslātiō: "Hear the holy Word..."]
‹f167r°02--› {.BA.RT'CO'IH'D.}
‹f167r°02t°› [Trānslātiō: "...of Saint Luke..."]
‹f167r°03--› {.QX.CY.CO.B'BA.}
‹f167r°03t°› [Trānslātiō: "...in his sixth chapter..."]
‹f167r°04--› {.QV'KE'BB.HK.N'J0.}
‹f167r°04t°› [Trānslātiō: "...when...the Lord Jesus..."]
‹f167r°05--› {.NA.B'N.IX.H'HF'H.}
‹f167r°05t°› [Trānslātiō: "...your disciple the authority..."]
‹f167r°06--› {.UD.CO'D.C'F'O'R'CO.EZ.O'X2'O.R.C.A.DP.O.EZ.O.I.}
‹f167r°07--› {.CO.C'IZ.L.B'N.EZ.O'X2'O'I.EZ.O.I.HK.O.CO'CO'CO.}
‹f167r°08--› {.CE'O.CO'D'CO'D'CO.CO'D.C.I.DA.O.D.O.IG.C.T'T.}
‹f167r°09--› {.HX'H'H.CD.O'X2'O'I.CO.C'IZ.Z.EZ.B'N.EZ.O'X2'O'I.}
‹f167r°10--› {.O.I.HK.C.Q.CO'CO'CO.CE'O.CO'D'CO'D'CO.CO'D.C.I.}

folio 167 verso

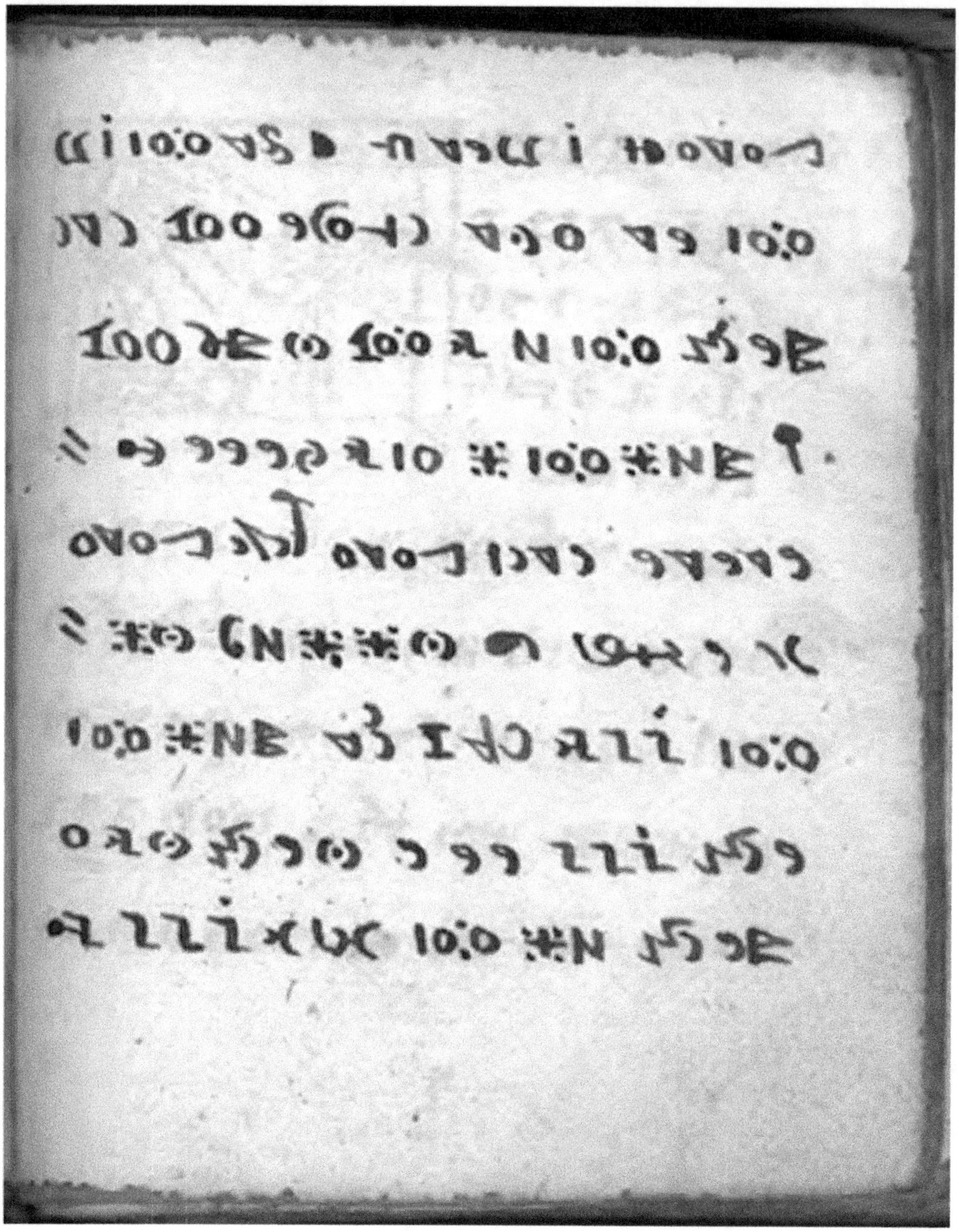

‹f167v°01--› {.DA.O.D.O.BV.I.IX.W'CO'D.AC.CD.BV.D.O'X2'O'I.IX.W.}
‹f167v°02--› {.O'X2'O'I.CO'D.O.CX.D.C'F'O'R'CO.O'O'IA.C.D.C.}
‹f167v°03--› {.B.CO.C'IZ.O'X2'O'I.N.HK.O'X2'O.IA.Z.B'CV.O'O'IA.}
‹f167v°04--› {.IG.B'N.EZ.O'X2'O'I.EZ.O.I.HK.C.Q.CO'CO'CO.CE'O.≈.}
‹f167v°05--› {.CO'D'CO'D'CO.C.D.C.I.DA.O.D.O.BT.DA.O.D.O.}
‹f167v°06--› {.DV.J.CO.C'XV.CO.LO.Z.EZ.EZ.N'QV.Z.EZ.≈.}
‹f167v°07--› {.O'X2'O'I.HX'H'HK.C.D.BC.CC'D.B'N.EZ.O'X2'O'I.}
‹f167v°08--› {.CO.C'IZ.HX'H'H.CO'CO'CO.Z.CO.C'IZ.Z.HK.O.}
‹f167v°09--› {.B.CO.C'IZ.N.EZ.O'X2'O'I.Q.NG.Q.C.HX'H'H.HF.O.}

folio 168 recto

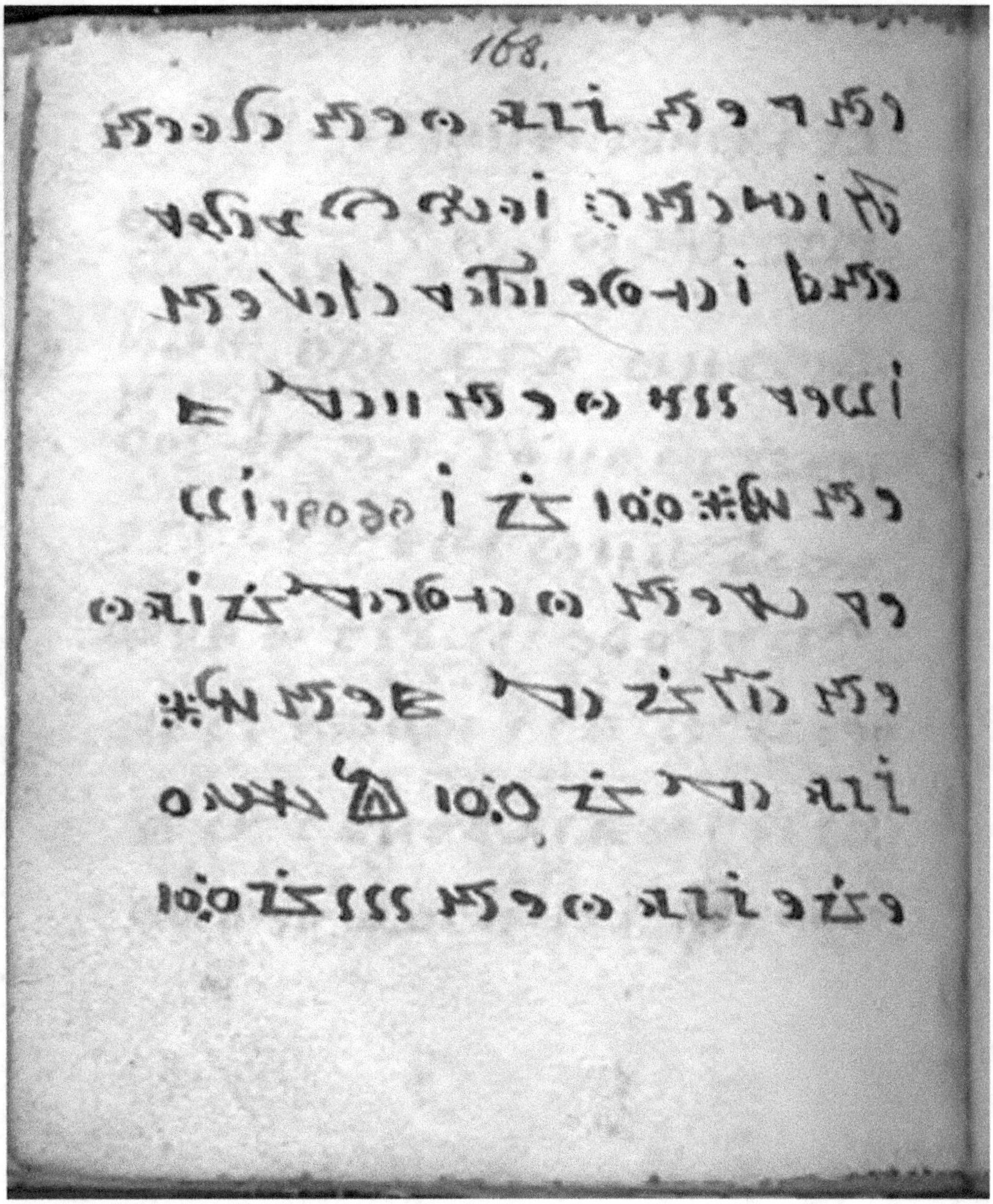

‹f168rº01--› {.CO.C'IZ.DP.CO.C'IZ.HX'H'HK.Z.CO.C'IZ.C.S.CX.CO.C'IZ.}
‹f168rº02--› {.C.AA.IX.C'BD.C.C'IZ.L.X4.IX.CX.AD.AS.L.L.V.D.S.XB.D.}
‹f168rº03--› {.CO.C'IZ.C.BT.IX.C'F'O'R'CO.I.C.IU.C.D.C.A.C.K.CO.C'IZ.}
‹f168rº04--› {.IX.W'CO'D.S'S'ST.Z.CO.C'IZ.I.I.C.D.C.B.}
‹f168rº05--› {.CO.C'IZ.N'QV.EZ.O'X2'O'I.XW'X.IX.C.Q.CV.O.RO.D.IX.W'CO'D.}
‹f168rº05fº› [Fissum: ‹f168rº05› .W. and ‹f168rº06› .CO'D.]
‹f168rº06--› {.«.88.».CU'D.CO.C'IZ.Z.C'F'O'R'CO.C.D.C.XW'X.IX.HK.Z.}
‹f168rº07--› {.CO.C'IZ.C.I.AS.XW'X.C.D.C.B.CO.C'IZ.N'QV.EZ.}
‹f168rº08--› {.HX'H'HK.C.D.C.XW'X.O'X2'O'I.XU.A.BJ.CU.C.O.}
‹f168rº09--› {.CO.XW'X.CO.HX'H'HK.Z.CO.C'IZ.XI.S.XW'X.O'X2'O'I.}

folio 168 verso

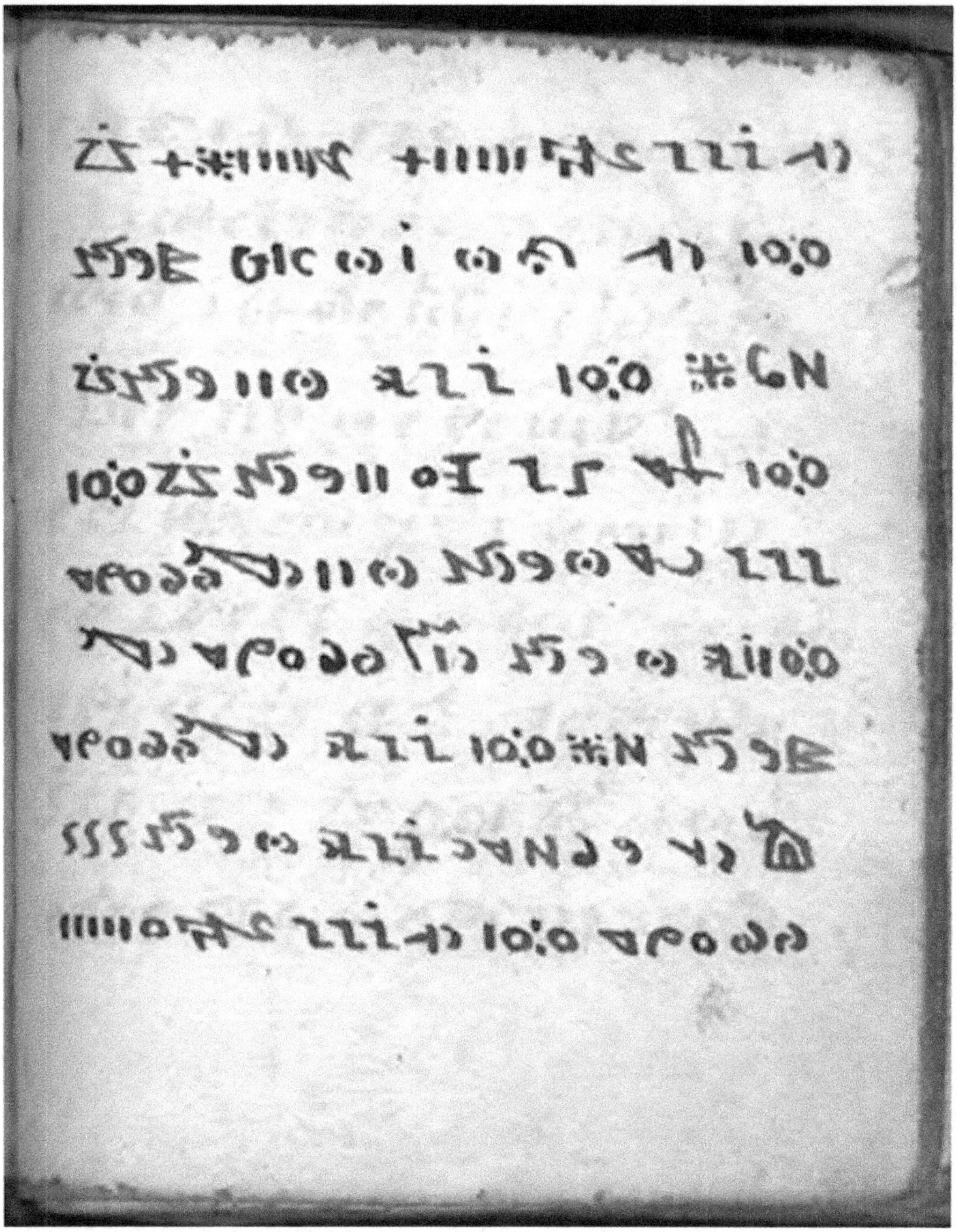

‹f168vº01--› {.C.XP.HX'H'H.BA.I'I'I'I.T.V.I'I'I'I.EZ.T.XW'X.}
‹f168vº02--› {.O'X2'O'I.C.XP.L.XD.X.Z.Q.F.G.B.CO.C'IZ.}
‹f168vº03--› {.N'QV.EZ.O'X2'O'I.HX'H'HK.Z.I.I.CO.C'IZ.XW'X.}
‹f168vº04--› {.O'X2'O'I.DQ.D.HR.H.NB.I.I.CO.C'IZ.XW'X.O'X2'O'I.}
‹f168vº05--› {.H'H'H.CU'D.Z.CO.C'IZ.Z.I.I.C.D.C.C.Q.CV.O.RO.D.}
‹f168vº06--› {.O'X2'O'I.IX.HK.Z.CO.C'IZ.C.I.AS.C.Q.CV.O.RO.D.C.D.C.}
‹f168vº07--› {.B.CO.C'IZ.N.EZ.O'X2'O'I.HX'H'HK.C.D.C.Q.CV.O.RO.D.}
‹f168vº08--› {.XU.A.C.D.CO.CV.N.D.C.HX'H'HK.Z.CO.C'IZ.S'S'S.}
‹f168vº09--› {.C.A.C.O.O.RO.D.O'X2'O'I.C.F.HX'H'H.BA.O.I'I'I'I.}

folio 169 recto

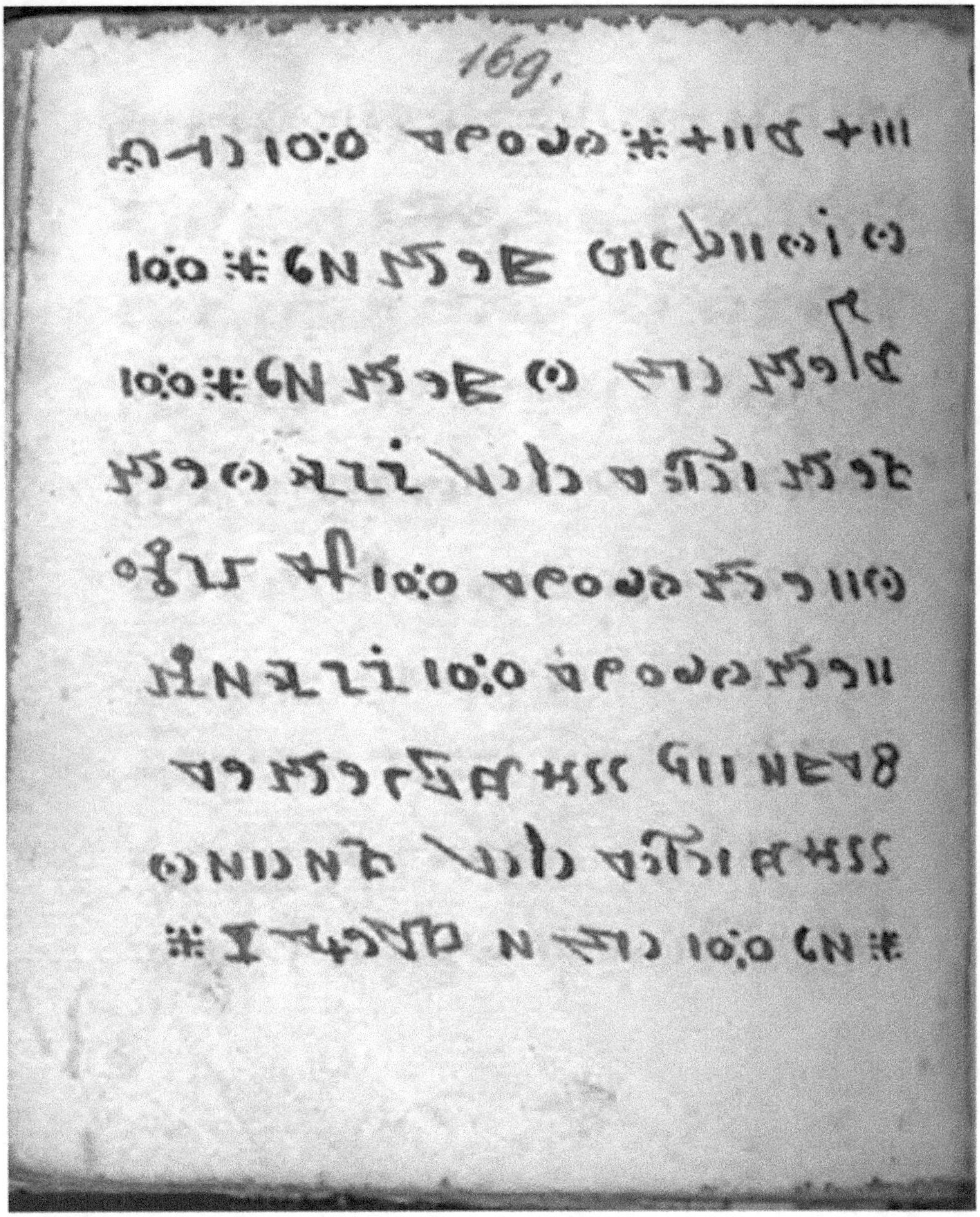

‹f169r°01--›　{.I'I'I.T.V.I.I.T.EZ.C.Q.BB.O.RO.D.O'X2'O'I.C.XP.L.XD.X.}
‹f169r°02--›　{.Z.IX.Z.I.I.CU.K.Q.F.G.B.CO.C'IZ.N'QV.EZ.O'X2'O'I.}
‹f169r°03--›　{.V.PS.II.CO.C'IZ.C'IZ.Z.B.CO.C'IZ.N'QV.EZ.O'X2'O'I.}
‹f169r°04--›　{.HM.CO.C'IZ.I.C.IU.C.D.C.BT.C.K.HX'H'HK.Z.CO.C'IZ.}
‹f169r°05--›　{.Z.I.I.CO.C'IZ.C.Q.CV.O.RO.D.O'X2'O'I.HX'H'HK.N'J0.}
‹f169r°06--›　{.I.I.CO.C'IZ.C.Q.BB.O.RO.D.O'X2'O'I.HX'H'HK.N'J0.}
‹f169r°07--›　{.AV.D.B'N.I'I'G.S'S'ST.NA.K'A'A.CO.C'IZ.CO'D.}
‹f169r°08--›　{.S'S'ST.NA.I.C.IU.C.D.C.II.C.K.HM.N.C'I'N.Z.}
‹f169r°09--›　{.EZ.N'QV.O'X2'O'I.C'IZ.N.XJ'D'CO'BY.BC.EZ.}

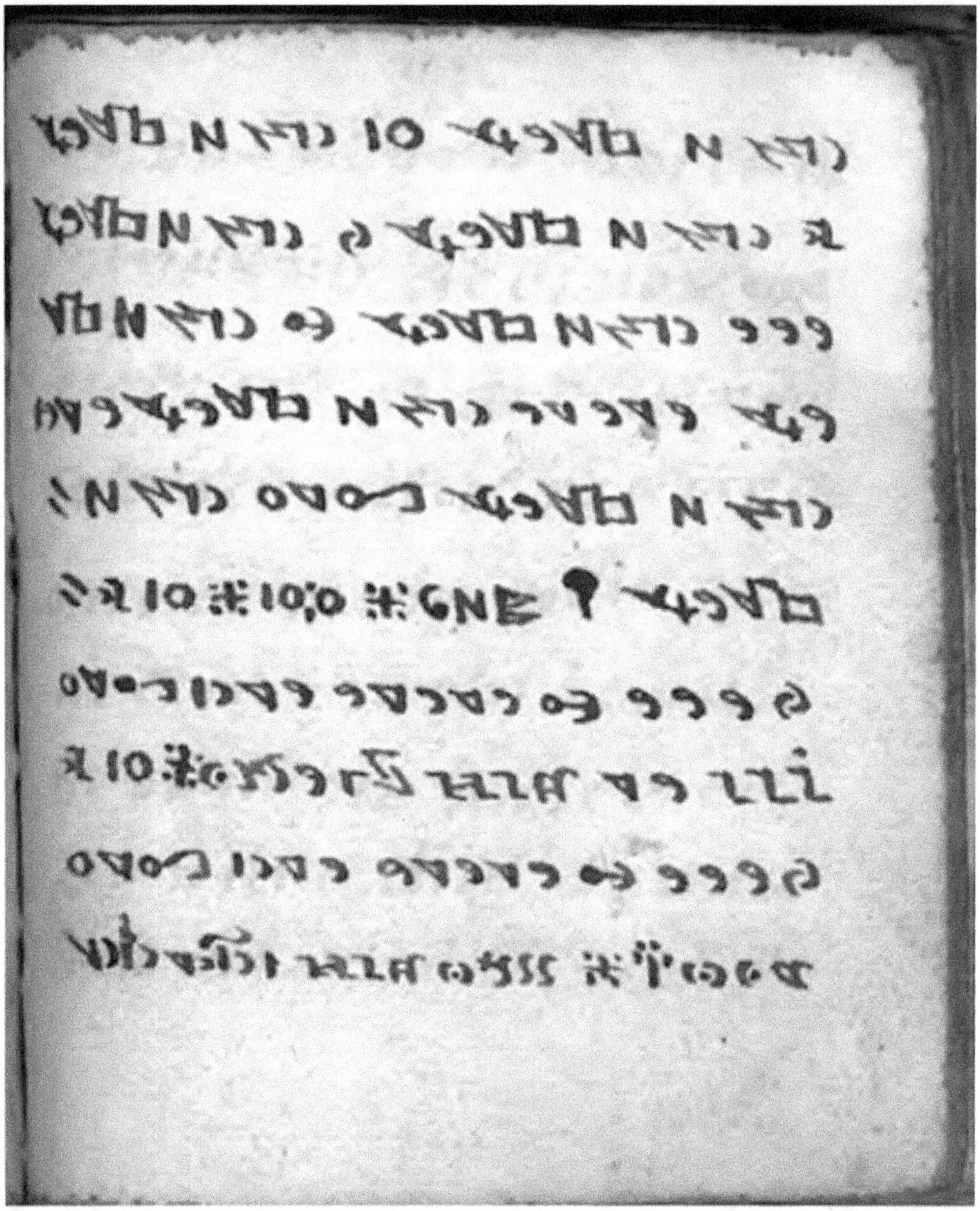

‹f169vº01--› {.C'IZ.N.XJ'D'CO'BY.O.I.C'IZ.N.XJ'D'CO'BY.}
‹f169vº02--› {.HK.C'IZ.N.XJ'D'CO'BY.C.Q.C'IZ.N.XJ'D'CO'BY.}
‹f169vº03--› {.CO'CO'CO.C'IZ.N.XJ'D'CO'BY.CE'O.C'IZ.N.XJ'D'CO'BY.}
‹f169vº03fº› [Fissum: ‹f169vº03› .XJ.D. and ‹f169vº04› .CO.BY.]
‹f169vº04--› {.«.88.».CO'D'CO'D'CO.C'IZ.N.XJ'D'CO'BY.CO'D.Z.}
‹f169vº05--› {.C'IZ.N.XJ'D'CO'BY.DA.O.D.O.C'IZ.N.≈.}
‹f169vº06--› {.XJ'D'CO'BY.IG.B'N.QV.EZ.O'X2'O'I.EZ.O.I.HK.≈.}
‹f169vº07--› {.C.Q.CO'CO'CO.CE'O.CO'D'C'D.CO.CO'D.C.I.DA.O.D.O.}
‹f169vº08--› {.HX'H'H.CO'D.NA.H'HF'H.K'A'A.CO.C'IZ.QX.EZ.O.I.HK.}
‹f169vº09--› {.C.Q.CO'CO'CO.CE'O.CO'D'CO'D'CO.CO'D.C.I.DA.O.D.O.}
‹f169vº10--› {.V.QX.Z.I'X4.EZ.S'S'ST.Z.NA.H'HF'H.I.C.IU.C.D.C.BT.C.K.}

folio 170 recto

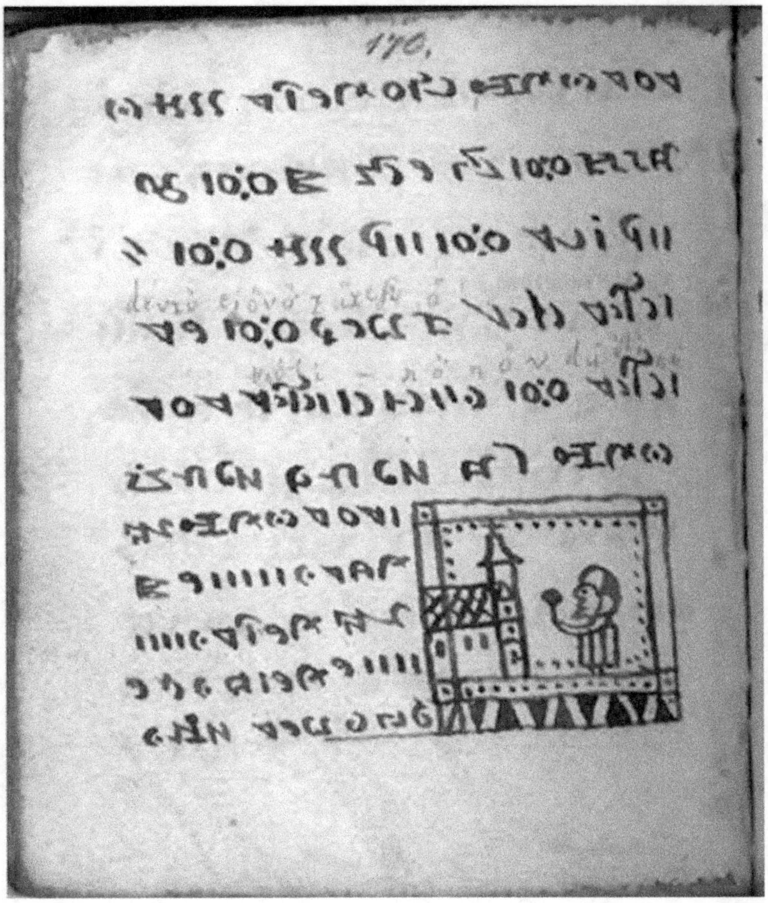

‹f170r°01--› {.D'O'D.Z'RT'NB.BE'I'O.RT'CO'IH'D.S'S'ST.Z.}
‹f170r°02--› {.NA.H'HF'H.O'X2'O'I.K'A'A.CO.C'IZ.B'O'X2'O'I.U.}
‹f170r°03--› {.I'I'G.IX.CU'D.O'X2'O'I.I'I'G.S'S'ST.O'X2'O'I.≈.}
‹f170r°04--› {.I.C.IU.C.D.C.BT.C.K.HM.W.CO.QT.O'X2'O'I.CO'D.}
‹f170r°05--› {.I.C.IU.C.D.O'X2'O'I.CX.≈.C'EY.C.I.I.C.IU.C.D.D'O'D.}
‹f170r°06--› {.Z'RT'NB.L.NA.N'QV.AC.QE.N'QV.AC.XW'X.}
‹f170r°07i°› [Illūstrātiō: P-70:LRSS Man holding candle/light before building (light all around).]
‹f170r°07e°› [Ēditiō Vulgāta: MT 5; LK 8; JN 9.]
‹f170r°07--› {.I'D'O'D.Z.RT'NB.BA.}
‹f170r°07h°› [Hyperbolē: .Q. has been added to complete the grapheme .Z. in ‹f170r°07› above.]
‹f170r°07t°› [Trānslātiō: "Hear the holy Word of..."]
‹f170r°08--› {.RT'BS'D.QX.I'I'I'I.CO.B.}
‹f170r°08t°› [Trānslātiō: "...Saint Matthew in his fifth chapter..."]
‹f170r°09--› {.BA.RT'CO'IH'D.QX.I'I'I'I.}
‹f170r°09t°› [Trānslātiō: "...(and) of Saint Luke in (the) fourth..."]
‹f170r°10--› {.I'I'I'I.CO.RT.CO.I.Y.QX.LT.CO.}
‹f170r°10t°› [Trānslātiō: "...fourth chapter, holy chapter one, Jerusalem in the ninth chapter..."]
‹f170r°11--› {.QV'KE'BB.W'CO'D.N'J0.QX.}
‹f170r°11t°› [Trānslātiō: "...when the Lord Jesus was in..."]

folio 170 verso

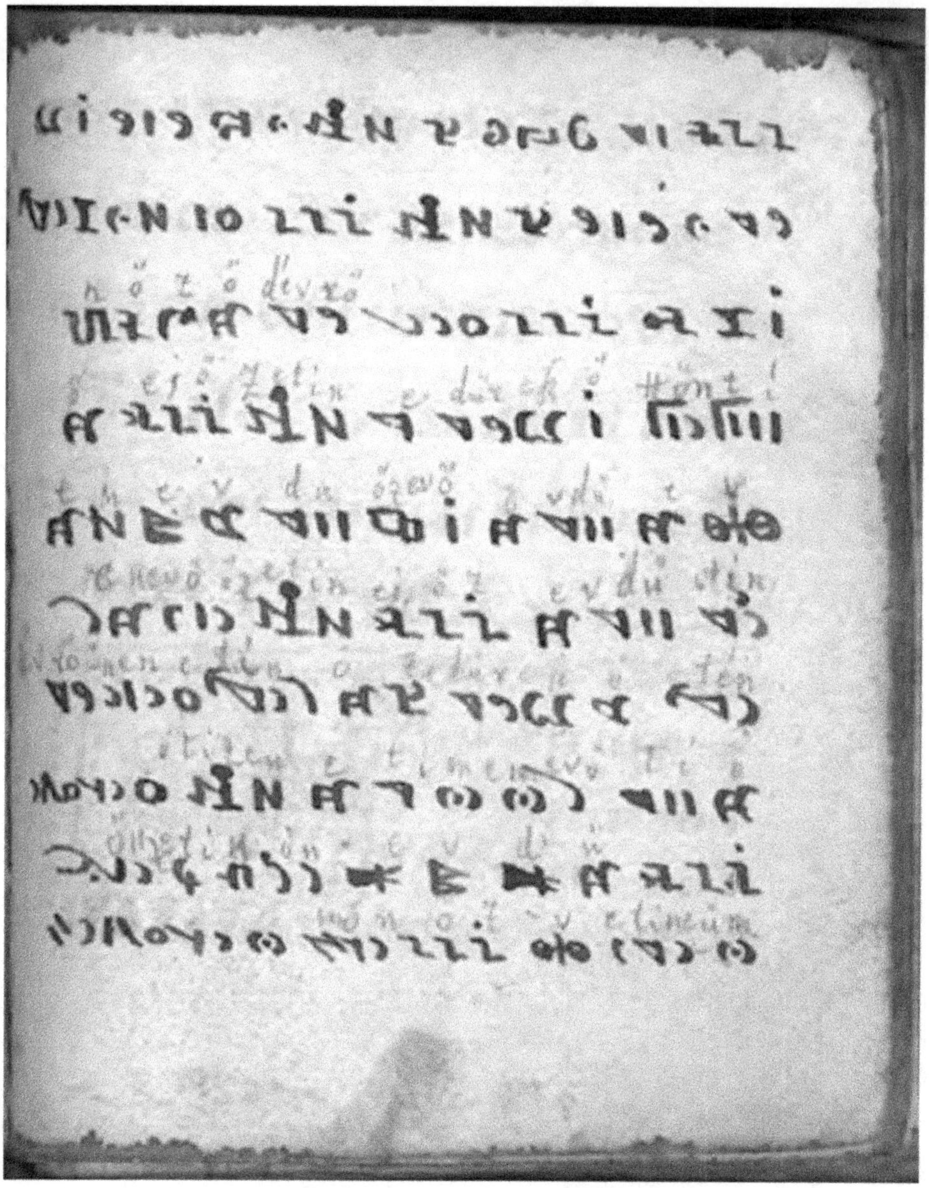

‹f170vº01-->› {.H'H'HF'I'D.QV'KE'BB.HY.N'J0.QX.Y.CO'I'CO.IX.W'CO'D.}
‹f170vº01tº› [Trānslātiō: "...Capernaum; when the Lord Jesus came into Jerusalem..."]
‹f170vº01fº› [Fissum: ‹f170vº01› .W. and ‹f170vº02› .CO'D.]
‹f170vº02-->› {.«.88.».QX.CO'I'CO.HY.N'J0.HX'H'H.O.I.N.QX.BC.C.D.Q.}
‹f170vº03-->› {.IX.BC.HF.O.HX'H'H.O.C.CU.CO'D.NA.RT'HF'HS.}
‹f170vº04-->› {.IX.I'AE.C'AE.IX.W'CO'D.D.N'J0.HX'H'HK.NA.}
‹f170vº05-->› {.OC.NA.I.I.D.NA.IX.XJ'XJ.I.I.D.V.B'N.NA.}
‹f170vº06-->› {.CC'D.I.I.D.NA.HX'H'HK.N'J0.C'I'Q.NA.L.}
‹f170vº07-->› {.C'D'R.V.W'CO'D.HY.NA.L.C.D.Q.O.C.I.C.CO'D.}
‹f170vº08-->› {.NA.I.I.D.L.Z.C.QX.DP.NA.N'J0.O.C'XV'OB'I'C.}
‹f170vº09-->› {.HX'H'HK.NA.BD.B.BD.C.S.AS.QT.C.KC.X.}
‹f170vº10-->› {.Z.C.D.Q.OC.HX'H'H.C'IZ.Z.C'XV'OB'I'C.≈.}

folio 171 recto

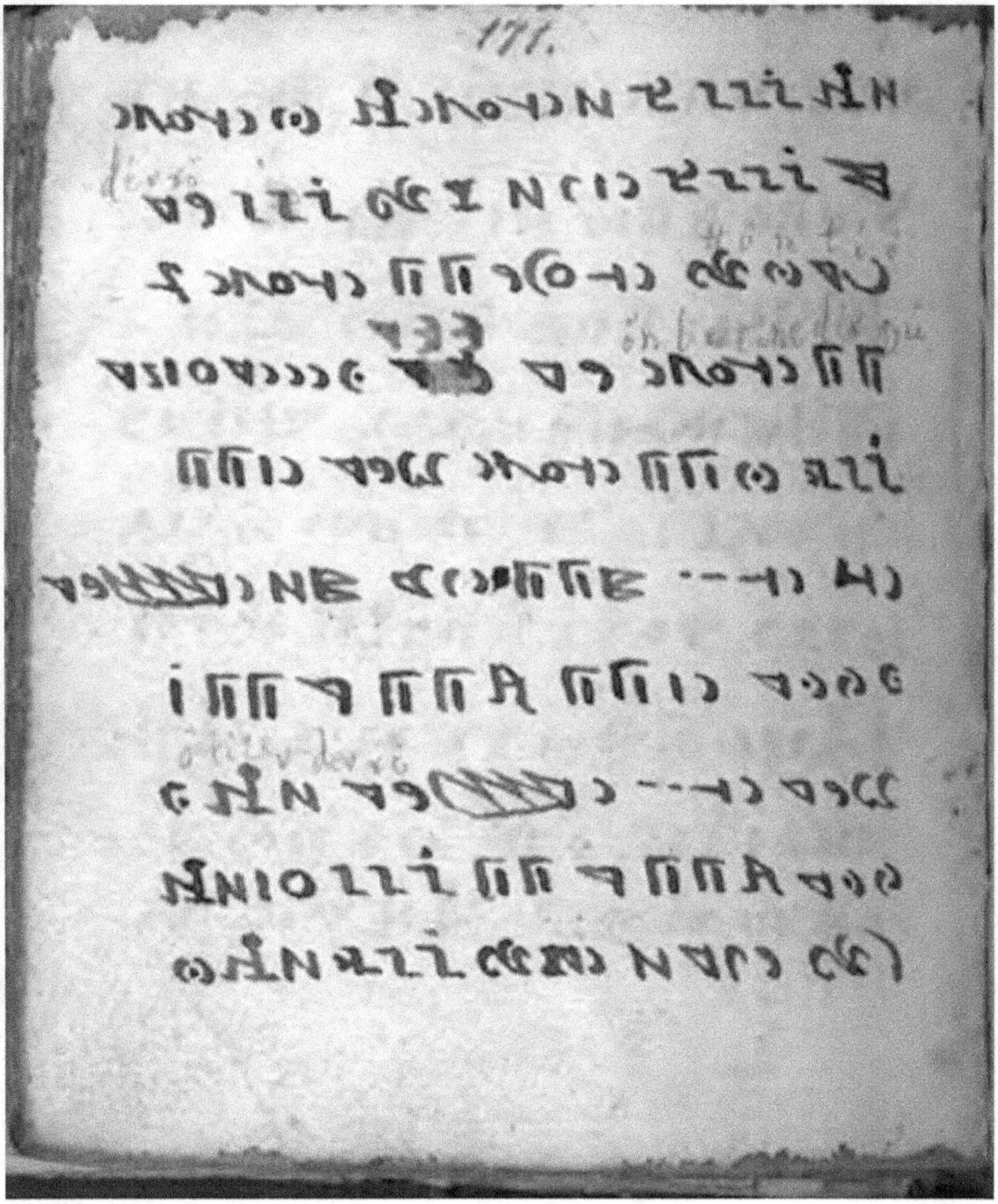

‹f171r°01--> {.N'J0.HX'H'H.HY.N.C'XV'OB'I'C.J0.Z.C'XV'OB'I'C.}
‹f171r°02--> {.DB.HX'H'H.HY.C'I'Q.N.BC.UD.HX'H'H.CO'D.}
‹f171r°03--> {.CU'D.Z.UD.C'F'O'R'CO.AE'AE.C'XV'OB'I'C.XB.}
‹f171r°04--> {.AE'AE.C'XV'OB'I'C.CO'D.|.LT.D.|.CE.CE.D.QX.C.C.C.D.O.I'AG.D.}
‹f171r°05--> {.HX'H'HK.Z.AE'AE.C'XV'OB'I'C.W'CO'D.C'I.AE'AE.}
‹f171r°06--> {.C'BD.C.F'J'J.B.AE'AE.I.Z.V.B'N.C'M.CO'D.}
‹f171r°07--> {.QX.C.Q.CX.D.C'I.AE'AE.UC.AE'AE.DP.AE'AE.IX.}
‹f171r°08--> {.W'CO'D.C.F'J'J.C'M.CO'D.N'J0.QX.}
‹f171r°09--> {.C.Q.CX.D.XA.AE'AE.DP.AE'AE.HX'H'H.O.I.N'J0.}
‹f171r°10--> {.L.UD.CO.RB.D.N.C.D.UD.HX'H'HK.N'J0.Z.}

folio 171 verso

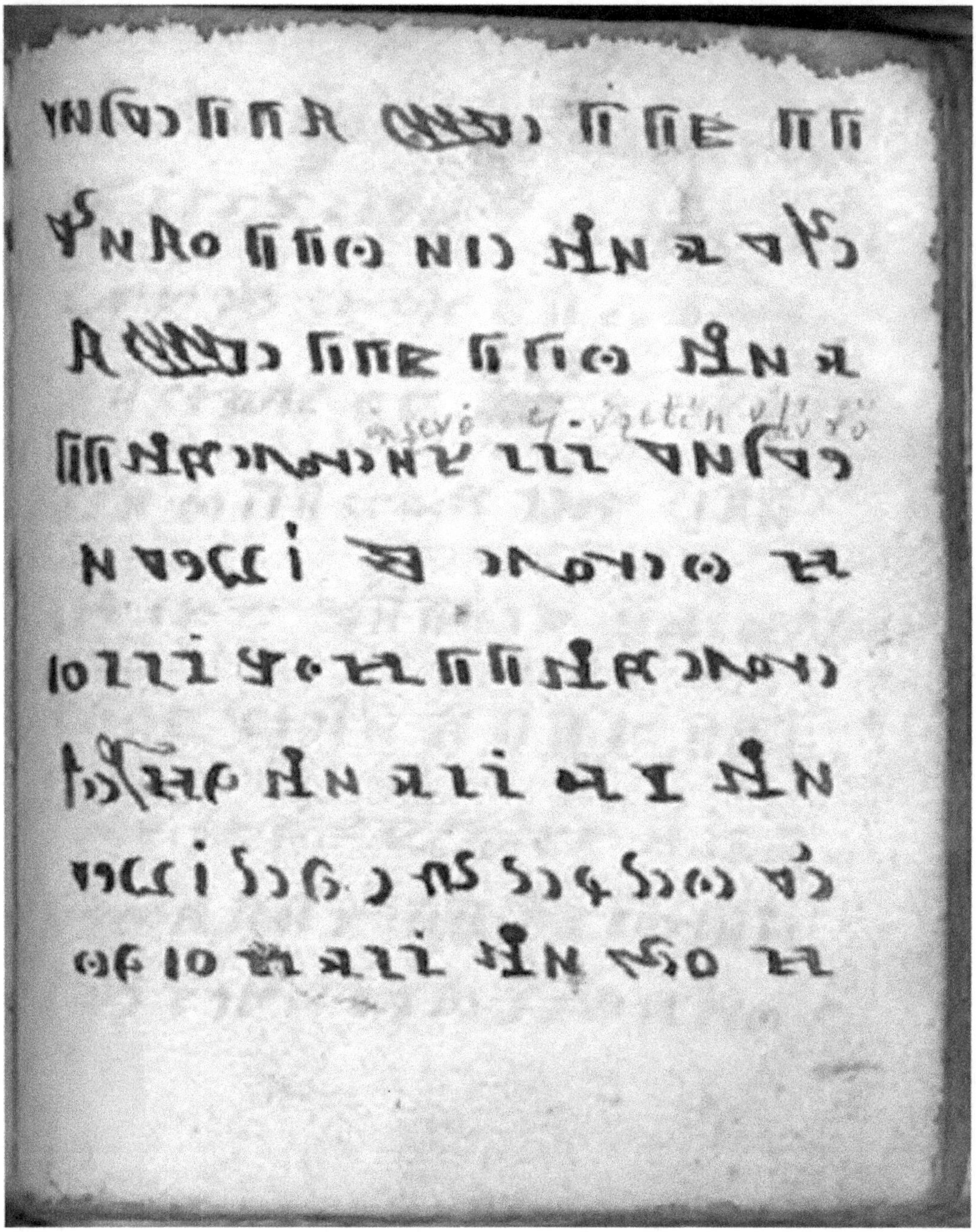

‹f171vº01--› {.AE'AE.B.AE'AE.C'M.XA.AE'AE.C'D'R'N'D.}
‹f171vº02--› {.C.Q.EK.D.HK.N'J0.C'I'N.Z.AE'AE.O.XA.N.S'D.}
‹f171vº03--› {.HK.N'J0.Z.AE'AE.B.AE'AE.C'M.XA.}
‹f171vº04--› {.CO'D'R'N'D.HX'H'H.HY.N.C'XV'OB'I'C.NA.J0.AE'AE.}
‹f171vº05--› {.HF'H.Z.C'XV'OB'I'C.DB.IX.W'CO'D.N.}
‹f171vº06--› {.C'XV'OB'I'C.NA.J0.AE'AE.HF'H.QX.ED.HX'H'H.O.I.}
‹f171vº07--› {.N'J0.BC.HF.O.HX'H'HK.N'J0.QE.HF'H.PQ.C.C.A.}
‹f171vº08--› {.CC'D.Z.C.S.QT.C.S.S.AC.C.C.R.C.S.IX.W'CO'D.}
‹f171vº09--› {.HF'H.O.C.QD.N'J0.HX'H'HK.HF'H.O.I.QX.Z.}

folio 172 recto

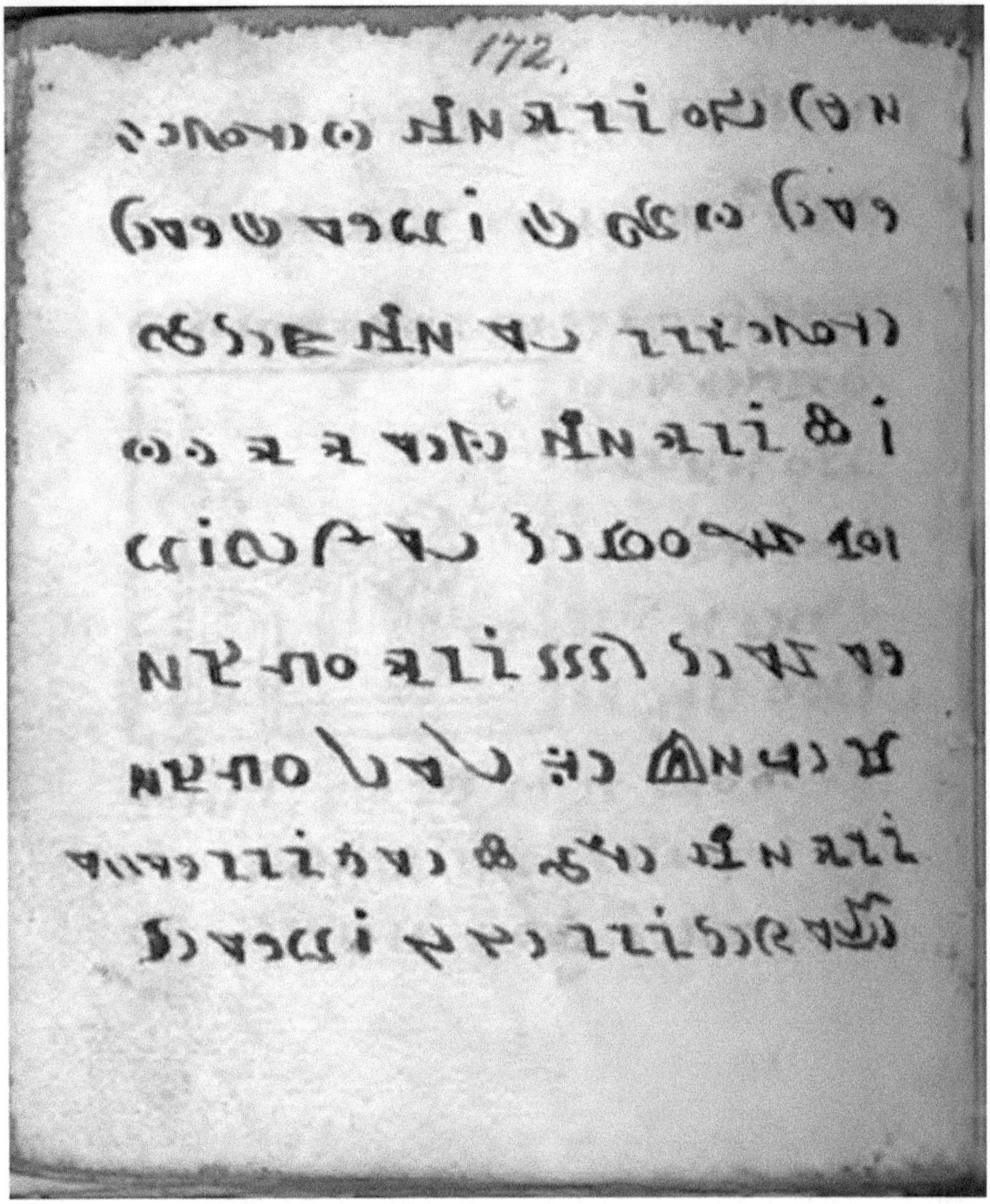

‹f172r°01--› {.N.TP.BE'I'O.HX'H'HK.N'J0.Z.C'XV'OB'I'C.≈.}
‹f172r°02--› {.CO'D.C.R.Z.UD.BK.IX.W'CO'D.BK.CO'D.C.R.}
‹f172r°03--› {.C'XV'OB'I'C.HX'H'H.CU'D.N'J0.B.CO.S.U.}
‹f172r°04--› {.IX.XQ.HX'H'HK.N'J0.CX.A.C.D.HK.HK.CX.Z.}
‹f172r°05--› {.I.O.IA.AG.XV.O.O'O'IA.C.CC.CU'D.RT.AD.IX.W'CO'D.}
‹f172r°05f°› [Fissum: ‹f172r°05› .W. and ‹f172r°06› .CO'D.]
‹f172r°06--› {.«.88.».AG'D.C.S.L.S'S'S.HX'H'HK.O.AC.HY.N.}
‹f172r°07--› {.HR.C.XC.N.XU.C.F'X2.CU.D.CU.O.AC.HY.N.}
‹f172r°08--› {.HX'H'HK.N'J0.C'BG.U.XQ.C.D.LT.HX'H'H.CO'D.≈.D.}
‹f172r°09--› {.C.C.AS.D.XB.R.C.Q.C.HX'H'H.C.XB.EL.IX.W'CO'D.C.S.}

folio 172 verso

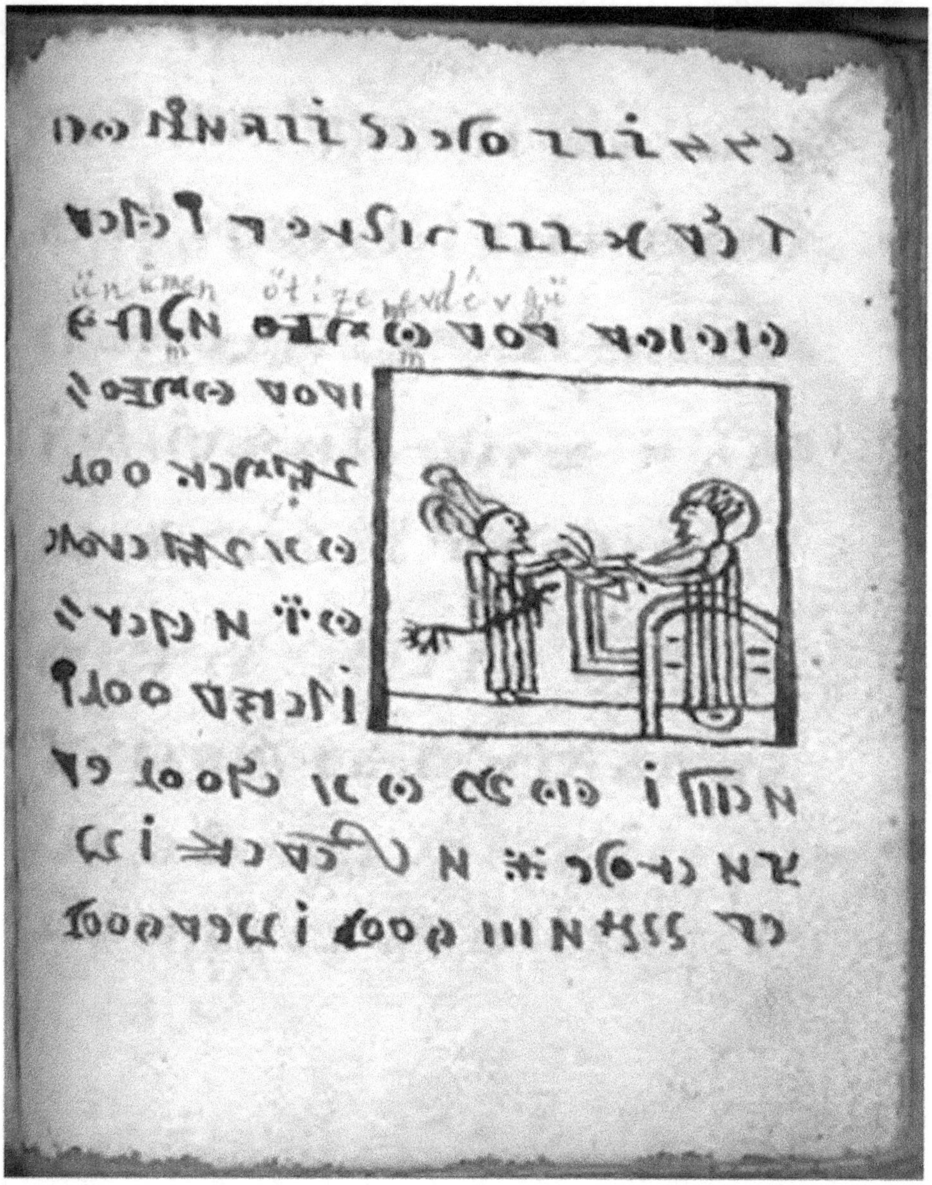

‹f172vº01-->	{.C.EK.EK.HX'H'H.O.R.CO.C.C.HX'H'HK.N'J0.Z.C.I.}
‹f172vº02-->	{.BC.CC'D.Q'C.H'H'H.R.I.S.F.CX.DP.IG.CX.A.C.D.}
‹f172vº03-->	{.CX'I'CX'I'CX'D.D'O'D.Z'RT'NB.N'QV.AC.QX.}
‹f172vº04iº›	[Illūstrātiō: P-71:MCLS Man standing inside something; man w/ strange hair before him.]
‹f172vº04-->	{.I'D'O'D.Z'RT'NB.≈.}
‹f172vº05-->	{.BA.RT.C'XV.X.O'O'P.}
‹f172vº06-->	{.Z.C.I.BA.C.K.O.A.C.}
‹f172vº07-->	{.Z.I'X4.N.C.A.C'XV.≈.}
‹f172vº08-->	{.IX.A.C'IZ.D.O'O'P.IG.}
‹f172vº09-->	{.N.C'I'AE.IX.CX.I.QX.UD.Z.C.I.BE'I'O.O.P.CO'D.}
‹f172vº10-->	{.HY.N.C'F'O'R'CO.EZ.N.AD.IR.C.D.C.XN.IX.W'CO'D.}
‹f172vº10fº›	[Fissum: ‹f172vº10› .W. and ‹f172vº11› .CO'D.]
‹f172vº11-->	{.«.88.».S'S'ST.N.I'I'I.C.Q.O'O'IA.IX.W'CO'D.C.Q.O'O'IA.}

folio 173 recto

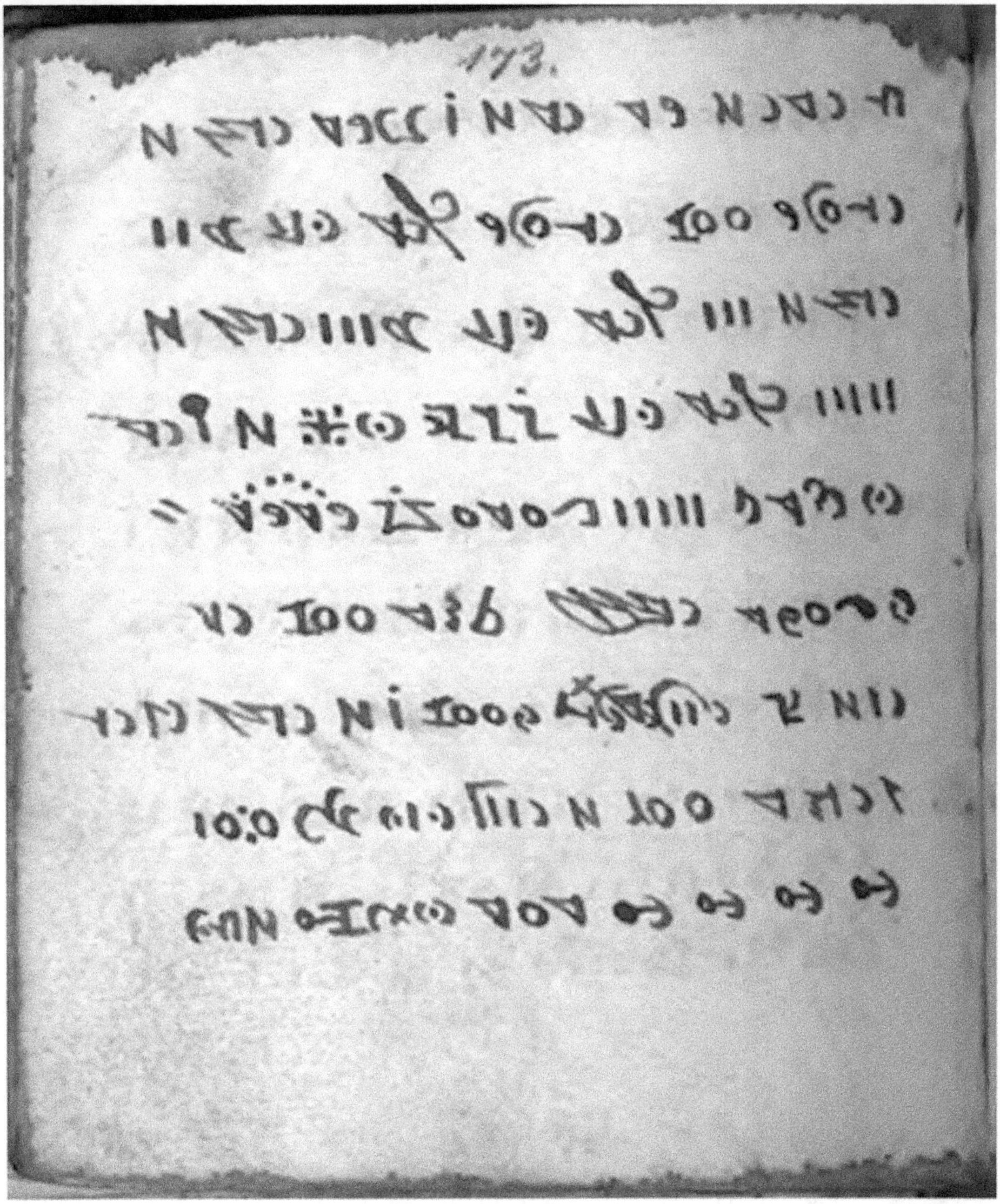

‹f173r°01--› {.AC.C.D.C.N.CO'D.C'D.N.IX.W'CO'D.C'IZ.N.}
‹f173r°02--› {.C'F'O'R'CO.O'O'IA.C'F'O'R'CO.EK'C'D.CX'HA.V.I.I.}
‹f173r°03--› {.C'IZ.N.I'I'I.EK'C'D.CX'HA.V.I'I'I.C'IZ.N.}
‹f173r°04--› {.I'I'I'I'I.EK'C'D.CX'HA.HX'H'HK.Z.EZ.N.IG.C'IZ.}
‹f173r°05--› {.Z.CC'D.EG.I'I'I'I'I.DA.O.D.O.XW'X.(.CO'D'CO'D.).≈.}
‹f173r°06--› {.C.Q.R.O.CO'D.C'M.EO.CC'D.O'O'IA.C.K.}
‹f173r°07--› {.C'I'N.HY.C'I'AE.C'D'R'T.C'BD.C.Q.O'O'IA.IX.N.C'IZ.C.A.C'XV.}
‹f173r°08--› {.A.C'XV.C.D.O'O'P.N.C'I'AE.CX.I.QX.UD.O'X2'O'I.}
‹f173r°09--› {.CE'O.CE'O.CE'O.CE'O.D'O'D.Z'RT'NB.N.AC.QX.}

folio 173 verso

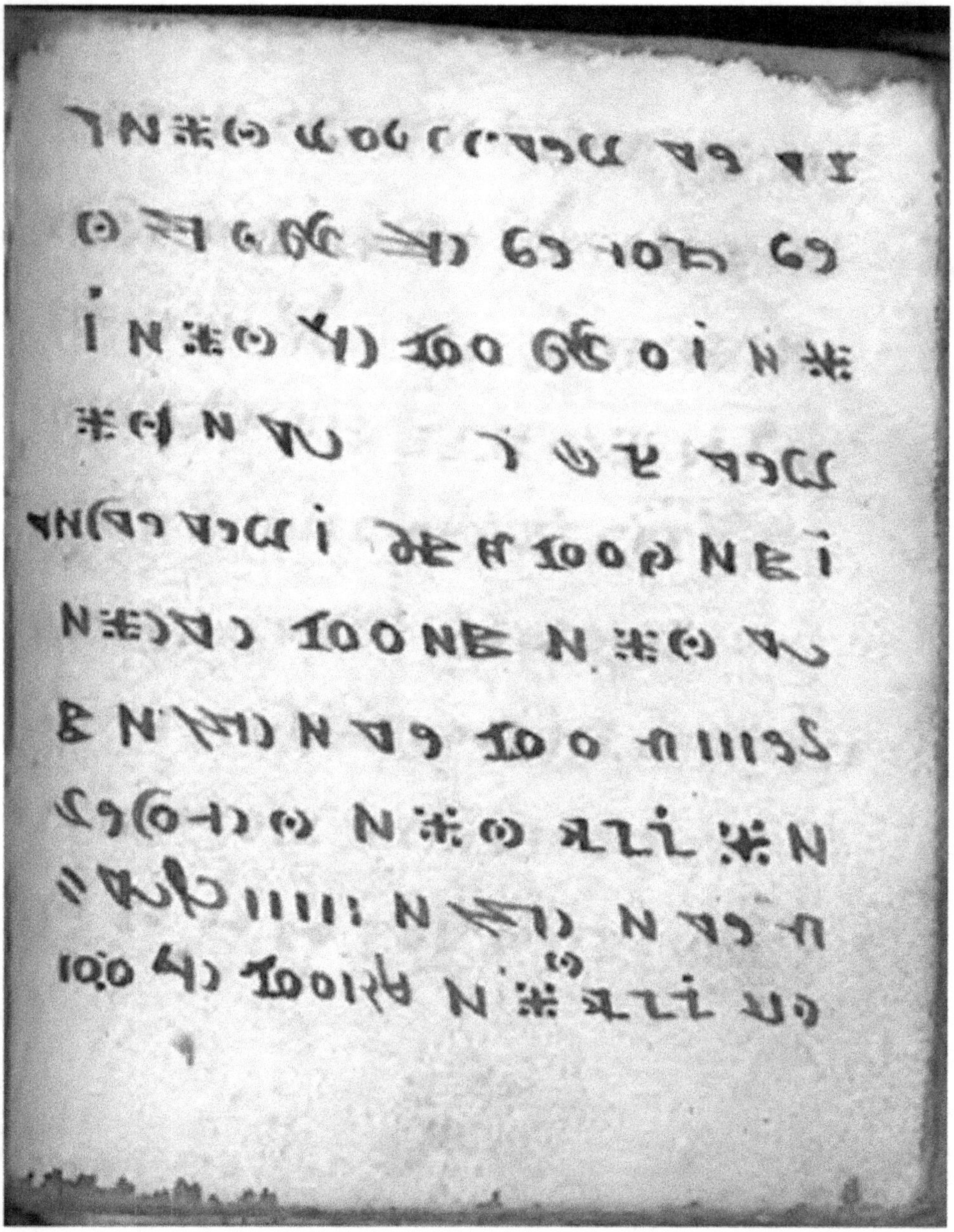

‹f173v°01--› {.BC.D.CO'D.W'CO'D.X.Q.Q.QX.O.V.CX.Q.EZ.N.DP.}

‹f173v°02--› {.CO'QV.HM.O'XV.CO'QV.C.XN.UD.QX.DB.Z.}

‹f173v°03--› {.EZ.N.IX.O.UD.O'O'IA.C.K'X'D.Z.EZ.N.IX.}

‹f173v°04--› {.W'CO'D.HY.BK.R.«.00.».CU'D.N.Z.EZ.}

‹f173v°05--› {.IX.B'N.C.Q.O'O'IA.NA.B.QV.IX.W'CO'D.CO'R'N'D.}

‹f173v°06--› {.CU'D.Z.EZ.N.B'N.O'O'IA.C.D.C.EZ.N.}

‹f173v°07--› {.S.CO.I'I'I.AC.O'O'IA.CO'D.N.C'IZ.N.B.}

‹f173v°08--› {.N.EZ.HX'H'HK.Z.EZ.N.Z.}

‹f173v°09--› {.AC.CO'D.N.C'M.N.X2.I'I'I'I.EK.CU'D.P.}

‹f173v°10--› {.CX.KI.HX.H.HK.Z.EZ.N.NG.X.XB.I.O'O'IA.C'BD.O'X2'O'I.}

folio 174 recto

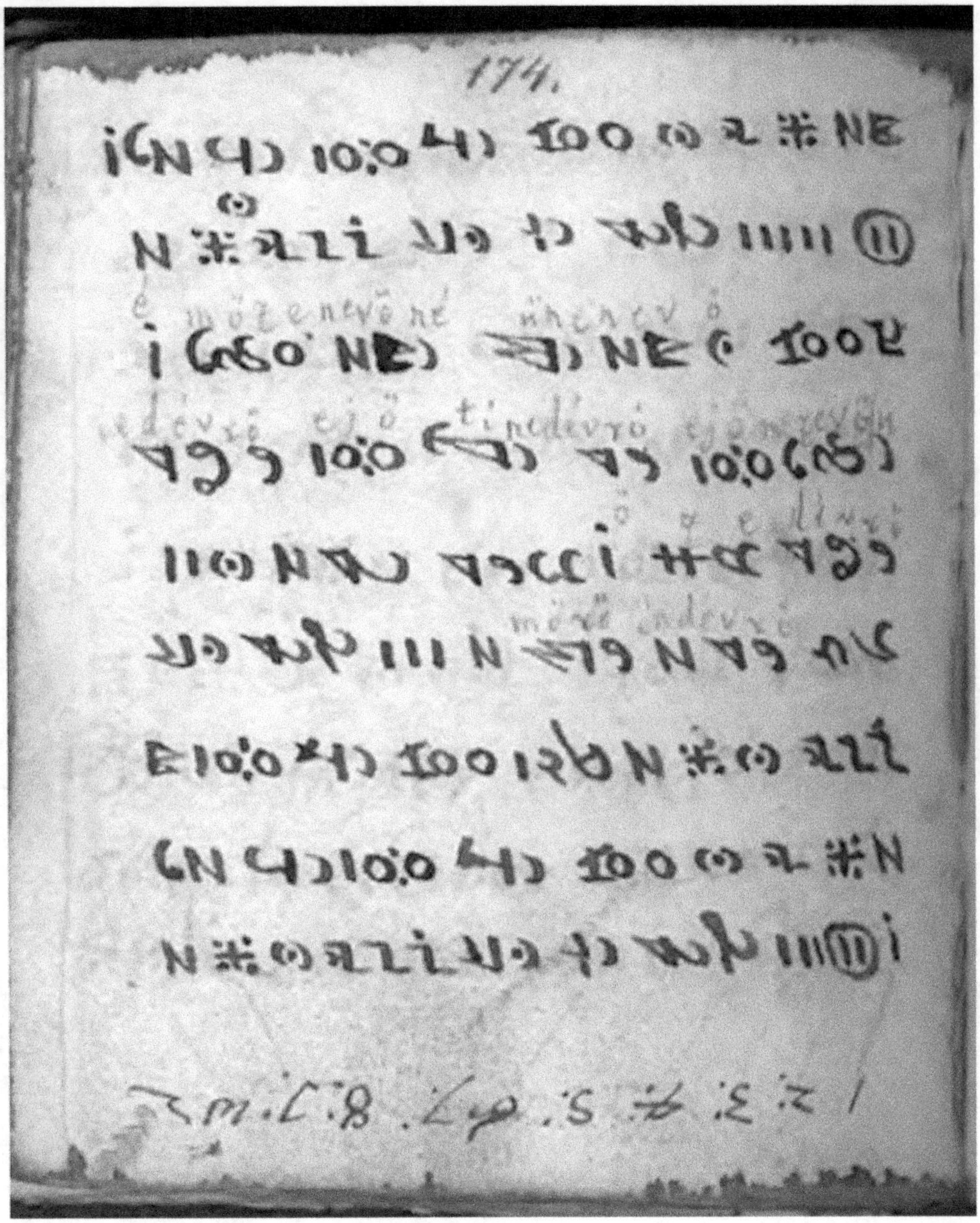

‹f174r°01--› {.B'N.EZ.HK.Z.O'O'IA.C'BD.O'X2'O'I.C.IJ.N'QV.IX.}

‹f174r°02--› {.I.I.O.I'I'I'I.EK.C'D'C'D.CX'HA.HX'H'HK.Z.EZ.N.}

‹f174r°03--› {.HY.O'O'IA.QX.B'N.C'DB.C.B'N.O.U'QV.IX.}

‹f174r°04--› {.C.U'QV.O'X2'O'I.CO'D'C'D.C.O'X2'O'I.CO'BF'D'CO'BF'D.}

‹f174r°04f°› [Fissum: ‹f172v°10› .CO'BF'D. and ‹f172v°11› .QV.BF.D.]

‹f174r°05--› {.«.88.».V'T'T.IX.W'CO'D.C.D.N.Z.I.I.}

‹f174r°06--› {.C.K.AC.CO'D.N.give.N.I'I'I.EK'C'D.CX'HA.}

‹f174r°07--› {.HX'H'HK.Z.EZ.N.NG.I.XB.I.O'O'IA.C'BD.O.XI.O.I.B.}

‹f174r°08--› {.N.EZ.HK.Z.O'O'IA.C'BD.O'X2'O'I.C.IJ.N'QV.}

‹f174r°09--› {.IX.I.I.O.I'I'I.EK'C'D.C.F.CX.KI.HX'H'HK.Z.EZ.N.}

‹f174r°09m°› [Margō: "1 2: 3: 4: 5: 6 7: 8: 9:. W. Z." (written upside-down).]

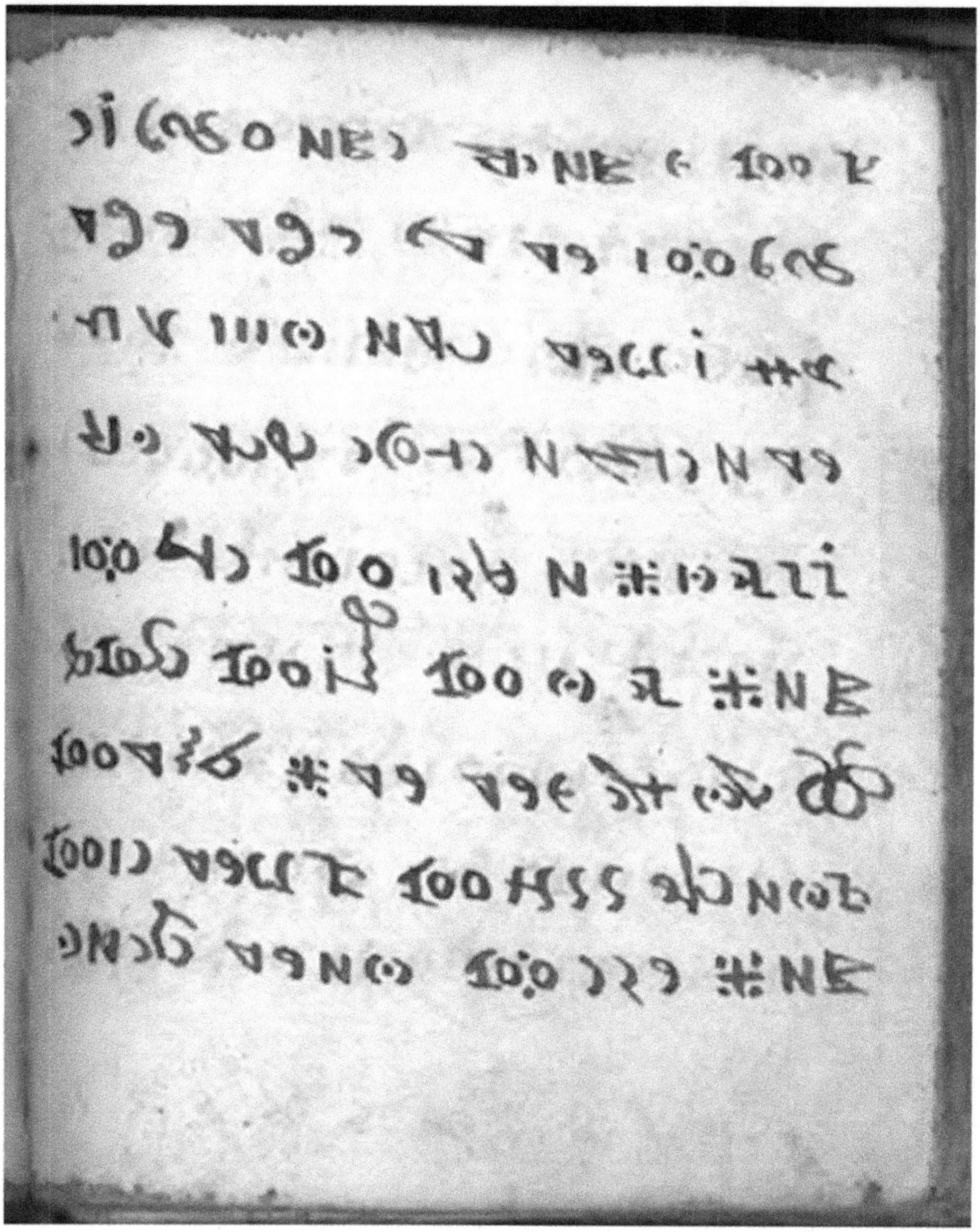

‹f174vº01--› {.HY.O'O'IA.QX.B'N.D.C'DB.C.B'N.O.U'QV.IX.C.}
‹f174vº02--› {.U'QV.O'X2'O'I.CO'D.D'O.R.CO'BF'D'CO'BF'D.}
‹f174vº03--› {.V'T'T.IX.W'CO'D.C.D.N.Z.I'I'I.XB.AC.}
‹f174vº04--› {.CO'D.N.C'IZ.N.C.F.O.T.C.EK'C'D.CX.HA.}
‹f174vº05--› {.HX'H'HK.CX.I.EZ.N.NG.I.XB.I.O'O'IA.C'BD.O'X2'O'I.}
‹f174vº06--› {.B'N.EZ.HK.Z.O'O'IA.PQ.XS.IX.O'O'IA.C.S.O.IA.C.S.}
‹f174vº07--› {.«.99.».C.A.Z.T.L.C.QE.CO'D'CO'D.EZ.OE.XS.D.O'O'IA.}
‹f174vº07aº› [Abbreviatiōnem: .«.99.».=Moth; butterfly.]
‹f174vº08--› {.HM.Z.N.EK.CO.S'S'ST.O'O'IA.HM.W'CO'D.C.I.O'O'IA.}
‹f174vº09--› {.B'N.EZ.CO.XB.C.O.X2.O.IA.Z.N.CO'D.C.AS.C.N.CX.}

folio 175 recto

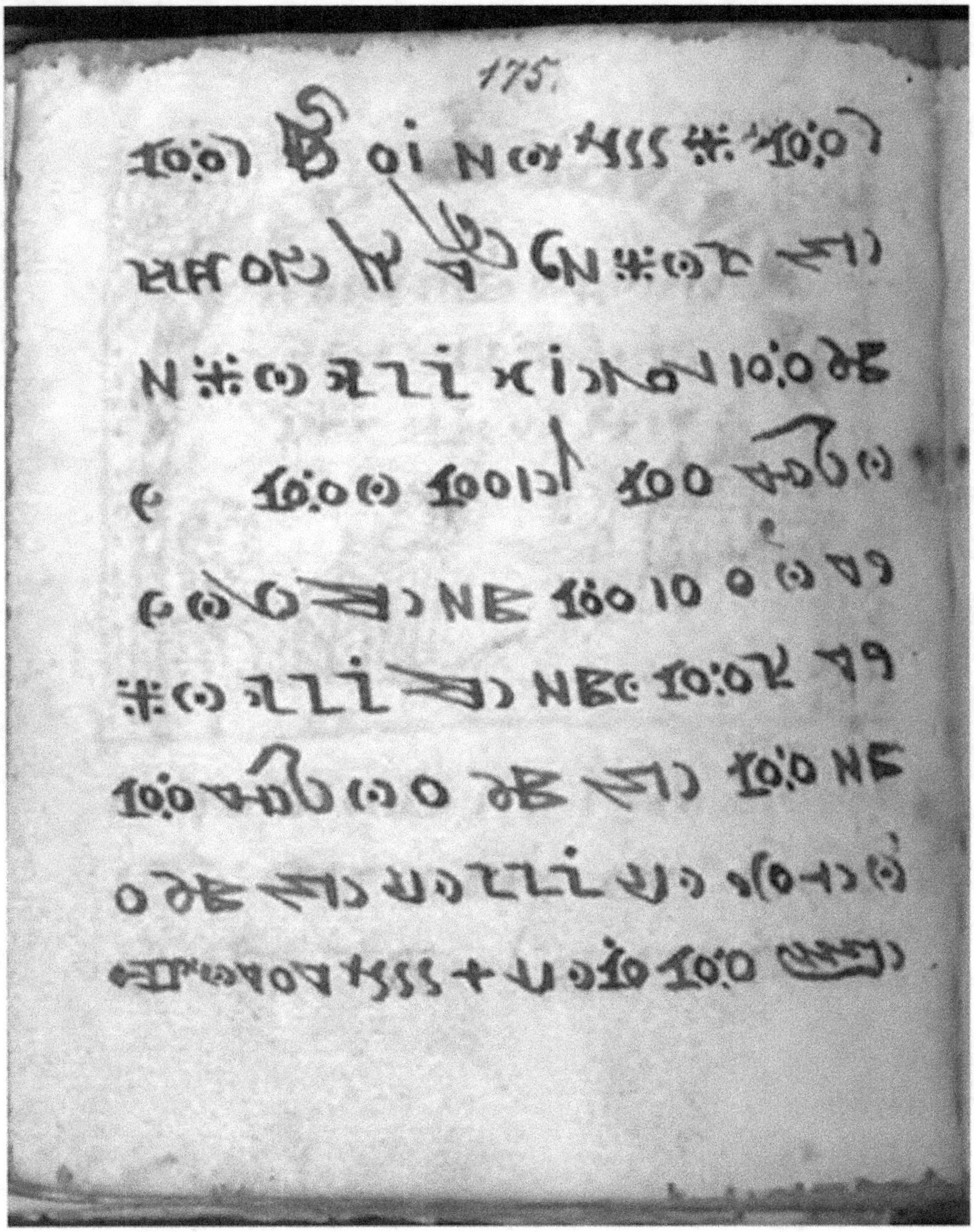

‹f175r°01--› {.R.O'X2'O.IA.EZ.S'S'ST.Z.N.IX.O.CQ.R.O'X2'O.IA.}
‹f175r°02--› {.C'IZ.HM.Z.EZ.N'QV.D.I.EK.BE'I'O.NA.HF'H.}
‹f175r°03--› {.B.CV.O'X2'O'I.K.O.A.C.IX.Q.C.HX'H'HK.Z.EZ.N.}
‹f175r°04--› {.Z.QV.C.F.D.O'O'IA.A.C.I.O'O'IA.CX.C.O'X2'O.IA.QX.}
‹f175r°05--› {.CO'D.Z.O.O.I.O'X2'O.IA.B'N.C'DB.C.XB.Z.QX.}
‹f175r°06--› {.CO'D'HY.O'X2'O.IA.QX.B'N.C'DB.HX'H'HK.Z.EZ.}
‹f175r°07--› {.B'N.O'X2'O.IA.C'IZ.B.CV.O.Z.QV.C.F.D.O'X2'O.IA.}
‹f175r°08--› {.Z.T.F'O'R'CO.CX'HA.HX'H'H.CX.KI.C.IX.B.CV.O.}
‹f175r°09--› {.O'X2'O.IA.O.IA.X.CX.KI.T.S'S'ST.D'O'D.Z'RT'NB.}

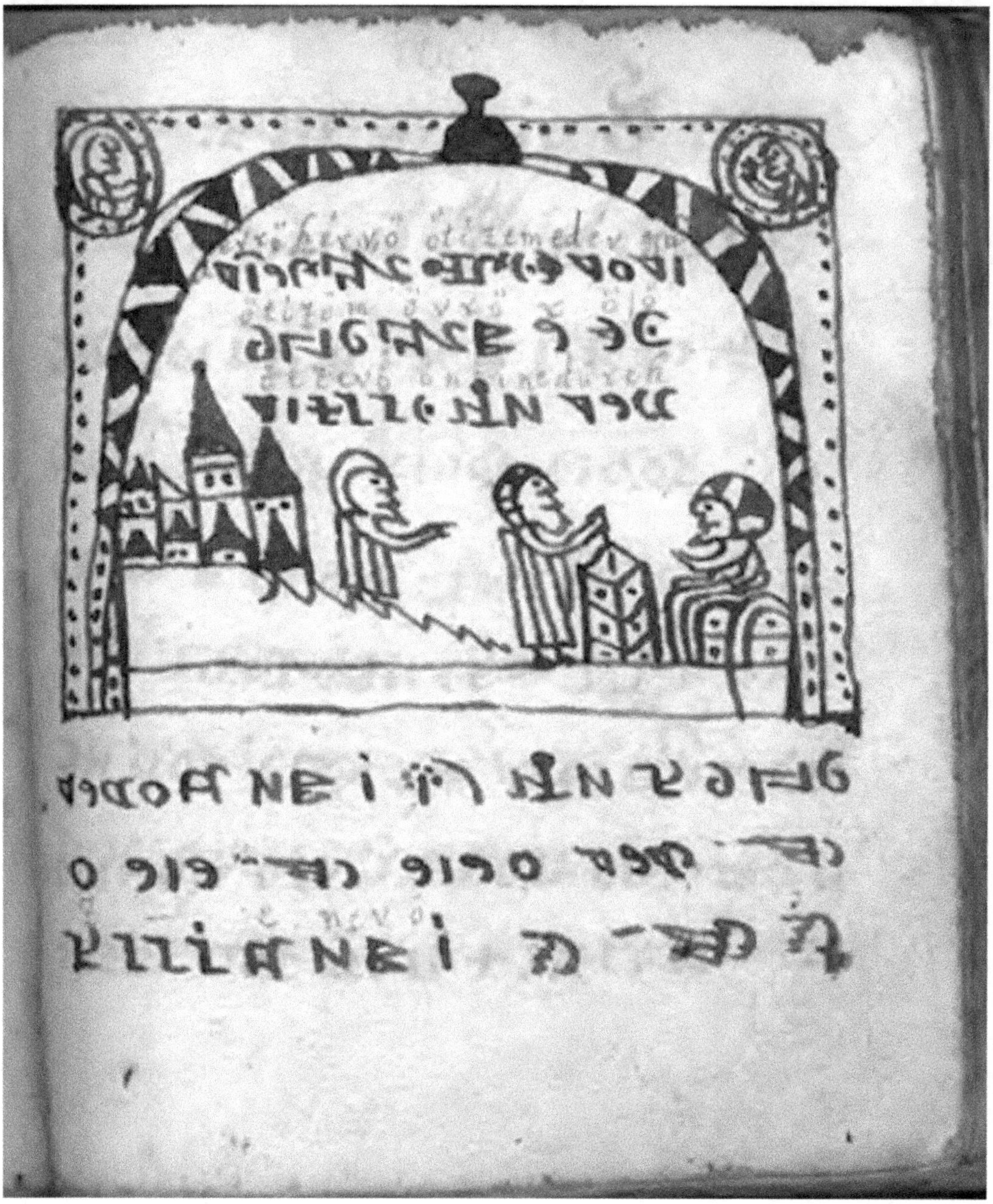

‹f175v°00i°› [Illūstrātiō: P-72:TCLO Man seated w/ man before him; man in back; city on hill.]
‹f175v°01C1› {.I'D'O'D.Z'RT'NB.BA.RT'CO'IH'D.}
‹f175v°01t°› [Trānslātiō: "Hear the holy words of Saint Luke..."]
‹f175v°02C2› {.QX.CY.CO.B'BA.QV'KE'BB.}
‹f175v°02t°› [Trānslātiō: "...in his sixth chapter, when..."]
‹f175v°03C3› {.W'CO'D.N'J0.QX.H'H'HT.I.D.}
‹f175v°03t°› [Trānslātiō: "...the Lord Jesus was in Galilee."]
‹f175v°04--› {.QV'KE'BB.HY.N'J0.L.I'X5.IX.B'N.NA.O.V.CO'D.}
‹f175v°05--› {.C'DB'J.C.D.CO'D.O.CO'I'CO.C'DB'J.CO'I'CO.O.}
‹f175v°06--› {.C'MR.C'DB'J.C'MR.IX.B'N.NA.HX'H'H.HY.}

folio 176 recto

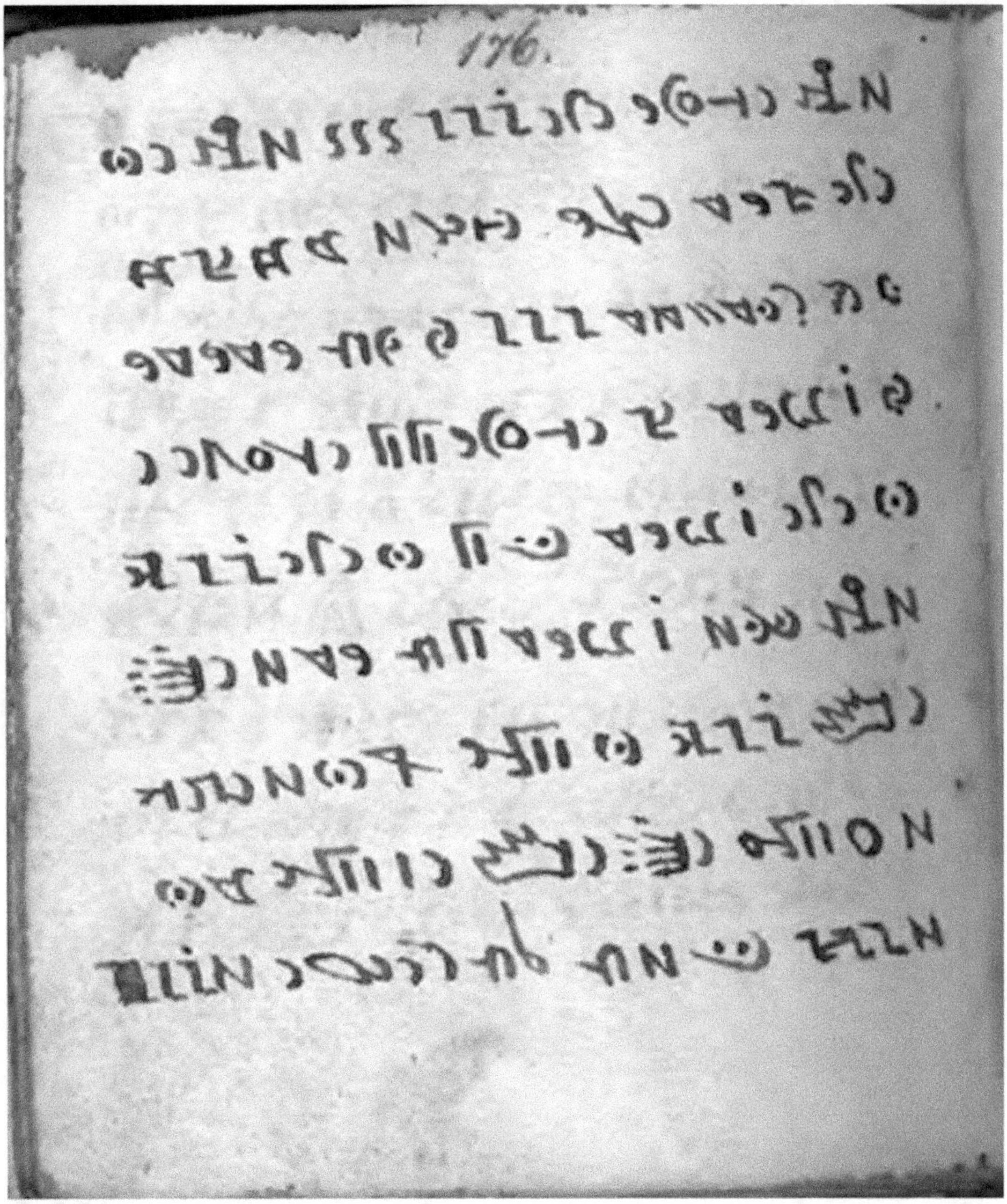

‹f176rº01--› {.N'J0.C'F'O'R'CO.C.R.C.HX'H'H.S'S'S.N'J0.C.Z.}
‹f176rº02--› {.C.R.C.HM.CO'D'XB.CO.CX.I.XB.N.V.NA.HY.NA.}
‹f176rº03--› {.QX.C'MR.L.X.CX.D.J.J.D.I.D.H'H'H.C.Q.QE.AC.CO'D'CO'D'CO.}
‹f176rº04--› {.C.Q.IX.W'CO'D.HY.C'F'O'R'CO.AE'AE.C'XV.O.A.C.C.}
‹f176rº05--› {.Z.C.R.C.IX.W'CO'D.CU.X2.AE.Z.C.R.C.HX'H'HK.}
‹f176rº06--› {.N'J0.CX'CX.N.IX.W'CO'D.AE.AC.CO'D.N.C.NZ.}
‹f176rº07--› {.C'M.HX'H'HK.Z.I'AE.CO.BI.Z.N.C.LA.C'XV.X.}
‹f176rº08--› {.N.O.I.I.AG'I'O.C.NZ.C'M.C.I'I'I.AG'I'O.V.Z.}
‹f176rº09--› {.N.H'HF'H.CU.X2.N.AC.EO.AC.L.C.CU'CU.C.N.HX'H'H.}

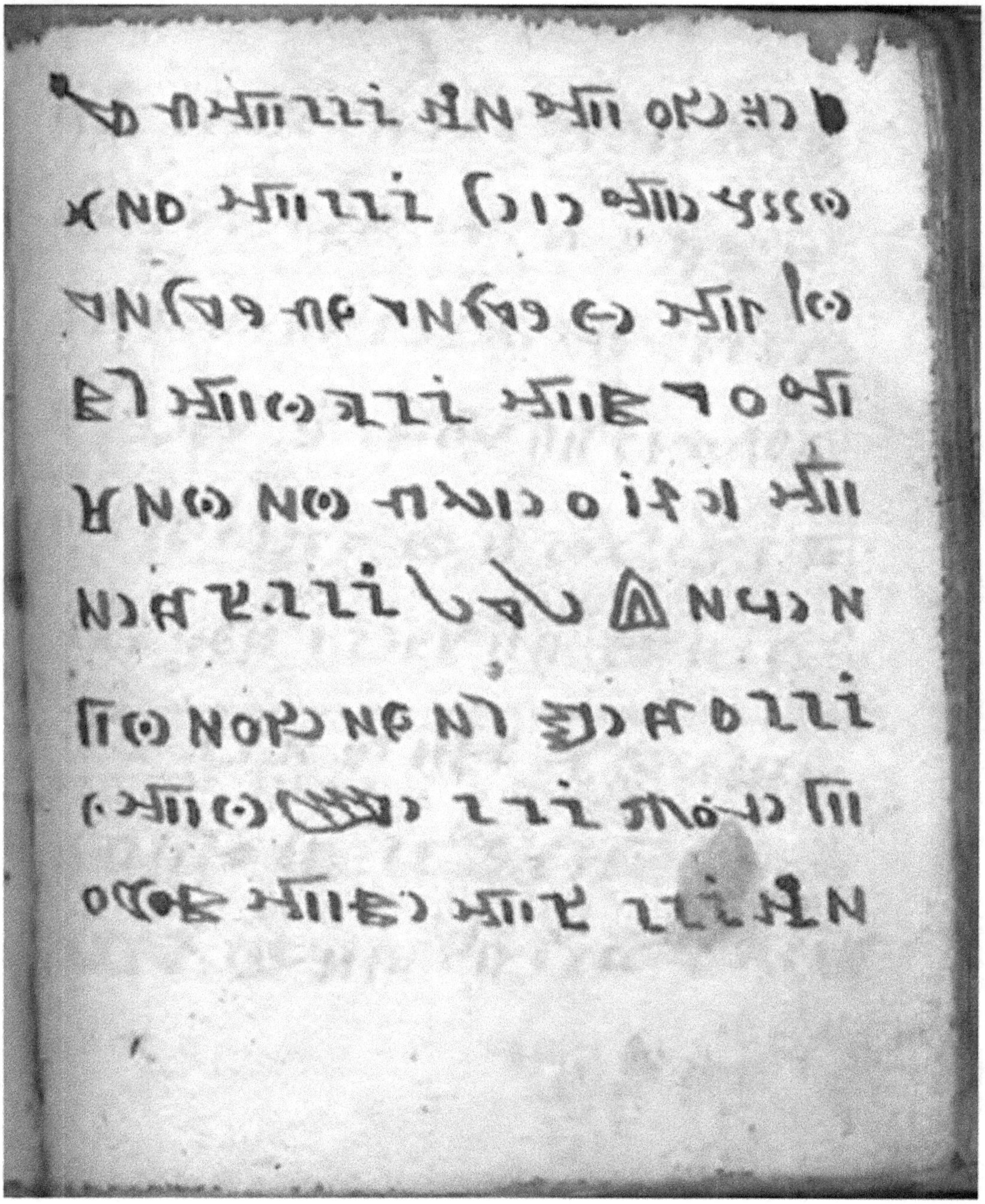

‹f176v°01-->   {.|.I.|.C.F'X2.BE'I'O.I.I.AG'I'CY.N'J0.HX'H'H.I.I.AG'I'C.AC.DB'J.O.}
‹f176v°02-->   {.Z.S'S'ST.C.I.I.AG'I'O.C.I.C.R.HX'H'H.I.I.AG'I'C.O.N.Q.C.}
‹f176v°03-->   {.Z.II.A.I'AG.C.CX.Q.CO'D'R'N'D.QX.AC.CO'D'R'N'D.}
‹f176v°04-->   {.I.AG'I'O.O.DP.B.I.I.AG'I'C.HX'H'HK.Z.I.I.AG'I'C.L.B.}
‹f176v°05-->   {.I.I.AG'I'C.I.C.AG.IX.O.C.I.KB.I.AC.Z.N.Z.N.MG.}
‹f176v°06-->   {.N.C'IJ.N.XU.CU.D.CU.HX'H'H.X.HY.Y.C.N.}
‹f176v°07-->   {.HX'H'H.O.Y.C'XG.L.N.QX.N.BE'I'O.N.Z.AE.I'AE.}
‹f176v°07f°›   [Fissum: ‹f176v°07› AE. and ‹f176v°08› .I'AE.]
‹f176v°08-->   {.«.88.».C'XV.X.O.NH.HX'H'H.C'M.Z.I.I.AG'I'C.QX.}
‹f176v°09-->   {.N'J0.HX'H'H.HY.I.I.AG'I'C.C.B.I.I.AG'I'C.B.O.V.O.}

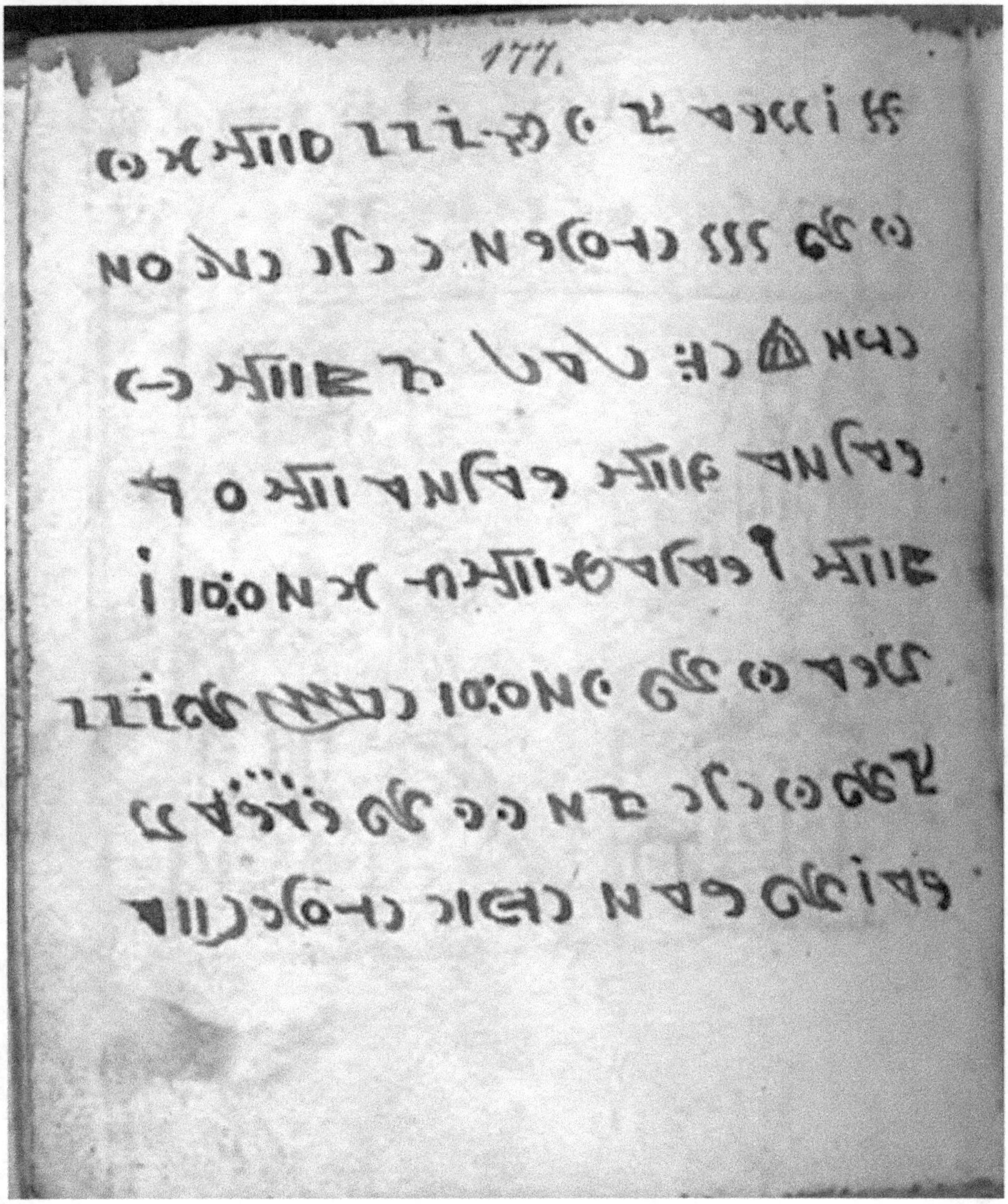

‹f177r°01--› {.SS.X.IX.W'CO'D.HY.QX.C'MR.HX'H'H.O.I.I.AG'I'C.Q.C.Z.}
‹f177r°02--› {.Z.UD.S'S'S.C'F'O'R'CO.N.C.C.R.C.C'XV.C.O.N.}
‹f177r°03--› {.C.IJ.N.XU.C.F'X2.CU.D.CU.HM.B.I.I.AG'I'C.CX.Q.}
‹f177r°04--› {.CO'D'R'N'D.QX.I.I.AG'I'C.CO'D'R'N'D.I.I.AG'I'C.O.DP.}
‹f177r°05--› {.B.I.I.AG'I'C.IG.CO'D.R.D.Q.C.I.I.AG'I'C.AC.Q.C.N.O'X2'O'I.IX.}
‹f177r°06--› {.W'CO'D.Z.UD.QX.N.O'X2'O'I.C'M.UD.HX'H'H.}
‹f177r°07--› {.HY.UD.Z.C.R.C.HM.N.CX'CX.UD.(.CO'D'CO'D.).W'CO'D.}
‹f177r°07f°› [Fissum: ‹f177r°07› .W. and ‹f177r°08› .CO'D.]
‹f177r°08--› {.«.88.».IX.UD.CO'D.N.C'F'Q'I'C.C'F'O'R'CO.C.I.I.D.}

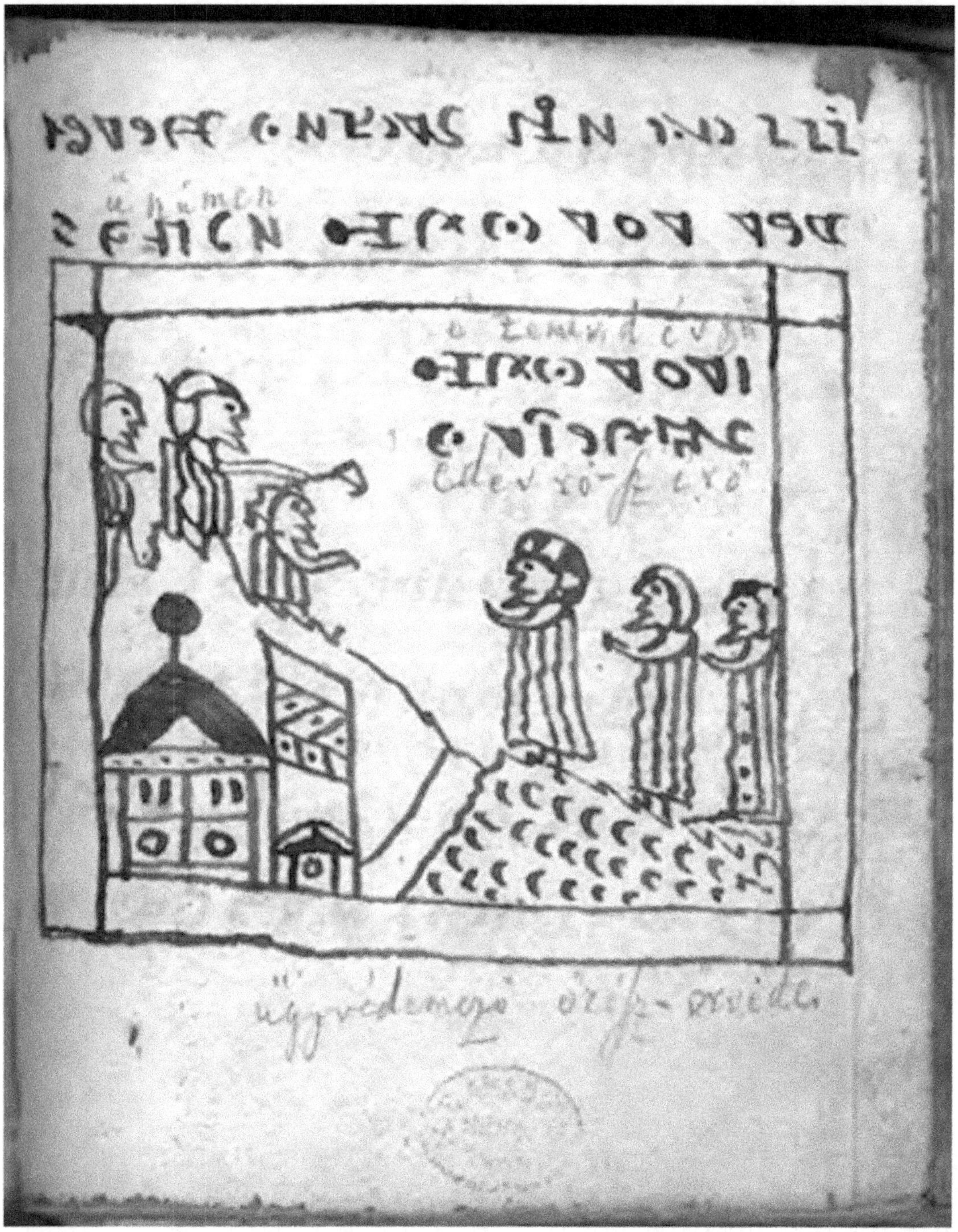

‹f177v°01--› {.HX'H'H.C'XV.X.L.N'J0.S'D.C.HY.N.QX.NA.CO'D.BF.A.}
‹f177v°02--› {.V.CO'D.D'O'D.Z'RT'NB.N'QV.AC.QX.≈.}
‹f177v°03i°› [Illūstrātiō: P-73:BCLR Jesus on hill w/ two men before city; three men w/ flag.]
‹f177v°03--› {.I'D'O'D.Z'RT'NB.}
‹f177v°03t°› [Trānslātiō: "Hear the holy Word..."]
‹f177v°04--› {.BA.RT'CO'IH'D.QX.}
‹f177v°04t°› [Trānslātiō: "...of Saint Luke in..."]

folio 178 recto

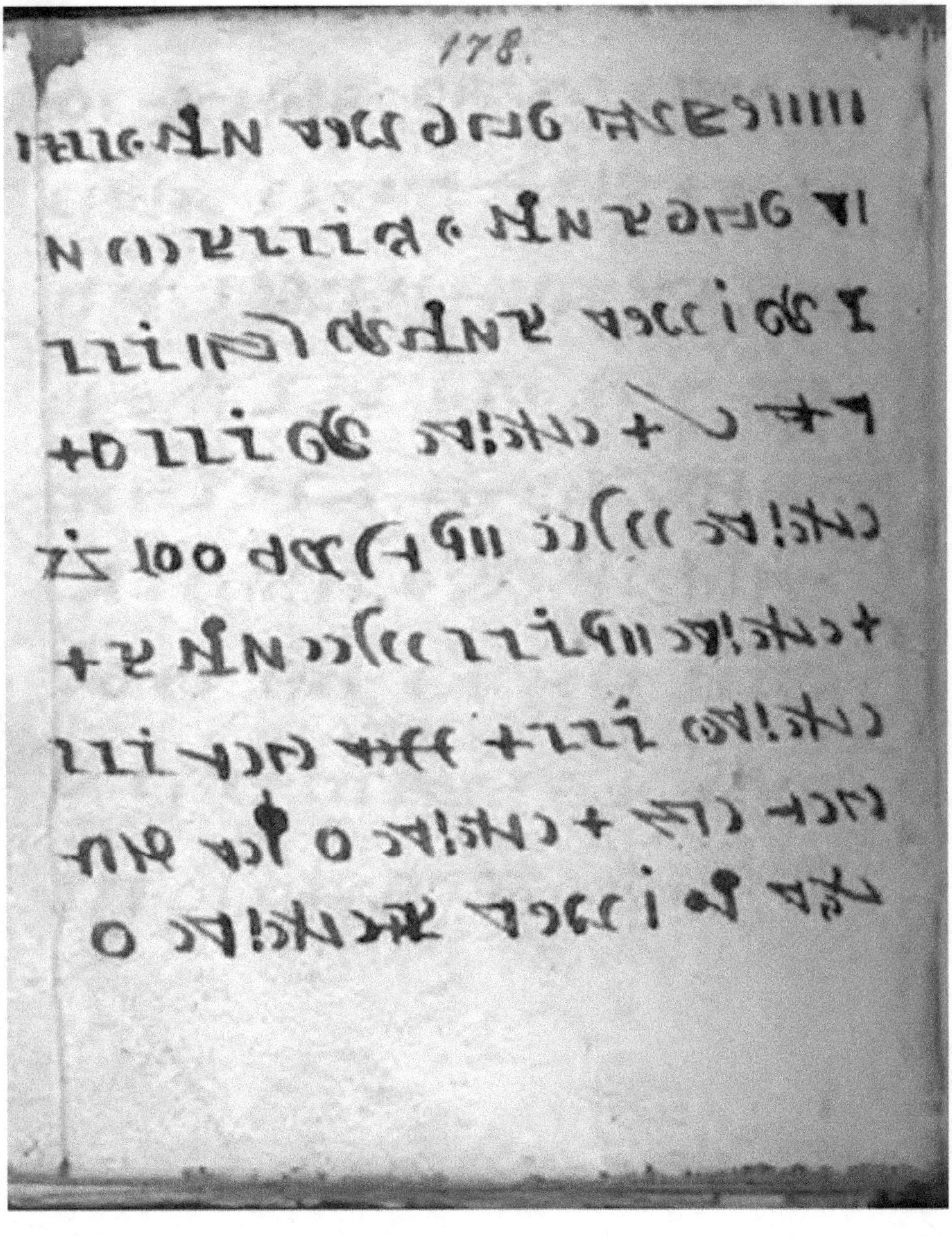

‹f178rº01--› {.I'I'I'I.CO.B'BA.QV'KE'BB.W'CO'D.N'J0.QX.H'H'HT'I'D.}

‹f178rº01tº› [Trānslātiō: "...his fifth chapter when the Lord Jesus was in Galilee."]

‹f178rº01fº› [Fissum: ‹f178rº01› .H'H'HT. and ‹f178rº02› .I.D.]

‹f178rº02--› {.«.88.».QV'KE'BB.HY.N'J0.QX.BE.I.HX'H'H.HY.C'I'Q.N.}

‹f178rº03--› {.IA.UD.IX.W'CO'D.HY.N'J0.UD.L.EV.I.HX'H'H.}

‹f178rº04--› {.DP.T.CU.T.C'XV'T'C'EE'D'C.UD.HX'H'H.O.T.}

‹f178rº05--› {.C'XV'T'C'EE'D'C.Q'Q'R'C'C.I'I'G.F.R.V.OD.O'O'P.XW'X.}

‹f178rº06--› {.T.C'XV'T'C'EE'D'C.I'I'G.HX'H'H.Q'Q'R'C'C.N'J0.HY.T.}

‹f178rº07--› {.C'XV.T.C.EE.D.Z.HX'H'H.T.|.Q'R'C'D.|.C.A.C'XV.HX'H'H.}

‹f178rº08--› {.C.A.C.F.C'IZ.T.C'XV'T'C'EE'D'C.O.IG.C.D.EQ'I.I.AC.}

‹f178rº09--› {.KB'X'C'Q'D.BH.IX.W'CO'D.HY.T.C'XV'T'C'EE'D'C.O.}

folio 178 verso

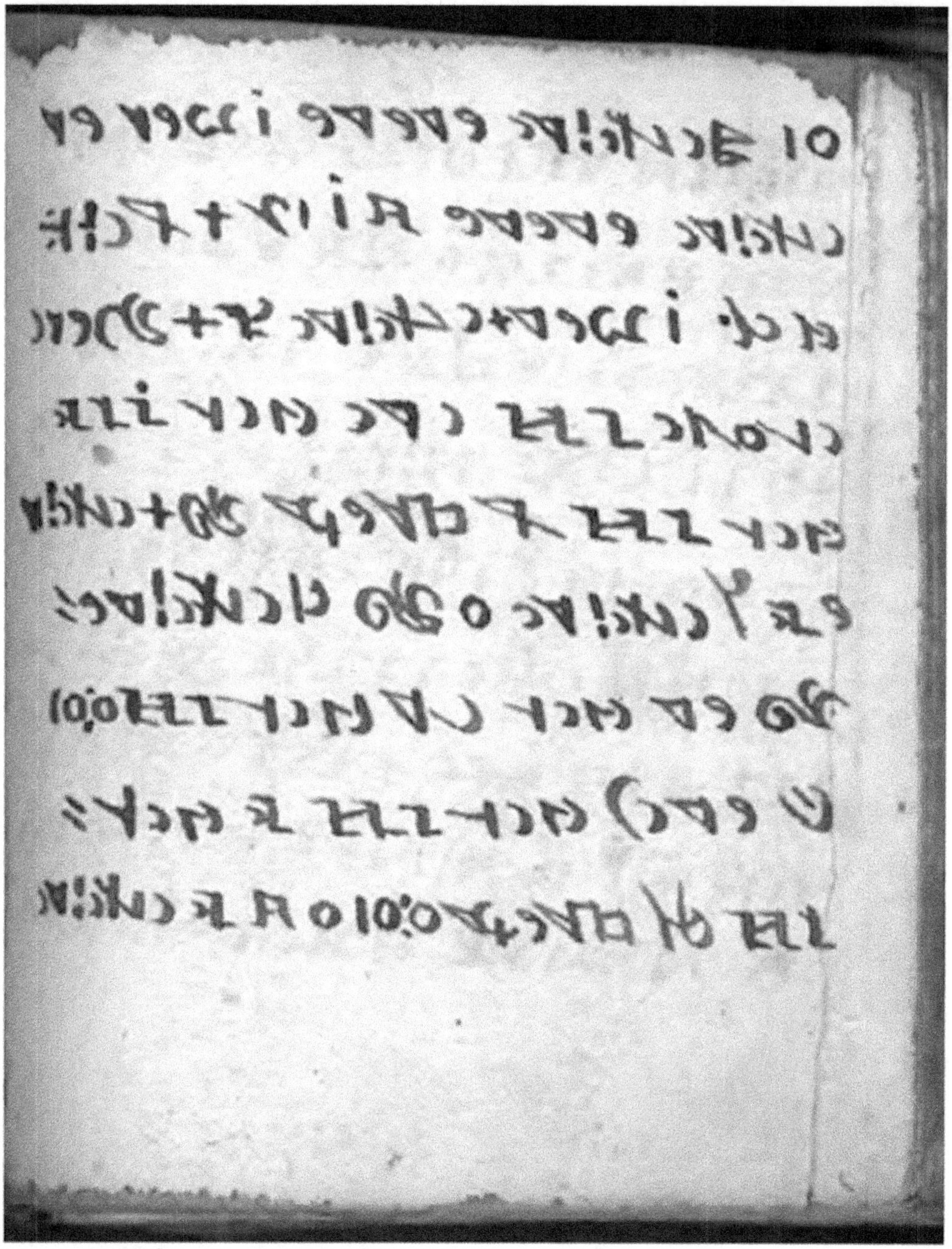

‹f178v°01--› {.O.I.B.C'XV'T'C'EE'D'C.CO'D'CO'D'CO.IX.W'CO'D.CO'D.}
‹f178v°02--› {.C'XV'T'C'EE'D'C.CO'D'CO'D'CO.HF.C.IX.I.XB.T.BI.C.EE.T.X2.}
‹f178v°03--› {.C.A.CU'C.X.IX.W'CO'D.T.C'XV'T'C'EE'D'C.HY.T.UD.CO'D.C.}
‹f178v°04--› {.C.K.O.A.C.H'HF'H.C.DP.C.C.A.C'XV.HX'H'HK.}
‹f178v°05--› {.C.A.C'XV.H'HF'H.BI.XJ'D'CO'BY.UD.T.C'XV.T.C.EE.D.}
‹f178v°06--› {.CO.HK.XB.C'XV'T'C'EE'D'C.O.UD.EK.C'XV.T.C.EE.D.CO.≈.}
‹f178v°07--› {.UD.CO'D.C.A.C'XV.C.D.C.A.C'XV.H'HF'H.O'X2'O'I.}
‹f178v°08--› {.CX.CO'D.C.R.C.A.C.F.H'HF'H.HK.C.A.C'XV.≈.}
‹f178v°09--› {.H'HF'H.EY.XJ'D'CO'BY.O'X2'O'I.O.XA.HK.C'XV'T'C'EE'D'C.}

folio 179 recto

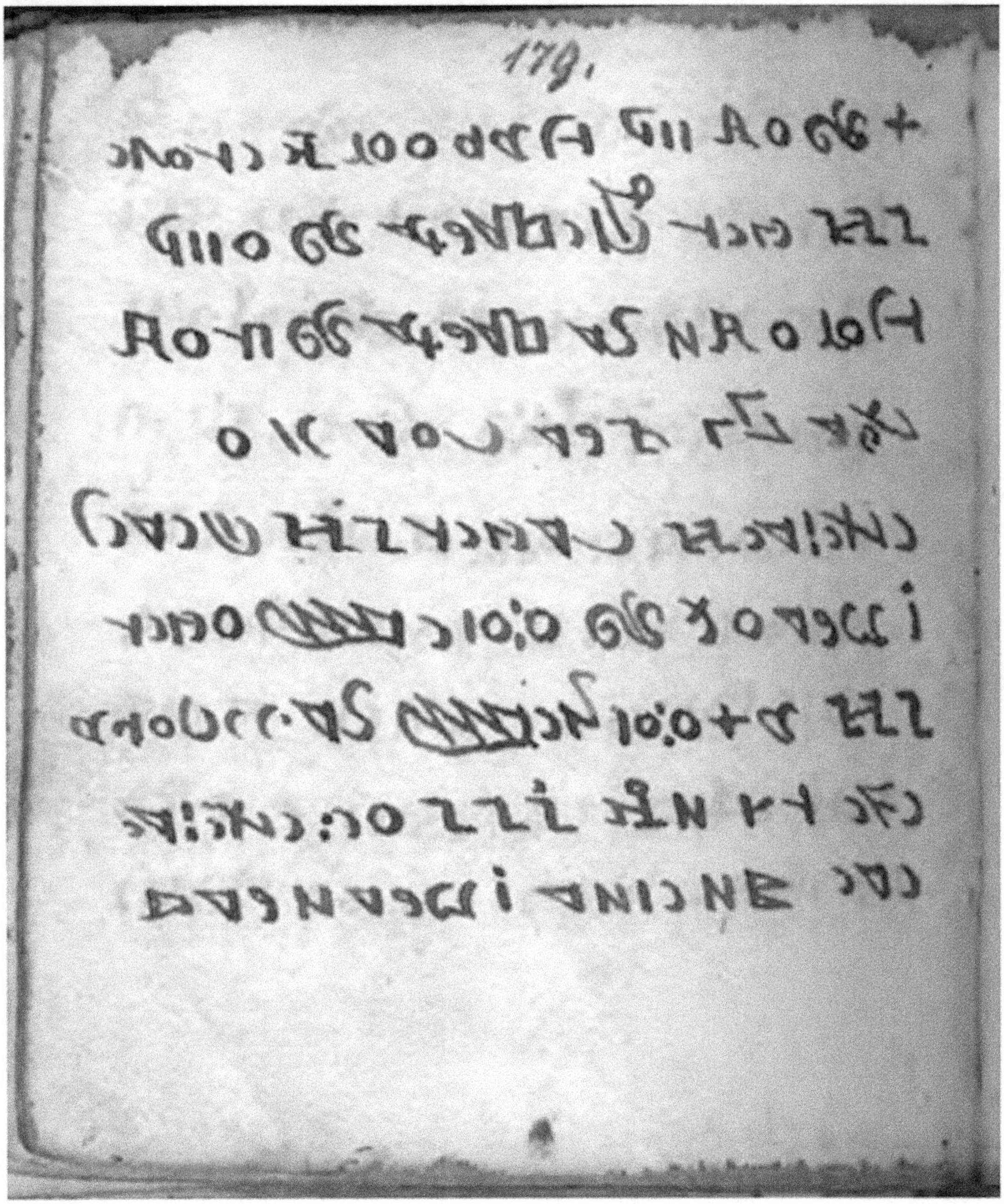

‹f179rº01--›	{.T.UD.O.XA.I'I'G.F.R.V.OD.O'O'P.HK.C'XV.O.A.C.}
‹f179rº02--›	{.H'HF'H.C.A.C'XV.O.A.EK.C.XJ'D'CO'BY.UD.O.I'I'G.}
‹f179rº03--›	{.F.R.O.P.O.XA.N.S'D.XJ'D'CO'BY.UD.AC.O.XA.}
‹f179rº04--›	{.KB.X.C.A.D.K'A'A.HM.CO'D.C.O.D.Q.I.O.«.00.».}
‹f179rº05--›	{.C'XV'T'C'EE'D'C.HF'H.C.D.C.A.C'XV.H'HF'H.}
‹f179rº06--›	{.IX.W'CO'D.O.LT.UD.O'X2'O'I.C'M.O.C.A.C'XV.}
‹f179rº07--›	{.H'HF'H.V.T.O'X2'O'I.N.C'M.S'D.QX.X.C.R.O.XC.V.}
‹f179rº08--›	{.C.AA.C.F.EY.N'J0.HX'H'H.O.L'X2.C'XV'T'C'EE'D'C.}
‹f179rº09--›	{.C.D.C.B'N.C'I'N.D.IX.W'CO'D.N.CO'D.DA.}

folio 179 verso

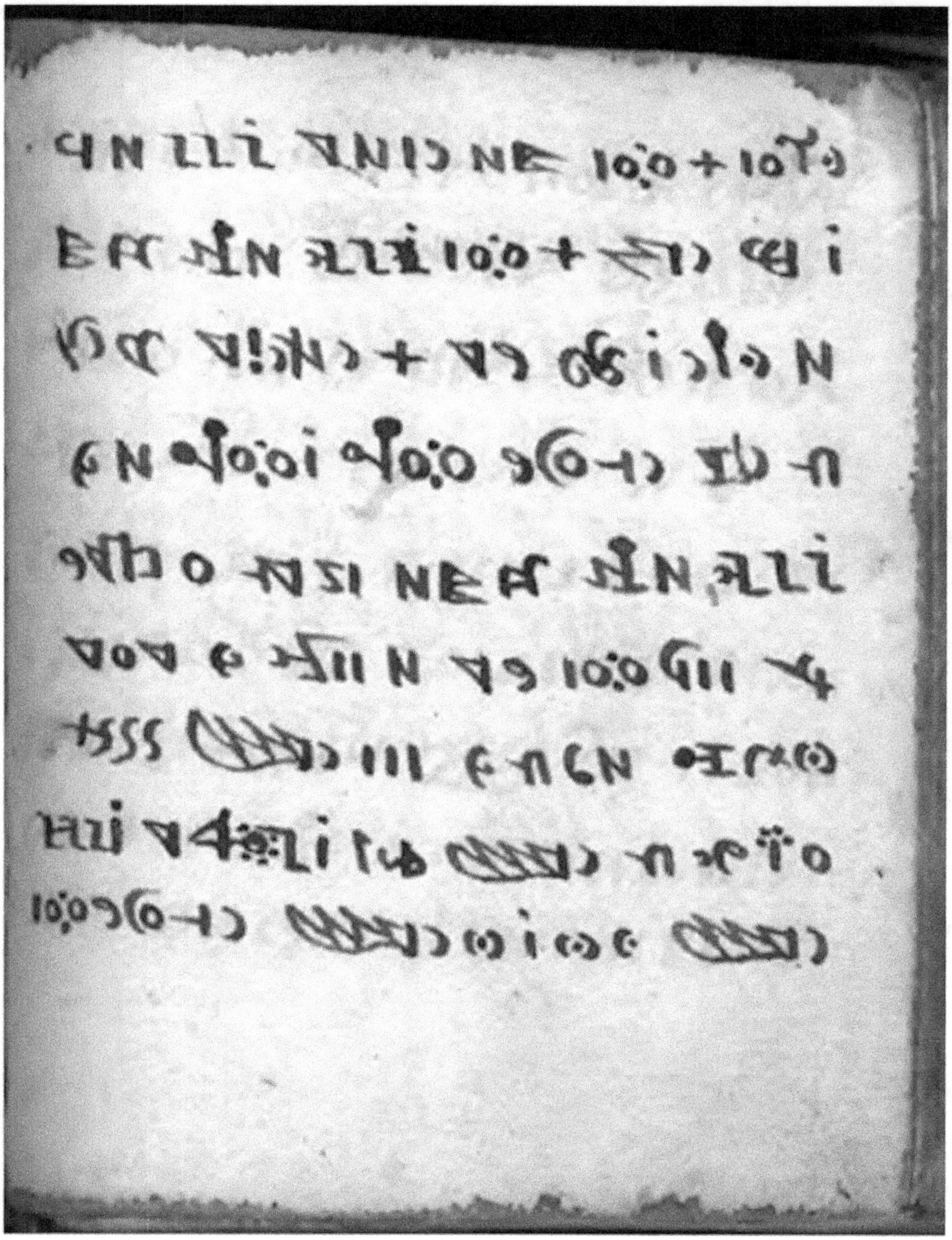

‹f179v°01--›	{.CX.IU.O.I.T.O'X2'O'I.B'N.C'I'N.D.HX'H'H.N.IJ.}
‹f179v°02--›	{.IX.BR.C'IZ.T.O'X2'O'I.HX'H'HK.N'J0.NA.B.}
‹f179v°03--›	{.N.CX.IG.C.IX.UD.CO'D.T.C.BJ'C.EE.D.V.C.Q.II.}
‹f179v°04--›	{.AC.EO.BC.C'F'O'R'CO.O'X2'O.BH.IX.O'X2'O.BH.N.QX.}
‹f179v°05--›	{.HX'H'HK.N'J0.NA.B'N.I'AG.D.F.O.XJ'D'CO'BY.}
‹f179v°05f°›	[Fissum: ‹f179v°05› .XJ.D.CO. and ‹f179v°06› .BY.]
‹f179v°06--›	{.«.88.».I'I'G.O'X2'O'I.CO'D.N.I.I'AG.Z.D'O'D.}
‹f179v°07--›	{.Z'RT'NB.N'QV.AC.QX.I'I'I.C'M.S'S'ST.}
‹f179v°08--›	{.O.I'X4.RO'C.AC.C'M.TG.A.IX.H.((.O.)).T.D.D.HF'H.}
‹f179v°09--›	{.C'M.QX.Z.IX.Z.C'M.C'F'O'R'CO.O'X2'O'I.}

folio 180 recto

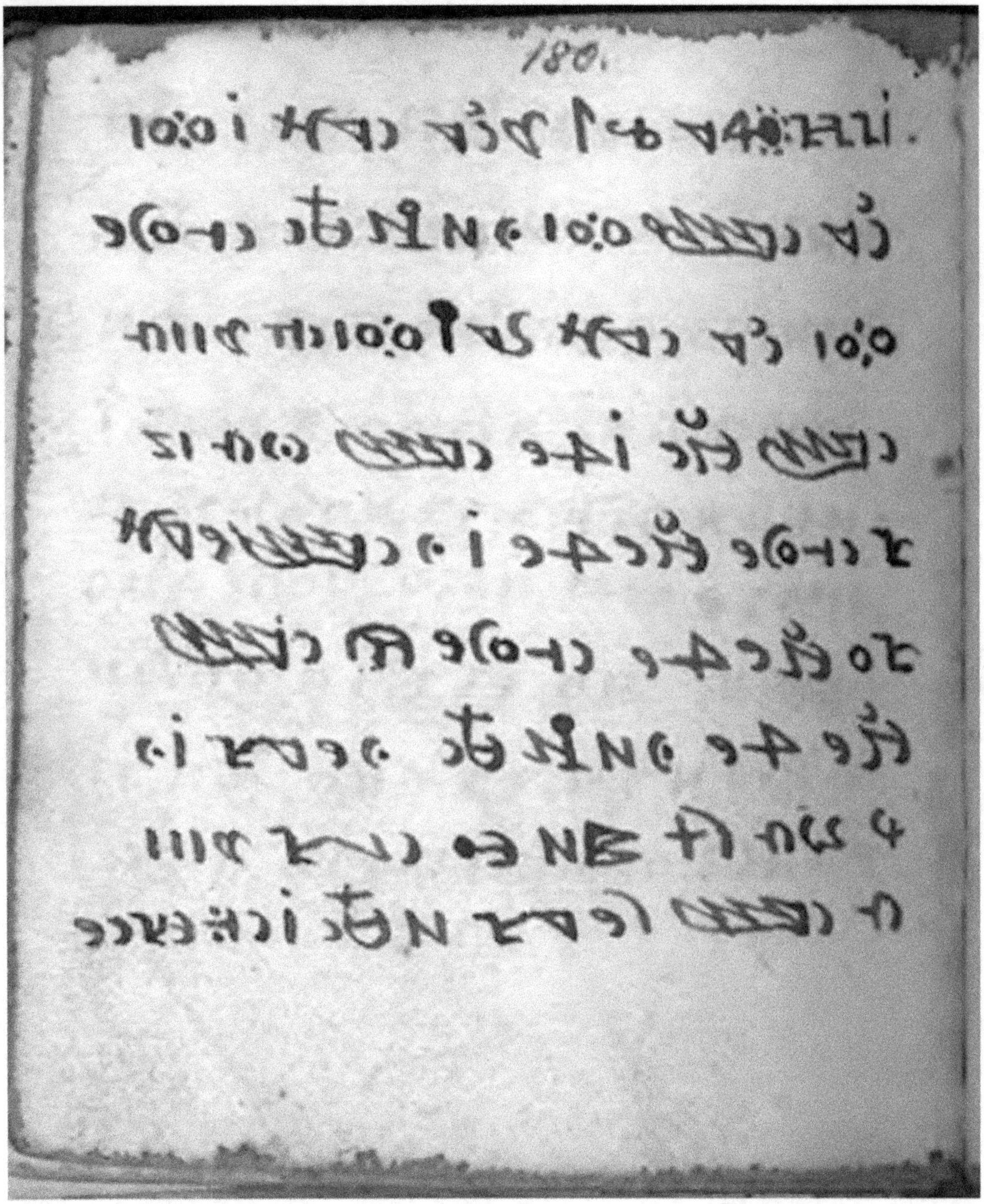

‹f180r°01--› {.IX.H'HF'H.((.O.)).T.D.AD.I.V.CC'D.C'D'R'T.IX.O'X2'O'I.}
‹f180r°02--› {.CC'D.C'M.O'X2'O'I.QX.N'J0'C0.C'F'O'R'CO.}
‹f180r°03--› {.O'X2'O'I.CC'D.C'D'R'T.S'D.IG.O'X2'O'I.C'I'T.V.I.I.AC.}
‹f180r°04--› {.C'M.BL.C.A.CO.IX.IK.CO.C'M.Z.AC.I'AG.}
‹f180r°05--› {.HM.C'F'O'R'CO.BL.C.A.IK.CO.IX.QX.C'M.CO'D'R'T.}
‹f180r°06--› {.HM.O.BL.C.A.CO.IK.CO.C'F'O'R'CO.NX.C'M.}
‹f180r°07--› {.BL.C.A.CO.IK.CO.Z.N'J0'C0.QX.CO'D'HY.IX.QX.}
‹f180r°08--› {.QT.W.AC.L'TA.B'N.CE'O.C.K.HY.V.I'I'I.}
‹f180r°09--› {.AC.C'M.L.CO'D'HY.N'C0.IX.C.F'X2.CE.HY.C.CO.}

folio 180 verso

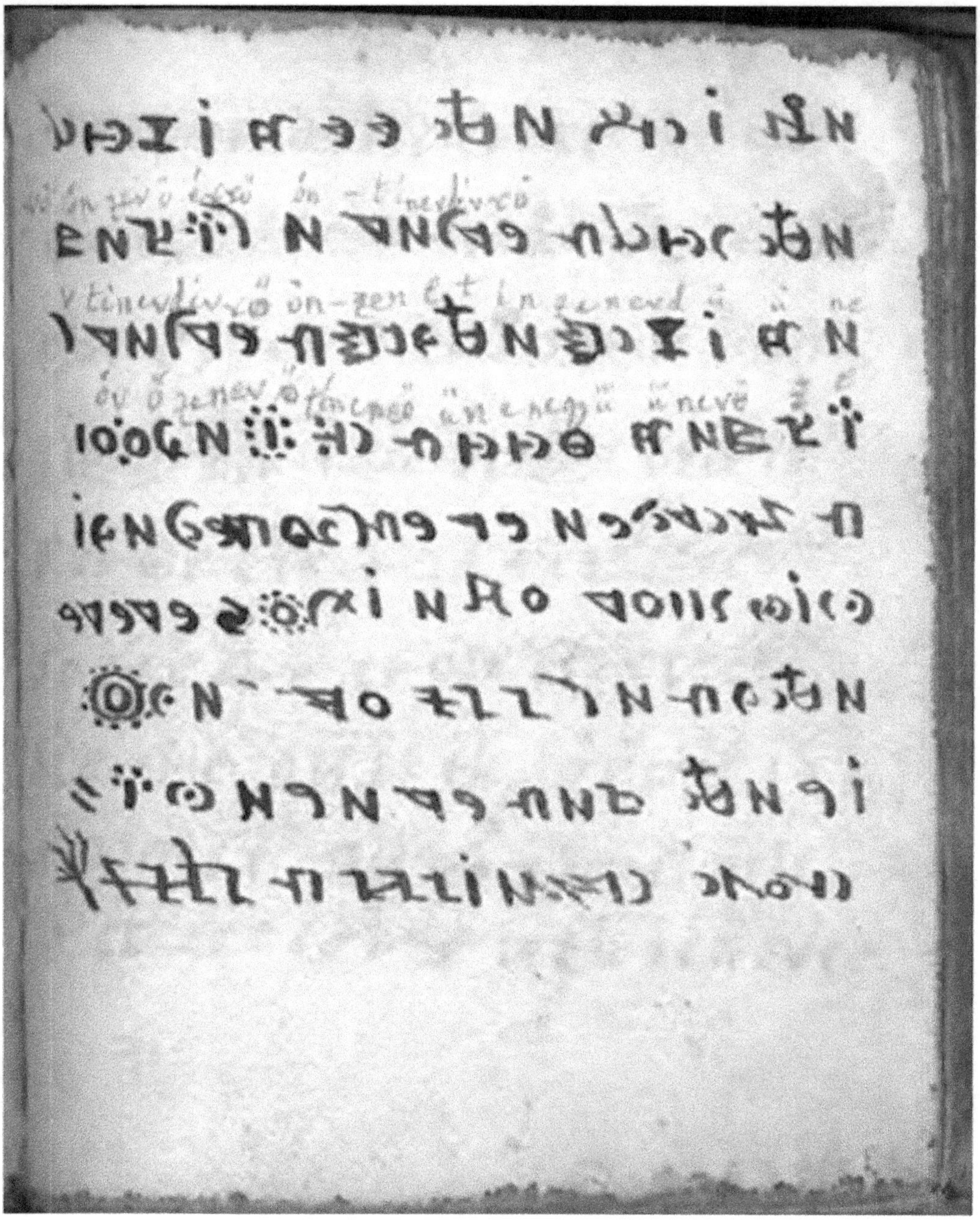

‹f180v°01--› {.N'J0.IX.C.XI.N'C0.CY.CY.NA.IX.BC.C'EY.NG.}

‹f180v°02--› {.N'C0.R.C'EY.NG.AC.CO'D'R'N'D.N.L.I'X4.HY.N.B.}

‹f180v°03--› {.N.NA.IX.BC.C'XG.N.NT.QE.C'XG.AC.CO'D'R'N'D.L.}

‹f180v°04--› {.I'X3.HY.B'N.NA.OX.C'EY.C'EY.AC.C.F'X2.((.I.)).N.QT.O'X2'O'I.}

‹f180v°05--› {.AC.AG'D.C.D.MV.CO.N.CO'DP'CO.AC.L.UD.L.D.CO.C.Q.N.QE.IX.}

‹f180v°06--› {.Z.IX.Z.S.I.I.O.D.O.XA.N.IX.RT.((.O.)).CQ.CO'D'CO'D'CO.}

‹f180v°07--› {.N'C0.QX.AC.N.L.H'H'HT.O.DB.XT.N.QX.((.[[.O.]].)).}

‹f180v°08--› {.IX.CO.N'C0.HM.N.AC.CO'D.N.CO.N.Z.I'X4.≈.}

‹f180v°09--› {.C'XV'OB'I'C.C'IZ.A.PP.IX.H'HF'H.AC.H'HF'H.A.«.99.».}

‹f180v°09a°› [Abbreviatiōnem: .«.99.».=Olive branch/twig.]

folio 181 recto

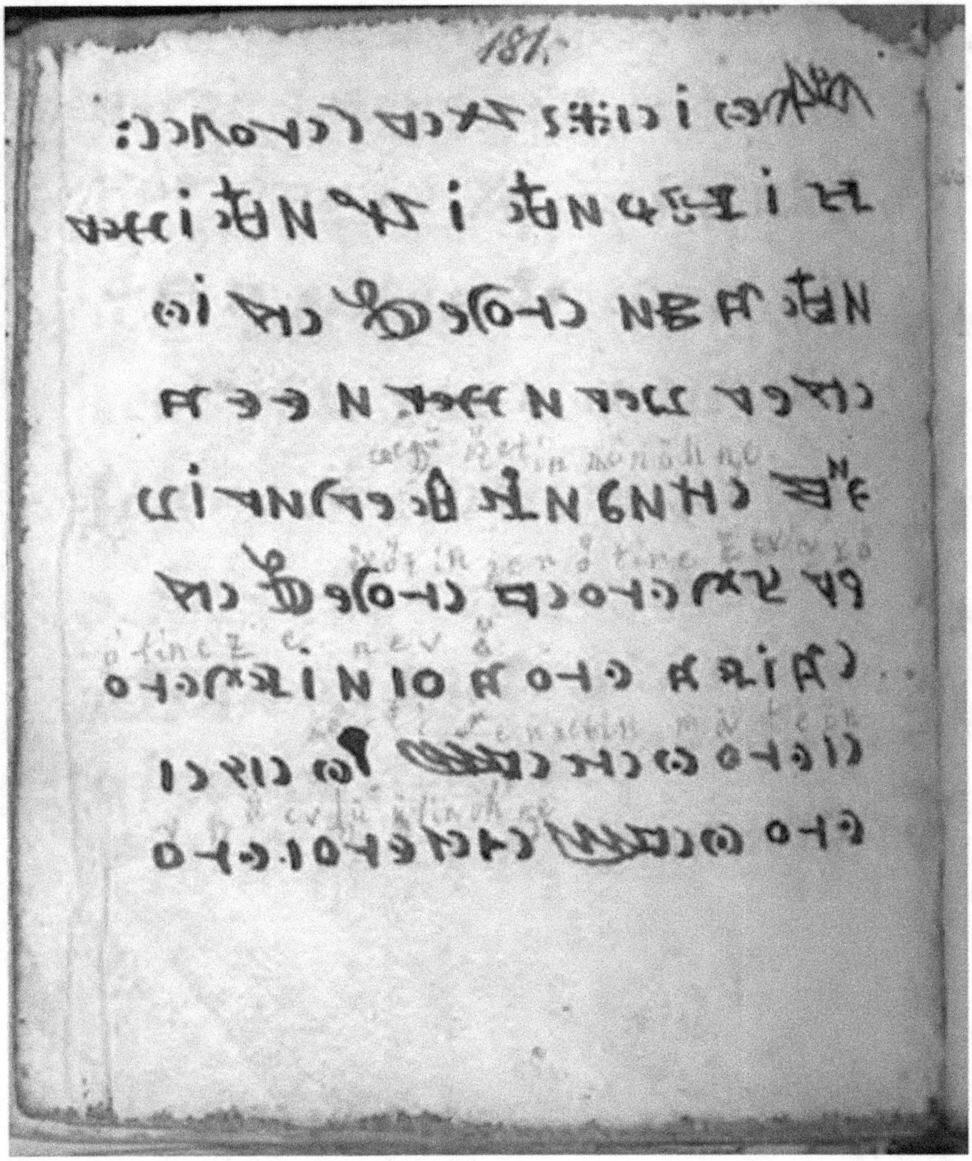

‹f181r°01--› {.«.99.».Z.IX.C.I.EZ.S.AG'TA.CO'D.L.C'XV'OB'I'C.L'X2.}
‹f181r°01h°› [Hyperbolē: .C. has been changed to complete the grapheme .CO'D. in ‹f181r°01› above.]
‹f181r°01a°› [Abbreviatiōnem: .«.99.».=Arachnid.]
‹f181r°02--› {.HF'H.IX.BC.K'A'A.QT.N'C0.IX.AG.XV.O.N'C0.IX.Q.Q.CX.D.}
‹f181r°03--› {.N'C0.NA.B'N.C'F'O'R'CO.ER'EQ.C.I'DR.IX.Z.}
‹f181r°04--› {.C.I'DR.CO'D.W'CO'D.N.|.Q'R'C'D.|.N.CY.CY.NA.}
‹f181r°05--› {.QE.N.DB.C'I'T.N.CO.N'J0.BW.C.CO'D'R'N'D.IX.W'CO'D.}
‹f181r°05f°› [Fissum: ‹f181r°05› .W. and ‹f181r°06› .CO'D.]
‹f181r°06--› {.«.88.».HY.RT.CX'F'O.C.XJ.C'F'O'R'CO.ER'EQ.C.I'DR.}
‹f181r°07--› {.C.NA.IX.HK.NA.CX'F'O.NA.O.I.N.IX.HK.RT.CX.XV.O.}
‹f181r°08--› {.C.I.CX'F'O.Z.C'XV.C.C'M.IG.Z.C.I.XB.C.I.}
‹f181r°09--› {.CX'F'O.Z.C'M.C'EY.C.A.CE.F.O.I.CX'F'O.}

folio 181 verso

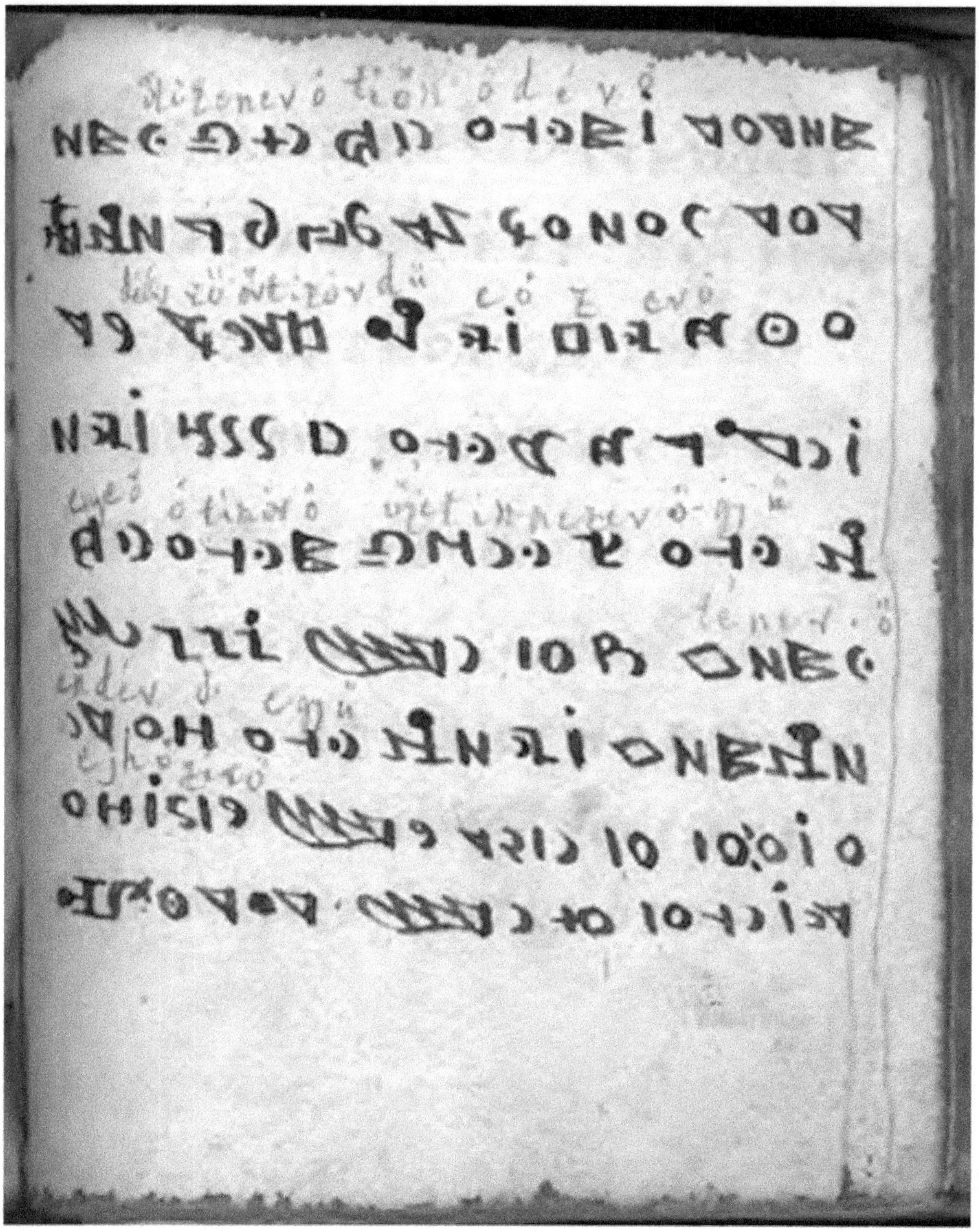

<f181v°01--> {.B.XH.D'O'D.IX.B.CX'F'O.C.I.Y.C'T.BU.QX.B'N.}
<f181v°02--> {.D'O'D.Q.O.N.O.QT.AG'D.QV'KE'BB.DP.N'J0'C0.}
<f181v°03--> {.O.OX.NA.HK.I.XJ.IX.HK.BH.XJ'D'CO'BY.CO'D.}
<f181v°04--> {.IX.C'D'O.DP.NA.V.CX'F'O.O.S'S'ST.IX.HK.N'J0.}
<f181v°04f°> [Fissum: <f181v°04> .N. and <f181v°05> .J0.]
<f181v°05--> {.«.88.».CX'F'O.HY.CX.C'XV.I.BU.B.CX'F'O.CX.Y.}
<f181v°06--> {.QX.B'N.EU.L.C.I.O.I.C'M.HX'H'H.YE.}
<f181v°07--> {.N'J0.B'N.EU.IX.HK.N'J0.CX'F'O.F.I.O.D.C.}
<f181v°08--> {.O.IX.O'X2'O'I.O.I.C.I.XB.D.CO.M.CO.I.S.IX.F.I.O.}
<f181v°09--> {.D.C.IX.C'XV.O.I.O.T.C'M.D'O'D.OX.RT'NB.}

folio 182 recto

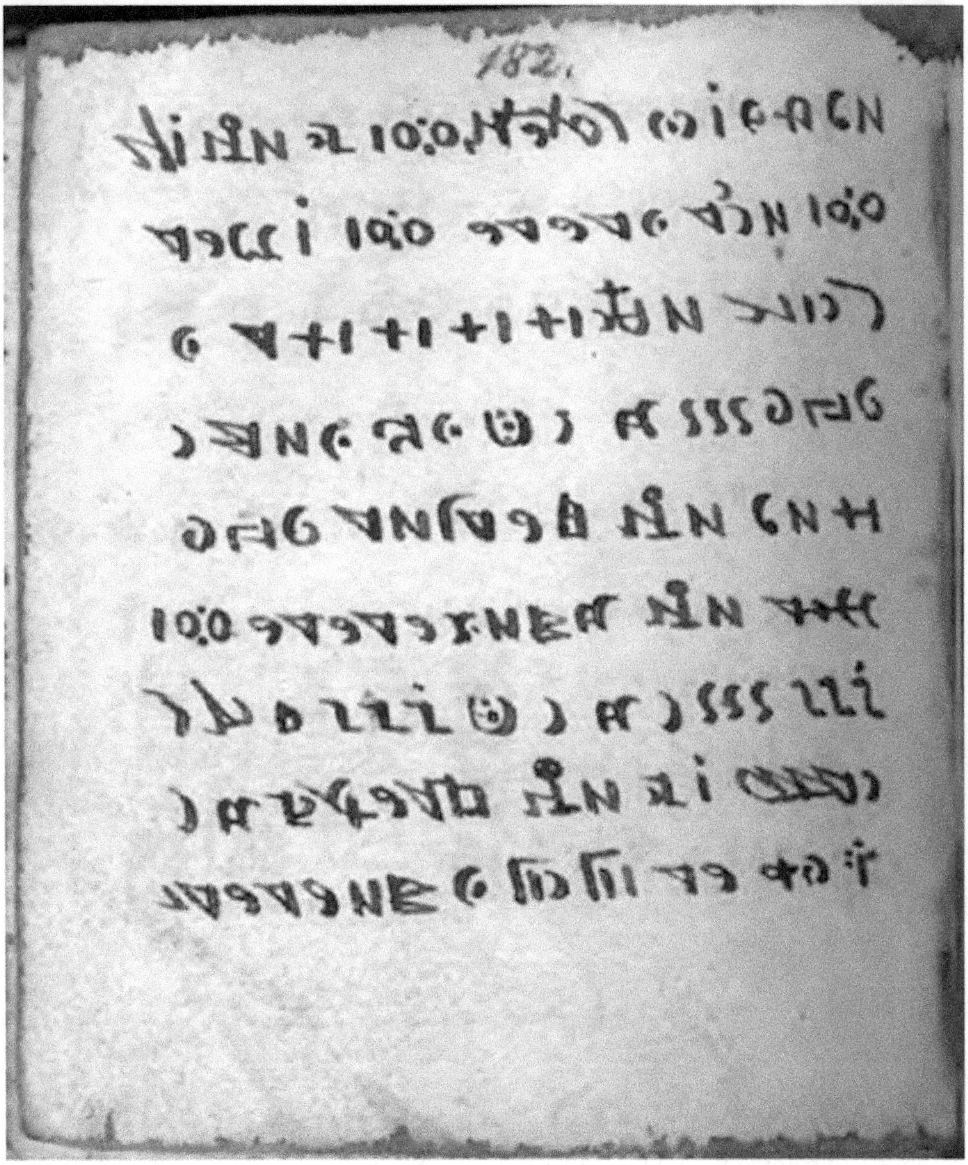

<f182r°01--> {.N'QV.AC.QE.IX.Z.L.OB.I.CO.I.C'I'Q.O'X2'O'I.HK.N'J0.IX.II.A.}
<f182r°02--> {.O'X2'O'I.N.CC'D.QX.D'CO'D'CO.O'X2'O'I.IX.W'CO'D.}
<f182r°03--> {.L.C'I'KC.N'C0.I'T'I'T'I'T'I'T.D.QX.}
<f182r°03t°> [Trānslātiō: "...(was) Christ risen forty days..."]
<f182r°04--> {.QV'KE'BB.S'S'S.NA.C'NP.QX.Y.QX.N.DB.C.}
<f182r°04t°> [Trānslātiō: "...when many disciples were added to you in Jerusalem..."]
<f182r°05--> {.I.T.N'QV.N'J0.BW.CO'D'R'N'D.QV'KE'BB.}
<f182r°06--> {.Q.Q.CX.D.N'J0.NA.B'N.QX.CO'D'CO'D'CO.O'X2'O'I.}
<f182r°07--> {.HX'H'H.S'S'S.C.NA.C'NP.HX'H'H.O.UC.L.}
<f182r°08--> {.C'M.IX.HK.N'J0.XJ'D'CO'BY.HY.NA.C.}
<f182r°09--> {.I'X4.C.Q.MN.CO'D.I'AE.C'AE.QX.B'N.CO'D'CO'D'K.}

folio 182 verso

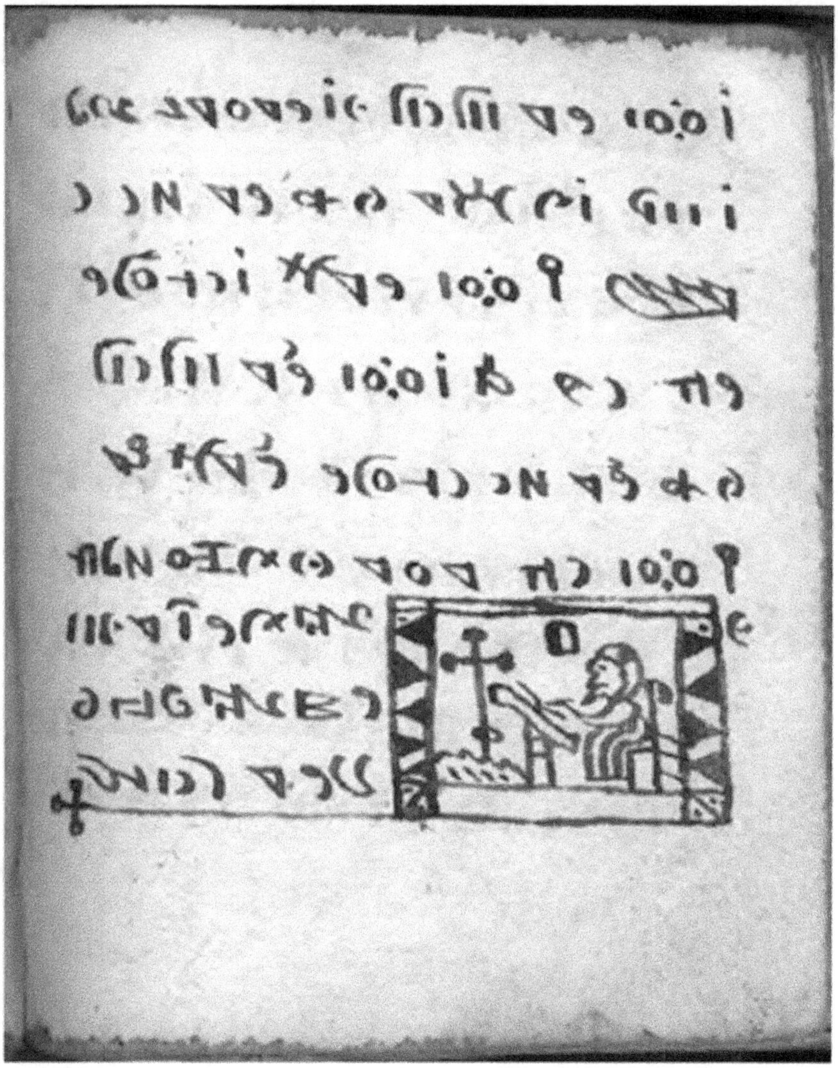

‹f182v°01--› {.IX.O'X2'O'I.CO'D.I'AE.C'AE.QX.IX.CO'D'O'D'K.U'QV.}
‹f182v°02--› {.IX.I'I'G.IX.RT'XI'D.C.Q.MN.CO'D.N.C.C.}
‹f182v°03--› {.M.IG.O'X2'O'I.CO'D'R'T.IX.C'F'O'R'CO.}
‹f182v°04--› {.CO.I'T.C.BS.EQ.IX.O'X2'O'I.CC'D.I'AE.C'AE.}
‹f182v°05--› {.C.Q.MN.CC'D.N.C.C'F'O'R'CO.CC.D'R'T.S'D.}
‹f182v°06--› {.IG.O'X2'O'I.C'I'T.D'O'D.Z'RT'NB.N'QV.AC.}
‹f182v°06t°› [Trānslātiō: "Amen! ...Hear the holy Word...before..."]
‹f182v°07R0› {.QE.}
‹f182v°07i°› [Illūstrātiō: P-74:LRSR Man sitting at desk, writing, w/ Cross staff & window.]
‹f182v°07L0› {.BA.RT'CO'IH'D.QX.I.I.}
‹f182v°07t°› [Trānslātiō: "...of Saint Luke in the second..."]
‹f182v°08--› {.CO.B'BA.QV'KE'BB.}
‹f182v°08t°› [Trānslātiō: "...chapter of his when..."]
‹f182v°09--› {.W'CO'D.L.C'I'KC.}
‹f182v°09t°› [Trānslātiō: "...(you) were risen..."]
‹f182v°09d°› [DĪVĪSIŌ.]

folio 183 recto

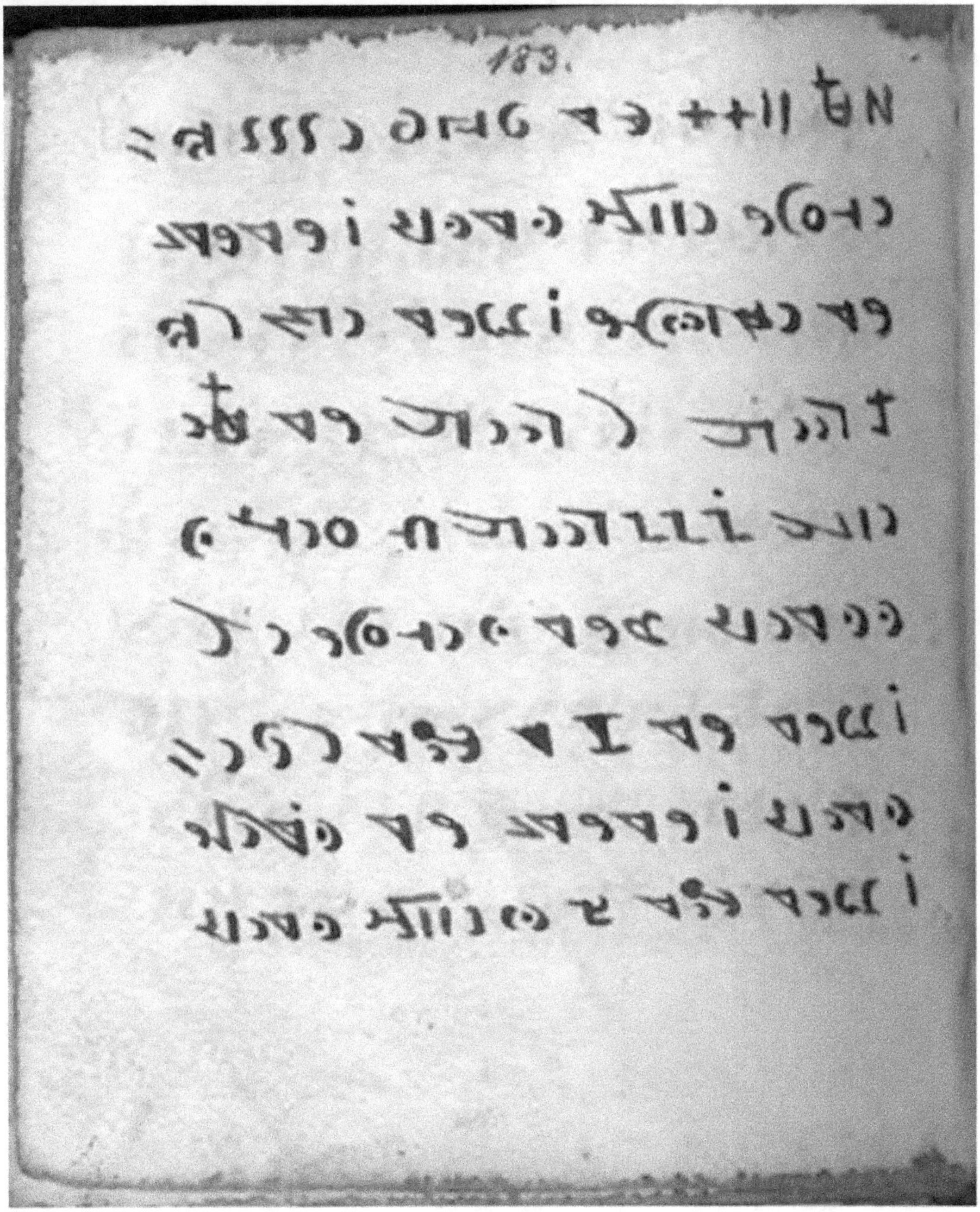

‹f183r°01--› {.N.NT.I'I'T'T.CY.D.QV'KE'BB.C.S'S'S.Y.≈.}
‹f183r°02--› {.C'F'O'R'CO.C.I.I'AG.C.CX.D.CX'HA.IX.CO'D'CO'D'K.}
‹f183r°03--› {.CO'D.C.|.K.|.I.Z.R.CO.IX.W'CO'D.C'IZ.L.Y.}
‹f183r°04--› {.T.K.L'C'C.XV'C.L.L'C'C.XV'C.CO'D.C0.}
‹f183r°05--› {.C'I'KC.HX'H'H.L'C'C.XV'C.AC.O.CO.BG.QX.}
‹f183r°06--› {.CX'CX.D.C.HA.V.CO'D.QX.C'F'O'R'CO.C.II.C.}
‹f183r°07--› {.IX.W'CO'D.CO'D.BC.D.CE'O.C.D.L.C.Q.C.≈.}
‹f183r°08--› {.CX.D.C.HA.IX.CO'D'CO'D'K.CO'D.CX.X.DL.C.AG.CO.}
‹f183r°09--› {.IX.W'CO'D.CE'O.C'D'HY.Z.C.I.I'AG.C.CX.D.C.KI.}

folio 183 verso

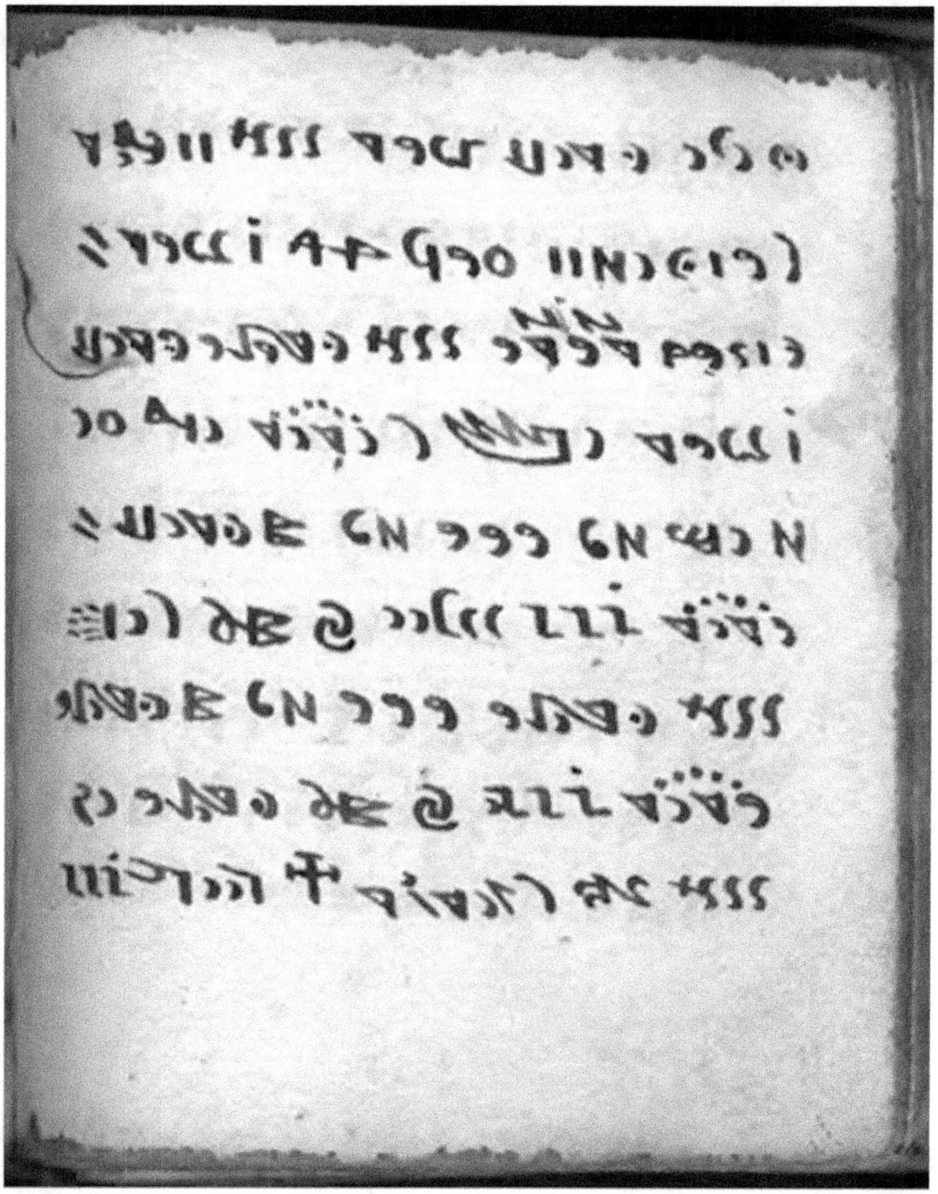

‹f183v°01--›	{.Z.Q.C.C.CX.D.C.KI.W'CO'D.S'S'ST.I.I.QE.D.}
‹f183v°02--›	{.L.CO.I.QX.C.N.I.I.O.CO.QT.TA.L.IX.W'CO'D.≈.}
‹f183v°03--›	{.CE.I.S.CO.DR.D'CO.D'CO.S'S'ST.CX.C.CO.AG.CO.CX.D.C.HA.}
‹f183v°03T0›	{.N.N.}
‹f183v°03n°›	[Notā Bene: ‹f183v°03T0› symbols are over (.CO'D.CO'D.) in ‹f183v°03› above.]
‹f183v°04--›	{.IX.W'CO'D.C'M.L.(.C'D'C'D.).C'BD.O.C.}
‹f183v°05--›	{.N.C.BR.N'QV.CO'CO'CO.N'QV.B.CX.D.C.KI.≈.}
‹f183v°06--›	{.(.CO'D'CO'D.).HX'H'H.Q'Q'R'C.CO.CQ.B'CV.L.C'UM.}
‹f183v°07--›	{.S'S'ST.CX.DL.C.CO'CO'CO.CO.N'QV.B.CX.DL.C.AG.CO.}
‹f183v°08--›	{.(.CO'D'C'D.).HX'H'HK.CQ.B'CV.CX.DL.C.AG.CO.C.XB.}
‹f183v°09--›	{.S'S'ST.BA.L.A.C.D.C.J.D.EM.L'C'C.XV'C.HX'H'H.}

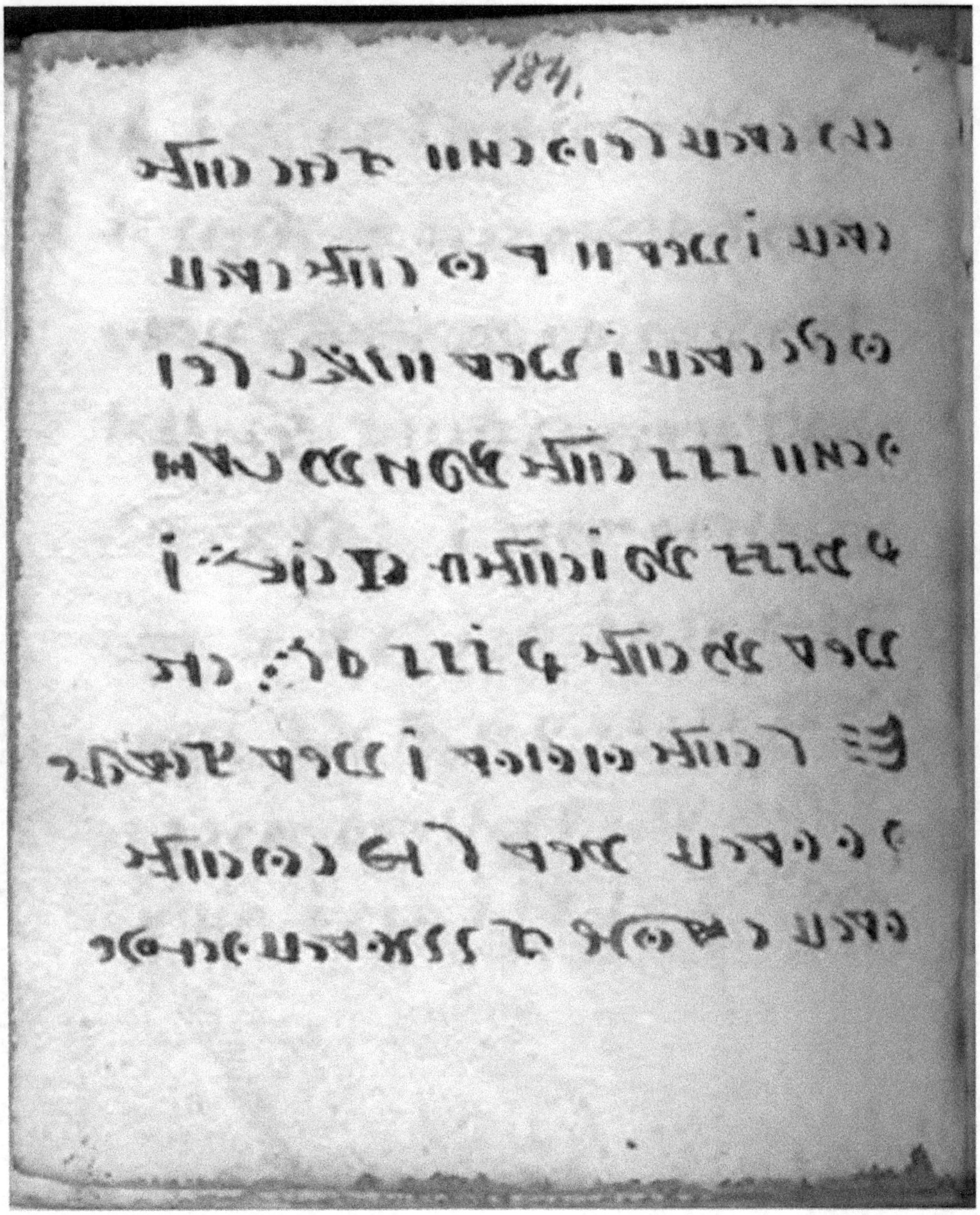

‹f184rº01--› {.C.K.Q.C.D.C.KI.L.CO.I.QX.C.N.I.I.HY.C.A.C.C.I.I'AG.C.}
‹f184rº02--› {.C.D.C.KI.IX.W'CO'D.I.I.D.Z.C.I.I'AG.C.C.D.C.KI.}
‹f184rº03--› {.Z.Q.C.C.CO'D.C.KI.IX.W'CO'D.I'I'I.K.X.K.C.L.CO.I.}
‹f184rº04--› {.QX.C.N.I.I.HX'H'H.C.I.I'AG.C.UD.N.UD.CU'D.YW.}
‹f184rº05--› {.QT.V.H'HF'H.UD.IX.C.I.I'AG.C.AC.C.BC.C.IX.CA.I.X2.IX.}
‹f184rº06--› {.W'CO'D.UD.C.I.I'AG.C.QT.HX'H'H.O.L.X4.C'XV.C.}
‹f184rº07--› {.«.99.».L.C.I.I'AG.C.CX'I'CX'I'CX'D.IX.W'CO'D.HY.C.DL.C.AG.CO.}
‹f184rº07aº› [Abbreviatiōnem: .«.99.».=Animal paw print.]
‹f184rº08--› {.QX.CX'CX.D.C.KI.V.CO'D.L.F.G.C.Z.C.I.I'AG.C.}
‹f184rº09--› {.CX.D.C.KI.C.YW'R.Z.CO.HM.S'S'S.CX.D.C.KI.QX.C'F'O'R'CO.}

folio 184 verso

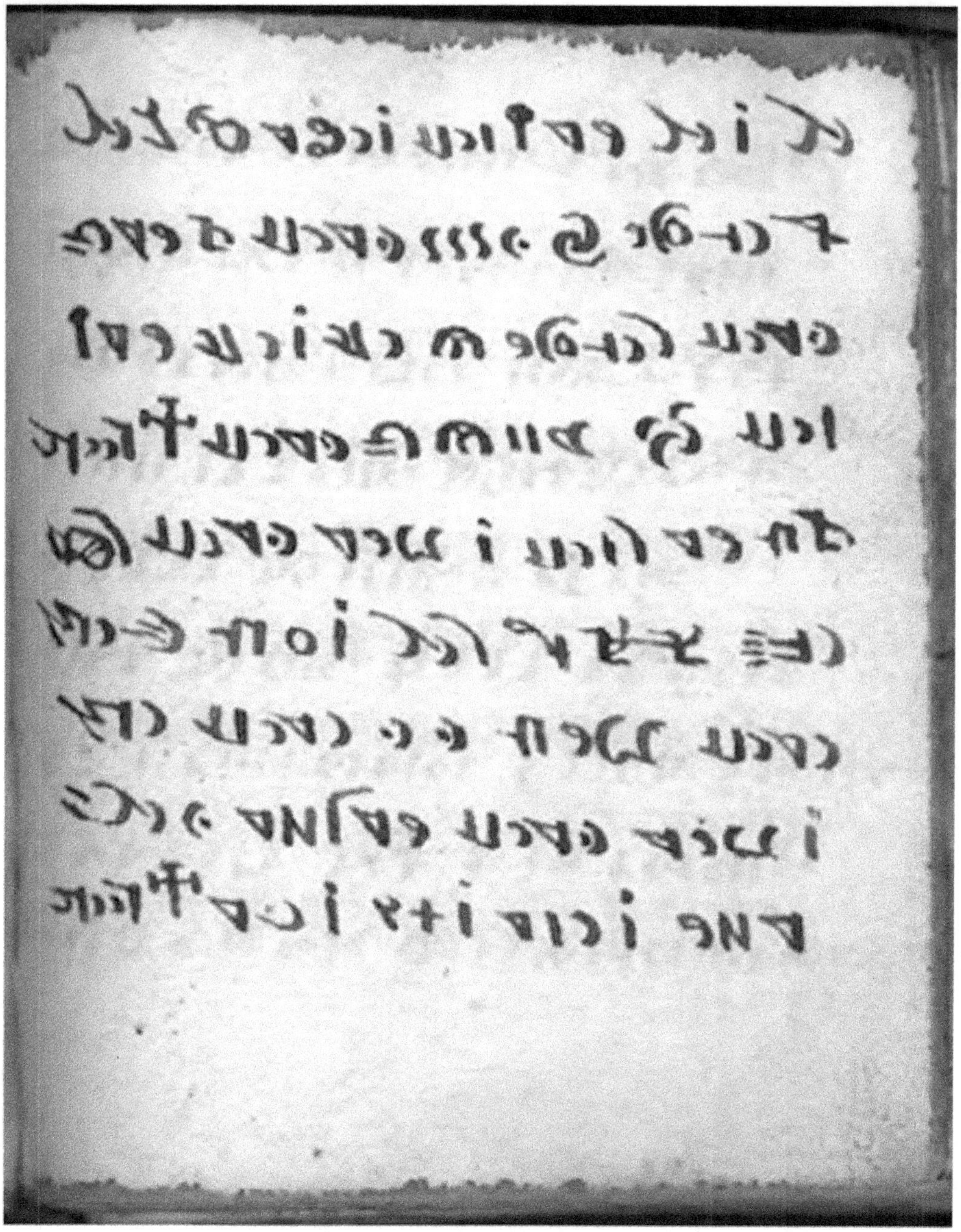

‹f184v°01--› {.CA.C.IX.CA.C.CO'D.IG.I.C.KI.IX.C.BF.D.OB'Q.K'C.CA.C.}
‹f184v°02--› {.BI.C'F'O'R'CO.CQ.QX.S'S'S.CX.D.C.KI.HM.CO'D.BU.}
‹f184v°03--› {.CX.D.C.KI.L.C'F'O'R'CO.NH.C.KI.IX.C.KI.CO'D.IG.}
‹f184v°04--› {.I.C.KI.BP.V.I.I.NX.BU.CX.D.C.KI.EM.L'C'C.XV'C.}
‹f184v°05--› {.HM.AC.CO'D.L.I.C.KI.IX.W'CO'D.CX.D.C.KI.L.BK.D.}
‹f184v°06--› {.C.XF.PF.HT.HY.I.LO.L.CA.C.IX.O.AC.BK.C'IZ.}
‹f184v°07--› {.C.D.C.KI.W.CO.AC.CX'CX.C.D.C.KI.C'IZ.}
‹f184v°08--› {.IX.W'CO'D.CX.D.C.KI.CO'D'R'N'D.QX.CA.BK.}
‹f184v°09--› {.D.N.CO.IX.CO.I.D.IX.T.XB.IX.CU'D.EM.L'C'C.XV'C.}

folio 185 recto

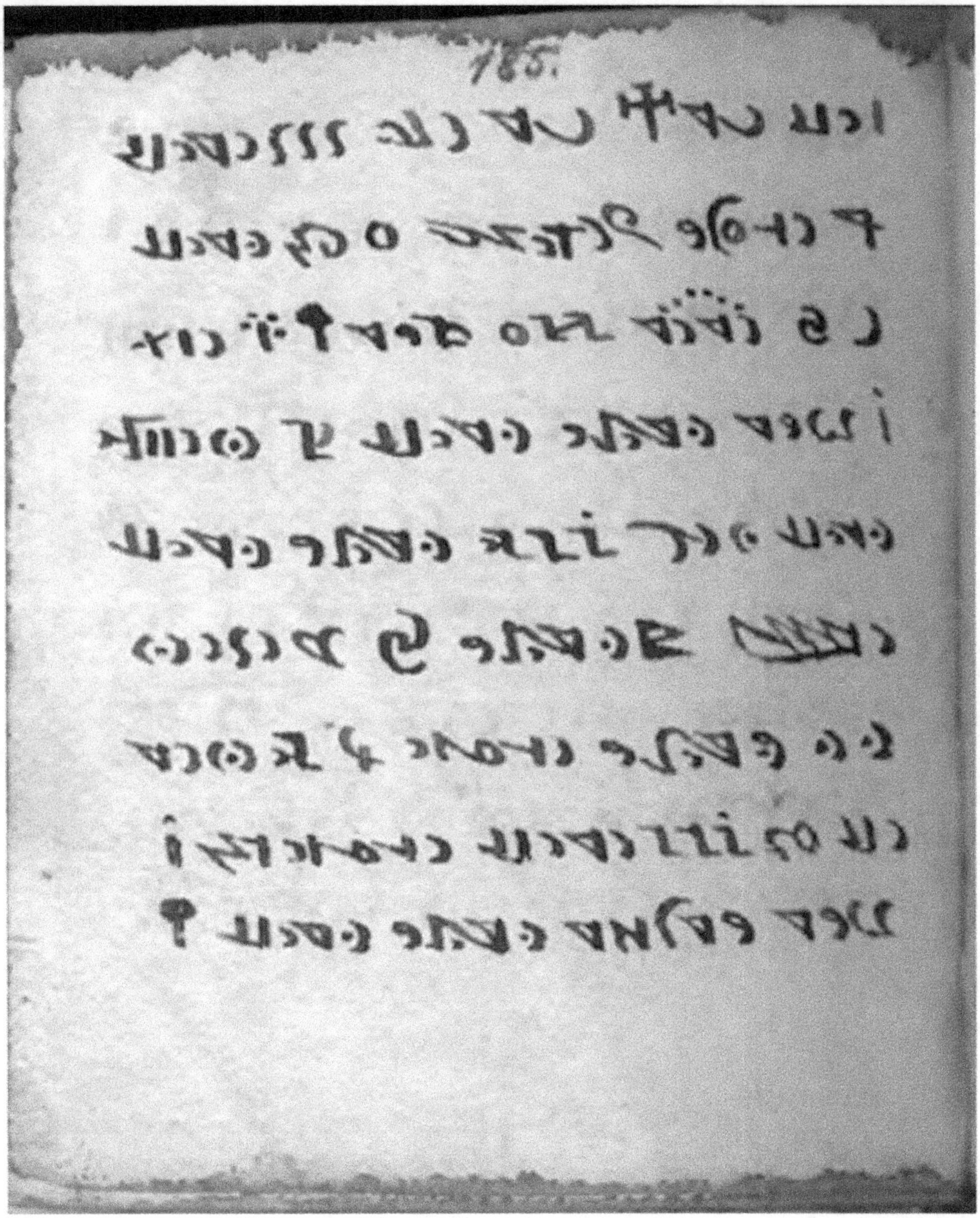

‹f185rº01--›	{.I.C.KI.CU'D.EM.CU'D.C.KI.S'S'S.C.D.C.KI.}
‹f185rº02--›	{.BI.C'F'O'R'CO.DN.C'T.C.AG.C.O.C'IZ.CX.D.C.KI.}
‹f185rº03--›	{.C.CQ.(.C'D'C'D.).HF'H.O.HM.CO'D.IG.I'X4.C.I.EY'J.}
‹f185rº04--›	{.IX.W'CO'D.CX.DL.C.AG.CO.CX.D.C.KI.HY.Z.C.I.I'AG.C.}
‹f185rº05--›	{.CX.D.C.KI.QX.CA.C.HX'H'HK.CX.DL.C.AG.CO.CX.D.C.KI.}
‹f185rº06--›	{.C'M.B.CX.DL.C.AG.CO.CQ.V.C'S'C.Z.}
‹f185rº07--›	{.CX'CX.CX.DL.C.AG.CO.C'XV'OB'I'C.QT.HK.Z.C.D.}
‹f185rº08--›	{.C.KI.O.S.HX'H'H.C.D.C.KI.C'XV'OB'I'C.IZ.IX.}
‹f185rº09--›	{.W'CO'D.CO'D'R'N'D.CX.DL.C.AG.CO.CX.D.C.KI.IG.}

folio 185 verso

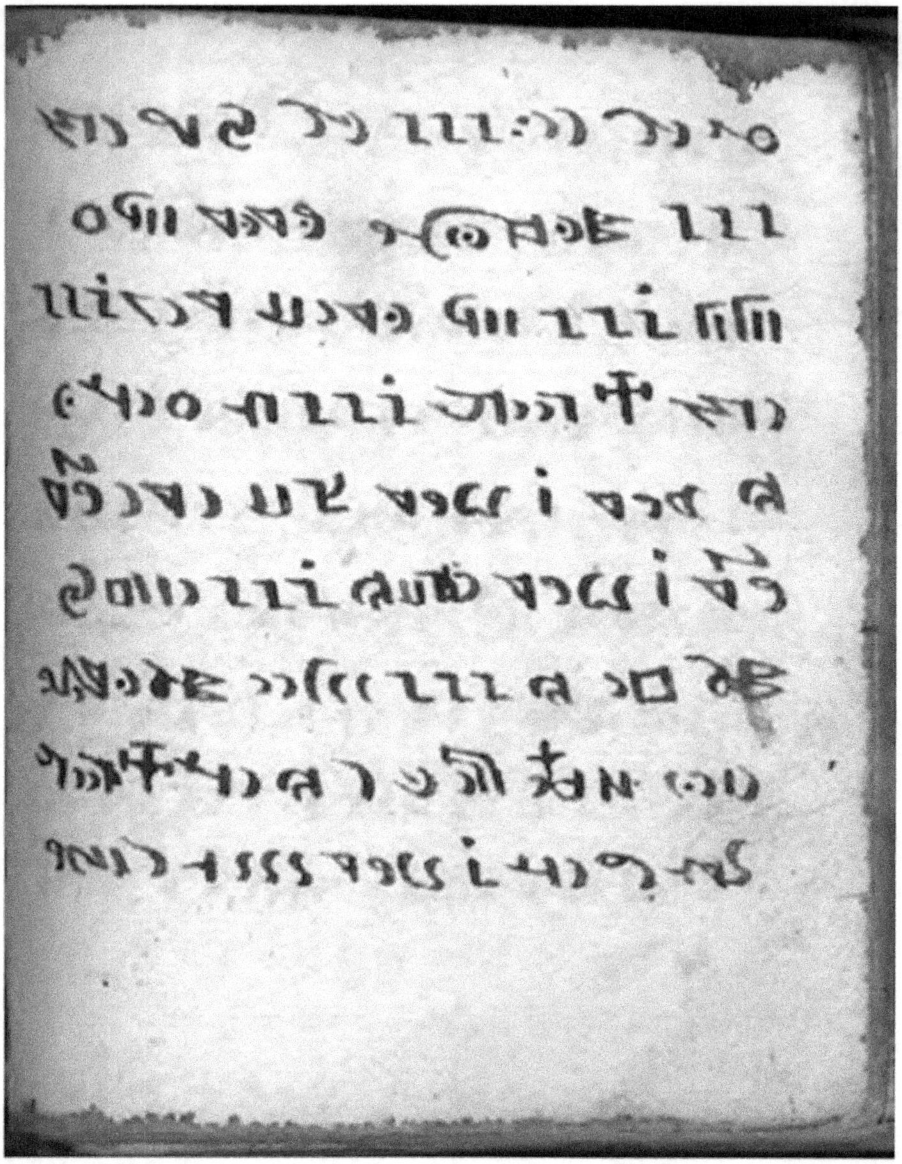

‹f185v°01--› {.OB.C.CA.C.C.L'X2.H'H'H.CA.C.CQ.XV'O.C'IZ.}
‹f185v°02--› {.H'H'H.B.CX.D.I.Z.R.CO.CX'D'CX'D.I'I'G.O.}
‹f185v°03--› {.I.AE'AE.HX'H'H.I'I'G.CX.D.C.KI.DP.C.A.HX'H'H.}
‹f185v°04--› {.C'IZ.EM.L'C'C.XV'C.HX'H'H.AC.O.C'BG.QX.}
‹f185v°05--› {.Y.V.CO'D.IX.W'CO'D.HY.KI.C.D.C.CO'D.}
‹f185v°05T1› {.N.}
‹f185v°05n°› [Notā Bene: ‹f185v°05T1› symbol is over final (.CO'D.) in ‹f185v°05› above.]
‹f185v°06--› {.CO'D.IX.W'CO'D.C'IZ.L.KI.Y.HX'H'H.C.I.I.AC.CQ.}
‹f185v°06T2› {.N.}
‹f185v°06n°› [Notā Bene: ‹f185v°06T2› symbol is over initial (.CO'D.) in ‹f185v°06› above.]
‹f185v°07--› {.B'CV.XJ.C.Y.HX'H'H.I.Q'R'C'C.B'CV.CX.DL.C.AG.CO.}
‹f185v°08--› {.C.I.Z.N'C0.EF.C.BK.L.Y.C'BG.EM.L'C'C.XV'C.}
‹f185v°09--› {.X.D.F.LO.C'BG.IX.W'CO'D.S'S'S.F.L.I.N.CO.}

folio 186 recto

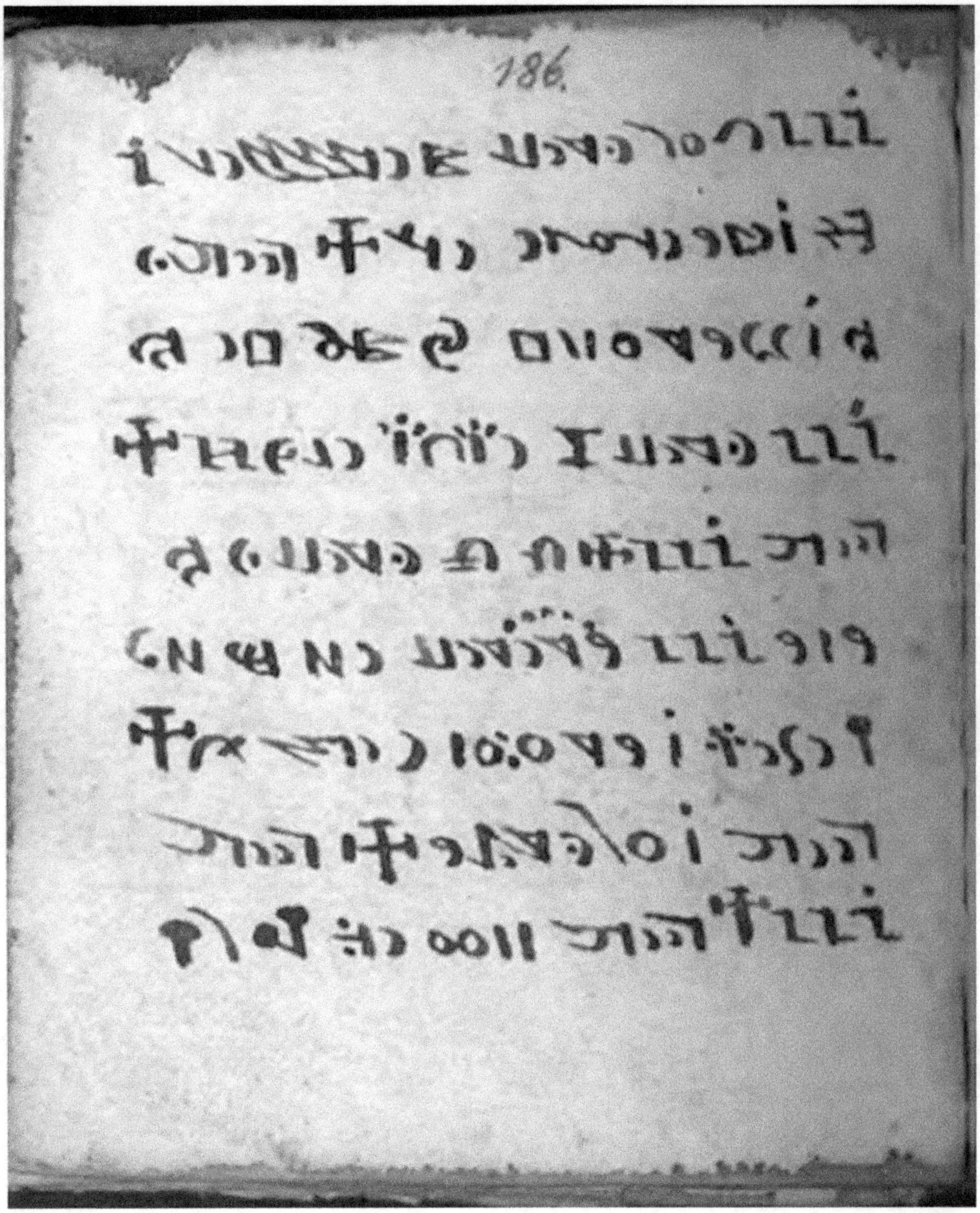

‹f186rº01--› {.HX'H'H.XD.O.L.CX.D.C.KI.B.C'M.C.K.HX.}
‹f186rº02--› {.CE.AG.IX.C.A.CO.C'XV'OB'I'C.C'BG.EM.LA.C.C'XV.Z.}
‹f186rº03--› {.Y.IX.W'CO'D.O.I'I'XJ.CQ.B'CV.XJ.C.Y.}
‹f186rº04--› {.HX'H'H.CX.D.C.KI.BC.C.I'X3.XD.I'X3.C.K.QE.HF'H.EM.}
‹f186rº05--› {.L'C'C.XV'C.HX'H'H.YW.AC.BU.CX'CX.D.C.KI.QX.Y.}
‹f186rº06--› {.CO'I'CO.HX'H'H.(.CO'D'C'D.).C.KI.C.N.BR.N'QV.}
‹f186rº07--› {.IG.C'S'C.I'X4.IX.CO'D.O'X2'O'I.C.C'IZ.RT.EM.}
‹f186rº08--› {.L'C'C.XV'C.IX.O.L.CX.DL.C.AG.CO.EM.L'C'C.XV'C.}
‹f186rº09--› {.HX'H'H.EM.L'C'C.XV'C.I.I.O.O.C.F'X2.BH.L.IG.}

‹f186v°01--› {.C'S'C.I'X3.HM.CX.C.RT.EM.L'C'C.XV'C.Z.EM.AC.B'O'X2'O'I.}
‹f186v°02--› {.C.PQ.IX.B'O'X2'O'I.O.EK.IX.Z.RT.EM.L'C'C.XV'C.Z.}
‹f186v°03--› {.AC.B'O'X2'O'I.CA.XV'EY.CE.R.CO'D.C.IX.C'M.}
‹f186v°04--› {.CO'D'CO.BL.XD.N.CO.Z.C.QX.XV'EY.BL.AC.CO'DP'CO.}
‹f186v°05i°› [Illūstrātiō: P-75:BCLR Moon angel & Sun angel above three hills/graves.]
‹f186v°05R1› {.QX.O.Q.AV'I.}
‹f186v°05L1› {.NG.C.N.Q.}
‹f186v°06R2› {.O.I'XX.}
‹f186v°06L2› {.IX.}

folio 187 recto

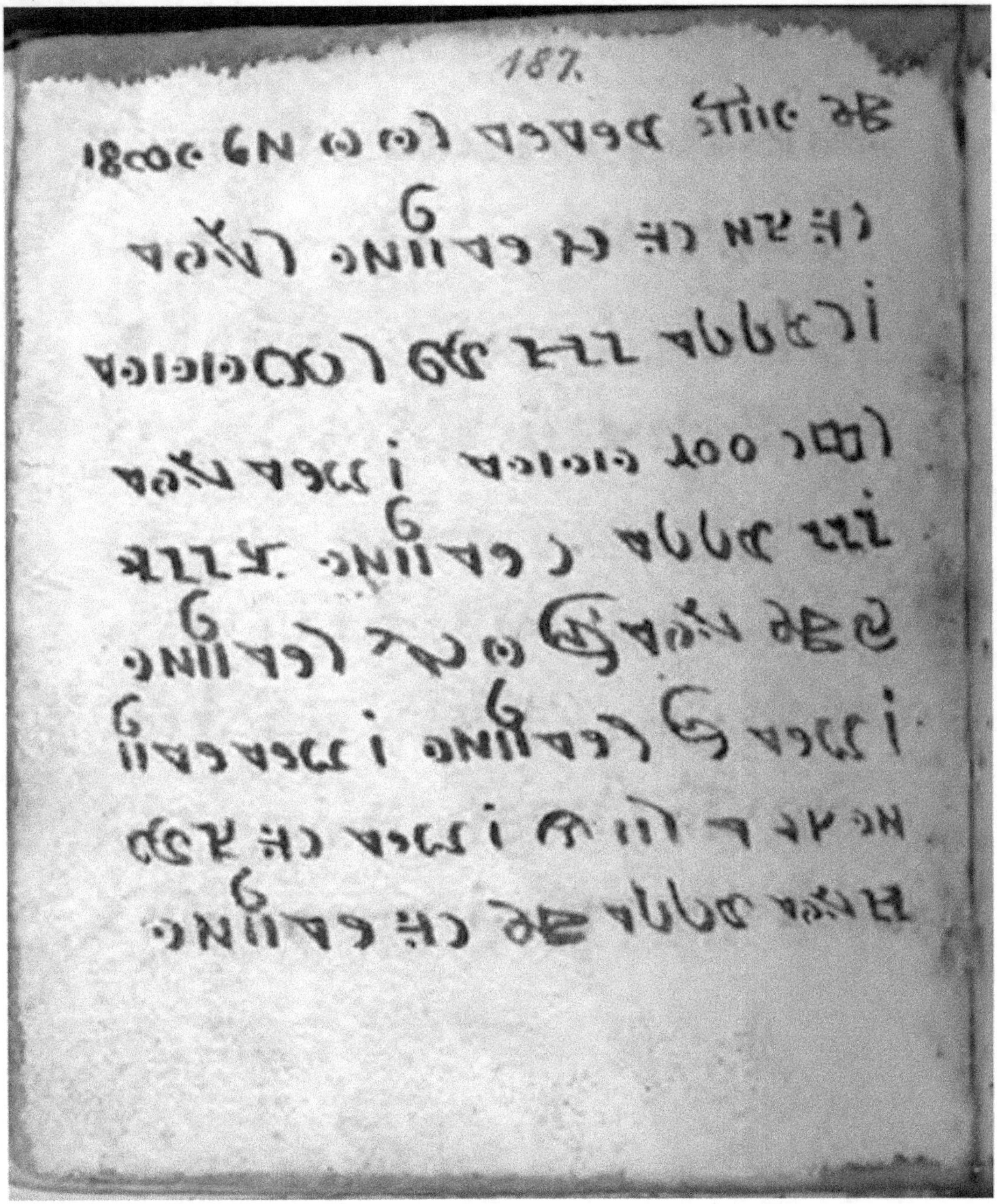

‹f187r°01--›	{.B'CV.QX.I'I'IU'C.V'CO'D'CO'D.L.Z.CX.Q.N'QV.QX.O.C.AV'I.}
‹f187r°02--›	{.C.F'X2.HY.N.C.F'X2.C'EY.CO'D.QV.I.I.N.CX.L.BG'J'C.C.Q.D.}
‹f187r°03--›	{.IX.L.V.NG.NG.D.H'HF'H.UD.L.BL.XD.CX'I'CX'I'CX'D.}
‹f187r°04--›	{.L.ER.C.O'O'P.CX'I'CX'I'CX'D.«.00.».IX.W'CO'D.BG'J'C.C.Q.D.}
‹f187r°05--›	{.HX'H'H.V.EO.EO.D.C.CO'D.QV.I.I.N.CX.ED.HX'H'HK.}
‹f187r°06--›	{.CQ.B'CV.BG'J'C.C.Q.D.CE.N.R.Z.KC.L.CO'D.QV.I.I.N.CX.}
‹f187r°07--›	{.IX.W'CO'D.CE.N.R.LO.CO'D.QV.I.I.N.CX.IX.W'CO'D.CO'D.QV.I.I.}
‹f187r°08--›	{.N.CX.EY.DS.DP.L.I.I.NX.IX.W'CO'D.C.F'X2.HY.UD.}
‹f187r°09--›	{.HF'H.BG'J'C.C.Q.D.V.NG.NG.D.B'CV.C.F'X2.CO'D.QV.I.I.N.CX.}

folio 187 verso

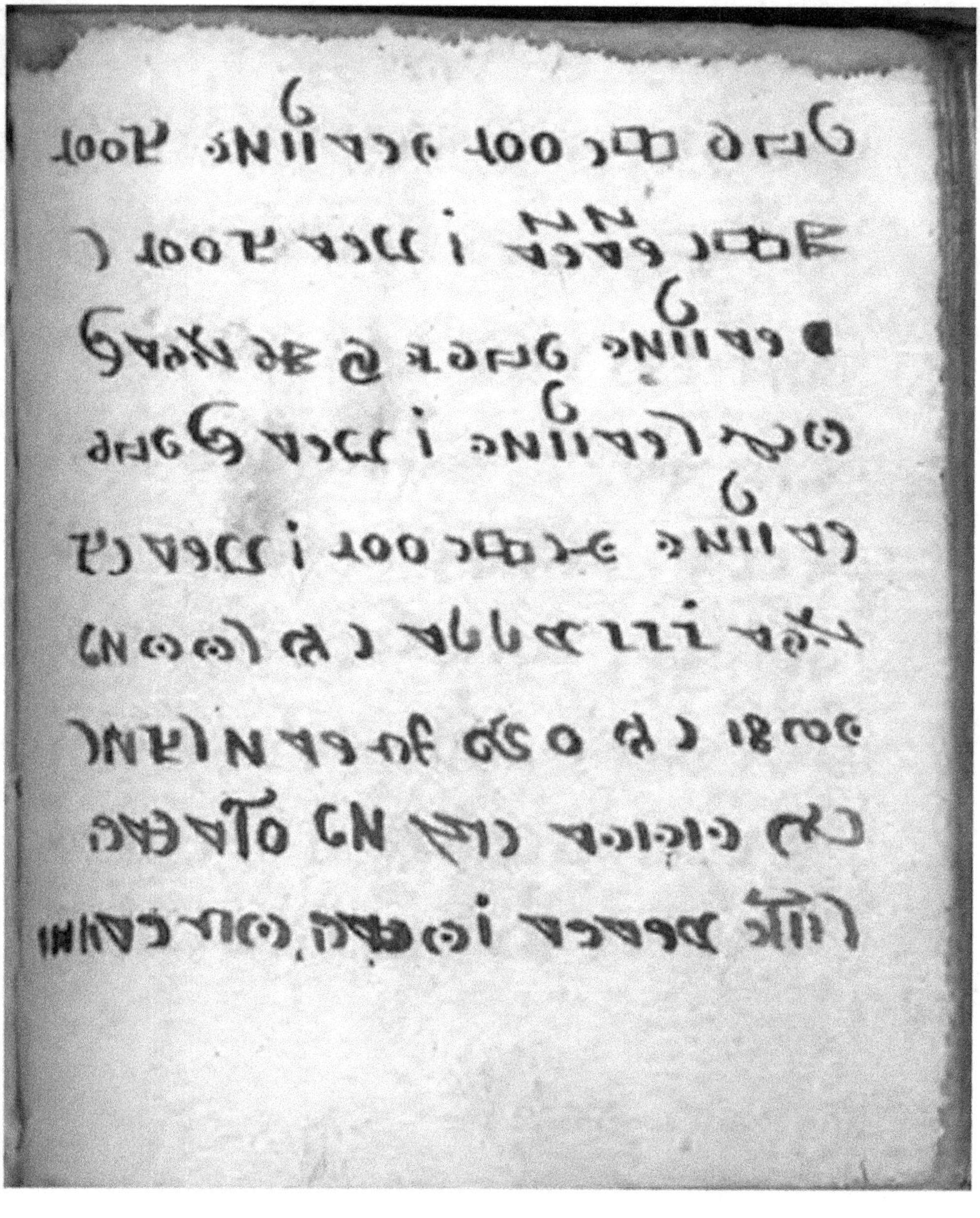

‹f187vº01-->›	{.QV'KE'BB.ER.C.O'O'P.QX.CO'D.QV.I.I.N.CX.HY.O'O'P.}
‹f187vº02-->›	{.B.ER.C.CO'D'CO'D.IX.W'CO'D.HY.O'O'P.L.}
‹f187vº02T0›	{.N.N.}
‹f187vº02nº›	[Notā Bene: ‹f187vº02T0› symbol is over (.CO'D.CO'D.) in ‹f187vº02› above.]
‹f187vº03-->›	{.|.Q.|.CO'D.QV.I.I.N.CX.QV'KE'BB.HK.CQ.B'CV.BG'J'C.C.Q.D.CE.N.R.}
‹f187vº04-->›	{.Z.KC.O.L.CO'D.QV.I.I.N.CX.IX.W'CO'D.CE.N.R.QV'KE'BB.}
‹f187vº05-->›	{.CO'D.QV.I.I.N.CX.QX.IR.C.ER.C.O'O'P.IX.W'CO'D.C.HY.}
‹f187vº06-->›	{.KB'X'C'Q'D.HX'H'H.V.NG.NG.D.C.NG.D.C.Y.L.Z.C.QX.N'QV.}
‹f187vº07-->›	{.QX.HM.AV'I.C.Y.O.UD.DQ.AC.CO'D.N.L.HY.N.L.}
‹f187vº08-->›	{.AD.H.CX'I'CX'I'CX'D.C'IZ.N'QV.O.IU.D.CE.D.CO.I.}
‹f187vº09-->›	{.L.I'I'IU'C.V'CO'D'CO'D.IX.Z.CE.D.CO.I.Z.AC.CO'D.I.I.N.I.}

folio 188 recto

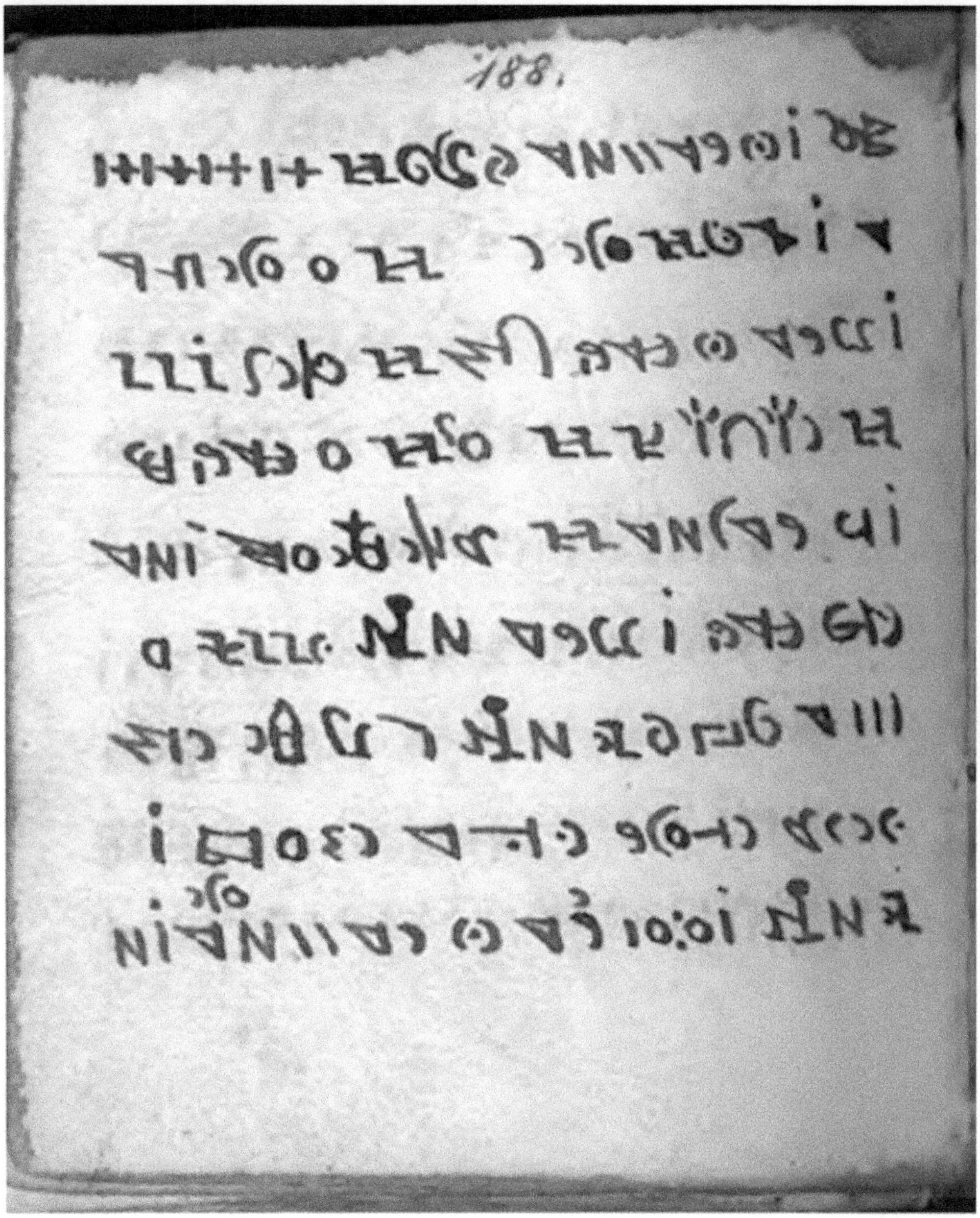

‹f188rº01-→	{.B'CV.IX.Z.CO'D.≈.N.D.C.Q.UD.HF'H.T'I'T'I'T'I'T'I.D.}
‹f188rº01fº›	[Fissum: ‹f188rº01› .T'I'T'I'T'I'T'I. and ‹f188rº02› .D.]
‹f188rº02-→	{.«.88.».IX.BI.NP.HF'H.O.R.C.L.«.00.».HF'H.O.O.R.C.AC.DP.}
‹f188rº03-→	{.IX.W'CO'D.Z.CE.D.CO.I.L.I.BO.HF'H.XB.C.S.HX'H'H.}
‹f188rº04-→	{.HF'H.C.I'XX.XD.I'XX.HY.HF'H.O.R.HF'H.O.CE.D.CO.I.BR.}
‹f188rº05-→	{.IX.IJ.CO'D'R'N'D.HF'H.V.XB.C.C0.O.DB'J.I.N.D.}
‹f188rº06-→	{.C.A.QV.CE.D.CO.I.IX.W'CO'D.N'J0.QX.H'H'HT.O.}
‹f188rº07-→	{.I'I'I.D.QV'KE'BB.HK.N'J0.L.W.BW.C.give.}
‹f188rº08-→	{.QX.CO.Q.V.C'F'O'R'CO.CX.XV.X.D.C.BO.O.E.IX.}
‹f188rº09-→	{.HK.N'J0.IX.O'X2'O'I.CC'D.Z.CO'D.≈.N.O.R.C.D.IX.N.}

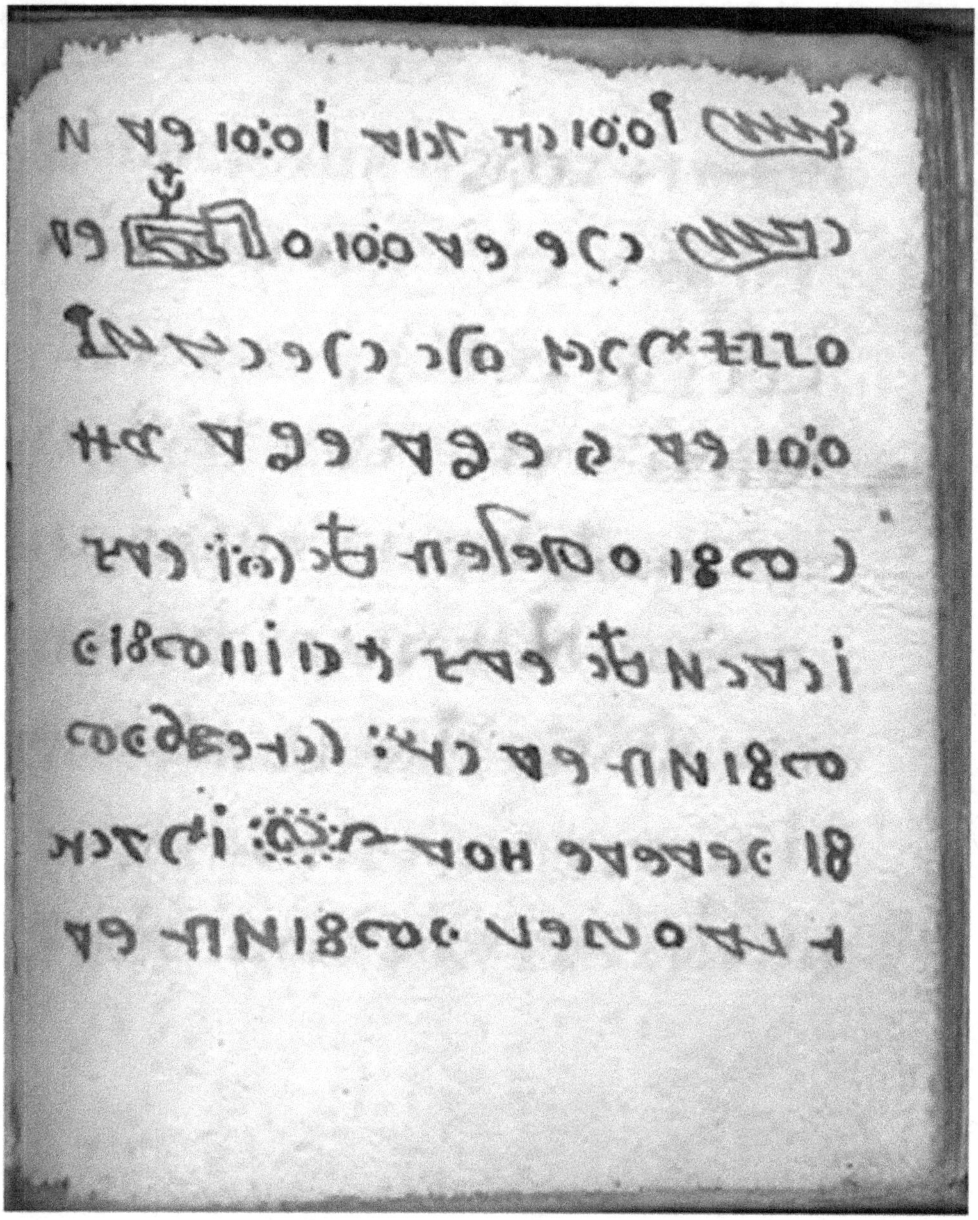

‹f188vº01--› {.CC.M.IG.O'X2'O'I.C'I'T.A.C.I.D.IX.O'X2'O'I.CO'D.N.}
‹f188vº02--› {.C'M.C.RB.CO.CO'D.O'X2'O'I.O.«.99.».CO'D.}
‹f188vº02aº› [Abbreviatiōnem: .«.99.».=Crypt/Galgotha; 3/3.]
‹f188vº02qº› [Quod Vidē: ‹f095vº08› and ‹f097vº03›.]
‹f188vº03--› {.O.H'H'HT.RT.R.C.A.O.R.C.C.R.CO.C.N.N.IG.}
‹f188vº04--› {.O'X2'O'I.CO'D.C.Q.CO'BF'D'CO'BF'D.V'T'T.}
‹f188vº04tº› [Trānslātiō: "We (who) are faithful conquered evil."]
‹f188vº05--› {.C.OI'AV'I.O.EG.CO.R.CO.AC.C0.L.Z.I'X3.CO'D'HY.}
‹f188vº06--› {.IX.C.D.C.N'C0.CO'D'HY.LT.C.I.IX.I.I.OI'AV'I.QX.}
‹f188vº07--› {.OI'AV'I.N.AC.CO'D.C.BG'J'C.X2.L.C.F.CO.B'CV.QX.OI.}
‹f188vº08--› {.AV'I.QX.CO'D'CO'D'CO.F.I.O.D.RT.((.AD.)).IX.RT.A.C'XV.C.}
‹f188vº09--› {.F.K.D.O.AD.CO.K.QX.OI'AV'I.N.AC.CO'D.}

folio 189 recto

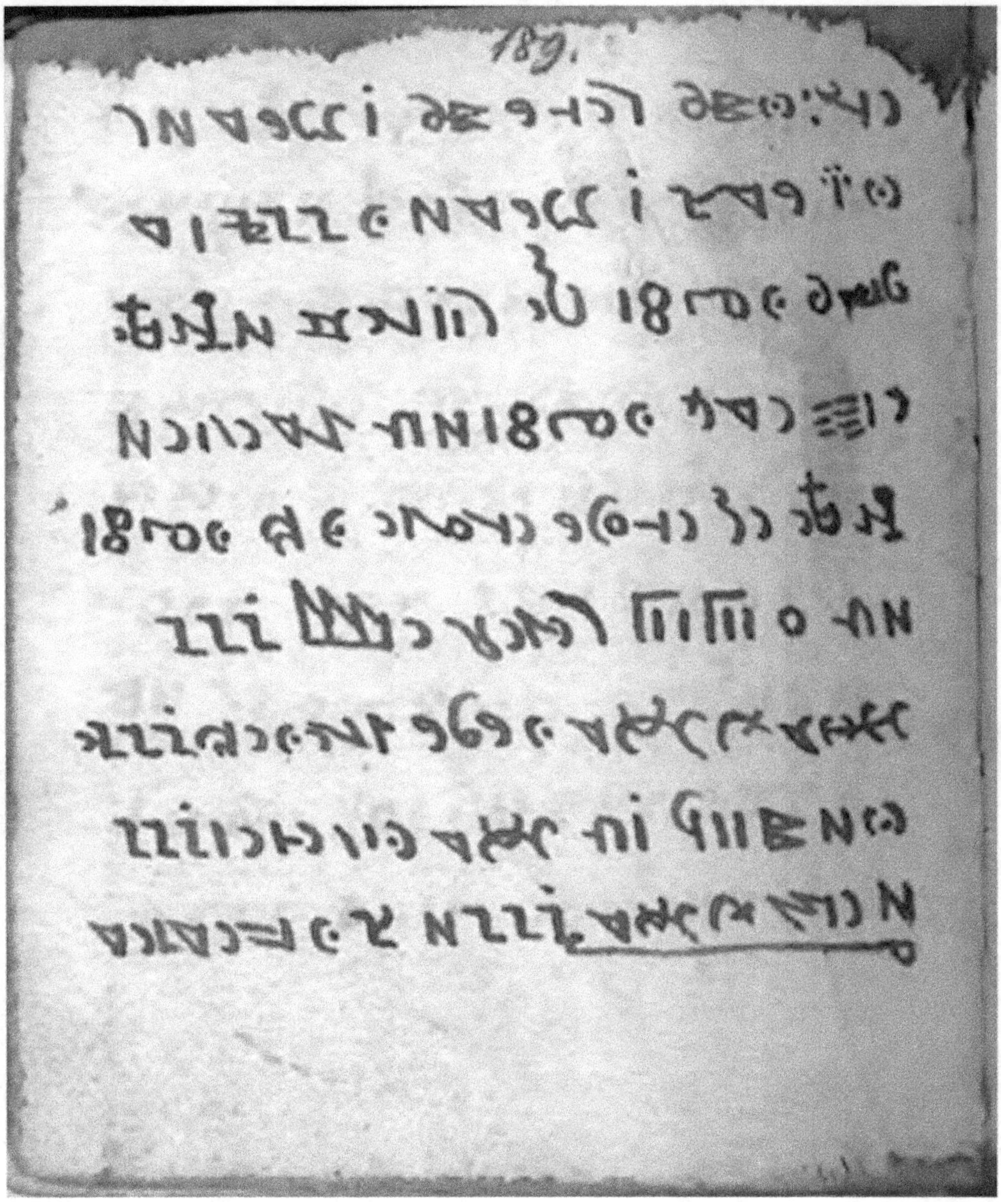

‹f189rº01-->› {.C'XV.C.X2.Z.B'CV.L.C.F.CO.B'CV.I.W'CO'D.N.L.}
‹f189rº02-->› {.Z.I'X4.CO'D'HY.IX.W'CO'D.N.QX.H'H'HF'I'D.}
‹f189rº03-->› {.QV'KE'BB.QX.OI'AV'I.NG.C.L.I.IX.XV.C.XF.I.N'J0'C0.}
‹f189rº04-->› {.C'UM.C.D.LT.QX.OI'AV'I.N.AC.AG'D.C.J.I.C.N'J0'C0.}
‹f189rº04fº› [Fissum: ‹f189rº04› .N. and ‹f189rº05› .J0'C0.]
‹f189rº05-->› {.«.88.».C.CC.C'F'O'R'CO.C'XV.OB.I.Z.Y.QX.OI'AV'I.}
‹f189rº06-->› {.N.AC.O.I'AE.I'AE.L.C.A.C.EN.C'M.HX'H'H.}
‹f189rº07-->› {.|.Q'Q'Z'V.|.RT'XI'D.QX.CO'QV.CO.A.K.Z.C.Y.HX'H'HK.}
‹f189rº08-->› {.Z.N.B.I'I'G.IX.AC.XI'D.CX.I.I.C'EY.C.I.HX'H'H.}
‹f189rº09-->› {./.N.C'IZ.RT'XI'D.\.HX'H'H.N.HY.QX.BK.C.D.QA.C.D.}

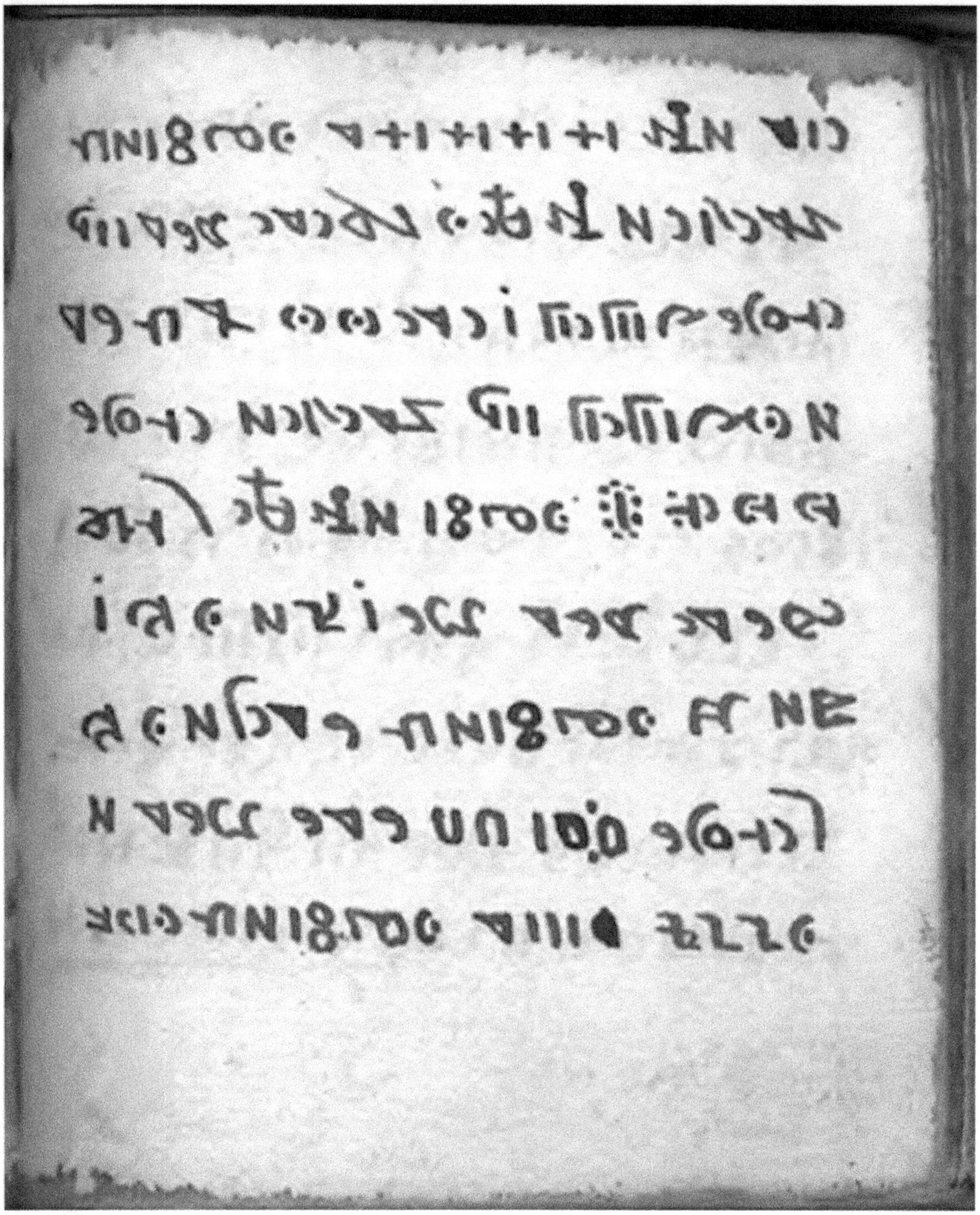

‹f189v°01--> {.C.I.D.N'J0.I'T'I'T'I'T'I'T.D.QX.OI'AV'I.N.AC.}
‹f189v°02--> {.AG'D.C.J.I.C.N'J0'C0.QX.KB.D.C.D.C.V.CO'D.I'I'G.}
‹f189v°03--> {.C'F'O'R'CO.RT.I'AE.C'AE.IX.C.D.C.Z.C.QX.BI.AC.CO'D.}
‹f189v°04--> {.N.CX.RT.I'AE.C'AE.I'I'G.AG'D.C.J.I.N.C'F'O'R'CO.}
‹f189v°05--> {.F.Q.F.Q.C.F'X2.((.I.)).QX.OI'AV'I.N'J0'C0.L.F.I.CV.}
‹f189v°06--> {.UC.CO'D.C.V.CO'D.W.CO.IX.HY.N.QX.Y.IX.}
‹f189v°07--> {.B'N.NA.QX.OI'AV'I.N.AC.CO'D.C.R.N.QX.Y.}
‹f189v°08--> {.L.C'F'O'R'CO.O'X2'O'I.XD.BL.CO'D'CO.W'CO'D.N.}
‹f189v°09--> {.QX.H'H'HT.|.I.|.I'I'I.D.QX.OI'AV'I.N.AC.CX'I'Q.XF.}

folio 190 recto

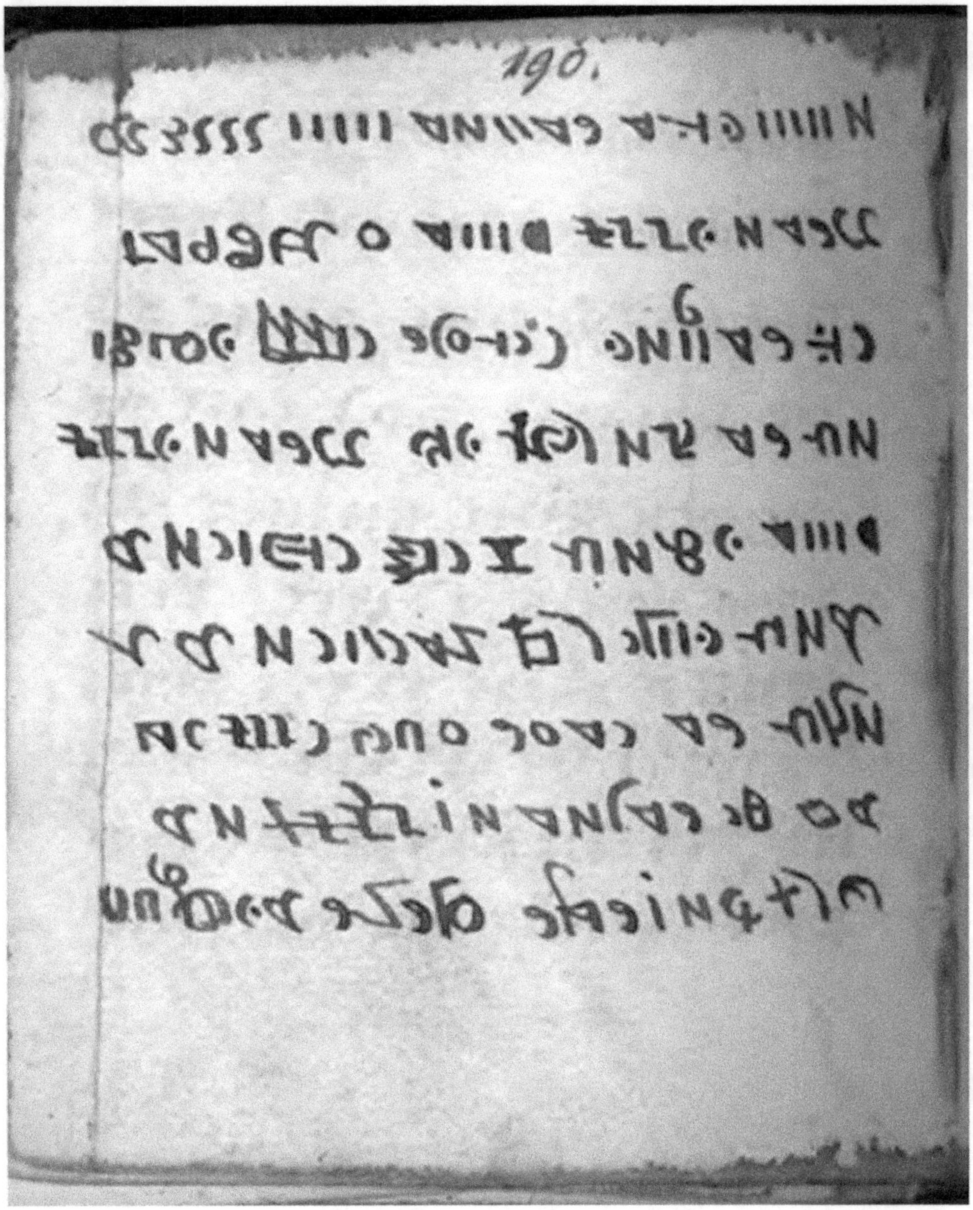

‹f190r°01--› {.N.I'I'I'I'I.CX.XV.X.D.CO'D.J'J'N'D.I'I'I'I'I.S'S'S.CC.UD.}

‹f190r°02--› {.W'CO'D.N.QX.H'H'HT.V.I'I'I.D.O.NA.BF.OD.D.QA.}

‹f190r°02h°› [Hyperbolē: .H. has been added to complete the grapheme .H'H'HT. in ‹f190r°02› above.]

‹f190r°03--› {.C.F'X2.CO'D.QV.I.I.N.CX.IB.C'F'O'R'CO.C.EN.QX.OI'AV'I.}

‹f190r°04--› {.N.AC.CO'D'HY.N.L.C.EL.IX.QX.Y.W'CO'D.N.QX.H'H'HT.}

‹f190r°05--› {.MF.I'I'I.D.QX.AV'I.N.AC.BC.C'XG.C'F'Q'I'C.N.V.}

‹f190r°06--› {.V.N.AC.CX.I'AE.C.L.NN.AG'D.C.J.I.C.N.V.EL.}

‹f190r°07--› {.N.S.I.AC.CO'D'C'D.O.CO.O.XD.C.Q.IB.H'H'HT.Q.D.I.}

‹f190r°08--› {.V.EU.BW.C.CO'D'R'N'D.N.IX.H'HF.HT.A.N.V.}

‹f190r°09--› {.EX.L'TA.QT.N.IX.CO'D.R.CO.O.RA.CO.AG.CO.V.QX.ER.DN.XD.BL.}

folio 190 verso

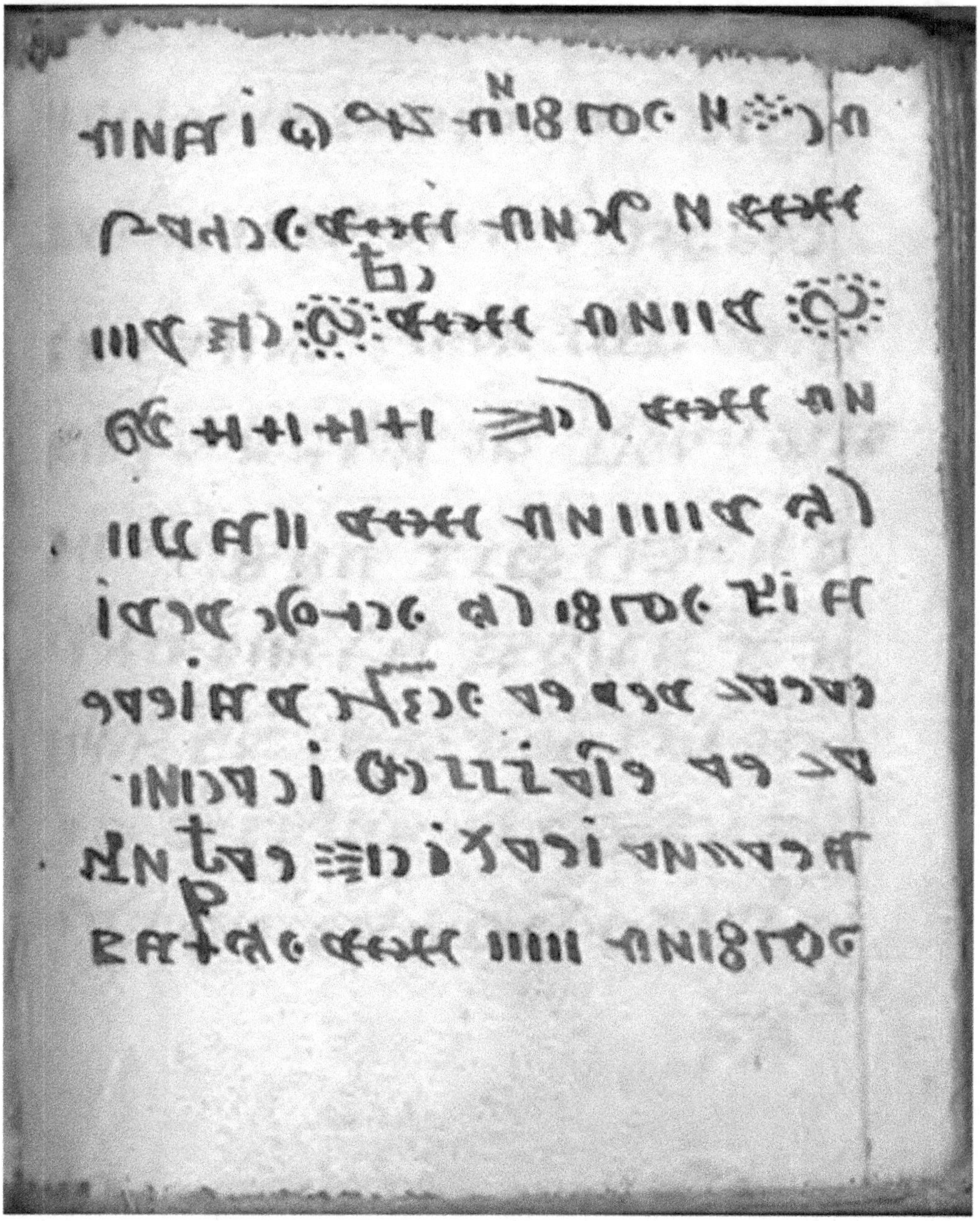

‹f190vº01--›	{.AC.R.XX.N.QX.OI'AV'I.N.AC.AG.XV.O.L.QT.IX.NA.N.AC.}
‹f190vº02--›	{.|.Q'Q'Z'V.|.N.RO'C.N.AC.|.Q'Q'Z'V.|.QX.C'XC'D.RT.}
‹f190vº03--›	{.((.AD.)).V.I.I.N.AC.|.Q'Q'Z'V.|.C.NN.((.AD.)).C'I'BO.V.I'I'I.}
‹f190vº04--›	{.N.AC.|.Q'Q'Z'V.|.L.C.XN.I'T'I'T'I'T'I'T.UD.}
‹f190vº05--›	{.L.Y.V.I'I'I'I.N.AC.|.Q'Q'Z'V.|.I.I.NA.XI.I.I.}
‹f190vº06--›	{.NA.IX.HY.QX.OI'AV'I.L.Y.QX.C'F'O'R'C.V.CO.V.IX.}
‹f190vº07--›	{.C.D.CO'D.K.V.CO.V.CO'D.QX.C.Q.Q.AS.C.V.NA.IX.CO'D'CO.}
‹f190vº08--›	{.D.K.CO'D.CO'IH'D.HX'H'H.C'T.Q.IX.C.D.C'I'N.I.}
‹f190vº09--›	{.NA.CO'D.J'J'N'D.IX.CO'D.LT.IX.C.XN.CO'D.NR.N'J0.}
‹f190vº10--›	{.QX.OI'AV'I.N.AC.I'I'I'I.|.Q'Q'Z'V.|.QX.Y.EK.T.NA.B.}

folio 191 recto

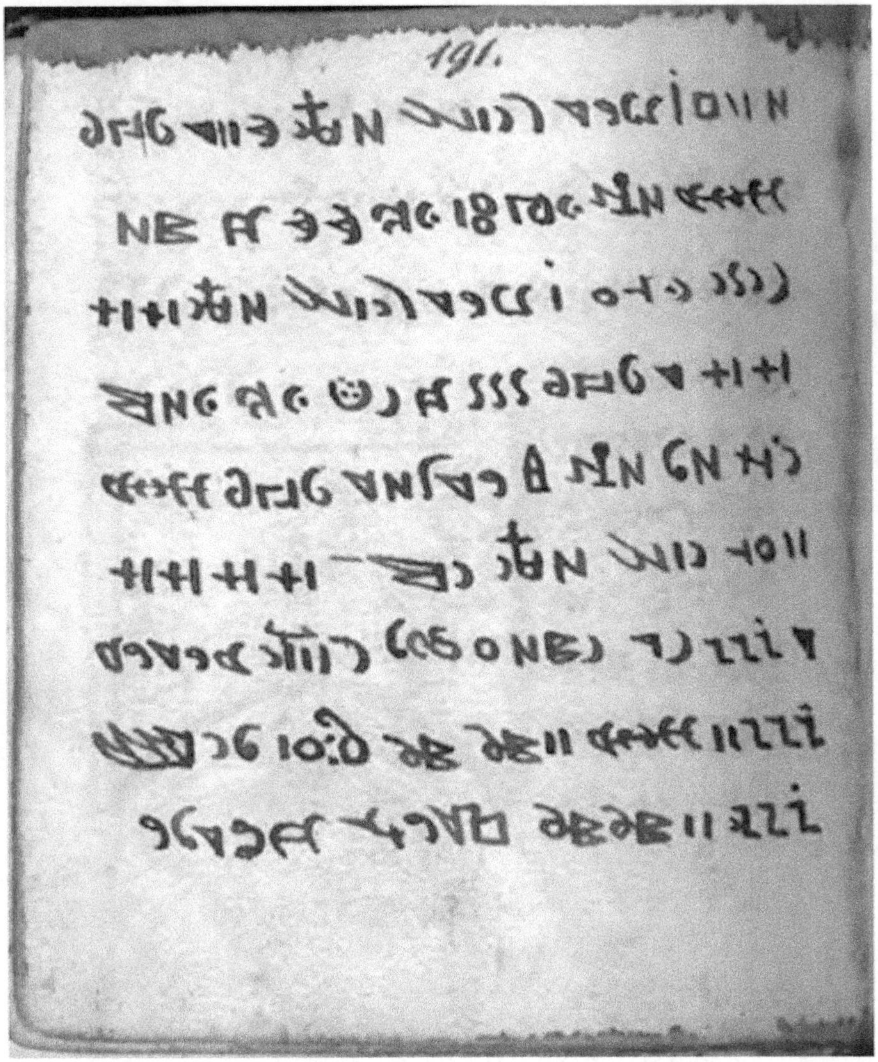

‹f191rº01--›	{.N.I.J.O.IX.W'CO'D.L.C.I.CU'C.N'C0.CY.I.I.D.QV'KE'BB.}
‹f191rº02--›	{.|.Q'Q'Z'V.|.N'J0.QX.OI'AV'I.QX.Y.CY.CY.NA.B'N.}
‹f191rº02tº›	[Trānslātiō: "...the Lord Jesus on the Sabbath in Jerusalem, your twelve disciples..."]
‹f191rº03--›	{.IB.C'S'C.CX'F'O.IX.W'CO'D.L.C'I'KC.N'C0.I'T'I'T'I'T'I'T.D.}
‹f191rº03fº›	[Fissum: ‹f191rº03› .I'T'I'T. and ‹f191rº04› .I'T'I'T.D.]
‹f191rº03tº›	[Trānslātiō: "...except(?) Thomas and the Christ was risen forty days."]
‹f191rº04--›	{.«.88.».QV'KE'BB.S'S'S.NA.C'NP.QX.Y.QX.N.DB.}
‹f191rº04tº›	[Trānslātiō: "...when many disciples were added in Jerusalem in you..."]
‹f191rº05--›	{.C'I'T.N'QV.N'J0.BW.CO'D'R'N'D.QV'KE'BB.|.Q'Q'Z'V.|.}
‹f191rº06--›	{.I.I.O.F.C'I'KC.N'C0.C'DB.J.I'T'I'T'I'T'I'T.D.}
‹f191rº06fº›	[Fissum: ‹f191rº06› .I'T'I'T'T'T. and ‹f191rº07› .D.]
‹f191rº07--›	{.«.88.».HX'H'H.C.DP.C.B'N.O.U'QV.L.I'I'IU'C.V.CO'D'CO.V.}
‹f191rº08--›	{.HX'H'H.I.I.|.Q'Q'Z'V.|.I.I.B'CV.B'CV.O'X2'O'I.QV.C'M.}
‹f191rº09--›	{.HX'H'HK.I.I.B'CV.B'CV.XJ'D'CO'BY.NA.BF.D.QV.CO.}

folio 191 verso

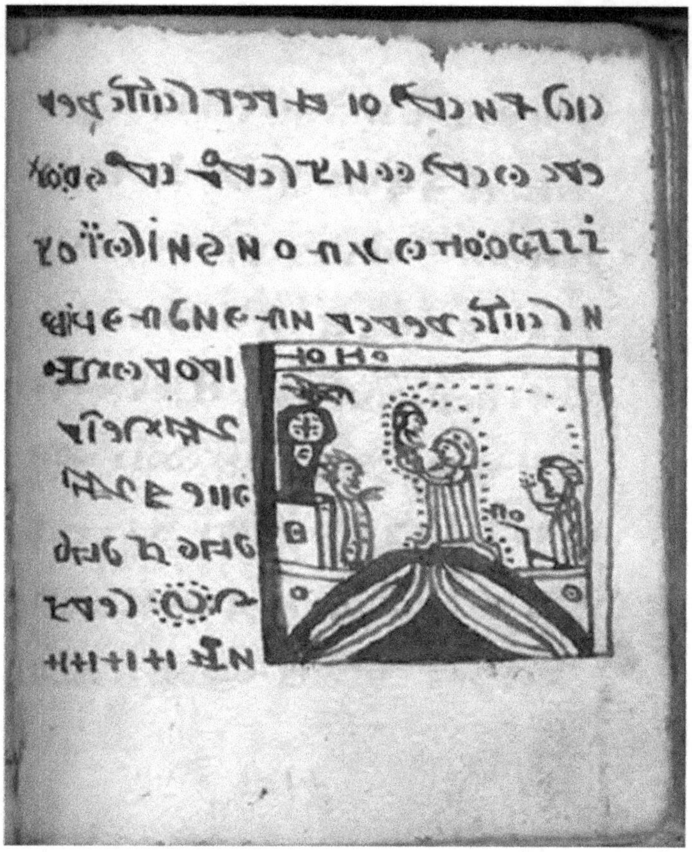

‹f191vº01--›	{.C.I.C.R.BI.N.C'D'R.O.I.DL.XV.DP.CO.DP.L.C.I'I'IU'C.V'CO'D'CO'D.}
‹f191vº01fº›	[Fissum: ‹f191vº01› .V.CO'D. and ‹f191vº02› .CO'D.]
‹f191vº02--›	{.«.88.».C.Z.C'D'R.CX'CX.N.HY.L.C'D'O'D.C'D'O.C.Q.O'X2'O.R.T.}
‹f191vº03--›	{.HX'H'H.QT.O'X2'O.I'T.Z.Q.J.AC.O.N.CQ.N.IX.L.Z.I'XX.O.HY.}
‹f191vº04--›	{.N.L.C.I'I'IU'C.V.CO'D'C'D.N.AC.QX.N'QV.AC.QE.IJ.IX.BR.}
‹f191vº05iº›	[Illūstrātiō: P-76:LRLS Holy family at circumcision/presentation of Jesus.]
‹f191vº05eº›	[Ēditiō Vulgāta: LK 2:21.]
‹f191vº05CL›	{.O.F.I.O.F.}
‹f191vº05CR›	{.O.AC.}
‹f191vº05--›	{.I'D'O'D.Z'RT'NB.}
‹f191vº05tº›	[Trānslātiō: "Hear the holy Word..."]
‹f191vº06--›	{.BA.RT'CO'IH'D.}
‹f191vº06tº›	[Trānslātiō: "...of Saint Luke..."]
‹f191vº07--›	{.QX.I.I.CO.B'BA.}
‹f191vº07tº›	[Trānslātiō: "...in his second chapter..."]
‹f191vº08--›	{.QV'KE'BB.HM.QV'KE'BB.}
‹f191vº08tº›	[Trānslātiō: "...when came then..."]
‹f191vº11--›	{.RT.((.AD.)).L.CO'D'HY.}
‹f191vº12--›	{.N'J0.I'T'I'T'I'T'I'T.D.}
‹f191vº12tº›	[Trānslātiō: "...the Lord Jesus forty days..."]
‹f191vº12fº›	[Fissum: ‹f191vº12› .I'T'I'T'I'T'I'T. and ‹f192rº01› .D.]

folio 192 recto

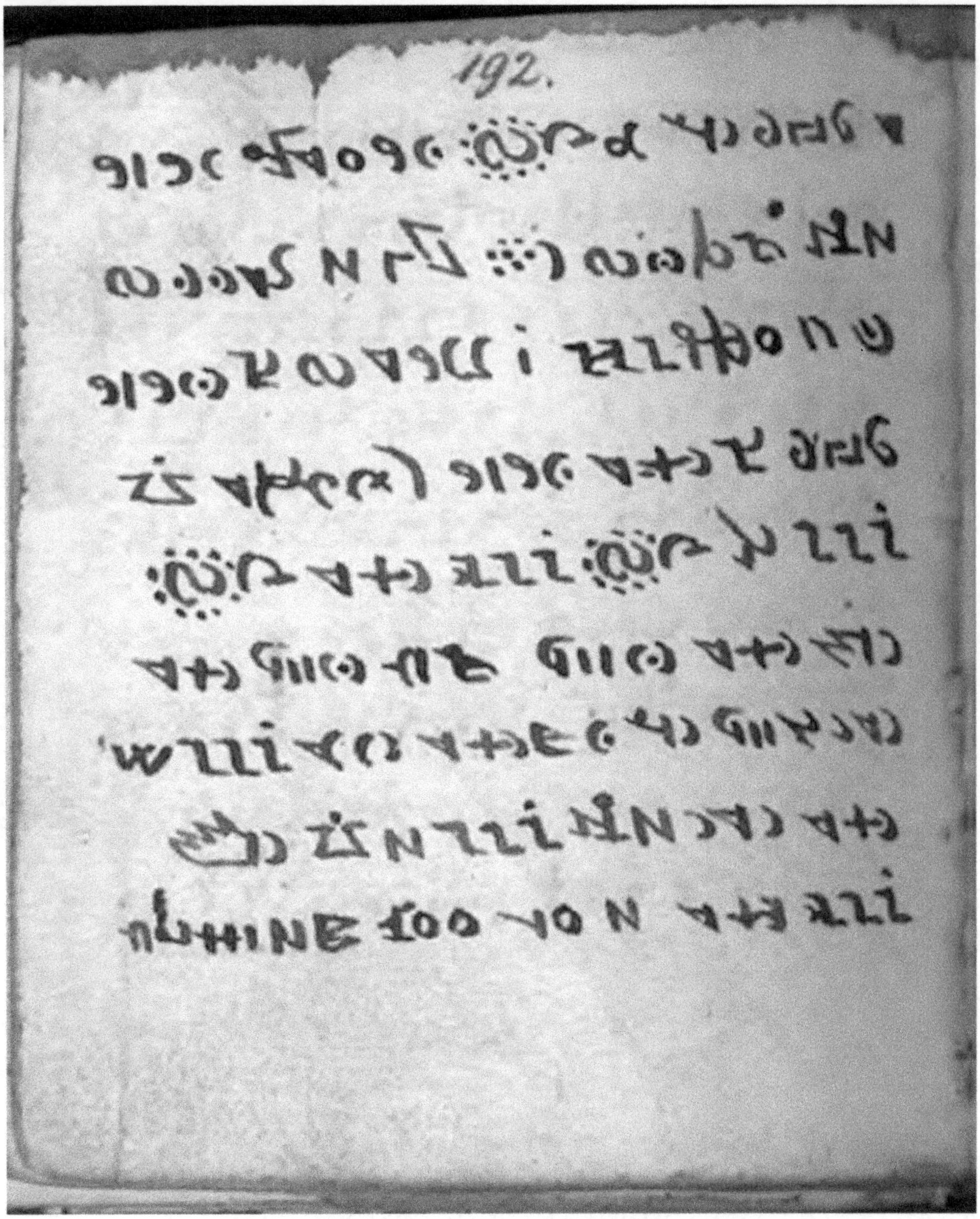

‹f192rº01--› {.«.88.».QV'KE'BB.C'BG.Q.O.RT.((.AD.)).QX.CO.O.D.AG.DR.Q.CO'I'CO.}
‹f192rº02--› {.N'J0.HM.Z.AD.L'XX.K'A'A.N.S'D.CX'CX.AD.}
‹f192rº03--› {.BK.L.I.O.EK.PQ.H'HF'H.IX.W'CO'D.AD.HY.Z.CO'I'CO.}
‹f192rº04--› {.QV'KE'BB.HY.C'T'D.QX.CO'I'CO.L.RT'XI'D.XW'X.}
‹f192rº05--› {.HX'H'H.CU'C.RT.((.AD.)).HX'H'HK.C'T'D.RT.((.AD.)).}
‹f192rº06--› {.C'IZ.C'T'D.Z.I'I'G.HM.AC.Z.I'I'G.C'T'D.}
‹f192rº07--› {.C.D.C.EL.I'I'G.C'BG.QX.B.C'T'D.C.Q.V.HX'H'H.XL.}
‹f192rº08--› {.C'T'D.C.D.C.N'J0.HX'H'H.N.XW'X.C'M.}
‹f192rº09--› {.HX'H'HK.C'T'D.N.O'XV.O'O'IA.B'N.I.T'T.NG.AC.}

folio 192 verso

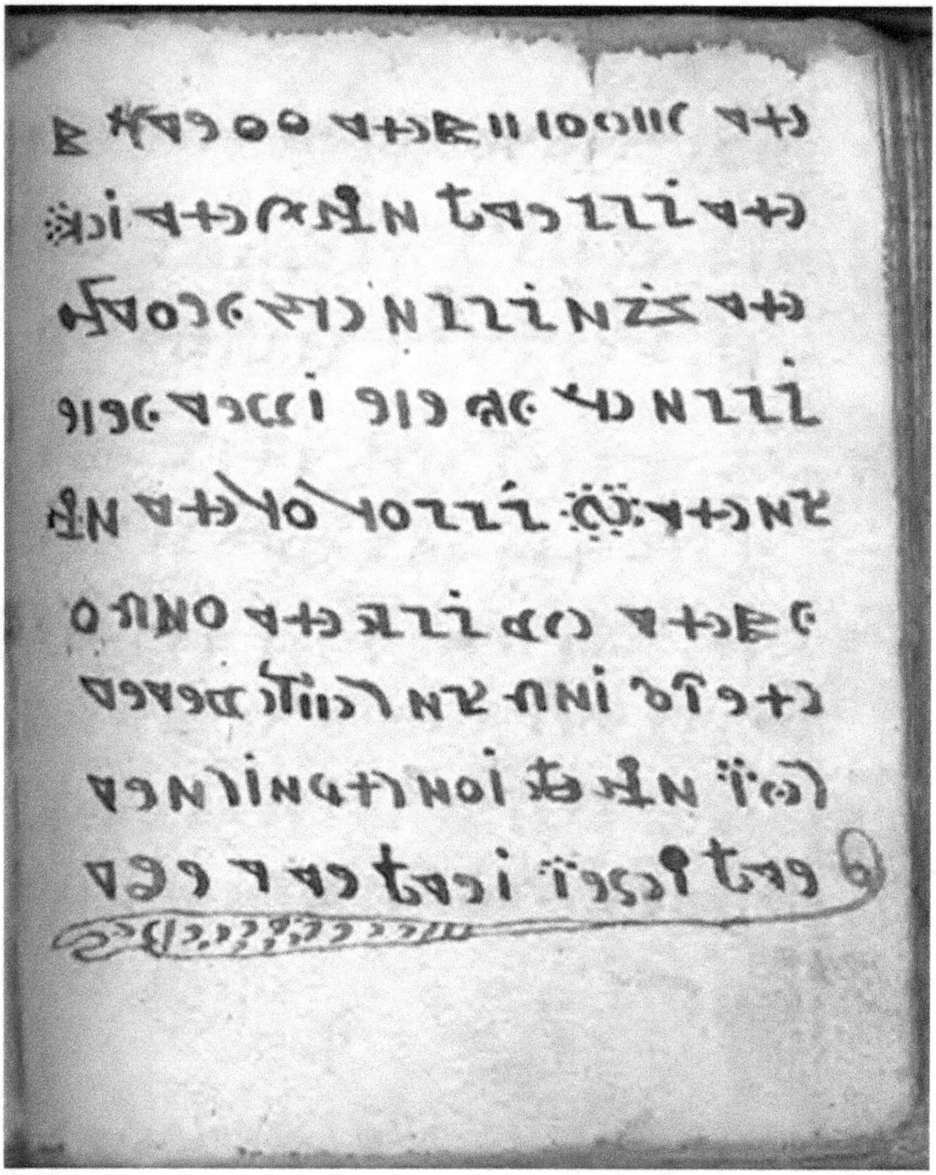

‹f192v°01--›	{.C'T'D.Q.I.I.C.Q.O.I'I'I.B.C'T'D.O.O.CO'D'R'T.B.}
‹f192v°02--›	{.C'T'D.HX'H'H.CO'D.NR.N'J0.RT.C'T'D.IX.C'XF'XX.}
‹f192v°03--›	{.C'T'D.XW'X.N.HX'H'H.N.C'IZ.QX.CO.O.D.AG.O.}
‹f192v°04--›	{.HX'H'H.N.C'BG.QX.Y.CO'I'CO.IX.W'CO'D.QX.CO'I'CO.}
‹f192v°05--›	{.HY.N.C'T'D.((.AD.)).HX'H'H.O'XV.O'XV.C'T'D.N'J0.}
‹f192v°06--›	{.QX.B.C'T'D.C.Q.V.HX'H'HK.C'T'D.O.N.AC.O.}
‹f192v°07--›	{.C'T.CO.IH.OI.IX.N.AC.HY.N.L.C.I'I'IU'C.V'CO'D'CO'D.}
‹f192v°08--›	{.L.Z.I'X4.N'J0'C0.IX.O.N.L'TA.QT.N.IX.L.N.CO'D'CO'D.}
‹f192v°08f°›	[Fissum: ‹f192v°08› .CO'D. and ‹f192v°09› .CO'D.]
‹f192v°09--›	{.«.88.».NR.IG.C.S.CO.I'X4.IX.CO'D.NR.CO'D.DP.CO'BF'D'CO'BF'D.}
‹f192v°09f°›	[Fissum: ‹f192v°09› .CO'BF'D. and ‹f193r°01› .CO'BF'D.]
‹f192v°09s°›	[SERPĒNS: 6/7.]

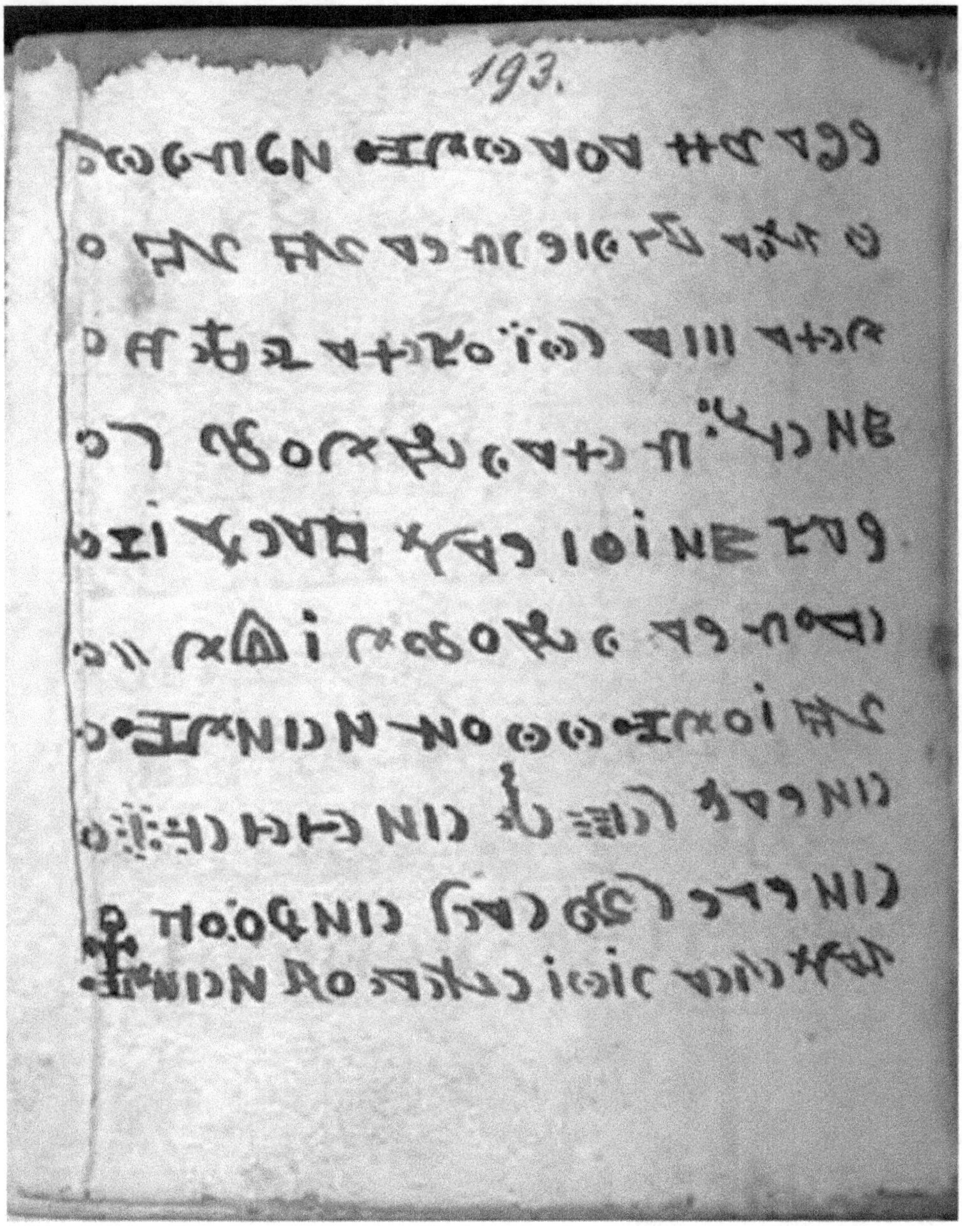

‹f193rº01-->   {.«.88.».V'T'T.D'O'D.Z'RT'NB.N'QV.AC.QE.Z.O.}
‹f193rº02-->   {.BK.A'KB'X'C'Q.D.K'A'A.QX.I.CO.Q.AC.CO'D.BA.BA.O.}
‹f193rº03-->   {.RT.C'T'D.I'I'I.D.L.Z.I'X3.O.HY.C'T'D.HK.C0.NA.O.}
‹f193rº04-->   {.B'N.C.BG'J'C.AC.C'T'D.QX.CU.O.AA.RT.O.U.L.O.}
‹f193rº05-->   {.CO'D'HY.B'N.IX.O.I.CO'D'R'T.XJ'D'CO'BY.IX.BC.CX.}
‹f193rº06-->   {.C'D'O.AC.CO'D.QX.TG.U.RT.IX.XU.RT.≈.CX.}
‹f193rº07-->   {.BA.IX.O.RT'NB.Z.C.QX.O.N.J.N.C'I'N.RT'NB.CX.}
‹f193rº08-->   {.C'I'N.CO'D.LT.L.C'UM.NG.C.C'I'N.C'EY.C'EY.C.F'X2.((.I.)).O.}
‹f193rº09-->   {.C'I'N.CO'D'CO.L.UD.C.D.C.R.C'I'N.QT.O'X2'O.I'T.O.}
‹f193rº10-->   {.AG.D'R'T.CA.I.C.D.Q.IX.Z.IX.C.BJ'C.DP.C.O.XA.N.C'I'N.RT'NB.EM.}

folio 193 verso

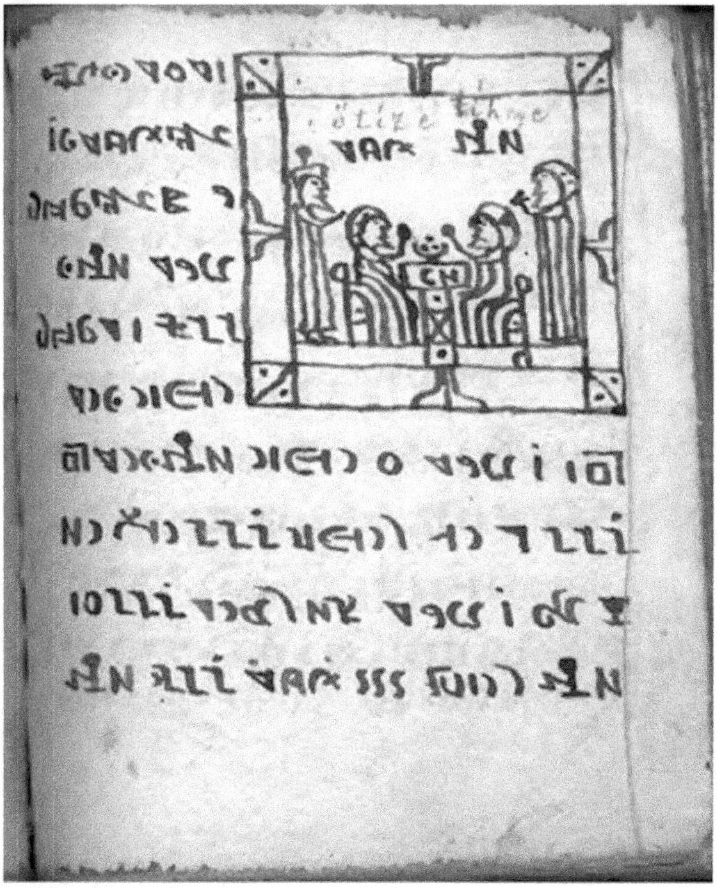

‹f193v°00R0› {.N'J0.}
‹f193v°0Rt°› [Trānslātiō: "The Lord Jesus."]
‹f193v°00L0› {.RT'BS'D.}
‹f193v°0Lt°› [Trānslātiō: "Saint Matthew."]
‹f193v°00i°› [Illūstrātiō: P-77:URLS Two men seated at table eating, two men behind standing.]
‹f193v°01--› {.I'D'O'D.Z'RT'NB.}
‹f193v°01t°› [Trānslātiō: "Hear the holy Word..."]
‹f193v°02--› {.BA.RT'BS'D.BB.I.}
‹f193v°02t°› [Trānslātiō: "...of Saint Matthew...one..."]
‹f193v°03--› {.CO.B'BA.QV'KE'BB.}
‹f193v°03t°› [Trānslātiō: "...chapter of his when..."]
‹f193v°04--› {.W'CO'D.N'J0.QX.}
‹f193v°04t°› [Trānslātiō: "...the Lord Jesus was in..."]
‹f193v°05--› {.H'H'HF'I'D.QV'KE'BB.}
‹f193v°05t°› [Trānslātiō: "...Capernaum, when..."]
‹f193v°06--› {.C.F.Q.I.Z.C.D.}
‹f193v°07--› {.LA.XJ.I.IX.W'CO'D.O.C'F'Q'I'C.N'J0.QX.C.D.LA.XJ.}
‹f193v°08--› {.HX'H'H.DP.C.XP.L.C'F'Q'I'C.HX'H'H.C.XI.C.N.}
‹f193v°09--› {.BC.UD.IX.W'CO'D.HY.N.L.V.C.D.HX'H'H.O.I.}
‹f193v°10--› {.N'J0.L.C.I.HA.RA.S'S'S.RT'BS'D.HX'H'HK.N'J0.}

folio 194 recto

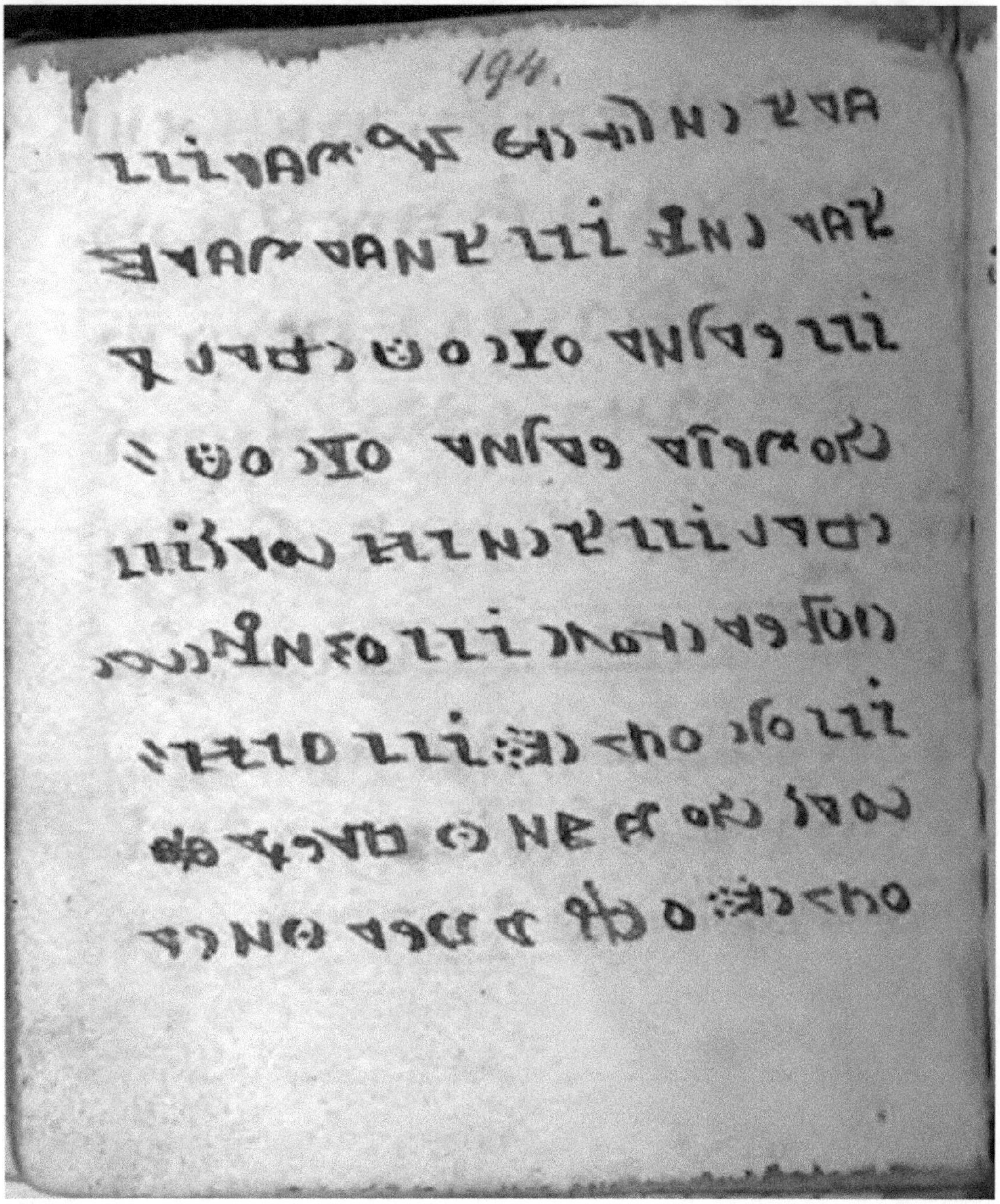

‹f194r°01--› {.BS'D.HY.C.N.R.C'XV'OB'I'C.F.G.AG.XV.O.RT'BS'D.HX'H'H.}
‹f194r°02--› {.HY.BS'D.C.N'J0.HX'H'H.HY.N.BS'D.RT'BS'D.DB.}
‹f194r°03--› {.HX'H'H.CO'D'R'N'D.O.BC.C.O.NP.C.XJ.D.K.BI.}
‹f194r°04--› {.BE'I'O.RT'CO'IH'D.CO'D'R'N'D.O.BC.C.O.NP.≈.}
‹f194r°05--› {.C.XJ.D.K.HX'H'H.HY.C.N.H'HF'H.K.O.D.CC.HX'H'H.}
‹f194r°06--› {.C'I'I'AE.CO'D.C'XV'OB'I'C.HX'H'H.C.I.HA.RA.N'J0.C.CU'CU.C.}
‹f194r°07--› {.HX'H'H.O.R.C.O'EG'A'C'XF'XX.HX'H'H.O.H'HF'H.≈.}
‹f194r°08--› {.CU'O'D.CC.BE'I'O.NA.B'N.Z.XJ'D'CO'BY.OC.}
‹f194r°09--› {.O'EG'A'C'XF'XX.O.EO.CO.V.W'CO'D.Z.N.CO'D.}

folio 194 verso

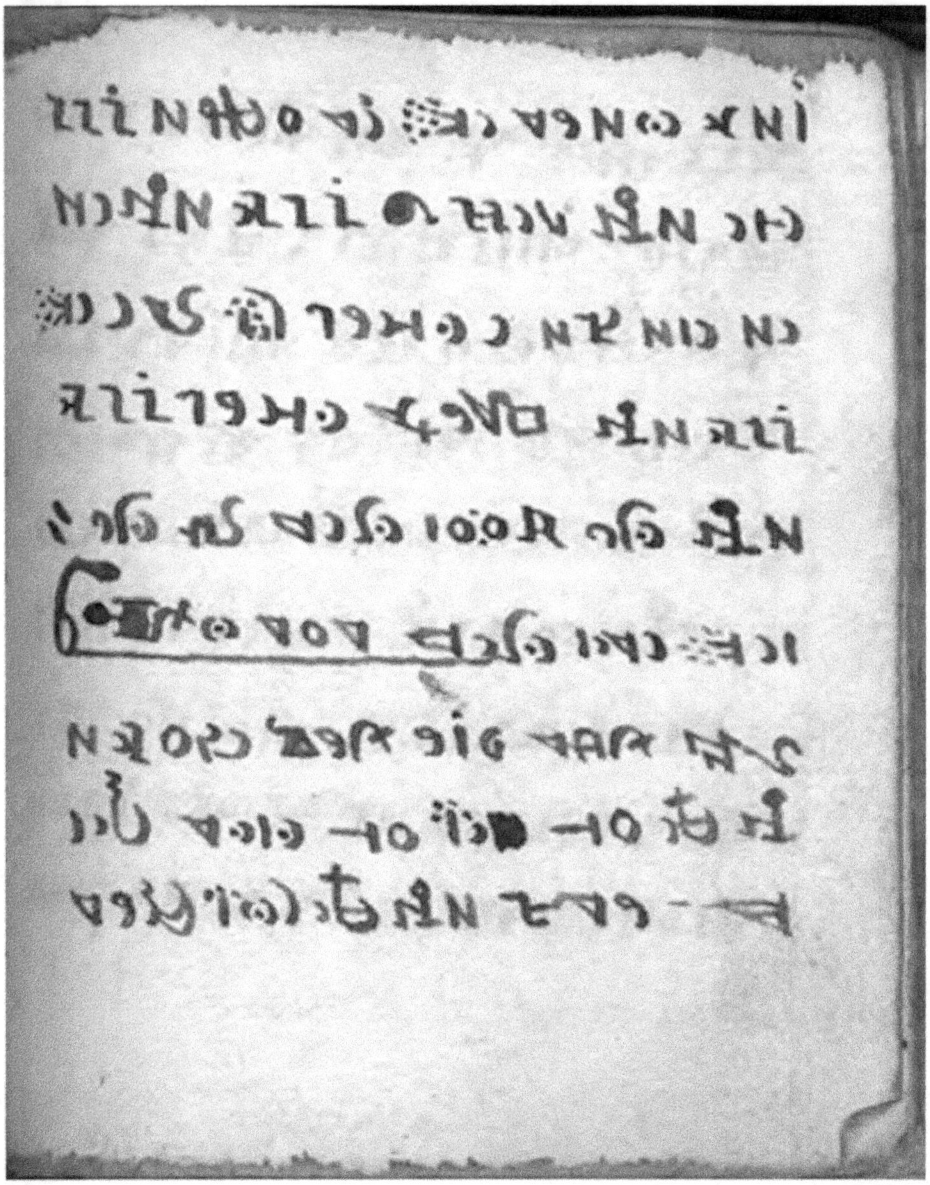

‹f194vº01--› {.IX.N.Q.C.Z.N.CO'D.C'XF'XX.CC'D.O.EO.CO.N.HX'H'H.}
‹f194vº02--› {.C'EY.C.N'J0.K.C.HF'H.LO.HX'H'HK.N'J0.C.N.}
‹f194vº03--› {.C.N.C'I'N.HY.N.C.CX.BD.CO.LA.L.C.I'X4.S'D.C.C'XF'XX.}
‹f194vº04--› {.HX'H'H.N'J0.XJ'D'CO'BY.CX.BD.CO.LA.HX'H'HK.}
‹f194vº05--› {.N'J0.O.R.CO.XA.O'X2'O'I.CX.S.C.D.S.AC.CX.R.CO.≂.}
‹f194vº06--› {.I.C'XF'XX.C.D.C.I.CX./.R.C.DP.D'O'D.Z'RT'NB.\.}
‹f194vº06tº› [Trānslātiō: "...Hear the holy Word..."]
‹f194vº07--› {.BA.RT'BS'D.QX.IX.CO.RT.CO.E.BE'I'O.HK.N'J0'C0.}
‹f194vº07fº› [Fissum: ‹f194vº07› .N. and ‹f194vº08› .J0'C0.]
‹f194vº07tº› [Trānslātiō: "...of Saint Matthew in...chapter, holy chapter...the Lord Jesus Christ..."]
‹f194vº08--› {.«.88.».O.F.BV.C.I'X4.O.F.CX'I'CX'D.NG.C.C.}
‹f194vº09--› {.DB'J.CO'D'HY.N'J0'C0.L.CX.I'X3.CT.CC.CO'D.}

folio 195 recto

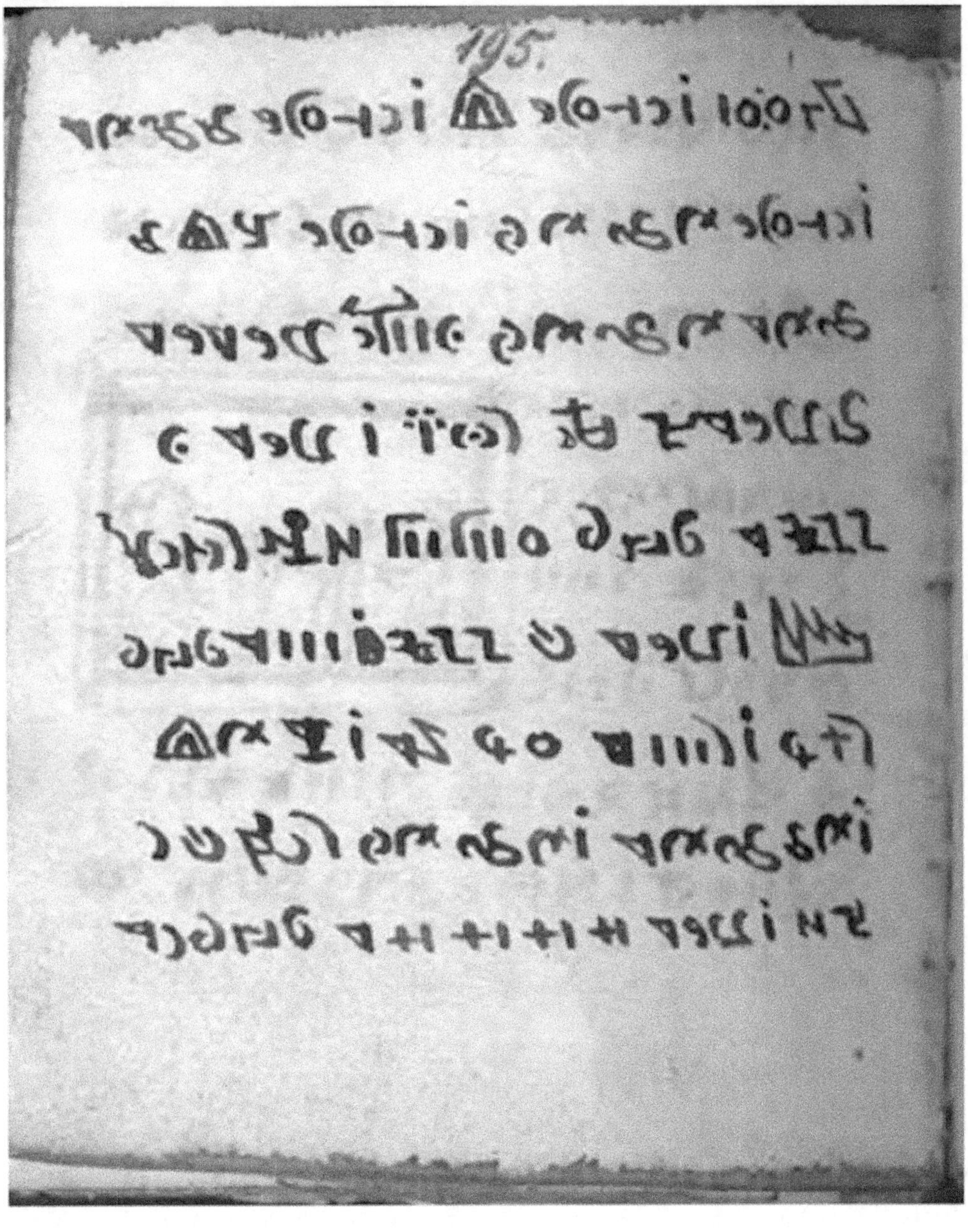

‹f195r°01--›   {.K'A'A.O'X2'O'I.IX.C'F'O'R'CO.XU.IX.C'F'O'R'CO.U.U.RT.D.}
‹f195r°02--›   {.IX.C'F'O'R'CO.RT.U.RT.C.Q.IX.C'F'O'R'CO.ED.XU.V.}
‹f195r°03--›   {.U.RT.D.RT.U.RT.C.Q.QX.I'I'IU'C.V'CO'D'CO'D.}
‹f195r°03t°›   [Trānslātiō: "...holy Father, holy holy holy Father; faithful in heaven forever!"]
‹f195r°04--›   {.S.I.W'CO'D.HY.C0.L.Z.I'X4.IX.W'CO'D.QX.}
‹f195r°05--›   {.H'H'HF.D.QV'KE'BB.O.I'AE.I'AE.N'J0.L.C.A.C.NG.}
‹f195r°06--›   {.M.IX.W'CO'D.BK.H'H'HT.IX.I'I'I.D.QV'KE'BB.}
‹f195r°07--›   {.BT.TA.QT.IX.L.I'I'I.D.O.QT.AG'D.IX.BC.RT.XU.}
‹f195r°08--›   {.IX.RT.U.U.RT.D.IX.RT.U.RT.C.Q.L.TG.BK.L.}
‹f195r°09--›   {.HY.N.IX.W'CO'D.I'T'I'T'I'T'I'T.D.QV'KE'BB.C.DP.}

folio 195 verso

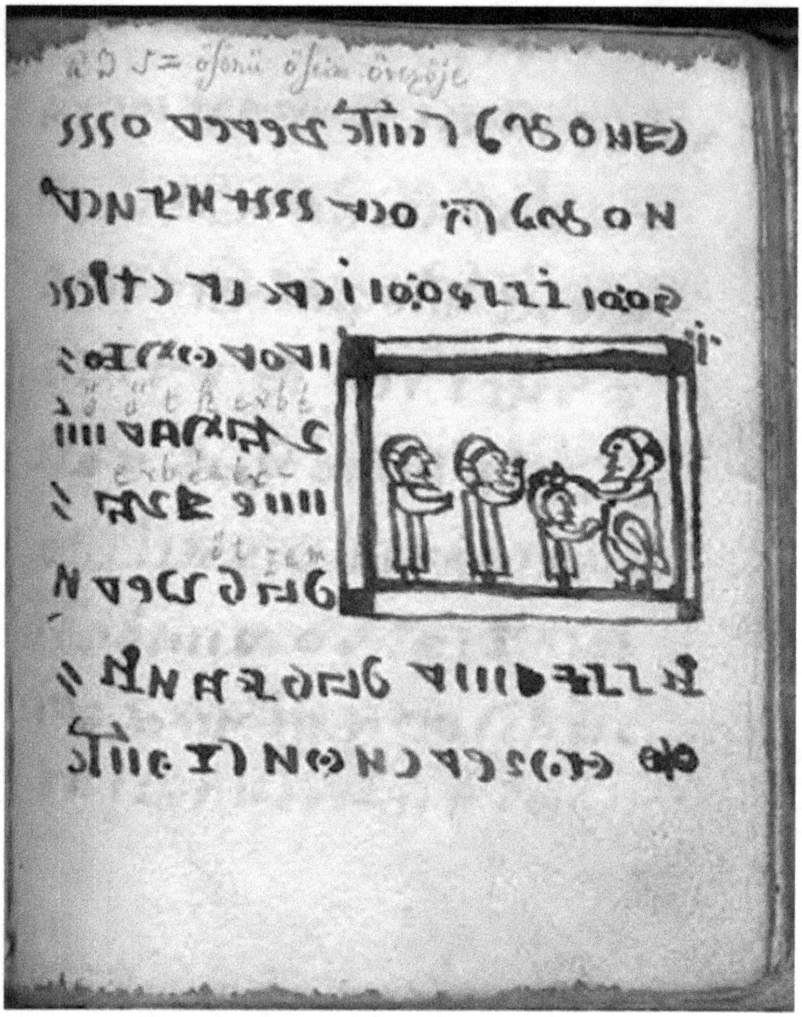

‹f195vº01--› {.C.B'N.O.U'QV.L.C.I'I'IU'C.V'CO'D'CO'D.O.S'S'S.}
‹f195vº02--› {.N.O.U'QV.L.I'X4.O.C.D.S'S'ST.N.HY.N.C'D'O.}
‹f195vº03--› {.CQ.O'X2'O'I.IX.C.D.C.C.DP.C.TA.IG.C'S'C.}
‹f195vº04iº› [Illūstrātiō: P-78:MRMR Jesus laying hands on boy child w/ two men behind.]
‹f195vº04R1› {.I'XX.}
‹f195vº04L1› {.I'D'O'D.Z'RT'NB.≈.}
‹f195vº04tº› [Trānslātiō: "...Hear the holy Word..."]
‹f195vº05--› {.BA.RT'BS'D.I'I'I.K.I.}
‹f195vº05tº› [Trānslātiō: "...of Saint Matthew...three...one..."]
‹f195vº06--› {.I'I'I'I'I.CO.B'BA.≈.}
‹f195vº06tº› [Trānslātiō: "...five chapter of his..."]
‹f195vº07--› {.QV'KE'BB.W'CO'D.N'J0.}
‹f195vº07fº› [Fissum: ‹f195vº07› .N. and ‹f195vº08› .J0.]
‹f195vº07tº› [Trānslātiō: "...when the Lord Jesus was..."]
‹f195vº08--› {.«.88.».H'H'HF.BV.I'I'I.D.QV'KE'BB.HK.NA.N'J0.≈.}
‹f195vº09--› {.OC.C'EY.Z.S.CO'D.C.N.Z.N.L.BC.QX.I'I'IU'C.}

folio 196 recto

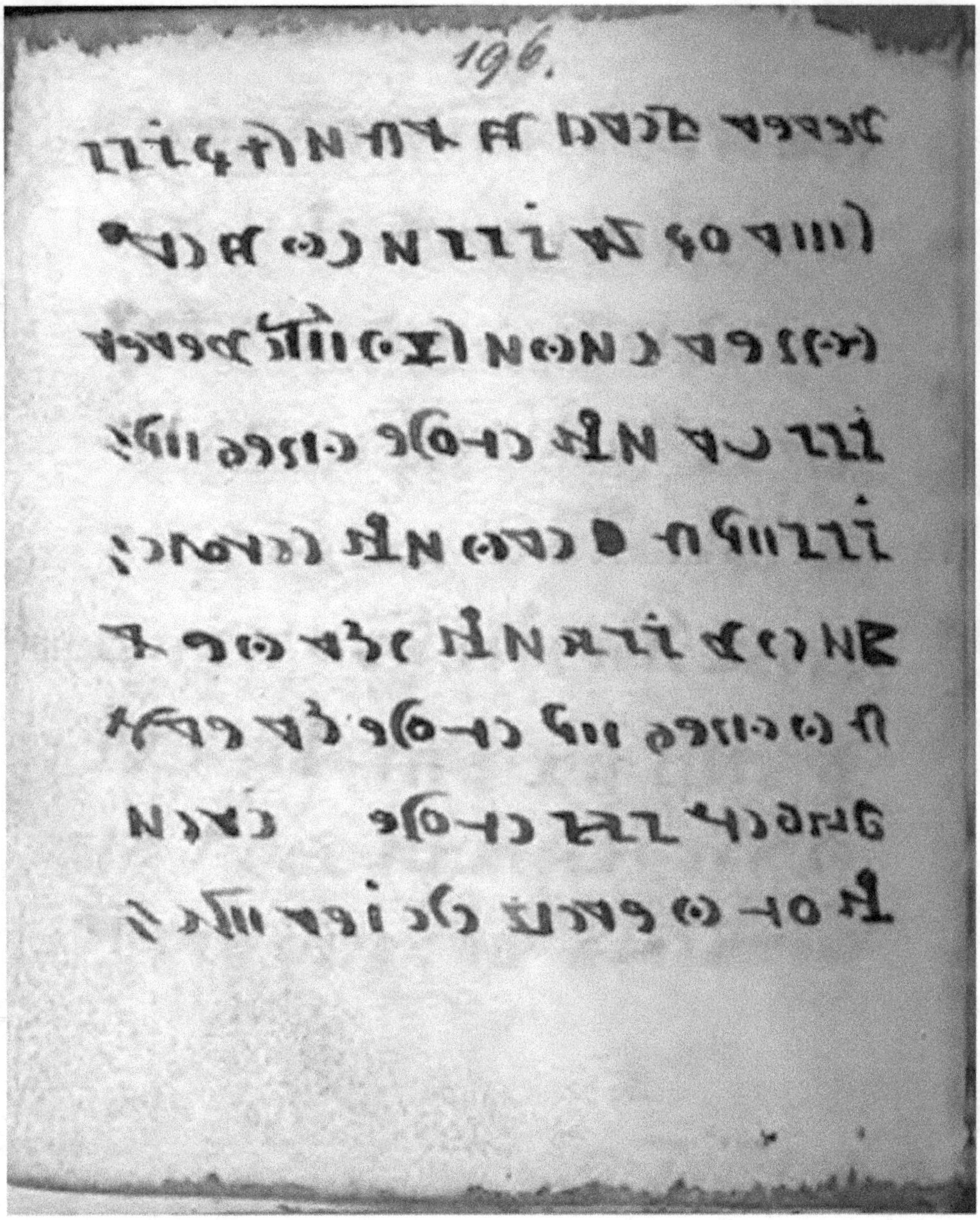

‹f196r°01--›	{.V'CO'D'CO'D.HM.C.D.C.I.NA.BI.AC.N.L.TA.QT.HX'H'H.}
‹f196r°02--›	{.L.I'I'I.D.O.QT.AG'D.HX'H'H.N.C.Z.NA.C'D'O.}
‹f196r°03--›	{.CE.Z.S.CO'D.C.N.Z.N.L.BC.QX.I'I'IU'C.V'CO'D'CO'D.}
‹f196r°04--›	{.HX'H'H.CU'D.N'J0.C'F'O'R'CO.CX.I.S.CO.CV.I'I'G.≈.}
‹f196r°05--›	{.HX'H'H.I'I'G.AC.|.BV.|.C.D.Z.N'J0.C.C'XV'OB'I'C.≈.}
‹f196r°06--›	{.B'N.C.Q.V.HX'H'HK.N'J0.Q.CC'D.Z.CO.BI.}
‹f196r°06t°›	[Trānslātiō: "...to your faithful through the Lord Jesus to be as (before)..."]
‹f196r°07--›	{.AC.Z.CX.I.I.CO.C.Q.I'I'G.C'F'O'R'CO.CC'D.CO'D'R'T.}
‹f196r°08--›	{.QV'KE'BB.C'BG.H'HF'H.C'F'O'R'CO.«.00.».C.D.C.N'J0.}
‹f196r°08f°›	[Fissum: ‹f196r°08› .N. and ‹f196r°09› .J0.]
‹f196r°09--›	{.«.88.».O.F.Z.CO'D.C.I'AG.Q.C.C.IX.CO'D.I.I'AG.C.≈.}

folio 196 verso

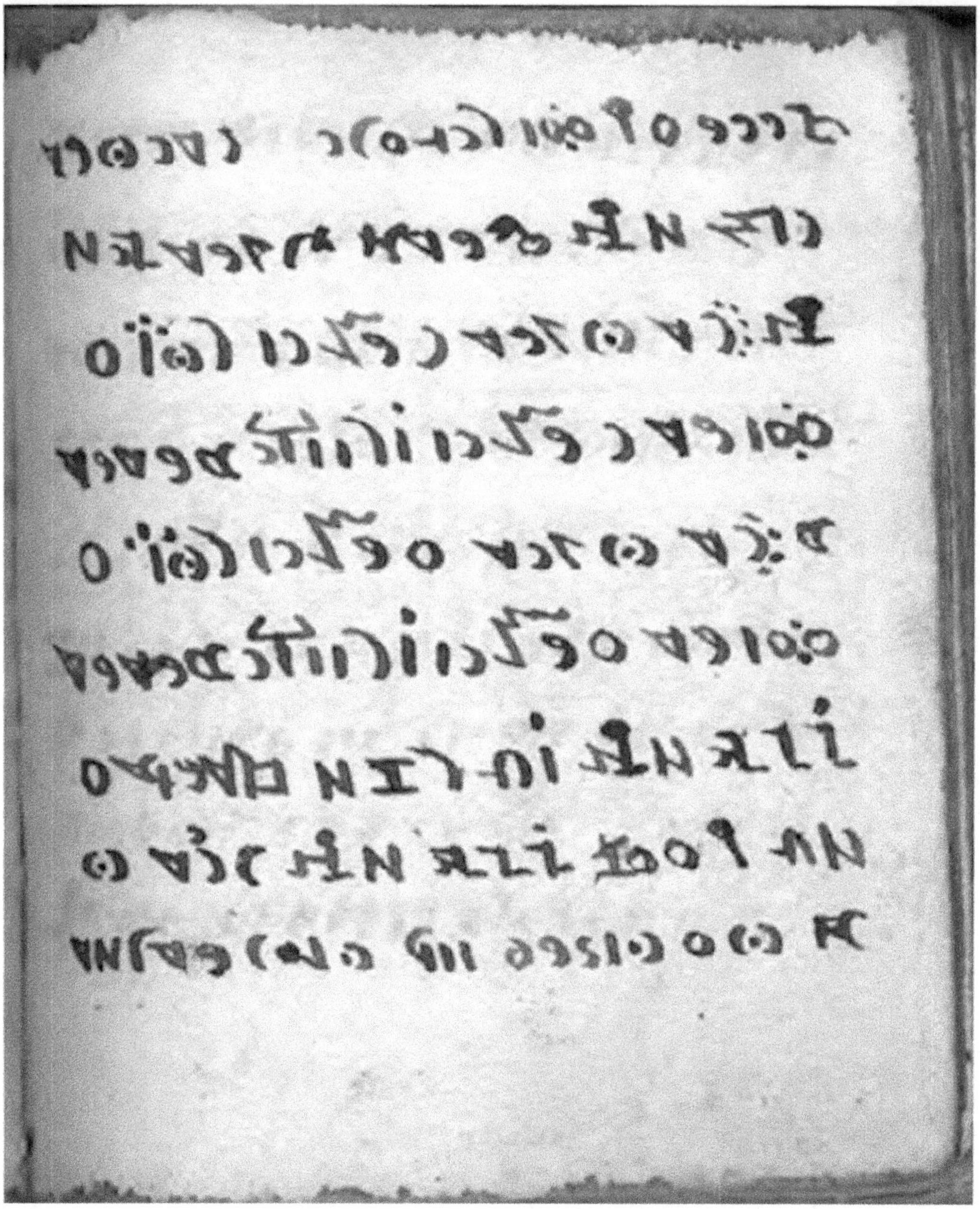

‹f196v°01--> {.HM.CO'CO'CO.O.IG.O'X2'O'I.L.C'F'O'R'C.«.00.».C.D.C.Z.CO'D.}
‹f196v°02--> {.C'IZ.N'J0.O.XF.CO'D'R'T.RT'A'CO'D.HK.N'J0.}
‹f196v°02f°› [Fissum: ‹f196v°02› .N. and ‹f196v°03› .J0.]
‹f196v°03--> {.«.88.».C.XX.D.Z.A'CO'D.C.CO.AS.V.C.I.L.Z.I'X3.O.}
‹f196v°04--> {.O'X2'O'I.CO'D.C.CO.AG.C.I.IX.L.I'I'IU'C.V'CO'D'CO'D.}
‹f196v°05--> {.V.C.XX.D.Z.A.C.D.O.CO.AG.C.I.L.Z.I'X3.O.}
‹f196v°06--> {.O'X2'O'I.CO'D.O.CO.AG.C.I.IX.L.I'I'IU'C.V'CO'D'CO'D.}
‹f196v°07--> {.HX'H'HK.N'J0.IX.AC.L.BC.N.XJ'D'CO'BY.O.}
‹f196v°08--> {.N.AC.IG.O'O'IA.HX'H'HK.N'J0.Q.CC'D.Z.}
‹f196v°09--> {.NA.Z.O.CX.I.S.CO.BB.I'I'G.CX.XV'O.Q.CO'D'R'N'D.}

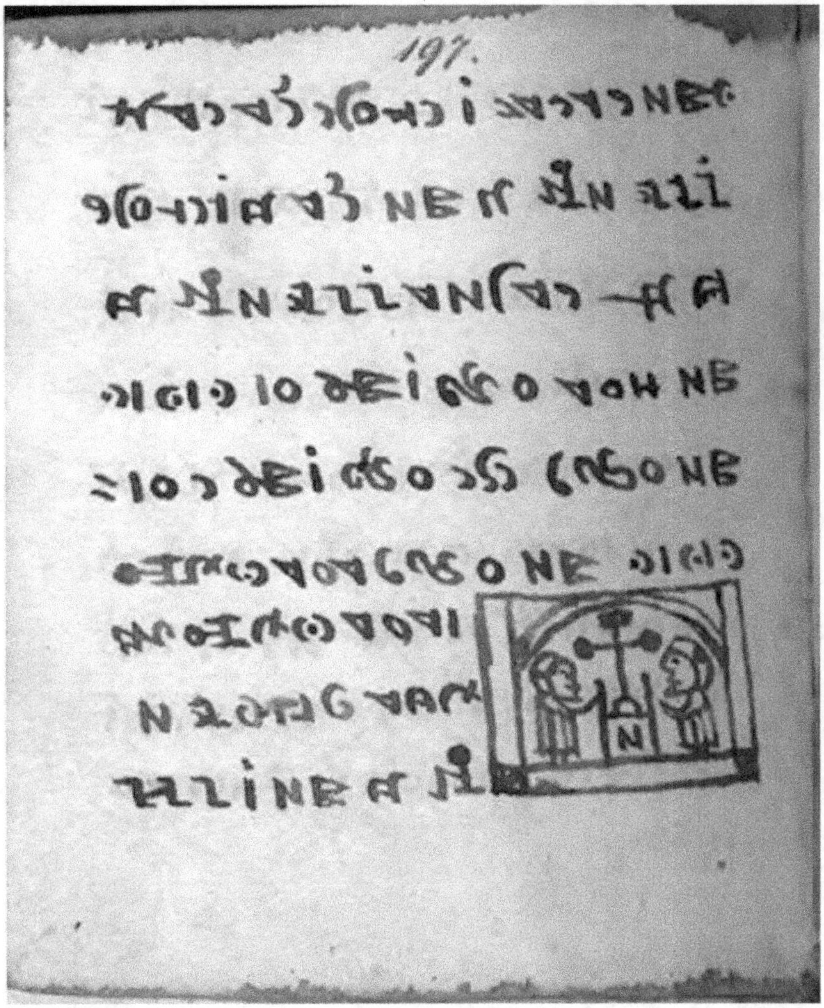

‹f197rº01--›	{.QX.B'N.CO'D'CO'D'K.IX.C'F'O'R'C.CC'D.C'D'R'T.}
‹f197rº02--›	{.HX'H'HK.N'J0.BQ.B'N.CC'D.NA.IX.C'F'O'R'CO.}
‹f197rº03--›	{.Y.NA.CO'D'R'N'D.H'H'HK.N'J0.NA.}
‹f197rº04--›	{.B'N.N.O.D.O.UD.IX.B'CV.O.I.CX.I.QX.I.CX.}
‹f197rº05--›	{.B'N.O.U'QV.C'S'C.O.UD.IX.B'CV.CO.O.I.≈.}
‹f197rº06--›	{.CX.I.QX.I.CX.B'N.O.U'QV.D'O'D.Z'RT'NB.}
‹f197rº07iº›	[Illūstrātiō: P-79:LRMR Two men on either side of altar w/ cross.]
‹f197rº07C0›	{.N.}
‹f197rº07nº›	[Notā Bene: Symbol .N. above occurs within illustration P-79.]
‹f197rº07--›	{.I'D'O'D.Z'RT'NB.BA.}
‹f197rº07tº›	[Trānslātiō: "...Hear the holy Word of..."]
‹f197rº08--›	{.RT'BS'D.QV'KE'BB.HK.N'J0.}
‹f197rº08fº›	[Fissum: ‹f197rº08› .N. and ‹f197rº09› .J0.]
‹f197rº08tº›	[Trānslātiō: "...Saint Matthew when...the Lord Jesus..."]
‹f197rº09--›	{.«.88.».NA.B'N.IX.H'HF'H.}
‹f197rº09tº›	[Trānslātiō: "...your disciple the authority..."]

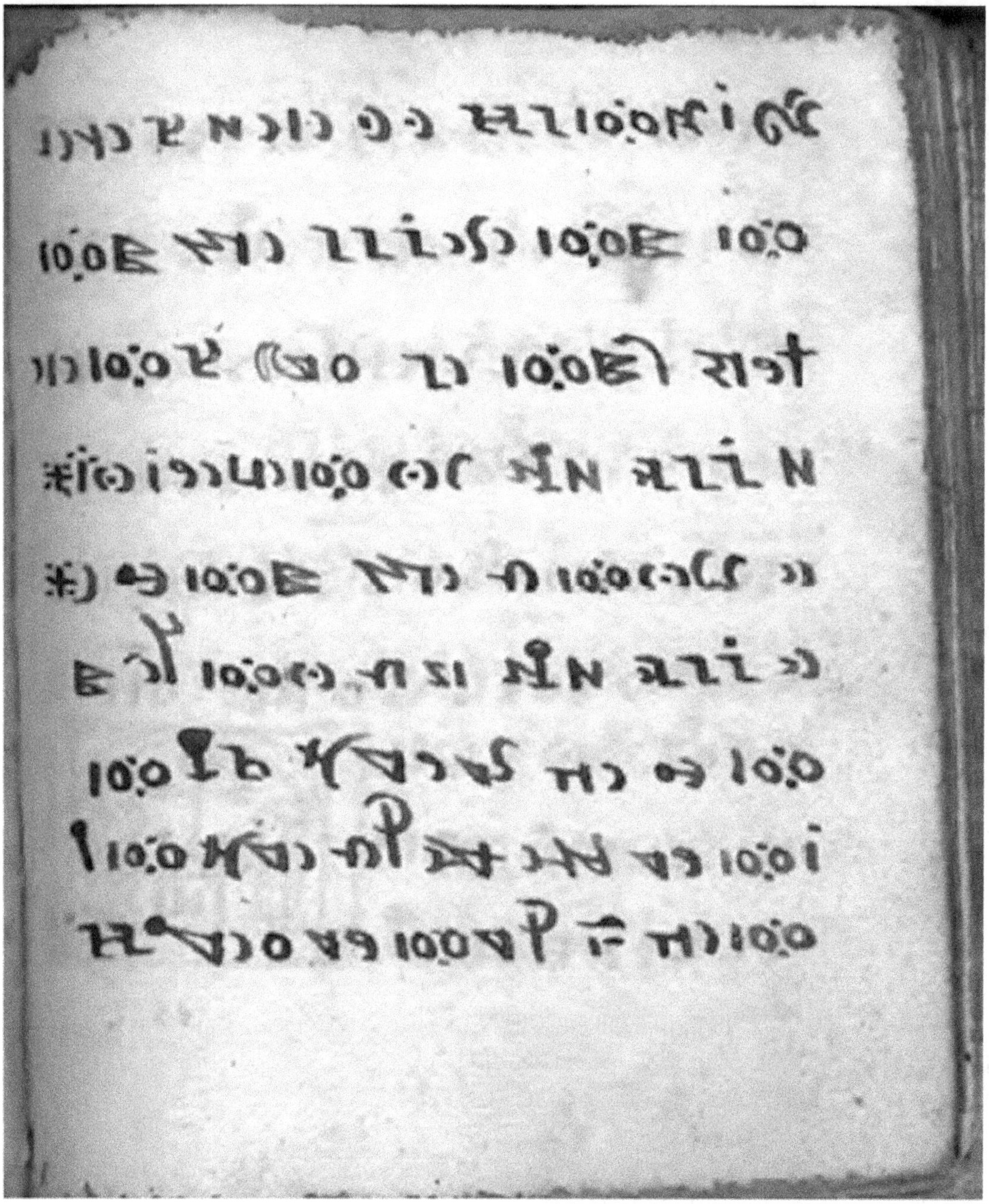

‹f197v°01--› {.UD.IX.BQ.O'X2'O'I.H'HF'H.CX'CX.C.I.C.N.HY.C'XV.C.K.}

‹f197v°02--› {.O'X2'O'I.B'O'X2'O'I.C'S'C.HX'H'H.C'IZ.B'O'X2'O'I.}

‹f197v°03--› {.T.give.L.B'O'X2'O'I.C.H.O.D.R.HY.O'X2'O'I.C.I.C.}

‹f197v°04--› {.N.HX'H'HK.N'J0.R.Z.O'X2'O'I.C'XV.I.C.CO.IX.Z.I'X3.EZ.}

‹f197v°05--› {.CC.W.Z.O'X2'O'I.AC.C'IZ.B'O'X2'O'I.CE'O.C.EZ.}

‹f197v°06--› {.CC.HX'H'HK.N'J0.I'AG.AC.Z.O'X2'O'I.EK.C.J.B.}

‹f197v°07--› {.O'X2'O'I.CE'O.C'I'T.S'D.CO'D'R'T.HM.BC.O'X2'O'I.}

‹f197v°08--› {.IX.O'X2'O'I.CO'D.HR.XV.C.HR.XV.C.FA.AC.C'D'R'T.O'X2'O'I.IG.}

‹f197v°09--› {.O'X2'O'I.C'I'T.MV.FA.D.O'X2'O'I.CO'D.O.C'D'O.HF'H.}

folio 198 recto

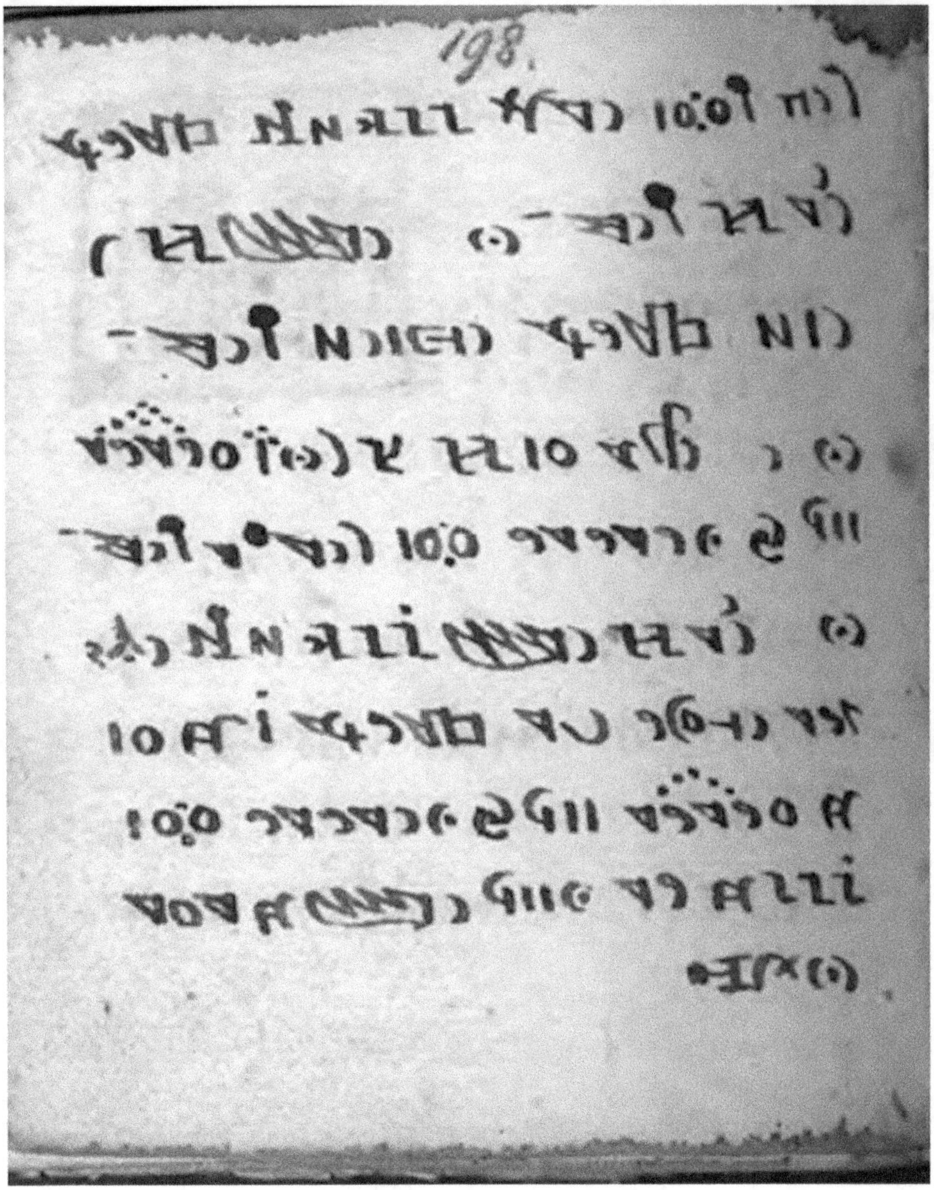

‹f198r°01--> {.L.C'I'T.IG.O'X2'O'I.C'D'R'T.H'H'HK.N'J0.XJ'D'CO'BY.}
‹f198r°02--> {.CC'D.HF'H.IG.C'DB.J.Z.«.00.».C'M.HF'H.R.}
‹f198r°03--> {.C'I'N.XJ'D'CO'BY.C'F'Q'I'C.N.IG.C'DB.J.}
‹f198r°04--> {.Z.C.C.II.R.D.O.I.HF'H.HY.L.Z.I'X3.O.(.CO'D'CO'D.).}
‹f198r°05--> {.I'I'G.CQ.QX.CO'D'CO'D'CO.O'X2'O'I.L.C.D'O'D.IG.C'DB.J.}
‹f198r°06--> {.Z.CC'D.HF'H.CO'D'CO'D.HX'H'HK.N'J0.C.YA'X.XB.}
‹f198r°07--> {.A'CO'D.C'F'O'R'CO.CU'D.XJ'D'CO'BY.IX.BQ.O.I.}
‹f198r°08--> {.NA.O.(.CO'D'CO'D.).XX.I'I'G.CQ.QX.C'D'C'D.CO.O'X2'O'I.}
‹f198r°09--> {.HX'H'H.BQ.CO'D.QX.I'I'G.CO'D'CO'D.BQ.D'O'D.}
‹f198r°09t°› [Trānslātiō: "...(we) are apostles...in the Son pray, apostle(s), hear..."]
‹f198r°10--> {.Z'RT'NB.}
‹f198r°10t°› [Trānslātiō: "...the holy Word..."]

folio 198 verso

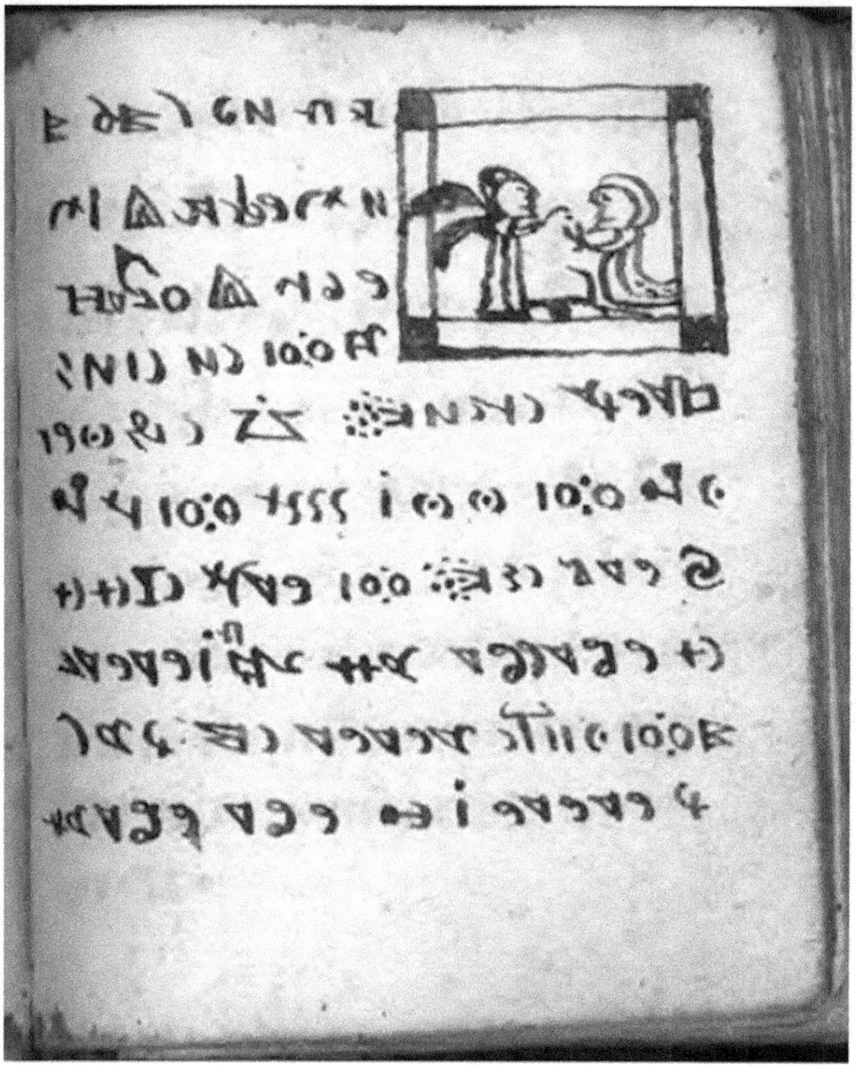

‹f198vº00iº› [Illūstrātiō: P-80:URMS Man kneeling before angel, placing something in his hand.]
‹f198vº01--› {.HK.AC.N'QV.L.B'CV.B.}
‹f198vº01tº› [Trānslātiō: "...given before, there on his (holy) mountain..."]
‹f198vº02--› {.N.RT.CO.EK.L.D.C.XU.IX.RT.}
‹f198vº03--› {.CO'CV'XC.XU.O.Q.K.D.HF'H.}
‹f198vº04--› {.NA.O'X2'O'I.C.N.C'I'N.≈.}
‹f198vº05--› {.XJ'D'CO'BY.C'XV.C.N.XF'XX.XW'X.C.K.PS.A.Z.CO'D.}
‹f198vº06--› {.QX.BH.O'X2'O'I.Z.C.QX.IX.S'S'ST.O'X2'O'I.BG.BH.}
‹f198vº07--› {.CQ.CO'D.E.C.CC.XF'XX.O'X2'O'I.CO'D'R'T.C.BC.C'TA.C'TA.C'TA.}
‹f198vº07fº› [Fissum: ‹f198vº07› .C'TA.C'TA. and ‹f198vº08› .C'T.]
‹f198vº08--› {.«.88.».CO'BF'D'CO'BF'D.V'T'T.BA.AC.IX.CO'D'CO'D'K.}
‹f198vº08tº› [Trānslātiō: "...conquered evil from before and (our) names..."]
‹f198vº09--› {.B'O'X2'O'I.QX.I'I'IU'C.V'CO'D'CO'D.C'DB.QT.V.L.}
‹f198vº09tº› [Trānslātiō: "...(are) given in heaven forever to arise..."]
‹f198vº10--› {.QT.CO'D'CO'D'CO.IX.CE'O.CO'BF'D'CO'BF'D.V'T'T.}

folio 199 recto

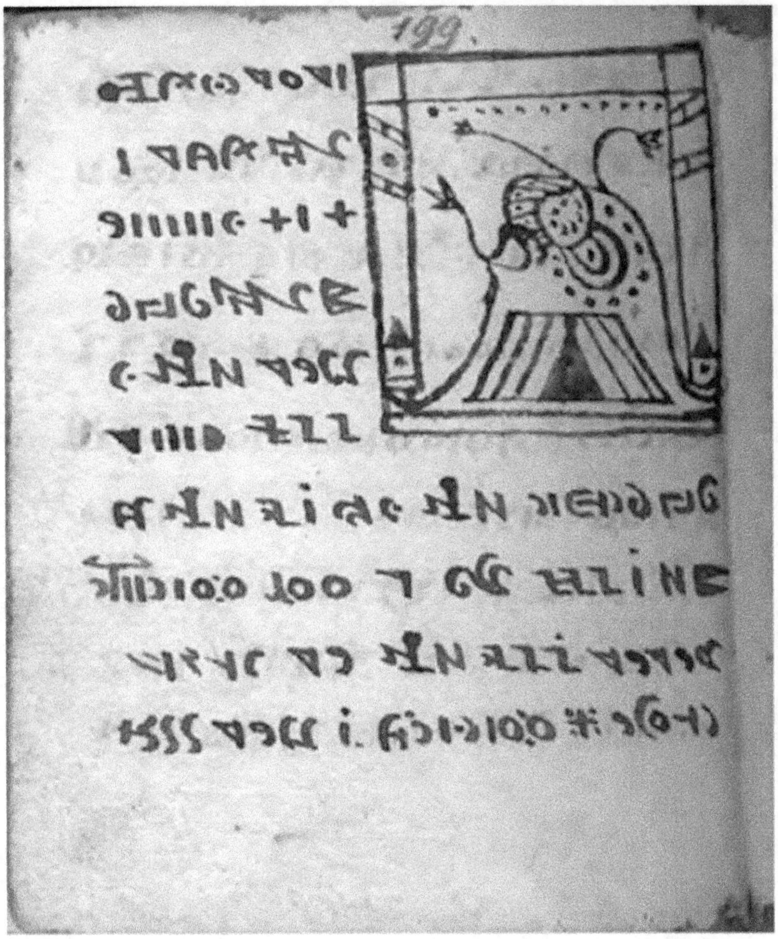

‹f199rº00iº› [Illūstrātiō: P-81:URMS Tent blowing in wind.]

‹f199rº01--› {.I'D'O'D.Z'RT'NB.}

‹f199rº01tº› [Trānslātiō: "...Hear the holy Word..."]

‹f199rº02--› {.BA.RT'BS'D.I.T.I.T.}

‹f199rº02fº› [Fissum: .T.I.T. has been added to .I. to form the number .I.T.I.T. in ‹f199rº02› above.]

‹f199rº02tº› [Trānslātiō: "...of Saint Matthew twenty..."]

‹f199rº03--› {.«.88.».QX.I'I'I'I'I.CO.}

‹f199rº03tº› [Trānslātiō: "...in five chapter..."]

‹f199rº04--› {.B'BA.QV'KE'BB.}

‹f199rº04tº› [Trānslātiō: "...of his when..."]

‹f199rº05--› {.W'CO'D.N'J0.QX.}

‹f199rº05tº› [Trānslātiō: "...the Lord Jesus was in..."]

‹f199rº06--› {.H'H'HF.BV.I'I'I.D.}

‹f199rº07--› {.QV'KE'BB.F.Q.I.C.N'J0.QX.Y.IX.HK.N'J0.NA.}

‹f199rº08--› {.B'N.IX.H'HF'H.UD.DP.O'O'P.O'X2'O'I.C.I'I'IU'C.}

‹f199rº09--› {.V'CO'D'CO'D.HX'H'HK.N'J0.CO'D.Q.XV.XB.XF.}

‹f199rº10--› {.C'F'O'R'CO.EZ.O'X2'O'I.CX.I.C.IX.R.IX.W'CO'D.S'S'ST.}

folio 199 verso

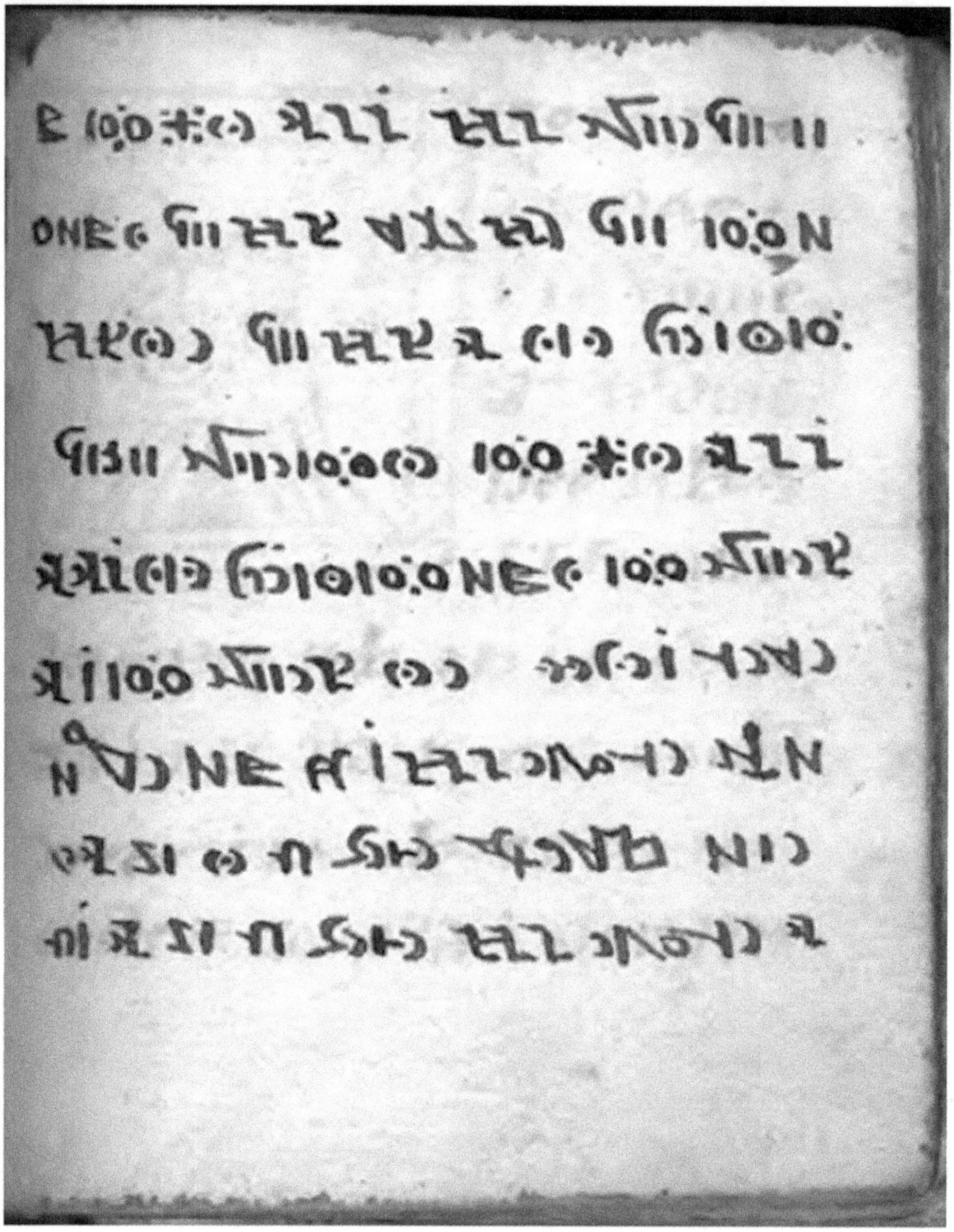

‹f199v°01--> {.I.I.I'I'G.C.I.I'AG.C.H'HF'H.HX'H'HK.Z.EZ.O'X2'O'I.B.}
‹f199v°02--> {.N.O'X2'O'I.I'I'G.L.HF'H.W.C'D'HY.HF'H.I'I'G.QX.B'N.O.}
‹f199v°03--> {.X2.O.I.OX.IX.C.H.R.CX.I.QX.HK.HY.HF'H.I'I'G.C.Z.HY.HF'H.}
‹f199v°04--> {.HX'H'HK.Z.EZ.O'X2'O'I.Z.O'X2'O'I.C.I.I'AG.C.I.I.LT.I.G.}
‹f199v°05--> {.HY.C.I.I'AG.C.O'X2'O'I.QX.B'N.O'X2'O'I.OX.I.C.H.R.CX.I.QX.HX.HK.HK.}
‹f199v°06--> {.C.D.C'XV.IX.CX.R.CX'CX.«.00.».C.Z.HY.C.I.I'AG.C.O'X2'O'I.IX.HK.}
‹f199v°07--> {.N'J0.C'XV'OB'I'C.H'HF'H.IX.NA.B'N.C'D'O.N.}
‹f199v°08--> {.C'I'N.XJ'D'CO'BY.C'EY.C.S.AC.Z.I'AG.HK.≈.}
‹f199v°09--> {.HK.C'XV'OB'I'C.H'HF'H.C'EY.C.S.AC.I'AG.HK.IX.AC.}

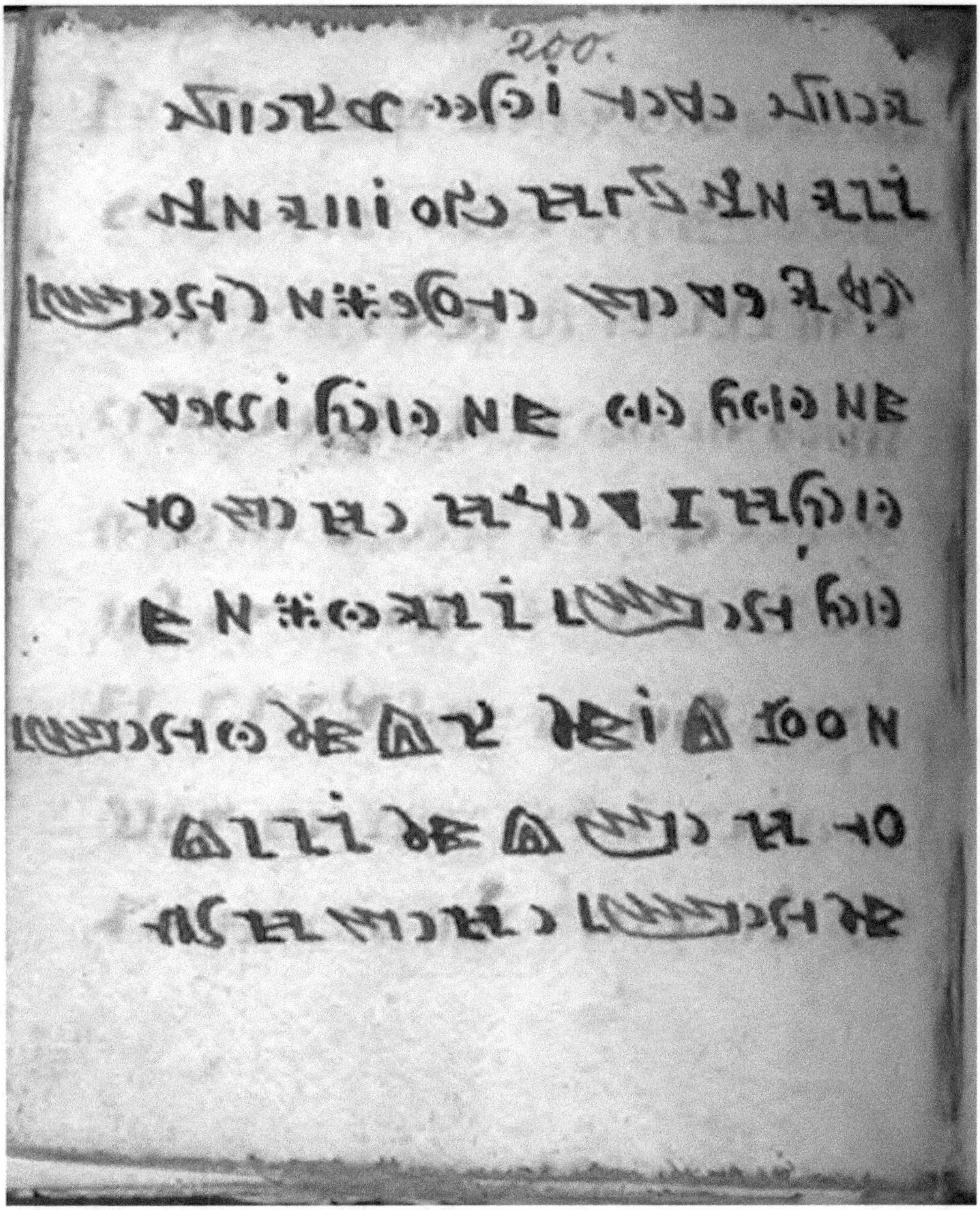

‹f200r°01--› {.HK.C.I.I'AG.C.C.D.C'XV.IX.CX.R.CX'CX.V.HY.C.I.I'AG.C.}
‹f200r°02--› {.HX'H'HK.N'J0.K'A'A.HF'H.BE'I'O.IX'I'I'HK.N'J0.}
‹f200r°03--› {.A'C'D.HK.CO'D.C'IZ.C'F'O'R'CO.EZ.N.L.F.S.C'M.QA.}
‹f200r°04--› {.B'N.CX.I.QX.H.R.CX.Z.B'N.CX.IX.C.H.R.IX.W'CO'D.}
‹f200r°05--› {.CX.I.C.H.R.HF'H.BC.D.C'BG.HF'H.C.HF'H.C'IZ.O.F.}
‹f200r°06--› {.CX.I.C.H.R.F.S.C'M.QA.HX'H'HK.Z.EZ.N.B.}
‹f200r°07--› {.N.O'O'IA.XU.IX.B'CV.HY.XU.B'CV.Z.F.S.C'M.QA.}
‹f200r°08--› {.O.F.HF'H.C'M.XU.B'CV.HX'H'H.XU.}
‹f200r°09--› {.B'CV.F.S.C'M.QA.C.HF'H.C'IZ.HF'H.S.AC.}

folio 200 verso

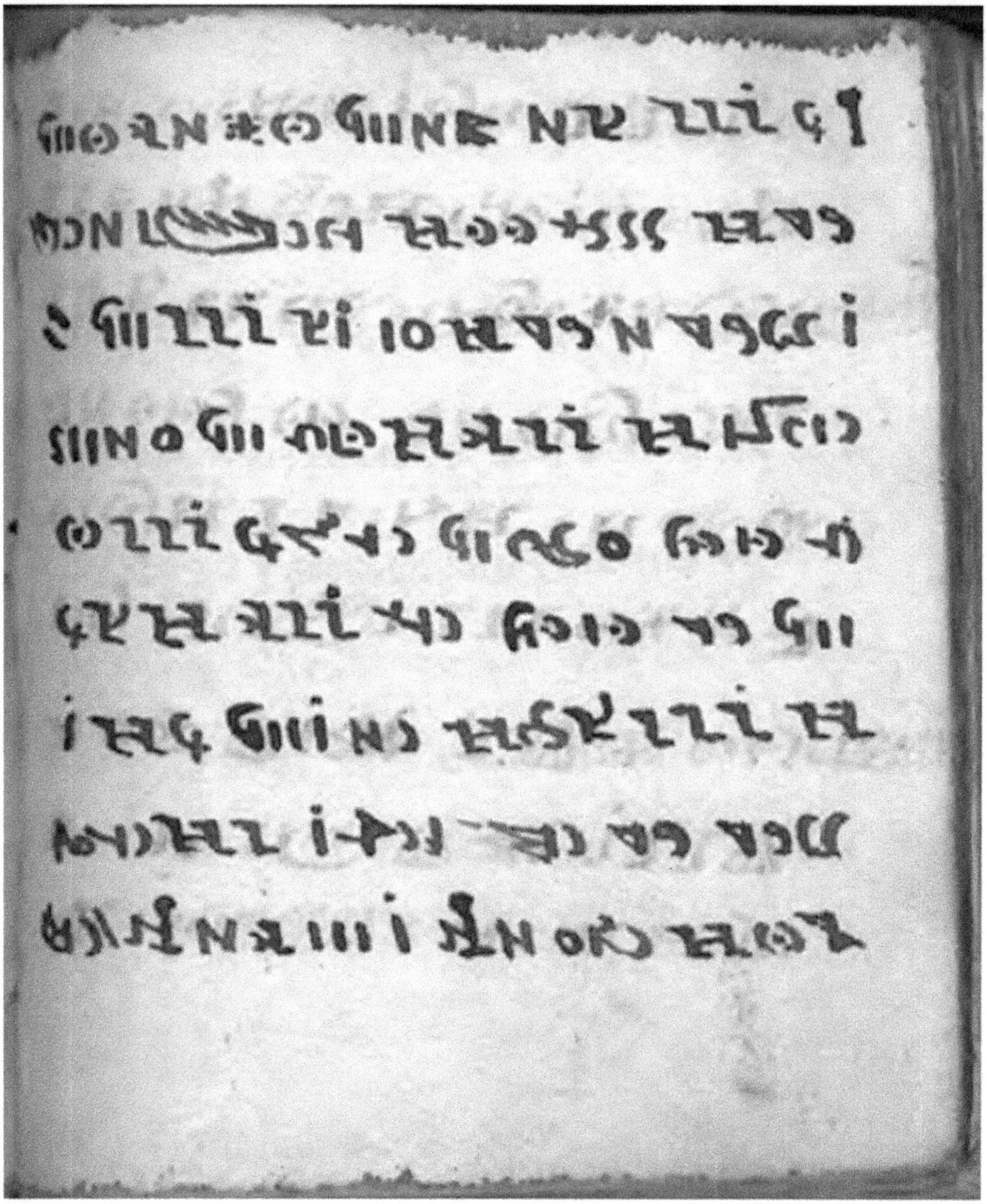

‹f200v°01--› {.IG.QT.HX'H'H.HY.N.B'N.I'I'G.Z.EZ.N.HK.Z.I'I'G.}
‹f200v°02--› {.CO'D.HF'H.S'S'ST.CX'CX.HF'H.F.Q.C'M.QA.N.C'IZ.}
‹f200v°03--› {.IX.W'CO'D.N.CO'D.HF'H.O.I.IX.HY.HX'H'H.I'I'G.≈.}
‹f200v°04--› {.C'I'Q.AG.I.HF'H.HX'H'HK.HF'H.Z.AC.I'I'G.O.N.I.I.S.}
‹f200v°05--› {.AC.C'EY.CX.H.R.O.U.I.G.C.F.AS.QT.HX'H'H.Z.}
‹f200v°06--› {.I'I'G.CO'D.CX.I.CX.H.R.C'BG.HX'H'HK.HF'H.HY.QT.}
‹f200v°07--› {.HF'H.HX'H'H.HY.S.Q.HF'H.C.N.IX.I'I'G.QT.HF'H.IX.}
‹f200v°08--› {.W'CO'D.CO'D.C'DB'J.I.C'T.IX.H'HF'H.C'XV.O.A.}
‹f200v°09--› {.BI.Z.HF'H.BE'I'O.N'J0.IX.I'I'I.HK.N'J0.A'C'D.}

folio 201 recto

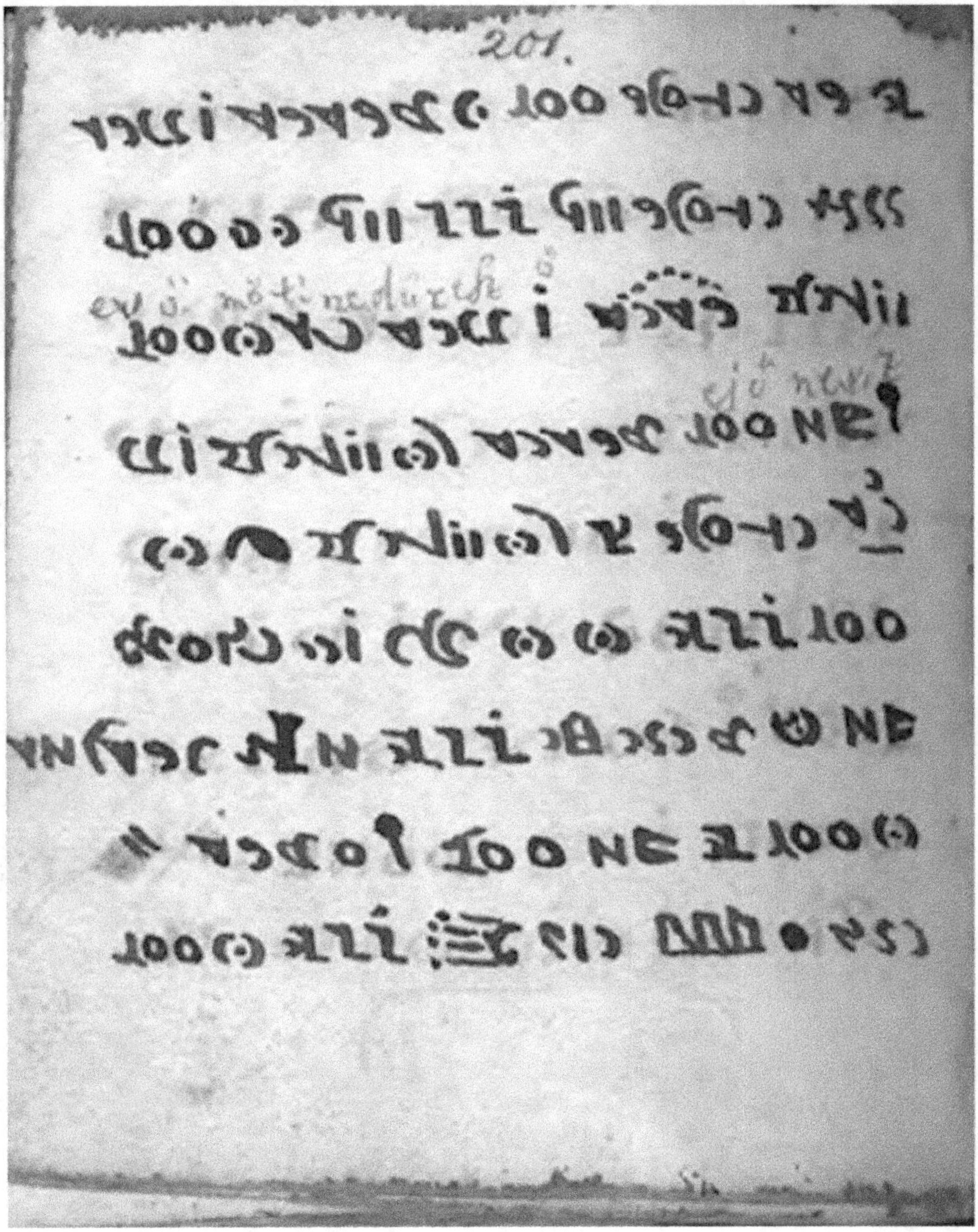

‹f201r°01--› {.HK.CO'D.C'F'O'R'CO.O'O'P.QX.V'CO'D'CO'D.IX.W'CO'D.}
‹f201r°02--› {.S'S'ST.C'F'O'R'CO.I'I'G.HX'H'H.I'I'G.CX.O.O'O'P.}
‹f201r°03--› {.I.IX.K.C.QS.A.C.(.CO'D'C'D.).IX.W.C.D.CU'D.Z.O'O'P.}
‹f201r°04--› {.IG.B'N.O'O'P.V'CO'D'CO'D.L.Z.I.IX.K.C.QS.A.C.IX.W.}
‹f201r°05--› {./.CC'D.\.C'F'O'R'CO.HY.L.Z.I.IX.K.C.QS.A.C.RO.Z.}
‹f201r°06--› {.O'O'P.HX'H'HK.Z.C.QX.UD.IX.C.I.BE'I'O.UD.}
‹f201r°07--› {.B'N.NP.V.C'S'C.BW.C.HX'H'HK.N'J0.R.CO'D'R'N'D.}
‹f201r°08--› {.Z.O'O'P.HK.B'N.O'O'IA.IG.O.V.CO'D.≈.}
‹f201r°09--› {.C.S.EL.O.M.C.I.RB.QV.PF.XX.HX'H'HK.Z.O'O'P.}

folio 201 verso

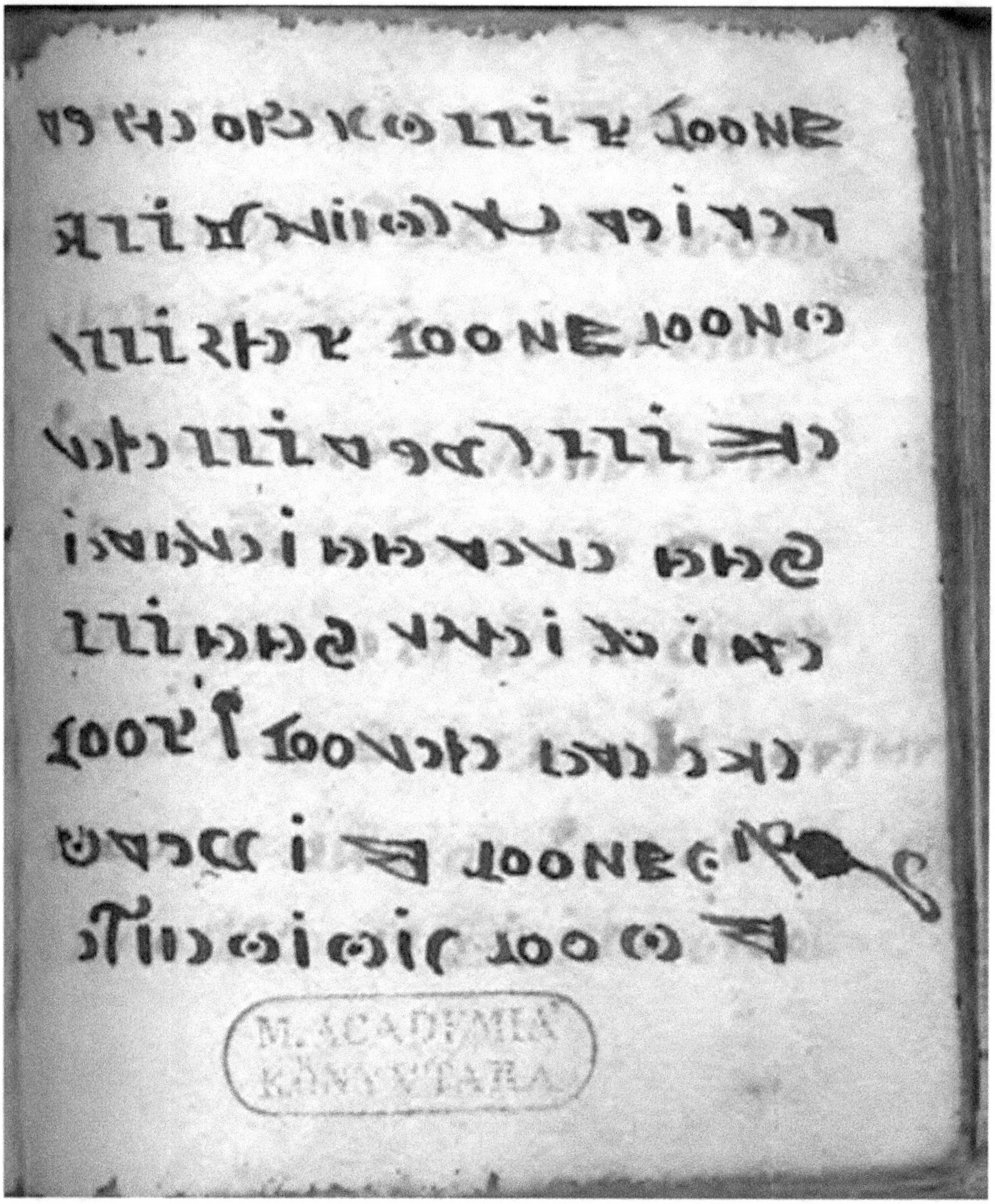

‹f201v°01--› {.B'N.O'O'IA.HY.HX'H'H.Z.QS.BE'I'O.C.F.XB.CO'D.}
‹f201v°02--› {.DP.CO'D.IX.CO'D.CU'D.L.Z.I.IX.K.C.QS.A.C.HX'H'HK.}
‹f201v°03--› {.Z.N.O'O'P.B'N.O'O'IA.HY.C'EY.XB.HX'H'H.J.}
‹f201v°04--› {.C.XN.HX'H'H.L.V.CO'D.HX'H'H.C'EY.C.K.}
‹f201v°05--› {.CQ.C'EY.C'EY.C.K.C.D.C'EY.C'EY.IX.C.K.C.I.D.C.IX.}
‹f201v°06--› {.C.AG'D.IX.CU.C.IX.C.AG.C.K.CQ.C'EY.C'EY.HX'H'H.}
‹f201v°07--› {.C.XF.C.C.D.C.QA.C.BT.C.K.O'O'IA.IG.HY.O'O'IA.}
‹f201v°08--› {.U.|.Z.|.EQ.I.QX.B'N.O'O'P.DB.IX.W'CO'D.Z.}
‹f201v°09--› {.DB.Z.O'O'P.R.IX.Z.IX.Z.C.I'I'IU'C.}

folio 202 recto

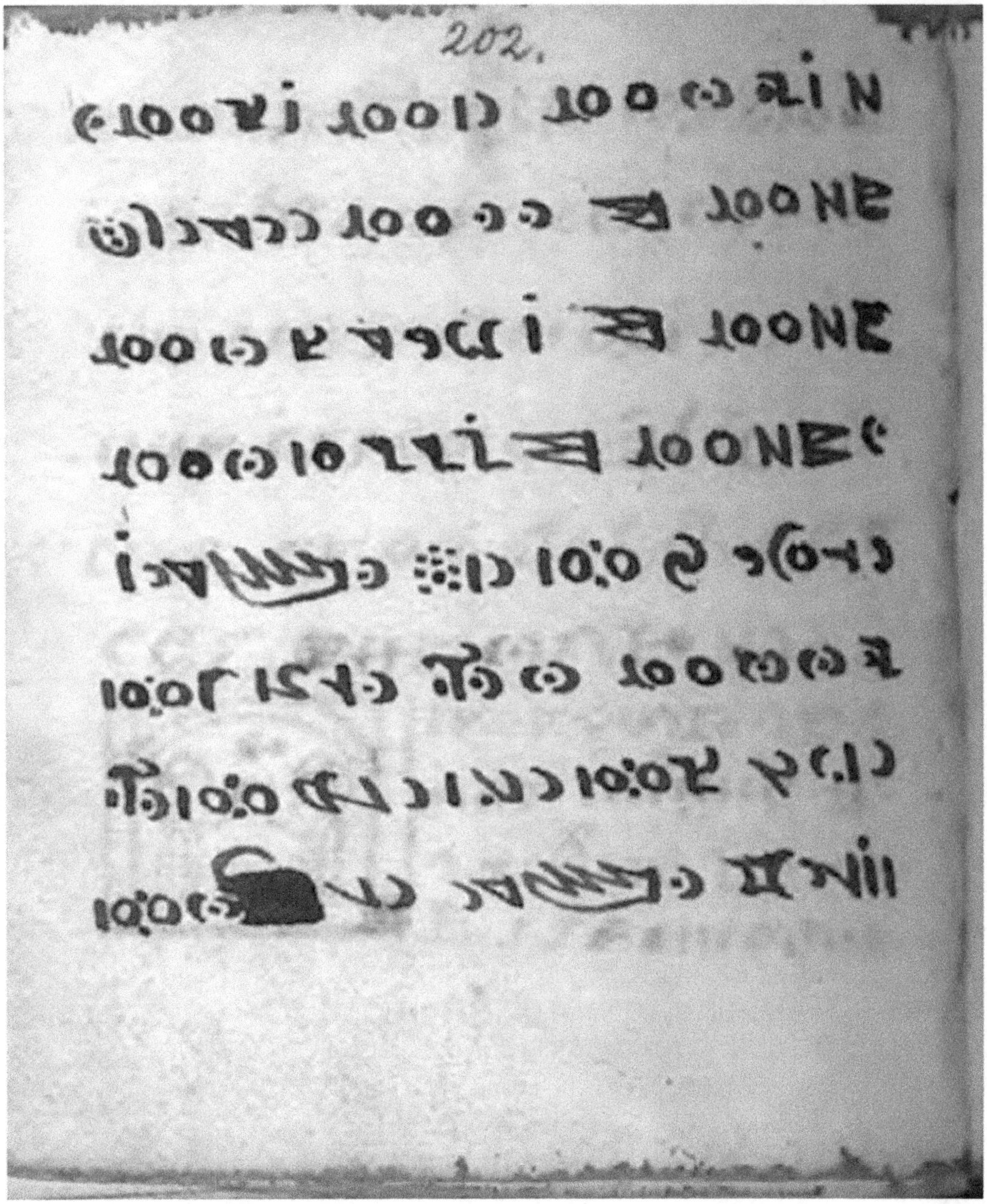

‹f202rº01--› {.N.IX.HK.Z.O'O'P.C.I.O'O'P.IX.HY.O'O'P.QX.}
‹f202rº02--› {.N.B.O'O'P.DB.CX'CX.O'O'P.C.C.D.C.L.NP.}
‹f202rº03--› {.B'N.O'O'P.DB.IX.W'CO'D.HY.Z.O'O'P.}
‹f202rº04--› {.QX.B'N.O'O'P.DB.HX'H'H.O.I.Z.O'O'P.}
‹f202rº05--› {.C'F'O'R'CO.CQ.O'X2'O'I.C.I'XX.CX.M.D.C.IX.}
‹f202rº06--› {.HK.Z.C.QX.O.O'O'P.Z.CX.IU.I.CX.F.S.I.R.O'X2'O'I.}
‹f202rº07--› {.C.I.QX.EK.HY.O'X2'O'I.C'XV.X.I.C.K.V.O'X2'O'I.CX.IU.I.}
‹f202rº08--› {.I.IX.K.C.QS.A.C.CX.M.D.C.C.K.|.CE.N.R.|.Z.O'X2'O'I.}

folio 202 verso

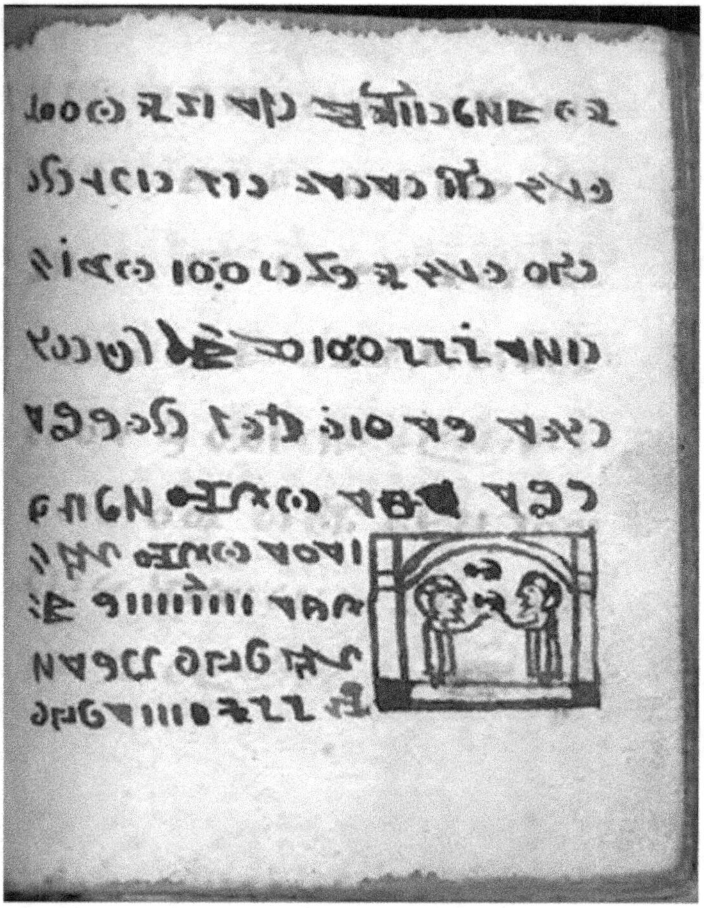

‹f202v°01--> {.HK.QX.B'N.QV.C.I'I'IU'C.DB.C.A.D.I'AG.HK.Z.O'O'P.}
‹f202v°02--> {.CX.K.XB.C.IU.I.C'D'C'D.K.C.I.K.C.I.R.F.C'S'C.}
‹f202v°03--> {.BE'I'O.CX.K.EL.HK.CO.AG.C.Q.O'X2'O'I.Z.V.IX.≈.}
‹f202v°04--> {.C'I'N.D.HX'H'H.O'X2'O'I.OB.J.B'CV.L.BK.C.BL.XB.}
‹f202v°05--> {.C.EK'C'D.CO'D.O.I.CX.RT.CX.A.C.S.CX.CO'BF'D'CO'BF'D.}
‹f202v°05f°› [Fissum: ‹f202v°05› .CO'BF'D. and ‹f202v°06› .CO'BF'D.]
‹f202v°06--> {.«.88.».|.V'T'T.|.D.Z'RT'NB.N'QV.AC.QX.}
‹f202v°07i°› [Illūstrātiō: P-82:LRSR Man & priest; two things exchanged between them.]
‹f202v°07C1› {.CE'O.}
‹f202v°07C2› {.CE'O.}
‹f202v°07n°› [Notā Bene: Symbols ‹f202v°07C1-C2› above occur within illustration P-82.]
‹f202v°07--> {.I'D'O'D.Z'RT'NB.BA.≈.}
‹f202v°07t°› [Trānslātiō: "...Hear the holy Word of..."]
‹f202v°08--> {.RT'BS'D.I'I'I'I'I'I'I.CO.B.≈.}
‹f202v°08t°› [Trānslātiō: "...Saint Matthew (in) his eighth chapter..."]
‹f202v°09--> {.BA.QV'KE'BB.W'CO'D.N'J0.}
‹f202v°09t°› [Trānslātiō: "...of when the Lord Jesus was..."]
‹f202v°09f°› [Fissum: ‹f202v°09› .N. and ‹f202v°10› .J0.]
‹f202v°10--> {.«.88.».H'H'HF.BV.I'I'I.D.QV'KE'BB.}

folio 203 recto

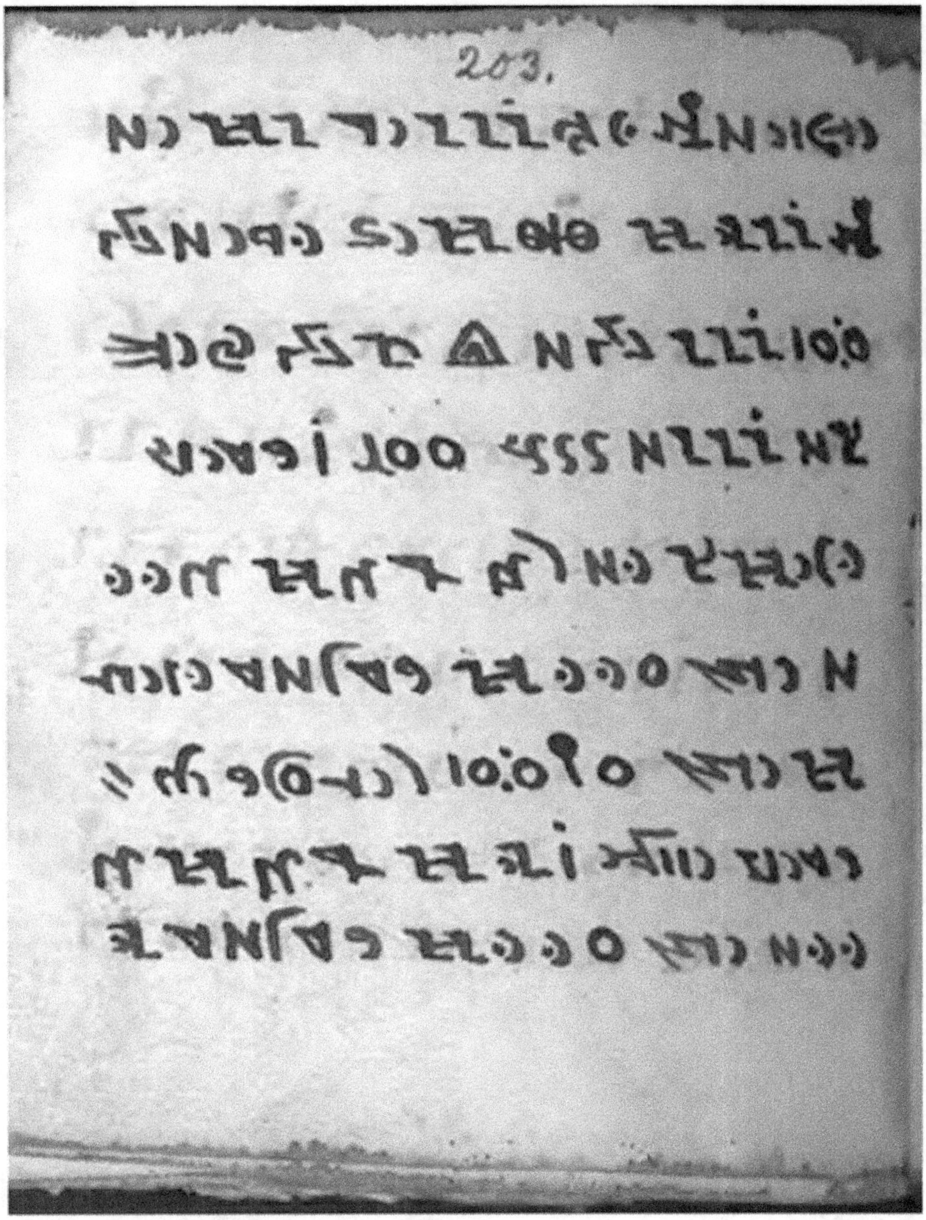

‹f203rº01--› {.C.F.CO.I.C.N'J0.QX.Y.HX'H'H.C.D.H'HF'H.C.N'J0.}
‹f203rº01fº› [Fissum: ‹f203rº01› .N. and ‹f203rº02› .J0.]
‹f203rº02--› {.«.88.».HX'H'HK.HF'H.OC.HF'H.C.S.CX.Y.C.N.K'A'A.}
‹f203rº03--› {.O'X2'O'I.HX'H'H.K'A'A.N.XU.HM.K'A'A.CQ.C.XN.}
‹f203rº04--› {.HY.N.HX'H'H.N.S'S'ST.O'O'P.IX.CO'D.C.HA.}
‹f203rº05--› {.Z.C.HF'H.HY.CX.N.L.NA.BI.BQ.HF'H.NA.CX'CX.}
‹f203rº06--› {.N.C'IZ.O.CX'CX.HF'H.CO'D'R'N'D.CX.A.C.AC.}
‹f203rº07--› {.HF'H.C'IZ.O.IG.O'X2'O'I.L.C'F'O'R'CO.H.R.RA.≈.}
‹f203rº08--› {.CO'D.C'IZ.C.I.I'AG.C.IX.HK.HF'H.BI.BQ.HF'H.BQ.}
‹f203rº09--› {.CX'CX.N.C'IZ.O.CX'CX.HF'H.CO'D'R'N'D.HK.}

folio 203 verso

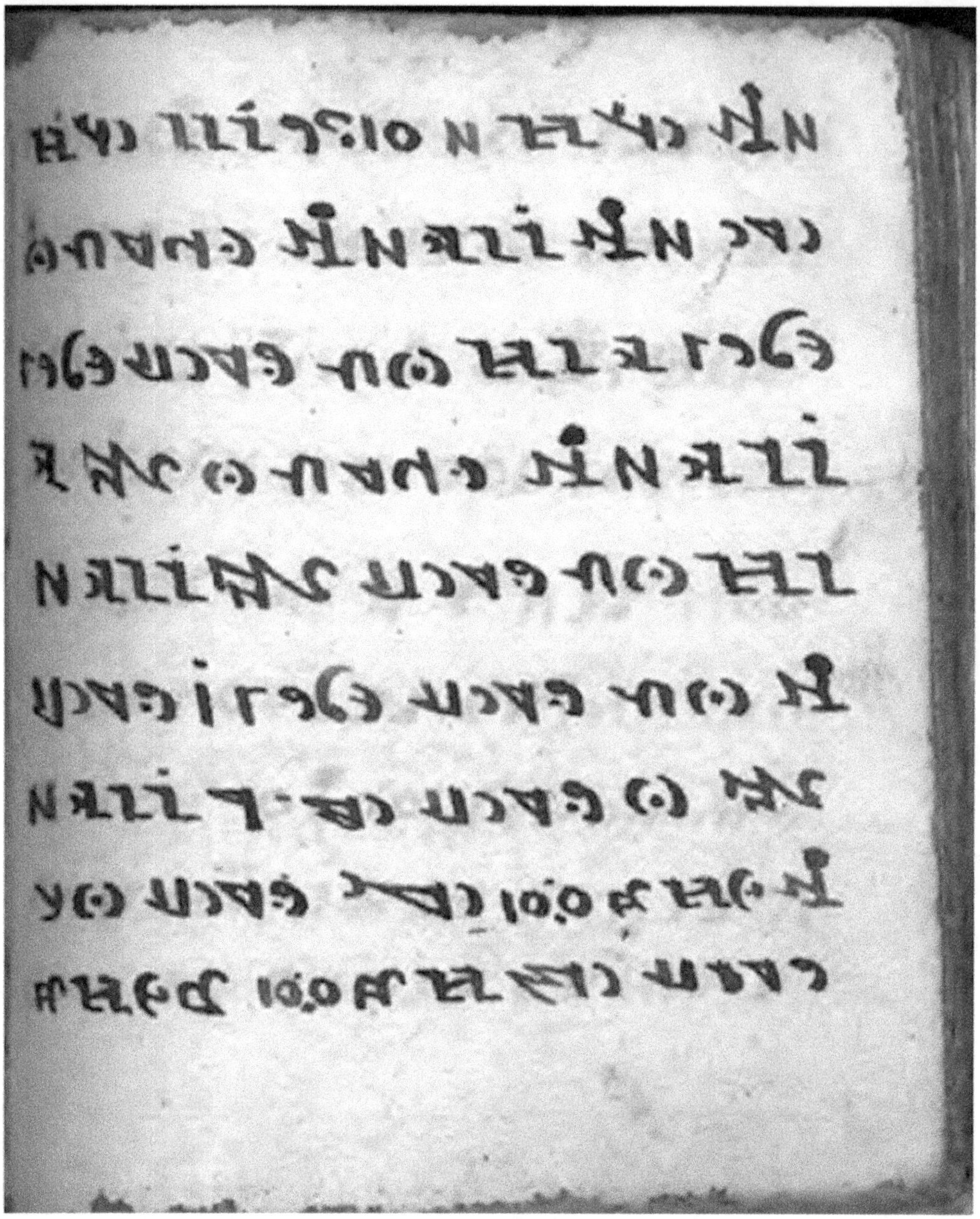

‹f203vº01--›	{.N'J0.C'BG.HF'H.N.O.I.Q.X.CO.HX'H'H.C'BG.HF'H.}
‹f203vº02--›	{.C.D.C.N'J0.HX'H'HK.N'J0.CX.XC.D.AC.Z.}
‹f203vº03--›	{.CE.QV.CO.A.HK.H'HF'H.Z.AC.CX.D.C.KI.CE.QV.CO.A.}
‹f203vº04--›	{.HX'H'HK.N'J0.CX.XC.D.AC.Z.BA.HK.}
‹f203vº05--›	{.H'HF'H.Z.AC.CX.D.C.KI.BA.HX'H'HK.N'J0.}
‹f203vº05fº›	[Fissum: ‹f203vº05› .N. and ‹f203vº06› .J0.]
‹f203vº06--›	{.«.88.».Z.AC.CX.D.C.KI.CE.QV.CO.RA.IX.CX.D.C.KI.}
‹f203vº07--›	{.BA.Z.CX.D.C.KI.C'IZ.X.DP.HX'H'HK.N'J0.}
‹f203vº07fº›	[Fissum: ‹f203vº07› .N. and ‹f203vº08› .J0.]
‹f203vº08--›	{.«.88.».QX.HF'H.NA.O'X2'O'I.C.D.C.CO'D.C.KI.Z.CE.}
‹f203vº09--›	{.CO'D'CO.KI.give.HF'H.NA.O'X2'O'I.V.QX.HF'H.NA.}

folio 204 recto

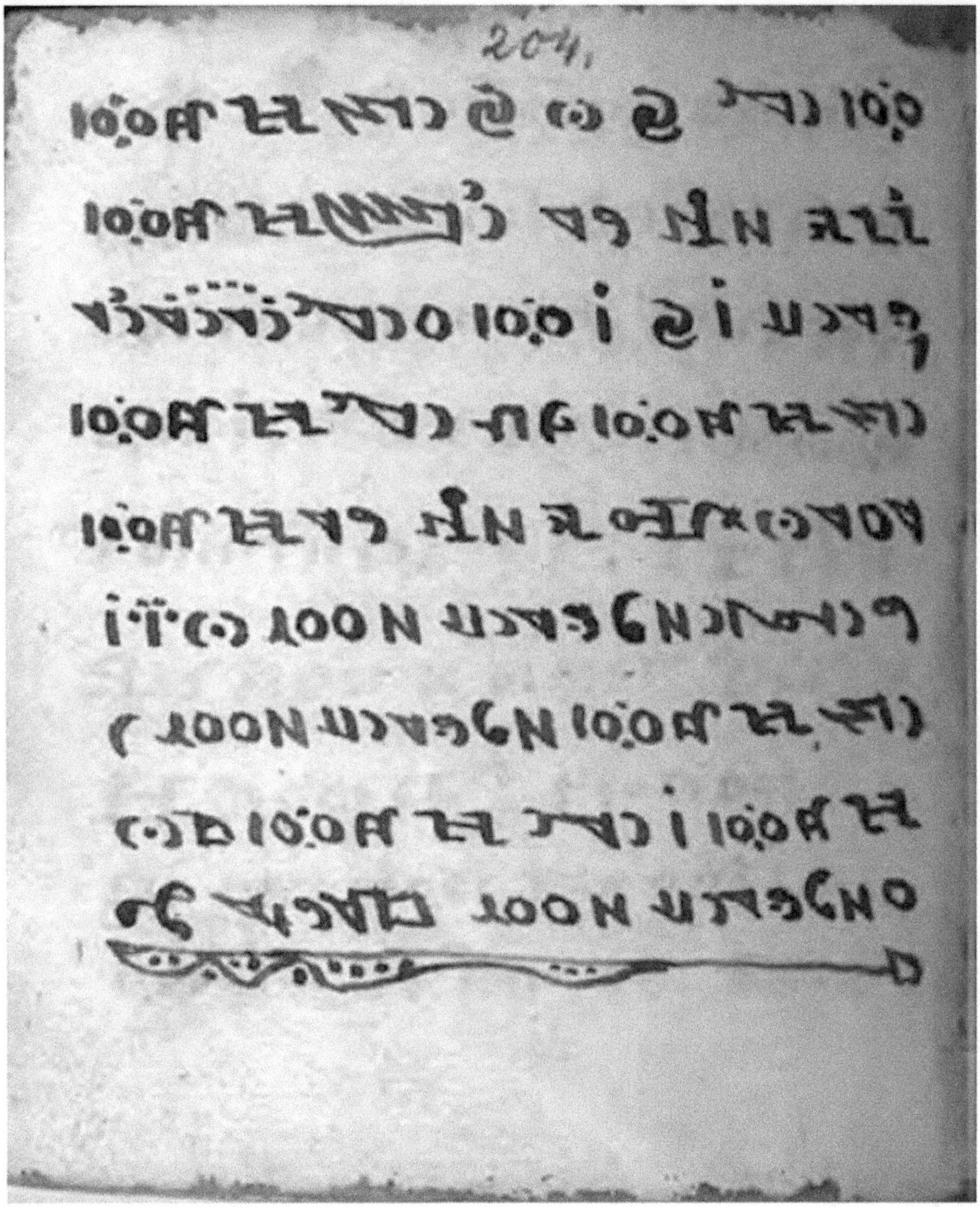

‹f204r°01-->　{.O'X2'O'I.C.D.C.CQ.Z.CQ.C'IZ.HF'H.NA.O'X2'O'I.}
‹f204r°02-->　{.HX'H'HK.N'J0.CO'D.CC.M.HF'H.NA.O'X2'O'I.}
‹f204r°03-->　{.C.CX.D.C.KI.IX.CQ.IX.O'X2'O'I.O.C.D.C.(.C'D'C'D.).CC'D.}
‹f204r°04-->　{.C'IZ.HF'H.NA.O'X2'O'I.QX.AC.C.D.C.HF'H.NA.O'X2'O'I.}
‹f204r°05-->　{.D'O'D.Z'RT'NB.HK.N'J0.CO'D.HF'H.NA.O'X2'O'I.}
‹f204r°06-->　{.CO.C'XV'OB'I'C.N'QV.CX.D.C.KI.N.O'O'P.Z.I'X4.IX.}
‹f204r°07-->　{.C'IZ.HF'H.NA.O'X2'O'I.N'QV.CO'D.C.KI.N.O'O'P.R.}
‹f204r°08-->　{.HF'H.BQ.O'X2'O'I.IX.C.D.C.HF'H.NA.O'X2'O'I.HM.Z.}
‹f204r°09-->　{.O.N'QV.CX.D.C.KI.N.O'O'P.XJ'D'CO'BY.RO.|.O.|.}
‹f204r°09d°›　[DĪVĪSIŌ.]

folio 204 verso

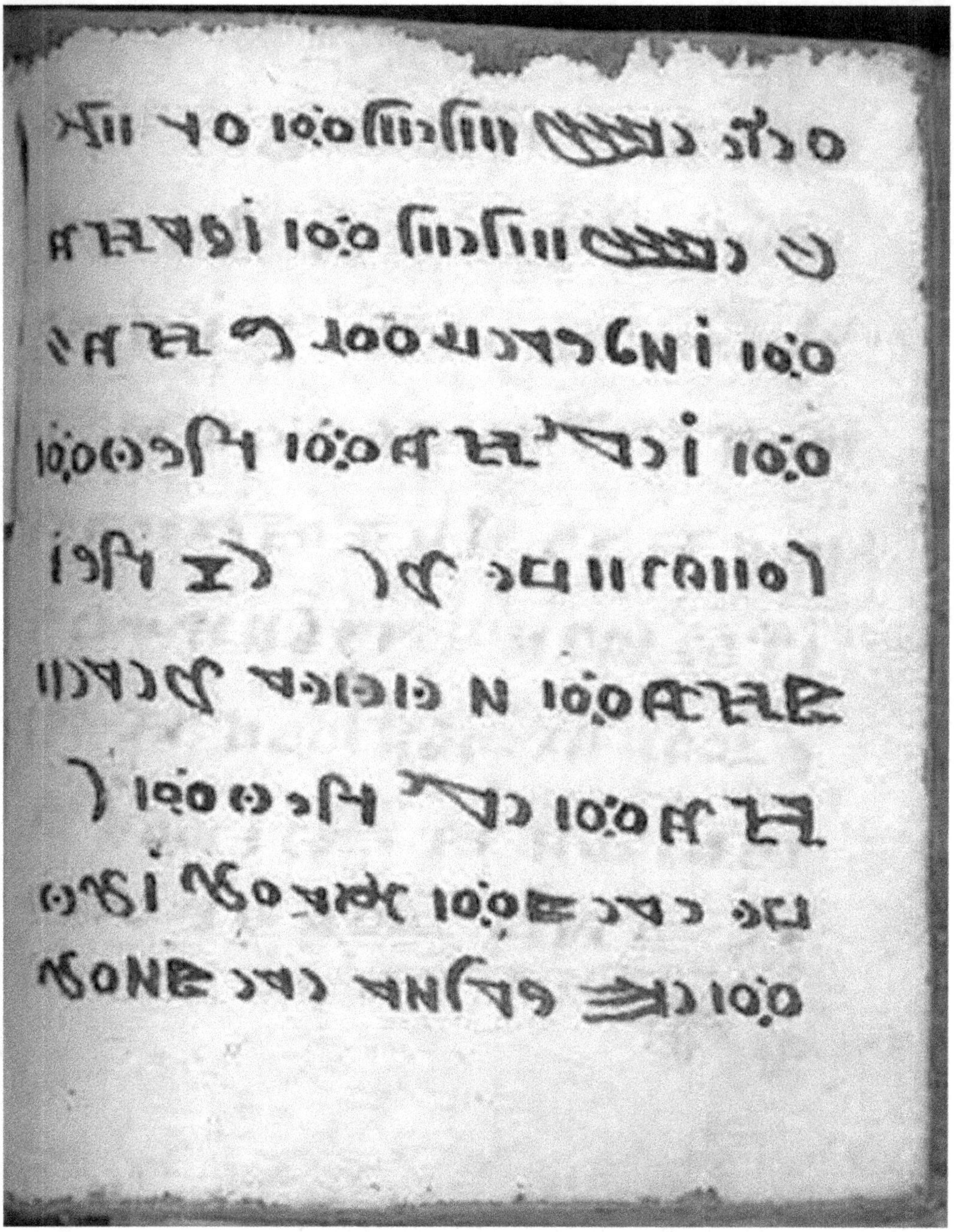

‹f204vº01--> {.O.C.IU.C.C'M.I'I'AE.C'I'AE.O'X2'O'I.O'XV.I.I'AG.C.}
‹f204vº02--> {.BK.C'M.I'I'AE.C'I'AE.O'X2'O'I.IX.C.Q.D.HF'H.NA.}
‹f204vº03--> {.O'X2'O'I.IX.N'QV.CO'D.C.KI.O'X2'O.P.LO.HF'H.NA.≈.}
‹f204vº04--> {.O'X2'O'I.IX.C.D.C.HF'H.NA.O'X2'O'I.XV.R.CO.Z.O'X2'O'I.}
‹f204vº05--> {.L.O.I.I.O.RA.I'I'XJ.CX.V.L.«.00.».L.BC.XV.R.CO.IX.}
‹f204vº06--> {.B.HF'H.NA.O'X2'O'I.N.CX'I'CX'I'CX'D.V.C.D.C.I.I.}
‹f204vº07--> {.HF'H.NA.O'X2'O'I.C.D.C'XV.R.CO.Z.O'X2'O'I.L.}
‹f204vº08--> {.KE.CX.C.D.C.B'O'X2'O'I.XI'D.O.U.IX.U.Z.}
‹f204vº09--> {.O'X2'O'I.C.XN.CO'D'R'N'D.C.D.C.B'N.O.U.}

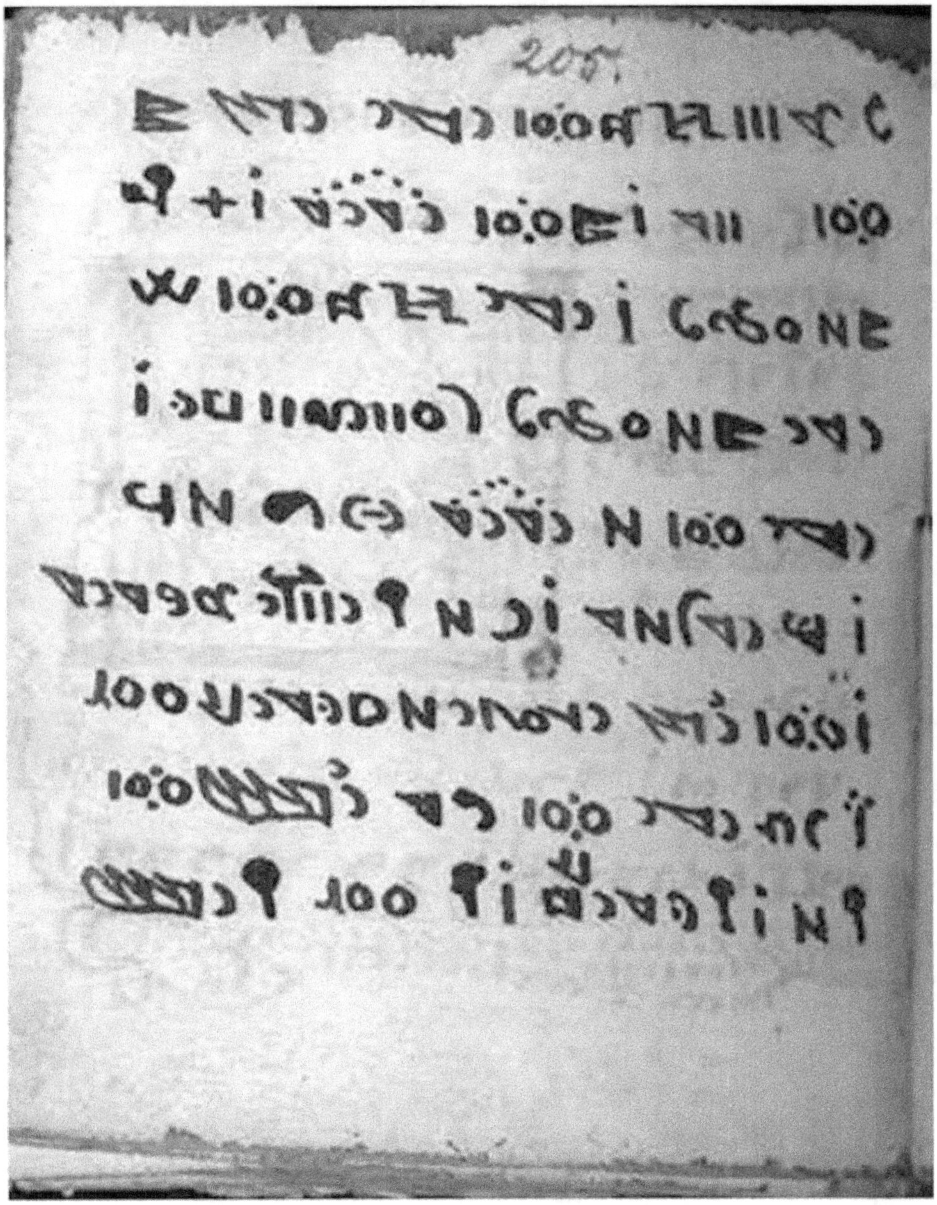

‹f205rº01--› {.QV.V.I'I'I.HF'H.NA.O'X2'O'I.C.D.C.C'IZ.B.}
‹f205rº02--› {.O'X2'O'I.I.I.D.IX.B'O'X2'O'I.(.C'D'C'D.).IX.T.BH.}
‹f205rº03--› {.B'N.O.U'QV.IX.C.D.C.HF'H.NA.O'X2'O'I.XL.}
‹f205rº04--› {.C.D.CO.B'N.O.U'QV.L.O.I.I.O.|.RA.|.I'I'XJ.CX.IX.}
‹f205rº05--› {.C.D.C.O'X2'O'I.N.(.C'D'C'D.).CX.LO.N.IJ.}
‹f205rº06--› {.IX.BR.C'D'R'N'D.IX.C.N.IG.C.I'I'IU'C.V.CO'D'C'D.}
‹f205rº07--› {.IX.O'X2'O'I.CC'IZ.C'XV'OB'I'C.N.O.CX.D.C.KI.O'O'P.}
‹f205rº08--› {.I'X3.Q.AC.C.D.C.O'X2'O'I.CO'D.CC.M.O'X2'O'I.}
‹f205rº09--› {.IG.N.IX.IG.CX.D.C.KI.XJ.IX.IG.O'O'P.IG.C'M.}

folio 205 verso

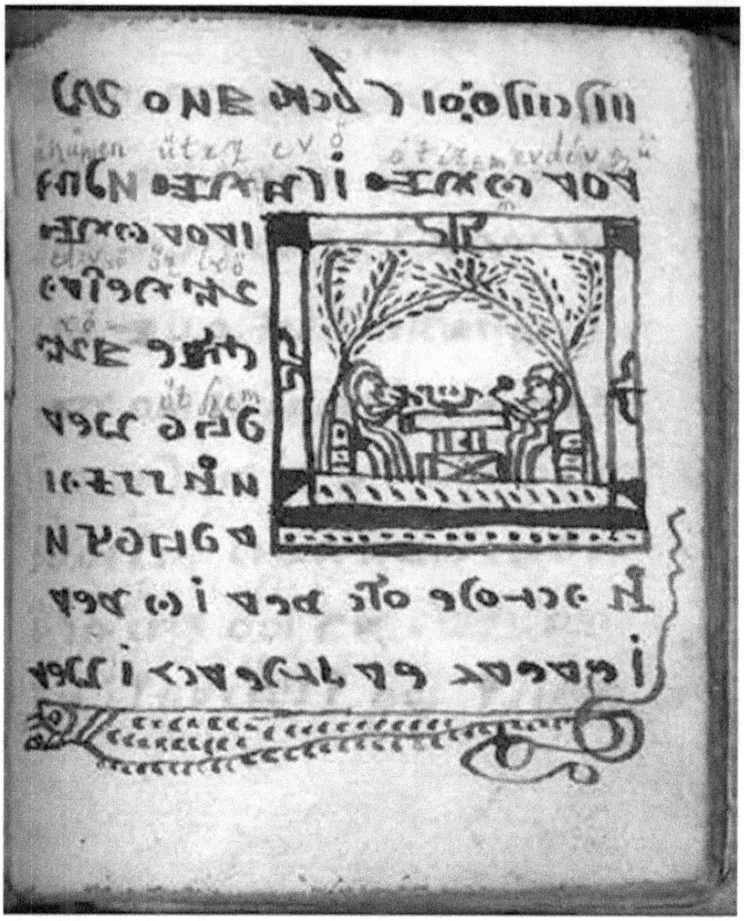

‹f205v°01--›	{.I'I'AE.C'I'AE.O'X2'O'I.L.BT.Q.C.V.I.B'N.O.U'QV.}
‹f205v°02--›	{.D'O'D.Z'RT'NB.IX.L.NA.RT'NB.N'QV.AC.QX.}
‹f205v°03i°›	[Illūstrātiō: P-83:MRLS Two men eating at table beneath palm trees.]
‹f205v°03--›	{.I'D'O'D.Z'RT'NB.}
‹f205v°03t°›	[Trānslātiō: "...Hear the holy Word..."]
‹f205v°04--›	{.BA.RT'CO'IH'D.QX.}
‹f205v°04t°›	[Trānslātiō: "...of Saint Luke in..."]
‹f205v°05--›	{.LT.|.TL.|.CO.B'BA.}
‹f205v°05t°›	[Trānslātiō: "...his ninth chapter..."]
‹f205v°06--›	{.QV'KE'BB.W'CO'D.}
‹f205v°06t°›	[Trānslātiō: "...when was..."]
‹f205v°07--›	{.N'J0.H'H'HF.QX.I.}
‹f205v°07t°›	[Trānslātiō: "...the Lord Jesus...in one..."]
‹f205v°08--›	{.D.QV'KE'BB.HY.N'J0.}
‹f205v°08t°›	[Trānslātiō: "...day when Lord Jesus came..."]
‹f205v°08f°›	[Fissum: ‹f205v°08› .N. and ‹f205v°09› .J0.]
‹f205v°09--›	{.«.88.».QX.C'F'O'R'CO.O.IU.C.V.CO'D.IX.Z.V.CO'D.}
‹f205v°10--›	{.IX.CO'D'CO'D'K.CO'D.QA.K.R.CO'D.C.A.IX.W'CO'D.}
‹f205v°10s°›	[SERPĒNS: 7/7.]

folio 206 recto

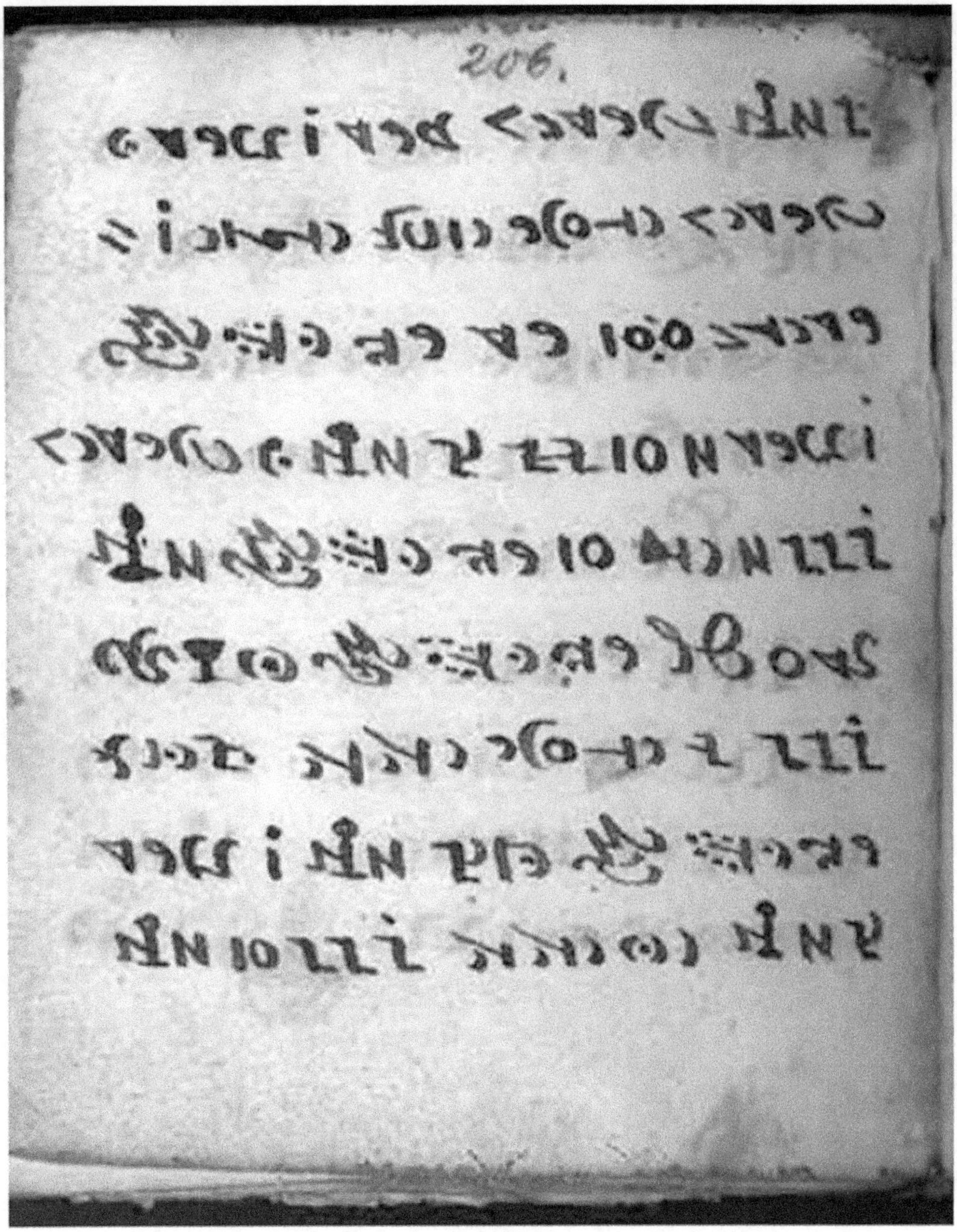

‹f206r°01--› {.HX.N'J0.K.Q.CO'D.C.A.V.CO'D.IX.W'CO'D.QX.}
‹f206r°02--› {.CU.R.CO'D.C.A.C'F'O'R'CO.C.I.BL.AG.C'XV'OB'I'C.IX.≈.}
‹f206r°03--› {.CO'D'C'D'K.O'X2'O'I.CO'D.CO.Y.CX.((.XV.)).C'EK'BZ.}
‹f206r°04--› {.IX.W'CO'D.N.O.I.HF'H.HY.N'J0.QX.CU.R.D.C.A.}
‹f206r°05--› {.HX'H'H.N.C'BD.O.I.CO.Y.CX.((.XV.)).C'EK'BZ.N'J0.}
‹f206r°06--› {.S'D.O.I.CO.Y.CX.((.XV.)).C'EK'BZ.Z.BC.UD.}
‹f206r°07--› {.HX'H'H.HF.C'F'O'R'CO.C'XV'C'XV'C.HM.CX.C'S'C.}
‹f206r°08--› {.CO.Y.CX.((.XV.)).C'EK'BZ.CX.I.HY.N'J0.IX.W'CO'D.}
‹f206r°09--› {.HY.N'J0.C.Z.C'XV'C'XV'C.HX'H'H.O.I.N'J0.}

folio 206 verso

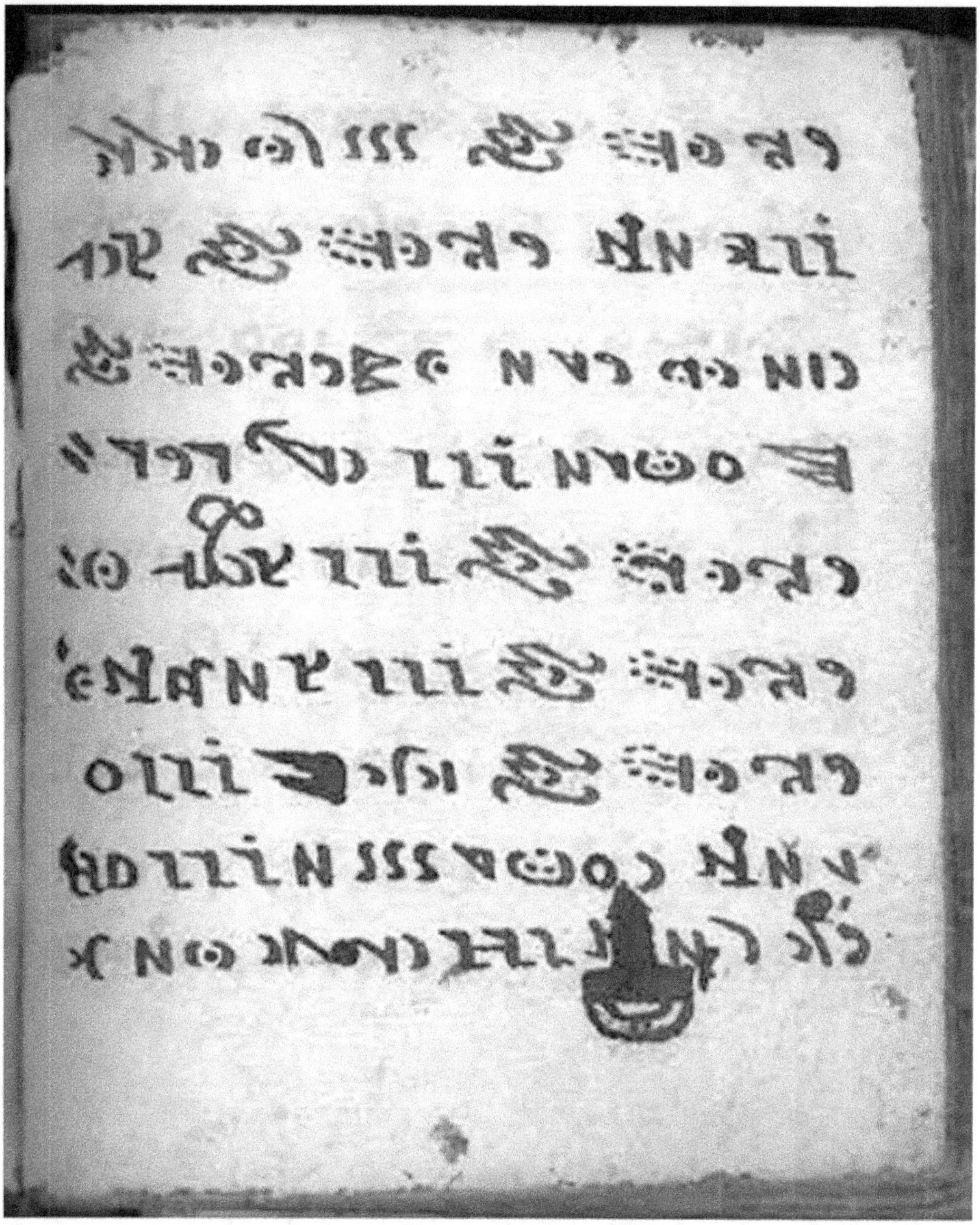

‹f206vº01--› {.CO.Y.CX.((.XV.)).C'EK'BZ.S'S'S.L.Z.C'XV'C'XV'C.}
‹f206vº02--› {.HX'H'HK.N'J0.CO.Y.CX.((.XV.)).C'EK'BZ.HY.C.XP.}
‹f206vº03--› {.C'I'N.CX.XC.X.CO'D.N.QX.B.CO.Y.CX.((.XV.)).C'EK'BZ.}
‹f206vº04--› {.DB.O.NP.D.N.HX'H'H.C'D'R.DP.CO.DP.≈.}
‹f206vº05--› {.CO.Y.CX.((.XV.)).C'EK'BZ.HX'H'H.HY.CU.DN.F.Z.≈.}
‹f206vº06--› {.CO.Y.CX.((.XV.)).C'EK'BZ.HX'H'H.HY.N.NA.J0.QX.}
‹f206vº07--› {.CO.Y.CX.((.XV.)).C'EK'BZ.I.C.R.C'DB.HX'H'H.O.}
‹f206vº08--› {.K.N'J0.C.O.NP.D.S'S'S.N.HX'H'H.O.HF'H.}
‹f206vº09--› {.CO.IG.C.L.|.N'J0.|.H'HF'H.C'XV'OB'I'C.Z.N.RO'C.}
‹f206vº09oº› [Ornāmentum: Tower w/ moat/object.]

folio 207 recto

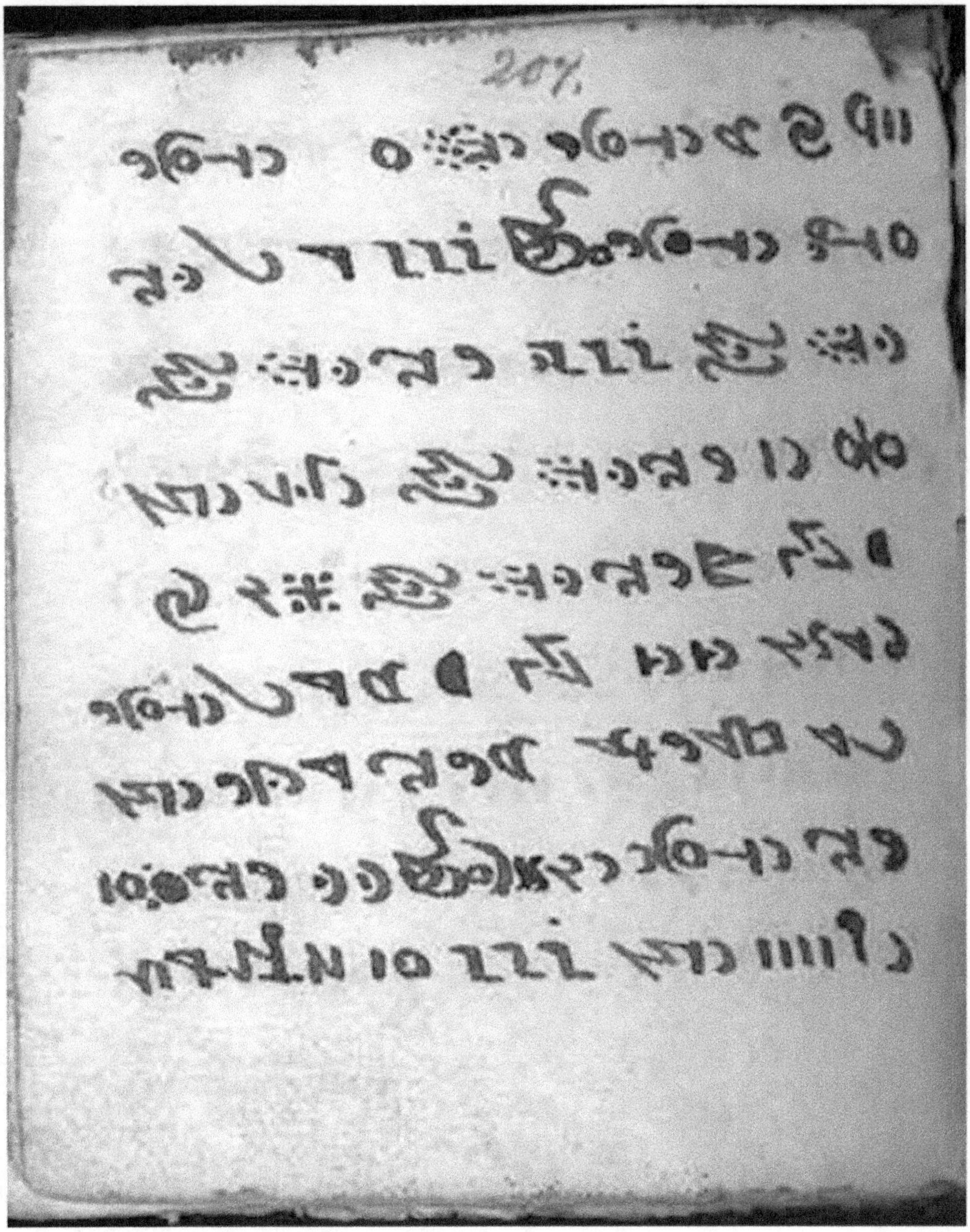

‹f207rº01--› {.I'I'G.CQ.V.C'F'O'R'CO.C'XF'XX.O.«.00.».C'F'O'R'CO.}
‹f207rº02--› {.O.F.BS.C'F'O'R'CO.O.S.ER.HX'H'H.DP.CU.CX.Y.}
‹f207rº03--› {.CX.((.XV.)).C'EK'BZ.HX'H'HK.CO.Y.CX.((.XV.)).C'EK'BZ.}
‹f207rº04--› {.OC.C.I.CO.Y.CX.((.XV.)).C'EK'BZ.C.A.X.K.C'IZ.}
‹f207rº05--› {.|.MF.|.K'A'A.B.CO.Y.CX.((.XV.)).C'EK'BZ.EZ.XB.CQ.}
‹f207rº06--› {.CV.D.S.XB.C'EY.C'EY.K'A'A.|.MF.|.V.DP.CU.C'F'O'R'CO.}
‹f207rº07--› {.CU'D.XJ'D'CO'BY.V.CO.Y.DP.CX.I.CO.C'IZ.}
‹f207rº08--› {.CO.Y.C'F'O'R'C.CO.C.SB.S.S.L.O.S.ER.CX'CX.CO.Y.O'X2'O'I.}
‹f207rº09--› {.C.IG.I'I'I'I.C'IZ.HX'H'H.O.I.N'J0.BI.AC.}

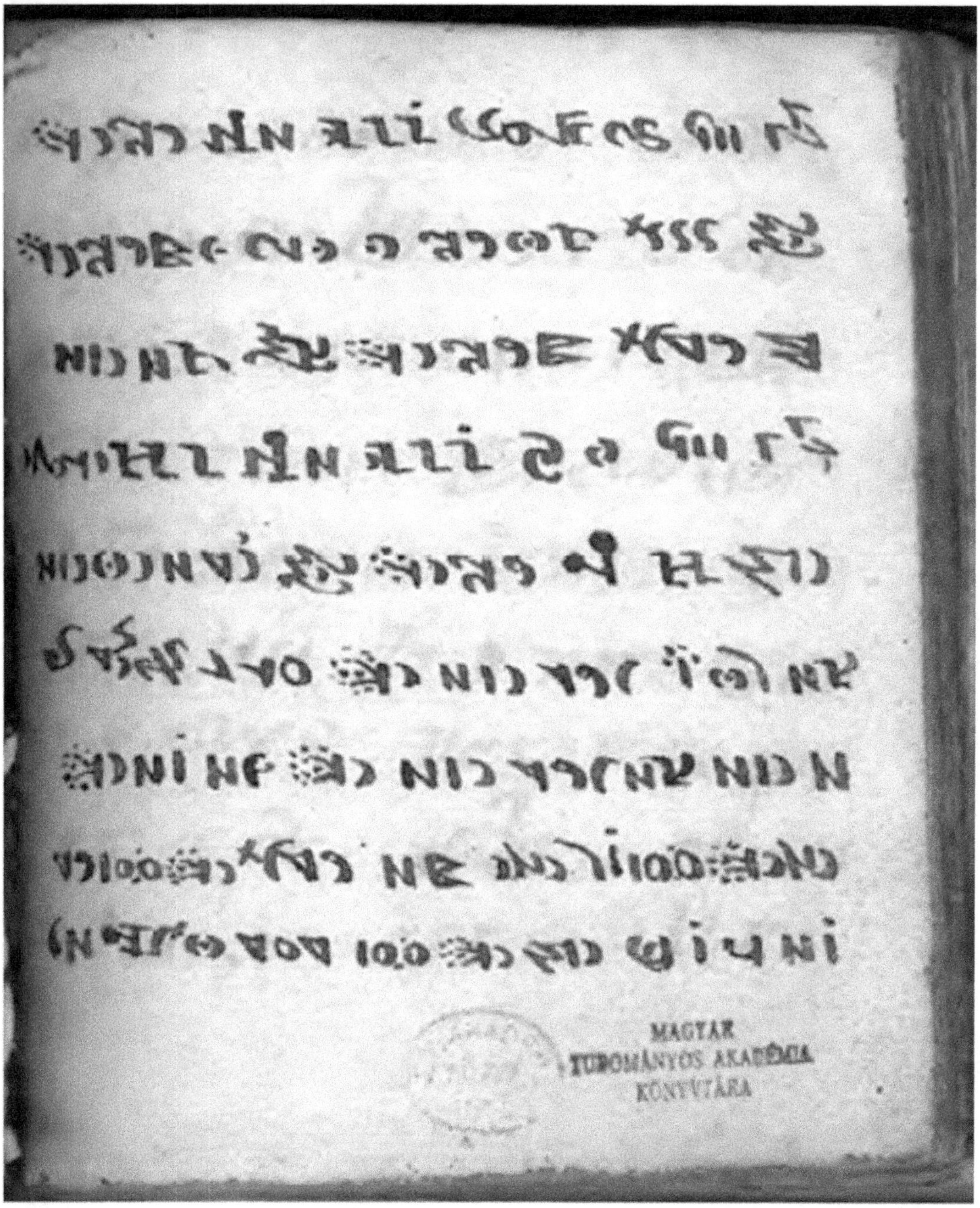

‹f207vº01-->　{.K'A'A.I'I'G.U.YX'QQ.HX'H'HK.N'J0.CO.Y.CX.((.XV.)).}

‹f207vº02-->　{.C'EK'BZ.S'S'ST.HM.Z.CO.Y.CX'CX.K.R.QX.B.CO.Y.CX.((.XV.)).}

‹f207vº03-->　{.DB.CO'D'R'T.B.CO.Y.CX.((.XV.)).C'EK'BZ.HM.N.C'I'N.}

‹f207vº04-->　{.K'A'A.I'I'G.O.CQ.HX'H'HK.N'J0.H'HF'H.C'XV'OB'I'C.}

‹f207vº05-->　{.C'IZ.HF'H.BH.CO.Y.CX.((.XV.)).C'EK'BZ.IX.D.N.C.Z.C'I'N.}

‹f207vº06-->　{.HY.N.L.Z.I'X4.Q.CO'D.C'I'N.C'XF'XX.O.F.K.Q.EK.RO.S.C.D.S'D.}

‹f207vº07-->　{.N.C'I'N.HY.N.Q.CO'D.C'I'N.C'XF'XX.QX.N.I.N.C'XF'XX.}

‹f207vº08-->　{.C.N.C'XF'XX.O'X2'O'I.IX.L.C.KC.CE.B'N.CO'D'R'T.C'XF'XX.O'X2'O'I.CO'D.}

‹f207vº09-->　{.IX.N.IJ.IX.BR.C'IZ.C'XF'XX.O'X2'O.I'D'O'D.Z'RT'NB.N'QV.}

folio 208 recto

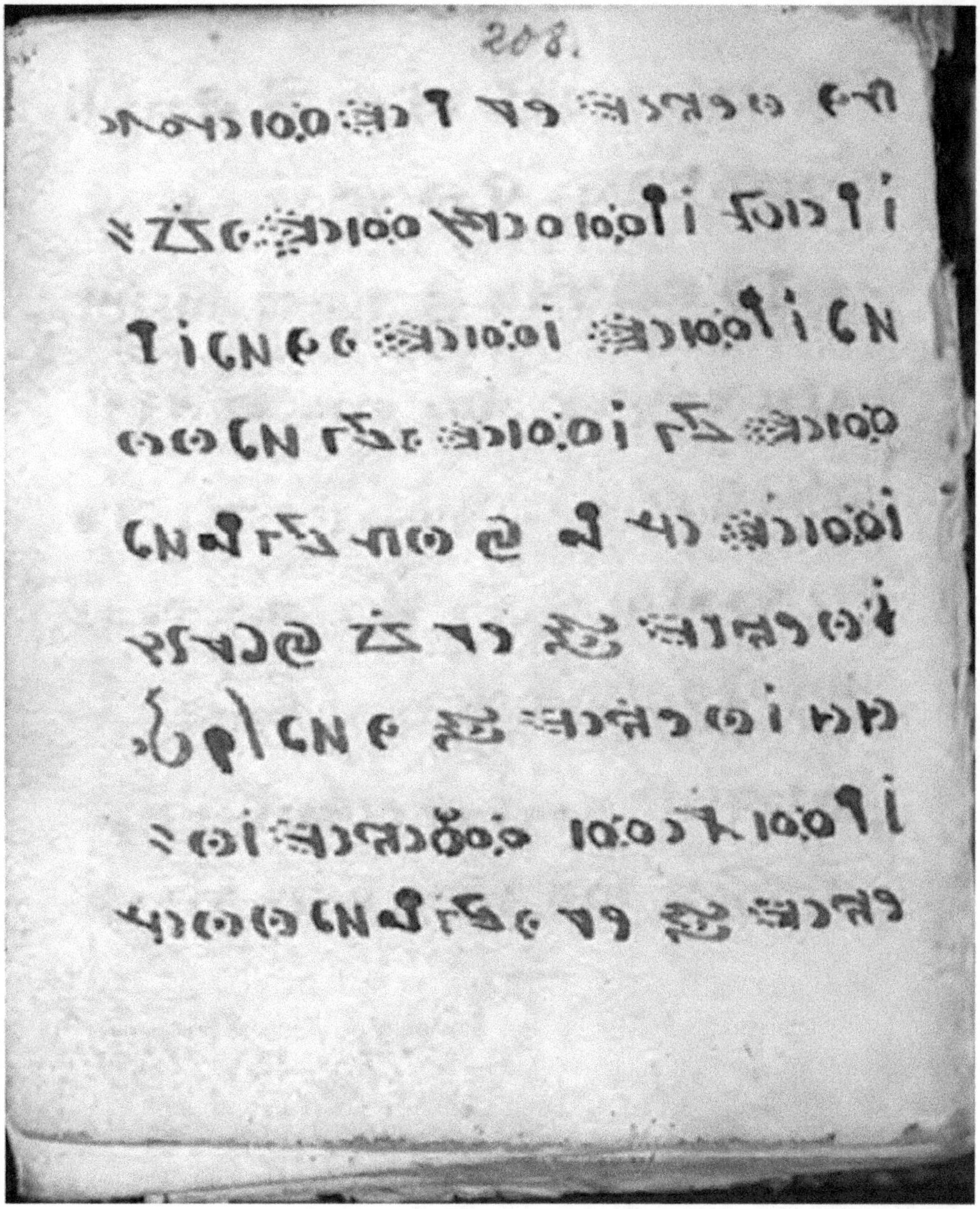

‹f208rº01--> {.AC.QE.Z.CO.Y.CX.((.XV.)).CO'D.IG.C'XF'XX.O'X2'O'I.C'XV'OB'I'C.}
‹f208rº02--> {.IX.IG.C.I.BL.TL.IX.IG.O'X2'O'I.O.C'IZ.O'X2'O'I.C'XF'XX.QX.XW'X.≈.}
‹f208rº03--> {.N'QV.IX.IG.O'X2'O'I.C'XF'XX.IX.O'X2'O'I.C'XF'XX.QX.QX.N'QV.IX.IG.}
‹f208rº04--> {.O'X2'O'I.C'XF'XX.K'A'A.IX.O'X2'O'I.C'XF'XX.QX.K'A'A.N'QV.Z.C.QX.}
‹f208rº05--> {.IX.O'X2'O'I.C'XF'XX.C'BG.BH.CQ.Z.AC.K'A'A.BH.N'QV.}
‹f208rº06--> {.IX.Z.CO.Y.CX.((.XV.)).C'EK'BZ.CO'D.XW'X.CQ.CV.D.S.XB.}
‹f208rº07--> {.C'EY.C'EY.IX.Z.CO.Y.CX.((.XV.)).C'EK'BZ.QE.N.CV.II.IG.NG.C.}
‹f208rº08--> {.IX.IG.O'X2'O'I.BI.C.O'X2'O'I.O'X2'O.BL.I.O.C.Y.C.((.XV.)).IX.Z.≈.}
‹f208rº09--> {.CO.Y.CX.((.XV.)).C'EK'BZ.CO'D.QX.K'A'A.BH.N'QV.Z.CX.Q.C'BG.}

folio 208 verso

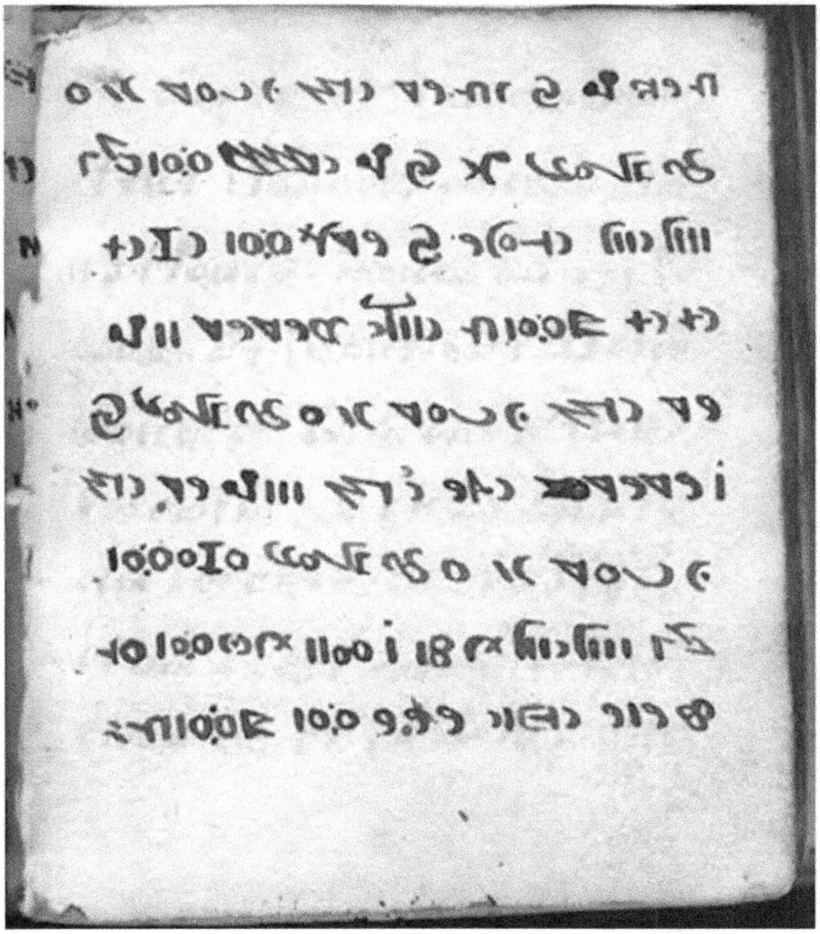

‹f208v°01--› {.AC.CO.Y.BH.CQ.Q.AC.CO'D.C'IZ.QX.CU'O'D.Q.J.O.}
‹f208v°01t°› [Trānslātiō: "Before Israel, God's law of before is given in days passed of..."]
‹f208v°02--› {.U.YX'QQ.RO'C.CQ.BH.C'M.O'X2'O'I.K'A'A.}
‹f208v°02t°› [Trānslātiō: "...father patriarch, God's first law to our people: "...."]
‹f208v°03--› {.I'I'AE.C'I'AE.C'F'O'R'CO.CQ.CO'D'R'T.O'X2'O'I.C.BC.C'TA.C'TA.C'TA.}
‹f208v°03t°› [Trānslātiō: "Yahweh alone is the only God...thirty."]
‹f208v°03f°› [Fissum: ‹f208v°03› .C'T. and ‹f208v°04› .C'TA.C'TA.]
‹f208v°04--› {.«.88.».B'O'X2'O'I.AC.C.I'I'IU'C.V'CO'D'CO'D.I.I.BH.}
‹f208v°04t°› [Trānslātiō: "Our(s) before heaven forever! The second law."]
‹f208v°05--› {.CO'D.C'IZ.QX.CU'O'D.Q.J.O.U.YX'QQ.CQ.}
‹f208v°05t°› [Trānslātiō: "...is given in days passed of father patriarch,."]
‹f208v°06--› {.IX.CO'D'CO'D.|.C'IZ.|.CX'A'CO.CC'IZ.I'I'I.BH.CO'D.C'IZ.}
‹f208v°06t°› [Trānslātiō: "...give honor to God's name. The third law is given."]
‹f208v°07--› {.QX.CU'O'D.Q.J.O.U.YX'QQ.O'BC'O.O'X2'O'I.}
‹f208v°07t°› [Trānslātiō: "...in days passed of father patriarch, we remember."]
‹f208v°08--› {.K'A'A.I'I'AE.C'I'AE.RT.AV'I.IX.O.O.I.I.RT.Z.O'X2'O'I.O.F.}
‹f208v°08t°› [Trānslātiō: "...alone Yahweh's holy Sabbath, holy to us...."]
‹f208v°09--› {.XQ.CO'I'CO.C'F'Q'I'C.CO'CO'CO.O'X2'O'I.B'O'X2'O'I.AC.≈.}

folio 209 recto

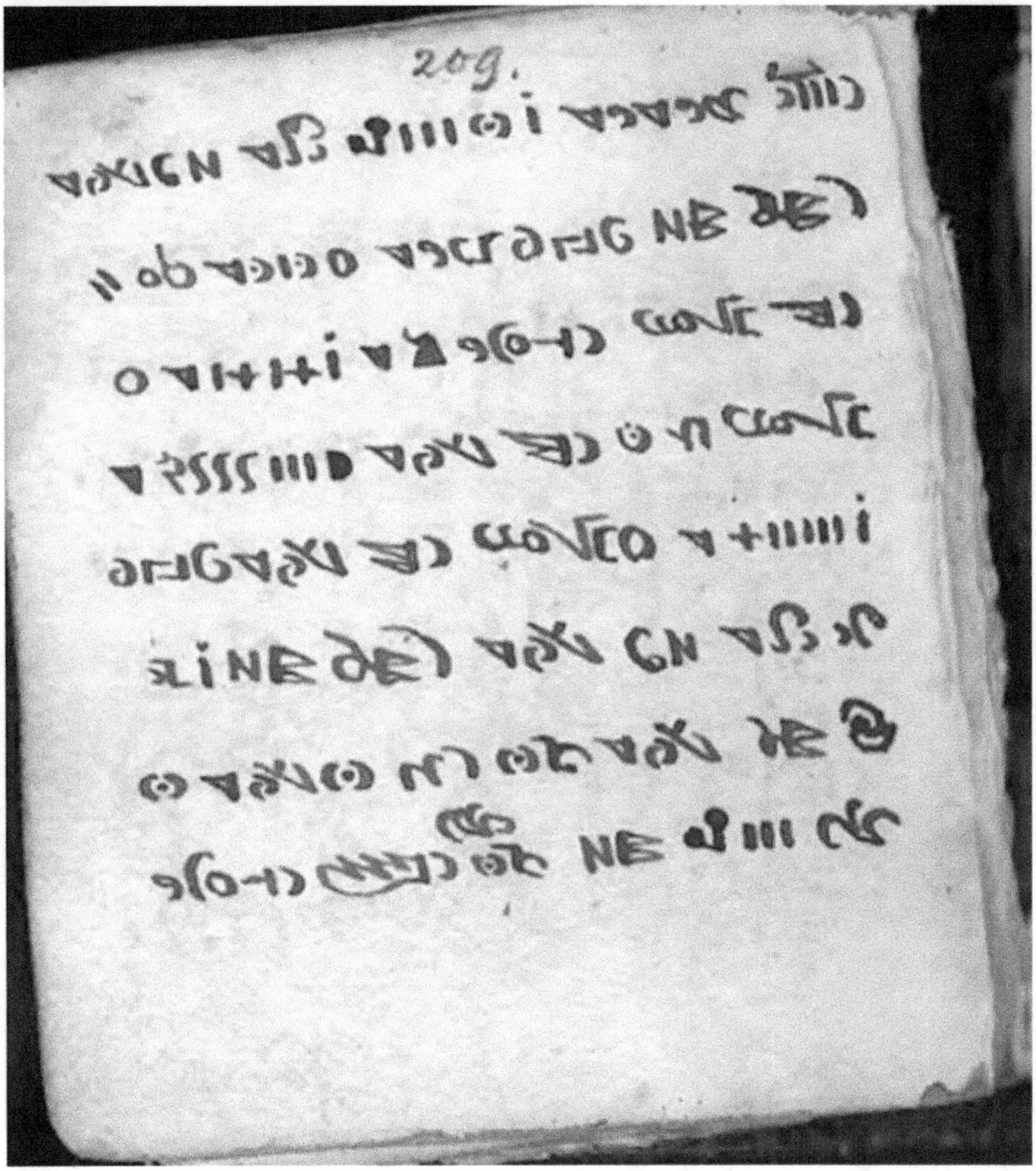

‹f209rº01--› {.C.I'I'IU'C.V'CO'D'CO'D.IX.Z.I'I'I.BH.C'S'D.N'QV.KB'C'Q'D.}
‹f209rº02--› {.L.B'CV.B'N.QV'KE'BB.W'CO'D.O.CX'I'CX'D.NG.O.≈.}
‹f209rº03--› {.C'DB.YX'QQ.C'F'O'R'CO.E.D.IX.T'I'T'I.D.O.}
‹f209rº03tº› [Trānslātiō: "...Given the patriarch only one hundred and twenty years.."]
‹f209rº03nº› [Notā Bene: This passage describes Moses' age at death.]
‹f209rº03eº› [Ēditiō Vulgāta: DEUT 34:7.]
‹f209rº04--› {.YX'QQ.AC.NP.C'DB.KB'X'C'Q'D.BV.I'I'I.S'S'S.XB'C'D.}
‹f209rº04tº› [Trānslātiō: "...before the patriarch...Moses...three thousand souls died..."]
‹f209rº05--› {.IX.I'I'I'I'I.T.D.O.YX'QQ.C'DB.KB'X'C'Q'D.QV'KE'BB.}
‹f209rº06--› {.RO'C.C'S'D.N'QV.KB'X'C'Q'D.L.B'CV.B'N.IX.HK.}
‹f209rº07--› {.CQ.B'CV.KB'X'C'Q'D.HM.Z.L.BQ.Z.KB'X'C'Q'D.Z.}
‹f209rº08--› {.UD.I'I'I.BH.B'N.HM.Z.UD.C'M.C'F'O'R'CO.}

folio 209 verso

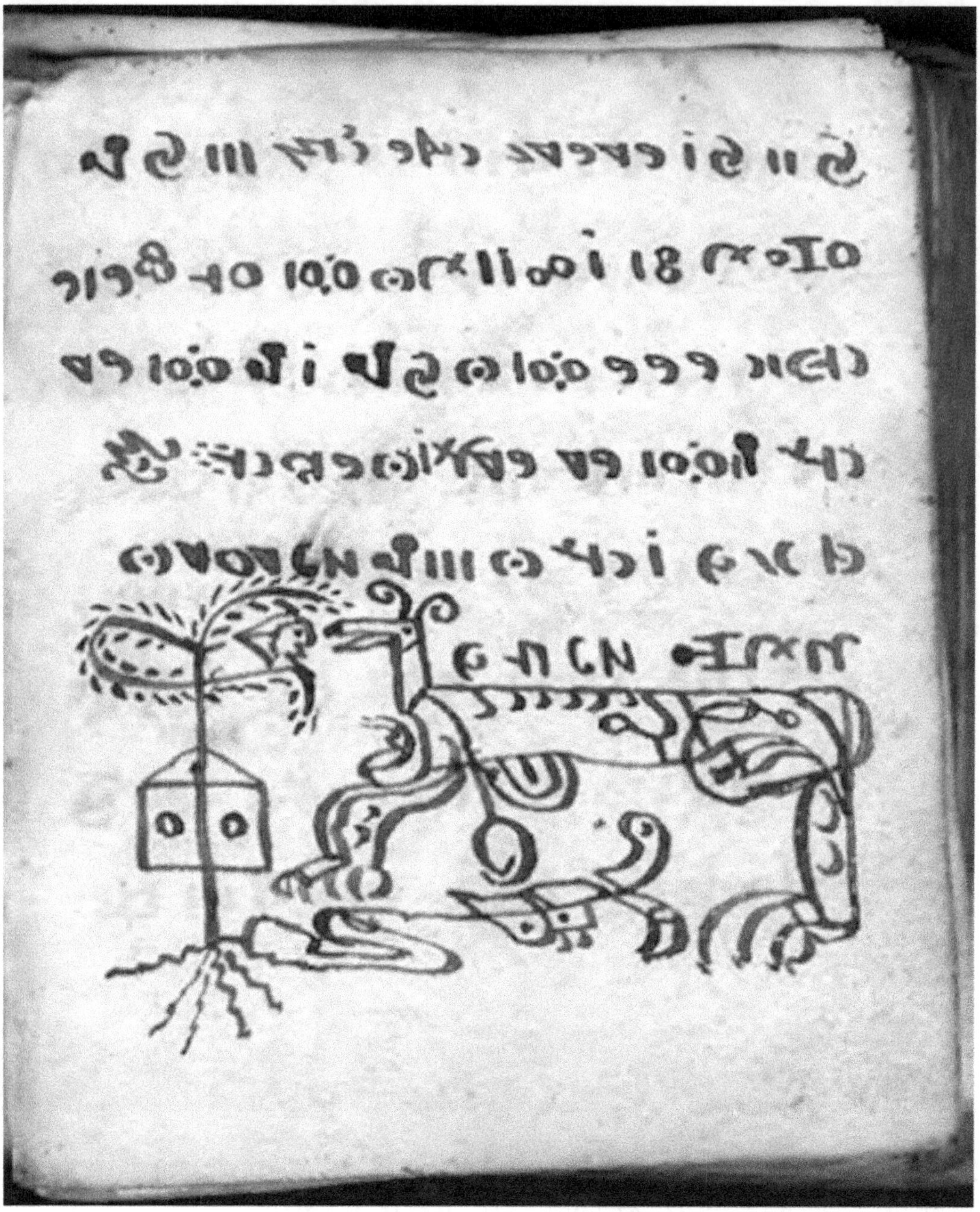

‹f209v°01--› {.CQ.I.I.CQ.IX.CO'D'CO'D'K.CX'A'CO.CC'IZ.I'I'I.CQ.BH.}
‹f209v°01t°› [Trānslātiō: "...Second: "Give honor to God's name. God's third law:"]
‹f209v°02--› {.O'BC'O.RT.AV'I.IX.O.O.I.I.RT.Z.O'X2'O'I.O.F.XQ.CO'I'CO.}
‹f209v°02t°› [Trānslātiō: "Remember the holy Sabbath, holy to us...."]
‹f209v°03--› {.C'F'Q'I'C.CO'CO'CO.O'X2'O'I.Z.CQ.BH.IX.BH.O'X2'O'I.CO'D.}
‹f209v°04--› {.C'BG.IG.I.O'X2'O'I.CO'D.CO'D'R'T.IX.Z.CO.Y.CX.((.XV.)).C'EK'BZ.}
‹f209v°05--› {.CX'I'Q.J.QE.IX.C'BG.Z.I'I'I.BH.N'QV.D'O'D.Z.}
‹f209v°06--› {.BQ.RT'NB.N'QV.AC.QE.}
‹f209v°06i°› [Illūstrātiō: P-84:BCMR The Golden Calf; tablets; lightening and earthquake.]
‹f209v°06e°› [Ēditiō Vulgāta: LK 19:3.]

folio 210 recto

<f210r°00i°> [Illūstrātiō: P-85:URLS Priest w/ shin gesture; man presenting withered figure to him.]
<f210r°01--> {.I'D'O'D.Z'RT'NB.}
<f210r°01t°> [Trānslātiō: "...Hear the holy Word..."]
<f210r°02--> {.BA.RT'BS'D.QX.}
<f210r°02t°> [Trānslātiō: "...of Saint Matthew in..."]
<f210r°03--> {.XE.I.TL.I.CO.B.}
<f210r°03t°> [Trānslātiō: "...his...chapter..."]
<f210r°04--> {.BA.QV'KE'BB.}
<f210r°04t°> [Trānslātiō: "...of when..."]
<f210r°05--> {.W'CO'D.N'J0.}
<f210r°05t°> [Trānslātiō: "...the Lord Jesus was..."]
<f210r°06--> {.X.PV.H'H'HF.BV.I'I'I.D.QV'KE'BB.C'F'Q'I'C.N'J0.}
<f210r°06f°> [Fissum: <f210r°06> .N. and <f210r°07> .J0.]
<f210r°07--> {.«.88.».QX.Y.IX.W'CO'D.HY.HF'H.C'F'O'R'CO.O'X2'O'I.}
<f210r°08--> {.L.D.C.N'J0.QX.EO.R.O'X2'O'I.CO'D.BL.XD.CO'DP'CO.}
<f210r°09--> {.HX'H'HK.H'HF'H.Z.N.FA.CO'DP'CO.O.RA.C.I.}

folio 210 verso

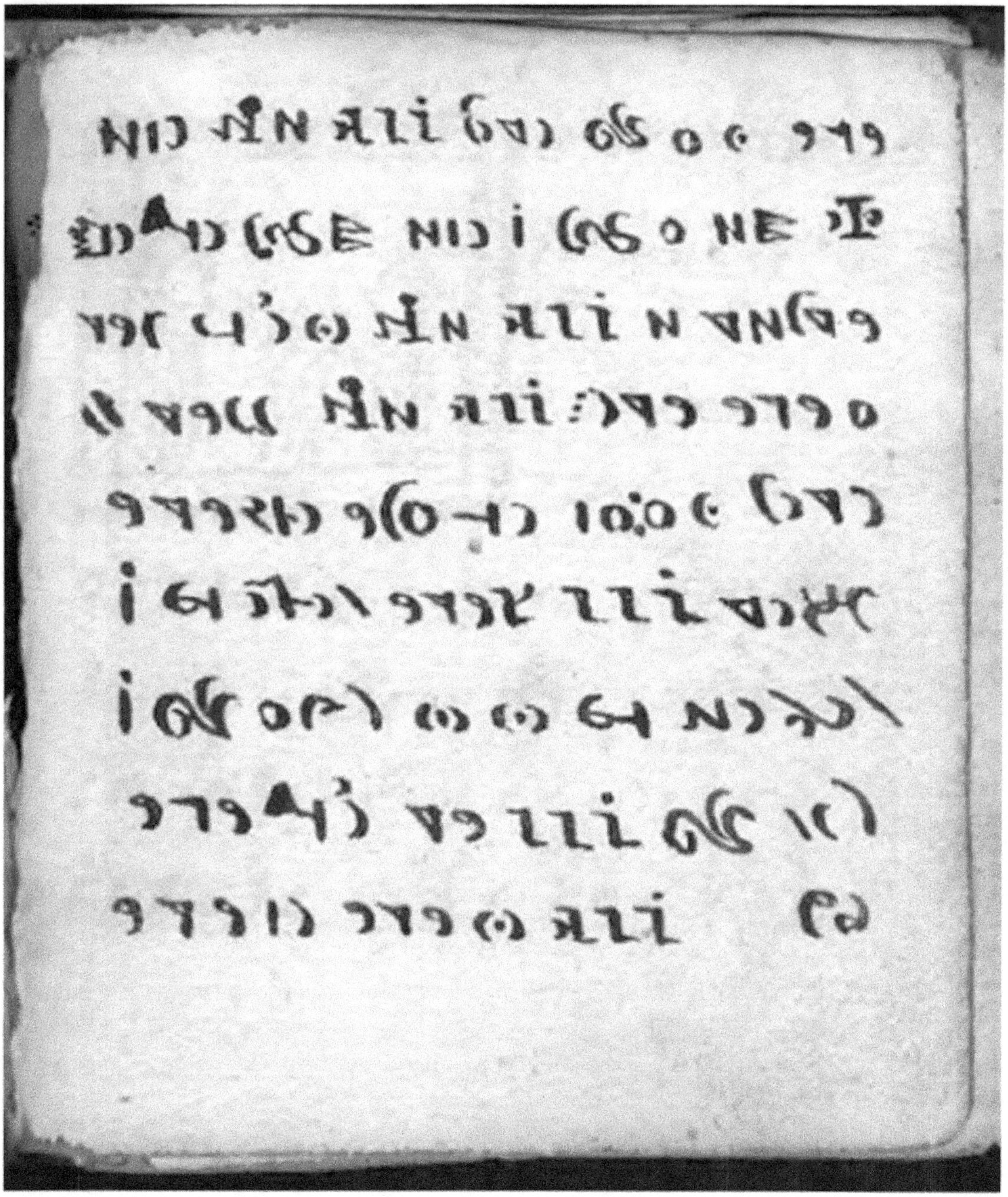

‹f210v°01--›	{.CO'DP'CO.QX.O.UD.C.D.C.R.HX'H'HK.N'J0.C'I'N.}
‹f210v°02--›	{.EM.B'N.O.U'QV.IX.C'I'N.B.U'QV.C'BD.C'XG.}
‹f210v°03--›	{.CO'D'R'N'D.N.HX'H'HK.N'J0.Z.CC.IJ.Q.CO.XV.}
‹f210v°04--›	{.O.CO'DP'CO.CO'D.L.X3.HX'H'HK.N'J0.W'CO'D.≈.}
‹f210v°05--›	{.C.D.C.R.QX.O'X2'O'I.C'F'O'R'CO.C'EY.XB.CO'DP'CO.}
‹f210v°06--›	{.XI.C.D.HX'H'H.HY.CO'DP'CO.J.C'EY.MV.F.G.IX.}
‹f210v°07--›	{.II.CU.C.C.N.F.G.Z.C.QX.L.RT.O.UD.IX.}
‹f210v°08--›	{.L.Q.J.UD.HX'H'H.CO'D.CC.BD.CO'DP'CO.}
‹f210v°09--›	{.CV'RO.«.00.».HX'H'HK.Z.CO'DP'CO.C.I.CO'DP'CO.}

folio 211 recto

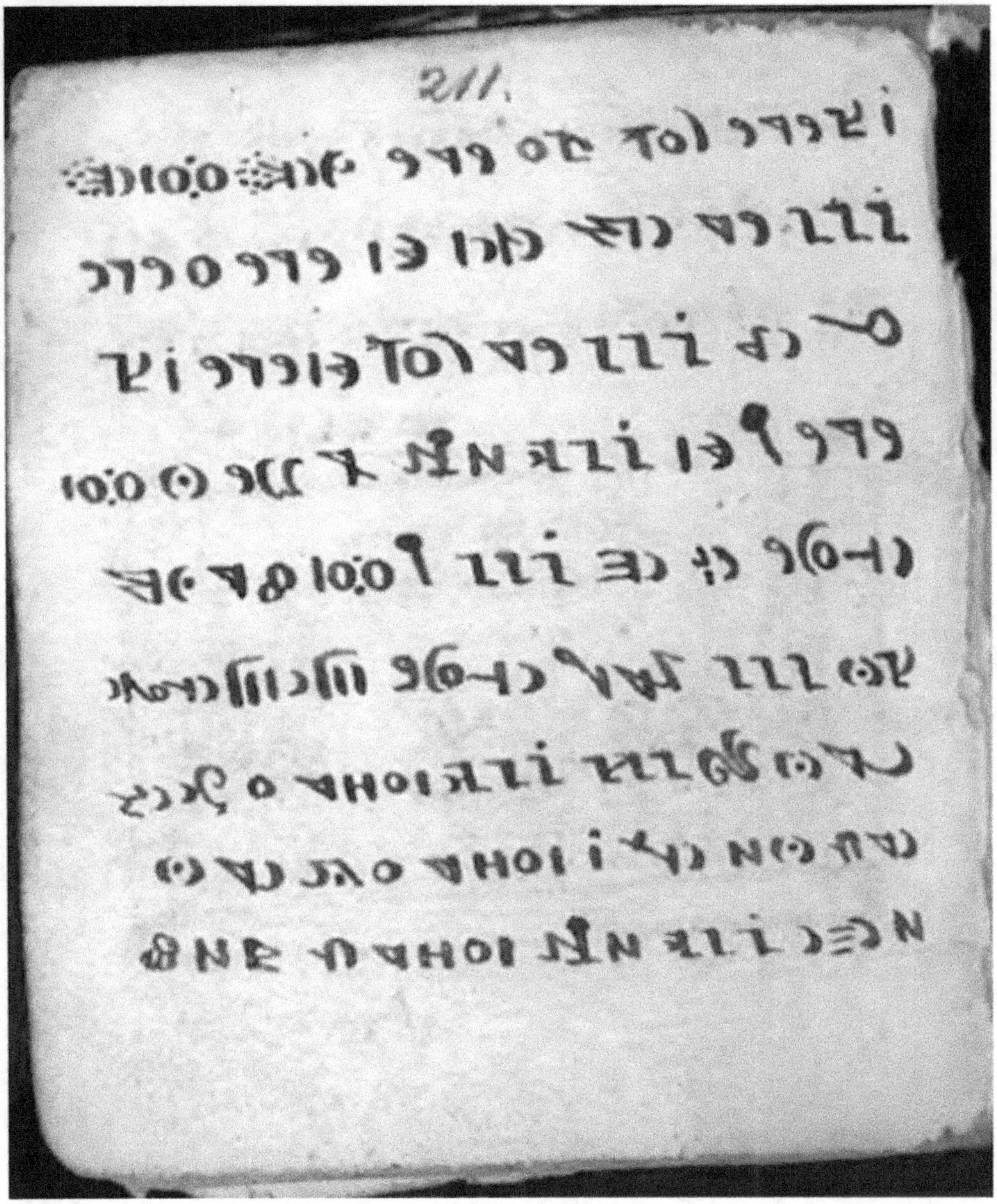

‹f211r°01--› {.IX.HY.CO'DP'CO.L.O.RA.C.HM.O.CO'D'CO.QE.C'XF'XX.O'X2'O'I.C'XF'XX.}
‹f211r°02--› {.HX'H'H.CO'D.C'IZ.C.A.C.I.CY.I.CO'DP'CO.O.CO'DP'CO.}
‹f211r°03--› {.OB.C.V.HX'H'H.CO'D.L.O.RA.C.CE.I.CO'DP'CO.IX.HY.}
‹f211r°04--› {.CO'DP'CO.IG.CY.I.HX'H'HK.N'J0.BI.W.CO.Z.O'X2'O'I.}
‹f211r°05--› {.C'F'O'R'CO.C.K.I.C.XN.HX'H'H.IG.O'X2'O'I.AV.D.QX.DB.}
‹f211r°06--› {.HY.Z.H'H'H.AG'D.XV.O.C'F'O'R'CO.I'AE.C'I'AE.C.CV.OB.I.C.}
‹f211r°07--› {.CU'D.Z.UD.H'HF'H.HX'H'HK.I.O.N.D.O.S.C.C.BX.}
‹f211r°08--› {.C.D.AC.Z.N.C'BG.IX.I.O.N.D.O.NH.CU'D.Z.}
‹f211r°09--› {.N.C.PF.C.HX'H'HK.N'J0.I.O.XH.D.AC.B'N.XQ.}

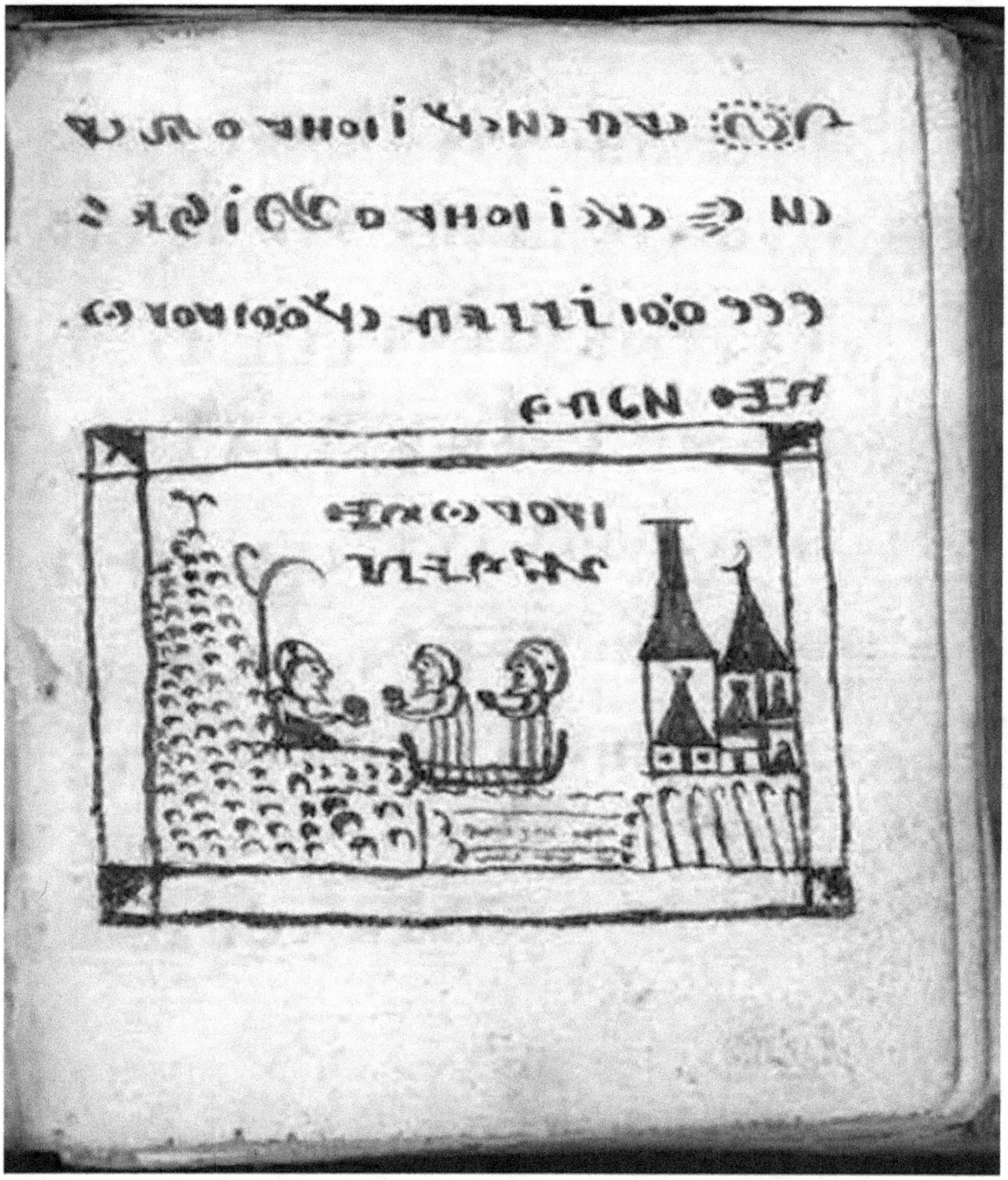

‹f211vº01--> {.RT.((.AD.)).C.D.O.C.N.C'BG.IX.I.O.XH.D.O.UN.CU'D.}
‹f211vº02--> {.C.N.C.PF.C.K.C.IX.I.O.I.I.D.O.UD.IX.CQ.HK.≈.}
‹f211vº03--> {.CO'CO'CO.O'X2'O'I.HX.H'H'HK.AC.C'BG.O'X2'O.I'D'O'D.Z.}
‹f211vº04--> {.RT'NB.N'QV.AC.QE.«.00.».}
‹f211vº05iº› [Illūstrātiō: P-86:BCLR Two men in boat from city bringing gifts to man on island.]
‹f211vº05eº› [Ēditiō Vulgāta: JN 6.]
‹f211vº05C1› {.I'D'O'D.Z'RT'NB.}
‹f211vº05tº› [Trānslātiō: "...Hear the holy Word..."]
‹f211vº05C2› {.BA.RT'HF'HS.}
‹f211vº06tº› [Trānslātiō: "...of Saint John..."]

folio 212 recto

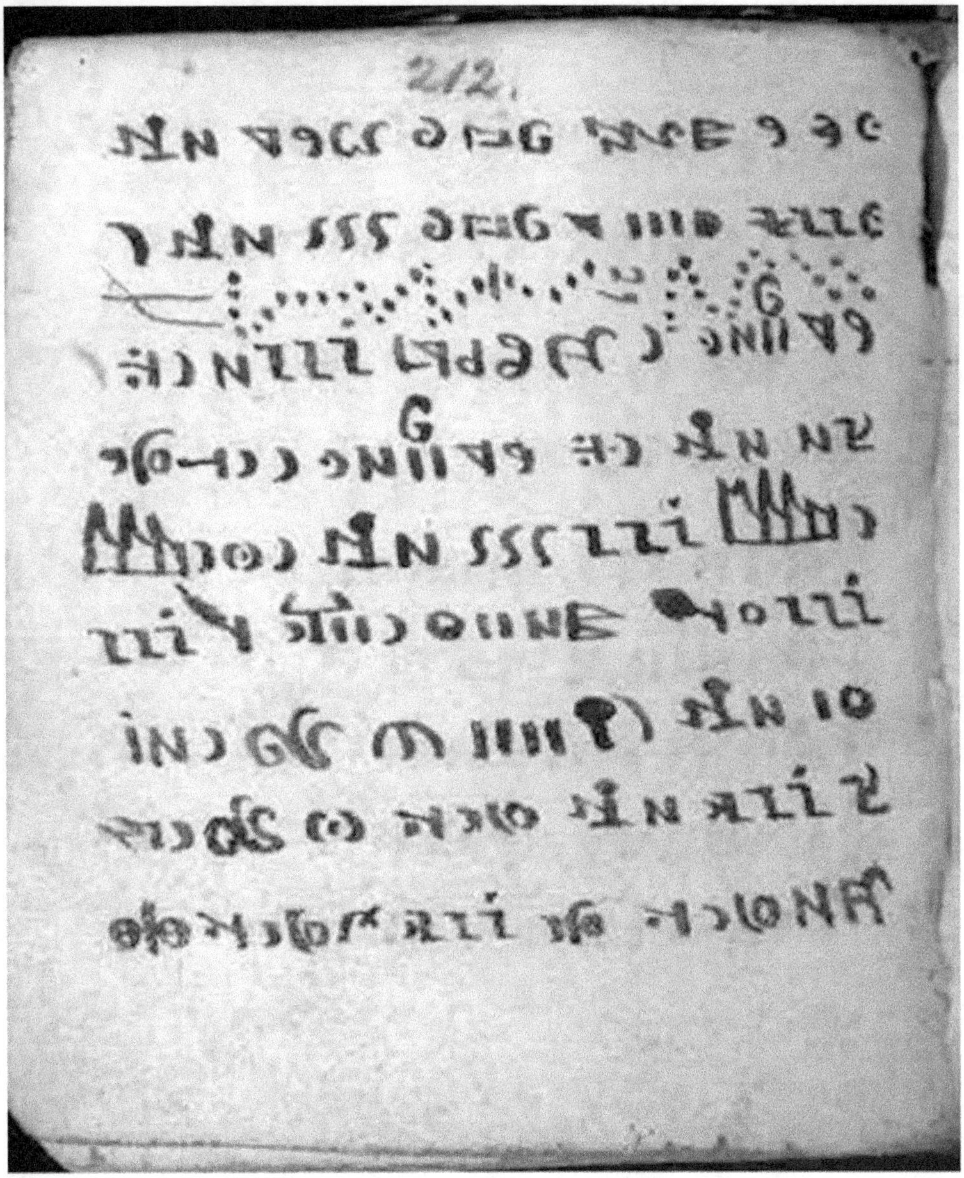

‹f212rº01--› {.QX.CY.CO.B'BA.QV'KE'BB.W'CO'D.N'J0.}
‹f212rº01tº› [Trānslātiō: "...in his sixth chapter when the Lord Jesus was..."]
‹f212rº02--› {.QX.H'H'HF.BV.I'I'I.D.QV'KE'BB.S'S'S.N'J0.L.}
‹f212rº03--› {.CO'D.QV.I.I.N.CX.C.NA.BF.OD.DP.QA.HX'H'H.N.C.F'X2.}
‹f212rº03oº› [Ornāmentum: Musical notiation/chanting.]
‹f212rº04--› {.HY.N.N'J0.CX.F'X2.CO'D.QV.I.I.N.CX.C.C'F'O'R'CO.}
‹f212rº05--› {.C.QU.HX'H'H.S'S'S.N'J0.C.Z.C.EN.}
‹f212rº06--› {.HX'H'H.O.XV'O.B'N.I.I.O.C.I'I'IU'C.XV.HX'H'H.}
‹f212rº07--› {.O.I.N'J0.L.IG.I'I'I'I.EX.UD.C.N.IX.}
‹f212rº08--› {.HY.HX'H'HK.N'J0.O.Q.CO.XV.X.Z.UD.C'IZ.}
‹f212rº09--› {.NA.N.O.Q.CO.XV.X.O.R.C.HX'H'HK.RT.O.R.C'XV.X.OC.}

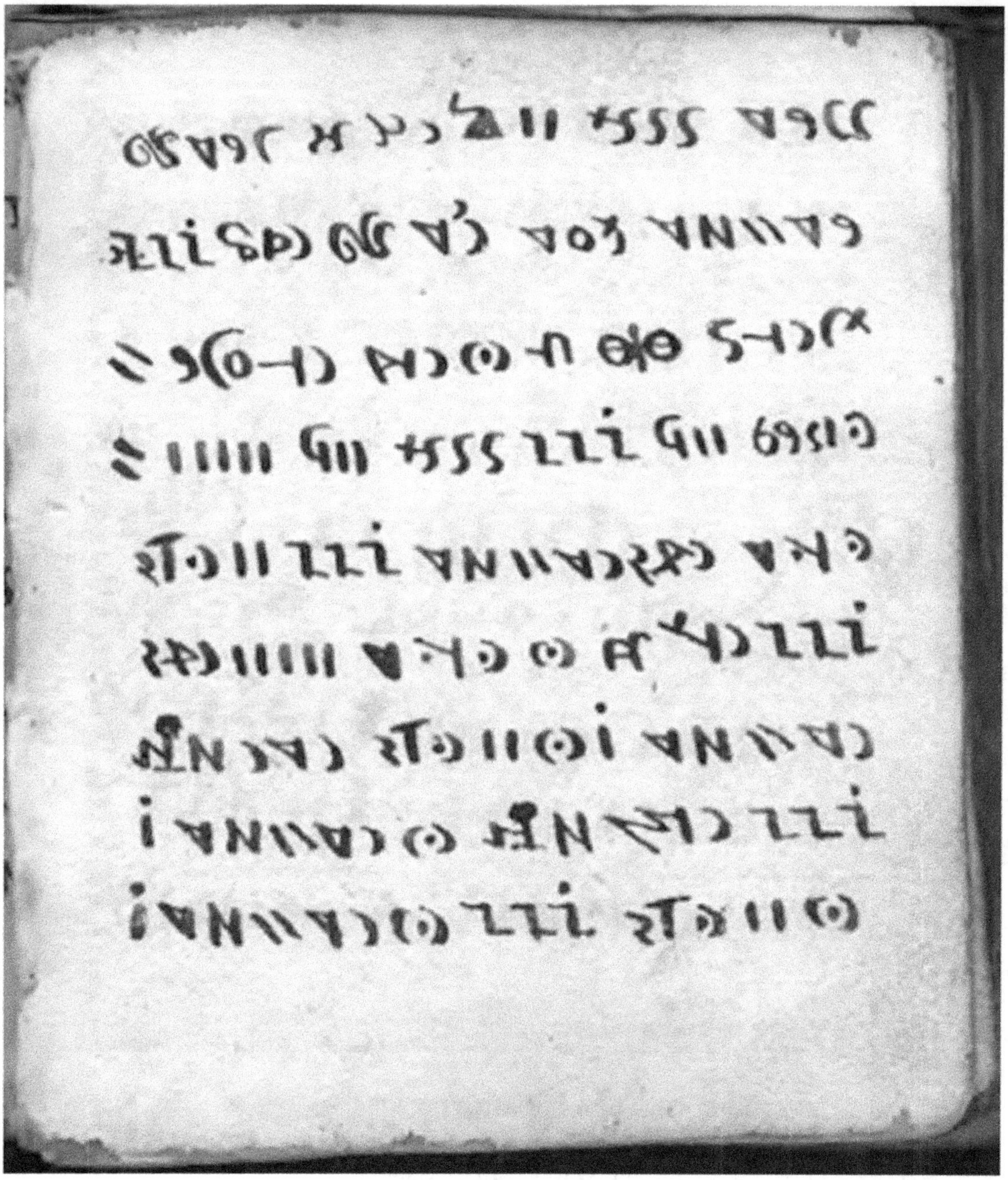

‹f212v°01--› {.W'CO'D.S'S'ST.I.I.E.C.CU.C.SS.R.CO'D.UD.}
‹f212v°02--› {.CO'D.J'J'N'D.LT.O.D.CC'D.UD.C.C.I.S'O.HX'H'HK.}
‹f212v°03--› {.RT.C.F.S.OC.AC.Z.C.I.AB.C'F'O'R'CO.≈.}
‹f212v°04--› {.CX.I.S.CO'QV.I'I'G.HX'H'H.S'S'ST.I'I'G.I'I'I'I.≈.}
‹f212v°05--› {.CX.XV.X.D.C.AB.XB'C'D.J'J'N'D.HX'H'H.I.I.CX.RA.C.JN.}
‹f212v°06--› {.HX'H'H.C'BG.NA.Z.CX.XV.X.D.I'I'I'I.C.IK.XB.}
‹f212v°07--› {.C.D.J'J'N'D.IX.Z.I.I.CX.RA.C.XB'C'D.C.N'J0.}
‹f212v°08--› {.HX'H'H.C'IZ.N'J0.Z.C.D.J'J'N'D.IX.}
‹f212v°09--› {.Z.I.I.CX.RA.C.XB.HX'H'H.Z.C.D.J'J'N'D.IX.}

folio 213 recto

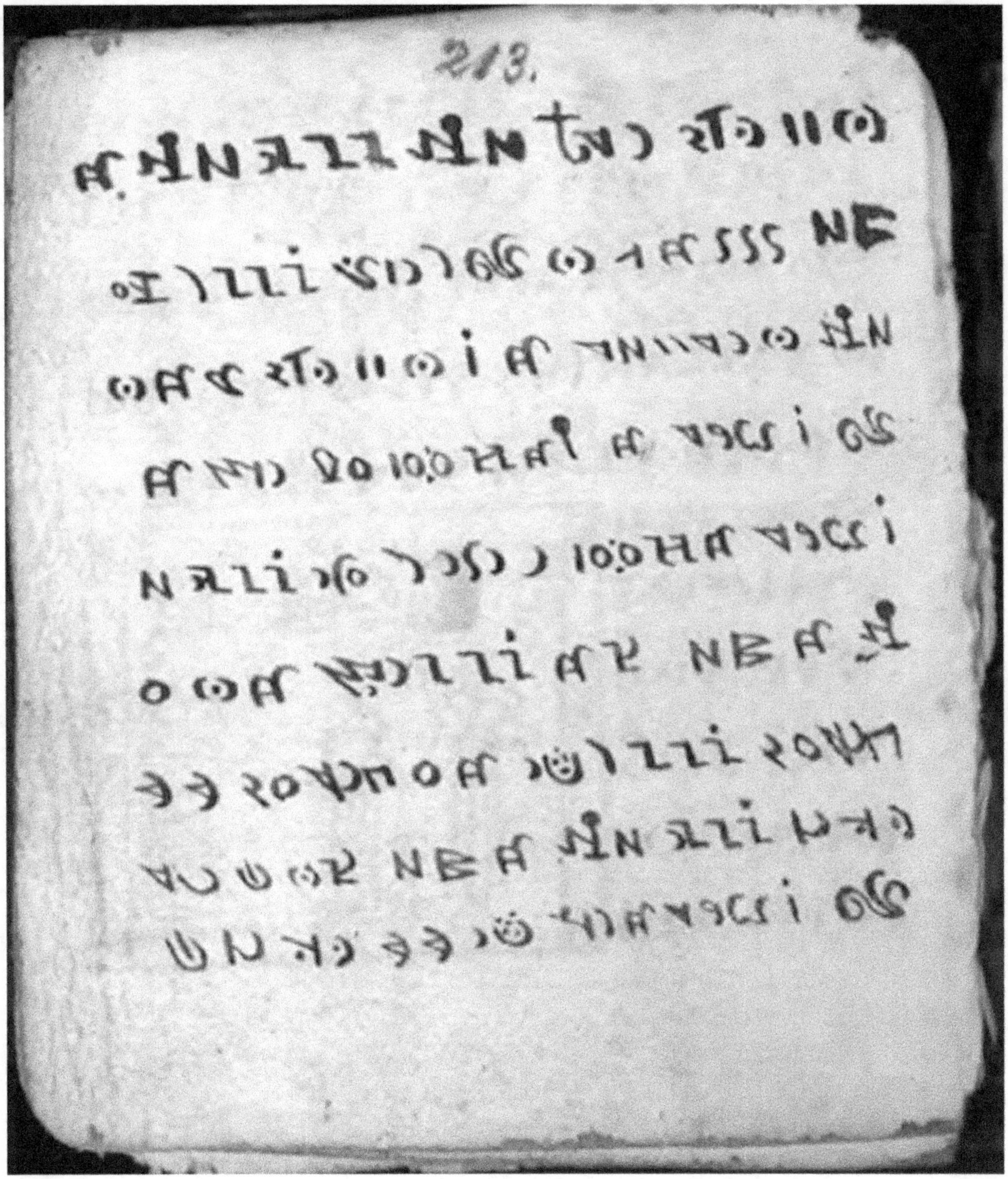

‹f213rº01--›	{.Z.I.I.CX.RA.C.XB.C.C.D.NR.N'J0.HX'H'HK.N'J0.NA.}
‹f213rº02--›	{.B'N.S'S'S.NA.XP.Z.UD.L.C.I.QS.X.HX'H'H.L.NB.}
‹f213rº03--›	{.N'J0.Z.C.D.J'J'N'D.NA.IX.Z.I.I.CX.RA.C.XB.V.NA.Z.}
‹f213rº04--›	{.UD.IX.W'CO'D.NA.IG.BQ.HF'H.O'X2'O'I.O.O.C'IZ.NA.}
‹f213rº05--›	{.IX.W'CO'D.NA.HF'H.O'X2'O'I.C.C'S'C.L.O.R.C.HX'H'HK.N'J0.}
‹f213rº05fº›	[Fissum: ‹f213rº05› .N. and ‹f213rº06› .J0.]
‹f213rº06--›	{.«.88.».NA.B'N.HY.NA.HX'H'H.C'IZ.NA.Z.O.}
‹f213rº07--›	{.I'T.C.D.O.XB.HX'H'H.L.BL'XX.C.NA.O.I'T.C.D.O.XB.CY.CY.}
‹f213rº08--›	{.CX.XV.X.EK.HX'H'HK.N'J0.NA.B'N.HY.Z.BK.CU'D.}
‹f213rº09--›	{.UD.IX.W'CO'D.NA.L.BG.BL'XX.C.CY.CY.CX.XV.X.EK.BK.}

‹f213v°01--› {.C.D.Z.UD.C.BC.HX'H'H.O.I.Z.C.BC.UD.C'BD.N'J0.}
‹f213v°02--› {.HX'H'H.N.IG.UD.BR.C'IZ.HX.H.C.Z.Q.J.Q.Q'Q'R'C'C.}
‹f213v°03--› {.BR.CO'D.CQ.II.C.BT.IX.N.AC.C'IZ.O'X2'O'I.CX.I.C'BD.}
‹f213v°04--› {.IX.O.X.N.X.O.I.C'BD.Z.C'XG.CO'D'R'N'D.HX'H'H.DP.CU'D.}
‹f213v°05--› {.Z.UD.N'J0.D'O'D.Z'RT'NB.N'QV.AC.QX.≈.}
‹f213v°06i°› [Illūstrātiō: P-87:LRLR Two men (one old) before priest. Odd background.]
‹f213v°06--› {.I'D'O'D.Z'RT'NB.}
‹f213v°06t°› [Trānslātiō: "...Hear the holy Word..."]
‹f213v°07--› {.BA.RT'HF'HS.QX.}
‹f213v°07t°› [Trānslātiō: "...of Saint John in..."]
‹f213v°08--› {.CY.I.I.CO.B'BA.}
‹f213v°08t°› [Trānslātiō: "...his eighth chapter..."]
‹f213v°09--› {.QV'KE'BB.W'CO'D.}
‹f213v°09t°› [Trānslātiō: "...when was..."]
‹f213v°10--› {.N'J0.QX.H'H'HF.BV.}
‹f213v°10t°› [Trānslātiō: "...the Lord Jesus in..."]
‹f213v°11--› {.I'I'I.D.QV'KE'BB.≈.}
‹f213v°11t°› [Trānslātiō: "...three days when..."]

folio 214 recto

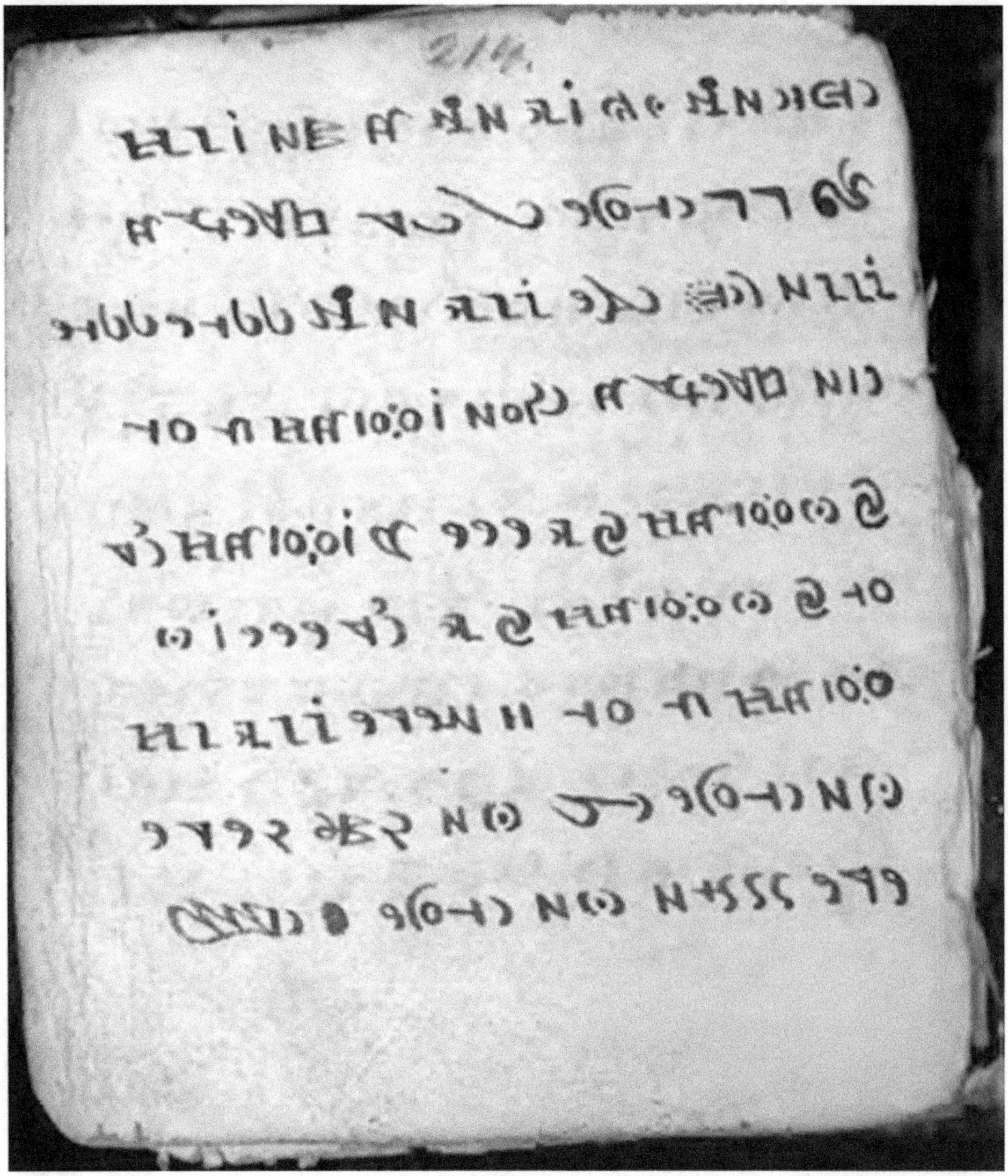

‹f214r°01--› {.C'F'Q'I'C.N'J0.QX.Y.IX.HK.N'J0.NA.B'N.IX.H'HF'H.}

‹f214r°01t°› [Trānslātiō: "...the Lord Jesus in Jerusalem...the Lord Jesus your disciple the authority..."]

‹f214r°02--› {.UD.DP'DP.C'F'O'R'CO.CU.CU'D.XJ'D'CO'BY.NA.}

‹f214r°03--› {.HX'H'H.N.L.C'XF'XX.UC.CO.HX'H'HK.N'J0.NG.NG.F.CO.NG.NG.F.CO.}

‹f214r°04--› {.C'I'N.XJ'D'CO'BY.NA.BE'I'O.N.IX.O'X2'O'I.NA.HF'H.AC.O'XV.}

‹f214r°05--› {.CQ.Z.O'X2'O'I.NA.HF'H.CQ.HK.CO.CO'D.V.IX.O'X2'O'I.NA.HF'H.CC'D.}

‹f214r°06--› {.O.F.CQ.Z.O'X2'O'I.NA.HF'H.CQ.HK.CC'D.CO.CO.C.IX.Z.}

‹f214r°07--› {.O'X2'O'I.NA.HF'H.AC.O.F.I.I.K.C.CO'DP'CO.HX'H'HK.H'HF'H.}

‹f214r°08--› {.Z.N.C'F'O'R'CO.CA.C.Z.N.XB'B'CV.XB.CO'D'CO.}

‹f214r°09--› {.CO'DP'CO.S'S'ST.N.Z.N.C'F'O'R'CO.BV.C'M.}

folio 214 verso

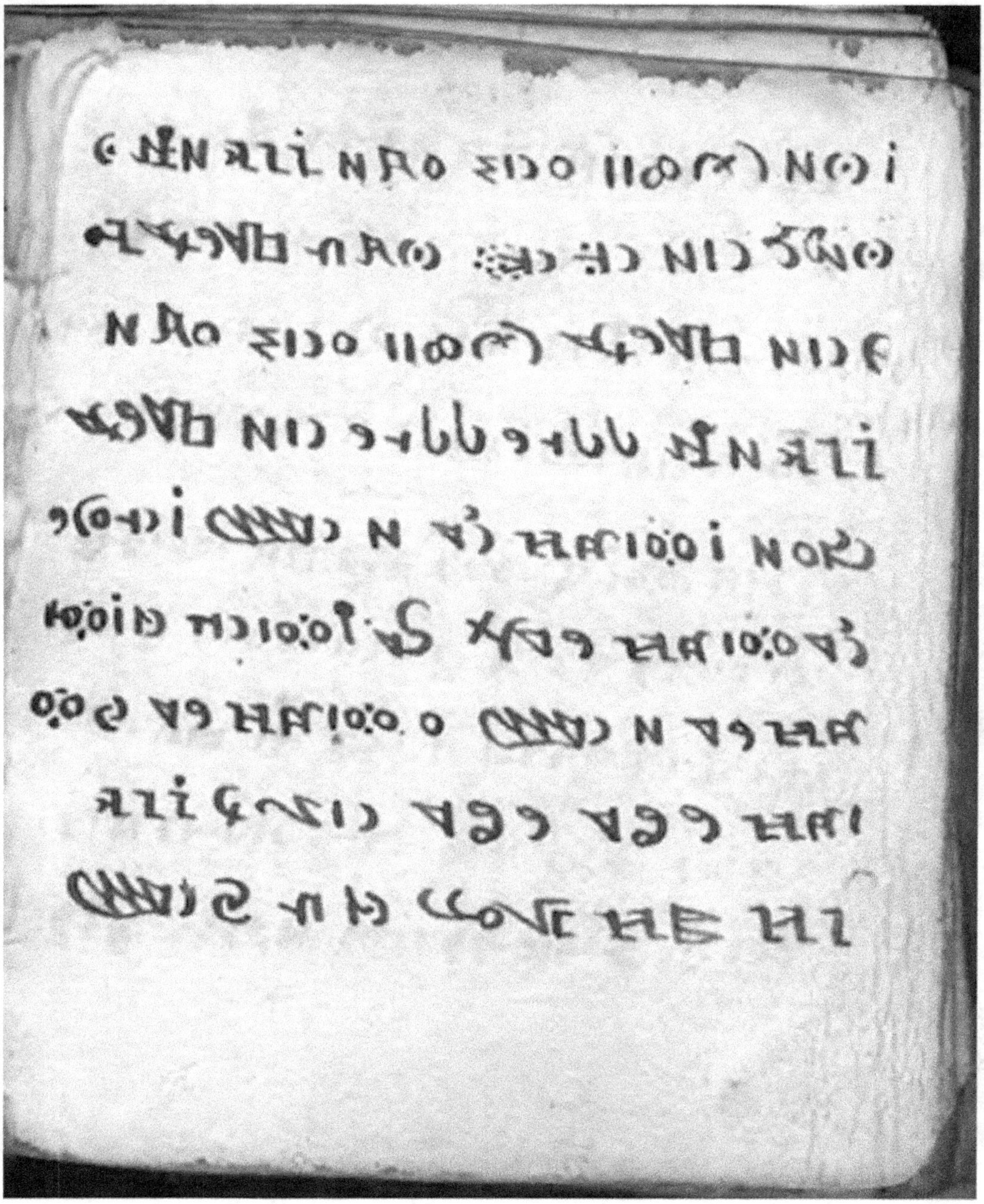

‹f214vº01--› {.IX.Z.N.L.RT.AV'I.I.O.C'IZ.O.XA.N.HX'H'HK.N'J0.QX.}
‹f214vº02--› {.Z.N.C.C'I'N.C.F'X2.C'XF'XX.Z.XA.AC.XJ'D'CO'BY.HF.O.}
‹f214vº03--› {.QX.C'I'N.XJ'D'CO'BY.L.RT.O2.I.I.O.C'IZ.O.XA.N.}
‹f214vº04--› {.HX'H'HK.N'J0.EO.EO.F.CO.EO.EO.F.CO.C'I'N.XJ'D'CO'BY.}
‹f214vº05--› {.BE'I'O.N.IX.O'X2'O'I.NA.HF'H.CC'D.N.C'M.IX.AC.O.R.CO.}
‹f214vº06--› {.CC'D.O'X2'O'I.NA.HF'H.CO'D'R'T.S'D.IG.O'X2'O'I.C'I'T.C.A.IX.O'X2'O'I.}
‹f214vº07--› {.NA.HF'H.CO'D.N.C'M.O.O'X2'O'I.NA.HF'H.CO'D.CQ.O'X2'O.}
‹f214vº08--› {.I.NA.HF'H.CO'BF'D'CO'BF'D.C.I'AG.QT.HX'H'HK.}
‹f214vº09--› {.H'HF'H.B.HF'H.YX'QQ.C.A.AC.CQ.C'M.}

folio 215 recto

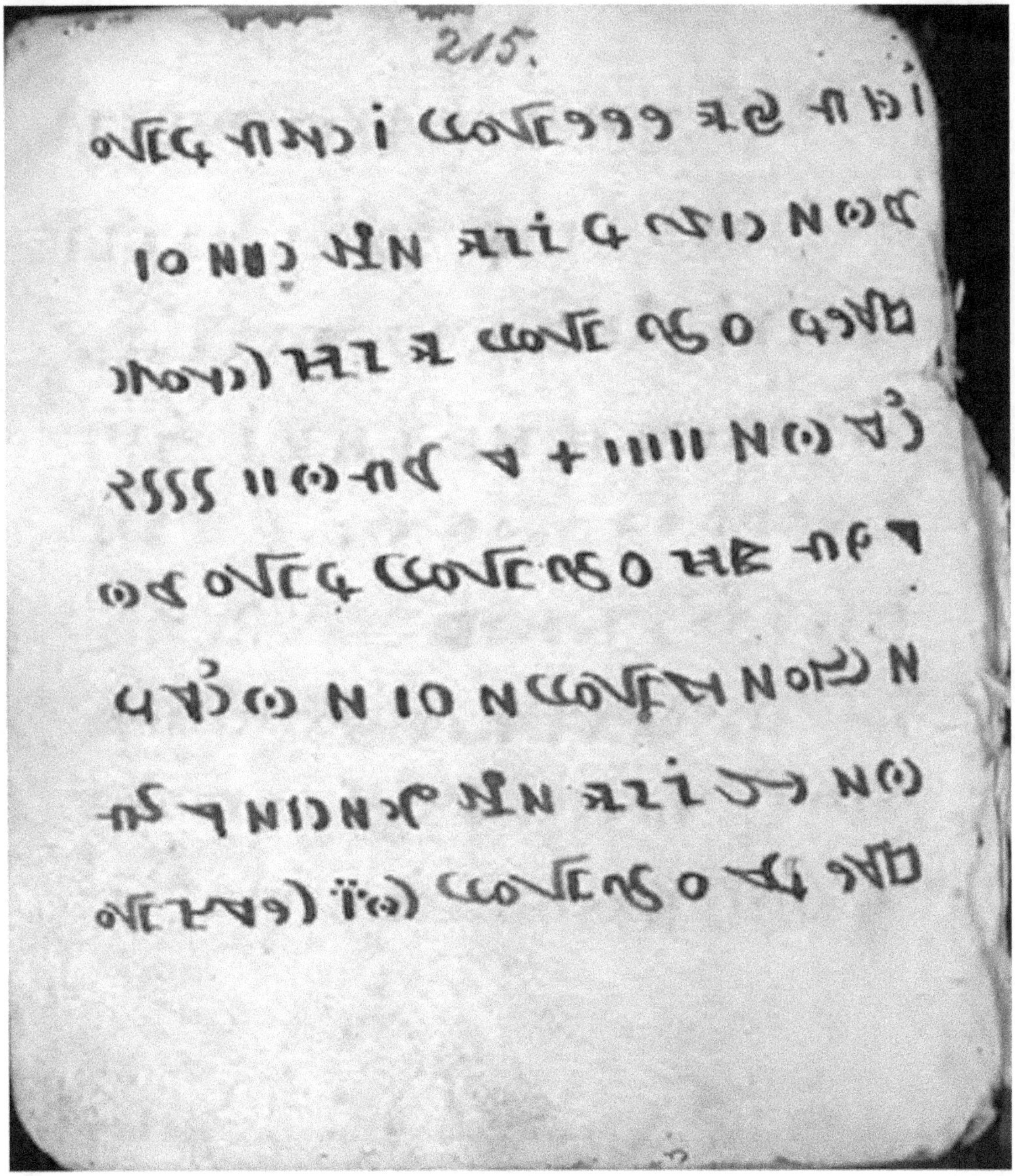

‹f215rº01--› {.IX.C'EY.AC.CQ.HK.CO'CO'CO.YX'QQ.IX.C.K.C.AC.QT.YX.}
‹f215rº02--› {.V.Z.N.C.I'AG.QT.HX'H'HK.N'J0.C'I'N.O.I.}
‹f215rº03--› {.XJ'D'CO'BY.O.U.YX'QQ.HK.H'HF'H.L.C'XV'OB'I'C.}
‹f215rº04--› {.CC'D.Z.N.I'I'I'I'I.T.D.V.AC.Z.I.I.S'S'S.XB.}
‹f215rº05--› {.D.QX.AC.B.HF'H.O.U.YX'QQ.QT.YX.V.Z.}
‹f215rº06--› {.N.BE'I'O.N.XV.QA.YX'QQ.N.O.I.N.Z.CC'D.IJ.}
‹f215rº07--› {.Z.N.CA.C.HX'H'HK.N'J0.RO'C.N.C'I'N.DP.S.AC.}
‹f215rº08--› {.XJ'D'CO'BY.O.U.YX'QQ.L.Z.I'X4.L.CO'D'HY.YX.}

folio 215 verso

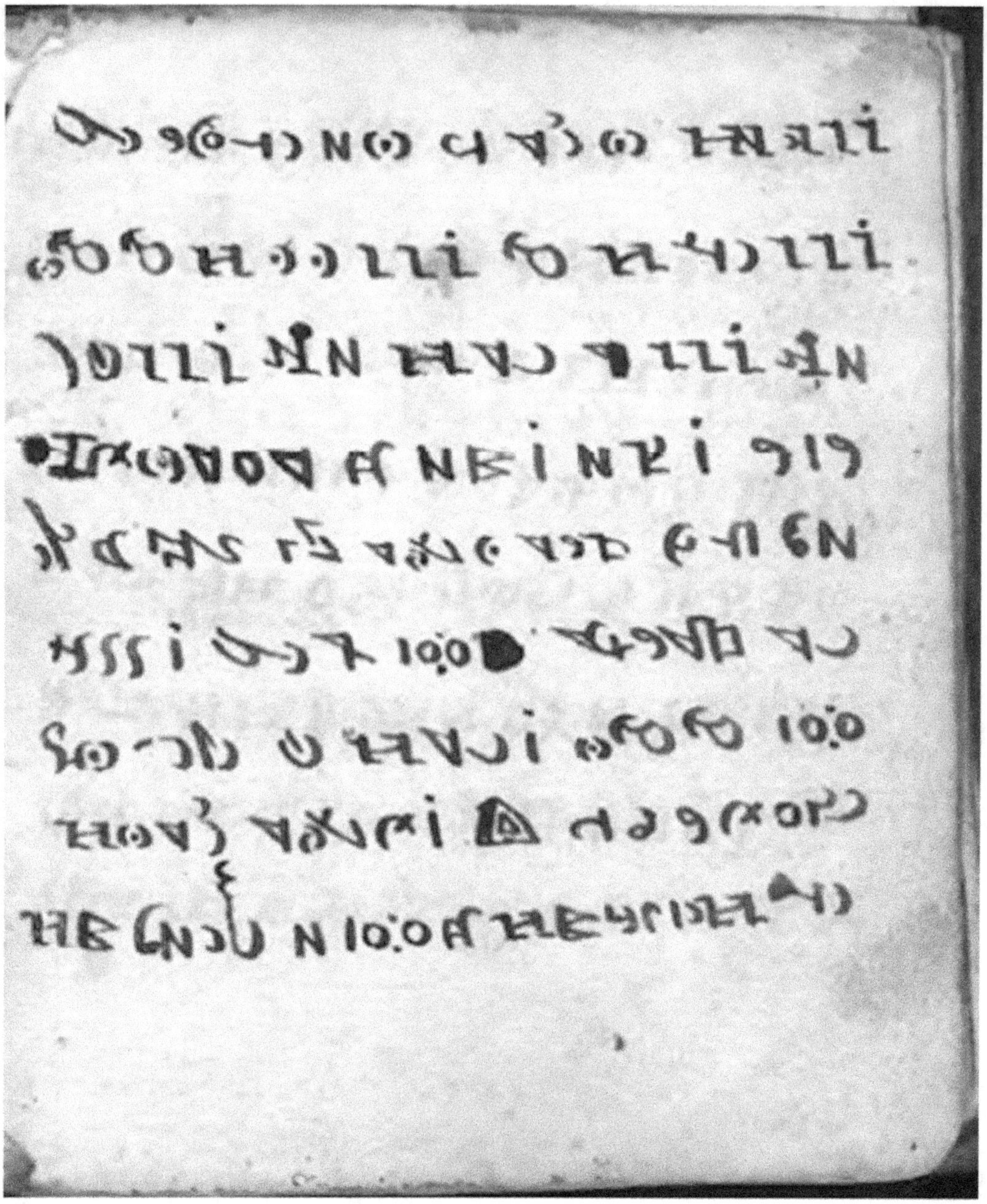

‹f215v°01--› {.HX'H'HK.HF'H.H.Z.CC'D.IJ.Z.N.C'F'O'R'CO.C'II'C.}
‹f215v°02--› {.HX'H'H.C'BG.HF'H.OB'Q.HX'H'H.CX'CX.HF'H.OB'Q.OB'Q.Z.}
‹f215v°03--› {.N'J0.HX'H'H.DP.CU'D.HF'H.N'J0.HX'H'H.BK.L.}
‹f215v°04--› {.CO'I'CO.IX.HY.N.IX.B'N.NA.D'O'D.Z'RT'NB.}
‹f215v°05--› {.N'QV.AC.QX.HM.CO'D.QX.KB'X'C'Q'D.K'A'A.BA.V.EK.C.}
‹f215v°06--› {.CU'D.XJ'D'CO'BY.BV.O'X2'O'I.BI.CA.C.IX.S'S'ST.}
‹f215v°07--› {.O'X2'O'I.OB'Q.OB'Q.Z.IX.CU'D.HF'H.BK.C.A.C.J.Z.S.}
‹f215v°08--› {.BE'I'O.RT.CO'CV'XC.XU.IX.RT.BG.C.Q.D.CC'D.Z.HF'H.}
‹f215v°09--› {.C'BD.HF'H.C.I.RB.CE.B.HF'H.NA.O'X2'O'I.N.NG.C.N'QV.B.HF'H.}

folio 216 recto

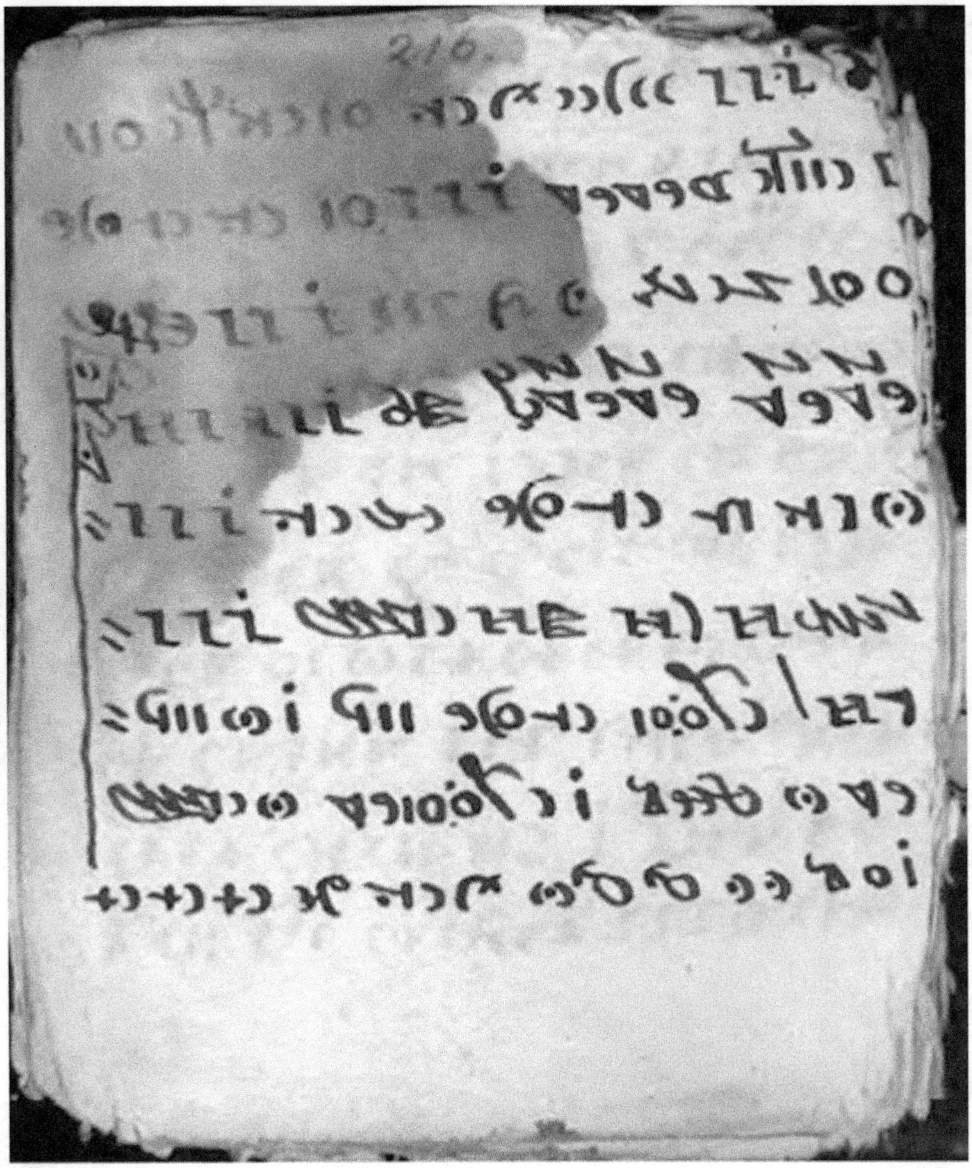

‹f216r°01--> {.B'CV.HX'H'H.Q'Q'R'C'C.RT.C'XV.X.O.I.C'XV.X.FA.C.O.I.I.}
‹f216r°02--> {.XJ.C.I'I'IU'C.V'CO'D'CO'D.HX'H'H.O.I.C'XV.X.C'F'O'R'CO.}
‹f216r°02h°› [Hyperbolē: The beginning .XJ. in ‹f216r°02› above is conjecture.]
‹f216r°03--> {.O'O'P.AG.C.BG'J'C.QX.KB.S'S'S.HX'H'H.CE.O'XV.CV.}
‹f216r°04--> {.N.N.N.N.XB.}
‹f216r°04m°› [Margō: Border line from 04 to 09.]
‹f216r°05--> {.CO'D'CO'D.CO'D'CO'D.CC.B.CV.HX'H'HK.H'HF'H.}
‹f216r°06--> {.Z.C'XV.X.AC.C'F'O'R'CO.CA.C.C'XV.X.HX'H'H.≈.}
‹f216r°07--> {.K.KC.IJ.HF'H.L.HF'H.B.HF'H.C'M.HX'H'H.≈.}
‹f216r°08--> {.DP.HF'H.II.C.PQ.O'X2'O'I.C'F'O'R'CO.I'I'G.IX.Z.I'I'G.≈.}
‹f216r°09--> {.CO'D.Z.|.CU'C'CO.|.E.IX.C.PQ.O'X2'O'I.CO'D.Z.C'M.}
‹f216r°10--> {.IX.O.E.CX'CX.OB'Q.OB'Q.Z.RT.C'XV.X.RO.CE.C'TA.C'TA.C'TA.}

folio 216 verso

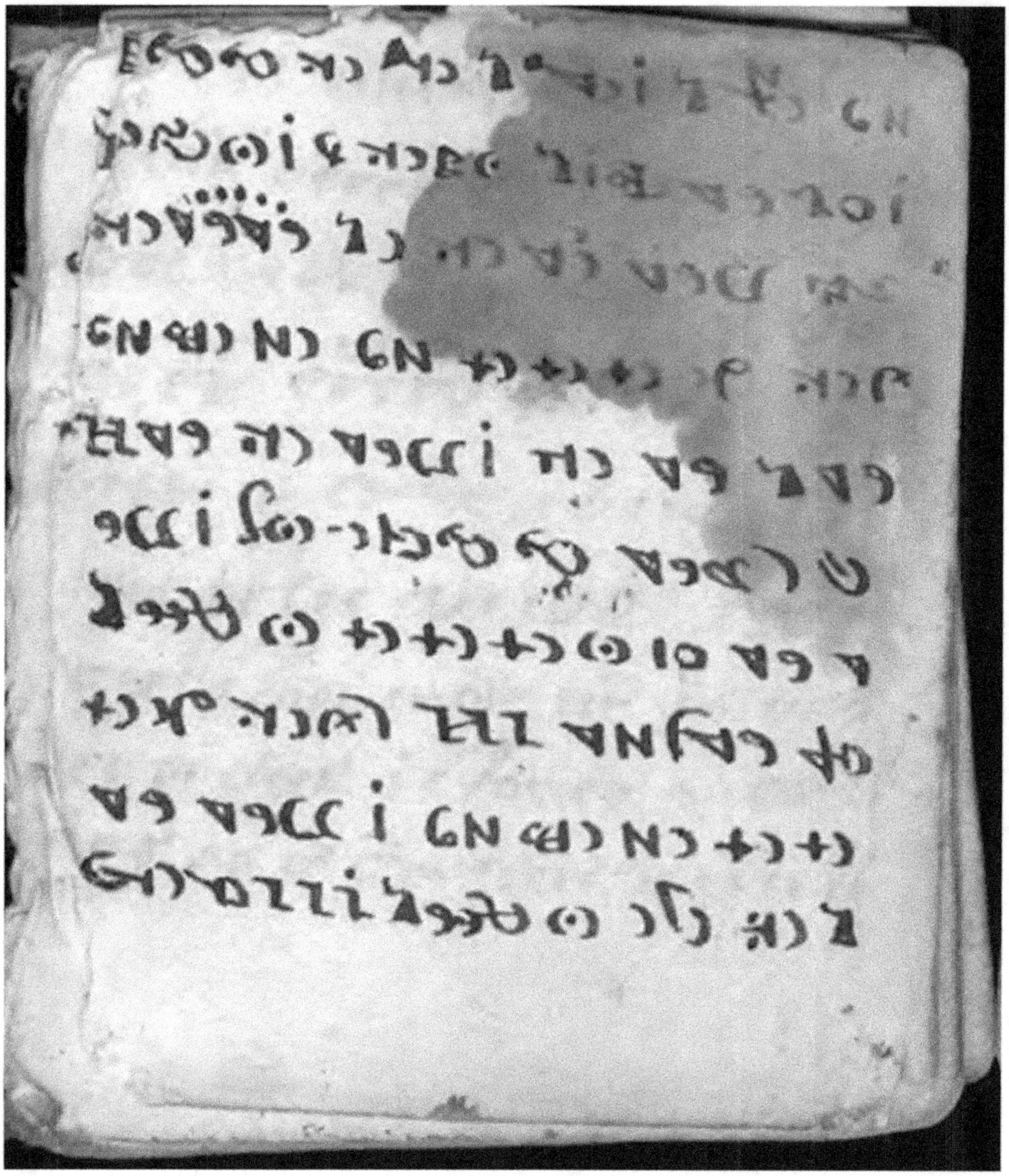

‹f216v°01--> {.N'QV.C.AG.TA.E.IX.C.D.O.E.C'BD.C'XV.X.OB'Q.OB'Q.›.}
‹f216v°02--> {.IX.O.BI.CO'D.NB.IX.E.CX.B.C'XV.X.LT.IX.Z.BE.I.›.}
‹f216v°03--> {.BA.W'CO'D.CC'D.C'XV.X.C.E.(.CO'D'CO'D.).CO.XV.X.}
‹f216v°04--> {.RT.C'XV.X.RO'C.C'TA.C'TA.C'TA.N'QV.C.N.C.BR.N'QV.}
‹f216v°05--> {.CO'D.E.CO'D.C'I'T.IX.W'CO'D.C'XV.X.CO'D.HF'H.}
‹f216v°06--> {.BK.L.V.CO'D.OB'Q.OB'Q.C.A.C.J.Z.S.IX.W.CO.}
‹f216v°07--> {.D.CO'D.O.I.Z.C'TA.C'TA.C'TA.Z.|.CU'C'CO.|.E.}
‹f216v°08--> {.C.F.I.D.CO'D'R'N'D.H'HF'H.L.RT.C'XV.X.RO'C.C'TA.C'TA.C'TA.}
‹f216v°08f°› [Fissum: ‹f216v°08› .C'T. and ‹f216v°09› .C'TA.C'TA.]
‹f216v°09--> {.«.88.».C.N.C.BR.N'QV.IX.W'CO'D.CO'D.}
‹f216v°10--> {.E.C.F'X2.C.A.C.Z.|.CU'C'CO.|.E.HX'H'H.AC.D.F.Q.}

folio 217 recto

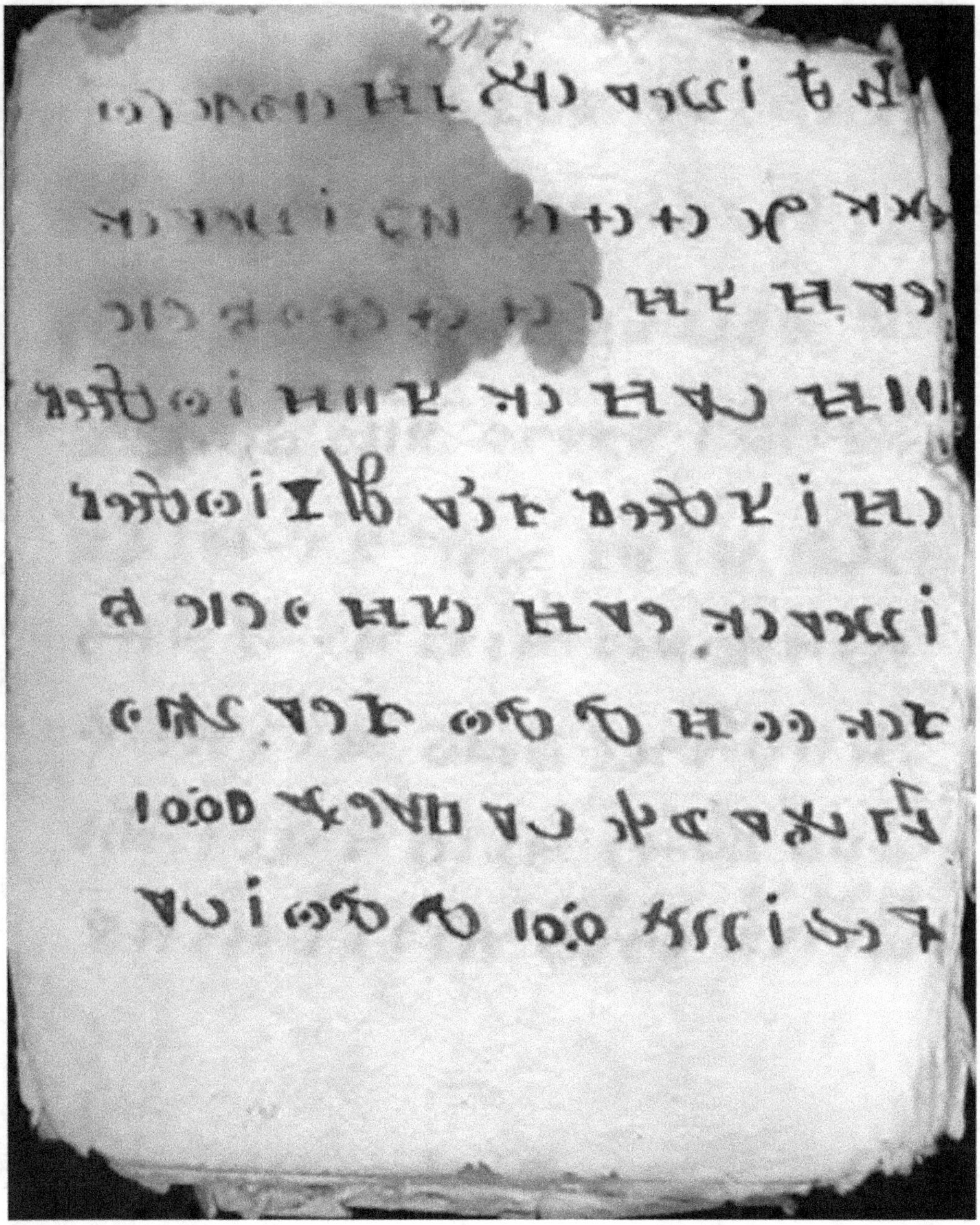

‹f217r°01--› {.J0.NT.IX.W'CO'D.C'XV.AD.H'HF'H.C'XV.O.A.C.L.Z.}
‹f217r°02--› {.RO'C.XV.X.RO'C.C'TA.C'TA.C'TA.N'QV.IX.W'CO'D.C'XV.X.}
‹f217r°03--› {.CO'D.HF'H.HY.HF'H.L.C'TA.C'TA.C'TA.IX.Y.CO'I'CO.}
‹f217r°04--› {.I.I.HF'H.CU'D.HF'H.C'XV.X.HY.I.I.HF'H.IX.Z.|.CU'C'CO.|.E.}
‹f217r°05--› {.C.HF'H.IX.HY.|.CU'C'CO.|.E.HM.CC'D.C.DN.A.BC.IX.Z.|.CU'C'CO.|.E.}
‹f217r°06--› {.IX.W'CO'D.C'XV.X.CO'D.HF'H.C.HY.HF'H.CX.CO'I'CO.Y.}
‹f217r°07--› {.HM.C'XV.X.CX'CX.HF'H.OB'Q.OB'Q.Z.HM.CO'D.BA.QX.}
‹f217r°08--› {.K'A'A.BG.C.Q.D.V.EK.C.CU'D.XJ'D'CO'BY.O.O'X2'O'I.}
‹f217r°09--› {.BI.CA.C.IX.S'S'ST.O'X2'O'I.OB'Q.OB'Q.Z.IX.CU'D.}

folio 217 verso

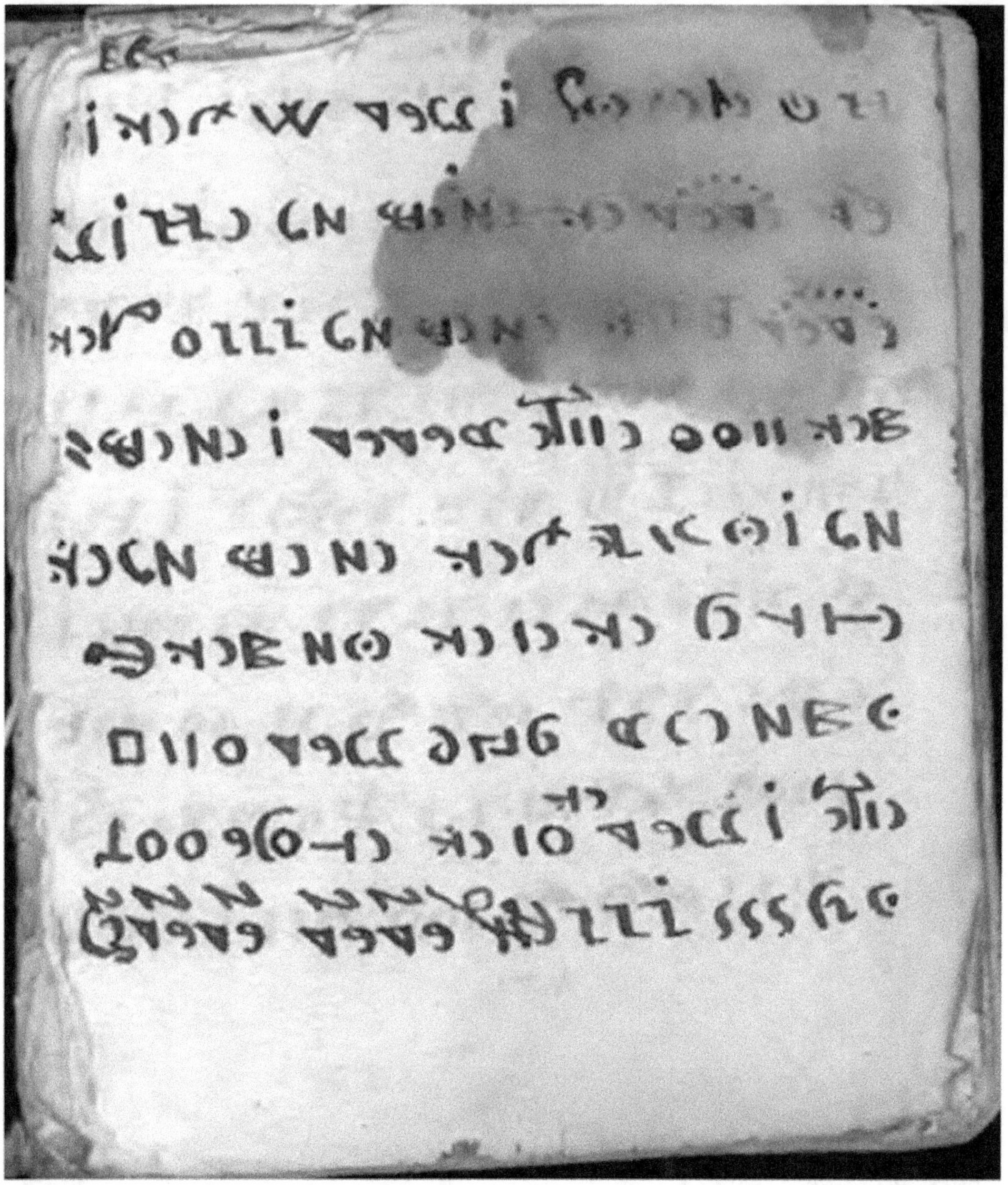

‹f217v°01--›   {.H'HF.BK.C.A.C.J.Z.S.IX.W'CO'D.XL.RT.C'XV.X.IX.›.}
‹f217v°02--›   {.CO'D.(.CO'D'CO'D.).C'XV.X.C.N.C.BR.N'QV.C.HF'H.IX.W.›.}
‹f217v°03--›   {.(.CO'D'CO'D.).T.OB.T.C'XV.X.C.N.C.BR.N'QV.HX'H'H.O.RO.C'XV.X.}
‹f217v°04--›   {.B.C'XV.X.I.I.O.O.C.I'I'IU'C.V'CO'D'CO'D.IX.C.N.C.BR.≈.}
‹f217v°05--›   {.N'QV.IX.Z.Q.J.HK.RT.C'XV.X.C.N.C.BR.N'QV.C.F'X2.}
‹f217v°06--›   {.C'EY.XV.C.R.C'XV.X.C.I.C'XV.X.Z.N.B.C'XV.X.CE'O.}
‹f217v°07--›   {.QX.B'N.C.Q.V.QV'KE'BB.W'CO'D.O.I'I'XJ.}
‹f217v°08--›   {.C.I.IU.C.IX.W'CO'D.C'XV.X.O.I.C'XV.X.C'F'O'R'CO.O'O'P.}
‹f217v°09--›   {.EQ.N.N.N.N.XB.}
‹f217v°10--›   {.QX.HR.S'S'S.HX'H'H.|.CU'C'CO.|.CO'D'CO'D.CO'D'CO'D.CC.R.}

folio 218 recto

‹f218r°01--› {.‹.Z.O'X2'O'I.O.F.XQ.CO'I'CO.C'F'Q'I'C.CO'CO'CO.O'X2'O'I.}

‹f218r°02--› {.O.O.I.AC.C.I'I'IU'C.CO'D'CO'D.D.IX.QV'KE'BB.(.CO'D'CO'D.).I.I.}

‹f218r°03--› {.NH.E.L.Y.I'I'I.L.OB'Q.DR.EA.X4.HM.CO'D.N'QV.BG.C.Q.D.}

‹f218r°04--› {.‹.I'I'I.OB'Q.DR.EA.X4.L.B.CV.B'N.IX.BA.I'I'I.BH.}

‹f218r°05--› {.O.CX'I'CX'D.CU.O.}

‹f218r°06--› {.CO.N.BR.N'QV.QV'KE'BB.W'CO'D.CY.I.T.D.IX.}

‹f218r°07--› {.CD.I'I'I.S'S'S.C.XB.D.IX.QV'KE'BB.Z.I'I'I.DR.BG.C.Q.D.(.CO'D'CO'D.).}

‹f218r°08--› {.I.I.NH.E.I.I.KC.KC.L.Y.C.DN.CU.C.C.KC.IX.I.CX.D.C.}

‹f218r°09--› {.KC.IX.W'CO'D.I.I.O'O'IA.RA.LA.L.NA.Z.I.I.KC.KC.}

‹f218r°10--› {.C'F'O'R'CO.O'X2'O'I.CO'D.IX.CO'D'CO'D'K.CU'AG'C'CO.E.}

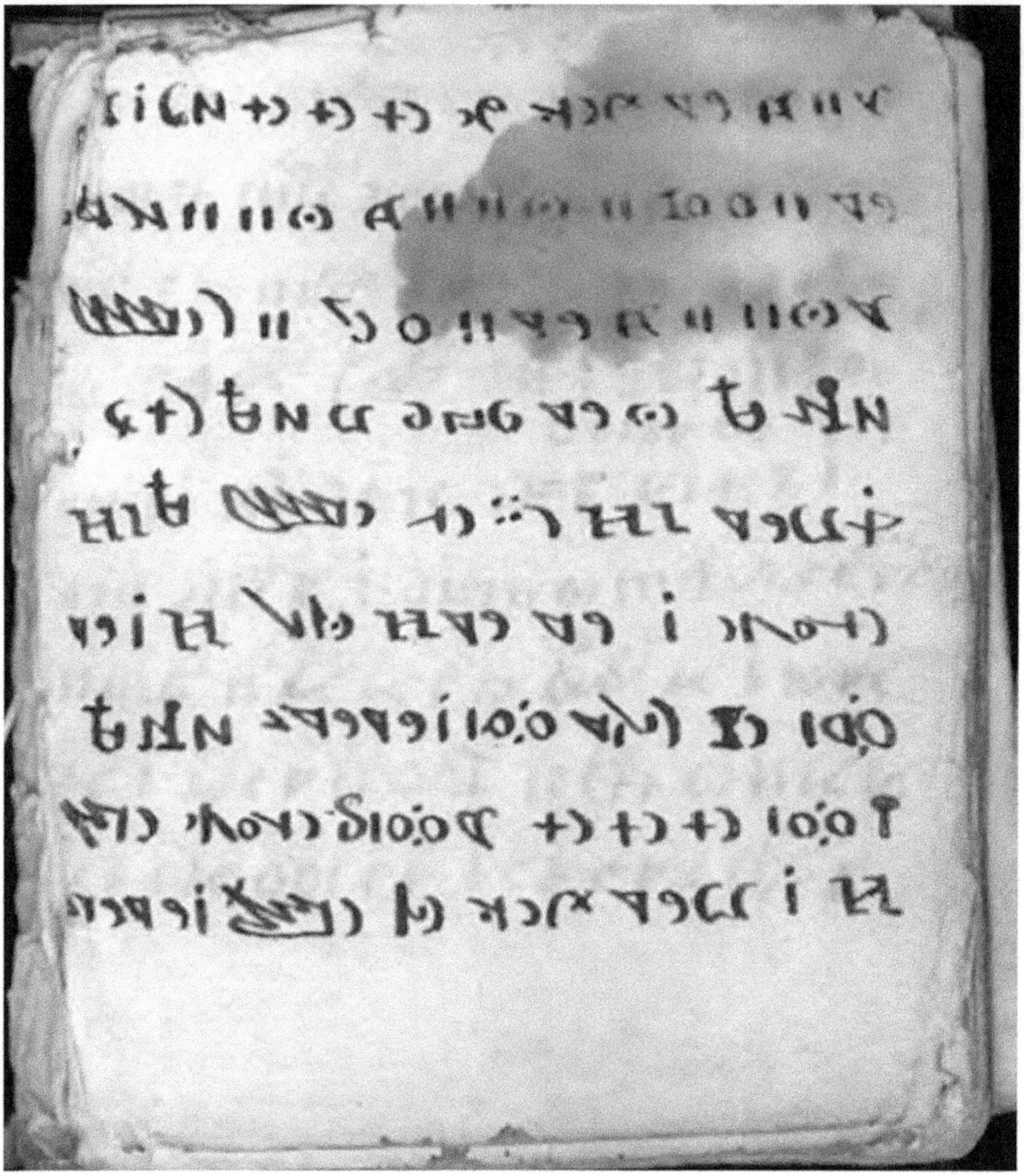

‹f218v°01--›   {.V.I.I.NA.CO'D.RT.C'XV.X.RO'C.C'TA.C'TA.C'TA.N'QV.IX.IA.›.}

‹f218v°02--›   {.CO'D.I.I.O'O'IA.I.I.Z.I'I'I'I.NA.Z.I'I'I'I.K.C.D.›.}

‹f218v°03--›   {.V.Z.I'I'I'I.NA.CO'D.I.I.O.A.C.I.I.KC.M.}

‹f218v°04--›   {.N'J0.NT.Z.CO'D.QV'KE'BB.XI.N.NT.L.TA.QT.}

‹f218v°05--›   {.IX.W'CO'D.H'HF'H.L.X4.C.XP.C'M.NT.H'HF'H.}

‹f218v°06--›   {.C'XV'OB'I'C.IX.CO'D'CO'D.HF'H.CX.A.KB.HF'H.IX.CO'D.}

‹f218v°07--›   {.O'X2'O'I.C.BC.L.CU.I.D.O'X2'O'I.IX.CO'D'CO'D'K.N'J0.NT.}

‹f218v°08--›   {.IG.O'X2'O'I.C'TA.C'TA.C'TA.V.O'X2'O'I.S'O.C'XV'OB'I'C.C'IZ.}

‹f218v°09--›   {.HF'H.IX.W'CO'D.RT.C'XV.X.C.CX.I.C'MA'T.IX.CO'D'CO'D'K.}

folio 219 recto

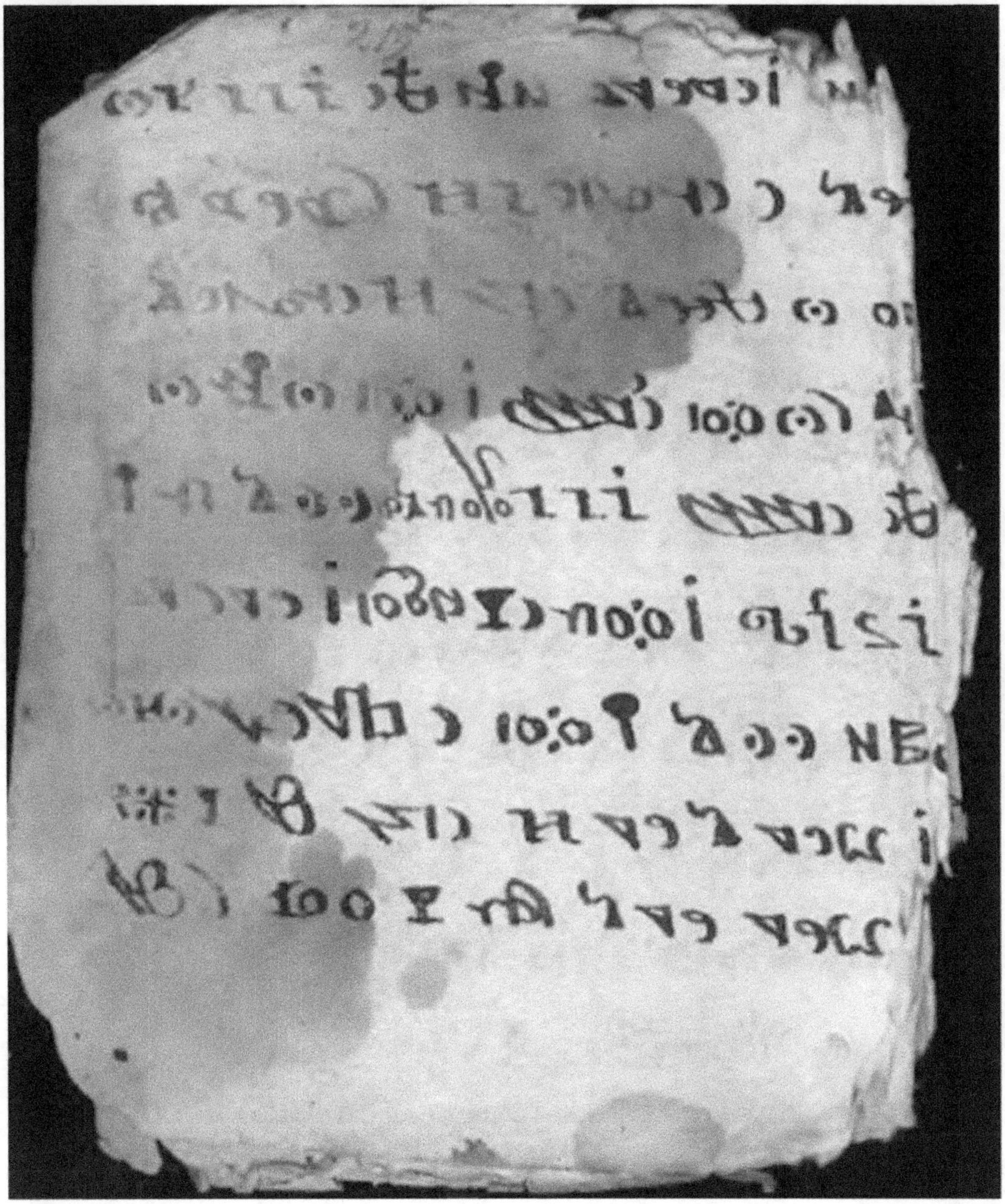

‹f219r°01--› {.‹.IX.CO'D'CO'D'K.N'J0'C0.HX'H'H.HY.Z.}
‹f219r°02--› {.‹.CO.E.C'XV'OB'I'C.H'HF'H.L.V.CO.V.Y.}
‹f219r°03--› {.‹.O.Z.C0.CO'D.C'IZ.HF'H.C'XV.OB.I.CX.E.}
‹f219r°04--› {.BD.L.Z.O'X2'O'I.CC.M.IX.O'X2'O'I.Z.J0.Z.}
‹f219r°05--› {.C0.C'M.HX'H'H.O.QD.O.AC.E.O.CX'CX.E.AC.IG.}
‹f219r°06--› {.HX.QS.R.H.AD.IX.O'X2'O.AC.C.BC.C.A.S'O.O.I.IX.CO'D'CO'D'K.}
‹f219r°07--› {.‹.B'N.CX'CX.E.IG.O'X2'O'I.C.XJ'D'CO'BY.Z.H.Z.}
‹f219r°08--› {.IX.W'CO'D.E.CO'D.HF'H.C'IZ.C.EQ.A.BC.EZ.XB.›.}
‹f219r°09--› {.W'CO'D.CO'D.E.I.S.AC.BC.O'O'IA.L.C.EQ.A.}

folio 219 verso

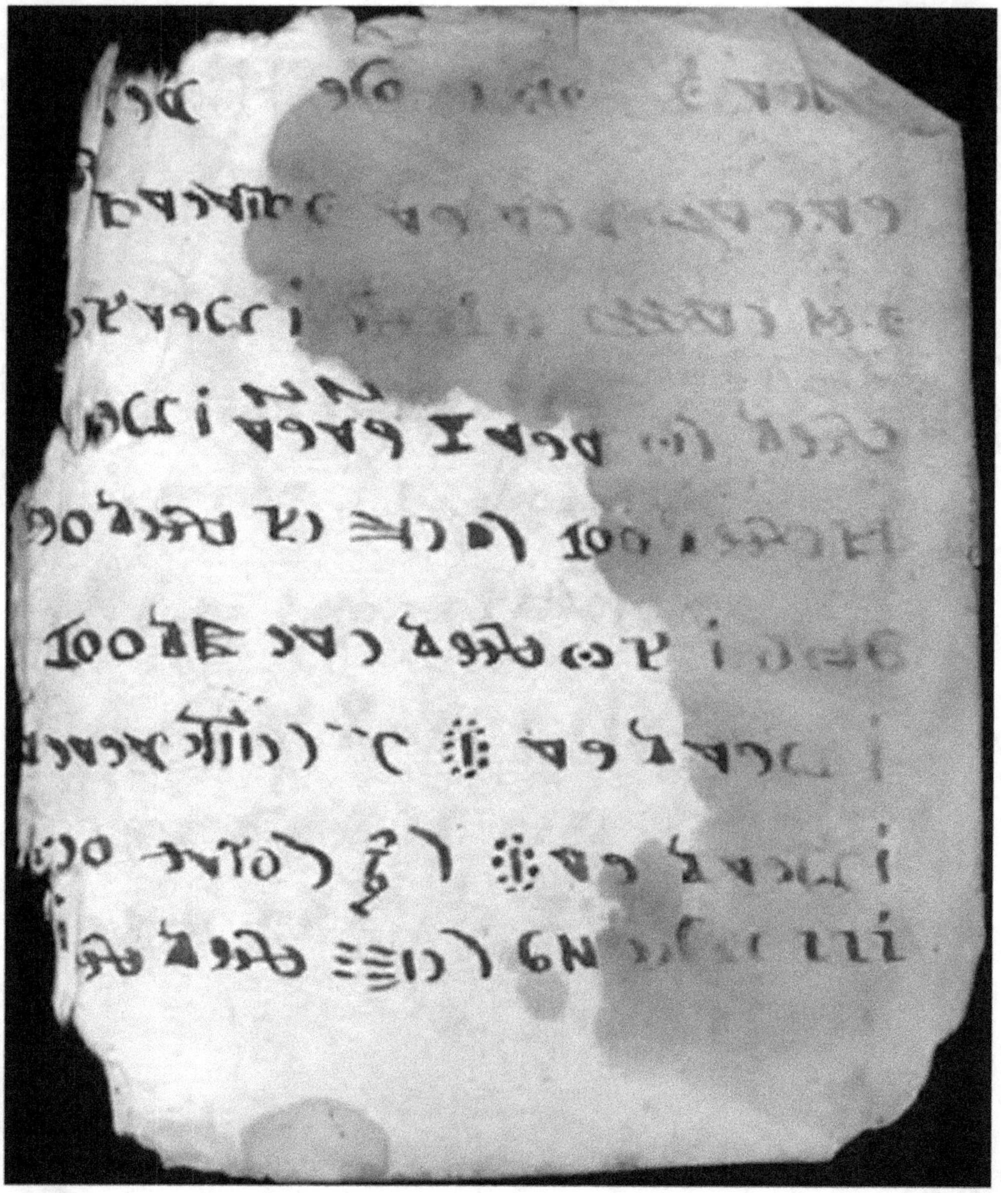

‹f219v°01--›	{.W'CO'D.QX.«.00.».QX.Y.C'F'O'R'CO.«.00.».V.CO.›.}

‹f219v°02--›	{.CO'D'CO'D'K.V'CO'D'CO'D.QX.HM.IX.D.CO'D.HM.›.}

‹f219v°03--›	{.C.Q.C.A.C'M.N'J0'C0.XI.W'CO'D.HY.›.}

‹f219v°04--›	{.CU.S.CO.E.L.Z.V.CO.V.BC.CO'D'CO'D.IX.W'CO'D.}

‹f219v°04T0›	{.N.N.}

‹f219v°04n°›	[Notā Bene: ‹f219v°04T0› symbols are over (.CO'D.CO'D.) in ‹f219v°04› above.]

‹f219v°05--›	{.HF'H.|.CU'C'CO.|.E.O'X2'O.IA.L.BV.C.XN.C.HY.|.CU'C'CO.|.E.O.CO.}

‹f219v°06--›	{.QV'KE'BB.IX.HY.Z.|.CU'C'CO.|.E.C.D.C.B.E.O'O'IA.}

‹f219v°07--›	{.IX.W'CO'D.E.CO'D.((.I.)).R'J'J.L.C.I'I'IU'C.V'CO'D'CO'D.}

‹f219v°08--›	{.IX.W'CO'D.E.CO'D.((.I.)).L.C'XV.OB.I.L.O.IU.D.C.O.L'X2.›.}

‹f219v°08n°›	[Notā Bene: Symbols .C'XV.OB.I. in ‹f219v°08› are written vertically downward.]

‹f219v°09--›	{.HX'H'H.Q'Q'R'C'C.N'QV.L.C.XN.|.CU'C'CO.|.E.|.CU'C'CO.|.›.}

folio 220 recto

‹f220r°01--› {.C.N.C.F'X2.UC.C.KC.I.E.HX'H'H.X.Q'Q'R'C'C.Z.|.CU'C'CO.|.}
‹f220r°02--› {.‹.E.K.K.C.S'S'ST.V.N.CX.BT.C.A.Z.N.HX'H'H.}
‹f220r°03--› {.Q'Q'R'C'C.N'QV.L.C'IZ.«.00.».C'I'N.O.J0.CO.CO.KE.}
‹f220r°04--› {.N.AC.L.TA.C'I'KC.HX'H'H.Q'Q'R'C'C.Z.|.CU'C'CO.|.E.}
‹f220r°05--› {.N.QX.|.CU'C'CO.|.PQ.E.N.C'D'R'N'D.HX'H'H.Q'Q'R'C'C.}
‹f220r°06--› {.N'QV.C.C.XN.HY.E.QX.V.CO.V.O.E.L.BQ.O'X2'O'I.}
‹f220r°07--› {.‹.QX.CO'D.E.CO'D'R'N'D.E.QV'KE'BB.C.Q.LT.D.O.}
‹f220r°08--› {.‹.C'EY.E.HX'H'H.O.E.HX'H'H.C.CE.C.A.E.IX.W'CO'D.E.CO'D.}
‹f220r°09--› {.‹.C'IZ.B.|.CU'C'CO.|.E.O'O'IA.HX'H'H.|.CU'C'CO.|.E.O.C'BG.}

folio 220 verso

‹f220v°01--› {.B.|.CU'C'CO.|.E.O'X2'O.IA.QX.V.CO.V.HX'H'H.|.CU'C'CO.|.E.BU.}

‹f220v°02--› {.C'F'O'R'CO.O'X2'O'I.C.AA.IX.O'X2'O'I.C.A.A'CO'D.›.}

‹f220v°03--› {.JN.O.X2.CU'CU.Q.V.CO.V.IX.Z.|.CU'C'CO.|.E.OB.CO'D.›.}

‹f220v°04--› {.L.CO'D'HY.IX.W'CO'D.E.CO'D.Z.|.CU'C'CO.|.E.›.}

‹f220v°05--› {.C.AA.BU.B.|.CU'C'CO.|.E.O'X2'O.IA.QX.|.CU'C'CO.|.E.›.}

‹f220v°06--› {.IX.W'CO'D.AV.I'I'I.D.K.CO'D.C.XY.E.Z.|.CU'C'CO.|.E.›.}

‹f220v°07--› {.Z.DB.Z.C.AA.O'X2'O'I.IX.Z.O'X2'O'I.IX.CO'D'CO'D.}

‹f220v°08--› {.CO'D.I.EQ.A.C.F.R.IX.W'CO'D.C'F'O'R'CO.O'X2'O'I.QX.Z.V.}

‹f220v°09--› {.C'BD.O'X2'O'I.HK.C.A.C'XV.V.IX.CO'D'CO'D'K.O'X2'O'I.›.}

folio 221 recto

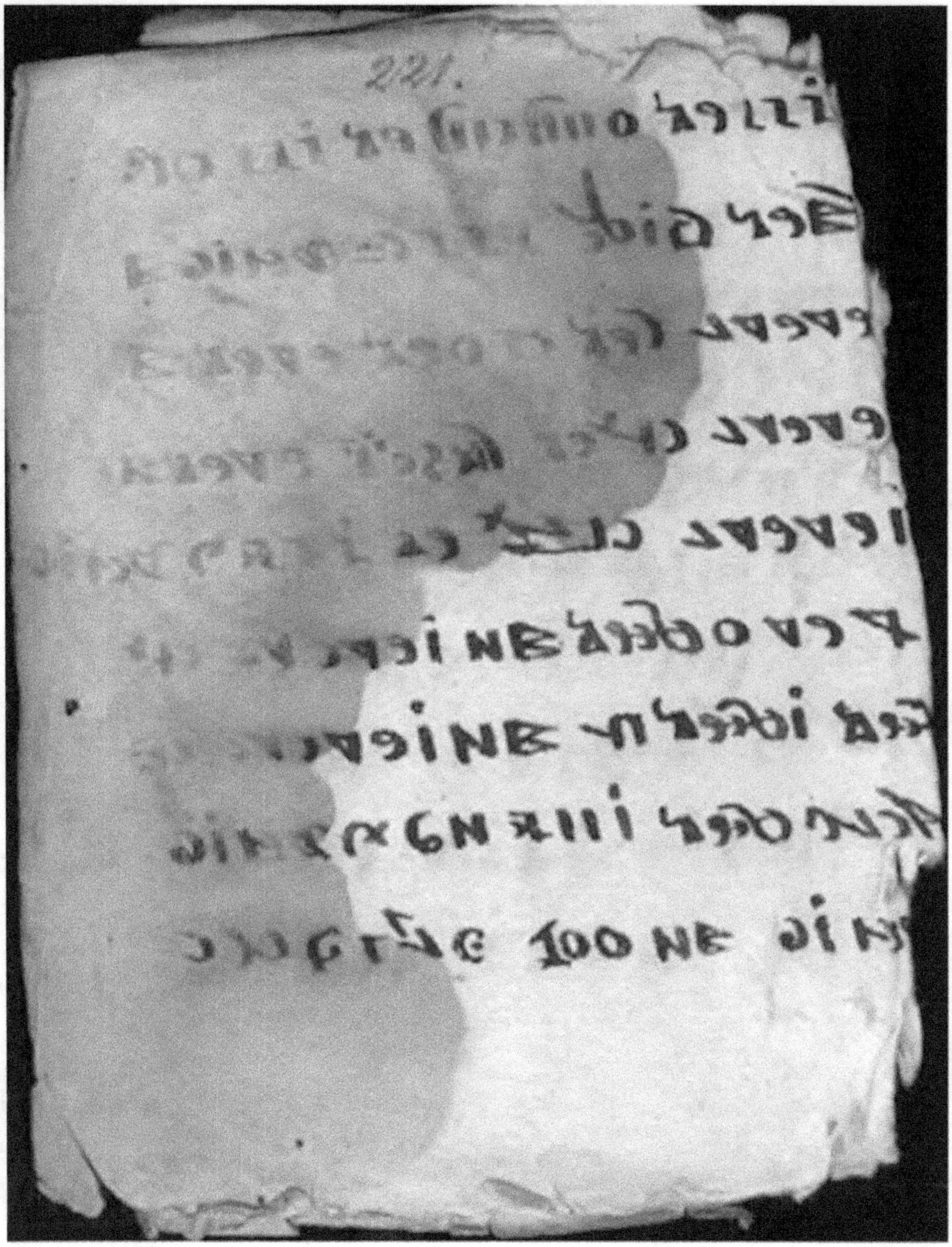

‹f221r°01--> {.‹.HX'H'H.CO.E.O.I'I'AE.C'I'AE.CO.E.HX'H'H.O.L'X2.}
‹f221r°02--> {.‹.B.CO.E.L.Q.IX.EK.A.HX'H'H.BU.V.C'EY.IX.CV.B.}
‹f221r°03--> {.‹.CO'D'CO'D'K.L.CO.E.HM.O.CO.E.CO'D'CO'D.B.}
‹f221r°04--> {.‹.CO'D'CO'D'K.C'BG.CO.E.L.K.C.XB.C.I'X4.CO'D'CO.E.B.}
‹f221r°05--> {.‹.I.CO'D'CO'D'K.C'MA'T.CO.E.HX'H'HK.RT.V.C.A.IX.CV.}
‹f221r°06--> {.‹.BI.CO'D.O.|.CU'C'CO.|.E.B'N.IX.CO'D'CO'D'K.C'BG.}
‹f221r°07--> {.‹.|.CU'C'CO.|.E.IX.|.CU'C'CO.|.E.AC.B'N.IX.CO'D'CO'D.›.}
‹f221r°08--> {.UC.C.K.BG'J'C.|.CU'C'CO.|.E.IX'I'I'HK.N'QV.RT.V.C.A.IX.CV.}
‹f221r°09--> {.‹.V.C.A.IX.CV.B'N.O'O'IA.QX.K'A'A.QX.KC.C.}

folio 221 verso

‹f221v°01--› {.C.AV.CO.XI'D.CX.EX.CX.D.CX'I'CX'D.›.}
‹f221v°02--› {.NV.L.XI'D.CX.AG.C.C.I.CX.›.}
‹f221v°03--› {.C'F'O'R'CO.C.Q.LT.D.IX.O.D.C.D.C.›.}
‹f221v°04--› {.QX.EX.CX.D.CX'I'CX'D.NV.O.XI'D.›.}
‹f221v°05--› {.RO'C.D.O.CQ.RO'C.D.V.L.I.I.D.}
‹f221v°06--› {.D.C.D.C.RT.((.AD.)).QX.AV'I.CX.D.CX'I'CX'D.}
‹f221v°07--› {.Z.IX.Z.IX.D.C.DQ.O.Q.R.K.AA.L.C.I.›.}
‹f221v°08--› {.V'CO'D'CO'D.C.Q.IX.C'MA'T.XB.C.IX.›.}
‹f221v°09--› {.C.DQ.X.O.I.L.C'XV.EQ.A.UC.Z.RT.›.}
‹f221v°10--› {.C.R.C.D.I.I.D.CO'D.EY.O.XI'D.›.}

folio 222 recto

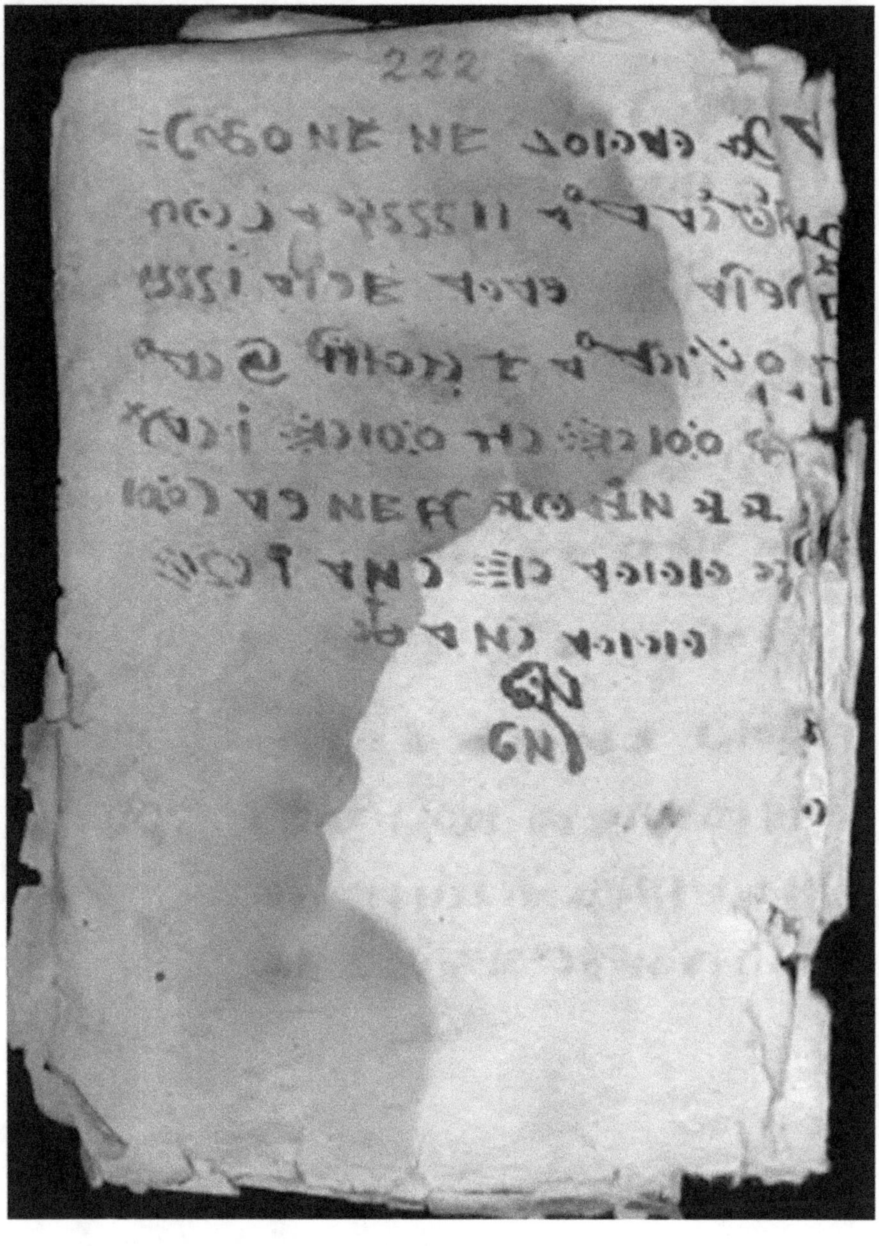

‹f222r°01--› {.‹.Q.C'XV.CX.D.CX.I.O.K.B'N.B'N.O.U'QV.≈.}
‹f222r°02--› {.‹.C'NP.CC'D.D'O.D.I.I.S'S'S.XB'C'D.C.Z.AC.}
‹f222r°03--› {.‹.RT'CO'IH'D.«.00.».CX'D'CX'D.B.CO'IH'D.IX.S'S'ST.}
‹f222r°04--› {.‹.O.CU.J.X2.I.C'D'O'D.HM.C.A.C.I'I'G.CQ.C'D'O.}
‹f222r°05--› {.‹.QT.O'X2'O'I.C'XF'XX.C'I'T.O'X2'O'I.C'XF'XX.IX.C'D'R'T.}
‹f222r°06--› {.‹.HK.HK.N'J0.Z.HK.Y.B'N.CO'D.L.O'X2'O'I.}
‹f222r°07--› {.‹.C.CX'I'CX'I'CX'D.C.XN.C.N.D.IG.C.QF.}
‹f222r°08--› {.«.00.».CX'I'CX'I'CX'D.C.N.D.C0.«.00.».}
‹f222r°08o°› [Ornāmentum: Signature/mark of author(s)/guild.]
‹f222r°09--› {.L.N'QV.}

folio 222 verso

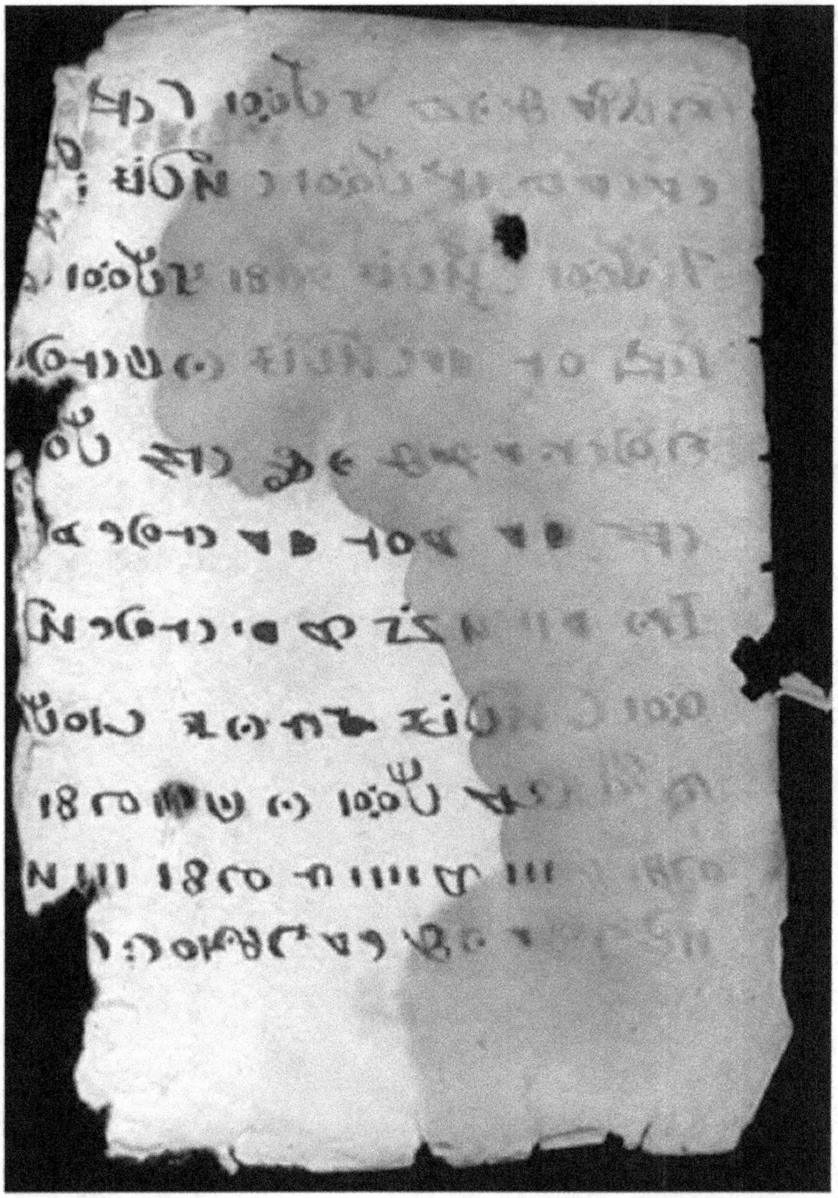

‹f222v°01--› {.L.RT.EK.FA.D.C.EQ.QX.EU.HY.MX.O'X2'O'I.L.C.PY.›.}

‹f222v°02--› {.C'D'C'D.O.Q.C'BG.MX.O'X2'O'I.C.N.C.RO.IX.HT.›.}

‹f222v°03--› {.A.MX.O'X2'O'I.C.N.C.RO.IX.HT.QX.O.Q.AV'I.HY.MX.O'X2'O'I.›.}

‹f222v°04--› {.L.C.PY.O'XV.BV.D.C.N.I.RO.IX.HT.Z.BK.C'F'O'R'CO.}

‹f222v°05--› {.RT.O.RA.C'XV.X.D.EQ.C.DN.QX.C.BF.IR.C'IZ.MX.O'X2'O'I.}

‹f222v°06--› {.C'DB.BV.D.V.O'XV.BV.D.C'F'O'R'CO.V.›.}

‹f222v°07--› {.NB.QX.BV.I.X.N.XW'X.V.BV.X.C'F'O'R'CO.N.Q.›.}

‹f222v°08--› {.O'X2'O'I.IB.N.C.RO.IX.HT.|.HM.|.AC.Z.HK.CU.I.O.MX.O'X2'O'I.}

‹f222v°09--› {.EX.RO.BI.L.S'D.MX.O'X2'O'I.Z.BK.|.XV.I.EY.I.|.O.Q.AV'I.}

‹f222v°10--› {.O.Q.AV'I.V.I'I'I'I.AC.O.Q.AV.I'I'I'I.N.}

‹f222v°11--› {.I'I'G.XI'D.CX.C.EQ.CO'D.RT.CV.QX.EY.O.L'X2.L.›.}

folio 223 recto

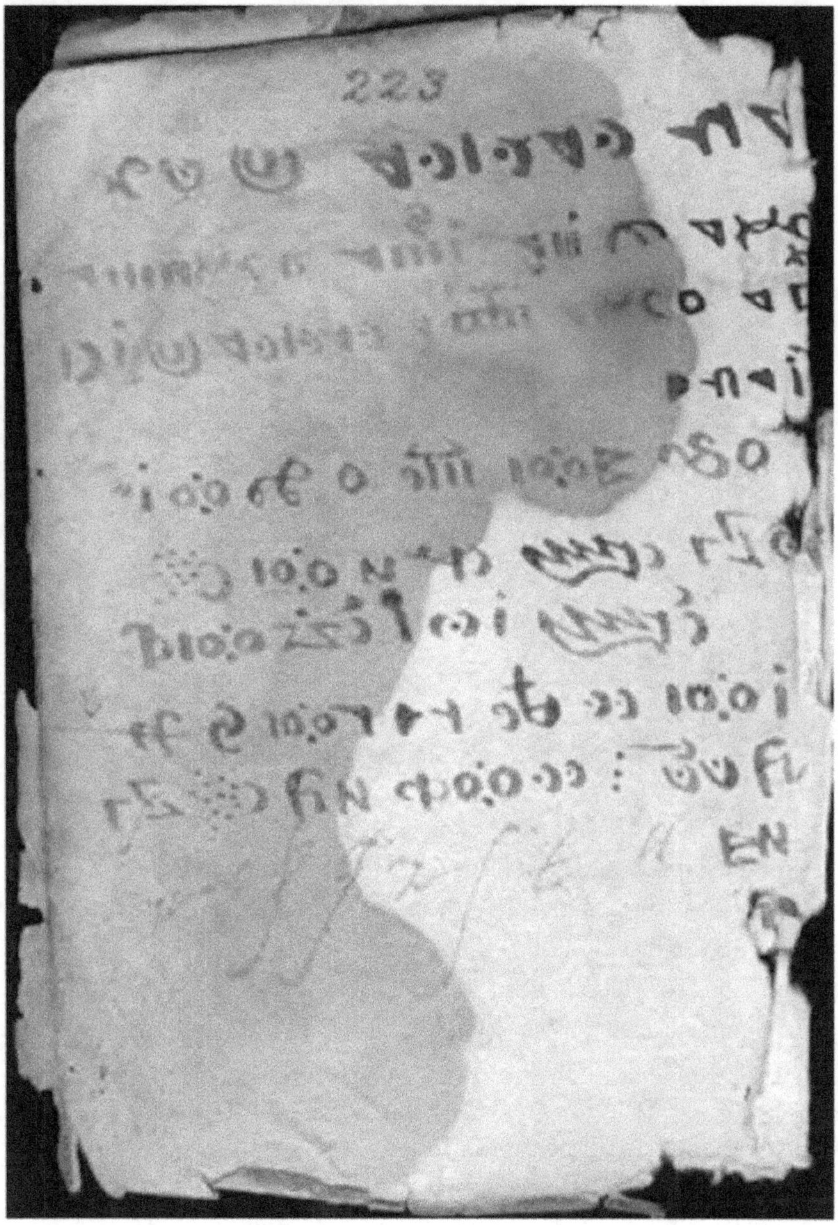

‹f223r°01--› {.<.D.AC.CX.D.CX'I'CX'D.NV.BK.RO'C.}
‹f223r°02--› {.<.XI'D.EX.IX.I.D.IX.CQ.I'I'I.D.RT'XI'D.I'I'I'I.D.}
‹f223r°03--› {.<.LT.XJ.D.O.XI'D.ER.T.ER.D.CX.D.CX'I'CX'D.NV.IX.C.I.}
‹f223r°04--› {.<.IX.D.AC.BV.}
‹f223r°05--› {.<.O.U.B'O'X2'O'I.I'I'IU.CO.O.O.DN.QV.O'X2'O.IX.}
‹f223r°06--› {.<.QX.K'A'A.C'M.C'BG.N.O'X2'O'I.NZ.}
‹f223r°07--› {.CC.M.IX.Z.IG.CC.XW'X.O'X2'O'I.C'I'Q.}
‹f223r°08--› {.IX.O'X2'O'I.CX'CX.C0.F.EY.DP.O'X2'O'I.CQ.NA.}
‹f223r°09--› {.H.R.BK.BK.CA.X3.CX'CX.O'X2'O.C'I'Q.N.I.H.R.NZ.K'A'A.}
‹f223r°10--› {.N.B.}

folio 223 verso

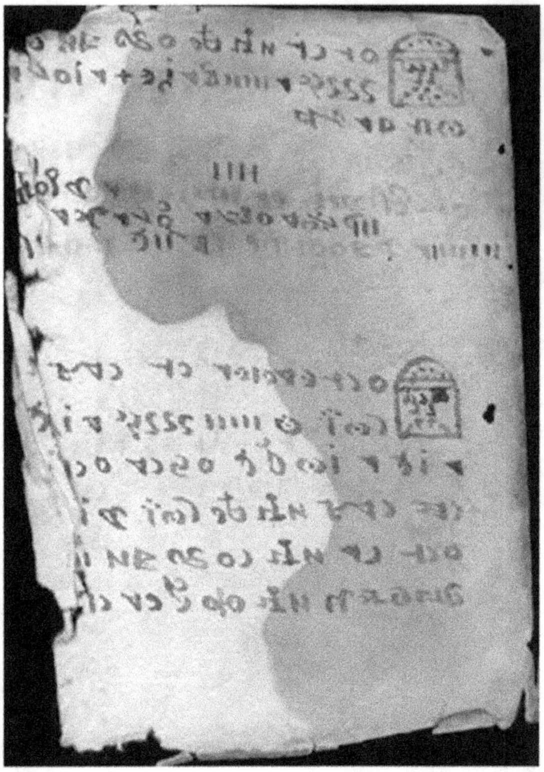

‹f223v°01--› {.O.F.C.DP.N'J0'C0.O.U.B'N.NP.›.}
‹f223v°01t°› [Trānslātiō: "...the Lord Jesus Christ, your father added..."]
‹f223v°01o°› [Ornāmentum: Miniature of Jesus ascending/coffin/tablet.]
‹f223v°02--› {.S'S'S.C.XB.D.I'I'I'I.E.D.IX.CY.T.D.IX.O.K.D.›.}
‹f223v°02t°› [Trānslātiō: "...a thousand...fifth century, and sixty..." (1560 A.D.)]
‹f223v°02c°› [Commentārium: It may be that .C.XB.D. is a misspelling of .XB'C'D. and could mean "souls".]
‹f223v°02q°› [Quod Vidē: ‹f223v°09›.]
‹f223v°03--› {.Z.AC.C.I.D.BA.}
‹f223v°03t°› [Trānslātiō: "...before this day of..."]
‹f223v°04--› {.«.00.».I'I'I'I.«.00.».}
‹f223v°05--› {.O.F.C.BE.I.W'CO'D.CO'D.I'T'I'T'I'T'I'T.D.F./.IG.\.O.›.}
‹f223v°06--› {.«.00.».I'I'G.BG'J'C.C.Q.D.O.PC.MV.D.C.O.K.D.RO'C.D.›.}
‹f223v°07--› {.I'I'I'I'I'I.D.V.B'O'X2'O'I.I'I'G.CE.DB.A.I.LT.}
‹f223v°08--› {.O.C.F.CX.D.CX'I'CX'D.C.F.C'D'HY.›.}
‹f223v°08o°› [Ornāmentum: Miniature of Jesus ascending/coffin/tablet.]
‹f223v°09--› {.L.Z.I'X4.NP.I'I'I'I.S'S'S.C.XB.D.IX.›.}
‹f223v°09t°› [Trānslātiō: "...on the...added five thousand...and..."]
‹f223v°09c°› [Commentārium: It may be that .C.XB.D. is a misspelling of .XB'C'D. and could mean "souls".]
‹f223v°09q°› [Quod Vidē: ‹f223v°02›.]
‹f223v°10--› {.D.IX.LT.D.IX.Z.DC.LT.O.CQ.C.D.O.C.I.›.}
‹f223v°11--› {.C'DB.C'D'HY.N'J0'C0.L.Z.I'X3.V.IX.›.}
‹f223v°12--› {.O.C.F.C.DP.N'J0.C.O.U.B'N.I'I'IU'C.›.}
‹f223v°13--› {.QV'KE'BB.HK.Y.N'J0.OC.C.EK.CO'D.C.›.}

folio 224 recto

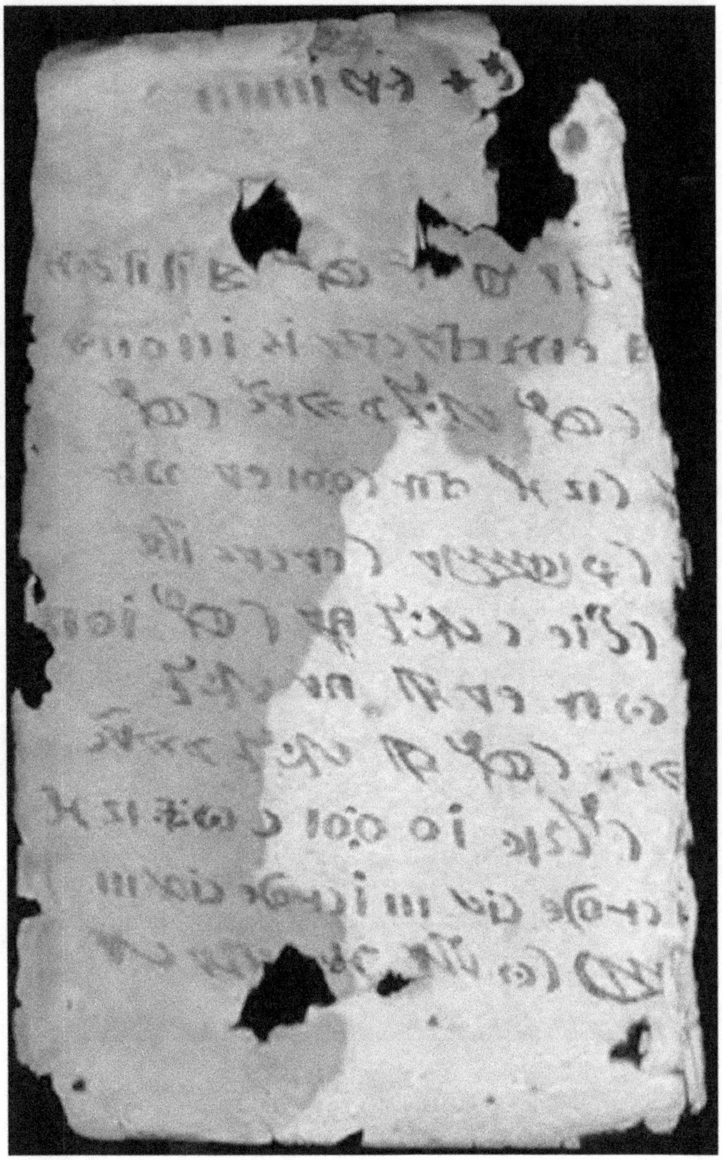

‹f224r°01--› {.‹.LT.T.CY.XC.IX.I'I'I'I'I'I.«.00.».}
‹f224r°02--› {.‹.XB.D.ER.XV.ER'EQ.«.00.».B.AE'AE.CC.C.R.›.}
‹f224r°03--› {.‹.B.CO.I.SS.XJ.D.C'IZ.IX.EL.IX.I.I.O.I.I.XQ.}
‹f224r°04--› {.‹.R.ER'EQ.EK'BZ.X.EK.V.AA.D.MV.J.R.ER'EQ.}
‹f224r°05--› {.L.I'AG.RB.L.HM.AC.L.O'X2'O'I.CO'D.Q.Q.AC.}
‹f224r°06--› {.‹.L.QT.IB.C'M.D.L.CO'D'C'D.K.I.A.I.BI.}
‹f224r°07--› {.‹.R.JN.C.IX.CO.C.UC.CX.XB.BS'D.L.ER'EQ.IX.OX.AC.}
‹f224r°08--› {.Z.AC.CO'D.TL.A.BS'D.EK'BZ.X.XB.}
‹f224r°09--› {.V.AA.D.R.ER'EQ.TL.A.EK'BZ.X.XB.V.AA.D.C.MV.}
‹f224r°10--› {.‹.R.DN.A.C.S.I.CX.IX.O.O'X2'O'I.C.Z.EZ.I'AG.Q.CO.}
‹f224r°11--› {.IX.C'F'O'R'CO.C.IX.CU.I'I'I.IX.C'F'O'R'CO.C.IX.CU.I'I'I.}
‹f224r°12--› {.‹.C'M.L.Z.CU.AG.Q.CO.EK.AG'D.CU'D.}

folio 224 verso

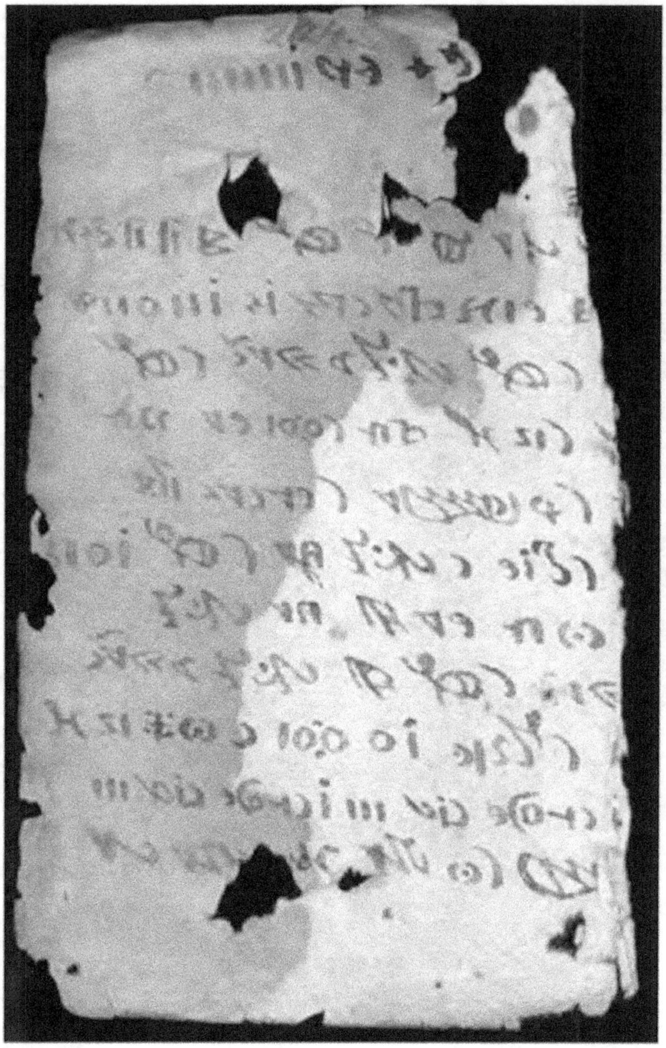

‹f224v°01--› {.N'J0'C0.C'D'R'T.N.›.‹.C.C.Q.CO.›.}
‹f224v°02--› {.C'F'O'R'CO.›.‹.XV.Q.X.›.‹.D.B.›.}
‹f224v°03--› {.HK.IX.C.I.O'X2'O'I.L.LT.XV.C.L.V.›.}
‹f224v°04--› {.F.Q.AE'AE.BS'D.KC.IX.L.ER'EQ.}
‹f224v°05--› {.XB.CO.D'O.D.N.XW'X.XJ'D'CO'BY.}
‹f224v°06--› {.N'J0.Y.}
‹f224v°07--› {.IX.C.F'X2.C'EY.F.XJ'D'CO'BY.XW'X.}
‹f224v°08--› {.XW'X.N.V.AE'AE.CU'C.X2.XB.V.A.›.}
‹f224v°09--› {.EK.X.O.UC.X.CE.D.}
‹f224v°10--› {.IX.B.CQ.D.IX.IG.B.O.DP.Q.C.D.V.V.A.›.}
‹f224v°11--› {.A.CC.L.AG.A.AC.L.D'O.C.D.›.}
‹f224v°12--› {.‹.CO.XB.C.O.EZ.C.EQ.A'CO'D.O.›.}
‹f224v°13--› {.‹.IX.C'XV.O'X2'O'I.›.}
‹f224v°14--› {.‹.Z.I'X3.K'A'A.›.}

Chapter 8: The Literal Translation

The following is the literal translation as of the printing of this book. Each known transcription code has been replaced with an appropriate translation. Some entries have been combined for a better translation. Some also appear to have more than one meaning; perhaps a synonym, or an abbreviation. See Chapter 6 for a list of the transcription codes and their corresponding translations.

‹f001r°01--› {.‹.I'AG.as.C.you.God.CX.I.C.&.was.CU'C.C.C.}
‹f001r°02--› {.‹.CO.K.the.O.FB.C.the.before.K.&.was.}
‹f001r°03--› {.«.88.».give.CX'NE.to.CX'NE.O.XC.C.give.}
‹f001r°04--› {.‹.CX'D'CX'D.&.was.Q.C.on.this.CX'D'CX'D.C'EY'XB'KB.}
‹f001r°05--› {.‹.I.CX'NE.CX'D'CX'D.&.was.CX'NE.CX'D'CX'D.}
‹f001r°06--› {.‹.C.AS.&.6.gave.God.mount.C.Rome.believe(d).≈.}
‹f001r°07--› {.‹./.Rome.&.\.the.on.arose.XF'XX.XB.crying out.EK.mount.}
‹f001r°08--› {.‹.O.father.heaven.R.X.before.glory.be.O.L'X2.father.}
‹f001r°09--› {.‹.QV.in heaven.to.pray.on.XD.XD.BL.&.7.gave.}
‹f001r°10--› {.‹.God.mount.C.Rome.believe(d).Rome.all.there.}
‹f001r°11--› {.‹.(./.in heaven.\.).to.pray.in.CX.NK'NY.gave.}
‹f001v°01--› {.there.on.mount.the.added.I.I.O.faithful.D.CX.&.was.&.›.}
‹f001v°02--› {.there.in heaven.the.C.NK'NY.by.there.QV.›.}
‹f001v°03--› {.CX.D.forgiveness.R.by.CX'I'CX'D.XB.CX'I'CX'D.there.›.}
‹f001v°04--› {.by.there.R.C.K.CX'I'CX'D.XB.by.CX.I.›.}
‹f001v°05--› {.R.this.CX'I'CX'D.CX.I.CC.QD.gave.there.C.R.CX.I.CX.›.}
‹f001v°06--› {.C'EY.XB.K.by.C'NE.C.F.6.D.C'XV.H'H'HK.≈.›.}
‹f001v°07--› {.there.CX'NE.C'R'C.by.XB.C'NE.C'I'N.MC.›.}
‹f001v°08--› {.by.there.C.R.C'NE.X2.≈.R.C'NE.C'EY.CC.C.›.}
‹f001v°09--› {.by.there.C.R.C'NE.C'EY.XB.K.by.CX'NE.›.}
‹f001v°10--› {./.CO.as.CO.\.K.CX'NE.C'XV.by.there.CX'I'CX'D.›.}
‹f001v°11--› {.C.first.O.law.the.CX.I.C.D.CX.I.EL.10.law.BG.›.}
‹f002r°01--› {.‹.XQ.C'D'HY.&.glory.C.you.C.you.glory.YB.}
‹f002r°02--› {.‹.mount.the.on.H.R.DT.there.your.C.A.10.}
‹f002r°03--› {.‹.D.earth.by.O.father.God.heaven.XB.D.O.ER.}
‹f002r°04--› {.‹.BF.church.servant.again.KB.&.was.again.}
‹f002r°05--› {.‹.humble(d).gave.O.father.heaven.come.C.glory.over.}
‹f002r°06--› {.‹.mount.O.L'X2.on.H.R.your.&.was.in.C.this.C.F.}
‹f002r°07--› {.‹.O.L'X2.&.O.mount.Amen!.CX.XV.glory.O.L'X2.}
‹f002r°08--› {.‹.&.was.O.II.I.O.I.O.father.God.heaven.over.Q'Q'R'C.}
‹f002r°09--› {.‹.O.father.God.heaven.D.glory.law.came.Amen!.be.mount.}
‹f002r°10--› {.‹.CX.XV.glory.O.L'X2.&.CX.before.C.come.gave.O.father.O.}
‹f002r°11--› {.‹.all.this.be.mount.D.C'XV.C'D'O'D.Amen!.3.gave.mount.}
‹f002r°12--› {.‹.C.Rome.believe(d).Rome.gave.before.O.father.be.}
‹f002r°13--› {.‹.C.son.come.Holy Spirit.father.son.with.we.by.}
‹f002r°14--› {.‹.I.father.Holy Spirit.on.as.we.CE'QV'CO.S.O.C'L.father.}
‹f002v°01--› {.son.spirit.with.by.son.on.his.CE'QV'CO.›.}
‹f002v°02--› {.with.C.Amen!.be.we.Amen!.first.C.father.son.}
‹f002v°03--› {.spirit.give.father.son.spirit.we.Amen!.the.BT.}
‹f002v°04--› {.CE'O.CO'CO'CO.CX'D'CX'D.O.I.faithful.only.give.because(of).O.}
‹f002v°05--› {.father.O.son.give.because(of).Holy Spirit.again.the.you.›.}
‹f002v°06--› {.only.God.over.God.mount.Rome.believe(d).›.}
‹f002v°07--› {.believe(d).Rome.was.father.son.spirit.XB.come.›.}

‹f002v°08--› {.added.in heaven.G.to.pray.on.the.thy.over.added.C.}
‹f002v°09--› {.NK'NY.there.CX'D'CX'D.with.TG.C.&./.was.\.}
‹f002v°10--› {.CX'D'CX'D.C.D.with.C.F.TG.C.over.C.C.C.CE'O.I.}
‹f002v°11--› {./.with.\.C.XB.TK.on.CX'D'CX'D.over.faithful.all.over.}
‹f002v°12--› {.CX'D'CX'D.give.there.over.CX'D'CX'D.come.in.}
‹f002v°13--› {.6.NK'NY.over.Amen!.with.CO'D'CO.CX'D'CX'D.}
‹f003r°01--› {.‹.by.there.CX'D'CX'D.C'I'N.the.CX'D'CX'D.give.}
‹f003r°02--› {.‹.only.PH.C.PX.&.CU'C.X2.C.S.the.CX'D'CX'D.&.}
‹f003r°03--› {./.first.\.faithful.arose.C'XF'XX.anointed.C.PX.CU'C.X2.C.C.C'I'Q.}
‹f003r°04--› {.‹.EK.this.on.X4.give.you.the.CX'D'CX'D.Amen!.only.only.}
‹f003r°05--› {.‹.the.C'A'A.the.CX'D'CX'D.C.F'X2.law.C.F.A.R.X.C.≈.}
‹f003r°06--› {.‹.Q.C.G.CO.FB.CO.XF'XX.CX.arose.in.before.CX'D'CX'D.be.O'R'C.≈.}
‹f003r°07--› {.‹.on.I.Q.arose.CX'D'CX'D.&.was.CX'D'CX'D.C.R.in.C.}
‹f003r°08--› {.‹.NK'NY.&.was.on.the.CX.BT.MW.O.faithful./.D.MW.\.&./.was.\.}
‹f003r°09--› {.«.88.».come.Holy Spirit.in.C.NK'NY.over.the.}
‹f003r°10--› {.‹.before.the.CX.I.C'I'Q.R.O.over.give.there.CX'D'CX'D.}
‹f003r°11--› {.‹.XO.K.A.C.over.CX'NE.with.gave.mount.XJ'D'CO'BY.}
‹f003r°12--› {.‹.O.&.was.CX'D'CX'D.O.CX.QD.by.the.C.}
‹f003v°01--› {.C.XB.I.KB.C.XB.I.KB.to.I.I.CE'O.first.C.XB.›.}
‹f003v°02--› {.D.K.&.5.gave.mount.all.there.in heaven.spirit.CO.›.}
‹f003v°03--› {.D.C.D.over.come.C'NE.on.CX.NK'NY.&.W.›.}
‹f003v°04--› {.be.C'NE.come.C.the.L'C'C.XV'C.this.C.LA.C.C.›.}
‹f003v°05--› {.be.there.C.F'X2.law.over.O.I.first.›.}
‹f003v°06--› {.CO'D'CO.C.on.the.L'C'C.XV'C.this.C.LA.C'XV.C.C.›.}
‹f003v°07--› {.there.F'X2.law.by.the.before.K.CX'NE.}
‹f003v°08--› {.O.R.CO.the.O.FB.C.by.C'NE.give.O'R'C.}
‹f003v°09--› {.came.CX'NE.CX'D'CX'D.rock.C.F'X2.law.by.}
‹f003v°10--› {.the.before.C.C'NE.O'R'C.CX'NE.CX'D'CX'D.}
‹f003v°11--› {.I.the.O.FB.C.to.O.living.C.before.be.CX'NE.}
‹f003v°12--› {.I.CX'D'CX'D.O'R'C.be.CX'NE.CX'D'CX'D.CX.I.›.}
‹f004r°01--› {.mount.his.father.given.O.father.God.mount.given.glory.came.S'EY.C.XB.›.}
‹f004r°02--› {.O.IJ.his.father.on.H.R.by.God.mount.glory.to.C.›.}
‹f004r°03--› {.O.IJ.you.on.H.R.&.was.S.I.XB.his.CO.7.CX.S.I.C./.O'IJ.\.›.}
‹f004r°04--› {.&.was.O.glory.X.Q.Q.BL.O.XC.to.mount.C.father.›.}
‹f004r°05--› {.by.mount.I.I.S.I.this.mount.CX.I.CX.S'EY.CO.XB.O.IJ.&.I.I.›.}
‹f004r°06--› {.father.R.his.father.mount.C.glory.gave.glory.came.S'EY.C.XB.›.}
‹f004r°07--› {.O.IJ.on.his.father.on.H.R.&.was.C.glory.come.God.›.}
‹f004r°08--› {.mount.gave.God.mount.S'EY.C./.IJ'XV.\.you.on.H.R.&.was.›.}
‹f004r°09--› {.SX.I.glory.QS'X.CX.S.II.C'EQ.O.IJ.&.was.O.XB.›.}
‹f004r°10--› {.mount.R.X.Q.with.O.XD.spirit.mount.C.father.God.came.be.›.}
‹f004r°11--› {.gave.glory.IB'K'I.XB.there.XQ.CO'D'HY.XA.C.you.C.you.this.XB.›.}
‹f004r°12--› {.‹.YB.glory.the.on.H.R.by.God.mount.you.›.}
‹f004r°13--› {.‹.I.mount.CX.&.CX.S'EY.C.XB.O.IJ.gave.glory.C.you.XB.›.}
‹f004v°01--› {.when.you were.God.}
‹f004v°02--› {.with.HA.C.A.K.&.earth.}
‹f004v°03--› {.C'A'C'AS.you.CX.&.this.of.}
‹f004v°04--› {.Rome.believe(d).gave.mount.God.}
‹f004v°05--› {.when.C'D'C.with.our.}
‹f004v°06--› {.O.father.CX'I'CX'D.O.L'X2.you.}
‹f004v°07--› {.God.on.C.this.K.heaven.to.C'D'C.}

‹f004vº08--› {.BC.mount.on.mount.&.be.C.O.father.God.on.BC.mount.}
‹f004vº09--› {.on.mount.I.I.died.century.7.D.C'D'C.with.our.}
‹f004vº10--› {.O.father.CX'I'CX'D.&.mount.pray.K.be.glory.&.Olivet.}
‹f004vº11--› {.mount.glory.pray.&.40 years.40.in the desert.}
‹f004vº12--› {.X2.≈.glory.IB.glory.on.I.heaven.on.to.pray.on.XD.BL.}
‹f004vº13--› {.I.gave.mount.C.Rome./.Rome.&.was.\.(./.pray.\.).}
‹f004vº14--› {.mount.glory.R.crying out.glory.was.›.}
‹f004vº15--› {.DQ.D.many.on.H.R.O.father.God.come.O.father.God.›.}
‹f005rº01--› {.‹.I.this.&.CX.D.QV.HX.come.son.father.CX.I.EB.&.C.son.}
‹f005rº02--› {.‹.&.first.O.faithful.be.&.first.cross.CO.IH.O.}
‹f005rº03--› {.‹.R.C.D.son.father.CX.K.J.J.QF.by.father.Abraham.}
‹f005rº04--› {.‹.O.in.you.C.CC.you.there.BG'J'C.CO.&.was.I.C.F.AD.CO.}
‹f005rº05--› {.‹.D.CX.AS.to.CX.C.L'X2.Q.pray.XB.I.C.F.AD.be.}
‹f005rº06--› {.‹.CX.Abraham.CX.K.J.J.QF.over.CX.XV.X.XV'X.on.K.}
‹f005rº07--› {.‹.C.F.AD.CO.6.KK.O.RA.H.R.I.cross.AD.CO.CX'CX.XV.C.D.}
‹f005rº08--› {.‹.H'H'H.Q'Q'R'C.there.on.this.PF.PF.PF.on.mount.your.I.I.}
‹f005rº09R0› {.‹.everyone.Abraham.}
‹f005rº09L0› {.C.C.S.6.before.R.the.≈.}
‹f005rº10--› {.Abraham.there.in.you.}
‹f005rº11--› {.the.before.C.you.I.T'T.C.with.}
‹f005rº12--› {.&.was.O.O.I.S'I.}
‹f005rº13--› {.Abraham.over.O.I.}
‹f005rº14--› {.only.cross.CO.IH.O.A.}
‹f005rº15--› {.on.only.again.O.D.}
‹f005vº01--› {.&.was.O.cross.CO.IH.O.CX.K.C.QF.by.there.on.this.›.}
‹f005vº02--› {.on.mount.your.Abraham.Q.C.CO'D'HY.in.his.R.F.AD.›.}
‹f005vº03--› {.first.holy.C.D.K.O.holy.C.D.K.on.CO'D'HY.son.CX.I.›.}
‹f005vº04--› {.|.be.|.son.pray.C.D.O.K.Jesus.over.come.you.on.thy.}
‹f005vº05--› {.be.word.appeared.BC.R.&.the.&.people.debt(s).you.I.›.}
‹f005vº06--› {.&.crucified.you.on.cross.arose.&.on.3.day.O.arose.again.you.}
‹f005vº07--› {.by.there.on.mount.Abraham.&.O.&.O.I.CO.you.be.}
‹f005vº08--› {.church.only.son.faithful.God.Amen!.we.reborn.&.≈.}
‹f005vº09--› {.first.we.C'I'T.again.Amen!.we.reborn.C.XB.&.}
‹f005vº10--› {.we.you.XB.C.A.church.&.first.O.A.reborn.≈.}
‹f005vº11--› {.again.Amen!.we.C'I'T.O.CX'I'CX'D.with.O.NP'CX'DB.Abraham.}
‹f005vº12--› {.first.century.&.10.ten.D.O.Abraham.before.NP'CX'DB.}
‹f005vº13--› {.BG'J'C.faithful.died.3.1000.years.&.50.D.O.Abraham.X4.C.DB.}
‹f006rº01--› {.first.NY.&.was.NY.6.D.C.this.CX.D.C'BG.on.F.EO.D.C.F'X2.}
‹f006rº02--› {.‹.&.was.C.F.(.I.).on.F.EO.D.C.F'X2.O.O.I.CX.I.earth.}
‹f006rº03--› {.‹.H.H.XA.all.CX'I'CX'D.EK.&.was.BZ.D.C.CO.come.on.I.I.}
‹f006rº04--› {.‹./.XJ'CX.\.NK'NY.&.was.BZ.D.C.D.Q.Q.the.D.God.}
‹f006rº05--› {.‹.mount.by.God.mount.BZ.D.C.D.QV.&.come.I.gave.BZ.D.be.}
‹f006rº06--› {.‹.father.CX'I'CX'D.BZ.D.C.D.before.come.in.CX.NK'NY.was.}
‹f006rº07--› {.«.88.».father.CX'I'CX'D.C'BG.D.C.D.O.on.C.CX.CU'C.NY.6.D.}
‹f006rº08--› {.‹.LA.C.CX.NK.before.be.father.CX'I'CX'D.C.F'X2.C'XF'XX.&.gave.CX'I'CX'D.}
‹f006rº09--› {.‹.CX'I'CX'D.was.NY.C.C.D.C'BG.BZ.D.C.D.on.F.EO.D.C.F'X2.}
‹f006rº10--› {./.(.I.).&.was.C.F.(.I.).on.F.EO.D.C.F'X2.O.\.O.I.CX.&.CX.I.H'H'H.}
‹f006rº11--› {.‹./.all.CX'I'CX'D.by.\.mount.only.before.BE'I'O./.&.was.\.}
‹f006rº12--› {.‹.mount.in.CX.NK'NY.over.BZ.D.C.D.C'BG.NY.CX.D.}
‹f006vº01--› {.on.CX.NK'NY.O.LA.CX.CU'C.on.LA.C.CU'C.be.CX.I.O.D.this.}

‹f006v°02--› {.C'XF'XX.&.was.CU'D.pray.give.mount.the.NY.CX.›.}
‹f006v°03--› {.&.was.NY.CX.D.CU'D.C.D.C'BG.C.his./.CU'D.C.D.father.\.›.}
‹f006v°04--› {.CX'I'CX'D.&.was.CU'D.C'D'HY.in.first.to.be.›.}
‹f006v°05--› {.&.CX'D'C'D'O'D'K.forever.K.R.CO.D.C.AS.R.be.CX'I'CX'D.›.}
‹f006v°06--› {.DB.&.was.PQ.C'BD.&.C'XV'O.I.O.CC.K.D.CC.&.in.Amen!.O.›.}
‹f006v°07--› {.to.be.C'BD.&.C'XV'O.I.O.C.K.D.CC.&.was.BK.to.CO.XB.›.}
‹f006v°08--› {.first.O.R.CC.D.&.was.BZ.D.C.D.CO'D'HY.the.A.CO.I.BO.I.›.}
‹f006v°09--› {.&.in.C'BD.&.C'XV'O.I.O.C.K.D.CC.&.was.BZ.D.C.D.gave.first.›.}
‹f006v°10--› {.A.CO.I.BO.D.BF.D.mount.D.C.D.O.father.spirit.father.before.C.K.D.›.}
‹f006v°11--› {.CX'I'CX'D.&.CX'I'CX'D.be.O.PT.CX.I.CX.I.R.CX'I'CX'D.be.you.›.}
‹f006v°12--› {.God.BK.be.C.R.on.CX.NK'NY.on.mount.&.was./.A'C'I'BO.\.›.}
‹f006v°13--› {.AV.O.I.book.be.over.this.C.KB.A.C'I'T.D.10.40 days.C.D.›.}
‹f007r°01--› {.be.CX'I'CX'D.C.C.C'I'Q.on.his.CX'I'CX'D.to.the.to.}
‹f007r°02--› {.TP.TP.be.CX'I'CX'D.earth.CX.the.C.S.}
‹f007r°03--› {.CX'CX.this.G.C.KB.give.to.CX'NE.the.CX'NE.}
‹f007r°04--› {.be.C.F'X2.C.CU'C.&.the.CX'NE.be.C.A.C.}
‹f007r°05--› {.‹.D.come.anointed.to.the.CO'D'CO.the.CO'D'CO.be.}
‹f007r°06--› {.this.CU'I.earth.NE.H'H'H.C.RO.}
‹f007r°07--› {.CO'D'CO.this.us.with.C.Amen!.the.CO'D'CO.arose.over.}
‹f007r°08--› {.all.CU'D.CX.I.I.CX.I.D.I.NE.X.there.over.come.}
‹f007r°09--› {.there.mount.I.I.earth.CX'NE.O'XM.}
‹f007r°10--› {.CX.KA.C.AS.over.earth.NE.BK.on.in.}
‹f007r°11--› {./.CX.NK'NY.C'D'C.R.over.BU.mount.\.CX.KA.CX.AS.X.}
‹f007v°01--› {.on.I'I'XJ.CX.NE.CX.NK'NY.&.first.with.C.›.}
‹f007v°02--› {.CO.JR.in.CX.NK'NY.again.mount.by.there.›.}
‹f007v°03--› {.on.mount.the.added.X2.3.O.faithful.D.LT.&.O.8.gave.C.›.}
‹f007v°04--› {.Rome.God.mount.Rome.was.there.7.CX.I.›.}
‹f007v°05--› {.BK.be.C.R.on.CX.NK'NY.&.was.I.I.CX.I.C.›.}
‹f007v°06--› {.CX'NE.D.in.BK'I'J.BC.D.&.anointed.CX'I'CX'D.CX'NE.}
‹f007v°07--› {.HR.C.3.C.son.&.CA.BO.be.C.A.CX.&.and.I.I.name.be.}
‹f007v°08--› {.to.CX.I.to.3.&.name.be.BK.D.C.D.&.was.}
‹f007v°09--› {.CX'I'CX'D.O.O.PT.CX.I.CX.I.I.was.come.CX'I'CX'D.in.NK'NY.}
‹f007v°10--› {./.son.his.CX.I.\.CX.D.&.the.son.be.on.this.DB.son.}
‹f007v°11--› {.CX'I'CX'D.&.was.gave.CX'I'CX'D.C'BG.CX'I'CX'D.O.LA.C.CX.CU'C.}
‹f008r°01--› {.‹.7.D.&.was.3.days.when.Q.Q.the.D.there.faithful.faithful.}
‹f008r°02--› {.‹.father.be.by.there.C.NU.faithful.HF.O.you.D.in.we.on.his.to.C.}
‹f008r°03--› {.‹.C.came.in.C'D'C.the.R.on.BG.his.law.C.D.there.CX'CX.Amen!.}
‹f008r°04--› {.‹.RA.RA.by.there.C.NU.faithful.crying out.first.be.you.Q.C.}
‹f008r°05--› {.‹.D.you.be.on.40.K.C.D.K.KK.C'QS.to.10.thirty.}
‹f008r°06--› {.‹.CO.to.5.Amen!.I.XB.give.NU.C.A.Amen!.with.C.son.I.I.over.}
‹f008r°07--› {.‹.Q.CX.I.his.TI.C.D.&.was.the.A'O.C'I'N.the.NU.faithful.come.you.}
‹f008r°08--› {.‹.&.was.NU.faithful.give.Amen!.with.this.I.Amen!.I.I.over.come.C'D'C.there.}
‹f008r°09--› {.‹.over.in.CX.D.there.C.S.I.over.C.you.C.A.XV.C.over.AD.O.}
‹f008r°10--› {.‹.there.Amen!.4.EX.NZ.CU'C.IR'JB.to.5.in heaven.BT.C.}
‹f008r°11--› {.‹.over.come.C.=.3.O.10.D.over.5.to.C.D.EV.}
‹f008r°12--› {.‹.there.by.God.mount.Rome.gave.be.there.C.NU.faithful.}
‹f008r°13--› {.‹.NU.C.A.C.A.Amen!.the.XF.XF.be.over.I.I.father.D.D.&.the.}
‹f008v°01--› {.UD'CO.XA.DB.Abraham.QS.father.holy.D.((.EZ.)).all.IU.C.D.church.}
‹f008v°02--› {.O.C.NU.faithful.be.given.Abraham.70.D.over.}
‹f008v°03--› {.God.mount.the city.Rome.believe(d).Rome.in.the.&.the.}

<f008v°04--> {.church.first.we.be.D'R'T.in.when.}
<f008v°05--> {.all.mount.C'D'C.Rome.believe(d).&.the.&.the.gave.>.}
<f008v°06--> {.before.of.Rome.believe(d).&.holy.QV.&.of./.CE'D'XU.\.=.}
<f008v°07--> {.in.I.CO.of.Rome.of.A.6.D.of his.}
<f009r°01--> {.you.hear.R.R.O.you.O.arose.again.when.all.Jesus Christ.}
<f009r°02--> {.O.OX.disciple.gave.LA.XJ.&.gave.law.XJ'D'CO'BY.be.&.C'D'O'D.}
<f009r°03--> {.disciple.to.Thomas.CD.S.S.ST.&.gave.Jesus.Thomas.}
<f009r°04--> {.come.CX.C.F.Q.BU.his.Thomas.CX.I.Jerusalem.in.your.EU.}
<f009r°05--> {.DC'R.O.I.church.HX.H.XC.YE.Jesus.your.EU.}
<f009r°06--> {.&.gave.Jesus.CX.XV.CO.XH'O'D.C.O.&.we.O.I.}
<f009r°07--> {.this.XB.D.church.CO.I.S.&.XH'O'D.C.O.&.C'XV.O.I.}
<f009r°08--> {.EQ.church.hear.the holy word.HX'HF'H.XL.}
<f009r°09--> {.ST Thomas.C'D'C.Jesus.&.gave.ST Thomas.you.}
<f009r°10--> {.his.Thomas.God.his.Thomas.church.Thomas.the.you.}
<f009r°11--> {.XW'X.Thomas.R.X.XJ.Thomas.C.F'X2.XF'XX.XV'EY.the.there.}
<f009v°01--> {.this.Thomas.the.you.church.CX.IJ.O.CX.&.XB.the.you.only.}
<f009v°02--> {.son.faithful.faithful.&.was.Thomas.be.C.cross.Jesus Christ.XB.}
<f009v°03--> {.&.XF'XX.Thomas.XW'X.&.gave.Jesus.Amen!.TU.I.LJ.TU.O.}
<f009v°04--> {.C.A.D.on.church.CO.Jesus Christ.Amen!.I.I'AG.C.we.power.}
<f009v°05--> {.O.XX.all.XF'XX.XW'X.hear.the.disciple.holy word.C.there.C.cross.}
<f009v°06--> {.hear.the holy word.}
<f009v°07--> {.of.ST John.}
<f009v°08--> {.in.10.chapter.of his.}
<f009v°09--> {.when.gave.Jesus.}
<f009v°10--> {./.on.C'R'C.BW.disciple.\.}
<f009v°11--> {.your.C'I'N.I'AG.in.6.D.C.to.XJ'D'CO'BY.O.disciple.}
<f010r°01--> {.<.his kingdom.power.over.the.Q.I.Q'Q'R'C'C.life.blessed.}
<f010r°02--> {.<.you.Amen!.UD.on.earth.&.mount.in heaven.BT.over.}
<f010r°03--> {.<.come.Jesus.in.CO'I'CO.Jerusalem.&.was.be.you.C.BT.C.KB.}
<f010r°04--> {.<.TE.NX.C.XX.over.before.Amen!.TE.NX.BK.CO.C.C'XV'OB'I.CO.C'D'C.RB.}
<f010r°05--> {.<.you.over.Jesus.the.CO'I'CO.before.(.pray.).DB.}
<f010r°06--> {.<.CX.I.DB.XJ'D'CO'BY.life.crying out.first.}
<f010r°07--> {.<.C'BP.I.DB.&.was.O.first.CX.I.S.CO.CV.son.}
<f010r°08--> {.<.over.Q'Q'R'C'C.the.you.before.his.son.life.his kingdom.}
<f010r°09--> {.<.by.first.power.rock.O.I.you.in.the.}
<f010v°01--> {.this.S.CO.CV.son.C'EK.O.I.G.your.the.you.his.life.his kingdom.HX.>.}
<f010v°02--> {.Jesus.was.the.&.the.this.A.CO.faithful.son.C.be.CU.EK.>.}
<f010v°03--> {.I.G.&.C'EY.CX.be.earth.&.faithful.OB.Q.Amen!.be.=.}
<f010v°04--> {.Q'Q'R'C'C.XO.XO.you.C'I'N.XJ'D'CO'BY.life.his kingdom.}
<f010v°05--> {.hear.the holy word.there.before.in.&.was.life.}
<f010v°06--> {.law.power.&.life.you.give.in.the.to.CO.to.Jerusalem.}
<f010v°07--> {.first.C.A.S.S.life.be.life.C'BD.life.S'O.the.}
<f010v°08--> {.CX'CX.life.C'XV'OB'I'C.give.&.was.&.BD.you.X.}
<f010v°09--> {.CV'RO.CX.II.C.K.with.you.CX.I.K'BL.&.earth.you.Amen!.you.}
<f011r°01--> {.<.D.Jesus.grave.died.3.days.when.come.you.}
<f011r°02--> {.<.Jesus.on.Sabbath.in.Jerusalem.12.disciple.&.was.come.}
<f011r°03--> {.<.you.on.CV.through.AB.be.EY'J.C.IJ.(.C'D'CO'D.).DB.came.}
<f011r°04--> {.<.OB.C.XN.UD.CV'RO.&.OB.C.F'X2.XV.O.A.D.CX.}
<f011r°05--> {.<.CV'RO.Jesus.&.you were.come.Jesus.I.I.disciple.XP.}
<f011r°06--> {.<.Sabbath.came.OB.C'BG.HF.HX.Amen!.on.IK'D.C.XN.UD.}

‹f011r°07--› {.‹.first.I.C.D.by.Jesus.to.in.XJ'D'CO'BY.}
‹f011r°08--› {.‹.G.S.be.C.be.life.give.life.gave.apostle.I.I.apostle.}
‹f011r°09--› {.give.life.apostle.I.I.apostle.I.C.D.TL.disciple.before.TL.apostle.QE.}
‹f011r°10--› {.CU.RB.F.J.CU.J.}
‹f011v°01--› {.through.rock.on.come.with.this.C.D.on.F.G.XJ'D'CO'BY.forgiveness.›.}
‹f011v°02--› {.life.&.was.apostle.I.I.apostle.be.C.come.apostle.I.I.apostle.=.}
‹f011v°03--› {.first.CU'F.I.S.D.this.S.D.3.C.D.«.00.».}
‹f011v°04--› {.I.C.D.&.was.O'AG.C.D.disciple.the.I.C.D.HX.H.}
‹f011v°05--› {.CU.X2.the.law.again.died.QF.over.many.XP.Jesus.}
‹f011v°06--› {.on.the.life.I.C.D.over.you.O'AG.C.D.disciple.the.O.}
‹f011v°07--› {.I.EB.D.XQ.the.I.C.D.over.many.you.on.the.}
‹f011v°08--› {.O.I.EB.D.over.come.you.in.Jerusalem.&.was.=.}
‹f011v°09--› {.be.you.come.you.on.C.MB.C.QP.O.II.Jerusalem.to.CO.to.}
‹f012r°01--› {.‹.H.H.O.IR'ML'C.Jesus.&.your.disciple.came.apostle.be.C'A'A.}
‹f012r°02--› {.‹.by.Jesus.disciple.your.come.XJ'D'CO'BY.}
‹f012r°03--› {.‹.KB.over.to.in.XJ'D'CO'BY.C.A.CO.be.C'D'O.}
‹f012r°04--› {.‹.EY'J.C.QD.CO.&.come.disciple.gave.disciple.&.come.disciple.CX'I'Q.you.CX'I'Q.}
‹f012r°05--› {.‹.rock.to.C.you.come.I.I.C.XN.&.you were.}
‹f012r°06--› {.‹.be.C.you.C.again.XT.BC.UD.came.CX.BT.C.F.Q.the.}
‹f012r°07--› {.‹.UD.CU.A.come.Jesus.over.&.come.pray.}
‹f012r°08--› {.‹.CX'I'Q.Jesus.&.was.came.Jesus.C.Jerusalem.}
‹f012r°09--› {.‹.&.you were.CO.X.D.O.I.on.Jerusalem.UD.&.come.Jesus.}
‹f012v°01--› {.in.Jerusalem.over.BC.debt(s).Q'Q'R'C'C.life.the.you.&.come.son.›.}
‹f012v°02--› {.F.R.to.OD.his kingdom.H'H'H.you.BC.debt(s).«.00.».life.›.}
‹f012v°03--› {.came.first.we.life.our.life.church.›.}
‹f012v°04--› {.XW'X.in.I.C.CU'C.X2.life.we.C'D'C.Jesus.›.}
‹f012v°05--› {.to.I.I.life.we.CX.I.D.&.L'X2.gave.God.X4.thy.X4.before.YD.CX.}
‹f012v°06--› {.life.we.over.C'EY.D.HA.X2.gave.God.X4.thy.X4.before.CU.CU'IR.life.}
‹f012v°07--› {.we.C'D'C.Jesus.over.Q'Q'R'C'C.life.the.}
‹f012v°08--› {.you.before.son.F.R.to.OD.his kingdom.come.life.you.we.=.}
‹f012v°09--› {.his kingdom.again.C.BG'XS.life.over.BE'I'O.power.the.you.you.}
‹f013r°01--› {.his kingdom.Amen!.his kingdom.BE'I'O.holy.A'O'CU'C'C'A.believe.&.holy.CX.&.CX.&.}
‹f013r°02--› {.‹.believe(d).to be.C'BD.CV'RO.CX.II.C.K.with.you.&.I.XV.OB.I.you.}
‹f013r°03--› {.‹.come.K'BL.&.earth.you.Amen!.you.his kingdom.Amen!.his kingdom.&.}
‹f013r°04--› {.‹.added.in.I.I.be.CU'D.CU.A'O'CU'C'C'A.believe(d).&.holy.CX.&.CX.&.}
‹f013r°05--› {.‹.believe(d).over.come.Jesus.C.DS.the.CO.XC.D.the.BT.be.}
‹f013r°06--› {.‹.come.C.II.I.I.CX.ML.CX.I./.CX'I'CX'D.&.\.the.BC.blessed.you.crying out.}
‹f013r°07--› {.‹.to.C.EA.X2.you.XW.life.BC.HF.O.by.Jesus.the.}
‹f013r°08--› {.‹.be.OB.C.Amen!.O.we.&.we.be.your.&.name.}
‹f013r°09--› {.‹.CU'D.we.&.BK.we.I'AG.we.crying out.}
‹f013v°01C0› {.3.AB.Moses.give.&.of.there.on.mount.your.}
‹f013v°02R1› {.only.God.}
‹f013v°02R2› {.law.church.}
‹f013v°02R3› {.alone.Yahweh.}
‹f013v°02R4› {.our.}
‹f013v°02R5› {.only.God.}
‹f013v°03C1› {.I.I.God.law.}
‹f013v°03C2› {.God.&.name.}
‹f013v°03C3› {.«.88.».honor.}
‹f013v°03C4› {.give!.we.}

<f013v°04L1> {.3.God.law.}
<f013v°04L2> {.remember.we.}
<f013v°04L3> {.only.Yahweh.}
<f013v°04L4> {.holy.Sabbath.&.O.C.}
<f013v°05R6> {.on.}
<f014r°01--> {.there.came.come.you.LO.you.to.his kingdom.be.CX.I.K'BL.&.earth.}
<f014r°02--> {.<.&.BC.people.be.crying out.you.&.XJ'D'CO'BY.you.on.}
<f014r°03--> {.<.cross.arose.&.on.3.days.he.arose.again.&.Q'Q'C'Q'D.BC.UD.}
<f014r°04--> {.<.&.be.you.C.XJ'D'CO'BY.C.F'X2.C.A.S.I.C.CC.40 days.}
<f014r°05--> {.<.&.was.C.A.40 days.O.XB.be.life.O.I.}
<f014r°06--> {.<.|.HT'H'H.|.we.on.Amen!.UD.O.I.everyone.in.C.heaven.}
<f014r°07--> {.<.forever.&.on.everyone.be.life.CX.I.church.}
<f014r°08--> {.<.as.before.only.son.faithful.God.&.his kingdom.Amen!.his kingdom.&.}
<f014r°09--> {.<.you.Amen!.you.C'XV'OB'I'C.you.CX.I.K'BL.&.CX.&.CX.I.C.D.}
<f014v°01--> {.hear.the holy word.of.ST Matthew.in.}
<f014v°02--> {.twenty.X.Q.one.chapter.of his.when.was.}
<f015r°01--> {.<.I.I.crying out.F.R.to.OD.his kingdom.LO.XV'EY.there.≈.}
<f015r°02--> {.CX.BC.NH.CD.his kingdom.crying out.on.F.BL.his kingdom.there.≈.}
<f015r°03--> {.XW'X.&.C'XF'XX.his kingdom.XW'X.when.Q.Q.C.D.his kingdom.}
<f015r°04--> {.God.mount.by.God.mount.F.Q.to.OD.his kingdom.there.}
<f015r°05--> {.his kingdom.before.C'XF'XX.XW'X.C'BG.his kingdom.you.his.law.&.}
<f015r°06--> {./.CC.I.D.you.his kingdom.before.on.\.his kingdom.H.R.&.C'BG.X2.his kingdom.UD.}
<f015r°07--> {.QV.you.on.C'D'HY.((.EZ.)).Q.C.son.OL.son.be.son.}
<f015r°08--> {.God.over.all.mount.C'D'C.F.Q.to.OD.his kingdom.≈.}
<f015r°09--> {.O.F.Q.to.OD.his kingdom.given.holy.((.AD.)).C'D'HY.D.}
<f015r°10--> {.|.added.died.C.1000.years.&.6.YA'X.century.&.first.century.|.}
<f015r°11--> {.added.eighty.century.&.first.century.&.4.}
<f015r°12--> {.YA'X.D.&.5.D.O.F.R.to.OD.his kingdom.given.holy.((.AD.)).}
<f015v°01--> {.C'D'HY.D.O.CX'CX.D.EO.O.added.given.holy.((.AD.)).C'D'HY.}
<f015v°02--> {.D.5.1000.years.&.first.century.&.50.D.}
<f015v°03--> {.&.4.D.&.4.D.}
<f016r°01--> {.of.ST Luke.CX.H.R.of his.O.you.C.AD.I.O.K.≈.}
<f016r°02--> {.≈.CO.H.R.holy.V'I.to.&.blessed.give.&.(.pray.).C.there.}
<f016r°03--> {.Christ.Jesus.you.XP.}
<f016v°01--> {.&.holy.you.CO.C.K.D.O.I.I.C.D.F.6.Amen!.his.EZ.CE'O.on.3.C.thy/thou.}
<f016v°02--> {.first.be.XX.give.be.F.6.on.CO'D'CO.to.2.be.XX.}
<f016v°03--> {.O.you.XN.UD'CO.to.3.be.XX.C.XS.A.be.F.6.faithful.≈.}
<f016v°04--> {.over.Amen!.C.XS.be.EG.blessed.blessed.there.to.anointed.C.BX.}
<f016v°05--> {.be.EG.CO'D'HY.Sheol.D.over.C.spirit.BG'J'C.CO.}
<f016v°06--> {.CO'D'CO.Amen!.his.to.I.to.IH.faithful.D.&.was.&.O.BX.to.&.}
<f016v°07--> {.C'BG.his.BG'J'C.over.C.BX.to.&.O.I.O.C'XV'OB'I'C.}
<f016v°08--> {.power.by.the.C'XV'OB'I'C.power.holy.BX.to.&.}
<f016v°09--> {.C'XV.the.BX.to.&.CX.Q.I.R.D.Q.be.the.BX.to.&.come.}
<f016v°10--> {.C.D.his.XA.D.C'XV.his.BG'J'C.CX.Q.I.R.QD.first.CU.O.}
<f016v°11--> {.over.added.XD.BX.to.be.C.R.on.the.CO'D'CO.over.HF.O.}
<f016v°12--> {.BX.to.&.all.over.come.in.KE.in.EK.C.his.O.in.be.C.}
<f016v°13--> {.&.O.faithful.Q.C.D.in.be.C.over.on.first.EN.first.}
<f017r°01--> {.cross.CO.IH.O.CX.KB.X.J.R.≈.&.was.cross.CO.IH.O.CX.KB.J.C.≈.&.≈.I.}
<f017r°02--> {.when.was.BX.to.&.be.|.Gezirim.|.God.mount.≈.I.}
<f017r°03--> {.by.God.mount.BX.to.&.anointed.CO'CO'CO.there.≈.XV'CV.}

<f017r°04--> {.his.(.pray.).by.God.mount.BX.to.&.the.BX.to.&.≈.XV'CV.}
<f017r°05--> {.there.XW'X.come.BX.to.IH.C.his.O.to.O.SS.over.on.CX.≈.BE.I.}
<f017r°06--> {.I'I'XJ.the.BX.to.&.all.his.BX.to.&.Q.O.you.CO.&.O.L'X2.≈.I.}
<f017r°07--> {.first.holy.AD.&.was.be.come.&.name.≈.I.}
<f017r°08--> {.holy.AD.be.((.AD.)).&.O.F.((.AD.)).on.C'D'HY.son.CX.I.S.≈.}
<f017r°09--> {./.son.\.with.be.IH.be.pray.K.Jesus.over.come.you.on.thy.≈.}
<f017r°10--> {.be.word.appeared.BC.Q.&.the.&.people.be.R.D.I.D.&.crucify/ied.}
<f017r°11--> {.you.on.cross.arose.&.on.3.days.O.arose.again.you.&.on.you.reborn.}
<f017r°12--> {.Amen!.will.thy.&.we.you.be.church.over.all.mount.}
<f017r°13--> {.C'D'C.holy.BX.to.&.and.when.was.mount.|.Gezirim.|.}
<f017v°01--> {.God.mount.holy.you.CO.anointed.the.you.CO.before.there.XW'X.CO'CO'CO.}
<f017v°02--> {.there.your.CO.(.CO'D'C'I.).come.you.CO.C.his.O.to.O.SS.over.}
<f017v°03--> {.on.CX.BE.I.I'I'XJ.all.you.CO.your.BX./.to.&.and.O.L'X2.first.\.}
<f017v°04--> {.holy.AD.&.was.C'D'HY.pray.C.CX.holy.AD.be.((.AD.)).}
<f017v°05--> {.&.O.F.((.AD.)).C'D'HY.son.C'EY.XB.son.be.&.pray.C.P.}
<f017v°06--> {.Jesus.over.come.you.on.thy.be.word.appeared.BC.R.&.the.I.}
<f017v°07--> {.people.crying out.&.crucified.you.on.cross.arose.&.on.3.days.O.arose.}
<f017v°08--> {.again.you.&.on.you.reborn.Amen!.will.thy.&.we.you.be.}
<f017v°09--> {.R.church.over.all.his.CO.C'D'C.holy.you.CO.&.O.L'X2.XH'O'D.}
<f017v°10--> {.holy.((.AD.)).&.O.((.AD.)).MS.LT.this.to.10.MS.C'D'HY.I.the.}
<f017v°11--> {.added.O.CX'CX.D.EO.O.given.holy.((.AD.)).L'X2.I.on.C'D'HY.≈.}
<f017v°12--> {.5.1000.years.&.first.100.&.50.D.&.}
<f018r°01--> {.died.10.died.I.given.CU'CU'IG.in.CO'D'CO.XH'O'D.holy.((.AD.)).}
<f018r°02--> {.&.was.((.AD.)).be.in.3.days.O.CD.come.K.the.in.CO'D'CO.}
<f018r°03--> {.on.(.pray.).&.gave.on.(.pray.).this.((.AD.)).CX'CX.holy.C'BG.his.}
<f018r°04--> {.((.AD.)).with.conquered.evil.&.was.((.AD.)).}
<f018r°05--> {.be.O.6.Sabbath.I.&.fifteen.days.&.when.O.I'I'XJ.}
<f018r°06--> {.O.heavenly Father.came.O.I.XB.Amen!.thy.CX.risen.CX.C.CX.RA.CO.≈.}
<f018r°07--> {.&.when.O.I'I'XJ.O.heavenly Father.over.come.≈.}
<f018r°08--> {.your.mount.Golgotha.in.CO'D'CO.C.XH'O'D.holy.((.AD.)).≈.I.CV.}
<f018r°09--> {.of.ST Luke.CO.I.D.of his.when.gave.mount.}
<f018r°10--> {.Golgotha.BS.the.holy.AD.XW'X.AD.BK.there.((.AD.)).by.}
<f018r°11--> {.the.holy.AD.as.the.CX.D.C'BD.this.AD.CX.F.CO.this.AD.}
<f018r°12--> {./.BV'CO'BD.C.\.I.AD.CX'CX.holy.AD.C'BG.his.AD.with.CO.you.}
<f018r°13--> {.conquered.evil.by.mount.Golgotha.((.AD.)).}
<f018v°01--> {.anointed.CX'CX.C.AD.the.come.Holy Spirit.C.Amen!.XW'X.O.CO.O.}
<f018v°02--> {.the.AD.L'X2.son.over.son.name.be.Jesus.≈.}
<f018v°03--> {.over.holy.((.AD.)).XH.O.I.C.the.gave.I.XH.O.CX'CX.O.there.≈.}
<f018v°04--> {.the.XB.P.before.you.the.PS.D.IZ.&.was.AD.C.A.QD.≈.}
<f018v°05--> {.holy.((.AD.)).law.Q.J.C.you.XB.((.AD.)).XB.the.PS.D.XC.R.AD.}
<f018v°06--> {.be.mount.given.on.the.given.come.O.BO.father.holy.X.((.AD.)).Holy Spirit.}
<f018v°07--> {.«.88.».to.C.you.CX.QV.I.come.Jesus Christ.O.CX.you.}
<f018v°08--> {.Christ.&.was.CX.come.CO'XV'X.I.holy.((.AD.)).through.mount.be.Jerusalem.}
<f018v°09--> {.((.AD.)).anointed.O.before.BK.6.this.his.AD.CX.OD.D.holy.CX.CO.}
<f018v°10--> {.EY.CO.Q.L'X2.((.AD.)).son.ST John.C.KB.10.CX.D.in.CO.before.}
<f018v°11--> {.come.CO.there.his.XW'X.C.the.anointed.O.John.be.C.XN.}
<f018v°12--> {.crying out.Jesus Christ.the.CX.Q.you.BO.CO.OP.XJ.the.}
<f018v°13--> {.((.AD.)).C'D'HY.&.O.you.come.you.on.thy.be.word.appeared.}
<f019r°01--> {.Q.&.the.&.people.crying out.&.crucified.you.power.}
<f019r°02--> {.on.cross.arose.&.we.C.you.be.church.C'I'Q.K.A.RA.}

<f019r°03--> {.son.faithful.God.Amen!.we.reborn.&.first.we.}
<f019r°04--> {.C'I'T.C'I'Q.&.you.C.RO.Q.church.&.first.C'I'Q.}
<f019r°05--> {.reborn.again./.Amen!.\.we.C'I'T.hear.the holy word.}
<f019r°06--> {.&.when.was./.mount.\.be.Q.Q.CX.D.God.mount.}
<f019r°07--> {.A.C.risen.F.K.O.A.O.AD.CO.law.by.God.mount.A.C'XV.C.D.}
<f019r°08--> {.CU'D.O.AD.CO'D'HY.A.CO.risen.XP.K.O.A.O.AD.CO.K.≈.}
<f019r°09--> {.in.before.C.BX.to.&.C.C.((.AD.)).&.the.A.C'XV.C.F.≈.}
<f019r°10--> {.CU'D.O.AD.CO.K.be.KO.FH.A.CO.XV.C.XP.K.D./.HB.\.CO.K.}
<f019r°11--> {.O.son.C.IJ.O.((.AD.)).on.CO'D'HY.&.was.I.G.on.C.D.came.}
<f019r°12--> {.&.name.I.G.be.Jesus.I.O.you.come.on.thy.be.}
<f019r°13--> {.word.O.C.F.Q.Q.&.the.&.people.crying out.&.crucified.you.I.O.}
<f019v°01--> {.power.on.cross.arose.&.we.C.you.C.D.CO.M.C'I'Q.≈.}
<f019v°02--> {.K.A.RA.son.faithful.God.Amen!.we.reborn.&.first.}
<f019v°03--> {.we.C'I'T.C'I'Q.&.you.C.RO.Q.church.&.first.}
<f019v°04--> {.this.RB.reborn.again./.Amen!.\.we.C'I'T.hear.the holy word.}
<f019v°05--> {.&.was.BK.XH'O'D.holy.((.AD.)).10.6.D.when.≈.}
<f019v°06--> {.be.law.C'D'C.CO'D'HY.Jesus Christ.twenty-four.D.}
<f019v°07--> {.«.88.».&.on.CO'D'HY.first.D.Jesus Christ.&.≈.}
<f019v°08--> {.when.O.QS'T.to.|.OB.&.CU.PQ.HS.EQ'I.|.C'D'C.HA.came.}
<f019v°09--> {.Amen!.thy.be.O.A.&.was.law.EQ.&.OP.EO.10.HS.to.}
<f019v°10--> {.be.C.KI.Amen!.thy.C.TX.come.law.to.CO.to.&.was.}
<f019v°11--> {.«.88.».&.O.second.((.AD.)).A.C'XV.C.XP.XB.O.AD.CO.K.come.C.}
<f019v°12--> {.TX.&.was.second.((.AD.)).A.C'XV.C.DA.K.D.O.AD.CO.K.}
<f019v°13--> {.be.give.first.this.D.R.CU.over.C.D.QV.C.}
<f020r°01--> {.I.I.D.came.the.D.D.give.A.C'XV.C.F.K.D.O.AD.CO.K.}
<f020r°02--> {.O.CX.I.D.R.CU.Q.I.I.A.C'XV.C.XP.K.D.O.AD.CO.K.((.AD.)).}
<f020r°03--> {.|.CA.K.|.C.A.F'J.F'J.R.I.I.A.C'XV.C.XP.CU'D.O.AD.CO.K.≈.}
<f020r°04--> {.C.Peter.to.I.S.D.be.A.CO.XV.C.XP.K.D.O.AD.CO.K.}
<f020r°05--> {.give.R.the.son.on.C'D'HY.CX'CX.A.C'XV.C.F.((.AD.)).}
<f020r°06--> {.K.D.O.AD.CO.K.on.I.S.D.O.C'BG.&.was.I.I.≈.}
<f020r°07--> {.on.I.C'XV.C.F.K.D.O.AD.CO.K.be.O.PQ.A.CO.XV.C.XP.}
<f020r°08--> {.AD.K.D.O.AD.CO.K.this.I.D.O.S.C'A'A.Q.&.W.XB.}
<f020r°09--> {.C'BD.A.this.C.XP.((.AD.)).K.D.O.AD.CO.K.the.C.BT.C.KB.}
<f020r°10--> {.again.all.I.I.A.C'XV.C.F.((.AD.)).K.D.O.AD.CO.K.in.first.}
<f020r°11--> {.CO.AS.C.A.over.JQ.A.C'XV.C.XP.K.D.O.((.AD.)).CO.K.≈.}
<f020r°12--> {.first.C'XV.C.C.I'AG.&.was.LT.O.D.A.C'XV.C.F.≈.}
<f020r°13--> {.K.D.O.AD.CO.K.pray.OI.&.W.I.I.CX.I.D.R.CU.}
<f020v°01--> {.I.S.D.pray.be.OI.BU.I.was.O.A.C'I'T.F.K.D.O.}
<f020v°02--> {.AD.CO.K.O.EN.CD.JA.QA.X.was.C.H.BL.CD.≈.}
<f020v°03--> {.living.A.D.CX.when.R.C'D'HY.son.&.son.be.}
<f020v°04--> {.&.pray.O.C.Jesus.when.was.C.A.C.C.C.A.C.≈.}
<f020v°05--> {.C.F'X2.((.I.)).this.J.living.O.A.C.again.I.Q.&.was.C.A.CX.}
<f020v°06--> {.O.I.in.be.C.&.O.faithful.Q.C.D.in.be.C.&.was.}
<f020v°07--> {.on.C.A.CX.people.when.gave.mount.C.F.CO.this.C'QS.}
<f020v°08--> {.debt(s).C'D'HY.his kingdom.servant.before.CX.D.come.in.}
<f020v°09--> {.I.J.living.O.EK.C.again.I.Q.in.C.A.CX.I.in.forgiveness.XV.CO.CO.HA.}
<f020v°10--> {.on.C.S.CV.I.C.D.in.pray.before.in.O.H.C.D.O.EB.O.CO.}
<f020v°11--> {.Christ.((.AD.)).son.&.was.in.be.C.come.this.J.living.O'S.}
<f020v°12--> {.&.was.faithful.Q.C.D.XL.over.Amen!.the.be.XL.}
<f020v°13--> {.C.D.CO.O.in.be.C.on.CU'D.C.come.O.IU.C.over.C.you.≈.}

<f021r°01--> [Trānslātiō: "...give (you) blessings upon blessings! Hear the holy Word..."]
<f021r°02--> [Trānslātiō: "...of Saint Luke in one...chapter of his..."]
<f021r°03--> {.CX.O.CX'CX.D.OB.O.given.C'D'HY.Jesus Christ.=.}
<f021r°04--> {.5.1000.years.&.first.century.&.sixty.D.}
<f021r°05--> {.&.6.day.3.C'D'HY.Jesus Christ.}
<f021v°01--> {.when.was.C.C.D.on.C'D'HY.Jesus.NT.3.days.}
<f021v°02--> {.when.gave.mount.C.F.C.A.C'XV.this.K.D.O.AD.CO.IJ.}
<f021v°03--> {.again.XV.over.give.the.son.&.his.this.son.XQ.=.}
<f021v°04--> {.over.6.come.C.CO.in.UP.C.over.come.Amen!.the.CD.NK.}
<f021v°05--> {.BK.BK.UP.before.C.&.this.mount.C.XS.gave.D.S.CO.hear.}
<f021v°06--> {.the holy word.when.again.F.holy.A.give.F.K.D.O.XC.}
<f021v°07--> {.AD'C.H'H'H.give.Jesus Christ.&.his.XQ.K.KF.&.5.}
<f021v°08--> {.D.BK.was.son.A.this.&.F.there.XQ.((.AD.)).Holy Spirit.}
<f021v°09--> {.«.88.».K.D.O.AD.X2.CO.come.in.Jerusalem.to.C.D.the.CX.I.on.C'D'HY.}
<f021v°10--> {.Jesus Christ.on.8.day.when.again.C'EY.C.son.}
<f021v°11--> {.&.son.be.&.O.D.CO.all.K.Jesus.&.the.Jesus.RO.CO.}
<f021v°12--> {.on.we.your.C'C'C'D.KZ.&.you were.=.}
<f021v°13--> {.again.C'EY.C.Jesus.in.Jerusalem./.CO'D'CO.\.over.6.come.C.CO.}
<f021v°14--> {.Q.C'I'T.F.there.XQ.((.AD.)).Holy Spirit.K.D.O.AD.X2.CO.}
<f022r°01--> {.in.UP.earth.&.CU'C.&.come.you.K.D.O.AD.X2.K.}
<f022r°02--> {.on.UP.earth.in.Amen!.to.be.O.RB.O.XD.BL.=.}
<f022r°03--> {.|.CU.|.CO'D'CO.on.X3.L'X2.X.&.you were.XQ.K.D.O.=.}
<f022r°04--> {.AD.X2.on.arose.O.K.D.O.AD.X2.be.all.in.UP.12.D.}
<f022r°05--> {.when.gave.CO.F.D.mount.K.D.O.AD.X2.CO.=.}
<f022r°06--> {.6.come.CO.CO.on.UP.earth.in.CO.CO.KK.to.be.}
<f022r°07--> {.&.you were.XQ.K.D.O.AD.X2.be.D.CO.CO.KK.=.}
<f022r°08--> {.to.CO.to.12.D.&.5.D.I.the.XS.you.added.X.}
<f022r°09--> {.10.ten.I.I.9.days.hear.the.holy word.first.}
<f022r°10--> {.D.CE'C'Q.12.disciple.&.I.forgiveness.F.Q.C.&.Q.the.}
<f022r°11--> {.&.the.people.crying out.O.this.this.before.you.C.F'X2.}
<f022r°12--> {.((.I.)).arose.before.you.C.MV.D.before.in.UD.C.R.C'EY.you.}
<f022v°01--> {.C'D'C.the.CX.Q.before.you.C.D.LT.with.C.you.BP.on.the.CX.Q.before.you.}
<f022v°02--> {.CX.I'ML.KK.5.CX.XV.X.D.C'D'J'J'D.5.S.S.10.A.UD.}
<f022v°03--> {.to.4.C'BD.C.MA.J.Jesus.was.in.CU'C.=.}
<f022v°04--> {.C'D'C.to.C.to.C.D.MV.O.Holy Yahweh.son.to.5.}
<f022v°05--> {.C'BD.C.MA.J.Jesus.W.pray.MV.C.C.O.C.A.I.I.}
<f022v°06--> {.in.Jerusalem.to.6.C'BD.C.MA.J.Jesus.in.first.=.}
<f022v°07--> {.to.CO.to.was.power.C'BG.first.CX.I.O.D.}
<f022v°08--> {.C'D'C.Jesus.O.be.&.CX.IZ.&.C.6.D.&.C'D'C.A.S.}
<f022v°09--> {.&.O.be.CX.I'T.C.6.D.C.D.CX.A.S.O.XA.Jesus.to.7.}
<f022v°10--> {.C'BD.C.MA.J.Jesus.in.be.EF.came.O.XA.faithful.}
<f022v°11--> {.I.I.servant.first.NI.&.name.NI.=.}
<f022v°12--> {.be.RB.D.CV.CV.CV.Q.X.to.8.C'BD.C.MA.J.Jesus.}
<f022v°13--> {.in.CX.I.K.S.CX.QV.to.CO.to.C.C.first.Yahweh.C'XV'OB'I.}
<f023r°01--> {.first.I.I'AG.this.in.C.C.be.XD.BL.CO'D'CO.&.CO'D'CO.X2.}
<f023r°02--> {.BZ.C.R.C'EY.you.to.LT.C'BD.C.MA.J.Jesus.in.be.=.}
<f023r°03--> {.EF.X.on.first.CX.D.CX.A.S.we.came.we.XA.=.}
<f023r°04--> {.crying out.to.cross.C.BD.C.MA.J.Jesus.disciple.O.D.QV.CO.}
<f023r°05--> {.first.his kingdom.son.came.be.on.arose.&.son.XA.=.}
<f023r°06--> {.crying out.to.&.C'BD.C.MA.J.Jesus.in.Jerusalem.before.}

<f023r°07--> {.you were.in.first.we.XD.BL.CO'D'CO.C.A.C.A.}
<f023r°08--> {.through.C'D'C.C'D'HY.Jesus Christ.son.God.BT.C'BD.=.}
<f023r°09--> {.first.believe(d).first.father.father.holy.D.the.people.=.}
<f023r°10--> {.crying out.as.before.Christ.crying out.&.people.pope.}
<f023r°11--> {.this.CX.Jesus.only.son.God.5.pope.anointed.=.}
<f023r°12--> {.Jesus.this.CX.Jesus.only.son.God.through.pope.}
<f023r°13--> {.anointed.Jesus.bishop.over.Rome.to.(the) second.pope.}
<f023v°01--> {.anointed.Jesus.O.father.your.to.(the) third.pope.BL.XD.CO'D'CO.}
<f023v°02--> {.CX.I.CX.Jesus.only.son.God.to.(the) fourth.pope.anointed.}
<f023v°03--> {.Jesus.mount.this.CX.Jesus.only.son.God.to.(the) fifth.}
<f023v°04--> {.pope.CX.A.over this world.C.you.D.over.=.}
<f023v°05--> {.this.this.CX.Jesus.only.son.God.I.the.Amen!.pope.=.}
<f023v°06--> {.this.CX.Jesus.only.son.God.through.pope.Saint Peter.}
<f023v°07--> {./.bishop.\.over.Rome.of.ST Luke.was.}
<f023v°08--> {.Jesus.in.Capernaum.when.come.Jesus.on.=.}
<f023v°09--> {.CO.C.you.K.X.X.D.&.his.disciple.over.O.CX.God.RO.XX.H'H'H.}
<f023v°10--> {.O.I.disciple.bishop.over.Rome.FI.I.RB.CX.church.}
<f023v°11--> {.over.O.I.((.I.)).on.faithful.CX.I.&.was.O.all.came.Jesus.}
<f023v°12--> {.«.88.».&.bishop.over.Rome.&.was.disciple.C.F'X2.}
<f023v°13--> {.C'MR.&.XP.XB.S.O.L'X2.&.was.disciple.LA.XJ.=.}
<f024r°01--> {.CO'CO'CO.the.Q.J.gave.O.I.his.son.&.father.C.K.F.faithful.FU.faithful.K.}
<f024r°02--> {.&.was.6.Q.F'X2.this.CO.disciple.over.CX'KB.Amen!.O.I.RO.}
<f024r°03--> {.again.C.Jesus.hear.faithful.holy word.to.(the) second.pope.}
<f024r°04--> {.anointed.Jesus.O.father.your.through.on.CO.C.risen.K.X.X.D.}
<f024r°05--> {.to.I.I.on.C.A.C.father.church.came.was.Jesus.in.Capernaum.}
<f024r°06--> {.«.88.».when.come.Jesus.C.F.Yahweh.ST John.}
<f024r°07--> {.Yahweh.on.C.A.C.father.C.EN.&.you were.come.C.}
<f024r°08--> {.ST John.gave.Jesus.John.Yahweh.you.gave.holy.}
<f024r°09--> {.John.rock.&.this.H.HS.YO.Yahweh.&.gave.Jesus.}
<f024r°10--> {.John.Yahweh.you.&.C.K.H.HS.be.Yahweh.=.}
<f024r°11--> {.ST John.Yahweh.O.Yahweh.Jesus.was.}
<f024r°12--> {.C.you.in.Capernaum.over.was.Holy Spirit.}
<f024v°01--> {.come.fisherman.CO.A.risen.in.C.Jerusalem.by.the.you.his.son.}
<f024v°02--> {.&.before.spirit.CX.I.I.C'EY.this.over.you.give.}
<f024v°03--> {.Holy Spirit.over.you.come.in.KK.C.D.QA.C.D.}
<f024v°04--> {.XD.D.Jesus.fourteen.D.to.3.pope.}
<f024v°05CR> {.Jerusalem.}
<f024v°05CL> {.be.EF.}
<f025r°01--> {.BS.BL.before.this.CX.Jesus.only.son.God.came.be.}
<f025r°02--> {.Jesus.in.CapernaumD.when.come.Jesus.in.be.}
<f025r°03--> {.LA.XJ.to.CO.to.&.was.come.in.be.LA.XJ.when.}
<f025r°04--> {.was.XL.first.we.C'D'C.Jesus.}
<f025r°05--> {.by.you.C.K.we.anointed.only.son.&.in.before.}
<f025r°06--> {.XD.BL.before.C.XC.S.we.I.G.his.disciple.C.CU'C.C.G.C'BD.}
<f025r°07--> {.O.XA.C'R'C.X.church.O.XA.the.you.our.son.gave.}
<f025r°08--> {.Jesus.XW'X.CX.R.CX.D.C.S.RO.son.C'BD.O.D.XA.=.}
<f025r°09--> {.over.was.son.come.C'D'C.Jesus.&.on.XN.=.}
<f025r°10--> {.XA.D.C.all.&.the.3.pope.XD.BL.before.this.6.}
<f025r°11--> {.Jesus.only.son.God.came.people.pope.to.4.}
<f025r°12--> {.pope.anointed.Jesus.mount.on.C'D'HY.Jesus Christ.}

‹f025r°13--› {.«.88.».came.was.Jesus.C'D'HY.this.J.living.O.BC.}
‹f025v°01--› {.C.again.I.R.&.through.C'D'C.C'D'HY.first.faithful.D.LT.be.}
‹f025v°02--› {.C.AS.I.CX.C.A.CX.C.F'X2.((.I.)).this.I.living.O.A.C.again.I.Q.&.was.}
‹f025v°03--› {.«.88.».C.S.CX.O.I.in.be.C.&.O.faithful.Q.C.D.in.C'D'C.≈.}
‹f025v°04--› {.&.was.on.C.A.CX.people.when.gave.mount.CO.F.C.}
‹f025v°05--› {.this.C'QS.debt(s).C'D'HY.his kingdom.servant.before.}
‹f025v°06--› {.C'D'HY.in.I.X.living.O.A.C.C.again.I.Q.in.C.RA.CX.A.in.I.C.K.}
‹f025v°07--› {.C'XV.C.C.IJ.R.C.S.CV.I.C.D.in.C.hear.OI.in.}
‹f025v°08--› {.X.OB'L.O.C.D.O.on.O.CO.Christ.((.AD.)).son.I.was.}
‹f025v°09--› {.«.88.».in.be.C.come.this.I.living.O.A.&.was.≈.}
‹f025v°10--› {.≈.faithful.Q.C.D.XL.over.Amen!.the.C.D.XL.BB.D.}
‹f025v°11--› {.≈.Q.C.O.in.be.C.on.6.D.C.come.O.IU.C.over.}
‹f025v°12--› {.≈.C.you.blessed.over.blessed.give.hear.the holy word.}
‹f025v°13--› {.≈.to.5.pope.anointed.Jesus.C.A.this.}
‹f026r°01--› {.over.earth.C.you.D.over.C.one.100.}
‹f026r°02R1› {.came.you were.}
‹f026r°02C1› {.N.C.XV.HF.}
‹f026r°02L1› {.Christ.on.cross.arose.≈.}
‹f026r°03R2› {.earth.shook.his kingdom.}
‹f026r°03L2› {.power.C.R.OB.Q.CX.KE.KK.}
‹f026v°01--› {.C.you.D.&.this.the.C.A.CX.&.Amen!.C'IK.on.thy/thou.the.CO.&.Amen!.}
‹f026v°02--› {.with.C.CX.to.was.Christ.on.cross.arose.&.the.Amen!.5.pope.}
‹f026v°03--› {.in.C.HF.O.this.CX.Jesus.only.son.God.&.people.pope.}
‹f026v°04--› {.this.CX.Jesus.only.son.God.came.R.&.the.&.the.≈.}
‹f026v°05--› {.people.crying out.&.crucified.you.power.on.cross.arose.}
‹f026v°06--› {.&.C.AS.D.you.before.there.C'BG.X.I.Abraham.father.father.}
‹f026v°07--› {.holy.D.QJ.gave.be.gave.there.Abraham.on.mount.&.the.}
‹f026v°08--› {.given.gave.there.XH'O'D.holy.((.AD.)).on.C'XV.CO.mount.&.holy.}
‹f026v°09--› {.A.give.D.K.D.O.AD.X2.be.&.we.C.you.be.church.}
‹f026v°10--› {.this.C.first.son.faithful.God.Amen!.we.reborn.&.first.≈.}
‹f026v°11--› {.we.C'I'T.C'I'Q.&.you.C.RO.Q.church.&.YJ.}
‹f026v°12--› {.S.F'O'R'C.C'I'Q.reborn.again./.Amen!.\.we.C'I'T.&.the.}
‹f026v°13--› {.&.the.gave.pope.through.Abraham.father.father.holy.D.on.the.}
‹f026v°14--› {.the.pope.holy.to.&.to.&.on.the.C.in.pope.holy.you.CO.}
‹f027r°01--› {./.XH'O'D.holy.((.AD.)).on.the.C.in.\.pope.XH'O'D.holy.}
‹f027r°02--› {./.((.AD.)).gave.mount.\.God.when.be.you.come.there.your.}
‹f027r°03--› {.mount.XH'O'D.holy.((.AD.)).was.added.O.CX'CX.D.given.}
‹f027r°04--› {.holy.((.AD.)).L'X2.&.C'D'HY.&.C.XS.CO.5.1000.year.}
‹f027r°05--› {.&.first.100.&.sixty.D.&.5.D.&.and.CD.I.≈.}
‹f027r°06--› {.when.O.I'I'XJ.O.heavenly Father.came.O.I.XB.Amen!.}
‹f027r°07--› {.thy.C.risen.CX.C.C.A.CO.when.O.I'I'XJ.O.father.}
‹f027r°08--› {.C.heaven.over.come.your.mount.be.CC.in.CO'D'CO.}
‹f027r°09--› {.C.XH'O'D.holy.((.AD.)).&.CX.I.&.the.gave.of.ST Luke.}
‹f027r°10--› {.this.day.of his.&.we.C.you.be.church.}
‹f027r°11--› {.C'I'Q.only.son.faithful.God.Amen!.we.reborn.&.}
‹f027r°12--› {.first.we.C'I'T.C'I'Q.&.you.C.BL'R.Q.≈.}
‹f027r°13--› {.church.&.first.C'I'Q.reborn.again.Amen!.we.}
‹f027v°01--› {.C.XC.&.the.I.the.gave.pope.holy.A.C'I'T.F.K.D.O.AD.J.}
‹f027v°02--› {.CO.F.gave.mount.God.came.be.gave.there.on.mount.}
‹f027v°03--› {.Golgotha.&.we.C.you.be.church.C'I'Q.only.}

‹f027v°04--›{.son.faithful.God.Amen!.we.reborn.&.first.}
‹f027v°05--›{.we.C'I'T.C'I'Q.&.you.C.BL'R.Q.church.I.first.}
‹f027v°06--›{.«.88.».C'I'Q.reborn.again.Amen!.we.C'I'T.&.the.&.}
‹f027v°07--›{.the.gave.gave/given.Jesus.on.BC.EU.you were.come.on.}
‹f027v°08--›{.arose.&.you were.come.Q.you.disciple.in.Jerusalem.when.XL.}
‹f027v°09--›{.Jesus.C'D'C.you.O.D.holy.((.AD.)).|.H.X.|.gave.Jesus.give.}
‹f027v°10--›{.BC.God.again.before.only.God.by.Jesus.}
‹f027v°11--›{.C'I'Q.&.you.C.BL'R.Q.church.in.Jesus Christ.&.}
‹f027v°12--›{.first.C'I'Q.reborn.again.Amen!.we.C'I'T.}
‹f027v°13--›{.over.((.AD.)).C.cross.Jesus.(.on.Amen!.disciple.XH'O'D.holy.).((.AD.)).}
‹f028r°01--›{.&.was.((.AD.)).be.you.Q.IU.O.I.Jesus.your.XQ.}
‹f028r°02--›{.XH'O'D.holy.((.AD.)).&.was.((.AD.)).C.D.&.O.((.AD.)).≈.}
‹f028r°03--›{.Q.IU.O.I.his.((.AD.)).son.Jesus Christ.&.O.((.AD.)).O.come.}
‹f028r°04--›{.Jesus.CX.XC.K.disciple.in.Jerusalem.came.XD.disciple.be.≈.}
‹f028r°05--›{.C'D'C.you.come.in.Jerusalem.Q.be.disciple.C.voice.C.O.R.C.≈.}
‹f028r°06--›{.C.spirit.disciple.first.cross.Luke.came.when.}
‹f028r°07--›{.RO.D.be.power.10.years.the.before.CD.thirty years.}
‹f028r°08--›{.Jesus Christ.son.God.came.before.you.only.son.God.}
‹f028r°09--›{.&.you were.power.on.cross.arose.&.you were.disciple.}
‹f028r°10--›{.XQ.in.NN.BU.&.on.3.days.O.arose.again.you.&.O.6.}
‹f028r°11--›{.CX.C'BD.C.MA.J.Jesus.was.again.you.XV.}
‹f028r°12--›{.O.(.pray.).C.you.I.&.12.I.C'BD.C.MA.Jesus.}
‹f028r°13--›{.&.disciple.Q.Q.C.D.in.Jerusalem.«.00.».}
‹f028v°01--›{.was.K.X.A.YW.only.EN.us.&.us.}
‹f028v°02--›{.C.A.CX.I.6.100.A.&.CX.1000.XB.&.sixty.&.6.XD.BL.be.C.}
‹f028v°03--›{.&.us.XA.crying out.to.XE.C'BD.C.MA.J.}
‹f028v°04--›{.Jesus.W.10.EU.was.D.C.your.father.on.}
‹f028v°05--›{.C.heaven.forever.O.S.S.I.you.O.father.God.on.thy.}
‹f029r°01--›{.hear.the.O.FN.}
‹f029r°02--›{.EB.I.cross.our.with.you.}
‹f029r°03--›{.of.OD.S.I.cross.EO.}
‹f029r°04--›{.ST Matthew.&.ST John.}
‹f029r°05--›{.his.cross.cross.cross.his.≈.}
‹f029r°06--›{.us.with.you.when.≈.}
‹f029r°07--›{.come.Jesus.on.CO.XC.D.}
‹f029r°08--›{.Jerusalem.came.OP.CU.C.you.C.BW.CO.crying out.came.be.you.≈.}
‹f029r°09--›{.C'D'C.you.come.disciple.in.Jerusalem.by.Jesus.be.disciple.≈.}
‹f029r°10--›{.this.10.O.EY'J.D.cross.CO.IH.O.R.be.you.disciple.C.BW.CO.≈.}
‹f029r°11--›{.O'R'C.&.C'I'N.C.XJ'D'CO'BY.come.&.you were.come.≈.}
‹f029r°12--›{.C.disciple.in.Jerusalem.over.many.C.H.R.you.I.C.on.disciple.when.}
‹f029r°13--›{.be.disciple.C.spirit.O.EY'J.D.cross.CO.IH.O.over.cross.CO.IH.O.}
‹f029v°01--›{.C'BG.disciple.on.H.R.HX.I.gave.Jesus.C.D.CX.D.your.O.}
‹f029v°02--›{.CX.CU.CX'CX.you.C.XJ'D'CO'BY.O'R'C.the.EY'J.D.≈.}
‹f029v°03--›{.cross.CO.IH.O.C.XC.C.C.MA.you.XJ'D'CO'BY.C.A.Q.disciple.}
‹f029v°04--›{.in.you.C.XC'U.come.C'I'N.come.on.arose.you.arose.&.C'I'N.on.}
‹f029v°05--›{.third day.living.again.I.I.over.C'I'N.XJ'D'CO'BY.Q.Q.C.D.}
‹f029v°06--›{.over.again.I.C.H.R.Jesus.over.K.UV.you.on.}
‹f029v°07--›{.you.your.church.by.Jesus.first.disciple.}
‹f029v°08--›{.CU'D.CX.I.10.disciple.&.CU'D.7.disciple.&.pray.O.K.}
‹f029v°09--›{.disciple.be.will.RO.XB.to.C'BG.only.XB.will.UM.KK.}

<f029v°10--> {.over.first.K.D.&.was.C'UM.in.K'X'D.D.}
<f029v°11--> {.NK.I.over.come.Jesus.C.Saint Peter.to.C.S.I.CO.XB.to.}
<f029v°12--> {.C'BG.in.K'X'D.D.C'UM.C'I'Q.Jesus.by.Saint Peter.}
<f030r°01--> {.rock.C'XV'X.this.Peter.in.the.you.Peter.C'I'N.D.A.F.QV.}
<f030r°02--> {.by.Jesus.Peter.X'V.C'I'N.the.Peter.C'I'N.D.}
<f030r°03--> {.A.F.QV.I.F.I.the.A.C.you.CX.BC.in.C.heaven.to.pray.}
<f030r°04--> {.by.holy.Peter.rock.C.PU.Peter.this.Peter.the.}
<f030r°05--> {.in.C.II.this.Peter.before.the.you.before.in.this.this.Peter.}
<f030r°06--> {.Peter.I.this.RA.the.you.in.C.heaven.to.I.D.C.to.QV.LA.C.C.}
<f030r°07--> {.this.Peter.the.you.give.A.C.C.his.this.C.D.C'XV'OB'I'C.≈.}
<f030r°08--> {.A.F.QV.&.Amen!.his.Peter.name.A.F.QV.&.was.}
<f030r°09--> {.«.88.».Peter.before.C'I'N.D.be.you.A.F.Q.over.CX.I.you.D.}
<f030r°10--> {.before.C'D'O'C.again.F.&.I.I.O.LA.XJ.all.XB.all.disciple.O.OX.Amen!.}
<f030r°11--> {.A.F.QV.over.C'I'N.D.before.C'D'C.O.C.KK.over.}
<f030r°12--> {.give.Jesus.on.you.your.church.over.}
<f030v°00C0> {.The Christ.}
<f030v°01--> {.many.Jesus.C.H.R.C.disciple.by.Jesus.XD.I.before.apostle.}
<f030v°02--> {.C.you.O.I.as.C'I'N.XJ'D'CO'BY.(.pray.).O.C.3.}
<f030v°03--> {.&.XJ'D'CO'BY.only.I.I.(.pray.).over.give.}
<f030v°04--> {.Jesus.in.faithful.to.first.CX.XV.X.D.C.S.O.KE.}
<f030v°05--> {.over.CX.BC.Jesus.the.C.D.I.I.D.over.C'D'J'J'D.}
<f030v°06--> {.C'D'C.you.BU.Jesus.over.give.Jesus.}
<f030v°07--> {.LT.first.S.I.&.C'UM.in.S.I.CU.J.I.HX.H.I.CX.IA.}
<f030v°08--> {.Jesus.C.D.LT.&.C'UM.over.C.D.LT.C'UM.}
<f030v°09--> {.C'D'C.you.BU.Jesus.by.Jesus.I.we.≈.}
<f030v°10--> {.be.the.C.D.I.I.D.O'R'C.the.we.be.his.}
<f030v°11--> {.you.name.O.R.CO.&.we.X.XV.CO.I.D.the.C'D'J'J'D.}
<f031r°00C0> {.The Christ.}
<f031r°01--> {.O'R'C.faithful.CO.disciple.DL.you.church.Amen!.we.C'I'T.A.this.D.}
<f031r°02--> {.&.we.be.you.church.C.A.faithful.D.be.O.}
<f031r°03--> {.grave.holy.Q.C.A.O'R'C.C.A.faithful.DL.C.EL.EL.Amen!.≈.}
<f031r°04--> {.we.be.faithful.conquered.evil.over.C.}
<f031r°05--> {.Jesus.CX.I.XP.before.first.CU'D.XJ'D'CO'BY.}
<f031r°06--> {.&.C.disciple.before.you.CX.I.O.Q.I.IK'D.over.O.I.disciple.C.D.}
<f031r°07--> {.disciple.gave.holy.Peter.rock.C.BT.the.&.the.over.C.A.C.≈.}
<f031r°08--> {.RO.CU.Jesus.over.CX.D.H.O.XC.C.CU'C.X2.Jesus.}
<f031r°09--> {.Peter.&.H.HS.&.gave.BF.D.his.A.pray.be.}
<f031r°10--> {.O.C'D'O.rock.CX.A.the.&.the.&.was.again.I.D.}
<f031r°11--> {.holy.H.HS.on.hear.Jesus.by.rock.CX.I.≈.}
<f031r°12--> {.the.&.the.gave.Jesus.this.XB.C'I'N.give.O.risen.}
<f031v°00C0> {.The Christ.}
<f031v°01--> {.C'D'J'J'D.the.C.in.&.this.&.was.C.RB.holy.H.HS.}
<f031v°02--> {.on.hear.Jesus.over.give.the.Jesus.≈.}
<f031v°03--> {.I.CX.D.risen.over.O.I.I.Jesus.on.XV'C.the.«.00.».}
<f031v°04--> {.C'D'J'J'D.&.was.C'D'J'J'D.be.you.C'D'O'CO.}
<f031v°05--> {.C'XV.C.give.&.was.C'D'J'J'D.C'D'O'CO.}
<f031v°06--> {.G.X.on.C.F.G.before.BL.before.in.C'D'O'CO.ED.this.}
<f031v°07--> {.by.Jesus.disciple.C.R.CE'O.we.&.give.this.}
<f031v°08--> {.O.son.God.by.Jesus.C'D'O'CO.be.R.you.O.}
<f031v°09--> {.R.be.crying out.&.was.this.AS.this.X2.disciple.as.}

<f031v°10--> {.gave.rock.BE'I'O.again.C.K.disciple.as.gave.C'D'O'CO.}
<f031v°11--> {.C'D'J'J'D.LT.O.D.R.X.be.Q.C.D.first.came.}
<f031v°12--> {.CX.XV.disciple.C'D'C.D'O.came.the.be.power.EY'J.D.}
<f032r°00C0> {.The Christ.}
<f032r°01--> {.over.resurrected.C'D'O'CO.over.come.power.}
<f032r°02--> {.C'XV'OB'I'C.QX.Jerusalem.came.you.be.in.father.O.disciple.}
<f032r°03--> {.again.C'D'O'CO.came.be.C.you.give.thirty.}
<f032r°04--> {.QV.D.I.by.Jesus.pray.your.C.&.you.}
<f032r°05--> {.come.your.father.over.C'I'N.XJ'D'CO'BY.}
<f032r°06--> {.come.Holy Spirit.over.XJ'D'CO'BY.be.O.3.}
<f032r°07--> {.C'D'O.the.C.in.C'I'N.come.on.arose.you.arose.came.}
<f032r°08--> {.you.power.on.cross.arose.over.C'I'N.on.third day.}
<f032r°09--> {.living.again.you.C.XC.C.church.you.XJ'D'CO'BY.}
<f032r°10--> {.C.ED.disciple.in.you.C.XC'U.came.this.C.ED.God.D.6.}
<f032r°11--> {.your.father.C'K'I.faithful.D.CX.before.you.on.cross.arose.by.}
<f032v°00C0> {.The Christ.}
<f032v°01--> {.Peter.rock.this.Peter.CX'CX.C'CA.you.the.you.arose.}
<f032v°02--> {.by.Jesus.Peter.through.again.C'D'C.AD.CO.CO.}
<f032v°03--> {.the.Peter.you.CO.3.be.O.on.X3.&.A.C.Q'D.gave.A.C'XV.}
<f032v°04--> {.C'D'C.HA.by.Jesus.Peter.the.before.the.}
<f032v°05--> {.added.C.XC.C.church.you.XJ'D'CO'BY.C.again.disciple.≈.}
<f032v°06--> {.in.you.C.XC.father.came.be.disciple.BC.HF.II.you.anointed.}
<f032v°07--> {.to.first.power.be.C'D'O.HX.HX.H.OL.K.}
<f032v°08--> {.C'BD.you.Q.C.Jesus.again.resurrected.over.come.you.}
<f032v°09--> {.on.C.XN.came.anointed.Jesus.you were.this.QV.}
<f032v°10--> {.CX.D.O.CO.in.DB.C.D.risen.HX.H'H'HK.people.}
<f032v°11--> {.&.BC.C'F'Q'I.crying out.Jesus.on.C.XN.}
<f033r°00C0> {.The Christ.}
<f033r°01--> {.over.BE'I'O.ST John.BC.people.&.BC.C'F'Q'I.}
<f033r°02--> {.C.F.R.you.D.Jesus.on.XN.C'K'I.I.in.of.Q.C.A.}
<f033r°03--> {.of.I.&.you were.6.CX.disciple.come.Matthew.the.≈.}
<f033r°04--> {.be.first.O.MJ.before.C.again.C.F'KA.&.O.disciple.}
<f033r°05--> {.you.BS'K.disciple.to.3.disciple.you.give.Peter.&.≈.}
<f033r°06--> {.John.over.A.K.O'R'C.over.come.you.disciple.you.≈.}
<f033r°07--> {.holy.be.C.C.again.C.C.F.6.over.C'XV'O.in.church.}
<f033r°08--> {.I.come.you.disciple.3.disciple.came.be.Q.risen.D.on.the.church.}
<f033r°09--> {.OB.Jerusalem.to.C.to.&.W.before.come.you.on.Jerusalem.&.in.}
<f033r°10--> {.Jerusalem.O.before.you.CX.A.you.disciple.C.Jesus.&.your.disciple.}
<f033r°11--> {.came.CX'CX.X.you.give.Jesus.in.Q.risen.D.|.A.HT'H'H.|.}
<f033r°12--> {.as.before.our.father.CX'I'CX'D.on.C'A'A.on.XV.X.QQ.}
<f033v°00C0> {.The Christ.}
<f033v°01--> {.C.F'X2.XF'XX.the.CX'CX.Jesus.C.we.on.C'A'A.}
<f033v°02--> {.XV.C.C.cross.cross.cross.C.A.XB.C.&.was.O.C.you.}
<f033v°03--> {.disciple.in.R.risen.D.to.C.you.come.on.(.C'D'C.).BE.O.}
<f033v°04--> {.ST John.O.come.you.OB.C.O.disciple.YV.W.CO.}
<f033v°05--> {.OB'Q.C.XV'IR.(.C'D'C.).father.your.over.XL.}
<f033v°06--> {.Jesus.by.father.your.God.C.heaven.≈.}
<f033v°07--> {.O.C.A.give.father.O.you.the.cross.cross.cross.to.}
<f033v°08--> {.before.IJ.over.resurrected.Jesus.over.come.you.}
<f033v°09--> {.C.disciple.S.D.disciple.C.C.RB.by.Jesus.resurrected.}

<f033v°10--> {.&.anointed.disciple.C'XV'X.I.CX.over.come.Jesus.Peter.}
<f033v°11--> {.YA.church.C.O.I.the.UD.D.came.be.Amen!.UD.}
<f034r°00C0> {.The Christ.}
<f034r°01--> {.&.I.I.come.you.on.(.CO'D'C.).over.XL.Jesus.by.}
<f034r°02--> {.father.heaven.O.CX.I.give.father.O.you.the.cross.cross.cross.}
<f034r°03--> {.to.before.IJ.&.was.C.C.C.father.UM.CO.C.F'X2.}
<f034r°04--> {.Jesus.came.this.J.Jesus.as.X.you.cross.cross.cross.}
<f034r°05--> {.C.A.XB.CO.over.come.you.C.disciple.S.D.disciple.C.C.RB.}
<f034r°06--> {.by.Jesus.resurrected.&.anointed.disciple.C'XV'X.I.CX.}
<f034r°07--> {.when.come.Saint Peter.HX.on.3.pray.C.1000.}
<f034r°08--> {.&.3.come.you.(.CO'D'C.).father.your.over.XL.Jesus.}
<f034r°09--> {.«.88.».by.father.your.heaven.O.C.A.give.}
<f034r°10--> {.father.O.you.the.cross.cross.cross.to.before.IJ.to.}
<f034r°11--> {.OL.CO.IJ.came.the.father.BZ.I.BZ.on.you.C.S.S.his.}
<f034v°00C0> {.The Christ.}
<f034v°01--> {.father.over.come.his.CV.in heaven.II.O.father.by.}
<f034v°02--> {.you.this.anointed.the.you.before.the.cross.cross.cross.CU'C.C.}
<f034v°03--> {.by.his.CV.the.before.the.you.C'EY.XV.O.father.XB.}
<f034v°04--> {.your.C.A.CU.I.X.his.father.son.Jesus.in.XC.C.A.BD.}
<f034v°05--> {.Amen!.thy.O.LT.O.D.over.all.C.all.his.CV.C'D'C.}
<f034v°06--> {.Jesus.came.Amen!.F.O.A.D.CO.this.come.his.CV.II.O.father.}
<f034v°07--> {.C.Jesus.came.you.C'XV.10.his.CV.Amen!.your.cross.cross.cross.}
<f034v°08--> {.of.&.II.XB.II.only.CU.X.I.CX.Q.before.O.believe(d).≈.}
<f034v°09--> {.of.over.come.you.C.apostle.by.Jesus.}
<f034v°10--> {.6.D.C.D.your.&.anointed.you.apostle.first.CX.I.S.CO.faithful.}
<f034v°11--> {./.C.A.C.A.X.&.was.6.≈.C'XV'X.Q.&.was.disciple.CU.\.}
<f035r°00C0> {.The Christ.}
<f035r°01--> {.C.R.over.C'BD.C.R.Jesus.S.be.you.BU.first.OB.Q.}
<f035r°02--> {.C.C'XV'OB'I'C.over.C'BD.C.R.Jesus.S.D.resurrected.}
<f035r°03--> {./.by.you.\.apostle.again.I.apostle.C'XV'O.anointed.apostle.R.this.C.X2.}
<f035r°04--> {.O.IJ.before.BO.came.O.CX.F.S.come.power.C.A.}
<f035r°05--> {.we.QV.son.you.CX.I.C.CX.power.A.&.was.}
<f035r°06--> {.you.apostle.&.apostle.come.you.&.apostle.on.C.XN.over.O.I.Jesus.}
<f035r°07--> {.«.88.».BD.UD'CO.come.&.CU'D.power.pray.O.CO.}
<f035r°08--> {.&.before.O.father.arose.&.XQ.O.PC.C.R.XB.C.C'D'O'CO.&.power.}
<f035r°09--> {.C.X.A.C'BG.C.X2.R.II.you.A.K.O.QV.C.John.&.was.}
<f035r°10--> {.be.O.CO.O.you.power.A.power.&.was.}
<f035r°11--> {.come.C'D'O'CO.XV'EY.Jesus.over.CX.IU.O.I.≈.}
<f035r°12--> {.C'D'O'C.your.faithful.D.came.C.power.C.X.A.C'BG.}
<f035v°00C0> {.The Christ.}
<f035v°01--> {.came.be.on.C.A.Q.C.John.C.Jesus.H'H'H.Q'Q'R'C.Jesus.}
<f035v°02--> {.«.88.».C.A.C.XH.AD.CO.UD.your.power.over.Q'Q'R'C.}
<f035v°03--> {.power.HH.AD.CO.life.Jesus.CO.CO.KK.by.Q'Q'R'C.}
<f035v°04--> {.Jesus.O.C'I'N.to.in.you.AD.CO.H'HF.HS.H.Amen!.}
<f035v°05--> {.power.C.AA.C.O.on.X3.by.Jesus.again.power.living.}
<f035v°06--> {.CX.RB.life.XB.his.CA.over.again.life.living.&.you.HX'HF'H.}
<f035v°07--> {.CA.give.life.G.faithful.to.came.Jesus./.pray.\.}
<f035v°08--> {.crying out.father.your.C.power.UD.over.}
<f035v°09--> {.again.power.C'XV'O.&.I.I.Q'Q'R'C.Jesus.C.A.C.you.CU.S.}
<f035v°10--> {.UD.your.power.HX'HF'H.Q'Q'R'C.power.≈.}

<f035v°11--> {.life.AD.CO.life.Jesus.CO.CO.KK.HX.I.gave.Q'Q'R'C.}
<f035v°12--> {.Jesus.O.C'I'N.to.in.you.AD.CO.power.over.}
<f036r°00C0> {.The Christ.}
<f036r°01--> {.Amen!.power.C.AA.C.O.on.X3.H'H'HK.Jesus.again.power.living.}
<f036r°02--> {.the.life.XB.his.CA.over.again.life.living.&.his.C.CU.S.}
<f036r°03--> {.power.CA.give.life.in.faithful.to.came.Jesus.}
<f036r°04--> {.«.88.».(.pray.).crying out.father.your.C.power.}
<f036r°05--> {.UD.H'H'H.again.power.C'XV'O.&.3.Q'Q'R'C.Jesus.}
<f036r°06--> {.«.88.».C.A.C.you.AD.CO.UD.your.power.|.Q'Q'R'C.|.}
<f036r°07--> {.over.RO.Q.R.C.power.HH.AD.CO.life.D.}
<f036r°08--> {.Jesus.CO.CO.KK.over.C.Q'Q'R'C.Jesus.O.C'I'N.}
<f036r°09--> {.to.in.you.AD.CO.power.by.Q'Q'R'CO.Jesus.}
<f036r°10--> {.give.power.you.came.come.faithful.C.D.your.father.}
<f036r°11--> {.&.was.H.life.O.everyone.power.Jesus.TG.}
<f036v°00C0> {.The Christ.}
<f036v°01--> {.A.C.Peter.CC'KK'OE.AS.XP.C.D'X.SA.SA.first.power.}
<f036v°02--> {.&.name.power.be.QV.AD.OB.C.D.by.}
<f036v°03--> {.Jesus.Peter.Peter.CX.I.A.C.CC'KK'OE.AS.H.came.&.}
<f036v°04--> {.we.Peter.CC'KK'OE.AS.H.A.C.O.CC'KK'OE.AS.H.≈.}
<f036v°05--> {.EO.we.before.arose.over.give.Jesus.the.C'D'C.SA.SA.}
<f036v°06--> {.over.C'D'C.SA.SA.before.LT.on.F.G.over.XA.C'D'C.SA.SA.}
<f036v°07--> {./.hear.over.O.\.Jesus.on.XJ.CO.people.debt(s).you.C.D.}
<f036v°08--> {.&.faithful.life.in.you.church.again.your.church.S.on.}
<f036v°09--> {.you.K.UV.over.6.come.C.CO.first.power.}
<f036v°10--> {.C.you.church.Jesus.over.O.PC.C.you.O.K.Jesus.}
<f036v°11--> {.&.life.OH.C'I'Q.power.come.&.was.life.O.OD.}
<f036v°12--> {.UV.&.you were.CX'CX.OL.be.you.AV'C.EQ'I.}
<f036v°13--> {.again.I'AG.will.I.C.we.disciple.power.((.EZ.)).10.D.F'S.RB.}
<f037r°00C0> {.The Christ.}
<f037r°01--> {.on.cross.arose.you.&.was.life.C'BG.C.you.church.≈.}
<f037r°02--> {.Jesus.&.was.O.CO.again.CO.RB.faithful.D.Jesus Christ.}
<f037r°03--> {.CC.XB.Amen!.C.your.C.D.C'BD.TL.C.&.you were.≈.}
<f037r°04--> {.come.C.power.C'XV'OB'I'C.O.SB.C.D.&.you were.}
<f037r°05--> {.come.XP.on.C.XM.HX.H.I.BC.F.6.crying out.}
<f037r°06--> {.power.on.Jesus.came.you.first.CX.I.CX.I.RB.R'J'J'C.}
<f037r°07--> {.IK'D.to.O.again.to.I.I.C.you.given.C.C'K'I.to.3.}
<f037r°08--> {.C.you.BJ.A.his.cross.cross.cross.our.XW'X.Jesus.}
<f037r°09--> {.&.was.C.F'X2.come.you.life.C.F'X2.XD'X.C.D.CX.C.again.C.XY.}
<f037r°10--> {.over.you.give.life.on.NE.C.come.Jesus.≈.}
<f037r°11--> {.S.IK.you.on.NE.C.C.L'X.&.H.H.C.you.D.the.≈.}
<f037r°12--> {.our.XW'X.Jesus.came.you.I.I.YW.C.come.power.}
<f037v°00C0> {.The Christ.}
<f037v°01--> {.on.CU'D.R.O3.on.Jesus.&.was.I.I.BK.BK.TW.}
<f037v°02--> {.son.God.}
<f038r°00C0> {.The Christ.}
<f038r°01--> {.on.CU'D.R.O3.C.Jesus.NT.C.&.you were.}
<f038r°02--> {.|.be.HX'HF'H.|.BK.BK.TW.on.Q.C.risen.our.XW'X.}
<f038r°03--> {.Jesus Christ.HX.I.gave.power.Q.C.K'X'D.you.CX'CX.}
<f038r°04--> {.power.come.gave.life.first.come.life.you.C.}
<f038r°05--> {.Pilate.to.I.I.gave.come.life.you.C.XK.&.was.}

‹f038r°06--› {.«.88.».you.come.life.you.C.XK.risen.by.}
‹f038r°07--› {.power.CX'CX.life.you.on.3.O.CX.D.I.was.}
‹f038r°08--› {.you.C.come.life.you.C'D'C.LB.risen.DB.&.W.}
‹f038r°09--› {./.be.you.\.be.life.in.come.life.you.the.risen.≈.}
‹f038r°10--› {.&.you were.I.C.XJ.in.first.DB.&.was.}
‹f038r°11--› {.«.88.».you.O.I.I.first.CU'C.C.his.faithful.cross.cross.cross.}
‹f038r°12--› {./.life.\.Jesus Christ.by.Peter.first.}
‹f038v°00C0› {.The Christ.}
‹f038v°01--› {.power.the.QV.AD.OB.pray.X.SA.SA.A.C.gave.≈.}
‹f038v°02--› {.Peter.EG.C.this.Peter.&.C.you.C.A.CO.D.H.&.the.XD.}
‹f038v°03--› {.through.C.Jerusalem.Jesus.came.gave.Peter.C.A.you.&.C.you.C.}
‹f038v°04--› {.over.come.life.Jesus.C.XK.risen.&.was.}
‹f038v°05--› {.life.C.you.come.C'D'C.XK.over.Q.I.R.on.}
‹f038v°06--› {.power.the.XK.life.you.RB.D.come.|.the.church.|.}
‹f038v°07--› {.the.dead.church.you.&.C.you.before.O.disciple.pray.}
‹f038v°08--› {.C'XV.CX.D.I.I.you.D.Amen!.UD.on.you.Q.C.D.to.}
‹f038v°09--› {.I.I.gave.life.Q.C.son.God.to.3.gave.life.his kingdom.}
‹f038v°10--› {.through.gave.XK.of.before.I'AG.first.you.we.}
‹f038v°11--› {.arose.again.R.this.S.Amen!.thy.I'T.arose.&.W.S'O.life.PA.}
‹f038v°12--› {.disciple.ML.in.come.life.in.DB.C.D.disciple.Christ.S.I.all.C'P.}
‹f039r°00C0› {.The Christ.}
‹f039r°01--› {.Saint Peter.C.D.this.I.O.&.was.A.pray.}
‹f039r°02--› {.O.I.O.the.I'I'XJ.H.H.D.by.the.C.in.Peter.}
‹f039r°03--› {.disciple.the.Jesus.gave.Peter.this.Peter.&.I.you.C.&.≈.}
‹f039r°04--› {.the.I.I.C'XV'O.I.Jesus.came.gave.Peter.C.A.you.&.≈.}
‹f039r°05--› {.C.you.C.to.John.in.C.come.life.came.D.D.≈.}
‹f039r°06--› {.C.A.EY.the.risen.gave.XK.C.Jesus.the.you.Q.C.}
‹f039r°07--› {.son.God.to.as.the.only.appeared.Jesus.}
‹f039r°08--› {.C.XK.O.C'D'O.XK.O.life.&.life.you.C.≈.}
‹f039r°09--› {.CO.C.C.appeared.EO.C.you.C.A.faithful.appeared.≈.}
‹f039r°10--› {.by.XK.this.XK.&.as.J.I.in.you.C.A.C.}
‹f039r°11--› {./.XK.D.again.before.the.\.you.C'A'A.we.gave.XK.}
‹f039r°12--› {.I.R.K'X'D.I.you.come.life.C.Pilate.his.XK.pray.}
‹f039v°00C0› {.The Christ.}
‹f039v°01--› {.&.the.added.I.I.faithful.CX.D.over.you.come.life.C.}
‹f039v°02--› {./.Pilate.&.O.you.on.\.3.O.CX.D.by.life.}
‹f039v°03--› {.the.life.Pilate.come.the.you.dead.church.&.was.}
‹f039v°04--› {.«.88.».life.BC.cross.cross.cross.on.you.crying out.}
‹f039v°05--› {.come.you.C'D'C.Pilate.Q.came.Amen!.your.C.KK.on.}
‹f039v°06--› {.you.O.6.J.J.&.your.holy.CX.I.CX.I.Amen!.on.X3.≈.&.was.}
‹f039v°07--› {.«.88.».you.be.life.L'X2.C'XV'O.ML.our.}
‹f039v°08--› {.XW'X.Jesus.&.you were.be.life.come.}
‹f039v°09--› {.C.Pilate.by.power.the.Pilate.life.you.}
‹f039v°10--› {.come.the.you.to.church.&.you.before.O.disciple.pray.}
‹f039v°11--› {.«.88.».C'XV.CX.D.I.I.you.D.Amen!.UD.on.you.C'A'A.}
‹f039v°12--› {.to.I.I.gave.life.Q.C.son.God.to.3.gave.life.}
‹f040r°00C0› {.The Christ.}
‹f040r°01--› {.his kingdom.Q.C.&.was.Peter.come.C.first.}
‹f040r°02--› {.CX.D.J.J.D.C.XC.I.came.be.holy.A.this.in.YI.C.NX.}
‹f040r°03--› {.CX'CX.Peter.EL.C.gave.first.power.C.}

<f040r°04--> {.Peter.the.disciple.the.you.D.church.the.Jesus.}
<f040r°05--> {.gave.Peter.give.God.this.Peter.I.CX.you.C.}
<f040r°06--> {.&.the.3.C'XV'O.I.Jesus.&.when.D.C'D'C.AD.}
<f040r°07--> {.&.gave.Peter.the.before.BK.R.before.Peter.rock.}
<f040r°08--> {.BE'I'O.over.HF.O.Peter.D.C.D.by.Pilate.}
<f040r°09--> {.C.Jesus.the.you.Q.C.son.God.to.as.the.C'A'A.}
<f040r°10--> {.appeared.gave.Jesus.C.Pilate.O.C'D'O.Pilate.}
<f040r°11--> {.O.life.&.life.you.C.CO'CO'CO.appeared.CU.C.you.}
<f040r°12--> {.only.appeared.over.Pilate.PC.O.BE'I'O.Jesus.}
<f040v°01--> {.again.gave.you.the.Pilate.XD.C.K.C'I'N.C'I'N.}
<f040v°02--> {.only.son.faithful.God.}
<f040v°03R0> {.Pilate.}
<f040v°03L0> {.Jesus.}
<f041r°00C0> {.The Christ.}
<f041r°01--> {.by.Pilate.the.you.BE'I'O.you.his kingdom.power.}
<f041r°02--> {.gave.Jesus.the.Pilate.XD.BE.O.Pilate.C.K.}
<f041r°03--> {.C.RB.C'I'N.only.son.faithful.God.by.=.}
<f041r°04--> {.Pilate.the.you.before.only.we.this.Pilate.}
<f041r°05--> {.as.C.C.you.A.in.you.C.XY.BJ.over.Q'Q'R'C.}
<f041r°06--> {.power.this.CU'C.you.Pilate.cross.you.C.risen.the.}
<f041r°07--> {.Pilate.this.XB.CX'CX.life.you.life.J.his.life.}
<f041r°08--> {.CX.D.C.HA.only.this.CU'C.by.Pilate.=.}
<f041r°09--> {.EK.Q.give.you.life.HX'HF'H.you.come.life.}
<f041r°10--> {.AA.C.C.his.Pilate.C.D.be.&.was.added.3.=.}
<f041r°11--> {.faithful.9.days.&.you were.come.life.C'EK'BZ.C.}
<f041r°12--> {.his kingdom.&.was.&.come.you.life.on.CO.F'O'R'CO.}
<f041v°01--> {.in.CU'C.C.&.was.O.Q'Q'R'CO.Amen!.4.EX.D.on.}
<f041v°02--> {.you.C.A.XB.C.the.come.life.the.you.died.church.}
<f041v°03--> {.the.6.C.you.the.Jesus.&.before.you.O.disciple.BF.D.pray.}
<f041v°04--> {.«.88.».CX.D.I.I.you.D.Amen!.UD.on.you.Q.C.D.}
<f041v°05--> {.&.you were.C.come.life.BC.C'D'O.C'D'C.=.}
<f041v°06--> {.C'EK'BZ.his kingdom.came.CX.I.C.power.C.you.CX'CX.}
<f041v°07--> {.C'EK'BZ.this.CU'C.over.you.C'D'C.risen.=.}
<f041v°08--> {.C'EK'BZ.this.CU'C.again.CO'D'CO.C.BO.O.I.=.}
<f041v°09--> {.C'EK'BZ.Jesus Christ.&.you were.come.life.C'D'C.}
<f041v°10--> {.C'EK'BZ.his kingdom.over.Q'Q'R'C.power.the.=.}
<f041v°11--> {.C'EK'BZ.life.you.come.the.you.CD.church.&.you.before.}
<f041v°12--> {.his.disciple.BF.D'CO'D.CO'XV.X.CX.D.I.I.you.D.Amen!.}
<f042r°01--> {.UD.on.you.Q.C.A.over.you.Q.C.son.}
<f042r°02--> {.God.by.C.A.to.BC.pope.gave.you.&.}
<f042r°03--> {.EO.life.we.the.CO'D'CO.L'XX.CX'CX.}
<f042r°04--> {.you.C'I'N.C.D.3.days.Amen!.crying out.}
<f042r°05--> {.Jesus.}
<f042r°06--> {.C'EY.C'EY.&.before.QV'EY.}
<f042r°07--> {.C'XF'XX.}
<f042r°08--> {.Jesus Christ.&.you.C.our.C'XF'XX.your.}
<f042r°09--> {.holy.C'C'C'D.C'BP.you.}
<f042v°00C0> {.The Christ.}
<f042v°01--> {.over.O.II.C.the.pope.CX.I'XB.C'EK'BZ.again.gave.=.}
<f042v°02--> {.C'EK'BZ.Q.C.you.C'EK'BZ.QS'A.D.God.the.you.son.over.}

‹f042v°03--› {.first.gave.BE'I'O.Jesus.F.EY.C'EK'BZ.by.}
‹f042v°04--› {.C'EK'BZ.AD.C'EK'BZ.BK.UH.this.C'EK'BZ.his kingdom.this.C'EK'BZ.≈.}
‹f042v°05--› {.the.you.C'BD.C'EK'BZ.O.KB.10.the.arose.this.CU'C.R.EQ.}
‹f042v°06--› {.the.you.faithful.QH.C'EK'BZ.this.RB.Q.C.gave.C'EK'BZ.LK.}
‹f042v°07--› {.C.C'EK'BZ.the.you.C.God.God.I.faithful.C.C'EK'BZ.D'RA.D.}
‹f042v°08--› {.God.the.you.son.over.C'I'N.name.}
‹f042v°09--› {.your.father.C.F.≈.C.by.Jesus.C.C'EK'BZ.this.}
‹f042v°10--› {.you.only.son.faithful.God.gave.Jesus.C'I'N.come.}
‹f042v°11--› {.your.father.on.C'D'O.D.C'D'O.faithful.over.arose.}
‹f042v°12--› {.over.crying out.C'EK'BZ.C'BG.OB'Q.&.in.≈.}
‹f043r°00C0› {.The Christ.}
‹f043r°01--› {.first.YT.C'UM.over.come.life.Q.&.the.&.the.}
‹f043r°02--› {.O.this.EB.PU.C.C'D'C.Jesus.over.you.church.}
‹f043r°03--› {.C'EK'BZ.you were.C'D'C.people.crying out.}
‹f043r°04--› {.over.C.BO.Jesus.C'D'C.&.only.}
‹f043r°05--› {.people.crying out.came.was.EK.you.CX.C'D'C.}
‹f043r°06--› {.C'EK'BZ.people.crying out.C.RB.you.give.C'EK'BZ.≈.}
‹f043r°07--› {.this.CU'C.again.gave.C'EK'BZ.come.life.the.you.O.IU.C.R.}
‹f043r°08--› {.Pilate.C.his.C'EK'BZ.pray.C.F.C.F.Q.Q.}
‹f043r°09--› {.C.EK'C.the.you.came.on.you.crying out.Pilate.}
‹f043r°10--› {.over.you.come.life.C'D'C.Pilate.BC.C'D'O.}
‹f043r°11--› {.&.the.added.6.faithful.9.days.over.you.come.life.C.D.CO.}
‹f043r°12--› {.Pilate.by.power.Pilate.gave.the.you.Pilate.before.}
‹f043v°00C0› {.The Christ.}
‹f043v°01--› {.C'EK'BZ.risen.to.RB.you.the.Pilate.C.A.C'EY.CX'CX.power.}
‹f043v°02--› {.you.life.YZ.his.life.CX.D.C.HA.only.this.CU'C.}
‹f043v°03--› {.by.Pilate.only.NI.C'BG.NI.Pilate.}
‹f043v°04--› {.I.I.C.V'C.«.99.».&.Pilate was.life.C'BG.}
‹f043v°05--› {.I.I.C.V'C.«.99.».over.you.I'I'XJ.in.≈.}
‹f043v°06--› {.only.DB.over.give.Pilate.I.I.}
‹f043v°07--› {.I.I.NI.C.Jesus.&.you.be.XF.&.was.}
‹f043v°08--› {.I.I.O.TO.TO.XF.K.Jesus.to.I.I.you.}
‹f043v°09--› {.FO.I.I.life.XF.K.&.was.I.I.&.O.I.I.life.}
‹f043v°10--› {.O.K.A.TO.XF.K.Jesus Christ.over.D.}
‹f043v°11--› {.C.D.C'XV'O.R.CO.NI.C.Jesus.&.was.}
‹f043v°12--› {.O.I.QS.Jesus.came.be.you.BC.O.again.this.}
‹f044r°01--› {.son.God.}
‹f044v°00C0› {.The Christ.}
‹f044v°01--› {.&.you were.YY.XD.O.L'X2.Jesus.HX.H'HF.}
‹f044v°02--› {.you.given.living.RO.life.over.you.O.come.}
‹f044v°03--› {.church.C.only.I.X2.I.will.over.you.}
‹f044v°04--› {.this.EZ.S.again.cross.C.D.on.C'XV'OB'I'C.L'X2.life.}
‹f044v°05--› {.over.you.many.on.only.ER.C.K.&.}
‹f044v°06--› {.was.life.XL.C'D'C.Jesus.life.H.}
‹f044v°07--› {.BE'I'O.XA.Jesus.CX.to.this.over.D.C.all.faithful.}
‹f044v°08--› {.only.NI.C.DV.C.CU.IJ.Jesus.over.}
‹f044v°09--› {.K.O.ER.S.K.YO.D.Jesus.&.was.}
‹f044v°10--› {.you.YY.XD.O.L'X2.over.you.give.power.O.}
‹f044v°11--› {.over.you.come.power.C.BJ.CO.in.DB.}
‹f045r°01--› {.by.Pilate.XA.Jesus.CX.Jerusalem.this.}

<f045v°00C0> {.The Christ.}
<f045v°01--> {.over.you.many.life.in.first.H.R.on.}
<f045v°02--> {.O.OX.DB.I.spirit.D.XL.Pilate.}
<f045v°03--> {.C'D'C.Jesus.&.gave.Pilate.XA.you.his kingdom.}
<f045v°04--> {.power.&.gave.Jesus.C.BJ.CO.the.you.before.}
<f045v°05--> {.BE'I'O.came.C'I'N.his kingdom.power.came.W.}
<f045v°06--> {.CO.I.D.I.S.C.your.father.XJ'D'CO'BY.}
<f045v°07--> {.you.HX.QS.HX.AD.came.was.C'I'N.CX'CX.you.}
<f045v°08--> {.C'I'N.church.O.your.O.father.God.12.}
<f045v°09--> {.«.88.».pray.to.mount.C'A'A.C'I'N.}
<f045v°10--> {.XJ'D'CO'BY.give.HX.QS.HX.AD.came.spirit.CO.}
<f045v°11--> {.CO.I.you.CX'CX.C'I'N.XJ'D'CO'BY.Amen!.C'BD.}
<f046r°00C0> {.The Christ.}
<f046r°01--> {.you.arose.cross.arose.over.XJ'D'CO'BY.give.}
<f046r°02--> {.you.HX.QS.HX.AD.&.gave.Pilate.C.Jesus.the.}
<f046r°03--> {.you.through.son.God.over.first.gave.}
<f046r°04--> {.C.S.CU.O.gave.Jesus.C.Pilate.over.all.CO.all.}
<f046r°05--> {.C'QS.F'S.S.C.Jesus.over.you.RB.R'J'J'C.CX.I.the.}
<f046r°06--> {.BE.D.to.PC.D.CX.X2.Q.Amen!.your.holy.LT.CX.}
<f046r°07--> {.shook.&.gave.Jesus.the.NI.C.UW.S.this.only.}
<f046r°08--> {.BE'I'O.you.X.C.QE.you.Q.R'J'J'C.BE'I'O.NH.100.}
<f046r°09--> {.of.C.V'C.be.&.CX.I.be.O.in.RB.R'J'J'C.}
<f046r°10--> {.conquered.over.you.crying out.}
<f046r°11--> {.Pilate.BK.come.on.DB.over.R.Q'R'C'C.}
<f046r°12--> {.Pilate.O.before.Jesus.CX.apostle.XF.D.his kingdom.power.}
<f046v°00C0> {.The Christ.}
<f046v°01--> {.C.RB.D.you.O.to.mount.this.I.living.O.XB.I'AG.I.=.}
<f046v°02--> {.over.Q'Q'R'C.grave.on.cross.you.Pilate.C.risen.you.}
<f046v°03--> {.the.Pilate.I.CC.CX'CX.you.life.J'C.his.be.C.HA.}
<f046v°04--> {.only.this.CU'C.&.gave.Pilate.C.NI.come.you.}
<f046v°05--> {.in.DB.&.I.I.you.crying out.come.on.DB.}
<f046v°06--> {.over.Q'Q'R'C.Pilate.O.before.Jesus.CX.XC.KK.D.}
<f046v°07--> {.his kingdom.power.C.RB.D.you.O.to.mount.C.}
<f046v°08--> {.this.J.living.O.CC.C.again.I.over.Q'Q'R'C.=.}
<f046v°09--> {.power.on.cross.you.Pilate.C.risen.you.the.}
<f046v°10--> {.Pilate.this.CC.CX'CX.you.life.J'C.his.C'D'C.HA.}
<f046v°11--> {.only.this.CU'C.&.gave.Pilate.C.NI.come.you.}
<f047r°00C0> {.The Christ.}
<f047r°01--> {.in.DB.&.3.you.crying out.come.on.DB.}
<f047r°02--> {.over.Q'Q'R'C.Pilate.O.before.Jesus.CX.XC.XF.D.}
<f047r°03--> {.his kingdom.power.C.RO.D.you.O.to.mount.}
<f047r°04--> {.C.this.J.living.O.CC.C.again.I.over.Q'Q'R'C.}
<f047r°05--> {.power.on.cross.you.Pilate.C.risen.you.the.=.}
<f047r°06--> {.Pilate.this.CC.CX'CX.you.life.J'C.his.=.}
<f047r°07--> {.C'D'C.KI.only.this.CU'C.by.power.}
<f047r°08--> {.C.KI.the.you.his kingdom.power.the.you.=.}
<f047r°09--> {.dead.first.you.D.church.first.}
<f047r°10--> {.6.C.you.by.QH.R.C.Pilate.this.Pilate.}
<f047r°11--> {.&.as.C.C.DC.in.you.C.IJ.Pilate.the.you.before.}
<f047v°00C0> {.The Christ.}

<f047v°01--> {.only.we.by.Pilate.C'BG.life.C'UM.}
<f047v°02--> {.in.first.K'X'D.D.&.was.BJ.be.≈.}
<f047v°03--> {.C'BG.over.AA.F.G.BJ.his.I.I.faithful.to.by.}
<f047v°04--> {.Pilate.this.BJ.AD.D.O.your.C.C.C.X2.by.}
<f047v°05--> {.power.came.the.be.on.life.&.his.life.son.}
<f047v°06--> {.over.Q'Q'R'C.Pilate.C.C'KK.C'XV.CO.CX'CX.BJ.}
<f047v°07--> {./././.C.\.\.life.EO.ED.C.UW.S.to.Jesus.over.}
<f047v°08--> {.Q'Q'R'C.power.EO.ED.Pilate.UW.S.}
<f047v°09--> {.to.Jesus.on.cross.this.CU'C.by.Pilate.only.}
<f047v°10--> {.NI.come.you.MS.given.&.Pilate was.C'I'Q.}
<f047v°11--> {.you.come.TG.BT.on.DB.over.Q'Q'R'C.Pilate.O.}
<f048r°00C0> {.The Christ.}
<f048r°01--> {.before.we.only.give.on.this.CU'C.came.before.}
<f048r°02--> {.this.CX.X2.you.C.this.CU'C.over.you.debt(s).I.I.D.}
<f048r°03--> {.Pilate.BK.come.on.DB.XP.CU'D.O.C'EY.EK'EY.O.C.}
<f048r°04--> {.HX'HF'H.over.Q'Q'R'C.Jesus.UD'CO.}
<f048r°05--> {.your.power.R.C'I'N.the.life.CX.D'R'N'D.}
<f048r°06--> {.the.C.in.UD'CO.C.you.C.MX.cross.crying out.UD.D.}
<f048r°07--> {.your.power.R.C'I'N.the.UD'CO.C.F'X2.C'XF'XX.}
<f048r°08--> {.LH.the.UD.C.I'AG.CC.CX.&.be.you.C'I'N.}
<f048r°09--> {.CU'D.the.UD.C.people.crying out.through.the.}
<f048r°10--> {./.UD'CO.come.\.on.UP.C.come.faithful.servant.the.}
<f048r°11--> {.XD'X.CX.D.I.I.you.pray.I.I.you.C.D.XJ'C'C.}
<f048v°00C0> {.The Christ.}
<f048v°01--> {.on.I.I.EX.the.UD'CO.XD'X.be.I.I.you.D.}
<f048v°02--> {.C.F'X2.C.&.come.you.D.to.O.C.F.O.R.QL.C.}
<f048v°03--> {.Amen!.CX.A.C.you.C.his.UD'CO.C.S.CO.faithful.}
<f048v°04--> {.UD.XD.A.C.God.you.40 days.in.KE.}
<f048v°05--> {.to.mount.CX.D.today.C.C.the.UD'CO.}
<f048v°06--> {.C.RB.C.you.10.crying out.UD.your.}
<f048v°07--> {.power.the.life.C.you.C.LO.on.(.FM.).W.}
<f048v°08--> {.CO.you.CX'CX.his kingdom.again.KB.X.C.D.to.CX.A.}
<f048v°09--> {.CX'CX.life.your.CX.I.D.this.O.D.C.on.cross.Amen!.C.}
<f048v°10--> {.over.Q'Q'R'CO.Pilate.give.life.you.CX.I.}
<f048v°11--> {.over.you.BT.give.power.&.was.life.}
<f049r°01--> {.C.come.life.I.I.C'BP.C.Jesus.over.BU.}
<f049r°02--> {.life.10.on.Jesus.to.O.I.I.C'BP.C'BG.}
<f049r°03--> {.life.Q.be.life.I'AG.O.F.Q.father.Jesus.}
<f049r°04--> {.over.C.come.XV.ST John.in.Sabbath.C.}
<f049r°05R1> {.holy.((.AD.)).&.C.}
<f049r°05L1> {.over.O.I.}
<f049r°06R2> {.((.AD.)).this.BO.}
<f049r°06L2> {.3.((.AD.)).come.}
<f049r°07R3> {.&.was.}
<f049r°07L3> {.ST John.}
<f049r°08R4> {.CO'CO'CO.XV.CO.}
<f049r°08L4> {.gave.((.AD.)).this.BO.}
<f049r°09R5> {.((.AD.)).this.BO.}
<f049r°09L5> {.holy.((.AD.)).come.}
<f049r°10--> {.second.((.AD.)).this.BO.I'AG.UH.rock.God.you.C'IK.}

<f049r°11--> {.C.((.AD.)).this.BO.K'I'AG.JC.D.over.life.before.}
<f049r°12--> {.C.F.come.((.AD.)).this.BO.John.CX.CO.when.}
<f049v°01--> {.come.C'I'N.life.be.C.C.again.C.F.6.&.W.CO.come.D.you.}
<f049v°02--> {.life.XD'X.be.C.C.again.C.F'KA.&.was.}
<f049v°03--> {.C.XP.on.AD.O.C'EK.Jesus.&.YY.XD.O.}
<f049v°04--> {.on.X3.Jesus.CU.10.over.XL.X.power.}
<f049v°05--> {.C'D'C.Jesus.over.BE'I'O.life.XA.}
<f049v°06--> {.Jesus.CX.MT.this.over.D.C'D'C.you.holy.}
<f049v°07--> {.((.AD.)).over.you.to.D.10.C'BG.&.was.}
<f049v°08--> {.«.88.».power.come.you.cross.disciple.((.AD.)).in.CO.NK'NY.}
<f049v°09--> {.over.BU.life.O.cross.on.earth.over.}
<f049v°10--> {.UZ.church.on.Jesus.C'XV.faithful.C.IK.}
<f049v°11--> {.CO.RB.C.HS.you.UZ.life.Jesus.over.}
<f050r°01--> {.all.C.all.holy.((.AD.)).C.Jesus.over.O.}
<f050r°02--> {.CO.again.CO.RB.his.CO.D'X.your.again.O.by.}
<f050r°03--> {.Jesus.CX.I.D.C.D.your.anointed.life.}
<f050r°04--> {.OX.C.D.the.in.law.the.disciple.I.your.disciple.}
<f050r°05--> {.over.O.I.power.C.ML.C.you.I'AG.will.}
<f050r°06--> {.on.cross.cross.cross.CX.come.you.&.C.II.J.life.in.}
<f050r°07--> {.you.church.over.C.you.L'L.on.cross.}
<f050r°08--> {.over.you.CO.I.on.X3.life.first.faithful.to.}
<f050r°09--> {.&.BL.C'DB'J.on.EM.over.C'BD.}
<f050r°10--> {.give.ML.over.CO.Q.to.O3.TW.life.}
<f050r°11--> {.&.faithful.to.on.X3.life.&.your.C'I'N.D.C'BD.}
<f050v°01--> {.give.IZ.R.over.C'I'N.D.O4.TW.HF.CO.}
<f050v°02--> {.&.C'I'N.D.on.X3.&.Amen!.your.C.A.HC.QV.&.his.}
<f050v°03--> {.you.DB'J.in.you.C.F'J.C.F'J.in.Jesus Christ.}
<f050v°04--> {.over.of.Pilate.on.first.A.Jesus.}
<f050v°05--> {.CX.MT.CX.D.his kingdom.power.HX.CO.gave.power.}
<f050v°06--> {.of.you.his kingdom.power.again.you.of.}
<f050v°07--> {.Jesus.CX.MT.the.by.Pilate.of.before.}
<f050v°08--> {.R.BJ.PH.of.&.I.I.C'BP.C.you.L'X2.}
<f050v°09--> {.on.cross.over.you.CU'D.I.I.C'BP.I.C.you.}
<f050v°10--> {.life.&.the.BK.LT.faithful.be.by.Jesus.}
<f050v°11--> {.on.cross.O.father.your.God.heaven.church.you.}
<f051r°01R1> {.the.God.XW'X.life.}
<f051r°01L1> {.C'XV.C.XV'C.over.you.}
<f051r°02R2> {.came.CX.I.MS.life.}
<f051r°02L2> {.died.7.this.BO.}
<f051r°03R3> {.R.CX.D'R'N'D.}
<f051r°03L3> {.you.this.BO.by.}
<f051r°04R4> {.life.HX.H.be.}
<f051r°04L4> {.on.cross.Jesus.the.Yahweh.}
<f051r°05R5> {.holy.((.AD.)).C.EM.}
<f051r°05L5> {.C'XV'OB'I'C.C.A.C.C.you.}
<f051v°01--> {.C.A.J.his.((.AD.)).C'XV'O.again.your.KA.CU.C.IJ.}
<f051v°02--> {.C'I'N.on.X3.C.EM.H'H'HK.Jesus.CU'C.you.&.his.}
<f051v°03--> {.you.disciple.was.LT.O.D.be.LT.C'IU'O.over.}
<f051v°04--> {.C.D.LT.give.disciple.power.C'XV'OB'I'C.over.}
<f051v°05--> {.you.give.R.again.life.CC.C.CU'C.to.you.give.}

‹f051v°06--› {.life.I.RB.G.C.over.C.again.C'XV'O.over.you.}
‹f051v°07--› {.C.D.LT.give.life.on.first.ER.I.&.}
‹f051v°08--› {.you were.ER.CX.I.CX.I.J'XB.life.over.C.D.LT.}
‹f051v°09--› {.give.C.K.CX.I.I.CO.K.on.C.CU'C.by.Jesus.}
‹f051v°10--› {.«.88.».on.cross.O.father.your.God.heaven.CX.I.XV.C.R.}
‹f051v°11--› {.C'I'N.the.father.your.C.UY.in.his.father.}
‹f052r°01--› {.faithful.to.over.O.C.Jesus.your.C.UY.CX.come.}
‹f052r°02--› {.hear.the.CT'XB.I.cross.to.word.cross.cross.cross.Jesus.}
‹f052r°03--› {.Jesus.CX.XC.this.}
‹f052v°01--› {.&.was.Jesus.C.CE'O.your.C.K.come.on.cross.earth.}
‹f052v°02--› {.shook.faithful.OB'Q.the.AA.KK.C.A.C.A.you.CX.&.this.}
‹f052v°03--› {.the.C.RB.CX.&.Amen!.C'XV.C.XV'C.on.thy.CX.I.CO.H'H'H.Amen!.}
‹f052v°04--› {.with.C.CX.I.was.Christ.on.cross.arose.you.over.come.life.≈.}
‹f052v°05--› {.first.NI.on.Jerusalem.CX.I.CX.I.&.CX.hear.K.NI.}
‹f052v°06--› {.be.on.K.over.J.II.power.BT.C.D.O.to.}
‹f052v°07--› {.Jesus Christ.over.C'BD.C.DN.CA.I.BT.on.}
‹f052v°08--› {.died.D.O.to.Jesus Christ.as.NI.C.V'C.O'UM.}
‹f052v°09--› {.C.C.C.Jesus.on.F.G.C.F'X2.O.I.over.XA.NI.}
‹f052v°10--› {.D.over.give.NI.church.Jesus Christ.}
‹f052v°11--› {.over.NI.O.Yahweh.over.O.I.HX'HF'H.}
‹f053r°01--› {.C'BD.Jesus Christ.&.C'EK.life.in.you.church.}
‹f053r°02--› {.again.BC.C'D'O.come.life.C.his.life.his.O.to.O.SS.}
‹f053r°03--› {.to.I.I.HF.H'HF.O.O.CX.D.came.C.XB.you.life.CX.through.}
‹f053r°04--› {.life.CX.I.CX.CO.I.risen.life.son.God.over.}
‹f053r°05--› {.HF.O.come.life.C.his.life.his.O.to.O.SS.&.the.}
‹f053r°06--› {.C.RB.BK.LT.faithful.LT.Q.D.&.4.O.God.LT.Q.to.}
‹f053r°07--› {.on.cross.this.BO.Jesus.over.life.ED.come.life.}
‹f053r°08--› {.Amen!.C.his.life.H.his.O.to.O.SS.O.BL'XX.C'XV'OB'I.}
‹f053r°09--› {.to.disciple.be.EY.D.ED.come.Amen!.C.disciple.AD.on.}
‹f053r°10--› {.disciple.BF.D.C.D.EO.over.first.&.only.}
‹f053v°01--› {.disciple.A.C.&.was.us.XW'X.Jerusalem.first.}
‹f053v°02--› {.&.CX'D'O'D'K.be.CU'D.O.AD.C.K.to.I.I.}
‹f053v°03--› {.I.CX.D.CO.&.was.I.I.church.O.Pilate.}
‹f053v°04--› {.CX.D.be.C.Jesus.over.I.S.I.I.EA.X2.}
‹f053v°05--› {.CX.D.be.C.Jesus.&.was.I.I.come.KT.}
‹f053v°06--› {.be.Christ.this.CU'C.over.come.CX'I'Q.I.I.}
‹f053v°07--› {.BC.power.&.I.I.UD.the.C.in.I'AG.UD.XW'X.}
‹f053v°08--› {.&.was.&.I.O.I.holy.((.AD.)).HX.H.D.((.AD.)).≈.}
‹f053v°09--› {.this.BO.come.BC.UD.on.Jerusalem.over.F'X2.F'X2.}
‹f053v°10--› {./.C.A.C.\.came.CO.I.R.you.CX'CX.power.Amen!.you.came.}
‹f053v°10T0› {.this.I.you.X4.}
‹f054r°01--› {.(./.the.be.O.over.come.JB.on.M.\.).}
‹f054r°02--› {.(./.came.be.((.AD.)).on.M.CO.come.C.CO.C'D'C.≈.\.).}
‹f054r°03--› {./.power.&.on.F.G.be.the.UD.was.\.}
‹f054r°04--› {./.O.second.((.AD.)).C.UD.come.second.((.AD.)).over.give.\.}
‹f054r°05--› {./.forgiveness.on.EM.CX.hear.K.I.I.Jesus.to.3.MC.\.}
‹f054r°06--› {./.LT.C.give.ST John.spirit.CO.K.((.AD.)).O.I.holy.\.}
‹f054r°07--› {./.((.AD.)).was.give.holy.((.AD.)).in.C.O.D.S'I'O.\.}
‹f054r°08--› {.H'H'H.CX.D'R'N'D.forgiveness.his.faithful.servant.}
‹f054r°09--› {.in.MC.&.C.QQ.JJ.CU'C.&.HD.was.in.MC.over.}

<f054r°10--> {./.in.BU.forgiveness.CX.hear.C.Jesus.\.(./.over.\.).}
<f054r°11--> {.you.in.NN.XJ.XV.over.all.EG.life.C.you.4.KI.forgive.}
<f054r°12--> {.Q.C.Jerusalem.C'XV'OB'I'C.over.Q.C.EO.come.BT.hear.the.}
<f054r°13--> {.holy word.}
<f054v°01--> {.hear.the holy word.of.Saint.CO'I'XZ.}
<f055r°01--> {.in.7.chapter.all.of his.when.was.}
<f055r°02--> {.come.3.((.AD.)).HF.NN.Christ.came.be.C.spirit.}
<f055r°03--> {.XC.D'X.I.O.IU.C.this.A.C.PH.O.EB.CX.D'CO'D'CO.Jesus.}
<f055r°04--> {.((.AD.)).I.C.&.over.((.AD.)).A.K.O.QV.C.XQ.over.}
<f055r°05--> {.((.AD.)).this.BO.&.was.C.3.((.AD.)).I'A.C.&.second.((.AD.)).}
<f055r°06--> {.CU'D.ML.((.AD.)).CU'D.((.AD.)).3.((.AD.)).second.((.AD.)).first.((.AD.)).}
<f055r°07--> {.O.living.O.OB'Q.on.NN.&.was.on.H.3.}
<f055r°08--> {.((.AD.)).CO.NN.Christ.over.O.4.((.AD.)).C.&.D.}
<f055r°09--> {.before.NN.O.YW'R.&.was.3.((.AD.)).in.the.}
<f055r°10--> {.C.XB.3.((.AD.)).over.in.C.ED.3.((.AD.)).over.}
<f055r°11--> {.C.A.O.I.CX.D'CO'D'CO.Jesus.Q.D.O.I.first.}
<f055v°01--> {.mount.many.on.CX.EX.O.this.R.KK.I.C.D.in.be.}
<f055v°02--> {.<.CX.D.be.C.Jesus.I.was.((.AD.)).C.F'X2.}
<f055v°03--> {.<.came.this.S.((.AD.)).with.A.C.before.as.blessed.D.}
<f055v°04--> {.by.mount.CX.I.I.anointed.3.((.AD.)).R.C'EY.C.}
<f055v°05--> {.3.((.AD.)).C.F'X2.C.RA.C.resurrected.C'EY.C.you.O.Jesus.}
<f055v°06--> {.risen.resurrected.on.arose.CX.I.I.again.come.3.((.AD.)).}
<f055v°07--> {.in.disciple.C.D.BF.O.D.on.over.through.3.((.AD.)).}
<f055v°08--> {.your.disciple.&.Peter.Q.C.3.((.AD.)).hear.the.}
<f055v°09--> {.holy word.&.was.3.((.AD.)).come.the.Yahweh.}
<f055v°10--> {.C'XV'OB'I'C.O.the.NN.Christ.over.RB.Q.QV.O.}
<f055v°11--> {.XC.P.C.AA.C.((.AD.)).this.BO.C.NN.Christ.when.}
<f056r°01--> {.Zion.Jesus.((.AD.)).C'I'T.in.fisherman.faithful.O.C.F.O.R.R.}
<f056r°02--> {.6.D.by.the.6.D.Jesus Christ.the.}
<f056r°03--> {.Yahweh.R.C.A.come.C'EY.Yahweh.C'EY.C.you.the.O.}
<f056r°04--> {.Jesus.risen.again.D'O.on.arose.CO.BT.came.}
<f056r°05--> {.Q.the.C'D'C.C'QS.O.I.in.C'D'C.((.I.)).on.this.IU.C.}
<f056r°06--> {.to.CO'D'CO.to.on.O.NN.L'X2.over.NN.before.}
<f056r°07--> {.((.I.)).O.I'I'XJ.&.QA.QA.XV.C'BD.C.R.before.resurrected.}
<f056r°08--> {.over.D.Jesus.C'D'C.((.AD.)).C'I'BO.}
<f056r°09--> {.on.C.F.Q.((.AD.)).EK.&.you.on.CO'D'CO.I.C.RB.before.}
<f056r°10--> {.the.you.rock.&.you.before.C.((.AD.)).disciple.come.you.disciple.}
<f056r°11--> {.over.come.((.AD.)).C'I'Q.the.I.I.D.be.DR.Q.O.}
<f056v°01--> {.&.was.((.AD.)).C.F.come.((.AD.)).faithful.Yahweh.}
<f056v°02R1> {.HX.gave.H.}
<f056v°02L1> {.CX'CX.through.((.AD.)).O.}
<f056v°03R2> {.3.((.AD.)).}
<f056v°03L2> {.&.I.I.XW'X.Q.O.}
<f057r°01--> {.this.BO.O.I.this.BO.rock.in.CC.QV.C.R.O.CA.D.}
<f057r°02--> {.when.D.Jesus Christ.O.OX.C.Q.}
<f057r°03--> {.CU'D.3.((.AD.)).you.IJ.D.the.D.be.DR.}
<f057r°04--> {.Jerusalem.by.Jesus.law.God.CU'D.}
<f057r°05--> {.XJ'D'CO'BY.your.XW'X.we.CO.&.church.}
<f057r°06--> {.in.you.&.in.your.O.father.conquered.}
<f057r°07--> {.«.88.».evil.by.Jesus.before.}

<f057r°08--> {.3.((.AD.)).O.I.in.NN.pray.CO.}
<f057r°09--> {.O.Jesus.this.K.C.&.gave.((.AD.)).this.BO.C.BJ.A.C.}
<f057r°10--> {.you.((.AD.)).O.I.((.AD.)).resurrected.on.arose.over.}
<f057r°11--> {.all.Jesus Christ.CU'D.3.((.AD.)).the.disciple.holy word.}
<f057r°00L1> {.pray.}
<f057r°00L2> {.the.be.}
<f057r°00L3> {./.Q'Q'C'Q'D.\.}
<f057r°00L4> {.you.holy.}
<f057r°00L5> {.((.AD.)).}
<f057r°00L6> {.was.}
<f057r°00L7> {.you.BL.XD.}
<f057r°00L8> {.C.XX.}
<f057v°01--> {.of.holy.cross.C.D.}
<f057v°02--> {.believe(d).days passed.only.}
<f057v°03--> {.6.CO.all.of his.}
<f057v°04--> {.to.Saint.CO'I'XZ.7.}
<f057v°05--> {.of.gave.holy.cross.C.D.}
<f057v°06--> {.came.gave.before.be.C.BT.C.K.}
<f057v°07--> {.in.days passed.only.of.the.QS.again.you.on.arose.K.}
<f057v°08--> {.his kingdom.C.you.blessed.BD.&.R.XX.you.BL.XD.Christ.&.O.}
<f057v°09--> {.XB.C.X3.A./.F.XC.\.BL.XD.C'BD.glory.the.before.of.C.}
<f057v°10--> {.holy.CO.I.SS.in.CO'I'CO.H.of his.you were.}
<f057v°11--> {.Christ.on.cross.your.CE'O.CX.come.earth.shook.}
<f057v°12--> {.the.OB'Q.the.KK.XJ.C.A.C.A.you.CX.&.this.the.}
<f058r°01--> {.C.RB.CX.&.Amen!.C'XV'C'XV'C.on.thy.the.CO.&.Amen!.with.C.CX.I.}
<f058r°02--> {.was.Christ.on.cross.arose.&.4.God.9.days.}
<f058r°03--> {.on.cross.this.BO.Jesus.over.you.in.NN.BU.disciple.}
<f058r°04--> {.((.AD.)).mount.&.you were.in.NN.BL.IR.you.&.}
<f058r°05--> {.faithful.9.days.when.come.O.father.God.C.heaven.}
<f058r°06--> {.on.his.father.mount.in.CX.D.be.C.Jesus.over.}
<f058r°07--> {.resurrected.O.(.CX.D.C.D.).to.mount.in.NN.O.given.}
<f058r°08--> {.to.C.you.come.you.on.BL.XD.&.BL.XD.on.XX.&.R.before.}
<f058r°09--> {./.UD.\.arose.in.first.century.&.in.5.}
<f058r°10--> {.1000.«.00.».D.&.in.ninety.D.I.9.D.Amen!.believe(d).}
<f058r°11--> {.come.on.CU.RO.AA.&.C.S.3.CE'O.Amen!.added.X.come.you.}
<f058r°12--> {./.to.3.CE'O.in.BL.XD.\.|.O.C.D.|.you.BE'I'O.≈.}
<f058v°01--> {.holy.UN.100.NH.100.in.BC.C.D.&.first.CE'O.OB.}
<f058v°02--> {.come.in.heaven.to.CO'D'CO.to.again.was.CO.you.}
<f058v°03--> {.CO.CE'O.CE'O.CE'O.CE'O.CE'O.come.you.&.C.S.3.CE'O.}
<f058v°04--> {.Amen!.added.C.come.you.CE'O.over.you.Q'Q'C'Q'D.you.}
<f058v°05--> {.C.XH'O'D.holy.((.AD.)).over.XL.CX.I.CX.D.CE'O.}
<f058v°06--> {.C'D'C.C.XH'O'D.holy.((.AD.)).over.AD.before.XW.}
<f058v°07--> {.church.over.C.cross.D.C.XH'O'D.holy.((.AD.)).}
<f058v°08--> {.over.C.F.O.CE'O.CE'O.bread.C'D'C.C.XH'O'D.}
<f058v°09--> {.holy.((.AD.)).over.in.NK'NY.CE'O.you.CE'O.}
<f058v°10--> {.&.come.you.CE'O.&.was.twenty.5.C.}
<f058v°11--> {.faithful.9.days.&.the.BZ.thirty.6.faithful.9.days.}
<f059r°01--> {.C.&.on.3.day.he.arose.again.Jesus Christ.}
<f059v°01--> {.hear.the holy word.}
<f059v°02--> {.of.ST Luke.one.}

<f059v°03--> {.of his.when.}
<f059v°04--> {.was.come.2.}
<f059v°05--> {.disciple.Jerusalem.in.only.}
<f059v°06--> {.to.CO.to.I.be.C.}
<f059v°07--> {.D.XV.X.be.in.C.X2.again.C.&.was.C.A.I.I.disciple.O.faithful.}
<f059v°08--> {.Jesus.&.was.I.I.BE'I'O.as.you.the.you.}
<f059v°09--> {.be.only.we.only.you.C'F'Q'I.Q.&.the.&.}
<f059v°10--> {.people.crying out.C.you.EQ.his.I.I.disciple.power.}
<f059v°11--> {.C'XV'OB'I'C.risen.when.|.Q'Q'Z'D.|.}
<f059v°12--> {.I.I.disciple.Jesus.fisherman.CO.A.CX.I.in.&.was.}
<f060r°01--> {.I.I.disciple.come.with.Jesus.over.I.I.disciple.CX.I.QV.XV.over.}
<f060r°02--> {.you.O.BE'I'O.by.Jesus.BF.D.your.}
<f060r°03--> {.I.I.disciple.pray.Q.this.I.disciple.you.as.gave.CU'D.}
<f060r°04--> {.YW.anointed.I.I.disciple.came.gave.be.Jesus Christ.}
<f060r°05--> {.disciple.C.C.this.I.we.O.you.BE'I'O.C'I'N.I.I.}
<f060r°06--> {.you.disciple.3.you.by.Luke.the.you.BT.}
<f060r°07--> {.C.XN.we.the.you.the.I'AG.K.X.XB.C.A.Q.A.}
<f060r°08--> {.as.this.C.before.people.Jerusalem.crying out.as.C.}
<f060r°09--> {.we.his.I.I.disciple.life.C.F.OB.I.C.only.}
<f060r°10--> {.risen.the.Jesus.&.you.before.on.thy.come.you.}
<f060r°11--> {.come.before.C'F'Q'I.you.Q.&.the.&.people.crying out.}
<f060v°01--> {.O.F.Q.F.Q.before.C.F'X2.((.I.)).arose.before.CX.D.C.C.MV.I.CD.}
<f060v°02--> {.C.A.Q.CU.C.&.before.C.C.UH.O.XA.O.}
<f060v°03--> {.over.you.before.be.O.C.XC.XV.RO.}
<f060v°04--> {.|.again.|.you.&.Q.C.first.Yahweh.C'XV'OB'I.}
<f060v°05--> {.R.LA.C.be.you.O.R.H.again.you.R.LA.this.I.}
<f060v°06--> {.disciple.the.BD.church.RB.O.you.O.arose.}
<f060v°07--> {.again.you.as.before.your.pray.C.}
<f060v°08--> {.|.«.00.».|.C.C.XX.the.IJ.R.O.you.O.}
<f060v°09--> {.arose.again.by.Jesus.XJ.RA.CO.BY.I.I.}
<f060v°10--> {.C.D.A.C.RA.C.we.C.CU.church.I.I.}
<f061r°01--> {.XJ.D.I.I.the.C'I'Q.before.again.O.O.(.pray.).}
<f061r°02--> {.by.Jesus.all.be.arose.son.God.}
<f061r°03--> {.came.before.again.O.O.(.pray.).O.(.pray.).}
<f061r°04--> {.you.before.O.father.heaven.over.died.C.F'X2.}
<f061r°05--> {.church.Jesus.O.CX'I'CX'D.OB.of.}
<f061r°06--> {.through.by.C'EY.Q.Luke.the.you.this.I.QD.Q.}
<f061r°07--> {.CX'CX.you.I'AG.Q.C.by.Jesus.O.V.CX.I.A.XD.}
<f061r°08--> {.to.CX.D.XD.OB.C.the.Jesus.risen.as.to.}
<f061r°09--> {.this.A.XD.arose.his.pray.the.life.&.the.Jesus.}
<f061r°10--> {.arose.your.pray.by.Jesus.OB.HF.XJ.faithful.}
<f061v°01--> {.HF.D.faithful.OB.C.the.Jesus.risen.as.before.H'HF.XJ.faithful.}
<f061v°02--> {.O.cross.Amen!.thy.in.D.C.R.you.the.C.A.O.&.on.the.Jesus.}
<f061v°03--> {.this.K.C.reborn.Amen!.CX'I'CX'D.CX.R.CX.D.H.gave.}
<f061v°04--> {.Jesus.OB.Abraham.Abraham.OB.C.the.}
<f061v°05--> {.Jesus.risen.&.gave.Jesus.gave.be.there.≈.}
<f061v°06--> {.Abraham.on.his.CO.your.QV.Abraham.give.}
<f061v°07--> {.his.son.I.I.C.C.over.you.CX.XV.QF.≈.}
<f061v°08--> {.on.C'QS.faithful.crying out.Abraham.on.}
<f061v°09--> {.O.again.this.this.I.XP.XB.on.I.I.C'BG.IR.C.to.YX.}

‹f061v°10--› {.give.C.KK.CX.AS.H.Q.I.I.C'BG.IR.C.CX'CX.arose.C.D.}
‹f062r°01--› {.&.was.come.on.the.church.faithful.D.faithful.I.BG.IR.C.}
‹f062r°02--› {.CX'CX.CX.XV.QF.by.I.I.C'BG.IR.C.BF.D.}
‹f062r°03--› {.his.father.C.KB.X.C.this.this.I.C.D.QV.&.come.CU.}
‹f062r°04--› {.this.XB.I.&.first.&.EG.God.be.&.first.}
‹f062r°05--› {.C'EY.10.CO.LT.CX.I.KB.C.father.CX.XV.QF.&.gave.}
‹f062r°06--› {.O.father.Abraham.O.in.there.CX.I.RO.≈.}
‹f062r°07--› {.QS.C.CO.&.was.O.again.this.R.CX.3.XB.I.G.}
‹f062r°08--› {.his.I.I.C'BG.IR.C.faithful.D.faithful.CX'CX.you.arose.C.D.over.}
‹f062r°09--› {.Q'Q'R'C.there.C'UM.on.mount.all.IH.all.}
‹f062r°10--› {.Abraham.C.will.before.you.his.in.the.before.}
‹f062v°01--› {.you.CX.XV.Q.by.Jesus.as.before.be.3.BG.IR.C.}
‹f062v°02--› {.C.give.his.father.the.&.the.Jesus.risen.be.}
‹f062v°03--› {.C.give.you.your.father.over.before.resurrected.}
‹f062v°04--› {.you.O.(.CX.D.C.D.).came.you.before.O.(.CX.D.C.D.).O.father.}
‹f062v°05--› {.God.heaven.&.was.come.disciple.you.the.to.CO.to.}
‹f062v°06--› {.by.Jesus.come.I.I.disciple.XJ'D'CO'BY.came.C'I'N.}
‹f062v°07--› {.anointed.you.given.C.XN.HX.I.H.you.CD.I.I.disciple.}
‹f062v°08--› {.C.again.XV.&.you were.be.I.I.disciple.C.you.&.I.I.}
‹f062v°09--› {.disciple.you.X.come.&.was.I.I.disciple.you.I.I.come.}
‹f062v°10--› {.you.disciple.you.over.many.C'I'N.disciple.C.H.R.over.}
‹f063r°01--› {.C'BG.disciple.I.I.this.S.thy/thou.&.C.X.D.LT.over.≈.}
‹f063r°02--› {.give.A.Jesus.only.EG.S.XH.H.H.EG.S.}
‹f063r°03--› {.faithful.AA.A.this.as.was.CU.F'X2.I.KB.}
‹f063r°04--› {.H'H'H.O.CX.D.≈.you.D.&.C.D.Q.C.&.C'UM.}
‹f063r°05--› {.C.EY'J.Jesus.&.was.I.I.apostle.O.R.this.I.}
‹f063r°06--› {.disciple.&.C'EK.EK.I.I.disciple.on.F.QV.this.R.I.I.disciple.}
‹f063r°07--› {.on.spirit.holy.CX.I.in.before.only.son.God.}
‹f063r°08--› {.C'I'Q.Jesus.I.I.disciple.his.C.all.this.over.}
‹f063r°09--› {.‹.all.CU'D.I.&.disciple.Jesus Christ.CO.EK.}
‹f063r°10--› {.you.C.K.C.O.3.disciple.hear.CX.holy word.}
‹f063v°01--› {.hear.the holy word.}
‹f063v°02--› {.of.ST John.}
‹f063v°03--› {.in.twenty.be.}
‹f063v°04--› {.of his.when.}
‹f063v°05--› {.O.C.BT.in.disciple.in.Jerusalem.}
‹f063v°06--› {.first.DB.6.O.}
‹f063v°07--› {.in.you.DB.this.10.there.}
‹f063v°08--› {.Jesus.BW.CX.D'R'N'D.&.was.come.ST Thomas.C.XJ.}
‹f063v°09--› {.first.ER'EQ.C.I'DR.C.disciple.&.gave.disciple.6.living.disciple.}
‹f063v°10--› {.O.I.you.&.gave.holy.CX.living.this.Thomas.the.C'XV.C.church.}
‹f063v°11--› {.law.the.this.XB.this.Thomas.the.church.C'EY.C.A.cross.O.I.}
‹f063v°12--› {.Thomas.your.hear.&.his.Thomas.this.Jerusalem.cross.BU.in.his.}
‹f064r°01--› {.your.O.Q.C.be.over.you.CX'CX.your.O.Q.C.be.&.}
‹f064r°02--› {.C'I'N.6.100.your.O.Q.C.be.by.Jesus.to.}
‹f064r°03--› {.be.first.his kingdom.&.was.anointed.I.I.in.be.C.}
‹f064r°04--› {.first.R.D.his.O.to.O.SS.I'AG.in.be.C.to.I.I.C'EY.F.K.}
‹f064r°05--› {.in.be.C.&.was.O.I.I.through.D.C.CO.I.XB.O.first.}
‹f064r°06--› {.C'AE.D.O.Q.C.be.the.his kingdom.&.was.come.CO'CO'CO.risen.}
‹f064r°07--› {.the.O.Q.C.be.over.CX'CX.the.O.Q.C.be.O.BG.}

<f064r°08--> {.over.the.6.K.K.K.in.be.C.O.in.be.C.O.CX.OB.}
<f064r°09--> {.the.C.R.be.to.the.I'AG.in.be.C.his.O.to.O.SS.O.in.be.C.}
<f064r°10--> {.O.cross.the.Q.C.be.over.Q.C.be.C.spirit.in.C'AE.D.}
<f064r°11--> {.over.in.I'AG.be.C.give.&.first.O.BG.over.}
<f064v°01--> {.to.in.UC.C.OB.BK.XD'X.the.this.RA.D.over.come.≈.}
<f064v°02--> {.CO'CO'CO.K.I.over.O.Q.C.be.O.BG.by.}
<f064v°03--> {.Jesus.C.&.before.I'AG.in.be.C.C.O.in.be.C.BU.R.}
<f064v°04--> {.XP.your.OA.BB.C.your.Q.C.be.over.give.you.}
<f064v°05--> {.&.first.C'IU'O.A.&.before.I'AG.in.be.C.O.in.CO'D'CO.}
<f064v°06--> {.before.XJ.C.your.O.Q.C.be.over.was.CO'CO'CO.}
<f064v°07--> {.LA.your.QV.O.Q.C.be.CX.I.you.in.be.C.come.&.H.gave.}
<f064v°08--> {.Jesus.disciple.your.C'XV.this.C.you.CU.K.first.Q.C.be.}
<f064v°09--> {.&.C.I.O.Q.C.be.CX'CX.C.XJ'D'CO'BY.C'EY.come.over.}
<f064v°10--> {.XJ'D'CO'BY.be.Amen!.first.in.be.the.be.C.}
<f064v°11--> {.first.C.you.blessed.there.hear./.the holy word.\.}
<f065r°01--> {.hear.the holy word.}
<f065r°02--> {.of.ST Matthew.}
<f065r°03--> {.in.7.of his.}
<f065r°04--> {.when.spirit.CO.}
<f065r°05--> {.D.Jesus Christ.}
<f065r°06--> {.H'HX'HF.3.days.}
<f065r°07--> {.when.gave.Jesus.}
<f065r°08--> {.disciple.your.come.C.XJ'D'CO'BY.C.F2'X2.CO.I.M.CO.}
<f065r°09--> {.CO.X.X.A.to.believe(d).((.EZ.)).10.CO'D'CO.C.DN.I.be.((.EZ.)).as.}
<f065r°10--> {.CO.X.D.CO.OB.you.believe(d).MA.C.K.A.disciple.we.}
<f065r°11--> {.&.((.EZ.)).10.before.church.came.be.CO.A.to.his.}
<f065v°01--> {.you.&.CO.hear.C.pope.by.Jesus.disciple.your.}
<f065v°02--> {.I.I.F.CX.3.F.C.K.C.K.C'I'N.XJ'D'CO'BY.BE'I'O.by.}
<f065v°03--> {.Jesus.CX.XS.K.C'XV.C.CA.C.D.on.C.K.L'D.will.on.CA.C.D.&.CX.XS.XV.}
<f065v°04--> {.C'XV'X.MB.I'AG.gave.on.DN.XB.C.father.again.on.CX.you.disciple.I'AG.AD.I.}
<f065v°05--> {.came.Q.before.I'AG.L'C'C.XV'C.the.I'AG.X.MB.gave.give.to.}
<f065v°06--> {.in.before.arose.CO'D'CO.L'C'C.XV'C.the.arose.CO'D'CO.XD.BL.give.}
<f065v°07--> {.came.I'AG.L'C'C.XV'C.C'BD.arose.CO'D'CO.XD.BL.give.again.}
<f065v°08--> {.Amen!.I'AG.X.MB.gave.I.IZ.to.in.before.arose.CO'D'CO.L'C'C.XV'C.}
<f065v°09--> {.C'BD.I'AG.MB.gave.give.again.Amen!.arose.CO'D'CO.XD.BL.}
<f065v°10--> {.give.by.Jesus.BC.UD.be.Q'Q'R'C.on.C'D'O.}
<f065v°11--> {.D.you.C.you.this.we.OB.the.you.C.appeared.&.gave.Jesus.}
<f066r°01--> {.IX.Q.FR.we.C'BD.I.I.K.gave.you.come.there.you.with.his.}
<f066r°02--> {.we.&.reborn.you.Amen!.CX'I'CX'D.CX.R.CX.D.the.we.}
<f066r°03--> {.C.OD.BK.D.we.CO.S.D.your.father.QV.&.the.we.}
<f066r°04--> {.Amen!.we.CO.OD.in.again.humble(d).B'O.to.O.SS.your.}
<f066r°05--> {.father.again.Amen!.come.we.on.conquered.XD.BL.}
<f066r°06--> {.O'XM.C.BO.C.be.O.I.CX.X.LT.CX.A.C.S.CX.}
<f066r°07--> {.conquered.to.&.we.be.BD.we.}
<f066r°08--> {.gave.3.you.CO.you.CO.you.reborn.you.Amen!.thy.the.we.}
<f066r°09--> {.Amen!.come.in.C.humble(d).his.O.to.O.SS.your.father.C.BO.C.}
<f066r°10--> {.be.we.C'D'O.C.you.&.mount.&.your.father.}
<f066r°11--> {.God.conquered.evil.hear.the holy word.}
<f066v°01--> {.hear.the holy word.}
<f066v°02--> {.of.ST John.}

<f066v°03--> {.XE.one.chapter.of his.}
<f066v°04--> {.when.gave.Jesus.}
<f066v°05--> {./.disciple.your.on.W.BW.\.}
<f066v°06--> {.I.I.F.CX.K.I.I.F.CX.K.C'I'N.XJ'D'CO'BY.BE'I'O.in.}
<f066v°07--> {.KV.C.D.XJ'D'CO'BY.be.church.O.your.O.father.}
<f066v°08--> {.in.your.&.CO.we.D.K.Amen!.XJ'D'CO'BY.reborn.give.}
<f066v°09--> {.O.humble(d).O.X.C'I'N.Christ.&.the.gave.BE'I'O.Jesus.}
<f066v°10--> {.on.C.XN.disciple.your.&.gave.BF.D.your.son.≈.}
<f067r°01--> {.C'D'O.C'I'N.XJ'D'CO'BY.F.Q.D.you.son.XJ'D'CO'BY.}
<f067r°02--> {.«.88.».C.you.BE'I'O.disciple.&.gave.disciple.rock.disciple.the.you.}
<f067r°03--> {.church.C.A.C.the.you.I.only.son.faithful.God.&.gave.}
<f067r°04--> {.Jesus.BF.D.your.son.C'I'N.the.C.D./.AE.\.}
<f067r°05--> {.this.CC.C.XJ'D'CO'BY.faithful.XC.M.be.C.you.}
<f067r°06--> {.C'I'N.only.son.faithful.God.C.K.R.&.C.G.I.XJ'D'CO'BY.}
<f067r°07--> {.«.88.».church.pray.came.C'I'N.C.RA.come.}
<f067r°08--> {.LA.arose.C.you.arose.CX.I.O.church.C'I'N.XJ'D'CO'BY.CX.CU.S'D.}
<f067r°09--> {.in.you.C.C.RA.C.D.disciple.came.XJ'D'CO'BY.be.disciple.BC.H.O.}
<f067r°10--> {.on.you.anointed.came.XJ'D'CO'BY.disciple.Amen!.disciple.on.disciple.CO.}
<f067r°11--> {.BF.QV.CO.faithful.C.come.ED.C.to.over.C.&.first.&.}
<f067v°01--> {.first.«.99.».over.C'I'N.on.3.days.I.living.≈.}
<f067v°02--> {.again.C.by.C'I'N.XJ'D'CO'BY.CX.D.C.D.in.}
<f067v°03--> {.church.crying out.faithful.XB.church.be.}
<f067v°04--> {.D.be.conquered.evil.&.I.I.}
<f067v°05--> {.we.A.XJ'D'CO'BY.faithful.MN.be.disciple.first.}
<f067v°06--> {.God.church.disciple.&.we.be.BK.faithful.church.}
<f067v°07--> {.&.first.we.reborn.again.Amen!.we.C'I'T.}
<f067v°08--> {.7.Q.&.we.be.church.X.in.Jesus.NT.6.Q.}
<f067v°09--> {.we.be.reborn.came.the.C.you.only.God.}
<f067v°10--> {.hear.the holy word.CU.XS.C.anointed.we.church.}
<f067v°11--> {.in.Jesus.&.C.hear.K.reborn.BE'I'O.holy.CO.100.disciple.}
<f068r°01--> {.the.J.J.pray.his.C.100.anointed.we.C.100.church.}
<f068r°02--> {.in.Jesus.&.C.hear.K.3.church.we.CO.100.to.}
<f068r°03--> {.in.CX'CX.we.CO.100.reborn.through.church.we.}
<f068r°04--> {.CO.100.in.there.O.II.Amen!.with.&.Amen!.we.as.C.we.}
<f068r°05--> {.C.we.faithful.MN.be.we.reborn.to.I.I.anointed.}
<f068r°06--> {.we.C.100.church.in.Jesus.&.name.all.IH.all.}
<f068r°07--> {.church.church.we.CO.100.O.Jesus.in.your.}
<f068r°08--> {.&.C.hear.K.to.3.anointed.we.CO.100.church.in.}
<f068r°09--> {.Jesus.&.C.hear.K.reborn.O.Jesus.in.your.}
<f068r°10--> {.&.and.C.hear.K.faithfully.be.we.reborn.D.hear.}
<f068r°11--> {.«.00.».the.disciple.holy word.«.00.».}
<f068v°01--> {.hear.the holy word.}
<f068v°02--> {.of.ST John.in.}
<f068v°03--> {.sixteen.chapter.of his.}
<f068v°04--> {.when.gave.Jesus.}
<f068v°05--> {.disciple.your.on.W.}
<f068v°06--> {.BW.C'I'N.come.you.your.father.XJ'D'CO'BY.apostle.}
<f068v°07--> {.crying out.faithful.C.forever.the.CX.Q.C'I'N.come.C.S.}
<f068v°08--> {.on.arose.you.arose.over.C'I'N.XJ'D'CO'BY.come.Holy Spirit.}
<f068v°09--> {.«.88.».to.Q.C'I'N.this.arose.C.XJ'D'CO'BY.come.J.C.}

<f068v°10--> {.Holy Spirit.you.arose.over.C'I'N.XJ'D'CO'BY.}
<f068v°11--> {.come.Holy Spirit.over.XJ'D'CO'BY.be.O.3.}
<f068v°12--> {.C'D'O.through.O.XF'XX.to.I.I.O.only.to.3.C'D'O.}
<f069r°01--> {.&.was.XJ'D'CO'BY.come.the.Holy Spirit.O.spirit.}
<f069r°02--> {.C.F'X2.give.XJ'D'CO'BY.LO.Amen!.I'AG.over.be.}
<f069r°03--> {.C'A'A'A.CX.I.X.as.was.CU.10.X2.I.QS.}
<f069r°04--> {.people.Q.C'EK.C.K.be.in.BL.O.D.Q.I.&.faithful.be.}
<f069r°05--> {.come.C'D'C.we.Q.Yahweh.DB.C'D'O'D.}
<f069r°06--> {.came.be.BC.people.crying out.hear.the holy word.}
<f069r°07--> {.hear.the holy word.}
<f069r°08--> {.of.ST Luke.in.seventeen.}
<f069r°09--> {.chapter.of his.gave.}
<f069r°10--> {.Jesus.disciple.your.on.}
<f069r°11--> {.W.BW.C'I'N.C.you.disciple.I'AG.AD.Q.father.your.before.}
<f069v°01--> {.CX.I.in.to.XJ'D'CO'BY.C'K'RA'BS'CE.I'AG.over.come.}
<f069v°02--> {.father.your.CX.I.in.mount.CX.F.I.C.CX.PF.the.6.you.}
<f069v°03--> {.disciple.I'AG.AD.R.over.C.S.K.CX.K.RA.BS.I.I.all.XW'X.}
<f069v°04--> {.CX.give.the.O.Q.IJ.over.CX.K.RA.BS.BK.}
<f069v°05--> {.on.XN.OB.by.Jesus.&.we.be.}
<f069v°06--> {.in.you.law.RO.BG.you.C.A.S.I.C.CC.&.C'I'N.be.}
<f069v°07--> {.in.O.X.you.X2.X.O.I.by.Jesus.disciple.your.BF.D.his.}
<f069v°08--> {.you.son.the.law.in.BG.you.C'BD.disciple.CX.BG.Q.}
<f069v°09--> {.I.LA.Matthew.O.R.C'I'N.XJ'D'CO'BY.S.CO.BE'I'O.}
<f069v°10--> {.you.&.we.be.your.law.in.C'BG.we.O.}
<f069v°11--> {.we.be.in.you.law.in.you.C.A.S.I.C.CC.&.C'I'N.}
<f070r°01--> {.be.you.in.OI.you.O.F.gave.Jesus.R.CX.D'R'N'D.}
<f070r°02--> {.O.father.your.the.CX.K.RA.BS.CX.LT.Peter.I'AG.}
<f070r°03--> {.LA.X.MB.CX.give.the.&.the.CX.I.RA.BS.CE'O.CX.I.O.father.}
<f070r°04--> {.his.you.Q.CO.Amen!.LA.X.MB.CX.C'BG.over.come.father.your.}
<f070r°05--> {.I.I.before.CX.I.in.over.the.to.XY.CX.CX.K.AS.NY.CX.}
<f070r°06--> {.give.before.CX.I.in.over.before.EA.X2.on.BL.XD.}
<f070r°07--> {.XM.CO.AS.6.CO.X.D.O.I.6.LT.6.A.C.S.CX.conquered.}
<f070r°08--> {.«.88.».by.Jesus.as.before.O.father.your.}
<f070r°09--> {.you.BS.&.C'I'N.XJ'D'CO'BY.in.&.gave.Jesus.BF.D.}
<f070r°10--> {.your.son.&.XJ'D'CO'BY.in.came.be.disciple.in.in.}
<f070v°01--> {.in.law.XJ'D'CO'BY.be.your.law.QE.10.C'BG.disciple.}
<f070v°02--> {.gave.Jesus.&.we.be.C'BG.CA.XS.this.SS.I.}
<f070v°03--> {.you.S.XJ'D'CO'BY.through.through.you.I.in.I.XV.C.D.XJ.D.}
<f070v°04--> {.be.church.|.O.father.CV.|.O.your.O.father.in.}
<f070v°05--> {.your.&.his.hear.K.Amen!.XJ'D'CO'BY.reborn.C.D.J.}
<f070v°06--> {.hear.CX.R.holy word./.XS.\.C.anointed.we.church.}
<f070v°07--> {.in.Jesus.&.name.reborn.BE'I'O.holy.100.XM.}
<f070v°08--> {.the.this.pray.his.CO.100.anointed.we.CO.100.}
<f070v°09--> {.church.in.Jesus.&.name.3.church.we.CO.100.}
<f070v°10--> {.to.in.CX'CX.we.CO.100.reborn.through.church.}
<f071r°01--> {.we.CO.100.in.there.O.I.Amen!.with.&.Amen!.we.as.}
<f071r°02--> {.C.we.BT.C.O.O.A.faithful.MN.be.we.reborn.}
<f071r°03--> {.to.I.I.C.anointed.we.CO.100.church.in.your.&.}
<f071r°04--> {.CO.X.hear.K.all.XS.IR.all.church.church.we.CO.100.}
<f071r°05--> {.O.Jesus.in.your.&.name.to.3.anointed.}

<f071r°06--> {.we.CO.100.church.in.your.&.name.reborn.}
<f071r°07--> {.O.Jesus.in.your.&.name.faithfully.be.}
<f071r°08--> {.we.reborn.hear.the.disciple.holy word.«.00.».XC.O.}
<f071r°09--> {.hear.the holy word.of.}
<f071r°10--> {.ST Luke.in.&.and.&.and.&.and.&.and.his.}
<f071r°11--> {.of.gave.Jesus.disciple.your.}
<f071r°12--> {.on.W.BW.XJ'D'CO'BY.CO.ED.CX.}
<f071v°01--> {.life.BK.on.CO'CO'CO.as.first.XW'X.disciple.M.Amen!.}
<f071v°02--> {.C.your.&.name.&.was.XJ'D'CO'BY.}
<f071v°03--> {.CO.ED.CX'CX.6.disciple.gave.the.before.added.R.before.R.F.R.}
<f071v°04--> {.rock.BE.I.you.over.you.power.arose.over.XJ'D'CO'BY.}
<f071v°05--> {.be.BC.HF.O.on.you.anointed.to.first.life.be.}
<f071v°06--> {.C.D.Q.C.A.Q.C.XJ'D'CO'BY.gave.be.C'I'Q.HF.DB.}
<f071v°07--> {.CX.I'AG.CO.RO.as.was.C.F.O.R.Yahweh.H.XV.OB.I.C.}
<f071v°08--> {.son.C'D'HY.C.A.BC.cross.cross.cross.anointed.to.was.}
<f071v°09--> {.«.88.».C'D'HY.O.C.D.on.son.debt(s).the.I.be.}
<f071v°10--> {.&.XJ'D'CO'BY.HF.O.to.life.debt(s).CX'CX.BC.HF.O.}
<f071v°11--> {.added.&.CX.I.C.before.on.C'D'O'D.to.XJ'D'CO'BY.HF.O.BC.}
<f071v°12--> {.debt(s).added.&.this.C.before.on.C'D'O'D.hear.the holy word.}
<f072r°01--> {.hear.the.}
<f072r°02--> {.holy word.of.}
<f072r°03--> {.holy.CO.I.I.XZ.in.2.}
<f072r°04--> {.&.fifteen.chapter.}
<f072r°05--> {.of his.when.}
<f072r°06--> {.was.on.risen.}
<f072r°07--> {.The Christ.40 days.when.was.}
<f072r°08--> {.many.disciple.this.BL'XX.the.BE.I.in.you.DB.C.T'T.there.}
<f072r°09--> {.Jesus.BW.crying out.when.|.W'CE'T'Q'Q.|.Jesus.}
<f072r°10--> {.«.88.».disciple.your.in.CX.D.C.D.K.we.P.over.≈.}
<f072r°11--> {.many.C.disciple.C.BL.X4.over.CD.UC.on.church.}
<f072v°01--> {.&.gave.Jesus.XJ'D'CO'BY.come.disciple.on.thy.faithful.MN.}
<f072v°02--> {.CO.all.Yahweh.in.your.name.&.we.}
<f072v°03--> {.be.Yahweh.in.&.name.father.son.}
<f072v°04--> {.I.Holy Spirit.faithful.MN.be.you.C.church.}
<f072v°05--> {.Amen!.we.reborn.&.first.C'I'T.C.QE.}
<f072v°06--> {.FQ.&.we.to be.man.CU'C.AE.faithful.MN.you.C.be.}
<f072v°07--> {.church.&.first.C.reborn.again.Amen!.we.}
<f072v°08--> {.C'I'T.C.BS.BE.I.&.we.be.you.C.church.}
<f072v°09--> {.O.be.BC.people.crying out.Amen!.I.in.your.}
<f072v°10--> {.&.name.be.we.in.your.&.be.}
<f072v°11--> {.O.D.K.F.Q.F.Q.C.F'X2.((.I.)).arose.we.C.IH.C.again.≈.}
<f073r°01--> {.be.we.in.your.&.name.before.in.}
<f073r°02--> {.we.C'D'C.R.be.C.7.CO'D'CO.C'BG.in.}
<f073r°03--> {.faithful.D.C.D.we.C'BD.O.R.Peter.we.in.}
<f073r°04--> {.your.&.name.I.R.arose.C.C.A.KE.&.C.XS.XB.C.}
<f073r°05--> {.R.we.debt(s).C.I'AG.C.be.we.in.your.}
<f073r°06--> {.&.CO.hear.C.on.S.I.I.O.D.our.this.to.BU.}
<f073r°07--> {.the.D.before.be.we.O.XA.Amen!.in.your.&.be.O.}
<f073r°08--> {.D.DR.be.we.BC.people.be.R.D.I.D.&.}
<f073r°09--> {.gave.Jesus.C'I'N.come.C.your.O.father.C.XJ'D'CO'BY.}

<f073r°10--> {.you.&.there.before.you.come.&.C'I'N.XJ'D'CO'BY.come.you.}
<f073r°11--> {.Holy Spirit.over.be.disciple.C'A'C'AS.HF.A.in.HF.}
<f073v°01--> {.BX.&.gave.Jesus.disciple.your.come.disciple.on.CX.K.C.MB.D.}
<f073v°02--> {.XM.C'I'N.CX.6.you.added.only.&.will.your.O.}
<f073v°03--> {.father.&.OB.come.you.O.disciple.to.apostle.7.C.you.come.disciple.}
<f073v°04--> {.&.was.O.O.I.you.on.disciple.&.gave.you.law.XJ'D'CO'BY.}
<f073v°05--> {.&.was.OB.come.you.on.XN.&.I.I.O.O.I.you.on.disciple.}
<f073v°06--> {.&.gave.you.law.XJ'D'CO'BY.&.was.OB.come.you.on.}
<f073v°07--> {.XN.to.disciple.CX.I.C.you.C.DN.BS.&.3.O.O.I.you.on.disciple.}
<f073v°08--> {.&.gave.you.law.XJ'D'CO'BY.&.was.OB.come.you.}
<f073v°09--> {.on.XN.&.4.O.O.I.you.on.disciple.&.gave.you.law.XJ'D'CO'BY.}
<f073v°10--> {.«.88.».&.was.OB.come.you.on.XN.&.5.O.}
<f073v°11--> {.O.I.you.on.disciple.&.gave.you.C'I'N.XJ'D'CO'BY.law.O.}
<f074r°01--> {.C'DB'J.your.&.your.O.father.conquered.}
<f074r°02--> {.evil.came.CX'CX.Jesus.C.you.pope.anointed.}
<f074r°03--> {.C'D'C.O.father.your.on.C'D'O'D.was.}
<f074r°04--> {.come.father.C'D'O.faithful.over.arose.we.&.gave.you.disciple.}
<f074r°05--> {.XJ'D'CO'BY.be.CO'CO'CO.your.XQ.over.}
<f074r°06--> {.((.AD.)).C.cross.on.Amen!.disciple.&.CU'D.the.CX.X.D.CX'I'CX'D.}
<f074r°07--> {.OL.CX.I.C.Jesus.over.O.C.A.D.Jesus.C.A.}
<f074r°08--> {.C.BO.you.CX.come.C.AS.C.over.C.cross.Amen!.will.thy.}
<f074r°09--> {.over.you.give.C.heaven.BT.when.gave.Saint.}
<f074r°10--> {.Peter.rock.as.the.you.anointed.disciple.(.pray.).gave.}
<f074v°01--> {.Jesus.the.your.son.(.pray.).father.our.}
<f074v°02--> {.&.you.in.heaven.holy.the.name.his.father.come.we.}
<f074v°03--> {.in.his kingdom.his.father.be.will.your.as.above.}
<f074v°04--> {.the.&.earth.this.day.today.our.bread.}
<f074v°05--> {.give.you.we.today.day.this.we.sin.}
<f074v°06--> {.forgive.as.C.we.forgive.our.debt(s).}
<f074v°07--> {.come.we.in.test.O.save.O.before.evil.}
<f074v°08--> {.of.ST Matthew.in.his.book.be.IX'I'I'HK.}
<f074v°09--> {.Saint Peter.rock.you.C.A.D.be.C.X'K.EK.}
<f074v°10--> {.C'D'O.X.D.gave.Jesus Christ.to.C'I'Q.BK.BK.}
<f075r°01--> {.I.to.BK.C.BK.I.I.C.many.to be.&.3.gave.Saint Peter.}
<f075r°02--> {.rock.as.disciple.QS.BT.of.gave.Jesus.first.}
<f075r°03--> {.D.of.disciple.II.to.I.I.QV.R.&.was.}
<f075r°04--> {.heaven.I'I'XJ.be.C.Jesus.&.was.}
<f075r°05--> {.come.Jesus.C.heaven.BT.over.you.((.I.)).O.}
<f075r°06--> {.all.I.all.came.CX'CX.Jesus.you were.}
<f075r°07--> {.disciple.God.C.BO.on.the.thy.&.was.I.I.}
<f075r°08--> {.Q'Q'C'Q'D.Olivet.mount.OI.X2.O.I.QV.C.}
<f075r°09--> {.M.by.mount.mount.XJ'D'CO'BY.}
<f075r°10--> {.disciple.BF.D.QV.CO.this.C.RB.as.you.debt(s).O.I.>.}
<f075v°01--> {.all.I.all.in heaven.to.CO.hear.CO.the.debt(s).}
<f075v°02--> {.CX'CX.you.come.on.C'D'O'D.C'D'O.faithful.over.arose.}
<f075v°03--> {.we.&.gave.I.&.the.Olivet.mount.come.disciple.in.}
<f075v°04--> {.disciple.BF.D.QV.CO.HX'HF'H.you.O.CX.BT.in.disciple.we.≈.}
<f075v°05--> {.over.CU.O.CX.O.I.Q.I.crying out.Olivet.}
<f075v°06--> {.mount.hear.the holy word.you.before.in.you.disciple.in.}
<f075v°07--> {.BE'I'O.you.disciple.Jesus Christ.}

<f075v°08--> {.was.disciple.(.pray.).}
<f075v°09--> {.your.son.}
<f075v°10--> {.the.father.our.}
<f076r°01--> {.R.BT.CC.be.C.C.disciple.BC.gave.through.of.holy.CO.C.Peter.disciple.BC.A.}
<f076r°02--> {.in.I.CO.of his.when.was.Jesus Christ.}
<f076r°03--> {.in.grave.D.&.3.days.&.5.this.&.3.days.in.}
<f076r°04--> {.when.D.be.disciple.BL.Jesus.by.Saint Peter.}
<f076r°05--> {.rock.CX'CX.A.this.Peter.XW'X.C.F.IJ.C.be.Peter.}
<f076r°06--> {.C.BO.CO.by.Jesus Christ.Peter.Peter.to.}
<f076r°07--> {.in.7.CX.I.first.D.C.F'X2.C'XF'XX.we.}
<f076r°08--> {.D.EY.the.Peter.XW'X.we.before.to.in.come.we.XW'X.}
<f076r°09--> {.church.XW'X.we.before.give.A.C.BO.you.CX.come.}
<f076r°10--> {.C.F.R.C.we.XW'X.over.R.Q'R'C'C.Jesus Christ.}
<f076v°01--> {.all.I.all.on.C'UM.C.heaven.BT.Peter.Peter.to.in.S'O.}
<f076v°02--> {.before.we.CU'D.disciple.XJ'D'CO'BY.C'XF'XX.C.this.CU.O.}
<f076v°03--> {.C.AS.K.we.disciple.XF'XX.C.S.I.CU.CO.X.XF'XX.we.his.}
<f076v°04--> {.we.XF'XX.D.again.to.in.be.BC.we.XF'XX.to.}
<f076v°05--> {.C'BP.to.6.DB.CO.EY.CO.XB.to.C'C'C'D.XB.C.the.C.in.}
<f076v°06--> {.UD.arose.we.to.R.I.IJ.we.to.O.be.give.}
<f076v°07--> {.we.to.EF.C.we.to.D.EK.EK.we.to.BC.}
<f076v°08--> {.I.S.Q.all.D.we.to.BC.C.BO.CO.we.the.on.Peter.}
<f076v°09--> {.gave.Jesus Christ.came.be.Peter.C.CO.I.LO.to.in.LO.}
<f076v°10--> {.we.the.R.C'I'T.as.was.we.arose.to.}
<f077r°01--> {.CX.H.CX.D.we.C.RO.XW'X.we.to.O.EZ.O.D.O.}
<f077r°02--> {.we.to.C.RO.only.we.to.O2.C'D'O.we.}
<f077r°03--> {.R.BE'I'O.holy.CO.100.«.99.».HF.gave.Jesus Christ.the.C.S.}
<f077r°04--> {.we.C'XF'XX.first.XF'XX.C.RO.reborn.&.Q.XB.}
<f077r°05--> {.we.C.A.XB.D.O.K.A.D.on.C'XF'XX.C.Jesus Christ.}
<f077r°06--> {.first.XF'XX.C.RO.reborn.again.Amen!.we.XF'XX.C'I'T.}
<f077r°07--> {.gave.Jesus Christ.Peter.Peter.EK.O.be.the.C.in.RO.again.}
<f077r°08--> {.we.XF'XX.C.be.disciple.the.we.XF'XX.O.C.I'AG.C.this.CU.}
<f077r°09--> {.LO.XF'XX.we.our.XF'XX.all.LO.EY.on.faithful.you.G.}
<f077r°10--> {.we.|.on.O.Jerusalem.arose.|.LA.book.D.R.in.be.we.gave.we.the.}
<f077v°01--> {.before.in.Jesus Christ.came.before.gave.Jesus Christ.C.Peter.}
<f077v°02--> {.to.O.on.QV.disciple.we.CU'D.CT.IK'D.we.XF'XX.come.C.}
<f077v°03--> {.Peter.C.we.XF'XX.C.CX.Q.over.we.on.XF'XX.}
<f077v°04--> {.EK'EY.came.the.we.XF'XX.EA.to.C.again.this.we.}
<f077v°05--> {.EA.C.CO.again.disciple.the.we.XF'XX.O.C.I'AG.CO.XF'XX.}
<f077v°06--> {.O.O.I.his.we.XF'XX.D.again.come.Peter.C.Peter.I.I.}
<f077v°07--> {.C.we.XF'XX.over.we.on.XF'XX.EK'EY.came.the.we.XF'XX.}
<f077v°08--> {.EA.X2.to.C.again.this.we.EA.C.CO.again.disciple.the.we.XF'XX.}
<f077v°09--> {.O.C.I'AG.CO.XF'XX.we.his.we.XF'XX.D.again.}
<f077v°10--> {.come.Peter.C.Peter.3.C.we.XF'XX.over.we.}
<f078r°01--> {.on.C'XF'XX.EK'EY.came.the.we.XF'XX.EA.X2.V'X.C.again.this.we.}
<f078r°02--> {.EA.X2.give.we.XF'XX.C.RA.give.O.C'EY.EK'EY.O.X.in.}
<f078r°03--> {.J'C.Q.to.came.the.be.only.only.C.we.XF'XX.came.}
<f078r°04--> {.CO.A.to.C'D'O.we.K.God.CO.CO.C'D'O.we.only.C'D'O.}
<f078r°05--> {.S.amen.CX.XV'CO.CO.A.to.C'D'O.to.CO.A.to.C'D'O.we.}
<f078r°06--> {.only.we.CO.A.to.O.C'D'O.C'I'T.before.in.BL.XD.}
<f078r°07--> {.before.conquered.believe(d).only.C'D'O.we.Amen!.}

<f078r°08--> {.C.A.CO.only.C'D'O.I.EQ.CO.C'D'O.we.CO.A.to.}
<f078r°09--> {.O.C'D'O.S.Amen!.CX.XV.CO.only.C'D'O.there.BE'I'O.Amen!.of.}
<f078r°10--> {.&.Amen!.believe.&.Amen!.NH.100.&.Amen!.father.father.holy.D.&.holy word.}
<f078v°01R0> {.Abraham.}
<f078v°01C0> {.son.O.God.}
<f078v°01L0> {.Moses.C.you.}
<f078v°02--> {.there.before.in.there.before.XW'X.there.}
<f078v°03--> {.C.K.risen.be.with.Amen!.thy/thou.you.}
<f079r°01--> {.in.Amen!.thy.C.heaven.EK.O.I.I.Amen!.mount.mount.mount.CU.XV.CO.}
<f079r°02--> {.Q.C.C.QV.C.II.O.first.you.first.XJ.D'O.O.you.X2.O.I.BE.O.holy.CO.100.}
<f079r°03--> {.«.99.».pray.his.CO.|.CO.|.the.you.only.C'D'O.O.you.O.I.X.you.X.Jesus Christ.}
<f079r°04--> {.the.you.be.C'D'O.Amen!.thy.first.as.Q.J.Amen!.}
<f079r°05--> {.we.only.our.only.I'AG.XW'X.gave.in.crying out.&.}
<f079r°06--> {.give.there.before.the.you.only.C'D'O.O.X.you.X.O.I.&.there.Amen!.}
<f079r°07--> {.we.be.give.BB.XC.be.O.there.OB.again.we.}
<f079r°08--> {.CA.Peter.C'I'T.C.pray.10.X4.faithful.man.CX.R.CC.}
<f079r°09--> {.C'I'T.give.K.A.OB'C.C.BL.C.RA.&.9.days.DB.R.CO.}
<f080r°01--> {.hear.word.of.ST John.in.10.6.CO.of his.}
<f080r°02--> {.when.gave.Jesus.disciple.your.on.W.BW.C'I'N.}
<f080r°03--> {.come.you.your.father.XJ'D'CO'BY.apostle.crying out.}
<f080r°04--> {.faithful.C.forever.the.C.in.C'I'N.come.C.S.on.arose.you.}
<f080r°05--> {.arose.over.C.K.you.XJ'D'CO'BY.come.Holy Spirit.to.}
<f080r°06--> {.Q.C'I'N.this.arose.C.XJ'D'CO'BY.C.S.come.on.Holy Spirit.}
<f080r°07--> {.you.arose.over.C'I'N.XJ'D'CO'BY.come.Holy Spirit.}
<f080r°08--> {.over.XJ'D'CO'BY.be.O.3.C'D'O.through.O.XF'XX.}
<f080r°09--> {.to.I.I.O.only.faithful.to.3.O.D'O.&.was.XJ'D'CO'BY.}
<f080r°10--> {.come.the.Holy Spirit.O.spirit.C.F'X2.give.XJ'D'CO'BY.}
<f080v°01--> {.LO.Amen!.I'AG.over.be.disciple.CA.I.C.AS.HF.came.in.HF.Q.C.}
<f080v°02--> {.QS.XJ'D'CO'BY.R.be.BC.people.Q.C.KE.CO.K.be.}
<f080v°03--> {.in.days passed.&.faithful.CO'D'HY.C'D'C.O.O.RA.O.Yahweh.}
<f080v°04--> {.DB.C'D'O'D.hear.the.before.apostle.holy word.hear.}
<f080v°05--> {.the holy word.of.ST Luke.in.I.I.CO.of his.when.}
<f080v°06--> {.was.on.risen.The Christ.40 days.&.W.}
<f080v°07--> {.you.be.40 days.when.all.disciple.on.(.pray.).}
<f080v°08--> {.in.you.DB.S.XV.10.there.Jesus.BW.crying out.on.added.}
<f080v°09--> {.10.D.&.was.came.the.10.D.when.all.disciple.on.}
<f080v°10--> {.(.pray.).over.DP'C'DP.Saint Peter.C.holy.((.AD.)).by.}
<f081r°01--> {.Saint Peter.Q.EU.disciple.C.rock.BE'I'O.C.F.disciple.be.you.}
<f081r°02--> {.O.C'EY.CX.you.come.Holy Spirit.C.A.C.Peter.CO.arose.D.the.}
<f081r°03--> {.be.by.holy.((.AD.)).was.come.father.O.12.A.you.}
<f081r°04--> {.come.Holy Spirit.father.Abraham.over.Abraham.}
<f081r°05--> {.spirit.come.on.50 days.C.F.spirit.}
<f081r°06--> {.&.disciple.((.AD.)).C.A.come.on.BC.Q.gave.gave/given.Jesus.father.your.}
<f081r°07--> {.C'I'N.O.CX.A.C.you.come.your.pray.Holy Spirit.}
<f081r°08--> {.&.your.XQ.by.father.as.CE'QV'CO.A.CX'CX.come.}
<f081r°09--> {.to.QE.come.in.God.son.spirit.you.father.son.Holy Spirit.}
<f081r°10--> {.this.X.again.O.A.D.the.thy.on.cross.risen.by.father.holy.}
<f081v°01--> {.spirit.give.on.spirit.O'XM.CE'QV'CO.A.}
<f081v°02--> {.over.come.spirit.O.we.disciple.((.AD.)).power.&.we.}
<f081v°03--> {.the.spirit.6.BT.O.disciple.power.over.give.on.spirit.}

‹f081v°04--› {.X.spirit.holy.O'XM.CE'QV'CO.RA.over.come.spirit.D.}
‹f081v°05--› {.O.we.disciple.((.AD.)).power.&.we.spirit.C'EY.O.}
‹f081v°06--› {.we.disciple.((.AD.)).power.BC.CU.C.C.D.TK.}
‹f081v°07--› {.BC.C.PF.BL.in.CE'QV'CO.S.risen.in.C.Jerusalem.in.O'XM.}
‹f081v°08--› {.O.CE'QV'CO.A.over.O.I.power.the.O'XM.≈.}
‹f081v°09--› {.CE'QV'CO.RA.&.O.L'X2.on.the.DB.Q.this.be.disciple.((.AD.)).}
‹f081v°10--› {.on.(.pray.).by.life.power.C'XV'OB'I.CO.the.C.in.}
‹f082r°01--› {.you.BF.church.disciple.Amen!.C.PF.BL.over.come.CU.A.H.HR.H.}
‹f082r°02--› {.R.O.I.came.CX.D.C.power.CX.BF.the.Amen!.C.PF.BL.&.was.}
‹f082r°03--› {.«.88.».power.come.CU.A.in.DB.Q.this.be.disciple.((.AD.)).on.}
‹f082r°04--› {.(.pray.).this.Amen!.CX.A.C.O.disciple.((.AD.)).on.(.pray.).D.}
‹f082r°05--› {.humble(d).Q.J.blessed.disciple.((.AD.)).C.you.blessed.you.God.}
‹f082r°06--› {.Q.&.the.&.the.came.in.HF.faithful.by.H'HF.F.C'EY.C.}
‹f082r°07--› {.the.disciple.Jerusalem.son.O.I.as.A.in.HF.Q.C.by.disciple.}
‹f082r°08--› {.CO.before.be.disciple.rock.O.6.BT.CX.you.come.Holy Spirit.C.XY.}
‹f082r°09--› {.disciple.I.Q.C'XV.come.O.UD.D.power.3.1000.years.}
‹f082r°10--› {.UD.D.give.church.Jesus Christ.((.EZ.)).over.XX.Amen!.}
‹f082v°01--› {.we.power.disciple.((.AD.)).give.Holy Spirit.&.I.I.D.man.O.}
‹f082v°02--› {.power.O2.&.CU.O.Yahweh.3.1000.C.C.D.&.}
‹f082v°03--› {./.I.10.twenty.\.10.I.G.6.son.&.O.I.G.give.holy.}
‹f082v°04--› {.spirit.FA.on.spirit.Holy Spirit.Amen!.we.power.}
‹f082v°05--› {.I.G.disciple.((.AD.)).give.Holy Spirit.&.church.Jesus Christ.}
‹f082v°06--› {.«.88.».FA.on.church.we.CX'CX.I.C'BD.C.heaven.}
‹f082v°07--› {.to.pray.hear.the holy word.the.Holy Spirit.O.}
‹f082v°08--› {.the.spirit.on.father.faithful.BK.come.CU.10.spirit.to.3.}
‹f082v°09--› {.the.son.O.C.father.many.O.I.as.before.the.C'A'C'AS.}
‹f082v°10--› {.«.88.».you.CX.((.EZ.)).the.C'A'C'AS.you.CX.before.3.I'AG.through.}
‹f083v°01--› {.before.I'AG.on.R.before.((.I.)).to.II.before.I'AG.R.C'XV.6.to.3.before.I'AG.}
‹f083v°02--› {.O.((.OX.)).C.again.C.AS.you.CX.((.OX.)).((.I.)).OB.C.son.God.to.R.this.BO.}
‹f083v°03--› {.OB.C.Holy Spirit.to.O.((.OX.)).OB.C.O.father.on.the.you.O.((.OX.)).}
‹f083v°04--› {.on.come.K.A.((.I.)).on.come.K.A.R.this.BO.on.come.K.A.son.on.O.father.}
‹f083v°05--› {.on.come.I.K.A.Holy Spirit.on.O.father.as.before.C'A'C'AS.you.BK.}
‹f083v°06--› {.first.CE'QV'CO.RA.the.}
‹f083v°07--› {.before.only.God.to.I.}
‹f083v°08--› {.before.the.C'BD.anointed.as.}
‹f083v°09--› {.given.C.heaven.earth.}
‹f083v°10--› {.shook.&.in.your.TE.C.spirit.}
‹f083v°11--› {.C.heaven.to.CO.to.O.to.&.earth.}
‹f084r°01--› {.when.was.}
‹f084r°02--› {.on.this.CU'C.Jesus Christ.}
‹f084r°03--› {.«.88.».sixty.D.when.}
‹f084r°04--› {.come.holy.UN.100.this.HD.I.}
‹f084r°05--› {.C.D.I.I.you.D.came.CX'CX.}
‹f084r°06--› {.hear.O.QE.before.}
‹f084r°07--› {.3.you.you.you.father.}
‹f084r°08--› {.son.spirit.XS.only.God.&.the.be.first.}
‹f084r°09--› {.I.O2.C.I'DR.OX.C'A'C'AS.you.CX.on.come.K.A.&.was.}
‹f084r°10--› {.C.A.C.CU.CO.F'O'R'CO.CX.I.S.CO.CV.son.there.on.faithful.the.}
‹f084r°11--› {.be.4.D.1000.son.there.CX.I.S.CO.CV.|.son.|.D.&.his.}
‹f084r°12--› {.son.there.YM.C.first.BL.on.son.there.&.his.}

<f084rº13--> {.son.you.G.faithful.D.first.faithful.C'BG.son.there.&.the.}
<f084rº14--> {.be.I.I.you.D.the.faithful.in.the.BL.C.YC.son.there.the.son.}
<f084vº01--> {.by.holy.UN.100.the.this.S.CO.CV.son.there.}
<f084vº02--> {.Q.the.CX'CX.son.there.gave.CX'CX.son.there.the.=.}
<f084vº03--> {.be.I.I.you.D.in.the.BL.YC.gave.holy.UN.100.the.}
<f084vº04--> {.son.there.the.C'BD.son.there.crying out.Q.the.}
<f084vº05--> {.son.there.the.be.I.I.you.D.in.the.BL.YC.son.there.}
<f084vº06--> {.gave.the.this.S.CO.CV.son.there.through.this.son.the.C'BD.}
<f084vº07--> {.son.there.crying out.again.Q.the.UN.100.on.CO.all.C.all.}
<f084vº08--> {.over.son.there.C.CU.10.C.O.I.Q.J.crying out.C'D'C.}
<f084vº09--> {.holy.UN.100.over.C'BD.his.BC.this.EL.O.on.of.AV.}
<f084vº10--> {.again.church.first.Yahweh.only.God.his.}
<f084vº11--> {.we.before.CX.heaven.to.C.D.be.the.C.in.anointed.}
<f084vº12--> {.C'BG.law.God.this.CX.BT.CX.XY.XF'XX.we.reborn.}
<f084vº13--> {.we.EK'EY.because(of).cross.cross.cross.arose.conquered.}
<f084vº14--> {.evil.BE'I'O.holy.you.K.O.QV.C.XM.pray.his.}
<f085rº01--> {.I.CU'D.XJ'D'CO'BY.C.F'X2.EV.XX.D.L'XX.first.}
<f085rº02--> {.law.God.C.law.Amen!.we.before.CX.F.Q.CX.I.to.give.C'D'C.}
<f085rº03--> {.CX.I.in.you.CX.C.you.blessed.you.G.came.&.we.first.}
<f085rº04--> {.EV.XX.D.L'XX.as.was.Amen!.law.L'XX.we.came.}
<f085rº05--> {.before.be.there.give.on.mount.your.in.C.O.D.}
<f085rº06--> {.Q.J.father.Abraham.5.XH.10.&.7.law.}
<f085rº07--> {.to.R.again.K.the.came.before.come.reborn.CU'D.we.you.}
<f085rº08--> {.power.Jesus.disciple.((.EZ.)).10.|.his.C.|.A.before.RA.son.faithful.God.}
<f085rº09--> {.Jesus Christ.&.C.we.O.CX.I.in.you.CX.&.C.we.CE'O.}
<f085rº10--> {.R.10.arose.you.&.C.we.before.his.C'C'C'D.BP.&.we.before.}
<f085rº11--> {.O.cross.you.O.XD.BL.O'XM.C'EY.we.because(of).O.given.}
<f085rº12--> {.10.law.church.only.Yahweh.only.God.}
<f085vº01--> {.our.before.C.heaven.to.C.to.be.the.C.in.anointed.}
<f085vº02--> {.C'BG.law.God.this.CX.BT.CX.XY.XF'XX.we.reborn.}
<f085vº03--> {.we.EK'EY.because(of).cross.cross.cross.arose.conquered.}
<f085vº04--> {.evil.BE'I'O.holy.UN.100.because(of).church.we.in.}
<f085vº05--> {.God.pray.C.R.before.God.C'BD.in.pray.=.}
<f085vº06--> {.C.O.CX.I.in.you.CX.be.today.on.F.QV.give.we.}
<f085vº07--> {.in.our.C.K.BE'I'O.holy.Rome.believe(d).of.=.}
<f085vº08--> {.holy.CX.I.CX.&.holy.KB.I.Q.D.be.6.A.O'XM.on.Amen!.thy.}
<f085vº09--> {.C.C.heaven.BT.came.be.Amen!.thy.EV.XL.only.}
<f085vº10--> {.holy.Rome.believe(d).when.was.there.EV.10.you.}
<f085vº11--> {.earth.be.O'XM.in.first.F.QV.&.O.C.A.O.}
<f085vº12--> {.on.X3.MV.be.there.in.C'UM.on.the.EV.be.ER.}
<f086rº01--> {.40 days.&.6.D.when.XL.holy.Rome.}
<f086rº02--> {.over.(.pray.).C.you.blessed.there.C.O'XM.}
<f086rº03--> {.O.I'I'XJ.God.mount.C.heaven.over.O.S.J.}
<f086rº04--> {.O'XM.C.S.I.first.OL.CD.O.C.gave.}
<f086rº05--> {.God.mount.Rome.the.be.OB.C.there.you.his.}
<f086rº06--> {.mount.&.was.give.holy.Rome.NR'XX.H'H'H.NR'XX.}
<f086rº07--> {.UU.to.the.QD.OX.6.A.come.C.Rome.O.4.}
<f086rº08--> {.4.UD.D.&.Amen!.O.UD.D.NR'XX.UU.to.}
<f086rº09--> {.holy.Rome.DN.XB.K.this.S.CO.S'O.&.in.Rome.Amen!.church.}
<f086rº10--> {.O.given.by.holy.Rome.was.8.}

<f086r°11--> {.10.D.the.before.of.holy.KB.I.faithful.D.in.days passed.}
<f086v°01--> {.OB.C.QD.R.BJ.F.be.mount.O.father.in.pray.}
<f086v°02--> {.C.XH'O'D.holy.((.AD.)).son.first.there.QD.OB.C.}
<f086v°03--> {.we.pray.R.BJ.F.be.give.on.Jesus Christ.}
<f086v°04--> {.«.88.».Christ.NR'XX.pray.C.XH'O'D.holy.}
<f086v°05--> {.((.AD.)).was.((.AD.)).L'X2.there.&.Jesus.reborn.Amen!.will.}
<f086v°06--> {.thy/thou.&.Christ.I.I.R.man.our.&.you.C'XV'OB'I'C.there.I.G.}
<f086v°07--> {.C.heaven.&.earth.CU.BO.OB.C.pray.Jesus Christ.}
<f086v°08--> {.«.88.».C.XS.C.XS.CX.D.OB.C.O'XM.you.CO.&.C'BD.Amen!.father.God.}
<f086v°09--> {.Jesus Christ.mount.Holy Spirit.((.AD.)).disciple.only.C.DQ.Q.}
<f086v°10--> {.God.S.D.&.the.C.XS.C.BO.C.D.be.O.C'DB'J.on.risen.}
<f086v°11--> {.Jesus Christ.on.Sheol.in.[[.cross.]].you.D.on.Amen!.will.thy.}
<f087r°01--> {.I.we.be.the.be.today.O'R'C.with.&.be.we.son.}
<f087r°02--> {.God.church.we.Amen!.we.reborn.&.first.}
<f087r°03--> {.we.C.DN.I'T.Rome.OB.C.pray.C.XH.O.D.}
<f087r°04--> {.holy.((.AD.)).as.O.((.AD.)).NR'XX.UU.was.come.}
<f087r°05--> {.with.C.you.our.over.C'BD.cross.C.first.}
<f087r°06--> {.we.arose.again.Amen!.thy.arose.the.I.first.we.}
<f087r°07--> {.C'BD.God.Amen!.in.our.C.K.give.came.there.}
<f087r°08--> {.anointed.there.pray.S.before.C.you.((.thou.)).God.before.}
<f087r°09--> {.BC.C'BD.you.before.&.II.you.&.O.[[.you.]].CU'D.before.}
<f087r°10--> {.earth.C'BD.you.&.C.heaven.BT.&.God.before.}
<f087r°11--> {.the.C'BD.was.CX'CX.you.C.heaven.earth.shook.}
<f087v°01--> {.C.D.CO.word.of.}
<f087v°02--> {.ST Matthew.5.K.3.}
<f087v°03--> {.of his.RB.be.C.}
<f087v°04--> {.our.disciple.the.O.the.}
<f087v°05--> {.CX'I'Q.CO.CV.son.CX.BD.Q.}
<f087v°06--> {.crying out.in.his.Jesus.}
<f087v°07--> {.&.name.only.}
<f087v°08--> {.we.reborn.first.gave.K.we.in.C.heaven.forever.}
<f087v°09--> {.«.88.».again.Amen!.we.C'I'T.C'D'O.we.Christ.holy.}
<f087v°10--> {.Matthew.BE'I'O.DN.be.the.we.gave.the.CX.I.S.CO.living.}
<f087v°11--> {.son.the.CX.I.S.CO.living.we.EA.X2.CX.I.CX.I.God.&.}
<f087v°12--> {.CX.I.CX.I.God.we.&.C.risen.anointed.we.to.the.}
<f088r°01--> {.we.X2.EZ.anointed.we.Amen!.the.ED.O.I.CX.I.CX.I.}
<f088r°02--> {.come.C.we.to.O2.many.&.C'EY.be.people.O.the.}
<f088r°03--> {.we.C'Q'CV'O'RO'D.in.Jesus.&.name.to.L'DN.}
<f088r°04--> {.C'EY.C'EY.BT.give.we.C'I'T.be.we.conquered.}
<f088r°05--> {.«.88.».anointed.IJ.EZ.S.Q.we.O.C'D'O.C'I'T.we.}
<f088r°06--> {.on.C'EY.C'EY.to.C'I'T.we.C'I'T.be.we.conquered.}
<f088r°07--> {.«.88.».CU.DN.reborn.we.C'I'T.be.we.&.on.X4.}
<f088r°08--> {.we.in.BL.XD.XB.CO.LA.D.10.LA.the.X2.the.of.we.}
<f088r°09--> {.in.BL.XD.given.C.arose.our.&.pray.O.K.to.on.}
<f088r°10--> {.arose.CE'O.in.C'XV.XB.O'XM.given.C'D'O'D.to.on.}
<f088r°11--> {.C'D'O'D.&.CE'O.&.pray.in.BL.XD.conquered.}
<f088v°00C0> {.gave.Christ.Peter.&.power.}
<f088v°01--> {.hear.the holy word.}
<f088v°02--> {.of.ST Luke.in.}
<f088v°03--> {.6.TL.chapter.of his.}

<f088v°04--> {.when.gave.Jesus.}
<f088v°05--> {.disciple.your.&.power.}
<f088v°06--> {.UD'CO.be.EZ.}
<f088v°07--> {.first.EZ.we.}
<f088v°08--> {.&.we.EZ.Amen!.CX.BO.CX.&.in.EL.faithful.CO.come.we.EZ.over.}
<f088v°09--> {.EZ.O.D.given.D.debt(s).EZ.&.was.OL.XA.D.come.}
<f088v°10--> {.first.C'AE.CO.given.the.EZ.&.C'AE.CO.be.Amen!.O.}
<f088v°11--> {.O.R.CX.given.C.K.CV.BZ.J.EU.C'AE.CO.when.the.EZ.}
<f088v°12--> {.C.O.added.many.EZ.we.you.to.his kingdom.you.CX.D.CO.XG.you.CX.}
<f088v°13--> {.Q.&.you.&.was.EZ.be.the.C'AE.C.church.}
<f089r°01--> {.faithful.CV.O.RO.D.over.C'AE.C.faithful.CV.O.RO.D.BT.give.EZ.God.}
<f089r°02--> {.again.C'AE.C.BK.CO.come.CX.&.was.K.C'D'C.F.S.the.}
<f089r°03--> {.C'AE.C.BK.XJ.C.C.his.EZ.be.I.came.be.C'AE.NK'NY.}
<f089r°04--> {.be.PA.&.was.CX'CX.C'AE.C.OB.O.I'T.C.all.X.CV.Amen!.father.faithful.}
<f089r°05--> {.on.his.EZ.H.R.BL.C'AE.C.BT.give.&.was.anointed.}
<f089r°06--> {.EZ.again.CX.risen.O.CO.over.come.CX.risen.O.CO.the.C'AE.CX.H'H'H.}
<f089r°07--> {.R.CO.I.CX.risen.O.CO.his.CX.AE.C.EU.CO.K.&.CX.AE.C.R.EK.K.C.}
<f089r°08--> {.be.O.CX.risen.O.CO.anointed.XW'X.the.CX.AE.C.to.O.EZ.}
<f089r°09--> {.XW'X.church.CX.AE.C.C'A'A.XW'X.&.was.the.CX.AE.C.}
<f089r°10--> {.arose.come.mount.C.II.IU.C.BT.II.O.father.God.C.II.the.CX.AE.C.over.CX.AE.C.}
<f089r°11--> {.give.mount.over.CX.AE.C.C'BG.in.CO.O.D.HF.O.Abraham.}
<f089r°12--> {.father.father.holy.D.&.was.O.I.the.people.the.EZ.O.the.CX.AE.C.}
<f089v°01--> {.through.D.crying out.CX.AE.C.mount.heavenly Father.&.was.the.}
<f089v°02--> {.EZ.arose.&.the.EZ.EL.XB.MT.in.BL.XD.KE.CO.all.D.10.all.CO.CO.&.was.}
<f089v°03--> {.C.S.Amen!.in.BL.XD.the.EZ.EB.O.I.EA.EZ.EB.over.O.I.CX.AE.C.}
<f089v°04--> {.in.CO.O.D.HF.O.father.Abraham.over.Q'Q'R'C.the.EZ.}
<f089v°05--> {.father.Abraham.gave.father.CX.AE.C.came.the.O.C.F.C'AE.C.his.}
<f089v°06--> {.CX.AE.C.CX.I.S.CO.OD.C.BO.10.CO.OD.6.BS.X2.C'UM.over.this.R.}
<f089v°07--> {.on.his.EZ.CO.R.C.CA.R.O.6.A.CE'O.his.EZ.over.O.}
<f089v°08--> {.QV.MJ.CX.pray.his.EZ.by.father.Abraham.the.}
<f089v°09--> {.EZ.EB.son.his.father.the.EZ.EB.I'AG.Pilate.O.C.O.EZ.as.before.}
<f089v°10--> {.CX.AE.C.be.C'A'A.fisherman.to.Pilate.thy.to.the.EZ.EB.be.}
<f089v°11--> {.EZ.C'EY.I.R.CO.as.K.AS.the.EZ.EB.give.CX.AE.C.OB.O.XY.D.}
<f089v°12--> {.CV.Amen!.S.X.faithful.on.his.EZ.A.H.R.|.I.EZ.BT.be.C.|.I.EZ.H.CX.EA.C'EQ.give.}
<f090r°01--> {.gave.father.Abraham.give.CX.AE.C.CU.XJ.C.D.X.OB.thy.by.}
<f090r°02--> {.father.Abraham.BC.LC.CU'D.EZ.EB.you.we.to.AV.CX.TB.}
<f090r°03--> {.the.before.CU.O.AA.O.II.BL.XD.on.BL.XD.Q.Q'Q'R'C.the.EZ.EB.C.}
<f090r°04--> {.father.Abraham.&.CX.AE.C.R.debt(s).in.CO.O.D.again.O.father.}
<f090r°05--> {.Abraham.&.I.I.Q.Q'Q'R'C.the.EZ.EB.father.Abraham.}
<f090r°06--> {.come.CX.AE.C.CA.KB.CA.thy.anointed.EZ.EB.OB.C.5.his.EZ.}
<f090r°07--> {.pray.came.C.D.be.through.CX.AE.C.O.EZ.EB.as.in.this.EZ.C.again.}
<f090r°08--> {.came.the.C'D'CO'D.we.C'XF'XX.O.6.IH.was.C'I'T.}
<f090r°09--> {.we.as.EZ.this.EZ.C'I'T.X.gave.father.Abraham.anointed.}
<f090r°10--> {.pray.OB.the.believe(d).over.appeared.came.the.believe(d).appeared.}
<f090r°11--> {.CO'D'CO.we.pray.C'EY.C'I'T.&.3.Q.Q'Q'R'C.the.}
<f090v°01--> {.EZ.father.Abraham.CX.K'X'D.O.believe(d).appeared.church.EK.}
<f090v°02--> {.|.XS.XS.L.A.QS.L.A.H.|.I'AG.we.CX.AE.C.church.pray.}
<f090v°03--> {.&.CU.C.arose.again.we.C'AE.C.gave.father.Abraham.to.R.CO'AD.}
<f090v°04--> {.pray.believe(d).church.pray.we.over.appeared.}
<f090v°05--> {.&.I'AG.O.we.C'AE.C.arose.CO'AD.pray.church.&.C.QQ.}

<f090v°06--> {.O.arose.again.we.CX.AE.C.on.hear./.CX.holy.D.hear.the holy word.\.}
<f090v°07--> {.hear.the holy word.of.}
<f090v°08--> {.ST John.in.2.chapter.his.}
<f090v°09--> {.of.when.come.forgiveness.}
<f090v°10--> {.in.XV.O.A.D.CX.C.Jesus.}
<f090v°11--> {.came.anointed.power.over.}
<f090v°12--> {.CX.S.C.A.D.CO.C.you.come.the.}
<f091r°01--> {.again.in.XV.O.A.D.CX.C.you.come.forgiveness.by.forgiveness.BF.D.≈.}
<f091r°02--> {.his.forgiveness.rock.this.I.CX.D.CX.the.you.church.forgiveness.≈.}
<f091r°03--> {.CX.I.S.the.you.only.son.faithful.God.came.the.you.come.on.C.heaven.≈.}
<f091r°04--> {.to.pray.over.you.the.you.only.son.faithful.God.by.≈.}
<f091r°05--> {.Jesus.I.CX.D.this.I.F.CX.K.3.C.K.C'I'N.XJ'D'CO'BY.≈.}
<f091r°06--> {.BE'I'O.&.we.CO'AD.be.C.you.church.CX.XC.I.I.≈.}
<f091r°07--> {.C'D'HY.on.the.thy.first.we.reborn.again.Amen!.we.}
<f091r°08--> {.C'I'T.gave.forgiveness.rock.as.the.C'BD.be.Q.this.forgiveness.}
<f091r°09--> {.I.I.O.his.XQ.come.forgiveness.&.I.I.C'D'HY.forgiveness.on.the.thy.≈.}
<f091r°10--> {.the.blessed.gave.Jesus.forgiveness.ML.BE'I'O.you.C'I'N.the.forgiveness.}
<f091v°01--> {.the.Q.C.A.the.forgiveness.this.C'D'HY.O.his.I.X.CX.D.C.XQ.again.}
<f091v°02--> {.C'I'N.BE'I'O.cross.I.I.C'D'HY.we.forgiveness.O.C'UM.&.}
<f091v°03--> {.O.Holy Spirit.first.we.forgiveness.reborn.again.}
<f091v°04--> {.Amen!.we.forgiveness.C'I'T.gave.Jesus.forgiveness.to.was.}
<f091v°05--> {.«.88.».C'I'N.XJ'D'CO'BY.O.you.appeared.O.C.heaven.}
<f091v°06--> {.forever.as.XJ'D'CO'BY.O.C.F.J.all.forgiveness.}
<f091v°07--> {.we.was.the.thy.C'BD.forgiveness.we.C.K.J.}
<f091v°08--> {.all.C.all.in.C'I'N.XJ'D'CO'BY.appeared.you.gave.Jesus.}
<f091v°09--> {.«.88.».forgiveness.C.Jerusalem.I.XJ'D'CO'BY.in.father.your.God.C.heaven.}
<f091v°10--> {.again.his.father.BB.son.Jesus.the.faithful.C.you.C.Jerusalem.I.}
<f091v°11--> {.XJ'D'CO'BY.in.father.gave.Jesus.&.CO.IH.BO.&.we.you.}
<f092r°01--> {.church.son.his.father.CV.Jesus Christ.&.only.}
<f092r°02--> {.we.forgiveness.reborn.again.Amen!.we.forgiveness.C'I'T.gave.}
<f092r°03--> {.Jesus.forgiveness.C.A.C.you.come.father.your.God.C.heaven.}
<f092r°04--> {.in.C'I'N.the.thy.CX.XC.CO.again.before.C.you.come.father.in.C'I'N.}
<f092r°05--> {.the.thy.reborn.on.your.arose.&.we.forgiveness.be.C.you.}
<f092r°06--> {.church.the.we.forgiveness.be.&.your.father.}
<f092r°07--> {.church.came.before.the.one.only.God.gave.Jesus.O'O'L'AC.}
<f092r°08--> {.first.CX.D'CO'D'CO.CU'D.XJ'D'CO'BY.C.I'AG.C.O.}
<f092r°09--> {.CX.risen.O.CO.&.O.F.C.XC.X.XX.D.CX.C.CU'C.C.K.in.C.BO.C.&.gave.}
<f092r°10--> {.Jesus.&.before.C.I'AG.C.C.we.forgiveness.CU'D.XJ'D'CO'BY.}
<f092v°01--> {.O.we.forgiveness.C.XB.C.K'X'D.C.on.((.I.)).come.again.CX.risen.CX.C.QE.}
<f092v°02--> {.we.forgiveness.gave.Jesus.&.before.only.we.forgiveness.O.}
<f092v°03--> {.we.forgiveness.((.I.)).in.we.forgiveness.over.Amen!.on.((.I.)).come.}
<f092v°04--> {.we.forgiveness.hear.the holy word.there.before.in.you.}
<f092v°05--> {.hear.the holy word.}
<f092v°06--> {.of.ST Luke.in.}
<f092v°07--> {.XE.TL.chapter.in.his.}
<f092v°08--> {.of.when.}
<f092v°09--> {.gave.Jesus.disciple.}
<f092v°10--> {.«.88.».the.power.}
<f092v°11--> {.UD'CO.was.}
<f092v°12--> {.EZ.there.crying out.first.EZ.we.BC.C.BW.CX.}

<f093r°01--> {.&.was.EZ.there.CU'D.EZ.there.CX.K.X2.D.3.CX.AD.I.C.D.=.}
<f093r°02--> {.on.the.I.voice.gave.the.EZ.there.your.faithful.servant.come.faithful.servant.=.}
<f093r°03--> {.the.Q.J.BE'I'O.mount.come.we.when.before.Amen!.OE.A.gave.=.}
<f093r°04--> {.the.BB.servant.the.only.we.EF.O.before.faithful.servant.=.}
<f093r°05--> {.come.his.faithful.we.there.the.we.EF.spirit.CO.there.come.we.EF.}
<f093r°06--> {.your.QV.CX.voice.gave.the.through.this.we.EF.C.KE.=.}
<f093r°07--> {.C'BD.we.EF.came.LT.O.D.we.EF.MJ.CX'CX.}
<f093r°08--> {.we.EF.before.R.come.O.I.&.CX'CX.MJ.CO'D'CO.XY.=.}
<f093r°09--> {.church.the.O.X.O.IA.C.BE'I'O.we.EF.C'D'C.}
<f093r°10--> {.his.faithful.O.X.O.IA.there.&.gave.the.I.I.DA.O.D.O.O.before.=.}
<f093r°11--> {.faithful.O.we.come.his.faithful.servant.there.the.we.F.O.D.O.}
<f093v°01--> {.W.CO.there.come.DA.O.D.O.your.QV.CX.voice.gave.the.}
<f093v°02--> {.us.DA.O.D.O.this.we.DA.O.D.O.C.KK.I.}
<f093v°03--> {.C'BD.we.D'O.D.O.came.LT.O.D.we.DA.O.D.O.}
<f093v°04--> {.5.give.DA.O.D.O.CX.I.RO.Q.C.CX'CX.we.F.O.D.O.}
<f093v°05--> {.come.we.DA.O.D.O.on.6.DA.O.CO.CX'CX.we.S.O.XC.}
<f093v°06--> {.before.CX.I.RO.Q.blessed.be.C'BD.CX.I.RO.Q.C.CX.CU.XS.Q.}
<f093v°07--> {.L'C'R.OB.C.XB.church.faithful.faithful.we.IA.C.BE'I'O.}
<f093v°08--> {.we.DA.O.D.O.C'D'C.his.faithful.O.X.O.IA.there.gave.}
<f093v°09--> {.the.3.we.C'BP.O.before.faithful.servant.come.his.faithful.servant.}
<f093v°10--> {.there.the.we.C'BP.spirit.CO.there.come.we.C'BP.}
<f093v°11--> {.your.QV.CX.voice.gave.the.3.C'BP.this.we.C'BP.}
<f094r°01--> {.C.KK.I.C'BD.we.C'BP.over.C.ED.we.C'BP.}
<f094r°02--> {.came.C.come.we.C'BP.I.C.F.D.X2.this.we.C'BP.C.KK.I.}
<f094r°03--> {.C'BD.we.C'BP.over.C.ED.we.C'BP.&.the.&.the.}
<f094r°04--> {.we.C'BP.CX.I.C.RA.EY.gave.C.BE'I'O.we.C'BP.be.C.}
<f094r°05--> {.his.faithful.we.IA.there.&.was.&.first.come.we.}
<f094r°06--> {.EF.we.DA.O.D.C.we.C'BP.on.the.C.voice.gave.the.}
<f094r°07--> {.there.the.CX.Q.UD'CO.&.UD'CO.O.X.BE'I'O.your.QV.C.voice.}
<f094r°08--> {.&.gave.your.QV.faithful.servant.come.on.F.XV.DN.over.on.C.XN.}
<f094r°09--> {.over.on.to.be.over.on.XO.D.to.be.HX.HX.power.H.=.}
<f094r°10--> {.CX.BT.C.K.faithful.servant.in.BB.D.C.D.CX.I.CX.I.O.C.CO'D'CO.}
<f094r°11--> {.AA.risen.C'BD.&.risen.X.in.CV.D.CU'D.over.C'XV'O.=.}
<f094v°01--> {.we.LA.A.C.A.C.K.Amen!.we.come.mount.in.your.QV.DB.}
<f094v°02--> {.gave.the.faithful.servant.mount.you.crying out.&.YA.R.you.}
<f094v°03--> {./.given.\.X'K.given.the.faithful.servant.mount.X'K.«.00.».faithful.servant.hill.}
<f094v°04--> {.only.C.F.G.&.C.F.G.C.CX.faithful.servant.mount.on.BK.}
<f094v°05--> {.&.was.resurrected.C.H.R.only.power.over.}
<f094v°06--> {.Q'Q'R'C'C.XH'O'D.O.in.CX'D'CX'D.CX.I.CX.I.O.came.}
<f094v°07--> {.BB.D.C.D.his.C'F.C'F.O.C.heaven.forever.&.gave.Jesus.}
<f094v°08--> {.«.88.».only.BE'I'O.power.came.before.in.MW.D.CU'D.C.heaven.}
<f094v°09--> {.forever.by.the.EZ.we.there.K.D.C.C.CU.I.}
<f094v°10--> {.BC.C.come.C.K.we.EF.we.DA.O.D.O.we.}
<f094v°11--> {.CC.BP.on.our.EZ.there.CX.voice.hear.the holy word.}
<f095r°01--> {.hear.the holy word.}
<f095r°02--> {.of.ST John.}
<f095r°03--> {.in.6.chapter.of his.}
<f095r°04--> {.when.gave.Jesus.}
<f095r°05--> {.disciple.your.&.power.}
<f095r°06--> {.UD'CO.XJ'D'CO'BY.}

<f095r°07--> {.be.your.pray.CO.}
<f095r°08--> {.O'R'C.&.your.C.C.this.}
<f095r°09--> {.CO.CU'CU.C.by.Jesus.disciple.your.|.was.the.|.}
<f095r°10--> {.on.W.BW.over.give.Jesus.in.faithful.to.first.CX.XV.X.D.}
<f095r°11--> {.C.BO.O.KE.over.CX.cross.Jesus.the.C.D.≈.D.≈.}
<f095r°12--> {.over.be.J.J.D.C'D'C.you.BU.Jesus.over.≈.}
<f095v°01--> {.give.Jesus.C.D.LT.first.S.I.&.C'UM.in.S.&.}
<f095v°02--> {.CU.IR.I.over.CX./.cross.\.Jesus.C.D.LT.&.C.C'UM.by.}
<f095v°03--> {.C.D.LT.C'UM.C'D'C.you.BU.Jesus.by.Jesus.}
<f095v°04--> {.«.88.».&.we.be.the.C.D.I.I.D.O'R'C.the.we.}
<f095v°05--> {.be.your.name.O'R'C.&.we.K.X.CO.I.D.}
<f095v°06--> {.the.C.D.≈.D.O'R'C.C.R.CO.PB.you.church.}
<f095v°07--> {.Amen!.we.C'I'T.A.this.D.&.we.be.you.church.}
<f095v°08--> {.C.R.CO.K.A.DL.O.«.99.».be.O.X.H'HF.holy.Q.C.A.}
<f095v°09--> {.O'R'C.C.R.CO.PB.C.EL.EL.Amen!.we.be.}
<f095v°10--> {.faithful.conquered.evil.by.power.}
<f095v°11--> {.as.be.life.your.name.O'R'C.&.your.}
<f096r°01--> {.C.C.this.C.CU'CU.C.the.IJ.R.the.you.BE'I'O.came.C.F.}
<f096r°02--> {.power.R.be.life.faithful.you.X4.&.your.CU.BT.O'R'C.}
<f096r°03--> {.&.C.C.this.C.CU'CU.C.C.BT.XB.gave.the.Jesus.Q.you.be.}
<f096r°04--> {.faithful.you.X4.again.gave.Jesus.C.church.was.}
<f096r°05--> {.church.we.PB.QV.you.C.you.C'I'Q.before.only.son.}
<f096r°06--> {.faithful.God.by.Jesus.your.name.the.before.}
<f096r°07--> {.only.O'R'C.&.your.C.C.this.the.before.only.C.CU'CU.C.}
<f096r°08--> {.by.Jesus.was.we.the.C'D'J'J'D.O'R'C.}
<f096r°09--> {.be.we.disciple.C.F.F.on.your.cross.cross.cross.his.L'AV'DN.}
<f096r°10--> {.be.O.O'R'C.as.C'D'J'J'D.our.disciple.life.}
<f096v°01--> {.XJ'D'CO'BY.father.O.R.the.BK'I'J.came.the.CX.Q.C'D'J'J'D.}
<f096v°02--> {.faithful.&.before.come.you.C'D'J'J'D.you.to.D.in heaven.to.be.}
<f096v°03--> {.O.D.on.the.thy.&.we.be.the.C'D'J'J'D.O'R'C.}
<f096v°04--> {.O.we.be.faithful.conquered.evil.}
<f096v°05--> {.&.C'I'N.the.C.D.you.J.J.D.came.you.C'I'N.come.}
<f096v°06--> {.you.O.your.O.father.on.the.thy.&.C'I'N.}
<f096v°07--> {.C.your.O.father.BB.you.&.we.be.you.≈.}
<f096v°08--> {.church.O.we.be.C.you.faithful.conquered.}
<f096v°09--> {.«.88.».CO'D'CO.arose.we.&.we.be.}
<f096v°10--> {.in.you.law.O.BG.you.C.A.S.I.C.CC.&.C'I'N.be.}
<f097r°01--> {.in.O.you.X2.O.I.&.we.be.your.law.C'BG.O.we.}
<f097r°02--> {.be.in.you.O.you.law.QE.BG.you.C.A.S.I.C.CC.&.C'I'N.be.}
<f097r°03--> {.in.O.you.X2.O.I.by.Jesus.S.the.we.&.we.be.}
<f097r°04--> {.in.you.father.son.God.Jesus.Holy Spirit.((.AD.)).Christ.disciple.mount.}
<f097r°05--> {.law.in.BG.you.C.A.S.I.C.CC.CX'CX.you.father.son.God.}
<f097r°06--> {.Jesus.Holy Spirit.((.AD.)).Christ.disciple.mount.come.over.we.}
<f097r°07--> {.come.you.father.son.God.Jesus.Holy Spirit.((.AD.)).Christ.disciple.mount.}
<f097r°08--> {.in.faithful.C.forever.by.Jesus.&.the.we.}
<f097r°09--> {.CX'CX.you.father.son.God.Jesus.Holy Spirit.((.AD.)).Christ.disciple.mount.}
<f097r°10--> {.DB.give.J.XD.your.father.son.God.Jesus.Holy Spirit.}
<f097v°01--> {.((.AD.)).Christ.disciple.mount.O.father.God.C.XB.be.C.F'X2.C.A.S.I.C.CC.}
<f097v°02--> {.we.conquered.evil.by.Jesus.&.}
<f097v°03--> {.we.be.O.«.99.».O.grave.holy.Q.C.A.}

<f097vº04--> {.O'R'C.CO'D'CO.arose.O.we.be.faithful.we.conquered.}
<f097vº05--> {.«.88.».evil.hear.the holy word.you.before.in.}
<f097vº06--> {.hear.the holy word.}
<f097vº07--> {.of.ST Luke.in.}
<f097vº08--> {.&.chapter.of his.}
<f097vº09--> {.was.Jesus.in.}
<f097vº10--> {.grave.D.&.in.I.}
<f097vº11--> {.D.when.D.C.all.}
<f098rº01--> {.Jesus.on.CO.XP.D.CU'D.power.C'XV'OB'I'C.&.your.disciple.}
<f098rº02--> {.by.Jesus.disciple.your.&.power.UD.D.C.EL.C.EL.D.}
<f098rº03--> {.XW'X.before.his.disciple.life.we.O.O.YO.BT.XB.C.A.C.his.disciple.}
<f098rº04--> {.life.we.O.O.by.Jesus.O.O.his.disciple.life.}
<f098rº05--> {.we.the.before.CU'T'XX'C'D.C.D.his.disciple.life.we.&.BJ.XX.C.D.his.disciple.}
<f098rº06--> {.life.we.the.before.pray.his.disciple.life.we.over.}
<f098rº07--> {.to.be.in.his.disciple.life.we.C.D'CO'D'CO.C.A.first.}
<f098rº08--> {.MY.C'XF'XX.CO.F.be.Amen!.his.disciple.life.we.pray.}
<f098rº09--> {.CX.risen.CX.C.by.Jesus.to.Q.C.BT.XB.C.MY.C.F'X2.}
<f098rº10--> {.C'XF'XX.XV'EY.your.O.father.God.O.IG'O.C.CX'CX.O.father.}
<f098vº01--> {.your.XF.XF.R.&.the.&.the.O.I.C.D.by.Jesus.this.XB.}
<f098vº02--> {.be.in.his.disciple.life.we.pray.CO.Amen!.MY.C.XC.be.}
<f098vº03--> {.Amen!.his.disciple.life.we.pray.CO.((.I.)).by.Jesus.}
<f098vº04--> {.as.was.the.disciple.life.we.CU.10.XX.C.D.((.EO.)).C.before.}
<f098vº05--> {.((.I.)).CU.10.XX.C.D.100.be.((.I.)).his.disciple.life.we.pray.}
<f098vº06--> {.hear.the holy word.there./.before.6.you.CV.before.XW'X.&.only.\.}
<f098vº07--> {.BE'I'O.ST John.God.}
<f098vº08--> {.C'BD.C'BG.this.K.}
<f098vº09--> {.&.earth.C.the.}
<f098vº10--> {.BE'I'O.ST John.you.}
<f098vº11--> {.God.&.we.C'BG.faithful.}
<f098vº12--> {.we.on.the.thy.&.XA.}
<f099rº01--> {.we.give.&.God.we.give.C.A.we.God.C.}
<f099rº02--> {.the.anointed.we.there.Jesus.NT.son.his.God.}
<f099rº03--> {.&.you.C'XV'OB'I.you.CX.I.above.&.earth.}
<f099rº04--> {.&.QE.our.father.son.as.C.we.we.OB'C.}
<f099rº05--> {.to.C.XB.CC.EZ.again.we.anointed.we.Amen!.faithful.J.O.I.}
<f099rº06--> {.OB.CX.I.CX.I.God.&.we.BK.EY.anointed.God.we.}
<f099rº07--> {.before.QE.EZ.we.as.C.we.we.OB'C.be.his.}
<f099rº08--> {.we.EZ.I.C.heaven.was.be.BE'I'O.ST Matthew.&.}
<f099rº09--> {.we.be.I.gave.this.we.God.in.to.his.EZ.⩧.}
<f099rº10--> {.we.father.son.C.A.XB.BT.QE.EZ.we.O.be.EY.}
<f099vº01--> {.first.OL.this.be.as.the.we.God.in.to.his.}
<f099vº02--> {.we.father.O.son.C'EY.EB.I.6.God.C'XV.EB.you.EB.A.this.O.I.⩧.}
<f099vº03--> {.we.to.our.father.son.O.I.we.C.again.EB.I.}
<f099vº04--> {.BS.G.C'EY.EB.I.in.we.as.the.we.God.in.the.}
<f099vº05--> {.IJ.X.to.CX'CX.EZ.we.God.in.RO.the.his.EZ.}
<f099vº06--> {.we.father.son.all.C.EZ.we.EZ.we.OB'C.God.}
<f099vº07--> {.&.I.before.be.we.EZ.EB.in.his.EZ.we.before.heaven.}
<f099vº08--> {.forever.BL.XD.C.BE.C.O.I.EZ.we.reborn.}
<f099vº09--> {.EZ.we.be.conquered.evil.⩧.}
<f099vº10--> {.to.Q.be.EZ.we.you.disciple.in.Amen!.we.as.C.EZ.we.}

<f100r°01--> {.we.OB'C.be.his.EZ.we.heaven.forever.C'XB'R.}
<f100r°02--> {.EZ.we.O.C.X.I.you.O.father.&.son.X2.&.Holy Spirit.}
<f100r°03--> {.Isreal.believe(d).give.}
<f100r°04--> {.O'XM.R.CX.I.KI.}
<f100r°05--> {.Q.&.the.&.the.people.}
<f100r°06--> {.crying out.C'EY.C'EY.O.}
<f100r°07--> {.before.C.F'X2.((.I.)).arose.before.}
<f100r°08--> {.C'D'C.QA.I.CO.I.EB.again.A.}
<f100r°09--> {.CU.this.before.C.BJ.before.O.HR.Isreal.R.&.the.}
<f100r°10--> {.&.the.people.crying out.CO.CV.XV.of.NH.100.C.come.I.I'AG.C.}
<f100r°11--> {.through.of.C.come.I.I'AG.C.NH.100.CX.XJ.O.C.BT.CO.Isreal.}
<f100v°01--> {.NN.C.C'EY.blessed.on.earth.on.the.C.in.the.CX.XV.RA.}
<f100v°02--> {.I.I'AG.C.NH.100.on.the.C.in.of.A.XB.&.O.C.HF.≈.}
<f100v°03--> {.I.I'AG.C.NH.100.on.the.C.in.of.C.HR.I.I'AG.C.SS.}
<f100v°04--> {.&.NH.100.the.3.of.&.holy.UN.NH.100.CO.C.XC.}
<f100v°05--> {.there.with.you.through.S.before.with.you.C.A.C.A.you.CX.&.this.}
<f100v°06--> {.I.be.faithful.Isreal.C.Isreal.I.I.was.O.}
<f100v°07--> {.CX'CX.D.with.you.50.D.&.R.the.we.EA.7.}
<f100v°08--> {.UD'CO.when.be.the.we.5.century.&.}
<f100v°09--> {.|.OA.|.Sheol.D.when.EV.there.4.100.}
<f100v°10--> {.V'CO'D.&.was.on.the.EV.40 days.&.6.D.}
<f101r°01--> {.when.XL.holy.CO.K.XC.over.(.pray.).there.C.}
<f101r°02--> {.O.EN.&.give.God.mount.gave.God.mount.gave.God.mount.Isreal.}
<f101r°03--> {.the.be.«.00.».his.mount.there.&.the.we.O.be.}
<f101r°04--> {.over.Isreal.we.O.all.C.all.X2.CX.XB.I.BO.over.}
<f101r°05--> {.Isreal.we.&.RO.CO.R.K.C.heaven.EQ.&.XJ.Isreal.}
<f101r°06--> {.we.I.XV.S.be.C.NU.faithful.Isreal.6.KK.O.RA.H.C'BG.}
<f101r°07--> {.BL.XD.I.XJ.&.EK.C.all.C.all.C.NU.faithful.Isreal.on.CX.I.CX'CX.D.}
<f101r°08--> {./.be.KB'I'Q.\.C.F'X2.I.D.come.I.I.C'XV'OB'I.before.BL.XD.}
<f101r°09--> {.&.son.glory.&.name.CO'D'CO.be.V.EX.II.C.D.Yahweh.}
<f101v°00C1> {.blessed.be.}
<f101v°00C2> {.your.}
<f101v°00C3> {.holy.XW'X.the.you.}
<f101v°01--> {.C'D'C.word.BE.O.}
<f101v°02--> {.ST Luke.C.you.blessed.}
<f101v°03--> {.you.God.blessed.be.}
<f101v°04--> {.your.holy.XW'X.you.}
<f101v°05--> {.the.you.I'I'XJ.you.}
<f101v°06--> {.your.BC.CX.Q.}
<f101v°07--> {.C'D'C.BC.holy.father.C'D'C.BC.of.Jerusalem.C.CU.I.NH.100.}
<f101v°08--> {.6.BG.you.C.son.Q.before.give.you.O.I.first.C.all.X2.K.}
<f101v°09--> {.|.give.|.came.BC.holy.father.CX'CX.O.I.Jesus Christ.C.K.XB.}
<f101v°10--> {.you.CO.BC.C'BG.O.I.again.C'T'D.first.C'T'D.}
<f102r°01--> {.&.name.be.C'T'D.came.O.C'T'D.C'BG.C.O.D.S.Amen!.}
<f102r°02--> {.Jesus Christ.CU.XV.you.O.I.disciple.&.power.UD'CO.&.}
<f102r°03--> {.the.disciple.power.you.Amen!.O.I.in.C.D.be.O.K.we.}
<f102r°04--> {.when.was.Jesus.in.Sheol.D.when.}
<f102r°05--> {.O.Yahweh.Yahweh.Jesus.over.come.you.O.to.be.}
<f102r°06--> {.given.to.be.O.CO'I'CO.given.CO'I'CO.O.}
<f102r°07--> {.MJ.given.MJ.&.your.Jerusalem.come.you.on.thy.word.}

<f102r°08--> {.appeared.you.Q.&.the.&.the.people.crying out.you.CX.I.}
<f102r°09--> {.CX.I.before.you.C.F'X2.((.I.)).you.arose.A.CX.D.C.MV.you.CO'I'CO.BO.}
<f102v°01--> {.CU'C.&.before.CX.C.QF.O.XA.you.&.EA.J.EA.J.before.you.LT.}
<f102v°02--> {.we.C'XF'XX.IZ.will.on.cross.arose.you.&.C.we.}
<f102v°03--> {.before.your.C.C.C'BP.&.we.O.cross.you.O.XD.BL.}
<f102v°04--> {.O'XM.&.you were.on.cross.arose.you.C.A.C.BO.}
<f102v°05--> {.you.CX.&.this.the.C.R.CX.C.C'D'C.C'A'C'AS.you.CX.C.RA.added.}
<f102v°06--> {.&.C'D'C.this.C.RA.CX'CX.I.earth.shook.faithful.}
<f102v°07--> {.BO.Q.the.XJ.K.&.on.C'A'C'AS.you.CX.C.R.CX.Amen!.}
<f102v°08--> {.C'XV'C'XV'C.on.thy.the.LO.HX.H.HX.MY.with.C.C'EY.}
<f102v°09--> {.was.Christ.on.cross.arose.you.H'H'H.you.in.NT.BU.}
<f103r°01--> {.life.&.you were.in.NN.BL.IR.you.&.faithful.9.days.when.}
<f103r°02--> {.come.O.father.God.C.heaven.on.his.father.mount.CE'O.in.}
<f103r°03--> {.CX.D.C.D.CO.Jesus.over.again.D'O.O.(.pray.).}
<f103r°04--> {.to.mount.in.NN.O.given.X.to.C.you.come.you.on.XD.BL.}
<f103r°05--> {.&.XD.BL.on.XX.&.we.O.cross.you.O'XM.XD.BL.came.C'BG.}
<f103r°06--> {.you.your.cross.on.your.C.H.over.we.CE'O.cross.O.cross.you.}
<f103r°07--> {.your.father.Amen!.will.thy.by.Jesus.O.}
<f103r°08--> {.father.your.God.heaven.CE'O.cross.O.cross.you.the.father.the.CE'O.}
<f103v°01--> {.your.O.faithful.Q.C.be.C'I'N.CX.I.O.cross.you.CO'CO'CO.K.K.CX.I.earth.}
<f103v°02--> {./.the.father.CE'O.faithful.Q.C.be.this.C.\.IZ.you.the.father.CE'O.}
<f103v°03--> {.O.save.O.only.given.conquered.}
<f103v°04--> {.evil.O.Amen!.blessed.D.&.O.Q.C.you.O.C.IU.C.R.the.}
<f103v°05--> {.thy.church.Yahweh.Yahweh.&.II.all.you.father.10.mount.on.}
<f103v°06--> {.your.father.son.Holy Spirit.((.AD.)).Jesus.God.Christ.mount.faithful.Q.C.be.}
<f103v°07--> {.BE'I'O.holy.C.F.QA.NH.100.holy.}
<f103v°08--> {.you.EQ.the.you.EQ.C'D'HY.}
<f103v°09--> {.C'D'C.CX.C.LI.C.XB.6.before.}
<f103v°10--> {.C.XW'X.law.come.on.Amen!.will.}
<f104r°01--> {.thy.the.C.in.was.O.you.EQ.C'D'HY.XH'O'D.holy.}
<f104r°02--> {.((.AD.)).O.((.AD.)).CO'D'HY.Jesus Christ.&.O.you.come.}
<f104r°03--> {.on.thy.word.appeared.Q.&.the.&.the.people.crying out.}
<f104r°04--> {.you.&.EA.EA.we.XF'XX.will.on.cross.arose.you.&.}
<f104r°05--> {.C.we.before.your.C.C.C'BP.&.we.before.O.cross.you.}
<f104r°06--> {.O.XD.BL.O'XM.&.we.you.be.church.C.}
<f104r°07--> {.C'I'Q.only.son.faithful.God.Amen!.we.reborn.&.only.}
<f104r°08--> {.we.C'I'T.C'I'Q.&.you.C.RO.Q.church.&.YO.}
<f104r°09--> {.first.C'I'Q.reborn.again.Amen!.we.C'I'T.}
<f104v°01--> {.hear.the holy word.}
<f104v°02--> {.of.ST Luke.in.}
<f104v°03--> {.10.chapter.of his.}
<f104v°04--> {.when.gave.you.}
<f104v°05--> {.Amen!.C.disciple.your.}
<f104v°06--> {.&.power.UD'CO.}
<f104v°07--> {.C.XH'O'D.I.I.O.}
<f104v°08--> {.O.O.this.I.O.O.the.you.O.I.Q.XJ'D'CO'BY.this.C.C.O.I.disciple.}
<f104v°09--> {.life.came.BC.holy.father.BC.of.NH.100.BC.believe(d).BC.}
<f104v°10--> {.his kingdom.BC.pray.C.XB.X.BO.father.NH.100.believe(d).his kingdom.C.D.this.XS.}
<f104v°11--> {.the.O.I.R.XJ'D'CO'BY.XC.this.O.I.disciple.life.over.}
<f104v°12--> {.resurrected.CU'D.the.power.first.O.IU.C.NH.100.CX'CX.}

<f105r°01--> {.O.this.CX.I.O.Jesus.by.faithful.power.rock.of.life.NH.100.}
<f105r°02--> {.Q.before.life.NH.100.C.DR.X.C.crying out.as.this.life.NH.100.with.}
<f105r°03--> {.faithful.conquered.gave.Jesus.the.life.NH.100.}
<f105r°04--> {.EK.X.C.life.(.pray.).life.bishop.of.gave.the.}
<f105r°05--> {.power.this.NH.100.(.pray.).HF.F.bishop.of.gave.the.}
<f105r°06--> {.CX.CO.gave.Jesus.debt(s).C'I'N.the.power.as.}
<f105r°07--> {.church.XT.A'BG.C.only.by.the.power.the.church.}
<f105r°08--> {.bishop.of.in.there.O.II.CU.Amen!.with.Amen!.our.}
<f105r°09--> {.CE'O.Amen!.our.BD.Amen!.our.MY.C.by.his.}
<f105r°10--> {.we.pray.as.we.we.BT.our.before.}
<f105r°11--> {.C.heaven.forever.by.Jesus.only.BE'I'O.}
<f105v°01--> {.power.came.&.we.church.only.God.C.A.this.}
<f105v°02--> {.in.we.our.pray.as.C.we.we.BT.}
<f105v°03--> {.our.before.C.heaven.forever.over.C.K.we.}
<f105v°04--> {.D.all.&.was.life.EF.C.the.power.by.}
<f105v°05--> {.rock.C.F.IJ.you.be.his.life.CO.you.D.C.D.QV.gave.}
<f105v°06--> {.Jesus.EK.C.life.(.pray.).Q.life.bishop.only.}
<f105v°07--> {.&.O.be.faithful.we.IA.C.F'X2.C'XF'XX.his.we.CX'I'CX'D.}
<f105v°08--> {.there.over.C'D'C.R.on.your.XW'X.&.was.}
<f105v°09--> {.come.we.CX'I'CX'D.on.BK'I'J.X.C.first.F.through.S.before.}
<f105v°10--> {.CU.to.C.Jerusalem.to.CO.to.C'XV.BT.O.C.K'C.C.&.was.come.}
<f105v°11--> {.we.IA.CX'I'CX'D.on.BK.J.&.was.CO.II.C.6.D.C'EY.CO.JN.}
<f106r°01--> {.over.O.6.D.C'EY.CO.XB.C.CX'I'CX'D.EZ.XB.C.A.C.KB.}
<f106r°02--> {.&.was.the.6.D.C'EY.CO.XB.O.F.CX'I'CX'D.give.}
<f106r°03--> {.CX.D'CO'D'CO.over.CX'I'CX'D.O.C.KB.I.6.D.C'EY.CO.XB.&.S.faithful.}
<f106r°04--> {.arose.this.CX'I'CX'D.&.S.arose.CX'I'CX'D.&.S.faithful.CX'I'CX'D.}
<f106r°05--> {.O.CO'D'HY.R.first.MG.Abraham.in.C.}
<f106r°06--> {.CX'I'CX'D.on.O.I.XW.Abraham.C'QS.CX'I'CX'D.&.come.}
<f106r°07--> {.XW.Abraham.come.on.I.I.died.MG.bishop.in.C.CX'I'CX'D.}
<f106r°08--> {.on.O.I.MG.bishop.C'QS.CX'I'CX'D.&.come.I.S.XN.D.}
<f106r°09--> {.CX'I'CX'D.C'BD.I.I.Abraham.bishop.I'AG.crying out.}
<f106r°10--> {.C'QS.CX'I'CX'D.C.F'X2.come.I.I.Abraham.O.be.}
<f106v°01--> {.come.on.first.this.C.BT.XV.you.EZ.XB.son.on.Jerusalem.your.faithful.servant.}
<f106v°02--> {.over.CX.I.CX.I.C.A.C.KB.over.XW'X.C.CX'I'CX'D.}
<f106v°03--> {.crying out.came.on.QS.X.D.you.C.D.LT.his.CX'I'CX'D.}
<f106v°04--> {.EU.over.XW'X.I.C.C'QS.I.you.to.your.church.}
<f106v°05--> {.O.RA.CO.again.CO.his.CX'I'CX'D.EU.over.CX'I'CX'D.BU.}
<f106v°06--> {.you.on.your.C.H.over.CX.XG.D.O.C'BG.C.you.}
<f106v°07--> {.on.fisherman.over.CX'I'CX'D.give.the.fisherman.Peter.}
<f106v°08--> {.over.fisherman.Peter.give.I.I.CX.living.XC.I.I.C.EL.S.PV.}
<f106v°09--> {.by.the.fisherman.Peter.the.fisherman.Peter.on.CX'I'CX'D.}
<f106v°10--> {.C'BG.C'XV.C.D.on.CX'I'CX'D.this.S.CO.OD.}
<f107r°01--> {.fisherman.Peter.W.CO.ED.F.D'O.Amen!.the.fisherman.Peter.this.XB.D.}
<f107r°02--> {.by.Jesus.C'D'O.C'I'N.the.power.CX.I.C.QN.}
<f107r°03--> {.before.the.I'AG.on.CO.IU.C.D.CU'D.the.I.Abraham.I.bishop.}
<f107r°04--> {.I.this.C.cross.you.EZ.son.by.the.power.C.HF.F.C.D.EY.}
<f107r°05--> {.over.this.life.BE'I'O.life.as.before.HT.IZ.heaven.D.}
<f107r°06--> {.&.CX.I.you.XW'X.C.CX'I'CX'D.crying out.by.}
<f107r°07--> {.Jesus.only.before.BE'I'O.power.by.Jesus.the.}
<f107r°08--> {.power.come.life.&.the.H'HF.O.pray.R.you.D.life.}

<f107r°09--> {.be.his.life.C.heaven.forever.hear.the.}
<f107r°10--> {.holy word.BE'I'O.ST Matthew.O.first.C.EL.SS.OB.C.}
<f107v°01--> {.days passed.church.to.I.I.C.CC.RA.C.OB.C.on.C'D'HY.}
<f107v°02--> {.&.arose.The Christ.BE'I'O.holy.UN.NH.100.BB.C.RA.C.RO.Q.C.≈.}
<f107v°03--> {.CX.I.QS.CO.KK.DR.C.D.CO.gave.God.again.pray.}
<f107v°04--> {.God.C'I'N.on.O.grave.you.CX.K.C.O.C.A.C'XV.}
<f107v°05--> {.C'D'C.word.gave.Jesus.}
<f107v°06--> {.«.88.».disciple.your.&.}
<f107v°07--> {.power.UD.}
<f107v°08--> {.came.O.I.XJ'D'CO'BY.}
<f107v°09--> {.«.88.».I'AG.|.I'AG.|.}
<f107v°10--> {.crying out.IJ.}
<f107v°11--> {.&.blessed.C.you.X.there.hear.the holy word.of.}
<f108r°01--> {.ST Matthew.in.Q.4.CO.of his.when.gave.Jesus.}
<f108r°02--> {.disciple.your.&.power.UD.XJ'D'CO'BY.I'AG.disciple.CV.}
<f108r°03--> {.the.thy.F.C.on.be.the.I'AG.disciple.CV.I'AG.disciple.God.BK.BK.}
<f108r°04--> {.I'AG.disciple.CV.C.DS.D.over.I'AG.disciple.CV.UD.this.C.BT.Q.}
<f108r°05--> {.came.the.be.A.XJ'D'CO'BY.I'AG.crying out.by.}
<f108r°06--> {.Jesus.&.before.C.again.I.on.BT.church.&.C.again.I.CX.XV.}
<f108r°07--> {.UD.O.I.&.W.before.BC.K.X2.UD.C.C.again.I.≈.}
<f108r°08--> {.CO.come.C.CO.the.&.XJ'D'CO'BY.on.apostle.XJ'D'CO'BY.}
<f108r°09--> {.I'AG.crying out.to.Q.be.II.O.I.I.UD.on.apostle.}
<f108r°10--> {.&.crying out.CX.I.C.KB.CU'D.UD.we.XW'X.}
<f108v°01--> {.&.in.you.CU.K.XV.we.&.QE.you.we.&.church.in.you.&.O.}
<f108v°02--> {.we.give.O.XJ'D'CO'BY.your.on.apostle.on.cross.you.}
<f108v°03--> {.apostle.you.C'I'N.XJ'D'CO'BY.give.you.&.O.we.come.}
<f108v°04--> {.in.your.father.DB.«.00.».pray.Q.CO'BF'D;CO'BF'D.}
<f108v°05--> {.«.88.».evil.to.spirit.CO.BK.K'C.CX.C.A.C.we.}
<f108v°06--> {.be.C.again.I.O.I.D.by.Jesus.spirit.CO.we.}
<f108v°07--> {.NR'XX.be.((.EO.)).we.C.the.EK.D.((.EO.)).R.be.NR'XX.C.D.}
<f108v°08--> {.on.I.A.KK.D.C.SB.BU.we.X.S.C.K.we.C.BL.D.again.}
<f108v°09--> {.NR'XX.be.on.I.A.KK.D.C.BT.BU.we.Q.be.O.F.}
<f108v°10--> {.NR'XX.be.Amen!.UD.O.I.Q.before.in.DB.&.XJ'D'CO'BY.}
<f109r°01--> {.NR'XX.be.the.thy.the.CX.Q.apostle.O.Jesus.&.O.holy word.}
<f109r°02--> {.by.Jesus.BC.church.be.we.C'BG.S.XC.}
<f109r°03--> {.given.C'D'O'D.&.first.church.I.I.be.}
<f109r°04--> {.everyone.again.S.church.C'I'N.XJ'D'CO'BY.forgive.you.}
<f109r°05--> {.by.Jesus.&.we.be.C'BG.R.before.bishop.}
<f109r°06--> {.of.A'BG.&.O.we.be.the.only.on.apostle.}
<f109r°07--> {.to.&.we.be.C'BG.Q.before.bishop.of.A'BG.}
<f109r°08--> {.&.O.we.to be.the.only.on.apostle.by.Jesus.}
<f109r°09--> {.&.we.be.C'BG.R.before.bishop.of.our.}
<f109r°10--> {.I'AG.crying out.be.O.I.C.heaven.IJ.to.&.}
<f109v°01--> {.we.to be.C'BG.R.before.bishop.of.A'BG.his.}
<f109v°02--> {.we.I'AG.crying out.to be.O.I.IJ.your.}
<f109v°03--> {.O.father.hear.the holy word.there.before.in.there.}
<f109v°04CR> {.Jerusalem.}
<f109v°04CL> {.Jerusalem.}
<f109v°04--> {.hear.the holy word.}
<f109v°05--> {.of.ST Luke.}

<f109v°06--> {.in.9.chapter.of his.}
<f109v°07--> {.when.come.Jesus.}
<f109v°08--> {.Jerusalem.&.was.come.}
<f109v°09--> {.Jesus.on.this.MB.C.believe(d).O.I.Jerusalem.to.be.over.}
<f109v°10--> {.O.I.son.God.XP.Jerusalem.to.CO.to.over.this.BO.Jesus.}
<f109v°11--> {.«.88.».by.Jerusalem.Jerusalem.was.the.Jerusalem.&.XB.X.D.&.the.Jerusalem.}
<f110r°01--> {.CO.C.A.came.be.BC.Jerusalem.C.R.the.this.C.}
<f110r°02--> {.M.Q.the.RB.church.life.we.disciple.his.}
<f110r°03--> {.you.gave.&.Q.C'I'N.appeared.&.the.RB.church.}
<f110r°04--> {.by.Jesus.was.C'I'N.son.God.C.S.CX.}
<f110r°05C0> {.you.you.again.}
<f110r°05--> {.the.Jerusalem.came.be.on.the.Jerusalem.XV.J.J.pray.the.}
<f110r°06--> {.the.K.many.Jerusalem.over.the.Jerusalem.Jerusalem.O4.}
<f110r°07--> {.O.K.over.XJ'D'CO'BY.to be.we.mount.NY.D.}
<f110r°08--> {.we.mount.BK.&.the.CX.Jerusalem.again.C.XB.CU'D.XJ'D'CO'BY.}
<f110r°09--> {.H'HF.HT.A.Amen!.life.on.cross.this.CU'C.we.mount.over.}
<f110r°10--> {.be.life.this.R.to.arose.over.be.his.on.the.}
<f110v°01--> {.Jerusalem.came.the.Jerusalem.Amen!.Jerusalem.L'XX.Q.C.D.on.C'XV'OB'I'C.CX.R.C.}
<f110v°02--> {.QS.son.C.S.I.RO.XB.CX.I.RB.OB'Q.on.OB'Q.D.EG.O.}
<f110v°03--> {.F.10.I.C.D.XV.C.C.church.over.come.Jesus.}
<f110v°04--> {.in.Jerusalem.CO'I'CO.&.you were.in.C.A.C.KB.EQ.RO.Q.I.}
<f110v°05--> {.C.K.K.R.X3.over.crying out.Jesus.on.CA.C.}
<f110v°06--> {.C.K.D.C.XF.over.Amen!.life.R.C'XV.OB.BK.BK.}
<f110v°07--> {.be.C.R.you.by.Jesus.the.before.(.pray.).}
<f110v°08--> {.DB.the.DB.before.crying out.on.IJ.your.O.}
<f110v°09--> {.father.to.XJ'D'CO'BY.DB.crying out.life.}
<f110v°10--> {.first.C'BP.DB.&.O.be.Jesus.O.}
<f110v°11--> {.given.O2.J.thy.O2.given.BC.XD.J.hear.the.holy.}
<f110v°12--> {.word.}
<f111r°01--> {.Amen!.of.BE'I'O.5.this.BO.son.God.through.give.}
<f111r°02--> {.son.God.was.EV.there.5.to.CO.to.}
<f111r°03--> {.over.LK.give.you.O.again.before.O.II.HF.O.I.I.C.IZ.of.}
<f111r°04--> {.BE'I'O.on.CO'D'HY.this.I.living.O.living.C.again.I.came.}
<f111r°05--> {.C.D.EG.Jesus.as.before.on.BC.C.A.C.cross.cross.cross.on.}
<f111r°06--> {.CO'D'HY.you.to.3.this.BO.of.BE'I'O.on.}
<f111r°07--> {.O2.J.thy/thou.O2.was.many.O.I.on.to.CO.to.}
<f111r°08--> {.Jerusalem.LK.this.BO.Jesus.given.&.C.K'C.CX.II.OX.}
<f111r°09--> {.to.CO.to.again.this.BO.Jesus.C.your.with.faithful.before.}
<f111r°10--> {.with.C.you.C.you.Q.I.came.C.D.EG.Jesus.was.before.}
<f111v°01--> {.life.UD.come.Amen!.CO.XB.C.QV.&.was.on.risen.you.}
<f111v°02--> {.Christ.twenty.4.D.when.give.there.}
<f111v°03--> {.C'BD.C'R'C.on.C'XV'OB'I'C.thy/thou.on.C'XV'OB'I'C.&.pray.}
<f111v°04--> {.«.88.».K.be.CX.A.C.QD.&.C.S.I.RO.XB.&.the.be.}
<f111v°05--> {.O.father.son.&.was.I.I.father.son.XD.XX.Jerusalem.Amen!.Jerusalem.S'O.}
<f111v°06--> {.given.CU.A.D.&.OB'Q.on.OB'Q.D.EG.O.F.you.over.I.I.}
<f111v°07--> {.father.son.BC.C'BD.on.life.crying out.son.I.I.father.}
<f111v°08--> {.came.first.life.CX.I.this.F.arose.to.I.I.life.C'BD.life.}
<f111v°09--> {.C.this.this.XV.Q.the.again.his.life.son.O.R.O.to.3.life.}
<f111v°10--> {.life.&.life.BK.on.come.I.A.K.life.&.C.BT.XB.C.life.C'XV'OB'I'C.}
<f112r°01--> {.CU'D.life.H'HF.HT.H.Amen!.life.on.cross.risen.S.C.life.&.}

<f112r°02--> {.be.C'XV'OB'I'C.on.XC.risen.on.II.C.C'XV'OB'I'C.&.life.C'BD.}
<f112r°03--> {.C'XV.O.A.C.on.C.C.LA.C.on.C.II.C.K.on.be.life.before.}
<f112r°04--> {.risen.C'XV'X.OB.I.C.S.life.before.O.XD.faithful.D.C'XV'OB'I'C.}
<f112r°05--> {.on.grave.C.first.C.CC.SS.over.life.before.O.}
<f112r°06--> {.XD.faithful.D.C'XV'OB'I'C.O.F.to.CO.to.DB.to.CO.to.come.}
<f112r°07--> {.S.give.C'XV'OB'I'C.C.&.life.LT.100.C.grave.C.CC.S.PV.}
<f112r°08--> {.&.C'XV'OB'I'C.before.CT.XB.K.C.give.again.before.be.≈.}
<f112r°09--> {.C'D'O'CO.&.life.O.XD.faithful.D.to.4.give.of.}
<f112r°10--> {.BE'I'O.on.BC.to.spirit.CO.CX.I'AE.C.on.NN.CU'D.you.LK.this.BO.}
<f112v°01--> {.O.Jesus.S.before.O.I.HF.O.came.CX.I'AE.CX.MC.II.CO.C.S.I.D.CU'D.}
<f112v°02--> {.BK.on.NN.came.3.days.be.CX.I'AE.the.NN.over.CX.I'AE.C.}
<f112v°03--> {.MC.C.II.C.C.S.Q.D.BK.C.D.you.to.5.this.BO.of.}
<f112v°04--> {.BE'I'O.on.BC.EX.spirit.CO.Christ.on.cross.arose.came.C.A.you.}
<f112v°05--> {.C.HR.PS.EK.we.arose.you.LK.give.O.Jesus.S.before.O.II.|.life.|.}
<f112v°06--> {.HF.O.C.UD.UD.C.C.C.CX.you.this.church.came.C.D.EG.Jesus.}
<f112v°07--> {.«.88.».was.before.life.UD.come.Amen!.CO.XB.6.CV.came.be.AS.}
<f112v°08--> {.life.6.K.A.C.heaven.Jerusalem.hear.the.apostle.holy word.}
<f112v°09--> {.came.R.C'D'O'D.we.life.mount.ED.IR.word.mount.CO.›.}
<f112v°10--> {.as.first.faithful.Q.C.O.D.PQ.CX'CX.first.you.we.life.}
<f113r°01--> {.arose.the.before.on.I.I.ED.IR.word.CA.A.faithful.Q.C.O.D.X.forgive.}
<f113r°02--> {.to.the.CX.Q.DB.faithful.Q.C.O.D.O.F.the.&.we.ED.IR.word.}
<f113r°03--> {.on.C'D'O'D.first.I.I.O.on.BL.XD.to.I.I.give.in.}
<f113r°04--> {.C.heaven.forever.S.you.be.BC.C.H.Q.C.XB.X.debt(s).}
<f113r°05--> {.hear.the holy word.}
<f113r°06--> {./.of.holy word.\.}
<f113r°07--> {.of.ST Matthew.in.one.chapter.}
<f113r°08--> {.of his.when.}
<f113r°09--> {.gave.Jesus.disciple.your.}
<f113r°10--> {.&.power.UD.OP.D.}
<f113r°11--> {.first.EZ.XB.there.&.was.anointed.there.I.I.son.}
<f113r°12--> {.mount.mount.CE'O.over.the.CX.Q.DB.CE'O.son.was.CE'O.church.}
<f113v°01--> {.word.his.CE'O.son.father.&.was.CE'O.son.be.BC.EZ.}
<f113v°02--> {.give.father.came.CE'O.son.only.BC.give.father.the.}
<f113v°03--> {.his.CE'O.son.father.over.come.CE'O.son.CU.in.forever.}
<f113v°04--> {.«.88.».over.all.CE'O.son.in.forever.over.CD.CE'O.}
<f113v°05--> {.son.O.Amen!.C.XB.D.all.CE'O.son.the.forever.came.CD.CE'O.}
<f113v°06--> {.son.C'BP.&.was.BC.D.all.CE'O.son.the.forever.}
<f113v°07--> {.«.88.».over.all.C.this.CO.I.K.the.over.CE'O.son.}
<f113v°08--> {.C'BD.C.F.came.C.A.CE'O.son.EZ.O.gave.CO'CO'CO.in.XW'X.}
<f113v°09--> {.church.only.5.DA.O.D.O.«.00.».his.CE'O.son.}
<f113v°10--> {.father.over.come.CE'O.son.C.F.O.R.D.6.D.O.C.over.}
<f114r°01--> {.AD.CE'Q.CE'O.son.the.6.D.O.all.before.over.CD.CE'O.son.}
<f114r°02--> {.his.before.XF'XX.C.K.O.in.C'D'C.F.Q.over.CE'O.son.C'BD.}
<f114r°03--> {.C'XV.again.CD.CE'O.son.CX.O.CX.Q.C.KE.C.XN.Q.before.XF'XX.}
<f114r°04--> {.C.K.O.C.F.over.O.CE'O.son.BE'I'O.anointed.O.father.}
<f114r°05--> {.QV.his.CE'O.son.OB.O.DL.over.servant.I'AG.all.}
<f114r°06--> {.again.this.CE'O.son.all.&.C.MB.C.D.today.O'R'C.XW'X.}
<f114r°07--> {.there.OB.O.DL.servant.again.this.CE'O.son.O'R'C.by.}
<f114r°08--> {.the.CX.BC.CE'O.son.this.CE'O.son.&.come.CE'O.son.≈.}
<f114r°09--> {.his.CE'O.son.O.father.CX'CX.on.II.CE'O.son.CO.CX'CX.CE'O.son.}

<f114v°01--> {.XW'X.this.«.00.».over.come.the.C.in.DB.CE'O.son.C.his.CE'O.son.}
<f114v°02--> {.father.over.CE'O.son.O.I.CU.the.his.CE'O.son.}
<f114v°03--> {.father.over.CE'O.son.CD.CE'O.son.C.K.D.XB.CX.I.A.before.only.}
<f114v°04--> {.his.father.CE'O.son.over.CE'O.son.C.K.D.XB.CX.I.S.before.}
<f114v°05--> {.God.CE'O.son.over.come.CE'O.son.the.CE'O.son.C'D'C.}
<f114v°06--> {.his.CE'O.son.father.over.XL.CE'O.son.C'D'C.}
<f114v°07--> {.his.CE'O.son.father.over.father.CD.(.pray.).father.}
<f114v°08--> {.his.CE'O.son.church.this.CE'O.son.the.father.XW'X.CE'O.son.}
<f114v°09--> {.R.this.CE'O.son.C.F'X2.XF'XX.CE'O.F.EY.the.father.&.XV'EY.there.}
<f115r°01--> {.over.CE'O.son.XW'X.the.father.his.CE'O.son.Amen!.his.CE'O.son.}
<f115r°02--> {.CX.F'X2.XK'XX.R.before.O.all.X.C.F'X2.XF'XX.CE'O.son.by.the.}
<f115r°03--> {.his.CE'O.son.O.father.OB.C.O.DL.&.servant.holy.disciple.apostle.}
<f115r°04--> {.over.mount.come.disciple.disciple.mount.over.C'BG.disciple.apostle.}
<f115r°05--> {.mount.O.CX.D.church.you.church.before.in.there.}
<f115r°06--> {.you.church.before.XW'X.there.you.church.before.there.}
<f115r°07--> {.you.church.before.only.there.over.CE'O.son.O.father.}
<f115r°08--> {.disciple.apostle.mount.mount.in.law.C.you.church.over.CE'O.}
<f115r°09--> {.son.come.disciple.apostle.mount.mount.O.his.father.DB.C.AS.C.be.}
<f115v°01--> {.CX.D.R.conquered.evil.over.CU'D.6.Q.≈.}
<f115v°02--> {.father.his.CE'O.son.O.father.Amen!.his.father.CV.O.give.|.O.IU.6.|.}
<f115v°03--> {.heaven.D.over.CD.heaven.D.D.R.disciple.father.disciple.mount.}
<f115v°04--> {.O.Amen!.C.D.Q.J.PQ.R.over.XV.C.F.CO.spirit.QV.PQ.spirit.will be.the.}
<f115v°05--> {.church.pray.his.O.to.O.SS.came.be.on.C'BD.CO.}
<f115v°06--> {.the.C.in.in.mount.debt(s).over.CO'CO'CO.LA.XJ.C.his.}
<f115v°07--> {.CE'O.son.O.heavenly Father.DB.the.C.in.in.C.heaven.forever.}
<f115v°08--> {.«.88.».over.come.CE'O.arose.son.the.because(of).CE'O.son.on.}
<f115v°09--> {.his.CE'O.son.O.heavenly Father.DB.over.come.his.CV.}
<f116r°01--> {.the.mount.give.pray.C.his.mount.O.father.}
<f116r°02--> {.by.his.mount.O.father.O.father.his.mount.C.XB.XB.}
<f116r°03--> {.the.father.mount.give.first.faithful.C'Q'O'D.arose.&.}
<f116r°04--> {.first.CX.RB.C.D.CX.D.today.in.be.this.mount.}
<f116r°05--> {.O.debt(s).his.mount.I.CX.IU.C'D'C.on.the.CE'O.son.debt(s).}
<f116r°06--> {.father.&.before.give.O.the.father.BC.EZ.I.O.gave.CO.C.CO.}
<f116r°07--> {.in.XW'X.church.only.5.DA.O.D.O.by.}
<f116r°08--> {.the.father.his.mount.O.father.son.his.father.O.before.}
<f116r°09--> {.be.CE'O.son.CO.A.C.S.II.C.mount.father.CE'O.son.hear.}
<f116r°10--> {.servant.«.00.».&.CE'O.son.be.arose.&.again.O.on.arose.reborn.}
<f116r°11--> {.hear.the holy word.}
<f116v°01--> {.C'D'C.word.before.}
<f116v°02--> {.of.ST John.}
<f116v°03--> {.C'AE.the.Q.J.of.}
<f116v°04--> {.when.was.}
<f116v°05--> {.Jesus.in.twenty.}
<f116v°06--> {.D.&.in.9.days.in.}
<f116v°07--> {.when.appeared.}
<f116v°08--> {.ST John.the divine.on.C.A.C.S.BO.church.over.come.≈.}
<f116v°09--> {.C'I'Q.John.4.C.faithful.J.NI.book.BB.CV.CX.I.in.&.C'XF'XX.}
<f116v°10--> {.UD.came.CO'D'HY.NI.book.CV.CX.I.in.&.C'XF'XX.on.apostle.}
<f116v°11--> {.C.John.on.C.A.C.S.BO.on.through.UD.be.NI.}
<f117r°01--> {.UD.to.I.I.UD.be.BB.CV.HX'HF'H.to.3.UD.be.}

<f117r°02-->{.CX.I.in.UD.to.4.UD.be.O.EG.D.C'XF'XX.}
<f117r°03-->{.through.gave.NI.UD.rock.NI.come.NI.the.John.}
<f117r°04-->{.on.apostle.on.C.R.apostle.be.NI.C'BD.reborn.O.}
<f117r°05-->{.BE'I'O.&.NI.ST John.the divine.his.NI.EZ.XB.&.his.}
<f117r°06-->{.NI.church.on.this.C.R.T'T.NI.God.C'EK.X.C'EY.C'EY.}
<f117r°07-->{.&.be.NI.XW'X.NI.&.only.NI.be.XJ'D'CO'BY.}
<f117r°08-->{.«.88.».this.IU.C.forever.when.gave.book.BB.CV.}
<f117r°09-->{.power.C.John.rock.book.BB.come.book.BB.CV.the.}
<f117r°10-->{.John.on.apostle.on.C.A.apostle.be.BB.CV.C'BD.reborn.}
<f117v°01-->{.O.BE'I'O.&.BB.CV.ST John.the divine.&.anointed.the.BB.CV.=.}
<f117v°02-->{.only.UD.appeared.&.C'XF'XX.apostle.as.be.C'XF'XX.O.}
<f117v°03-->{.save.&.be.BB.CV.XW'X.BB.CV.&.only.BB.CV.be.}
<f117v°04-->{.XJ'D'CO'BY.this.IU.C.forever.when.gave.CX.I.in.=.}
<f117v°05-->{.UD.C.John.rock.CX.I.in.come.CX.I.in.ST John.}
<f117v°06-->{.on.apostle.on.faithful.apostle.be.CX.I.in.C'BD.reborn.O.BE'I'O.}
<f117v°07-->{.&.CX.I.in.ST John.the divine.&.anointed.the.CX.I.in.XJ'D'CO'BY.}
<f117v°08-->{.CX.I.in.ST John.the divine.&.anointed.the.CX.I.in.cross.cross.cross.}
<f117v°09-->{.faithful.&.God.C'EY.C'EY.faithful.T'T.be.CX.I.in.XW'X.CX.I.in.}
<f117v°10-->{.&.only.CX.I.in.be.XJ'D'CO'BY.this.IU.C.forever.}
<f118r°01-->{.when.gave.O'EG'A'C'XF'XX.rock.O'EG'A'C'XF'XX.come.}
<f118r°02-->{.O'EG'A'C'XF'XX.the.John.on.apostle.on.C.A.apostle.be.=.}
<f118r°03-->{.O'EG'A'C'XF'XX.C'BD.reborn.O.BE'I'O.&.O'EG'A'C'XF'XX.}
<f118r°04-->{.ST John.the divine.&.anointed.O'EG'A'C'XF'XX.in.there.}
<f118r°05-->{.O.II.Amen!.with.Amen!.his.O'EG'A'C'XF'XX.CE'O.Amen!.his.O'EG'A'C'XF'XX.}
<f118r°06-->{.BD.Amen!.his.O'EG'A'C'XF'XX.MY.C.over.his.O'EG'A'C'XF'XX.}
<f118r°07-->{.pray.as.C.we.we.BT.be.O'EG'A'C'XF'XX.XW'X.}
<f118r°08-->{.O'EG'A'C'XF'XX.&.only.O'EG'A'C'XF'XX.&.C'BG.O'EG'A'C'XF'XX.}
<f118r°09-->{.law.God.C.D.100.C.XB.C'XF'XX.reborn.O'EG'A'C'XF'XX.}
<f118r°10-->{.because(of).cross.cross.cross.conquered.evil.be.}
<f118v°01-->{.XJ'D'CO'BY.this.IU.C.forever.the.apostle.be.XS.C.A.in.you.}
<f118v°02-->{.QV.O.II./.Amen!.\.with.&.we.&.be.C'BG.law.God.our.}
<f118v°03-->{.before.heaven.forever.&.the.before.the.in.law.give.}
<f118v°04-->{.O.EK.XB.EK.on.reborn.&.we.&.be.church.}
<f118v°05-->{.in.Jesus Christ.all.before.only.son.faithful.God.Amen!.we.}
<f118v°06-->{.reborn.&.first.to be.C'I'T.S.I.Amen!.we.reborn.}
<f118v°07-->{.hear.the holy word.of.ST Luke.in.7.chapter.his.}
<f118v°08-->{.of.when.was.Jesus.in.Capernaum.}
<f118v°09-->{.when.come.Jesus.in.book.CV.to.be.over.come.}
<f118v°10-->{.C.you.R.&.CX.Q.&.O'EG'A'C'XF'XX.C'I'Q.Jesus.over.|.C.|.}
<f119r°01-->{.in.book.CV.SS.&.NH.100.CO.A.C.on.Jesus.the.you.BE'I'O.}
<f119r°02-->{.son.God.to.was.the.you.be.son.God.the.}
<f119r°03-->{.you.C.again.O.come.the.C.A.the.CO.by.Jesus.was.}
<f119r°04-->{.«.88.».first.anointed.CU'D.XJ'D'CO'BY.first.}
<f119r°05-->{.100.O.Q.C.CX.D.in.KE.&.was.CO.XB.C.first.}
<f119r°06-->{.CU'D.Q.C.hear.I.C'EY.I.we.be.UC.XB.D.Q.D.CO.H.C.}
<f119r°07-->{.over.be.O.CO.XV.we.O.LT.10.O.Q.C.be.&.LT.}
<f119r°08-->{.in.K'X'D.I.over.come.we.C.KB.LT.faithful.Q.C.be.}
<f119r°09-->{.C.BT.C.K.&.was.faithful.faithful.be.C.BT.C.K.we.}
<f119r°10-->{.over.BB.Q.C.be.CX.IZ.we.CX.I.BU.we.C.}
<f119v°01-->{.our.C.H.over.come.we.C.our.C.IU.XB.&.EK.D.}

<f119v°02--> {.over.be.&.C.IU.XB.EK.D.Q.C.we.gave.CO'D'CO.A.C.K.}
<f119v°03--> {.we.O.God.be.C.A.CC.we.be.this.this.AV.D.over.}
<f119v°04--> {.I'AG.on.Q.C.pray.R.again.on.LT.10.&.LT.Q.C.be.}
<f119v°05--> {.by.Jesus.was.first.Yahweh.C'XV'OB'I'C.}
<f119v°06--> {.over.be.anointed.10.R'CU.&.was.the.10.CO.XB.C.}
<f119v°07--> {.C'NE.over.be.((.EO.)).CX'NE.((.AD.)).son.}
<f119v°08--> {.C'D'HY.on.cross.arose.NR'XX.C.D.&.was.C.A.C.K.C'NE.}
<f119v°09--> {.the.R'CU.this.IU.C.forever.over.be.I'AG.}
<f119v°10--> {.on.this.IU.C.forever.debt(s).C'NE.on.arose.The Christ.}
<f120r°01--> {.C'NE.debt(s).again.CO.C'XV.LT.R'CU.law.hear.}
<f120r°02--> {.the holy word.Q.you were.C.A.R.EY.Jesus.DB.EA.}
<f120r°03--> {.word.gave.Jesus.disciple.your.&.power.UD.C'I'N.}
<f120r°04--> {.first.you.the.Q.C.be.came.C.you.this.you.O.C.F'J.}
<f120r°05--> {.you.LT.BJ.X.CO.mount.in.C.heaven.CO.forever.}
<f120r°06--> {.by.Jesus.you were.O.L'X2.O.father.}
<f120r°07--> {.6.heaven.on.C.heaven.forever.on.BC.mount.}
<f120r°08--> {.on.mount.&.name.be.glory.&.I.I.}
<f120r°09--> {.mount.&.glory.(.C'D'CO'D.).&.40 years.}
<f120v°01--> {.&.40.X2.in the desert.EK.glory.C.glory.}
<f120v°02--> {.on.C.heaven.forever.on.BL.XD.O.JN.CO.before.first.}
<f120v°03--> {.BJ.X.CO'D'CO.O.F.&.was.C'I'N.come.you.O.father.}
<f120v°04--> {.your.O.C'I'N.CX'CX.you.on.BL'XX.died.BJ.X.CO.mount.&.O.}
<f120v°05--> {.C.all.your.DB.C'D'O'D.CX'CX.you.your.O.}
<f120v°06--> {.father.on.BL'XX.O.BJ.X.CO.father.CV.mount.AS.LK.before.be.}
<f120v°07--> {.you.O.L'X2.you.O.father.your.on.C.heaven.forever.}
<f120v°08--> {.on.BL.XD.was.come.you.father.son.God.Jesus.Holy Spirit.}
<f120v°09--> {.((.AD.)).Christ.disciple.mount.C'D'O.faithful.over.arose.O.JN.CO.|.UC'CO.|.}
<f121r°01--> {.be.C'I'N.C'D'O.you.your.O.father.on.O.Q.C.be.}
<f121r°02--> {.only.UD.&.church.&.you.&.CX.your.O.father.BC.}
<f121r°03--> {.C'D'O.&.EK.D.&.C.IU.glory.&.disciple.conquered.}
<f121r°04--> {.evil.by.Jesus.the.Yahweh.the.before.your.}
<f121r°05--> {.with.C.XJ'D'CO'BY.XQ.CX.AD.with.O.CX'NE.before.be.}
<f121r°06--> {.CX'NE.CO.XB.CO.CX'NE.first.R'CU.first.}
<f121r°07--> {.|.BJ.X.CO.|.BJ.X.CO.X2.in.C.heaven.forever.came.W.}
<f121r°08--> {.O.L'X2.O.father.QV.C.heaven.on.BC.mount.on.C.heaven.≈.}
<f121r°09--> {.forever.on.BL.XD.by.Jesus.gave.be.}
<f121v°01--> {.O.father.C.son.come.Holy Spirit.father.son.with.we.}
<f121v°02--> {.by.O.father.Holy Spirit.on.as.we.CE'QV'CO.A.}
<f121v°03--> {.CX'CX.father.son.spirit.with.by.son.on.his.}
<f121v°04--> {.CE'QV'CO.A.on.you.XB.C.RB.be.we.Amen!.first.C.}
<f121v°05--> {.father.son.spirit.pray.father.son.spirit.we.}
<f121v°06--> {.Amen!.Q.C.II.CE'O.CO'CO'CO.CX'D'CX'D.O.I.only.give.C.}
<f121v°07--> {.BC.O.father.O.son.give.because(of).Holy Spirit.again.}
<f121v°08--> {.the.you.Amen!.only.God.by.Jesus.come.K.A.you.}
<f121v°09--> {.father.son.spirit.BK.on.C.heaven.forever.on.the.thy/thou.}
<f122r°01--> {.over.BK.NK'NY.there.CX'D'CX'D.with.TG.CO.}
<f122r°02--> {.&.was.CX'D'CX'D.be.with.C.K.X.TG.CO.over.}
<f122r°03--> {.C.K.C.CE'O.I.with.give.BC.PF.PF.on.CX'D'CX'D.over.}
<f122r°04--> {.faithful.all.over.CX'D'CX'D.pray.you.father.son.≈.}
<f122r°05--> {.spirit.over.CX'D'CX'D.come.you.father.son.spirit.}

<f122r°06--> {.in.NK'NY.over.Amen!.with.be.C.CX'D'CX'D.}
<f122r°07--> {.with.you.father.son.spirit.by.Jesus.gave.O.father.}
<f122r°08--> {.your.God.C.heaven.CX'D'CX'D.C'I'N.the.CX'D'CX'D.}
<f122r°09--> {.pray.Amen!.only.will.II.XJ.&.CU'C.X2.C.S.the.CX'D'CX'D.}
<f122v°01--> {.&.first.faithful.arose.C'XF'XX.anointed.C'XV'O.CU'C.X2.C.C.C'I'Q.≈.}
<f122v°02--> {.C.XB.this.on.X5.give.you.the.CX'D'CX'D.Amen!.first.only.}
<f122v°03--> {.law.the.C'A'A.the.CX.D.in.D.C.F'X2.law.C.F.Q.O.R.CX.}
<f122v°04--> {.the.C.G.CO'D'CO.XF'XX.CX.arose.in.before.CX'D'CX'D.be.O.O'R'C.}
<f122v°05--> {.on.F.C.arose.&.was.CX'D'CX'D.C.R.in.CV.in.BB.}
<f122v°06--> {.&.was.added.through.O.faithful.D.LT.&.was.come.Holy Spirit.}
<f122v°07--> {.in.NK'NY.by.the.before.the.CX.I.this.R.O.over.}
<f122v°08--> {.give.there.CX'D'CX'D.C.6.only.over.CX'NE.with.}
<f122v°09--> {.by.Jesus.XJ'D'CO'BY.XQ.&.was.CX'D'CX'D.}
<f123r°01--> {.O.C.MJ.by.the.C.C.XB.I.CU.C.XB.I.CU.to.I.I.CE'O.}
<f123r°02--> {.first.name.by.Jesus.all.you.father.}
<f123r°03--> {.son.spirit.on.C.heaven.I.forever.over.come.}
<f123r°04--> {.CX'NE.on.CX.NK'NY.&.was.>.}
<f123r°05--> {.C'NE.come.C.the.LA.C.C.V'CU.this.C.LA.C.V'CU.}
<f123r°06--> {.over.O.I.only.CO'D'CO.K.}
<f123r°07--> {.be.there.C.F'X2.law.by.the.C'D'C.K.CX'NE.}
<f123r°08--> {.O'R'C.the.O.F.C.by.CX'NE.C.A.EY.O'R'C.}
<f123r°09--> {.came.CX'NE.CX'D'CX'D.rock.C.F'X2.law.by.}
<f123r°10--> {.the.CO'D'CO.C.C'NE.O'R'C.CX'NE.CX'D'CX'D.}
<f123v°01--> {.the.to.O.FB.C.before.be.CX'NE.I.CX.D.be.O'R'C.}
<f123v°02--> {.be.C'NE.CX'D'CX'D.CX.I.CX.I.C.AS.&.I'AG.as.}
<f123v°03--> {.C.you.God.CX.I.C.&.was.K.X2.C.CO.as.CO.K.the.}
<f123v°04--> {.O'F'CO.the.CO'D'CO'K.&.was.give.CX'NE.}
<f123v°05--> {.to.CX'NE.forgive.XC.give.CX'D'CX'D.&.was.}
<f123v°06--> {.God.R.F.Q.CX'D'CX'D.C'EY.XB.K.O.I.CX'NE.}
<f123v°07--> {.CX'D'CX'D.&.was.CX'NE.CX'D'CX'D.BL.C.AS.}
<f123v°08--> {.by.Jesus.&.the.on.arose.XF'XX.XB.crying out.}
<f123v°09--> {.glory.you.father.son.spirit.your.we.O.father.}
<f124r°01--> {.C.R.before.glory.be.O.on.X4.father.R.C.heaven.forever.}
<f124r°02--> {.«.88.».R.BL.XD.by.Jesus.all.father.son.}
<f124r°03--> {.spirit.on.C.heaven.to.pray.in.CX.NK'NY.}
<f124r°04--> {.by.Jesus.the.added.I.I.O.faithful.D.LT.&.was.}
<f124r°05--> {.D.you.father.son.spirit.all.on.CO.heaven.forever.}
<f124r°06--> {.in.C.NK'NY.gave.be.your.father.son.≈.}
<f124r°07--> {.spirit.C.CX'D'CX'D.CX'D'CX'D.faithful.by.}
<f124r°08--> {.CX'D'CX'D.X2.≈.CX'D'CX'D.there.gave.you.father.son.}
<f124r°09--> {./.spirit.\.C'R'C.K.CX'D'CX'D.QS'X.gave.CX'D'CX'D.}
<f124v°01--> {.R.X.this.CX'D'CX'D.C'EY.C.C.X.S.gave.you.father.son.spirit.}
<f124v°02--> {.C.R.CX'D'CX'D.CX.C'EY.C.C.X.S.gave.CX'I'CX'D.C'NE.}
<f124v°03--> {.CX.F.6.D.C'XV.C.gave.you.father.son.spirit.CX'NE.}
<f124v°04--> {.CX.RB.C.gave.C'NE.X2.≈.C'NE.C'I'N.C.gave.}
<f124v°05--> {.you.father.son.spirit.C.R.LT.NE.EK.R.≈.}
<f124v°06--> {.R.C'NE.C'EY.C.C.X.S.gave.you.father.son.spirit.}
<f124v°07--> {.C.R.C'NE.C'EY.C.C.X.S.gave.CX'NE.before.K.}
<f124v°08--> {.CX'NE.C'XV.gave.Jesus.gave.be.your.}
<f124v°09--> {.O.father.C.CX'D'CX'D.be.CX.D.C.first.}

<f125r°01--> {.law.the.CX'D'CX'D.be.C'EY.XB.10.law.C'BG.be.}
<f125r°02--> {.CX'D'CX'D.C.C.C'I'Q.X.on.his.CX'D'CX'D.V'O.Q.D.≈.}
<f125r°03--> {.book.be.CX'D'CX'D.earth.CX.I.in.to be.}
<f125r°04--> {.CX'CX.this.G.C'XV.give.to.CX'NE.the.}
<f125r°05--> {.CX'NE.be.C.F'X2.C.CU.C.&.the.CX'NE.}
<f125r°06--> {.be.C.A.C.CO'D'HY.anointed.to.the.CO'D'CO.}
<f125r°07--> {.be.this.CU.earth.NE.over.}
<f125r°08--> {.C.RO.CO'D'CO.this.us.with.C.Amen!.the.CO.as.CO.K.}
<f125v°01--> {.arose.over.all.C.D.CX.I.I.CX.I.D.CX'NE.}
<f125v°02--> {.your.father.son.God.spirit.O.father.God.Jesus.mount.}
<f125v°03--> {.holy.((.AD.)).Christ.&.apostle.power.&.we.Yahweh.&.Amen!.≈.}
<f125v°04--> {.again.C.&.Amen!.C.heaven.forever.you.&.you.with.}
<f125v°05--> {.Amen!.earth.&.BL.XD.&.C.heaven.forever.}
<f125v°06--> {.over.come.there.mount.I.I.CX.I.CX.&.C.D.I.≈.}
<f125v°07--> {.CX'NE.O'XM.CX.K.C.AS.over.earth.}
<f125v°08--> {.NE.BK.R.in.CX.NK'NY.C'D'C.R.}
<f126r°01--> {.over.BU.mount.CX.K.C.AS.R.I'I'XJ.CX.J.NE.}
<f126r°02--> {.CX.NK'NY.&.first.with.C.C'BD.in.}
<f126r°03--> {.CX.NK'NY.again.mount.by.Jesus.}
<f126r°04--> {.the.added.X.3.O.faithful.D.LT.gave.Jesus.the.before.the.}
<f126r°05--> {.R'CU.&.CO'D'CO.XB.C.W.O.before.XF'XX.O.R.CO.I.I.}
<f126r°06--> {.CX'I'CX'D.&.CX'NE.over.CX'I'CX'D.NE.BK.}
<f126r°07--> {.C'D'C.R.you.father.son.Holy Spirit.&.was.XD.BL.}
<f126r°08--> {.CO'D'CO.O.I.I.CX'I'CX'D.NE.give.O.I'AG.}
<f126r°09--> {.first.law.God.EK.I.I.CX'I'CX'D.NE.anointed.}
<f126v°01--> {.you.father.son.spirit.be.give.CO.XB.this.I.CX'I'CX'D.}
<f126v°02--> {.NE.gave.Jesus.spirit.to be.I.I.C'BD.this.C.KB.≈.}
<f126v°03--> {.Amen!.DB.the.«.00.».EO.be.to be.XW'X.on.mount.your.}
<f126v°04--> {.O.father.C'BD.Yahweh.this.C.KB.EO.CO.to be.}
<f126v°05--> {.be.C'D'HY.XQ.your.in.&.EO.be.C'I'N.O.to.}
<f126v°06--> {.C'L.X.XB.C'D'HY.&.EO.be.C'I'N.on.cross.C.arose.BL.you.to.}
<f126v°07--> {.were.you.on.cross.O.CX'CX.this.C.KB.the.R'CU.the.heaven.}
<f126v°08--> {.forever.X2.≈.CO.before.be.O.I.I.CX'I'CX'D.NE.}
<f126v°09--> {.O.C.F.J.glory.&.gave.Jesus.C'I'N.CX'CX.you.}
<f126v°10--> {.OB.give.&.cross.O.cross.you.your.O.heavenly Father.}
<f127r°01--> {.believe(d).CO'C'IX'C'A'A'A.}
<f127r°02R1> {.gave.in.XD.God.mount.}
<f127r°02L1> {.there.the.before.gave.you.}
<f127r°03R2> {.holy.CO'C'IX'C'A'A'A.}
<f127r°03L3> {.I.DB.3.days.the.}
<f127r°04--> {./.before.\.arose.&.was.}
<f127r°05--> {.O.C.QD.holy.CO'C'IX'C'A'A'A.}
<f127r°06--> {.CD.CO'C'IX'C'A'A'A.HF.O.}
<f127r°07--> {.holy.CO'C'IX'C'A'A'A.&.C.F.BO.R.be.C.spirit.CO.C.&.}
<f127r°08--> {.come.C.his.CO'C'IX'C'A'A'A.with.you.IX'I'I'HK.God.mount.}
<f127r°09--> {.CO'C'IX'C'A'A'A.there.the.before.gave.HR.I.H.CO.C.&.be.}
<f127r°10--> {.given.5.XE.D.faithful.CO.C.&.over.AG'I'H.}
<f127v°01--> {.C.spirit.holy.CO'C'IX'C'A'A'A.over.on.5.XE.I.D.}
<f127v°02--> {.his.CO'C'IX'C'A'A'A.CE'O.BL.&.was.CO.C.&.}
<f127v°03--> {.his.CO.C.&.AA.A.CE'O.BL.when.|.Q'Q'Z'D.|.≈.}

<f127v°04--> {.God.mount.&.gave.servant.his.CO.C.&.AA.A.BU.≈.}
<f127v°05--> {.the.pray.in.NN.to.CE'O.CO.K.&.AA.A.this.}
<f127v°06--> {.mount.CX'CX.mount.give.over.all.mount.}
<f127v°07--> {.to.holy.CO.C.&.AA.A.pray.in.NN.BU.≈.}
<f127v°08--> {.servant.BE'I'O.holy.CO.100.apostle.BC.CU.XB.pray.his.CO.100.}
<f127v°09--> {.anointed.CO.100.we.&.CO.100.C.spirit.his.CO.100.spirit.}
<f128r°01--> {.as.before.be.C.spirit.CO.this.C'A'A'A.holy.CO'C'IX'C'A'A'A.}
<f128r°02--> {.believe(d).the.on.C.on.I.anointed.&.CO.100.we.C.spirit.C'I'Q.}
<f128r°03--> {.Jesus.son.God.his.CO.100.we.first.BB.}
<f128r°04--> {.pray.come.the.we.came.C.again.on.QV.CV.BB.S.}
<f128r°05--> {.hear.the.holy.}
<f128r°06--> {.word.}
<f128r°07--> {.word.of.holy.}
<f128r°08--> {.Luke.in.one chapter.in.}
<f128r°09--> {.of his.when.}
<f128r°10--> {.was.on.this.CU'C.}
<f128r°11--> {.The Christ.3.days.}
<f128v°01--> {.on.O.IU.C.L'D.XV.O.A.D.CX.when.Q.Q.the.D.}
<f128v°02--> {.disciple.your.I'I'XJ.by.Jesus.law.XJ'D'CO'BY.}
<f128v°03--> {.«.88.».be.over.C.F'X2.C.RA.C.disciple.came.}
<f128v°04--> {.CX.D.C.disciple.as.before.as.blessed.CO'D'CO.by.}
<f128v°05--> {.Jesus.anointed.disciple.you.the.you.O.I.disciple.in.be.}
<f128v°06--> {.CO'D'CO.we.this.RO.mount.pray.}
<f128v°07--> {.to.first.blessed.before.C'BD.disciple.you.}
<f128v°08--> {.this.RB.CX.I.you.RB.D.C'I'N.C'I'N.C.XJ'D'CO'BY.}
<f128v°09--> {.|.C.F'X2.|.F'X2.C.A.S.I.C.CU.C.grave.D.&.II.I.D.&.II.}
<f129r°01--> {.over.C'BD.disciple.this.in.C'EY.Jesus Christ.came.to be.}
<f129r°02--> {.BK.Holy Spirit.XW'X.over.BE'I'O.ST John.C.XB.}
<f129r°03--> {.TK.on.disciple.over.Amen!.disciple.give.Holy Spirit.}
<f129r°04--> {.by.Jesus.disciple.your.XJ'D'CO'BY.come.come.disciple.}
<f129r°05--> {.on.thy.over.be.disciple.your.word.appeared.}
<f129r°06--> {.over.be.disciple.Yahweh.in.your.&.name.}
<f129r°07--> {.&.we.be.you.church.CO.C.test.D.}
<f129r°08--> {.Yahweh.we.in.&.pray.O.father.&.son.}
<f129r°09--> {.&.Holy Spirit.Amen!.we.reborn.this.CC.&.we.to be.}
<f129v°01--> {.|.Yahweh.|.in.&.name.O.father.&.son.&.Holy Spirit.}
<f129v°02--> {.first.we.reborn.again.Amen!.we.C'I'T.&.}
<f129v°03--> {.gave.Jesus.disciple.your.XJ'D'CO'BY.CO'D'HY.}
<f129v°04--> {.life.C'D'C.his kingdom.C'D'C.CX.D.C.HA.to be.}
<f129v°05--> {.disciple.anointed.came.C'I'N.be.XJ'D'CO'BY.CX.I.S.}
<f129v°06--> {.to be.disciple.EG.J.as.gave.be.BE'I'O.disciple.by.}
<f129v°07--> {.Jesus.anointed.the.disciple.O.&.we.XJ'D'CO'BY.disciple.}
<f129v°08--> {.pray.arose.this.S.I.we.disciple.O.there.≈.}
<f129v°09--> {.anointed.&.you.XJ'D'CO'BY.disciple.CE'O.&.pray.}
<f130r°01--> {.arose.arose.you.by.Jesus.spirit.come.disciple.appeared.over.}
<f130r°02--> {.died.O.Jerusalem.over.appeared.disciple.on.Amen!.will.thy.≈.}
<f130r°03--> {.hear.the holy word.over.all.CU'D.disciple.Jesus.}
<f130r°04--> {.hear.the.≈.}
<f130r°05--> {.holy word.of.}
<f130r°06--> {.ST John.in.2.chapter.}

‹f130r°07--› {.in.of his.when.}
‹f130r°08--› {.gave.Jesus.disciple.his.}
‹f130r°09--› {.you.on.W.voice.≈.}
‹f130r°10--› {.C'I'N.come.you.C.your.O.father.&.before.you.come.you.}
‹f130v°01--› {.by.ST Thomas.rock.come.you.C.your.father.gave.Jesus.}
‹f130v°02--› {.«.88.».Thomas.C'I'N.come.you.X.C.your.father.&.before.you.}
‹f130v°03--› {.come.you.by.«.99.».holy.O.QA.C'XV'X.rock.church.disciple.}
‹f130v°04--› {.your.O.father.by.Jesus.O.Q.C'XV'X.before.disciple.}
‹f130v°05--› {.you.O.I.disciple.spirit.C'I'N.people.crying out.CX.XS.people.}
‹f130v°06--› {.I.you.C'I'N.C.you.OB.crying out.again.before.father.}
‹f130v°07--› {.your.on.you.IR.crying out.your.C.AS.10.CO.OD.}
‹f130v°08--› {.over.disciple.CD.EK'EY.C.on.church.by.Jesus.}
‹f130v°09--› {.«.88.».&.before.we.you.O.&.disciple.the.disciple.before.&.your.}
‹f130v°10--› {.O.father.O.I.&.we.be.you.church.the.be.}
‹f131r°01--› {.&.your.O.father.church.came.the.first.}
‹f131r°02--› {.God.by.Jesus.XJ'D'CO'BY.come.disciple.in.}
‹f131r°03--› {.forever.forever.CU'D.C.I'AG.C.&.}
‹f131r°04--› {.C.I'AG.be.appeared.disciple.as.C'I'N.O.arose.}
‹f131r°05--› {.again.C.F.as.be.O.C.I'AG.C.XJ'D'CO'BY.}
‹f131r°06--› {.disciple.church.came.God.gave.C.K.D.CO'CO'CO.&.before.}
‹f131r°07--› {.you.O.I.C.I'AG.C.by.Jesus.Q.C.you.XJ'D'CO'BY.}
‹f131r°08--› {.«.88.».as.XJ'D'CO'BY.disciple.be.C.I'AG.C.church.}
‹f131r°09--› {.«.88.».came.be.C.I'AG.C.C'D'C.XJ'D'CO'BY.}
‹f131r°10--› {.arose.C'BG.C.I'AG.C.on.again.I.C.A.CO.over.the.be.}
‹f131v°01--› {.disciple.gave.disciple.the.arose.we.CX.I.K.disciple.C'BD.Jesus.C.CO.XF.}
‹f131v°02--› {.anointed.arose.we.living.again.C.IH.C.on.F.Q.again.C.IH.C.}
‹f131v°03--› {.we.in.your.&.name.by.Jesus.&.}
‹f131v°04--› {.we.be.you.church.Amen!.we.reborn.}
‹f131v°05--› {.&.first.we.C'I'T.by.Jesus.&.}
‹f131v°06--› {.we.to be.you.church.first.we.}
‹f131v°07--› {.reborn.again.Amen!.we.C'I'T.by.Jesus.}
‹f131v°08--› {.&.we.be.you.church.C.be.Yahweh.}
‹f131v°09--› {.«.88.».in.&.name.O.father.&.son.&.holy.}
‹f131v°10--› {.spirit.Amen!.we.reborn.&.first.we.}
‹f132r°01--› {.C'I'T.by.Jesus.&.we.be.you.church.}
‹f132r°02--› {.be.BC.people.crying out.Amen!.in.your.&.}
‹f132r°03--› {.name.when.O.I.disciple.O.L'X2.on.C.heaven.}
‹f132r°04--› {.forever.((.I.)).by.disciple.rock.O.I.}
‹f132r°05--› {.disciple.((.I.)).O.L'X2.on.C.heaven.forever.gave.}
‹f132r°06--› {.Jesus.O.before.O.L'X2.C'BD.EK.mount.by.}
‹f132r°07--› {.Jesus.XJ'D'CO'BY.disciple.come.on.thy.be.disciple.}
‹f132r°08--› {.C.O.I.S.D.O.XA.disciple.be.disciple.CO'D'CO.on.}
‹f132r°09--› {.UD.be.C.R.disciple.O.CX.I.CX.I.C.F'X2.((.I.)).disciple.}
‹f132r°10--› {.arose.we.again.C.IH.C.disciple.Amen!.in.your.&.name.}
‹f132v°01--› {.over.C.J.as.CO.we.O.I.S.D.come.disciple.Amen!.CO.O.}
‹f132v°02--› {.S.disciple.in.your.&.C.D.be.K.hear.CX.holy word.}
‹f132v°03--› {.when.was./.Q'Q'C'Q'D.\.God.his.BB.}
‹f132v°04--› {.holy.Isreal.believe(d).when.was.}
‹f133r°01--› {.O.CX'I'CX'D.with.you.given.the.QV.MC.BB.5.100.}
‹f133r°02--› {.D.&.grave.6.D.when.|.Q.Q.faithful.|.D.God.}

<f133r°03--> {.mount.holy.Isreal.believe(d).by.God.mount.}
<f133r°04--> {.holy.Isreal.believe(d).QV.KE.6.was.}
<f133r°05--> {.40 years.come.Isreal.on.OB.XM.&.C.D.be.O.K.}
<f133r°06--> {.be.I'AG.II.&.was.come.Isreal.on.the.XN.}
<f133r°07--> {.II.I'AG.II.&.was.O.«.00.».Isreal.K.C.D.C'BD.C.}
<f133r°08--> {.first.L'C'C.XV'C.IX'I'I'HK.God.mount.Isreal.give.}
<f133r°09--> {.CX.I.C.KB.C.CV.XC.O'R'C.Isreal.be.Isreal.L.DN./.D.\.}
<f133r°10--> {.&.come.CO.C.XC.his.disciple.EK.Isreal.on.the.XM.I'AG.on.QE.there.}
<f133v°01--> {.the.before.the.XM.QE.there.O.I.Amen!.with.C.&.was.come.CO.CX.XC.}
<f133v°02--> {.on.the.XM.I'AG.on.O.&.C'D'C.come.O.on.F.QV.on.RO.EK.F.QV.}
<f133v°03--> {.K.C'D'C.XY.holy.Isreal.believe(d).be.C.A.C'XV.Isreal.X.}
<f133v°04--> {.first.C.EB.O.over.first.S.I.C'UM.over.}
<f133v°05--> {.O'R'C.&.C.CU'CU.C.&.C.O.EQ./.you.\.on.the.XM.C.holy.C.Isreal.}
<f133v°06--> {.&.O.this.D.30 days.&.the.30 days.C.was.}
<f133v°07--> {.when.give.C.Isreal.I.I.NU.faithful.this.XB.O.EK.arose.}
<f133v°08--> {.over.Isreal.NU.faithful.RO.CO.S.C.heaven.BT.&.O.}
<f133v°09--> {.Isreal.we.I.DL.be.C.NU.faithful.CO.BB.XC.6.KK.O.RA.H.}
<f133v°10--> {.C.KB.|.D.|.BL.I.X.XJ.&.EK.C.all.C.all.I.I.NU.faithful.Isreal.on.}
<f133v°10m°> {.CX.I.CX.I.CX.I.D.}
<f134r°01--> {.C.D.XC./.BJ.\.C.F'X2.C'D'HY.I.I.C'XV'OB'I.before.BL.XD.&.}
<f134r°02--> {.son.EK.mount.&.name.before.be.to.holy.C.D.}
<f134r°03R1> {.Yahweh.}
<f134r°03L1> {.C'D'C.word.gave.}
<f134r°04--> {.Jesus.all.C.all.}
<f134r°05--> {.his kingdom.we.his kingdom.}
<f134r°06--> {.CO'CO'CO.Amen!.C.A.C.again.his.}
<f134r°07--> {.his kingdom.to.C.D.be.hear.}
<f134r°08--> {.the holy word.of.}
<f134r°09--> {.ST Matthew.in.&.....&.chapter.of his.when.given.Jesus.}
<f134r°10--> {.disciple.your.&.power.UD.be.CU'D.there.C'D'O'D.}
<f134r°11--> {.first.his kingdom.Amen!.C.A.C.again.humble(d).you.us.C'D'C.}
<f134r°12--> {.there.his kingdom.&.was.anointed.first.O.10.C.D.}
<f134v°01--> {.we.servant.&.you.servant.pray.cross.1000.CO.C.CX.blessed.}
<f134v°02--> {.over.come.the.there.his kingdom.the.humble(d).servant.&.}
<f134v°03--> {.was.we.servant.mount.come.mount.C'D'C.the.there.}
<f134v°04--> {.his kingdom.C'D'C.The Christ.over.we.servant.CD.}
<f134v°05--> {.church.O.Q.there.we.P.your.law.in.XW'X.only.}
<f134v°06--> {.I'AG.crying out.&.was.there.his kingdom.law.QE.XW'X.}
<f134v°07--> {.only.I'AG.crying out.this.C.A.give.by.}
<f134v°08--> {.the.there.his kingdom.O.XD.faithful.mount.we.on.I'T.his.}
<f134v°09--> {.we.I.G.XF'XX.&.thy.EZ.EB.C.over.XL.we.}
<f134v°10--> {.the.we.the.humble(d).servant.C'D'C.the.there.}
<f135r°01--> {.his kingdom.over.there.O.(.CX.D.C.).the.CO.I.XB.faithful.Q.C.this.S.I.Q.CO.}
<f135r°02--> {.anointed.law.C.we.XF'XX.CX'CX.we.the.there.EK.XB.}
<f135r°03--> {.O.F.C'D'C.H'H'H.O.I.the.there.his kingdom.with.before.}
<f135r°04--> {.CO.the.servant.your.QV.his kingdom.we.servant.over.}
<f135r°05--> {.we.XW'X.the.there.his kingdom.over.we.XW'X.Amen!.C.D.I.}
<f135r°06--> {.our.C'XF'XX.over.we.come.mount.our.}
<f135r°07--> {.his.O.to.O.SS.&.was.came.we.humble(d).servant.}
<f135r°08--> {.our.his.O.to.O.SS.&.was.CU'C.only.God.}

‹f135r°09--› {.we.the.we.O.O.IU.D.D.servant.&.we.be.}
‹f135r°10--› {.C'D'C.believe(d).A.C.BL.O.CO.over.God.we.CD.church.}
‹f135v°01--› {.his.C'D'C.over.this.S.in.give.again.XL.God.we.}
‹f135v°02--› {.C'D'C.the.humble(d).servant.over.we.servant.}
‹f135v°03--› {.YU.(.C'D'C.).the.CO.I.XB.faithful.faithful.this.S.I.faithful.CO.anointed.law.C.}
‹f135v°04--› {.God.we.CX'CX.God.we.the.we.humble(d).servant.}
‹f135v°05--› {.CU.XB.O.F.C'D'C.over.God.we.EK.C.XW'X.}
‹f135v°06--› {.again.God.we.give.in.the.I.C.over.God.we.}
‹f135v°07--› {.given.O.on.OB.X2.C'XV'OB'I'C.QX.O.DB.as.over.}
‹f135v°08--› {.O.I.the.HF.O.I.I.servant.the.there.his kingdom.mount.XW.W.}
‹f135v°09--› {.first.CV.there.over.come.mount.HF.O.mount.the.}
‹f135v°10--› {.the.there.his kingdom.over.there.his kingdom.Q.C.mount.}
‹f136r°01--› {.O.heavenly Father.&.before.his kingdom.Amen!.C.heaven.forever.}
‹f136r°02--› {.&.on.CX.&.CX'I'CX'D.Amen!.his kingdom.by.O.XW'X.we.BC.}
‹f136r°03--› {.church.your.QV.first.CV.there.CX.before.}
‹f136r°04--› {.the.there.XW'X.you.10.1000.XB.CX.I'AG.CU.C.≈.}
‹f136r°05--› {.only.God.we.&.we.pray.C.believe(d).A.}
‹f136r°06--› {.C.C.XB.O.CO.over.God.we.CD.church.his.}
‹f136r°07--› {.we.servant.}
‹f136r°07L1› {.C'D'C.over.this.S.in.give.}
‹f136r°07L2› {.again.XL.God.we.be.C.the.}
‹f136r°08--› {.humble(d).servant.over.we.servant.CD.(.C'D'C.).}
‹f136r°09--› {.CX.EB.CO.I.EL.C.R.Q.C.C'I'Q.CO.anointed.law.C.God.we.}
‹f136v°01--› {.CX'CX.God.we.the.humble(d).servant.EK.C.}
‹f136v°02--› {.forgive.C'D'C.over.God.we.EK.C.XW'X.}
‹f136v°03--› {.again.God.we.give.in.I.C.C.R.over.God.we.}
‹f136v°04--› {.given.O.on.OB.X2.C'XV'OB'I'C.QX.O.DB.DB.}
‹f136v°05--› {.O.R.the.his kingdom.The Christ.over.come.on.the.}
‹f136v°06--› {.humble(d).servant.over.O.10.come.arose.mount.C'D'C.}
‹f136v°07--› {.the.his kingdom.C'D'C.The Christ.first./.CV.\.}
‹f136v°08--› {.there.by.the.we.P.the.O.IA.XW'X.his.}
‹f136v°09--› {.you.O.father.God.C.XB.the.O.IA.as.XS.you.C.&.}
‹f136v°10--› {.his kingdom.the.O.IA.XW'X.you.XW'X.you.the.O.IA.}
‹f137r°01--› {.10.1000.C.LT.CX.risen.to.the.we.O.God.we.6.H.this.}
‹f137r°02--› {.XW'X.believe(d).A.C.O.CO.over.we.give.the.}
‹f137r°03--› {.his kingdom.The Christ.&.was.give.your.his kingdom.}
‹f137r°04--› {.before.C'R'C.D.D.before.by.the.his kingdom.}
‹f137r°05--› {.The Christ.Amen!.C.his.O.the.CX.I.A.we.cross.cross.cross.}
‹f137r°06--› {.C'EY.XB.D./.Amen!.\.this.C'EK.in.before.his kingdom.C'D'C.C'XF'XX.}
‹f137r°07--› {.we.by.the.his kingdom.the.be.Amen!.O.F.}
‹f137r°08--› {.we.&.we.to be.XW'X.hear.the holy word.}
‹f137v°01--› {.XA.AD.C.F'X2.holy.((.AD.)).XQ.God.C.C.XJ.C.CU.K.AD.}
‹f137v°02--› {.his kingdom.((.AD.)).this.IU.faithful.O.thy/thou.ED.IR.HR.((.AD.)).the.}
‹f137v°03--› {.((.AD.)).first.CV.holy.AD.the.((.AD.)).CX.Jesus.C.A.XF'XX.}
‹f137v°04--› {.C'D'HY.((.AD.)).you.with.&.O.you.CX.XV.X2.in.you.this.C'I'Q.}
‹f137v°05--› {.we.NI.R.CO.K.D.C'I'Q.we.church.this.C'I'Q.}
‹f137v°06--› {.we.the.((.AD.)).(.pray.).C'XF'XX.his.C'I'Q.}
‹f137v°07--› {.we.was.ED.IR.HR.CE'O.forgive.his.JZ.}
‹f137v°08--› {.we.pray.to.10.ten.the.(.pray.).anointed.}
‹f137v°09--› {.believe(d).A.D.XW'X.XA.((.AD.)).CX.A.XW'X.added.((.AD.)).you.}

<f138r°01--> {.QV.the.((.AD.)).QV.C.D.CU.cross.((.AD.)).the.((.AD.)).CU'D.Q.C.}
<f138r°02--> {.C'AE.C.C.D.CU.cross.before.his.((.AD.)).son.&.before.come.you.O.}
<f138r°03--> {.F.his.((.AD.)).pray.Jesus Christ.evil.}
<f138r°04--> {.XA.AD.C.F'X2.holy.((.AD.)).O.give.holy.AD.}
<f138r°05--> {.church.this.C'I'Q.I.the.((.AD.)).be.C'I'Q.we.}
<f138r°06--> {.C.F'X2.XW'X.holy.AD.&.be.C'I'Q.we.C.this.on.living.}
<f138r°07--> {.because(of).this.EK.C.((.AD.)).&.in.Amen!.faithful.D.LT.&.O.cross.}
<f138r°08--> {.((.AD.)).C'I'Q.we.RO.D.his.((.AD.)).C.F'X2.RO.D.}
<f138r°09--> {.C.F'X2.AV.D.son.his.((.AD.)).you.our.Jesus Christ.}
<f138v°01--> {.evil.the.(.pray.).anointed.O.I.IU.I.I.10.D.XW'X.}
<f138v°02--> {.BE'I'O.holy.CO.XV.Q.NH.100.O.XH'O'D.holy.((.AD.)).R.XV.}
<f138v°03--> {.be.the.((.AD.)).be.church.((.AD.)).O.his.((.AD.)).}
<f138v°04--> {.son.O.Jesus Christ.Amen!.CX'CX.give.BE'I'O.}
<f138v°05--> {.holy.UN.100.NH.100.(.pray.).UN.we.NH.100.the.}
<f138v°06--> {.3.(.pray.).XH'O'D.holy.((.AD.)).on.IJ.on.blessed.}
<f138v°07--> {.C.be.UN.NH.100.we.anointed.CO.S.CO.conquered.}
<f138v°08--> {.«.88.».&.on.C'XF'XX.faithful.&.on.3.(.pray.).}
<f138v°09--> {.O.BC.we.C'XF'XX.come.we.C'XF'XX.in.C.heaven.}
<f139r°01--> {.forever.came.&.we.(.pray.).T'T.O.D.holy.((.AD.)).}
<f139r°02--> {.Amen!.we.reborn.O.C.come.on.XD.BL.O'XM.came.}
<f139r°03--> {.T'T.O.D.holy.((.AD.)).bread.XL.((.AD.)).be.C.}
<f139r°04--> {.his.((.AD.)).«.00.».son.church.his.((.AD.)).}
<f139r°05--> {.UN.the.I.X.S.this.((.AD.)).the.there.XG.church.}
<f139r°06--> {.A.CU.you.we.on.CO.XB.CO.I'T.XW'X.Christ.A.CU.you.we.}
<f139r°07--> {.on.CO.XB.CO.I'T.&.we.(.pray.).XQ.Christ.Amen!.}
<f139r°08--> {.we.reborn.&.first.C'I'T.again.Amen!.we.}
<f139r°09--> {.reborn.came.I'AG.servant.Amen!.C.A.servant.}
<f139v°01--> {.BE'I'O.holy.Moses.to.with.CU'D.his.Moses.pray.}
<f139v°02--> {.be.the.UD.we.be.C.C.F'X2.C.risen.O.Amen!.}
<f139v°03--> {.I'AG.the.C.in.to be.reborn.we.to.&.we.be.}
<f139v°04--> {.XW'X.we.only.we.God.CX.I.CX.I.&.C.our.}
<f139v°05--> {.O.father.son.as.C.we.we.I.our.≈.}
<f139v°06--> {.be.C.heaven.forever.to.&.we.to be.}
<f139v°07--> {.XW'X.only.we.C.God.CX.I.CX.I.&.C.our.}
<f139v°08--> {.O.father.son.the.we.CX'CX.there.C.risen.O.}
<f139v°09--> {.Amen!.I'AG.reborn.&.Amen!.anointed.the.C.in.Amen!.EZ.XB.R.}
<f139v°10--> {.Q.10.anointed.we.C'I'T.we.&.EZ.XB.C.risen.the.}
<f140r°01--> {.we.there.his.C'AE.D.C.XB.C.there.his.C'O'BD'JN.}
<f140r°02--> {.W.the.we.EK'OB'TA.C'O'BD'JN.C'XB'C.there.our.}
<f140r°03--> {.M.W.the.we.be.LT.CU.OB.you.M.≈.}
<f140r°04--> {.C.KB.the.we.there.in.our.his.O.to.O.SS.}
<f140r°05--> {.C.be.the.we.EK'C'D.C'I'T.we.conquered.}
<f140r°06--> {.«.88.».in.XD.BL.we.on.X3.to.&.we.be.XW'X.}
<f140r°07--> {.we.only.we.C.God.C'EY.C'EY.the.our.}
<f140r°08--> {.O.father.son.as.C.we.we.I.the.we.≈.}
<f140r°09--> {.C'D'C.cross.there.his.C'AE.D.C'D'C.cross.there.his.}
<f140r°10--> {.C'O'BD'JN.W.the.we.C'O'BD'JN.C.EK'OB'TA.C'D'C.cross.}
<f140v°01--> {.there.his.M.spirit.the.we.M.be.LT.≈.}
<f140v°02--> {.CU.C.cross.be.CU.cross.the.we.there.&.in.our.his.O.to.}
<f140v°03--> {.O.SS.&.Amen!.I.F.G.Q.6.D.all.we.reborn.we.}

<f140v°04--> {.be.conquered.to.CO.10.of.BE'I'O.}
<f140v°05--> {.Amen!.CO.S.CO.thy.IJ.O.father.to.son.his.father.=.}
<f140v°06--> {.(.pray.).O.holy.((.AD.)).church.C.Amen!.CX'CX.you.}
<f140v°07--> {.O.father.CO'CO'CO.Amen!.CO.S.CO.thy.CX'CX.you.C.CO.S.CO.}
<f140v°08--> {.crying out.&.you.we.be.only.church.}
<f140v°09--> {.we.the.before.disciple.Amen!.of.came.Amen!.we.C'XF'XX.}
<f140v°10--> {.come.we.C.holy.((.AD.)).XW'X.church.we.=.}
<f141r°01--> {.came.the.Q.O.((.AD.)).(.pray.).his.((.AD.)).you.MB.I'AG.son.}
<f141r°02--> {.C.Amen!.CO.S.CO.thy.came.The Christ.law.crying out.CU'D.}
<f141r°03--> {.we.CU'D.O.father.your.came.BS.BC.=.}
<f141r°04--> {.XW'X.The Christ.C.Amen!.we.C'XF'XX.BE'I'O.holy.CO.XV.DV.}
<f141r°05--> {.NH.LT.was.the.we.be.O.BC.we.XF'XX.}
<f141r°06--> {.C.K.10.this.all.we.&.our.you.with.came.the.before.=.}
<f141r°07--> {.C'XV.C.you.XF'XX.XW'X.C.K.PS.A.the.be.in.law.we.}
<f141r°08--> {.the.CX.Q.&.anointed.we.C'BG.law.God.C.D.100.}
<f141r°09--> {.C.CC.XF'XX.we.reborn.we.because(of).cross.cross.cross.}
<f141v°01--> {.conquered.evil.of.before.&.CO'D'CO.K.his.}
<f141v°02--> {.we.in.C.heaven.forever.given.arose.to.on.}
<f141v°03--> {.arose.CO.to.CO'D'CO.&.CE'O.conquered.evil.}
<f141v°04--> {.be.in.CO.R.CO.first.}
<f141v°05--> {.Yahweh.C'XV'OB'I'C.&.}
<f141v°06--> {.was.church.C.S.I'AE.}
<f141v°07--> {.in.CO.R.CO.O.father.K.R.D.}
<f141v°08--> {.bread.I.I.God.pray.}
<f141v°09--> {.give.&.I.I.D.O.6.XV.C.before.I.I.D.Yahweh.}
<f141v°10--> {.BC.D.over.man.CX'CX.blessed.the.S.12.D.first.}
<f141v°11--> {.to be.over.man.give.this.holy.((.[[.OT.]].)).&.was.}
<f142r°01--> {.man.give.over.Q'Q'R'C'C.CO.arose.Yahweh.}
<f142r°02--> {.&.was.C'XV.10.((.[[.OT.]].)).&.was.Yahweh.((.[[.he.]].)).be.}
<f142r°03--> {.give.on.F.G.C'I'Q.to.all.EK.K.C.be.I.I.you.D.}
<f142r°04--> {.O'R'C.Yahweh.BC.D.R.C.D.before.Yahweh.C.F.}
<f142r°05--> {.Christ.on.C.II.IU.C.II.Holy Spirit.C.spirit.O.C.II.AE.}
<f142r°06--> {.[[.faithful.I.I.]].be.I.I.Yahweh.C'XV'OB'I'C.QX.God.CO.}
<f142r°07--> {.&.was.Yahweh.C.F'X2.C'XF'XX.Yahweh.BK.}
<f142r°08--> {.his.Yahweh.you.C'BP.crying out.&.was.}
<f142r°09--> {.C.3.R.C'AE.C'D'C.R.you.on.your.XW'X.over.}
<f142r°10--> {.come.first.D.be.DR.by.AV.D.his.}
<f142v°01--> {.Yahweh.O.father.C.C.to.Q.the.C.faithful.C'BD.crying out.}
<f142v°02--> {.as.this.man.C'BD.Yahweh.in.XW'X.come.man.}
<f142v°03--> {.his.Yahweh.you.by.CX'CX.gave.the.name.}
<f142v°04--> {.this.I.D.man.((.you.you.)).over.God.pray.C.KB.X.}
<f142v°05--> {.man.in.his.CD.I.O.R.C'AE.C.K.over.you.be.}
<f142v°06--> {.God.pray.C'IU'O.Yahweh.CX'CX.you.the.}
<f142v°07--> {.Yahweh.XW'X.be.&.was.Yahweh.}
<f142v°08--> {.«.88.».this.I.D.over.give.God.pray.}
<f142v°09--> {.over.C'BG.Yahweh.in.his.Yahweh.}
<f143r°01--> {.CO.K.over.you.CX'CX.C.God.pray.C'IU'O.}
<f143r°02--> {.over.Yahweh.CX.I.in.you.CX.R'J'J.C.R.F.G.D.C.XF.}
<f143r°03--> {.BK.God.pray.over.before.be.CX.I.BO.CX.I.in.}
<f143r°04--> {.by.Q'Q'R'C'C.there.on.C'UM.on.mount.his.}

<f143rº05--> {.you.D.AV.D.Yahweh.your.O.father.C.XB.}
<f143rº06--> {.the.you.be.CX.XG.CX.I.in.Yahweh.anointed.}
<f143rº07--> {.Yahweh.O.K.A.Yahweh.C.you.Q.C'I'N.}
<f143rº08--> {.the.Yahweh.C.C'XV.C.you.XF'XX.XW'X.by.}
<f143rº09--> {.the.Yahweh.to.CX.I.XJ'D'CO'BY.there.gave.}
<f143vº01--> {.there.on.UM.on.your.C'I'N.O.Jesus.&.you.}
<f143vº02--> {.before.on.cross.arose.by.the.Q.O.you.his.Q.O.you.God.}
<f143vº03--> {.his.Q.O.XW'X.C.Yahweh.QE.C'I'Q.O.C.F'X2.C'XF'XX.}
<f143vº04--> {.XV'EY.your.C'BD.by.there.C'I'N.the.}
<f143vº05--> {.Yahweh.C'XF'XX.XW'X.you.D.CO.6.A.you.on.C'XF'XX.}
<f143vº06--> {.sixty.AV.O.the.gave.before.son.God.A.D.P.CX'CX.you.}
<f143vº07--> {.C.heaven.earth.CX.I.C.XX.again.first.}
<f143vº08--> {.we.C'XF'XX.arose.the.C.in.C'I'T.C.XC.we.}
<f143vº09--> {.C'I'T.you.God.again.the.we.C.you.CU'D.you.}
<f144rº01--> {.O.K.A.D.UD.we.C.there.C'I'N.XJ'D'CO'BY.C'XV.C.}
<f144rº02--> {.you.XF'XX.XW'X.C'I'Q.the.anointed.we.C'BG.}
<f144rº03--> {.law.God.reborn.we.because(of).cross.cross.cross.}
<f144rº04--> {.conquered.evil.of.before.holy.}
<f144rº05--> {.UN.NH.100.be.first.O.C'Q'O'D.&.C'Q'O'D.}
<f144rº06--> {.before.(.pray.).XH'O'D.holy.((.AD.)).on.added.3.}
<f144rº07--> {.D.in.M.be.first.C.QV.C.R.holy.}
<f144rº08--> {.((.AD.)).&.was.this.KB.on.D.6.QV.C.R.holy.}
<f144rº09--> {.((.AD.)).&.gave.the.O.C'Q'O'D.CO'CO'CO.C'Q'O'D.I.we.}
<f144vº01--> {.(.pray.).holy.((.AD.)).CX'CX.we.I'AG.N'QQ.give.C.heaven.}
<f144vº02--> {.forever.this.C'Q'O'D.CX'CX.C'Q'O'D.(.pray.).}
<f144vº03--> {.&.servant.first.D.spirit.be.((.AD.)).bread.}
<f144vº04--> {.give.C.D.today.&.CX.this.J.C.X.only.CD.D.}
<f144vº05--> {.spirit.be.D.BK.in.when.come.the.O.Q.C.be.}
<f144vº06--> {.the.CE'QV'CO.R.C.RB.holy.((.AD.)).&.gave.the.O.Q.C.be.N'QQ.}
<f144vº07--> {.«.88.».give.C.heaven.forever.C'Q'O'D.holy.}
<f144vº08--> {.((.AD.)).this.C'Q'O'D.O.BE'I'O.IX'I'I'HK.AD.gave.}
<f145rº01--> {.N'QQ.give.C.heaven.forever.C'Q'O'D.holy.((.AD.)).}
<f145rº02--> {.C'I'Q.C.O.BE'I'O.as.C.F.G.C'XV.this.BO.BE'I'O.}
<f145rº03--> {.C'BD.BE'I'O.gave.the.O.Q.C.be.C'I'Q.C.be.}
<f145rº04--> {.C.MX.D.in.the.((.AD.)).CX'CX.&.was.((.AD.)).Q.C.be.}
<f145rº05--> {.servant.I.I.D.&.I.I.XA.((.AD.)).(.pray.).&.only.I.D.}
<f145rº06--> {.be.J.J.D.I.D.&.CX.this.J.C.X.give.&.was.}
<f145rº07--> {.added.I.I.D.in.when.come.the.O.Q.C.be.the.}
<f145rº08--> {.CE'QV'CO.RB.holy.((.AD.)).&.gave.the.O.Q.C.be.N'QQ.}
<f145rº09--> {.give.C.heaven.forever.C'Q'O'D.holy.((.AD.)).}
<f145vº01--> {.this.C'Q'O'D.O.BE'I'O.3.gave.the.O.faithful.be.N'QQ.}
<f145vº02--> {.give.C.heaven.to.pray.C'Q'O'D.holy.((.AD.)).}
<f145vº03--> {.(.pray.).C'Q'O'D.the.((.AD.)).on.added.I.I.D.this.D.}
<f145vº04--> {.AD.C'Q'O'D.N'QQ.give.C.heaven.forever.}
<f145vº05--> {.this.AD.C'Q'O'D.BE'I'O.C'I'Q.C.be.C.MX.D.in.}
<f145vº06--> {.the.&.((.AD.)).CX'CX.&.was.((.AD.)).Q.C.be.servant.}
<f145vº07--> {.on.BZ.3.days.&.3.XA.((.AD.)).(.pray.).&.only.CD.D.}
<f145vº08--> {.be.today.&.CX.this.J.C.X.give.&.was.BZ.≈.}
<f145vº09--> {.3.days.in.when.come.the.O.Q.C.be.the.CE'QV'CO.Q.}
<f145vº10--> {.holy.((.AD.)).&.gave.the.O.Q.C.be.N'QQ.give.C.heaven.}

<f146r°01--> {.to.pray.C'Q'O'D.holy.((.AD.)).this.C'Q'O'D.O.BE'I'O.}
<f146r°02--> {.IX'I'I'HK.the.O.Q.C.be.N'QQ.give.C.heaven.forever.}
<f146r°03--> {.«.88.».C'Q'O'D.holy.((.AD.)).this.C'Q'O'D.O.BE'I'O.}
<f146r°04--> {.RO.the.O.Q.C.be.O.F.come.C'Q'O'D.mount.O.D.}
<f146r°05--> {.you.gave.the.O.Q.C.be.this.C'Q'O'D.&.come.C'Q'O'D.}
<f146r°06--> {.O.F.the.you.(.pray.).C'Q'O'D.&.servant.C'Q'O'D.}
<f146r°07--> {.holy.((.AD.)).on.BZ.3.days.this.AD.C'Q'O'D.N'QQ.}
<f146r°08--> {.give.C.heaven.forever.this.C'Q'O'D.&.come.}
<f146r°09--> {.C'Q'O'D.O.F.the.you.gave.the.O.Q.C.be.the.you.}
<f146v°01--> {.come.C'Q'O'D.O.F.you.C'I'N.the.C'Q'O'D.CX'CX.you.C.F.G.}
<f146v°02--> {.AD.N'QQ.IZ.C.heaven.forever.O.only.}
<f146v°03--> {.the.O.Q.C.be.his.C'Q'O'D.you.over.C'Q'O'D.give.}
<f146v°04--> {.the.you.first.10.O.CX.I.X2.this.C.A.AS.on.on.X3.&.≈.}
<f146v°05--> {.first.XV'EY.C'XV.O.A.over.come.C'Q'O'D.the.O.}
<f146v°06--> {.Q.C.be.&.was.C'Q'O'D.come.C'Q'O'D.the.O.Q.C.be.}
<f146v°07--> {.over.come.BC.«.00.».in.when.Zion.}
<f146v°08--> {.C'Q'O'D.holy.((.AD.)).in.CE'QV'CO.R.Yahweh.by.}
<f146v°09--> {.XH'O'D.holy.((.AD.)).give.Yahweh.C.the.›.}
<f147r°01--> {.CX.I.X2.O.son.in.&.name.holy.((.AD.)).gave.the.}
<f147r°02--> {.O.Q.C.be.this.C'Q'O'D.(.pray.).AD.&.servant.C'Q'O'D.}
<f147r°03--> {.((.AD.)).on.added.3.days.this.faithful.D.N'QQ.give.C.heaven.}
<f147r°04--> {.forever.((.AD.)).give.AD.C'Q'O'D.the.son.}
<f147r°05--> {.CX'CX.C'Q'O'D.son.C.the.CU.10.O.CX.thy/thou.BU.give.}
<f147r°06--> {.AD.C'Q'O'D.son.again.C'Q'O'D.give.first.}
<f147r°07--> {.C.AS.QV.by.holy.((.AD.)).come.C'Q'O'D.C'XV'O.his kingdom.}
<f147r°08--> {.over.his kingdom.give.C'Q'O'D.the.C.AS.QV.&.in.}
<f147r°09--> {.the.CX.O.D.gave.his kingdom.be.C'Q'O'D.crying out.}
<f147v°01--> {.&.was.come.C'Q'O'D.the.his kingdom.over.O.O.I.his kingdom.}
<f147v°02--> {.the.C.AS.QV.over.give.Q.C.XF.II.the.O.God.be.&.was.}
<f147v°03--> {.«.88.».SS.all.C'Q'O'D.spirit.was.C'Q'O'D.C'R'C.}
<f147v°04--> {.((.[[.OT.]].)).through.servant.C'Q'O'D.in.when.Zion.}
<f147v°05--> {.C'Q'O'D.XH'O'D.holy.((.AD.)).in.6.QV.faithful.Yahweh.}
<f147v°06--> {.on.Amen!.UD.O.I.by.XH'O'D.holy.((.AD.)).the.}
<f147v°07--> {.O.TI.be.the.before.the.C'Q'O'D.all.the.AD.this.}
<f147v°08--> {.&.((.AD.)).the.BB.O.D.we.crying out.AD.}
<f147v°09--> {.be.C'Q'O'D.I'AG.C'Q'O'D.to be.T'T.C.D.to.}
<f148r°01--> {.be.C'Q'O'D.6.XV.C.D.CO.JN.CO.the.C'Q'O'D.over.}
<f148r°02--> {.D.CO.all.XH'O'D.holy.((.AD.)).C'D'C.forgive.UD.≈.}
<f148r°03--> {.of.CX.D.CO.≈.}
<f148r°04--> {.son.BK.D.C.F.≈.}
<f148r°05--> {.over.the.Q.J.≈.}
<f148r°06--> {.of.come.CX'I'CX'D.}
<f148r°07--> {.CX.F'O'R'CO.we.on.Jerusalem.}
<f148r°08--> {.in.BZ.to.C.Jerusalem.to.be.}
<f148r°09--> {.&.was.&.come.CX'I'CX'D.on.BK'I'J.&.was.≈.}
<f148r°10--> {.risen.first.C'BD.before.&.was.CX'I'CX'D.}
<f148r°11--> {.be.C'XV.C.CE'EO.C'BD.before.on.BK'I'J.&.was.}
<f148v°01--> {.CX.come.C.CO.CX'I'CX'D.on.BK'I'J.&.be.CX'I'CX'D.in.}
<f148v°02--> {.CX'I'CX'D.in.first.BL.&.was.O.XB.this.}
<f148v°03--> {.I.YY.CX'I'CX'D.on.first.XV'CX'XV'C'D.came.be.}

‹f148vº04--> {.CO.XV.CO.XS.CO.over.come.I.I.C.XH.cross.O.on.CO.CX.I.}
‹f148vº05--> {.to.I.I.CX.I.over.the.XV'CX'XV'C'D.died.I.I.C.XH.}
‹f148vº06--> {.C.O'R'C.&.was.O.I.CX'I'CX'D.C.CX'I'CX'D.}
‹f148vº07--> {.over.O.I.first.CO'D'CO.C.A.CO.over.}
‹f148vº08--> {.Q.Q'Q'R'C'C.CX'I'CX'D.CO'CO'CO.CX'I'CX'D.C.K.R.CO.}
‹f148vº09--> {.to.in.living.come.CX'I'CX'D.the.CX'I'CX'D.the.C'BD.}
‹f149rº01--> {.before.arose.to.in.I.YY.O.on.X3.CX'I'CX'D.the.≈.}
‹f149rº02--> {.before.CX.I.CO.CX'I'CX'D.A.CO.&.was.CX'I'CX'D.}
‹f149rº03--> {.on.QA.CO.C.F'X2.C.RA.C.CX'I'CX'D.over.come.arose.you.}
‹f149rº04--> {.Christ.first.NI.Jesus.arose.Christ.on.arose.your.Christ.}
‹f149rº05--> {.be.EY'J.D.cross.cross.cross.over.the.C'BD.}
‹f149rº06--> {.before.R.died.C.F'X2.A.C.II.10.arose.The Christ.over.}
‹f149rº07--> {.CX'I'CX'D.give.the.NI.Jesus.arose.Christ.his.}
‹f149rº08--> {.NI.Jesus.arose.Christ.cross.cross.cross.BT.by.}
‹f149rº09--> {.the.NI.Jesus.arose.Christ.6.come.C.CO.CX'I'CX'D.on.the.}
‹f149vº01--> {.BL.CO.|.XB'C'CO.|.CX'I'CX'D.&.was.CX'I'CX'D.be.you.}
‹f149vº02--> {.give.you.his.NI.Jesus.arose.Christ.cross.cross.cross.BT.}
‹f149vº03--> {.over.CX'I'CX'D.added.the.BL.NI.Jesus.arose.Christ.}
‹f149vº04--> {.give.by.the.NI.Jesus.arose.Christ.spirit.be.}
‹f149vº05--> {.the.CX'I'CX'D.to be.BK.give.you.on.the.BL.be.}
‹f149vº06--> {.CX'I'CX'D.in.the.BL.&.arose.CX'I'CX'D.came.be.the.}
‹f149vº07--> {.CX'I'CX'D.the.C'BD.before.arose.the.faithful.this.BO.}
‹f149vº08--> {.pray.CX'I'CX'D.II.R.be.reborn.≈.}
‹f149vº09--> {.CX'I'CX'D.God.«.00.».be.I.R.XB.O.I.CX'I'CX'D.}
‹f150rº01--> {.of.NH.100.this.I'AG.C.through.of.XJ.CO.the.living.on.the.}
‹f150rº02--> {.the.of.C.K.LA.NH.100.6.F.XB.on.the.C.in.of.}
‹f150rº03--> {.X.A.XB.&.O.BS.NH.100.on.the.C.in.before.of.C.K.LA.}
‹f150rº04--> {.SS.&.NH.100.was.first.}
‹f150rº05--> {.we.&.was.anointed.we.first.≈.}
‹f150rº06--> {.son.&.the.son.C.D.3.O.XD.C.F.O.LT.O.D.}
‹f150rº07--> {.we.over.son.4.CX'CX.we.C'BD.}
‹f150rº08--> {.son.O.LT.O.D.&.was.son.come.C.R.C.D.}
‹f150rº09--> {.C.XD.C.F.CU'D.the.son.his.son.O.father.gave.the.}
‹f150vº01--> {.son.AV.D.his.son.O.father.C'IU'O.son.father.on.the.}
‹f150vº02--> {.W.D.&.was.son.father.C'IU'O.over.C.you.}
‹f150vº03--> {.gave.CV.by.the.C.in.father.be.cross.CV.father.CX.K.CV.O.CO.}
‹f150vº04--> {.was.the.father.be.father.son.disciple.on.I'AG.to be.}
‹f150vº05--> {.this.I.son.on.the.come.I.G.on.QE.son.come.I.G.BE'I'O.man.}
‹f150vº06--> {.NH.100.our.O.NH.100.on.name.holy.UN.NH.100.}
‹f150vº07--> {.BE'I'O.pray.his.UN.law.100.&.we.church.}
‹f150vº08--> {.in.Jesus Christ.anointed.we.the.our.≈.}
‹f150vº09--> {.son.on.I'AG.disciple.as.XJ'D'CO'BY.again.we.≈.}
‹f151rº01--> {.XJ'D'CO'BY.O.father.on.I'AG.disciple.father.the.&.XJ'D'CO'BY.}
‹f151rº02--> {.we.our.son.on.I'AG.disciple.the.we.came.}
‹f151rº03--> {.this.&.son.to be.we.the.on.I'AG.disciple.our.}
‹f151rº04--> {.son.CX'CX.I.G.C'XF'XX.O.XJ'D'CO'BY.on.CO'D'HY.I.I.}
‹f151rº05--> {.I.G.XF'XX.&.son.C'XF'XX.XJ'D'CO'BY.be.XJ'D'CO'BY.}
‹f151rº06--> {.((.I.)).on.XJ'D'CO'BY.give.C.G.C'XF'XX.&.XJ'D'CO'BY.≈.}
‹f151rº07--> {.C.risen.gave.CV.I.G.C'XF'XX.on.C'D'O'D.gave.there.holy.CO'C'IX'C'A'A'A.}
‹f151rº08--> {.believe(d).on.mount.your.CO'C'IX'C'A'A'A.be.we.anointed.}

‹f151rº09--›{.3.on.C'D'HY.O.his.we.living.&.O.3.on.C'D'HY.}
‹f151vº01--›{.to be.C.D'CO'D'CO.&.anointed.again.be.I.G.C'XF'XX.forgive.}
‹f151vº02--›{.XJ'D'CO'BY.((.I.)).C.all.spirit.to be.we.O.I.((.I.)).&.}
‹f151vº03--›{.be.C.G.C'XF'XX.C'I'Q.XJ'D'CO'BY.come.C.G.C'XF'XX.}
‹f151vº04--›{.in.6.QV.faithful.CX.XV.X.XV.with.as.first.Q.C.O.D.}
‹f151vº05--›{.C.G.C'XF'XX.&.be.C.G.C'XF'XX.C.Q'Q'R'C.C.C.G.C'XF'XX.}
‹f151vº06--›{.our.son.C.G.C'XF'XX.XJ'D'CO'BY.son.}
‹f151vº07--›{.to.I.I.&.before.son.O.his.we.living.son.to.C.C.}
‹f151vº08--›{.&.on.son.C.C'BD.we.C'I'T.to.in.&.son.C.C.}
‹f151vº09--›{.to be.we.disciple.on.I'AG.&.on.son.C.C.C'I'T.to.}
‹f152rº01--›{.in.before.son.C.C.be.we.disciple.on.I'AG.be.we.}
‹f152rº02--›{.C.reborn.we.to be.we.C'I'T.we.to.3.}
‹f152rº03--›{.son.&.before.O.his.we.living.the.our.I'AG.crying out.}
‹f152rº04--›{.O.PP.crying out.the.we.C'BD.O.D'R'N'D.on.}
‹f152rº05--›{.CX.risen.CX.C.BK.on.((.I.)).come.we.there.before.in.there.}
‹f152rº06--›{.before.XW'X.there.before.only.there.before.EK.you.cross.C.there.}
‹f152rº07--›{.before.Amen!.our.on.K.D.you.CV.you.CV.before.Amen!.our.I'AG.}
‹f152rº08--›{.disciple.there.before.our.I.I.D.there.before.our.}
‹f152rº09--›{.CX.arose.NH.C'DB'J.C'BG.there.before.our.church.}
‹f152vº01--›{.there.before.Amen!.I'AG.crying out.there.before.our.}
‹f152vº02--›{.I'AG.faithful.conquered.in.C.heaven.forever.}
‹f152vº03--›{.in.word.we.BE'I'O.}
‹f152vº04--›{.you.NT.son.your.}
‹f152vº05--›{.was.come.we.}
‹f152vº06--›{.in.CO'I'CO.over.≈.}
‹f152vº07--›{.XL.we.in.≈.}
‹f152vº08--›{.CO'I'CO.Amen!.we.anointed.the.gave.C.you.blessed.there.}
‹f152vº09--›{.test.D.your.holy.XW'X.XW'X.we.C'XF'XX.}
‹f152vº10--›{.came.the.C.AS.CX.arose.NH.Amen!.we.C'XF'XX.C.you.blessed.}
‹f153rº01--›{.there.XW'X.we.C'XF'XX.BE'I'O.ST John.as.}
‹f153rº02--›{.O.C'BP.&.Christ.on.cross.arose.C'BP.&.was.C'BP.}
‹f153rº03--›{.on.come.C.AS.O.D.Jesus.on.F.G.C.D.this.C.AS.before.Jesus.}
‹f153rº04--›{.only.son.God.came.be.added.C'BP.Holy Spirit.}
‹f153rº05--›{.XW'X.over.Q'Q'R'C'C.on.cross.rock.church.}
‹f153rº06--›{.C'BP.this.C'BP.the.you.the.XB.you.CO.on.C'BP.}
‹f153rº07--›{.spirit.C.come.you.in.your.forever.by.}
‹f153rº08--›{.the.I.I.C'BP.&.be.you.C'BP.this.CU.C.≈.}
‹f153rº09--›{.C'EK.the.O.BL.I.faithful.was.the.you.in.C'BD.}
‹f153vº01--›{.you.the.you.be.C.you.O.cross.&.C'BP.C'BP.I.you.}
‹f153vº02--›{.over.Q'Q'R'C'C.the.BP.through.the.you.before.only.}
‹f153vº03--›{.we.I.I.C'BP.C'BP.the.arose.forgive.I.faithful.K.&.}
‹f153vº04--›{.over.on.Jesus.your.C'XV'OB'I'C.C.C.XY.}
‹f153vº05--›{.by.Jesus.church.you.before.with.Q.D.C.DS.}
‹f153vº06--›{.C.R.XB.be.C'BP.again.C.you.C.D.the.C.NK'NY.}
‹f153vº07--›{.over.first.gave.O.C.XY.C'BD.on.his.}
‹f153vº08--›{.C.XY.W.D.C.heaven.forever.}
‹f153vº09--›{.of.before.in.A.BG'J'C.faithful.D.only.C.A.C.PS.C.IK.6.}
‹f154rº01--›{.O.F.C.BO.C'XV.BS.O.O'XM.again.before.XD.BL.X.CX.I.J.the.}
‹f154rº02--›{.D.C.the.CE'O.come.BK.on.C'XV.XB.O.the.CE'O.C.D.Q.}
‹f154rº03--›{.came.come.CE'O.C'D'C.O.CX.I.in.I.CX.Jesus Christ.hear.}

<f154r°04--> {.the holy word.on.O.thy.only.D.O.cross.believe(d).A.D.}
<f154r°05--> {.cross.cross.cross.C.heaven.forever.to.I.I.NX.}
<f154r°06--> {.be.we.C.first.D.CX.arose.NH.CX.XV.I.C'L.}
<f154r°07--> {.we.in.C.F.XB.O.O'XM.believe(d).A.D.CO.first.}
<f154r°08--> {.D.to.&.we.only.this.I.D.&.CX.arose.NH.CX.you.A.EG.}
<f154r°09--> {.we.our.before.C.heaven.forever.over.}
<f154v°01--> {.the.we.CX.arose.NH.D.came.we.before.only.we.}
<f154v°02--> {.cross.cross.cross.The Christ.&.we.reborn.≈.}
<f154v°03--> {.we.conquered.evil.there.before.6.}
<f154v°04C0> {.C.XB.&.son.Amen!.his.O.father.}
<f154v°04--> {.of.holy.Rome.believe(d).}
<f154v°05--> {.over.ST Luke.≈.}
<f154v°06--> {.was.HX.again.Q.H.AD.}
<f154v°07--> {.cross.C.F.CO.S.man.son.}
<f154v°08--> {.first.suffering.&.}
<f154v°09--> {.was.of.the.man.son.his.man.son.}
<f154v°10--> {.O.father.thy.kingdom.was.man.son.O.LT.O.D.}
<f155r°01--> {.suffering.on.XB.D.EK.over.man.son.EO.CO.the.to.}
<f155r°02--> {.BK.on.EK.D.BE.I.J.IR.the.on.O.the.man.son.over.}
<f155r°03--> {.HF.O.man.son.all.&.was.anointed.C.D.}
<f155r°04--> {.the.cross.C'EY.CO.S.will.C.K'C.CX.C.S.in.}
<f155r°05--> {.first.his.&.was.BC.D.BK.R.CU.≈.}
<f155r°06--> {.the.cross.C'EY.CO.S.on.the.DB.&.was.C.S.}
<f155r°07--> {.church.BK.come.will.M.C.CX.Q.}
<f155r°08--> {.&.was.come.will.M.C.CX.Q.the.suffering.}
<f155r°09--> {.man.son.&.CD.will.M.man.son.}
<f155v°01--> {.BE'I'O.over.EO.CO.the.XJ.C.S.BE'I'O.came.be.}
<f155v°02--> {.HF.O.man.son.on.the.his.man.son.O.father.thy.O.F.}
<f155v°03--> {.QE.man.son.EO.CO.the.XJ.O.LT.O.D.&.O.come.}
<f155v°04--> {.C.on.church.O.F.man.son.&.was.}
<f155v°05--> {.EF.church.&.I.I.come.will.M.was.}
<f155v°06--> {.man.son.I'AG.CO.S.CO.&.was.man.son.C.S.}
<f155v°07--> {.church.CX.I.QV.XV.over.will.M.≈.}
<f155v°08--> {.BE'I'O.man.son.gave.man.son.the.≈.}
<f155v°09--> {.suffering.to.QE.C'BG.will.M.O.cross.C.S.≈.}
<f156r°01--> {.church.man.son.the.EK.D.EK.gave.the.C.S.}
<f156r°02--> {.church.as.be.this.will.M.O.cross.will.M.}
<f156r°03--> {.the.XB.D.EK'C'D.C.his.will.M.O.father.}
<f156r°04--> {.thy.kingdom.before.by.the.C.on.church.the.6.D.C'EY.CO.XB.}
<f156r°05--> {.to.QE.will.M.CX'CX.man.son.give.the.}
<f156r°06--> {.man.son.C.his.man.son.CX.S.CX.S.this.C.S.}
<f156r°07--> {.church.the.man.son.CX'CX.will.M.}
<f156r°08--> {.O.cross.the.XB.D.EK.gave.the.C.son.son.the.}
<f156r°09--> {.suffering.this.man.son.CX'CX.man.son.}
<f156v°01--> {.the.will.M.anointed.C.his.C.3.RA.son.the.CX.Q.}
<f156v°02--> {.was.the.when.&.was.CO.S.church.}
<f156v°03--> {.man.son.in.KB.O.A.D.CX'NE.X2.C.S.}
<f156v°04--> {.church.man.son.&.EZ.XB.O.C'BG.C.S.}
<f156v°05--> {.church.man.son.in.will.M.}
<f156v°06--> {.man.son.EZ.XB.C'BD.C'BG.&.was.}

<f156v°07--> {.come.will.M.man.son.C.his.man.}
<f156v°08--> {.son.O.father.thy.kingdom.over.man.son.C.S.}
<f156v°09--> {.church.O.I.&.come.the.his.man.son.}
<f157r°01--> {.O.father.thy.kingdom.over.HF.O.as.father.thy.kingdom.&.was.}
<f157r°02--> {.man.son.will.M.come.man.son.C.}
<f157r°03--> {.his.man.son.O.father.thy.kingdom.by.the.suffering.}
<f157r°04--> {.O2.D.his.suffering.man.son.AV.D.suffering.}
<f157r°05--> {.before.in.come.man.son.«.00.».C'D'O.suffering.the.}
<f157r°06--> {.man.son.as.before.the.holy.will.M.gave.}
<f157r°07--> {.the.man.son.the.before.will.M.O.CX.D.C'EY.CO.XB.}
<f157r°08--> {.&.before.be.man.son.HX.PC.HX.AD.cross.CX.I.CO.XB.}
<f157r°09--> {.gave.the.suffering.as.before.the.will.M.the.man.}
<f157v°01--> {.C.XB.X.R.D.will.M.R'CU.C'D'C.O.father.his.C.S.}
<f157v°02--> {.The Christ.the.before.C.S.The Christ.church.in.CC.M.}
<f157v°03--> {.on.X3.his.C.S.Jesus Christ.O.father.&.gave.the.C.S.Jesus Christ.}
<f157v°04--> {.«.88.».the.suffering.BT.BS.C.this.C.S.Jesus Christ.church.}
<f157v°05--> {.in.CC.M.on.X3.his.C.S.Jesus Christ.church.O.}
<f157v°06--> {.father.came.O.father.his.C.S.Jesus Christ.Amen!.faithful.Q.C.}
<f157v°07--> {.anointed.forgive.TI.we.S'O.CX.I.EK.the.church.to.was.}
<f157v°08--> {.«.88.».the.suffering.be.Amen!.his.suffering.EZ.XB.O.BL.C.A.}
<f157v°09--> {.suffering.to be.be.man.son.C'BD.O.}
<f158r°01--> {.LT.O.D.the.to.was.man.son.CX'CX.suffering.}
<f158r°02--> {.O.LT.O.D.the.pray.O.God.EO.suffering.}
<f158r°03--> {.CO.CV.D.CO.CV.D.gave.the.O.I.thy.kingdom.his.suffering.}
<f158r°04--> {.man.son.the.man.son.the.C.S.Jesus Christ.}
<f158r°05--> {.«.88.».church.C.K.S.man.son.give.C.}
<f158r°06--> {.CO.|.XB'C'CO.|.Amen!.his.man.son.EZ.XB.&.gave.this.}
<f158r°07--> {.man.son.his.man.son.O.father.thy.O.F.this.}
<f158r°08--> {.man.son.the.C.S.Jesus Christ.church.CX'CX.}
<f158v°01--> {.man.son.give.was.the.when.Q.his.man.}
<f158v°02--> {.son.only.CX.S.CX.S.&.C.his.man.son.only.≈.}
<f158v°03--> {.DB.you.C.S.Jesus.church.Christ.&.CX'CX.man.}
<f158v°04--> {.son.C.S.Jesus Christ.church.God.BT.this.be.≈.}
<f158v°05--> {.God.will.CO.CV.D.CO.CV.D.to.10.ten.there.before.in.}
<f158v°06--> {.C'D'C.word.of.}
<f158v°07--> {.ST Luke.CX.4.CO.his.}
<f158v°08--> {.of.when.was.}
<f158v°09--> {.«.88.».Jesus.in.Nazareth.}
<f159r°01--> {.«.88.».when.come.Jesus.CX.OP.I.Q.be.today.}
<f159r°02--> {.&.was.C.BT.C.KB.Jesus.CX.OP.I.I.C.D.I.I.you.D.}
<f159r°03--> {.first.believe(d).A.C'XF'XX.this.O.&.was.C.BT.C.KB.}
<f159r°04--> {.Jesus.CX.OP.I.Q.C.D.I.I.you.D.CU'D.first.}
<f159r°05--> {.EN.us.spirit.in.us.be.6.}
<f159r°06--> {.100.A.&.6.1000.CC.&.sixty.&.6.XD.BL.before.spirit.as.}
<f159r°07--> {.I.I.us.with.C.BT.C.KB.us.the.with.us.}
<f159r°08--> {.C'K'I.Q.XX.to.CX.A.H.be.us.C.give.Jesus Christ.}
<f159v°01--> {.«.88.».over.come.us.C.Jesus.over.CD.}
<f159v°02--> {.us.Q'Q'R'C'C.rock.CX.I.&.you.come.C'D'C.}
<f159v°03--> {.when.QE.us.CO'D'CO.cross.cross.cross.you.Amen!.}
<f159v°04--> {.arose.O.F.BC.cross.cross.cross.over.CD.us.}

<f159v°05--> {.before.church.in.C.you.A.O.D.EL.C'I'Q.D.to.&.}
<f159v°06--> {.was.us.before.be.C.ED.6.XT.}
<f159v°07--> {.Jesus.in.CO.you.A.O.D.EL.C'I'Q.D.to.came.CX.K.D.}
<f159v°08--> {.Jesus.O.C.you.A.O.D.EL.C'I'Q.D.to.CO.XB.6.CO.}
<f159v°09--> {.to.O.us.Yahweh.spirit.O.cross.there.}
<f160r°01--> {.&.was.O.I.the.you.the.Q.C'D'C.over.C.F'X2.}
<f160r°02--> {.C.RA.C.over.6.come.C.CO.C.his.R.C'D'C.his.O.to.O.SS.}
<f160r°03--> {.over.Q.faithful.C'D'C.you.O.I.his.R.C'D'C.by.}
<f160r°04--> {.come.O.you.CX.you.O.Q.C.Jesus.CX.XC.XF.over.Amen!.}
<f160r°05--> {.C.K.X.his.Q.C'D'C.C'AE.D.in.C.D.I.I.you.D.EV.}
<f160r°06--> {.you.LO.life.&.HF.O.D.life.we.hear.the.}
<f160r°07--> {.disciple.holy word.hear.the holy word.of.ST Luke.}
<f160r°08--> {.in.4.chapter.of his.when.many.Jesus.}
<f160r°09--> {.on.C.D.I.I.you.D.was.in.Nazareth.}
<f160v°01--> {.in.first.C.D.there.over.C.F'X2.CX.IJ.R.Jesus.in.}
<f160v°02--> {.first.forever.CX.F.Q.I.the.first.to.be.}
<f160v°03--> {.II.IB.his.O.to.O.Q.Q.&.was.O.I.life.come.Jesus.}
<f160v°04--> {.over.CD.life.Q'Q'R'C'C.faithful.QE.CX.XB.&.come.you.}
<f160v°05--> {.the.you.CX'CX.you.life.O.BT.his.life.EZ.years.Q.}
<f160v°06--> {.C.spirit.over.you.X.R.Q.with.O.XC.to.Jesus.in.&.}
<f160v°07--> {.OX.QE.your.to.be.over.the.to.be.&.}
<f160v°08--> {.CO.hear.pray.LA.XJ.over.give.}
<f160v°09--> {.C.you.3.disciple.Peter.over.CO.100.over.}
<f161r°01--> {.John.came.was.The Christ.people.CO.on.R.you.D.CX'CX.}
<f161r°02--> {.you.C.Amen!.people.pope.anointed.&.was.appeared.}
<f161r°03--> {.you.in.be.LA.XJ.over.C.spirit.C.you.BC.UD.}
<f161r°04--> {.&.was.life.C'BG.first.O.I.S.D.C'D'C.}
<f161r°05--> {.Jesus.in.«.00.».we.4.this.C.RB.C'XV'OB'I'C.≈.}
<f161r°06--> {.CU'D.church.in.EL.you.NR.XW'X.HX.H'H'H.C'BD.}
<f161r°07--> {.church.in.EL.you.NR.XW'X.in.S.living.on.CO'I'CO.}
<f161r°08--> {.come.church.in.EL.you.NR.XW'X.over.CO'I'CO.}
<f161r°09--> {.C.F'X2.L'X2.church.QE.EL.you.NR.XW'X.C'XV'O.}
<f161v°01--> {.on.XV.JI.R.D.over.we.IR'IR'D.come.church.in.Q.you.NR.}
<f161v°02--> {.XW'X.you.C'D'C.Jesus Christ.O.I.Jesus.reborn.}
<f161v°03--> {.our.church.O.4.this.C.RB.over.we.}
<f161v°04--> {.XW'X.Jesus Christ.by.Jesus.son.your.&.}
<f161v°05--> {.church.son.in.son.of.BJ.son.XW'X.}
<f161v°06--> {.son.be.anointed.son.CX.Peter.son.&.}
<f161v°07--> {.you were.be.C.O.Q.A.C.you.power.Jesus.}
<f161v°08--> {.by.Jesus.ML.C.before.gave.church.we.QE.}
<f161v°09--> {.we.EL.you.NR.we.XW'X.we.be.S.}
<f161v°10--> {.anointed.we.to.O2.resurrected.this.RB.come.we.}
<f162r°01--> {.gave.power.RB.C.before.gave.church.we.in.we.}
<f162r°02--> {.EL.you.NR.we.XW'X.we.be.CC.anointed.we.}
<f162r°03--> {.gave.Jesus.only.before.BE'I'O.power.by.Jesus.}
<f162r°04--> {.«.88.».give.this.G.his.son.church.in.EL.you.NR.}
<f162r°05--> {.XW'X.D.over.church.in.EL.you.NR.XW'X.D.}
<f162r°06--> {.give.&.BU.son.church.in.EL.you.NR.XW'X.D.}
<f162r°07--> {.on.his.son.C.H.over.come.we.son.reborn.}
<f162r°08--> {.our.son.his.O.C.heaven.hear.the holy word.}

‹f162r°09--› {.The Christ.3.arose.we.before.again.CA.I.C.you.his.}
‹f162v°01--› {.you.O.father.C'BD.through.again.CA.I.C.Jesus.}
‹f162v°02--› {.first.C'XV'OB'I'C.C.S.in.Jerusalem.to.I.I.arose.}
‹f162v°03--› {.O.X2.X.O.I'AG.D.this.I.C.Jesus.CX.I'AE.in.Jerusalem.to.}
‹f162v°04--› {.3.arose.we.again.CA.I.C.Jesus.K.|.D.|.C'D'C.}
‹f162v°05--› {.((.EZ.)).CC.again.CA.I.C.&.3.arose.we.C.you.}
‹f162v°06--› {.The Christ.again.before.C.S.CX.I'AE.son.O.father.}
‹f162v°07--› {.your.again.CA.I.C.your.faithful.to.your.}
‹f162v°08--› {.CA.K.AD.cross.be.before.people.crying out.you.}
‹f162v°09--› {.father.son.God.Holy Spirit.there.before.in.}
‹f163r°01R1› {.II.to be.in.C.G.}
‹f163r°01R2› {.there.}
‹f163r°01R3› {.II.before.C.IJ.}
‹f163r°01R4› {.I.G.to be.I.G.CO.}
‹f163r°01R5› {.CO.C.D.I.G.God.anointed.}
‹f163r°01--› {.hear.the holy word.}
‹f163r°02--› {.of.ST Luke.in.}
‹f163r°03--› {.7.chapter.of his.}
‹f163r°04--› {.when.was.}
‹f163r°05--› {.Jesus.in.Nazareth.}
‹f163r°06--› {.«.88.».when.come.Jesus.}
‹f163r°07--› {.«.88.».in.first.to.be.&.the.to.be.&.pray.}
‹f163r°08--› {.be.K.D.C'D'C.over.come.CX.I.in.you.BC.UD.}
‹f163r°09--› {.&.was.C.you.7.10.&.12.disciple.&.W.}
‹f163r°10--› {.was.C.H.Jesus.the.to.be.&.was.}
‹f163r°11--› {.arose.in.the.to.be.son.first.Holy Yahweh.}
‹f163v°01--› {.over.son.C'BG.to be.faithful.I.G.there.on.BP.to be.LO.}
‹f163v°02--› {.son.be.there.to be.God.anointed.I.G.BK.on.to.be.}
‹f163v°03--› {.4.CU'D.this.C.RB.C'XV'OB'I'C.came.anointed.in.≈.}
‹f163v°04--› {.days passed.I.L'X2.BK.to.be.C.O.C.C.X.will.&.C.D.}
‹f163v°05--› {.C.son.BC.UD.&.was.LA.C.all.pray.}
‹f163v°05T1› {.you.you.}
‹f163v°06--› {.pray.CU'D.XJ.C.O.I.I.UD.UD.I.I.}
‹f163v°06T2› {.you.you.}
‹f163v°07--› {.over.all.Q.C.D.over.O.I.Jesus.BC.}
‹f163v°08--› {.HF.O.by.the.Yahweh.C'XV'OB'I'C.C.A.C'AE.}
‹f163v°09--› {.HF.O.the.as.was.the.gave.Jesus.again.the.}
‹f164r°01--› {.Yahweh.his.son.over.all.Jesus.O.PE.EK.in.PE.}
‹f164r°02--› {.this.G.C.BY.O.4.this.C.RB.C'XV'OB'I'C.over.}
‹f164r°03--› {.C.F'J'J.Jesus.his.faithful.to.O.PE.EK.in.PE.}
‹f164r°04--› {.K.be.C.XY.arose.son.the.Holy Yahweh.by.Jesus.}
‹f164r°05--› {.«.88.».resurrected.the.son.C.A.D.O.son.EQ.over.resurrected.}
‹f164r°06--› {.on.many.as.first.believe(d).by.the.before.}
‹f164r°07--› {.come.you.Q.CV.C.IJ.you.believe(d).C.F'X2.CU.D.CU.the.before.}
‹f164r°08--› {.come.I.I.by.Jesus.give.I.G.his.son.church.}
‹f164r°09--› {.in.EL.you.NR.XW'X.D.over.church.in.EL.you.NR.}
‹f164v°01--› {.XW'X.D.&.BU.son.church.in.EL.you.NR.XW'X.on.his.}
‹f164v°02--› {.son.C.H.over.son.give.C.faithful.to.Jesus.&.}
‹f164v°03--› {.was.son.be.give.you.his.son.XQ.over.}
‹f164v°04--› {.come.son.CO'I'CO.XQ.reborn.his.son.CO'I'CO.XQ.}

<f164v°05--> {.his.O.C.heaven.BC.debt(s).to.first.HF.O.forgive.}
<f164v°06--> {.to.I.I.O.I.we.C'BD.Jesus Christ.over.you.}
<f164v°07--> {.Amen!.blessed.give.we.hear.OX.holy word.you.before.in.}
<f164v°08--> {.of.ST Luke.in.7.chapter.of his.}
<f164v°09--> {.the.Yahweh.OB.C.XQ.CO'I'CO.church.Yahweh.}
<f165r°01--> {.«.88.».son.OB.C.CE'O.Amen!.we.C'EK.before.there.with.you.}
<f165r°02--> {.Amen!.we.the.to.be.OB.C.this.C'EK.C'EK.before.reborn.}
<f165r°03--> {.C.&.C'EK.O.C.K.Jesus Christ.Amen!.will.thy.the.}
<f165r°04--> {.the.reborn.Amen!.we.church.Yahweh.O.C.because(of).}
<f165r°05--> {.you.before.reborn.Jesus Christ.O.father.your.}
<f165r°06--> {.in.the.word.before.of.ST Luke.come.4.CX.I.C.RB.}
<f165r°07--> {.C'XV'OB'I'C.this.G.the.C'EY.D.O.son.EQ.&.son.}
<f165r°08--> {.be.arose.over.you.G.give.&.C'BG.to be.in.you.}
<f165r°09--> {.QV.C'BP.before.to be.CO'D'CO.there.to be.anointed.}
<f165v°01--> {.there.&.the.to be.C.arose.NH.EQ.K.give.the.son.the.}
<f165v°02--> {.Holy Yahweh.over.son.C'BG.BK.on.church.≈.}
<f165v°03--> {.Yahweh.the.C.in.forgive.≈.son.O.F.reborn.}
<f165v°04--> {.C'I'T.son.conquered.in.word.of.}
<f165v°05--> {.ST Luke.the.C'EY.D.Q.to be.QV.II.there.O.}
<f165v°06--> {.I.I.Amen!.with.S.before.in.&.the.&.with.in.son.&.to be.in.}
<f165v°07--> {.spirit.CO.arose.son.come.C.son.over.D.to be.in.}
<f165v°08--> {.on.first.NX.in.word.of.ST Luke.}
<f165v°09--> {.the.C'EY.D.O.before.be.BC.C'BP.S.I.CX.C.son.}
<f166r°01--> {.on.CX.arose.NH.give.spirit.CO.arose.son.come.C.son.≈.}
<f166r°02--> {.over.all.C'BP.on.I.I.NX.in.word.of.}
<f166r°03--> {.ST Luke.the.C'EY.all.O.to be.CO'D'CO.son.}
<f166r°04--> {.we.&.there.spirit.CO.arose.son.come.C.son.}
<f166r°05--> {.over.all.to be.CO'D'CO.on.3.NX.in.word.}
<f166r°06--> {.of.ST Luke.the.C'EY.D.O.to be.anointed.}
<f166r°07--> {.son.there.in.Amen!.his.son.C'XF'XX.arose.we.D.I'T.DV.}
<f166r°08--> {.CX.again.cross.before.be.son.in.C'XF'XX.arose.D.I'T.DV.}
<f166r°09--> {.spirit.CO.arose.son.come.C.son.over.D.to be.anointed.}
<f166v°01--> {.on.4.NX.over.QV.R.4.this.C.RB.over.son.}
<f166v°02--> {.give.4.this.C.RB.over.son.C'BG.BK.on.CX.XV.}
<f166v°03--> {.to.be.on.church.Yahweh.on.C'I'T.spirit.CO.}
<f166v°04--> {.son.C'BG.in.XD.BL.C'I'T.be.conquered.}
<f166v°05--> {.«.88.».&.EO.XV.to be.reborn.of.in.}
<f166v°06--> {.BG.faithful.D.only.in.there.O.II.Amen!.with.Amen!.our.}
<f166v°07--> {.CE'O.Amen!.our.BD.Amen!.our.MY.C.over.}
<f166v°08--> {.our.O.father.son.as.C.we.we.BT.his.}
<f166v°09--> {.we.before.C.heaven.to.pray.hear.the holy word.}
<f167r°01--> {.hear.the holy word.}
<f167r°02--> {.of.ST Luke.}
<f167r°03--> {.in.6.chapter.of his.}
<f167r°04--> {.when.gave.Jesus.}
<f167r°05--> {.disciple.your.&.power.}
<f167r°06--> {.UD.be.first.EZ.we.R.C.A.all.O.EZ.O.I.}
<f167r°07--> {.CO.give.on.your.EZ.we.EZ.O.I.gave.O.CO'CO'CO.}
<f167r°08--> {.CE'O.pray.be.this.DA.O.D.O.Amen!.C.T'T.}
<f167r°09--> {.over.CD.we.CO.give.the.EZ.your.EZ.we.}

<f167r°10--> {.O.I.gave.faithful.CO'CO'CO.CE'O.pray.be.this.}
<f167v°01--> {.DA.O.D.O.died.I.&.was.before.CD.died.D.we.&.W.}
<f167v°02--> {.we.be.O.CX.D.first.servant.C'D'C.}
<f167v°03--> {.his.CO.give.we.you.gave.we.IA.the.mount.servant.}
<f167v°04--> {.Amen!.your.EZ.we.EZ.O.I.gave.faithful.CO'CO'CO.CE'O.≈.}
<f167v°05--> {.pray.C.D.this.DA.O.D.O.BT.DA.O.D.O.}
<f167v°06--> {.DV.J.CO.C'XV.CO.LO.the.EZ.EZ.there.the.EZ.≈.}
<f167v°07--> {.we.by.C.D.BC.to be.your.EZ.we.}
<f167v°08--> {.CO.give.over.CO'CO'CO.the.CO.give.the.gave.O.}
<f167v°09--> {.his.CO.give.you.EZ.we.Q.with.Q.C.over.HF.O.}
<f168r°01--> {.CO.give.all.CO.give.by.the.CO.give.C.S.CX.CO.give.}
<f168r°02--> {.C'A'A.&.C'BD.C.give.on.X4.&.CX.AD.AS.on.on.to.D.S.XB.D.}
<f168r°03--> {.CO.give.C.BT.&.first.I.C.IU.C'D'C.A.C.K.CO.give.}
<f168r°04--> {.&.was.anointed.the.CO.give.I.forgiveness.his.}
<f168r°05--> {.CO.give.there.EZ.we.XW'X.&.faithful.CV.O.RO.D.&.was.}
<f168r°06--> {.«.88.».CU'D.CO.give.the.first.C'D'C.XW'X.&.gave.the.}
<f168r°07--> {.CO.give.this.AS.XW'X.C'D'C.his.CO.give.there.EZ.}
<f168r°08--> {.by.C'D'C.XW'X.we.believe(d).A.BJ.CU.C.O.}
<f168r°09--> {.CO.XW'X.CO.by.the.CO.give.spirit.S.XW'X.we.}
<f168v°01--> {.C.XP.over.of.50.to.5.EZ.10.XW'X.}
<f168v°02--> {.we.C.XP.on.XD.X.the.Q.F.G.his.CO.give.}
<f168v°03--> {.there.EZ.we.by.the.I.I.CO.give.XW'X.}
<f168v°04--> {.we.DQ.D.HR.H.word.I.I.CO.give.XW'X.we.}
<f168v°05--> {.H'H'H.CU'D.the.CO.give.the.I.forgiveness.faithful.CV.O.RO.D.}
<f168v°06--> {.we.&.gave.the.CO.give.this.AS.faithful.CV.O.RO.D.C'D'C.}
<f168v°07--> {.his.CO.give.you.EZ.we.by.C'D'C.Q.CV.O.RO.D.}
<f168v°08--> {.believe(d).Peter.CO.CV.you.D.C.by.the.CO.give.many.}
<f168v°09--> {.C.A.C.O.O.RO.D.we.C.F.over.of.O.5.}
<f169r°01--> {.thirty.to.I.I.10.EZ.faithful.BB.O.RO.D.we.C.XP.on.XD.X.}
<f169r°02--> {.the.&.the.I.I.CU.K.Q.F.G.his.CO.give.there.EZ.we.}
<f169r°03--> {.to.PS.II.CO.give.give.the.his.CO.give.there.EZ.we.}
<f169r°04--> {.came.CO.give.I.C.IU.C'D'C.BT.C.K.by.the.CO.give.}
<f169r°05--> {.the.I.I.CO.give.faithful.CV.O.RO.D.we.by.Jesus.}
<f169r°06--> {.I.I.CO.give.faithful.BB.O.RO.D.we.by.Jesus.}
<f169r°07--> {.AV.D.your.son.anointed.disciple.only.CO.give.be.}
<f169r°08--> {.anointed.disciple.I.C.IU.C'D'C.II.C.K.came.you.C'I'N.the.}
<f169r°09--> {.EZ.there.we.give.you.XJ'D'CO'BY.BC.EZ.}
<f169v°01--> {.give.you.XJ'D'CO'BY.O.I.give.you.XJ'D'CO'BY.}
<f169v°02--> {.gave.give.you.XJ'D'CO'BY.faithful.give.you.XJ'D'CO'BY.}
<f169v°03--> {.CO'CO'CO.give.you.XJ'D'CO'BY.CE'O.give.you.XJ'D'CO'BY.}
<f169v°04--> {.«.88.».pray.give.you.XJ'D'CO'BY.be.the.}
<f169v°05--> {.give.you.XJ'D'CO'BY.DA.O.D.O.give.you.≈.}
<f169v°06--> {.XJ'D'CO'BY.Amen!.your.QV.EZ.we.EZ.O.I.gave.≈.}
<f169v°07--> {.faithful.CO'CO'CO.CE'O.pray.CO.be.this.DA.O.D.O.}
<f169v°08--> {.over.be.disciple.power.only.CO.give.in.EZ.O.I.gave.}
<f169v°09--> {.faithful.CO'CO'CO.CE'O.pray.be.this.DA.O.D.O.}
<f169v°10--> {.to.in.the.thy.EZ.anointed.the.disciple.power.I.C.IU.C'D'C.BT.C.K.}
<f170r°01--> {.hear.the holy word.BE'I'O.ST Luke.anointed.the.}
<f170r°02--> {.disciple.power.we.only.CO.give.our.father.}
<f170r°03--> {.son.&.CU'D.we.son.anointed.we.≈.}

<f170r°04--> {.I.C.IU.C'D'C.BT.C.K.came.W.CO.arose.we.be.}
<f170r°05--> {.I.C.IU.C.D.we.CX.≈.C'EY.this.I.C.IU.C.D.hear.}
<f170r°06--> {.the holy word.on.disciple.there.before.QE.there.before.XW'X.}
<f170r°07--> {.hear.the.holy word.of.}
<f170r°08--> {.ST Matthew.in.5.chapter.his.}
<f170r°09--> {.of.ST Luke.in.4.}
<f170r°10--> {.4.chapter.holy.chapter.one.Jerusalem.in.9.chapter.}
<f170r°11--> {.when.was.Jesus.in.}
<f170v°01--> {.Capernaum.when.come.Jesus.in.Jerusalem.CO'I'CO.&.was.}
<f170v°02--> {.«.88.».in.CO'I'CO.come.Jesus.over.O.I.you.in.BC.C.D.Q.}
<f170v°03--> {.&.BC.HF.O.over.O.C.CU.be.disciple.ST John.}
<f170v°04--> {.&.Yahweh.&.was.D.Jesus.by.disciple.}
<f170v°05--> {.rock.disciple.I.I.D.disciple.&.book.I.I.D.to.your.disciple.}
<f170v°06--> {.to be.I.I.D.disciple.by.Jesus.C'I'Q.disciple.on.}
<f170v°07--> {.debt(s).to.was.come.disciple.on.C.D.Q.O.this.C.be.}
<f170v°08--> {.disciple.I.I.D.on.the.C.in.all.disciple.Jesus.O.C'XV'OB'I'C.}
<f170v°09--> {.by.disciple.BD.his.BD.C.S.AS.arose.C.risen.X.}
<f170v°10--> {.the.C.D.Q.rock.over.give.the.C'XV'OB'I'C.≈.}
<f171r°01--> {.Jesus.over.come.you.C'XV'OB'I'C.Jesus.the.C'XV'OB'I'C.}
<f171r°02--> {.DB.over.come.C'I'Q.you.BC.UD.over.be.}
<f171r°03--> {.CU'D.the.UD.first.Yahweh.C'XV'OB'I'C.XB.}
<f171r°04--> {.Yahweh.C'XV'OB'I'C.be.|.9.days.|.12.D.in.C'C'C'D.O.I'AG.D.}
<f171r°05--> {.by.the.Yahweh.C'XV'OB'I'C.was.C'I.Yahweh.}
<f171r°06--> {.C'BD.C.F'J'J.his.Yahweh.I.the.to.your.church.be.}
<f171r°07--> {.in.faithful.CX.D.C'I.Yahweh.UC.Yahweh.all.Yahweh.&.}
<f171r°08--> {.was.C.F'J'J.church.be.Jesus.in.}
<f171r°09--> {.faithful.CX.D.XA.Yahweh.all.Yahweh.over.O.I.Jesus.}
<f171r°10--> {.on.UD'CO.RB.D.you.C.D.UD.by.Jesus.the.}
<f171v°01--> {.Yahweh.his.Yahweh.church.XA.Yahweh.crying out.}
<f171v°02--> {.faithful.EK.D.gave.Jesus.C'I'N.the.Yahweh.O.XA.you.again.}
<f171v°03--> {.gave.Jesus.the.Yahweh.his.Yahweh.church.XA.}
<f171v°04--> {.crying out.over.come.you.C'XV'OB'I'C.disciple.Jesus.Yahweh.}
<f171v°05--> {.life.the.C'XV'OB'I'C.DB.&.you were.}
<f171v°06--> {.C'XV'OB'I'C.disciple.Jesus.Yahweh.life.in.ED.over.O.I.}
<f171v°07--> {.Jesus.BC.HF.O.by.Jesus.QE.life.PQ.C.C.A.}
<f171v°08--> {.to be.the.C.S.arose.C.S.S.before.C.C'R'C.S.&.was.}
<f171v°09--> {.life.O.C.QD.Jesus.by.life.O.I.in.the.}
<f172r°01--> {.you.TP.BE'I'O.by.Jesus.the.C'XV'OB'I'C.≈.}
<f172r°02--> {.be.C.R.the.UD.BK.&.was.BK.be.C.R.}
<f172r°03--> {.C'XV'OB'I'C.over.CU'D.Jesus.his.CO.S.father.}
<f172r°04--> {.&.XQ.by.Jesus.CX.Peter.gave.gave/given.CX.the.}
<f172r°05--> {.I.O.IA.resurrected.servant.C.CC.CU'D.holy.AD.&.was.}
<f172r°06--> {.«.88.».again.C.S.on.many.by.O.before.come.you.}
<f172r°07--> {.HR.C.XC.you.believe(d).C.F'X2.CU.D.CU.O.before.come.you.}
<f172r°08--> {.by.Jesus.C'BG.father.XQ.C.D.LT.over.be.≈.D.}
<f172r°09--> {.C.C.AS.D.XB.R.faithful.C.over.C.XB.EL.&.was.C.S.}
<f172v°01--> {.C'EK.EK.over.O.R.CO.C.C.by.Jesus.the.this.}
<f172v°02--> {.BC.to be.first.H'H'H.R.I.S.F.CX.all.Amen!.CX.Peter.}
<f172v°03--> {.earth.hear.the holy word.there.before.in.}
<f172v°04--> {.hear.the holy word.≈.}

‹f172v°05--› {.of.holy.C'XV'X.his kingdom.}
‹f172v°06--› {.the.this.of.C.K.O.A.C.}
‹f172v°07--› {.the.thy.you.C.A.C'XV.≈.}
‹f172v°08--› {.&.A.give.D.his kingdom.Amen!.}
‹f172v°09--› {.you.man.&.CX.I.in.UD.the.this.BE'I'O.kingdom.be.}
‹f172v°10--› {.come.you.first.EZ.you.AD.IR.C'D'C.XN.&.was.}
‹f172v°11--› {.«.88.».anointed.you.3.faithful.servant.&.was.faithful.servant.}
‹f173r°01--› {.before.C'D'C.you.be.C'D.you.&.was.give.you.}
‹f173r°02--› {.first.servant.first.EK'C'D.CX'HA.to.I.I.}
‹f173r°03--› {.give.you.3.EK'C'D.CX'HA.to.3.give.you.}
‹f173r°04--› {.5.EK'C'D.CX'HA.by.the.EZ.you.Amen!.give.}
‹f173r°05--› {.the.to be.EG.5.DA.O.D.O.XW'X.(.pray.).≈.}
‹f173r°06--› {.faithful.R.O.be.church.EO.to be.servant.C.K.}
‹f173r°07--› {.C'I'N.come.man.reborn.C'BD.faithful.servant.&.you.give.C.A.C'XV.}
‹f173r°08--› {.A.C'XV.C.D.his kingdom.you.man.CX.I.in.UD.we.}
‹f173r°09--› {.CE'O.CE'O.CE'O.CE'O.hear.the holy word.you.before.in.}
‹f173v°01--› {.BC.D.be.was.X.Q.Q.in.O.to.CX.Q.EZ.you.all.}
‹f173v°02--› {.fisherman.came.forgive.fisherman.C.XN.UD.in.DB.the.}
‹f173v°03--› {.EZ.you.&.O.UD.servant.C.K'X'D.the.EZ.you.&.}
‹f173v°04--› {.was.come.BK.R.«.00.».CU'D.you.the.EZ.}
‹f173v°05--› {.&.your.faithful.servant.disciple.his.QV.&.was.CO'R'N'D.}
‹f173v°06--› {.CU'D.the.EZ.you.your.servant.C'D'C.EZ.you.}
‹f173v°07--› {.S.CO.3.before.servant.be.you.give.you.his.}
‹f173v°08--› {.you.EZ.by.the.EZ.you.the.}
‹f173v°09--› {.before.be.you.church.you.X2.4.EK.CU'D.P.}
‹f173v°10--› {.CX.KI.HX.H.gave.the.EZ.you.with.X.XB.I.servant.C'BD.we.}
‹f174r°01--› {.your.EZ.gave.the.servant.C'BD.we.C.IJ.there.&.}
‹f174r°02--› {.I.I.O.5.EK.pray.CX'HA.by.the.EZ.you.}
‹f174r°03--› {.come.servant.in.your.given.C.your.O.father.&.}
‹f174r°04--› {.C.father.we.pray.C.we.conquered.}
‹f174r°05--› {.«.88.».evil.&.was.C.D.you.the.I.I.}
‹f174r°06--› {.C.K.before.be.you.give.you.3.EK'C'D.CX'HA.}
‹f174r°07--› {.by.the.EZ.you.with.I.XB.I.servant.C'BD.O.spirit.O.I.his.}
‹f174r°08--› {.you.EZ.gave.the.servant.C'BD.we.C.IJ.there.}
‹f174r°09--› {.&.I.I.O.3.EK'C'D.C.F.CX.KI.by.the.EZ.you.}
‹f174v°01--› {.come.servant.in.your.D.given.C.your.O.father.&.C.}
‹f174v°02--› {.father.we.be.D'O.R.conquered.}
‹f174v°03--› {.evil.&.was.C.D.you.the.3.XB.before.}
‹f174v°04--› {.be.you.give.you.C.F.O.10.C.EK'C'D.CX.HA.}
‹f174v°05--› {.by.CX.I.EZ.you.with.I.XB.I.servant.C'BD.we.}
‹f174v°06--› {.your.EZ.gave.the.servant.PQ.XS.&.servant.C.S.O.IA.C.S.}
‹f174v°07--› {.«.99.».C.A.the.10.on.C.QE.pray.EZ.OE.XS.D.servant.}
‹f174v°08--› {.came.the.you.EK.CO.anointed.servant.came.was.this.servant.}
‹f174v°09--› {.your.EZ.CO.XB.C.O.X2.O.IA.the.you.be.C.AS.C.you.CX.}
‹f175r°01--› {.R.we.IA.EZ.anointed.the.you.&.O.God.R.we.IA.}
‹f175r°02--› {.give.came.the.EZ.there.D.I.EK.BE'I'O.disciple.life.}
‹f175r°03--› {.his.CV.we.K.O.A.C.&.Q.C.by.the.EZ.you.}
‹f175r°04--› {.the.QV.C.F.D.servant.A.this.servant.CX.C.we.IA.in.}
‹f175r°05--› {.be.the.O.O.I.we.IA.your.given.C.XB.the.in.}
‹f175r°06--› {.CO'D'HY.we.IA.in.your.given.by.the.EZ.}

<f175r°07--> {.your.we.IA.give.his.CV.O.the.QV.C.F.D.we.IA.}
<f175r°08--> {.the.10.F'O'R'CO.CX'HA.over.CX.KI.C.&.his.CV.O.}
<f175r°09--> {.we.IA.O.IA.X.CX.KI.10.anointed.hear.the holy word.}
<f175v°01C1> {.hear.the holy word.of.ST Luke.}
<f175v°02C2> {.in.6.chapter.of his.when.}
<f175v°03C3> {.was.Jesus.in.Galilee.}
<f175v°04--> {.when.come.Jesus.on.thy.&.your.disciple.O.to.be.}
<f175v°05--> {.C'DB'J.C.D.be.O.CO'I'CO.C'DB'J.CO'I'CO.O.}
<f175v°06--> {.C'MR.C'DB'J.C'MR.&.your.disciple.over.come.}
<f176r°01--> {.Jesus.first.C'R'C.over.many.Jesus.C.the.}
<f176r°02--> {.C'R'C.came.Golgotha.CO.CX.I.XB.you.to.disciple.come.disciple.}
<f176r°03--> {.in.C'MR.on.X.CX.D.J.J.D.I.D.H'H'H.faithful.QE.before.pray.}
<f176r°04--> {.faithful.&.was.come.first.Yahweh.C'XV.O.A.C.C.}
<f176r°05--> {.the.C'R'C.&.was.CU.X2.AE.the.C'R'C.by.}
<f176r°06--> {.Jesus.CX'CX.you.&.was.AE.before.be.you.C.NZ.}
<f176r°07--> {.church.by.the.I'AE.CO.as.the.you.C.LA.C'XV'X.}
<f176r°08--> {.you.O.I.I.AG'I'O.C.NZ.church.C.3.AG'I'O.to.the.}
<f176r°09--> {.you.power.CU.X2.you.before.EO.before.on.C.CU'CU.C.you.over.}
<f176v°01--> {.|.I.|.C.F'X2.BE'I'O.I.I.AG'I'CY.Jesus.over.I.I.AG'I'C.before.DB'J.O.}
<f176v°02--> {.the.anointed.this.I.AG'I'O.this.C.R.over.I.I.AG'I'C.O.you.Q.C.}
<f176v°03--> {.the.II.A.I'AG.C.CX.Q.crying out.in.before.crying out.}
<f176v°04--> {.I.AG'I'O.O.all.his.I.I.AG'I'C.by.the.I.I.AG'I'C.on.his.}
<f176v°05--> {.I.I.AG'I'C.I.C.again.&.O.this.KB.I.before.the.you.the.you.MG.}
<f176v°06--> {.you.C'IJ.you.believe(d).CU.D.CU.over.X.come.Jerusalem.C.you.}
<f176v°07--> {.over.O.Jerusalem.people.on.you.in.you.BE'I'O.you.the.Yahweh.}
<f176v°08--> {.«.88.».C'XV'X.O.NH.over.church.the.I.I.AG'I'C.in.}
<f176v°09--> {.Jesus.over.come.I.I.AG'I'C.C.his.I.I.AG'I'C.his.O.to.O.}
<f177r°01--> {.SS.&.was.come.in.C'MR.over.O.I.I.AG'I'C.Q.C.the.}
<f177r°02--> {.the.UD.many.first.you.C.C'R'C.C'XV.C.O.you.}
<f177r°03--> {.C.IJ.you.believe(d).C.F'X2.CU.D.CU.came.his.I.I.AG'I'C.CX.Q.}
<f177r°04--> {.crying out.in.I.I.AG'I'C.crying out.I.I.AG'I'C.O.all.}
<f177r°05--> {.his.I.I.AG'I'C.Amen!.be.R.D.Q.this.I.AG'I'C.before.Q.C.you.we.&.}
<f177r°06--> {.was.the.UD.in.you.we.church.UD.over.}
<f177r°07--> {.come.UD.the.C'R'C.came.you.CX'CX.UD.(.pray.).was.}
<f177r°08--> {.«.88.».&.UD.be.you.appeared.first.this.I.D.}
<f177v°01--> {.over.C'XV'X.on.Jesus.again.C.come.you.in.disciple.be.BF.A.}
<f177v°02--> {.to.be.hear.the holy word.there.before.in.≈.}
<f177v°03--> {.hear.the holy word.}
<f177v°04--> {.of.ST Luke.in.}
<f178r°01--> {.5.chapter.of his.when.was.Jesus.in.Galilee.}
<f178r°02--> {.«.88.».when.come.Jesus.in.BE.I.over.come.C'I'Q.you.}
<f178r°03--> {.IA.UD.&.was.come.Jesus.UD.on.EV.I.over.}
<f178r°04--> {.all.10.CU.ten commandments.UD.over.O.ten.}
<f178r°05--> {.commandments.Q'Q'R'C'C.son.F.R.to.OD.his kingdom.XW'X.}
<f178r°06--> {.ten commandments.son.over.Q'Q'R'C'C.Jesus.come.ten.}
<f178r°07--> {.commandments.the.over.10.|.Gezirim.|.C.A.C'XV.over.}
<f178r°08--> {.C.A.C.F.give.ten commandments.O.Amen!.C.D.EQ'I.I.before.}
<f178r°09--> {.Moses.law.&.was.come.ten commandments.O.}
<f178v°01--> {.O.I.his.commandments.pray.&.was.be.}
<f178v°02--> {.commandments.pray.HF.C.&.I.XB.10.as.C.EE.10.X2.}

<f178v°03--> {.C.A.CU'C'X.&.was.ten commandments.come.10.UD.be.C.}
<f178v°04--> {.C.K.O.A.C.power.C.all.C.C.A.C'XV.by.}
<f178v°05--> {.C.A.C'XV.power.as.XJ'D'CO'BY.UD.ten commandments.}
<f178v°06--> {.CO.gave.XB.commandments.O.UD.EK.commandment.CO.≈.}
<f178v°07--> {.UD.be.C.A.C'XV.C'D'C.A.C'XV.power.we.}
<f178v°08--> {.CX.be.C'R'C.A.C.F.power.gave.C.A.C'XV.≈.}
<f178v°09--> {.power.EY.XJ'D'CO'BY.we.O.XA.gave.commandments.}
<f179r°01--> {.10.UD.O.XA.son.F.R.to.OD.his kingdom.gave.C'XV.O.A.C.}
<f179r°02--> {.power.C.A.C'XV.O.A.EK.C.XJ'D'CO'BY.UD.O.son.}
<f179r°03--> {.F.R.kingdom.O.XA.you.again.XJ'D'CO'BY.UD.before.O.XA.}
<f179r°04--> {.KB.X.C.A.D.only.came.be.C.O.D.Q.I.O.«.00.».}
<f179r°05--> {.commandments.life.C'D'C.A.C'XV.power.}
<f179r°06--> {.&.was.O.LT.UD.we.church.O.C.A.C'XV.}
<f179r°07--> {.power.to.10.we.you.church.again.in.X.C.R.O.XC.to.}
<f179r°08--> {.C.AA.C.F.EY.Jesus.over.O.L'X2.commandments.}
<f179r°09--> {.C'D'C.your.C'I'N.D.&.you were.be.DA.}
<f179v°01--> {.CX.IU.O.I.10.we.your.C'I'N.D.over.you.IJ.}
<f179v°02--> {.&.blessed.give.10.we.by.Jesus.disciple.his.}
<f179v°03--> {.you.CX.Amen!.C.&.UD.be.10.C.Pilate.EE.D.to.faithful.II.}
<f179v°04--> {.before.EO.BC.first.we.law.&.we.law.you.in.}
<f179v°05--> {.by.Jesus.disciple.your.I'AG.D.F.O.XJ'D'CO'BY.}
<f179v°06--> {.«.88.».son.we.be.you.I.I'AG.the.hear.}
<f179v°07--> {.the holy word.there.before.in.3.church.anointed.}
<f179v°08--> {.O.thy.through.before.church.TG.A.&.H.((.EZ.)).10.D.D.life.}
<f179v°09--> {.church.in.the.&.the.church.first.we.}
<f180r°01--> {.&.power.((.EZ.)).10.D.AD.I.to.to be.reborn.&.we.}
<f180r°02--> {.to be.church.we.in.Jesus Christ.first.}
<f180r°03--> {.we.to be.reborn.again.Amen!.we.C'I'T.to.I.I.before.}
<f180r°04--> {.church.BL.C.A.CO.&.IK.CO.church.the.before.I'AG.}
<f180r°05--> {.came.first.BL.C.A.IK.CO.&.in.church.reborn.}
<f180r°06--> {.came.O.BL.C.A.CO.IK.CO.first.NX.church.}
<f180r°07--> {.BL.C.A.CO.IK.CO.the.Jesus Christ.in.CO'D'HY.&.in.}
<f180r°08--> {.arose.W.before.on.cross.your.CE'O.C.K.come.to.3.}
<f180r°09--> {.before.church.on.CO'D'HY.The Christ.&.C.F'X2.6.come.C.CO.}
<f180v°01--> {.Jesus.&.C.spirit.The Christ.12.disciple.&.BC.C'EY.with.}
<f180v°02--> {.The Christ.R.C'EY.with.before.crying out.you.on.thy.come.you.his.}
<f180v°03--> {.you.disciple.&.BC.people.you.NT.QE.people.before.crying out.on.}
<f180v°04--> {.thy.come.your.disciple.OX.C'EY.C'EY.before.C.F'X2.((.I.)).you.arose.we.}
<f180v°05--> {.before.again.C.D.MV.CO.you.before.before.on.UD.on.D.CO.faithful.you.QE.&.}
<f180v°06--> {.the.&.the.S.I.I.O.D.O.XA.you.&.holy.((.he.)).God.pray.}
<f180v°07--> {.The Christ.in.before.you.on.Sheol.O.DB.XT.you.in.((.[[.he.]].)).}
<f180v°08--> {.&.CO.The Christ.came.you.before.be.you.CO.you.the.thy.≈.}
<f180v°09--> {.C'XV'OB'I'C.give.A.PP.&.power.before.power.A.«.99.».}
<f181r°01--> {.«.99.».the.&.this.EZ.S.before.cross.be.on.C'XV'OB'I'C.L'X2.}
<f181r°02--> {.life.&.BC.only.arose.The Christ.&.resurrected.The Christ.&.Q.Q.CX.D.}
<f181r°03--> {.The Christ.disciple.your.first.ER'EQ.C.I'DR.&.the.}
<f181r°04--> {.C.I'DR.be.you were.|.Gezirim.|.you.12.disciple.}
<f181r°05--> {.QE.you.DB.C'I'T.you.CO.Jesus.voice.crying out.&.was.}
<f181r°06--> {.«.88.».come.ST Thomas.C.XJ.first.ER'EQ.C.I'DR.}
<f181r°07--> {.C.disciple.&.given.disciple.Thomas.disciple.O.I.you.&.given.holy.CX.XV.O.}

<f181r°08--> {.this.Thomas.the.C'XV.C.church.Amen!.the.this.XB.this.}
<f181r°09--> {.Thomas.the.church.C'EY.C.A.6.F.O.I.Thomas.}
<f181v°01--> {.his.XH.hear.&.his.Thomas.this.Jerusalem.cross.BU.in.your.}
<f181v°02--> {.hear.Q.O.you.O.arose.again.when.all.Jesus Christ.}
<f181v°03--> {.O.OX.disciple.gave.I.XJ.&.gave.law.XJ'D'CO'BY.be.}
<f181v°04--> {.&.C'D'O.all.disciple.to.Thomas.O.anointed.&.gave.Jesus.}
<f181v°05--> {.«.88.».Thomas.come.CX.C'XV.I.BU.his.Thomas.CX.Jerusalem.}
<f181v°06--> {.in.your.EU.on.this.O.I.church.over.YE.}
<f181v°07--> {.Jesus.your.EU.&.gave.Jesus.Thomas.F.I.O.D.C.}
<f181v°08--> {.O.&.we.O.I.this.XB.D.CO.M.CO.I.S.&.F.I.O.}
<f181v°09--> {.D.C.&.C'XV.O.I.O.10.church.hear.OX.holy word.}
<f182r°01--> {.there.before.QE.&.the.on.OB.I.CO.I.C'I'Q.we.gave.Jesus.&.II.A.}
<f182r°02--> {.we.you.to be.in.D'CO'D'CO.we.&.was.}
<f182r°03--> {.on.risen.The Christ.40 days.in.}
<f182r°04--> {.when.many.disciple.added.in.Jerusalem.in.you.DB.C.}
<f182r°05--> {.I.10.there.Jesus.BW.crying out.when.}
<f182r°06--> {.Q.Q.CX.D.Jesus.disciple.your.in.pray.we.}
<f182r°07--> {.over.many.C.disciple.added.over.O.UC.on.}
<f182r°08--> {.church.&.gave.Jesus.XJ'D'CO'BY.come.disciple.C.}
<f182r°09--> {.thy.faithful.MN.be.Yahweh.in.your.name.}
<f182v°01--> {.&.we.be.Yahweh.in.&.name.father.}
<f182v°02--> {.&.son.&.Holy Spirit.faithful.MN.be.you.C.C.}
<f182v°03--> {.M.Amen!.we.reborn.&.first.}
<f182v°04--> {.CO.I'T.C.BS.EQ.&.we.to be.Yahweh.}
<f182v°05--> {.faithful.MN.to be.you.C.first.CC.D'R'T.again.}
<f182v°06--> {.Amen!.we.C'I'T.hear.the holy word.there.before.}
<f182v°07R0> {.QE.}
<f182v°07L0> {.of.ST Luke.in.2.}
<f182v°08--> {.CO.of his.when.}
<f182v°09--> {.was.on.risen.}
<f183r°01--> {.you.NT.twenty.6.D.when.C.many.Jerusalem.≈.}
<f183r°02--> {.first.this.I'AG.C.CX.D.CX'HA.&.name.}
<f183r°03--> {.be.C.|.K.|.I.the.R.CO.&.was.give.on.Jerusalem.}
<f183r°04--> {.10.K.L'C'C.XV'C.on.L'C'C.XV'C.be.Christ.}
<f183r°05--> {.risen.over.L'C'C.XV'C.before.O.CO.BG.in.}
<f183r°06--> {.CX'CX.D.C.HA.to.be.in.first.C.II.C.}
<f183r°07--> {.&.was.be.BC.D.CE'O.C.D.on.faithful.C.≈.}
<f183r°08--> {.CX.D.C.HA.&.name.be.CX.X.DL.C.again.CO.}
<f183r°09--> {.&.was.CE'O.C'D'HY.the.this.I'AG.C.CX.D.C.KI.}
<f183v°01--> {.the.Q.C.C.CX.D.C.KI.was.anointed.I.I.QE.D.}
<f183v°02--> {.on.CO.I.in.C.you.I.I.O.CO.arose.cross.on.&.was.≈.}
<f183v°03--> {.7.S.CO.DR.D'CO.D'CO.anointed.CX.C.CO.again.CO.CX.D.C.HA.}
<f183v°03T0> {.you.you.}
<f183v°04--> {.&.was.church.on.(.pray.).C'BD.O.C.}
<f183v°05--> {.you.blessed.there.CO'CO'CO.there.his.CX.D.C.KI.≈.}
<f183v°06--> {.(.pray.).over.Q'Q'R'C.CO.God.mount.on.C'UM.}
<f183v°07--> {.anointed.CX.DL.C.CO'CO'CO.CO.there.his.CX.DL.C.again.CO.}
<f183v°08--> {.(.pray.).by.God.mount.CX.DL.C.again.CO.C.XB.}
<f183v°09--> {.anointed.of.on.Peter.C.J.D.EM.L'C'C.XV'C.over.}
<f184r°01--> {.C.K.Q.C'D'C.KI.on.CO.I.in.C.you.I.I.come.C.A.C.this.I'AG.C.}

<f184r°02--> {.C'D'C.KI.&.was.I.I.D.the.this.I'AG.C.C'D'C.KI.}
<f184r°03--> {.the.Q.C.C.be.C.KI.&.was.3.K.X.K.C.on.CO.I.}
<f184r°04--> {.in.C.you.I.I.over.this.I'AG.C.UD.you.UD.CU'D.YW.}
<f184r°05--> {.arose.to.power.UD.&.this.I'AG.C.before.because(of).C.&.CA.I.X2.&.}
<f184r°06--> {.was.UD.this.I'AG.C.arose.over.O.on.X4.C'XV.C.}
<f184r°07--> {.«.99.».on.this.I'AG.C.earth.&.was.come.C.DL.C.again.CO.}
<f184r°08--> {.in.CX'CX.D.C.KI.to.be.on.F.G.C.the.this.I'AG.C.}
<f184r°09--> {.CX.D.C.KI.C.YW'R.the.CO.came.many.CX.D.C.KI.in.first.}
<f184v°01--> {.CA.C.&.CA.C.be.Amen!.I.C.KI.&.C.BF.D.OB'Q.K'C.CA.C.}
<f184v°02--> {.as.only.God.in.many.CX.D.C.KI.came.be.BU.}
<f184v°03--> {.CX.D.C.KI.on.first.NH.C.KI.&.C.KI.be.Amen!.}
<f184v°04--> {.I.C.KI.BP.to.I.I.NX.BU.CX.D.C.KI.EM.L'C'C.XV'C.}
<f184v°05--> {.came.before.be.on.I.C.KI.&.was.CX.D.C.KI.on.BK.D.}
<f184v°06--> {.C.XF.PF.HT.come.I.LO.on.CA.C.&.O.before.BK.give.}
<f184v°07--> {.C'D'C.KI.W.CO.before.CX'CX.C'D'C.KI.give.}
<f184v°08--> {.&.was.CX.D.C.KI.crying out.in.CA.BK.}
<f184v°09--> {.D.you.CO.&.CO.I.D.&.10.XB.&.CU'D.EM.L'C'C.XV'C.}
<f185r°01--> {.I.C.KI.CU'D.EM.CU'D.C.KI.many.C'D'C.KI.}
<f185r°02--> {.as.first.DN.cross.C.again.C.O.give.CX.D.C.KI.}
<f185r°03--> {.C.God.(.pray.).life.O.came.be.Amen!.thy.this.EY'J.}
<f185r°04--> {.&.was.CX.DL.C.again.CO.CX.D.C.KI.come.the.this.I'AG.C.}
<f185r°05--> {.CX.D.C.KI.in.CA.C.by.CX.DL.C.again.CO.CX.D.C.KI.}
<f185r°06--> {.church.his.CX.DL.C.again.CO.God.to.will.the.}
<f185r°07--> {.CX'CX.CX.DL.C.again.CO.C'XV'OB'I'C.arose.gave.the.C.D.}
<f185r°08--> {.C.KI.O.S.over.C'D'C.KI.C'XV'OB'I'C.IZ.&.}
<f185r°09--> {.was.crying out.CX.DL.C.again.CO.CX.D.C.KI.Amen!.}
<f185v°01--> {.OB.C.CA.C.C.L'X2.H'H'H.CA.C.God.living.give.}
<f185v°02--> {.H'H'H.his.CX.D.I.the.R.CO.CX'D'CX'D.son.O.}
<f185v°03--> {.I.Yahweh.over.son.CX.D.C.KI.all.C.A.over.}
<f185v°04--> {.give.EM.L'C'C.XV'C.over.before.O.C'BG.in.}
<f185v°05--> {.Jerusalem.to.be.&.was.come.KI.C'D'C.be.}
<f185v°05T1> {.you.}
<f185v°06--> {.be.&.was.give.on.KI.Jerusalem.over.this.I.before.God.}
<f185v°06T2> {.you.}
<f185v°07--> {.mount.XJ.C.Jerusalem.over.I.Q'R'C'C.mount.CX.DL.C.again.CO.}
<f185v°08--> {.this.the.The Christ.EF.C.BK.on.Jerusalem.C'BG.EM.L'C'C.XV'C.}
<f185v°09--> {.X.D.F.LO.C'BG.&.was.many.F.on.I.you.CO.}
<f186r°01--> {.over.XD.O.on.CX.D.C.KI.his.church.C.K.HX.}
<f186r°02--> {.6.again.&.C.A.CO.C'XV'OB'I'C.C'BG.EM.LA.C.C'XV.the.}
<f186r°03--> {.Jerusalem.&.was.his.I'I'XJ.God.mount.XJ.C.Jerusalem.}
<f186r°04--> {.over.CX.D.C.KI.BC.C.thy.XD.thy.C.K.QE.life.EM.}
<f186r°05--> {.L'C'C.XV'C.over.YW.before.BU.CX'CX.D.C.KI.in.Jerusalem.}
<f186r°06--> {.CO'I'CO.over.(.pray.).C.KI.C.you.blessed.there.}
<f186r°07--> {.Amen!.will.thy.&.be.we.C.give.holy.EM.}
<f186r°08--> {.L'C'C.XV'C.&.O.on.CX.DL.C.again.CO.EM.L'C'C.XV'C.}
<f186r°09--> {.over.EM.LA.C.C'XV.this.I.O.O.C.F'X2.law.on.Amen!.}
<f186v°01--> {.will.thy.came.CX.C.holy.EM.L'C'C.XV'C.the.EM.before.our.}
<f186v°02--> {.C.PQ.&.our.O.EK.&.the.holy.EM.L'C'C.XV'C.the.}
<f186v°03--> {.before.our.CA.XV'EY.6.R.be.C.&.church.}
<f186v°04--> {.CO'D'CO.BL.XD.you.CO.the.C.in.XV'EY.BL.before.before.}

‹f186v°05R1› {.in.O.Q.Sabbath.}
‹f186v°05L1› {.with.C.you.Q.}
‹f186v°06R2› {.O.thy/thou.}
‹f186v°06L2› {.&.}
‹f187r°01--› {.mount.in.heaven.forever.on.the.CX.Q.there.in.O.C.Sabbath.}
‹f187r°02--› {.C.F'X2.come.you.C.F'X2.C'EY.beheld.you.CX.on.BG'J'C.faithful.D.}
‹f187r°03--› {.&.on.to.with.with.D.power.UD.on.BL.XD.earth.}
‹f187r°04--› {.on.ER.C.his kingdom.earth.«.00.».&.was.BG'J'C.faithful.D.}
‹f187r°05--› {.over.to.EO.EO.D.C.beheld.you.CX.ED.by.}
‹f187r°06--› {.God.mount.BG'J'C.faithful.D.6.you.R.the.risen.on.beheld.you.CX.}
‹f187r°07--› {.&.was.6.you.R.LO.beheld.you.CX.&.was.beheld.}
‹f187r°08--› {.you.CX.EY.DS.all.on.I.I.NX.&.was.C.F'X2.come.UD.}
‹f187r°09--› {.life.BG'J'C.faithful.D.to.with.with.D.mount.C.F'X2.beheld.you.CX.}
‹f187v°01--› {.when.ER.C.his kingdom.in.beheld.you.CX.come.his kingdom.}
‹f187v°02--› {.his.ER.C.pray.&.was.come.his kingdom.on.}
‹f187v°02T0› {.you.you.}
‹f187v°03--› {.|.Q.|.beheld.you.CX.when.gave.God.mount.BG'J'C.faithful.D.6.you.R.}
‹f187v°04--› {.the.risen.O.on.beheld.you.CX.&.was.6.you.R.when.}
‹f187v°05--› {.beheld.you.CX.in.IR.C.ER.C.his kingdom.&.was.C.come.}
‹f187v°06--› {.Moses.over.to.with.with.D.C.with.D.C.Jerusalem.on.the.C.in.there.}
‹f187v°07--› {.in.came.Sabbath.C.Jerusalem.O.UD.DQ.before.be.you.on.come.you.on.}
‹f187v°08--› {.AD.H.earth.give.there.O.IU.D.6.D.CO.I.}
‹f187v°09--› {.in heaven.forever.&.the.6.D.CO.I.the.before.be.I.I.you.I.}
‹f188r°01--› {.mount.&.Z.be.≐.N.D.faithful.UD.life.40 days.}
‹f188r°02--› {.«.88.».&.BI.added.life.O'R'C.L.«.00.».life.O.O'R'C.AC.all.}
‹f188r°03--› {.&.was.the.6.D.CO.I.on.I.BO.life.XB.C.S.over.}
‹f188r°04--› {.life.C.thy/thou.XD.thy/thou.come.life.O.R.life.O.6.D.CO.I.blessed.}
‹f188r°05--› {.&.IJ.crying out.life.to.XB.C.Christ.O.DB'J.I.you.D.}
‹f188r°06--› {.C.A.QV.6.D.CO.I.&.was.Jesus.in.Sheol.O.}
‹f188r°07--› {.3.days.when.gave.Jesus.on.W.voice.give.}
‹f188r°08--› {.in.CO.Q.to.first.CX.XV.X.D.C.BO.O.100.&.}
‹f188r°09--› {.gave.Jesus.&.we.to be.the.be.≐.you.O'R'C.D.&.you.}
‹f188v°01--› {.CC.M.Amen!.we.C'I'T.A.this.D.&.we.be.you.}
‹f188v°02--› {.church.C.RB.CO.be.we.O.«.99.».be.}
‹f188v°03--› {.O.Sheol.holy.R.C.A.O'R'C.C.R.CO.C.you.you.Amen!.}
‹f188v°04--› {.we.be.faithful.conquered.evil.}
‹f188v°05--› {.C.OI.Sabbath.O.EG.CO.R.CO.before.Christ.on.the.thy.CO'D'HY.}
‹f188v°06--› {.&.C'D'C.The Christ.CO'D'HY.LT.this.&.I.I.OI.Sabbath.in.}
‹f188v°07--› {.OI.Sabbath.you.before.be.C.BG'J'C.X2.on.C.F.CO.mount.in.OI.}
‹f188v°08--› {.Sabbath.in.pray.F.I.O.D.holy.((.AD.)).&.holy.A.C'XV.C.}
‹f188v°09--› {.F.K.D.O.AD.CO.K.in.OI.Sabbath.you.before.be.}
‹f189r°01--› {.C'XV.C.X2.the.mount.on.C.F.CO.mount.I.you were.on.}
‹f189r°02--› {.the.thy.CO'D'HY.&.you were.in.Capernaum.}
‹f189r°03--› {.when.in.OI.Sabbath.with.C.on.I.&.XV.C.XF.I.Jesus Christ.}
‹f189r°04--› {.C'UM.C.D.LT.in.OI.Sabbath.you.before.again.C.J.I.C.Jesus Christ.}
‹f189r°05--› {.«.88.».C.CC.first.C'XV'OB'I'C.QX.Jerusalem.in.OI.Sabbath.}
‹f189r°06--› {.you.before.O.Yahweh.on.C.A.C.EN.church.over.}
‹f189r°07--› {.Zion.Holy Spirit.in.fisherman.CO.A.K.the.C.Jerusalem.by.}
‹f189r°08--› {.the.you.his.son.&.before.spirit.CX.I.I.C'EY.this.over.}
‹f189r°09--› {./.you.give.Holy Spirit.\.over.you.come.in.BK.C.D.QA.C.D.}

<f189v°01--> {.this.D.Jesus.40 days.in.OI.Sabbath.you.before.}
<f189v°02--> {.again.C.J.I.C.Jesus Christ.in.KB.D.C'D'C.to.be.son.}
<f189v°03--> {.only.Holy Yahweh.&.C'D'C.the.C.in.as.before.be.}
<f189v°04--> {.you.CX.Holy Yahweh.son.again.C.J.I.you.first.}
<f189v°05--> {.F.Q.F.Q.C.F'X2.((.I.)).in.OI.Sabbath.Jesus Christ.on.F.I.CV.}
<f189v°06--> {.UC.be.C.to.be.W.CO.&.come.you.in.Jerusalem.&.}
<f189v°07--> {.your.disciple.in.OI.Sabbath.you.before.be.C.R.you.in.Jerusalem.}
<f189v°08--> {.on.first.we.XD.BL.CO'D'CO.you were.}
<f189v°09--> {.in.Sheol.|.I.|.3.days.in.OI.Sabbath.you.before.CX'I'Q.XF.}
<f190r°01--> {.you.5.CX.XV.X.D.be.today.5.1000.CC.UD.}
<f190r°02--> {.you were.in.Sheol.to.3.days.O.disciple.BF.OD.D.QA.}
<f190r°03--> {.C.F'X2.beheld.you.CX.IB.first.C.EN.in.OI.Sabbath.}
<f190r°04--> {.you.before.CO'D'HY.you.on.C.EL.&.in.Jerusalem.you were.in.Sheol.}
<f190r°05--> {.dead.3.days.in.Sabbath.you.before.BC.people.appeared.you.to.}
<f190r°06--> {.to.you.before.CX.I'AE.C.on.NN.again.C.J.I.C.you.to.EL.}
<f190r°07--> {.you.S.I.before.pray.O.CO.O.XD.faithful.IB.Sheol.Q.D.I.}
<f190r°08--> {.to.EU.voice.crying out.you.&.H'HF.HT.A.you.to.}
<f190r°09--> {.EX.on.cross.arose.you.&.be.R.CO.O.RA.CO.again.CO.to.in.ER.DN.XD.BL.}
<f190v°01--> {.before.R.XX.you.in.OI.Sabbath.you.before.risen.on.arose.&.disciple.you.before.}
<f190v°02--> {.Zion.you.through.you.before.Zion.in.Sabbath.holy.}
<f190v°03--> {.((.AD.)).to.I.I.you.before.Zion.C.NN.((.AD.)).this.BO.to.3.}
<f190v°04--> {.you.before.Zion.on.C.XN.40.UD.}
<f190v°05--> {.in.Jerusalem.to.4.you.before.Zion.I.I.disciple.spirit.I.I.}
<f190v°06--> {.disciple.&.come.in.OI.Sabbath.on.Jerusalem.in.only.to.CO.to.&.}
<f190v°07--> {.C.D.be.K.to.CO.to.be.in.faithful.Q.AS.C.to.disciple.&.CO'D'CO.}
<f190v°08--> {.D.K.be.Luke.over.cross.Q.&.C.D.C'I'N.I.}
<f190v°09--> {.disciple.be.today.&.be.LT.&.C.XN.be.NR.Jesus.}
<f190v°10--> {.in.OI.Sabbath.you.before.5.Zion.in.Jerusalem.EK.10.disciple.his.}
<f191r°01--> {.you.I.J.O.&.was.on.this.CU'C.The Christ.8.D.when.}
<f191r°02--> {.Zion.Jesus.in.OI.Sabbath.in.Jerusalem.12.disciple.your.}
<f191r°03--> {.IB.will.Thomas.&.was.on.risen.The Christ.40 days.}
<f191r°04--> {.«.88.».when.many.disciple.added.in.Jerusalem.in.you.DB.}
<f191r°05--> {.C'I'T.there.Jesus.BW.crying out.when.Zion.}
<f191r°06--> {.I.I.O.F.risen.The Christ.given.J.forty days}
<f191r°07--> {.«.88.».over.C.all.C.your.O.father.in heaven.to.CO'D'CO.to.}
<f191r°08--> {.over.I.I.Zion.Olivet.mount.we.QV.church.}
<f191r°09--> {.by.Olivet.mount.XJ'D'CO'BY.disciple.BF.D.QV.CO.}
<f191v°01--> {.this.C.R.as.you.debt(s).O.I.DL.XV.all.CO.all.on.C.heaven.forever.}
<f191v°02--> {.«.88.».C.the.debt(s).CX'CX.you.come.on.C'D'O'D.C'D'O.faithful.we.R.10.}
<f191v°03--> {.over.arose.we.10.the.Q.J.before.O.you.God.you.&.on.the.thy/thou.O.come.}
<f191v°04--> {.you.on.C.heaven.to.pray.you.before.in.there.before.QE.IJ.&.blessed.}
<f191v°05CL> {.O.F.I.O.F.}
<f191v°05CR> {.O.before.}
<f191v°05--> {.hear.the holy word.}
<f191v°06--> {.of.ST Luke.}
<f191v°07--> {.in.2.chapter.of his.}
<f191v°08--> {.when.came.when.}
<f191v°11--> {.holy.((.AD.)).on.CO'D'HY.}
<f191v°12--> {.Jesus.40 days.}
<f192r°01--> {.«.88.».QV'KE'BB.C'BG.Q.O.RT.((.AD.)).QX.CO.O.D.again.DR.Q.CO'I'CO.}

<f192r°02--> {.Jesus.came.the.AD.L'XX.only.you.again.CX'CX.AD.}
<f192r°03--> {.BK.on.I.O.EK.PQ.power.&.was.AD.come.the.CO'I'CO.}
<f192r°04--> {.when.come.C'T'D.in.CO'I'CO.on.Holy Spirit.XW'X.}
<f192r°05--> {.over.CU'C.holy.((.AD.)).by.C'T'D.holy.((.AD.)).}
<f192r°06--> {.give.C'T'D.the.son.came.before.the.son.C'T'D.}
<f192r°07--> {.C'D'C.EL.son.C'BG.in.his.C'T'D.faithful.to.over.XL.}
<f192r°08--> {.C'T'D.C'D'C.Jesus.over.you.XW'X.church.}
<f192r°09--> {.by.C'T'D.you.forgive.servant.your.I.T'T.with.before.}
<f192v°01--> {.C'T'D.Q.I.I.faithful.O.3.his.C'T'D.O.O.reborn.his.}
<f192v°02--> {.C'T'D.over.be.NR.Jesus.holy.C'T'D.&.C'XF'XX.}
<f192v°03--> {.C'T'D.XW'X.you.over.you.give.in.CO.O.D.again.O.}
<f192v°04--> {.over.you.C'BG.in.Jerusalem.CO'I'CO.&.was.in.CO'I'CO.}
<f192v°05--> {.come.you.C'T'D.((.AD.)).over.forgive.forgive.C'T'D.Jesus.}
<f192v°06--> {.in.his.C'T'D.faithful.to.by.C'T'D.O.you.before.O.}
<f192v°07--> {.cross.CO.IH.OI.&.you.before.come.you.on.C.heaven.forever.}
<f192v°08--> {.on.the.thy.Jesus Christ.&.O.you.on.cross.arose.you.&.on.you.pray.}
<f192v°09--> {.«.88.».NR.Amen!.C.S.CO.thy.&.be.NR.be.all.conquered.}
<f193r°01--> {.«.88.».evil.hear.the holy word.there.before.QE.the.O.}
<f193r°02--> {.BK.bishop.D.only.in.I.CO.Q.before.be.of.of.O.}
<f193r°03--> {.holy.C'T'D.3.days.on.the.thy.O.come.C'T'D.gave.Christ.disciple.O.}
<f193r°04--> {.your.C.BG'J'C.before.C'T'D.in.CU.O.AA.holy.O.father.on.O.}
<f193r°05--> {.CO'D'HY.your.&.O.I.reborn.XJ'D'CO'BY.&.BC.CX.}
<f193r°06--> {.C'D'O.before.be.in.TG.father.holy.&.believe(d).holy.≈.CX.}
<f193r°07--> {.of.&.O.holy word.the.C.in.O.you.J.you.C'I'N.holy word.CX.}
<f193r°08--> {.C'I'N.be.LT.on.C'UM.with.C.C'I'N.C'EY.C'EY.C.F'X2.((.I.)).O.}
<f193r°09--> {.C'I'N.CO'D'CO.on.UD.C'D'C.R.C'I'N.arose.we.I'T.O.}
<f193r°10--> {.again.D'R'T.CA.I.C.D.Q.&.the.&.C.Pilate.all.C.O.XA.you.C'I'N.holy word.EM.}
<f193v°00R0> {.Jesus.}
<f193v°00L0> {.ST Matthew.}
<f193v°01--> {.hear.the holy word.}
<f193v°02--> {.of.ST Matthew.BB.one.}
<f193v°03--> {.chapter.of his.when.}
<f193v°04--> {.was.Jesus.in.}
<f193v°05--> {.Capernaum.when.}
<f193v°06--> {.C'F'Q'I.the.C.D.}
<f193v°07--> {.LA.XJ.I.&.was.O.appeared.Jesus.in.C.D.LA.XJ.}
<f193v°08--> {.over.all.C.XP.on.appeared.over.C.spirit.C.you.}
<f193v°09--> {.BC.UD.&.was.come.you.on.to.C.D.over.O.I.}
<f193v°10--> {.Jesus.on.this.HA.RA.many.ST Matthew.by.Jesus.}
<f194r°01--> {.Matthew.come.C.you.R.C'XV'OB'I'C.F.G.resurrected.ST Matthew.over.}
<f194r°02--> {.come.Matthew.C.Jesus.over.come.you.Matthew.ST Matthew.DB.}
<f194r°03--> {.over.crying out.O.BC.C.O.added.C.XJ.D.K.as.}
<f194r°04--> {.BE'I'O.ST Luke.crying out.O.BC.C.O.added.≈.}
<f194r°05--> {.C.XJ.D.K.over.come.C.you.power.K.O.D.CC.over.}
<f194r°06--> {.man.be.C'XV'OB'I'C.over.this.HA.RA.Jesus.C.CU'CU.C.}
<f194r°07--> {.over.O'R'C.O'EG'A'C'XF'XX.over.O.power.≈.}
<f194r°08--> {.days passed.CC.BE'I'O.disciple.your.the.XJ'D'CO'BY.rock.}
<f194r°09--> {.O'EG'A'C'XF'XX.O.EO.CO.to.was.the.you.be.}
<f194v°01--> {.&.you.Q.C.the.you.be.C'XF'XX.to be.O.EO.CO.you.over.}
<f194v°02--> {.C'EY.C.Jesus.K.C.life.LO.by.Jesus.C.you.}

‹f194v°03--› {.C.you.C'I'N.come.you.C.CX.BD.CO.LA.on.C.thy.again.C.C'XF'XX.}
‹f194v°04--› {.over.Jesus.XJ'D'CO'BY.CX.BD.CO.LA.by.}
‹f194v°05--› {.Jesus.O.R.CO.XA.we.CX.S.C.D.S.before.CX.R.CO.≈.}
‹f194v°06--› {.I.C'XF'XX.C.D.this.CX./.R.C.all.hear.the holy word.\.}
‹f194v°07--› {.of.ST Matthew.in.&.chapter.holy.chapter.century.BE'I'O.given.Jesus Christ.}
‹f194v°08--› {.«.88.».O.F.died.C.thy.O.F.CX'I'CX'D.with.C.C.}
‹f194v°09--› {.DB'J.CO'D'HY.Jesus Christ.on.CX.thy.CT.CC.be.}
‹f195r°01--› {.first.we.&.first.believe(d).&.first.father.father.holy.D.}
‹f195r°02--› {.&.first.holy.father.holy.faithful.&.first.ED.believe(d).to.}
‹f195r°03--› {.father.holy.D.holy.father.holy.faithful.in.heaven.forever.}
‹f195r°04--› {.S.I.was.come.Christ.on.the.thy.&.was.in.}
‹f195r°05--› {.grave.D.when.O.Yahweh.Jesus.on.C.A.C.with.}
‹f195r°06--› {.M.&.was.BK.Sheol.&.3.days.when.}
‹f195r°07--› {.BT.cross.arose.&.on.3.days.O.arose.again.&.BC.holy.believe(d).}
‹f195r°08--› {.&.holy.father.father.holy.D.&.holy.father.holy.faithful.on.TG.BK.on.}
‹f195r°09--› {.come.you.&.was.40 days.when.C.all.}
‹f195v°01--› {.C.your.O.father.on.C.heaven.forever.O.many.}
‹f195v°02--› {.you.O.father.on.thy.O.C.D.anointed.you.come.you.C'D'O.}
‹f195v°03--› {.God.we.&.C'D'C.C.all.C.cross.Amen!.will.}
‹f195v°04R1› {.thy/thou.}
‹f195v°04L1› {.hear.the holy word.≈.}
‹f195v°05--› {.of.ST Matthew.3.K.one.}
‹f195v°06--› {.5.chapter.of his.≈.}
‹f195v°07--› {.when.was.Jesus.}
‹f195v°08--› {.«.88.».grave.died.3.days.when.gave.disciple.Jesus.≈.}
‹f195v°09--› {.rock.C'EY.the.S.be.C.you.the.you.on.BC.in.heaven.}
‹f196r°01--› {.forever.came.C.D.this.disciple.as.before.you.on.cross.arose.over.}
‹f196r°02--› {.on.3.days.O.arose.again.over.you.C.the.disciple.C'D'O.}
‹f196r°03--› {.6.the.S.be.C.you.the.you.on.BC.in.heaven.forever.}
‹f196r°04--› {.over.CU'D.Jesus.first.CX.I.S.CO.CV.son.≈.}
‹f196r°05--› {.over.son.before.|.died.|.C.D.the.Jesus.C.C'XV'OB'I'C.≈.}
‹f196r°06--› {.your.faithful.to.by.Jesus.Q.to be.the.CO.as.}
‹f196r°07--› {.before.the.CX.I.I.CO.faithful.son.first.to be.reborn.}
‹f196r°08--› {.when.C'BG.power.first.«.00.».C'D'C.Jesus.}
‹f196r°09--› {.«.88.».O.F.the.be.C.I'AG.Q.C.C.&.be.I.I'AG.C.≈.}
‹f196v°01--› {.came.CO'CO'CO.O.Amen!.we.on.only.«.00.».C'D'C.the.be.}
‹f196v°02--› {.give.Jesus.O.XF.reborn.Saint Peter.gave.Jesus.}
‹f196v°03--› {.«.88.».C.XX.D.the.Peter.C.CO.AS.to.this.on.the.thy.O.}
‹f196v°04--› {.we.be.C.CO.again.this.&.in heaven.forever.}
‹f196v°05--› {.to.C.XX.D.the.Peter.O.CO.again.this.on.the.thy.O.}
‹f196v°06--› {.we.be.O.CO.again.this.&.in heaven.forever.}
‹f196v°07--› {.by.Jesus.&.before.on.BC.you.XJ'D'CO'BY.O.}
‹f196v°08--› {.you.before.Amen!.servant.by.Jesus.Q.to be.the.}
‹f196v°09--› {.disciple.the.O.CX.I.S.CO.BB.son.CX.living.Q.crying out.}
‹f197r°01--› {.in.your.name.&.only.to be.reborn.}
‹f197r°02--› {.by.Jesus.apostle.your.to be.disciple.&.first.}
‹f197r°03--› {.Jerusalem.disciple.crying out.H'H'HK.Jesus.disciple.}
‹f197r°04--› {.your.you.O.D.O.UD.&.mount.O.I.CX.I.in.I.CX.}
‹f197r°05--› {.your.O.father.will.O.UD.&.mount.CO.O.I.≈.}
‹f197r°06--› {.CX.I.in.I.CX.your.O.father.hear.the holy word.}

‹f197r°07C0› {.you.}
‹f197r°07--› {.hear.the holy word.of.}
‹f197r°08--› {.ST Matthew.when.gave.Jesus.}
‹f197r°09--› {.«.88.».disciple.your.&.power.}
‹f197v°01--› {.UD.&.apostle.we.power.CX'CX.this.C.you.come.C'XV.C.K.}
‹f197v°02--› {.we.our.will.over.give.our.}
‹f197v°03--› {.10.give.on.our.C.H.O.D.R.come.we.this.C.}
‹f197v°04--› {.you.by.Jesus.R.the.we.C'XV.I.C.CO.&.the.thy.EZ.}
‹f197v°05--› {.CC.W.the.we.before.give.our.CE'O.C.EZ.}
‹f197v°06--› {.CC.by.Jesus.I'AG.before.the.we.EK.C.J.his.}
‹f197v°07--› {.we.CE'O.C'I'T.again.reborn.came.BC.we.}
‹f197v°08--› {.&.we.be.HR.XV.C.HR.XV.C.FA.before.reborn.we.Amen!.}
‹f197v°09--› {.we.C'I'T.MV.FA.D.we.be.O.C'D'O.life.}
‹f198r°01--› {.on.C'I'T.Amen!.we.reborn.H'H'HK.Jesus.XJ'D'CO'BY.}
‹f198r°02--› {.to be.life.Amen!.given.J.the.«.00.».church.life.R.}
‹f198r°03--› {.C'I'N.XJ'D'CO'BY.appeared.you.Amen!.given.J.}
‹f198r°04--› {.the.C.C.II.R.D.O.I.life.come.on.the.thy.O.(.pray.).}
‹f198r°05--› {.son.God.in.pray.we.on.C.hear.Amen!.given.J.}
‹f198r°06--› {.the.to be.life.pray.by.Jesus.C.YA'X.XB.}
‹f198r°07--› {.Peter.first.CU'D.XJ'D'CO'BY.&.apostle.O.I.}
‹f198r°08--› {.disciple.O.(.pray.).XX.son.God.in.pray.CO.we.}
‹f198r°09--› {.over.apostle.be.in.son.pray.apostle.hear.}
‹f198r°10--› {.the holy word.}
‹f198v°01--› {.gave.before.there.on.mount.his.}
‹f198v°02--› {.you.holy.CO.EK.on.D.C.believe(d).&.holy.}
‹f198v°03--› {.Isreal.believe(d).O.Q.K.D.life.}
‹f198v°04--› {.disciple.we.C.you.C'I'N.≈.}
‹f198v°05--› {.XJ'D'CO'BY.C'XV.C.you.XF'XX.XW'X.C.K.PS.A.the.be.}
‹f198v°06--› {.in.law.we.the.C.in.&.anointed.we.BG.law.}
‹f198v°07--› {.God.be.100.C.CC.XF'XX.we.reborn.because(of).cross.cross.cross.}
‹f198v°08--› {.«.88.».conquered.evil.of.before.&.name.}
‹f198v°09--› {.our.in.heaven.forever.given.arose.to.on.}
‹f198v°10--› {.arose.pray.&.CE'O.conquered.evil.}
‹f199r°01--› {.hear.the holy word.}
‹f199r°02--› {.of.ST Matthew.twenty.}
‹f199r°03--› {.«.88.».in.5.chapter.}
‹f199r°04--› {.of his.when.}
‹f199r°05--› {.was.Jesus.in.}
‹f199r°06--› {.grave.died.3.days.}
‹f199r°07--› {.when.F.Q.I.C.Jesus.in.Jerusalem.&.gave.Jesus.disciple.}
‹f199r°08--› {.your.&.power.UD.all.his kingdom.we.C.heaven.}
‹f199r°09--› {.forever.by.Jesus.be.Q.XV.XB.XF.}
‹f199r°10--› {.first.EZ.we.CX.I.C.&.R.&.was.anointed.}
‹f199v°01--› {.I.I.son.this.I'AG.C.power.by.the.EZ.we.his.}
‹f199v°02--› {.you.we.son.on.life.was.come.life.son.in.your.our.}
‹f199v°03--› {.«.88.».OX.&.C.H.R.CX.I.in.gave.come.life.son.C.the.come.life.}
‹f199v°04--› {.by.the.EZ.we.the.we.this.I'AG.this.I.LT.I.G.}
‹f199v°05--› {.come.this.I'AG.C.we.in.your.we.OX.I.C.H.R.CX.I.in.HX.gave.gave.}
‹f199v°06--› {.C'D'C.XV.&.CX.R.CX'CX.«.00.».C.the.come.this.I'AG.C.we.&.gave.}
‹f199v°07--› {.Jesus.C'XV'OB'I'C.power.&.disciple.your.C'D'O.you.}

<f199v°08--> {.C'I'N.XJ'D'CO'BY.C'EY.C.S.before.the.I'AG.gave.≈.}
<f199v°09--> {.gave.C'XV'OB'I'C.power.C'EY.C.S.before.I'AG.gave.&.before.}
<f200r°01--> {.gave.this.I'AG.C.C'D'C.XV.&.CX.R.CX'CX.to.come.this.I'AG.C.}
<f200r°02--> {.by.Jesus.only.life.BE'I'O.IX'I'I'HK.Jesus.}
<f200r°03--> {.Peter.gave.be.give.first.EZ.you.on.F.S.church.QA.}
<f200r°04--> {.your.CX.I.in.H.R.CX.the.your.CX.&.C.H.R.&.was.}
<f200r°05--> {.CX.I.C.H.R.life.BC.D.C'BG.life.C.life.give.O.F.}
<f200r°06--> {.CX.I.C.H.R.F.S.church.QA.by.the.EZ.you.his.}
<f200r°07--> {.you.servant.believe(d).&.mount.come.believe(d).mount.the.F.S.church.QA.}
<f200r°08--> {.O.F.life.church.believe(d).mount.over.believe(d).}
<f200r°09--> {.mount.F.S.church.QA.C.life.give.life.S.before.}
<f200v°01--> {.Amen!.arose.over.come.you.your.son.the.EZ.you.gave.the.son.}
<f200v°02--> {.be.life.anointed.CX'CX.life.F.Q.church.QA.you.give.}
<f200v°03--> {.&.you were.be.life.O.I.&.come.over.son.≈.}
<f200v°04--> {.C'I'Q.again.I.life.by.life.the.before.son.O.you.I.I.S.}
<f200v°05--> {.before.C'EY.CX.H.R.O.father.I.G.C.F.AS.arose.over.the.}
<f200v°06--> {.son.be.CX.I.CX.H.R.C'BG.by.life.come.arose.}
<f200v°07--> {.life.over.come.S.Q.life.C.you.&.son.arose.life.&.}
<f200v°08--> {.was.be.C'DB'J.I.cross.&.power.C'XV.O.A.}
<f200v°09--> {.as.the.life.BE'I'O.Jesus.&.3.gave.Jesus.Peter.}
<f201r°01--> {.gave.be.first.his kingdom.in.forever.&.was.}
<f201r°02--> {.anointed.first.son.over.son.CX.O.his kingdom.}
<f201r°03--> {.I.&.K.C'QS.A.C.(.pray.).&.was.CU'D.the.his kingdom.}
<f201r°04--> {.Amen!.your.his kingdom.forever.on.the.I.&.K.C'QS.A.C.&.W.}
<f201r°05--> {./.to be.\.first.come.on.the.I.&.K.C'QS.A.C.RO.the.}
<f201r°06--> {.his kingdom.by.the.C.in.UD.&.this.BE'I'O.UD.}
<f201r°07--> {.your.added.to.will.voice.by.Jesus.R.crying out.}
<f201r°08--> {.the.his kingdom.gave.your.servant.Amen!.O.to.be.≈.}
<f201r°09--> {.C.S.EL.O.M.this.RB.QV.PF.XX.by.the.his kingdom.}
<f201v°01--> {.your.servant.come.over.the.QS.BE'I'O.C.F.XB.be.}
<f201v°02--> {.all.be.&.be.CU'D.on.the.I.&.K.C'QS.A.C.by.}
<f201v°03--> {.the.you.his kingdom.your.servant.come.C'EY.XB.over.J.}
<f201v°04--> {.C.XN.over.on.to.be.over.C'EY.C.K.}
<f201v°05--> {.God.C'EY.C'EY.C.K.C.D.C'EY.C'EY.&.C.K.this.D.C.&.}
<f201v°06--> {.C.again.&.CU.C.&.C.again.C.K.God.C'EY.C'EY.over.}
<f201v°07--> {.C.XF.C.C'D'C.QA.C.BT.C.K.servant.Amen!.come.servant.}
<f201v°08--> {.father.|.the.|.EQ.I.in.your.his kingdom.DB.&.was.the.}
<f201v°09--> {.DB.the.his kingdom.R.&.the.&.the.C.heaven.}
<f202r°01--> {.you.&.gave.the.his kingdom.this.his kingdom.&.come.his kingdom.in.}
<f202r°02--> {.you.his.his kingdom.DB.CX'CX.his kingdom.C.C'D'C.on.added.}
<f202r°03--> {.your.his kingdom.DB.&.was.come.the.his kingdom.}
<f202r°04--> {.in.your.his kingdom.DB.over.O.I.the.his kingdom.}
<f202r°05--> {.only.God.we.C.thy/thou.CX.M.D.C.&.}
<f202r°06--> {.gave.the.C.in.O.his kingdom.the.CX.IU.I.CX.F.S.I.R.we.}
<f202r°07--> {.this.in.EK.come.we.C'XV'X.I.C.K.to.we.CX.IU.I.}
<f202r°08--> {.I.&.K.C'QS.A.C.CX.M.D.C.C.K.|.6.you.R.|.the.we.}
<f202v°01--> {.gave.in.your.QV.C.heaven.DB.C.A.D.I'AG.gave.the.his kingdom.}
<f202v°02--> {.CX.K.XB.C.IU.I.pray.K.this.K.this.R.F.will.}
<f202v°03--> {.BE'I'O.CX.K.EL.gave.CO.again.faithful.we.the.to.&.≈.}
<f202v°04--> {.C'I'N.D.over.we.OB.J.mount.on.BK.C.BL.XB.}

<f202v°05--> {.C.EK'C'D.be.O.I.CX.holy.CX.A.C.S.CX.conquered.}
<f202v°06--> {.«.88.».|.evil.|.D.the holy word.there.before.in.}
<f202v°07C1> {.CE'O.}
<f202v°07C2> {.CE'O.}
<f202v°07--> {.hear.the holy word.of.=.}
<f202v°08--> {.ST Matthew.8.chapter.his.=.}
<f202v°09--> {.of.when.was.Jesus.}
<f202v°10--> {.«.88.».grave.died.3.days.when.}
<f203r°01--> {.C.F.CO.I.C.Jesus.in.Jerusalem.over.C.D.power.C.Jesus.}
<f203r°02--> {.«.88.».by.life.rock.life.C.S.CX.Jerusalem.C.you.only.}
<f203r°03--> {.we.over.only.you.believe(d).came.only.God.C.XN.}
<f203r°04--> {.come.you.over.you.anointed.his kingdom.&.be.C.HA.}
<f203r°05--> {.the.C.life.come.CX.you.on.disciple.as.apostle.life.disciple.CX'CX.}
<f203r°06--> {.you.give.O.CX'CX.life.crying out.CX.A.C.before.}
<f203r°07--> {.life.give.O.Amen!.we.on.first.H.R.RA.=.}
<f203r°08--> {.be.give.this.I'AG.C.&.gave.life.as.apostle.life.apostle.}
<f203r°09--> {.CX'CX.you.give.O.CX'CX.life.crying out.gave.}
<f203v°01--> {.Jesus.C'BG.life.you.O.I.Q.X.CO.over.C'BG.life.}
<f203v°02--> {.C'D'C.Jesus.by.Jesus.CX.XC.D.before.the.}
<f203v°03--> {.CE'QV'CO.A.gave.power.the.before.CX.D.C.KI.CE'QV'CO.A.}
<f203v°04--> {.by.Jesus.CX.XC.D.before.the.of.gave.}
<f203v°05--> {.power.the.before.CX.D.C.KI.of.by.Jesus.}
<f203v°06--> {.«.88.».the.before.CX.D.C.KI.CE'QV'CO.RA.&.CX.D.C.KI.}
<f203v°07--> {.of.the.CX.D.C.KI.give.X.all.by.Jesus.}
<f203v°08--> {.«.88.».in.life.disciple.we.C'D'C.be.C.KI.the.6.}
<f203v°09--> {.CO'D'CO.KI.give.life.disciple.we.to.in.life.disciple.}
<f204r°01--> {.we.C'D'C.God.the.God.give.life.disciple.we.}
<f204r°02--> {.by.Jesus.be.CC.M.life.disciple.we.}
<f204r°03--> {.C.CX.D.C.KI.&.God.&.we.O.C'D'C.(.pray.).to be.}
<f204r°04--> {.give.life.disciple.we.in.before.C'D'C.life.disciple.we.}
<f204r°05--> {.hear.the holy word.gave.Jesus.be.life.disciple.we.}
<f204r°06--> {.CO.C'XV'OB'I'C.there.CX.D.C.KI.you.his kingdom.the.thy.&.}
<f204r°07--> {.give.life.disciple.we.there.be.C.KI.you.his kingdom.R.}
<f204r°08--> {.life.apostle.we.&.C'D'C.life.disciple.we.came.the.}
<f204r°09--> {.O.there.CX.D.C.KI.you.his kingdom.XJ'D'CO'BY.RO.|.O.|.}
<f204v°01--> {.O.C.IU.C.church.Yahweh.we.forgive.I.I'AG.C.}
<f204v°02--> {.BK.church.Yahweh.we.&.faithful.D.life.disciple.}
<f204v°03--> {.we.&.there.be.C.KI.we.P.LO.life.disciple.=.}
<f204v°04--> {.we.&.C'D'C.life.disciple.we.XV.R.CO.the.we.}
<f204v°05--> {.on.O.I.I.O.RA.I'I'XJ.CX.to.on.«.00.».on.BC.XV.R.CO.&.}
<f204v°06--> {.his.life.disciple.we.you.earth.to.C.D.this.I.}
<f204v°07--> {.life.disciple.we.C'D'C.XV.R.CO.the.we.on.}
<f204v°08--> {.KE.CX.C'D'C.our.spirit.O.father.&.father.the.}
<f204v°09--> {.we.C.XN.crying out.C'D'C.your.O.father.}
<f205r°01--> {.QV.to.3.life.disciple.we.C'D'C.give.his.}
<f205r°02--> {.we.I.I.D.&.our.(.pray.).&.10.law.}
<f205r°03--> {.your.O.father.&.C'D'C.life.disciple.we.XL.}
<f205r°04--> {.C.D.CO.your.O.father.on.O.I.I.O.|.RA.|.I'I'XJ.CX.&.}
<f205r°05--> {.C'D'C.we.you.(.pray.).CX.LO.you.IJ.}
<f205r°06--> {.&.blessed.crying out.&.C.you.Amen!.C.heaven.to.pray.}

<f205r°07--> {.&.we.give!.C'XV'OB'I'C.you.O.CX.D.C.KI.his kingdom.}
<f205r°08--> {.thy.Q.before.C'D'C.we.be.CC.M.we.}
<f205r°09--> {.Amen!.you.&.Amen!.CX.D.C.KI.XJ.&.Amen!.his kingdom.Amen!.church.}
<f205v°01--> {.Yahweh.we.on.BT.Q.C.to.I.your.O.father.}
<f205v°02--> {.hear.the holy word.&.on.disciple.holy word.there.before.in.}
<f205v°03--> {.hear.the holy word.}
<f205v°04--> {.of.ST Luke.in.}
<f205v°05--> {.9.|.TL.|.chapter.of his.}
<f205v°06--> {.when.was.}
<f205v°07--> {.Jesus.grave.in.I.}
<f205v°08--> {.D.when.come.Jesus.}
<f205v°09--> {.«.88.».in.first.O.IU.C.to.be.&.the.to.be.}
<f205v°10--> {.&.name.be.QA.K.R.be.C.A.&.was.}
<f206r°01--> {.HX.Jesus.K.Q.be.C.A.to.be.&.was.in.}
<f206r°02--> {.CU.R.be.C.A.first.this.BL.again.C'XV'OB'I'C.&.=.}
<f206r°03--> {.name.we.be.Jerusalem city.of peace.C'EK'BZ.}
<f206r°04--> {.&.you were.O.I.life.come.Jesus.in.CU.R.D.C.A.}
<f206r°05--> {.over.you.C'BD.O.I.Jerusalem city.of peace.C'EK'BZ.Jesus.}
<f206r°06--> {.again.O.I.Jerusalem city.of peace.C'EK'BZ.the.BC.UD.}
<f206r°07--> {.over.HF.first.C'XV'C'XV'C.came.CX.will.}
<f206r°08--> {.Jerusalem city.of peace.C'EK'BZ.CX.I.come.Jesus.&.was.}
<f206r°09--> {.come.Jesus.C.the.C'XV'C'XV'C.over.O.I.Jesus.}
<f206v°01--> {.Jerusalem city.of peace.C'EK'BZ.many.on.the.C'XV'C'XV'C.}
<f206v°02--> {.by.Jesus.Jerusalem city.of peace.C'EK'BZ.come.C.XP.}
<f206v°03--> {.C'I'N.CX.XC.X.be.you.in.his.Jerusalem city.of peace.C'EK'BZ.}
<f206v°04--> {.DB.O.added.D.you.over.debt(s).all.CO.all.=.}
<f206v°05--> {.Jerusalem city.of peace.C'EK'BZ.over.come.CU.DN.F.the.=.}
<f206v°06--> {.Jerusalem city.of peace.C'EK'BZ.over.come.you.disciple.Jesus.in.}
<f206v°07--> {.Jerusalem city.of peace.C'EK'BZ.I.C.R.given.over.O.}
<f206v°08--> {.K.Jesus.C.O.added.D.many.you.over.O.life.}
<f206v°09--> {.CO.Amen!.C.on.|.Jesus.|.power.C'XV'OB'I'C.the.you.through.}
<f207r°01--> {.son.God.to.first.C'XF'XX.O.«.00.».first.}
<f207r°02--> {.O.F.BS.first.O.S.ER.over.all.CU.CX.Jerusalem.}
<f207r°03--> {.of peace.C'EK'BZ.by.Jerusalem city.of peace.C'EK'BZ.}
<f207r°04--> {.rock.this.Jerusalem city.of peace.C'EK'BZ.C.A.X.K.give.}
<f207r°05--> {.|.dead.|.only.his.Jerusalem city.of peace.C'EK'BZ.EZ.XB.God.}
<f207r°06--> {.CV.D.S.XB.C'EY.C'EY.first.|.dead.|.to.all.CU.first.}
<f207r°07--> {.CU'D.XJ'D'CO'BY.to.Jerusalem city.all.CX.I.CO.give.}
<f207r°08--> {.Jerusalem city.only.CO.C.SB.S.S.on.O.S.ER.CX'CX.Jerusalem city.we.}
<f207r°09--> {.C.Amen!.4.give.over.O.I.Jesus.as.before.}
<f207v°01--> {.only.son.father.Abraham.by.Jesus.Jerusalem city.of peace.}
<f207v°02--> {.C'EK'BZ.anointed.came.Jerusalem city.CX'CX.K.R.in.his.Jerusalem city.of peace.}
<f207v°03--> {.DB.reborn.his.Jerusalem city.of peace.C'EK'BZ.came.you.C'I'N.}
<f207v°04--> {.only.son.O.God.by.Jesus.power.C'XV'OB'I'C.}
<f207v°05--> {.give.life.law.Jerusalem city.of peace.C'EK'BZ.&.D.you.C.the.C'I'N.}
<f207v°06--> {.come.you.on.the.thy.Q.be.C'I'N.C'XF'XX.O.F.K.Q.EK.RO.S.C.D.again.}
<f207v°07--> {.you.C'I'N.come.you.Q.be.C'I'N.C'XF'XX.in.you.I.you.C'XF'XX.}
<f207v°08--> {.C.you.C'XF'XX.we.&.on.C.risen.6.your.reborn.C'XF'XX.we.be.}
<f207v°09--> {.&.you.IJ.&.blessed.give.C'XF'XX.we.hear.the holy word.there.}
<f208r°01--> {.before.QE.the.Jerusalem city.of peace.be.Amen!.C'XF'XX.we.C'XV'OB'I'C.}

‹f208r°02--› {.&.Amen!.this.BL.TL.&.Amen!.we.O.give.we.C'XF'XX.in.XW'X.≈.}
‹f208r°03--› {.there.&.Amen!.we.C'XF'XX.&.we.C'XF'XX.in.in.there.&.Amen!.}
‹f208r°04--› {.we.C'XF'XX.only.&.we.C'XF'XX.in.only.there.the.C.in.}
‹f208r°05--› {.&.we.C'XF'XX.C'BG.law.God.the.before.only.law.there.}
‹f208r°06--› {.&.the.Jerusalem city.of peace.C'EK'BZ.be.XW'X.God.CV.D.S.XB.}
‹f208r°07--› {.C'EY.C'EY.&.the.Jerusalem city.of peace.C'EK'BZ.QE.you.CV.II.Amen!.with.C.}
‹f208r°08--› {.&.Amen!.we.as.C.we.we.BL.I.O.C.Jerusalem city.of peace.&.the.≈.}
‹f208r°09--› {.Jerusalem city.C.((.XV.)).C'EK'BZ.be.in.only.law.there.the.CX.Q.C'BG.}
‹f208v°01--› {.before.Jerusalem city.law.God.Q.before.be.give.in.days passed.O.}
‹f208v°02--› {.father.Abraham.through.God.law.church.we.only.}
‹f208v°03--› {.Yahweh.only.God.reborn.we.because(of).cross.cross.cross.}
‹f208v°04--› {.«.88.».our.before.C.heaven.forever.I.I.law.}
‹f208v°05--› {.be.give.in.days passed.O.father.Abraham.God.}
‹f208v°06--› {.&.pray.|.give.|.honor.give!.3.law.be.give.}
‹f208v°07--› {.in.days passed.O.father.Abraham.remember.we.}
‹f208v°08--› {.only.Yahweh.holy.Sabbath.&.O.O.I.I.holy.the.we.O.F.}
‹f208v°09--› {.XQ.CO'I'CO.appeared.CO'CO'CO.we.our.before.≈.}
‹f209r°01--› {.C.heaven.forever.&.the.3.law.received.there.Moses.}
‹f209r°02--› {.on.mount.your.when.was.O.CX'I'CX'D.with.O.≈.}
‹f209r°03--› {.given.Abraham.only.century.&.twenty.D.O.}
‹f209r°04--› {.Abraham.before.added.given.Moses.died.3.1000.years.}
‹f209r°05--› {.&.50.D.O.Abraham.given.Moses.when.}
‹f209r°06--› {.through.received.there.Moses.on.mount.your.&.gave.}
‹f209r°07--› {.God.mount.Moses.came.the.on.apostle.the.Moses.the.}
‹f209r°08--› {.UD.3.law.your.came.the.UD.church.first.}
‹f209v°01--› {.God.I.I.God.&.name.honor.give!.3.God.law.}
‹f209v°02--› {.remember.holy.Sabbath.&.O.O.I.I.holy.the.we.O.F.XQ.CO'I'CO.}
‹f209v°03--› {.appeared.CO'CO'CO.we.the.God.law.&.law.we.be.}
‹f209v°04--› {.C'BG.Amen!.I.we.be.reborn.&.the.Jerusalem city.of peace.C'EK'BZ.}
‹f209v°05--› {.CX'I'Q.J.QE.&.C'BG.the.3.law.there.hear.the.}
‹f209v°06--› {.apostle.holy word.there.before.QE.}
‹f210r°01--› {.hear.the holy word.}
‹f210r°02--› {.of.ST Matthew.in.}
‹f210r°03--› {.XE.one.TL.one.chapter.his.}
‹f210r°04--› {.of.when.}
‹f210r°05--› {.was.Jesus.}
‹f210r°06--› {.X.PV.grave.died.3.days.when.appeared.Jesus.}
‹f210r°07--› {.«.88.».in.Jerusalem.&.was.come.life.first.we.}
‹f210r°08--› {.on.D.C.Jesus.in.EO.R.we.be.BL.XD.before.}
‹f210r°09--› {.by.power.the.you.FA.before.O.RA.this.}
‹f210v°01--› {.before.in.O.UD.C'D'C.R.by.Jesus.C'I'N.}
‹f210v°02--› {.EM.your.O.father.&.C'I'N.his.father.C'BD.people.}
‹f210v°03--› {.crying out.you.by.Jesus.the.CC.IJ.Q.CO.XV.}
‹f210v°04--› {.O.before.be.on.X3.by.Jesus.was.≈.}
‹f210v°05--› {.C'D'C.R.in.we.first.C'EY.XB.before.}
‹f210v°06--› {.spirit.C.D.over.come.before.J.C'EY.MV.F.G.&.}
‹f210v°07--› {.II.CU.C.C.you.F.G.the.C.in.on.holy.O.UD.&.}
‹f210v°08--› {.on.Q.J.UD.over.be.CC.BD.before.}
‹f210v°09--› {.CV'RO.«.00.».by.the.before.this.before.}
‹f211r°01--› {.&.come.before.on.O.RA.C.came.O.CO'D'CO.QE.C'XF'XX.we.C'XF'XX.}

‹f211r°02--› {.over.be.give.C.A.this.7.before.O.before.}
‹f211r°03--› {.OB.C.to.over.be.on.O.RA.C.7.before.&.come.}
‹f211r°04--› {.before.Amen!.7.by.Jesus.as.W.CO.the.we.}
‹f211r°05--› {.first.C.K.I.C.XN.over.Amen!.we.AV.D.in.DB.}
‹f211r°06--› {.come.the.H'H'H.again.XV.O.first.Yahweh.C.CV.OB.I.C.}
‹f211r°07--› {.CU'D.the.UD.power.by.I.O.you.D.O.S.C.C.BX.}
‹f211r°08--› {.C.D.before.the.you.C'BG.&.I.O.you.D.O.NH.CU'D.the.}
‹f211r°09--› {.you.C.PF.C.by.Jesus.I.O.XH.D.before.your.XQ.}
‹f211v°01--› {.holy.((.AD.)).C'D'O'C.you.C'BG.&.I.O.XH.D.O.UN.CU'D.}
‹f211v°02--› {.C.you.C.PF.C.K.C.&.I.O.I.I.D.O.UD.&.God.gave.=.}
‹f211v°03--› {.CO'CO'CO.we.HX.H'H'HK.before.C'BG.we.hear.the.}
‹f211v°04--› {.holy word.there.before.QE.«.00.».}
‹f211v°05C1› {.hear.the holy word.}
‹f211v°05C2› {.of.ST John.}
‹f212r°01--› {.in.6.chapter.of his.when.was.Jesus.}
‹f212r°02--› {.in.grave.died.3.days.when.many.Jesus.on.}
‹f212r°03--› {.beheld.you.CX.C.disciple.BF.OD.all.QA.over.you.C.F'X2.}
‹f212r°04--› {.come.you.Jesus.CX.F'X2.beheld.you.CX.C.first.}
‹f212r°05--› {.C.QU.over.many.Jesus.C.the.C.EN.}
‹f212r°06--› {.over.O.living.your.I.I.O.C.heaven.XV.over.}
‹f212r°07--› {.O.I.Jesus.on.Amen!.4.EX.UD.C.you.&.}
‹f212r°08--› {.come.by.Jesus.O.Q.CO'XV'X.the.UD.give.}
‹f212r°09--› {.disciple.you.O.Q.CO'XV'X.O'R'C.by.holy.O.R.C'XV'X.rock.}
‹f212v°01--› {.was.anointed.I.I.100.C.CU.C.SS.R.be.UD.}
‹f212v°02--› {.be.today.LT.O.D.to be.UD.C.this.S'O.by.}
‹f212v°03--› {.holy.C.F.S.rock.before.the.this.AB.first.=.}
‹f212v°04--› {.CX.I.S.fisherman.son.over.anointed.son.5.=.}
‹f212v°05--› {.CX.XV.X.D.C.AB.years.today.over.I.I.CX.RA.C.JN.}
‹f212v°06--› {.over.C'BG.disciple.the.CX.XV.X.D.5.C.IK.XB.}
‹f212v°07--› {.C.D.today.&.the.I.I.CX.RA.C.years.C.Jesus.}
‹f212v°08--› {.over.give.Jesus.the.C.D.today.&.}
‹f212v°09--› {.the.I.I.CX.RA.C.XB.over.the.C.D.today.&.}
‹f213r°01--› {.the.I.I.CX.RA.C.XB.C.C.D.NR.Jesus.by.Jesus.disciple.}
‹f213r°02--› {.your.many.disciples.XP.the.UD.on.this.QS.X.over.on.word.}
‹f213r°03--› {.Jesus.the.C.D.today.disciple.&.the.I.I.CX.RA.C.XB.to.disciple.the.}
‹f213r°04--› {.UD.&.was.disciple.Amen!.apostle.life.we.O.O.give.disciple.}
‹f213r°05--› {.&.was.disciple.life.we.C.will.on.O'R'C.by.Jesus.}
‹f213r°06--› {.«.88.».disciple.your.come.disciple.over.give.disciple.the.O.}
‹f213r°07--› {.I'T.C.D.O.XB.over.on.BL'XX.C.disciple.O.I'T.C.D.O.XB.12.}
‹f213r°08--› {.CX.XV.X.EK.by.Jesus.disciple.your.come.the.BK.CU'D.}
‹f213r°09--› {.UD.&.was.disciple.on.BG.BL'XX.C.12.CX.XV.X.EK.BK.}
‹f213v°01--› {.C.D.the.UD.because(of).over.O.I.the.because(of).UD.C'BD.Jesus.}
‹f213v°02--› {.over.you.Amen!.UD.blessed.give.HX.H.C.the.Q.J.Q.Q'Q'R'C'C.}
‹f213v°03--› {.blessed.be.God.II.C.BT.&.you.before.give.we.CX.I.C'BD.}
‹f213v°04--› {.&.O.X.you.X.O.I.C'BD.the.people.crying out.over.all.CU'D.}
‹f213v°05--› {.the.UD.Jesus.hear.the holy word.there.before.in.=.}
‹f213v°06--› {.hear.the holy word.}
‹f213v°07--› {.of.ST John.in.}
‹f213v°08--› {.8.chapter.of his.}
‹f213v°09--› {.when.was.}

<f213v°10--> {.Jesus.in.grave.died.}
<f213v°11--> {.3.days.when.≈.}
<f214r°01--> {.appeared.Jesus.in.Jerusalem.&.given.Jesus.disciple.your.&.power.}
<f214r°02--> {.UD.everyone.first.CU.CU'D.XJ'D'CO'BY.disciple.}
<f214r°03--> {.over.you.on.C'XF'XX.UC.CO.by.Jesus.with.with.F.CO.with.with.F.CO.}
<f214r°04--> {.C'I'N.XJ'D'CO'BY.disciple.BE'I'O.you.&.we.disciple.life.before.forgive.}
<f214r°05--> {.God.the.we.disciple.life.God.gave.CO.be.to.&.we.disciple.life.to be.}
<f214r°06--> {.O.F.God.the.we.disciple.life.God.gave.to be.CO.CO.C.&.the.}
<f214r°07--> {.we.disciple.life.before.O.F.I.I.K.C.before.by.power.}
<f214r°08--> {.the.you.first.CA.C.the.you.glory.XB.CO'D'CO.}
<f214r°09--> {.before.anointed.you.the.you.first.died.church.}
<f214v°01--> {.&.the.you.on.holy.Sabbath.I.O.give.O.XA.you.by.Jesus.in.}
<f214v°02--> {.the.you.C.C'I'N.C.F'X2.C'XF'XX.the.XA.before.XJ'D'CO'BY.HF.O.}
<f214v°03--> {.in.C'I'N.XJ'D'CO'BY.on.holy.O2.I.I.O.give.O.XA.you.}
<f214v°04--> {.by.Jesus.EO.EO.F.CO.EO.EO.F.CO.C'I'N.XJ'D'CO'BY.}
<f214v°05--> {.BE'I'O.you.&.we.disciple.life.to be.you.church.&.first.}
<f214v°06--> {.to be.we.disciple.life.reborn.again.Amen!.we.C'I'T.C.A.&.we.}
<f214v°07--> {.disciple.life.be.you.church.O.we.disciple.life.be.God.we.}
<f214v°08--> {.I.disciple.life.conquered.C.I'AG.arose.by.}
<f214v°09--> {.power.his.life.Abraham.C.A.before.God.church.}
<f215r°01--> {.&.C'EY.before.God.gave.CO'CO'CO.Abraham.&.C.K.C.before.arose.YX.}
<f215r°02--> {.to.the.you.C.I'AG.arose.by.Jesus.C'I'N.O.I.}
<f215r°03--> {.XJ'D'CO'BY.O.father.Abraham.gave.power.on.C'XV'OB'I'C.}
<f215r°04--> {.to be.the.you.50 days.to.before.the.I.I.many.XB.}
<f215r°05--> {.D.in.before.his.life.O.father.Abraham.arose.YX.to.the.}
<f215r°06--> {.you.BE'I'O.you.XV.QA.Abraham.you.O.I.you.the.to be.IJ.}
<f215r°07--> {.the.you.CA.C.by.Jesus.through.you.C'I'N.all.S.before.}
<f215r°08--> {.XJ'D'CO'BY.O.father.Abraham.on.the.thy.on.CO'D'HY.YX.}
<f215v°01--> {.by.life.H.the.to be.IJ.the.you.first.C'II'C.}
<f215v°02--> {.over.C'BG.life.OB'Q.over.CX'CX.life.OB'Q.OB'Q.the.}
<f215v°03--> {.Jesus.over.all.CU'D.life.Jesus.over.BK.on.}
<f215v°04--> {.CO'I'CO.&.come.you.&.your.disciple.hear.the holy word.}
<f215v°05--> {.there.before.in.came.be.in.Moses.only.of.to.EK.C.}
<f215v°06--> {.CU'D.XJ'D'CO'BY.died.we.as.CA.C.&.anointed.}
<f215v°07--> {.we.OB'Q.OB'Q.the.&.CU'D.life.BK.C.A.C.J.the.S.}
<f215v°08--> {.BE'I'O.holy.Isreal.believe(d).&.holy.BG.faithful.D.to be.the.life.}
<f215v°09--> {.C'BD.life.this.RB.6.his.life.disciple.we.you.with.C.there.his.life.}
<f216r°01--> {.mount.over.Q'Q'R'C'C.holy.C'XV'X.O.I.C'XV'X.FA.C.O.I.I.}
<f216r°02--> {.XJ.C.heaven.forever.over.O.I.C'XV'X.first.}
<f216r°03--> {.his kingdom.again.C.BG'J'C.in.KB.many.over.6.forgive.CV.}
<f216r°04--> {.you.you.you.you.XB.}
<f216r°05--> {.pray.pray.CC.his.CV.by.power.}
<f216r°06--> {.the.C'XV'X.before.first.CA.C.C'XV'X.over.≈.}
<f216r°07--> {.K.risen.IJ.life.on.life.his.life.church.over.≈.}
<f216r°08--> {.all.life.II.C.PQ.we.first.son.&.the.son.≈.}
<f216r°09--> {.be.the.|.CU'C'CO.|.100.&.C.PQ.we.be.the.church.}
<f216r°10--> {.&.O.100.CX'CX.OB'Q.OB'Q.the.holy.C'XV'X.RO.6.cross.cross.cross.}
<f216v°01--> {.there.C.again.cross.100.&.C.D.O.100.C'BD.C'XV'X.OB'Q.OB'Q.>.}
<f216v°02--> {.&.O.as.be.word.&.100.CX.his.C'XV'X.LT.&.the.BE.I.>.}
<f216v°03--> {.of.was.to be.C'XV'X.C.100.(.pray.).CO'XV'X.}

<f216v°04--> {.holy.C'XV'X.through.cross.cross.cross.there.C.you.blessed.there.}
<f216v°05--> {.be.100.be.C'I'T.&.was.C'XV'X.be.life.}
<f216v°06--> {.BK.on.to.be.OB'Q.OB'Q.C.A.C.J.the.S.&.W.CO.}
<f216v°07--> {.D.be.O.I.the.cross.cross.cross.the.|.CU'C'CO.|.100.}
<f216v°08--> {.C.F.I.D.crying out.power.on.holy.C'XV'X.through.cross.cross.cross.}
<f216v°09--> {.«.88.».C.you.blessed.there.&.was.be.}
<f216v°10--> {.100.C.F'X2.C.A.C.the.|.CU'C'CO.|.100.over.before.D.F.Q.}
<f217r°01--> {.Jesus.NT.&.was.C'XV.AD.power.C'XV.O.A.C.on.the.}
<f217r°02--> {.through.XV.X.through.cross.cross.cross.there.&.was.C'XV'X.}
<f217r°03--> {.be.life.come.life.on.cross.cross.cross.&.Jerusalem.CO'I'CO.}
<f217r°04--> {.I.I.life.CU'D.life.C'XV'X.come.I.I.life.&.the.|.CU'C'CO.|.100.}
<f217r°05--> {.C.life.&.come.|.CU'C'CO.|.100.came.to be.C.DN.A.BC.&.the.|.CU'C'CO.|.100.}
<f217r°06--> {.&.was.C'XV'X.be.life.C.come.life.CX.CO'I'CO.Jerusalem.}
<f217r°07--> {.came.C'XV'X.CX'CX.life.OB'Q.OB'Q.the.came.be.of.in.}
<f217r°08--> {.only.BG.faithful.D.to.EK.C.CU'D.XJ'D'CO'BY.O.we.}
<f217r°09--> {.as.CA.C.&.anointed.we.OB'Q.OB'Q.the.&.CU'D.}
<f217v°01--> {.H'HF.BK.C.A.C.J.the.S.&.was.XL.holy.C'XV'X.&.>.}
<f217v°02--> {.be.(.pray.).C'XV'X.C.you.blessed.there.C.life.&.W.>.}
<f217v°03--> {.(.pray.).10.OB.10.C'XV'X.C.you.blessed.there.over.O.RO.C'XV'X.}
<f217v°04--> {.his.C'XV'X.I.I.O.O.C.heaven.forever.&.C.you.blessed.=.}
<f217v°05--> {.there.&.the.Q.J.gave.holy.C'XV'X.C.you.blessed.there.C.F'X2.}
<f217v°06--> {.C'EY.XV.C.R.C'XV'X.this.C'XV'X.the.you.his.C'XV'X.CE'O.}
<f217v°07--> {.in.your.faithful.to.when.was.O.I'I'XJ.}
<f217v°08--> {.this.IU.C.&.was.C'XV'X.O.I.C'XV'X.first.his kingdom.}
<f217v°09--> {.EQ.you.you.you.you.XB.}
<f217v°10--> {.in.HR.many.over.|.CU'C'CO.|.pray.pray.CC.R.}
<f218r°01--> {.<.the.we.O.F.XQ.CO'I'CO.appeared.CO'CO'CO.we.}
<f218r°02--> {.O.O.I.before.C.heaven.pray.D.&.when.(.pray.).I.I.}
<f218r°03--> {.NH.100.on.Jerusalem.3.on.OB'Q.DR.EA.X4.came.be.there.BG.faithful.D.}
<f218r°04--> {.<.3.OB'Q.DR.EA.X4.on.his.CV.your.&.of.3.law.}
<f218r°05--> {.O.CX'I'CX'D.CU.O.}
<f218r°06--> {.CO.you.blessed.there.when.was.70.days.&.}
<f218r°07--> {.CD.3.1000.C.XB.D.&.when.the.3.DR.BG.faithful.D.(.pray.).}
<f218r°08--> {.I.I.NH.100.I.I.risen.risen.on.Jerusalem.C.DN.CU.C.C.risen.&.forgiveness.}
<f218r°09--> {.risen.&.was.I.I.servant.RA.LA.on.disciple.the.I.I.risen.risen.}
<f218r°10--> {.first.we.be.&.name.CU'AG'C'CO.100.}
<f218v°01--> {.to.I.I.disciple.be.holy.C'XV'X.through.cross.cross.cross.there.&.IA.>.}
<f218v°02--> {.be.I.I.servant.I.I.the.4.disciple.the.4.K.C.D.>.}
<f218v°03--> {.to.the.4.disciple.be.I.I.O.A.this.I.risen.M.}
<f218v°04--> {.Jesus.NT.the.be.when.spirit.you.NT.on.cross.arose.}
<f218v°05--> {.&.was.power.on.X4.C.XP.church.NT.power.}
<f218v°06--> {.C'XV'OB'I'C.&.pray.life.CX.A.KB.life.&.be.}
<f218v°07--> {.we.because(of).on.CU.I.D.we.&.name.Jesus.NT.}
<f218v°08--> {.Amen!.we.cross.cross.cross.to.we.S'O.C'XV'OB'I'C.give.}
<f218v°09--> {.life.&.was.holy.C'XV'X.C.CX.I.pope.&.name.}
<f219r°01--> {.<.&.name.Jesus Christ.over.come.the.}
<f219r°02--> {.<.CO.100.C'XV'OB'I'C.power.on.to.CO.to.Jerusalem.}
<f219r°03--> {.<.O.the.Christ.be.give.life.C'XV'OB'I.CX.100.}
<f219r°04--> {.BD.on.the.we.CC.M.&.we.the.Jesus.the.}
<f219r°05--> {.Christ.church.over.O.QD.O.before.100.O.CX'CX.100.before.Amen!.}

‹f219r°06--› {.HX.QS.R.H.AD.&.we.before.because(of).C.A.S'O.O.I.&.name.}
‹f219r°07--› {.‹.your.CX'CX.100.Amen!.we.C.XJ'D'CO'BY.the.H.the.}
‹f219r°08--› {.&.was.100.be.life.give.C'EQ.A.BC.EZ.XB.›.}
‹f219r°09--› {.was.be.100.I.S.before.BC.servant.on.C'EQ.A.}
‹f219v°01--› {.was.in.«.00.».in.Jerusalem.first.«.00.».to.CO.›.}
‹f219v°02--› {.name.forever.in.came.&.D.be.came.›.}
‹f219v°03--› {.faithful.C.A.church.Jesus Christ.spirit.was.come.›.}
‹f219v°04--› {.CU.S.CO.100.on.the.to.CO.to.BC.pray.&.was.}
‹f219v°04T0› {.you.you.}
‹f219v°05--› {.life.|.CU'C'CO.|.100.we.IA.on.died.C.XN.C.come.|.CU'C'CO.|.100.O.CO.}
‹f219v°06--› {.when.&.come.the.|.CU'C'CO.|.100.C'D'C.his.100.servant.}
‹f219v°07--› {.&.was.100.be.((.I.)).R'J'J.on.C.heaven.forever.}
‹f219v°08--› {.&.was.100.be.((.I.)).on.C'XV'OB'I.on.O.IU.D.C.O.L'X2.›.}
‹f219v°09--› {.over.Q'Q'R'C'C.there.on.C.XN.|.CU'C'CO.|.100.|.CU'C'CO.|.›.}
‹f220r°01--› {.C.you.C.F'X2.UC.C.risen.I.100.over.X.Q'Q'R'C'C.the.|.CU'C'CO.|.}
‹f220r°02--› {.‹.100.K.K.C.anointed.to.you.CX.BT.C.A.the.you.over.}
‹f220r°03--› {.Q'Q'R'C'C.there.on.give.«.00.».C'I'N.O.Jesus.CO.CO.KE.}
‹f220r°04--› {.you.before.on.cross.risen.over.Q'Q'R'C'C.the.|.CU'C'CO.|.100.}
‹f220r°05--› {.you.in.|.CU'C'CO.|.PQ.100.you.crying out.over.Q'Q'R'C'C.}
‹f220r°06--› {.there.C.C.XN.come.100.in.to.CO.to.O.100.on.apostle.we.}
‹f220r°07--› {.‹.in.be.100.crying out.100.when.faithful.9.days.O.}
‹f220r°08--› {.‹.C'EY.century.over.O.century.over.C.6.C.A.century.&.was.century.be.}
‹f220r°09--› {.‹.give.his.|.CU'C'CO.|.100.servant.over.|.CU'C'CO.|.100.O.C'BG.}
‹f220v°01--› {.his.|.CU'C'CO.|.100.we.IA.in.to.CO.to.over.|.CU'C'CO.|.100.BU.}
‹f220v°02--› {.first.we.C'A'A.&.we.C.A.Peter.›.}
‹f220v°03--› {.JN.O.X2.CU'CU.Q.to.CO.to.&.the.|.CU'C'CO.|.100.OB.be.›.}
‹f220v°04--› {.on.CO'D'HY.&.was.100.be.the.|.CU'C'CO.|.100.›.}
‹f220v°05--› {.C'A'A.BU.his.|.CU'C'CO.|.100.we.IA.in.|.CU'C'CO.|.100.›.}
‹f220v°06--› {.&.was.AV.3.days.K.be.C.XY.100.the.|.CU'C'CO.|.100.›.}
‹f220v°07--› {.the.DB.the.C'A'A.we.&.the.we.&.pray.}
‹f220v°08--› {.be.I.EQ.A.C.F.R.&.was.first.we.in.the.to.}
‹f220v°09--› {.C'BD.we.gave.C.A.C'XV.to.&.name.we.›.}
‹f221r°01--› {.‹.over.CO.100.O.Yahweh.CO.100.over.O.L'X2.}
‹f221r°02--› {.‹.his.CO.100.on.Q.&.EK.A.over.BU.to.C'EY.&.CV.his.}
‹f221r°03--› {.‹.name.on.CO.100.came.O.CO.100.pray.his.}
‹f221r°04--› {.‹.name.C'BG.CO.100.on.K.C.XB.C.thy.CO'D'CO.100.his.}
‹f221r°05--› {.‹.I.name.pope.CO.100.by.holy.to.C.A.&.CV.}
‹f221r°06--› {.‹.as.be.O.|.CU'C'CO.|.100.your.&.name.C'BG.}
‹f221r°07--› {.‹.|.CU'C'CO.|.100.&.|.CU'C'CO.|.100.before.your.&.pray.›.}
‹f221r°08--› {.UC.C.K.BG'J'C.|.CU'C'CO.|.100.IX'I'I'HK.there.holy.to.C.A.&.CV.}
‹f221r°09--› {.‹.to.C.A.&.CV.your.servant.in.only.in.risen.C.}
‹f221v°01--› {.C.AV.CO.spirit.CX.EX.CX.D.CX'I'CX'D.›.}
‹f221v°02--› {.shook.on.spirit.CX.again.C.this.CX.›.}
‹f221v°03--› {.first.faithful.9.days.&.O.D.C'D'C.›.}
‹f221v°04--› {.in.EX.CX.D.CX'I'CX'D.shook.O.spirit.›.}
‹f221v°05--› {.through.D.O.God.through.D.to.on.I.I.D.}
‹f221v°06--› {.D.C'D'C.holy.((.AD.)).in.Sabbath.CX.D.CX'I'CX'D.}
‹f221v°07--› {.the.&.the.&.D.C.DQ.O.Q.R.K.AA.on.this.›.}
‹f221v°08--› {.forever.faithful.&.pope.XB.C.&.›.}
‹f221v°09--› {.C.DQ.X.O.I.on.C'XV.EQ.A.UC.the.holy.›.}

‹f221v°10--› {.C'R'C.D.I.I.D.be.EY.O.spirit.›.}
‹f222r°01--› {.‹.Q.C'XV.CX.D.CX.I.O.K.your.your.O.father.≈.}
‹f222r°02--› {.‹.added.to be.D'O.D.2.1000.years.C.the.before.}
‹f222r°03--› {.‹.ST Luke.«.00.».CX'D'CX'D.his.Luke.&.anointed.}
‹f222r°04--› {.‹.O.CU.J.X2.I.C'D'O'D.came.C.A.C.son.God.C'D'O.}
‹f222r°05--› {.‹.arose.we.C'XF'XX.C'I'T.we.C'XF'XX.&.reborn.}
‹f222r°06--› {.‹.gave.gave/given.Jesus.the.gave.Jerusalem.your.be.on.we.}
‹f222r°07--› {.‹.C.earth.C.XN.C.you.D.Amen!.C.QF.}
‹f222r°08--› {.«.00.».earth.C.you.D.Christ.«.00.».}
‹f222r°09--› {.on.there.}
‹f222v°01--› {.on.holy.EK.FA.D.C'EQ.in.EU.come.MX.we.on.C.PY.›.}
‹f222v°02--› {.pray.O.Q.C'BG.MX.we.C.you.C.RO.&.HT.›.}
‹f222v°03--› {.A.MX.we.C.you.C.RO.&.HT.in.O.Q.Sabbath.come.MX.we.›.}
‹f222v°04--› {.on.C.PY.forgive.died.D.C.you.I.RO.&.HT.the.BK.first.}
‹f222v°05--› {.holy.O.RA.C'XV'X.D.EQ.C.DN.in.C.BF.IR.give.MX.we.}
‹f222v°06--› {.given.died.D.to.forgive.died.D.first.to.›.}
‹f222v°07--› {.word.in.died.I.X.you.XW'X.to.died.X.first.you.Q.›.}
‹f222v°08--› {.we.IB.you.C.RO.&.HT.|.came.|.before.the.gave.CU.I.O.MX.we.}
‹f222v°09--› {.EX.RO.as.on.again.MX.we.the.BK.|.XV.I.EY.I.|.O.Q.Sabbath.}
‹f222v°10--› {.O.Q.Sabbath.to.4.before.O.Q.AV.4.you.}
‹f222v°11--› {.son.spirit.CX.C'EQ.be.holy.CV.in.EY.O.L'X2.on.›.}
‹f223r°01--› {.‹.D.before.CX.D.CX'I'CX'D.shook.BK.through.}
‹f223r°02--› {.‹.spirit.EX.&.I.D.&.God.3.days.Holy Spirit.4.D.}
‹f223r°03--› {.‹.LT.XJ.D.O.spirit.ER.10.ER.D.CX.D.CX'I'CX'D.shook.&.this.}
‹f223r°04--› {.‹.&.D.before.died.}
‹f223r°05--› {.‹.O.father.our.heaven.CO.O.O.DN.QV.we.&.}
‹f223r°06--› {.‹.in.only.church.C'BG.you.we.NZ.}
‹f223r°07--› {.CC.M.&.the.Amen!.CC.XW'X.we.C'I'Q.}
‹f223r°08--› {.&.we.CX'CX.Christ.F.EY.all.we.God.disciple.}
‹f223r°09--› {.H.R.BK.BK.CA.X3.CX'CX.we.C'I'Q.you.I.H.R.NZ.only.}
‹f223r°10--› {.you.his.}
‹f223v°01--› {.O.F.C.all.Jesus Christ.O.father.your.added.›.}
‹f223v°02--› {.1000.C.XB.D.5.century.&.sixty.D.&.O.K.D.›.}
‹f223v°03--› {.the.before.this.day.of.}
‹f223v°04--› {.«.00.».4.«.00.».}
‹f223v°05--› {.O.F.C.BE.I.was.be.40 days.F./.Amen!.\.O.›.}
‹f223v°06--› {.«.00.».son.BG'J'C.faithful.D.O.PC.MV.D.C.O.K.D.through.D.›.}
‹f223v°07--› {.7.D.to.our.son.6.DB.A.I.LT.}
‹f223v°08--› {.O.C.F.CX.D.CX'I'CX'D.C.F.C'D'HY.›.}
‹f223v°09--› {.on.the.thy.added.5.1000.years.&.›.}
‹f223v°10--› {.D.&.9.days.&.the.DC.LT.O.God.C.D.O.this.›.}
‹f223v°11--› {.given.C'D'HY.Jesus Christ.on.the.thy.to.&.›.}
‹f223v°12--› {.O.C.F.C.all.Jesus.C.O.father.your.heaven.›.}
‹f223v°13--› {.when.gave.Jerusalem.Jesus.rock.C'EK.be.C.›.}
‹f224r°01--› {.‹.LT.10.6.XC.&.6.«.00.».}
‹f224r°02--› {.‹.XB.D.ER.XV.ER'EQ.«.00.».his.Yahweh.CC.C.R.›.}
‹f224r°03--› {.‹.his.CO.I.SS.XJ.D.give.&.EL.&.I.I.O.I.I.XQ.}
‹f224r°04--› {.‹.R.ER'EQ.EK'BZ.X.EK.to.AA.D.MV.J.R.ER'EQ.}
‹f224r°05--› {.on.I'AG.RB.on.came.before.on.we.be.Q.Q.before.}
‹f224r°06--› {.‹.on.arose.IB.church.on.pray.K.I.A.I.as.}

<f224rº07--> {.<.R.JN.C.&.CO.C.UC.CX.XB.Matthew.on.ER'EQ.&.OX.before.}
<f224rº08--> {.the.before.be.TL.A.Matthew.EK'BZ.X.XB.}
<f224rº09--> {.to.AA.D.R.ER'EQ.TL.A.EK'BZ.X.XB.to.AA.D.C.MV.}
<f224rº10--> {.<.R.DN.A.C.S.I.CX.&.O.we.C.the.EZ.I'AG.Q.CO.}
<f224rº11--> {.&.first.C.&.CU.3.&.first.C.&.CU.3.}
<f224rº12--> {.<.church.on.the.CU.again.Q.CO.EK.again.CU'D.}
<f224vº01--> {.Jesus Christ.reborn.you.>.<.C.faithful.CO.>.}
<f224vº02--> {.first.>.<.XV.Q.X.>.<.D.his.>.}
<f224vº03--> {.gave.&.this.we.on.LT.XV.C.on.to.>.}
<f224vº04--> {.F.Q.Yahweh.Matthew.risen.&.on.ER'EQ.}
<f224vº05--> {.XB.CO.D'O.D.you.XW'X.XJ'D'CO'BY.}
<f224vº06--> {.Jesus.Jerusalem.}
<f224vº07--> {.&.C.F'X2.C'EY.F.XJ'D'CO'BY.XW'X.}
<f224vº08--> {.XW'X.you.to.Yahweh.CU'C.X2.XB.to.A.>.}
<f224vº09--> {.EK.X.O.UC.X.6.D.}
<f224vº10--> {.&.his.God.D.&.Amen!.his.O.all.Q.C.D.to.to.A.>.}
<f224vº11--> {.A.CC.on.again.A.before.on.D'O.C.D.>.}
<f224vº12--> {.<.CO.XB.C.O.EZ.C'EQ.Peter.O.>.}
<f224vº13--> {.<.&.C'XV.we.>.}
<f224vº14--> {.<.the.thy.only.>.}

Chapter 9: The Illustrations

The following chapter deals with the eighty-seven illustrations found throughout the codex. They are always square in nature, and always only one appears at a time on a page. With few exceptions, they all contain images of men and male angels, as evidenced by their beards and headdresses. Nearly all of them are religious in nature, and are predominately Christian in origin; although there are undeniably enough examples of the Islamic crescent or the Hindu swastika to make a valid argument against such a view.

For the most part, they are simple in content and artistic detail. There is no depth perception, just as one would expect from medieval art prior to the 16th century. It is the author's opinion that they are simple approximations and reproductions which were taken from another older, and probably much more detailed manuscript.

Another interesting feature of the illustrations is their placement within the text of the codex, at least with respect to the author's initial translations. Sometimes, the picture relates to key words in the surrounding narrative, while at other times, it may be several pages from a related keyword; if at all. I must also concede the possibility that the scribe who penned the text was not the same person as the illustrator. And if that is the case, then which came first; the text, or the illustrations?

Each illustration in the codex has been assigned a number from one to eighty-seven, given by its order of appearance in the text. The titles given to each scene in this chapter are generalized and differ from those cited within the transcription itself; merely for the purpose of speculation and discussion. For the record, I am admittedly not as confident about many of the illustrations as I am about my transcription and translation, and my opinions about them continue to change often. For a detailed explanation of the reference codes used with each illustration, please consult chapter 2, Metadata Tags, under the illustrations portion given there.

P-01 ‹f004vº› [iº:URMS: Apostle Scribe wih Angel]

P-02 ‹f005rº› [iº:LRMS: Sacrificing Isaac]

P-03 ‹f008vº› [iº:LCLR: Gabriel Appears to Joseph]

P-04 ‹f009vº› [iº:LRLS: The Priestly Blessing]

P-05 ‹f013vº› [iº:MCWO: First Three Commandments]

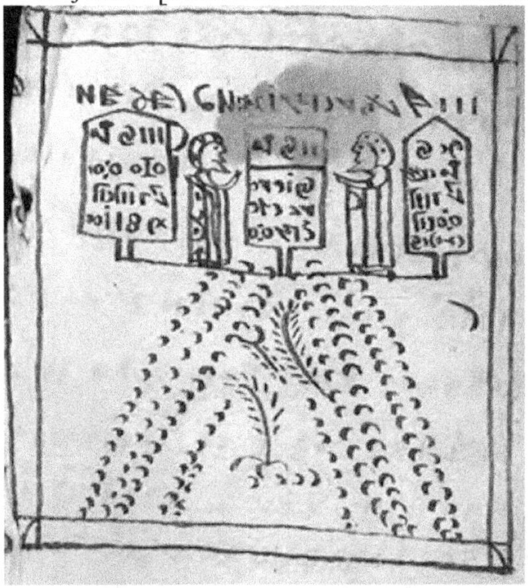

P-06 ‹f014vº› [iº:MCWO: Triumphant Entry]

P-07 ‹f015vº› [iº:BCLS: Money Exchangers]

P-08 ‹f016rº› [iº:MCWO: Blessing and Prayers Given]

P-09 ‹f021rº› [iº:BCLS: Adoration of the Magi]

P-10 ‹f024vº› [iº:MCWO: The Presentation]

P-11 ‹f026rº› [iº:MCWO: The Crucifixion]

P-12 ‹f028vº› [iº:BCLR: Garden of Gethsemane]

P-13 ‹f029rº› [iº:URLS: Two Men at Supper]

P-14 ‹f034vº› [iº:BCSR: Rooster Crows Twice]

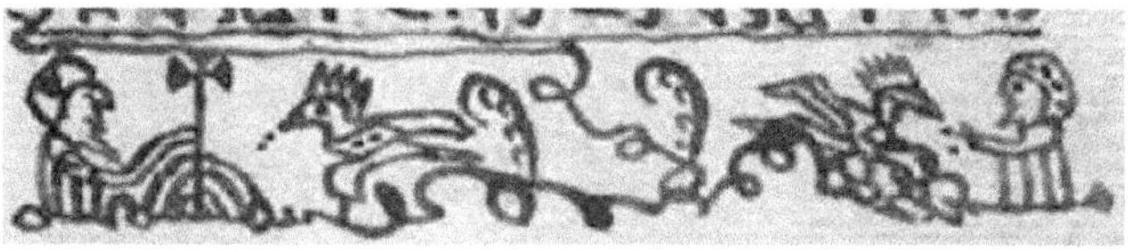

P-15 ‹f037vº› [iº:MCWO: The Soldiers]

P-16 ‹f040vº› [iº:MCWO: Jesus Before Pilate]

P-17 ‹f042rº› [iº:MCWO: Bearing a Child]

P-18 ‹f044rº› [iº:MCWO: Scourging Christ]

P-19 ‹f045rº› [iº:MCWO: Crown of Throwns]

P-20 ‹f049rº› [iº:MCSS: Jesus Carrying the Cross]

P-21 ‹f051r°› [i°:MCWO: The Crucifixion]

P-22 ‹f052r°› [i°:MCWO: The Vacant Cross]

P-23 ‹f054v°› [i°:MCWO: The Tomb]

P-24 ‹f056v°› [i°:MCWO: The Resurrection]

P-25 ‹f057r°› [i°:URMS: St. John Cross with Snake]

P-26 ‹f057vº› [iº:MCWO: Battling the Beast]

P-27 ‹f059rº› [iº:URLS: The Resurrection]

P-28 ‹f059vº› [iº:URLS: The Last Supper]

P-29 ‹f063vº› [iº:URLS: Thomas Touches Jesus]

P-30 ‹f065rº› [iº:URLS: Mourning for Jerusalem]

P-31 ‹f066vº› [iº:URLS: The Fig Tree]

P-32 ‹f068vº› [iº:URLS: Two Men at Supper]

P-33 ‹f069rº› [iº:LRMS: The Fig Tree]

P-34 ‹f071rº› [iº:LRSS: The Fig Tree]

P-35 ‹f072rº› [iº:URLS: The Last Supper]

P-36 ‹f075vº› [iº:LRLS: The Ascension]

P-37 ‹f078vº› [iº:MCWO: Patriarch, Priest, and Skeleton]

P-38 ‹f079rº› [iº:BCMR: The Fiery Furnace]

P-39 ‹f079vº› [iº:MCWO: Temple Money Changers]

P-40 ‹f083rº› [iº:MCWO: The World Clock (Pražský Orloj)]

P-41 ‹f083vº› [iº:BCLR: The Open Icon]

P-42 ‹f084rº› [iº:URLS: Peter Walking on Water]

P-43 ‹f087vº› [iº:URLS: The Long Scroll]

P-44 ‹f088vº› [iº:URLS: The Priestly Blessing]

P-45 ‹f090vº› [iº:LRMS: Presenting the Holy Object]

P-46 ‹f092vº› [iº:LRLS: The Happy Feast]

P-48

P-47 ‹f095rº› [iº:URLS: Two Men & Holy Object]

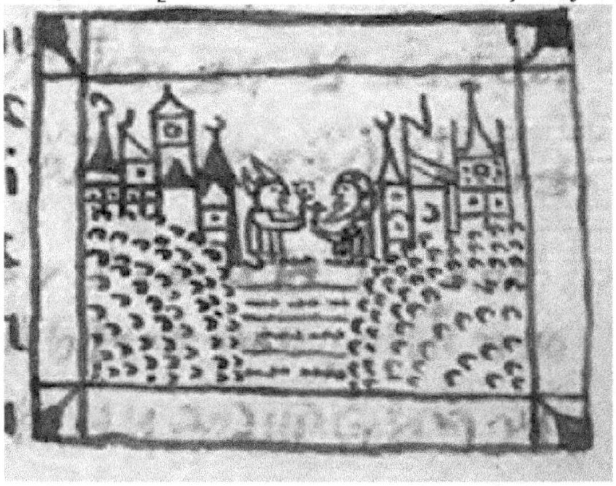

‹f097vº› [iº:LRLS: One Pair of the Seventy]

P-49 ‹f098vº› [iº:LRLS: Lone Cross on Hill]

P-50 ‹f100rº› [iº:MCLS: Man Kneeling with Candle]

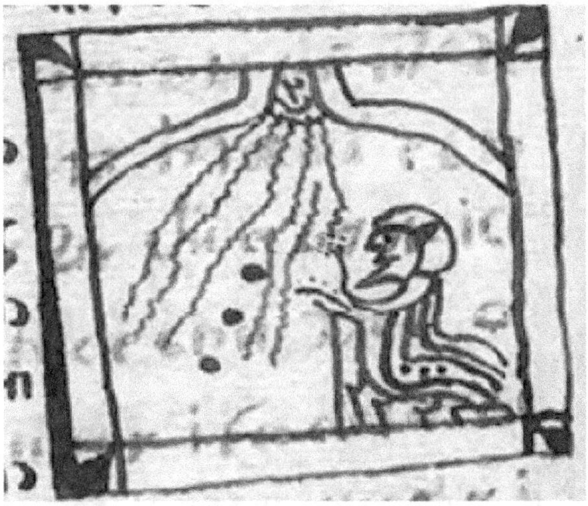

P-51 ‹f101vº› [iº:URLS: The Blessed Presence]

P-52 ‹f103vº› [iº:LRMS: The Coronation]

P-53 ‹f104vº› [iº:URLS: The Long Scroll]

P-54 ‹f107v°› [i°:LRLS: Spreading the Light]

P-55 ‹f109v°› [i°:MRLS: Mourning for Jerusalem]

P-56 ‹f113r°› [i°:MRLS: King David Before God]

P-57 ‹f116v°› [i°:URLS: Moses in the Basket]

P-58 ‹f127r°› [i°:URLS: The Pool at Bethesda]

P-59 ‹f128rº› [iº:LRLS: Passing of the Law]

P-60 ‹f130rº› [iº:LRLS: Lazarus and the Rich Man]

P-61 ‹f132vº› [iº:BCLS: The Angel and the King]

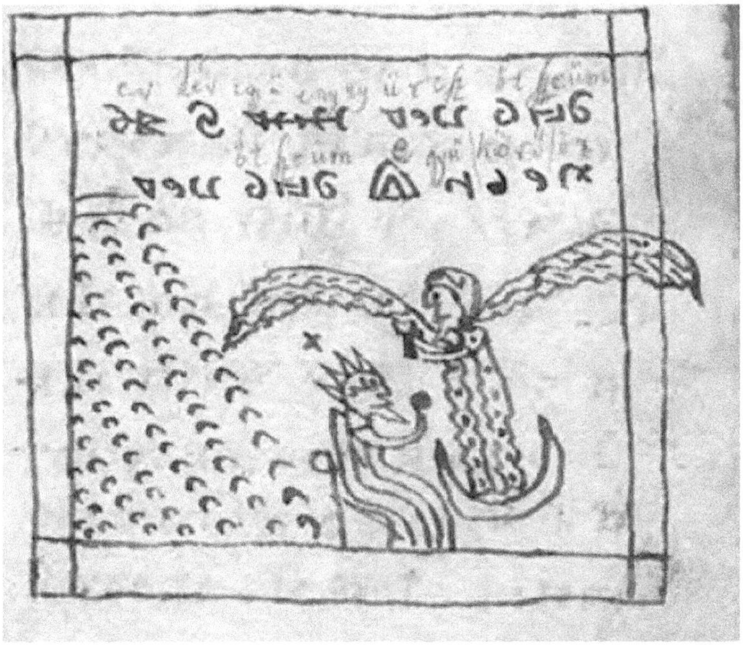

P-62 ‹f134rº› [iº:MCLS: King David Before God]

P-63 ‹f141vº› [iº:MRMS: The Fallen Gives Man Light]

P-64 ‹f148rº› [iº:MRLS: The Curious Crucifixion]

P-65 ‹f152vº› [iº:MCLR: The Crucifixion]

P-66 ‹f154vº› [iº:MCMR: Prodigal Son and Father]

P-67 ‹f158vº› [iº:LRMS: Giving a Small Cross]

P-68 ‹f163rº› [iº:URMO: Christ Raises the Dead]

P-69 ‹f167r°› [i°:URMS: Michael and the Bones of Moses]

P-70 ‹f170r°› [i°:LRSS: The Priest before the Temple]

P-71 ‹f172v°› [i°:MCLS: David Send Uriah]

P-72 ‹f175v°› [i°:TCLO: The Calling of Matthew]

P-73 ‹f177v°› [i°:BCLR: The Flags and the City]

P-74 ‹f182v°› [i°:LRSR: The Apostle Scribe]

P-75 ‹f186vº› [iº:BCLR: Moon and Sun and Three Graves]

P-76 ‹f191vº› [iº:LRLS: The Circumcision]

P-77 ‹f193vº› [iº:URLS: Two Men at Supper]

P-78 ‹f195vº› [iº:MRMR: Jesus Lays Hands on Sick Child]

P-79 ‹f197rº› [iº:LRMR: Two Men at the Cross]

P-80 ‹f198vº› [iº:URMS: The Man and the Angel]

P-81 ‹f199rº› [iº:URMS: The Tent in the Wind]

P-82 ‹f202vº› [iº:LRSR: Two Priests]

P-83 ‹f205vº› [iº:MRLS: Two Men at Supper]

P-84 ‹f209vº› [iº:BCMR: The Golden Calf]

P-85 ‹f210rº› [iº:URLS: Priest Praying for the Sick]

P-86 ‹f211vº› [iº:BCLR: John Secluded on Patmos]

P-87 ‹f213vº› [iº:LRLR: The Priestly Blessing]

Glossary

Character: A combination of one or two letters or numbers used to transcribe the glyphs and graphemes of the codex.

Codex: Always refers specifically to the Rohonc Codex.

Glyph: An individual letter or symbol within the codex.

Grapheme: A group of two or more glyphs within the codex.

Illustration: One of the various scenes drawn within the codex; usually separated by a border and which may also contain glyphs and graphemes.

Text: The generic term for the patterns of glyphs and graphemes within the codex.

Token: A specific grapheme with no apparent variations within the codex. Similar to a grapheme, but having no known variations.

Transcription: The generic term for the patterns of glyphs and graphemes within the codex.

Translation: All translations are hypothetical English translations, but have been based on strict guidelines and reasoning set out by the author. However, such translations shall remain hypothetical until a consensus is reached regarding the actual text and meanings contained within the codex.

www.ingramcontent.com/pod-product-compliance
Lightning Source LLC
Chambersburg PA
CBHW080832230426
43665CB00021B/2819
* 9 7 8 0 3 5 9 6 3 5 2 6 9 *